ESSENER BEITRÄGE
Beiträge zur Geschichte von Stadt und Stift Essen

136. Band 2023

Historischer Verein
für Stadt und Stift Essen e. V.
gegründet 1880

Herausgeber: Historischer Verein für Stadt und Stift Essen
Schriftleitung: Thomas Dupke, Andrea Wegener, Robert Welzel
Für die einzelnen Beiträge sind die Verfasser und Verfasserinnen verantwortlich.

www.hv-essen.de

1. Auflage Dezember 2023

© 2023 Aschendorff Verlag GmbH & Co. KG, Münster
www.aschendorff-buchverlag.de

Das Werk ist urheberrechtlich geschützt. Die dadurch begründeten Rechte, insbesondere die der Übersetzung, des Nachdrucks, der Entnahme von Abbildungen, der Funksendung, der Wiedergabe auf fotomechanischem oder ähnlichem Wege und der Speicherung in Datenverarbeitungsanlagen bleiben, auch bei nur auszugsweiser Verwertung, vorbehalten. Die Vergütungsansprüche des § 54 UrhG Abs. 1 werden durch die Verwertungsgesellschaft Wort wahrgenommen.

Printed in Germany
Gedruckt auf säurefreiem, alterungsbeständigen Papier

ISSN 1432-6531
ISBN 978-3-402-27402-6
ISBN 978-3-402-27403-3 (E-Book PDF)

INHALTSVERZEICHNIS

Berichte zu archäologischen Beobachtungen

1. Neue Auswertungsmöglichkeiten auch ohne Grabung:
   Zum Vorwall der Alteburg in Essen-Heidhausen,
   einem bisher ungelösten Rätsel. 7
   von Cordula Brand, Detlef Hopp und Marten Stübs
2. Zu den Umgestaltungsarbeiten im Waldthausenpark im Jahr 2021 . 10
   von Christan Breuer und Detlef Hopp
3. Kurz vorgestellt: Der Atombunker unter dem ehemaligen
   DB-Hochhaus am Hauptbahnhof 15
   von Detlef Hopp
4. Essen im Wandel – Der Beitrag der Luftbildarchäologie
   zur Archäologie der Moderne 18
   von Detlef Hopp, Baoquan Song und Marten Stübs
5. Erste Schritte: Die Analyse von Schlacken aus der
   Krupp Gussstahlfabrik Essen. 21
   von Detlef Hopp und Baoquan Song
6. Bericht über die Untersuchung einer Scheibenfibel
   vom Essener Burgplatz mit dem Rasterelektronenmikroskop 27
   von Detlef Hopp, Baoquan Song und Rolf Neuser
7. Neuere Forschungsansätze zu Pingenfeldern
   (nicht nur) im Essener Süden. 32
   von Detlef Hopp
8. Tinten-, Tusche- und Leimgefäße –
   Relikte früher Massenproduktion von der Glückstraße in Essen ... 39
   von Detlef Hopp und Ralf Schimpf

Aufsätze

Die ministerial-ritterlichen Familien Altendorf und
Vittinghoff bis zum Jahr 1350 44
von Petra Meuwsen

Essen und die Emscher – Frühneuzeitliche Eingriffe
in eine Flusslandschaft 165
von Sebastian Somfleth

Symposium „Der Architekt Josef Rings" im September 2022
in der Alten Synagoge Essen

1. Der Architekt und Stadtplaner Josef Rings – wiederentdeckt 231
   von Ines Sonder
2. Spurensuche – Die verschlungenen Wege des Nachlasses
   von Josef Rings 236
   von Ines Sonder
3. Der Architekt Josef Rings: Eine Einführung in Leben und Werk . . . 250
   von Renate Kastorff-Viehmann
4. Josef Rings – Herkunft, Familie, Rückkehr 279
   von Kathrin Gräwe
5. Georg Metzendorf und Josef Rings –
   Aspekte der Essener Baugeschichte 285
   von Rainer Metzendorf
6. Josef Rings und der Allgemeine Bauverein Essen AG 301
   von Heinz Wilhelm Hoffacker
7. Josef Rings: Die Stadtwaldsiedlung in Essen –
   „Eine einzigartige städtebauliche Leistung". 317
   von Hannah Feldhammer
8. Die Ausstellungshalle V – Ein Paradigma der Lichtarchitektur
   der 1920er Jahre 336
   von Hannah Feldhammer
9. Josef Rings: Wohnungs- und Siedlungsreform 357
   von Renate Kastorff-Viehmann
10. Werner Rings (1910–1998) – Von Essen über Barcelona und
    Paris nach Brissago 375
    von Uri R. Kaufmann
11. „Ein ‚Film' großartigster städebaulicher Gesamtschöpfung" –
    Die Rings'sche Bandstadt – von der Bändigung des Verkehrs
    zur monumentalen Stadtbaukunst 393
    von Ute Reuschenberg
12. Josef Rings in Palästina (1934–1948) 411
    von Micha Gross
13. Manuskript von Josef Rings. 430
14. Josef Rings – Bauten, Projekte, Städtebau und Ausstellungen. 435

„Wo sich Merkur der Kunst vermählt" –
Die Essener Börsenhausgesellschaft und ihr von
Edmund Körner entworfenes Börsenhaus 449
von Robert Welzel

INHALTSVERZEICHNIS

STANDORTFRAGEN. PRÄGENDE KULTUR- UND BILDUNGSBAUTEN
IM ESSENER STADTGEBIET 607
von Anna Kloke und Sonja Pizonka

„VERBRANNTE ORTE": EINE AUSSTELLUNG ZU DEN
BÜCHERVERBRENNUNGEN IM JAHR 1933 – AUCH IN ESSEN 637
von Merlin Goriß und Claudia Kauertz

SAUBERE LUFT IN ESSEN? DER LANGE KAMPF DER
INTERESSENGEMEINSCHAFT UND DER KLEINGÄRTNER IN BORBECK . . . 655
von Axel Heimsoth

NACHRUFE

NACHRUF AUF LUDGER CLASSEN 684
Dirk Hallenberger

NACHRUF AUF HEINZ-JOSEF KRAMER 688
Reinhild Stephan-Maaser

NACHRUF AUF UDO SCHEER 694
Ulrike Stottrop

BUCHBESPRECHUNGEN

Knut Bergmann: Krupps kulinarische Kommunikation.
Menükarten vom Kaiserreich bis in die Bundesrepublik /
Friederike Werner: Sphinx vor Bibliothek. Die Villa Hügel und Ägypten /
Thomas Kempf: Die Bibliothek der Villa Hügel. 699
(Klaus Wisotzky)

Jürgen Malone: Margarethenhöhe. Stiftung und Promenadenschenkung,
hrsg. von Bürgerschaft Essen-Margarethenhöhe e.V. /
Jürgen Malone: Die Margarethenhöhe im Nationalsozialismus,
hrsg. von Jürgen Malone und Manfred Raab 702
(Thomas Dupke)

ABBILDUNGSNACHWEIS 705
AUTORINNEN UND AUTOREN DIESES BANDES 710

Das Essener Börsenhaus, fotografiert von Rolf Kellner (Sammlung Robert Welzel)

BERICHTE ZU ARCHÄOLOGISCHEN BEOBACHTUNGEN

1. Neue Auswertungsmöglichkeiten auch ohne Grabung: Zum Vorwall der Alteburg in Essen-Heidhausen, einem bisher ungelösten Rätsel

CORDULA BRAND, DETLEF HOPP UND MARTEN STÜBS

Luftbilder spiegeln den Wandel der Essener Landschaft seit über 100 Jahren wider. Heute werden sie nicht nur aus Flugzeugen aufgenommen, sondern es dienen auch andere Fluggeräte, darunter die so genannten UAV (unmanned aerial vehicles = ferngesteuerte Drohnen), als Arbeitsgeräte. Techniken wie das Air-Borne-Laserscanning bieten mittlerweile einen ungehinderten, baum- und bewuchsfreien Blick auf die Geländeoberfläche und liefern der Archäologie neue Auswertungsmöglichkeiten.

Vielleicht liegt auch in der Anwendung und Auswertung von historischen und in jüngerer Zeit aufgenommenen Luftbilddaten die Chance, zukünftig mehr über einen „schwierigen Kandidaten" zu erfahren: die Vorburg der Alteburg in Heidhausen.

Die Alteburg

Viele Essener wissen durch die Arbeiten der Essener Stadtarchäologie in den letzten Jahrzehnten mittlerweile wieder, dass südlich der Ruhr in Heidhausen die Alteburg liegt, Essens größte und gleichzeitig älteste Burganlage.[1] Es ist bekannt, dass bereits im Jahr 801 urkundlich ein Burgbach (*borbeki*) erwähnt wird, ein wichtiges Zeugnis dafür, dass die in dieser Zeit entstandene Benediktinerabtei in Werden im Schutz einer Burg lag: Die auf dem Pastoratsberg gelegene Fliehburg wurde besonders in den 1920er und 1930er Jahren erforscht, doch gingen die größten Teile der damaligen Grabungsdokumentation verloren.

Die Alteburg, die im Südwesten des oben genannten Berges liegt, besitzt eine stattliche Größe: Immerhin wird eine Kernfläche von ca. 200 × 400 m von

---

[1] Vgl. C. Brand/D. Hopp, Archäologische Beobachtungen im Bereich der „Vorburg" der Alteburg in Essen-Heidhausen. Archäologie im Rheinland 2018 (2019) S. 161–163. [2] Alteburg. In: D. Hopp/B. Khil/E. Schneider, Burgenland Essen. Burgen, Schlösser und feste Häuser in Essen. Essen 2017, S. 18–21; D. Hopp/C. Trümpler, Die frühe Römische Kaiserzeit im Ruhrgebiet. Essen 2001, S. 132 und 245 sowie Anm. 6 und 7; E. Schumacher, Die Alteburg in Essen-Werden. Nachträge. Bonner Jahrbücher 178, 1978, S. 605–624.

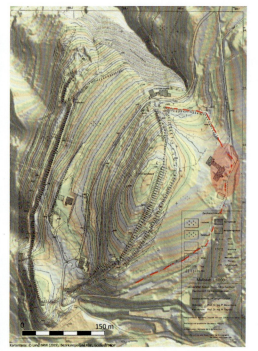

Abb. 1: Projektion eines Plans der Alteburg über einem so genannten LIDAR-Scan. Rot: Bereich des Vorwalls. Tatsächlich zeichnen sich im Bereich der Vorburg (rechte Bildhälfte) deutliche Strukturen ab, die aber noch genauer zu untersuchen sind. In der Bildmitte, rechts, befindet sich das ehemalige „La Buvette", wo 2018 die Untersuchungen stattfanden.

Wällen und Gräben umgeben. Zusätzlich hat sie einen Vorwall (Abb. 1, rot gekennzeichnet).

Immer noch muss die Burg, schon aufgrund des weitgehenden Verlusts der alten Grabungsdokumentationen, als weitgehend unerforscht gelten.

Festzuhalten bleibt im Hinblick auf die Themenstellung auch, dass Ernst Kahrs, der Leiter des Ruhrlandmuseums, im Laufe der Jahre unterschiedliche Pläne vorlegte, die zum Teil deutlich voneinander abwichen. So spielte der Vorwall in seinem Spätwerk von 1948 *Aus Essens Vor- und Frühgeschichte*[2] keine Rolle: Er vermutete wohl, die Vorburg sei nicht mittelalterlich, sondern könne möglicherweise älter sein.

Die fränkische Kernanlage selbst hat mehrere Tore und auf ihrer Landseite, der Ostseite, schützen ein Doppelwallsystem und Gräben vor möglichen Angreifern. Davor liegt im Osten der heutzutage im Gelände kaum noch auszumachende Vorwall, der etwa eine Fläche von 4,00 ha umschließt.

Auf LIDAR-Scans[3] scheinen wall- und grabenartige Strukturen im Bereich des Vorwalls jedoch gut erkennbar (Abb. 1): Deswegen wurden von den Verfassern schon bald nach archäologischen Untersuchungen und Begehungen in den Jahren 2018 und 2019 weiterführende Untersuchungen von Luftbildern in Angriff genommen, die aber noch lange nicht abgeschlossen worden sind und am Anfang stehen (Abb. 2 und 3): So bleibt beispielsweise zu klären, ob und welche der auf den Scans erkennbaren Strukturen tatsächlich zur Alteburg

---

2 Vgl. E. Kahrs, Aus Essens Vor- und Frühgeschichte. Essen 1949, S. 37–48.
3 Mit so genannten LIDAR-Scans gelingt es sogar, in Wäldern Bodenveränderungen festzustellen. LIDAR-Scanning ist eine dem Radar verwandte Methode, die zur Fernerfassung (z.B. aus dem Flugzeug) statt Radiowellen Laserstrahlen nutzt.

Abb. 2: 2021 in Angriff genommen, doch noch ganz am Anfang stehend: Die Auswertung von erblich überarbeiteten LIDAR-Scans. Diese Methode liefert ungeheuer viele neue, im Einzelnen er noch auszuwertende Informationen.

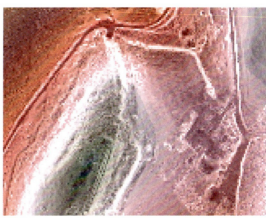

Abb. 3: Durch künstliche Überhöhung des Geländes treten der Vorwall im Osten und die Wälle der Hauptburg besonders gut auf dem eingefärbten LIDAR-Scan hervor

gehören, welche davon mit dem Bergbau in Zusammenhang stehen oder auf ganz andere Bodeneingriffe zurückzuführen sind (Abb. 3).

Diese weiteren Forschungen sind durchaus sinnvoll, zumal archäologische Ausgrabungen nur dann durchgeführt werden können, wenn unaufschiebbare Maßnahmen, wie zuletzt im Bereich des Vorwalls baubegleitend 2018[4] geschehen, stattfinden können.[5]

Daneben stehen in jüngerer Zeit noch weitere berührungsfreie Prospektionsmethoden zur Verfügung: Seit 2011 bekam die Stadtarchäologie, zunächst durch die Ruhr-Universität Bochum, dann durch die städtische Vermessung, fachliche Unterstützung, die es erlaubt, mit dem Bodenradar zerstörungsfrei den Untergrund nach archäologischen Spuren zu untersuchen. Auch diese können beispielsweise zur Anwendung kommen.

Die Untersuchung 2018

Bei den Ausgrabungen im Jahr 2018 wurde, unweit des ehemaligen Restaurants „La Buvette", ein Befund entdeckt, der möglicherweise als „vorgeschichtlich" angesprochen werden kann. Ein allererster Hinweis auf mögliche ältere Strukturen im Bereich des Vorwalls. Das ist nicht viel, doch ein Anfang. Erwähnenswert

---

[4] Brand/ Hopp, Archäologische Beobachtungen im Bereich der „Vorburg" der Alteburg (wie Anm. 1), S. 161–163.

[5] Es sei denn, die Finanzierung von Forschungsvorhaben kann anderweitig gesichert werden.

sind daneben auch einige Keramikscherbenfunde des 9./10. Jahrhunderts, die bei diesen Untersuchungen gefunden wurden.

Zugleich machten die ebenfalls bei den Untersuchungen festgestellten, beträchtlichen Zerstörungen am Vorwall durch die historische und moderne Bebauung auf dem Areal von „La Buvette" eine Aussage über seine Datierung unmöglich. So bleibt auch nach diesen Grabungen unklar, ob es sich bei dem Vorwall um einen frühmittelalterlichen Befestigungskörper handelt oder ob er, wie auch vermutet wurde, vorgeschichtlich sein kann oder vielleicht ganz anderen Alters ist.

Damit bleibt auch die Beantwortung der Frage, wie der Vorwall archäologisch überhaupt anzusprechen ist, immer noch offen. Es ist aber nicht auszuschließen, dass in Zukunft archäologische Untersuchungen klären können, was es mit dem Vorwall auf sich hat.

LIDAR-Scans und Bodenradar

Schon aufgrund erster LIDAR-Scans, die auch farblich bearbeitet wurden (s. Abb. 1–3), zeichneten sich vielerlei Strukturen ab, die bisher so im Gelände noch nicht zu sehen waren. Einige davon scheinen, besonders im südlichen Abschnitt, jüngeren Alters sein zu können. Hier stellt sich beispielsweise die Frage, ob durch Bodeneingriffe in der nahen Vergangenheit ältere Abschnitt des Vorwalls vollkommen zerstört oder lediglich überdeckt worden sein können.

Vielleicht können bei solchen Fragestellungen im Bedarfsfalle zukünftig neue technische Möglichkeiten, wie das zerstörungsfrei arbeitende Bodenradar, gezielt und sogar relativ zeitnah bei der Beantwortung von entstehenden Fragen genutzt werden.

2. Zu den Umgestaltungsarbeiten im Waldthausenpark im Jahr 2021

CHRISTAN BREUER UND DETLEF HOPP

Im Frühjahr 2021 begannen in der Essener Innenstadt Umgestaltungsarbeiten im Waldthausenpark. An der Lindenallee gelegen, fällt das in etwa quadratische und gut 7.000 m² große Areal, das durch die Waldthausenbrücke überspannt wird, ziemlich steil in Richtung Hindenburgstraße ab.

Dem Fußgänger fällt vielleicht an der Lindenallee, neben der Straße, eine merkwürdige Erhebung auf. Diese lässt durchaus den Verdacht aufkeimen, dass hier noch etwas im Boden verborgen liegen könnte. Ist das so?

Abb. 4: Die Villa Waldthausen, auf der Westseite der Lindenallee, im Jahr 1926

Über die Villa Waldthausen und das Haus Heimat

Die sogenannte Honigmann'sche Karte und das Urkataster aus der ersten Hälfte des 19. Jahrhunderts weisen zwischen Hindenburgstraße und Lindenallee noch die Stadtbefestigung, bestehend aus Stadtmauer und dem davor liegenden Graben, und zudem die Limbecke aus. Wohnbebauung ist hier aber nicht eingetragen.

Erst seit der zweiten Hälfte des 19. Jahrhunderts befand sich hier die sogenannte Villa Waldthausen (Abb. 4). Im Jahr 1936 erwarb die Stadt Essen die eindrucksvolle Villa der Familie von Waldthausen. Im Zweiten Weltkrieg zerstört, wurde die Bebauung abgerissen, das Areal aber nicht wieder überbaut. So ist nicht auszuschließen, dass sich Überreste dieser bedeutenden Villa noch heute auf dem Areal finden lassen.

Die Villa befand sich auf der Westseite der historischen Innenstadt, westlich der heutigen Lindenallee. Sie lag damit auch außerhalb des Bereichs, den einst die mittelalterliche Stadtmauer, die hier in etwa der Lindenallee folgte, umgab. Als die Villa errichtet wurde, bestand die Stadtmauer schon nicht mehr und auch der ehemalige Stadtgraben war zuvor verfüllt worden.[1]

Die Brücke, die über den Park führt, wurde zuvor Waldthausenbrücke genannt und heißt heute Alfred-Herrhausen-Brücke. Sie wurde 1965 erbaut. Schon bei deren Errichtung kam es zu erheblichen Bodeneingriffen auf dem Gelände.

Die Villa ist ortsgeschichtlich von einiger Bedeutung und das nicht nur, weil sie der in Essen bekannten Familie Waldthausen gehörte. Fast vergessen ist, dass die Nationalsozialisten 1936/37 in der Villa das „Haus Heimat", ein heimatgeschichtliches Museum, gründeten. In diesem Haus wurde der ortsgeschichtliche Fundus des damaligen Ruhrlandmuseums, des heutigen Ruhr

---

[1] Zur Stadtbefestigung: D. Hopp/B. Skor (Hrsg.), Die Essener Stadtbefestigung. Berichte aus der Essener Denkmalpflege. Band 5. Essen 2012; B. Skor, Die Essener Stadtmauer. Bonn 2014.

Abb. 5: Das Luftbild von 1952 zeigt die Kriegszerstörungen, darunter auch, westlich der Lindenallee, die durch Bomben zerstörte Villa (Pfeil)

Museums, präsentiert.[2] Die im Ruhrlandmuseum aufbewahrten Bestände waren schon damals durchaus beträchtlich und kamen aus eigenen Grabungen und aus den Sammel- und Ankaufstätigkeiten des Historischen Vereins für Stadt und Stift Essen, des Museumsvereins und des 1904 gegründeten Museums der Stadt.

Erwähnenswert ist in diesem Zusammenhang, dass Albert von Waldthausen zu den Gründungsmitgliedern gehörte, als 1880 der Historische Verein für Stadt und Stift Essen gegründet wurde.

Die neu eingerichtete Dauerausstellung war im „Haus Heimat" auf mehrere Abteilungen verteilt, unter denen solche der Stadtgeschichte, der Ökonomie und des Bürgertums besonders genannt werden sollen. In den Museumsräumen gab es auch einen so genannten Äbtissinnensaal, in dem die Geschichte des Damenstiftes präsentiert wurde.

Zu den im „Haus Heimat" durchgeführten Ausstellungen gehörten auch solche wie *Der Feind der Welt* oder *Deutsches Schicksalsland Elsaß-Lothringen*. Diese, dem Zeitgeist geschuldeten Ausstellungen, verraten schon viel über den späteren Charakter des Hauses. Ein Thema, auf das an dieser Stelle nicht weiter eingegangen werden kann und soll.[3]

In der Villa – und das ist aus stadtarchäologischer Sicht von besonderem Interesse – waren auch Ausgrabungsfunde ausgestellt, so beispielsweise auch Funde vom Burgplatz und von der Isenburg, Bestände, die sich heute weitgehend

---

[2] Wilhelm Völcker-Janssen, Zur Geschichte der archäologischen Sammlungen der Stadt Essen (1880–1984). EB 105, 1993, S. 63–99, bes. S. 78; J. Gerchow, Einleitung. In: J. Gerchow (Hrsg.), Die Mauer der Stadt. Essen vor der Industrialisierung 1244 bis 1865. Bottrop/Essen 1995, S. 15.

[3] Völcker-Janssen, Archäologische Sammlungen der Stadt Essen (wie Anm. 2), S. 98, Anm. 82.

Abb. 6: Das schwer getroffene „Haus Heimat" 1943. Die Bestände der Sammlung wurden fast vollständig zerstört[6]

im Ruhr Museum befinden.[4] Hier gilt es, in der Zukunft weiter im Detail zu untersuchen, welche archäologischen Bestände in das „Haus Heimat" gelangten und welche davon sich heute im Ruhr Museum befinden.[5]

Grund dieser Nachforschungen wären die Zerstörungen, die das Haus während des Krieges erfuhr:

Unter Theodor Reismann-Grone (* 1863; † 1949), von 1933 bis 1937 Oberbürgermeister der Stadt Essen, erfolgte der Ausbau des „Hauses Heimat", das als Museum der *ruhrländischen Volkstumpflege* dienen sollte. Diesem Ansinnen war als Ergebnis auch geschuldet, dass die ausgestellten und magazinierten Stücke auch dann nicht in Sicherheit gebracht, also beispielsweise ausgelagert wurden, als Luftangriffe der Alliierten erfolgten: Das Haus blieb bis zum Juli 1943 geöffnet.

Da die wertvollen, ortsgeschichtlichen Ausstellungsstücke aber nicht, wie andere Bestände des Ruhrlandmuseums, ausgelagert wurden, wurden sie so zu einem großen Teil Opfers eines Fliegerangriffs (Abb. 6).[7]

Nach dem Zweiten Weltkrieg wurde die Villa abgerissen und das Areal, wie oben angedeutet, nicht wieder bebaut.[8]

---

4 Ebd., S. 98.
5 Ein erhellender Artikel findet sich beispielsweise in der Ausgabe der Westdeutschen Allgemeinen Zeitung vom 26.11.1948 mit dem Titel: „Da weint die Schöne von der Isenburg. Bedenkliches aus der Rumpelkammer der Essener Heimatgeschichte."
6 Eine weitere archäologische Maßnahme der Stadtarchäologie in diesem Bereich fand schon einige Jahre zuvor statt: s. Aktionsnummer E–2002–2.
7 Völcker-Janssen, Archäologische Sammlungen der Stadt Essen (wie Anm. 2).
8 An dieser Stelle soll ergänzend angeführt werden, dass der Bau der U-Bahnstrecke zwischen Hirschland- und Berliner Platz in den 1970er/1980er-Jahren u. a. aufgrund der engen Bebauung und der Vielzahl erhaltenswerter Gebäude unterirdisch in geschlossener Bauweise

Abb. 7: Blick auf die umfangreichen Geländearbeiten im Jahr 2021. Das Gelände fällt zur Hindenburgstraße deutlich ab.

Archäologische Begleitung

Auf dem geschichtsträchtigen Grundstück liegt heute der Waldthausenpark, dessen Name an die bekannte Industriellenfamilie erinnert. In den Akten der Stadtarchäologie findet sich ein Hinweis, dass bei Bauarbeiten in den 1960er Jahren angeblich eine gusseiserne Ofenplatte, vermutlich aus dem 16. oder 17. Jahrhundert, gefunden wurde. Über deren Verbleib ist aber nichts mehr bekannt. So kann nur angenommen werden, dass diese entweder zur Villa selbst gehörte und hier sekundär eingebaut war oder, das erscheint wahrscheinlicher, zu den alten und zum Teil zerstörten Museumsbeständen gehörte.[9]

Anlässlich der oben genannten Modernisierungsarbeiten nutzte die Stadtarchäologie in der ersten Jahreshälfte von 2021 die Gelegenheiten, in den Boden zu schauen (Abb. 7).[10] Die Voraussetzungen, archäologische Spuren zu entdecken, waren aber sehr schlecht, denn allgemein reichten die Erdeingriffe, etwa im Bereich von angelegten Wegen, nur weniger als einen halben Meter tief in den Boden hinein. Nur in Ausnahmen waren die Bodeneingriffe tiefer.

Vor allem im Westen des Parks fanden sich auf großen Teilen der Fläche bedeutende Aufschüttungen aus Haldenmaterial, die aus dem Bergbau stammen. Bei tiefer in den Untergrund hineinreichenden Bodeneingriffen, so im Bereich von Kanalschächten, konnten im Osten auch größere Ansammlungen

durchgeführt wurde. Dadurch fanden auf dem Areal – soweit bekannt – keine tiefgreifenden Bodeneingriffe statt (hierzu: Martin Ruhnau, Die angewandten Bautechniken. Sternfahrt 35, 2002, S. 106).

9 Wo sich dieses Objekt befindet, konnte bisher nicht ermittelt werden.
10 Aktionsnummer der Stadtarchäologie E-2021-8.

von Bruchsteinen und anderem Material angetroffen werden. Das könnten unter Umständen sogar Objekte sein, die auf die Villa hinweisen: Dislozierte Ziegel, ältere Backsteine und bearbeitete Steine, unter diesen auch Granit- und Marmorfragmente, wurden beispielsweise gefunden. Dass die Granit- und Marmorstücke vielleicht ursprünglich zu Treppenhäusern oder Fensterbänken der Villa gehörten, kann zwar vermutet werden, es lässt sich aber nicht beweisen.

Unklar bleibt wegen der geringen Bodeneingriffe auch, ob noch Überreste der alten, im Krieg zerstörten Sammlungen, so der ortsgeschichtlichen Sammlung, im Boden liegen und bei zukünftigen Bauarbeiten im Boden erwartet werden können. Zumindest die in den 1960er Jahren gefundene, oben erwähnte Ofenplatte lässt ja an solche Möglichkeiten denken.

Zuletzt soll erwähnt werden, dass auch aufgrund der geringen Eingriffstiefe im Jahr 2021 keine Spuren des mittelalterlichen Stadtgrabens, der hier zum Teil unter der alten Villa verlief, bei den Bauarbeiten gefunden werden konnten.

3. Kurz vorgestellt: Der Atombunker unter dem ehemaligen DB-Hochhaus am Hauptbahnhof

DETLEF HOPP

Vor und während des Zweiten Weltkrieges entstanden zahlreiche zivile und militärische Schutzanlagen, die zu einem großen Teil nach dem Krieg aufgegeben werden mussten. Das bedeutete gleichzeitig, dass viele davon gezielt zerstört und so dauerhaft unbrauchbar gemacht wurden. Einige der zuvor der Stadtarchäologie unbekannten Schutzanlagen, die während des Krieges auf dem Gelände der ehemaligen Krupp-Gussstahlfabrik in Essen bestanden und nach diesem unbenutzbar gemacht worden waren, wurden in den letzten Jahren beispielsweise in den Essener Beiträgen kurz vorgestellt.[1]

Dass sich Archäologen mit Relikten der jüngeren Vergangenheit befassen, entspricht den Forderungen des Denkmalschutzgesetzes, das keine zeitliche Epoche ausschließt und so Denkmäler des 19. bis 21. Jahrhunderts mit einbezieht. 2017 wurden deshalb vom Deutschen Verband für Archäologie „Leitlinien zu

---

[1] So etwa D. Hopp, 11. Eine wiederentdeckte Luftschutzanlage auf dem Gelände der ehemaligen Krupp-Gussstahlfabrik. Vorbericht, Berichte zu archäologischen Beobachtungen. In: EB 133, 2020, S. 66–71. Weiterhin z. B.: D. Hopp, Dokumentation von zwei wiederentdeckten Luftschutzanlagen auf dem Gelände der ehemaligen Krupp-Gussstahlfabrik. Berichte aus der Essener Denkmalpflege 7 (2013).

Abb. 8: Zugang zur Bunkeranlage nach dem Abriss des DB-Verwaltungsgebäudes

einer Archäologie der Moderne" veröffentlicht,[2] da die Archäologie vor allem in den letzten beiden Jahrzehnten zunehmend die jüngsten historischen Epochen in ihre Tätigkeit einbezogen hat.

Seither steht die Archäologie vor ungelösten Aufgaben. Ihnen versucht man ggf. in der Praxis mit einer Beschränkung auf ausgewählte Relikte, beispielsweise der NS-Zeit (z. B. Lager oder Bunker), zu begegnen.

Dass bisher eine systematische Erfassung möglicher Bodendenkmäler aufgrund der Größe der neuen Aufgabenstellung nicht erfolgen konnte, versteht sich von selbst. Doch umfasst eine „Archäologie der Moderne" sehr viel mehr: eigentlich alle Spuren menschlichen Wirkens und nicht nur das Erbe der NS-Zeit, sondern ebenso Hinterlassenschaften der Schwerindustrie, des Bergbaus, des zivilen Lebens oder auch solche des Kalten Krieges.

Kriterien, unter welchen Umständen es sich aber bei Hinterlassenschaften im Boden auch um schützenswerte Bodendenkmäler handelt, werden zukünftig zu erarbeiten sein.

Der Kalte Krieg umfasst den Zeitraum zwischen 1947 und 1989. Es ist eine Phase, die durch Auseinandersetzungen zwischen den Westmächten und dem sog. Ostblock geprägt war. Als ihr Höhepunkt galt die Kubakrise (1962). Die aus diesen Spannungen resultierende konventionelle und atomare Aufrüstung führte in Westdeutschland unter anderem zum Ausbau alter Schutzanlagen und zur Errichtung neuer für die Bevölkerung. Daneben entstanden aber auch für Einrichtungen von besonderer Bedeutung neue Bunkeranlagen, von denen viele auch im Falle eines Atomschlages Schutz bieten sollten.

---

[2] In: Blickpunkt Archäologie 4, 2017, S. 236–245.

Abb. 9: Schwere Schutztüren ermöglichen die hermetische Abriegelung der Anlage

Beispielhaft für eine solche Schutzanlage steht der im Kalten Krieg entstandene unterirdische Bau, der sich unter dem 2018/19 abgerissenen DB-Hochhaus befand, das ab 1961 errichtet und 1968 fertiggestellt wurde. Der 32 × 22 Meter große Bunker reicht bis 16 m unter die Erdoberfläche und liegt mit seinen bis zu drei Meter mächtigen Betondecken unter dem neu darüber errichteten Hotel, dessen Richtfest am 5. März 2020 stattfand und das zur englischen Kette Premier-Inn gehört.

Hausherr der Schutzanlage unter dem alten DB-Hochhaus war das Bundesbahnbetriebsamt, das hier eine Ersatz-Zentrale für den Hauptbahnhof für die im Hochhaus ansässige Bahnverwaltung betrieb. Die Bunkeranlage war dabei Bestandteil eines bis in die 1980er Jahre bestehenden deutschlandweiten Verbundsystems.

Die unter dem abgerissenen DB-Hochhaus liegende Anlage war und ist jetzt wieder über Treppen zugänglich. Die durch schwere Schleusentore hermetisch verschließbare Anlage erstreckt sich auf zwei Etagen (Abb. 9).

Bereits im Frühjahr 2019 konnte die Anlage von der Stadtarchäologie begangen und grob erfasst werden.[3] Seit der Hotelneubau steht, erforscht der Bochumer Studienkreis für Bunker, Stollen, Deckungsgräben und unterirdische Fabrikationsanlagen e.V. unter Wilfried Maehler[4] die Anlage bis ins Detail und beabsichtigt eine umfassende, separate Veröffentlichung dieses bedeutenden Schutzbaus.

So genügt an dieser Stelle eine Kurzvorstellung des Denkmals. In dem ersten, dem oberen Stockwerk waren verschiedene Kommunikationssysteme, darunter Telefonleitungen, aber auch die Elektrik untergebracht worden. Im Zentralraum steht auch jetzt noch eine mehrere Quadratmeter große Karte aus Glas, auf der Deutschland noch in den Grenzen des Deutschen Reichs und mit alten Städtenamen abgebildet wird. Auf dieser Karte, in Planquadrate unterteilt, konnten im Konfliktfall beispielsweise durch Angriffe kontaminierte Bereiche verzeichnet und dank der im Bunker vorhandenen Technik auch kommuniziert werden. Gleichzei-

---

3   Aktionsnummer: 2599, E-2019-12.
4   W. Maehler/M. Ide, Luftschutz in Bochum. Dokumentation des Studienkreises Bochumer Bunker e.V. Bochum 2006.

Abb. 10: Glastafel im Zentralraum der oberen Etage

tig diente dieser besondere Raum auch als Konferenzraum. Meldekarten, die sich in diesem und in anderen Räumen fanden, verzeichnen als letzte Einträge ein Datum gegen Ende des Jahres 1970.

Zu den Versorgungseinrichtungen im Untergeschoss gehören Sanitäranlagen, Schlafräume, ein Arztzimmer sowie Sektionen, in denen sich Öl- und Wassertanks befanden. Eine von der Außenwelt unabhängige Stromerzeugung und ein eigenes Belüftungssystem ermöglichten die sichere Unterkunft von schätzungsweise 70 bis 80 Personen und damit auch die Weiterführung des Betriebes im Ernstfall.

Der Bunker selbst war auf der Nordseite des Bahnhofes unterirdisch an ein weitläufiges, jedoch nicht weiter untersuchtes Tunnelsystem angebunden, zu dem auch der so genannte Posttunnel gehörte.[5]

4. Essen im Wandel – Der Beitrag der Luftbildarchäologie zur Archäologie der Moderne

DETLEF HOPP, BAOQUAN SONG UND MARTEN STÜBS

Vor gut einem halben Jahrhundert bestimmten noch Fabrikschornsteine, dichte Rauchwolken und Smog das Bild des Ruhrgebietes. Dieses Bild hat sich in den letzten Jahrzehnten gründlich gewandelt: Heute stehen das Ruhrgebiet und Essen für den erfolgreichen Strukturwandel und sie werden verbunden mit den Rollen, die sie als „Kulturhauptstadt Europas 2010" und als „Grüne Hauptstadt Europas" 2017 innehatten.

Die industrielle Vergangenheit verbindet Essen und die Ruhrgebietsstädte nach wie vor miteinander. Dieses reiche Industrieerbe führte dazu, dass unter

---

[5] Auf Anfrage an den Betreiber des Hotels Premier-Inn sind heute Führungen durch den Bunker möglich.

Abb. 11: Die Autoren Detlef Hopp und Baoquan Song der neuen Reihe „Essen im Wandel", die vom Amt für Geoinformation, Vermessung und Kataster herausgegeben wird. Marten Stübs ist für die Bildredaktion zuständig.

Abb. 12: Historisches Senkrechtluftbild vom Kernbereich der ehemaligen Friedrich-Krupp-Gussstahlfabrik 1926

der Federführung der Stiftung Industriedenkmalpflege und Geschichtskultur vor wenigen Jahren das Welterbe-Projekt „Industrielle Kulturlandschaft Ruhrgebiet" ins Leben gerufen wurde.

Festzuhalten bleibt, dass sich das Ruhrgebiet in den letzten Jahrzehnten enorm veränderte: Diesen Wandel von der industriellen zur postindustriellen Kulturlandschaft der Nachkriegszeit veranschaulichen Luftbilder wie kaum ein anderes Medium.

Für die Stadt Essen entstanden erste Aufnahmen schon um 1910 und seit 1926 wurden systematische Befliegungen durchgeführt. Einige Bildserien, besonders die von 1943 und 1952, zeigen die Zerstörungen und die Folgen des Zweiten Weltkrieges. Vor allem die noch wenig bekannten Bilder der Alliierten, die im Krieg angefertigt wurden, belegen ganz unmittelbar die Zerstörungen ziviler und militärischer Ziele. Jüngere und ganz aktuelle Bilder künden dagegen von

Abb. 13: Der Kernbereich der ehemaligen Friedrich-Krupp-Gussstahlfabrik in einer Schrägaufnahme von 2016. Hier steht heute das ThyssenKrupp Quartier.

dem erstaunenden Wechsel von einer einst durch die Industrie, jetzt vielfach durch das Grün geprägten Landschaft.

Luftbilder sind noch vielfach unbekannte, wertvolle Quellen der Forschung, die miteinander verglichen werden können: Für Essen erlaubt das umfangreiche fotografische Material in den städtischen Archiven und dem Ruhr Museum heute gezielte, multitemporale Luftbildauswertungen und es ist, dank der digitalen Technik, sogar möglich geworden, aus „alten" Luftbildern „neue" 3D-Modelle zu erzeugen.

Die neue Reihe „Essen im Wandel", die das Amt für Geoinformation, Vermessung und Kataster herausgibt, widmet sich seit dem Frühjahr 2022 genau diesem fotografischen Erbe und zeigt, wie sich die Industrielandschaft, die Infrastruktur, aber auch die Ortskerne oder besondere Bauten im Laufe von 100 Jahren veränderten. Für das Projekt, das nur ausgewählte Objekte zeigen kann, wurden auch 3D-Bilder erzeugt, die mittels einer Brille sogar dreidimensional betrachtet werden können.

Abb. 14: Cover des ersten Bandes der neuen Reihe „Essen im Wandel"

Viele historische und aktuelle Luftbilder stehen heute in Geoportalen wie *Geobasis NRW, TIM-online* oder dem *Historischen Portal Stadt Essen* Interessenten frei zur Verfügung. Diese Bilder zeigen als unverzichtbare Quellen den erstaunlich schnellen Wandel unserer Kulturlandschaft in den letzten einhundert Jahren und können damit nicht nur Archäologen, Denkmalpflegern und Historikern, sondern auch Bauherren und Planern zukünftig vermehrt als wertvolle Informationsquellen dienen.

2022 erschien der erste Band der neuen Reihe „Essen im Wandel". Deren Herausgeber ist das Amt für Geoinformation, Vermessung und Kataster. Band 1 stellte „Orte der Produktion" vor (Abb. 14), Band 2 „Lebensräume und Infrastruktur". Im Frühjahr 2023 folgte Band 3 mit „Burgen, Schlösser, „Residenzen". Ende des gleichen Jahres soll der vierte Band mit dem Titel „Klöster, Kirchen, Gotteshäuser" erscheinen. Weitere Bände sind in Vorbereitung, darunter auch ein Band, der „Historische Ortskerne" vorstellt.

Jeder dieser Bände präsentiert speziell ausgewählte Beispiele zum jeweiligen Thema. Dabei zeigte die intensive Beschäftigung mit den historischen und aktuellen Luftbildern, welch hervorragende Quellengattung für die weitere Forschung insgesamt noch erschlossen werden kann. Systematische, themenbezogene Erfassung sind Ziele, denen in den kommenden Jahren nachgegangen werden könnte. Die Themen sind vielfältig, wie an der neuen Reihe gezeigt werden soll.

Gerade die Anwendung der neuen Bildbearbeitungstechniken (z. B. LIDAR-Scans, 3D-Bilder) machen Luftbilder zu unverzichtbaren Zeugnissen, wenn es darum geht, Wissenslücken in der Erforschung des 20. und 21. Jahrhunderts zu schließen.

5. Erste Schritte: Die Analyse von Schlacken aus der Krupp Gussstahlfabrik Essen

DETLEF HOPP UND BAOQUAN SONG

Auf dem Areal der ehemaligen Krupp-Gussstahlfabrik fanden sich seit dem Jahr 2000 bei archäologischen Maßnahmen, zunächst im West-, später im Nordviertel, unzählige Überreste, die mit der Produktion von Stahl in Verbindung gebracht werden können.[1] Stahl wurde an der Altendorfer Straße seit 1819 über einen langen Zeitraum in ganz verschiedenen Prozessen erzeugt (Abb. 15).

[1] B. Beyer, Vom Tiegelstahl zum Kruppstahl. Technik- und Unternehmensgeschichte der Gussstahlfabrik von Friedrich Krupp in der 1. Hälfte des 19. Jahrhunderts. Essen 2007; C. Geiger, Handbuch der Eisen- und Stahlgießerei, Bd. 1, Grundlagen. Berlin 1925, bes. S. 573–575; D.

Abb. 15: Das Luftbild vom 16.10.2018 zeigt im Boden befindliche Befunde in der nordwestlichen Walzwerkhälfte (Walzwerk 2) südlich der Bottroper Straße während der Freilegung

Bei Bauarbeiten zum neuen „thyssenkrupp Quartier" wurde im Jahr 2007, beim Bau einer Tiefgarage, eine auffällig rote Schicht beobachtet, in der riesige Mengen Schlacke und viele hundert Überreste durchgeglühter, zerschlagener Tiegel beisammen lagen (Abb. 16). Wie sich bei der Bearbeitung der Befunde herausstellte, war im Zuge von Ausgleichsmaßnahmen und Gleisbauarbeiten auf dem Gelände um 1870 auf einer großen Fläche Abfall aus der Fabrik an diesem Ort angeschüttet worden.[2] Ähnliche Beobachtungen gelangen im Bereich erhaltener Fundamentreste des Bessemer Werkes III, das südlich der Altendorfer Straße lag und um 1910 von der so genannten Stahlformerei/Martinwerk VI überbaut wurde. Hier fanden sich 2006 ebenfalls große Mengen von Tiegelfragmenten und Schlacken.[3] Das Martinwerk VI, das die Fläche des ehemaligen Bessemer Werkes nahezu vollständig beanspruchte, war Anfang des 20. Jahrhunderts der wichtigste der Essener Stahlbetriebe. Hier wurde der frische Stahl sofort in Formen gegossen.

Auch bei vielen anderen Baumaßnahmen auf dem Areal der ehemaligen Gussstahlfabrik, so im Bereich des nördlich der Altendorfer Straße gelegenen, so genannten Schmelzbaus, wurden ähnliche Auffüllungen entdeckt.[4]

Hopp, Aus den Anfängen der Essener Industriearchäologie, in: D. Hopp (Hrsg.) Industrie. Archäologie. Essen. Industriearchäologie in Essen. Essen 2011, S. 62 ff.; D. Hopp/B. Khil, Stählerne Zeugen der frühen Industriekultur. Archäologie im Rheinland 2002 (2003), S. 191 ff.

[2] B. Khil, Ofenfest. Die Tiegel aus der Gussstahlfabrik Friedr. Krupp AG, in: Hopp (Hrsg.) Industrie. Archäologie. Essen (wie Anm. 1), S. 90.

[3] D. Hopp/B. Khil, Keine leichte Übung, in: Hopp (Hrsg.) Industrie. Archäologie. Essen (wie Anm. 1), S. 82 ff., dies., In Form gebracht – Überreste der Stahlformerei der ehemaligen Krupp'schen Werke. Archäologie im Rheinland 2006 (2007), S. 218 f.

[4] B. Khil/H.-J. Przybilla/E. Schneider, Der Krupp'schen Gussstahlfabrik auf der Spur. Industriearchäologische Relikte an der Hans-Böckler-Str., in: Hopp (Hrsg.) Industrie. Archäologie. Essen (wie Anm. 1), S. 85 ff.

6. Bericht über die Untersuchung einer Scheibenfibel vom Essener Burgplatz mit dem Rasterelektronenmikroskop

DETLEF HOPP, BAOQUAN SONG UND ROLF NEUSER

Einleitung

2002 und 2003 konnte zum ersten Mal seit dem Zweiten Weltkrieg eine größere zusammenhängende Fläche in der Innenstadt vor ihrer Überbauung archäologisch untersucht werden: Zwischen Lichtburg und dem Burggymnasium entstand damals die neue Volkshochschule, die 2004 eröffnet wurde.

Die archäologischen Untersuchungen, die im Vorfeld der Neubebauung stattfanden, wurden vor allem durch eine Ausgrabungsfirma durchgeführt.[1] Unter den freigelegten, neuzeitlichen Fundamenten kamen mittelalterliche Bruchsteinmauern, Siedlungsschichten und zahlreiche Gruben zum Vorschein. Das in großen Mengen geborgene Siedlungsmaterial, vor allem Überreste von Keramikgefäßen, reicht bis in die Gründungszeit des Damenstifts hinein. Der Großteil der Funde stammt etwa aus dem 9. bis 12. Jahrhundert.[2]

Abb. 19: Die Fibel von der Vorder- und Rückseite

---

[1] Vgl. Fundbericht von U. Ocklenburg, Bonner Jahrbücher 205, 2005, S. 327 f.
[2] Zusammenfassend: D. Hopp, Untersuchungen in der Baugrube der neuen Volkshochschule. In: D. Hopp (Hrsg.), Ans Tageslicht gebracht. Archäologie in der Essener City. Essen 2009, S. 41–43; ders., Archäologisches vom Gelände der Volkshochschule in der Innenstadt. Berichte aus der Essener Denkmalpflege 16. Essen 2017.

Die Untersuchung der Fibel

Am 13. Februar 2017 wurde aus dem Fundmaterial eine Scheibenfibel[3] naturwissenschaftlich durch Dr. Rolf Neuser (Mikroanalytisches Labor, Institut für Geologie, Fakultät für Geowissenschaften der Ruhr-Universität Bochum) mit dem Rasterelektronenmikroskop (REM) untersucht. Das Forschungsziel bestand darin, die Legierung der Scheibenfibel zu analysieren. Zudem ließen einige ungewöhnliche Merkmale auf der Oberfläche der Gewandnadel vermuten, dass auf der stark durch Brand zerstörten Außen- und Innenseite noch Reste einer Verzierung oder sogar anhaftender Stoffe erhalten geblieben sein könnten (Abb. 19).

Der bisher in Essen noch sehr selten geglückte Fund, eine kleine Gewandnadel aus Buntmetall, die zunächst nur sehr grob in das 9. bis 12. Jahrhundert datiert werden konnte, wurde durch die oben genannten Ausgrabungen auf dem Burgplatz in Essen ans Tageslicht gebracht (Abb. 20 und 21).[4] Zusammen mit anderen Funden der Ausgrabung wurde sie in dem Seminar „Stadtarchäologie Essen als Beispiel der Bodendenkmalpflege im Ruhrgebiet" im Wintersemester 2016/17 im Rahmen einer Kooperation zwischen der Stadtarchäologie Essen (Dr. Detlef Hopp) und dem Institut für Archäologische Wissenschaften an der Ruhr-Universität Bochum (Dr. Baoquan Song) untersucht. Die Fibel wurde mit den Keramik- und anderen Metallfunden aus dem Ruhr Museum Essen ausgeliehen.[5] Aufgrund ihres sehr schlechten Zustandes wurde die Scheibenfibel im Ruhr Museum vom Restaurator in Paraloid gehärtet.

Die Fibel

Die Fibel mit flacher, kreisförmiger Zierplatte hat einen Durchmesser von etwa 3,2 cm. Sie weist, wie oben beschrieben, eine sehr starke Korrosion und Brandspuren auf. Schon mit bloßem Auge waren auf der Ober- und Unterseite größere, kohleartige Partikel und andere verbackene organische Überreste erkennbar (vgl. Abb. 19). Eine mikroskopische Betrachtung bestätigte zunächst, dass es sich um Reste von Holzkohle handeln kann, die auf der Oberfläche vorhanden sind,

---

[3] Vgl. D. Hopp, Archäologisches (wie Anm. 2), S. 9 (oben).

[4] Hierzu u. a.: D. Hopp/S. Leenen, Zwischen Mauern. Der Stiftsbezirk im Hochmittelalter. In: Hopp (Hrsg.), Ans Tageslicht gebracht (wie Anm. 2), S 26–32; D. Hopp, Archäologische Spuren im frühen Essener Stift. Berichte aus der Essener Denkmalpflege 11. Essen 2015, bes. S. 23–31; Von Rüdiger Oer wurde der Stadtarchäologie eine weitere Fibel vorgelegt, die u. a. in Hopp, Untersuchungen (wie Anm. 2) S. 41 f. und in D. Hopp, Archäologisches vom Gelände ... (wie Anm. 2, S. 8) vorgestellt und daselbst, vorsichtig, als Heiligenfibel gedeutet wurde. Nach neueren Erkenntnissen dürfte es sich aber eher um eine so genannte Münzfibel handeln, die vielfach Pseudo-Münzen waren.

[5] Thomas Duczek bearbeitete später den Fundkomplex im Rahmen seiner Masterarbeit an der Ruhr Universität Bochum.

doch ließ sich die Vermutung, dass Überreste einer anhaftenden gewebeartigen Struktur erhalten geblieben sein könnten, nicht ausreichend bestätigen.[6] Dafür ist es wahrscheinlich, dass sich Überreste von Pflanzenspuren erhalten haben.

Auf der Unterseite blieben die Teile der Nadel erhalten, doch ließen sich, bis auf geringe ausgebrochene Partien, keine sicheren Belege dafür finden, dass ursprünglich, wie vermutet, eine Scharnierkonstruktion und ein (niedriger?) Nadelhalter vorhanden waren.

Probeentnahme

Wie oben beschrieben, war der Zustand der Gewandspange, auch nach der Behandlung mit Paraloid, äußerst fragil. Deshalb kamen für die Untersuchung nur solche Verfahren in Frage, die das Original möglichst wenig beschädigen sollten.

Neben der Untersuchung unter dem Rasterelektronenmikroskop war auch eine Probeentnahme vorgesehen. Für dieses Vorhaben wurde nur eine sehr geringe Menge Probematerial benötigt, die von Dr. Neuser an einer unauffälligen Stelle mit Hilfe eines besonderen Präzisionsbohrers entnommen wurde, dessen Kopf einen Durchmesser von einem Millimeter besaß.

Die auf diese Weise gewonnenen Späne (Abb. 22) wurden anschließend auf zwei Probenteller gestreut, wobei die erste Probe mit Kohlenstoff, die andere mit Gold bedampft wurde.

Analyse

Die untersuchten Proben weisen an einigen Partikeln auffallend hohe Konzentrationen von Blei (Pb) auf. Im sogenannten Rückstreu-

Abb. 20 und 21: Blick über die Untersuchung und Grabungsplan

---

6   Aktionsnummer: NI2002/1032, St. 11–238. Die Grabung wurde von der Ausgrabungsfirma U. Ocklenburg (Ocklenburg-Archäologie) durchgeführt.

Abb. 22: Probespäne

Elektronenbild erscheinen diese Partikel hellweiß. Die festgestellten Pb-Gehalte liegen zwischen 85,1 bis 97,4 Gewichts (Gew)-%.

Zudem wurden Metallspäne einer Legierung mit hohem Kupfergehalt lokalisiert, dessen Werte zwischen 72,2 und 88,5 Gew.-% betrugen. Als zweite Hauptkomponente enthielt diese Legierung Zink und Zinn, wobei der Zinkgehalt höher liegt als der Zinnanteil (zwischen 11,2 und 12,2 Gew.-% Zink und 0,8 Gew.-% Zinn).

Aufgrund dieser Analysen konnte zusammenfassend festgestellt werden, dass die Fibel aus einer Metalllegierung, nämlich Messing, gefertigt wurde. Das heißt, die Scheibenfibel besteht aus einer Legierung aus Kupfer und Zink.

Zudem wurden auch andere Elemente wie Eisen und Silber beobachtet, die aber nur in geringen Anteilen vorkommen. Silikatische Partikel, die ebenfalls in geringer Menge im Bohrmehl im Probematerial vorhanden waren, stammen möglicherweise aus sandartigen Anhaftungen und somit letztlich aus dem Sediment, in das die Fibel eingelagert war. Doch soll an dieser Stelle auch ergänzt werden, dass Email eine Masse ist, die aus Silikaten (z. B. Feldspat) und Metalloxiden (Verbindungen eines Metalls mit Sauerstoff) besteht.

Bemerkenswerterweise war der Anteil von Kupfer und Zink in der Legierung nicht einheitlich, sondern er variiert deutlich. Dieser Umstand könnte zunächst darauf schließen lassen, dass die Legierung, aus der die Gewandspange entstand, nicht von einer ausgewogenen und hohen Qualität war. Bei genauerer Betrachtung der Fibel, vor allem aber des im Rasterelektronenmikroskop entstandenen Bildes (Abb. 23), zeigte sich, dass – unbeabsichtigt, weil so unter der Korrosionsschicht nicht zu erkennen – bei der Probenentnahme eine Stelle angebohrt worden war, an der sich ein tordierter Messingdraht über dem eigentlichen Fibelkörper aus Messing befindet.

Das bei der Analyse festgestellte, hoch konzentrierte Blei könnte durch Löten auf die Messingplatte gelangt sein: Es erscheint zumindest recht wahrscheinlich, dass das Blei als Lot zur Befestigung des Drahtes auf der Oberfläche der Scheibenfibel verwendet worden war.

Dieser Draht, zweifellos ein Zierdraht mit etwas anderer Materialzusammensetzung als der Fibelkörper, begrenzt eine kreisrunde Fläche auf der Schauseite, in der sich vielleicht ein heute verlorenes Schmuckelement, beispielsweise eine

BERICHTE ZU ARCHÄOLOGISCHEN BEOBACHTUNGEN

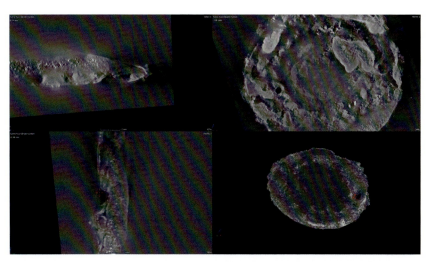

Abb. 23: Bilder aus der Arbeit: Der Screenshot oben rechts macht beispielsweise Überreste einer heute so mit bloßem Auge nicht mehr sichtbaren "Einfassung" wieder erkennbar

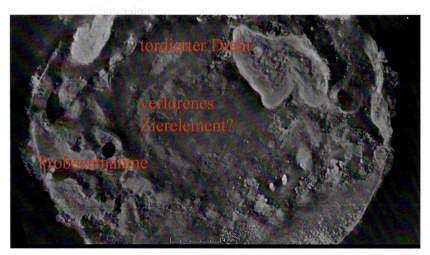

Abb. 24 Detailaufnahme der Unterseite der Fibel

Einlage aus Metall oder Email,[7] befunden hatte. Zusätzlich weist eine weitere, nur mit Hilfe des Rasterelektronenmikroskops erkennbare, in etwa kreisförmige

---

[7] Sog. Email- oder Grubenemailfibeln, hierzu allgemein: R. Bergmann, Karolingisch-ottonische Fibeln in Westfalen, in: C. Stiegermann/M. Wemhoff (Hrsg.), 799 – Kunst und Kultur der Karolingerzeit. Karl der Große und Papst Leo III. in Paderborn. Mainz 1999, bes. S. 441–443. In Westfalen wurden Emailfibeln an vielen Orten entdeckt.

Struktur (Abb. 24) auf dieses verlorengegangene Zierelement hin. Letztlich bleibt es aber unklar, wie dieses aussah. Die durch die Analysen ebenfalls nachgewiesenen, allerdings geringen Spuren von Eisen und Silber erlauben hier keinerlei weitere Rückschlüsse auf dieses vermutete Schmuckelement.

Nicht gänzlich soll ausgeschlossen werden, dass die Fibel, obwohl sie heute aufgrund ihres Erhaltungszustandes eher wie ein armseliger Vertreter der Scheibenfibeln erscheint, von guter Qualität und aufwändiger verziert war.

Nicht unerwähnt sollen die Brandpartikel bleiben, die sich auf der Oberfläche erhalten haben und schon vor der Untersuchung unter dem Mikroskop auffielen. Diese machen das Stück, das im Stiftsbereich gefunden wurde, zu einem möglichen Zeugen des Stiftsbrandes von 946, über den schriftliche Quellen berichten. Beweisen lässt sich diese Vermutung jedoch nicht.[8]

Vorläufiges Ergebnis

Aufgrund der Analysen kann eine Datierung der Fibel, die wahrscheinlich von einer Frau, doch möglicherweise auch von einem Mann oder einem Kind getragen wurde, in das 9. bis 12. Jahrhundert, möglicherweise sogar in das 9./10. Jahrhundert erfolgen.

7. Neuere Forschungsansätze zu Pingenfeldern (nicht nur) im Essener Süden

DETLEF HOPP

2018 und 2020 wurden in Essen zwei ungewöhnliche archäologische Objekte als Bodendenkmäler eingetragen und damit geschützt: Pingenfelder. Dies gelang, obwohl zweierlei Aspekte die Eintragung erschwerten: Einerseits war es das vermeintlich geringe Alter, andererseits die Größe der zu schützenden Flächen.

Letzteres ist durchaus ein Problem: Zeichnen sich Bodendenkmäler vielfach durch ihre Fläche aus, die unter Schutz gestellt werden soll, so übertreffen die Pingenfelder die Größe der allermeisten Bodendenkmäler um ein Vielfaches. Gleichzeitig ist aber auch die Datierung der beiden Relikte in die Neuzeit ein Hindernis für einen dauerhaften Schutz, sind doch, stark vereinfacht, ältere Bodendenkmäler „leichter" einzutragen.

---

[8] D. Hopp, Archäologisches (wie Anm. 2), S. 4 und 8.

Abb. 25: Ganz unterschiedliche „Eingrabungen" blieben auf dem Pingenfeld der Zeche Victoria erhalten. Der LIDAR-Scan zeigt Bergbauspuren im westlichen Grubenfeld der Zeche.

An vielen Orten, so auch in Essen, gelang es aber zuvor, große Flächen als Bodendenkmäler einzutragen. Als ein Beispiel sei das mittelalterliche Bodendenkmal Alteburg in Heidhausen genannt, eine Fliehburg, die sich auf dem Pastoratsberg oberhalb Werdens befindet. Allein die Kernanlage erstreckt sich über 400 × 200 m. Generell ist es aber deutlich leichter, kleinere Denkmäler für die Zukunft zu bewahren als die großen. Das hat verschiedene Gründe: Schon die Anzahl der Eigentümer spielt bei der Eintragung als Denkmal eine bedeutende Rolle, können diese doch beispielsweise Einwände gegen die Unterschutzstellung vortragen und Widerspruch einlegen. Bewirkt der Schutz eines Denkmals für die Öffentlichkeit Gutes, nämlich den dauerhaften Erhalt, so sollte, aus dem Blickwinkel des Eigentümers betrachtet, nicht vergessen werden, dass sich Denkmäler möglicherweise sogar vollständig einer beabsichtigten Umgestaltung oder Nutzungsänderung entziehen können.

Wie oben erwähnt, genießen jetzt zwei der vielen Essener Pingenfelder den Schutz vor Bodeneingriffen: Das zuerst eigetragene liegt etwa einen Kilometer südöstlich von Kettwig in einem Waldgebiet: Auf einer Fläche von rund 500 × 100 m sind an der Charlottenhofstraße bergbauliche Relikte in Gestalt zahlreicher, künstlich angelegter Gruben, den sogenannten Pingen, erhalten geblieben. Die Unterschutzstellung bewirkt primär ihre Erhaltung und eröffnet damit sekundär ihre weitere Erforschung, so dass künftig genauere Rückschlüsse auf den oberflächennahen Steinkohlenbergbau des 17. bis 19. Jahrhunderts – in diesem Zeitraum fand hier der Abbau statt – möglich sind. Dieses Pingenfeld wurde am 28. Juni 2018 als Bodendenkmal eingetragen (Abb. 27).

Nur wenig später, am 3. März 2020, gelang es, ein zweites, das deutlich jüngere und aus dem 19. Jahrhundert stammende Pingenfeld der Zeche Victoria in Byfang als Bodendenkmal dauerhaft zu schützen (Abb. 25).

Archäologie der Moderne

Vergleichbare, recht junge Bodendenkmäler sind Teil der erst vor wenigen Jahren neu definierten „Archäologie der Moderne", die in etwa den Zeitraum der letzten zwei Jahrhunderte umfasst. Sie nimmt sich als neuester und jüngster Zweig der Archäologie seit gut zehn Jahren der archäologischen Relikte dieses Zeitraumes unserer Geschichte an. Schon zu Beginn des neuen Jahrtausends wurden in Essen erstmals im Boden verbliebene Überreste der Schwerindustrie von Archäologen beobachtet. Später wurden auch archäologisch fassbare Veränderungen der Umwelt, der soziale Wandel, besonders aufgrund des Bevölkerungswachstums, sowie der Ausbau der Infrastruktur im 19. und 20. Jahrhundert sowie die Kriege mit ihren Folgen zu weiteren Arbeitsfeldern der Archäologie der Moderne.[1]

In vielen kleinen Beiträgen und den bis 2019 jährlichen Ausstellungen wies die Stadtarchäologie auf neu entdeckte Befunde oder ungelöste Fragen hin, die sich aus der Beschäftigung mit den Relikten der jüngsten Vergangenheit ergaben.[2]

Bergbau

Zweifellos hat aber kaum ein Wirtschaftszweig in der Ruhrgebietslandschaft so viele und vor allem so tiefe Spuren hinterlassen wie der Bergbau. Viele Zeugnisse sind in Essen nördlich und südlich der Ruhr auch noch als bauliche Relikte sichtbar. Doch reicht der Bergbau vor allem tief in den Boden hinein.

Im Essener Stadtgebiet zeichnen sich die Lagerstätten der Kohle dadurch aus, dass die Kohleflöze im Süden generell leichter erreichbar sind und die Kohle oft sogar oberflächennah ansteht. Von besonderer Bedeutung ist deshalb auch, dass die Spuren des Bergbaus weit in die Vergangenheit zurückreichen können. Noch immer sind besonders in den Waldgebieten südlich der Ruhr viele – in der Regel im Detail weitgehend unbekannte – Zeugnisse des frühen Bergbaus erhalten geblieben, die sich in der Gestalt der so genannten Pingenfelder entdecken lassen. Zusammenfassend werden mit dem Begriff Pingen solche Strukturen im

---

1 Vgl. Patrick Jung/Heinrich Theodor Grütter (Hrsg.), Jüngste Zeiten. Archäologie der Moderne an Rhein und Ruhr. Oppenheim 2023.
2 So ist bereits 2011 als zusammenfassende Arbeit durch Detlef Hopp (Hrsg.), Industrie. Archäologie. Essen. Industriearchäologie in Essen. Essen 2011 vorgelegt worden. Die hier beschriebenen Themenfelder umfassten schon damals weit mehr als nur die Industriearchäologie und umschrieben viele der Aufgaben, derer sich die junge Archäologie der Moderne heute annimmt oder zukünftig annehmen wird.

Gelände umschrieben, die im günstigen Fall als Hohlformen, meist als verfüllte oder teilverfüllte Gruben, erkennbar sind und durch den Bergbau entstanden.

Dabei können die Zeugen der bergbaulichen Tätigkeiten in den Wäldern, abhängig auch von der Topographie und der Geologie, ganz unterschiedlich erhalten sein. Gerade die ältesten Bergbauspuren sind am schlechtesten zu erkennen, weil sie im Laufe der Zeit beispielsweise durch Erosion vielfach vollkommen verfüllt wurden. Erschwerend kommt hinzu, dass gerade diese alten Kohlegruben am wenigsten in den Boden hineinreichten.

Auch wundert es nicht, dass Pingen auf alten Nutzflächen kaum zu finden sind, vor allem dann, wenn sie durch späteren Ackerbau überprägt wurden. So verhielt es sich beispielsweise an der Grünen Harfe in Heidhausen, wo erst vor wenigen Jahren bei laufenden Bauarbeiten Pingen entdeckt wurden, die vermutlich aus dem Spätmittelalter stammen (Abb. 27). Vor den eigentlichen Baumaßnahmen, die anlässlich der Neubebauung des Areals durchgeführt wurden, wurde das Vorhandensein dieser Pingen jedenfalls nicht bemerkt, obwohl hier sogar archäologische Prospektionen durch eine professionelle Ausgrabungsfirma stattfanden. Der Grund für das Nichterkennen war die Lage der Befunde auf einer in der Neuzeit landwirtschaftlich genutzten und dadurch weitgehend ebenen Fläche. Erst beim Aushub der Baugruben für neue Gebäude wurden deshalb die beiden verfüllten Steinkohlepingen gefunden.[3]

In Waldgebieten sind dafür in der Regel zumindest die Spuren jüngeren Bergbaus des 19. und 20. Jahrhunderts leichter erkennbar, wie es auch Abb. 25, das Pingenfeld der Zeche Victoria mit seinen vielen, sehr unterschiedlichen Befunden, zeigt. Dabei zeigt deren Fülle, darunter auch zum Teil recht große Tagesbrüche, den ehemaligen Bergbau an.

Historische Bergbaukarten liefern (nicht nur in diesem Falle) zusätzliche Informationen, und sie sind, beim guten Bearbeitungsstand jüngeren Bergbaus, auch gut auswertbar. Besondere Schwierigkeiten bereitet aber der Uraltbergbau. Etwa seit der Mitte der 1830er Jahre wurden Berichte über den Kohlenbergbau in der Grafschaft Mark angefertigt, dabei setzte sich Freiherr vom Stein (Heinrich Friedrich Karl vom und zum Stein), der seit 1784 Direktor des Märkischen Bergamtes und Veranlasser der Clever-Märkischen Bergordnung war, für ein modernes Markscheidewesen ein. Somit bleibt aber als Problem der ältere Bergbau, der zuvor nur sehr unsystematisch oder gar nicht erfasst wurde.

---

[3] Detlef Hopp, 3.3 Zwei Steinkohlepingen in Heidhausen. In: ders. (Hrsg.), Archäologische Spuren zum Bergbau in Essen. Vom Steinbeil bis zur Grubenlampe. Essen 2019, S. 49 und 51.

Spuren des Bergbaus

Die Spuren des Steinkohlenbergbaus sind im Süden des Kohlereviers, in Essen südlich der Ruhr, deshalb besonders gut zu entdecken, weil hier das Flöz führende Karbon an vielen Stellen an der Erdoberfläche ausstreicht. Es ist gerade dieser Umstand, der vermuten lässt, dass Steinkohle unter diesen günstigen Bedingungen schon sehr früh, vielleicht seit der Vorgeschichte, abgesammelt worden sein kann. Ein solches Handeln wird sich archäologisch aber nur dort nachweisen lassen, wo Steinkohle auch genutzt wurde:

Für die frühe Verwendung von Kohle lässt sich in Essen sogar ein Fundort benennen, da hier, in der römischen Kaiserzeit, Germanen Eisen bearbeiteten. Für die in Hinsel gefundene Siedlung lässt sich belegen, dass die Eigenschaften der Steinkohle, so die Hitzeentwicklung beim Schmieden, den Bewohnern schon früh bekannt waren. Dies führte dazu, dass die in Hinsel nachgewiesene Steinkohle – so genannte Fettkohle –, die aus einem Ausheizherd mit Schmiedegrube der genannten germanischen Siedlung stammt, deshalb gezielt gesucht und verwendet wurde. Die Kohle stammt, so belegt es eine naturwissenschaftliche Analyse, sehr wahrscheinlich aus dem nahen Werdener Revier.[4] Auch für das frühe Mittelalter wird die Verwendung von Steinkohle in Essen durch archäologische Befunde, für das Spätmittelalter zusätzlich auch durch historische Quellen, belegt.

Dabei soll nicht verschwiegen werden, dass es ein immenser Nachteil ist, dass die oberflächennah gelagerte Kohle der Verwitterung ausgesetzt ist: Die Verwitterung bringt als Folge die Minderung der Qualität, besonders der Brennqualität, mit sich. Folglich führte längerfristig kein Weg daran vorbei, in tieferen Lagen nach guter Kohle, also Kohle mit den gewünschten Brenneigenschaften, zu suchen. Dass dieses gezielte Suchen schon in der Römischen Kaiserzeit im Ruhrgebiet stattfand, bleibt noch zu beweisen. Es erscheint möglich, doch sind, wie oben beschrieben, diese Befunde besonders schwer zu entdecken, dürften doch kaiserzeitliche Pingen beispielsweise von späteren Steinkohleschürfern zerstört worden sein, weil auch diese den Flözen folgten.

Im Laufe der Zeit hinterließ diese Form der recht einfachen Kohlengräberei, das Schürfen nach Kohle, so wie auch der spätere Tiefbau, ganz charakteristische Spuren im Boden: Während die ältesten Pingen wenig in den Boden hineinreichten und so einen relativ geringen Durchmesser besaßen, reichen spätere Pingen, zu denen auch brunnenartige Pingen zählen, bis etwa vier bis fünf Meter tief in den Boden hinein. Während bei den ältesten Pingen möglicherweise ein Sichern der Grubenwände durch einen Verbau unnötig oder nur in geringem

---

[4] Detlef Hopp, 2.6 Der Beginn des Steinkohlebergbaus. In: ders., Archäologische Spuren zum Bergbau in Essen. Vom Steinbeil bis zur Grubenlampe. Essen 2019, S. 25–26.

Maß nötig war, wurden andere brunnenartig ausgebaut. Zu ersteren gehören vielleicht auch die oben genannten Pingen in Heidhausen,[5] die möglicherweise in das 14. Jahrhundert datiert werden können. In diesem Fall blieben keinerlei Spuren von Leitern, Steighilfen oder eines (wenn überhaupt ehemals vorhandenen) Verbaus erhalten. Sollte ein solcher vorhanden gewesen sein, dann fand er, nach erfolgtem Abbau, eine weitere Verwendung.

Bei vielen größeren Pingen im Essener Süden handelt es sich um ausgebaute Schachtpingen, die einen Durchmesser von bis zu 10 m besitzen können. Solche Pingen können auch erst im 19. oder sogar im 20. Jahrhundert entstanden sein. Deren Abraumhalden, die die Gruben umgeben, sind vor allem bei den jüngsten Pingen noch besonders gut im Gelände auszumachen.

Vor allem im Bereich des jüngeren und jüngsten Abbaus sind, wie auch beim Pingenfeld der Zeche Victoria, vielfach große Tagesbrüche auszumachen, die so auf den bekannten unterirdischen Abbau, den Tiefbau, hinweisen. Dass ein solches Areal nicht betreten werden sollte, ohne sich der möglichen Gefahren bewusst zu sein, muss und soll hier zumindest am Rande erwähnt werden (Abb. 25).

LiDAR

Im Essener Süden sind nach wie vor die vielen tausend, unterschiedlich verfüllten bergbaulichen Relikte vor allem in den Waldgebieten als Reihen von Pingen unterschiedlichen Durchmessers und von unterschiedlicher Tiefe erkennbar.

Seit wenigen Jahren ermöglicht die Analyse von Luftbildern die Entdeckung archäologischer Befunde, ohne dass zunächst Geländearbeiten stattfinden müssen. Auf diese Weise wurden auch für das Areal östlich der Alteburg durch die Analyse von LiDAR-Bildern (Light detection and ranging – eine Form des dreidimensionalen Laserscanning) Pingenfelder (ca. 18.–19. Jh.)[6] bekannt (Abb. 26). Das sogenannte Airborne Laserscanning erlaubte eine bewuchsfreie Darstellung der Geländeoberfläche, so dass sich auch die Bergbaubefunde (u. v. a. m.) abzeichnen.

Hinweise auf die Datierung solcher Pingen ermöglichen die neueren Untersuchungen von Till Kasielke und Harald Zepp, die sich gezielt der Erfassung solcher Befunde annahmen und annehmen:[7] Sie entwickelten Vorgehensweisen, die es gestatten, aus der Größe, der Form- und den Lagemerkmalen der Pingen Rückschlüsse auf die Entstehung einer Pinge oder eines Pingenfeldes zu ziehen. Dabei stehen die oben genannten neuen Möglichkeiten der digitalen Relief-

---

5 Hopp, Zwei Steinkohlepingen in Heidhausen (wie Anm. 3), S. 49–51.
6 Die genauere Datierung steht noch aus.
7 Till Kasielke/Harald Zepp, Pingen des Steinkohlenbergbaus im Ruhrgebiet – Genese, Detektion und Interpretation, in: Der Anschnitt 73, 2021, H. 3, S. 82 ff.

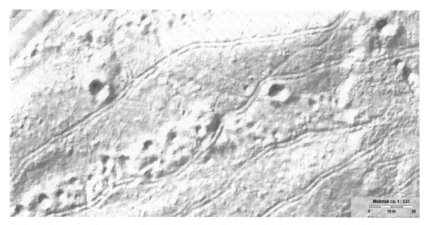

Abb. 26: Der Ausschnitt aus dem Pingenfeld in Kettwig gleicht einer Kraterlandschaft: Deutlich zu unterscheiden sind beispielsweise einige größere Schachtpingen/Schächte und viele kleinere, weniger tiefe Pingen. Auch die Abraumhalden sind oft noch gut zu erkennen.

analyse im Vordergrund, wobei diese Forschungen bei Bedarf auch durch das Aufsuchen der Befunde in den Waldgebieten ergänzt werden können und sollten.

Die Pingen selbst liefern vielerlei Datierungshinweise: So gibt es solche, die durch das Schürfen und die Materialentnahme entstehen. Andere Bergbaurelikte werden durch das Nachsacken der Erde beim Versturz oberflächennaher, bergbaulicher Strukturen hervorgerufen. Das Erscheinungsbild dieser Pingen, die selten in regelmäßigen Abständen liegen, unterscheidet sich mitunter deutlich von Ersteren und hilft schon so bei der ersten Ansprache und Datierung solcher Befunde.

Neben der (oft schon geleisteten) auf die jeweilige Fragestellung ausgerichteten, gezielteren Auswertung schriftlicher und anderer Quellen, bleibt vor allem die systematische Erkundung der neuen Bildquellen bei der Suche nach Spuren des Uralt-Abbaus[8] von Steinkohlen. Nicht nur Archäologen, sondern auch Geodäten, Geographen und Historiker haben hier noch viel Forschungsarbeit zu leisten.

Fazit

Die aufgezeigten Auswertungsmöglichkeiten von LiDAR-Scans, die die Geographen Till Kasielke und Harald Zepp u. a. beschrieben, werden in der Zukunft einen wesentlichen Beitrag dazu leisten, auch den frühen Steinkohlebergbau im

---

[8] Und damit besonders des nicht durch Schrift- und andere Quellen bekannten Abbaus.

Abb. 27: Eine der beiden in Heidhausen entdeckten Pingen kurz nach ihrer Entdeckung. An der Erdoberfläche war von dieser Pinge nichts zu sehen. Mit Hilfe von Georadar könnten solche Befunde aber gefunden werden.

Ruhrgebiet besser zu verstehen – ohne dass zunächst der Spaten der Ausgräber angesetzt werden muss. Zusätzlich bieten sich in Einzelfällen auch Georadarmessungen und andere Forschungsmethoden an, um den Untergrund bei Bedarf berührungsfrei zu erforschen.[9]

8. Tinten-, Tusche- und Leimgefäße – Relikte früher Massenproduktion von der Glückstraße in Essen

DETLEF HOPP UND RALF SCHIMPF

Einleitung

Die Stadtarchäologie hatte in der Zeit zwischen Juli und August 2012 im Ostviertel die Gelegenheit, die Erdarbeiten zu begleiten und einen größeren neuzeitlichen Fundkomplex sicherzustellen.[1] Dieses Areal, ehemals eine Geländemulde, wurde in der Zeit von 1895 bis Mitte der 1920er Jahre genutzt, um vorwiegend Haushaltsabfälle und Herdasche abzuschütten. Nach 1926 lässt sich auf diesem Areal ein Sportplatz nachweisen. In den letzten Jahren des Zweiten Weltkriegs wurde hier Kriegsschutt aufgetragen und bis zum Anfang der 1950er Jahre diente die Fläche wieder als Müllkippe.

---

[9] So kann das Georadar beispielsweise gut auf ebenen Ackerflächen eingesetzt werden. Dies scheint vor allem dann sinnvoll, wenn LiDAR-Aufnahmen das Vorhandensein von (verfüllten) Pingen anzeigen. Auf diese Weise können auch Bauhindernisse – in diesem Falle tief in den Boden hineinreichende Schürfgruben – identifiziert und bei Möglichkeit sogar umgangen werden.

[1] D. Hopp, Garbology – ein Blick in den Essener Müll des 19. und 20. Jahrhunderts, in: Archäologie im Rheinland 2012, 240–242; Ausführlich wurden die Tinten-, Tusche- und Leimgefäße von den Autoren in den Berichten aus der Essener Denkmalpflege 22 (Essen 2020) vorgelegt.

Abb. 28: Blick in einen tiefen Suchgraben. Links sind deutlich Auffüllungsschichten erkennbar.

Die Abfälle wurden seinerzeit in für Archäologen gut erkennbaren, schräg abfallenden Schichten in die Bodensenke abgeschüttet.

Von Archäologen werden Objekte des 19./20. Jahrhunderts erst seit gut 20 Jahren wissenschaftlich bearbeitet. Die sogenannte „Archäologie der Moderne" kümmert sich um diesen Zeitraum, ein Auftrag, der sich letztlich aus den Denkmalschutzgesetzen der Länder ableiten lässt.

Die große Fülle der geborgenen Objekte stellt dabei besondere Ansprüche nicht nur an die Archäologie, sondern auch an die Museen, die dauerhaft den Erhalt der Funde bewerkstelligen müssen.

Bei genauerem Hinsehen erweist sich dieser Aufwand jedoch als lohnenswert, können doch durch die archäologische Beobachtung Informationen gewonnen werden, die anders nicht oder nur mit großem Aufwand zu erzielen sind.

Dies kann an dem Beispiel der Tinten-, Tusche und Leimgefäße gezeigt werden, die in großer Zahl an der Glückstraße oder anderen Fundstellen in Essen geborgen wurden.

Bergung der Funde

Als nachteilig erwies sich bei der Bergung der Objekte die moderne Abtragung des Bodens durch das Baugerät, die weitgehend horizontal erfolgte. Dadurch war eine nach Schichten getrennte Aufsammlung der Funde ganz wesentlich erschwert.

Bei der archäologischen Begleitung des Bodenaushubs konnte jedoch festgestellt werden, dass die Auffüllung des Geländes von zwei Zentren im Norden und Westen erfolgt sein musste und sich die jüngsten Aufschüttungen im Süden und Südwesten des Areals befanden.

Zudem fanden sich Konzentrationen von Schutt und Müll. Diese punktuellen Fundanhäufungen und charakteristischen Einlagerungen erlaubten eine Trennung des Materials und eine zeitliche Einteilung der Funde in drei Phasen:

- Die erste entspricht ungefähr der Zeit von 1895 bis 1910,
- die zweite, weniger gut zu trennende, der Zeit von 1910 bis in die 1920er Jahre und
- die dritte der Zeit vom Zweiten Weltkrieg bis in die beginnenden 1950er Jahre.

Fundstücke

Unter den zahlreichen bei der Maßnahme geborgenen Fundobjekten, darunter Überresten von Gebrauchskeramik aus Porzellan und Steingut, Resten von Glasflaschen unterschiedlichster Gestalt und Funktion, Fragmenten von Porzellanpuppen und -pfeifen oder vielen Überresten von Leuchtmitteln, befanden sich auch über 60 kleine Gefäße aus Glas, Porzellan und salzglasiertem Steinzeug, die in den Berichten aus der Essener Denkmalpflege 22, erschienen im Jahr 2020, eingehend besprochen wurden.

Obwohl nur ein Glas die Reliefinschrift „UHU-Tinte" im Boden aufwies und so auf den Verwendungszweck hinwies, lag es nahe, die meisten dieser Objekte aufgrund ihrer Gestalt als Tintenfässchen anzusprechen. Zwar waren die damals üblichen, aufgeklebten Papieretiketten im feuchten Boden vergangen, jedoch enthielten manche Behältnisse noch blau und schwarz gefärbte Rückstände, zweifellos die Spuren der Tinte. Einige Glasgefäße stammen noch aus der Mundglasfertigung, andere bestehen aus Pressglas und besitzen teilweise einen Schraubdeckel aus Bakelit, der seit den 1930er Jahren weite Verbreitung fand. Die festgestellte Formenvielfalt überraschte (Abb. 29).[2]

Zahlreiche Behältnisse besitzen eine oder zwei Rinnen zur Ablage eines Federhalters, die eine Erfin-

Abb. 29: In der Ausstellung „Stadtarchäologie 2012" wurden die Funde von der Glückstraße erstmals gezeigt. Foto: Von links nach rechts: J. Kunow (damals Direktor des LVR-Amtes für Bodendenkmalpflege), Detlef Hopp, und Oberbürgermeister Thomas Kufen.

---

[2] C. Maywald, Das Tintenfass: die Geschichte der Tintenaufbewahrung in Mitteleuropa. Berlin 1997.

Abb. 30: Beispiele für Federleggläser

dung des späten 19. Jahrhunderts sind und auf den Wechsel von der Kiel- zur Metallfeder hinweisen (Abb. 30).

Andere geborgene Gefäße aus Porzellan waren beispielsweise als Einsatz für eine Schulbank gedacht.[3] Bei den Recherchen fanden sich Hinweise dafür, dass auch die alten Schulbänke noch bis weit in die 1920er Jahre und darüber hinaus ihren Dienst taten.

Ein Gefäß verdient aufgrund seiner besonderen Form und Einmaligkeit im Fundkomplex eine besondere Erwähnung: Es ist ein zylindrisches Glas mit kurzem Hals, in den ein trichterartiger Einsatz eingepasst ist, der sich nach oben schalenförmig weitet. Es handelt sich um ein Tintenglas, das vermutlich längere Zeit in einem Büro in Gebrauch war. Das älteste Referenzmodell ließ sich in einem Katalog der Firma Joseph J. Perry von 1894 nachweisen. Es handelt sich dabei um ein Tintenglas mit sogenanntem Spartrichter, der ein Verdunsten der Tinte verhindern und die Tinte vor Staub schützen sollte (Abb. 31).

Obwohl die Etiketten als wichtiges Datierungsmerkmal ausfielen, gelang es durch eingehende Recherche, die Entstehungszeit fast aller Gefäße zu bestimmen. Eine große Anzahl ließ sich dank der im Boden eingeprägten Ziffern früheren

[3] Berichte aus der Essener Denkmalpflege 22 (wie Anm. 1), S. 19.

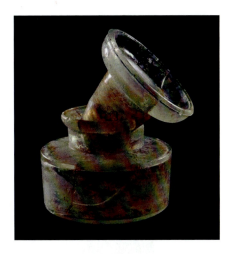

Abb. 31: Tintenfass mit Spartrichter

Produktserien der Firma Pelikan zuweisen. Bei einem Tintenglas konnte mit Hilfe der im Boden eingeprägten D.R.G.M.-Nummer[4] der Eintrag in das Gebrauchsmusterregister auf das Jahr 1938 datiert werden. Dadurch konnten die stratigraphischen Ergebnisse bestätigt und die meisten Gefäße den drei Nutzungsphasen zugeordnet werden.

Mit wenigen Ausnahmen kann angenommen werden, dass es sich bei der großen Zahl der unversehrten Gefäße um Produkte handelt, die nach dem Aufbrauchen des Inhalts in den Hausmüll gelangten. Die Hälfte der Fundstücke stammt aus der Zeit bis zum Ersten Weltkrieg, einer Phase der beispiellosen Hochkonjunktur mit dem Aufstieg neuer industrieller Leitsektoren.[5] Sie ist gekennzeichnet durch Anhebung des Lebensstandards und Entlastung der Arbeiterbevölkerung von den drängendsten materiellen Nöten, durch hohen Alphabetisierungsgrad, aber auch durch zunehmende Umweltverschmutzung und einen sorglosen Umgang mit den materiellen Ressourcen.

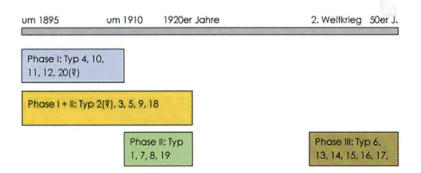

Abb. 32: Aufgrund der Analyse des Fundmaterials festgestellte Zeiträume, in denen die Gefäße in den Boden gelangt sein können

---

4 Deutsches Reichsgebrauchsmuster.
5 V. Ullrich, Die nervöse Großmacht. Aufstieg und Untergang des deutschen Kaiserreichs 1871–1918. Frankfurt a.M. 2010, S. 127 f.

DIE MINISTERIAL-RITTERLICHEN FAMILIEN ALTENDORF UND VITTINGHOFF BIS ZUM JAHR 1350

PETRA MEUWSEN

1. Einleitung

Das heutige Ruhrgebiet ist geprägt von der industriellen Entwicklung, die die Vormoderne in der Erforschung und Wahrnehmung in den Hintergrund gedrängt hat. So wird die Region an der mittleren Ruhr[1] von Mediävisten meist nur punktuell untersucht, wobei die Herrschaftsstrukturen des Kanonissenstifts Essen, der Benediktinerabtei Werden und der Grafen von Mark im Fokus stehen. Die weltliche Führungsschicht unterhalb der obersten Machtebene ist hingegen selten Gegenstand wissenschaftlicher Untersuchungen und die ministerialen Ritter der Region, ihre Netzwerke, wirtschaftliche Situation, ihr Verhältnis zu den verschiedenen Herrschern der Region und ihr Selbstverständnis sind entweder unerforscht oder der Kenntnisstand geht primär auf ältere heimatkundliche Beiträge zurück.

Die Entstehung der Ritterschaft aus den Ministerialen im 13. und beginnenden 14. Jahrhundert ist Bestandteil einer Periode beginnender Territorialisierung sowie des wirtschaftlichen und sozialen Umbruchs. Dabei sind die Ermordung des Kölner Erzbischofs Engelbert im Jahr 1225, die sich anschließenden Auseinandersetzungen um das Erbe des Mörders Friedrich von Isenberg und die Schlacht bei Worringen 1288, die das Expansionsstreben der Kölner Erzbischöfe beendet, die wichtigsten machtpolitischen Ereignisse des 13. Jahrhunderts. Das auch nach 1288 fortdauernde Ringen um Selbständigkeit, Einfluss und Besitz zwischen den verschiedenen weltlichen Dynastien, den Kölner Erzbischöfen und dem Stift Essen mündet in der Formierung der Landesherrschaften. In diesem komplexen und heterogenen Umfeld bewegen sich Ministeriale und Ritter, die an der Entwicklung einen erheblichen Anteil haben. Ministeriale sind höhergestellte, unfreie Dienstmannen einer weltlichen oder geistlichen Macht mit besonderen Privilegien und Rechten, während ein *miles* bzw. *ridder* seit dem Hochmittelalter einen berittenen Kämpfer meint. Zu diesen Personen gehören auch die Familien Altendorf und Vittinghoff im heutigen Essen, deren Entwicklung bis 1350 im Folgenden näher betrachtet werden soll.[2] Die umfassende Erschließung sämtlicher gedruckt und ungedruckt überlieferter Schriftquellen zu allen Personen der

---

1 Ungefähr das Gebiet der heutigen Städte Essen, Bochum, Gelsenkirchen und Hattingen.
2 Der Beitrag beruht auf der 2022 von der Universität Hagen angenommenen Dissertation der Autorin. Die Arbeit wurde in zwei Bänden publiziert: Petra Meuwsen, Ministeriale und Ritter an der mittleren Ruhr bis zum Jahr 1350 – Fallstudie anhand der Familien Altendorf,

beiden Familien bildete die Grundlage; zusätzlich wurde zu Analysezwecken auf dieser Quellenbasis eine relationale Datenbank programmiert.[3] Im Mittelpunkt stehen die Handlungs-, Sozial- und Wirtschaftsräume der Ministerialen bzw. Ritter. Die Untersuchungsperspektive ist mithin die der Familien, nicht die einer weltlichen oder geistlichen Macht.

Zunächst werden die regionalen Entwicklungen und Strukturen der Ruhrregion zwischen 1150 und 1350 vorgestellt und anschließend wird der Forschungsstand kurz umrissen. Da Zweinamigkeit erst im 13. Jahrhundert einsetzt – und damit die Identifizierungsmöglichkeit von Personen –, Ministeriale jedoch schon zuvor auftreten, gibt Kapitel 4 einen Überblick über ihre Entstehung und ihren sozialen Status. Darauf aufbauend werden die Familien Altendorf und Vittinghoff vorgestellt. Die Informationen werden anschließend unter verschiedenen Aspekten – Siegel, Netzwerke, Ministerialität, Rittertum, Besitz, Lehen, Ämter, Stiftungen und Wohnsitze – datenbasiert analysiert und inhaltlich interpretiert, ins Verhältnis zu anderen ministerial-ritterlichen Familien gesetzt und im herrschaftlichen und zeitlichen Kontext verortet. Mit einem Fazit schließt der Beitrag ab.

2. Die politische und territoriale Entwicklung bis zum Jahr 1350

Mit der Eroberung Sachsens durch Karl den Großen wurde das rechtsrheinische Gebiet christlich. In der Folge entstanden neben den Einflussgebieten der Kölner Erzbischöfe geistliche Korporationen, wobei die beherrschende Stellung an der mittleren Ruhr die Abtei Werden und das nachmalige Frauenstift Essen einnahmen. Der Missionar Liudger gründete um das Jahr 790 das Kloster Werden an der Ruhr auf heutigem Essener Stadtgebiet als Eigenkloster. In den folgenden Jahrhunderten erhielt das Kloster reiche Schenkungen durch Könige und viele Einzelpersonen und die materielle Basis der Abtei war beträchtlich. Ende des 12. Jahrhunderts war die Blütezeit zu Ende und es folgte eine Zeit der wirtschaftlichen Stagnation. Erst Ende des 15. Jahrhunderts war die Reichsabtei in der Lage, den Verfall aufzuhalten. Die Abtei verfügte von Beginn an über das Recht der freien Vogt- und Abtwahl.[4] Das Stift Essen wurde um 850 durch Bischof Altfried von Hildesheim am Hellweg gegründet und ausgestattet. Die Frauengemeinschaft erhielt in den folgenden Jahrhunderten umfangreiche Schenkungen, so dass

---

Eickenscheidt, Duker, Holtey, Horst, Leithen, Leythen, Lüttelnau, Schalke und Vittinghoff, Teil 1: Untersuchung, Teil 2: Regestenbuch Mittlere Ruhr. Hamburg 2023.

3   Unter dem Forschungsbegriff „Familie" wird eine Gruppe blutsverwandter Menschen verstanden, die über mehrere Generationen den gleichen Nach- bzw. Herkunftsnamen trägt.

4   Carolin Wirtz, Essen-Werden – Benediktiner (um 790–1803), in: Nordrheinisches Klosterbuch. Lexikon der Stifte und Klöster bis 1815. Teil 2: Düsseldorf bis Kleve, hrsg. v. Manfred Groten u. a. Siegburg 2012, S. 337–351.

Anfang des 13. Jahrhunderts der Besitz ca. 900 Höfe umfasste. Das zunächst aus Äbtissin und Kanonissenkonvent bestehende Stift bildete im 13. Jahrhundert zusätzlich ein Kanonikerkonvent heraus.[5] Das reichsunmittelbare Stift verfügte über das Recht der freien Vogt- und Äbtissinnenwahl, der geistlichen und weltlichen Gerichtsbarkeit mit Ausnahme der Blutgerichtsbarkeit und unterstand direkt dem Papst.[6]

In Westfalen und im Rheinland gab es nach der Cluniazenser Reform und in Fortsetzung mit der Hirsauer Reform im 11. Jahrhundert etliche Neugründungen von Klöstern – für die Region zwischen Ruhr und Lippe erreichte jedoch keins der Zisterzienser- oder Prämonstratenserklöster größere Bedeutung. Essen und Werden blieben trotz beginnender interner und externer Schwierigkeiten sowie finanzieller Herausforderungen tonangebend und wirtschaftlich dominant. In den sich langsam herausbildenden Städten Werden und Essen konnten die im 13. Jahrhundert entstehenden Bettelorden – beispielsweise Franziskaner oder Dominikaner – gleichfalls nicht Fuß fassen.[7] Der große Besitz in der Nähe beider Klöster und ihre beherrschende Stellung scheinen wenig Spielraum für Gründungsinitiativen gelassen zu haben. Allerdings standen die Essener Äbtissinnen

---

[5] Obwohl nichts über ihre Innenverhältnisse, Organisation oder Zusammensetzung bekannt ist, gelten die zahlreichen sächsischen Konvente des 9. und 10. Jhdts. als von Adeligen gegründet, regiert und nur mit adeligen Konventsmitgliedern besetzt. Felten weist nach, dass dies, auch für Essen, nicht tragfähig ist. Franz Felten, Wie adelig waren Kanonissenstifte (und andere weibliche Konvente) im frühen und hohen Mittelalter?, in: Studien zum Kanonissenstift, hrsg. v. Irene Crusius. Göttingen 2001, S. 39–128, besonders S. 50, 55 f. und S. 74. Siehe auch Thomas Schilp, …sorores et fratres capituli secularis ecclesie Assindensis… Binnenstrukturen des Frauenstifts Essen im 13. Jahrhundert, in: Reform – Reformation – Säkularisation. Frauenstifte in Krisenzeiten, hrsg. v. Jan Gerchow u. Thomas Schilp. Essen 2004, S. 54–63. Für die Erfüllung seelsorgerischer Aufgaben und die Verrichtung gottesdienstlich-liturgischer Funktionen benötigt ein Frauenstift männliche Geistliche. Bis Mitte des 12. Jhdts. erscheinen die Kleriker in Essen nicht eigenständig. Erstmals treten sie 1224 als selbständiges Rechtssubjekt auf, weshalb Schilp von einer beginnenden Bildung eines Kanonikerkonvents um 1200 ausgeht. In der zweiten Hälfte des 13. Jhdts. werden Kanonissen und Kanoniker als „Gesamtsouveränität" des Stifts bezeichnet. Die Kanoniker avancieren zu einer eigenständigen, rechtsfähigen Korporation. Thomas Schilp, Der Kanonikerkonvent des (hochadligen) Damenstifts St. Cosmas und Damian in Essen während des Mittelalters, in: Studien zum weltlichen Kollegiatstift in Deutschland, hrsg. v. Irene Crusius. Göttingen 1995, S. 169–231, hier: S. 170 f., S. 179–181, S. 185 und S. 190.

[6] Thomas Schilp, Essen – Stift (um 850–1803), in: Nordrheinisches Klosterbuch. Lexikon der Stifte und Klöster bis 1815. Teil 2: Düsseldorf bis Kleve, hrsg. v. Manfred Groten u. a. Siegburg 2012, S. 296–319. Thomas Lux, Das Stift Essen. Grundzüge seiner Geschichte von der Mitte des 9. Jahrhunderts bis zum Jahre 1495, in: Vergessene Zeiten. Mittelalter im Ruhrgebiet, Katalog Bd. 2, hrsg. v. Ferdinand Seibt u. a. Essen 1990, S. 23–27.

[7] Peter Johanek, Klosterlandschaft Ruhrgebiet – Klöster und Orden im Umbruch des 12. und 13. Jahrhunderts, in: Aufruhr 1225! Das Mittelalter an Rhein und Ruhr, hrsg. v. LWL-Museum für Archäologie – Westfälisches Landesmuseum Herne. Mainz 2010, S. 93–106, hier: S. 97 f.

der Frauenfrömmigkeit des 13. Jahrhunderts aufgeschlossen gegenüber, denn es wurden einige Beginenkonvente gegründet und das Stift übte die Kontrolle über das 1073 gegründete und seit den 1220er Jahren den Prämonstratenserinnen zugeordnete Kloster Stoppenberg (Essen)[8] wie auch das im 12. Jahrhundert gegründete Stift Rellinghausen (Essen) aus.

Der Nukleus für die im Spätmittelalter entstehenden Territorien der Grafen von der Mark und von Berg war die Teilung der Grafschaft Berg, die 1166 zwischen den Söhnen des Grafen Adolfs II. von Berg erfolgte. Nach dem Tod des einen Sohns, Eberhard von Altena, fand eine weitere Teilung zwischen dessen Söhnen Arnold von Isenberg und Friedrich von Altena-Mark statt, vermutlich im Jahr 1174/75.[9] Arnold begründete die in der Forschung isenbergisch oder limburgisch genannte Linie und Friedrich die altenaisch oder märkisch genannte Linie. Arnold und sein Sohn Friedrich von Isenberg konzentrierten ihre Herrschaft auf die Bereiche um Nienbrügge (Hamm) und die Region an der Ruhr zwischen der neu errichteten Isenburg (bei Hattingen) und (Mülheim-)Styrum. Seit den 1210er Jahren spitzten sich die Auseinandersetzungen – unter anderem um die Essener Stiftsvogtei – zwischen dem Kölner Erzbischof Engelbert von Berg und einer Gruppe um Friedrich von Isenberg zu. Der Zwist gipfelte 1225 in der Ermordung Erzbischof Engelberts bei einer missglückten Gefangennahme. Daraufhin wurde Friedrich 1226 in Köln hingerichtet und die Isenburg geschleift. Den größten Teil der Besitzungen Friedrichs brachte sein Cousin Adolf I. von Altena-Mark an sich, der so die seit der Teilung 1174/75 getrennten Rechte und Besitztümer wieder vereinte.[10] 1230 begann die sogenannte Isenberger Fehde, in der Dietrich von Isenberg-Limburg versuchte, die Besitzungen seines Vaters Friedrich von Isenberg zurückzugewinnen.[11] Ein 1243 zwischen Dietrich und Adolf I. geschlossener Vertrag beendete den Konflikt.[12]

Nach dem Tod Heinrichs von Limburg-Berg im Jahr 1247 übernahm sein Sohn Adolf IV. von Berg die Grafschaft Berg und sein anderer Sohn Walram von Limburg das Herzogtum Limburg am Niederrhein. Nach Walrams Tod belehnte König Rudolf I. das Herzogtum an dessen Tochter Irmgard und bestimmte, dass ihr Ehemann, Rainald von Geldern, nach ihrem Tod das Lehen lebenslang besitzen solle. Als Irmgard 1283 starb, stellte jedoch Walrams Neffe, Adolf V. von Berg, Ansprüche. Da sich weitere Verwandte ebenfalls als erbberechtigt

---

8   Heutige Ortsnamen bzw. die Zugehörigkeit zu einer Stadt werden in Klammern ergänzt. Dies dient ausschließlich der geographischen Lokalisierung und ist als Information für den Leser gedacht.
9   Stefan Leenen, Die Isenburgen an der Ruhr. Teil 1: Text. Darmstadt 2011, S. 9.
10 Leenen, Isenburgen 1 (wie Anm. 9), S. 20–36. Brunhilde Leenen, Das Stift Essen und seine Vögte, in: Aus der Nähe betrachtet. Regionale Vernetzungen des Essener Frauenstiftes in Mittelalter und Früher Neuzeit, hrsg. v. Jens Lieven u. Birgitta Falk. Essen 2017, S. 213–230.
11 Zum Verlauf des Konfliktes siehe: Leenen, Isenburgen 1 (wie Anm. 9), S. 46–51.
12 Regestenbuch Mittlere Ruhr (wie Anm. 2), Nr. 70 (1.5.1243).

betrachteten, kam es zum sog. „Limburger Erbfolgestreit". An diesem war auch der Kölner Erzbischof Sifrid von Westerburg beteiligt, der seine territorialen Interessen im rheinischen Raum und im Herzogtum Westfalen, welches ihm unterstand, beeinträchtigt sah. Auf seiner Seite befanden sich die Grafen von Geldern und Arnsberg sowie die Bischöfe von Paderborn und Osnabrück; ihm standen die Stadt Köln, der Herzog von Brabant, die Grafen von Berg, Jülich, Tecklenburg und von der Mark gegenüber. Im Juni 1288 kam es zur Schlacht von Worringen (bei Köln), die mit der Niederlage des Erzbischofs endete.[13] Damit war seine Vormachtstellung vernichtet und die Verbindung der kölnischen Herrschaftsgebiete unmöglich geworden. Der Erbfolgestreit wurde zugunsten von Herzog Johann von Brabant entschieden. Die Grafen von der Mark, Berg, Jülich, Kleve und Geldern nutzten die erzbischöfliche Machtschwäche für den weiteren Auf- und Ausbau ihrer Macht, nachdem sie schon in der ersten Hälfte des 13. Jahrhunderts begonnen hatten, ihre verschiedenen Besitz-, Rechts- und Herrschaftstitel als Einheit zu betrachten und ihre Herrschaftskomplexe räumlich zu verdichten. Als um das Jahr 1300 die Grafschaften gefestigt und deren eigenständige und unabhängige Existenz weitgehend gesichert waren, setzte die Untergliederung in Verwaltungsbezirke ein.[14] Seit Ende des 14. Jahrhunderts kann von weltlichen Landesherrschaften gesprochen werden. Bei beiden geistlichen Institutionen war hingegen der Zehntbezirk wichtiger Ankerpunkt ihrer Territorialisierung, weshalb schon im ausgehenden 13./beginnenden 14. Jahrhundert die Bildung der Landesherrschaften als abgeschlossen angesehen wird.[15] In der Ruhrregion entstand so weder eine Zentralmacht, noch setzte sich eine starke Kleinteiligkeit durch.[16]

Mit der Niederlage bei Worringen ging auch die Zeit der Kölner Erzbischöfe als Stiftsvögte von Essen und Werden zu Ende und die Grafen von der Mark übernahmen diese einflussreichen und wirtschaftlich lukrativen Funktionen.

---

13   Ulrich Lehnart, Schlacht von Worringen. Kriegsführung im Mittelalter. Frankfurt am Main 1994.
14   Wilhelm Janssen, Territorialbildung und Territorialorganisation niederrheinisch-westfälischer Grafschaften bis zur Mitte des 14. Jahrhunderts, in: Hochmittelalterliche Territorialstrukturen in Deutschland und Italien, hrsg. v. Giorgio Chittolini u. Dietmar Willoweit. Berlin 1996, S. 71–96, hier: S. 71 f.
15   Rudolf Kötzschke, Studien zur Verwaltungsgeschichte der Grossgrundherrschaft Werden an der Ruhr. Leipzig 1901, S. 133 f. Winfried Bettecken, Stift und Stadt Essen. „Coenobium Astnide" und Siedlungsentwicklung bis 1244. Münster 1988, S. 101. Thomas Schilp, Städte zwischen Ruhr und Lippe im Kontext der Territorialisierung des 13. Jahrhundert, in: Aufruhr 1225! Das Mittelalter an Rhein und Ruhr, hrsg. v. LWL-Museum für Archäologie – Westfälisches Landesmuseum Herne. Mainz 2010, S. 147–158, hier: S. 156. Der Begriff „Landesherrschaft" ist nicht zeitgenössisch.
16   Albrecht Brendler, Auf dem Weg zum Territorium. Verwaltungsgefüge und Amtsträger der Grafschaft Berg 1225–1380. Bonn 2015, S. 6 f.

DIE MINISTERIAL-RITTERLICHEN FAMILIEN ALTENDORF UND VITTINGHOFF

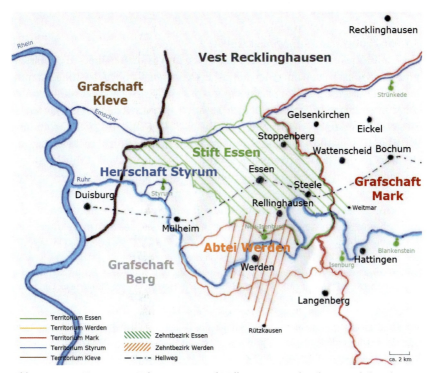

Abb. 33: Karte: Territorien, Zehntgrenzen und Hellweg im ausgehenden 14. Jahrhundert

Dieser konfliktträchtige Prozess hatte schon Mitte des 13. Jahrhunderts eingesetzt und ging auch nach 1288 weiter, da die Kölner Erzbischöfe noch längere Zeit versuchten, die Vogtei zurückzuerlangen, aber letztlich erfolglos blieben.[17] Für die Werdener Abtei gibt es keine überlieferten Quellen, die eine ähnlich gelagerte Streitigkeit vermuten lassen.

An der mittleren Ruhr kam zu den Besitztümern der Klöster Essen und Werden Streubesitz verschiedener kirchlicher Institutionen und weltlicher Herrscher dazu – beispielsweise der Stifte Stoppenberg, Rellinghausen und Xanten, des Klosters Deutz oder der Grafen von Berg und von der Mark. Von den Kölner Erzbischöfen und den Grafen von Kleve und Jülich ist kein umfangreicher Besitz bekannt und Königsgüter, die die Ausstattungsgrundlage für Essen und Werden im Frühmittelalter bildeten, sind im 13. und 14. Jahrhundert unbekannt.[18] Der Umfang des freien Besitzes lässt sich nicht bestimmen.

17 Meuwsen, Ministeriale und Ritter (wie Anm. 2), S. 33. Dort auch die entsprechenden Belege.
18 Für Übersichten siehe: Abtei Werden: Hans-Werner Goetz, Die Grundherrschaft des Klosters Werden und die Siedlungsstrukturen im Ruhrgebiet im frühen und hohen Mittelalter,

3. Forschungsstand

3.1 Forschungsstand zur Ministerialität

Die traditionelle Auffassung von Lehnswesen und Ministerialität – die Ausrichtung der Ministerialen auf einen Lehnsherrn, Lehen als Gegenleistung für militärische Leistungen, die Unterscheidung zwischen Dienstlehen der Ministerialen und echten Lehen freier bzw. adeliger Vasallen – wird seit den 1990er Jahren als zu statisch und unzureichend belegt kritisiert.[19] Der Ursprung der Verbindung zwischen Lehen und Vasallität wird in neueren Arbeiten nicht mehr im 8., sondern im 11. Jahrhundert verortet, so dass Mehrfachvasallität, Erblichkeit und Vorrang der dinglichen vor der personellen Komponente heute als originäre Bestandteile des Lehnswesens verstanden werden.[20] Die starke Bedeutung der Ministerialen wird erst für das 12. und 13. Jahrhundert angenommen, womit das Lehnswesen in den neu entstandenen Territorien des Spätmittelalters eine

---

in: Vergessene Zeiten. Mittelalter im Ruhrgebiet, Katalog Bd. 2, hrsg. v. Ferdinand Seibt u. a. Essen 1990, S. 80–88, hier: S. 83 (Karte). Stift Essen: Helmut Weigel, Studien zur Verfassung und Verwaltung des Grundbesitzes des Frauenstifts Essen (852–1803). Eine vergleichende sozial- und wirtschaftsgeschichtliche Untersuchung zum Problem der Grundherrschaft, in: EB 78 (1960), gesamtes Heft, Karte I, unpaginierte Beilage. Das Stift Xanten war im Raum Wattenscheid (30–50 Güter) und Bochum (10–30 Güter) begütert. Stefan Kraus, Das St.-Viktor-Stift zu Xanten und seine Besitzungen im Ruhrgebiet, in: Vergessene Zeiten. Mittelalter im Ruhrgebiet, Katalog Bd. 2, hrsg. v. Ferdinand Seibt u. a. Essen 1990, S. 93–96, hier: S. 94. Das Kloster Deutz hatte Besitz im Bereich von Hattingen, Wattenscheid und Bochum. Wilhelm Janssen, Adelsherrschaft und Herzogsgewalt – Politische Strukturen und Entwicklungen zwischen Ruhr und Lippe 1180–1300, in: AufRuhr 1225! Das Mittelalter an Rhein und Ruhr, hrsg. v. LWL-Museum für Archäologie/Westfälisches Landesmuseum Herne. Mainz 2010, S. 47–58, hier: S. 49 (Karte). Die Grafen von Altena-Isenberg, Isenberg und Isenberg-Limburg hatten Besitz und Vogteien im Raum Essen und Wattenscheid; nach 1225 starke Reduzierung, Schwerpunkt ist dann u. a. Mülheim a. d. Ruhr. Stefan Leenen, Die Isenburgen an der Ruhr, Teil 2: Kataloge und Tafeln. Darmstadt 2011, unpaginierte Beilage 2. Königsgüter: Hans-Werner Goetz, Das Ruhrgebiet im frühen Mittelalter. Zur Erschließung einer Randlandschaft, in: Blätter für deutsche Landesgeschichte 126 (1990), S. 123–160, hier: unpaginierte Karte 3b. Reichsministeriale sind in der Gegend ebenfalls unbekannt. Andreas Schlunk, Königsmacht und Krongut. Die Machtgrundlage des deutschen Königtums im 13. Jahrhundert – und eine neue historische Methode. Stuttgart 1988, S. 39.

[19] Für einen ausführlichen Überblick über den Forschungsstand zu Ministerialität, Lehnswesen und Rittertum siehe: Steffen Patzold, Das Lehnswesen. München 2012, S. 25–38. Karl-Heinz Spieß, Das Lehnswesen in Deutschland im hohen und späten Mittelalter, 3. Auflage. Stuttgart 2011, S. 17–22. Meuwsen, Ministeriale und Ritter (wie Anm. 2), S. 61–79.

[20] Jürgen Dendorfer, Was war das Lehnswesen? Zur politischen Bedeutung der Lehnsbindung im Hochmittelalter, in: Denkweise und Lebenswelten des Mittelalters, hrsg. v. Eva Schlotheuber. München 2004, S. 43–64, hier: S. 48. Roman Deutinger, Seit wann gibt es Mehrfachvasallität? in: Zeitschrift für Rechtsgeschichte. Germanistische Abteilung 119, 2002, S. 78–105. Patzold, Lehnswesen (wie Anm. 19), S. 7 f. und S. 71–86.

wesentliche Funktion der Herrschaftssicherung war.[21] Lehen waren nicht nur die materielle Ausstattung von Vasallen, sondern unter dem Begriff wurden zeitgenössisch unterschiedliche Leiheverhältnisse verstanden.[22] Generell finden sich in den Quellen kaum Angaben über die Verpflichtungen der Lehnsnehmer. Dass Lehen nur für die Dienstzeit vergeben und nicht vererbbar waren, ist nicht zu belegen. Die Verleihung von Nutzungsrechten aller Art lässt sich deshalb nicht trennscharf auf den grundherrschaftlichen (Leihe) oder den vasallitischen Bereich (Lehen) einschränken.[23] Auch eine Dienstverpflichtung mit primär militärischer Ausrichtung wird in Frage gestellt.[24] Lehnsverbindungen waren nach aktueller Einschätzung ein Mittel zu Konfliktlösung und Bündnispolitik. Nicht die Lehnsbeziehung war ausschlaggebend für das Engagement von Ministerialen, sondern es überwogen verwandtschaftliche oder freundschaftliche Beziehungen, politische oder wirtschaftliche Interessen.[25]

Ministeriale an der mittleren Ruhr sind für das Hoch- und beginnende Spätmittelalter nur hinsichtlich weniger Teilaspekte – meist am Rand im Rahmen von Arbeiten mit anderer Zielsetzung – erforscht. Veröffentlichungen zum Stift Essen beschäftigen sich mehrheitlich mit Entstehung und Entwicklung des Stifts oder haben einen kunstgeschichtlichen bzw. architekturhistorischen Schwerpunkt.[26] Die Auseinandersetzung mit den stiftischen Ministerialen beschränkt sich auf Detailfragen aus der Perspektive des Stifts. Dabei argumentiert die ältere Literatur mit Hans Theodor Hoederath und Konrad Krägeloh in der Vorstellungswelt staatlicher Strukturen des ausgehenden 19. Jahrhunderts, die der mittelalterlichen Welt mit ihren flexiblen Gefügen und situationsbezogenen Handlungsweisen

---

21 Thomas Zotz, Die Formierung der Ministerialität, in: Die Salier und das Reich. Band 3: Gesellschaftlicher und ideengeschichtlicher Wandel im Reich der Salier. Sigmaringen 1991, S. 3–50. Kurt Andermann, Verbreitung, Strukturen und Funktion des Lehnswesens im Umkreis von Fürsten, Grafen, Herren und Prälaten vom 11. bis in die Mitte des 13. Jahrhunderts, in: Ausbildung und Verbreitung des Lehnswesens im Reich und in Italien im 12. und 13. Jahrhundert, hrsg. v. Karl-Heinz Spieß. Ostfildern 2013, S. 307–336.

22 Roman Deutinger, Das hochmittelalterliche Lehnswesen: Ergebnisse und Perspektiven, in: Das Lehnswesen im Hochmittelalter. Forschungskonstrukte – Quellenbefunde – Deutungsrelevanz, hrsg. v. Jürgen Dendorfer u. Roman Deutinger. Ostfildern 2010, S. 463–473, hier: S. 464. Jan Ulrich Keupp, Ministerialität und Lehnswesen. Anmerkungen zur Frage der Dienstlehen, in: Das Lehnswesen im Hochmittelalter. Forschungskonstrukte – Quellenbefunde – Deutungsrelevanz, hrsg. v. Jürgen Dendorfer u. Roman Deutinger. Ostfildern 2010, S. 347–366, hier: S. 350 und S. 360 f.

23 Ebd., S. 354–357.

24 Deutinger, Lehnswesen (wie Anm. 22), S. 464–471.

25 Dendorfer, Was war (wie Anm. Was war), S. 52 und S. 58 f.

26 Hier wurden in den letzten Jahren neue Ergebnisse vorgelegt. Siehe vor allem die Schriftenreihe „Essener Forschungen zum Frauenstift" und die Zeitschrift „Das Münster am Hellweg" (= MaH).

nicht gerecht wird.[27] Krägelohs Quellenübersichten sind jedoch bis heute relevant, da die Dokumente teilweise im Zweiten Weltkrieg vernichtet wurden.[28] Mit den Essener Oberhöfen, die das wirtschaftliche Rückgrat des Stifts bildeten und oft von Ministerialen geleitet wurden, beschäftigen sich verschiedene Arbeiten, die methodisch nicht heutigen Anforderungen entsprechen.[29] Die Arbeiten von Helmut Weigel zur Verwaltung des Essener Grundbesitzes berührt die Thematik der Ministerialen nicht und Winfried Bettecken beschäftigt sich übersichtsartig mit einigen Ministerialen aus Perspektive der geistlichen Institution.[30]

Die Beiträge von Thomas Schilp und Hans-Werner Goetz befassen sich mit Entstehung und Entwicklung der Grundherrschaften des Stifts Essen bzw. der Abtei Werden; ihre Erkenntnisse berühren die Thematik der Ministerialen und Ritter nicht, sind jedoch für Fragen von deren wirtschaftlicher Situation

---

[27] Hans Theodor Hoederath, Die Landeshoheit der Fürstäbtissinnen von Essen, ihre Entstehung und Entwicklung bis zum Ende des 14. Jahrhunderts, in: EB 43, 1926, S. 145–194. Konrad Krägeloh, Die Lehnkammer des Frauenstifts Essen. Ein Beitrag zur Erforschung des Essener Kanzleiwesens, in: EB 48, 1930, S. 99–278, hier: S. 135–171. Die Schlussfolgerungen gehen in nachfolgende Arbeiten ein, z. B.: Konrad Ribbeck, Zur Kultur- und Wirtschaftsgeschichte des Stiftes Essen im Mittelalter, in: EB 48, 1930, S. 23–50. Brunhilde Leenen, Positionierung zwischen den Mächten – Die Landesherrschaft der Äbtissin von Essen, in: AufRuhr 1225! Das Mittelalter an Rhein und Ruhr, hrsg. v. LWL-Museum für Archäologie/ Westfälisches Landesmuseum Herne. Mainz 2010, S. 77–91, hier: S. 83 und S. 86–89.

[28] Konrad Krägeloh, Urkundliche und statistische Unterlagen der Abhandlung: Die Lehnkammer des Frauenstifts Essen, in: EB 58, 1939, S. 5–171.

[29] Karl Heinrich Schäfer, Geschichte des Oberhofes Eickenscheidt im Gebiete der gefürsteten Reichsabtei Essen, in: EB 32, 1910, S. 1–123. Elisabeth Heimann, Der Essener Oberhof Viehof. Münster 1922. Leo van de Loo, Eickenscheidt, zur Geschichte des Oberhofes, des Hofes und seiner Unterhöfe sowie der aufsitzenden Familien, zugleich ein Beitrag zur Gründungsgeschichte Essens und zur Geschichte des Essener Bauerntums, in: EB 56, 1938, S. 91–212. Ferdinand Schellmann/Leo van de Loo/Robert Jahn, Eickenscheidt – Nienhausen, Zur Geschichte der beiden essendischen Oberhöfe und ihrer Familien. Essen 1939. Friedhelm Samolak: Der Essener Oberhof Ückendorf. Ein Beitrag zur Wirtschaftsgeschichte Westfalens. Münster 1952. Ernst-Otto Sievert, Der Essener Oberhof Brockhof. Ein Beitrag zur Rechts- und Wirtschaftsgeschichte im Gebiet des Stiftes Essen und der Grafschaft Mark. Göttingen 1954. Willy Timm, Brockhausen bei Unna. Oberhof und Lehnsgut des Stiftes Essen sowie das neue Konferenzzentrum „Oberhof Brockhausen". Unna 1996.

[30] Weigel, Verfassung und Verwaltung (wie Anm. 18). Helmut Weigel, Aufbau und Wandlungen der Grundherrschaft des Frauenstiftes Essen (852–1803), in: Das erste Jahrtausend – Kultur und Kunst im werdenden Abendland an Rhein und Ruhr, hrsg. v. Kurt Böhner u. a. Düsseldorf 1962, S. 256–295. Goetz weist auf eine mangelnde zeitliche Differenzierung und Widersprüche hin. Hans-Werner Goetz, Besitz und Grundherrschaft des Frauenstiftes Essen im frühen und hohen Mittelalter, in: Frauen bauen Europa. Internationale Verflechtungen des Frauenstifts Essen, hrsg. v. Thomas Schilp. Essen 2011, S. 107–140, hier: S. 107 f. Bettecken, Coenobium Astnide (wie Anm. 15), S. 105–132.

relevant.³¹ Eine umfassende Untersuchung zu den Siedlungsstrukturen des Hellwegraums zwischen dem 13. und 16. Jahrhundert, die wesentlich durch ministeriale Familien mitgestaltet wurden, gibt Ludger Tewes.³² Brunhilde Leenens Abhandlung zur Einbindung der Ministerialen durch die Essener Äbtissinnen zeigt neue Ansätze, zieht jedoch nur Schriftstücke des Stifts heran.³³ Mit dem Adel im Ruhrgebiet setzte sich eine Ausstellung im Jahr 2021/2022 auseinander; die kurzen Übersichtsartikel im Begleitkatalog nehmen neue Forschungen zur Ministerialität jedoch kaum auf.³⁴ Eine Untersuchung von Schilp behandelt Zusammensetzung und Entwicklung des vorwiegend aus Ministerialen bestehenden Kanonikerkapitels.³⁵ Mit den Essener Memorienstiftungen im 13. und 14. Jahrhundert beschäftigen sich Sandra Büttner und Thorsten Fischer, die auch Stiftungen und Vermächtnisse durch Ministeriale ansprechen.³⁶ Neuere Arbeiten zum Stift Rellinghausen gibt es nicht und die ältere Heimatliteratur genügt wissenschaftlichen Anforderungen nicht.³⁷ Zum Stift Stoppenberg beschränkt

---

31   Thomas Schilp, Die Grundherrschaftsorganisation des hochadligen Damenstifts Essen. Von der wirtschaftlichen Erschließung zur politisch-administrativen Erfassung des Raumes, in: Vergessene Zeiten. Mittelalter im Ruhrgebiet, Katalog Band 2, hrsg. v. Ferdinand Seibt u. a. Essen 1990, S. 89–92. Goetz, Grundherrschaft des Klosters Werden (wie Anm. 18), S. 80–88.
32   Ludger Tewes, Mittelalter im Ruhrgebiet: Siedlung am westfälischen Hellweg zwischen Essen und Dortmund (13. bis 16. Jahrhundert). Paderborn 1996.
33   Leenen, Positionierung (wie Anm. 27), S. 77–91.
34   Eine Klasse für sich. Adel an Rhein und Ruhr. Katalog zur Ausstellung im Ruhr Museum 13. Dezember 2021 – 24. April 2022, hrsg. v. Heinrich Theodor Grütter u. a. Essen 2021.
35   Schilp, Kanonikerkonvent (wie Anm. 5), S. 169–231. Siehe auch: Schilp, sorores et fratres (wie Anm. 5), S. 37–65. Er widerlegt Derks und Küppers-Braun zur Frage der Verbindung zwischen Kanonikern und Kölner Erzbischof. Paul Derks, Gerswid und Altfried. Zur Überlieferung der Gründung des Stiftes Essen, in: EB 107, 1995, gesamtes Heft, hier: S. 102 und S. 158. Ute Küppers-Braun, Macht in Frauenhand. 1000 Jahre Herrschaft adeliger Frauen in Essen, 2. Auflage. Essen 2002, S. 58–61. Die älteren Artikel sind nicht in allen Aspekten aktuell: Wilhelm Holbeck, Zur mittelalterlichen Verfassungs- und Wirtschaftsgeschichte des Kanonichenkapitels am hochadligen Damenstift Essen bis 1600, in: EB 38, 1919, S. 117–178. Hans-Jürgen Brandt: Das Herrenkapitel am Damenstift in seiner persönlichen Zusammensetzung und seinen Beziehungen zur Seelsorge (1292-1412), in: EB 87, 1972, S. 5–144.
36   Sandra Büttner, Stiftungspraxis an der Essener Münsterkirche des 13. und 14. Jahrhunderts, in: Pro remedio et salute anime peragemus. Totengedenken am Frauenstift Essen im Mittelalter, hrsg. v. Thomas Schilp. Essen 2008, S. 243–260. Thorsten Fischer, Überlegungen zur Neuanlage der Essener Memorialüberlieferung um 1300, in: Pro remedio et salute anime peragemus. Totengedenken am Frauenstift Essen im Mittelalter, hrsg. v. Thomas Schilp. Essen 2008, S. 261–284.
37   Für eine Übersicht der Literatur siehe: Ute Küppers-Braun, Stift Stoppenberg und Stift Rellinghausen. Forschungsstand und -perspektiven, in: Aus der Nähe betrachtet. Regionale Vernetzungen des Essener Frauenstiftes in Mittelalter und früher Neuzeit, hrsg. v. Jens Lieven u. Birgitta Falk. Essen 2017, S. 231–254, hier: S. 231 f.

sich die Literatur auf ein Buch von Carl Meyer, dessen heutiger Wert vor allem im Urkundenanhang zu sehen ist.[38]

Für die Abtei Werden sind die Arbeiten von Rudolf Kötzschke nach wie vor grundlegend, allerdings müssen seine Ergebnisse im Einzelnen überprüft werden, ob sie im Licht neuerer Forschungen Bestand haben.[39] Wilhelm Stüwer geht nicht explizit auf Ministeriale ein, bietet aber den umfassendsten Überblick zur Abtei.[40] Für die Werdener Villikationen ist die Arbeit von Goetz bis heute die aktuellste und für Fragen nach dem Besitz der Ministerialen relevant.[41] Heinz Fingers Beitrag basiert auf älteren Denkmustern zu Staatlichkeit, Ministerialität und Lehnswesen.[42]

Mit den Ministerialen des Erzbischofs von Köln beschäftigen sich verschiedene Forschungen, gleichwohl sind die an der Ruhr handelnden Ministeriale nicht Schwerpunkt der Arbeiten. Nach den ersten Beiträgen zum Kölner Dienstrecht von Ferdinand Frensdorff und Heinrich von Lösch befassen sich Jakob Ahrens und Wilhelm Pötter mit der rechtlichen Stellung der erzbischöflichen Ministerialen und den von ihnen besetzten Ämtern.[43] Eine detaillierte Studie

[38] Carl Meyer, Geschichte des ehemaligen freiweltlichen adligen Damenstiftes und der Bürgermeisterei Stoppenberg, 4., völlig umgearbeitete und erweiterte Auflage. Essen 1925.

[39] Die Urbare der Abtei Werden a. d. Ruhr, A. Die Urbare vom 9.–13. Jahrhundert, Bd. 2, hrsg. v. Rudolf Kötzschke, Nachdruck der Ausgabe. Bonn 1906. Düsseldorf 1978. Die Urbare der Abtei Werden a. d. Ruhr, B. Lagerbücher, Hebe- und Zinsregister vom 14. bis ins 17. Jahrhundert, Bd. 3, hrsg. v. Rudolf Kötzschke, Nachdruck der Ausgabe. Bonn 1917. Düsseldorf 1978. Rheinische Urbare, Bd. 4, Die Urbare der Abtei Werden a. d. Ruhr, Einleitung und Register, II. Einleitung, Kapitel IV: Die Wirtschaftsverfassung und Verwaltung der Grossgrundherrschaft Werden, Sachregister, hrsg. v. Rudolf Kötzschke. Bonn 1958. Kötzschke, Grossgrundherrschaft (wie Anm. 15). Rudolf Kötzschke, Das Gericht Werden im späteren Mittelalter und die Ausübung der Landesgewalt im Stiftsgebiet, in: Beiträge zur Geschichte Werdens 10, 1904, S. 70–126.

[40] Wilhelm Stüwer, Die Reichsabtei Werden a. d. Ruhr. Berlin 1980.

[41] Goetz, Grundherrschaft des Klosters Werden (wie Anm. 18), S. 80–88. Goetz, Besitz und Grundherrschaft (wie Anm. 30), S. 107–140. Zu ähnlichen Ergebnissen waren schon Kötzschke und Rösener gelangt. Kötzschke, Grossgrundherrschaft Werden (wie Anm. 15). Werner Rösener, Das Kloster und die Bauern – Die Grundherrschaften von Werden und Helmstedt im Mittelalter, in: Das Jahrtausend der Mönche. Klosterwelt Werden 799–1803, hrsg. v. Jan Gerchow. Essen 1999, S. 113–118.

[42] Heinz Finger, Die Abtei Werden und der Adel, in: Das Jahrtausend der Mönche. Klosterwelt Werden 799–1803, hrsg. v. Jan Gerchow. Essen 1999, S. 106–112.

[43] Ferdinand Frensdorff, Das Recht der Dienstmannen des Erzbischofs von Köln, in: Mitteilungen aus dem Stadtarchiv von Köln 2, 1883, S. 1–70. Heinrich von Lösch, Das kürzere Kölner Dienstmannenrecht, in: Zeitschrift der Savigny-Stiftung für Rechtsgeschichte: Germanistische Abteilung 44, 1924, S. 298–307. Jakob Ahrens, Die Ministerialität in Köln und am Niederrhein. Leipzig 1908. Wilhelm Pötter, Die Ministerialität der Erzbischöfe von Köln vom Ende des 11. bis zum Ausgang des 13. Jahrhunderts. Düsseldorf 1967. Die Arbeit wurde stark kritisiert: Hermann Jakobs, Eine Forschungsaufgabe der rheinischen Landesgeschichte: Die Kölner Ministerialität. Kritische Anmerkungen zu einer einschlä-

für die Zeit des Erzbischofs Konrad von Hochstaden (1238–1261) gibt Robert Prößler.[44] Wilhelm Weise behandelt die Stellung der Ministerialen im Spiegel des Dienstrechts.[45] Die Arbeiten von Friedrich Wilhelm Merten, Josef Korte und Ludger Graf von Westphalen sind als inzwischen überholt einzuschätzen.[46] Die älteren Publikationen zur Grafschaft Mark berühren das Thema Ministeriale nicht oder sind veraltet.[47] Wertvoll für die Forschung ist die Aufbereitung der Lehnsverzeichnisse der Grafen von der Mark von 1392/1393 von Margareta Westerburg-Frisch,[48] auch wenn einzelne Angaben zu Personen und Gütern nach heutigem Wissensstand korrigiert werden müssen. Die Untersuchung von Franz-Josef Schmale bietet eine Übersichtsuntersuchung zur Ministerialität der Grafschaften Berg und Mark.[49] Zwei neue Artikel von Stefan Pätzold beschäftigen sich mit der märkischen Ministerialität.[50] Über die Grafschaft Berg liegt eine Ar-

gigen Studie, in: Annalen des Historischen Vereins für den Niederrhein 172, 1970, S. 216–223. Georg Droege, Rezension zu: Wilhelm Pötter. Die Ministerialität der Erzbischöfe von Köln vom Ende des 11. bis zum Ausgang des 13. Jahrhunderts, in: Zeitschrift des Aachener Geschichtsvereins 80, 1970, S. 225–227. Werner Hechberger, Adel im fränkisch-deutschen Mittelalter. Zur Anatomie eines Forschungsproblems. Ostfildern 2005, S. 378.

44 Robert Prößler, Das Erzstift Köln in der Zeit des Erzbischofs Konrad von Hochstaden. Organisatorische und wirtschaftliche Grundlagen in den Jahren 1238–1261. Köln 1997.

45 Wilhelm Weise, Der Hof der Kölner Erzbischöfe in der Zeit Kaiser Friedrich Barbarossas. Brühl 2004, S. 38–76 und S. 283–296.

46 Friedrich Wilhelm Merten, Burgmannschaften in Westfalen. Bonn 1911. Josef Korte, Das westfälische Marschallamt. Münster 1909. Ludger Graf von Westphalen, Die Entwicklung der Ministerialität und die Anfänge der Ritterschaft im südöstlichen Westfalen. Münster 1938.

47 Wilhelm Marré, Die Entwicklung der Landeshoheit in der Grafschaft Mark bis zum Ende des 13. Jahrhunderts. Rostock 1907. Die Grafschaft Mark. Festschrift zum Gedächtnis der 300jährigen Vereinigung mit Brandenburg-Preußen, hrsg. v. Aloys Meister. Dortmund 1909. Clemens Kramer, Beiträge zur Geschichte von Ministerialität und Ritterschaft in der Grafschaft Mark. Münster 1936. Margarete Frisch, Die Grafschaft Mark. Der Aufbau und die innere Gliederung des Gebietes besonders nördlich der Ruhr. Münster 1937. Uta Vahrenhold-Huland, Grundlagen und Entstehung des Territoriums der Grafschaft Mark. Münster 1968.

48 Die ältesten Lehnbücher der Grafen von der Mark 1392 und 1393, Band 1 – Teil 1: Text. Münster 1967. Margarete Westerburg-Frisch (Bearb.), Die ältesten Lehnbücher der Grafen von der Mark 1392 und 1393, Band 1 – Teil 2: Register, bearb. v. Margarete Westerburg-Frisch. Münster 1982.

49 Franz-Josef Schmale, Zur Ministerialität der Grafen von Berg und der Grafen von der Mark im 13. Jahrhundert, in: Beiträge zur Geschichte Dortmunds und der Grafschaft Mark 73, 1981, S. 139–168.

50 Stefan Pätzold, Ministerialität und Ritterschaft der Grafen von der Mark im 13. und 14. Jahrhundert, in: Märkisches Jahrbuch für Geschichte 119, 2020, S. 7–32. Stefan Pätzold, Ministerialität und Ritterschaft der Grafen von der Mark, in: Die Kleinen unter den Großen. Ministerialität und Niederadel in spätem Mittelalter und früher Neuzeit im 13. und 14. Jahrhundert, hrsg. v. Katrin Jaspers u. Stefan Pätzold. Münster 2023, S. 239–264. In jüngster Zeit gibt es wieder ein verstärktes Interesse an den Grafen von der Mark, wobei Ministerialität und Rittertum bisher insgesamt allerdings noch wenig Beachtung finden.

beit von Albrecht Brendler zu Verwaltungsstruktur und Amtsträgern bis zum Jahr 1380 vor, in der auch die einzelnen ministerialen Amtsträger vorstellt werden.[51]

3.2 Forschungsstand Altendorf und Vittinghoff

Im 18. Jahrhundert publiziert Johann Dietrich von Steinen die Reihe „Westphälische Geschichte", die Informationen zu Städten, Klöstern und Familien der Region zusammenzuträgt.[52] Seine Mitteilungen sind knapp und nicht immer korrekt, dennoch ist sein umfangreiches Werk unverzichtbar, da es auch Informationen aus inzwischen verschwundenen Quellen enthält. Johann Beerschwort erwähnt die Familie Altendorf in seiner Veröffentlichung nur knapp, Friedrich Rautert und Emanuel Müller wissen nichts Neues zu berichten.[53] Die bruchstückhaften Angaben von Anton Fahne sind teilweise falsch.[54] Die Erwähnungen bei Franz

---

Die Grafen von der Mark. Neue Forschungen zur Sozial-, Mentalitäts- und Kulturgeschichte, hrsg. v. Stefan Pätzold u. Felicitas Schmieder. Münster 2018. Sammelband.

[51] Brendler, Weg zum Territorium (wie Anm. 16).

[52] Hier relevant: Johann Dietrich von Steinen, Westphälische Geschichte, Theil II, Stück 12: Historie der Kirchspiele im Amt Unna. Lemgo 1755, S. 780–782, Tab. XXXV, Nr. 3 und Tab. XXXVIII, Nr. 4. Johann Dietrich von Steinen, Westphälische Geschichte, Theil II, Stück 13: Historie der Stadt und Kirchspiels Unna. Lemgo 1755, S. 780–782. Johann Dietrich von Steinen, Westphälische Geschichte, Theil III, Stück 19: Historie vom Gericht Stipel und Amt Blanckenstein. Lemgo 1757, S. 1164.

[53] Johannes Beerschwort, Westphälisch Adelich Stammbuch, in: Johann Hobbeling, Johann Hobbelings Beschreibung Des ganzen Stifts Münster Und Johann von der Berswordt Westphälisches Adeliches Stammbuch Welche Als einen fortgesetzten Beytrag Westphälischer Geschichte Zuerst ans Licht bringet Und iene Mit einem dreyfachen neuen Anhange Vermehret und erläutert Johann Diederich von Steinen. Dortmund 1742, S. 379–520, hier: S. 384. Emanuel Müller, Der Rittersitz Aldendorpe, in: Blätter zur näheren Kunde Westfalens 9,5, 1871, S. 41–42. Friedrich Rautert, Die Ruhrfahrt. Essen 1827, S. 98 f.

[54] Anton Fahne, Das Geschlecht Mumm oder Momm: ein Beitrag zur Landes-, Cultur- und Sittengeschichte, III. Band. Düsseldorf 1880, S. 357 f. Anton Fahne, Geschichte der kölnischen, jülichschen und bergischen Geschlechter in Stammtafeln, Wappen, Siegeln und Urkunden, Band 1: Stammfolge und Wappenbuch A – Z. Cöln 1848, S. 4. Anton Fahne, Geschichte der kölnischen, jülichschen und bergischen Geschlechter in Stammtafeln, Wappen, Siegeln und Urkunden, Band 2: Ergänzungen und Verbesserungen zum 1. Theil und Stammfolge und Wappenbuch der clevischen, geldrischen und moersschen Geschlechter, soweit sie in dem Herzogthume Jülich Cleve Berg ansässig waren A – Z. Cöln 1853, S. 1 und S. 209. Anton Fahne, Geschichte der westphälischen Geschlechter unter besonderer Berücksichtigung ihrer Übersiedelung nach Preußen, Curland und Liefland. Cöln 1858, S. 12 f. und S. 352. Fehlerhaft ist z. B. die Angabe, dass der in (Bochum-)Dahlhausen wohnende Goswin Altendorf 1368 Haus Altendorf an seinen Schwager Arnold Vittinghoff-Schell verpfändet. Die Aussage geht auf von Steinen zurück, der allerdings schrieb, dass es um Güter in Dahlhausen ging, nicht um Haus Altendorf. Von Steinen II,13 (wie Anm. 52), S. 781. Dieser angebliche Übergang findet sich auch in anderen Publikationen, z. B.: O. Autor, Burg Altendorf, in: Volkskalender Hattingen. Hattingen 1923, S. 56–57, hier: S. 57. Leo van de Loo, Heimatbuch der Gemeinde Altendorf a. d. Ruhr. Essen 1939, S. 52. Dieter Bonnekamp, Die Herren von Altendorf und von Vietinghoff-Schell als Aufsitzer auf der

Darpe, Karl Heinrich Schäfer und Wilhelm Grevel sind teils fehlerhaft und oft ohne Belege.[55] Ebenso sind die knappen Behandlungen durch Konrad Ribbeck, im Volkskalender Hattingen, Hermann Tobien und Anton Lehnhäuser wenig substantiiert.[56] Heinrich Watenphul und Heinrich Glasmeier wiederholen Bekanntes.[57]

Ausführlich beschäftigt sich Leo van de Loo[58] in den 1930er Jahren mit verschiedenen Häusern und Familien an der Ruhr, so auch mit Altendorf. Urkunden

> Burg Altendorf, 1200–1600, in: Die Burg Altendorf, hrsg. v. Heimat- und Burgverein Essen-Burgaltendorf e. V. 1950. Essen 1990, S. 29–31, hier: S. 30. Detlef Hopp, Burg Altendorf, in: Burgenland Essen. Burgen, Häuser und Feste Häuser in Essen, hrsg. v. Detlef Hopp u. a. Essen 2017, S. 22–25, hier: S. 23. Anderes Bsp.: Fahne sieht in zwei Urkunden von 1255 Wenemar Altendorf als erzbischöflichen Zeugen, dabei wird ein Johannes Altendorf vom Erzbischof geächtet. Urkunden: Regestenbuch Mittlere Ruhr (wie Anm. 2), Nr. 96 (1.2.1255) und Nr. 97 (12.2.1255).
>
> 55 Franz Darpe/Albert Ludorff, Die Bau- und Kunstdenkmäler des Kreises Hattingen. Münster 1909, S. 14–16. Schäfer, Oberhof Eickenscheidt (wie Anm. 29), S. 90. Beispielsweise argumentiert Schäfer für eine Abstammung der Altendorfer aus der Familie Eickenscheidt, weil beide Familien dasselbe Wappen nutzten, den Vornamen Wenemar gebrauchten und Marschälle der Essener Äbtissin waren. Diese Aspekte belegen keine Entstehung einer „Altendorfer Nebenlinie", auch waren Altendorfer nie Marschalle und Drei-Pramen-Siegel sind in vielen Familien verbreitet. Wilhelm Grevel, Zur Geschichte des Amtes Königssteele. Essen 1914, S. 7. Nahezu wortgleich: Wilhelm Grevel, Aus der Geschichte des Ruhrtales, in: Essener Volkszeitung vom 4.–21.1.1914 sowie vom 25.1.2014.
>
> 56 Konrad Ribbeck, Geschichte der Stadt Essen, Erster Teil. Essen 1915, S. 136. O. Autor, Burg Altendorf (wie Anm. 54), S. 56–57. Fehlerhaft z. B. der angeblich umfangreiche Grundbesitz aus der Hand der Grafen von der Mark (solcher Besitz ist unbekannt), der Übergang des Hauses an Arndt Vittinghoff-Schell im Jahr 1383 (s. o.) und das Todesjahr des letzten männlichen Mitglieds der Familie 1606 (korrekt: 1601). Angeblich wurde die Burg kurz nach 1100 in Urkunden genannt (beleglos). Hermann Tobien, Geschichte der Bürgermeisterei Rotthausen. Essen 1919, S. 34. Der hier beschriebene Fall der Neu-Isenburg aufgrund des Verrats durch Adolf Achtermberg als persönlicher Racheakt gegen den Burgvogt Heinrich Altendorf kann ins Reich der Legenden verwiesen werden. Anton Lehnhäuser, Klöster, Burgen und feste Häuser an der Ruhr. Essen 1924, S. 103–111. Er schreibt z. B., dass ein Ritter Wenemar Altendorf in der Urkunde zur Schlichtung eines Streits 1166 als Zeuge genannt wird (eine Person dieses Namens gibt es in der Urkunde nicht). Urkunde: Regestenbuch Mittlere Ruhr (wie Anm. 2), Nr. 26 (19.2.1166). Altendorfer wären bei jeder Fehde der Grafen von der Mark dabei gewesen und hätten im 13. Jh. hohe Ämter bei den Märkers innegehabt – beides findet sich in den überlieferten Quellen nicht. Ritter Adolf hätte 1282 dafür gesorgt, dass König Rudolf I. die Essener Stiftsvogtei an die Grafen von der Mark gab, und wäre dafür vom König mit der *konigstorpe* belehnt worden. Die Quelle unterstützt die Aussage nicht. Ebd., Nr. 228 (23.8.1282).
>
> 57 Heinrich Watenphul, Wasserburgen im Ruhrtal, 2. Burg Altendorf, in: Der Burgwart 18,3, 1917, S. 52–57. Heinrich Glasmeier, Westfälische Kunsthefte. Heft III: Westfälische Wasserburgen. Dortmund 1932, S. 112.
>
> 58 Van de Loo, Heimatbuch (wie Anm. 54). Leo van de Loo, Die Wappen Eickenscheidt und Nienhausen, in: Eickenscheidt – Nienhausen. Zur Geschichte der beiden essendischen Oberhöfe und ihrer Familien, hrsg. v. Ferdinand Schellmann u. a. Essen 1939, S. 339–345. Leo van de Loo, Die Burg Altendorf an der Ruhr, in: Scholle und Schacht, Blätter für

legt er im Sinn von möglichst alter und edler Herkunft sowie großer Wichtigkeit aus und argumentiert mit neuzeitlichen Grenzen und territorialem Denken. Die wiedergegebenen Inhalte einzelner Urkunden sind nur teilweise korrekt, die Informationen in den Dokumenten nicht enthalten oder die Quelle erfunden.[59] Leo van de Loo (1887–1958) wird wegen Beleidigung, Steuerhinterziehung, Untreue und Unterschlagung in mehreren Fällen 1932 rechtskräftig zu einer Haftstrafe verurteilt und muss seine Anwaltszulassung zurückgeben. Von 1919 bis 1929 ist er Mitglied und Parteifunktionär der Deutschnationalen Volkspartei und tritt im Mai 1933 der NSDAP bei, der er nach eigener Aussage „innerlich seit 1930 angehört". 1939 wird er wegen Unzuverlässigkeit aufgrund seiner Vorstrafen aus der Partei ausgeschlossen. Van de Loo ist Mitglied in der Westdeutschen Gesellschaft für Familienkunde und im Reichsverein für Sippenkunde, hält bei

ruhrländische Heimat- und Sippengeschichte, Organ der Ortsgruppe Essen der Westdeutschen Gesellschaft für Familienkunde e. V. Köln, Nr. 14–17, 15.7./1.8./15.8./1.9.1938. Leo van de Loo, Die Bauerngeschlechter, in: Die Stadt Essen, Das Werden und Wirken einer Großstadt an der Ruhr, hrsg. v. Hans Spethmann. Berlin 1938, S. 273–278.

[59] Beispiele: In einer Urkunde von 1056 gibt er die Zuordnung von *Aldenthorpo* = Altendorf an; diese ist jedoch nicht eindeutig. Die Identifizierung von Altendorf a. d. Ruhr als Werdener Sattelhof Altendorf ist falsch, dieser lag bei Unna. In einer Urkunde aus dem Jahr 1110 handelt es sich entgegen seiner Aussage nicht um Altendorf a. d. Ruhr, sondern um Altendorf bei Rheinbach. Van de Loo, Heimatbuch (wie Anm. 54), S. 34 f. Urkunde: Regestenbuch Mittlere Ruhr (wie Anm. 2), Nr. 1. Aus der Bezeichnung der Männer als *de Aldendorpe* lässt sich nicht ableiten, dass es „ohne allen Zweifel" schon eine Burg gab. Heimatbuch, S. 37. Aus der (falschen) Ableitung, dass Altendorf ein Werdener Sattelhof war, argumentiert er, dass Altendorf Pferd und Reiter zu stellen hatte, was es dem Aufsitzer ermöglichte, sofern er denn wollte, Ministeriale zu werden. Aus der Zuschreibung als Werdener Hof schließt er wenig logisch, dass die Altendorfer Ministerialen des Kölner Erzbischof waren. Ebd., S. 39. Der „Urhof" Altendorf beanspruchte nach van de Loo die Gerichtsbarkeit, die von anderen Höfen „willig und freudig" anerkannt wurde; über diesem Hof hätten Reich und König gestanden, vertreten durch den vom König bestellten Grafen; die Altendorfer wären „Herren des Oberhofamtes Altendorf" gewesen – ein solches Amt, Reichsunmittelbarkeit und Gerichtsbarkeit sind unbekannt, die Grafen der Region sind nicht vom König eingesetzt. Der 1166 genannte Zehnt wird von ihm der Abtei Deutz anstatt korrekterweise dem Kölner Stift Maria ad Gradus zugeordnet, die Abgabenlast falsch dargestellt, ein Lehnsnehmer des Zehnten erfunden. Ebd., S. 41. Regestenbuch Mittlere Ruhr (wie Anm. 2), Nr. 26. Aus *castellani*, also Burgmannen, werden Burgbesitzer. Heimatbuch, S. 42 f. *Hemmo de Horst* wird ohne Belege gleichgesetzt mit *Henricus de Aldendorpe* und mit dem Argument „der Boden überwog das Blut!" die Verwandtschaft von Eickenscheidt und Altendorf begründet. Heimatbuch, S. 44. Ohne Beleg macht er einen Altendorfer zum Zeugen der 1324 erfolgten Verkündung des Bannspruches gegen König Ludwig den Bayern. Ebd., S. 50. Pilgrim Altendorf war nach seiner Angabe 1328 Burgmann auf der Neu-Isenburg – die Burg wurde jedoch 1288 zerstört und nicht wieder aufgebaut. Ebd., S. 51. Regestenbuch Mittlere Ruhr (wie Anm. 2), Nr. 523 (24.6.1328). Van de Loo greift eine obskure frühneuzeitliche Erzählung über eine angebliche Kemenate der Essener Äbtissin in Altendorf auf und schlussfolgert, dass ihr die gesamte Burg zur Verfügung gestellt wurde. Heimatbuch, S. 51.

der Hitlerjugend Vorträge über Sippenforschung und schreibt in der NSDAP nahestehenden Zeitungen.[60]

In der Zeit des Nationalsozialismus ist Sippen- und Burgenforschung politischen Zielen untergeordnet und Familienforschung wird im Dienst der „Rassenpolitik" betrieben. Burgen dienen in der Symbolik der Zeit als Zeichen von Krieg, territorialer Eroberung und Abwehr. „Völkische" und „rassische" Denkmuster sind nicht nur wesentliche Bestandteile der Politik, sondern auch der Wissenschaften.[61] Die mittelalterliche Welt ist nach Ansicht der Nationalsozialisten – grob vereinfacht – eine Weiterführung der germanischen Welt mit einem starken Zusammenhalt von Gruppen, hierarchischer Ausrichtung und bedingungsloser Treue.[62] Diese Ideen beeinflussen van de Loos Interpretationen sowie die Zielsetzung seiner Beiträge, von denen einige bis heute ohne Überprüfung der Fakten und Hinterfragen der Interpretationen herangezogen werden.[63]

Ende der 1960er Jahre finden unter der Leitung des Lehrers Heinrich Eversberg Ausgrabungen an der Burg Altendorf (Essen-Burgaltendorf) durch Schüler eines Hattinger Gymnasiums statt. Eversberg nennt in seinen Schriften nur wenige Daten und seine Argumentation weist Lücken und sehr freie Interpretationen auf.[64] Eberhard Neumann und Hans Erich Kubach/Albert Verbeek berufen sich

---

60 Bundesarchiv Berlin, R3001–66974, R9361-II–652247 und R9361-V–7953. Es handelt sich um die zeitgenössischen Akten des Justizministeriums.

61 Fabian Link, Burgen und Burgenforschung im Nationalsozialismus. Wissenschaft und Weltanschauung 1933–1945. Köln 2014, S. 9, S. 16 und S. 21.

62 Gerd Althoff, Verwandte, Freunde und Getreue. Zum politischen Stellenwert der Gruppenbindungen im früheren Mittelalter. Darmstadt 1990, S. 10.

63 Für Beispiele in seinen Arbeiten siehe: Meuwsen, Ministeriale und Ritter (wie Anm. 2), S. 84 f. Z. B. verweist zu einem Sachverhalt Hopp auf Bonnekamp und dieser auf van de Loo. Siehe Anm. 59. Detlef Hopp, Archäologische Beobachtungen der Stadtarchäologie an der Burg Altendorf seit 1993, in: Märkisches Jahrbuch für Geschichte 114, 2014, S. 53–66. Gerchow nennt van de Loo als Beleg. Siehe dazu Anm. 69. Die Aussagen gelten auch für andere Familien, bspw. für Eickenscheidt, Horst an der Ruhr, Horst an der Emscher oder Holtey. Meuwsen, Ministeriale und Ritter (wie Anm. 2), S. 88–97.

64 Heinrich Eversberg, Die Burg Altendorf an der Ruhr und ihre Ministerialen bis zum 14. Jahrhundert, in: Heinrich Eversberg (Hrsg.), Beiträge zur Geschichte der Burg Altendorf an der Ruhr 2 (1971), S. 114–122. Wortgleich in: Heimat- und Burgverein Essen-Burgaltendorf e. V. 1950 (Hrsg.), Die Burg Altendorf. Essen 1990, S. 23–28. Heinrich Eversberg, Die neue Stadt Hattingen. Landschaft und Geschichte. Hattingen 1980. Heinrich Eversberg, Die romanische Turmburg in Altendorf, in: Beiträge zur Bau- und Kulturgeschichte der Burg Altendorf an der Ruhr, hrsg. v. Heinrich Eversberg. Hattingen 1968, S. 125–129. Er verortet aus Altendorf in Rheinberg stammende Personen an der Ruhr. Die Verbindung der Altendorfer aus Rheinberg zum Kölner Erzbischof dient ihm als Argument, dass Erzbischof Philipp von Heinsberg (Erzbischof 1167–1191) die Burg als militärischen Stützpunkt erbaut haben könnte. In der um das Jahr 1190 erstellten Liste der Güterwerbungen des Erzbischofs ist Altendorf nicht dabei und aus der Zeit sind keine Altendorfer an der Ruhr überliefert. Siehe zu den Erwerbungen Philipps: Richard Knipping (Bearb.), Die Erzbischö-

in ihren Beiträgen auf Eversberg.[65] Wilhelm Kohl veröffentlicht umfassende und belegte Daten zu den Domherren des Stifts St. Paulus in Münster, darunter zwei Männer der Familie Altendorf.[66] Der Beitrag von Dieter Bonnekamp basiert auf den fehlerhaften Angaben der heimatkundlichen Werke.[67] Die kurze Erwähnung bei Uwe Lobbedey enthält kaum Informationen zu den Bewohnern sowie eine nicht erläuterte baugeschichtliche Datierung des Hauses Altendorf.[68] Der Artikel von Jan Gerchow fußt auf der älteren Literatur.[69]

In den Beiträgen von Stefan Leenen finden sich neben einer ausführlichen Statusbeschreibung der baulich-archäologischen Forschung zu Haus Altendorf Angaben zu den Aufsitzern.[70] Auch wenn die Zusammenstellung nicht vollstän-

fe von Köln im Mittelalter, Zweiter Band 1100–1205. Bonn 1901, Nr. 1386. Untersuchungen widerlegen eine Funktion als Fortifikation für fast alle ministerialen Wohnsitze. Regina Görner, Raubritter. Untersuchungen zur Lage des spätmittelalterlichen Niederadels, besonders im südlichen Westfalen. Münster 1987, S. 38. Die Argumentation wird bis heute vertreten, zuletzt: Detlef Hopp, Berichte zu archäologischen Beobachtungen. 2. Neufunde bei der Burg Altendorf, in: EB 134, 2021, S. 15–18, hier: S. 18. Lt. Eversberg war der Aufsitzer auf der Burg weder Ministeriale noch Inhaber eines Lehens, da er nicht als *miles* bezeichnet wurde. Das ist unplausibel. Eversberg, Burg Altendorf, S. 23 f. Eversberg, Die neue Stadt Hattingen, S. 125. Eversberg legt Scherben von Gebrauchskeramik als Beweis aus, dass schon im 12. Jh. eine Burg bestand. Ebd. Die Funde besagen, dass der Ort besiedelt war, über das Aussehen eines Gebäudes sagen sie nichts. Für seine behaupteten Belehnungen einschließlich der Burg durch die Grafen von der Mark und den Aufbau einer Grundherrschaft finden sich in den Quellen keine Hinweise.

65   Eberhard Neumann, Burg Altendorf/Ruhr. Grabungen, Bauuntersuchungen und vorläufiges Ergebnis, in: Chateau Gaillard, Etudes de Castellologie medievale, V. Actes du Colloque international tenu à Hindsgavl (Danemark) 1–6 Septembre 1970, hrsg. v. Centre de recherches archéoloiques médiévales. Caeon 1973, S. 133–141. Eberhard Neumann, Burg Altendorf/Ruhr: Baugeschichtliches zur Burg inkl. Photos, Skizzen und Grundriss, in: Westfalen – Hefte für Geschichte, Kunst und Volkskunde 50, 1973, S. 58–69. Hans Erich Kubach/Albert Verbeek, Romanische Baukunst an Rhein und Maas, Band 1: A-K. Berlin 1976, S. 36 f.
66   Wilhelm Kohl (Bearb.), Das Bistum Münster, 4.2. Das Domstift St. Paulus zu Münster. Berlin 1989, S. 471 f. (Rutger Altendorf) und S. 497 f. (Hermann Altendorf).
67   Bonnekamp, Herren von Altendorf (wie Anm. 54), S. 29–31.
68   Uwe Lobbedey, Burgenlandschaften: Westfalen, in: Burgen in Mitteleuropa, Band 2: Geschichte und Burgenlandschaften, hrsg. v. Deutsche Burgenvereinigung e. V. Darmstadt 1999, S. 134–139, hier: S. 135 f.
69   Jan Gerchow, Vom Oberhof zur Residenz der Essener Äbtissin: „Haus" Borbeck im Mittelalter, in: Schloss Borbeck und sein Park. Oberhof – Wasserburg – Lustschloss. Residenz und Bürgerzentrum im Wandel der Jahrhunderte, hrsg. v. Kultur-Historischer Verein Borbeck e. V. Essen 1999, S. 13–22, hier: S. 13–16. Jan Gerchow, Äbtissinnen: Essen, in: Handbuch Höfe und Residenzen im spätmittelalterlichen Reich, Band 15.I, hrsg. v. Residenzen-Kommission der Akademie der Wissenschaften zu Göttingen. Ostfildern 2003, S. 708–712. Als Belege gibt Gerchow Ribbeck, van de Loo, Krägeloh, Weigel und Hoederath an.
70   Stefan Leenen, Burg Altendorf, in: Burgen AufRuhr! Unterwegs zu 100 Burgen, Schlössern und Herrensitzen in der Ruhrregion, hrsg. v. LWL-Museum für Archäologie/Westfälisches Landesmuseum Herne. Essen 2010, S. 162–166. Stefan Leenen, Die Burg Altendorf – ein

dig ist, liefert sie doch die neuste, quellenbasierte Darstellung. Die von Detlef Hopp vorgenommenen punktuellen archäologischen Untersuchungen an Haus Altendorf werden in die fehlerbehaftete Heimatliteratur eingebunden.[71] Der Eintrag im Handbuch der Deutschen Kunstdenkmäler gibt die alten Informationen wieder.[72] In der Burgendatenbank der Deutschen Burgenvereinigung e. V. findet sich ein Eintrag von Horst Kibbert, der wenige Daten ohne Begründung ihrer Relevanz anführt und die älteren Beiträge wiederholt.[73] Dadurch, wie auch durch den inhaltlich gleichartigen Beitrag in Wikipedia, erfahren die auf der heimatkundlichen und unzureichend belegten Literatur basierenden Aussagen im Internet eine weite Verbreitung.[74] Ebenfalls auf ein breites Publikum zielen die populärwissenschaftlichen Bücher von Kai Niederhöfer und Maren Schürmann, die gleichfalls ältere Thesen wiederholen.[75]

Verschiedene Beiträge beschäftigen sich mit Familie und Wohnsitz Vittinghoff, wobei die ersten knappen Beiträge zu Beginn des 17. Jahrhunderts entstehen und sich im 18. Jahrhundert mit Hermann Hamelmann und Johannes Beerschwort fortsetzen.[76] Von Steinen ergänzt einige Nennungen bis zum Jahr

---

Zwischenbericht, in: Märkisches Jahrbuch für Geschichte 113, 2013, S. 7–58. Stefan Leenen, Gräben und Wasser auf der Burg Altendorf, in: Märkisches Jahrbuch für Geschichte 114, 2014, S. 67–77.

71 Hopp, Archäologische Beobachtungen (wie Anm. 63), S. 55. Hopp, Burg Altendorf (wie Anm. 54), S. 23 f. Aus dem Fund einer Keramikscherbe auf einem benachbarten Hof schließt Hopp, dass die Burg 150 Jahre älter als bisher angenommen, und möglicherweise ins 11. Jh. zu datieren sei. Detlef Hopp, Kleine Objekte von besonderer Bedeutung aus dem Umfeld der Burg Altendorf, in: Märkisches Jahrbuch für Geschichte 119, 2020, S. 250–255. Hopp, Neufunde (wie Anm. 64), S. 15–18. Ein solcher Fund besagt, dass Menschen auf dem Gelände des Nachbarhofes gesiedelt haben – eine Aussage über ein benachbartes Gebäude erlauben sie nicht.

72 Claudia Euskirchen/Olaf Gisbertz/Ulrich Schäfer (Bearb.), Essen, in: Georg Dehio. Handbuch der Deutschen Kunstdenkmäler. Nordrhein-Westfalen I. Rheinland. München 2005, S. 381.

73 Horst Kibbert, Burgaltendorf, in: Deutsche Burgenvereinigung e. V. (Hrsg.): EBIDAT – Die Burgendatenbank, URL: https://www.ebidat.de/cgi-bin/ebidat.pl?id=3351 (abgerufen am 7.1.2023).

74 O. Autor, Burg Altendorf, in: Wikipedia. URL: https://de.wikipedia.org/wiki/Burg_Altendorf (abgerufen am 7.1.2023).

75 Kai Niederhöfer, Die schönsten Schlösser und Burgen. Ausflüge im Ruhrgebiet. Düsseldorf 2015, S. 148–153. Maren Schürmann/Georg Howahl, Schlösser, Burgen und Ruinen. Historische Gemäuer im und um das Ruhrgebiet. Essen 2018, S. 58–61. Das frühneuzeitliche Haus Altendorf wird zur „Ritterburg", der Essener Droste zum „Verwaltungschef", der im Mittelalter (unbelegte) Jagd-, Weide- und Fischereirechte besaß. Ebd., S. 59.

76 Dietmar Mulher, überliefert bei von Steinen.: Johann Diederich von Steinen, Westfälische Geschichte, Theil III, Stück 16: Historie von der Stadt und Amt Bockum. Lemgo 1757, S. 195. Hermann Hamelmann, Opera Genealogico-Historica, […]. Lemgoviae 1711, S. 760. Beerschwort, Adelich Stammbuch (wie Anm. 53), S. 486.

1350.⁷⁷ Fahne nennt wenige Urkunden vor 1350 und der Beitrag von Ludwig Bender wiederholt Bekanntes.⁷⁸ Ein Artikel von 1935 enthält nur wenige Sätze über die frühe Zeit und zieht heute widerlegte Schlüsse; Ludwig Potthoff schreibt ohne Belege und teils falsch über Vittinghoff.⁷⁹ Ähnlich wie Potthoff äußern sich Wolfgang Schulze/Florin Laubenthal, Erich Schumacher und Annette Walter.⁸⁰ Eine ausführliche Beschäftigung mit der Familie legt Rolf von Vietinghoff-Schell vor.⁸¹ Ebenso wie seine spätere umfassende Zusammenstellung sind die Zuordnungen von Nennungen zu Personen und die verwandtschaftlichen Beziehungen manchmal widersprüchlich, allerdings ist die Überlieferungslage schwierig.⁸² In ihrer Abhandlung zu westfälischen Ritterbrüdern im Deutschen Orden gibt Neitmann in einem Familienartikel einen soliden Abriss zur Herkunft, konstatiert aber auch die problematische Überlieferung.⁸³ In seinem Buch über Schloss Schellenberg in Essen-Rellinghausen, dem Wohnsitz der Familie seit

77 Von Steinen, Westfälische Geschichte III,16 (wie Anm. 76), S. 195–213.
78 Fahne, Geschichte der westphälischen Geschlechter, S. 350 und S. 352. Fahne, Kölnische Geschlechter 1, S. 381 f. Fahne, Kölnischn Geschlechter 2 (alle wie Anm. 54), S. 175–177. Er führt die Familie unter „Schel"; Ein Teil der Familie nennt sich seit Beginn des 14. Jhdts. Vittinghoff-Schell. Ludwig Bender, Der Isenberg, die achthundertjährige Geschichte seines Grafengeschlechts und Burg Isenberg bei Werden, 3. berichtigte und ergänzte Auflage. Langenberg 1883, S. 114f.
79 Ohne Autor, Schloß Schellenberg. Geschichte und Schicksal eines alten Geschlechts, in: Essener Volkszeitung vom 17.1.1935. Ludwig Potthoff, Rellinghausen im Wandel der Zeit. Essen 1953, S. 98 f. Potthoff schreibt, dass die Familie Vittinghoff in der zweiten Hälfte des 13. Jhdts. in der Nähe der Neu-Isenburg eine eigene Wasserburg besessen hätte, nämlich die Motte Vittinghoff, die zeitweise Isenburg geheißen hätte. Nach der Niederlage bei Worringen hätte sich die Familie unter den Schutz der Grafen von Limburg begeben und die Motte von diesen bis mindestens 1370 als Lehen erhalten. Johann Vittinghoff wird zwar 1370 als Burgmann der Grafen von Limburg *op unsem huys und vestinge gelegen by dem nygen Isenberghe* genannt, für die Zeit davor gibt es keine Informationen; die Motte hieß nie Isenberg. Urkunde von 1370: Theodor Joseph Lacomblet (Bearb.), Urkundenbuch für die Geschichte des Niederrheins oder des Erzstifts Cöln, der Fürstenthümer Jülich und Berg, Geldern, Meurs, Kleve und Mark, und der Reichsstifte Elten, Essen und Werden, Teil 3: Von dem Jahr 1301 bis 1400 einschließlich. Düsseldorf 1853, Nr. 697, S. 599 (20.1.1370).
80 Wolfgang Schulze/Florin Laubenthal, Denkmal Essen – Führer zu den historischen Sehenswürdigkeiten. Essen 1995, S. 208. Erich Schumacher, Motte „Haus Vittinghoff". Ein Denkmal der Geschichte Essens, in: Die Heimatstadt Essen, hrsg. v. Carl Jansen. Essen 1977, S. 65–69. Annette Walter, Schloss Schellenberg in Rellinghausen. Köln 1996, S. 3. Annette Walter, Schloss Schellenberg, die Geschichte und Nutzung eines alten Edelsitzes, in: Denkmalpflege im Rheinland 12,4, 1995, S. 164–167, hier: S. 164.
81 Rolf von Vietinghoff gen. Schell, Der westfälische Stamm des uradeligen Geschlechtes von Vittinghoff, von Vietinghoff und von Schell, in: MaH 14,10, 1961, S. 131–144, hier: S. 131–137.
82 Rolf von Vietinghoff-Schell, Auf den Spuren des Fuchses, Chronik des Geschlechts der Freiherren und Herren von Vittinghoff-Schell. o. Ort 1982, S. 1–36.
83 Sonja Neitmann, Von der Grafschaft Mark nach Livland. Ritterbrüder aus Westfalen im livländischen Deutschen Orden. Köln 1993, S. 294–298.

dem ausgehenden Spätmittelalter, bezieht sich Herbert Schmitz ausschließlich auf ältere Literatur und wenige Ereignisse.[84]

Darüber hinaus gibt es Beiträge, die sich auf die baulichen Überreste der nicht erforschten Motte Vittinghoff (Essen-Stadtwald) konzentrieren. Paul Clemen vermutet, dass sie von den Grafen von Limburg auf einem Allod nahe der Neu-Isenburg erbaut wurde.[85] Detlef Hopp und Elke Schneider wiederholen in Anlehnung an die Heimatliteratur die Vermutung eines Zusammenhangs zur Neu-Isenburg.[86] Ausführlicher und mit Belegen versehen beschäftigt sich Leenen mit der Motte.[87] Mit dem als Vittinghoffer Lehen erwähnten Haus Laer (Bochum) befassen sich einige Beiträge, jedoch gibt es mangels Quellen kaum Informationen bis 1350.[88]

4. Entstehung der Ministerialität an der mittleren Ruhr

Personen aus ministerialen Familien lassen sich erst mit dem Beginn der Zweinamigkeit im 13. Jahrhundert identifizieren, jedoch entsteht diese soziale Gruppe schon früher, weshalb ihre Entwicklung bis zur Mitte des 13. Jahrhunderts als Grundlage für die Ausführungen zu den Familien Altendorf und Vittinghoff kurz vorgestellt wird. Dabei ist ihre Entstehung nur begrenzt nachzeichenbar, da Rechtsgeschäfte oft mündlich abgeschlossen werden und Aufzeichnungen fast nur von den geistlichen Institutionen vorliegen. Ministeriale werden bei den Erzbischöfen von Köln in den Quellen erstmals 1066 erwähnt.[89] Mit bewaffneten

---

84 Herbert Schmitz, Schloss Schellenberg. Stammsitz der Freiherren von Vittinghoff genannt Schell – Eine ungewöhnliche Adelsfamilie. Neunkirchen-Seelscheid 2012, S. 18 f. und 31 f. Er beruft sich auf van de Loo.
85 Paul Clemen, Die Kunstdenkmäler der Rheinprovinz. Zweiter Band, III. Die Kunstdenkmäler der Stadt Essen und des Kreises Essen. Düsseldorf 1893, S. 65.
86 Detlef Hopp, Die Motte Vittinghoff zwischen 1992 und 2015, in: EB 128, 2015, S. 11–13. Elke Schneider, Motte Vittinghoff, in: Burgenland Essen. Burgen, Schlösser und feste Häuser in Essen, hrsg. v. Detlef Hopp u. a. Essen 2017, S. 106–109.
87 Leenen, Isenburgen 1 (wie Anm. 9), S. 150–154.
88 Stefan Pätzold, Befestigte Häuser in Bochum, in: Bochumer Zeitpunkte. Beiträge zur Stadtgeschichte, Heimatkunde und Denkmalpflege 21, 2008, S. 37–45, hier: S. 39 und S. 42 f. Stefan Pätzold, Rittersitze nördlich der Ruhr. Befestigte Häuser im märkischen Amt Bochum im Spätmittelalter, in: Burgen in Westfalen, hrsg. v. Werner Freitag u. Wilfried Reininghaus. Münster 2012, S. 163–193, hier: S. 171. Siehe auch: Franz Darpe/Albert Ludorff, Die Bau- und Kunstdenkmäler des Kreises Bochum-Land. Münster 1907, S. 36. Gertrud Hahn, Haus Laer, in: Bochumer Heimatbuch 7, 1955, S. 56–65. O. Autor, Die unbekannte Wasserburg – Eine Baugeschichte, in: Der Rittersitz Laer und die Ortschaft Laer in Bochum, hrsg. v. Volker Frielinghaus u. Max Imdahl, 2. Auflage. Bochum 1970/71, S. 43–52. Mangels Quellen geben auch diese Beiträge keine weiteren Informationen. Siehe zur Belehnung: Regestenbuch Mittlere Ruhr (wie Anm. 2), Nr. 70 (1.5.1243).
89 Friedrich Wilhelm Oediger (Bearb.), Die Regesten der Erzbischöfe von Köln im Mittelalter, 1. Band (313–1099). Bonn 1954, Nr. 882 (1061). Siehe dazu ausführlich: Meuwsen, Ministeriale und Ritter (wie Anm. 2), S. 137–147.

Dienstmannschaften ausgestattete geistliche Institutionen waren in der Gegend nur die Abtei Werden (erste Nennung zweite Hälfte 11. Jahrhundert) und das Stift Essen (Mitte 12. Jahrhundert).[90] Ministeriale der Grafen von Berg und von der Mark treten erst in der zweiten Hälfte des 12. Jahrhunderts aus den Quellen hervor und werden bis Mitte des 13. Jahrhunderts selten genannt.[91]

Ministeriale der Abtei Werden werden erstmals genannt, als der Edelherr Adalward 1064 seinem *servitor* Azelin ein Gut überträgt.[92] Abt Giselbert verdoppelt das Grundstück und überlässt es Azelin als *beneficium*,[93] welches dessen Sohn nach seinem Tod weiterhin behalten darf. Der Sohn wird vom Abt unter seine *ministri* aufgenommen; offenbar hatte er diesen Status nicht automatisch. Um die gleiche Zeit übergibt der Edelherr Marword der Abtei einen Hof, wofür der Abt Marwords Sohn zu *mos militaris* (Sitte der *militia*, Heeresgebräuche) eine Rente als dauerhaftes *beneficium* gibt.[94] Dies wird von einer Vielzahl von Männern, vermutlich Ministerialen, bezeugt, Abt Otto bekundet in seiner Amtszeit zwischen 1081 und 1105, dass der Freie Alfricus sich und sein Gut dem Altar von St. Liudger übergibt und das Gut zu *ius ministrorum* (Dienstmannenrecht) zurück erhält.[95] Seine Söhne oder Töchter sollen es erblich erhalten. In demselben Zeitraum bekundet der abteiliche Propst, dass der Freie Azelin eine zur *familia* des Werdener Oberhofs Viehausen (Essen-Fischlaken) gehörende Frau heiraten möchte.[96] Azelin bittet, sie aus der *servili conditione* (knechtischer Stand) hervorzuheben und dem Altar von St. Liudger zu übergeben. Dafür gibt er dem Propst einen Hof. Bei einem durch Abt Otto 1092 bekundeten Hoftausch

---

90 Aloys Schulte, Der Adel und die deutsche Kirche im Mittelalter. Studien zur Sozial-, Rechts- und Kirchengeschichte. Stuttgart 1910, S. 185 f.
91 Leonard Korth (Bearb.), Zur Geschichte des Klosters Dünnwald im zwölften und dreizehnten Jahrhundert, in: Zeitschrift des Bergischen Geschichtsvereins 20, 1885, S. 51–83, hier: Nr. 10 (um 1160).
92 Wilhelm Crecelius, Collectae ad augendam nominum propriorum Saxonicorum et Frisiorum scientiam spectantes IIIb, Traditiones Werdinenses Teil II, in: Zeitschrift des Bergischen Geschichtsvereins 7, 1871, S. 1–60, Nr. 105 (12.6.1064).
93 *Beneficium* bezeichnet eine Verausgabung, meist von Land, die an Personen jeden Standes erfolgen kann. Der Begriff beinhaltet keine besondere Rechtsform.
94 Crecelius, Traditiones Werdinenses II (wie Anm. 92), Nr. 108 (zwischen 1063 und 1066).
95 Ebd., Nr. 116, S. 14 f. (zwischen 1081 und 1105). Zuvor werden *servientes* als Werdener Zeugen in Urkunden erwähnt: Ebd., Nr. 91, 92, 93 (alle um 1050), 103 (1047/59). In der letzten Urkunde übergibt der *servientes* Rumold der Abtei ein Eigengut als Sühne, da er sich gegen die Abtei mehrfach vergangen hatte. Die Urkunde wird vom Abt ausgestellt, die Entscheidung wurde durch die *coequales*, nämlich die *ministris* des Abts, gefällt.
96 Theodor Joseph Lacomblet (Bearb.), Urkundenbuch für die Geschichte des Niederrheins oder des Erzstifts Cöln, der Fürstenthümer Jülich und Berg, Geldern, Meurs, Kleve und Mark, und der Reichsstifte Elten, Essen und Werden. Teil 1: Von dem Jahr 779 bis 1200 einschließlich. Düsseldorf 1840, Nr. 266 (zwischen 1081 und 1105).

mit einem Edelherrn sind die abteilichen *ministeriales* als Zeugen anwesend.[97] Ministeriale sind Anfang des 12. Jahrhunderts Zeugen, als Propst Wichmann bekundet, dass Benno ein *beneficium* erhält, um nicht näher beschriebene Aufträge des Propstes zu erfüllen.[98]

Abt Rudolf kauft von einem verarmten Ministerialen ein *beneficium* zurück und gibt ihm ein anderes.[99] Abt Liudbert stiftet 1115 eine Memorie, was *liberos* (Freie) und *non liberos* (Unfreie) bezeugen.[100] In der Zeugenliste werden zum Schluss 15 *ministeriales* aufgelistet. Der Abt handelt auf Rat seiner Mitbrüder und auf Bitten der Ministerialen; die als unfrei charakterisierten Ministerialen haben offensichtlich eine Stellung erreicht, in der sie an relevanten Rechtsgeschäften beteiligt sind. Um diese Zeit vergibt der Küster ein Gut an vier Schwestern, was vor Abt und Ministerialen bestätigt wird.[101] In einer Urkunde aus dem Jahr 1124 gibt der Werdener Abt Beringoz bekannt, dass er Höfe gekauft hat.[102] Unter den Zeugen finden sich abteiliche Ministeriale aus Werden und Helmstedt. Im Jahr 1126 bekundet Abt Bernhard, dass er Ebilin aus der *litica servitute* (Knechtschaft, Hörigkeit) des Hofes Herzfeld (Lippetal) mit Zustimmung des dortigen Schulten befreit und in das *ius servientum* (Recht der Dienstleute) eingesetzt habe.[103] Für Ebilin hatten sich verschiedene Kleriker, *nobiles* und Ministeriale aus Hildesheim eingesetzt. Interessant ist die Differenzierung von Hörigkeit und Ministerialität wie auch die formale Erhebung von einem Rechtsstatus in einen höheren. Ein Aufstieg ist möglich – wenn auch nicht alltäglich – es muss jedoch gleichfalls Personen gegeben haben, die diesem Stand automatisch angehörten.

Um 1130 sind Ministeriale Zeugen, als Abt Bernhard mit dem zur Paderborner Kirche gehörenden Heinrich einen Vertrag abschließt, bei dem Heinrich Werdener Güter als vererbbare *villication* und nicht als *beneficium* erhält und dafür Beherbergungsleistungen erbringt.[104] Ein Heberegister der Abteihöfe um 1150 gibt Auskunft über *fundis qui infra civitatem sunt* (Güter, welche in der Stadt [Werden] sind).[105] Insgesamt handelt es sich um 21 Güter, einschließlich der *beneficia*

---

97 Crecelius, Traditiones Werdinenses II (wie Anm. 92), Nr. 112 (1092).
98 Ebd., Nr. 124 (Anfang 12. Jh.). Dies ist eine der wenigen Nennungen einer Gegenleistung für ein Lehen. Eine Erwähnung gibt es auch um 1130, siehe Anm. 104. 1160 erhält der abteiliche Ministeriale Heinrich Bardenscheid vom Abt Land, um die – nicht näher spezifizierten – Dienste, die er dem Abt schuldet, besser leisten zu können. Hans Budde u. a. (Bearb.), Die Urkunden und Handschriften aus dem Archiv der Katholischen Propsteipfarrei St. Ludgerus in Essen-Werden. Teil I: 8.–15. Jahrhundert. Bonn 2017, Nr. 4 (1160).
99 Crecelius, Traditiones Werdinenses II (wie Anm. 92), Nr. 122 (zwischen 1105 und 1112).
100 Urkundenbuch St. Ludgerus (wie Anm. 98), Nr. 2 (1115).
101 Ebd. Nr. 3, S. 39 (zwischen 1112 und 1119). Der Text legt eine Leihe nahe.
102 Crecelius, Traditiones Werdinenses II (wie Anm. 92), Nr. 127 (1124).
103 Kötzschke, Urbare I (wie Anm. 15), Nr. 1 (31.03.1126).
104 Lacomblet I (wie Anm. 96), Nr. 317 (um 1130).
105 Kötzschke, Urbare I (wie Anm. 15), S. 187,24–189,8 (um 1150).

der *ministeriales*. Zu diesen gehören der Bäcker, ein Koch, der Wagenbauer, ein Rechtskundiger und ein Silberschmied sowie verschiedene Frauen.[106] Vor 1228 heiratet ein Freier eine Hörige der Abtei, der Abt Heribert zusammen mit ihren Söhnen und Töchtern nach Beratung mit seinen Ministerialen das *ius ministerialium* verleiht.[107] Auch hier erfolgt eine formale Standeserhebung, an der erneut andere Ministeriale beteiligt sind. Einen Einfluss auf innere Angelegenheiten der Abtei nehmen Ministeriale im Jahr 1234, als sie zusammen mit verschiedenen Geistlichen stadtkölnischer Stifte und dem Stiftsvogt Graf Adolf von Altena einen Streit zwischen Abt und Konvent entscheiden und gemeinsam als Aussteller des Spruchs erscheinen.[108] Nur zwei Jahre später geben die Ministerialen ihre Zustimmung, als Abt Gerhard den Bürgern Helmstedts die Erlaubnis zur Stadtbefestigung erteilt.[109] 1239 bestätigen die Räte des Erzbischofs von Köln, dass sich Wezel, *miles advocatus Werdinenses* und *ministeriales* der Kirche von Werden, zum *homo legius* des Erzbischofs gemacht hat und diesem beistehen werde.[110]

Für das Stift Essen ist die Überlieferungssituation deutlich fragmentarischer. Kaiser Otto III. erneuert im Jahr 993 gegenüber Äbtissin Mathilde die Privilegien für das *monasterium*.[111] Dabei wird die *familia* der Grundherrschaft einbezogen und die *homines ecclesie* definiert als *servos*, *litos* und *liberos* (Diener, Liten[112] und Freie). Eine erste Erwähnung von Wehrfähigen des Stifts findet sich im Immunitätsprivileg König Heinrichs II. aus dem Jahr 1003.[113] Aus den drei Gruppen von *homines* müssen auf Aufforderung hin Waffenfähige zur Verfolgung von Straftaten unter dem Vogt zur Verfügung gestellt werden. Es sind also alle drei Gruppen waffenfähig. Zwischen 1011 und 1039 übergibt der Freie Balderich sein

---

[106] Die Aufzählung zeigt die Unterschiede innerhalb der Ministerialität auf. Außergewöhnlich ist dies für das 12. Jh. nicht. Später werden Handwerker etc. nicht mehr unter diese Gruppe gefasst. Siehe dazu auch: Werner Hechberger, Adel, Ministerialität und Rittertum im Mittelalter. München 2004, S. 29.

[107] Crecelius, Traditiones Werdinenses II (wie Anm. 92), Nr. 134 (zwischen 1199 und 1228).

[108] Kötzschke, Urbare I (wie Anm. 15), Nr. 2 (24.3.1234).

[109] LAV NRW R, Abtei Werden, Urkunden, Nr. 783 (1237).

[110] Richard Knipping (Bearb.), Die Regesten der Erzbischöfe von Köln im Mittelalter, Dritter Band 1205–1304, Erste Hälfte 1205–1261. Bonn 1909, Nr. 938 (14.4.1339). Wezel wechselt also die Ministerialität; seine Beistands- und Offenhauserklärung weisen auf militärische Leistungen hin.

[111] Thomas Schilp (Bearb.), Essener Urkundenbuch. Regesten der Urkunden des Frauenstifts Essen im Mittelalter, Band 1; von der Gründung um 850 bis 1350. Düsseldorf 2010, Nr. 51, S. 31 f. (1224), Nr. 21 (5.2.993).

[112] Lite: Schollengebundener Halbfreier, der Abgaben und Dienste entrichtet, aber rechts- und waffenfähig ist. Peter Dinzelbacher (Hrsg.), Sachwörterbuch der Mediävistik. Stuttgart 1992, S. 326.

[113] Essener Urkundenbuch (wie Anm. 111), Nr. 23 (23.2.1003; verschiedene Stellen vermutlich bis Beginn des 13. Jhdts. Stellen interpoliert).

Erbgut an Äbtissin Sophia und erhält es zum lebenslangen Nießbrauch.[114] Er und seine Frau bleiben frei, seine Söhne treten in das *ecclesie servili iure* (Dienstrecht der Essener Kirche) ein.

Der Ausdruck *ministerialis* taucht erstmals 1085 auf, als Kaiser Heinrich IV. eine Seelenheilsstiftung der Äbtissin Svanhild bekundet, zu deren Fundierung Höfe und Ministeriale an das Stift übertragen werden.[115] Ministeriale treten erst wieder 1142 in einer Streitigkeit über die Erblichkeit von sechs *cohabitationes/bona/domus* (Wohngemeinschaften/Güter/Häuser) auf.[116] Acht nur mit Vornamen bezeichnete Ministeriale der Essener Kirche, darunter zwei Frauen, hatten sich nach Auffassung der Äbtissin das Erbrecht an diesen Wohnungen widerrechtlich angeeignet.[117] Der Kölner Erzbischof Arnold gibt die Häuser an das Stift zurück. Äbtissin Irmentrud führt aus, dass unter ihren Vorgängerinnen aus Angst vor Feinden und wegen der Nachbarschaft der Kirchen den Ministerialen das Recht eingeräumt wurde, in der Immunität zu wohnen.[118]

---

[114] Ebd., Nr. 27 (zwischen 1011 und 1039). Für die essendische Ministerialität nimmt die Forschung an, dass sich die Ministerialität ausschließlich aus stiftischen Unfreien rekrutierte. Hoederath, Landeshoheit (wie Anm. 27), S. 173. Krägeloh, Lehnkammer (wie Anm. 27), S. 136. Bettecken, Coenobium Astnide (wie Anm. 15), S. 109. Leenen, Positionierung (wie Anm. 27), S. 81. Für das Stift fehlen jedoch weitgehend diesbezügliche Quellen bis ins 13. Jh., so dass zu diesem Punkt keine Aussage gemacht werden kann.

[115] Essener Urkundenbuch (wie Anm. 111), Nr. 33 (4./5.1085). Die Ministerialen sind personenrechtlich unfrei.

[116] Regestenbuch Mittlere Ruhr (wie Anm. 2), Nr. 23 (1142; Ausfertigung durch Erzbischof) und Nr. 24 (13.6.1142; Ausfertigung durch Äbtissin). In beiden Urkunden kommen alle drei Begriffe vor.

[117] In einem ähnlichen Fall in Corvey entscheiden Ministeriale gegen einen Standesgenossen, der gegen den Willen des Abts beansprucht, eine erbliche Wohnung innerhalb der Klostermauern zu bewohnen. Dieser hält sich nicht an den Spruch, so dass sich der Abt an den König wendet. König und Reichsministerialen entscheiden 1150 im Sinn des Abts, vermerken aber, dass der Abt ein solches *beneficium* gar nicht erst hätte vergeben dürfen. Franz-Josef Jakobi, Ministerialität und „ius ministerialium" in Reichsabteien der frühen Stauferzeit, in: Sprache und Recht. Beiträge zur Kulturgeschichte des Mittelalters. Festschrift für Ruth Schmidt-Wiegand zum 60. Geburtstag, hrsg. v. Karl Hauck u. Karl A. Kroeschell. Berlin 1986, S. 321–352, hier: S. 327–330. Jan Ulrich Keupp, Aufstieg im Verbund. Auf dem Weg zur adligen Unfreiheit, in: Freiheit und Unfreiheit. Mittelalterliche und frühneuzeitliche Facetten eines zeitlosen Problems, hrsg. v. Kurt Andermann u. Gabriel Zeilinger. Epfendorf 2010, S. 91–114, hier: S. 108.

[118] Bettecken sieht die Gertrudiskirche als Kirche der Ministerialen an. Bettecken, Coenobium Astnide (wie Anm. 15), S. 108 f. Für Köln ist belegt, dass Ministeriale in der Stadt wohnen, jedoch reduziert sich dies im 13. Jh. Ulrich Ritzerfeld, Das Kölner Erzstift im 12. Jahrhundert. Verwaltungsorganisation und wirtschaftliche Grundlagen. Köln 1994, S. 226–228. In Münster leben Ministeriale, die Ämter innehaben, für die sie in der Nähe des Bischofs wohnen müssen, teilweise – wahrscheinlich mit Genehmigung des Bischofs – innerhalb der Immunität. Es gibt Grundstücke, die innerhalb dieser lagen, ihr jedoch nicht von Anfang an zugehören. Als der Platz nicht mehr ausreicht, will der Bischof um 1100 die Immunität

Irmentrud war seit zwei Jahren Äbtissin, ihre Vorgängerin Oda leitete das Stift von 1119 bis 1137, Äbtissin Lutgard zwischen 1088 und 1118. Da die Urkunde von Vorgängerinnen im Plural spricht, muss die Wohnsituation schon einige Jahrzehnte bestanden haben. Die Schriftstücke, die aus Sicht von Äbtissin und Erzbischof den Vorgang beschreiben, sprechen von Ansprüchen als *beneficia hereditariae* (erblichen Lehen), die die Ministerialen geltend gemacht hätten. Die Ministerialen scheinen auf Wunsch des Stifts zu dessen bewaffnetem Schutz in die Immunität gezogen zu sein, was sie zu Personen mit besonderen Aufgaben und Rechten macht.[119] Das Auftreten der Frauen zeigt, dass sie Lehen erben können. Mit der Einbeziehung von Ministerialen als Zeugen wird sichergestellt, dass die Gruppe als solche den erzbischöflichen Spruch anerkennt. Diejenigen Zeugen, die nicht nur als Ministeriale, sondern auch als Hofamtsinhaber involviert sind, treten gleichzeitig in ihrer offiziellen Aufgabe als Amtsleute der Äbtissin auf.

Ministeriale, darunter die Hofamtsinhaber sowie ein Bäcker und einige Kürschner, sind Zeugen, als sich 1164 und 1197 Freie dem Stift wachszinsig machen.[120] 1170 kauft Äbtissin Hadwig vom Essener Ministerialen Johann ein Lehen und um dieselbe Zeit verkauft der Ministeriale Hermann ein Lehen an den *villicus* des Viehofs, den Ministerialen Heinrich.[121] Dies erfolgt vor der Äbtissin, den Klerikern und Ministerialen des Stifts. Im Jahr 1197 sind erneut Ministeriale Zeugen in einer von der Äbtissin ausgestellten Urkunde.[122] König Heinrich VII. bestätigt der Äbtissin 1230 den Besitz der Vogtei über Rellinghausen, aus der sie von Graf Adolf von der Mark verdrängt worden war.[123] Er weist den Grafen an, in dieser Angelegenheit nur vor dem Königsgericht zu klagen. Die Ministerialen und *iniuratores* („Unrechttuer") verweist er an seinen Burggrafen in Kaiserswerth.[124] In einem von Erzbischof Konrad geschlichteten Streit um den Essener Oberhof Ehrenzell im Jahr 1246 sagen Ministeriale als Zeugen aus und sind als solche ebenfalls im Jahr 1258 tätig, als Äbtissin Berta das Schultenamt in Breisig verpfändet.[125]

auf Kosten der von Ministerialen genutzten Grundstücke vergrößern. Karl Poth, Die Ministerialität der Bischöfe von Münster, in: Zeitschrift für vaterländische Geschichte und Altertumskunde 70, 1912, S. 1–108, hier: S. 23–25. Es stellt sich die Frage, ob es wie in Münster die besondere Lage ist, über die die Äbtissin uneingeschränkt bestimmen will. Dann ginge es nicht primär um die Erblichkeit von Lehen.

119 Für einen Plan von Stadt und Immunität siehe: Clemens Kosch, Die romanischen Kirchen von Essen und Werden. Architektur und Liturgie im Hochmittelalter. Regensburg 2010, S. 9.
120 Essener Urkundenbuch (wie Anm. 111), Nr. 40 (1164) und Nr. 45 (1197).
121 Ebd., Nr. 41, S. 27 (1170). Regestenbuch Mittlere Ruhr (wie Anm. 2), Nr. 28 (um 1170).
122 Ebd., Nr. 31 (1197).
123 Essener Urkundenbuch (wie Anm. 111), Nr. 56 (9.12.1230).
124 Es geht aus der Urkunde nicht klar hervor, um wessen Ministeriale es sich handelt. Aber unabhängig, ob es märkische oder essendische Ministeriale sind, werden sie für diese Sache der königlichen Rechtsprechung unterstellt.
125 Regestenbuch Mittlere Ruhr (wie Anm. 2), Nr. 74 (12.1246). Essener Urkundenbuch (wie Anm. 111), Nr. 78 (24.4.1258).

In der sog. „Mauerurkunde" aus dem Jahr 1243/44, welche nur in Abschrift einer späteren Übersetzung vorliegt, bestätigt die *gemeynheit der dienstmanne und der burger tot Esinde*, dass sie mit Zustimmung von Äbtissin und Konvent sowie des guten Willen des Vogtes beschlossen haben, die Stadt zu befestigen.[126] Die Wohnungen der Dienstmannen innerhalb der Stadt sind abgabenfrei, sofern sie oder ihr Gesinde dort wohnen, und die Bürger sollen den Dienstmannen ein Tor errichten. Bürger und Dienstmannen sollen sich gegenseitig mit Rat und Hilfe unterstützen, müssen aber Schäden, die der jeweils anderen Seite durch Dritte entstehen, nicht mittragen. Zwietracht zwischen ihnen sollen zwölf Geschworene, je zur Hälfte von jeder Partei, beilegen. Schäden durch den Bau des Grabens werden von den Dienstmannen behoben. Die Kosten für Befestigung und Nachtwachen tragen ausschließlich die Bürger, jedoch sollen die Hörigen der Dienstmannen mit dem *gemeynen volke* zum Werk beitragen. Dienstmannen dürfen wegen einer Schuld von der Stadt nicht abgewiesen werden, sofern sie sich vor der Äbtissin rechtfertigen.

Bettecken vertritt die Ansicht, dass die Ministerialen die stärkere Macht sind, da die Regelungen zu ihren Gunsten abgefasst werden, während Erich Wisplinghoff, Hartwig Kersken und Thomas Schilp argumentieren, dass die Bürger sich als eigenständige, finanzstarke Gruppe präsentieren. Mit dem Vertrag hätten die Ministerialen ihre Stellung gesichert, dafür aber akzeptieren müssen, dass Streitigkeiten künftig in einem paritätisch besetzten Gremium entschieden werden.[127] Gerchow sieht die Möglichkeit, dass Äbtissin Berta das von Kaiser Friedrich II. 1220 an die geistlichen Reichsfürsten erteilte Befestigungsrecht nutzt und die rechtliche Anerkennung der Bürgerschaft als Gegenleistung für deren Aufwand in Kauf nahm, während sie die Ministerialen durch Sonderrechte gewann.[128] Die Ministerialen als Korporation sind im Verhältnis zur Stadt nur

---

[126] Der Vogt wird nicht namentlich genannt. Die Frage der Vogtei ist zu der Zeit strittig. Abschrift: LAV NRW W, W 002, Msc. II „Kindlingersche Sammlung", Nr. 104, S. 228–231 (1243/44). Druck: Essener Urkundenbuch (wie Anm. 111), Nr. 62.

[127] Bettecken, Coenobium Astnide (wie Anm. 15), S. 164–167. Erich Wisplinghoff, Untersuchungen zur frühen Geschichte von Stift und Stadt Essen, in: EB 103 (1989/90), S. 53–67, hier: S. 63. Hartwig Kersken, Die Essener Stadtrechtsurkunde von 1243/44. Herrschaft, Siedlungsentwicklung und Bürgergemeinde im 13. Jahrhundert, in: EB 121, 2008, S. 7–71, hier: S. 35 f. und S. 48. Thomas Schilp, Überlegungen zur Stadtwerdung. Vom locus des Frauenstifts zur civitas in der Mitte des 13. Jahrhunderts, in: Die Mauer der Stadt Essen vor der Industrie 1244 bis 1865, hrsg. v. Jan Gerchow. Essen 1995, S. 82–92, hier: S. 86 f. Thomas Schilp, „De stat Essende sal gevestent werden": Die Entwicklung zur Stadt unter der Herrschaft von Äbtissin und Stift, in: Herrschaft, Liturgie und Raum. Studien zur mittelalterlichen Geschichte des Frauenstifts Essen, Band 1, hrsg. v. Katrinette Bodarwé u. Thomas Schilp. Essen 2002, S. 146–159, hier: S. 152 f.

[128] Jan Gerchow, Mauerbau und Stadtgründung, in: Gründerjahre. 1150 Jahre Stift und Stadt Essen, hrsg. v. Ulrich Borsdorf u. a. Essen 2005, S. 43–63, hier: S. 48 f. Anzumerken ist, dass

in dieser Urkunde belegt und das paritätisch besetzte Schlichtungsgremium tritt danach in keiner überlieferten Quelle auf.[129]

Zusammenfassend lässt sich sagen, dass die Ministerialen der Abtei Werden schon im beginnenden 12. Jahrhundert eine herausgehobene Gruppe mit besonderen Rechten sind, die ggfs. im Einzelfall definiert werden. Dabei gibt es aus der Freiheit in die Ministerialität Eingetretene, aus der Hörigkeit Erhobene oder in den Stand Geborene. Die Dienstmannen unterscheiden sich zunehmend von Hörigen, Wachszinsigen oder handwerklichen Ministerialen und bilden einen eigenen Rechtsstand. Sie haben Mitsprache- und Beratungsrecht bei bestimmten Rechtsakten und können Lehen vererben. Aus den wenigen Dokumenten lässt sich ebenfalls, wenn auch diffuser und zeitlich später, die Beteiligung von Ministerialen im Stift Essen an Rechtsgeschäften, die (strittige) Verfügungsgewalt über Lehen und ihre Position als herausgehobene und von Bürgen und Hörigen differenzierte Gruppe mit besonderen Rechten erkennen.

Der Aufstieg der Ministerialen wird in der Forschung im Zusammenhang mit militärischen Leistungen gesehen und so stellt sich die Frage nach bewaffneten Diensten und Reichskriegsdienst durch die klösterlichen Ministerialen. Aufgebote an Dienstmännern werden nur von Benediktinerklöstern gefordert, jedoch nicht von Kanonissenstiften und die Dienstmannen von Frauenkonventen waren nie Teil des Reichsheeres. Die Heerfahrt ist somit auf wenige Äbte beschränkt, wobei einige von dieser Verpflichtung befreit sind.[130] Schon seit den – allerdings im 11. Jahrhundert gefälschten – Immunitätsurkunden des 9. und 10. Jahrhunderts für die Abtei Werden wird festgelegt, dass der Abt Heerfolge leisten muss, wenn er Lehen dafür erhält. Werdener Äbte finden sich auf verschiedenen Heerzügen nach Italien, auf Kreuzzügen oder bei den Hoftagen der staufischen Herrscher.[131] Die letzte Erwähnung ist im Jahr 1271, als erwähnt wird, dass der abteiliche Marschall den Abt zu begleiten hat, wenn dieser mit dem Kaiser auf Kriegszügen ist.[132] Dann darf der Marschall einen Teil der durch Raub und Plün-

---

in der Abschrift nicht von der Anerkennung einer Bürgerschaft die Rede ist und die Äbtissin nicht erkennbar an der Vereinbarung beteiligt ist.

[129] Manfred Petry, Zur Geschichte des Essener Stadtrates im 14. Jahrhundert, in: MaH 30, 1977, S. 1–57. Petry argumentiert, dass unsicher sei, ob es sich in dem in der Mauerurkunde genannten Rat um den Stadtrat handelt, da nur eine spätere deutsche Übersetzung vorliegt. Welches Wort ursprünglich verwendet wurde, ist unbekannt. Zeitgenössisch wären Schöffen, aber diese sind für Essen im Mittelalter nicht bekannt. Ebd., S. 3. Schilp, De stat Essende (wie Anm. 127), S. 153. Schilp bestreitet die Aussage Betteckens, nach der der Geschworenenausschuss ein Ratsgremium ist, welches aus dem ursprünglich nur mit Ministerialen besetzten Ausschuss entstanden sei.

[130] Schulte, Adel und deutsche Kirche (wie Anm. 90), S. 202–210.

[131] Siehe dazu detailliert und mit Nachweisen: Meuwsen, Ministeriale und Ritter (wie Anm. 2), S. 147–154.

[132] Regestenbuch Mittlere Ruhr (wie Anm. 2), Nr. 162 (1271).

derung erbeuteten Rinder behalten. Wie viele Kämpfer die Abtei stellt, ist schwer abzuschätzen, denkbar sind ein bis zwei Dutzend berittene Krieger.[133] Als 1317 eine Mauer um die Siedlung Werden errichtet werden soll, müssen die Ministerialen nur in Ausnahmesituationen Nachtwache an bestimmten Orten halten und sind von Steuern und der Zahlung von Kriegssonderabgaben befreit.[134] Sie werden demnach nicht (mehr?) umfassend für Schutzdienste eingesetzt. Ob und welche Dienste sie bei der vermuteten vorhergehenden Mauer zu leisten hatten, bleibt ebenso im Dunkeln wie sonstige lokale militärische Aufgaben. Konkrete Einsätze von Ministerialen zum Schutz der Abtei und ihres Besitzes sind nicht überliefert. Welche Verbindungen zur Lehnsvergabe bestehen und ob alle Ministerialen militärische Dienste leisten, ergibt sich aus den Quellen nicht.

Über die militärischen Verpflichtungen der Essener Ministerialen geben die Quellen kaum Auskunft.[135] Von der Heerfahrt ist die Äbtissin befreit, wie im Immunitätsprivileg des Jahres 1003 erstmals festgehalten wird; die stiftischen Dienstmannen leisten keinen Reichskriegsdienst.[136] Damit bleibt der schon 1003 erwähnte bewaffnete Schutz des Stifts. Vor 1142 war es einigen Ministerialen „aus Angst vor Feinden" erlaubt worden, innerhalb der Essener Immunität zu wohnen, für die sie vermutlich die Wohnungen in der Immunität erhielten.[137] Die „Mauerurkunde" von 1244 hält fest, dass Ministeriale nicht zur Bewachung herangezogen werden, womit die Schutzaufgabe für den Kern des Stifts entfallen wäre. Dass Dienstmannen militärisch für die Interessen des Stifts in der Umgebung eintreten, ist aus den Quellen der folgenden Jahrzehnte nicht zu entnehmen, vielmehr gibt es immer wieder Auseinandersetzungen des Stifts mit eigenen oder fremden Dienstmannen, die ihre eigenen Interessen auch mit militärischen Mitteln versuchen durchzusetzen. Aus der Beschreibung der Aufgaben der vier Hofämter von ca. 1410 ergeben sich keine militärischen

---

133 Michael Buhlmann, Werdener Äbte auf Italienzügen deutscher Herrscher, in: MaH 59, 2006, S. 73–131, hier: S. 105.
134 Lacomblet III (wie Anm. 79), Nr. 162 (24.7.1317).
135 Nach Küppers-Braun sind „anfangs" ausnahmslos alle Dienstmannen zum Kriegsdienst verpflichtet. Auch nach Röcklein verteidigen die Ministerialen das Stift militärisch. Es gibt für diese Annahmen jedoch außer der Auseinandersetzung von 1142 keine Belege. Küppers-Braun, Macht in Frauenhand (wie Anm. 35), S. 72. Hedwig Röcklein, De feudo femineo: über das Weiberlehen, in: Herrschaftspraxis und soziale Ordnungen im Mittelalter und in der frühen Neuzeit. Ernst Schubert zum Gedenken, hrsg. v. Peter Aufgebauer u. Christine van den Heuvel. Hannover 2006, S. 267–284, hier: S. 281.
136 Lacomblet I (wie Anm. 96), Nr. 134, (23.2.1003).
137 Regestenbuch Mittlere Ruhr (wie Anm. 2), Nr. 23 (1142) und Nr. 24 (13.6.1142). Dies ist die einzige Urkunde, die einen Zusammenhang zwischen Schutzleistung und Lehen vermuten lässt. Schilp geht davon aus, dass die Ministerialen für die Befestigung des Stiftsbereichs zu sorgen hatten. Ebd., S. 152. Schilp, De stat Essende (wie Anm. 127), S. 147.

Verpflichtungen, ebenso wenig aus den Treuegelöbnissen bei Belehnungen, die seit Mitte des 14. Jahrhunderts vorliegen.[138]

Inwieweit die Grafen von der Mark als Stiftsvögte nach 1288 den zugesicherten Schutz tatsächlich leisten, ist unsicher, denn bei „Bedrückungen" bitten Äbtissin und Kapitel meist geistliche Institutionen um Unterstützung. Ein Schutz durch den Vogt ist offensichtlich nicht automatisch zu erwarten, sondern scheint im Einzelfall vereinbart worden zu sein. Weil die Leute im Essener Territorium nach ihrer Aussage täglich bedrängt würden, entscheiden Äbtissin Katharina und Kapitel im Jahr 1338, dass jeder Mann im Territorium, der über ein Pferd sowie Brustharnisch und Waffen verfügt oder sie sich beschaffen kann, diese nach seinem Tod seinen Kindern und Erben für die Verteidigung des Essener Territoriums überlassen muss.[139] Von einer Verteidigung durch den Vogt oder Ministeriale spricht die Urkunde nicht.

5. Die Familien Altendorf und Vittinghoff

Die frühmittelalterlichen offenen adeligen Verwandtengruppen, bei denen Abstammung auch in weiblicher Linie begründet sein kann, verändern sich im Hochmittelalter und werden zu auf die agnatische Linie ausgerichteten Geschlechtern mit patrilinearer Erbfolge.[140] Dies manifestiert sich auch in der Namensgebung.[141] Die im 11. Jahrhundert aufkommenden Zweinamen sind zunächst Herkunfts- oder Beinamen, die erst vom Adel und dann von Ministerialen, Bürgern und Bauern genutzt werden. Aus diesen Namen einzelner Menschen werden an die nachfolgende Generation weitergegebene Familiennamen, ebenfalls zunächst des Adels.[142] In der Ruhrregion treten ministeriale Zweitnamen vereinzelt im 12. Jahrhundert auf und werden im Verlauf des 13. Jahrhunderts üblich. Der Nachname ist somit das führende Merkmal zur Identifizierung einer Familienzugehörigkeit.[143]

---

138 Heinrich Schäfer/Franz Arens (Hrsg.), Urkunden und Akten des Essener Münster-Archivs, in: EB 28, 1906, gesamtes Heft, hier: S. 335–343. Beispiele von Gelöbnissen: Krägeloh, Lehnkammer (wie Anm. 27), S. 158, Fußnote 142.

139 Essener Urkundenbuch (wie Anm. 111), Nr. 580 (14.7.1338). Siehe zu dem Thema ausführlich: Meuwsen, Ministeriale und Ritter (wie Anm. 2), S. 147–154 und 446–451.

140 Karl Schmid, Zur Problematik von Familie, Sippe und Geschlecht, Haus und Dynastie beim mittelalterlichen Adel. Vorfragen zum Thema „Adel und Herrschaft im Mittelalter", in: Gebetsgedenken und adeliges Selbstverständnis im Mittelalter. Ausgewählte Beiträge. Festgabe zu seinem sechzigsten Geburtstag, hrsg. v. Karl Schmid. Sigmaringen 1983, S. 183–244, hier: S. 234. Althoff, Freunde und Getreue (wie Anm. 62), S. 34 f.

141 Hechberger, Adel (wie Anm. 106), S. 21.

142 Schmid, Problematik (wie Anm. 140), S. 213–216; dort auch Beispiele.

143 Eine Familie darf nicht ungeprüft zum bestimmenden Zentrum für eine Person erklärt oder als gleichgerichtet agierende und gleichmäßig begüterte Gemeinschaft aufgefasst werden. Neben die biologischen Bindungen treten Patronage, Freundschaft, Schwägerschaft oder – im Spätmittelalter – territoriale Zugehörigkeit. Klaus van Eickels, Eheliche Liebe und verwandtschaftliche

Jedoch ist er alleine nicht hinreichend und andere Kriterien wie beispielsweise benannte Verwandtschaftsbeziehungen, Siegel oder Besitzverhältnisse müssen für eine sichere Einordnung hinzukommen. Die Forschung bezweifelt, dass zu den in den Schriftquellen erwähnten adeligen Geschlechtern immer zeitgleich eine Befestigung oder überhaupt eine Befestigung gehörte. Deren Familiennamen verweisen oft auf dörfliche Siedlungen oder Höfe.[144] Dies gilt erst recht für die Entstehung von Herkunftsnamen der unfreien Ministerialen, deren rechtliche Stellung zunächst keinen Befestigungsbau erlaubte. Dienstmannen von der mittleren Ruhr behalten bei einer örtlichen Veränderung grundsätzlich[145] ihren Nachnamen und ergänzen ihn ggfs. durch eine Ortsangabe oder einen Beinamen. Die Karte (s. Abb. 34) zeigt die bekannten ministerial-ritterlichen Wohnsitze (nicht Burgen!) an der mittleren Ruhr um 1350.[146]

Bindungen – Frauen in den Familienstrukturen des europäischen Adels im Hoch- und Spätmittelalter, in: Aufruhr 1225! Das Mittelalter an Rhein und Ruhr, hrsg. v. LWL-Museum für Archäologie – Westfälisches Landesmuseum Herne. Mainz 2010, S. 121–128, hier: S. 121 f.

144 Michael Mitterauer, Burg und Adel in den österreichischen Ländern, in: Die Burgen im deutschen Sprachraum. Ihre rechts- und verfassungsgeschichtliche Bedeutung, Band 1, hrsg. v. Hans Patze. Sigmaringen 1979, S. 353–385, hier: S. 364. Droege, Rezension (wie Anm. 43), S. 226. Schlunk, Königsmacht und Krongut (wie Anm. 18), S. 125. Herwig Ebner, Die Burg als Forschungsproblem mittelalterlicher Verfassungsgeschichte, in: Die Burgen im deutschen Sprachraum. Ihre rechts- und verfassungsgeschichtliche Bedeutung, Band 1, hrsg. v. Hans Patze. Sigmaringen 1976, S. 11–82, hier: S. 39. Stefan Leenen, Burgen Auf-Ruhr – Mittelalterlicher Befestigungsbau in der Ruhrregion, in: Von Jägern, Händlern und Hüttenleuten, hrsg. v. Kai Thomas Platz. Büchenbach 2013, S. 75–88, hier: S. 77. Stefan Leenen, Burgen der Ruhrregion, in: AufRuhr 1225! Das Mittelalter an Rhein und Ruhr, hrsg. v. LWL-Museum für Archäologie/Westfälisches Landesmuseum Herne. Mainz 2010, S. 227–248, hier: S. 238. Janssen verweist auf Zirkelschlüsse. Darunter versteht er, dass die Erbauung einer Burg ohne Beleg in die Zeit der erstmaligen Nennung eines Adeligen datiert wird, während gleichzeitig der zu der Zeit angeblich erfolgte Burgenbau namensgebend für eine Person gewesen sei. Wilhelm Janssen, Mittelalterlicher Burgenbau am Niederrhein. Zum Verhältnis von archäologischem Befund und schriftlicher Bezeugung, in: Zeitschrift für Archäologie des Mittelalters 3, 1975, S. 121–128, hier: S. 124 f. Siehe zum Thema der ministerialen Nachnamen ausführlich: Meuwsen, Ministeriale und Ritter (wie Anm. 2), S. 41–60.

145 Umgangssprachlich bedeutet „grundsätzlich", dass etwas immer ohne Ausnahme so ist. Im juristischen Sinn bedeutet „grundsätzlich" hingegen, dass etwas vom Grundsatz/Prinzip her so ist, Ausnahmen jedoch möglich sind. In dieser Arbeit wird „grundsätzlich" im juristischen Verständnis verwendet.

146 Eventuell sind nicht alle Rittersitze in Quellen genannt. Die Karte besteht aus zwei zusammengesetzten Teilen; sie wurden angepasst und um eigene Ergänzungen erweitert. Oberer Teil: O. Autor, Lange-Diercke – Sächsischer Schulatlas, Braunschweig 1930. URL: https://de.wikipedia.org/wiki/Datei:Lange_diercke_sachsen_deutschland_ruhrgebiet_1830.jpg, Ausschnitt (abgerufen am 7.1.2023). Unterer Teil: O. Autor, Essen um 1820, in: Westermann Schulatlas, Grosse Ausgabe Nordrhein-Westfalen, 9. Auflage. Braunschweig 1976, S. 14. Zur besseren Verständlichkeit wurde eine Karte aus der Zeit kurz vor Einsetzen der Industrialisierung gewählt, die die heutigen Orte zeigt, aber die Struktur der Vormoderne erkennen lässt. Territorien sind in ihren Umrissen gekennzeichnet. Die Burgen der Dynas-

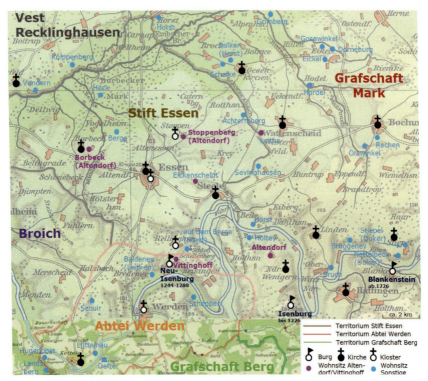

Abb. 34: Karte: Rittersitze an der mittleren Ruhr um 1350

Häufig genannte Familien aus der Region sind Altendorf, Eickenscheidt, Grimberg, von der Horst, Landsberg, von der Leithen, Lüttelnau und Vittinghoff. Von diesen wird die Entwicklung der Familien Altendorf und Vittinghoff vorgestellt, ihre Unterschiede und Gemeinsamkeiten herausgearbeitet und in das politische und soziale Umfeld ihrer Zeit gestellt.

Schriftliche Aufzeichnungen finden im Hochmittelalter überwiegend im klösterlichen Umfeld statt, bevor der weltliche Bereich um das Jahr 1300 eine zunehmende Schriftlichkeit erfährt und das Schriftgut insgesamt zunimmt. Für

ten und die ministerialen Wohnsitze sind dargestellt, sofern sie bis 1350 bekannt sind. Zu den Standorten der eingezeichneten Wohnsitze wurde herangezogen: Ohne Autor, Burgenatlas, in: Burgen AufRuhr! – Unterwegs zu 100 Burgen, Schlössern und Herrensitzen in der Ruhrregion, hrsg. v. Ministerium für Bauen und Verkehr des Landes Nordrhein-Westfalen/ Landschaftsverband Westfalen-Lippe. Essen 2010, S. 414–475, hier: S. 418 f., S. 432–435, S. 444 f. und S. 448 f. Pätzold, Rittersitze (wie Anm. 88), S. 168–172. Pätzold, Befestigte Häuser in Bochum (wie Anm. 88), S. 38–42. Frisch, Grafschaft Mark (wie Anm. 47), Karte 5, unpaginiert. Karl-Heinz Kirchhoff, Der Landadel und seine festen Häuser (Wasserburgen), in: Links der Lippe, Rechts der Ruhr. Geschichte und Gegenwart im Emscherland, hrsg. v. Josef Reding. Gelsenkirchen 1969, S. 80–95, hier: S. 95.

das Hochmittelalter überwiegen situative Aufzeichnungen in Form zeitpunktbezogener Urkunden. Basis für die Untersuchung war die Zusammenstellung möglichst sämtlicher Nennungen aller Personen beider Familien durch Recherchen in den gedruckten und ungedruckten Quellen, die zu einer erheblichen Ausweitung der bekannten Informationen und personenbezogenen Daten führte. Erwartungsgemäß war für den Beginn des betrachteten Zeitraums die Anzahl der gefundenen Schriftstücke gering und Dokumente mit Bezug zu geistlichen Institutionen überwiegen.

Die Entscheidung über die Zugehörigkeit einzelner Personen mit wenig individuellen Familiennamen, vor allem im durch eine schwache Überlieferungssituation gekennzeichneten Beginn des Untersuchungszeitraums, zu Familien ist in einigen Fällen nicht einfach. Dies trifft auch auf den verbreiteten Namen Altendorf zu: es gibt Altendorf bei Meckenheim/Rheinbach, Altendorf an der Ruhr, den bäuerlichen essendischen Hof in Essen-Altendorf sowie den Werdener Sattelhof Altendorf in Fröndenberg bei Unna. Eine Verbindung zwischen den Familien Altendorf in Fröndenberg, Essen-Altendorf und Altendorf/Ruhr besteht nach Auswertung der Quellen nicht. Im Folgenden werden bei der Vorstellung der Mitglieder der Familien Altendorf und Vittinghoff die verwandtschaftlichen Beziehungen ausschließlich auf Grundlage von Schriftstücken angegeben. Um Eindeutigkeit zu schaffen und Informationen datenbankgestützt auszuwerten, wurde allen Personen eine eindeutige Ordnungsnummer zugeordnet. Empfehlenswert ist die gleichzeitige Nutzung der Stammbäume.

5.1 Altendorf

5.1.1 Personen der Familie Altendorf in Rheinbach

Namensvarianten	*Aldendorp, Aldenthorp, Oldendorpe*
Erste Nennung	1110
Wohnsitze/-orte[147]	*castrum* Altendorf in Rheinbach (nordwestlich von Bonn), erste Erwähnung 1253
Ämter	Burgmannen auf Neu-Isenburg (kölnisch; 3. Viertel 13. Jh.), Burgmann auf Rheinberg (kölnisch; 2. Viertel 14. Jh.)
Ministerialität[148]	Erzbischöfe von Köln
Lehen von	Erzbischöfe von Köln, Äbte von Deutz, Stift St. Pantaleon (Köln)
Verwandt mit	Altendorf in Essen-Burgaltendorf (höchst unwahrscheinlich)

---

[147] Wohnsitz: Orte, an denen weltliche Familienmitglieder ausweislich der Quellen lebten. Nicht aufgeführt sind Stifte oder Klöster, in denen Personen geistlichen Standes lebten.
[148] Explizit in den Schriftquellen benannte Zugehörigkeiten.

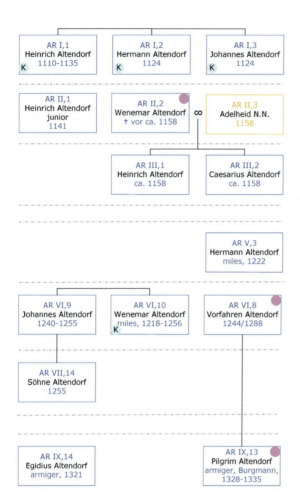

Abb. 35: Stammbaum der Familie Altendorf in Rheinbach

In der Literatur wird teilweise eine Verbindung zwischen den Familien Altendorf in Rheinbach und an der Ruhr angenommen, weshalb die Quellenbefunde zu beiden Familien dargestellt werden. Die erste Person der Familie Altendorf, die aus den Quellen hervortritt, ist Heinrich Altendorf (AR I,1), der fast immer als Ministeriale der Erzbischöfe von Köln bezeichnet wird.[149] Erstmals 1110 genannt, ist er bis zum Jahr 1135[150] an 20 von den Kölner Erzbischöfen Friedrich bzw. Bruno und einer von König Lothar ausgestellten Urkunde als Zeuge beteiligt. Es geht dabei um Angelegenheiten der neu gegründeten Abtei Siegburg

---

[149] Nicht als Ministeriale wird er 1110 und 1131 bezeichnet. Regestenbuch Mittlere Ruhr (wie Anm. 2), Nr. 1 (1110) und Nr. 18 (2.5.1131).

[150] Ebd. Nr. 1 (1110) und Nr. 21 (5.12.1135).

DIE MINISTERIAL-RITTERLICHEN FAMILIEN ALTENDORF UND VITTINGHOFF

Legende zu allen Stammbäumen:

                    männliche/weibliche Person

                    angeheiratete oder als „Verwandter" bezeichnete männliche/weibliche Person

miles, dapifer	Status (z. B. miles, famulus, Kanoniker), Amt (z. B. dapifer, Kämmerer)
1285–1319	Zeitraum der Nennungen bis einschliesslich 1350
† vor 1327	Todesjahr, sofern bekannt/eingrenzbar
●	von dieser Person ist Besitz bekannt
●	von dieser Person sind Siegel überliefert
K	Person wird explizit als Ministeriale bezeichnet; A: Grafen von Arnsberg, E: Äbtissin von Essen, K: Erzbischof von Köln, Kl: Grafen von Kleve, M: Grafen von der Mark, Ü: Bischöfe von Münster, W: Abt von Werden
———	durch Dokumente nachgewiesene verwandtschaftliche Verbindung
-------	verwandt, genauer Verwandtschaftsgrad unbekannt
········	Trennungslinie zwischen den Generationen

und der stadtkölnischen Stifte wie auch um Gründung und Ausstattung der Klöster Remagen, Dünnwald und Nonnenwerth.[151] Des Weiteren werden von den Erzbischöfen Entscheidungen und Streitschlichtungen betreffend das Stift Münstereifel, das Viktorstift in Xanten und die Klöster Grafschaft, Knechtsteden

---

[151] Siegburg: Ebd., Nr. 2 (1116), 3 (29.3.1117), 4 (29.3.1117), 8 (5.4.1118), 9 (4.1120), 12 (2.1124), 16 (5.1129), 18 (2.5.1131) und 19 (3.1132). Heinrichs Brüder Hermann (AR I,2) und Johannes (AR I,3) sind mit ihm 1124 Zeugen, werden ansonsten jedoch nicht erwähnt. Stadtkölnische Stifte: Ebd., Nr. 5 (04.1117), 14 (1127), 15 (1128) und 17 (1131). Remagen: Ebd., Nr. 1 (1110). Dünnwald: Ebd., Nr. 7 (1118) und Nonnenwerth: Ebd., Nr. 13 (1.8.1126).

und Weiler getroffen.[152] Die lange Zeitdauer, in der Heinrich Urkunden bezeugt, direkt nach dem *advocatus* genannt wird und ausweislich der Ausstellungsorte den Erzbischof auf seinen Reisen begleitet haben muss, lässt auf eine gefestigte Verbindung schließen. Die Nähe Heinrichs zu den Kölner Erzbischöfen kann die nächste Generation nicht beibehalten: nur einmal tritt 1141 ein Heinrich Altendorf *junior* (AR II,1) als erzbischöflicher Zeuge auf, ohne dass eine Verbindung zu den Brüdern der vorherigen Generation benannt wird.[153]

Um das Jahr 1158 verzichten Adelheid (AR II,3), Witwe von Wenemar Altendorf (AR II,2), und ihre Söhne Caesarius (AR III,2) und Heinrich (AR III,1) auf Lehngüter der Abtei Deutz (Köln) und einen gepachteten Hof der stadtkölnischen Abtei St. Pantaleon zugunsten der Deutzer Abtei.[154] Offensichtlich handelt es sich um erblichen Besitz, auf den Witwe und Söhne Anspruch haben und den sie veräußern können. Zu den 56 Zeugen gehören u. a. die *ministeriales et homines Westfalienses* (Ministeriale und Menschen/Hörige aus Westfalen), zu denen ausweislich der Herkunftsorte Personen aus der mittleren Ruhrregion, wo die Abtei Deutz Besitz hat, gehören. Diese frühe Nennung als Handelnde in eigener Angelegenheit ist für Ministeriale ungewöhnlich.[155] Eine ministeriale Zugehörigkeit der Altendorfer wird nicht erwähnt. Ob die hier genannten Personen Verwandte der gut 40 Jahre später als Essener Ministeriale genannten Brüder Hermann (A IV,1), Heinrich (A IV,1) und Caesarius (A IV,3) sind, wie man aufgrund der Namensgleichheit vermuten könnte, ist aufgrund der geringen Überlieferungsdichte nicht zu beantworten.[156]

Im Verlauf des 13. Jahrhunderts gibt es weitere Nennungen von Personen, jedoch ist keine zusammenhängende Abstammungslinie zu ermitteln und die einzelnen Personen bleiben aufgrund der wenigen Quellen schemenhaft.[157] 1218 wird Wenemar Altendorf (AR VI,10) als vorletzter Zeuge in der von Erzbischof Engelbert von Köln bestätigten Stiftung des Klosters Niederehe (Vulkaneifel) erstmals aufgeführt und erscheint an derselben Stelle in der Zeugenliste als erzbischöflicher Ministeriale im Jahr 1220, als der Erzbischof eine Schenkung von Graf Wilhelm von Jülich an den Deutschen Orden genehmigt.[158] 1240 ist

---

152 Stift Münstereifel: Ebd., Nr. 6 (zwischen 1118 und 1126). Viktorstift in Xanten: Ebd., Nr. 10 (24.4.1122). Kloster Grafschaft: Ebd., Nr. 11 (zwischen 1123 und 1126). Kloster Knechtsteden: Ebd., Nr. 20 (5.8.1134). Weiler: Ebd., Nr. 21 (5.12.1135).
153 Regestenbuch Mittlere Ruhr (wie Anm. 2), Nr. 22 (14.9.1141).
154 Ebd., Nr. 25 (ca. 1158). Das zugrundeliegende Rechtsgeschäft ist unbekannt, die 4 Altendorfer werden ansonsten nicht erwähnt. Zum Begriff des Verzichts siehe Kapitel 9.
155 Als Aussteller werden erst wieder 1230 Personen der Familien Altendorf und Holtey genannt, die Land veräußern. Davor treten alle Personen als Zeuge oder Bürge auf. Ebd., Nr. 52 (1230).
156 Ebd., Nr. 31 (1197). Die Brüder werden nur in dieser Urkunde genannt.
157 U. a. der *miles* Hermann Altendorf (AR V,3). Ebd., Nr. 42 (1222). Er wird ansonsten nicht erwähnt.
158 Ebd., Nr. 37 (1218) und Nr. 38 (1.4.1220).

er wieder fassbar, als er mit seinem Bruder Johannes (AR VI,9) eine Streitschlichtung Erzbischof Conrads bezeugt.[159] Johannes bürgt im Jahr 1242, als Erzbischof Conrad einen Vergleich mit Graf Wilhelm von Jülich trifft, um aus der Gefangenschaft des Grafen entlassen zu werden.[160] In den 1240er und 1250er Jahren kommt es zu Auseinandersetzungen zwischen dem sich vom Erzbischof emanzipierenden Grafen und dem Erzbischof.[161] Bei der Klärung offener Punkte zwischen Erzbischof und Graf wird zu Beginn des Jahres 1255 von der nur aus erzbischöflichen Schiedsleuten bestehenden Kommission unter anderem festgestellt, dass der Graf damit, dass er den geächteten Johannes und seine nicht namentlich benannten Söhne (AR VII,14) auf dem *castrum* Hengebach (Heimbach, Kreis Düren) schützt, ein Unrecht gegen den Erzbischof begeht.[162] 1253 wird in diesem Zusammenhang das *castrum* Altendorf genannt, welches der jülische Graf dem Kölner Erzbischof zurückgegeben hat.[163] Näheres zum Sachverhalt und dem weiteren Lebensweg von Johannes ist nicht bekannt.

Als Erzbischof Heinrich von Köln im Jahr 1328 den *armiger* Pilgrim Altendorf (AR IX,13) zu seinem Burgmann auf Rheinberg am Niederrhein macht, erwähnt er, dass dessen Vorfahren (AR VI,8) Burgmannen auf der Neu-Isenburg (Essen) waren, d. h. irgendwann zwischen 1244 und 1288.[164] Im Jahr 1335 fordert Erzbischof Walram seine *fideles, castrenses* und *amici* (Getreuen, Burgmannen und Freunde) im Amt Recklinghausen, die Städte Recklinghausen und Dorsten sowie den Grafen Dietrich von Limburg auf, gegen die Feinde des Erzstifts Heerfolge zu leisten.[165] Zu den Feinden zählt auch Pilgrim, der sich nach erzbi-

---

159 Ebd., Nr. 63 (1240). Alle Urkunden mit seiner Beteiligung sind vom Kölner Erzbischof ausgestellt. Die Brüder werden direkt nach Graf Gerhard von Are genannt, was auf entsprechendes Alter und/oder Status schließen lässt. Daher wurde angenommen, dass es sich um denselben Wenemar handelt, der 20 Jahre zuvor noch am Ende der Zeugenliste stand. Sicher ist das nicht. Mögliche weitere Nennung von Wenemar im Jahr 1256. Ebd., Nr. 103 (25.2.1256).
160 Ebd., Nr. 67 (2.11.1242).
161 Siehe dazu: Hermann Cardauns, Konrad von Hostaden, Erzbischof von Köln (1238–61). Köln 1880, S. 69–74. Hilar Schwarz, Zur Geschichte der rheinischen Pfalzgrafenschaft, in: Westdeutsche Zeitschrift für Geschichte und Kunst 26, 1907, S. 145–193 und S. 337–371, hier: S. 182–184. Otto Reinhard Redlich, Jülich-bergische Kirchenpolitik am Ausgang des Mittelalters und in der Reformationszeit. Erster Band: Urkunden und Akten 1400–1553. Bonn 1907, S. 27–31.
162 Regestenbuch Mittlere Ruhr (wie Anm. 2), Nr. 96 (1.2.1255) und Nr. 97 (12.2.1255).
163 Ebd., Nr. 90 (7.5.1253). Über den Wohnsitz liegen keine Informationen vor, er ist vollständig verschwunden, modern überbaut und nicht erforscht. Warum es sich um eine Wasserburg gehandelt haben soll, wie Rustemeyer schreibt, ist nicht klar. Gabriele Rustemeyer: Altendorf bei Rheinbach, in: Deutsche Burgenvereinigung e. V. (Hrsg.), EBIDAT – Die Burgendatenbank, URL: https://www.ebidat.de/cgi-bin/ebidat.pl?id=4795 (abgerufen am 7.1.2023).
164 Ebd., Nr. 523 (24.6.1328). Siehe zur Neu-Isenburg: Stefan Leenen, Ruine Neu-Isenburg in Essen. Essen 2012, S. 1–7.
165 Regestenbuch Mittlere Ruhr (wie Anm. 2), Nr. 585 (25.1.1335).

schöflicher Aussage in einem Streit mit Äbtissin Kunigunde von Essen befindet. Die Empfänger des Schreibens sollen ihre *machinas* (Kriegsmaschinen) gegen Pilgrim zur Verfügung stellen. Über den Inhalt von Pilgrims Streit sowie den Ausgang der Auseinandersetzung schweigen die Quellen. Im Umfeld des Stifts Essen gibt es einen zwischen 1309 und 1343 auftretenden Pilgrim Altendorf (A IX,4), der in den Jahren 1325 und 1332 als *dapifer* der Äbtissin genannt wird und eindeutig identifizierbar ist.[166] Aus den überlieferten Schriftstücken ergeben sich keine Anhaltspunkte über einen Konflikt mit der Äbtissin. In den Jahren 1328 und 1329, die direkt auf die Bestellung Pilgrims (AR IX,13) zum Burgmann in Rheinberg folgen, ist Pilgrim (A IX,4) mehrfach in Urkunden genannt, die im Umfeld von Essen ausgestellt sind, was einen gleichzeitigen Aufenthalt in Rheinberg fraglich erscheinen lässt.[167] Ob es sich um eine oder zwei Personen namens Pilgrim handelt, kann nicht abschließend beurteilt werden, jedoch erscheint es plausibler, dass es sich um zwei Männer handelt.

Ob eine Verbindung zwischen Altendorf in Rheinbach und Altendorf an der Ruhr besteht, ist nicht zu beantworten, jedoch unwahrscheinlich. Klare Belege oder belastbare Hinweise für eine Verwandtschaft finden sich in den Schriftquellen nicht und es haben sich keine Siegel der Männer aus Rheinbach erhalten, die zur Klärung herangezogen werden könnten. Schwache Indizien für eine Verbindung sind ähnliche Vornamen, die wie Heinrich oder Hermann teilweise jedoch nicht sehr originell sind. Die Gegend an der Ruhr ist im Mittelalter spätestens seit dem 11. Jahrhundert besiedelt und die erste Nennung von Altendorf ist 1166 mit dem Namen der *villa*, also einem Ort.[168] Erste Personen des Namens an der Ruhr treten 1197 auf, wobei der Nachname „Altendorf" klar auf ein Dorf als Ursprung hinweist. Nur bei einer Person und dessen Vorfahren besteht ein Anknüpfungspunkt an die mittlere Ruhr, der damit nach dem ersten Auftreten der Altendorfer von der Ruhr liegt. Gegen die Hypothese einer vorherigen, nicht dokumententierten Verbindung zu Beginn des 12. Jahrhunderts sprechen zwei Aspekte. Erstens sind in dieser Zeit Ministeriale unfrei, ortsgebunden und sozial wie wirtschaftlich nicht sehr über andere Mitglieder ihrer *familia* erhoben. Zweitens würde dies bedeuten, dass Personen dieses Sozialstatus namensgebend für ein schon existierendes Dorf an ihrem neuen Wohnort gewesen wären. Chronologie, soziales Umfeld und Logikbrüche sprechen gegen eine verwandtschaftliche Beziehung.

---

[166] Ebd., Nr. 503 (22.6.1325) und Nr. 564 (ca. 1332).
[167] Ebd., Nr. 524 (26.6.1328), 538 (7.7.1329), 541 (31.8.1329) und 542 (9.9.1329).
[168] So z. B. der 1050 erwähnte Hof Barenberg. Kötzschke, Urbare I (wie Anm. 15), 150,16. In den Isenberger Rollen von 1220 bzw. kurz davor sind für den Ort Altendorf drei Höfe genannt. Moritz Graf von Bentheim-Tecklenburg-Rheda, Die Vogteirollen des Stiftes Essen, in: Die Geschichte der Grafen und Herren von Limburg und Limburg-Styrum und ihren Besitzungen, Teil II, Band 4, hrsg. v. Günter Aders u. a. Assen 1968, S. 16–58. Regestenbuch Mittlere Ruhr (wie Anm. 2), Nr. 26 (19.2.1166).

DIE MINISTERIAL-RITTERLICHEN FAMILIEN ALTENDORF UND VITTINGHOFF 81

5.1.2 Personen der Familie Altendorf an der Ruhr

Namensvarianten	*Aldendorp(e), Aldenthorp, Aldindorp, Oldendorp(e), Oldendoirp*
Erste Nennung	1197
Ämter	*dapifer* Stift Essen (Ende 13. Jh./1. Hälfte 14. Jh.), Schulte (Essen-)Borbeck (Stift Essen, 4. Viertel 13. Jh.), Schulte (Bergheim-)Paffendorf (Stift Essen, Anfang 14. Jh.), Burgmann auf Stromberg (Bischof von Münster, Anfang 14. Jh.)
Geistliche Funktionen[169]	Kanoniker Stift Essen, Kanonisse Stift Rellinghausen, Kanoniker Domstift Münster, Doktor theol./Scholaster/Pfarrer in Groningen/Kanoniker am Domstift Münster/Stift St. Gereon (Köln)/Stift St. Salvator (Utrecht)/Osnabrück/Nivelles, Mönch Abtei Siegburg/Kanoniker Kloster Soest/Stift St. Kunibert (Köln)
Ministerialität[170]	Äbtissinnen von Essen, Erzbischöfe von Köln; Grafen von Arnsberg*, Kleve*, von der Mark*, Bischöfe von Münster*
Lehen von[171]	König, Grafen von Arnsberg, Kleve, Steinfurt, Edelherren von Volmarstein; Stift Essen, Stift St. Gereon (Köln), Bischöfe von Münster, Stift St. Pantaleon (Köln), Abtei Werden
Eigene Vasallen[172]	*de Bartberg*, nicht namentlich bekannte weitere Vasallen
Stiftungen	Stift Essen, Kanoniker Stift Essen, Domstift Münster, Großer Kaland Münster
Verwandt mit	Eickenscheidt, Kückelsheim, Lüdinghausen, Oer, Rufus, Vittinghoff
Siegel	im Wappenschild drei Pferdepramen (2:1)[173]

[169] Mit „/" abgetrennte Aufzählungen beziehen sich auf eine Person mit unterschiedlichen Funktionen.
[170] Hier sind alle Angaben über Ministerialitätszugehörigkeiten aufgelistet. Die Ministerialität, aus der oder in die Kinder wechseln, sind ebenso wie die Ministerialitäten, aus denen die Ehefrauen stammen, mit einem * gekennzeichnet. Zuerst werden die weltlichen, danach die geistlichen Herrschenden, jeweils alphabetisch geordnet, aufgelistet.
[171] Zunächst werden Lehen des Adels genannt: zuerst der König, dann der titulierte Adel, danach die Edelherren, jeweils alphabetisch geordnet. Anschließend folgen die Lehen geistlicher Herren, ebenfalls alphabetisch.
[172] Vasallen der Familie, soweit sie in den Quellen erwähnt werden.
[173] Die Prame ist ein Gerät zur Zähmung der Pferde und ein zangenähnlicher Gegenstand mit glatten oder schraubenförmig gewundenen, innen oft gezahnten Schenkeln. Sie wurde

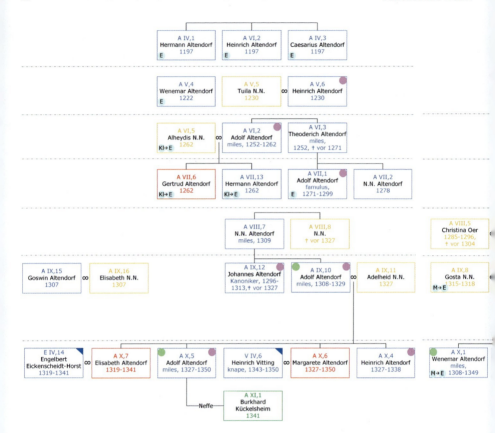

Abb. 36: Stammbaum der Familie Altendorf an der Ruhr

Erste Nennungen bis 1250[174]

Ein Vierteljahrhundert nachdem die nur einmal erwähnten Brüder Hermann (A IV,1), Heinrich (A IV,1) und Caesarius Altendorf (A IV,3) als ministeriale Zeugen in einer von der Essener Äbtissin Elisabeth ausgestellten Urkunde im Jahr 1197 auftreten, bekundet Äbtissin Adelheid 1222 eine Stiftung zu ihrer

---

auf die Oberlippe des Pferdes gesetzt und der Kettenring in den ausgezahnten Bogen des anderen Schenkels eingehakt, so dass die Pferdelippe eingeklemmt werden konnte. Gustav Spürk, Berger Mark – Emscherbruch (Die wilden Pferde und ihre Bahnen), in: Beiträge zur Stadtgeschichte [Gelsenkirchen] X, 1980, S. 130–145, hier: S. 137.

[174] Die Vorstellung erfolgt nach Personen. Handeln in einem Schriftstück mehrere Personen einer Familie, so werden bei der Beschreibung der ersten involvierten Person Inhalt und Beteiligte genannt; dies wird bei der Darstellung der weiteren handelnden Familienmitglieder i. d. R. nicht wiederholt.

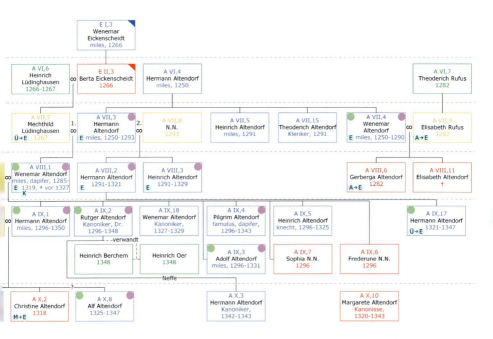

eigenen Memorie.[175] Als Zeugen werden nach den geistlichen Personen vier *officiales curie* (Hofbeamten) – Droste *Godescalcus*, Kämmerer *Godefridus*, Schenk *Godefridus*, Stallmeister *Henricus* – sowie *Winemarus de Aldendorpe* (A V,4) aufgeführt. Wenemar wird ansonsten nicht erwähnt. 1230 verkaufen Heinrich Altendorf (A V,6) und seine Frau Tuila (A V,5) zusammen mit den Brüdern Theoderich und Johannes Holtey Ackerland in Duisburg.[176] Über sie ist ebenfalls nichts Weiteres bekannt.

Adolf (A VI,2) und Theoderich Altendorf (A VI,3)
Mehr als zwei Jahrzehnte später, im Jahr 1252, sind die Brüder Adolf (A VI,2) und Theoderich Altendorf (A VI,3) Zeugen, als Gottfried Hövel gegen eine Abfindung auf seine Ansprüche an den Zehnten einiger Kirchspiele bei Lüdenscheid verzichtet.[177] 1262 wird Adolfs Frau Alheydis (A VI,5) zusammen mit

[175] Regestenbuch Mittlere Ruhr (wie Anm. 2), Nr. 31 (1197).
[176] Ebd., Nr. 52 (1230).
[177] Ebd., Nr. 88 (1252).

ihren Kindern Hermann (A VII,13) und Gertrud (A VII,6) aus der Ministerialität des Grafen Dietrich von Kleve in die der Essener Äbtissin Berta getauscht.[178] Im zwischen 1250 und 1300 angelegten Lehnbuch Dietrichs von Volmarstein ist ein Adolf Altendorf, *miles*, mit einem Lehngut in Herne genannt.[179] Es kann sich um Adolf (A VI,2) oder seinen Neffen gleichen Namens (A VII,1) handeln.[180]

Adolfs Bruder Theoderich (A VI,3) wird 1271 als verstorben bezeichnet, als sein Sohn Adolf (A VII,1) dem Stift Stoppenberg Güter im Norden von Essen überlässt, die der jüngere Adolf gekauft hat.[181] Das Stift muss Vorgewinn bezahlen, wenn es die Güter von Adolfs Nachfahren erhält. Adolf tritt demnach als Verpächter des Gutes an das Stift auf. Als Bürgen sind die Brüder Hermann (A VII,3) und Wenemar Altendorf (A VII,4), zu denen das Verwandtschaftsverhältnis unbekannt ist, genannt. Die Brüder Adolf (A VII,1) und N. N. Altendorf (A VII,2) sind 1278 zusammen mit den Brüdern Hermann (A VII,3) und Wenemar Altendorf (A VII,4) Zeugen, als Ludwig (ohne Nachnamen) vor dem Gericht Dorsten auf einen Zehnten verzichtet, den sein Vater an das Kloster Stoppenberg verkauft hatte.[182] Im Jahr 1280 verzichten Graf Dietrich von Limburg und seine Söhne vor Abt Otto von Werden und in Gegenwart aller Getreuen und Vasallen des Klosters auf die Vogtei über Eicholz, die sie der Abtei verkauft hatten.[183] Unter den Zeugen befindet sich auch Adolf. Zwei Jahre später wird Adolf von König Rudolf I. mit Einkünften von zwei Mark aus der Königstorpe belehnt.[184] Als Hildegund, Witwe des *miles* Rutger Kaul und Schultin der *curtis* in Erkelenz-Holzweiler, sich 1285 mit der Essener Äbtissin über die Wiedergutmachung von Schäden am Hof einigt, ist der als *famulus* bezeichnete Adolf Zeuge, ebenso als Arnold Huckarde drei Jahre später Rechte an die Essener Äbtissin Berta überträgt.[185] Neben ihm sind Wenemar Altendorf (A VII,4), der

---

[178] Ebd., Nr. 123 (25.2.1263). Alheydis, Hermann und Gertrud kommen ansonsten nicht vor.
[179] Ebd., Nr. 81 (zwischen 1250 und 1300).
[180] In dem um das Jahr 1313 erstellten Lehnbuch von Dietrich von Volmarstein ist dasselbe Gut aufgelistet, mit dem ebenfalls der *miles* Adolf belehnt ist. Ob es sich um eine Belehnung an einen anderen Adolf (A IX,10 oder A IX,3) handelt oder ob die Namen der Belehnten nicht aktualisiert wurden, lässt sich nicht entscheiden. Siehe zu den Lehnbüchern: Meuwsen, Ministeriale und Ritter (wie Anm. 2), S. 123–126.
[181] Regestenbuch Mittlere Ruhr (wie Anm. 2), Nr. 165 (8.1271).
[182] Ebd., Nr. 197 (29.12.1278). Wie die Brüderpaare zusammenhängen, ist der Urkunde nicht zu entnehmen. N. N. Altendorf lässt sich nicht über andere Urkunden identifizieren.
[183] Ebd., Nr. 202 (17.3.1280).
[184] Königstorpe: auch Königszins; eine Abgabe, die ursprünglich an den König gezahlt wurde. Ebd., Nr. 228 (23.8.1282). Der Hintergrund ist unbekannt. Möglich ist, dass Adolf die Königstorpe zuvor gekauft hatte. In den Jahren 1318 und 1327 werden Teile davon veräußert; Das Recht ist also wie andere Renten handelbar. Ebd., Nr. 445 (23.6.1318) und Nr. 514 (17.3.1327).
[185] Ebd., Nr. 233 (13.5.1285) und Nr. 240 (26.3.1288).

Essener *dapifer* Wenemar Altendorf (A VIII,1) sowie der *camerarius* Meinrich Vittinghoff (V II,8) und Heinrich Eickenscheidt Zeugen.

Im Jahr 1291 ist Adolf einer der Zeugen des Testaments von Hermann Altendorf (A VII,3).[186] Als Meinrich Vittinghoff im Jahr 1294 Güter mit der Essener Äbtissin Berta tauscht, sind Adolf und die beiden Wenemare (A VII,4), (A VIII,1) – alle als Ministerialen der Essener Kirche bezeichnet – Zeugen.[187] Im folgenden Jahr bezeugt der *famulus* Adolf die Memorienstiftung von Graf Everhard von der Mark und seiner Frau Irmgard an das Stift Essen, ebenso als der Graf 1299 die Vogtei über Güter des Stifts Stoppenberg dem Stift verpfändet.[188] Danach wird Adolf nicht mehr erwähnt; ob er Nachkommen hat, ist den Überlieferungen nicht zu entnehmen. Der zweimal als *famulus* und einmal als Essener Ministeriale bezeichnete Adolf tritt vor allem als Zeuge auf. Unter den anderen genannten Personen in Dokumenten mit seiner Beteiligung finden sich acht Mitglieder seiner Familie, davon sind in der Hälfte Wenemar (A VII,4) und/ oder dessen Neffe Wenemar (A VIII,1) anwesend. Vier Personen aus der Familie Vittinghoff, davon in vier Urkunden Lubbert Vittinghoff (V II,4), sind ebenfalls vertreten. Da die Dokumente nicht nur das Essener Stift, sondern auch das Stift Stoppenberg, die Abtei Werden und familieninterne Regelungen betreffen, lässt sich eine primär persönliche Verbindung vermuten.

Die Brüder Hermann (A VII,3) und Wenemar Altendorf (A VII,4)
Heinrich Kettwig leiht dem verschuldeten essendischen Stiftshof in Breisig 30 Mark, wie Äbtissin Berta 1250 bekundet.[189] Bürge sind neben anderen Heinrich Vittinghoff (V I,1); unter den Zeugen sind die *milites* Hermann Altendorf (A VI,4) und seine Söhne Hermann (A VII,3) und Wenemar (A VII,4). 1266 sind die Söhne Zeugen, als Heinrich Lüdinghausen (A VI,6) und seine Frau Bertha, Tochter Wilhelms Eickenscheidt, verkaufte Güter zu Händen der Essener Äbtissin auflassen.[190] Die Tochter von Heinrich und Bertha, Mechthild Lüdinghausen (A VII,7), ist die erste Ehefrau von Hermann Altendorf (A VII,3), wie aus einer Urkunde des darauffolgenden Jahres hervorgeht, in der Bischof Gerhard von Münster bekundet, dass er dem Stift seine Ministeriale Mechthild im Tausch gegen eine Essener Ministeriale überlassen hat.[191] Die Zeugen Hermann und Wenemar Altendorf sind demnach der Schwiegersohn des Ausstellers und dessen Bruder.

---

[186] Ebd., Nr. 263 (08.11.1291). Der Verwandtschaftsgrad zum Erblasser ist unbekannt.
[187] Ebd., Nr. 276 (13.6.1294).
[188] Ebd., Nr. 286 (13.9.1295) und Nr. 309 (10.1299).
[189] Ebd., Nr. 82 (1.4.1250). Hermann Altendorf (A VI,4) wird ansonsten nicht erwähnt.
[190] Ebd., Nr. 145 (28.10.1266).
[191] Ebd., Nr. 149 (30.9.1267).

Über die schon aufgeführten Urkunden mit ihrer Beteiligung hinaus bezeugen sie den Verkauf eines Hauses und von Gütern in Essen durch Heinrich Eickenscheidt im Jahr 1282 ebenso wie den Verkauf des großen und kleinen Zehnten aus einem Haus in Essen durch Wenemar Altendorf (A VIII,1) drei Jahre später.[192] Heinrich und Heinrich Eickenscheidt (der vorgenannte Heinrich und sein gleichnamiger Sohn; der Vater ist ein Enkel von Wenemar Eickenscheidt) sowie Heinrich Vittinghoff (V II,2) sind 1289 ebenso Zeugen wie die Brüder Hermann und Wenemar Altendorf, als Hermann und Bernhard Lüdinghausen ihren Streit mit einem Verwandten beilegen.[193] Weitere Verbindungen zwischen Lüdinghausen und Altendorf sind den Schriftquellen nicht zu entnehmen.

Hermann Altendorf (A VII,3) heiratet ein zweites Mal und erachtet es im Jahr 1291 für notwendig, einige Festlegungen für seinen Tod zu treffen, um Streit zwischen seinem Erstgeborenen Wenemar (A VIII,1) und seinen Kindern aus zweiter Ehe zu vermeiden.[194] Danach hat Wenemar schon einige – nicht näher definierte – Güter erhalten und soll noch die *curtis* Altendorf, also einen großen Hof, auf dem Hermann lebt, erben sowie mit einer Ausnahme alle Vasallen. Des Weiteren erhält er alle Hörigen und Dienstleute des Gutes *Echof*. Wenemar verzichtet dafür auf den Essener Zoll, den Hof in (Wattenscheid-)Günnigfeld, die Rechte in Münsterhausen sowie weitere Güter und Rechte. Unter den Zeugen finden sich zwei ansonsten nicht genannte Brüder des Ausstellers – der Kleriker Theoderich (A VII,15) und der *miles* Heinrich (A VII,5) –, sein weiterer Bruder, der *miles* Wenemar (A VII,4), sowie Adolf Altendorf (A VII,1). Noch einmal tritt der immer als *miles* titulierte Hermann Altendorf in einer Urkunde auf, als er im Jahr 1293 mit Zustimmung seiner Frau (A VII,3) und seiner Kinder Hermann (A VIII,2) und Heinrich (A VIII,3) die ihm im Immunitätsbezirk von Essen zustehende Abgabe der Kaufleute bei den jährlichen Märkten an die Äbtissin verpfändet.[195] Sein Sohn Wenemar (A VII,1), Heinrich Eickenscheid und

---

[192] Ebd., Nr. 221 (1282) und Nr. 234 (21.10.1285).
[193] Ebd., Nr. 247 (30.5.1289).
[194] Ebd., Nr. 263 (8.11.1291). Die Kinder werden hier nicht namentlich benannt. Es sind Hermann (A VIII,2) und Heinrich Altendorf (A VIII,3), wie sich aus einer Urkunde von 1293 ergibt. Ebd., Nr. 274 (26.12.1293).
[195] Ebd., Nr. 274 (26.12.1293). Der Vorname der Ehefrau wird in der Urkunde genannt, ist aber nicht mehr lesbar. Vermutlich ist es dieser *Hermannus de Aldendorpe dictus Homberghe* (A VIII,2), dessen Sohn Hermann (A IX,17) im Februar 1321 aus der Ministerialität des Bischofs von Münster gegen einen Ministerialen der Essener Äbtissin getauscht wird. Ebd., Nr. 468 (2.1321), Hermann (A IX,1) kommt als Vater nicht in Frage: seine Frau Gosta (A IX,8) kommt aus der märkischen Ministerialität und lebt im November 1318 noch. 1347 siegelt *Hermann van Oldendorphe genannt Hombergh* – das wäre dann der Sohn (A IX,17) – eine Urkunde; der Abdruck zeigt drei Pramen. Die Zustimmung der Ehefrau und die Nennung des Erstgeborenen Wenemar als Zeuge und nicht als Zustimmer lässt darauf schließen, dass die ebenfalls zustimmenden Söhne Hermann und Heinrich die Kinder

Heinrich Schalke bezeugen die Transaktion. 1301 wollen die Brüder Hermann (A VIII,2) und Heinrich (A VIII,3), Ministeriale der Äbtissin, den Essener Zoll, den sie als Lehen innehaben, verkaufen und die Äbtissin veräußert Einkünfte aus Höfen, um ihn erwerben zu können.[196] Es siegelt neben weiteren Männern auch Wenemar *junior* (A VIII,1), ihr Halbbruder.

Als Ministeriale der Äbtissin von Essen wird Hermann dreimal bezeichnet und er bewegt sich im Umkreis des Stifts ebenso wie als Aussteller in eigenen Angelegenheiten, die einen begrenzten Einblick in seine Vermögensverhältnisse erlauben. Fast immer agiert er zusammen mit seinem Bruder Wenemar (A VII,4) und da er als Bürge auftritt, muss er über entsprechende Reputation und Vermögen verfügt haben. Seit den 1270er Jahren sind Hermann und sein Bruder bei den Erstgenannten in den Zeugenlisten, was ebenfalls auf ein entsprechendes Ansehen hinweist.

Hermanns Bruder Wenemar (A VII,4) tritt neben den Urkunden, in denen er zusammen mit seinem Bruder agiert, in weiteren Schriftstücken in Erscheinung. Er wird meist als *miles* bezeichnet und einige Male als Ministeriale der Essener Äbtissin. Im Jahr 1269 ist er Zeuge, als der Komtur des Deutschen Ordens von Welheim mit der Äbtissin Ministeriale tauscht.[197] Abt Albero von Werden bekundet im Jahr 1271, dass er den Streit mit seinem Marschall beigelegt hat.[198] Wenemar ist einer der Zeugen. 1272 ist er Schulte der Essener *curtis* Borbeck (Essen-Borbeck) und tauscht für seine Herrin, Äbtissin Berta, Hörige mit dem Kloster Welver.[199] 1282 ist Wenemar einer der 16 Bürgen für Heinrich Ovethe, der aus der Gefangenschaft des Kölner Erzbischofs Sifrid mit Auflagen entlassen wird.[200] In diesem Jahr werden auch Wenemars Frau Elisabeth (A VII,9) und seine Tochter Gerberga (A VIII,6) aus der Arnsberger in die Essener Ministerialität getauscht.[201] Als Arnold Huckarde 1288 auf Rechte aus dem Essener Oberhof Huckarde (Dortmund) verzichtet, ist Wenemar neben dem *dapifer* Wenemar Altendorf (A VIII,1), Adolf Altendorf (A VII,1), dem Kämmerer Meinrich Vittinghoff (V II,8) und Heinrich Eickenscheidt Zeuge.[202] Alle werden als Essener Ministerialen tituliert. Als Wen-

---

Hermanns aus 2. Ehe sind, die im Gegensatz zu Wenemar ein Recht an der Abgabe haben. Wenemars Rechte wurden in der Verfügung seines Vaters zwei Jahre zuvor geregelt.

[196] Ebd., Nr. 316 (4.4.1301).
[197] Ebd., Nr. 153 (1269). Komtur: Amtsbezeichnung der Ritterorden. Der Komtur stand einer Kommende, d. h. Ordensniederlassung, vor und war Statthalter des Groß- oder Hochmeisters des Ordens.
[198] Ebd., Nr. 162 (1271).
[199] Ebd., Nr. 168 (12.1.1272).
[200] Ebd., Nr. 224 (26.4.1282).
[201] Ebd., Nr. 225 (29.4.1282). Elisabeth ist die Schwester von Heinrich (A VII,10) und Herbord Dunehof (A VII,11) und Tochter von Theoderich Rufus (A VI,7), mit denen es ansonsten keine dokumentierte Verbindung gibt.
[202] Ebd., Nr. 240 (26.3.1288).

emar *senior* wird er bezeichnet, als er im Jahr 1293 zusammen mit Wenemar *junior* (A VIII,1) sowie den Brüdern Heinrich und Gerhard Eickenscheidt den Verzicht Heinrich Eickenscheidts (Heinrich und Heinrich sind zwei Personen) und seiner Söhne auf Güter bei Welver zugunsten des dortigen Klosters bezeugt.[203] Wenemar *senior* und *junior* sowie Adolf Altendorf (A VII,1) sind 1294 Zeugen, als die Essener Äbtissin Beatrix die Genehmigung zum Verkauf von Essener Lehnsgütern durch Meinrich Vittinghoff (V VII,4) an das Hospital in Dortmund erteilt.[204] Als der *dapifer* Wenemar Altendorf (A VIII,1) 1296 eine Mühle in Essen verkauft, ist Wenemar (A VII,4) in der von Äbtissin Berta ausgestellten Urkunde Zeuge, ebenso der Kanoniker Johannes Altendorf (A IX,12).[205]

Ein Jahr danach sind Wenemar *senior* (A VII,4) und *junior* (A VIII,1) erneut Zeugen in einer von Äbtissin Beatrix ausgestellten Urkunde, in der sie einen Streit um ein stiftisches Gut schlichtet.[206] 1298 verzichtet Rixa Werance auf Rechte an einem Gut, was von Wenemar (A VII,4) bezeugt wird.[207] Dies ist seine letzte Erwähnung. In welchem Jahr er gestorben ist, ist nicht bekannt; seine Memorie wird am 24. November zusammen mit der seiner Frau Elisabeth (A VII,9) und seiner Tochter Elisabeth (A VIII,11) begangen.[208] Sein Siegel zeigt drei Pferdepramen, wie es auch von den anderen Familienmitgliedern geführt wird. Er tritt fast ausschließlich im Umfeld des Essener Stifts auf, meist als Zeuge, aber auch für die Äbtissin handelnd. Als Schulte eines großen Hofes in direkter Nachbarschaft zum Stift hat er eine entsprechend herausgehobene Stellung. Dies zeigt sich auch an der Häufigkeit seiner Beteiligung an Rechtsgeschäften und der vorderen Stellung in den Zeugenlisten mit Bezug zum Stift. Er agiert auch für die Abtei Werden, das Stift Stoppenberg und in persönlichem Umfeld. In Urkunden mit seiner Beteiligung finden sich 16 weitere Mitglieder der Familie Altendorf, darunter je zehnmal sein Bruder Hermann (A VII,3) und dessen Sohn Wenemar (A VIII,1); von einer engen Beziehung ist daher auszugehen. Mit 16 Mitgliedern der Familie Eickenscheidt ist er an Rechtshandlungen beteiligt, davon achtmal mit Heinrich Eickenscheidt[209] und je fünfmal mit dessen Söhnen Heinrich und Hugo. Mit sieben Schalkern wird er genannt, davon fünfmal mit Heinrich Schalke. Mit genauso vielen Personen ist die Familie Vittinghoff vertreten, darunter Hein-

---

[203] Ebd., 272 (4.3.1293). Wenemar *junior* ist der Neffe von Wenemar *senior*. Heute sind mit Senior und Junior fast immer Vater und Sohn gemeint; im Mittelalter meint *senior*, dem Lateinischen entsprechend, nur allgemein „älter". *Junior* hat dementsprechend die Bedeutung von „jünger".

[204] Ebd., Nr. 276 (13.6.1294).

[205] Ebd., Nr. 289 (13.8.1296).

[206] Ebd., Nr. 296 (15.5.1297).

[207] Ebd., Nr. 302 (18.4.1298).

[208] Ebd., Nr. 265 (Necrolog des Stifts Essen; entstanden zwischen 1292 und 1400). Die Tochter Elisabeth tritt aus den Schriftquellen ansonsten nicht hervor.

[209] Wenemar ist der Ehemann von Heinrichs Cousine.

rich Vittinghoff (V II,4). Alle hier namentlich Genannten werden gelegentlich als Ministeriale der Essener Äbtissin bezeichnet. Das Netzwerk bestand daher vermutlich aus persönlichen wie auch „beruflichen" Komponenten.

Wenemar Altendorf (A VIII,1)
Wenemars Neffe, Wenemar *junior* (A VIII,1), Sohn von Hermann (A VII,3), wird in mehr als 40 Schriftstücken zwischen 1285 und 1319 erwähnt. Wie oben dargestellt, handelt er zunächst mehrfach mit seinem Onkel gleichen Namens, ist darüber hinaus aber in einer Vielzahl weiterer Quellen vertreten. 1285 tritt er erstmals in Erscheinung und bezeugt als *dapifer* der Essener Äbtissin, dass sich Hildegund Kauel mit der Essener Äbtissin auf Schiedsleute in einem Streit geeinigt hat.[210] Ein Jahr später wird er in einer Urkunde, die Graf Dietrich von Limburg ausstellt und die die Vogtei des Essener Oberhofs Ehrenzell betrifft, als *famulus* bezeichnet und ist im hinteren Teil der Zeugenliste aufgeführt.[211] 1287 bezeugt er als *dapifer* hinter dem Marschall Heinrich Eickenscheidt die von Äbtissin Berta ausgestellte Urkunde über eine Memorienstiftung durch Rudolf Huckarde.[212] In der 1288 erfolgten Memorienstiftung durch den Essener Kanoniker Heinrich Kettwig wird er als Ministeriale der Essener Kirche bezeichnet.[213] Bis 1289 als *famulus* tituliert, wird 1291 erstmals in einer Urkunde die Bezeichnung *miles* für ihn verwendet, als er als Ministeriale und *dapifer* die Übertragung einer Mühle durch die Äbtissin bezeugt.[214]

Im Jahr 1296 verkauft Wenemar dem Stift die Mühle bei der Alfridquelle in Essen, die zu seinem Amt als *dapifer* gehört.[215] Dieser Transaktion stimmen seine Frau Christina (A VIII,5) und seine Kinder Hermann (A IX,1), Rutger (A IX,2), Adolf (A IX,3), Pilgrim (A IX,4), Heinrich (A IX,5), Frederune (A IX,6) und Sophia (A IX,7) zu. Bezeugt wird dies u. a. vom Kanoniker des Stifts Johannes Altendorf (A IX,12) und dem Ministerialen Wenemar Altendorf (A VII,4). Christina hatte schon im Jahr 1285 dem durch die Äbtissin bekundeten Verkauf eines Zehnten aus einem Haus in Essen zugestimmt.[216] Vor 1304 ist sie gestorben, denn die Kinder von Hermann Oer stiften für sie und verschiedene Mitglieder der Familie Oer eine Memorie im Kloster Flaesheim (Haltern).[217] Ihre Herkunft aus der Familie Oer ergibt sich auch aus einer Stiftung, die ihr Sohn, der Kanoniker Rutger (A IX,2), im Jahr 1333 für das Seelenheil seiner Eltern und

---

[210] Ebd., Nr. 233 (13.5.1285).
[211] Ebd., Nr. 235 (25.6.1286).
[212] Ebd., Nr. 237 (5.2.1287).
[213] Ebd., Nr. 242 (5.6.1288). Wenemar wird auch hier als *dapifer* bezeichnet.
[214] Ebd., Nr. 264 (27.12.1291).
[215] Ebd., Nr. 289 (13.8.1296). Die Töchter werden danach nicht mehr erwähnt. Die Verwandtschaft zu Johannes ist unbekannt.
[216] Ebd., Nr. 234 (21.10.1285). Dort wird sie nicht mit Vornamen bezeichnet.
[217] Ebd., Nr. 332 (9.10.1304).

Verwandten von Seiten der Familien Altendorf und Oer am Kloster Gevelsberg macht.[218] Rutgers Brüder Hermann (A IX,1) und Pilgrim siegeln dies mit.

An der Wende zum 14. Jahrhundert gibt es eine Auseinandersetzung zwischen der Essener Äbtissin Beatrix und dem Konvent auf der einen Seite und der Pröpstin Mechthild auf der anderen Seite, der durch Graf Everhard von der Mark, drei Männern geistlichen Standes sowie dem *miles* und *dapifer* Wenemar Altendorf entschieden wird.[219] Im Jahr 1299 ist Wenemar Zeuge, als Graf Everhard die Vogtei über einige Güter dem Stift Stoppenberg verpfändet.[220] Um das Jahr 1300 herum besitzt Wenemar vom stadtkölnischen Stift Maria ad Gradus den Zehnten von Hattingen-Niederwenigern und das Herbergsrecht zur Pacht.[221] Im Jahr 1301 besiegelt er den Verkauf des Essener Zolls an die Äbtissin durch seine Halbbrüder Hermann (A VIII,2) und Heinrich (A VIII,3) mit.[222] Sein Siegelabdruck zeigt drei Pferdepramen und die Umschrift *S' Wenemari iunioris militis de Aldendorp*.[223] 1302 ist er Bürge für Sobbe Altena und Arnold Hattingen für einen Kaufpreis und in demselben Jahr bezeugt er eine Einigung zwischen Lambert Bönen und dem Stift Essen über Güter in Dortmund.[224] Im Jahr 1302 ist Wenemar der erste Zeuge nach den Grafen Everhard und Engelbert von der Mark und bestätigt, dass Meinrich Brockhausen anerkennt, die *villication* der *curtis* Brockhausen (Essener Oberhof bei Unna) aus Gnade und nicht erblich erhalten zu haben.[225] Unter den weiteren Zeugen finden sich Adolf (A IX,3) und Pilgrim Altendorf (A IX,4).

Für die Jahre 1303 bis 1305 erstellt der Richter des Edelherrn Ludolf von Steinfurt, Rutger Duker, eine Liste mit den Kontributionen, die während der Fehde Ludolfs mit Graf Everhard von der Mark und Bischof Otto von Münster erhoben wurden.[226] Auch Wenemar Altendorf ist mit 100 Mark im Jahr 1305 aufgelistet, was eine erhebliche Summe darstellt. In dieser Zeit besiegelt er als *miles* und Kölner Ministeriale eine durch Ludolf von Steinfurt und Rutger Duker ausgestellte Urkunde, die die erweiterte Memorienstiftung der Kinder von Her-

---

218 Ebd., Nr. 575 (23.7.1333).
219 Ebd., Nr. 300 (zwischen 1298 und 1301).
220 Ebd., Nr. 309 (10.1299).
221 Ebd., Nr. 311 (um 1300).
222 Ebd., Nr. 316 (4.4.1301).
223 Seine Siegelabdrücke sind mehrfach überliefert. Ebd., Nr. 263 (8.11.1291), 316 (4.3.1301), 359 (13.12.1308), 365 (6.3.1309), 385 (5.5.1311) und 437 (26.6.1317).
224 Ebd., Nr. 319 (21.5.1302) und Nr. 320 (28.6.1302).
225 Ebd., Nr. 321 (24.8.1302). Die Aufzählung lautet *Wenemarus de Aldendorpe* (A VIII,1), *Adolphus de eodem loco* (A IX,3), referenziert also auf einen Ort.
226 Ebd., Nr. 323 (1303–1305). Ludolf von Steinfurt ist mit Unterbrechungen zwischen 1303 und 1312 Amtmann des kölnischen Recklinghausen. Die Einkünfte waren ihm als Pfand übertragen. Ludolf verschafft sich seine Einnahmen wenig rücksichtsvoll, weshalb es im Gegenzug immer wieder zu Einfällen ins Vest kommt. Ludger Tewes, Frühe Landfriedens- und Ständepolitik im Gebiet des späteren Vestes Recklinghausen zu Beginn des 14. Jahrhunderts, in: Vestische Zeitschrift 81, 1982, S. 5–9, hier: S. 7, mit Belegen.

mann Oer an das Kloster Flaesheim bestätigt.[227] Nur in diesem Dokument wird Wenemar als Ministeriale der Kölner Kirche bezeichnet; in einigen vorhergehenden Urkunden hingegen als Ministeriale des Stifts Essen.[228] Dass es sich um einen anderen Wenemar handelt, ist aufgrund der mehrfach dokumentierten familiären Verbindungen ausgeschlossen.[229]

Im Jahr 1305 handelt Wenemar an Stelle der Äbtissin, als er und Gerlach Lüttelnau eine Bürgschaft für Arnold Hattingen entgegennehmen.[230] Ein Jahr später tauscht er mit Äbtissin Christina des Stifts Gerresheim Wachszinsige aus.[231] Im Jahr 1308 will ein Abgesandter des Kölner Erzbischofs eine Visitation des Stifts Essen vornehmen, die ihm von Johannes Altendorf (A IX,12) im Auftrag von Äbtissin und Konvent unter Hinweis auf das Fehlen des originalen päpstlichen Mandats verweigert wird.[232] Unter den Zeugen befinden sich auch Wenemar sowie Adolf Altendorf (A IX,10). Das Dokument ist keine Verschriftlichung eines Rechtsgeschäfts, sondern die Protokollierung eines Vorgangs, der für das Stift hinsichtlich der Rechtsstellung im Verhältnis zum Erzbischof von hoher Bedeutung ist, da das Stift die Visitation mit Verweis auf seine exemte Stellung generell ablehnt. Mit ihrer Beteiligung verleihen die Männer ihrer Auffassung Ausdruck und bekräftigen die Handlung des Stifts. Die Bestätigung von Graf Engelbert von der Mark über seine Wahl zum Stiftsvogt und die Anerkennung der damit verbundenen Befugnisse im Jahr 1308 bezeugen auch Adolf Altendorf (A IX,10) und Wenemar.[233] 1309 ist Wenemar erneut Zeuge in einer Angelegenheit, die einen stiftischen Hof betrifft.[234]

Im Jahr 1309 wird er nach ungefähr einem Jahrzehnt wieder als *dapifer* tituliert, als er ein durch das Stift Essen an ihn belehntes Gut an den Hammer Bürger Theoderich Schele zu Ministerialenrecht überlässt.[235] Dabei wird vereinbart, dass sein Sohn Pilgrim (A IX,4) Einnahmen des Hofes an die Frau Theoderichs als Leibzucht auszahlen wird. In demselben Jahr besiegelt Wenemar zusammen

---

227 Regestenbuch Mittlere Ruhr (wie Anm. 2), Nr. 333 (9.10.1304).
228 Ebd., Nr. 237 (5.2.1287), 240 (26.3.1288), 242 (5.6.1288), 276 (13.6.1294) und 296 (15.5.1296).
229 Siehe zur Oer'schen Memorie: Ebd., Nr. 332 (9.10.1304), 333 (9.10.1304) und 575 (23.7.1333).
230 Ebd., Nr. 338 (1.5.1305).
231 Ebd., Nr. 346 (22.11.1306).
232 Ebd., Nr. 354 (8.5.1308). Adolf ist der Bruder des Kanonikers Johannes. Die Äbtissin wendet sich in der Angelegenheit an Papst Clemens V., der 1312 einige Geistliche mit der Untersuchung der Angelegenheit beauftragt. Essener Urkundenbuch (wie Anm. 111), Nr. 360 (11.5.1312). Der Ausgang ist nicht bekannt. Siehe zum Visitationsrecht im Stift Essen: Reimund Haas, „Sie wurde mit Schimpf gezwungen, sich aus dem Stift Essen zurück zu ziehen" (1575). Zu mehr als 300 Jahren des Ringens um das mittelalterliche Visitationsrecht der Stifte Essen, Rellinghausen und Stoppenberg mit den Kölner Erzbischöfen, in: EB 129, 2016, S. 63–76, hier: S. 71–73.
233 Regestenbuch Mittlere Ruhr (wie Anm. 2), Nr. 355 (6.7.1308).
234 Ebd., Nr. 360 (2.1.1309).
235 Ebd., Nr. 365 (6.3.1309).

mit dem Kanoniker Johannes Altendorf (A IX,12), Schulte des Essener Hofes in (Bergheim-)Paffendorf, und dessen namentlich nicht benannten Vater (A VIII,7) die Überlassung eines Hofes bei Bergheim durch den Konvent von Essen.[236] 1310 und 1311 ist Wenemar Zeuge in Belehnungs- und Behandigungsangelegenheiten des Stifts.[237] Als Giselbert Specke im Jahr 1311 sein Testament aufsetzt, wird dieses von Adolf (A IX,10) und Wenemar Altendorf besiegelt.[238] In der Funktion als Zeuge in Angelegenheiten des Essener Stifts fungiert Wenemar auch 1313.[239] Im Jahr 1314 bestätigen Bertold Torck und seine Frau Frederune Oer, dass Wenemar den von Dompropst und Kapitel von Köln den Erben von Godard Oer zur Bestätigung ihrer Erbrechte auf den dortigen Hof und das Schultenamt ausgestellten Erbbrief übergeben hat.[240]

Ein Jahr später siegelt Wenemar die Belehnung von Ludolf Hake mit einer *curtis* durch Abt Wilhelm von Werden mit, ebenso als sein Sohn Hermann (A IX,1) im Jahr 1315 vom Bischof Ludwig von Münster mit einem Gut in Lippetal-Lippborg als Stromberger Burglehen belehnt wird, welches Hermann dem Bischof übertragen hatte.[241] Es siegelt ebenfalls Hermanns Bruder Rutger (A IX,2), Domkanoniker in Münster. Als Zeuge agiert Wenemar wieder 1316 in einer Streitbeilegung zwischen Bernhard Wolf und Äbtissin Beatrix von Essen.[242] Wenemar siegelt, als Adelheid, Witwe des Schulten vom Viehof, der Essener Äbtissin 1317 eine Leibzucht reversiert.[243] Noch einmal siegelt er eine Urkunde mit, als 1319 seine Verwandten, die Brüder Engelbert, Gerhard und Hugo Eickenscheidt-Horst, eine Erbteilung vornehmen.[244] Im Jahr 1327 wird er als verstorbener Vater Wenemars (A IX,18) bezeichnet, als Papst Johannes XXII. dem Sohn ein Kanonikat in Soest zuweist, obwohl dieser schon ein Kanonikat und eine Präbende in Münster inne hat.[245]

Seine lange Wirkungszeit und die häufigen Nennungen erlauben ein etwas deutlicheres Bild als von vielen anderen Personen. Wenemar übernimmt früh

---

236 Ebd., Nr. 375 (13.11.1309). Siehe auch: Schilp, Kanonikerkonvent (wie Anm. 5), S. 201, Fußnote 184.
237 Regestenbuch Mittlere Ruhr (wie Anm. 2), Nr. 376 (27.5.1310) und Nr. 383 (23.2.1311). 1310 ist seine letzte Nennung als *dapifer*.
238 Ebd., Nr. 385 (5.5.1311).
239 Ebd., Nr. 404 (5.1.1313) und Nr. 405 (6.1.1313). Es geht um die Transsumption mehrerer Papst- und Kaiserurkunden.
240 Ebd., Nr. 411 (14.4.1314).
241 Ebd., Nr. 418 (28.5.1315) und Nr. 424 (22.12.1315).
242 Ebd., Nr. 429 (15.8.1316).
243 Ebd., Nr. 437 (26.6.1317).
244 Ebd., Nr. 453 (23.6.1319). Das genaue Verwandtschaftsverhältnis wird nicht angegeben.
245 Ebd., Nr. 518 (17.7.1327). Siehe auch ebd., Nr. 519 (23.7.1327). 1329 ist ein Kanoniker Wenemar Altendorf von St. Kunibert in Köln genannt, der als Schiedsrichter fungiert. Es ist üblich, dass jemand mehrere Kanonikate innehat, aber ob es derselbe Wenemar ist, muss offenbleiben. Ebd., Nr. 530 (16.2.1329) und Nr. 531 (3.3.1329).

die Position des *dapifer* unter verschiedenen Essener Äbtissinnen und übt diese Funktion über einen langen Zeitraum aus. Rechte, Pflichten und Entlohnung des Amtes treten allerdings nicht klar hervor, von einigen Hinweisen auf zum Amt gehörende Einnahmen abgesehen. Er agiert nicht nur als Zeuge in wirtschaftlichen Zusammenhängen, sondern auch bei Gelegenheiten, die das Stift in seiner politischen Dimension betreffen. Darüber hinaus handelt er in eigenen Belangen. Treten seine Halbbrüder nach dem Tod ihres Vaters nur selten in Erscheinung, so nimmt Wenemar eine exponierte Rolle im Stift Essen und der Umgebung ein. Aufgrund des Testaments seines Vaters kann man annehmen, dass er auf der *curtis* Altendorf wohnt. Trotz der engen Verbindung zum Essener Stift ist dort keine dauerhafte Gebetsmemorie bekannt.

Unter den 19 Mitgliedern der Familie Altendorf, die mit ihm an Urkunden beteiligt sind, ist er zehnmal mit seinem Onkel Wenemar (A VII,4) und je fünfmal mit seinem Vater Hermann (A VII,3), dem Kanoniker Johannes (A IX,12) und Adolf Altendorf (A VII,1) gemeinsam genannt, wobei die verwandtschaftliche Beziehung mit diesen beiden aus den Schriftstücken nicht hervorgeht. Mit 14 Personen der Familien Eickenscheidt wird er gemeinsam genannt, wobei dies ab dem Jahr 1305 abnimmt, ungefähr in der Zeit, in der einige Eickenscheidter in Konflikte mit der Äbtissin geraten. Eine gewisse Rolle spielt die Familie Schalke mit fünf Personen, aber auch dies wird im Laufe der Zeit weniger.[246]

Die Nachfahren von Wenemar (A VIII,1): Hermann (A IX,1), Wenemar (A IX,18) und Pilgrim Altendorf (A IX,4)

Die Söhne Wenemars, Hermann (A IX,1), Rutger (A IX,2), Wenemar (A IX,18), Adolf (A IX,3), Pilgrim (A IX,4) und Heinrich (A IX,5), treten in unterschiedlichem Umfang und verschiedenen Funktionen aus den Quellen hervor. Heinrich (A IX,5), der 1296 dem Verkauf einer Mühle durch seinen Vater zustimmt,[247] wird danach noch dreimal als Zeuge genannt: 1317, als er mit Pilgrim Altendorf (A IX,4) die Leibzucht für die Witwe des Schulten des Viehhofs in Essen bezeugt, 1323, als Heinrich Duker seine Güter in (Hattingen-)Winz veräußert und 1325, als *ritter* Adolf Altendorf (A IX,3) aus (Essen-)Stoppenberg Belastungen von zwei Gütern mit seinem Neffen Alf (A X,8) tauscht.[248] *Knecht* Heinrich (A IX,5) und *ritter* Hermann Altendorf (A IX,1) bezeugen dies.

246 In den ersten 16 Urkunden bis 1300 treten 36-mal andere Personen der Familie Altendorf auf, 25-mal Eickenscheidter, 5-mal Schalker. In den 15 folgenden Urkunden bis 1310 sind es 10 bzw. 6 und 2 gemeinsame Auftritte. In den letzten 10 Jahren mit 11 Urkunden sind es 13 bzw. 7 und 2 gemeinsame Nennungen.
247 Regestenbuch Mittlere Ruhr (wie Anm. 2), Nr. 289 (13.8.1296).
248 Ebd., Nr. 437 (26.6.1317). Pilgrim und Heinrich sind Brüder, was in dieser Urkunde nicht vermerkt wird, sondern nur, dass Pilgrim von *eodem loco* (demselben Ort) stammt. Ebd., Nr. 487 (5.3.1323) und Nr. 506 (9.8.1325). 1331 ist Alf (A X,8) Zeuge, als Richard und Arnold Bönen bekunden, dass sie einen Hof verkauft haben. Regestenbuch Mittlere Ruhr

Hermann Altendorf (A IX,1), ebenfalls erstmals 1296 genannt, tritt 1311 wieder aus den Quellen hervor, als er als *famulus* Zeuge bei einer von Äbtissin Beatrix ausgestellten Urkunde über eine Behandigung ist.[249] Vier Jahre später wird er von Bischof Ludwig von Münster als Stiftsburgmann auf *castrum* Stromberg (Oelde, Kreis Warendorf) angenommen. Als Lehen erhält Hermann je zwei Höfe und Häuser. Eines davon liegt in Lippetal-Lippborg, wird von Hermann bewohnt und von ihm an den Bischof übertragen, welcher es ihm als Lehen zurückgibt.[250] Hermanns Frau Gosta (A IX,8) erklärt sich einverstanden und sein Vater Wenemar (A VIII,1) sowie sein Bruder Rutger (A IX,2), Domkanoniker in Münster, siegeln wegen Siegelkarenz für ihn. 1318 tauscht Graf Engelbert von der Mark seine Ministeriale Gosta und deren Kinder Wenemar (A X,1) und Christina (A X,2) gegen drei Ministeriale der Essener Äbtissin.[251] Eine Ministerialitätszugehörigkeit ist weder für Hermann noch für einen seiner Brüder belegt. Da Hermanns Frau in die Ministerialität der Äbtissin wechselt, ist zu vermuten, dass er Essener Ministeriale ist. Eine andere Zugehörigkeit ist kein Hinderungsgrund, bei einem anderen Herrn Burgmann mit militärischen Aufgaben zu werden. Hermann verkauft 1329 die *curtis* Lyntvelde und sein Sohn Wenemar (A X,1) als auch sein *consanguineus* Adolf Altendorf (A IX,10) besiegeln mit ihm die Urkunde.[252] Hermann tritt letztmals im Untersuchungszeitraum dieses Beitrags im Jahr 1350 als Zeuge auf, als Johannes Bunge einen Kotten vor dem Pleban von Stromberg verkauft.[253] Er ist nach wie vor Burgmann auf Stromberg. Wie schon die Familienmitglieder zuvor, tritt er zumeist mit anderen Personen der Familie Altendorf auf. Der zunächst als *famulus* bezeichnete Wenemar wird seit 1325 als *ridder* bzw. *miles* angesprochen.

Ob es Hermanns Sohn Wenemar (A X,1) ist, der nach seinen ersten Nennungen 1318 und 1329 erst wieder in Erscheinung tritt, als er vom Werdener Abt Johannes II. im Jahr 1344 mit einen Gut in Hattingen-Niederwenigern

(wie Anm. 2), Nr. 563 (12.12.1331). Die Schwester von Wenemar und Alf, Christine, ist mit Richard Bönen verheiratet. Ebd., Nr. 809 (28.1.1364). Christine wird bis 1350 nicht genannt. 1347 verkauft Alf ein Eigengut in Marl an das Kloster Flaesheim. Ebd., Nr. 722 (21.1.1347). Alf wird nur noch 1341 erwähnt, als er einen Hof in (Essen-)Steele und zwei Kotten in (Mülheim-)Speldorf als Werdener Lehen erhält. Ebd., Nr. 641 (21.3.1341) und Nr. 550 (zwischen 5.1330 und 12.1343). An anderer Stelle heißt es, dass der Hof und die beiden Kotten vor 1341 an Evert Holtey gingen und erneut zwischen 1343 und 1360. Ebd., Nr. 639 (vor 1341) und 686 (zwischen 12.1343 und 3.10.1360). Zwischen 1343 und 1360 ist aber auch eine Belehnung an Wenemar Heket verzeichnet. Ebd., Nr. 686 (zwischen 12.1343 und 3.10.1360). Jutta, die Tochter von Wenemar Altendorf, war mit Wenemar Heket verheiratet. Ebd., Nr. 795 (22.2.1356). Die Einträge sind nicht in Einklang zu bringen.

[249] Ebd., Nr. 383 (23.2.1311).
[250] Ebd., Nr. 421 (23.8.1315) und Nr. 424 (22.12.1315).
[251] Ebd., Nr. 448 (10.11.1318). Christina wird anderweitig nicht mehr genannt.
[252] Ebd., Nr. 529 (9.1.1329). Der Hof ließ sich nicht identifizieren.
[253] Ebd., Nr. 777 (11.8.1350). Pleban: Priester einer Pfarrkirche.

belehnt wird, ist aufgrund der Zeitspanne ebenso unsicher wie die Erwähnung in der Literatur, dass Graf Engelbert von der Mark 1347 dem *armiger Wemmer de Aldendorpe* die Freiheit wegen einer Mühle gegeben hat und ihn seinen Burgmann nennt.[254] Im Jahr 1349 ist ein Wenemar Zeuge, als Abt Johann von Werden als Beauftragter von König Karl IV. der Essener Äbtissin Katharina den Treueeid abnimmt.[255] Nach 1350 wird Wenemar Altendorf noch einige Male in der Ruhrregion genannt und ist Besitzer des Hauses Altendorf, welches 1356 als *castrum* bezeichnet wird.[256] Hermanns Bruder Adolf (A IX,3) wohnt auf einem Gut in (Essen-)Stoppenberg,[257] die gemeinsamen Brüder Heinrich (A IX,5) und Pilgrim (A IX,4) scheinen auf Haus Altendorf gelebt zu haben.[258] Wer der älteste Sohn von Wenemar (A VIII,1) ist, ist unbekannt.[259] Der in den Quellen seit den 1340er Jahren genannte Wenemar auf Haus Altendorf könnte anstatt von Hermann auch von Pilgrim abstammen.

Pilgrim Altendorf (A IX,4), Sohn von Wenemar (A VIII,1), wird zusammen mit seinen Brüdern erstmals im Jahr 1296 genannt.[260] Neben den schon aufgeführten Nennungen tritt er in weiteren Dokumenten auf: 1302 ist er Zeuge, als Meinrich Brockhausen die *villication* der Essener *curtis* Brockhausen (Essener Oberhof bei Unna) übertragen wird, 1318 kauft er von Heinrich Unverzagt Einkünfte aus der Königstorpe und im Jahr darauf einen Zehnten bei Neviges sowie Hörige von Engelbert Eickenscheidt-Horst.[261] Für Hugo Eickenscheidt-Horst bürgt Pilgrim, als dieser 1321 Ackerland in Essen-Stoppenberg an Ar-

---

254 Ebd., Nr. 448 (10.11.1318), 529 (9.1.1329), 690 (25.3.1344), Nr. 685 (zwischen 12.1343 und 12.1350) und Nr. 721 (1347). Für 1347 gibt nur die kurze Erwähnung bei von Steinen; das Dokument selbst war nicht zu ermitteln.
255 Ebd., Nr. 757 (28.4.1349).
256 Z. B. ebd., Nr. 784 (20.1.1351), 791 (31.5.1353), 793 (9.9.1355) und 794 (15.10.1355). Zeuge, als seine Tochter Jutta, Witwe von Wenemar Heket, Ländereien wieder einlöst; die Urkunde wird ausgestellt in der *villa Ayldendorpe* mars vor seinem *castrum*. Ebd., Nr. 795 (22.2.1356). Bezieher eines Zolls aus Kaiserswerth. LAV NRW R, Jülich-Berg, Lehen, Berg, Manngelder Nr. 11, Urkunden, Nr. 6 (1358). Bitte an die Essener Äbtissin, ihn zugunsten seines Neffen Theoderich von der Leithen, Sohn von Goswin, mit dem Gut zu belehnen, welches sein verstorbener Bruder Alf Altendorf ihrer gemeinsamen Schwester Christina, verheiratete Bönen, vererbt hatte. Regestenbuch Mittlere Ruhr (wie Anm. 2), Nr. 809 (28.1.1364).
257 Ebd., Nr. 506 (8.9.1325) und Nr. 550 (zwischen 5.1330 und 12.1343). Er ist auch 1355, 1357, 1365 und 1382 in Stoppenberg belegt. Meyer, Damenstift Stoppenberg (wie Anm. 38), S. 329 f.
258 Regestenbuch Mittlere Ruhr (wie Anm. 2), Nr. 437 (26.6.1317).
259 In einer Aufzählung der Brüder von 1296 kommt Pilgrim nach Hermann (A IX,1). Der nach Lippetal übergesiedelte Hermann ist also möglicherweise der Erstgeborene. Ebd., Nr. 289 (13.8.1296). Dann müsste sein Sohn Wenemar an die Ruhr zurückgekehrt sein.
260 Ebd., Nr. 289 (13.8.1296).
261 Ebd., Nr. 321 (24.8.1302), 445 (23.6.1318) und 456 (9.7.1319). Sein Bruder Adolf (A IX,3) ist Zeuge. In der Urkunde wird das Verwandtschaftsverhältnis zwischen Pilgrim und Adolf nicht benannt. Die Frau von Engelbert ist Elisabeth Altendorf (A X,7), eine Verwandte Pilgrims. Ihre Herkunft ergibt sich aus einer Urkunde von 1341. Ebd., Nr. 651 (22.11.1341).

nold Paffendorf verkauft, und ist Zeuge bei der Auflassung von Gütern vor der Essener Äbtissin nach einem Güterverkauf an die Pröpstin des Stifts im Jahr 1325.[262] Der in keinem Schriftstück als Ministeriale bezeichnete Pilgrim wird in diesem Dokument in der Funktion des *dapifer* nach dem Marschall Engelbert Eickenscheidt-Horst und dem *miles* Adolf Altendorf (A IX,10) genannt. Mit dieser Funktionsbezeichnung wird Pilgrim nur noch in einem nicht genau datierten Eintrag bezeichnet, welcher die Zahlung der Königstorpe aus dem Oberhof Eickenscheidt, die Pilgrim 1318 von Heinrich Unverzagt erworben hatte, erwähnt.[263] Wie lange Pilgrim das Amt innehat, kann daher nicht sicher beantwortet werden, jedoch ist sein Verhältnis zur Äbtissin nicht eng, denn zusammen treten sie in keiner anderen Urkunde auf.

Bei dem Verkauf eines Zehnten aus einem Hof in Gelsenkirchen durch Theoderich Wisch an den Konvent des Stifts Essen ist Pilgrim 1325 ebenso Zeuge wie 1328, als Anton Gardappe mit Äbtissin Kunigunde den Rechtsstatus von Gütern tauscht.[264] Pilgrim gerät in Streit mit seinem Bruder Adolf (A IX,3) über einen Aspekt der Teilung des väterlichen Erbes und beide ziehen Friedrich Duker und ihren *patruus* (Onkel) Heinrich Altendorf (A VIII,3) als Schiedsrichter hinzu. Das Ergebnis der Schlichtung verkündet 1329 der Scholaster Rutger (A IX,2), Bruder der beiden Streitenden.[265] Hermann von der Horst, der von Meinrich Vittinghoff (V II,8) das Braurecht in Essen gekauft hatte, verpfändet dieses Ende August 1329 an Pilgrim für 30 Mark, um es neun Tage später an ihn zu verkaufen.[266] Sein Bruder Adolf (A IX,3), mit dem er sich erst zwei Monate zuvor geeinigt hatte, fungiert in beiden Urkunden als Zeuge, was auf kein grundsätzliches Zerwürfnis der beiden schließen lässt. Im Jahr 1331 ist der – erstmals als *famulus* bezeichnete – Pilgrim letztgenannter Zeuge, als Friedrich Duker dem Konvent von Stoppenberg Güter in Mülheim veräußert.[267] Adolf Altendorf (A IX,3) ist unter den Zeugen. Noch zweimal ist Pilgrim als Zeuge zu fassen: 1342, als Tilmann Hagenbeck den Essener Oberhof Nünning (Essen-Frillendorf) verkauft und vor der Pröpstin des Stifts auflässt, und 1343,

---

262 Ebd., Nr. 472 (15.10.1321). Der Bruder von Hugo, Engelbert Eickenscheidt-Horst, ist mit Elisabeth Altendorf (A X,7) verheiratet. Ebd., Nr. 503 (22.6.1325).
263 Ebd., Nr. 564 (1410, der Eintrag bezieht sich auf eine frühere Zeit).
264 Ebd., Nr. 505 (5.7.1325) und Nr. 524 (26.6.1328).
265 Ebd., Nr. 538 (7.7.1329). Friederich Duker aus Nettelbeck (Bochum-Stiepel) ist mit den Brüdern Engelbert, Gerhard und Hugo Eickenscheidt-Horst in nicht genau bekannter Weise verwandt, Engelbert ist mit Elisabeth Altendorf (A X,7) verheiratet. Siehe dazu Anm. 261. Friedrich Duker wohnt also in der Nähe und ist mit den streitenden Parteien verschwägert. Heinrich Altendorf ist der Halbbruder ihres Vaters Wenemar (A VIII,1).
266 Ebd., Nr. 541 (31.8.1329) und Nr. 542 (9.9.1329).
267 Ebd., Nr. 562 (18.10.1331).

als Heinrich Vitting (V IV,6) ein Gut in (Essen-Burg-)Altendorf an die Essener Pröpstin verkauft.[268]

Aus den Urkunden lässt sich eine räumliche und persönliche Verbindung zum Stift Essen erkennen, jedoch keine enge Beziehung zur Äbtissin oder zu anderen stiftischen Amtsträgerinnen. An für das Stift relevanten Handlungen in Beziehungen nach außen ist er im Gegensatz zu seinem Vater nicht beteiligt; die essendischen Urkunden mit seiner Beteiligung betreffen den wirtschaftlichen Bereich. Eine Hinwendung zu anderen Mächtigen ist nicht erkennbar. Es werden 16 andere Mitglieder seiner Familie genannt; siebenmal tritt er mit seinem Bruder Adolf (A IX,4) auf. Mit der verwandten Familie Eickenscheidt-Horst gibt es Kontakt zu neun Personen, wobei nur die zu Engelbert enger ist. Auch die Beziehungen zur verschwägerten Familie Duker sind nicht intensiv, Kontakte zur Familie Schalke, wie sie seine Vorfahren hatten, sind selten, ebenso die zu Vittinghoff. Er wird gemeinsam mit anderen Männern aus dem Umfeld des Stifts genannt, aber keiner davon fällt durch häufige Nennung auf. Als Bürge tritt er nur einmal auf und in Zeugenlisten wird er nie am Beginn genannt. Insgesamt ergibt sich das Bild eines lokal orientierten Mannes mit überwiegend familiärem, jedoch schwachem Netzwerk, der die Position seines Vaters nicht vollständig aufrechterhalten kann.

Die Nachfahren von Wenemar (A VIII,1): Rutger (A IX,2) und Adolf Altendorf (A IX,3)

Ein Sohn Wenemars (A VIII,1) ist Geistlicher: Rutger Altendorf (A IX,2).[269] Erstmals 1296 genannt, ist er 1315 als *magister* und Domkanoniker in Münster Zeuge, als sein Bruder Hermann (A IX,1) Burgmann auf Stromberg wird.[270] Fünf Jahre später ist Rutger im stadtkölnischen Stift St. Gereon *scholaster* und bezeugt eine Aussage im Prozess um die Jurisdiktion des Xantener Propstes.[271] 1321 siegelt er

---

268 Ebd., Nr. 654 (11.1.1342) und Nr. 674 (18.3.1343). Heinrich Vitting ist verheiratet mit Margarete Altendorf (A X,6). Die genaue Verwandtschaft zu Pilgrim ist unbekannt.
269 Zu Rutger und dem Domstift Münster siehe: Kohl, Bistum Münster 4.2. (wie Anm. 66), S. 471 f.
270 Regestenbuch Mittlere Ruhr (wie Anm. 2), Nr. 289 (13.8.1296) und Nr. 424 (22.12.1315). Die frühen Universitäten unterscheiden meist nicht zwischen *magister* und Doktor; beides setzt das Studium an einer Universität voraus. Seit der zweiten Hälfte des Mittelalters bezeichnet *magister* einen Gelehrten, der akademischen Unterricht erteilen darf. Meyers Großes Konversationslexikon, Ein Nachschlagewerk des allgemeinen Wissens. Sechste, gänzlich neubearbeitete und vermehrte Auflage, Band 13: Lyrik bis Mitterwurzer. Leipzig 1908, Sp. 75. Helmert und Kohl vermuten, dass Rutger in Paris studiert hat. Theodor Helmert, Der große Kaland am Dom zu Münster im 14. bis 16. Jahrhundert. Münster 1979, S. 172. Kohl, Bistum Münster 4.2. (wie Anm. 66), S. 472. In der von beiden als Beleg angeführten Quelle wird Rutger jedoch gar nicht erwähnt.
271 Regestenbuch Mittlere Ruhr (wie Anm. 2), Nr. 464 (6.12.1320). Heinrich Vitting (V VI,6) ist verheiratet mit Grete Altendorf (A X,6). *Scholaster*: Kanoniker an einem Stift, welcher als Lehrer in der Schule des Stifts tätig ist.

ein vom Münsteraner Domkanoniker Everhard Altena ausgestelltes Schriftstück bezüglich einer Präbende.[272] In der Auseinandersetzung zwischen dem Kapitel von St. Cassius in Bonn und dem Bonner Bürger Daniel Poppelsdorf im Jahr 1322 ist er als sachverständiger Jurist der hauptsächliche Berater des Kantors von St. Andreas in Köln, der die Angelegenheit im Auftrag des Erzbischofs untersucht.[273] An dem 1322 in Köln stattfindenden Provinzialkonzil des Kölner Erzbischofs Heinrich nimmt er als Münsteraner Domherr teil.[274]

Im darauffolgenden Jahr löst Rutger eine auf seinem Kanonikerhaus in Köln lastende Rente ab und 1324 wandelt er seine Verpflichtung für das zweimal jährlich auszurichtende Fischessen für das Stift St. Gereon in eine Geldzahlung um.[275] In seiner Funktion als *scholaster* von St. Gereon ist er 1324 Zeuge in einer Entscheidung zwischen dem Kapitel des Stifts und dem Pfarrer von Opladen bezüglich eines Zehnten und als in diesem Jahr drei päpstliche Prozesse vor der Kölner Geistlichkeit veröffentlicht werden, ist er einer der Zeugen.[276] Als Erzbischof Heinrich von Köln 1324 eine Entscheidung hinsichtlich der Inkorporation einiger Pfarrkirchen an St. Gereon trifft, ist Rutger als *doctor decretorum scholasticus et procurator* von St. Gereon der Fürsprecher des Stifts.[277] *Konfliktfrei ist das Verhältnis Rutgers zum Stift jedoch nicht, wie ein Schreiben von Papst Johannes XXII. aus dem Jahr 1326 zeigt, mit dem der Papst* einen Dispens für die mehrfachen Benefizien ausspricht, die Rutger innehat und wegen derer er sich seit zehn Jahren in Streit mit dem Stift befindet.[278] Rutger hat ausweislich dieses Dokuments Kanonikate in Münster, Osnabrück und Nivelles (Belgien) inne. Seine Vermittlungsfähigkeiten nimmt der Papst 1327 in Anspruch, als er Landgraf Otto von Hessen ermahnt, den Frieden mit Erzbischof Matthias von Mainz einzuhalten, wozu er ihm Rutger schickt.[279] In demselben Jahr überträgt der Papst Rutger ein Kanonikat in der Diözese Köln und stellt ihm eine Präbende in Aussicht.[280]

In seinem heimatlichen Umfeld ist Rutger im Jahr 1328 aktiv, als er als Erster in der Zeugenliste einen Gütertausch zwischen Anton Gardappe und dem Stift Essen bezeugt.[281] Auch sein Bruder Pilgrim (A IX,4) ist unter den Zeugen. Mit der Abtei Werden steht er ebenfalls in Kontakt, denn er erhält von Abt Wilhelm

272 Ebd., Nr. 469 (9.3.1321).
273 Ebd., Nr. 480 (14.5.1322) und Nr. 482 (22.9.1322). In der zweiten Urkunde wird er als *doctor decretorum scholasticus* bezeichnet.
274 Ebd., Nr. 484 (31.10.1322).
275 Ebd., Nr. 486 (10.2.1323) und Nr. 497 (11.10.1324).
276 Ebd., Nr. 492 (14.3.1324) und Nr. 496 (18.9.1324).
277 Ebd., Nr. 499 (24.12.1324).
278 Ebd., Nr. 826 (11.12.1326).
279 Ebd., Nr. 520 (5.8.1327).
280 Ebd., Nr. 521 (27.10.1327). Der Name der Kirche ist nicht mehr lesbar, nur dass sie sich in der Diözese von Köln befindet.
281 Ebd., Nr. 524 (26.6.1328).

ein Haus in (Essen-)Heisingen und ein Haus in (Essen-)Hinsel zu Lehen, die Rutger von Hermann und Theoderich von der Horst erworben hatte.[282] Ein halbes Jahr später tauscht er diese Güter mit seinem Bruder Adolf (A IX,3).[283] Mitte 1329 beurkundet Rutger die Schlichtung des Streits um das väterliche Erbe zwischen seinen Brüdern Adolf (A IX,3) und Pilgrim (A IX,4).[284] Alle Urkunden dieser beiden Jahre sind im Umfeld von (Essen-Burg-)Altendorf ausgestellt bzw. betreffen familiäre Angelegenheiten. Da es auch um das väterliche Erbe geht, kann man vermuten, dass der Aufenthalt Rutgers im Essener Raum mit dem Tod seines Vaters Wenemar (A VIII,1) zusammenhängt, der vor 1327 starb.

1331 ist Rutger wieder im Köln-Bonner Raum zu finden, wo er in Bonn den Konflikt zwischen der Abtei Heisterbach (im Siebengebirge) und dem Kapitel von Rellinghausen zusammen mit Heinrich Lewinberg entscheidet.[285] Im folgenden Jahr überträgt das Kapitel von St. Gereon ihm einen Weinberg in Unkel am Rhein, aus welchem er jährlich Wein zu liefern hat.[286] Im Jahr 1333 errichtet Rutger eine Altarstiftung am Kloster Gevelsberg für das Seelenheil seiner Eltern und Verwandten beider Seiten.[287] Mit ihm siegeln seine Brüder Hermann (A IX,1) und Pilgrim (A IX,4). Als Vermittler arbeitet Rutger in demselben Jahr, als er im Streit zwischen dem Kloster Gevelsberg und dem Rektor der Pfarrkirche in Wisturpe den Dekan von St. Gereon, der die Schlichtung leitet, berät.[288] Ebenfalls 1333 erwirbt er zusammen mit den anderen Mitgliedern der Kalandsbruderschaft in Münster eine Rente.[289] Fünf Jahre danach protestiert er in seiner Eigenschaft als Kanoniker der Münsteraner Kirche über die fehlende Zustimmung von Bischof Ludwig zu einigen Verfügungen des Domkapitels.[290] Sein Neffe Hermann (A X,3), der ebenfalls Domherr zu Münster und 1346 als Student in Bologna immatrikuliert ist,[291] stimmt zu, als Rutger 1343 eine Memorie auf Rentenbasis für sich und seine Verwandten am Alten Dom von Münster stiftet.[292] 1345 siegelt Rutger zusammen mit seinen Mitkanonikern am Münsteraner Domstift eine

---

282 Ebd., Nr. 527 (20.9.1328).
283 Ebd., Nr. 532 (14.3.1329). Der Abt von Werden belehnt Adolf am nächsten Tag mit den Gütern. Ebd., Nr. 533 (15.3.1329).
284 Ebd., Nr. 538 (7.7.1329).
285 Ebd., Nr. 561 (29.8.1331).
286 Ebd., Nr. 566 (13.2.1332).
287 Ebd., Nr. 575 (23.7.1333). Kirche und Altar wurden nach der Aufhebung des Klosters 1826 abgerissen.
288 Ebd., Nr. 579 (22.10.1333).
289 Ebd., Nr. 828 (18.1.1333).
290 Ebd., Nr. 615 (um 1338).
291 Ebd., Nr. 834 (1346). Junge Kanoniker, die noch keine Würde im Kapitel innehatten, waren zu einem Universitätsstudium verpflichtet. Helmert, Der große Kaland (wie Anm. 270), S. 88.
292 Regestenbuch Mittlere Ruhr (wie Anm. 2), Nr. 679 (24.7.1343). Es ist nur allgemein von Verwandten die Rede.

Urkunde, mit der die Mitglieder des Kapitels beschließen, gemeinsam gegen die drohende Gefahr durch die Brüder Lembeck zusammenzustehen.[293] Eineinhalb Monate später scheint das Problem gelöst worden zu sein, denn Bischof Ludwig von Münster trifft eine Entscheidung über die Angelegenheit, die Rutger als Erstgenannter bezeugt.[294]

Fünf Jahre später, im Jahr 1348, richtet Rutger in Münster sein Testament auf.[295] Er bestimmt drei Testamentsvollstrecker, darunter seine *consanguinei* (Verwandte) Heinrich Berchem und Heinrich Oer. In der Hauptsache hinterlässt er sein Haus im Immunitätsbezirk von St. Gereon in Köln, welches immer an einen Kanoniker des Stifts ausgegeben werden soll. Mit den Einkünften aus der Vergabe soll sein Gedenken begangen werden. Dem Kapitel vermacht er außerdem seinen Weinberg in Unkel und den Vikaren von St. Gereon ein Waldstück bei Bornheim. Heinrich Berchem war einer der Zeugen, als Rutger 1333 die Stiftung zu seinem und seiner Familie Seelenheil machte;[296] weitere Berührungspunkte zwischen den Familien sind nicht überliefert. Zu Heinrich Oer bestehen keine weiteren bekannten Verbindungen. Zwischen den Familien Altendorf und Oer gibt es neben den gemeinsamen Memorien Verbindungen in den Jahren 1304 und 1314.[297] Darüber hinaus sind keine gemeinsamen Handlungen bekannt.

Neben den Stiftungen, die in seinem Testament geregelt sind, übergibt Rutger der Essener Äbtissin Äcker, die ihr zu Ministerialenrecht gehören und die er von Engelbert Eickenscheidt-Horst gekauft hatte.[298] Er überträgt diese Grundstücke der Kirche von (Essen-)Borbeck aus frommen Gründen: diese soll aus den Erträgen Kranke besuchen, die Beichte hören und Messen halten. Dies ist die einzige Stiftung, die nicht zum direkten Gedenken an den Stifter erfolgt, sondern – um es mit heutigem Vokabular auszudrücken – gemeinnützigen und sozialen Aufgaben dient. Eine solche Verfügung wirkt sich in der Vorstellungswelt des Mittelalters positiv auf deren Seelenheil aus. Gestorben ist Rutger vor 1353 und ausweislich des Necrologs des Domstifts Münster an einem 11. Dezember.[299]

Kohl beruft sich bei seiner Vermutung, dass das sog. *liber Rotgeri*, ein Einnahmeverzeichnis des Domkapitels von Münster, von Rutger von Altendorf verfasst

---

[293] Ebd., Nr. 832 (5.3.1345).
[294] Ebd., Nr. 833 (19.4.1345).
[295] Ebd., Nr. 733 (25.8.1347).
[296] Ebd., Nr. 575 (23.7.1333). Zum Weinberg siehe Anm. 286.
[297] Ebd., Nr. 333 (9.10.1304) und Nr. 411 (14.4.1314).
[298] Ebd., Nr. 738 (23.4.1348).
[299] Ebd., Nr. 838 (11.12.1350). Am 18.1.1353 bestätigt Papst Innozenz VI. Andreas Herdervich als Pfarrer von St. Martini in Groningen (Niederlande) in der Nachfolge von *Ruthgerus de Aldendorpe*. Petrus Johannes Blok u. a. (Bearb.), Oorkondenboek van Groningen en Drente. Eerste Deel. Groningen 1896, Nr. 422, S. 291 f.

wurde, auf Darpe.[300] Dieser weist jedoch nach, dass das Verzeichnis nicht von Rutger ist, eine Auffassung, die Joseph Niesert Mitte des 19. Jahrhunderts vertreten hatte.[301] Ein Manuskript Rutgers liegt also wahrscheinlich nicht vor. Rutger hat an einer Universität studiert und wird als *Dr. theol.* tituliert. Insgesamt hat er fünf Kanonikate inne: am Domstift von Münster, am Stift St. Gereon (Köln), am Stift St. Salvator (Utrecht), in Osnabrück und Nivelles. Er wird als (juristischer) Berater und Schiedsmann eingesetzt, auch in diplomatischen Missionen. Ganz konfliktfrei sind die Beziehungen zu den verschiedenen geistlichen Institutionen nicht und Rutger scheint seine Positionen ausdauernd vertreten zu haben. Im Gegensatz zu anderen Personen geistlichen Standes der Region ist eine Verbindung zu seiner Familie in den Schriftquellen deutlich sichtbar.

Als letzter Sohn Wenemars ist Adolf (A IX,3) zu nennen. Erstmals im Jahr 1296 genannt,[302] ist Adolf neben den schon erwähnten Rechtshandlungen an weiteren beteiligt: 1308 ist er mit seinem Neffen Wenemar (A X,1) Zeuge bei dem Tausch von Ministerialen zwischen Graf Engelbert von der Mark und der Essener Äbtissin Beatrix.[303] In diesem Jahr siegelt er eine das Stift Essen und Heinrich Linden betreffende Urkunde.[304] Sein Siegelabdruck zeigt die in der Familie üblichen drei Pferdepramen. Adolf kauft in 1331 eine Hörige aus (Dortmund-)Mengede von Engelbert Eickenscheidt-Horst und wird 1344 vom Werdener Abt Johannes II. mit Gütern in (Bochum-)Dahlhausen und (Bochum-)Linden belehnt.[305] Der in einigen Schriftstücken als *miles* bzw. *ritter* bezeichnete Adolf agiert ausschließlich im geographischen Raum von Essen und sein bekannter Besitz befindet sich nur hier. Nur in wenigen Fällen wird er zusammen mit der Äbtissin von Essen genannt und sein Umfeld scheint sich vor allem aus Familienmitgliedern zusammengesetzt zu haben, wobei von den 14 mit ihm genannten Personen seine Brüder Pilgrim und Rutger am häufigsten auftreten.

---

300 Verzeichnis: LAV NRW W, Manuskripte, Msc. I, Nr. 7. Kohl, Bistum Münster 4.2. (wie Anm. 66), S. 472. Wilhelm Kohl (Bearb.), Das Bistum Münster, 4.1. Das Domstift St. Paulus zu Münster. Berlin 1987, S. 501 f. Ob Rutger, wenn nicht der Schreiber, so doch der Verfasser ist, ist nicht zu belegen. Franz Darpe (Bearb.), Codex Traditionum Westfalicarum, Band 2: Die ältesten Verzeichnisse der Einkünfte des Münsterschen Domkapitels. Münster 1886, S. 7, Fußnote 1.
301 Joseph Niesert, Münstersche Urkundensammlung. Band 7: Über Synodal- und Archidiakonal-Gegenstände. Capitulationen und ertheilte Privilegien Münsterscher Bischöfe. Über das Domkapitel. Coesfeld 1837, S. 300.
302 Regestenbuch Mittlere Ruhr (wie Anm. 2), Nr. 289 (13.8.1396).
303 Ebd., Nr. 356 (21.7.1308).
304 Ebd., Nr. 359 (13.12.1308).
305 Ebd., Nr. 558 (11.3.1331) und Nr. 690 (25.3.1344).

Die Brüder Adolf (A IX,10) und Johannes Altendorf (A IX,2)
Es gibt weitere Altendorfer mit Vornamen Adolf: Adolf (A IX,10) und sein Sohn Adolf (A X,5) bezeugen 1307 die Behandigung des Duisburger Bürgers Gottschalk Reddinghofen mit einem Hof des Stifts Essen.[306] 1308 verweigert der Kanoniker Johannes Altendorf (A IX,12) die Visitation des Stifts Essen durch den erzbischöflichen Gesandten, wobei Adolf (A IX,10) Zeuge ist.[307] In demselben Jahr bezeugt Adolf die Annahme der Wahl als Stiftsvogt durch Graf Engelbert von der Mark.[308] Zusammen mit u. a. Wenemar Altendorf (A VIII,1) siegelt er das Testament von Giselbert Specke im Jahr 1311.[309] Im darauffolgenden Jahr ist der immer als *miles* bezeichnete Adolf Zeuge in einem von Graf Engelbert von der Mark ausgestelltem Schriftstück, in dem dieser bekundet, dass sein Kaplan auf Blankenstein, Hildebrand Fischlaken, und dessen Bruder Andreas Güter in (Essen-)Fischlaken vom Werdener Abt gepachtet haben.[310] Ob er oder Adolf (A IX,3) von Dietrich von Volmarstein mit einem Gut in Herne um das Jahr 1313 herum belehnt wird, ist nicht eindeutig.[311] Das Gleiche gilt für eine Belehnung durch Graf Balduin von Steinfurt mit einem Gut genannt *over der Horst* bei Blankenstein.[312]

Die Genehmigung des Werdener Abts im Jahr 1324, dass Johann von Kleve abteiliche Güter kaufen kann, die dem märkischen Grafen zu entlegen sind, wird unter anderem von Adolf bezeugt.[313] Zusammen mit dem *dapifer* Pilgrim Altendorf (A IX,4) ist er Zeuge bei einem Verkauf von Gütern vor der Essener Äbtissin und beim Verkauf eines Hofes durch Theoderich Wisch an den Konvent von Essen im Jahr 1325.[314] Der Stiftung einer Memorie bei den Stiftsdamen und Kanonikern für sich, seinen verstorbenen Bruder Johannes (A IX,12) und seine verstorbene *amita* (Tante väterlicherseits) (A VIII,8) im Jahr 1327 stimmen seine Frau Adelheid (A IX,11) und seine Kinder Adolf (A X,5), Heinrich (A X,4) und Margarethe (A X,6) zu.[315] 1327 verkauft er mit Zustimmung seiner Frau und Kinder drei als Eigengüter bezeichnete Kotten in (Essen-)Katernberg an die Kanoniker des Stifts.[316] Im Jahr 1329 trägt er ein Gut an Ludolf von Steinfurt auf,

---

306 Ebd., Nr. 348 (17.4.1307).
307 Ebd., Nr. 354 (8.5.1308).
308 Ebd., Nr. 355 (6.7.1308).
309 Ebd., Nr. 385 (5.5.1311).
310 Ebd., Nr. 394 (14.2.1312).
311 Ebd., Nr. 403 (um 1313).
312 Ebd., Nr. 415 (zwischen 1315 und 1317).
313 Ebd., Nr. 498 (7.12.1324).
314 Ebd., Nr. 503 (22.6.1325) und Nr. 505 (5.7.1325).
315 Ebd., Nr. 514 (17.3.1327). Siehe auch die Genehmigung der Pröpstin Lutgard. Ebd., Nr. 515 (17.3.1327).
316 Ebd., Nr. 516 (13.4.1327).

der ihn anschließend damit belehnt.³¹⁷ Danach taucht er in den Quellen nicht mehr auf. Ein klar umrissenes Bild ist von ihm nicht zu gewinnen.

Der Essener Kanoniker Johannes Altendorf (A IX,12) wird über die schon aufgeführten Nennungen³¹⁸ hinaus in einer Urkunde von 1307 als Zeuge in der Schlichtung eines Streits um die Kirche in Rheinberg-Budberg erwähnt.³¹⁹ Im Jahr 1309 ist er Beauftragter und Schiedsmann für das Stift Essen in der Auseinandersetzung mit dem Stift St. Florian in Koblenz über die Inkorporation der Kirche in Breisig und wird in dieser Funktion zwei Jahre später bestätigt.³²⁰ 1310 ist er Schulte und Pfarrer in (Bergheim-)Paffendorf und als 1313 das Stift Essen einige Urkunden notariell transsumieren lässt, agiert Johannes als Zeuge.³²¹ Seine genaue Einordnung in die Familie Altendorf ergibt sich aus den Urkunden nicht: Sein Siegel hat sich nicht erhalten und sein 1309 zusammen mit ihm genannter Vater ist in dem Schriftstück nicht mit Vornamen benannt und der dort ebenfalls siegelnde Wenemar (A VIII,1) nicht in ein Verwandtschaftsverhältnis gesetzt.³²² Er tritt mit sechs verschiedenen Personen der Familie Altendorf auf, davon viermal zusammen mit Wenemar (A VIII,1). Sein Einsatz als Schlichter für das Stift sowie seine Funktion als Schulte lassen eine Vertrauensstellung vermuten, auch wenn die Quellen eher dünn fließen.

Die Nachfahren von Adolf Altendorf (A IX,10)
Heinrich Altendorf (A X,4), Sohn von Adolf (A IX,10) und Adelheid (A IX,11), wird 1327 im Rahmen einer Seelenheilsstiftung und bei dem Verkauf von Gütern durch seinen Vater erstmals genannt.³²³ Im Güterverzeichnis von Graf Gottfried von Arnsberg, welches aus der Zeit um 1338 stammt, ist möglicherweise Heinrich mit einem Lehen im Sauerland verzeichnet.³²⁴ Weitere Informationen über ihn gibt es nicht. Adolfs Tochter Margarethe (A X,6) ist mit Heinrich Vitting (V IV,6) verheiratet, wie aus einem Schriftstück aus dem Jahr 1343 hervorgeht, in dem Heinrich Vitting mit Zustimmung seiner Frau und seiner Kinder Heinrich (V V,2), Albert (V V,1) und Elisabeth (V V,4) ein Gut in (Essen-Burg-)Altendorf bei der *wanincghe* (Wohnung) von Altendorf an das Stift Essen verkauft.³²⁵ Es

317 Ebd., Nr. 534 (9.4.1329).
318 Ebd., Nr. 289 (13.8.1286), 354 (8.5.1308), 375 (13.11.1309) und 514 (17.3.1327).
319 Ebd., Nr. 349 (29.4.1307).
320 Ebd., Nr. 374 (3.11.1309) und Nr. 386 (23.8.1311).
321 Ebd., Nr. 379 (1.10.1310), 404 (5.1.1313) und 405 (6.1.1313).
322 Ebd., Nr. 375 (13.11.1309).
323 Ebd., Nr. 514 (17.3.1327) und Nr. 516 (13.4.1327). Siehe auch ebd., Nr. 515 (1327).
324 Ebd., Nr. 615 (um 1338). Für die Zeit kommt nur Heinrich Altendorf (A X,4) in Frage. Aufgrund der Unzuverlässigkeit der Lehnsverzeichnisse ist nicht sicher, ob die Angabe des Belehnten aktuell ist oder sich auf eine ältere Belehnung stützt. Dann wären auch Heinrich (A IX,5) oder Heinrich (A VIII,3) denkbar.
325 Ebd., Nr. 674 (18.3.1343).

siegelt sein Schwager Adolf Altendorf (A X,5). Margarethe stimmt noch einmal 1350 dem Verkauf eines Gutes in (Essen-)Freisenbruch durch Heinrich Vitting an das Kapitel von Rellinghausen zu.[326] Ihr Bruder Adolf (A X,5) ist Zeuge.

Adolf (A X,5) wird nach 1327 im Jahr 1336 als Zeuge genannt, als die Essener Äbtissin schwört, dass die Schultenämter jährlich frei und neu vergeben würden;[327] ebenso 1339, als Graf Adolf von der Mark die Vogtei über Höfe auf das Stift Stoppenberg überträgt.[328] 1340 wird in einer Verkaufsurkunde zwischen Hermann Nünning und dem Heiliggeisthospital in Essen erwähnt, dass Adolf aus dem verkauften Land eine jährliche Rente zusteht.[329] Als Engelbert Eickenscheidt-Horst im Jahr 1341 ein Gut mit Zustimmung seiner Frau verkauft, ist Adolf einer von zwei Bürgen und wird als *swagerus* (Schwager) von Engelbert bezeichnet.[330] Bei der Übertragung eines Gutes von Burkhard Kükelsheim an seinen Vater Noldo 1341 ist Adolf einer der Siegelnden.[331] Burkhard wird als *nepos* (Neffe) Adolfs bezeichnet. Zur Familie Kückelsheim gibt es sporadisch Berührungspunkte: im Jahr 1318 ist Lambert Kückelsheim Zeuge, als Pilgrim Altendorf (A IX,4) Einkünfte aus der Königstorpe kauft, 1320 sind Hildeburg Vittinghoff (V IV,14) und Margarete Altendorf (A X,10) Zeuginnen, als der Rellinghauser Kanoniker Heinrich Kückelsheim sein Testament aufsetzt und der Gütertausch zwischen Rutger (A IX,2) und Adolf Altendorf (A IX,2) 1329 wird von Johann und Arnold Kückelsheim bezeugt.[332] Die Stiftung von Rutger 1348 an die Kirche in (Essen-)Borbeck wird von Lambert Kückelsheim gesiegelt.[333]

Der meist als *miles* bezeichnete Adolf ist Begünstigter einer Rentenzahlung aus einem Stück Acker vor der Stadt Essen und er siegelt 1348, als Bertha Vittinghoff (V V,7), Stiftsdame in Rellinghausen, eine Rente aus einem Haus in der Immunität von Rellinghausen verkauft.[334] Als Abt Johann von Werden im Jahr 1349 im Namen König Karls IV. der Essener Äbtissin Katharina von der Mark ihre Rechte bestätigt und den Treueeid abnimmt, ist Adolf einer der Zeugen.[335] Ob Adolf (A X,5) oder Alf (A X,8) im Jahr 1348 von Graf Johann von Kleve zum Burgmann auf Strünkede gemacht wird, ist nicht feststellbar.[336] Adolf tritt nur zweimal im Zusammenhang mit dem Essener Stift auf, allerdings in den wichtigen Angelegenheiten

---

326 Ebd., Nr. 767 (14.2.1350).
327 Ebd., Nr. 602 (31.7.1336).
328 Ebd., Nr. 628 (26.7.1339).
329 Ebd., Nr. 636 (24.3.1340).
330 Ebd., Nr. 651 (22.11.1341). Der Name der Ehefrau ergibt sich aus ebd., Nr. 456 (9.7.1319), 571 (20.2.1333), 650 (9.11.1341) und 651 (22.11.1341): Elisabeth Altendorf (A X,7).
331 Ebd., Nr. 647 (3.6.1341).
332 Ebd., Nr. 445 (23.6.1318), 462 (1.8.1320) und 532 (14.3.1329).
333 Ebd., Nr. 738 (23.4.1348).
334 Ebd., Nr. 659 (14.5.1342), 675 (4.4.1343) und 749 (21.9.1348).
335 Ebd., Nr. 757 (28.4.1349).
336 Ebd., Nr. 743 (1.7.1348).

der Bestellung des Vogts und der Besetzung von Schultenämtern. Die Beziehung zur Abtei Werden beschränkt sich auf den Empfang von Lehen. Die restlichen Urkunden betreffen wirtschaftliche Transaktionen in seinem Umfeld. Eine nicht unwesentliche, jedoch nicht herausragende Stellung Adolfs ist zu erkennen.

5.1.3 Zusammenfassung

Insgesamt werden 58 Personen aus Altendorf an der Ruhr in 160 Dokumenten zusammen 299-mal genannt. 19 Personen sind weiblich, werden jedoch nur 34-mal erwähnt, davon stimmen sie 17-mal einer Transaktion durch den Vater oder Ehemann zu, siebenmal sind sie Transaktionsgegenstand bei einem Ministerialentausch. Die Herkunft von drei Ehefrauen ist bekannt: sie stammen aus den Familien Lüdinghausen, Rufus und Oer. Töchter der Familie Altendorf heiraten in die Familien Eickenscheidt-Horst und Vitting ein.

40 % der Dokumente werden von geistlichen Institutionen oder Personen ausgestellt. Dabei überwiegt mit 24 Urkunden das Stift Essen, gefolgt von zehn Dokumenten aus der Abtei Werden. Von den Bischöfen von Münster sind sechs Schriftstücke belegt, ebenso aus den stadtkölnischen Stiften und vom Papst; drei Dokumente sind vom Kölner Erzbischof ausgestellt. Die restlichen neun Dokumente verteilen sich auf unterschiedliche Aussteller. Bei den Ausstellern aus dem Adel überwiegen mit neun Dokumenten die Grafen von der Mark. Es folgen die Lehnsregister der Grafen von Steinfurt mit drei, sowie der Grafen von Arnsberg bzw. Limburg und den Edelherren von Volmarstein mit je zwei ausgestellten Schriftstücken. Die restlichen vier verteilen sich auf unterschiedliche Aussteller. Städte spielen mit fünf Ausstellern, davon vier vom Rat von Essen, eine untergeordnete Rolle. 25-mal fertigt ein Altendorfer Schriftstücke aus, die sie bis auf eins unmittelbar selbst betreffen. Bei den Empfängern spielen Städte gleichfalls keine Rolle und der Adel ist mit nur vier Urkunden selten repräsentiert. Es überwiegen die Empfänger aus geistlichem Umfeld, wobei das Essener Stift mit 37 Schriftstücken am häufigsten Empfänger ist. Das Umfeld des Erzbischofs von Köln und des Bischofs von Münster erhalten je fünf Dokumente. Abtei Werden und Stift Stoppenberg mit je drei Dokumenten sowie die stadtkölnischen Stifte mit zusammen vier Schriftstücken spielen eine untergeordnete Rolle; die restlichen 17 Dokumente verteilen sich auf Empfänger aus unterschiedlichen geistlichen Institutionen.

Mitglieder der Familie Altendorf sind in 41 Fällen Adressaten von Dokumenten im Zusammenhang mit Belehnungen, Zahlungen, Käufen oder Verkäufen. Genauso häufig sind andere Ministeriale Adressaten. Insgesamt zeigt sich ein starkes Agieren in eigenen Belangen mit einem Fokus auf das räumliche und personelle Umfeld des Essener Stifts, wobei einige wenige Altendorfer eine herausgehobene Stellung einnehmen; bei den meisten sind gleichwohl nur sporadische Kontakte feststellbar. Die Beziehungen sind ungleichmäßig, wie das Abebben in den 1320er Jahren zeigt. Direkte Beziehungen zu den Grafen von

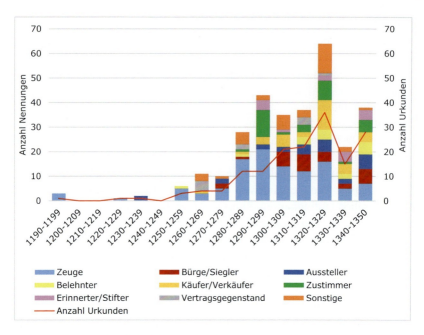

Abb. 37: Altendorf: Anzahl Urkunden je Funktion zwischen 1190 und 1350

der Mark sind selten und beschränken sich im Wesentlichen auf Themen des Stifts. Das Verhältnis zur Abtei Werden ist durch Belehnungen gekennzeichnet, einen engeren Kontakt gibt es nicht.

Einige Familienmitglieder orientieren sich in andere Richtungen und treten beispielsweise als Burgmann auf Stromberg in die Dienste des Bischofs von Münster oder werden Kanoniker in stadtkölnischen oder münsterischen Stiften, teilweise in herausgehobenen Positionen und mit umfassender Ausbildung. Von einer Beteiligung Altendorfer Männer an Fehden oder politischen Schachzügen der Mächtigen ist nichts überliefert. Die Schriftstücke vermitteln den Eindruck von vorwiegend administrativen Tätigkeiten überwiegend in der eigenen Vermögensverwaltung.

Die Anzahl Urkunden mit Beteiligung von Altendorfern steigt nach anfänglichen vereinzelten Nennungen in der Mitte des 13. Jahrhunderts leicht und gegen Ende des Jahrhunderts stark an (s. Abb. 37). Nach einem Höhepunkt in den 1320er Jahren fallen mit dem Ableben einiger exponierter Personen die Nennungen und die Anzahl der Dokumente um die Hälfte. Sind die Personen zu Beginn mehrheitlich in der Funktion als Zeugen fassbar, so sinkt dieser Anteil relativ gesehen zu den neu hinzukommenden Funktionen wie Aussteller, Zustimmender, Bürge oder Siegelnder. Vor allem zu Beginn des 14. Jahrhunderts werden Familienmitglieder gemeinsam erwähnt.

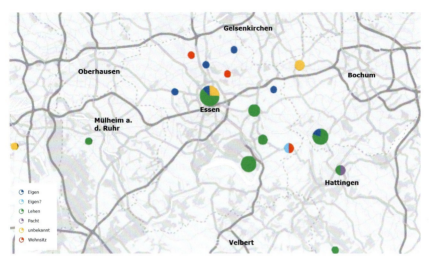

Abb. 38: Karte: Wohnsitze und Besitz der Familie Altendorf in der Ruhrregion

Es überwiegen mit 68 % Schriftstücke mit wirtschaftlichem Bezug. Bei den 16 „politischen" Dokumenten sind die Personen aus der Familie Altendorf in unterschiedlichen Funktionen an Streitschlichtungen und Vergleichen beteiligt. Bei den 24 Schriftstücken mit kirchlichen Belangen geht es meist um Memorienstiftungen, entweder von ihnen selbst gestiftete oder bei denen sie als Zeuge fungieren. Geistliche Lebensentwürfe sind von fünf Familienmitgliedern bekannt, wobei der herausragendste der des *scholaster* und Doktors Rutger Altendorf (A IX,2) ist, der hauptsächlich am stadtkölnischen Stift St. Gereon und am Dom von Münster aktiv ist.

Es sind Lehen unterschiedlicher Herrschaften bekannt und darüber hinaus besitzen einige Personen Eigengüter. Einzelne Güter werden als Lehen weitervergeben. Es werden Vasallen der Familie erwähnt, jedoch ist nur einer namentlich bekannt. 15 Männer werden als *miles, famulus, armiger, knecht* oder *ridder* in den Schriftstücken bezeichnet. Die folgende Karte (Abb. 38) zeigt Ort und Art des Besitzes. Dargestellt ist die Anzahl der Besitztümer, wobei jeder Hof, Kotten, Rente oder Amt als eine Einheit zählt; doppelte Nennungen, z. B. als *dapifer*, werden als eine Einheit gezählt. Die Anzahl lässt keinen Schluss über die Höhe des Einkommens oder den Wert der Besitztümer zu. Die Karte gibt Auskunft über Verteilung und Zusammensetzung der bekannten Besitztümer aller Mitglieder der Familie und ist weder als vollständige Vermögensaufstellung noch als „Familienbesitz" zu verstehen.[337]

[337] Die zugrundeliegende Karte zeigt die heutige Besiedlungs- und Infrastruktur. Hier ist nur der Besitz an der Ruhr dargestellt; hinzu kommen Besitztümer außerhalb.

Der Besitz ist über einen großen Raum verteilt, wobei Güter im Raum Köln-Bonn und Münster (nicht auf der Karte dargestellt) größtteils auf den dort tätigen Kanoniker Rutger Altendorf entfallen. Erwartungsgemäß findet sich eine Konzentration im Umfeld von Essen. Während die – jedoch nur für jeweils eine Person belegten – Wohnsitze in Stoppenberg und Borbeck nahe dem Stift liegen, befindet sich das über Generationen genutzte Haus Altendorf, dessen Rechtsstatus unbekannt ist, außerhalb von Zehntbezirk und späterem Territorium; von Stoppenberg ist nicht bekannt, ob es sich um ein Lehen oder ein Eigengut handelt. Wohnsitze auf den Schultenhöfen Borbeck und Paffendorf sind Essener Lehen und mit dem dortigen Schultenamt verbunden.

5.2 Vittinghoff

Namensvarianten	*Vitinchoven, Vithinchof, Wytinghoven, Vithincoven, Vithynkaven, Vytinchave, Viting, Vitinghe*
Erste Nennung	1230
Ämter	*dapifer* auf der Neu-Isenburg (kölnisch, Mitte 13. Jh.), Burgmannen auf Burg Blankenstein (märkisch, Mitte 13. Jh.), Marschall in Westfalen (kölnisch, 3. Quartal 13. Jh.), Kämmerer des Stifts Essen (4. Quartal 13. Jh./1. Quartal 14. Jh.), Burgmannen auf Burg Strünkede (klevisch, 1. Hälfte 14. Jh.)
Geistliche Funktionen	Kanoniker im Stift Cappenberg, Kanoniker in St. Severin (Köln), Kanoniker/Kanonisse im Stift Rellinghausen (Essen), Äbtissin im Stift Herdecke, Komtur im Deutschen Orden (Livland/Estland)
Ministerialität	Äbtissinnen von Essen, Erzbischöfe von Köln, Bischöfe von Münster, Äbte von Werden
Lehen von	Grafen von Geldern, Limburg(-Styrum), von der Mark; Stift Essen, Stift Herdecke, Erzbischöfe von Köln, Abtei Werden; Ministeriale Meinhövel
Eigene Vasallen	*Walramus* (ohne Nachname)
Stiftungen	Stift Essen
Verwandt mit	Altendorf, Duker, von der Horst, von der Leithen; Meinhövel, Ovelacker
Siegel	im Schild ein mit drei Kugeln oder Lilien belegter Schrägrechtsbalken, teilweise mit Turnierkragen[338] als Beizeichen

---

[338] Turnierkragen/Turnierlätze: auch als Bank, Steg, Rechen oder Brücke bezeichnet. Heraldisches Beizeichen, welches der Distinktion von Wappen, häufig von jüngeren Linien, dient.

5.2.1 Personen der Familie Vittinghoff

Die Brüder Heinrich (V I,1), Theoderich (V I,2) und Wenemar Vittinghoff (V I,3)
Im Jahr 1230 treten die Brüder Heinrich (V I,1), Theoderich (V I,2) und Wenemar Vittinghoff (V I,3) als Ministeriale des Bischofs von Münster als Zeugen erstmals in einer Urkunde auf.[339] In dieser bestätigt Bischof Ludolf, dass das Kloster Hohenholte (bei Havixbeck) ein Gut und einen Zehnten gekauft hat. Wenemar wird noch zweimal erwähnt: 1244 sind er und Theoderich zusammen mit anderen Männern Bürgen, als die Brüder Gerlach und Wessel Strünkede dem Erzbischof Conrad von Köln geloben, dass sie keinen Frieden mit Graf Wilhelm von Kleve schließen werden, solange sich der Erzbischof mit diesem in Fehde befindet.[340] Die zweite Erwähnung ist im Jahr 1250, als die Essener Äbtissin Berta bekundet, dass der Kanoniker Heinrich Kettwig dem verschuldeten essendischen Hof Breisig Geld geliehen hat.[341] Neben Mitgliedern der Familie Altendorf und weiteren Personen ist der als *miles* bezeichnete Wenemar einer der Zeugen, sein Bruder Heinrich einer der Bürgen.

Der in einigen Urkunden als *miles* bezeichnete Theoderich (V I,2) ist im Umfeld der Grafen von Altena-Mark zu finden, wo er in der Regel als Zeuge auftritt. Im Jahr 1243 vergleichen sich Graf Dietrich von Isenberg-Limburg und Graf Adolf von der Mark über eine Vielzahl von Punkten, um ihre Auseinandersetzung nach der Hinrichtung Graf Friedrichs von Isenberg, Dietrichs Vater, zu beenden.[342] Es wird unter anderem geregelt, dass die sechs Burgmannen der märkischen Burg Blankenstein (Hattingen), darunter Theoderich und sein Bruder Heinrich, die Lehen, die sie bisher von Graf Friedrich hatten, nun von Graf Adolf erhalten. Hervorgehoben ist, dass Heinrich Haus Laer (Bochum) als Lehen innehat. Theoderich ist 1249 einer der Bürgen, als Graf Otto von Altena Erzbischof Conrad von Köln Lehnstreue gelobt, nachdem er die kölnischen Lehen erhalten hat.[343] Zwei Jahre später bekunden die gräflichen Brüder Otto von Altena und Engelbert von der Mark, dass sie den Verkauf eines Hofes, den Gertrud Wickede von ihnen zu Lehen hat, an das Hospital des Klosters Cappenberg (Selm) genehmigt haben.[344] Theoderich ist am Ende einer langen Zeugenliste zu finden. In demselben Jahr einigen sich Erzbischof Conrad und

---

339 Regestenbuch Mittlere Ruhr (wie Anm. 2), Nr. 50 (1230).
340 Ebd., Nr. 72 (2.4.1243). Wenemar und Theoderich sind hier nicht in ein Verwandtschaftsverhältnis gesetzt.
341 Ebd., Nr. 82 (1.4.1250).
342 Ebd., Nr. 70 (1.5.1343) und Meuwsen, Ministeriale und Ritter (wie Anm. 2), S. 29 f.
343 Regestenbuch Mittlere Ruhr (wie Anm. 2), Nr. 80 (13.8.1249). Empfang der kölnischen Lehen durch Graf Otto.
344 Ebd., Nr. 83 (1251).

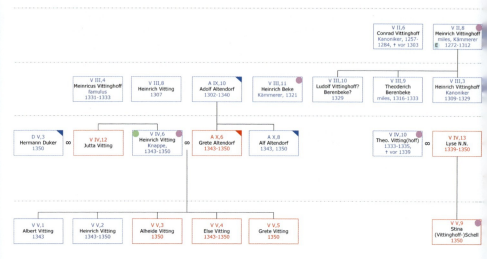

Abb. 39: Stammbaum der Familie Vittinghoff

Graf Dietrich von Kleve über Rechte an der *villa* Dorsten, was von Heinrich und Theoderich bezeugt wird.[345]

Im Jahr 1256 ist der *miles* Theoderich erneut Zeuge für die gräflichen Brüder, diesmal als sie eine Mühle an das Kloster Welver übertragen.[346] Zwei Jahre danach agiert er für die Brüder Altena-Mark als Zeuge bei einem Tausch von Ministerialen mit Äbtissin Berta von Essen.[347] Als die Grafen Engelbert von der Mark und Dietrich von Limburg dem Kloster Gevelsberg 1261 ein Haus übertragen, ist Theoderich erneut Zeuge.[348] Theoderich muss zwischenzeitlich in die Ministerialität des Erzbischofs übergetreten sein, denn im Jahr 1264 tauscht Engelbert von Köln seine Ministeriale Sophia (V II,5), Tochter seines Ministerialen Theoderich Vittinghoff, gegen eine Ministeriale der Äbtissin von Essen.[349] Im Jahr 1265 ist Theoderich Bürge, als Graf Engelbert bekundet, zur Werdener Vogtei gehörende Güter in Mülheim, die unter der Gerichtshoheit von Graf Adolf von Berg stehen, an diesen verkauft zu haben.[350] Letztmals tritt

---

[345] Ebd., Nr. 84 (24.5.1251).
[346] Ebd., Nr. 102 (1256).
[347] Ebd., Nr. 110 (24.3.1258).
[348] Ebd., Nr. 119 (11.5.1261).
[349] Ebd., Nr. 136 (26.3.1264). Sophia wird ansonsten nicht genannt.
[350] Ebd., Nr. 142 (15.11.1265).

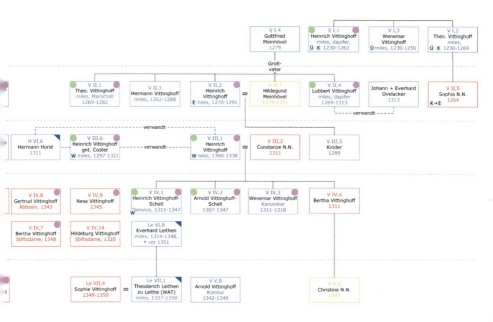

Theoderich vier Jahre später auf, als er bezeugt, dass Bürgermeister und Rat von Brilon bekundet haben, an das Kloster Bredelar als Sühne für die Tötung von zwei Männern eine Rente zu zahlen.[351]

Der in ungefähr der Hälfte der 21 Urkunden mit seiner Beteiligung als *miles* bezeichnete Heinrich (V I,1) – der dritte Bruder – ist von 1241 bis 1262 in 15 von 22 Urkunden für den Kölner Erzbischof Conrad bzw. einmal für dessen Nachfolger aktiv.[352] Meist ist er in der Funktion als Zeuge anzutreffen, aber er nimmt auch an einer Schlacht im Jahr 1254 auf Seiten des Erzbischofs teil.[353] Bei drei Gelegenheiten wird er in den Jahren 1254, 1255 und 1261 als *dapifer* der kölnischen Neu-Isenburg genannt.[354] Neben den schon aufgeführten Urkunden wird Heinrich in folgenden Schriftstücken genannt: Im Jahr 1241 bezeugt er die Beurkundung Erzbischof Conrads über die Verpfändung einer Vogtei durch Heinrich Buren an das Domkapitel und 1248 den Beistandsvertrag zwischen Bischof Engelbert von Osnabrück und Erzbischof Conrad.[355] 1252 bekundet

---

[351] Ebd., Nr. 155 (26.5.1269).
[352] Ebd., Nr. 66 (29.5.1241), 79 (25.3.1248) 84 (24.5.1251), 87 (31.10.1252), 91 (25.9.1253), 92 (8.1254), 93 (9.10.1254), 98 (12.2.1255), 99 (4.3.1255), 103 (25.2.1256), 105 (20.8.1256), 106 (22.8.1256), 107 (24.8.1256), 117 (30.5.1260) und 118 (3.4.1261). Ebd., Nr. 120 (3.2.1262) für den Elekt Engelbert von Köln.
[353] Ebd., Nr. 93 (9.10.1254).
[354] Ebd., Nr. 93 (9.10.1254), 98 (12.2.1255) und 118 (3.4.1261).
[355] Ebd., Nr. 66 (29.5.1241) und Nr. 79 (25.3.1248).

der Schulte von Soest, dass Johannes Kotemann eine Mühle in der Nähe von Welver verkauft hat. Unter den Zeugen befindet sich Heinrich.[356] In demselben Jahr bezeugt er den von Erzbischof Conrad bekundeten Vergleich zwischen Conrad und Bischof Otto von Münster über die Stadt Vreden und 1253 den Tausch des Zehnten von Welver-Klotingen mit einem Hof in Beckum zwischen dem Erzbischof und dem Kloster Welver.[357]

Erzbischof Conrad befindet sich zwischen Februar und November 1242 in der Gefangenschaft des Grafen Wilhelm von Jülich, aus der er mit Unterstützung der Schwestern Johanna und Margareta von Flandern freikommt. In Anknüpfung daran schließt Conrad 1254 mit Margareta, Karl, dem Sohn des Königs von Frankreich, und weiteren Personen ein Bündnis über gegenseitigen Beistand.[358] Unter den Bürgen für den Erzbischof, die aus seinem Rat stammen, befindet sich als Letztgenannter Heinrich. Zwei Monate später kommt es zur Schlacht auf dem Wulferikskamp in der Nähe von Dortmund zwischen Bischof Simon von Paderborn, einem Bundesgenossen des Jülicher Grafen, und den Anhängern des Erzbischofs.[359] Unter den Teilnehmern auf erzbischöflicher Seite befinden sich die Grafen Gottfried von Arnsberg, Otto von Altena und sein Bruder Engelbert von der Mark. Die Schlacht endet mit Niederlage und Gefangennahme Simons. An der bewaffneten Auseinandersetzung ist auch Heinrich beteiligt, der inzwischen *dapifer* der kölnischen Neu-Isenburg ist.[360] Keine 500 Meter von der Burg entfernt befindet sich später die vermutlich Ende des 13. Jahrhunderts errichtete Motte Vittinghoff.[361] Den von den Teilnehmern erstellten Bericht an Papst Alexander IV. über die Vorkommnisse siegelt Heinrich mit.[362]

Ebenfalls 1255 ist Heinrich Zeuge, als der Erzbischof den Kölner Domdekan Goswin in seinen Rechten bezüglich der Vogtei über Höfe in Iserlohn bestätigt, und im Jahr danach führt er in einer Urkunde, in der der Erzbischof an Walbod und Ernst Virneburg einen Berg zum Bau einer Burg belehnt, die Zeugenliste nach den *nobiles* an.[363] Als Erzbischof Conrad und Bischof Simon im Jahr 1256 einen Friedensvertrag aufsetzen, ist Heinrich einer der Zeugen.[364] In diesem Zusammenhang steht die zwei Tage später ausgestellte Urkunde, mit der Heinrich und weitere Personen sich dem beabsichtigten Friedensschluss

---

356 Ebd., Nr. 86 (5.1252).
357 Ebd., Nr. 87 (31.10.1252) und Nr. 91 (25.9.1253).
358 Ebd., Nr. 92 (8.1254).
359 Ebd., Nr. 93 (9.10.1254). Die Schlacht und die Teilnahme Heinrichs ergeben sich aus einem Schreiben von 1255. Ebd., Nr. 98 (12.2.1255).
360 Siehe dazu Anm. 354.
361 Siehe zur Motte Kapitel 11.3. Siehe auch: Leenen, Isenburgen 1 (wie Anm. 9), S. 150–154.
362 Regestenbuch Mittlere Ruhr (wie Anm. 2), Nr. 98 (12.2.1255). Zum weiteren Verlauf des Konflikts siehe dort.
363 Ebd., Nr. 99 (4.3.1255) und Nr. 103 (25.2.1256).
364 Ebd., Nr. 105 (20.8.1256).

anschließen.³⁶⁵ Als der Vertrag zwei weitere Tage danach endgültig geschlossen wird, ist Heinrich neben Albert Hörde der eingesetzte erzbischöfliche Vermittler im Fall von Streitigkeiten zwischen den Parteien.³⁶⁶ Die drei Urkunden zeigen Heinrich erneut in einer hervorgehobenen Position auf Seiten des Erzbischofs.

Erzbischof Conrad hat häufig Auseinandersetzungen mit der Stadt Köln und ihren Bürgern, und so enthebt er im Jahr 1258 die Kölner Münzgenossenschaft und Münzmeister ihrer Privilegien, Ämter und Lehen und wirft ihnen Missbrauch derselben vor.³⁶⁷ Dies wird vom *miles* Heinrich als Zweitgenannten nach den Geistlichen und Adeligen bezeugt. Als um das Jahr 1260 Hermann Lüdinghausen einen Hof an Albert Hörde verpfändet, ist Heinrich Zeuge und ebenso als 1260 Erzbischof Conrad einen Vertrag mit dem Abt von Corvey und Herzog Albert von Braunschweig über die Vergabe von westfälischen Lehen und die Errichtung von Befestigungen durch den Erzbischof schließt.³⁶⁸ Die Parteien sichern sich gegenseitiges Offenhausrecht und bewaffnete Unterstützung zu; der Herzog verzichtet auf Ansprüche auf das Herzogtum Westfalen. Wenige Tage später schließt Conrad ein Bündnis zur gegenseitigen Unterstützung mit Bischof Baldwin von Osnabrück.³⁶⁹ Unter den weltlichen Zeugen ist Heinrich als *dapifer* der Neu-Isenburg als Erster zu finden. Danach wird er nur noch einmal genannt, als Bischof Baldwin ein knappes Jahr später seinerseits die Urkunde über das Bündnis ausfertigt.³⁷⁰ Heinrich ist wieder einer der Zeugen.

Die Brüder Theoderich (V II,1), Heinrich (V II,2), Hermann (V II,3) und Lubbert Vittinghoff (V II,4)
Die Verbindung der Brüder Theoderich (V II,1), Heinrich (V II,2), Hermann (V II,3), Lubbert (V II,4) und Meinrich (V II,8) zur ersten Generation ist nicht überliefert. Die Gleichheit von Vor- und Zunamen, Siegeln, geographischem und politischem Aktionsraum sprechen klar für eine Abstammung. Der zwischen 1262 und 1288 bezeugte Hermann Vittinghoff (V II,3) tritt erstmals 1262 in Erscheinung, als er im Auftrag des Kölner Erzbischofs Engelbert im Zuge von dessen Auseinandersetzung mit der Stadt Köln mit einer Botschaft zur Bürgerschaft geschickt wird.³⁷¹ Erst zehn Jahre später tritt Hermann wieder auf, als er und seine Brüder Theoderich (V II,1) und Heinrich (V II,2) bezeugen, dass der Sohn des Grafen Dietrich von Limburg, Johannes, ein Lehen an Theoderich

---

365 Ebd., Nr. 106 (22.8.1256).
366 Ebd., Nr. 107 (24.8.1256). Um den Vertrag gibt es Streit, weil Papst Alexander IV. ihn nicht anerkennt und Bischof Simon wieder in seine Rechte einsetzt.
367 Ebd., Nr. 110 (24.3.1258).
368 Ebd., Nr. 114 (um 1260) und Nr. 117 (14.5.1260).
369 Ebd., Nr. 118 (3.4.1261).
370 Ebd., Nr. 120 (3.2.1262).
371 Ebd., Nr. 122 (vor 8.6.1262). Lt. einer Erwähnung in einer Chronik aus dem Jahr 1499. Ob dies faktisch korrekt ist, lässt sich nicht anhand zeitgenössischer Quellen überprüfen.

Vlericke übertragen hat.[372] Theoderich und Heinrich werden in der Gruppe der *milites* geführt, Hermann danach. In demselben Jahr sind er und Meinrich (V II,8) Zeugen, als Räte und Bürger von Essen bekunden, dass der Duisburger Bürger Apolonius Schonnebeck geschworen hat, den Streit mit Theoderich Bule beigelegt zu haben.[373] Im Jahr 1275 sind die *milites* Hermann, Theoderich und Heinrich Zeugen, als Kanonissen und Kanoniker des Stifts Essen Erzbischof Sifrid zum Vogt wählen.[374] Dass sie Zeugen von Seiten des Erzbischofs sind, kann vermutet werden, da sie zwischen Zeugen aus erzbischöflichem Umfeld genannt werden. 1279 bekundet Gottfried Meinhövel (V I,4), dass er dem Kloster Cappenberg (Selm) einen Hof überlässt, den Heinrich und dessen Frau Hildegund (V II,7), seine Enkelin, von ihm zu Lehen hatten.[375] Unter den ersten Zeugen sind Theoderich, als Kölner Marschall bezeichnet, sowie Hermann.

Im Jahr 1280 werden die *milites* Hermann und Marschall Theoderich sowie ihre Helfer von Herzog Rainald von Limburg in einem Dokument, mit dem Rainald und seine Frau Irmgard der Stadt Duisburg Entschädigungen zugestehen, als Schädiger der Stadt bezeichnet.[376] Rainald und Irmgard sagen zu, deren Vergehen zu ahnden. In der acht Jahre später stattfindenden Schlacht von Worringen kämpft Graf Rainald auf der Seite Erzbischof Sifrids. Um welche Auseinandersetzung es 1280 geht, ist nicht überliefert. In demselben Jahr verkauft Hermann Foresto an Graf Adolf von Berg seine Erbgüter in Olpe.[377] Unter den Zeugen sind Hermann, Heinrich und der als *famulus* bezeichnete Meinrich Vittinghoff (V II,8). Letztmals wird Hermann 1288 erwähnt, als er zusammen mit seinem Bruder Heinrich ein Haus in Dortmund verkauft.[378] Ob Hermann möglicherweise auf Seiten Erzbischof Sifrids an der Schlacht von Worringen im Juni desselben Jahres teilgenommen hat und gefallen ist, muss Spekulation bleiben. Urkunden, in denen der Kölner Erzbischof Aussteller, Empfänger oder wesentlicher Handelnder ist und an denen ein Mitglied der Familie Vittinghoff beteiligt ist, sind nach der Schlacht nicht mehr nachweisbar; die Beziehung zum Erzbischof endet abrupt.

---

[372] Ebd., Nr. 170 (12.5.1272). Theoderich und Heinrich sind bei den *milites* aufgelistet, Hermann anschließend.
[373] Ebd., Nr. 171 (26.9.1272). Es geht um Güter in (Essen-)Schonnebeck. Es ist die erste Nennung von Meinrich.
[374] Ebd., Nr. 183 (27.10.1275).
[375] Ebd., Nr. 198 (13.1.1279).
[376] Ebd., Nr. 204 (22.3.1280). Duisburg ist bis 1290 Königsstadt, dann wird sie von König Rudolf I. an Graf Dietrich von Kleve verpfändet. In der Urkunde sagen Rainald und Irmgard den Bürgern u. a. zu, sie von den Schuld- und Lehnsverschreibungen Herzog Walrams von Limburg zu befreien. Walram war der Vater Irmgards.
[377] Ebd., Nr. 207 (12.9.1280).
[378] Ebd., Nr. 239 (26.1.1288).

Lubbert (V II,4) wird erstmals 1269 erwähnt, als Graf Engelbert von der Mark für ihn und Theoderich dafür bürgt, dass ein an Graf Otto von Geldern aufgetragenes Lehen freies Eigen der Brüder ist.[379] *Miles* Lubbert (V II,4) ist 1271 *dapifer* auf der Neu-Isenburg und wird als erzbischöflicher Ministeriale bezeichnet, als Erzbischof Engelbert bekundet, dass er innerhalb von vier Monaten nach seiner Freilassung aus jülischer Gefangenschaft die Versicherung beibringen wird, dass die genannten Personen – darunter Lubbert – und fünf Städte ihn nicht unterstützen werden, wenn er den mit Graf Wilhelm von Jülich geschlossenen Vertrag bricht.[380] Einige Monate später ist Lubbert zusammen mit seinem Bruder Theoderich sowie H. Vittinghoff (V II,2 oder V II,3) Zeuge, als Richter und Rat der Stadt Essen bekunden, dass Adolf Altendorf (A VII,1) sich mit dem Stift Stoppenberg über Lehen geeinigt hat.[381] Ebenso bezeugt Lubbert 1280 die Beurkundung von Graf Dietrich von Limburg über dessen Verzicht vor dem Werdener Abt Otto und in Gegenwart aller Getreuen und Vasallen des Klosters auf die Vogtei über Eichholz, für die der Graf Geld erhalten hat.[382] Lubbert ist Erster in der Liste nach Graf Everhard von der Mark und Theoderich *dominus* Volmerstein. Als Wenemar Bukeler die Übertragung eines Kottens aus dem Essener Oberhof Viehof an ihn im Jahr 1294 bekundet, siegelt *miles* Lubbert die Urkunde.[383] Lubbert tritt 1295 für Graf Everhard von der Mark als Bürge bei dessen Verpflichtung, den *dominus* Lüdinghausen zu beschützen, auf.[384] Sein Siegelabdruck unter einer Urkunde aus dem darauf folgenden Jahr zeigt einen mit drei Kugeln belegten Schrägrechtsbalken und darüber einen Turnierkragen.[385] In dieser Urkunde bestätigt Gerhard Witten, dass er ein Lehen in Duisburg an Theoderich Mündelheim verkauft hat. In zwei von Graf Everhard von der Mark ausgestellten Urkunden ist Lubbert 1295 und 1299 Zeuge: In der ersten stiften der Graf und seine Frau Irmgard eine Memorie am Stift Essen und in der zweiten verpfändet der Graf die Vogtei über Güter, die dem Stift Stoppenberg gehören, für sechs Jahre an das Stift.[386]

Als Graf Otto von Tecklenburg im Jahr 1309 auf Bitten seines Onkels, des Grafen Engelbert von der Mark, einen Ministerialen an das Stift Essen gibt, ist Lubbert Zeuge.[387] Er siegelt mit derselben Siegelpetschaft wie 1312, als Theode-

---

379 Ebd., Nr. 159 (23.10.1269). Die Brüder geben Eigengüter an den Grafen von Geldern und werden von diesem damit belehnt; somit werden sie Vasallen des geldrischen Grafen.
380 Ebd., Nr. 164 (11.4.1271). Vier Jahre später ist ein *Gerhard N. N. dapifer* der Burg. Lubbert besitzt das Amt also nicht lebenslang. Ebd., Nr. 184 (5.12.1275).
381 Ebd., Nr. 165 (8.1271).
382 Ebd., Nr. 202 (17.3.1280).
383 Ebd., Nr. 275 (25.5.1294).
384 Ebd., Nr. 280 (9.3.1295).
385 Ebd., Nr. 282 (11.6.1295).
386 Ebd., Nr. 286 (13.9.1295) und Nr. 309 (10.1299).
387 Ebd., Nr. 372 (24.8.1309).

rich Heimsteden bekundet, einen Hörigen freigegeben zu haben.[388] Letztmals wird Lubbert genannt, als er 1313 besiegelt, dass Johannes und Everhard Ovelacker einen Streit mit dem Kloster Elsey (Hagen) beigelegt haben.[389] Johannes und Everhard Ovelacker bezeichnen Lubbert, Theoderich von der Leithen, Gerlach Lüttelnau und Hermann von der Horst als *consanguinei*, ohne dass die genaue Verbindung bekannt ist. Die Brüder Ovelacker treten ansonsten nicht zusammen mit Lubbert oder einem anderen Mitglied der Familie Vittinghoff auf. Lubberts Hauptaktionsraum ist die Ruhrregion und er ist nur einmal als Ministeriale und *dapifer* des Kölner Erzbischofs zu finden.

Heinrich (V II,2) wird erstmals im Jahr 1270 erwähnt, als er bezeugt, dass Theoderich und sein Sohn Gottschalk Eickenscheidt Güter verkaufen.[390] Im Jahr 1278 ist er Zeuge, als der *miles* Ludwig (ohne Nachnamen) vor dem Gericht von Dorsten auf einen strittigen Zehnten verzichtet.[391] Heinrich ist mit Hildegund Meinhövel (V II,7), einer Enkelin von Gottfried Meinhövel (V I,4), einem Ministerialen des Bischofs von Münster, verheiratet, wie sich aus zwei Dokumenten von 1279 und 1280 ergibt, mit denen Gottfried ihm ein anderes als das bisher erhaltene Lehen überträgt.[392] Theoderich und Hermann Vittinghoff sind Zeugen. Gottfried Meinhövel tritt im Zusammenhang mit der Familie Vittinghoff nicht mehr auf. Die Verbindung zwischen Vittinghoff und Meinhövel ist ausweislich der Überlieferungslage gering.[393] Heinrich Vittinghoff wird mit acht anderen Männern zusammen als Freund von Heinrich Eickenscheidt bezeichnet, als dieser 1282 Güter an seinen Bruder Hugo überträgt.[394] Als erstgenannter Zeuge agiert Heinrich 1284 in einer von Graf Dietrich von Limburg ausgestellten Urkunde, mit der dieser Engelbert Herborn mit Gütern belehnt.[395] In dem von Äbtissin Berta 1288 ausgestellten Dokument über die Memorienstiftung von Heinrich Kettwig ist Heinrich als Essener Ministeriale Zeuge.[396] Ein Jahr später pachten er und seine nicht namentlich genannten Kinder (V III,5) ein Gehölz

---

388 Ebd., Nr. 391 (1312).
389 Ebd., Nr. 409 (17.7.1313).
390 Ebd., Nr. 160 (4.1.1270).
391 Ebd., Nr. 197 (29.12.1278).
392 Ebd., Nr. 198 (13.1.1279) und Nr. 201 (16.2.1280). Die Urkunde spricht von Hildegund als *neptis*, was Enkelin oder Nichte bedeuten kann. Im Kontext scheint „Enkelin" am wahrscheinlichsten.
393 1303 verkauft ein anderer Gottfried Meinhövel eine Eigenhörige an Conrad Vittinghoff (V II,6). Conrad, Kanoniker im Kloster Cappenberg (Selm), wird viermal zwischen 1257 und 1303 genannt; seine Einbindung in die Familie ist unbekannt. Ebd., Nr. 109 (16.7.1257), 185 (6.12.1275), 231 (17.5.1284) Heinrich Vittinghoff (V II,2) ist unter den Zeugen und 327 (2.7.1303).
394 Ebd., Nr. 221 (1282).
395 Ebd., Nr. 231 (17.5.1284).
396 Ebd., Nr. 242 (5.6.1288).

namens *Vredeholt* (in Essen-Bredeney) vom Werdener Abt.[397] Sie verpflichten sich zur Zahlung eines jährlichen Zinses in Form von Naturalien und leisten für den erneuten Gewinn des Buschs eine Abgabe. Der – wie in einigen Urkunden zuvor – als *miles* bezeichnete Heinrich ist in demselben Jahr ebenso Zeuge wie Mitglieder der Familie Altendorf, als Hermann und Bernhard Lüdinghausen einen Streit mit einem Verwandten beilegen.[398] 1291 wird Heinrich letztmals genannt, als Graf Everhard von der Mark einen Hof an das Stift Cappenberg überträgt, den das Kloster von Heinrich Ovethe erworben hatte.[399] Heinrich agiert zumeist als Zeuge: für die Stifte Essen und Stoppenberg, für Graf Dietrich von Limburg und die Grafen von der Mark, aber ebenso für andere Ministeriale.

Der vierte Bruder Theoderich (V II,1), fast durchgängig als *miles* bezeichnet, hat eine enge Bindung zum Kölner Erzbischof, vor allem weil er zwischen 1278 und 1281 als *marschalcus Westfaliensis* agiert.[400] Darüber hinaus wird er von Erzbischof Sifrid von Köln 1275/76 als Schiedsmann definiert, falls es Streitigkeiten zwischen dem Erzbischof und Eberhard, Elekt von Münster, geben sollte.[401] 1282 verkündet Theoderich zusammen mit Goswin Eppenhofen und Hunold Plettenberg die Bedingungen, unter denen Heinrich Ovethe aus der erzbischöflichen Gefangenschaft freigelassen wird.[402] Überdies ist er in weiteren Urkunden zwischen 1275 und 1281 Zeuge für den Erzbischof.[403] Sein Bruder

---

[397] Ebd., Nr. 245 (10.3.1289). Später wird das Gebiet, nachdem es gerodet wurde, *Lichtenraith* genannt. Dort wird eine noch heute bestehende Kapelle und Kluse errichtet, die erstmals 1359 erwähnt wird. Ebd., Nr. 800 (10.1.1359). Die Erbauer sind unbekannt. Die Kapelle liegt ca. 500 Meter von der später genannten Motte Vittinghoff entfernt. Zur Kluse siehe: Peter Jacobs, Geschichte der Pfarreien im Gebiete des ehemaligen Stiftes Werden an der Ruhr, Band 1. Düsseldorf 1893, S. 78–80.
[398] Regestenbuch Mittlere Ruhr (wie Anm. 2), Nr. 247 (30.5.1289).
[399] Ebd., Nr. 262 (10.10.1291).
[400] Ebd., Nr. 194 (15.7.1278), 195 (5.7.1278), 198 (13.1.1279), 204 (22.3.1280), 219 (8.11.1281) und 220 (19.12.1281). Ob in der Urkunde von Nr. 219 Theoderich als Marschall bei den Zeugen gemeint ist oder der in der Liste davor genannte Goswin Eppenhausen ist nicht eindeutig. Kurz darauf (Nr. 220) quittiert Theoderich Vittinghoff als Marschall in Westfalen dem Erzbischof über eine Forderung. Daher ist Theoderich vermutlich auch am 8.11.1281 der Marschall. Wenige Monate danach wird Goswin als westfälischer Marschall bezeichnet. Ebd., Nr. 224 (26.4.1282). Siehe zum kölnischen Marschall in Westfalen Kapitel 9.
[401] Ebd., Nr. 181 (zwischen 8.4.1275 und 25.2.1276) und Nr. 187 (25.2.1276).
[402] Ebd., Nr. 224 (26.4.1282). Goswin Eppenhofen wird als westfälischer Marschall bezeichnet, Hunold Plettenberg ist es zu späterer Zeit.
[403] Ebd., Nr. 180 (15.3.1275), Goswin Rodenberg überträgt Erzbischof Sifrid als Sühne sein *castrum* Rodenberg. Ebd., Nr. 184 (5.12.1275), Hermann und Bernhard Lüdinghausen übertragen *castrum* und *oppidum* Lüdinghausen an den Erzbischof. Ebd., Nr. 186 (16.2.1276), Goswin Rodenberg geht ins Einlager und tritt seine Burg erneut an den Erzbischof ab. Ebd., Nr. 204 (22.3.1280), Schädiger der Stadt Duisburg als westfälischer Marschall. Ebd., Nr. 217 (20.9.1281), Bischof Everhard von Münster erneuert ein Bündnis mit Sifrid. Ebd., Nr. 218 (9.10.1281), Erzbischof Sifrid bestätigt ein Privileg für die Stadt Herford.

Lubbert und er machen sich 1269 zu Vasallen von Graf Otto von Geldern.[404] Im Jahr 1280 bezeugt Heinrich in Coesfeld eine von Bischof Everhard von Münster ausgestellte Urkunde über einen Vertrag zwischen dem Stift Vreden und Gottfried Gemen hinsichtlich einer Vogtei.[405] Nicht einzuordnen ist die Nennung eines *Theodoricus de Witinghaven* im Jahr 1300, der sich zum Burgmann auf der klevischen Burg Strünkede macht.[406] Für Theoderich (V III,1) ist der zeitliche Abstand zu groß, ein anderer Theoderich wird in dieser Zeit nicht genannt. Die Zuordnung muss offenbleiben.

Meinrich Vittinghoff (V II,8) und seine Söhne
Der erstmals 1272 auftretende Meinrich Vittinghoff (V II,8) wird mehrfach zusammen mit anderen Vittinghoffern genannt, eine Verwandtschaftsbeziehung jedoch nie angegeben.[407] Er ist im Jahr 1288 *miles* und Kämmerer des Stifts Essen und bezeugt den Verzicht von Arnold Huckarde auf ein Recht aus dem Essener Oberhof Huckarde (Dortmund).[408] 1294 wird Meinrich in einer Urkunde als Ministeriale der Essener Äbtissin Beatrix bezeichnet und hat von ihr drei Lehnen inne, die er an das Heiliggeisthospital von Dortmund verkauft.[409] Im Jahr 1303 wird Meinrich als Bürge für Äbtissin Beatrix gegenüber Graf Konrad von Dortmund von seiner Verpflichtung entbunden, da das der Bürgschaft zugrunde liegende Verlöbnis zwischen dem Grafen und der Nichte der Äbtissin gelöst wurde.[410] Im Jahr 1308 bezeugt Meinrich einen von Bovo Strünkede, Amtmann des Kölner Erzbischofs in Recklinghausen, und den dortigen Ratsherren bekundeten Vergleich.[411] 1312 bezeugt Meinrich zusammen mit verschiedenen Mitgliedern der Familie von der Horst (von der Emscher) auf dem Gerichtsplatz Horst eine Memorienstiftung.[412] Danach gibt es eine Lücke von fast 14 Jahren und Meinrich wird danach nur noch indirekt genannt, war also vermutlich schon verstorben: 1325 beauftragt Papst Johannes XXII. den Dekan des Kölner Stifts St. Georg, den Sohn Meinrichs, Heinrich (V II,8), Kanoniker in St. Severin, dazu anzuhal-

---

[404] Ebd., Nr. 159 (23.10.1269).
[405] Ebd., Nr. 200 (13.1.1280).
[406] Ebd., Nr. 314 (25.6.1300).
[407] Ebd., Nr. 171 (26.9.1272).
[408] Ebd., Nr. 240 (26.3.1288). Er wird ansonsten nicht als Kämmerer bezeichnet. Siehe für eine Aufstellung aller Inhaber des Kämmereramtes den nachfolgenden Beitrag in diesem Heft. Krägeloh nennt Meinrich für 1288 und 1289 als Kämmerer. Die Belege, die er nennt, beziehen sich jedoch auf dieselbe Urkunde. Krägeloh, Statistische Unterlagen (wie Anm. 28), S. 85, Fußnote 45.
[409] Regestenbuch Mittlere Ruhr (wie Anm. 2), Nr. 276 (13.6.1294).
[410] Ebd., Nr. 326 (31.5.1303). Die Urkunde ist von Graf Konrad von Dortmund ausgestellt.
[411] Ebd., Nr. 358 (24.10.1308).
[412] Ebd., Nr. 395 (21.2.1312).

ten, Pensionen aus den Renten der Stiftsgüter abzuführen.[413] Als im Jahr 1329 Hermann von der Horst das Essener Braurecht an Pilgrim Altendorf (A IX,4) verkauft, gibt er an, das Recht vor mehr als 20 Jahren von Meinrich gekauft zu haben.[414] Die Söhne Meinrichs, Theoderich (V III,9) und Ludolph Berenbeke (VIII,10), erklären, keine Rechte an dem Braurecht zu haben.

Meinrichs Sohn Heinrich (V III,3) ist Kanoniker im stadtkölnischen Stift St. Severin und wird zwischen 1309, wo er die Investitur der Essener Äbtissin Beatrix von Holte mitbestätigt,[415] und 1329 noch dreimal genannt: Als 1322 neue Kanoniker in St. Severin aufgenommen werden sollen, schlägt er Eberhard Kebbe vor.[416] In welcher Beziehung er zu Eberhard steht, ist unbekannt; in keinem weiteren überlieferten Dokument werden Personen der Familien Vittinghoff und Kebbe zusammen genannt. Im Jahr 1325 erfolgt die schon genannte Ermahnung durch Papst Johannes XXII.[417] Vier Jahre später ist Heinrich Zeuge bei einer Untersuchung über die Freiherrlichkeit des Stifts St. Gereon in Köln.[418]

Der im Zusammenhang mit dem Verkauf des Essener Braurechts genannte Theoderich Berenbeke (V III,9), Sohn Meinrichs,[419] wird erstmals 1316 in einer Quelle erwähnt, in der er als Bürge auftritt; Hermann Osterfeld bekundet, dass er seine Güter in Essen-Borbeck, die er von Heinrich Unverzagt zu Lehen hat, an Werner Aplerbeck veräußert hat.[420] Wegen Siegelkarenz Heinrichs siegelt neben Heinrich Unverzagt auch Heinrich Vittinghoff gen. Coster (V III,6). Als Gerhard Staden im Jahr 1321 Güter an das Kloster Sterkrade (Oberhausen) verkauft, ist Theoderich Zeuge, ebenso 1333, als Caesarius von der Horst an den Sterkrader Konvent Äcker veräußert.[421]

Im Jahr 1321 kaufen Heinrich Beke (V III,11), Kämmerer des Essener Stifts, und dessen *matertera* (Schwester der Mutter = Tante) Hildegund eine Rente.[422] Meinrich Vittinghoff (V II,8) war 1288 Kämmerer des Essener Stifts. Das Hofamt und die Verbindung zu (Beren-)beke lassen eine Verwandtschaft zu Meinrich

---

[413] Ebd., Nr. 509 (26.11.1325).
[414] Ebd., Nr. 541 (31.8.1329) und Nr. 542 (9.9.1329).
[415] Ebd., Nr. 366 (8.4.1309).
[416] Ebd., Nr. 479 (22.4.1322).
[417] Ebd., Nr. 509 (26.11.1325).
[418] Ebd., Nr. 509 (26.11.1325) und Nr. 537 (7.1329).
[419] Ebd., Nr. 542 (9.9.1329). Nennung zusammen mit seinem Bruder Ludolf (V III,10). Ob Ludolf Vittinghoff oder Berenbeke heißt, geht aus dem Text nicht hervor. Er wird ansonsten nicht erwähnt.
[420] Ebd., Nr. 432 (10.12.1316).
[421] Ebd., Nr. 471 (29.5.1321) und Nr. 570 (13.1.1333).
[422] Ebd., Nr. 824 (22.10.1321). Hildegund Meinhövel ist mit Heinrich Vittinghoff (V II,2) verheiratet; da es sich bei der hier angesprochenen Hildegund jedoch um eine Schwester von Heinrich Bekes Mutter handelt, kann es sich nicht um Hildegund Meinhövel handeln. Die Einordnung Heinrich Bekes bleibt somit unklar.

Vittinghoff (V II,8) möglich erscheinen. In den hier untersuchten Quellen gibt es einen Meinrich Berenbeck, der im Jahr 1344 bekundet, ein Gut an das Kloster Sterkrade verkauft zu haben.[423] Heinrich Vitting (V IV,6) siegelt die Urkunde mit. Meinrichs Siegelabdruck zeigt im Wappen einen Schrägrechtbalken, also das Zeichen, welches nicht selten, jedoch auch von Mitgliedern der Familie Vittinghoff verwendet wird.

Ob es eine Verbindung zwischen Meinrich (V II,8) und einem zwischen 1330 und 1338 mehrfach genannten Meinrich Vittinghoff (V III,4) gibt, ist unbekannt. Meinrich (V III,4) ist im Jahr 1330 Zeuge, als der Komtur des Deutschordenshauses in (Bottrop-)Welheim, Anton, eine erhaltene Kaufsumme quittiert.[424] 1331 bekundet der *famulus* Gottfried Rikenberg, dass er an das Konvent von Cappenberg (Selm) eine Mühle verkauft hat; dies wird unter anderem von Meinrich bezeugt.[425] Erneut als Zeuge ist er kurz darauf aktiv, als Arnold Kolere bekundet, dass er nach Streitigkeiten und Blutvergießen Güter für das Kloster Cappenberg freigibt.[426] Im Jahr 1333 bekundet Friedrich Lunen den Erhalt von 50 Mark vom Kloster Cappenberg, dem er einen Hof in Selm verkauft hatte.[427] Meinrich ist Zeuge, ebenso wie letztmals 1338, als Conrad Rechen eine zeitlich befristete Freistellung der Hörigen des Klosters Cappenberg von seiner Freigrafenschaft verkündet.[428] Die wenigen Male, die Meinrich genannt wird, zeigen eine Verschiebung seiner Aktivitäten in die Gegend von Selm.

Heinrich Vittinghoff gen. Coster (V III,6)
Zu Beginn des 14. Jahrhunderts treten zwei miteinander verwandte Familienmitglieder mit Vornamen Heinrich auf, deren Beziehung zu den vorhergehenden Personen trotz gemeinsamen Auftretens in den Quellen nicht genannt wird und die sich durch den Beinamen des einen voneinander unterscheiden: die *milites* Heinrich Vittinghoff (V III,1) und Heinrich Vittinghoff genannt Coster (V III,6). Beide führen im Wappensiegel einen mit drei Kugeln belegten Schrägrechtsbalken; Heinrichs gen. Coster Siegelabdruck zeigt einen schraffierten Hintergrund.

Die insgesamt 13 Schriftstücke, in denen Heinrich Vittinghoff gen. Coster zwischen 1297 und 1321 genannt wird, betreffen häufig andere Ministeriale und mehrfach das Stift Essen. Als Essener Ratmann wird er 1311 bezeichnet und als Werdener Ministeriale im Jahr 1315.[429] Im Jahr 1297 tritt er erstmals in Erscheinung, als ihm Abt Heinrich von Werden ein Gut an der Ruhr verpach-

---

[423] Ebd., Nr. 688 (23.2.1344).
[424] Ebd., Nr. 552 (6.6.1330).
[425] Ebd., Nr. 559 (14.4.1331).
[426] Ebd., Nr. 560 (26.6.1331).
[427] Ebd., Nr. 573 (25.4.1333).
[428] Ebd., Nr. 621 (10.08.1338).
[429] Ebd., Nr. 382 (24.1.1311) und Nr. 419 (27.6.1315).

tet.[430] Einige Jahre später bürgt er für den Kaufpreis von durch Sobbe Altena und Arnold Hattingen erworbenen Gütern.[431] Heinrich wird in diesem Pergament als *custodes de Vithynkaven* bezeichnet, also als Wächter. Möglicherweise stammt daher sein Beiname *Coster(e)/Koster(e)*. Im Jahr 1304 schließen die Söhne des verstorbenen Schenken des Stifts Essen, Bertold (ohne Nachnamen), mit Äbtissin Beatrix einen Vergleich hinsichtlich der Rechte und Pflichten des Amtes.[432] *Miles* Heinrich ist einer der Siegler. Einer der Söhne Bertolds, Adam, ist vier Jahre später Schenk der Äbtissin und bekundet, dass diese den *miles* Gerlach Breitscheid zu ihrem Vasallen gemacht habe.[433] Heinrich ist einer der Zeugen. Im Jahr 1309 bekundet Adam, dass er auf Schadensersatzansprüche aus dem Schultenhof in Breisig verzichtet habe.[434] Das Dokument siegelt Heinrich zusammen mit dem Aussteller. Als Heinrich Vittinghoff (V III,1), seine Frau und Kinder im Jahr 1311 einige Immobilien an den Essener Bürger Heinrich Fischer verkaufen und vor dem Gericht von Rellinghausen auflassen, siegeln auch seine *consanguinei* (Verwandte) Heinrich Vittinghoff gen. Coster und Hermann von der Horst (von der Emscher), Ratmannen von Essen. Der Aussteller selbst nutzt wegen Siegelkarenz das Essener Stadtsiegel.[435]

Heinrich Lüttelnau pachtet 1312 Land und Waldstücke vom Werdener Propst Johann.[436] Wegen Siegelkarenz siegelt Heinrich Vittinghoff gen. Coster. Bei der Bestätigung der Übergabe eines Erbbriefes durch Wenemar Altendorf (A VIII,1) bezeugt dies auch Heinrich.[437] Im darauffolgenden Jahr ist er zusammen mit Heinrich Vittinghoff (V III,8) einer der Männer, die die Übertragung von Haus Horst an der Emscher an Graf Engelbert von der Mark durch Hermann von der Horst besiegeln.[438] Einige Monate danach sind unter anderem er und Heinrich Vittinghoff (V III,1) erneut unter den Siegelnden, als Abt Wilhelm von Werden bekundet, dass er sich mit Wilhelm Friemersheim über das *castrum* Friemersheim (Duisburg) geeinigt habe.[439] Heinrich bürgt 1316, als Hermann Osterfeld bekundet, Güter in Essen-Borbeck an Werner Aplerbeck verkauft zu haben.[440] Auch Theoderich Berenbeke (V III,9) ist unter den Bürgen. Ein halbes Jahr

---

430 Ebd., Nr. 299 (21.9.1297). Das Gut *Blydenborch* erhält zwischen 1330 und 1343 Theoderich von der Leithen und im Jahr 1344 sein Sohn Everhard als Lehen. Ebd., Nr. 550 (zwischen 5.1330 und 12.1343) und Nr. 702 (13.12.1344).
431 Ebd., Nr. 319 (21.5.1302).
432 Ebd., Nr. 334 (15.10.1304).
433 Ebd., Nr. 352 (13.1.1308).
434 Ebd., Nr. 373 (2.10.1309).
435 Ebd., Nr. 382 (24.1.1311).
436 Ebd., Nr. 402 (16.12.1312).
437 Ebd., Nr. 411 (14.4.1314).
438 Ebd., Nr. 417 (20.2.1315).
439 Ebd., Nr. 419 (27.6.1315).
440 Ebd., Nr. 432 (10.12.1316).

später besiegeln Heinrich Vittinghoff gen. Coster und Heinrich Vittinghoff eine Memorienstiftung durch die Rellinghauser Stiftsdame Frederune Eickenscheidt-Horst.[441] Das letzte Mal ist Heinrich Vittinghoff gen. Coster 1321 zu fassen, als er als Zeuge in dem Rechtsgeschäft fungiert, bei dem Lantslot aus Rellinghausen bekundet, Güter in Rellinghausen an das dortige Stift verkauft zu haben.[442]

Heinrich Vittinghoff (V III,1) und seine Söhne Arnold (V IV,2) und Heinrich Vittinghoff-Schell (V IV,1)
Der schon mehrfach erwähnte Heinrich Vittinghoff (V III,1) wird zwischen 1300 und 1338 genannt. Erstmals tritt er 1300 auf, als er sich zum Burgmann auf der klevischen Burg Strünkede (Herne) macht.[443] Danach ist er wieder 1311 fassbar, als er mit seiner sonst nicht genannten Frau Constanze N. N. (V III,2) einen Kotten verkauft.[444] Ihre Kinder Heinrich (V IV,1), Arnold (V IV,2), Wenemar (V IV,3) und Bertha (V IV,4) stimmen zu. 1315 wird Heinrich als Ministeriale des Werdener Abts Wilhelm bezeichnet, als er mit anderen Ministerialen eine vom Abt ausgestellte Urkunde besiegelt, mit der ein Streit um das *castrum* Friemersheim beigelegt wird.[445] Im Jahr 1318 bürgt er, als Heinrich Unverzagt bekundet, dass er an Pilgrim Altendorf (A IX,4) Einkünfte aus der Königstorpe verkauft hat.[446] Als Wenemar und Wenemar Grimberg, Vater und Sohn, sich 1322 verpflichten, Graf Dietrich von Kleve mit zwölf Männern aus ihrem *castrum* Grimberg (Bochum) gegen verschiedene Feinde von Hermann Strünkede beizustehen, bürgt neben anderen Heinrich.[447] 1324 bekundet Abt Wilhelm, dass Johann von Kleve Güter kaufen darf, die dem Grafen von der Mark zu entlegen sind. Dies wird von Heinrich mit bezeugt.[448] In derselben Funktion agiert er fünf Jahre danach, als Johannes Morrian Güter mit dem Kloster Cappenberg (Selm) tauscht.[449] Ob es sich um diesen Heinrich handelt, der in der Zeit von Abt Johannes I. in einem Register des Speicheramtes erwähnt

---

[441] Ebd., Nr. 434 (6.6.1317).
[442] Ebd., Nr. 470 (23.4.1321).
[443] Ebd., Nr. 314 (25.6.1300).
[444] Ebd., Nr. 382 (24.1.1311). Über Bertha ist sonst nur bekannt, dass ihre Tochter Christine (V V,6) 1347 von Johann von Limburg mit einem Gut belehnt wird. Berthas Ehemann ist unbekannt. Berthas Bruder Arnold wird an Christines Stelle belehnt. Ebd., Nr. 734 (13.09.1347). Wenemar ist 1318 Kanoniker des Stifts Rellinghausen und stimmt dem Verkauf eines von ihm lehnsrührigen Gutes durch Walram und Kunigunde (ohne Zunamen) an die Äbtissin von Gerresheim zu. Er besiegelt die Urkunde zusammen mit der Äbtissin. Ansonsten wird er nicht erwähnt. Ebd., Nr. 444 (21.3.1318).
[445] Ebd., Nr. 419 (27.6.1315).
[446] Ebd., Nr. 445 (23.6.1318).
[447] Ebd., Nr. 481 (24.7.1322).
[448] Ebd., Nr. 498 (24.12.1324).
[449] Ebd., Nr. 539 (24.7.1329).

wird, ist nicht eindeutig.[450] Demnach hat *Henricus de Vytinchave* sechs Malter Weizen an das Kloster zu liefern. Als Werdener Lehen zu Ministerialenrecht erhält er in demselben Zeitraum Gut *Dudinch* in Gladbeck.[451] Heinrich ist 1331 Zeuge bei der Beurkundung eines Güterverkaufs durch Friedrich Duker an das Stift Stoppenberg.[452] Fünf Jahre später bürgt Heinrich für ein Darlehen, welches Wenemar Grimberg bei Wolfhard Schüren aufgenommen hat.[453] Letztmals ist er im Jahr 1338 fassbar, als Theoderich Schenk bekundet, Ackerland an Johann Paffendorf veräußert zu haben.[454] Heinrich bürgt und besiegelt die Urkunde zusammen mit dem Aussteller und dessen Sohn.

Die beiden anderen Brüder, Arnold (V IV,2) und Heinrich (V IV,1), führen erstmals den Beinamen Schell. Arnold tritt aus den drei Quellen, in denen er bis 1350 genannt wird, nicht konturiert hervor.[455] Heinrich ist mit 16 Nennungen häufiger vertreten und wird, wie sein Vater, mit Werdener Lehen belehnt.[456] Im Jahr 1339 wird er erstmals als *famulus* bezeichnet.[457] In den meisten Urkunden ist Heinrich als Zeuge aufgeführt, selten als Bürge oder Siegler. Auch wenn teilweise die Grafen von der Mark oder die Äbtissin von Gevelsberg Aussteller und Vertragspartei sind, so lassen die zumeist wirtschaftlich begründeten Transaktionen aufgrund ihres geographischen Bezugs und der beteiligten Ministerialen vermuten, dass er aufgrund seiner regionalen Ansässigkeit hinzugezogen wurde. Ämter hat er keine inne, eine hervorgehobene Position bei einer weltlichen oder geistlichen Macht ist nicht feststellbar. Außer in den schon aufgeführten Schriftstücken wird Heinrich (V IV,1) in folgenden Dokumenten erwähnt: Bei der Erbteilung der Brüder Hermann und Gerhard Witten 1321 ist er einer der Zeugen, ebenso im Jahr 1328, als Conrad Didinghofen bekundet, dass er Eigentum an Äbtissin Adelheid von Gevelsberg verkauft hat.[458] Kurz darauf bekundet Conrad den Verkauf eines anderen ihm gehörenden Gutes an die Gevelsberger Äbtissin, was neben anderen von Heinrich bezeugt wird.[459] In der Funktion

---

[450] Ebd., Nr. 549 (zwischen 5.1330 und 12.1343). Das Register erwähnt nicht, aus welchem Gut.
[451] Ebd., Nr. 550 (zwischen 5.1330 und 12.1343).
[452] Ebd., Nr. 562 (18.10.1331).
[453] Ebd., Nr. 596 (1336).
[454] Ebd., Nr. 617 (7.2.1338).
[455] Ebd., Nr. 347 (2.4.1307), *Arnold dem Schelen van dem Vytinchove* kauft von Goswin Altendorf (A IX,15) ein Gut in Bochum-Dahlhausen; es siegelt auch Heinrich Vitting (V III,8). Ebd., Nr. 382 (24.1.1311), Arnold stimmt einem Verkauf durch seinen Vater Heinrich (V III,1) zu. Ebd., Nr. 734 (13.9.1347), Belehnung durch Johann von Limburg anstelle seiner Nichte Christine.
[456] Ebd., Nr. 685 (zwischen 12.1343 und 12.1350) und Nr. 701 (14.11.1344).
[457] Ebd., Nr. 628 (26.7.1339). Erneut wird er 1341 und 1342 als *famulus* bezeichnet, in anderen Dokumenten aus dieser Zeit jedoch nicht. Ebd., Nr. 645 (15.4.1341) und Nr. 657 (26.3.1342).
[458] Ebd., Nr. 467 (3.2.1321) und Nr. 526 (5.9.1328).
[459] Ebd., Nr. 528 (9.1.1329).

als Zeuge agiert Heinrich 1337 bei der Beurkundung von Johann, Schulte von Krawinkel, über den Verkauf des Werdener Lehngutes Dahlhausen an Heinrich Hardenberg.[460] Im Jahr 1338 verkauft Graf Adolf von der Mark die Vogtei über den Hof Dahlhausen an Heinrich Hardenberg.[461] Als der Graf ein halbes Jahr später die Vogtei über Eiberg (Essen-Horst) mit dem Stift Stoppenberg gegen die Vogtei über (Bochum-)Linden tauscht, ist Heinrich unter den Zeugen.[462]

Im Jahr 1340 bekundet Heinrich Wickede, dass er an Graf Engelbert von der Mark Höfe verkauft hat, was Heinrich mit bezeugt.[463] Für Johannes Ratingen, Kanoniker des Stifts Essen, bürgt er 1341 bei dessen Verkauf von Ackerland an das Rellinghauser Stift.[464] Wenige Tage danach bekundet Gerhard Aplerbeck, dass er dem Werdener Abt Johannes I. Güter als Sicherheit für ein Geschäft seines Verwandten Rutger Knippenburg verpfändet hat.[465] Dies wird von Heinrich mit bezeugt. Gottfried Duding verkauft 1342 einen Hof im Gericht von Bochum an Engelbert von der Mark; Heinrich ist Zeuge.[466] Im Jahr danach bekunden die Brüder Rutger und Heinrich Middelwich, dass sie Güter in (Essen-)Frillendorf an das Heiliggeisthospital von Essen verkauft haben.[467] Dafür bürgt und siegelt auch Heinrich. Nach dem Tod von Abt Johannes I. wird Heinrich im Jahr 1344 von Abt Johannes II. von Arscheid erneut mit dem schon zuvor erhaltenen Gut belehnt und drei Jahre später tritt Heinrich als Zeuge für Conrad Elverfeldt auf, als dieser an Heinrich Hardenberg seine Fischerei in der Ruhr verkauft.[468] Danach wird er nicht mehr erwähnt. Heinrich Vittinghoff-Schell wird in sechs Urkunden zusammen mit Theoderich von der Leithen *junior* genannt, dem Vater von Everhard und Großvater von Theoderich von der Leithen. Der Enkel Theoderich ist mit Sophie Vittinghoff verheiratet. Ob sie eine Tochter von Heinrich Vittinghoff-Schell ist, kann nur vermutet werden.

Der Familienzweig Vitting

Ein Teil der Familie nennt sich nur Vitting, ist in (Essen-Burg-)Altendorf begütert und mit der Familie Altendorf verschwägert. Heinrich Vitting (V IV,6) wird erstmals 1343 genannt, als er das Dienstmannengut Noppenhaus mit dem dazu gehörenden Kotten, welches bei der *wanincghe to Aldendorpe* (Wohnung

---

[460] Ebd., Nr. 611 (31.7.1337).
[461] Ebd., Nr. 623 (5.12.1338).
[462] Ebd., Nr. 628 (26.7.1339).
[463] Ebd., Nr. 638 (28.8.1340).
[464] Ebd., Nr. 645 (15.4.1341).
[465] Ebd., Nr. 646 (23.4.1341).
[466] Ebd., Nr. 657 (25.3.1342).
[467] Ebd., Nr. 677 (23.5.1343).
[468] Ebd., Nr. 701 (14.11.1344) und Nr. 725 (31.3.1347).

zu Altendorf) liegt, an das Stift Essen verkauft.[469] Er verkauft ebenfalls einen Fischteich, den die Rellinghauser Stiftsdame Grete Altendorf (A X,10) zu Lehen hat, sowie Scharenrechte in der Altendorfer Mark.[470] Heinrichs Frau Grete (A X,6) stimmt zu und sein Schwager Alf Altendorf (A X,5) siegelt. Es bestehen demnach persönliche wie auch besitzrechtliche Verbindungen zu Altendorf. Von den ebenfalls zustimmenden Kindern Heinrich (V V,2), Albert (V V,1) und Elisabeth (V V,4) fehlt Albert in der Urkunde von 1350, mit der Heinrich mit Zustimmung seiner Frau dem Kapitel von Rellinghausen ein Gut in (Essen-)Freisenbruch verkauft; dafür werden zusätzlich seine Kinder Alheide (V V,3) und Grete (V V,5) genannt.[471] Hier bürgen Alf Altendorf und ein weiterer Schwager Heinrichs, Hermann Duker, der ansonsten bis 1350 nicht zusammen mit Vitting(hoff) genannt wird.[472] Kein Kind wird bis 1350 nochmals erwähnt. Heinrich wird 1344 als Bürge bei dem Verkauf eines Guts durch Meinrich Berenbeck an das Kloster Sterkrade genannt und nochmals 1350, als er für Theoderich von der Leithen bürgt, der ein Gut an einen Duisburger Bürger veräußert.[473] Ob der Eintrag im Necrolog des Stifts Essen am 5. Dezember ihn oder seinen Sohn Heinrich (V V,2) meint, ist nicht eindeutig.[474] Die Zahlung für die Memorie kommt aus einem Gut bei dem *domus* von Wenemar Altendorf.

Die familiären Verbindungen zwischen Vittinghoff, Altendorf, von der Leithen und Duker werden ab Mitte des 14. Jahrhunderts enger, wie einige Beispiele zeigen: 1356 wird Theoderich von der Leithen als Onkel von Heinrich Vittinghoff bezeichnet und Heinrich Duker, Hermanns Sohn, als Heinrich Vittinghoffs Neffe.[475] Heinrich Vitting ist als Onkel von Heinrich Vittinghoff

---

469 Ebd., Nr. 674 (18.3.1343). Von Heinrichs Siegel ist nur ein kleines, unleserliches Stück der Umschrift erhalten. Weitere Abdrücke sind bis 1350 nicht überliefert.

470 Grete Altendorf wurde einmal zuvor, im Jahr 1320, genannt, als sie das Testament von Heinrich Kückelsheim bezeugt. Ebd., Nr. 462 (1.8.1320).

471 Ebd., Nr. 767 (14.2.1350).

472 Hermann Duker ist mit Jutta Vitting (V IV,12) verheiratet, wie sich aus einer Urkunde aus dem Jahr 1352 ergibt, wo sie als seine Witwe bezeichnet wird. Ebd., Nr. 788 (27.6.1352).

473 Ebd., Nr. 688 (23.2.1344) und Nr. 781 (27.9.1350).

474 Ebd., Nr. 265 (zwischen 1292 und 1400).

475 Ebd., Nr. 796 (6.6.1356). 1362 nennt er sich Vitting. Ebd., Nr. 806 (ca. 1362). In der Urkunde von 1356 heißt die Ehefrau von Heinrich Vittinghoff *Bele* (für Elisabeth), 1362 heißt die Ehefrau von Heinrich Vitting *Elseken* (für Elisabeth) *de Bruggenoyge*. Es wird sich in beiden Fällen um dasselbe Ehepaar handeln, nur dass Heinrich einmal Vitting und das andere Mal Vittinghoff genannt wird. In einer anderen Urkunde wird 1361 die Ehefrau eines Heinrich Vittinghoff Lutgard genannt und stimmt mit neun gemeinsamen, zuvor nicht genannten Kindern einem Verkauf zu. Es kann sich nicht um denselben Heinrich handeln. Ebd., Nr. 805 (17.9.1361). Siehe auch Anm. 476. Der Name Vitting bzw. Vittinghoff wurde offensichtlich nicht einheitlich genutzt.

angesprochen.[476] 1364 bittet Wenemar Altendorf die Äbtissin von Essen darum, mit einem Gut zugunsten seines Neffen Theoderich von der Leithen, Goswins Sohn, belehnt zu werden.[477]

In der ersten Hälfte des 14. Jahrhunderts werden in den Schriftquellen verschiedene Personen genannt, die selten in den Quellen erscheinen und deren verwandtschaftliche Beziehung nicht überliefert ist: Gertrud Vittinghoff (V IV,8) ist Äbtissin des Stifts Herdecke und Hildeburg sowie Bertha sind Stiftsdamen in Rellinghausen.[478] Eine Karriere im Deutschen Orden strebt Arnold Vittinghoff (V V,8) an, der seit 1342 mehrfach als Komtur des Ordens im Baltikum handelt.[479] Theoderich Vittinghoff (V IV,10) wird zweimal 1333 und 1335 als Zeuge genannt und im Jahr 1339 als verstorben bezeichnet.[480] Seine Frau Lysa (V IV,13) und seine Tochter Stina (V V,9) erhalten 1350 vom Werdener Abt Johannes II. ein Lehen zu Dienstmannsrechten.[481]

5.2.2 Zusammenfassung

43 Personen werden in 160 Dokumenten zusammen 215-mal genannt. 15 Personen sind weiblich, werden jedoch nur 22-mal erwähnt, davon stimmen sie achtmal einer Transaktion durch den Vater oder Ehemann zu oder werden, ohne an der Handlung beteiligt zu sein, erwähnt. Die Herkunft von zwei Ehefrauen ist bekannt: sie stammen aus den Familien Altendorf und Meinhövel. Töchter heiraten in die Familien von der Leithen und Duker ein.

---

476 Die Onkel-Neffe-Konstellation von Heinrich Vitting und Heinrich Vittinghoff findet sich auch 1360, als Heinrich Vittinghoff Hörige tauscht. LAV NRW R, Stift Essen, Urkunden, Nr. 564 (22.10.1360).

477 Regestenbuch Mittlere Ruhr (wie Anm. 2), Nr. 809 (28.1.1364). Später gab es darüber Streit zwischen Wenemar und Goswin. Siehe die Anmerkung zum Regest.

478 Gertrud: Ebd., Nr. 670 (nach 1343) und Nr. 676 (20.5.1343). Hildeburg: Ebd., Nr. 462 (1.8.1320). Sie ist Zeugin bei einer Stiftung des Kanonikers Heinrich Kückelsheim an das Stift. Bertha: Ebd., Nr. 749 (21.9.1348). Die Kapitularin des Stifts Rellinghausen bekundet, dass sie eine Rente aus einem Haus in der Immunität von Rellinghausen an Bertha verkauft hat.

479 Ebd., Nr. 653 (1342), Arnold wird als Komtur von Marienburg ernannt. Ebd. Nr. 728 (7.7.1347), bekundet mit anderen die Abtretung Estlands an den Deutschen Orden. Ebd., Nr. 735 (14.10.1347), Arnold bekundet, dem Hochmeister des Ordens Geld zu schulden. Ebd., Nr. 751 (8.10.1348), bezeugt die Befreiung Tallins von der Verpflichtung zu Heerzügen. Ebd., Nr. 754 (19.11.1348), bezeugt die Übertragung eines Teils der städtischen Mark durch den Rat von Tallin. Ebd., Nr. 756 (13.4.1349), bekundet vom Rat von Tallin die Ablösung zur Verpflichtung zur Heerfahrt erhalten zu haben. Ebd., Nr. 760 (4.10.1350), Beteiligung an der Transsumption von zwei Urkunden über die Privilegien Estlands. Zu Vittinghoff im Baltikum siehe: Neitmann, Livland (wie Anm. 83), S. 294–310.

480 Regestenbuch Mittlere Ruhr (wie Anm. 2), Nr. 572 (24.2.1333), 588 (24.4.1335) und 632 (4.12.1339). In der letzten Urkunde bezahlt seine Witwe Lysa (V IV,13) Geld an Noldo Kückelsheim.

481 Ebd., Nr. 685 (zwischen 12.1243 und 12.1350) und Nr. 768 (24.2.1350).

Die meisten Schriftstücke (74) werden von anderen Ministerialen ausgestellt und machen 46 % aus. Bei den Ausstellern aus dem Adel überwiegen die Grafen von Altena-Mark mit 14 Dokumenten; sechs Schriftstücke werden von den Grafen von Limburg ausgestellt, die restlichen drei stammen von anderen Adeligen. Bei den Ausstellern aus geistlichem Umfeld (51 Dokumente) lassen sich zwei Schwerpunkte ausmachen: die Erzbischöfe von Köln mit 18 und das Stift Essen mit elf Urkunden. Dabei zeigt sich eine Fokussierung einzelner Personen auf den Erzbischof oder die Äbtissin. Die Ausrichtung auf den Erzbischof endet nach dessen Niederlage in der Schlacht von Worringen 1288. Einzelne Männer nehmen besondere Stellungen in der erzbischöflichen Organisation ein – als *dapifer* auf der Neu-Isenburg und als westfälischer Marschall. Kontakte zum Stift Essen bestehen schon etwas davor, weiten sich dann Ende des 13. Jahrhunderts aus und beziehen die Stadt Essen ein. Zwei Männer haben das Kämmereramt des Stifts inne, bleiben jedoch konturlos und haben trotz des Amtes kaum erkennbaren Kontakt zum Stift. Sechsmal stellt ein Mitglied der Familie Vittinghoff ein Schriftstück aus, dabei sind sie in allen Fällen selbst Vertragspartei, und es handelt sich ausschließlich um wirtschaftliche Transaktionen.

Bei den Empfängern überwiegen diejenigen aus geistlichem Umfeld, wobei der Erzbischof von Köln mit 15 und das Essener Stift mit zwölf, gefolgt vom Kloster Cappenberg mit acht Schriftstücken den Hauptanteil haben. Die geistlichen Institutionen Rellinghausen, Stoppenberg und Werden sind mit vier, drei und zwei Dokumenten seit Ende des 13. Jahrhunderts vertreten, was im Einklang mit der Hinwendung der Vittinghoffer zur Ruhrregion steht. Die Empfänger der restlichen 23 Dokumente sind unterschiedliche geistliche Personen oder Institutionen. Die Beziehung zum Kloster Cappenberg (Selm) setzt schon in den 1270er Jahren ein und dauert bis zum Ende des Betrachtungszeitraums Mitte des 14. Jahrhunderts fort und betrifft ausschließlich wirtschaftliche Themen. Ein Mann der Familie ist Priester in Cappenberg. Die Empfänger aus dem adeligen Bereich sind viermal die Grafen von Kleve und je dreimal die Grafen von der Mark und von Berg; die restlichen sechs Schriftstücke verteilen sich auf unterschiedliche Adelige. Städte sind sechsmal Empfänger, davon stehen zwei an die Stadt Köln bzw. ihre Bürger im Zusammenhang mit der Auseinandersetzung zwischen Stadt und Erzbischof im 13. Jahrhundert und zwei betreffen Handlungen des Deutschen Ordens in Tallin. Personen aus der Familie Vittinghoff selbst sind 15-mal Adressaten, die vor allem Belehnungen und Käufe bzw. Verkäufe von Immobilien betreffen.

Die Anzahl Urkunden mit Beteiligung von Mitgliedern der Familie Vittinghoff, vor allem als Zeugen, erlebt in der zweiten Hälfte des 13. Jahrhunderts einen ersten Höhepunkt (s. Abb. 40). Nach der Schlacht von Worringen sinkt die Anzahl der Urkunden, um im 14. Jahrhundert langsam, aber stetig wieder zuzunehmen. In dieser Zeit sind sie häufig als Zeugen, aber auch als Bürgen oder

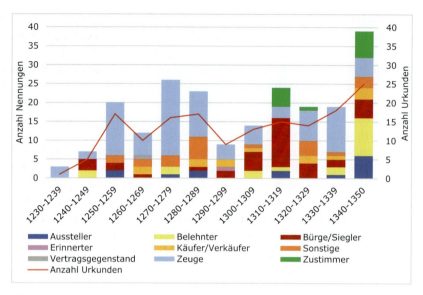

Abb. 40: Vittinghoff: Anzahl Urkunden je Funktion zwischen 1230 und 1350

Siegler anzutreffen, was eine entsprechende gesellschaftliche und finanzielle Position erfordert. Die Schriftstücke, die sie direkt selbst betreffen, wie beispielsweise Immobilientransaktionen oder Belehnungen, nehmen ebenfalls zu.

Es überwiegen Schriftstücke mit wirtschaftlichem Inhalt (73 %). Bei 22 „politischen" Dokumenten sind Familienmitglieder meist Zeugen erzbischöflicher Vergleiche, Bündnisse oder Auseinandersetzungen. Von den fünf der Kategorie „Gewalt" zuzuordnenden Dokumenten betreffen drei Schlachten oder Fehden des Kölner Erzbischofs, bei denen Vittinghoffer aktive Rollen einnehmen, und in zwei Fällen sind sie Bürgen für Schutzerklärungen. Diese Dokumente fallen vorwiegend in die Zeit vor 1290. In kirchlichen Belangen sind die Männer an unterschiedlichen Aktionen wie Memorienstiftungen, Investitur, Privilegien oder Kanonikaten beteiligt. Von ihnen selbst ist nur eine Memorie aus der Mitte des 14. Jahrhunderts am Stift Essen bekannt.

Geistliche Laufbahnen sind von sieben Personen bekannt, davon drei im Stift Rellinghausen, welches in unmittelbarer Nachbarschaft zum Wohnsitz liegt. Ein Vasall der Familie wird erwähnt; ob es weitere gegeben hat, ist unbekannt. 14 Männer werden als *miles, ridder, famulus* oder *knape* in den Schriftstücken bezeichnet. Außer den Ämtern im erzbischöflichen Umfeld, die mit Einnahmen verbunden gewesen sein müssen, sind keine Lehen der Erzbischöfe bekannt. Neben vereinzelten Gütern, die Familienmitglieder von den Grafen von Limburg, Geldern und von der Mark erhalten, sind es vor allem Besitzungen des Essener

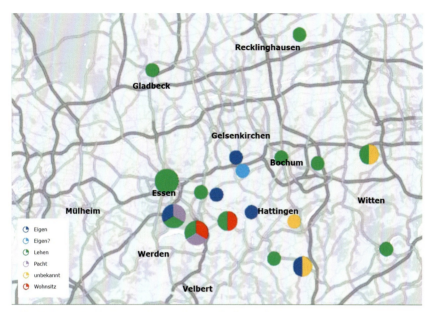

Abb. 41: Karte: Wohnsitze und Besitz der Familie Vittinghoff

Stifts und der Werdener Abtei, mit denen sie belehnt werden. Weiterhin verfügen sie über Eigenbesitz. Der bekannte Besitz konzentriert sich auf die südliche mittlere Ruhrregion (s. Abb. 41).[482]

6. Siegel von Altendorf und Vittinghoff

Wappen treten im deutschen Reich erstmals im zweiten Viertel des 12. Jahrhunderts auf. In der Forschung ist umstritten, ob der Ursprung im Erkennungsmerkmal bei einer militärischen Aktion zu suchen und ob das Wappen damit zunächst das Symbol einer Einzelperson ist, die bald zum Zeichen einer Familie wird,[483] oder ob Wappen von Anfang an als Familienzeichen zu interpretieren sind.[484] Wappen sind im 13. Jahrhundert nicht mehr auf den Adel beschränkt,

---

482 Die zugrundeliegende Karte zeigt die heutige Besiedlungs- und Infrastruktur.
483 Harald Lönnecker, Die Ahnenprobe und ihre heraldisch-genealogischen Voraussetzungen, in: Mabillons Spur. Zweiundzwanzig Miszellen aus dem Fachgebiet für Historische Hilfswissenschaften der Philipps-Universität Marburg zum 80. Geburtstag von Walter Heinemeyer, hrsg. v. Peter Rück. Marburg 1992, S. 367–387, hier: S. 370 f.
484 Lutz Fenske, Adel und Rittertum im Spiegel früher heraldischer Formen und deren Entwicklung, in: Das ritterliche Turnier im Mittelalter, hrsg. v. Josef Fleckenstein. Göttingen 1985, S. 75–160, hier: S. 153. Siehe zur Diskussion: Hechberger, Anatomie (wie Anm. 43), S. 329–331.

sondern ebenso in der Ministerialität verbreitet.[485] Ähnlich sieht es bei Siegeln aus: Sind sie zunächst nur bei Herrschern und Päpsten üblich, beginnen im 11. Jahrhundert Bischöfe und geistliche Institutionen Siegel einzusetzen. Im 12. Jahrhundert setzt der verstärkte Gebrauch ein und intensiviert sich im Adel in der ersten Hälfte des 13. Jahrhunderts. Bis Mitte des Jahrhunderts ist der Siegelgebrauch bei Ministerialen selten und wird erst mit Beginn des 14. Jahrhunderts häufiger. Jeder – auch Bauern, Bürger, Juden und Frauen – kann ein Siegel führen, dessen Aussehen er selbst bestimmt. Das Führen eines Siegels zeigt, dass der Inhaber rechtlich verbindlich in seinem Namen tätig werden kann. Urkunden weisen bis ins beginnende 13. Jahrhundert meist eine hohe Anzahl an Zeugen auf, die nicht siegeln. Danach nimmt mit dem Anstieg von Dokumenten nicht-kirchlicher Provenienz die Funktion des Bürgen und Mitsiegelnden zu, bei einem gleichzeitigen Rückgang der Anzahl an Zeugen. Der Gebrauch von Siegeln als Beglaubigungsmittel steht somit in enger Verbindung mit einer steigenden Schriftlichkeit und zunehmender Verrechtlichung.[486]

Siegelabdrücke unterschiedlichen Erhaltungszustandes sind von Personen aus beiden Familien überliefert, jedoch nicht von jeder Person, deren Siegel in einer Urkunde angekündigt wird (s. Tabelle 1). Alle Abdrücke sind an einem Pressel befestigte Hängesiegel zur Beglaubigung von Urkunden. Die Abdrücke sind schildförmig oder rund, spitzoval ist nur das Siegel eines Geistlichen. Es handelt sich um Wappensiegel, auf denen sich ein gemeines Zeichen befindet und die lateinische Umschriften aufweisen.[487]

---

[485] Ebd., S. 329. Wappen in Texten, Illustrationen oder zeitgenössischen Wappenbüchern sind für Altendorf und Vittinghoff nicht überliefert, ebenso wenig Darstellungen an Bauwerken, Grabmälern o. Ä. Farbige Darstellungen von Wappen sind für Altendorf eine Erfindung des 19. Jhdts., da von den um 1420 ausgestorbenen Altendorfern keine Wappen überliefert sind. Für Vittinghoff ist die farbige Gestaltung erst seit der Frühen Neuzeit belegt.
[486] Siehe zu diesem Abschnitt: Andrea Stieldorf, Siegelkunde. Hannover 2004. S. 40–42, S. 55 und S. 96. Es gibt kaum Untersuchungen zu Siegeln im Niederadel. Ebd., S. 54. Die Motive von Wappen, die sich in Wappensiegeln wiederfinden, leiten sich meist von Tätigkeit, Name oder Herkunftsort ab. Hechberger sieht das Einsetzen von Siegeln beim Hochadel im 12. Jh., im Niederadel im 13. Jh. Hechberger, Adel (wie Anm. 106), S. 21. Schmid weist darauf hin, dass zu beobachten ist, dass sich Zweiglinien ihre Herkunft durch ein – eventuell variiertes – gemeinsames Wappen im Bewusstsein halten. Schmid, Problematik (wie Anm. 140), S. 217.
[487] Druck aller Siegel bis 1350: Regestenbuch Mittlere Ruhr (wie Anm. 2), S. 407–410 und S. 425 f.

Tabelle 1: Siegelankündigungen und überlieferte Siegelabdrücke je Familie und Dekade

Familie	Altendorf		Vittinghoff	
Zeitraum	angekündigt	überliefert	angekündigt	überliefert
1250–1259	-	-	1	1
1260–1269	-	-	-	-
1270–1279	-	-	3	1
1280–1289	-	-	2	0
1290–1299	4	2	2	1
1300–1309	10	4	5	3
1310–1319	8	2	11	6
1320–1329	10	7	3	0
1330–1339	4	1	-	-
1340–1350	11	7	9	3
gesamt	47	23	36	15

Das erste angekündigte wie auch erhaltene Siegel eines Mitglieds der Familie Vittinghoff ist aus dem Jahr 1255;[488] die weiteren erhaltenen 14 Siegelabdrücke von acht Personen datieren nach 1270.[489] In der Familie bleibt das Grundelement gleich: ein Schrägrechtsbalken, der mit drei Elementen belegt ist (s. Abb. 42).[490] Die individuellen Ausgestaltungen sind unterschiedlich: Es gibt schildförmige und runde Siegel sowie weitere Differenzierungen. Der Schrägbalken des von Heinrich Vittinghoff-Schell (V IV,1) erhaltenen Siegelabdrucks weist drei Lilien darauf auf;[491] womit der Balken im Siegel seines Bruders Arnold (V IV,2) belegt ist, ist nicht genau zu erkennen – Lilien oder Kugeln. Der Siegelabdruck ihres Vaters Heinrich (V III,1) zeigt drei Kugeln auf dem Schrägbalken, so wie alle anderen erhaltenen Abdrücke. Zusätzliche Distinktionsmerkmale sind der Turnierkragen

---

488 Ebd., Nr. 98 (12.2.1255).
489 Heinrich (V I,1), Theoderich (V II,1), sein Bruder Lubbert (V II,4), Heinrich (V III,6), Heinrich Vittinghoff (V III,1), seine Söhne Heinrich (V IV,1) und Arnold Vittinghoff-Schell (V IV,2) sowie Heinrich Vitting (V IV,6).
490 Bildnachweis: Heinrich Vittinghoff (V I,1), Druck: Regestenbuch Mittlere Ruhr (wie Anm. 2), Nr. 98 (12.2.1255); Urkunde: LAV NRW W, B 401u, Fürstbistum Paderborn, Urkunden, Nr. 192. Lubbert Vittinghoff (V II,4): Ebd., Nr. 282 (11.6.1295); LAV NRW R, AA 0415 Mergentheim, Stuttgarter Abgabe, Urkunden, Nr. 28. Heinrich Vittinghoff gen. Coster (V III,6): Ebd., Nr. 432 (10.12.1316); LAV NRW R, AA 0248 Essen, Stift, Urkunden, Nr. 267. Heinrich Vittinghoff-Schell (V IV,1): Ebd., Nr. 678 (24.5.1343); Stadtarchiv Essen, Stadt Essen, Urkunden, Nr. 20.
491 Regestenbuch Mittlere Ruhr (wie Anm. 2), Nr. (24.4.1343).

Abb. 42: Vittinghoff: Siegelabdrücke

Abb. 43: Altendorf: Siegelabdrücke

mit vier Lätzen bei dem *miles* und kölnischen *dapifer* Lubbert (V II,4) und ein schraffierter Schildhintergrund bei Heinrich Vittinghoff gen. Coster (V III,6).[492]

Bei den in der Region ansässigen ministerial-ritterlichen Familien besteht eine Häufung von Siegelwappen mit Pferdepramen.[493] Die schildförmigen oder runden Abdrücke der Altendorfer Siegel zeigen im Wappenschild drei nach unten offene Pferdepramen in der Anordnung 2:1 und weisen verschiedene Differenzierungen auf (s. Abb. 43).[494] 23 von angekündigten 47 Siegeln – das erste aus dem Jahr 1291 – sind überliefert, die zehn Personen zugeordnet werden können.[495]

---

[492] Ob das Wappen von Lubberts Bruder Theoderich (V II,1) dieses Beizeichen ebenfalls besaß, kann nicht festgestellt werden, da nur Fragmente eines Abdrucks erhalten sind.

[493] Zu „Prame" siehe Anm. 173.

[494] Bildnachweis: Wenemar Altendorf (A VII,4): Druck: Regestenbuch Mittlere Ruhr (wie Anm. 2), Nr. 263 (8.11.1291); LAV NRW R, AA 0248 Essen, Stift, Urkunden, Nr. 131. Hermann Altendorf (A X,1): Ebd., Nr. 529 (9.1.1329); LAV NRW W, B 001u, Fürstbistum Münster, Landesarchiv Urkunden, Nr. 440. Wenemar Altendorf (A IX,1): Ebd., Nr. 529 (9.1.1329); LAV NRW W, B 001u, Fürstbistum Münster, Landesarchiv Urkunden, Nr. 440. Alf Altendorf (X,8): Ebd., Nr. 674 (18.3.1343); LAV NRW R, AA 0248 Essen, Stift, Urkunden, Nr. 423.

[495] Wenemar (A VII,4), Wenemar (A VIII,1) und seine Söhne Hermann (A IX,1), Rutger (A IX,2) und Adolf (A IX,3) sowie sein Neffe Hermann Altendorf (A IX,17). Des Weiteren Hermanns (A IX,1) Söhne Wenemar (A X,1) und Alf (A X,8) als auch Adolf (A IX,19) und Adolf Altendorf (A X,5).

 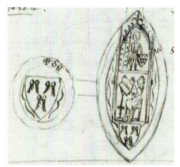 

Abb. 44: Siegelabdrücke von Rutger Altendorf

Die einzige Ausnahme ist der Siegelabdruck von Wenemar Altendorf (A IX,1) unter der Urkunde, mit der er sich zum Münsteraner Burgmann macht: Es zeigt ohne Schildumrahmung als heraldische Figur einen Helm mit Helmzier. Die Siegel seines Vaters Hermann (A IX,1) und seines *consanguineus* Adolf Altendorf (A IX,10) unter demselben Dokument stellen hingegen die üblichen drei Pramen dar.[496] Dauerhaft ist der Wechsel nicht, da ein Wenemar Altendorf – vermutlich ein Sohn oder Neffe Wenemars – im Jahr 1376 bei der Übergabe des Hauses Assen im Kirchspiel Lippburg als Offenhaus an Bischof Florenz von Münster wieder das Pramensiegel verwendet.[497]

Der interessanteste und aufwendigste Siegelabdruck ist der des Doktors der Theologie, Scholasters und Kanonikers Rutger Altendorf (A IX,2) aus der ersten Hälfte des 14. Jahrhunderts. Als einziges Siegel ist es spitzoval und auch auf der Rückseite geprägt. Vier Abdrücke sind erhalten, bei denen dreimal die gleiche Petschaft genutzt wurde (s. Abb. 44).[498]

Rutger hat verschiedene Kanonikate inne, ist mehrfach als Berater und Schiedsrichter in hochrangigem Umfeld belegt und hat auch als Geistlicher weiterhin Kontakt zu seiner Familie. Die Abdrücke zeigen einen lesenden oder schreibenden Mönch an einem Pult, womit Rutger auf seinen geistlichen Stand, seine Bildung und seine Position als Scholaster hinweist. Im unteren Bereich sind die typischen Altendorfer Pramen zu sehen. Das ältere Siegel enthält im oberen

---

[496] Vater und Sohn handeln und siegeln in derselben Urkunde, eine Verwechslung ist damit ausgeschlossen, auch, dass es sich bei Wenemar um eine Person aus einer anderen Familie handelt. Von Wenemar ist bis 1350 nur dieses eine Siegel überliefert. Regestenbuch Mittlere Ruhr (wie Anm. 2), Nr. 529 (9.1.1329).

[497] LAV NRW W, Domkapitel Münster, Urkunden, Nr. 0 – IV E Nr. 57 (28.9.1376).

[498] Bildnachweis: Druck: Regestenbuch Mittlere Ruhr (wie Anm. 2), Nr. 561 (29.8.1331); Quelle: LAV NRW R, LAV NRW R, AA 0479 Rellinghausen, Urkunden, Nr. 20. Ebd., Nr. 538 (7.7.1329); LAV NRW W, W 002, Msc. II „Kindlingersche Sammlung", Nr. 116, S. 57 f. Ebd., Nr. 733 (25.8.1347); Historisches Archiv des Erzbistums Köln, Best. Stift St. Gereon, A I 68.

Teil ein Feld, in dem ein Mann mit Standarte und Schild zu sehen ist. Ob dies als Hinweis auf die Herkunft Rutgers aus ritterlicher Familie zu verstehen ist, ist schwer zu beurteilen. Die Siegelrückseite zeigt nochmals das Pramenwappen, offensichtlich ist es Rutger wichtig. Die rückseitige Umschrift weist ihn als *secretarius* und *scholaster* aus. Auf der Umschrift der Vorderseite beider Abdrücke bezeichnet er sich als Scholaster des Kölner Stifts St. Gereon. Rutger weist sich mit seinen Siegeln als Mitglied der Familie Altendorf aus und transportiert ein Verständnis von Herkunft und sozialem Rang, den er auch auf seinem geistlichen Lebensweg beibehält.

Nahezu identische Siegel führen Mitglieder der Familien Eickenscheidt, Holtey, Schalke, Bolenkamp, Boele, Husen, Crampe, Homberg, Seleking, Saffenberg und Dorneburg.[499] Weitere Familien nutzen Siegel mit einer Prame.[500] Es wurden verschiedene Vermutungen über die Herkunft des Zeichens geäußert: Manche Autoren sehen eine Pferdefangberechtigung in der Horster bzw. Emscher Mark, vor allem der Familie von der Horst,[501] oder das Essener Marschallamt als Ursprung an,[502] andere meinen, dass die Siegelführer in der Pferdezucht tätig[503] oder Gestütsverwalter eines Fürsten oder Dynasten sind.[504] Ein Autor sieht in

---

[499] Für Abbildungen siehe: Spürk, Berger Mark (wie Anm. 173), S. 138–140. Theodor Ilgen (Bearb.), Die westfälischen Siegel des Mittelalters, 123 Tafeln in Lichtdruck, enthaltend die Siegel von Adligen, Bürgern und Bauern, 4. Heft. Münster 1894–1900, S. 158.

[500] Für Abbildungen siehe: Spürk, Berger Mark (wie Anm. 173), S. 138–140.

[501] Andreas Haasis-Berner, Burg und Schloss Horst bei Gelsenkirchen, in: Archäologie mittelalterlicher Burgen. Sitzung der Gesellschaft in Halle, 19. bis 21. März 2008 hrsg. v. Matthias Untermann. Paderborn 2008, S. 163–168, hier: S. 164. Spürk, Berger Mark (wie Anm. 173), S. 133.

[502] Krückhans behauptet, dass die Holteyer das Essener Marschallamt innehatten und führt als Beleg das Pramensiegel an. Hubert Krückhans, Schulte-Holtey – Das Rittergut Holtey. Altendorf 1924, o. S. Kein Mitglied der Familie Holtey hatte dieses Amt inne. Schäfer sieht bei der Familie Eickenscheidt den Grund für das Siegel in deren Tätigkeit als Essener Marschall. Schäfer, Oberhof Eickenscheidt (wie Anm. 29), S. 85 und S. 90. Die gleiche Begründung wird für Altendorf angeführt, jedoch war aus dieser Familie kein Mann Marschall. Nach Peine/Kneppe hat die Familie von der Horst an der Emscher, die sie mit Eickenscheidt gleichsetzen, seit ca. 1200 das Essener Marschallamt inne. Der Emscherbruch würde zum Einflussbereich der Essener Äbtissin gehören. Mit Nachnamen sind Marschälle jedoch erst ab 1287 bekannt, kein Horster von der Emscher war Marschall, alle Familienmitglieder führten einen Löwen im Siegel und eine Verbindung zwischen Essen und Emscher Mark ist unbekannt. Hans-Werner Peine/Cornelia Kneppe, Haus Horst im Emscherbruch, Stadt Gelsenkirchen. Bönen 2004, S. 13. Siehe ausführlich: Meuwsen, Ministeriale und Ritter (wie Anm. 2), S. 225–245 und S. 251–274.

[503] Günter Quasigroch, Die Pferdebremse, Werkzeug und heraldisches Symbol, in: Jahrbuch für das Oldenburger Münsterland (1982), S. 111–114, hier: S. 113. Wolf Lüdeke von Weltzien, Die Pferdebremse in der Heraldik, in: Jahrbuch. Heraldischer Verein Zum Kleeblatt von 1888 zu Hannover 29/30, 1991/92, S. 137–148, hier: S. 138.

[504] Gert Oswalt, Lexikon der Heraldik: Von Apfelkreuz bis Zwillingsbalken. Regenstauf 2011, S. 307.

der Prame den heraldischen Ausdruck des brutalen Willens des Siegelführers, sich durchzusetzen.[505] Der Wildbann in der Emscher Mark gehört ausweislich der frühsten bekannten Information aus Jahr 1481 zum *slott Strunckede* und die Pferde sind im Besitz der Markengenossen, d. h. der Rittersitzinhaber, Bauern und Kötter.[506] Eine Verbindung zwischen Emscherbruch und Stift Essen ist nicht bekannt und nur Mitglieder der Familie Eickenscheidt waren zeitweise Marschalle der Essener Äbtissin. Ein zum Zeitpunkt des ersten Auftretens des Symbols noch nicht erbliches und nicht herausgehobenes Amt erklärt somit nicht die Motivverwendung durch viele Familien.

Bei den inzwischen ausgestorbenen „Emscherbrücher Dickköppen" handelt es sich nicht um gezüchtete, sondern um wilde Pferde. Nach dem Einfangen mittels Stricken werden sie als Ackerpferde eingesetzt. Pramen benötigt man erst nach dem Einfangen, damit die Pferde stillhalten, z. B. beim Beschlagen der Hufe. Eine Pferdefangberechtigung erscheint daher wenig geeignet, um Pramen als heraldische Figur zu erklären. Berührungspunkte aller Familien über eine Herrschaft bestehen nicht und aufgrund der Vielzahl der Familien und teilweisen Verschwägerung ist eine Blutsverwandtschaft der Siegelverwender als Gemeinsamkeit auszuschließen.[507]

Stimmt man der Einschätzung Werner Paravicinis zu, dass Wappen als Zeichen und Bedeutungsträger für die soziale Positionierung von Personen und Familien eine große Rolle spielen, und sieht man ein Siegel als Ausdruck des Bewusstseins einer sozialen Rangstellung,[508] dann bietet sich eine andere Interpretation an: Einige Ministeriale werden seit der Mitte des 13. Jahrhunderts als *milites* bezeichnet, ein Ausdruck, der im Zusammenhang mit ihrer Funktion als berittene Kämpfer steht. Denkbar wäre, dass die Pramen auf diese Aufgabe und die dafür erforderliche teure Ausrüstung hinweisen. Gleichzeitig würde das Zeichen selbstbewusst die Zugehörigkeit zur ritterlichen Gesellschaftsschicht

---

505 Weltzien, Pferdebremse in der Heraldik (wie Anm. 503), S. 137.
506 LAV NRW W, Kleve-Märkische Regierung, Landessachen, Nr. 130 (30.4.1481). Rutger von der Horst (von der Emscher) verkauft 1295 die Hälfte der wilden Pferde in der Mark des Grafen von Kleve im Hiesfelder Wald (Oberhausen) – nicht in der Horster oder Emscher Mark – einschließlich des Jagdrechts. Regestenbuch Mittlere Ruhr (wie Anm. 2), Nr. 284 (25.7.1295).
507 Dies hatte Grevel behauptet. Grevel, Geschichte des Amtes Königssteele (wie Anm. 55), S. 30 f. Mechthild Lüdinghausen (A VII,7), Tochter von Berta Eickenscheidt und Heinrich Lüdinghausen (A VI,6), ist in der 2. Hälfte des 13. Jhdts. mit Hermann Altendorf verheiratet. Engelbert Eickenscheidt-Horst ist mit Elisabeth Altendorf (A X,7) in der ersten Hälfte des 14. Jhdts. verheiratet. Seit Mitte des 13. Jhdts. nutzen beide Familien das Pferdepramensiegel. Würden sie dieselbe gemeine Figur verwenden, weil sie blutsverwandt sind, wären die Ehen inzestuös.
508 Werner Paravicini, Gruppe und Person. Repräsentation durch Wappen im späteren Mittelalter, in: Die Repräsentation der Gruppen. Texte – Bilder – Objekte, hrsg. v. Otto Oexle u. Andrea von Hülsen-Esch. Göttingen 1998, S. 327–390, hier: S. 331.

betonen. Dies gilt ebenso für das Bild eines Helmes oder die für vier Männer belegte Nennung als *miles* in der Umschrift. Darüber hinaus bildet sich das Bewusstsein der Familienzugehörigkeit über gleiche Siegelwappen heraus.

7. Verwandt- und freundschaftliche Netzwerke

Die Quellen geben Auskunft über verwandtschaftliche Beziehungen und freundschaftliche Netzwerke. Zunächst zu den familiären Beziehungen: Die Verwandtschaftsbeziehungen „Kind", „Tochter", „Ehefrau" und „Ehemann" treten in Dokumenten großteils auf, wenn diese Personen einem Rechtsgeschäft von Ehemann oder Vater zustimmen. Außerhalb von Zustimmern bilden die größte Gruppe gemeinsam genannte Brüder, wobei das Verwandtschaftsverhältnis nicht in allen Urkunden angegeben wird. Die Verbindungen zur engeren weiblichen Verwandtschaft (Schwester, Tante, Nichte) sind statistisch nicht signifikant. Der gemeinsame Auftritt von Onkel und Neffe ist hingegen häufig, oft, ohne dass der Vater des Neffen, d. h. der Bruder des Onkels, beteiligt ist. Diese Konstellation kommt vor, wenn einer für den anderen siegelt, bürgt oder eine Transaktion bezeugt – sie sich somit in persönlichen Belangen unterstützen. Die beiden Familien unterscheiden sich dabei deutlich: Während bei Vittinghoff sehr selten Onkel und Neffen zusammen auftreten, so ist diese Konstellation bei den Altendorfern wesentlich häufiger. Ein unterschiedliches Bild zeigt sich auch für andere Familien der Region.[509]

Treten bei Vittinghoff keine Väter und Söhne gemeinsam auf, so sind es bei Altendorf 10,7 % der Nennungen, wobei es sich manchmal um eine Identifikationsnennung („x, Sohn von y") handelt. Die Belange, bei denen Vater und Sohn gemeinsam handeln, betreffen zum größten Teil vermögensrechtliche Transaktionen der Familie.[510] In Angelegenheiten, die geistliche oder weltliche Herrscher betreffen, sind sie nahezu nie gemeinsam involviert und ein Sohn folgt einem erfolgreichen Vater nicht automatisch in dessen Position. Die Stellung innerhalb des Machtgefüges eines Herrschers ist demnach nicht erblich.[511]

---

[509] Während in Urkunden mit der Beteiligung von Personen aus den Familien Duker, Eickenscheidt, Holtey, Lüttelnau und Schalke nie oder selten Onkel und Neffen zusammen auftreten, so ist diese Konstellation bei von der Horst und von der Leithen wesentlich häufiger. Bei den erstgenannten Familien wären etliche Onkel-Neffe-Kombinationen möglich; die Familien handeln im dritten Verwandtschaftsgrad unterschiedlich eng gemeinsam. Meuwsen, Ministeriale und Ritter (wie Anm. 2), S. 343–347.

[510] Auch bei anderen Familien der Region variieren die gemeinsamen Nennungen von Vater und Sohn. Die Aussage, dass Väter und Söhne fast ausschließlich im persönlichen Bereich gemeinsam genannt werden, ist für alle Familien der Region gültig. Ebd., S. 344 f.

[511] Nach Althoff werden Menschen im Mittelalter in die herrschaftlichen und freundschaftlichen Bindungen des Vaters hineingeboren, die sie wie ein dingliches Erbe übernehmen. Dies ist hier nicht festzustellen. Althoff, Freunde und Getreue (wie Anm. 62), S. 2.

Gemeinsam agierende Brüder sind in 24,2 % aller Altendorfer und 15,3 % aller Vittinghoffer Nennungen zu finden. Die einzelnen Rechtshandlungen zeigen, dass Brüder in mehr als der Hälfte der Fälle gemeinsam in Belangen agieren, die außerhalb ihrer eigenen Familie liegen. Das betrifft Angelegenheiten anderer ministerial-ritterlicher Familien als auch geistlicher oder weltlicher Herrscher. Eine Beteiligung von Geistlichen der Familien ist selten; kommt sie vor, so besteht meist ein Bruderverhältnis zum Aussteller.

Beginnend in der zweiten Hälfte des 13. Jahrhunderts werden nicht immer exakt definierte verwandtschaftliche Beziehungen zu anderen Familien fassbar (s. Tabelle 2). Die meisten verwandten Familien werden nur ein- oder zweimal mit Personen der Familien Altendorf oder Vittinghoff genannt. Bei den Kombinationen Altendorf-Oer und Vittinghoff-Meinhövel sind schwache Berührungspunkte erkennbar, die jedoch entweder auf einzelne Personen oder einen kurzen Zeitraum beschränkt sind. Ausnahme ist das häufige gemeinsame Auftreten von in zwei Generationen miteinander verschwägerter und nahe beieinander wohnender Altendorfer und Eickenscheidter. Bei den Familien Altendorf und Vittinghoff ist dies in deutlich geringerem Maß der Fall.

Tabelle 2: Verwandtschaftliche Beziehungen zu anderen Familien

Familie	verwandte Familien
Altendorf	Berchem[2], Eickenscheidt[1], Kückelsheim[1], Lüdinghausen[1], Oer[1,2], Rufus[1], Vittinghoff[1]
Vittinghoff	Altendorf[1], Duker[1], von der Horst[2], von der Leithen[1], Meinhövel[1], Ovelacker[2]

[1] *Familien, zu denen das genaue Verwandtschaftsverhältnis bekannt ist*
[2] *Familien, zu denen das genaue Verwandtschaftsverhältnis nicht bekannt ist*

Zusammenfassend lässt sich sagen, dass Generationen überdauernde Verbindungen zwischen Familien oder das gemeinsame Handeln entfernter Verwandter sich nicht in Schriftstücken niedergeschlagen haben. Möglicherweise sind diese Kontakte aber auch kaum überliefert, weil für alltägliche, dokumentierte Transaktionen praktischerweise Personen aus der näheren Umgebung herangezogen wurden. Diese Ergebnisse gelten auch für andere Familien der Region.[512]

Die Bedeutung von „Freundschaft" ist im Mittelalter weiter gefasst als unsere heutige Vorstellung und nicht nur Ausdruck eines subjektiven Gefühls, sondern besteht auch als „Nützlichkeitsfreundschaft". Nach Forschungsmeinung haben Freundschaften Vertragscharakter und verpflichten zu gegenseitiger Hilfe und

---

512 Meuwsen, Ministeriale und Ritter (wie Anm. 2), S. 347–349.

Unterstützung. Sie sind auf Dauer angelegt und werden teilweise vererbt.[513] Für die Vasallen des gleichen Herrn resultiert aus dieser Verbindung jedoch nicht automatisch eine Bindung untereinander. Die herrschaftliche Beziehung ist im Gegensatz zu den verwandt- und freundschaftlichen Netzwerken primär bilateral. Als Summe solcher Beziehungen treten zwar Verbände als politisch handelnde Größen in Erscheinung, ihr Gruppencharakter ist gleichwohl ein anderer als bei verwandtschaftlichen und freundschaftlichen Formen.[514]

Freundschaften oder Gruppen mit gemeinsamen Interessen können sich über zusammen handelnde Personen identifizieren lassen, auch ohne dass ihre Beziehung begrifflich gefasst wird. Überraschenderweise sind jedoch Cluster von Männern, die als Gruppe immer wieder zusammen auftreten, weder für die beiden Familien noch für andere ministerial-ritterliche Familien der Region feststellbar.[515] Tritt im 12. Jahrhundert Heinrich Altendorf (AR I,1) aus Rheinbach nur in erzbischöflichen Urkunden auf und ist in fast allen Fällen gemeinsam mit dem Kölner Vogt Zeuge, so ist eine solch feste Konstellation für die ab Mitte des 13. Jahrhunderts greifbar werdenden und identifizierbaren Ministerialen der Region nicht gegeben, da sich zuvor bestimmende Gruppenzugehörigkeiten und Herrschaftsausrichtungen auflösen. Systematisches Netzwerken, etablierte Gruppen und gemeinsames Handeln ist in den überlieferten Schriftquellen nicht ersichtlich. Wie die freundschaftlichen Beziehungen konkret aussehen, bleibt damit letztlich im Dunkeln.

8. Ministerialitätszugehörigkeit und Ritterbürtigkeit

Eng verbunden mit dem Handeln in einer Gruppe unter einem bestimmten Herrscher steht der Aspekt der Ministerialitätszugehörigkeit. In der Region erhält ein Kind bei der Geburt die Ministerialitätszugehörigkeit der Mutter und die Analyse zeigt, dass Wechsel der Zugehörigkeit üblich und innerhalb einer Familie verschiedene Zugehörigkeiten möglich sind. Ohne schriftliche Belege sind somit Zuordnungen einzelner Personen zu einer Ministerialität nicht möglich. Auch wenn ein Mann im Umfeld eines Herrschers zu finden ist, erlaubt dies keine Aussage, da selbst Hofamtsinhaber oder Burgmannen nicht immer aus der betreffenden Ministerialität stammen.[516]

---

[513] Klaus Oschema, Friendship, in: International Encyclopaedia for the Middle Ages-Online. A Supplement to LexMA-Online. Turnhout 2006, URL: http://apps.brepolis.net/ (abgerufen am 7.1.2023).

[514] Althoff, Freunde und Getreue (wie Anm. 62), S. 86 f, S. 142 und S. 213.

[515] Meuwsen, Ministeriale und Ritter (wie Anm. 2), S. 343–356.

[516] Ebd., S. 357–364 und 513 f. Z. B. ist der ursprünglich aus märkischer Ministerialität stammende Everhard von der Leithen Marschall der Abtei Werden und gleichzeitig Kämmerer des Stifts Essen. Regestenbuch Mittlere Ruhr (wie Anm. 2), Nr. 784 (20.1.1351). Auch sein Vater hatte beide Ämter inne. Zu den Burgmannen siehe Kapitel 9.

Der Höhepunkt der Bezeichnung von Personen als Ministeriale sowie von Wechseln liegt zwischen 1260 und 1290, sinkt danach rapide und verschwindet im 14. Jahrhundert nahezu vollständig.[517] Der Ausdruck ist aufgrund der sozialen Entwicklungen nicht mehr zeitgemäß, da er den rechtlichen Status der Unfreiheit betont.[518] Auch ist die Vererbung der Zugehörigkeit über die Mutter nicht mit den dominant gewordenen agnatischen Strukturen in Einklang zu bringen. Das Konzept hat sich als gesellschaftliche Ausprägung in dem sich veränderten politischen Umfeld, dem Entstehen von Territorien sowie dem zunehmenden Selbstbewusstsein und wirtschaftlichen Aufstieg der ministerialen Ritter in der praktischen Relevanz überlebt.

20 der 58 Altendorfer sowie zehn der 43 Vittinghoffer werden mindestens einmal explizit als Ministeriale bezeichnet. Die Nennungen sind jedoch selten: bei Altendorf sind es für die 20 Personen insgesamt 39, bei den zehn Vittinghoffern 18 Nennungen. Als Ministeriale bezeichnet sind die Männer meist Zeugen oder Vertragsgegenstand, wenn sie in eine andere Ministerialität wechseln. Bürgen oder siegeln sie, werden sie nahezu nie so tituliert.

Tabelle 3: Ministerialitätszugehörigkeit: Anzahl Personen, Herrschaft und ggfs. Wechselrichtung

Familie	Anzahl Personen	Ministerialitätszugehörigkeit
Altendorf	20	Stift Essen
		Erzbischof von Köln
		Graf von Kleve => Stift Essen (w, m)
		Bischof von Münster => Stift Essen (w, m)
		Graf von der Mark => Stift Essen (w, m)
		Graf von Arnsberg => Stift Essen (w)
		Graf von Kleve => Stift Essen (m)
Vittinghoff	10	Bischof von Münster
		Erzbischof von Köln
		Stift Essen
		Abtei Werden
		Erzbischof von Köln => Stift Essen (w)

=>	*Richtung, in die ein Ministeriale wechselt*
(w), (m), (w, m)	*Information, ob der/die Wechselnde(n) weiblich oder männlich ist/sind*

---

517 Meuwsen, Ministeriale und Ritter (wie Anm. 2), S. 357 f.
518 Brendler, Weg zum Territorium (wie Anm. 16), S. 16 f. Zotz, Formierung der Ministerialität (wie Anm. 21), S. 22.

In einigen Fällen von Wechseln ist dokumentiert, dass er auf eigenen Wunsch sowie teilweise mit Billigung der Standesgenossen stattfindet;[519] der Wechsel ist im Interesse der betroffenen Personen, die davon ausweislich der Urkunden erbrechtliche Vorteile haben. Ein Tausch sichert auf Seiten beider Herren die Beibehaltung der Anzahl an Ministerialen. Die Wechsel lassen den Schluss zu, dass Ministeriale keine Genehmigung zur Hochzeit außerhalb der eigenen Ministerialität benötigen. Oft wechseln verheiratete Frauen mit ihren Kindern; wäre eine Erlaubnis erforderlich gewesen, wäre die Frage der Ministerialität schon vor der Heirat behandelt worden. Allerdings sind mit einer auswärtigen Heirat bis weit ins 13. Jahrhundert erbrechtliche Nachteile verbunden, die erst durch einen Wechsel behoben werden.

Für Vittinghoff ist nur ein Wechsel in den 1260er Jahren dokumentiert, jedoch weisen die Quellen auf weitere hin: Die Brüder Heinrich (V I,1), Wenemar (V I,3) und Theoderich Vittinghoff (V I,2) werden zunächst als Ministeriale des Bischofs von Münster genannt, im Verlauf des 13. Jahrhunderts tritt Heinrich jedoch häufig im Umfeld des Kölner Erzbischofs auf und wird als dessen Ministeriale bezeichnet.[520] Theoderich agiert stärker mit den Grafen von Altena-Mark, wird jedoch später ebenfalls als erzbischöflicher Ministeriale bezeichnet.[521] Seine Tochter Sophia (V II,5) wechselt aus der erzbischöflichen Ministerialität in die der Essener Äbtissin.[522] Möglicherweise ist sie mit einem Essener Ministerialen verheiratet. Ende des Jahrhunderts werden Meinrich (V II,8) und Heinrich Vittinghoff (V II,2) als Essener Ministeriale tituliert.[523] Einige Jahrzehnte danach sind Heinrich Vittinghoff gen. Coster (V III,6) und Heinrich Vittinghoff (V III,1) Ministeriale des Abts von Werden.[524] Ein Schwerpunkt ist nicht feststellbar, denkbar sind Veränderungen im Zusammenhang mit dem Machtverlust des Erzbischofs nach 1288.

Mit zehn Personen der Familie Altendorf sind die überlieferten Wechsel von Frauen und Kindern, die aus verschiedenen Herrschaften in die Ministerialität der Essener Äbtissin übertreten, häufig – auch im Vergleich mit anderen Familien der Region.[525] Die Altendorfer Ehemänner bzw. Väter der Wechselnden, von

---

519 Siehe z. B. Regestenbuch Mittlere Ruhr (wie Anm. 2), Nr. 111 (27.5.1258), 152 (16.6.1268), 153 (1269), 225 (29.4.1282), 325 (22.2.1303), 356 (21.7.1308) und 448 (10.11.1318). Meuwsen, Ministeriale und Ritter (wie Anm. 2), S. 357–364.
520 Regestenbuch Mittlere Ruhr (wie Anm. 2), Nr. 50 (1230) und Nr. 98 (12.2.1255).
521 Ebd., Nr. 136 (26.3.1264).
522 Ebd., Nr. 136 (26.3.1264).
523 Ebd., Nr. 276 (13.6.1294) und Nr. 221 (1282).
524 Ebd., Nr. 419 (27.6.1315).
525 Bettecken vertritt die Auffassung, dass die Äbtissin mit den Tauschen ihr Territorium abrunden will. Bettecken, Coenobium Astnide (wie Anm. 15), S. 126. Jedoch müsste sie dazu Güter und nicht Menschen tauschen sowie in der Kategorie „Territorium" denken. Leenen vertritt die Ansicht, dass es den Äbtissinnen u. a. mit den Tauschen gelungen sei, die Minis-

denen die Zugehörigkeit sicher bekannt ist, sind Essener Ministeriale. Weitere Altendorfer Männer sind Ende des 13. und zu Beginn des 14. Jahrhunderts als Ministeriale der Äbtissin bekannt. Insgesamt gehören Personen der Familie hauptsächlich dem Stift Essen zu und handeln in dessen Umfeld, ebenso wie Mitglieder der Familie Eickenscheidt, diese jedoch nur bis zum Beginn des 14. Jahrhunderts. Bei anderen Familien der Region zeigen sich hingegen wie bei Vittinghoff verschiedene Ministerialitäten.[526]

Die ersten Ritter treten nach der Ermordung Erzbischof Engelberts 1225 auf und damit in der Phase des massiven Ringens um die Vorherrschaft mit militärischen Mitteln, die durch den Aufstieg der Grafen geprägt ist. Von den 39 Männern der Familie Altendorf werden 14 als *miles* bzw. *famulus, armiger, knappe* oder *ridder* und 14 von 28 Vittinghoffern bezeichnet (s. Tabelle 4).[527] Die Untersuchung zeigt, dass nicht alle Söhne eines *miles*-Vaters gleichfalls *famulus* oder *miles* sind, es handelt sich also nicht um eine vererbte Bezeichnung oder eine allgemeine Standesbezeichnung, nur die Ritterbürtigkeit ist erblich.[528] Bei acht Personen weist die Umschrift ihres Siegels den Inhaber als *miles* aus, offensichtlich war den Männern der Status wichtig.[529] Eine gemeinsame Gruppe als „Niederadelige", bestehend aus freien Adeligen und Edelherren sowie ministerialen Rittern, besteht ausweislich der Quellen weder inhaltlich noch begrifflich.[530]

---

terialen im 14. Jh. auf das Stift Essen auszurichten und an sich zu binden. Leenen, Positionierung (wie Anm. 27), S. 86. Leenen betrachtet allerdings nur die gedruckten Quellen des Essener Urkundenbuchs. Bezieht man andere Herrschaften und Quellen in die Betrachtung ein, so ist diese Annahme nicht haltbar.

526 Meuwsen, Ministeriale und Ritter (wie Anm. 2), S. 360.
527 Regestenbuch Mittlere Ruhr, Nr. 46 (1227). *Milites* umfasst im Folgenden alle Bezeichnungen. *Famulus* bzw. Knappe bezeichnet ausweislich der Quellen einen bewaffneten Erwachsenen. Für den Aufstieg zum *miles*, zur Schwertleite und die Stellung der *famuli* siehe: Meuwsen, Ministeriale und Ritter (wie Anm. 2), S. 365–379.
528 Meuwsen, Ministeriale und Ritter (wie Anm. 2), S. 365–379.
529 Wenemar (A VII,4), Wenemar (A VIII,1), Adolf (A IX,3) und Hermann Altendorf (A IX,1); Heinrich (V I,1), Lubbert (V II,4), Heinrich (V III,6) und Heinrich Vittinghoff gen. Coster (V III,6).
530 Diese Position wird in der Forschung vertreten. Z. B.: Josef Fleckenstein, Zum Problem der Abschließung des Ritterstandes, in: Historische Forschungen für Walter Schlesinger, hrsg. v. Helmut Beumann. Köln 1974, S. 252–271, hier: S. 260 f. und S. 268. Hechberger, Adel (wie Anm. 106), S. 29. Sigrid Hirbodian, Burg und Niederadel im Spätmittelalter, in: Burgen im Breisgau. Aspekte von Burg und Herrschaft im überregionalen Vergleich, hrsg. v. Erich Beck u. a. Ostfildern 2012, S. 257–277, hier: S. 258 f. Hingegen führt Schmale für die Grafschaften Berg und Mark aus, dass *miles* nur ministeriale Ritter meint; gleichwohl wären nicht alle Ministerialen *milites* gewesen. Schmale, Ministerialität (wie Anm. 49), S. 150. Brendler führt für Berg aus, dass in keinem Fall die Bezeichnung eines Adeligen als *ministerialis* oder die eines Ministerialen als *nobilis* belegt ist. Brendler, Weg zum Territorium (wie Anm. 16), S. 19. „Niederadel" ist ein Forschungsbegriff. Der spätere frühneuzeitliche landständische Adel der Region und der titulierte Adel gehen nicht aus den

Die Ritterbürtigen entstehen im 13. Jahrhundert aus den unfreien Ministerialen und sind als eigenständige, nicht adelige Gruppe zu betrachten. Forschungsergebnisse zum Adel können daher nicht auf diese Gruppe übertragen werden.

Tabelle 4: Anzahl Nennungen als miles/famulus/armiger

Familie	Nennungen Männer gesamt	davon als miles/ famulus/ armiger	in Prozent aller Nennungen	Anzahl Männer gesamt	davon miles/ famulus/ armiger[1]	in Prozent aller Männer der Familie
Altendorf	268	116	43,3%	39	15	38,5%
Vittinghoff	193	86	44,6%	28	14	50,0%

[1] Männer, die in mindestens einem Schriftstück als miles, famulus oder armiger bezeichnet werden.

Die Analyse ergab, dass zeitgleich mit dem Auftreten der Männer als Aussteller auch die Bezeichnung als *miles/famulus* beginnt und ansteigt, was in Zusammenhang mit ihrer steigenden Wichtigkeit im Formierungsprozess der Territorien steht. Die Quellen zeigen, dass der Begriff nicht nur von ihnen selbst, sondern von Anfang an auch von den Herrschern verwendet wird. Die Bezeichnung „Ministeriale" adaptieren die Männer für sich hingegen nicht – sie bezeichnen sich selbst so nie – während *miles* oder *famulus* ihrem Selbstverständnis entspricht, gleichwohl nicht durchgängig genutzt wird. Allerdings wird der Begriff des Ministerialen nicht durch den des *miles* ersetzt: Zum einen wird nicht aus jedem Ministerialen ein *miles* und zum anderen sind weibliche Ministeriale in den Begriffen *miles* und *famulus* nicht inkludiert.[531]

9. Besitz, Lehen und Ämter

Ministeriale bzw. Ritter verfügen über verschiedene Einkommensmöglichkeiten, wobei das – meist von einem Dritten bebaute – landwirtschaftliche Gut, entweder

aus unfreien Ministerialen/Rittern und freien Adeligen zusammengesetzten Rittern hervor, sondern *nobiles* und *milites* bilden im 13. und beginnenden 14. Jahrhundert nach Lage der Quellen begrifflich und inhaltlich zwei klar getrennte gesellschaftliche und rechtliche Gruppen. Meuwsen, Ministeriale und Ritter (wie Anm. 2), S. 365–379.

[531] Meuwsen, Ministeriale und Ritter (wie Anm. 2), S. 374. Auch Spieß weist darauf hin, dass im Spätmittelalter der Begriff des Ritters ein Funktionstitel gewesen sei. Eine weibliche Form habe es nie gegeben, was die Frage aufwerfe, ob man tatsächlich von einem Geburtsstand sprechen könne. Karl-Heinz Spieß, Ständische Abgrenzung und soziale Differenzierung zwischen Hochadel und Ritteradel im Spätmittelalter, in: Rheinische Vierteljahrsblätter 56, 1992, S. 181–205, hier: S. 199.

als Eigentum oder von einem Dritten überlassen, die vorherrschende Besitzform darstellt. Belehnungen von Ministerialen durch kirchliche Institutionen sind früh belegt, durch den Adel jedoch nicht vor Mitte des 13. Jahrhunderts. Auch Rechte wie z. B. Zölle, kirchliche Zehnte, Renten, Brau- oder Marktrechte werden als Lehen ausgegeben oder verpachtet.[532] Dynastische Burgen bieten Einnahmemöglichkeiten für Burgmannen in Form eines Burglehens.[533] Neben der Option, Einkünfte in den Verwaltungsbereichen der Klöster zu erzielen, bietet sich seit ca. 1300 diese Möglichkeit auch in den entstehenden weltlichen Landesherrschaften.[534] Die militärischen Aktivitäten der Grafen und des Kölner Erzbischofs bieten Chancen, bergen gleichzeitig allerdings Risiken, und ein Scheitern des Herrn – man denke an die Niederlage des Kölner Erzbischofs bei Worringen – hat negative Folgen für seine Unterstützer. Wer auf der Verliererseite steht, gefährdet seinen sozialen Status, erleidet eventuell wirtschaftlichen Schaden und kann nicht immer andere Einkunftsmöglichkeiten oder neuen politischen Einfluss gewinnen. Die Dynamik sozialen Auf- und Abstiegs hängt somit eng mit den territorialen und politischen Verdichtungsprozessen der Zeit zusammen.[535] Güter und Rechte werden von den Lehnsherren in unterschiedlichen, nicht klar abgegrenzten Rechtsformen ausgegeben: zu Ministerialen- oder Mannschaftsrecht, Lehn-, Zins-, Burg- oder Schultenrecht sowie in Pacht. Im 12. Jahrhundert kommt die Verpflichtung zum *hominium* (Mannschaft) gegenüber dem eigenen und fremden Herrn auf und eine strikte Trennung von Lehen an unfreie Ministeriale bzw. freie Vasallen wird von der modernen Forschung als unzutreffend angesehen.[536]

Durchschnittlich ca. 70 % der Schriftstücke mit Beteiligung der regionalen Ministerialen bzw. Ritter sind vermögensrechtlicher Natur.[537] Dennoch ist eine vollständige Rekonstruktion der Besitz- und Vermögensverhältnisse unmöglich, denn schriftlich festgehalten wurde nur ein Bruchteil der Rechtsgeschäfte und die Überlieferungslücken sind kaum zu quantifizieren. Vermögensgegenstände werden in den Quellen immer als Personen gehörend bezeichnet und sagen nichts über die Situation der Verwandten aus. Urkunden sind zeitpunktbezogen

---

[532] Zu den Arten von Lehen siehe: Patzold, Lehnswesen (wie Anm. 19), S. 122 f.

[533] Das Einkommen eines Burgmannes aus einem solchen Lehen besteht meist aus Geldzahlungen oder einem belehnten Hof. Ein Burglehen ist keine Belehnung mit einer Burg.

[534] Janssen, Territorialbildung (wie Anm. 14), S. 75 f.

[535] Mark Mersiowsky, Niederadel, Großbauern und Patriziat. Soziale Dynamik im spätmittelalterlichen Westfalen, in: Konstanzer Arbeitskreis für mittelalterliche Geschichte (Hrsg.), Zwischen Nicht-Adel und Adel, Vorträge und Forschungen 53, 2001, S. 239–284, hier: S. 279.

[536] Das *homagium/hominium* enthält oft keine lehnrechtliche Komponente, sondern stellt einen allgemeinen Huldigungsakt dar. Deutinger, Lehnswesen (wie Anm. 22), S. 467. Siehe auch: Patzold, Lehnswesen (wie Anm. 19), S. 73. Keupp, Ministerialität und Lehnswesen (wie Anm. 22), S. 351 und S. 356.

[537] Meuwsen, Ministeriale und Ritter (wie Anm. 2), S. 385.

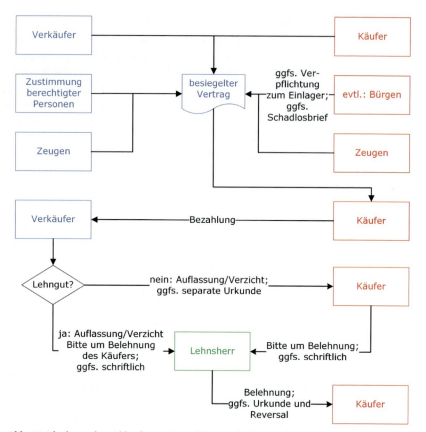

Abb. 45: Idealtypischer Ablauf eines Immobiliengeschäfts zwischen 1250 und 1350

und behandeln ggfs. nur einen Teil des Rechtsgeschäfts, manche Besitztümer werden ungenau bezeichnet oder tauchen nur einmal auf, so dass eine Nachverfolgung von Vermögenswerten im Zeitablauf selten möglich ist. Informationen zu Erträgen sind selten und beziehen sich auf zu leistende Abgaben bzw. Zinszahlungen in Naturalien oder Geld. Sie definieren immer Bruttoeinnahmen, so dass verfügbare Nettoeinkommen nicht zu ermitteln sind.

Kauf, Verkauf oder Tausch folgen einem Schema, welches in den wesentlichen Elementen für alle Transaktionen gültig ist (s. Abb. 45). Je nach Situation entfallen einzelne Aspekte oder werden in einer Rechtshandlung zusammengefasst. Die Schritte können zeitgleich oder zeitversetzt abgewickelt und in einer oder mehreren Urkunden schriftlich fixiert werden.

Die bedeutungsidentischen Begriffe Auflassung, Verzicht und Resignation meinen die Aufgabe aller Rechte an einer verkauften, getauschten oder unentgeltlich überlassenen Sache oder Person. Auflassung bzw. Verzicht wird oft in einem separaten Schriftstück vollzogen, in dem nicht immer die Gegenleistung benannt wird. Dies bedeutet nicht, dass sie nicht existiert – sie ist nur für die beurkundete Aktion rechtsunerheblich.[538] Bei einer Transaktion mit Wiederkaufsrecht findet keine Auflassung statt, da der Verkäufer nicht alle Rechte an einem Grundstück aufgibt, sondern sich das Recht vorbehält, die Immobilie zurückzukaufen. Die Rechtsschritte Auflassung gegenüber dem Lehnsherrn, Bitte um Belehnung des Käufers und Belehnung des Käufers sind zwar ab Mitte des 13. Jahrhunderts nur noch formal, müssen jedoch zwingend vollzogen werden, damit das Geschäft gültig wird. Verkauf oder Auflassung belehnter Güter ohne Beteiligung des Lehnsherrn, jedoch unter Einbeziehung der Erben macht deutlich, dass Güter nahezu uneingeschränkt gehandelt werden können. Ein Tausch der Rechtsform vor dem Verkauf eines Lehens ist nicht selten und findet ausweislich der Urkunden auf Wunsch der Ministerialen statt, die damit aktiv ihr Vermögen gestalten. In diesen Fällen wird aus einem Lehen ein – einfach veräußerbares – Eigengut und ein allodiales Gut zu einem Lehngut.

Tabelle 5: Besitz- bzw. Eigentumsarten sowie Anzahl Rechtsformen je Familie

	Besitzart										Rechtsform				
	Hofamt	div. Rechte	Burglehen	Fischerei	Häuser	Höfe/Kotten	Land	Renten	Vasallen	Wald	Weinberg	Eigen	Lehen	Pacht	unbekannt	gesamt
Altendorf	x	x	x	-	x	x	x	x	x	x	x	18	34	2	13	67
Vittinghoff	x	x	x	x	x	x	x	x	-	-	-	8	20	2	4	34

Tabelle 5 zeigt, dass Personen aus beiden Familien über erhebliche Eigengüter verfügen und eine große Bandbreite diverser Besitzarten und Rechtsformen besteht. Der Besitz von Gütern und Rechten erfährt häufig Veränderungen und die Ministerialen bzw. Ritter setzen ihr Eigentum strategisch ein, z. B. wenn sie es als Auftragslehen nutzen. Weder eine Zu- noch eine Abnahme von Vermögen noch Versuche einer räumlichen Aggregation lassen sich für Altendorf oder Vittinghoff nachweisen. Die Quellen zeigen eine stark unterschiedliche Besitzverteilung innerhalb einer Familie. Über die meisten Personen ist nichts oder wenig über ihre wirtschaftliche Situation bekannt. Ob sie tatsächlich wenig

---

538 Dies gilt auch bei Auflassung gegenüber einer kirchlichen Institution. Die Rechtsform wird nicht immer erwähnt, da diese ggfs. für die bekundete Rechtshandlung nicht relevant ist. So kann aus z. B. der Nichterwähnung, dass es sich um ein Lehen handelt, nicht geschlossen werden, dass es ein Eigengut ist.

besitzen oder ob dies der Überlieferungssituation geschuldet ist, kann nicht entschieden werden.[539] Drei Altendorfer sind mit mehr als fünf Vermögenswerten greifbar: Adolf Altendorf (A IX,3), sein Bruder, der Kanoniker Rutger Altendorf (A IX,2), und ihr Vater Wenemar Altendorf (A VIII,1). Hingegen ist bei keinem Vittinghoffer umfangreicher Besitz nachgewiesen, was möglicherweise mit ihrem zeitweisen Abstieg nach 1288 zusammenhängt.

Tabelle 6: Anzahl Lehen inkl. Hofämter je Lehnsherr und Familie

	Adel								Edelherren	Ministeriale	Geistliche Institutionen									
	Arnsberg, Grafen	Kleve, Grafen	König	Limburg, Grafen	Mark, Grafen	Steinfurt, Grafen	Tecklenburg, Grafen	Summe	Volmarstein	Meinhövel	Essen, Stift	Herdecke, Stift	Köln, Erzbischof	Köln, St. Gereon	Köln, St. Pantaleon	Münster, Bischof	unbekannt	Werden, Abtei	Summe	gesamt
Altendorf	2	3	1			4	1	11	1		8		3	1	3	5	1	7	28	40
Vittinghoff				2	2			4		2	7	1	2					3	13	19

Die meisten Lehen werden von der Abtei Werden und dem Stift Essen ausgegeben (s. Tabelle 6); auch andere ministeriale Familien erhalten von diesen beiden Institutionen die meisten Lehen, allerdings überwiegen dort die Werdener Lehen. Von den weltlichen Lehnsherren sind fast zwei Drittel weniger Lehen bekannt, was für die gesamte Region gilt und möglicherweise mit der verzögerten Schriftlichkeit im weltlichen Bereich und den erst aufsteigenden Grafen zusammenhängt. Die Abtei Werden vergibt Dienstmannenlehen, Lehen zu *iure homagii* – auch an Frauen – bzw. als Mann- oder Burglehen sowie in Pacht. Für das Stift Essen ist der Rechtsstatus der Lehen häufig unbekannt, aber auch hier wird verpachtet und Güter bzw. Rechte werden zu Schultenrecht, *iure homagii* oder Dienstmannsrecht vergeben. Für die anderen geistlichen Institutionen zeigt sich ein ähnliches Bild. Unter den Lehen weltlicher Lehnsherren sind etliche unbekannten Rechtsstatus, Burglehen – teilweise als Auftragslehen – Mannlehen und welche zu *iure homagii*, jedoch kein Dienstmannengut. Mehrfachvasallität

---

539 Übersicht über den Besitz sämtlicher Personen: Regestenbuch Mittlere Ruhr (wie Anm. 2), S. 427–466.

entsteht nach jetzigem Forschungsstand im 11. Jahrhundert und erfährt im 12. Jahrhundert eine weite Verbreitung.[540] Da die aus dem *hominium* eventuell entstehende Treueverpflichtung – unter Verzicht auf das Lehen – seitens des Eidleistenden auflösbar ist, können die Männer Lehnsbindungen flexibel für eigene Interessen einsetzen. So auch hier: sieben Altendorfer und vier Vittinghoffer Männer haben Lehen mehrerer Herren inne und Auftragslehen werden für Bindungen eingesetzt.

Von einigen Mitgliedern der Familien Altendorf bzw. Vittinghoff werden Ämter ausgeübt (s. Tabelle 7), insgesamt sind solche Tätigkeiten jedoch selten, nur für kurze Dauer und in der Regel nicht erblich. Details zur Entlohnung sind nahezu unbekannt.

Tabelle 7: Ämter: Anzahl Personen und Nennungen je Familie

Amt	Personen gesamt	Burgmann		*dapifer*		Kämmerer		Marschall		Richter		Schulte		Nennungen gesamt
Familie		Personen	Nennungen	Personen	Nennungen	Personen	Nennungen	Personen	Nennungen	Personen	Nennungen	Personen	Nennungen	
Altendorf	8	3	4	2	11					1	1	2	3	19
Vittinghoff	10	4	4	2	4	2	2	1	6					16

Auf der um 1226 errichteten märkischen Burg Blankenstein sind Mitte des 13. Jahrhunderts die Brüder Heinrich (V I,1) und Theoderich Vittinghoff (V I,2) Burgmannen.[541] Sie und die anderen Kastellane erhielten ihre Lehen zuvor von Friedrich von Isenberg. Für einige kölnische Burgen sind *dapiferi* seit Mitte des 13. Jahrhunderts nachgewiesen. Sie haben lokale Verwaltungsaufgaben und vermutlich Aufgaben als Burgmann inne.[542] Als *dapifer* der Neu-Isenburg wird Heinrich Vittinghoff (V I,1) Mitte des 13. Jahrhunderts dreimal angesprochen

---

540 Dendorfer, Was war (wie Anm. 20), S. 48. Deutinger, Mehrfachvasallität (wie Anm. 20), S. 7 f und S. 71–86. Karl-Heinz Spieß, Das Lehnswesen in den frühen deutschen Lehnsverzeichnissen, in: Das Lehnswesen im Hochmittelalter. Forschungskonstrukte – Quellenbefunde – Deutungsrelevanz, hrsg. v. Jürgen Dendorfer u. Roman Deutinger. Ostfildern 2010, S. 91–102, hier: S. 98–100.
541 Regestenbuch Mittlere Ruhr (wie Anm. 2), Nr. 70 (1.5.1243).
542 Prößler, Erzstift Köln (wie Anm. 44), S. 197 f. Es handelt sich nicht um ein Hofamt.

und handelt in allen Fällen für Erzbischof Conrad.[543] Der *miles* und Kölner Ministeriale Lubbert Vittinghoff (V II,4), Bruder des westfälischen Marschalls Theoderich, ist 1271 ebenfalls auf der Neu-Isenburg *dapifer*, wird aber nur einmal in dieser Funktion erwähnt und tritt ansonsten überwiegend bei den Grafen von der Mark auf.[544] 1275 wird ein Gerhard als *dapifer* auf der Burg genannt, auf Lebenszeit ausgelegt war das Amt demnach nicht, denn Lubbert lebt zu diesem Zeitpunkt noch.[545] Im Jahr 1300 machen sich 39 Männer, darunter Heinrich (V III,1) und Theoderich Vittinghoff (V II,1) sowie Adolf Altendorf (A X,5), zu Burgmannen des Grafen Dietrich von Kleve auf Burg Strünkede und bekräftigen die Bindung mit Auftragslehen.[546] Die drei Männer finden sich sonst nicht im Umfeld des klevischen Grafen und Heinrich Vittinghoff ist Werdener Ministeriale. Hermann Altendorf (A IX,1) wird zweimal auf Burg Stromberg genannt: das erste Mal, als Bischof Ludwig von Münster ihn im Jahr 1315 als Burgmann annimmt. Bestärkt wird dies mit mehreren Auftragslehen.[547]

Villicus oder *scultetus* kann einen Verwalter grundherrschaftlicher Oberhöfe, den Aufsitzer auf einem großen Hof mit besonderen Rechten oder den Vorsitzenden eines städtischen Rates oder Gerichts meinen. Alle Ausprägungen gehen auf die Verwalter von agrarischen Einheiten zurück.[548] Diese Höfe zu administrieren ist eine im Grundherrschaftsverbund herausragende Position, denn die wirtschaftliche Grundlage der Klöster basiert auf einer funktionierenden Organisation der etlichen Hundert Höfe und Kotten. Schultenämter sind wegen der finanziellen Ausstattung und der Stellung als oberster Hofrichter interessant.[549] Der Essener Oberhof Borbeck umfasst ausweislich der beiden Isenberger Rollen 35 Höfe in 18 Orten.[550] Das Kettenbuch weist für ihn 25 abhängige Höfe aus und der zuständige Schulte hat festgelegte Leistungen zu erbringen.[551] Das Borbecker Schultenamt ist in den Quellen schwer zu fassen: Im Jahr 1227 ist der *miles* Hermann Hofschulte und darf den Hof ein Jahr bewirtschaften, 1272

---

[543] Regestenbuch Mittlere Ruhr (wie Anm. 2), Nr. 93 (9.10.1254), 98 (12.2.1255) und 118 (3.4.1261).

[544] Ebd., Nr. 164 (11.4.1271).

[545] Ebd., Nr. 184 (5.12.1275).

[546] Ebd., Nr. 314 (25.6.1300).

[547] Ebd., Nr. 421 (23.8.1315).

[548] Leopold Schütte, Schulte und Meier in (Nordost-)Westfalen, in: Leopold Schütte (Hrsg.), Schulte, Weichbild, Bauerschaft. Bielefeld 2010, S. 161–188, hier: S. 171 f.

[549] Schilp, Grundherrschaftsorganisation (wie Anm. 31), S. 89–92.

[550] Die „kleine" Isenberger Vogteirolle entstand vor 1220, die „große" um 1220. Die Rollen enthalten die Auflistung über Orte und die Anzahl der dortigen Höfe, über die Friedrich von Isenberg das Vogteirecht besaß. Druck: Bentheim, Vogteirollen des Stiftes Essen (wie Anm. 168), S. 16–58.

[551] Franz Arens, Das Heberegister des Stiftes Essen, nach dem Kettenbuch im Essener Münsterarchiv, in: EB 34, 1912, S. 4–111, hier: S. 32–36.

wird der Essener Ministeriale und *miles* Wenemar Altendorf (A VII,4) in dem Amt genannt.[552] Im Jahr 1288 wird er als *Wenemarus in Bortbecke* bezeichnet, jedoch ohne Verweis auf das Amt.[553] Der gut belegte Wenemar wird ansonsten nicht im Zusammenhang mit dem Hof genannt. Der Abstand von 16 Jahren lässt vermuten, dass er das Amt länger als ein Jahr innehat und auf dem Hof wohnt. Das Paffendorfer Schultenamt hat 1309 und 1310 der Kanoniker Johannes Altendorf (A IX,12) inne, der gleichzeitig örtlicher Pfarrer ist.[554] Wie lange er das Schultenamt ausübt, ist nicht überliefert.

In beiden Familien gibt es Personen, die Hofämter des Stifts Essen innehaben. Nach einer Überlieferungslücke oder tatsächlichen Vakanz von 50 Jahren besitzen die Inhaber nach 1270 das jeweilige Amt zunächst auf Lebenszeit. Der *dapifer* Wenemar Altendorf (A VIII,1) übt das Amt noch bis Ende des Jahrhunderts aktiv aus. Bis ins erste Jahrzehnt des 14. Jahrhunderts gibt es Auseinandersetzungen um die nun erblichen Ämter; die Inhaber der finanziell attraktiven Hofämter haben jedoch keine aktive Rolle mehr, was auch für Pilgrim Altendorf (A IX,4) als *dapifer* und Meinrich Beke (V III,11) als Kämmerer gilt.

Ein Vittinghoffer ist als westfälischer Marschall für den Erzbischof von Köln tätig. Am Hof des Erzbischofs gibt es die vier üblichen Hofämter. Mit Gottfried (ohne Nachnamen) tritt erstmals im Jahr 1244 zusätzlich ein Marschall für das dem Erzbischof unterstehende Herzogtum Westfalen aus den Quellen hervor.[555] Denkbar ist, dass aufgrund der räumlichen Trennung der rheinischen und westfälischen Territorien ein zweiter Marschall erforderlich wurde. In den folgenden Jahren gibt es zehn westfälische Marschälle, die oftmals nur einmal erwähnt werden. Diese üben für den Erzbischof die Gerichtsbarkeit in Westfalen aus.[556] Ob sie im 13. Jahrhundert die Gografen einsetzen, ihnen die Belagerung von Burgen erlaubt ist und sie Verhaftungen vornehmen, ist unsicher.[557] Sicher ist hingegen die Teilnahme an Schlachten, wie z. B. 1254 auf dem Wulferikskamp oder 1288 in der Schlacht von Worringen,[558] und damit die militärische Ausrichtung des Amtes. Der *miles* Theoderich Vittinghoff (V II,1), der nie als erzbischöflicher Ministeriale tituliert wird, ist Ende des 13. Jahrhunderts westfälischer Marschall. Erstmals als solcher im Jahr 1278 genannt, wird er in den darauffolgenden eineinhalb Jahren in weiteren fünf Urkunden

---

552 Regestenbuch Mittlere Ruhr (wie Anm. 2), Nr. 46 (1227) und Nr. 168 (12.1.1272).
553 Ebd., Nr. 242 (5.6.1288).
554 Ebd., Nr. 375 (13.11.1309) und Nr. 379 (1.10.1310).
555 Theodor Ilgen (Bearb.), Westfälisches Urkundenbuch: Die Urkunden des kölnischen Westfalens vom J. 1200–1300, 7. Band. Münster 1919, Nr. 562 (um 3.3.1244).
556 Ebd., Nr. 2418 (20.6.1297).
557 Prößler, Erzstift Köln (wie Anm. 44), S. 192. Zur Diskussion siehe: Meuwsen, Ministeriale und Ritter (wie Anm. 2), S. 425 f.
558 Erzbischöfe von Köln 3,1 (wie Anm. 110), Nr. 1807 (9.10.1254). Lehnart, Worringen (wie Anm. 13), S. 212 f.

als Marschall bezeichnet.⁵⁵⁹ Bei ihm, wie auch bei anderen Amtsinhabern, ist die Amtszeit begrenzt, jedoch deutlich länger als die im Kölner Dienstrecht des 12. Jahrhunderts festgelegten sechs Wochen; vielleicht stehen Effizienzgründe der 6-Wochen-Dauer entgegen. Erblich ist das Amt nicht. Auch darüber hinaus wird Theoderich vielfach für den Erzbischof tätig und militärische Aufgaben gehören dazu. Im sog. Nequambuch, ein Acht- und Schwurbuch der Stadt Soest, ist ein Bild enthalten, welches nach gängiger Forschungsmeinung den Marschall von Westfalen zeigt, vor dem sechs Personen aus der Hofhaltung des Erzbischofs zu sehen sind.⁵⁶⁰ Westfälischer Marschall zur Zeit der Entstehung des Nequambuches ist Graf Ruprecht von Virneburg, Neffe des amtierenden Erzbischofs Heinrich von Virneburg. Ob der Graf eine prächtigere Kleidung trägt als der drei Jahrzehnte zuvor amtierende Theoderich Vittinghoff, lässt sich kaum beantworten – seinem Status entsprechend wird Theoderichs Garderobe auf jeden Fall standesgemäß und repräsentativ gewesen sein.

10. Stiftungen

Nach der kirchlichen Lehre im Mittelalter reinigt das Fegefeuer die Seelen der Verstorbenen von ihren Sünden und bereitet sie auf das Jüngste Gericht vor. Der Christ erwartet an diesem Tag aufzuerstehen und das ewige Heil zu erlangen. Bis dahin soll das Gedächtnis an den Verstorbenen bewahrt werden. Unter anderem durch Gebete können Strafen gemildert und die Zeit im Fegefeuer verringert werden. Eine Form der Memorialüberlieferung sind die nach dem Todestag geordneten Necrologien, welche nicht nur Menschen der klösterlichen Gemeinschaft, sondern auch Personen und Gruppen außerhalb einschließt. Damit sind Stiftungen an die Gemeinschaft verbunden, die die Erinnerungshandlung durchführt.⁵⁶¹ Mit einer Stiftung soll ein durch den Stifter bestimmter Zweck gefördert oder begründet werden. Für ewige Gebetsmemorien werden entweder Vermögenswerte an eine geistliche Institution übertragen und aus den Erlösen die Erinnerungsleistung vergütet, oder es werden im Umfang klar definierte Renten aus Häusern oder Höfen übertragen, wobei das Kapital beim Stifter bzw. seinen Erben verbleibt. Im Gegenzug ist die Institution verpflichtet, das Gedenken für den Stifter und ggfs. weitere Personen zu halten. Über die gegenseitigen Verpflichtungen werden im Spätmittelalter oft schriftliche

---

559 Regestenbuch Mittlere Ruhr (wie Anm. 2), Nr. 194 (15.6.1278), 195 (1.7.1278), 198 (13.1.1279), 204 (22.3.1280), 219 (8.11.1281; Bezeichnung als Marschall unsicher) und 220 (19.12.1281).
560 Walter Wilkes, Die Miniaturen des Soester Nequambuches von 1315, mit stadtgeschichtlichen Erläuterungen von Gerhard Köhn. Darmstadt 1976, S. 10.
561 Otto Gerhard Oexle, Memoria, in: Lexikon des Mittelalters. Band 6: Lukasbilder bis Plantagenet. München 1993, Sp. 512–513. „Memoria" ist ein Forschungsbegriff.

Vereinbarungen getroffen.⁵⁶² Stiftungen sind außerdem geeignet, Repräsentationsbedürfnisse zu befriedigen, die Zugehörigkeit zu einer finanzkräftigen und einflussreichen sozialen Gruppe zu demonstrieren und der eigenen Religiosität Ausdruck zu verleihen.

In den Urkunden des Stifts Essen ist ab dem Ende des 13. Jahrhunderts eine allmähliche soziale Verbreiterung der Stiftergruppen festzustellen: Sind es bis dahin vor allem Kaiser, Könige, hohe geistliche Würdenträger und Äbtissinnen, so sind es nun auch vermögende Personen von niedrigerem Stand, wie Ministeriale oder Kleriker, die sich die Stiftung einer Gebetsmemorie leisten (können).⁵⁶³ Für die Zeit bis 1350 sind zwei Essener Necrologe relevant: das Necrolog des Stifts, welches in der Zeit zwischen ca. 1292 und 1400 entsteht, und das der Essener Kanoniker, entstanden nach 1375.⁵⁶⁴ Im Necrolog des Stifts Essen findet sich die einzige für ein Mitglied der Familie Vittinghoff bekannte Stiftung.⁵⁶⁵ Mitglieder der Familie Altendorf sind mit Stiftungen für mindestens acht Personen in den Necrologen oder in Stiftungsurkunden bis 1350 bekannt.⁵⁶⁶ Weiterhin übergibt der Kanoniker Rutger Altendorf (A IX,2) Äcker an das Stift, deren Erträge mildtätigen Zwecken, nicht Gebeten, zukommen sollen.

Der – noch heute bestehende – Große Kaland des Doms von Münster wird 1305 als *fraternitas beatae Mariae virginis* durch die Vikare des Doms gegründet. In dem um das Jahr 1350 angelegten Memorienverzeichnis des Kalands ist Rutger Altendorf (A IX,2) der Erstgenannte.⁵⁶⁷ Weiterhin wird Rutger im Necrolog des Domstifts Münster genannt und stiftet eine Gebetsmemorie in St.

---

562   Gerd Althoff, Zur Vorstellungswelt des mittelalterlichen Gebetsgedenkens und der Stiftungen für das Seelenheil, in: Westfalen. Hefte für Geschichte, Kunst und Volkskunde 91, 2013, S. 87–106, hier, S. 93.
563   Büttner, Stiftungspraxis (wie Anm. 36), S. 243 f.
564   Enthalten sind auch Einträge, die auf die Zeit vor der Erstellung zurückgehen. Zum Necrolog des Stifts siehe: Fischer, Essener Memorialüberlieferung (wie Anm. 36), S. 261–284. Im überlieferten Fragment des Werdener Necrologs sind keine Altendorfer oder Vittinghoffer enthalten. Regestenbuch Mittlere Ruhr (wie Anm. 2), Nr. 671 (erstellt zwischen 1343 und 1351).
565   Ebd., Nr. 265 (zwischen 1292 und 1400). Eintrag für Heinrich Vitting (V IV,6).
566   Ebd., Nr. 265 (zwischen 1292 und 1400), 514 (17.3.1327), 738 (23.4.1348) und 782 (angelegt am 10.1.1375).
567   Ebd., Nr. 838 (um 1350). Kalande sind geistliche Bruderschaften außerhalb der kirchlichen Institutionen, die im 13. Jh. aufkommen und sich im 14. und 15. Jh. verbreiten. Es handelt sich um eine freiwillige, durch Eid konstituierte, genossenschaftlich organisierte, religiöse Vereinigung, die sich selbst verwaltet. Die Bruderschaften kümmern sich insbesondere um das Seelenheil der Verstorbenen durch die Organisation von Begräbnissen, Gebeten und Seelenmessen. Hinzu kommen soziale und gesellige Aspekte. Erich Hoffmann, Kaland, in: Lexikon des Mittelalters, Band 5: Hiera-Mittel bis Lukanien. München 1991, Sp. 864–865. In der Mitgliederliste des um 1326 gegründeten Wattenscheid-Essener Kalands, dem einzigen in der Region bis 1350, finden sich keine Altendorfer oder Vittinghoffer. Regestenbuch Mittlere Ruhr (wie Anm. 2), Nr. 510 (nach 1326).

Gereon in Köln.⁵⁶⁸ Er stiftet auch zur Ausstattung eines Altars im Stift Gevelsberg zur Erinnerung an ihn, seine Eltern und Vorfahren von beiden Seiten.⁵⁶⁹ Das Gedenken an Christina Oer (A VIII,5), verheiratet mit Wenemar Altendorf (A VIII,1), wird im Stift Flaesheim aufrechterhalten.⁵⁷⁰ Sie ist in einer Stiftung für mehrere Personen ihrer Herkunftsfamilie erwähnt; der Bezug zu Flaesheim besteht seitens ihrer Familie. Schenkungen im heutigen rechtlichen Sinn an geistliche Institutionen sind nicht bekannt.⁵⁷¹

Neben Überlieferungslücken kann es vielfältige Gründe für die geringe Stiftungspraxis geben: Es können mangelnde finanzielle Möglichkeiten, ein sich erst langsam entwickelndes Bedürfnis für diese Form des Gedenkens oder persönliche Entscheidungen ebenso ausschlaggebend sein wie die nicht verschriftlichte Wahrnehmung des Gedenkens durch Geistliche der Familie. Denkbar ist auch die Option, dass für ein Gedenken keine dauerhaften Stiftungen errichtet wurden, deren Spuren sich in Urkunden, Necrologien etc. finden, sondern dass für eine bestimmte Anzahl an Gebeten nicht dokumentierte Einmalzahlungen geleistet wurden.

Nach Otto Gerhard Oexle ist Adel eine Frage der Herkunft und wird durch das Gedenken an die Vorfahren überhaupt erst konstituiert. Dieser Auffassung haben sich etliche Forscher angeschlossen, andere sehen das hingegen kritisch.⁵⁷² Für die

---

568 Domkirche in Münster: Ebd., Nr. 679 (24.7.1343) und Nr. 838 (zwischen Mitte 16. Jh. und 1810). St. Gereon: Ebd., Nr. 733 (25.8.1347).

569 Ebd., Nr. 575 (23.7.1333). Die Kirche und mit ihr der Altar werden 1826 abgerissen. Eine Altarstiftung beinhaltet die Errichtung eines Altars mit der Verpflichtung, dass dort regelmäßig von einem Priester die Messe gelesen und des Stifters gedacht wird. Mit der Stiftung werden auch Beleuchtung, Wein, Hostien und sonstiger Unterhalt des Altars finanziert. Vor allem ist aus den Geldmitteln die Vikarie zur Versorgung des Priesters sicherzustellen. Die Stiftung eines Altars erfordert daher höhere Mittel und muss so ausgestaltet sein, dass die Erträge eine dauerhafte Finanzierung sicherstellen.

570 Ebd., Nr. 332 (9.10.1304).

571 Eine Schenkung ist ein einseitig verpflichtendes Rechtsgeschäft, also eine Leistung ohne Gegenleistung. Bei einer Memorienstiftung gibt hingegen der Stifter Geld, Güter oder Einnahmen, während sich die entgegennehmende kirchliche Institution zu festgelegten Memorienhandlungen oder zur Errichtung eines Altars verpflichtet. Als zweiseitig verpflichtendes Rechtsgeschäft ist eine Stiftung im heutigen juristischen Sinn keine Schenkung.

572 Oexle, Memoria (wie Anm. 561), S. 512 f. Gerhard Oexle, Memorialüberlieferung und Gebetsgedächtnis in Fulda vom 8. bis zum 11. Jahrhundert, in: Die Klostergemeinschaft von Fulda im früheren Mittelalter 1, 1978, S. 136–177, hier: S. 175. Ähnliche Sichtweise: Eva Schlotheuber, Familienpolitik und geistliche Aufgaben, in: Die Familie in der Gesellschaft des Mittelalters hrsg. v. Karl-Heinz Spieß. Konstanz 2009, S. 223–247, hier: S. 223. Gerd Althoff, Zur Vorstellungswelt des mittelalterlichen Gebetsgedenkens und der Stiftungen für das Seelenheil, in: Westfalen. Hefte für Geschichte, Kunst und Volkskunde 91, 2013, S. 87–106, hier: S. 91. Stefan Pätzold, Levold konstruiert ein Adelshaus. Die Grafen von der Mark in der Chronik des Levold von Northof, in: Westfälische Zeitschrift – Zeitschrift für vaterländische Geschichte und Altertumskunde 166, 2016, S. 27–41, hier: S. 33. Thomas Schilp,

mittlere Ruhr zeigt sich nicht nur für Altendorf und Vittinghoff, dass Stiftungen für das ewige Gebetsgedenken durch ministerial-ritterliche Personen kurz vor Ende des 13. Jahrhunderts mit steigendem Vermögen und Status sehr vereinzelt aufkommen. Fast immer beziehen die Stiftungen neben dem Stifter weitere Personen ein, meist den Ehepartner und die Eltern, jedoch keine Vorfahren oder die gesamte Familie. Die Memorienstiftungen der ministerial-ritterlichen Personen lassen bis 1350 kein Element eines Geschlechtergedankens erkennen.

11. Wohnsitze der Familien

11.1 Ministeriale und ritterliche Wohnsitze an der Ruhr
Steinhäuser dienen seit Ende des 10. Jahrhunderts einzelnen adeligen Familien als Wohnsitz. Turmburgen und Motten entstehen seit dem 10./11. Jahrhundert, mit einem Schwerpunkt der Bautätigkeit im 11. und 12. Jahrhundert.[573] Charakteristisch für eine Motte ist der von einem Graben umgebende Hügel, auf dem ein (einfaches) Holz- oder Steingebäude steht. Auf einer Vorburg sind in der Regel die Wirtschaftsgebäude untergebracht.[574] Nicht immer erfolgt der Ausbau zu einer Steinburg und ebenso wenig geht den späteren Anlagen zwangsläufig eine Motte voraus. Schon im frühen 13. Jahrhundert zeichnet sich ab, dass die niederrheinisch-westfälische Region sich nicht aus einer Vielzahl kleiner Adelsherrschaften, sondern aus wenigen Großterritorien zusammensetzen würde. Dies schlägt sich im Burgenbau nieder und der Bau von Dynasten- und Landesburgen in Grenz- oder Zielräumen zwischen Ende des 12. Jahrhunderts

---

Jenseitsvorsorge in Städten der Grafschaft Mark. Aspekte der Mentalität, der sozialen Beziehungen und der Politik des Spätmittelalters, in: Westfälische Zeitschrift – Zeitschrift für vaterländische Geschichte und Altertumskunde 149, 1999, S. 35–55, hier S. 36, S. 39 und S. 42. Kritisch Karl-Heinz Spieß, Liturgische Memoria und Herrschaftsrepräsentation im nichtfürstlichen Hochadel des Spätmittelalters, in: Adelige und bürgerliche Erinnerungskulturen des Spätmittelalters und der frühen Neuzeit, hrsg. v. Werner Rösener. Göttingen 2000, S. 97–123, hier: S. 115, S. 118 und S. 120. Steffen Krieb, Erinnerungskultur und adliges Selbstverständnis im Spätmittelalter, in: Zeitschrift für Württembergische Landesgeschichte 60, 2001, S. 59–75, hier: S. 74 f. Kilian Heck, Genealogie: Herkunft und Zukunft, in: Höfe und Residenzen im spätmittelalterlichen Reich: Bilder und Begriffe. Teilband 1: Begriffe, hrsg. v. Werner Paravicini. Ostfildern 2005, S. 265–268, hier: S. 165. Hechberger, Anatomie (wie Anm. 43), S. 324. Jürgen Dendorfer, Gescheiterte Memoria? Anmerkungen zu den „Hausklöstern" des hochmittelalterlichen Adels, in: Zeitschrift für württembergische Landesgeschichte 73, 2014, S. 17–38.

573 Ebner, Burg als Forschungsproblem (wie Anm. 144), S. 18. Thomas Biller, Die Adelsburg in Deutschland. Entstehung, Form und Bedeutung. München 1993, S. 125 f. Viele Anlagen entstehen sogar erst im 13. bis 15. Jh., vor allem in Mittel- und Nordeuropa. Ebd., S. 115–117.
574 Pätzold, Rittersitze (wie Anm. 88), S. 164. Oft handelt es sich bei der Vorburg ursprünglich um den Hof des Wohnsitzes. Ebd., S. 179 und S. 184.

und 1350/1400 dient vor allem Aufbau und Absicherung der entstehenden Landesherrschaften.[575]

Einige sehr wenige aufgestiegene Ministeriale beginnen in der zweiten Hälfte des 13. Jahrhunderts feste Häuser oder Motten zu bauen. Allodialer Besitz oder zur Verwaltung anvertraute Höfe dienen teils als Grundlage.[576] Die meisten ministerial-ritterlichen Anlagen kommen jedoch über die Form eines befestigten – durchaus repräsentativen – Bauern- oder Gräftenhofes nicht hinaus und behalten diese bis ins 15. Jahrhundert bei.[577] Trotz ihrer geringen militärstrategischen Bedeutung haben diese Bauten einen individuell unterschiedlichen Verteidigungswert und grenzen sich mit wehrhaften Bauelementen von den Bauten der bäuerlichen und bürgerlichen Bevölkerung ab. Sie spielen vermutlich bei der Ausbildung des Selbstverständnisses der sie bewohnenden Familie eine Rolle, die jedoch in den Schriftquellen kaum greifbar ist.[578]

Von den über 450 in der gesamten Ruhrregion ermittelten Objekten sind viele bis heute entweder nicht genau lokalisiert oder der Standort ist bekannt, die Gebäude jedoch nicht mehr auszumachen. Von anderen Anlagen haben zwar Reste überdauert, von denen gleichwohl nicht bekannt ist, ob es sie im Mittelalter schon gab und wie sie zu bezeichnen gewesen wären.[579] Die Datie-

---

[575] Wilhelm Janssen, Burg und Territorium am Niederrhein im späten Mittelalter, in: Die Burgen im deutschen Sprachraum, Band 1, hrsg. v. Hans Patze. Sigmaringen 1976, S. 283–324, hier: S. 289 f. und 296 f. Leenen, Mittelalterlicher Befestigungsbau (wie Anm. 144), S. 80. Nach der Schlacht von Worringen ist die einzige Landesburg an der mittleren Ruhr die märkische Burg Blankenstein. Die Isenburg wurde 1226, die Neu-Isenburg 1288 zerstört. Essen und Werden verfügen über keine entsprechenden Anlagen. Burgen von freien Edelherren sind meist Mittelpunkt einer kleineren Herrschaft, an der mittleren Ruhr sind allerdings keine Edelfreien anzutreffen.

[576] Leenen, Burgen der Ruhrregion (wie Anm. 144), S. 238 f. Auch der Bau von Burgen durch die – in der Ruhrregion nicht vertretenen – Reichsministerialen im Reich setzt erst nach 1241 ein. Schlunk, Königsmacht und Krongut (wie Anm. 18), S. 75, S. 122 f und S. 127. Janssen, Burg und Territorium (wie Anm. 575), S. 290 und S. 297. Vor 1300 ist kaum ein Dutzend ministeriale Burgen für die niederrheinische Region eindeutig bezeugt. Ebd., S. 315.

[577] Stefan Leenen, Wie die Perlen auf einer Schnur – Burgen im Emscherraum, in: Emscher. Beiträge zur Archäologie einer Flusslandschaft im Ruhrgebiet hrsg. v. Otto Dickau u. Christoph Eger. Münster 2014, S. 153–166, hier: S. 153. Pätzold, Rittersitze (wie Anm. 88), S. 164 und S. 167. Selbst wohlhabende, sozial hochstehende Personen leben nicht zwingend auf einer Burg, wie Leenen für das Beispiel des großen Hofes am Westhafen in Hamm belegt. Leenen, Mittelalterlicher Befestigungsbau (wie Anm. 144), S. 77.

[578] Pätzold, Rittersitze (wie Anm. 88), S. 192.

[579] Ebd., S. 177. Leenen, Mittelalterlicher Befestigungsbau (wie Anm. 144), S. 75. Der Ausdruck „Burg" bereitet Abgrenzungsschwierigkeiten, denn Bezeichnungen für eine Burg sind in den zeitgenössischen Schriftquellen unspezifisch, indifferent und oft nicht von anderen Gebäuden zu unterscheiden. Der Begriff umfasst eine Vielzahl baulich, rechtlich und funktionsmäßig unterschiedlicher Anlagen. Ebenso finden Begriffe wie *domus* und später *hus* oder *slot* in den Dokumenten Verwendung, ohne dass die damit bezeichneten Gebäu-

rung von Überresten ist ausgesprochen schwierig, da bei Ruinen häufig hölzerne Bauteile fehlen, die eine dendrochronologische oder Radiokarbon-Datierung ermöglichen würden. Für steinerne Einzelformen liegt kein gesichertes kunsthistorisches Datierungsraster vor, so dass die Datierungen von Anlagen eher „Glaubens- als Wissensfragen" ähneln und heftig diskutiert werden.[580] Auch wenn die Existenz in früher Zeit durch Befunde gesichert ist, sind die Wohnsitze oftmals erst Jahrzehnte später in Quellen belegt.[581] Aus der Erwähnung eines Adligen, Ministerialen oder Ritters kann nicht gefolgert werden, dass er eine – wie auch immer geartete – „Burg" besitzt. Problematisch wird in der Forschung ein unkritisches Argumentieren mit ungeprüften Belegen aus zweiter Hand oder einer dem Ziel angepassten Interpretation von Schriftquellen gesehen, was zu unzutreffenden Zuschreibungen und Datierungen führen kann.[582]

Von Altendorf und Vittinghoff sind – ohne die Wohnstätten von Kanonikern – acht Wohnorte bekannt (s. Tabelle 8). Bauinschriften oder -schmuck, Wappen- oder Grabsteine sind nicht überliefert. Nur zu zwei Wohnsitzen gibt es etwas ausführlichere Informationen.

---

de hinsichtlich Größe, Ausstattung oder Wehrhaftigkeit genau beschrieben wären. Stefan Leenen, Pfeiler der Macht – die Burgen der Grafen von der Mark, in: Die Grafen von der Mark. Neue Forschungen zur Sozial-, Mentalitäts- und Kulturgeschichte, hrsg. v. Stefan Pätzold u. Felicitas Schmieder. Münster 2018, S. 121–161, hier: S. 121. Janssen, Burg und Territorium (wie Anm. 575), S. 288 und S. 316. Leenen, Mittelalterlicher Befestigungsbau (wie Anm. 144), S. 75. Unter *slot* (Schloss) darf man sich kein Gebäude im heutigen Sinn eines Schlosses mit dem Fokus auf Wohnlichkeit unter Vernachlässigung der Wehrhaftigkeit vorstellen.

580 Ulrich Großmann, Die Burg um 1225, in: LWL-Museum für Archäologie/Westfälisches Landesmuseum Herne (Hrsg.), AufRuhr 1225! Das Mittelalter an Rhein und Ruhr. Mainz 2010, S. 195–209, hier: S. 195 f.

581 Leenen, Burgen der Ruhrregion (wie Anm. 144), S. 238. Pätzold, Rittersitze (wie Anm. 88), S. 167.

582 Janssen, Burg und Territorium (wie Anm. 575), S. 284–286. Janssen, Mittelalterlicher Burgenbau (wie Anm. 144), S. 122 f. Arens bemerkt: „Eine gewisse Gefahr stellen die hemmungslosen Frühdatierer dar, für die ‚ihr' Bau natürlich immer der älteste zu sein hat. Man hat den Eindruck, daß ihnen eine stilgeschichtliche Verankerung nach allen Seiten gleichgültig ist." Fritz Viktor Arens, Zur Datierung staufischer Pfalzen und Burgen am Mittelrhein mit Hilfe des Stilvergleichs, in: Die Burgen im deutschen Sprachraum. Ihre rechts- und verfassungsgeschichtliche Bedeutung, Band 1, hrsg. v. Hans Patze. Sigmaringen 1976, S. 181–196, hier: S. 182.

Tabelle 8: Wohnsitze von Personen der Familien Altendorf und Vittinghoff

Wohnsitz Name	Ort	Familie	Rechtsform	Bemerkung
curtis Borbeck	Essen-Borbeck	Altendorf	Lehen Stift Essen	erste Nennung 1272 (Regestenbuch Mittlere Ruhr (wie Anm. 2), Nr. 168), erneut 1288 (ebd., Nr. 242); Schultenhof, verbleibt beim Stift
curtis/domus/ wanincghe Altendorf	Essen-Burgaltendorf	Altendorf	unbekannt	erste Nennung curtis 1291 ebd., (Nr. 263), domus Anfang 14. Jh. (ebd., Nr. 263), wanincghe 1343 (ebd., Nr. 674), castrum 1356 (ebd., Nr. 795)
domus Everdinghausen	Lippetal-Lippborg	Altendorf	eigen; Auftragslehen an Bischof von Münster	erste Nennung domus 1315 (ebd. Nr. 421, 424)[583]
huys Stoppenberg	Essen-Stoppenberg	Altendorf	unbekannt	erste Nennung Herkunftsort 132. (ebd., Nr. 506), huys 1330/43 (ebd., Nr. 550)
Burgmann auf Stromberg	Oelde	Altendorf	Lehen Bischof von Münster	1315 und 1350 (ebd., Nr. 421, 42. 777)
Vittinghoff	Essen-Stadtwald	Vittinghoff	Lehen Graf von Limburg (1370)	erste Nennung 1370 (ebd., Nr. 815), als huys ind vesten bezeichnet
bona in Altendorf	Essen-Burgaltendorf	Vittinghoff	unbekannt	14. Jh., Nennung im Necrolog des Stifts Essen (ebd., Nr. 265); nicht identifiziert; unklar, ob ein Wohnsitz der Familie
domus Laer	Bochum-Laer	Vittinghoff	Lehen Grafen von der Mark	Nennung Haus 1243 (ebd., Nr. 70),[584] unklar, ob Mitte 13. Jh. von Vittinghoff bewohnt

[583] Im Lehnregister der Bischöfe von Münster taucht Everdinghausen nicht auf. Ein Wenemar Altendorf ist 1376 Aufsitzer auf Haus Assen in Lippborg. Das Haus ist kein bischöfliches Lehen, der Bischof hat jedoch ein Öffnungsrecht. Hugo Kemkes (Bearb.), Die Lehnregister der Bischöfe von Münster bis 1379. Münster 1995, S. 172, Nr. E 214.

[584] Vermutlich um 940 erbaut. Pätzold, Rittersitze nördlich der Ruhr (wie Anm. 88), S. 171, besonders Fußnote 34. Pätzold, Befestigte Häuser in Bochum (wie Anm. 88), S. 39 und S. 42 f. Ein borchhuys (Burghaus) wird erstmals 1374 erwähnt. Ob der 1243 belehnte Heinrich Vittinghoff auf Laer gewohnt hat, wie Pätzold vermutet, ist zwar möglich, aber die reine Tatsache, dass er das Haus als Lehen erhält, begründet dies nicht. Es gibt ein Verzeichnis der Güter und Gefälle der Grafen von Limburg aus der 2. Hälfte des 15. Jhdts. (Datierung Archiv) oder 1520 (Datierung in der Literatur). Die einzelnen Güter sind mit einer Über-

11.2 Haus Altendorf

Haus Altendorf ist die am besten erhaltene Ruine der Ruhrregion und stellt sich heute als zweigeteilter Komplex mit einem Haupthaus auf einem durch Mauern gestützten Plateau sowie einer Vorburg dar, die von einem Graben umgeben ist.[585] Auch wenn ihr Aussehen den landläufigen Vorstellungen einer „Ritterburg" entspricht, geht ihr Aussehen auf die letzte große Baumaßnahme in der zweiten Hälfte des 16. Jahrhunderts zurück (s. Abb. 46 und 47).[586] Umfangreiche Ausgrabungen wurden in den 1960er Jahren durch die sog. „Buddel-AG" unter Leitung des Lehrers Heinrich Eversberg durchgeführt. Seine Vorgehensweise war auch nach damaligen Kriterien unsachgemäß, eine vollständige Dokumentation der Grabung und seiner Funde fand nicht statt.[587]

Die frühe Geschichte des Hauses Altendorf und das ursprüngliche Aussehen liegen weitgehend im Dunkeln. 1291 wird in der Erbteilung von Hermann Altendorf (A VII,3) eine *curtis de Aldendorpe*, also ein großer Hof, genannt.[588] 1343 wird der Wohnort als *wanincghe* bezeichnet.[589] Vermutlich aus derselben

schrift versehen, darunter finden sich Eintragungen, die Daten aus der Vergangenheit nennen. Die ersten Nennungen gehen auf eine Lehnrolle des Grafen Dietrich IV. von Limburg aus der Zeit zwischen 1364 und 1400 zurück, jedoch ist das Verzeichnis keine Abschrift. Die Überschrift lautet: *Die hoff to Luckynck, dat borchhuys myt dey kotten gelegen toe Lair myt mer andere toebehorynge.* Darunter findet sich zuerst eine Notiz zur Vergabe der Kotten im Jahr 1374, dann eine Auflassung aus dem Jahr 1413. Der Aufbau des Eintrags erlaubt keine eindeutige Aussage, ob das Burghaus schon 1374 vorhanden war. Es kann ebenso den Zustand zum Zeitpunkt der Erstellung des Verzeichnisses anzeigen. In der Originallehnrolle sind weder *Luckynck* noch Laer aufgeführt. Verzeichnis: Stadtarchiv Mülheim a. d. Ruhr, Herrschaft Broich, Akten, Nr. 1011/1709, Bl. 32r. Druck Lehnrolle: Moritz Graf von Bentheim-Tecklenburg-Rheda/Otto Bierhoff, Die Lehnrolle der Grafschaft Limburg ab Anno 1364 ad Annum 1400 (Teil 1), in: Der Märker 6,2, 1957, S. 87–90 (Teil 1) und 6,5, 1957, S. 249–249 (Teil 2). Hahn und darauf aufbauend Frielinghaus sowie Bauer und Friedhoff interpretieren den Eintrag im Verzeichnis in der Weise, dass das Burghaus schon 1374 bestand. Hahn, Haus Laer (wie Anm. 88), S. 58. Frielinghaus, Rittersitz Haus Laer (wie Anm. 88), S. 48. Tom Bauer/Jens Friedhoff, Laer, in: Deutsche Burgenvereinigung e. V. (Hrsg.): EBIDAT – Die Burgendatenbank, URL: https://www.ebidat.de/cgi-bin/ebidat.pl?id=2429 (abgerufen am 7.1.2023).

[585] Das Gebäude liegt nicht in der Nähe von Gewässern. Ob die Gräben Wasser führten, ist unklar. Leenen, Gräben und Wasser (wie Anm. 70), S. 67–77.

[586] Bildnachweis: 1960er Jahre: Ansicht von Norden. Landesdenkmalamt Westfalen-Lippe, Münster. 2021: Ansicht von Südwesten. Foto der Autorin. Zu Baugestaltung und Ausstattung um 1600 siehe: Stefan Leenen, Die Burg Altendorf um 1600, in: Burg Altendorf 1601. Burg und Besitz im Spiegel des Testaments von Arnold von Vittinghoff-Schell, hrsg. v. Petra Meuwsen u. Stefan Leenen. Essen 2019, S. 39–98.

[587] Eversberg hat in Schulheften Tagebuch geführt, die Funde jedoch nicht ordentlich katalogisiert, vermessen oder die Fundorte markiert. Einige Fundstücke warf er weg, andere verschenkte er.

[588] Regestenbuch Mittlere Ruhr (wie Anm. 2), Nr. 263 (8.11.1291).

[589] Ebd., Nr. 674 (18.3.1343).

Abb. 46: Haus Altendorf: Zustand 1969

Zeit ist ein Eintrag im Necrolog des Stifts Essen, in dem das Gebäude als *domus* angesprochen wird.[590] 1356 wird in einer Urkunde angegeben, dass die Handlung geschehen sei *in villa ayldendorpe* auf dem Speicher von Wenemar Altendorf (A X,1), welcher *sito ante castrum seu habitationem ipsius Wenemari*, also vor dem festen Haus/Burg Wenemars, liegt.[591] Dies ist die früheste bekannte Erwähnung eines *castrum*, ohne dass damit etwas über Aussehen, Größe und mögliche Befestigungen gesagt ist.

Am Mauerwerk sind verschiedene Bauphasen sichtbar, allerdings wurden bei den Sanierungen 1903/04, in den 1930er und Ende der 1960er Jahre viele Baumerkmale verunklärt, Fehlstellen im Mauerwerk geschlossen und Teile neu aufgemauert, ohne dass heute der Originalbestand in jedem Fall von Ergänzungen unterscheidbar ist. Der Wohnturm als ältestes erhaltenes Gebäude stammt möglicherweise aus den Jahrzehnten vor der Erwähnung als *castrum* im Jahr 1356.[592] Eine sichere Datierung davor ist nicht möglich. Eine Vorgängeranlage

---

[590] Ebd., Nr. 265 (zwischen 1292 und 1400).
[591] Ebd., Nr. 795 (22.2.1356).
[592] Leenen, Altendorf um 1600 (wie Anm. 586), S. 39. Für die Datierung einer steinernen „Burg" von Hopp auf Ende des 12./Anfang des 13. Jhdts. gibt es keine Belege. Warum Altendorf unter dem Kölner Erzbischof Philipp von Heinsberg (1167–1191) errichtet worden sein soll, wie Hopp in Rückgriff auf Eversberg meint, erschließt sich nicht. Seine Datierung über bauhistorische Vergleiche ist aufgrund nicht überlieferter Vergleichsbauten, der zu dieser Zeit noch nicht erfolgten Errichtung von befestigten Steingebäuden durch Ministeriale und das fast vollständige Fehlen von Bauschmuck an den wenigen anderen erhaltenen Bauwerken nicht möglich. Hopp, Burg Altendorf (wie Anm. 54), S. 23. Hopp, Archäologische Beobachtungen (wie Anm. 63), S. 55. Die noch weiter zurückreichende Datierung in das 11. Jh. basiert auf Keramikscherben, die auf einem benachbarten Hof gefunden wur-

Abb. 47: Haus Altendorf: Zustand 2021

hat sich auf dem Gelände der jetzigen Burg bisher nicht gefunden. Eventuell stand die *curtis* auf dem Gelände der jetzigen Anlage oder in der Nähe.[593] Für die frühe Phase ist mit einem nur wenig fundamentierten Wohnturm zu rechnen, der zwei – möglicherweise nachträglich gewölbte – Geschosse mit relativ kleinen Lichtöffnungen und ein Obergeschoss mit rundbogigen Fenstern aufwies.[594] Ein halbrunder Treppenturm erschloss die einzelnen Ebenen und der Wohnturm bot einen großen offenen Kamin.[595] Bei den Grabungsfunden handelt es sich vorwiegend um Keramik aus der Zeit des 14. bis 18. Jahrhunderts. Einige wenige Scherben könnten aus der zweiten Hälfte des 13. Jahrhunderts stammen.[596] Der einzige Bauschmuck aus der ersten Zeit sind eine vermauerte Säulenbasis aus Sandstein und ein romanisches Würfelkapitell aus Trachyt, welches 1,5 m über dem mutmaßlichen Burghof der frühen Phase an der Ringmauer der Hauptburg entdeckt wurde.[597] Die beiden schmucklosen Bauelemente gehören

den. Scherben von anderen Orten sagen jedoch nichts über ein benachbartes Gebäude an sich oder sein Äußeres aus. Hopp, Kleine Objekte (wie Anm. 71), S. 250–255. Hopp, Neufunde (wie Anm. 64), S. 18. Siehe auch Anm. 584.

[593] Wie die 2022 mittels Radar gefundenen Strukturen unter der Vorburg zu datieren sind, könnten nur Grabungen zeigen. Zur Entdeckung siehe: Marcus Schymiczek, Essen: Archäologen stoßen auf mittelalterlichen Wohnturm, in: WAZ vom 21.9.2022.
[594] Für eine schematische Darstellung des Haupthauses der ältesten Phase siehe: Leenen, Zwischenbericht (wie Anm. 70), S. 26.
[595] Leenen, Mittelalterlicher Befestigungsbau (wie Anm. 144), S. 78 f.
[596] Leenen, Zwischenbericht (wie Anm. 70), S. 48. Siehe auch Anm. 594.
[597] Stadtarchiv Hattingen, Eversberg, Ausgrabungsjournal IV: Schuljahr 1968/69, 1. Halbjahr, 9. August 1968 – 31. Januar 1969, Bl. 29r und Ausgrabungsjournal V, Schuljahr 1968/69, 2. Semester, 1. Februar 69 – 3. Oktober 69, Bl. 65v.

zu unterschiedlichen Säulen. Sollten es keine Spolien sein – wofür ihre Auffindungsorte sprechen – ist unsicher, wo sie eingebaut gewesen wären.[598] Die beiden Säulenteile erlauben keine zeitlich nähere Einordnung des Gebäudes, da Vergleichsobjekte fehlen.[599]

Abschließend lässt sich sagen, dass es vielfältige Befunde und eine gewisse relative Chronologie gibt, aber keine belastbaren Datierungen.[600] Die Entwicklung anderer vergleichbarer Anlagen legt nahe, dass die Veränderung von einer *curtis* zu den festen Häusern des 15./16. Jahrhunderts in Schritten verläuft und im 14. Jahrhundert meist keine großen befestigten Anlagen, sondern befestigte Höfe, ggfs. mit einem herausgehobenen Holz- oder Steinturm, entstehen. Strategische oder wirtschaftliche Gründe für eine Errichtung durch einen Mächtigen im 12. Jahrhundert sind für Altendorf nicht zu erkennen und Begründungen, die von einer Sicherung von „Landesgrenzen" ausgehen, sind anachronistisch. Die unfreien Ministeriale haben kein Befestigungsrecht und sind in dieser Zeit finanziell gar nicht in der Lage, große wehrfähige Anlagen zu errichten. Für die hier betrachtete Zeit ist daher unter Abwägung der politischen und territorialen Entwicklung, der Quellen sowie der vergleichbaren Familien und Anlagen ein großer Hof, später eventuell ein hölzerner Turm und seit dem 14. Jahrhundert ein kleiner steinerner Wohnturm die plausibelste Option. Sie passt zu dem sich erst Ende des 13. Jahrhunderts entwickelnden Status und finanziellem Aufstieg der auf Altendorf wohnenden Personen.

11.3 Motte Vittinghoff

Die Motte Vittinghoff, von der nur noch die Anschüttungen und Gräben oberirdisch sichtbar sind (s. Abb. 48 und 49),[601] ist archäologisch nicht erforscht und der Zeitpunkt ihrer Entstehung unbekannt. In den Quellen tritt sie erst im Jahr 1370 auf, als Graf Dietrich von Limburg Johann Vittinghoff zum *borchman op unsem huys und vestige gelegen by dem nygen Isenberghe* macht.[602] 1398 quittiert Drude Vittinghoff, dass Graf Dietrich ihr das Burglehen zu Vittinghoff korrekt bezahlt habe.[603] Bei der Teilung von Grafschaft und Herrschaft Limburg im Jahr 1412 zwischen Graf Wilhelm von Limburg und seinem Bruder, Graf Dietrich,

---

[598] Leenen, Zwischenbericht (wie Anm. 70), S. 49. Leenen, Mittelalterlicher Befestigungsbau (wie Anm. 144), S. 79.
[599] Arens, Staufische Pfalzen und Burgen (wie Anm. 584), S. 183. Leenen, Isenburgen 1 (wie Anm. 9), S. 260.
[600] Leenen, Mittelalterlicher Befestigungsbau (wie Anm. 144), S. 79.
[601] Bildnachweis: 2020: Foto der Autorin. Luftbild: Historisches Portal Stadt Essen: Historische Luftbilder, Luftbilder 1925–1930, URL: https://geoportal.essen.de/histverein/hipo/ (abgerufen am 7.1.2023). Ausschnitt. Heute verlaufen die Straßen direkt an der Nord- und Westseite der Motte.
[602] Lacomblet III (wie Anm. 79), Nr. 697, S. 599 (1.2.1370).
[603] Stadtarchiv Mülheim a. d. Ruhr, Bestand Styrum, Urkunden, Nr. 1020/38 (25.11.1398).

erhält Dietrich *dat slot to dem Vytinchove ind dye voigetdye to Rellinchusen mit alle oeren tobehoringhen mit mannen, burghmannen, mit lenen ind kirckhlenen* (das Schloss zu dem Vittinghoff in der Vogtei von Rellinghausen mit allen Zugehörigen, mit Mannen, Burgmannen, mit Lehen und Kirchlehen).[604] Anfang des 15. Jahrhunderts ist Vittinghoff demnach eine limburgische, befestigte Anlage.

Spätestens seit 1398 trägt das Ensemble den Namen Vittinghoff. Ob der Name der Familie auf die Anlage übergegangen ist oder sie schon zuvor so hieß, ist nicht zu ermitteln; die Bezeichnung *to dem Vytinchove* verweist auf die Entstehung aus einem Hof. Möglich wäre, dass im 14. Jahrhundert eine hölzerne Motte oder ein Gräftenhof auf der Grundlage eines Hofes entsteht. Da Mitglieder der Familie kölnische Burgmannen auf der Neu-Isenburg sind, ist eine Herkunft oder Ansiedelung in direkter Nähe denkbar. Leenen vertritt die Auffassung, dass die Vittinghoffs möglicherweise zu Beginn des 13. Jahrhunderts Rechte in der Gegend besitzen und sich dort der namensgebende Hof befindet.[605] Das gleichzeitige Bestehen von Motte und Neu-Isenburg hält er für unwahrscheinlich. Einen Bau durch die Grafen von Limburg nach der Zerstörung der Neu-Isenburg 1288 wäre die plausibelste Option. Denkbar ist auch, dass die Vittinghoffer die Motte selbst errichten und dem Grafen später verkaufen bzw. ihm als Auftragslehen übergeben. Verlassen wurde die Anlage wahrscheinlich im Zug der Übernahme des nahegelegenen Hauses „auf dem Berge" durch Mitglieder der Familie Vittinghoff Mitte des 15. Jahrhunderts.

12. Fazit

Der Beitrag hat die Entwicklung der Familien Altendorf und Vittinghoff aus ihrer Perspektive bis 1350 – eine Zeit, die gravierende soziale, politische und wirtschaftliche Veränderungen mit sich brachte – nachgezeichnet und in den regionalen Kontext gestellt. Im Licht der neuen Erkenntnisse erscheinen einige Aspekte ihrer Geschichte wie auch der regionalen Ministerialität in verändertem Licht. Die Grundlage ihres Aufstiegs ist aufgrund ihrer Fähigkeiten und/oder Dienste schon in der *familia* herausgehobenen Position angelegt. Diese können die Männer in dem Prozess, in dem sich die Grafen mit militärischen Mitteln von den Kölner Erzbischöfen distanzieren und eigene Herrschaften aufbauen, nut-

---

[604] Adam Hulshoff/Günter Aders (Bearb.), Regesten 1299–1350, in: Die Geschichte der Grafen und Herren von Limburg und Limburg-Styrum und ihrer Besitzungen 1200–1550, Teil II, Band 2, hrsg. v. Adam Hulshoff u. Günter Aders. Assen 1963, Nr. 906, S. 409–413, hier: S. 410. *Slot* (Schloss) ist nicht im heutigen Sinn zu verstehen.

[605] Leenen, Isenburgen 1 (wie Anm. 9), S. S. 150–153. Dort auch ein Rekonstruktionsvorschlag. 1289 pachtet Heinrich Vittinghoff (V II,2) vom Werdener Abt Heinrich einen Wald, der ca. 900 m Luftlinie von der Motte entfernt auf der anderen Seite der Neu-Isenburg liegt. Heinrichs Bruder Lubbert (V II,4) ist kölnischer *dapifer* auf Neu-Isenburg. Regestenbuch Mittlere Ruhr (wie Anm. 2), Nr. 245 (10.3.1289).

Abb. 48: Motte Vittinghoff: Luftbild 1925–1930

zen. Dies gilt nicht nur für Einzelpersonen, sondern die Gruppe wird nach 1225 allmählich zur selbstbewussten Ritterschaft. Einige, wie z. B. die Vittinghoffer, setzen dabei nicht auf den richtigen Herrn, können sich jedoch aufgrund ihrer Ritterbürtigkeit und Rechtsfähigkeit von dem Rückschlag erholen. Insgesamt stehen den Männern Ende des 13. Jahrhunderts durch ihre verbesserte Stellung, den Wegfall einiger in der Ministerialität angelegten Beschränkungen sowie der uneingeschränkten Verfügungsgewalt über Besitz mehr Handlungsoptionen als je zuvor offen. Gleichgerichtet verlaufen die Geschichten der Familien dabei nicht und auch innerhalb einzelner Familien gibt es Auf- und Abstiege, vermögende und wenig begüterte Personen, exponierte Väter und kaum sichtbare Söhne.

Klare Zuordnungen zu einem Herrn sind bei den Vittinghoffern, wie bei den meisten anderen Ministerialen der Region, nicht erkennbar: Die Familienmitglieder gehören verschiedenen Ministerialitäten an, wechseln diese, bewegen sich in unterschiedlichem Umfeld und handeln in eigenem Interesse. Die starke Ausrichtung vieler Altendorfer auf das Essener Stift ist in der Region eine Ausnahme. Konkrete militärische Leistungen sind nur für Vittinghoff und nur im Umfeld der Grafen und bis 1288 der Kölner Erzbischöfe überliefert; die Altendorfer scheinen auf administrative Aufgaben fokussiert zu sein.

Die verwendeten Siegel sind Ausdruck der Zugehörigkeit zu einer verwandtschaftlichen wie auch gesellschaftlichen Gruppe. Gemeinsame Aktivitäten sind jedoch nur bei nah verwandten Personen der väterlichen Linie zu beobachten, während generationsübergreifende Beziehungen und intensive Kontakte zu anderen Familien nur sehr sporadisch bestehen. Die Quellen werfen nur ein Schlaglicht auf ihre wirtschaftliche Situation. Zu finden sind Lehen verschiedener

Abb. 49: Motte Vittinghoff: Zustand 2020

Lehnsgeber in unterschiedlichen Rechtsformen sowie Eigengüter. Eine Lehnsbeziehung alleine bildet dabei nicht den Lebensmittelpunkt Einzelner, sondern andere Aspekte wie die Übernahme von Aufgaben oder ein aktiv ausgeübtes (Hof)amt müssen hinzukommen. Die große Bandbreite, Flexibilität sowie freie Verfügungsgewalt über ihren Besitz ermöglicht es manchen Männern, nach dem Aufbau von Vermögen Ende des 13. Jahrhunderts Beziehungen zu verschiedenen Herren einzugehen und durch Auftragslehen zu festigen. Die Bindung bestimmt sich somit nicht nur durch die Interessen der Herren, sondern gleichwertig auch durch die Ziele der ministerialen Ritter. Dies hat zur Folge, dass die Dienstmannschaften der weltlichen und geistlichen Großen nicht als homogene Gruppe betrachtet werden können.

Nachdem einige Männer Ende des 13. Jahrhunderts finanziell und sozial aufgestiegen sind, sind sie in der Lage, ihre Wohnsitze in unterschiedlichem Umfang repräsentativ auszubauen und zu befestigen. Für die Herausbildung und Sicherung der Landesherrschaften spielen sie keine Rolle: Sie sind zu klein, können keine großen Burgmannschaften beherbergen, liegen strategisch ungünstig und wären für die Grafen zu teuer. Vor allem aber entstehen sie erst nach der Etablierung der Territorien und ihrem rechtlich-sozialen Aufstieg. Auch Stiftungen, für welche Vermögen erforderlich sind, lassen sich erst seit dieser Zeit in geringem Umfang nachweisen.

Die Zusammenfassung der zwei mit den Forschungsbegriffen „Hochadel" und „Niederadel" bezeichneten Gruppen zum mittelalterlichen „Adel" ist problematisch, denn die Verwendung des Begriffs „Niederadel" für die Ritterbürtigen ist eine Rückprojektion aus der beginnenden Frühen Neuzeit, in der sie in Eigen- und Fremdwahrnehmung zu Adeligen werden. Mit dem Ausdruck „Niederadel" geht die Zuschreibung einher, dass diese Gruppe den „hohen Adel" nachahmt und Entwicklungen zeitverzögert übernimmt. Eine ritterliche Lebensweise im ministerialen Umfeld des späten 13. und frühen 14. Jahrhunderts in der Ruhrregion ist jedoch mit höfischem Leben nicht vergleichbar und ein höfischer Lebensstil als Ziel für die meist nur mäßig begüterten, auf einem Hof lebenden, ministerialen Ritter erscheint wenig plausibel. Die Etikettierung als „Niederadel", das Urteil als Nachahmer und die Rückprojizierung aus der Frühen Neuzeit negieren Herkommen und eigenständige Entwicklung dieser Personengruppe sowie deren soziale Herkunft und personenrechtliche Stellung aus der ortsgebundenen Unfreiheit, herrschaftlichen Abhängigkeit und Zugehörigkeit zu einer *familia*, die sich von der personenrechtlichen Situation der Adeligen und Edelfreien unterscheidet. Dies bedeutet andere Rahmenbedingungen, Einschränkungen und Entwicklungen, aber auch spezielle Chancen für diese in der Landesgeschichte so wichtige Personengruppe.

ESSEN UND DIE EMSCHER – FRÜHNEUZEITLICHE EINGRIFFE IN EINE FLUSSLANDSCHAFT

SEBASTIAN SOMFLETH

1. Flüsse als Interessenschnittstellen

„Dieser Fluß [...] ist zwar nicht groß, aber sehr nützlich, denn er nehret schöne Fische und Krebse, treibet viele Mühlen, und hat an seinen Ufern schöne Weiden und Wiesen."[1] Diese idyllische Beschreibung des Flusses Emscher publizierte der Generalinspektor der Grafschaft Mark, Johann Diederich von Steinen, 1755 im zweiten Teil seiner *Westphälischen Geschichte*. Von Steinen hatte wohl den märkischen Oberlauf des Flusses vor Augen. Indiz dafür ist die Verortung der Beschreibung im Abschnitt über das Amt Unna.

Zeitgenössische Amtsträger aus dem Stift Essen oder dem kurkölnischen Vest Recklinghausen – zwei Territorien, die sich im Mittelteil respektive am Unterlauf der Emscher befanden – hätten von Steinens Wahrnehmung des Flusses wie auch seines „Charakters" vermutlich widersprochen. Hier durchzog die stark mäandrierende Emscher ein weitläufiges Feuchtgebiet, gekennzeichnet durch versumpfte Gewässer, Bruch- und Sumpfwälder sowie anschließende Heide-, fast Steppenlandschaften auf sandigen Böden: den Emscherbruch. Noch 1788 beklagte der Essener Obersthofmeister Franz von Aicholt „die unzäligen Krümmungen, welche den [sic!] Fluß manchmal in einer Strecke von 100 Fuß sich ausgewült hat".[2] In dieser Äußerung klingt die Eigendynamik des Flusses an, den Aicholt wie ein Subjekt mit eigenem Willen behandelt. Die Emscher erschien ihren Anliegern in vielerlei Hinsicht als unwägbar. Grundsätzlich hatte von Steinen Recht, wenn er ihre Größe und Breite herunterspielte, doch dehnte der Fluss sein Bett bei jedem längeren Regenschauer und jeder Schneeschmelze temporär aus, trat über die Ufer und überflutete weite Landstriche. Die Emscher unterschied nicht zwischen den fürstlichen Waldungen, den Äckern der Eingesessenen oder den „Grenzländereien", aus denen Kötter und Heuerlinge in Nebennutzung ihr Auskommen bestritten. Im Zuge der Überschwemmungen verlagerte sie ständig ihren Lauf, bildete neue Arme, Abflüsse, Inselchen, höhlte Kolke aus, schichtete Untiefen auf und trug sie wieder ab. Die Bruchbewohner hatten folglich ein ambivalentes Verhältnis zum Wasser: Einerseits benötigten sie die Emscher zur Bewässerung ihrer Äcker, als Trinkwasserlieferantin für Mensch und Vieh, zum Waschen und Kochen. Gleichzeitig war sie die große Unbekann-

---

1 Johann Diederich von Steinen, Westphälische Geschichte, Bd. 2. Lemgo 1755, S. 736.
2 Auszug aus Bericht Aicholts, o. O., 2.9.1788. Vgl. Landesarchiv Nordrhein-Westfalen, Abt. Rheinland, Duisburg (im Folgenden: LAV NRW R), Stift Essen Akten 835, fol. 9r.

te, deren Zuwenig das Land verdorren ließ, deren Zuviel aber die menschliche Existenz bedrohte.[3] Was nützten die „schönen Wiesen und Weiden", wenn sie ständig überschwemmt waren, verschlammten, das Gras und die Saat verfaulten? Der Nutzen, den von Steinen der Emscher im Hinblick auf ihre Fauna („Krebse und Fische") und auf die menschlichen „Arrangements"[4] an ihren Ufern („viele Mühlen") attestierte, war den in sicherer Distanz lebenden Amts- und Herrschaftsträgern in Essen umso weniger augenfällig. Sie vermochten den Wert der genannten Krebse und Fische nicht einzuschätzen; den Bruchbewohnern erweiterten letztere hingegen den Speiseplan. Abgesehen von der Verpachtung der Fischereirechte sowie anliegender Grundstücke aus fürstlichem Besitz erbrachte die Emscher der stiftischen Kasse kaum Einkünfte. Essener Territorium war das Bruchland dennoch. Ganz in den zeitgenössischen Diskurs eingebettet, galt es deshalb mittels wasserbaulicher Maßnahmen den Emscherbruch zu erschließen, ihn – für die stiftische Regierung und Landeskasse – erst „nutzbar" zu machen und somit die reelle fürstliche Autorität bis in diese Peripherie auszuweiten.

Die genannten Beispiele können die vielfältigen Vorstellungen und Erwartungen, die sich an die Emscher und das angrenzende Bruchland knüpften, bisher nur anreißen. Sie greifen der These dieses Beitrags vor, dass der Emscherbruch im 18. Jahrhundert ein Spannungsfeld konkurrierender Interessen und Ansprüche darstellte, die sich auf die Nutzung des Flusses, seiner Uferböschungen und Auen, seiner anschließenden Äcker, Heiden, Wiesen, Weiden und Wälder bezogen. Dem Fluss und Bruch entsprangen Konflikte zwischen lokalen und entfernteren Herrschaftsträgern in ihren angemaßten Rollen als Besitzer und Verfügungsmächte. Gleichzeitig fügten sich Anlieger nicht in die Rolle der Beherrschten, sondern gebärdeten sich als aktive Teilnehmer im Kultivierungsprozess des Emscherbruchs, welche Forderungen vorbrachten, Autorität infrage stellten und eigenmächtig handelten. Auseinandersetzungen zwischen diesen Interessenten traten insbesondere im Kontext wiederholter Ausräumungen bzw. Reinigungen und schließlich bei der grenzübergreifenden Regulierung der Emscher gegen Ende des 18. Jahrhunderts zutage. Solche lokalen, bisweilen regionalen Wasserbauprojekte sind laut Hannig stets Schnittstellen aus „politische[n],

---

[3] Vgl. Joachim Radkau, Natur und Macht: eine Weltgeschichte der Umwelt. München 2000, S. 108.

[4] Der Begriff der „Arrangements" entstammt hier der Theorie der „sozionaturalen Schauplätze" von Verena Winiwarter und Martin Schmid. Vgl. Verena Winiwarter/Martin Schmid, Umweltgeschichte als Untersuchung sozionaturaler Schauplätze? Ein Versuch Johann Colers „Oeconomia" umwelthistorisch zu interpretieren, in: Umweltverhalten in Geschichte und Gegenwart: Vergleichende Ansätze, hrsg. v. Thomas Knopf. Tübingen 2008, S. 158–173, hier: S. 160 f. In Bezug auf Flüsse vgl. besonders: Martin Schmid, Die Donau als sozionaturaler Schauplatz: Ein konzeptueller Entwurf für umwelthistorische Studien in der Frühen Neuzeit, in: „Die Natur ist überall bey uns": Mensch und Natur in der Frühen Neuzeit, hrsg. v. Sophie Ruppel. Zürich 2009, S. 59–79.

wirtschaftliche[n], kulturelle[n] und lebensweltliche[n] Interessen",[5] weswegen sie sich für eine Analyse von zeitlich wie örtlich begrenzten Interessenkonstellationen anbieten. Die an der Emscher ergriffenen Maßnahmen stecken das Untersuchungsfeld ab, in dem zu erörtern sein wird, inwieweit sich aus dem überlieferten Behördenschriftgut des Stifts Essen Absichten, Denk- und Vorgehensweisen dieser verschiedenen lokalen und territorialen Instanzen im Umgang mit Natur und Landschaft rekonstruieren lassen. In dieser Hinsicht lehnt sich der Beitrag an Obertreis' Ansatz zur wirtschafts-, technik- und kulturgeschichtlichen Erfassung von Wasserbauprojekten an: „Grundthemen bei der Betrachtung der Versuche, Wasser zu regulieren und verfügbar zu machen, sind die den Regulierungsmaßnahmen zugeschriebene Transformationskraft und das Verhältnis von Mensch, Technik und Gesellschaft zur Natur."[6]

Der Beitrag beginnt mit einem kurzen Ein- und Rückblick in die historische Forschung zu Emscher und Emscherbruch, wie auch zur diskursiven Praxis des Wasser- und Flussbaus im 18. Jahrhundert. Im zweiten Abschnitt steht die landesherrliche Regulierung von Flüssen im Fokus, deren „Zähmung" als wesentliches Moment der Binnenkolonisation im 18. Jahrhundert eine erste Phase der Hochkonjunktur durchlief. Durch die Vorstellung der agierenden Personen bzw. Körperschaften im Stift Essen und unter Skizzierung ihres Rechts- und Handlungsspielraums lässt sich ein „Kräftefeld"[7] ausloten, in dem sich grenzübergreifende Interessenkonstellationen bezüglich der Emscher und des Emscherbruchs ergeben. Die darauffolgende Analyse der Reinigungen und der Emscherregulierung verfolgt in weiten Teilen einen mikrogeschichtlichen Ansatz. Sie geht von der Prämisse aus, dass sich große historische Entwicklungslinien des Alten Reiches im Kleinen auch in Kleinterritorien wie dem Stift Essen wiederfinden. Lohsträters Einschätzung der Region zwischen Lippe und Ruhr als rechtlich-herrschaftlicher Miniatur des Reiches berechtigt zu dieser Sichtweise.[8] Zudem

---

5   Nicolai Hannig, Kalkulierte Gefahren: Naturkatastrophen und Vorsorge seit 1800. Göttingen 2019, S. 89.
6   Julia Obertreis, Von gezähmten Flüssen, grandiosen Staumauern und Neuen Menschen. Wasser und die Transformation von Landschaft und Mensch im 19. und 20. Jahrhundert, in: Geschichte in Wissenschaft und Unterricht 67.11/12, 2016, S. 656–674, hier: S. 657. Bei Obertreis' Ansatz handelt es sich nicht um ein ausdifferenziertes Analysekonzept, angepasst an die Spezifika von Wasserbauprojekten. Schmid diagnostiziert sogar das Fehlen eines solchen Konzepts, womit er ein Desiderat der Flusshistoriographie impliziert. Vgl. Martin Schmid, The environmental history of the rivers in the early modern period, in: An environmental history of the early modern period, hrsg. v. Martin Knoll u. Reinhold Reith. London 2014, S. 19–25, hier: S. 23.
7   Die Terminologie des „Kräftefelds" ist einem Aufsatz Alf Lüdtkes entnommen. Vgl. Alf Lüdtke, Einleitung: Herrschaft als soziale Praxis, in: Herrschaft als soziale Praxis: historische und sozial-anthropologische Studien, hrsg. v. Alf Lüdtke. Göttingen 1991, S. 9–66.
8   „Die Ruhrregion kann mit einiger Berechtigung als ein verdichtetes Abbild weiter Teile des Alten Reiches im 17. und 18. Jahrhundert bezeichnet werden. Dies beginnt bei der poli-

versucht der Beitrag der aktiven Rolle der lokalen Amtsträger und Eingesessenen sowie ihrer Handlungsabsicht im Kontext der stiftisch-vestischen Eingriffe im Emscherbruch Rechnung zu tragen. Dies setzt in gewissem Maße einen Perspektivwechsel voraus, der Bitten um und Widerstand gegen Flussräumungen ebenso wie eigenmächtige Interventionen und Forderungen nach Entschädigung für verlorene Gründe in den Vordergrund rückt. Letztlich soll dieses Vorgehen zur historiographischen Erschließung eines in dieser Form nicht mehr existenten, peripheren Raumes beitragen. Es stellt die Emscher in den Mittelpunkt einer dynamischen Interessens-, Herrschafts- und Umweltgeschichte.

1.1 Forschungsstand

1.1.1 Die Technik: Wasser- und Flussbau in der Frühen Neuzeit

Der Forschungsstand zu Wasser- und Flussbaumaßnahmen in der Frühen Neuzeit darf als reichhaltig bezeichnet werden. Allein aus der Fülle der Arbeiten lässt sich für die letzten 25 Jahre eine historiographische Hochphase hinsichtlich wasserbaulicher Natureingriffe konstatieren, weswegen der folgende Überblick auf diese Zeitspanne reduziert ist.

Epochale Vorreiter sind die Arbeiten Wielands und Emichs zur grenzübergreifenden Wasserbaupolitik zwischen dem Kirchenstaat, dem Herzogtum Ferrara und dem Großherzogtum Toskana während des Pontifikats von Paul V. (1605–1621).[9] Nicht nur der Anspruch einer wissenschaftlichen Grundlage der Entwässerung und Wasserregulierung tritt hier erstmals deutlich zutage, sondern auch die Doppelaufgabe, mit einem Streich Natur und Gesellschaft eine Ordnung zu geben. Mithilfe von Wasserbauprojekten sollten natürliche Grenzen klarer gezogen, Regionen stärker in den Staat integriert und die Lebensumstände der Menschen verbessert („melioriert") werden.[10] Letzteren

---

tisch-administrativen Struktur. Das Gebiet vereinte sämtliche reichsständische Gruppen, geistliche und weltliche Reichsfürsten, Reichsprälaten, Reichsgrafen und eine Reichsstadt. Darüber hinaus konnten drei Kurfürsten über ihren Territorienbesitz Einfluss in der Ruhrregion geltend machen." Kai Lohsträter, Die Entzündung der Geister. Kommunikation, Medien und Gesellschaft in der Ruhrregion im 18. Jahrhundert. Bremen 2016, S. 43.

[9] Christian Wieland, Fürsten, Freunde, Diplomaten. Die römisch-florentinischen Beziehungen unter Paul V. (1605–1621). Köln u. a. 2004. Siehe v. a. Kapitel VI, 1.1., S. 269–300; Birgit Emich, Territoriale Integration in der Frühen Neuzeit. Ferrara und der Kirchenstaat. Köln u. a. 2005. Siehe v. a. Kapitel III, S. 177–200; Christian Wieland, Grenze zwischen Natur und Machbarkeit. Technik und Diplomatie in der römisch-florentinischen Diskussion um die Valdichiana (17. Jahrhundert), in: Saeculum 58,1, 2007, S. 13–32.

[10] Zum institutionellen Rahmen solcher Maßnahmen vgl. Leona Skelton, Mastering North-East England's „River of Tine". Efforts to manage a river's flow, functions and form, 1529-c. 1800, in: Governing the environment in the early modern world. Theory and practice, hrsg. v. Sara Miglietti u. John Morgan. Abingdon – New York City 2017, S. 76–96.

beiden Zielen verschrieben sich auch die Ingenieure und Verwaltungsbeamten, welche die Linth-Korrektion in der Ostschweiz planten und vornahmen. Speich arbeitete den diesbezüglichen Diskurs sowie die Hochstilisierung dieses Wasserbauprojekts zu einem nationalen Einigungsmythos der Schweiz heraus.[11] Die nationalistische und romantisierte Aufladung eines Flusses hinterfragten später auch drei Monographien zum Rhein.[12] Ihnen allen ist jedoch gemein, dass sie sich auf das 19. und 20. Jahrhundert beschränken, weshalb ihre Ergebnisse nur begrenzt Rückbezüge auf den in diesem Beitrag behandelten Zeitraum zulassen. Ähnlich verhält es sich mit der wegweisenden Dissertation Gudermanns zu „Meliorationen" in der Boker Heide, der Bokel-Mastholter Niederung (beide in Westfalen) sowie dem brandenburgischen Havelland.[13] Wie Wieland, Emich und Speich bezieht sie die Perspektive der Ingenieure mit ein und ordnet die Wasserbaumaßnahmen zusätzlich unter dem Terminus „Melioration der Köpfe" in den zeitgenössischen Diskurs ein.

Des Weiteren lassen sich Arbeiten aus der historischen Geographie als fruchtbare Ergänzungen für historische Wasserbaudiskurse anführen.[14] Sie beschäftigen sich auf Grundlage teilweise weit zurückreichender Quellenarbeit und daraus abgeleiteten, wie auch in der Gegenwart gesammelten, empirischen Daten mit Hochwasser, Hochwasserschutz und in diesem Sinne mit historischen Formen der Flussregulierung. Gleichsam konzentriert sich Hannig in seiner Habilitationsschrift auf die Prävention von Hochwassern im Alpenraum ab dem 19. Jahrhundert.[15]

---

[11] Daniel Speich, Helvetische Meliorationen: Die Neuordnung der gesellschaftlichen Naturverhältnisse an der Linth (1783–1823). Zürich 2003.

[12] Mark Cioc, The Rhine: an eco-biography, 1815–2000. Seattle u. a. 2002; David Blackbourn, Die Eroberung der Natur. Eine Geschichte der deutschen Landschaft. München 2008; Christoph Bernhardt, Im Spiegel des Wassers. Eine transnationale Umweltgeschichte des Oberrheins (1800–2000). Köln u. a. 2016.

[13] Rita Gudermann, Morastwelt und Paradies: Ökonomie und Ökologie in der Landwirtschaft am Beispiel der Meliorationen in Westfalen und Brandenburg (1830–1880). Paderborn u. a. 2000.

[14] Martin Schmid, Hochwasser und Hochwasserschutz in Deutschland vor 1850: Eine Auswertung alter Quellen und Karten. München 2000; Matthias Deutsch, Untersuchungen zu Hochwasserschutzmaßnahmen an der Unstrut (1500–1900). Göttingen 2007; Wiebke Bebermeier: Wasserbauliche Maßnahmen in Norddeutschland und ihre Folgen: Von den ungünstigen Wasserverhältnissen an der Hunte (1766–2007). Göttingen 2008.

[15] Hannig, Gefahren (wie Anm. 5). Zur Entwässerung des Donaumooses und ihren Folgen für die dortige Umwelt. Paul Hoser, Die Donaumooskultivierung und ihre Folgen, in: Umweltgeschichte in der Region, hrsg. v. Rolf Kießling u. a. Konstanz 2012, S. 205–238, hier: S. 205 f. Zu Bayern auch: Rainer Beck, Ebersberg oder das Ende der Wildnis: eine Landschaftsgeschichte. München 2003.

1.1.2 Das Thema: Emscher und Emscherbruch

Bisher hat kaum eine Publikation die Emscher in ihrer unbegradigten, nicht den Anforderungen der Industrialisierung angepassten Form in den Blick genommen hat. Die Auseinandersetzung mit dem Fluss erfolgte mit Ausnahme von einem unten genannten Fall (vgl. Max Horst) nur als beiläufige Vorgeschichte zur tiefgreifenden Regulierung im 19. und 20. Jahrhundert oder als Hintergrundfolie für andere Thematiken. Der vorliegende Beitrag soll deshalb erste Bausteine liefern, um diese Lücke in der Historiographie der Region zwischen Lippe und Ruhr zu schließen.[16]

Bekanntheit erlangte die Emscher als natürliche Abwasserleitung des rheinisch-westfälischen Industriegebiets – eine Funktion, die sich im 19. Jahrhundert abzeichnete und laut Kania ihr „Todesurteil" unterschrieb.[17] Sowohl die Wirtschafts- und Technikgeschichte als auch die sich seit den 1980er Jahren in der Bundesrepublik herauskristallisierende Umweltgeschichte erfassten die Emscher als Teil einer Industrielandschaft des 19. und 20. Jahrhunderts, letztere vor allem unter dem Aspekt der Umweltbelastungen.[18] Gilhaus' *Schmerzenskinder der Industrie* ist dafür beispielhaft, da sie die Luft- und Wasserverschmutzung und somit auch den Umgang mit der Emscher auf annähernd quantitativer Basis behandelt.[19]

Die einzige Darstellung der frühneuzeitlichen Emscher als ökonomisches und infrastrukturelles Arbeitsfeld entstammt der 1927 publizierten Dissertation

---

[16] In diesem Beitrag ist für die Frühe Neuzeit absichtlich nicht vom „Ruhrgebiet" die Rede, da erst die zunehmende Industrialisierung des 19. Jahrhundert dessen Kohäsion als Region hervorgebracht hat. So formulierte zuletzt Lohsträter: „In der Frühen Neuzeit sucht man vergebens einen analogen Begriff, der ein gesellschaftliches Bewusstsein für die Ruhrregion als kohärenter historischer Landschaft ausdrücken würde. Es gibt anders formuliert keine direkt fassbaren Indizien für ein verbreitetes Empfinden der Zeitgenossen zwischen Rhein, Ruhr, Lippe, Wupper und Emscher, in einem zusammenhängenden und zusammengehörigen Gebiet zu leben." Lohsträter, Entzündung (wie Anm. 8), S. 36. Die jeweiligen Territorien beim Namen zu nennen, erscheint in diesem Beitrag angebrachter.

[17] Rolf Kania, Todesurteil für einen Fluß. Abwasserbeseitigung im Ruhrgebiet um die Jahrhundertwende, in: Journal für Geschichte 2, 1986, S. 22–29.

[18] Ulrike Klein, Die Gewässerverschmutzung durch den Steinkohlenbergbau im Emschergebiet, in: Westfalens Wirtschaft am Beginn des „Maschinenzeitalters", hrsg. v. d. Gesellschaft für Westfälische Wirtschaftsgeschichte. Dortmund 1988.

[19] Die Einführung der preußischen Gewerbeordnung von 1845 dient Gilhaus als Ausgangspunkt. Vgl. Ulrike Gilhaus, „Schmerzenskinder der Industrie". Umweltverschmutzung, Umweltpolitik und sozialer Protest im Industriezeitalter in Westfalen 1845–1914. Paderborn 1995, S. 17. Umweltverschmutzung lässt sich an der Emscher aber bereits zum Ende des 18. Jahrhunderts beobachten. So klagte das Kloster Sterkrade schon 1793 über die Verschmutzung des Wassers durch das Auswaschen des Raseneisensteins auf der im Bruch gelegenen Eisenhütte St. Antony. Siehe dazu: Landesarchiv Nordrhein-Westfalen, Abt. Westfalen, Münster, Kurfürstentum Köln, Hofrat, Vestische Sachen 241.

von Max Horst.[20] Er befasst sich mit den preußischen Plänen zur Schiffbarmachung des Flusses, die zwischen den 1750er Jahren und 1774 – also noch vor der Schiffbarmachung der Ruhr ab 1776 – aufkamen, von Friedrich II. schlussendlich jedoch abgelehnt wurden. Horst erschließt kommunale Quellen für die Geschichte der Emscher: Seine Analyse fußt auf der Korrespondenz zwischen lokalen Beamten und der Kleve-Märkischen Kriegs- und Domänenkammer. Besonders die daraus interpretierte Einstellung des Kammerpräsidenten von Bessel zum Stift Essen als Emscheranlieger und Landbrücke zwischen der Mark und Kleve verdient Erwähnung: „Daß die Emscher eine kurze Strecke nicht-preußisches Gebiet durchfloß, konnte kein allzu großes Hindernis [für die Schiffbarmachung, S. Somfleth] sein."[21]

Aus lokalhistorischer Perspektive hat sich vor allem Kurowski im Zuge seiner Forschung zu Gelsenkirchen-Erle mit der Emscher beschäftigt und einige der von Horst verwendeten Schriftstücke in edierter Form der Öffentlichkeit zugänglich gemacht.[22] Diese Edition ist jedoch der einzige quellenbasierte Vorstoß Kurowskis in die Frühe Neuzeit. Sein Beitrag zur Emscher als Südgrenze des Vests Recklinghausen fußt eher auf Sekundärliteratur denn auf Quellenarbeit.[23] An dieser Stelle gilt es, auf ein Themenheft des Historischen Vereins für Dortmund und die Grafschaft Mark hinzuweisen, das in kurzgefassten Beiträgen ebenfalls einen Einblick in die Beschaffenheit der frühneuzeitlichen Emscher auf heutigem Dortmunder Stadtgebiet gibt.[24] Darüber hinaus gaben Dickau und Eger 2014 einen Sammelband zur Emscher heraus, der einen historisch-archäologischen Ansatz verfolgt. Darin verdient insbesondere der Beitrag von Bergmann zum kartographischen Erscheinungsbild der Emscher Beachtung.[25]

Zuletzt ist es geboten, auf verwandte Literatur hinzuweisen. So liefert Wirtz' Aufsatz zu Geschichte und Aufbau der Marken im Stift Essen trotz seines Alters wichtige Anhaltspunkte zur Natur des frühneuzeitlichen Emscherbruchs,

---

20 Max Horst: Die Pläne zur Schiffbarmachung der Emscher aus der 2. Hälfte des 18. Jahrhunderts. Ein Beitrag zur Wirtschaftspolitik Friedrichs des Großen in der Grafschaft Mark. Münster 1927. Horsts Darstellung lässt jedoch deutschnationale Ressentiments infolge des Versailler Vertrages durchscheinen und interpretiert Entwicklungen des 18. Jahrhunderts nach wirtschaftlichen Standards der 1920er Jahre.
21 Vgl. Horst, Schiffbarmachung (wie Anm. 20), S. 25.
22 Hubert Kurowski, Die Emscher. Geschichte und Geschichten einer Flußlandschaft. Essen 1993.
23 Hubert Kurowski, Die Emscher als Grenze des vestischen Raumes, in: Franken und Franzosen im Vest, 1773 bis 1812. Einflüsse und Einmärsche, Einwanderung und Einverleibung, hrsg. v. Hans Udo Thormann. Bottrop 2010, S. 47–57.
24 „Alles fließt. Das Wasser der Emscher", in: Heimat Dortmund 2,2006. Essen 2006.
25 Werner Bergmann, Die Emscher im Kartenbild des 16. und 17. Jahrhunderts, in: Emscher. Beiträge zur Archäologie einer Flusslandschaft im Ruhrgebiet, hrsg. v. Otto Dickau u. Christoph Eger. Münster 2014, S. 173–189.

deren Nutzung und den damit verbundenen Rechten.[26] Ähnliches publizierte Voßschmidt in Bezug auf die Recklinghäuser Mark, wobei sein Beitrag durch eine umfassende Quellenedition aus Beständen des Stadtarchivs Recklinghausen hervorsticht.[27]

1.2 Quellenkorpus

Das Quellenkorpus für diesen Beitrag entstammt den Akten des Kaiserlich-Freiweltlichen Damenstifts Essen, die in der Abteilung Rheinland des Landesarchivs Nordrhein-Westfalen am Standort Duisburg lagern (Bestand AA 0250). Insgesamt acht Akten (Nr. 830–837) befassen sich mit dem Emscher-Flusssystem, zu dem auch der kleine Fluss Boye zwischen Bottrop und Horst zählte.[28] Damit das Quellenkonvolut nicht ausufert, beschränkt sich der Beitrag auf die Akten Nr. 830–833, 835 und 836.[29] Die Essener Überlieferung zur Emscher fällt gerade wegen ihrer Unregelmäßigkeit ins Auge. Zwar existieren Einzeldokumente aus dem 17. Jahrhundert; eine Häufung tritt jedoch erst ab 1731 auf. Das Gros der Aktenstücke stammt somit aus den Amtszeiten von Franziska Christine von Pfalz-Sulzbach (1726–1776) und Maria Kunigunde von Sachsen (1776–1801). Größere Lücken bestehen zudem zwischen 1734–1737, 1739–1748, 1749–1764 und 1775–1788, wenngleich die Akten eines am Reichskammergericht geführten Prozesses des Deutschordenskomturs der Kommende Welheim im Emscherbruch gegen Maria Kunigunde von Sachsen als ergänzendes Material für die Zeit ab 1775 herangezogen werden können.[30]

Die Gattungsvielfalt der noch vorhandenen Aktenstücke kann diese Einschnitte in Teilen kompensieren. So halten Zeugenverhöre[31] auch für Perioden

26 Wirtz, Wilhelm, Die Marken in den Stiftern Essen und Rellinghausen, in: EB 43, 1926, S. 1–144.
27 Stefan Voßschmidt, Beiträge zur Geschichte der Recklinghäuser Mark im 18. Jahrhundert, insbesondere zur Markenordnung von 1786 und zum „wilden Gestüt", in: Vestische Zeitschrift 104, 2013, S. 85–157.
28 Während die Akten 831–833 in der Hauptsache Korrespondenz zwischen der Fürstlichen Regierung in Essen und dem kurkölnischen Statthalter des Vests, dem Grafen von Nesselrode, zur Reinhaltung und Räumung der Emscher beinhaltet, behandelt Akte 830 die Auseinandersetzung hinsichtlich der Problematik der Emschermühlen. Die umfangreichste Überlieferung bieten jedoch die Akten 835 und 836, die fast minutiös die Verhandlungen zur Räumung und subsequenten Regulierung der Emscher in den Jahren 1788–1791 sowie deren Folgeeffekte dokumentieren.
29 Akte 834 zu den Verhandlungen mit der Kleve-Märkischen Kriegs- und Domänenkammer wegen der gemeinsamen Emscherräumung in der Exklave Huckarde sowie Akte 837 zu eigenmächtigen Durchstichen vestischer Untertanen am Lauf der Boye werden ausgeklammert.
30 LAV NRW R, Reichskammergericht T 203/1009.
31 Vgl. LAV NRW R, Stift Essen Akten 831, fol. 85r–88v. LAV NRW R, Stift Essen Akten 833, fol. 53r–58v.

ohne Überlieferung Informationen zu Gewohnheitsrechten, vergangenen Flussräumungen und -verläufen bereit, müssen aber – da meist prozessuale Beweismittel, welche die Behauptung einer Streitpartei untermauern sollen – mit der notwendigen Vorsicht gelesen werden. Eine Reihe von Suppliken[32] erlaubt Einsichten in das Leben der Eingesessenen des Emscherbruchs auf Essener wie auf vestischer Seite des Flusses. Die Sichtweise und Expertise der Ingenieure lässt sich wiederum in Teilen aus den Gutachten Boners und Kämmerers herausfiltern.[33] Hervorzuheben sind darüber hinaus private Briefe zwischen den mit der Emscherregulierung betrauten Oberkommissaren: dem Oberhofmeister Graf von Aicholt für das Stift und dem Statthalter Graf von Nesselrode für das Vest. Diese auf Französisch verfasste Korrespondenz offenbart intime Gedanken und verborgene, d. h. in offiziellen Schreiben nicht auftauchende, politische Meinungen von Verfasser und Empfänger.[34]

Die genannten Textgattungen stellen innerhalb des hier genutzten Aktenkonglomerats eine Ausnahme dar. Die Mehrheit der Überlieferung gibt eine Zentral- bzw. Lokalbehördenperspektive wieder. Aus diesem Bewusstsein heraus müssen sie einer tiefgreifenden Quellenkritik unterzogen werden, um aus ihnen Informationen zu weiteren beteiligten Interessenten zu extrahieren.

2. Flüsse als landesherrliche Betätigungsfelder

Eine Definition des Begriffs „Fluss" aus dem 18. Jahrhundert besagt: „Eigentlich ist ein Fluß ein starkes Wasser, welches in den von der Natur ihm gesetzten Schranken, und durch die ihm selbst in dem Erdboden gemachten Tiefen, auf der Fläche der Erde, vermöge seiner eigenen Schwere, seinen ordentlichen Lauf hat". Eigentlich, denn das gelehrte Wissen des Alten Reiches unterteilte Flüsse in „reguläre" und „irreguläre". Zu letzteren zählten diejenigen,[35]

> „[...] die viel Krümmungen haben; deren Ufer bald ein= bald auswärts gehen; deren Breite bald zu= bald abnimmt; deren Grundfläche uneben, an einigen Orten tief, an andern flach ist; die endlich ihre Strombahn geschwinde ändern, und einer neuen Directionslinie nachziehen."

---

32   Vgl. u.a. LAV NRW R, Stift Essen Akten 830, fol. 24r–25r.
33   Vgl. LAV NRW R, Stift Essen Akten 830, fol. 33r–35v. LAV NRW R, Stift Essen Akten 835, fol. 148r–151r.
34   Vgl. LAV NRW R, Stift Essen Akten 835, fol. 22, 40r-v, 131r-v.
35   „Fluß", in: Oekonomische Encyklopädie oder allgemeines System der Staats= Stadt= Haus= u. Landwirthschaft, Bd. 14: Flaack – Fraxinus, hrsg. v. Johann Georg Krünitz. Berlin 1778, S. 376–417, hier: S. 377.

Darunter fiel sicherlich auch die stark mäandernde Emscher. Aus der Dichotomie von „regulär" und „irregulär" geht hervor, dass Flüssen eine natürliche Regelhaftigkeit unterstellt wurde. „Irreguläre Flüsse" bedurften einer Regulierung, um sie einem neuen, den menschlichen Bedürfnissen entsprechenden Idealbild zuzuführen. Frühneuzeitliche Diskurse um derartige Regulierungsmaßnahmen an Flüssen zeichneten sich speziell durch Hygiene- und Fortschrittssemantiken („Bonifikationen", „Meliorationen", „Korrektionen"/„Rektifikationen") aus. Mit ihrer Hilfe begründeten Herrscher die Ausdehnung ihrer Zuständigkeit auf weitere Lebensbereiche der Flussanlieger und die daraus abgeleiteten Eingriffe in Gesellschaftsstrukturen.

Wasser und Wasserbau waren stets untrennbar und meist sogar in Wechselwirkung mit Herrschaft verflochten. Seit den frühen Bewässerungssystemen Mesopotamiens knüpften sich Ertragssteigerung, Verrechtlichungsprozesse und Herrschaftslegitimation an den erfolgreich koordinierten Aufbau von Bewässerungssystemen zugunsten der Landwirtschaft. Herrscher vermittelten ihre vermeintliche Kontrolle des Wassers – einer der existenziellsten Überlebensgrundlagen und unwägbarsten Naturgefahren –, indem sie Brunnen zur Trinkwasserversorgung aushoben, Dämme für den Hochwasserschutz errichteten und Flüsse als Transportelemente nutzten. So demonstrierten wasserbauliche Maßnahmen die kontinuierliche Nützlichkeit des Herrschers für das derzeitige und künftige Wohl der Untertanen.[36]

Vor allem Hochwasser brachte unkalkulierbare Risiken mit sich, weil der Fluss dabei seine Ufer und somit aus menschlicher Sicht seine Grenzen überschritt. Die Natur drang in die zivilisierte, gesellschaftliche Sphäre ein.[37] Eine umweltbezogene Sicherheitspolitik und die Verteidigung gegen solche Naturereignisse betrachteten viele Landesherren als unumgänglich, zumal derartige Vorkommnisse ihre Machtposition gegenüber der Natur und den Untertanen schwächten: „Den Entscheidungsträgern war klar, dass Überschwemmungen zwar lokal begrenzt waren, jedoch schnell überregional Verantwortung forderten. Flussregulierungen waren daher immer auch Herrschaftssicherung."[38] Die Landschaft des eigenen Territoriums gegen die Kräfte der Natur zu verteidigen oder das zu beabsichtigen, vermochte ihre Herrschaft zu untermauern. Auf diese Weise ließen sich Eingriffe in die Natur und in den rechtlichen Status quo gegen Widerstände problemlos rechtfertigen. Das erklärt ebenfalls das Interesse des Verwaltungsapparats an Informationen über die Natur, insbesondere zur Ge-

---

[36] Vgl. Radkau, Natur (wie Anm. 3), S. 108, 112. Wieland, Valdichiana (wie Anm. 9), S. 18.
[37] Vgl. Martin Knoll, Fließende Grenzen, Zur Rolle von Flüssen bei der Repräsentation historisch-topografischer Räume in der Frühen Neuzeit, in: Grenzen und Grenzüberschreitungen: Bilanz und Perspektiven der Frühneuzeitforschung, hrsg. v. Christine Roll u. a. Köln 2010, S. 109–129, hier S. 125.
[38] Vgl. Hannig, Gefahren (wie Anm. 5), S. 127.

fahreneinschätzung.[39] Mit zunehmendem Wissen und technischer Innovation schienen nicht nur die Kontrollierbarkeit des Wassers, sondern proportional auch Forderungen und Erwartungen an die Nutzung des Elements und an seine Beherrscher zu steigen.[40] Die Konsequenz war in vielen Territorien eine Ausdifferenzierung des Verwaltungsapparats im wasserbaulichen Bereich, unter dessen Berücksichtigung die weiterhin auftretenden Überschwemmungen laut Speich nur noch als Auswüchse institutionellen Versagens gedeutet werden können.[41]

Gerade die Anfänge des Flussbaus lassen sich in Mitteleuropa weit jenseits einer klar zentralisierten und technologisch geprägten „Moderne" verorten. So „bonifizierte" die Republik Arezzo bereits 1343 den Fluss Chiana und der erste bekannte Durchstich einer Rheinschleife gelang 1391.[42] Die „bonifica" oder „Bonifikation" verweisen auf die Stadtstaaten im Norden der italischen Halbinsel als wasserbauliche Vorreiterregion. Venedig bezeichnete mit diesem Wort ab dem Spätmittelalter Maßnahmen, durch die seine Lagune mittels Entwässerung urbar gemacht werden sollte. Bonifikationen bezogen sich demnach nicht nur auf Flüsse, sondern auf das Land-Wasser-Verhältnis im Allgemeinen. In der „bonifica" spiegelt sich (vielleicht erstmals dezidiert) eine Sichtweise wider, der zufolge die Lagune selbst neutral oder „unnütz" sei. Sie müsse erst durch menschliche Eingriffe „gut" bzw. „nützlich" gemacht werden. Die Notwendigkeit hierzu ergab sich aus der Versorgung der Stadt, wofür dem Wasser künftiges Ackerland abgetrotzt werden sollte. Im gleichen Augenblick, in dem Venedig das „machtpolitische Potenzial der Umweltregulierung" erkannte, dämmerten ihr die negativen Auswirkungen solcher Eingriffe auf natürliche Vorgänge. Bereits in der ersten Hälfte des 16. Jahrhunderts, als die sie schützende Lagune Gefahr lief zu verschlammen, griff die Stadtregierung korrigierend ein und leitete diejenigen Flüsse um, die den Schlamm mitführten. Des Weiteren richtete sie am Anfang des 17. Jahrhunderts die ersten zentralen Institutionen ein, die sich ausschließlich mit Wasserbauverwaltung und Umweltpolitik auseinandersetzten.[43]

„Meliorationen" erlebten vor allem im 19. Jahrhundert eine Hochkonjunktur, weil die zeitgenössischen Agrarreformer in meliorierenden Eingriffen ein „Allheilmittel für die Landwirtschaft" sahen.[44] Nach Gudermann „umschreibt [der Begriff] die Be- oder Entwässerung des landwirtschaftlich genutzten Bodens mit dem Ziel der Verbesserung seiner Ertragsfähigkeit." Mit ihnen gingen

---

39 Vgl. Ebd., S. 18, 99.
40 Vgl. Obertreis, Transformation (wie Anm. 6), S. 657.
41 Vgl. Speich, Meliorationen (wie Anm. 11), S. 32.
42 Vgl. Blackbourn, Eroberung, S. 11 (wie Anm. 12). Wieland, Valdichiana (wie Anm. 9), S. 13.
43 Vgl. Radkau, Natur (wie Anm. 3), S. 145, 148.
44 Rita Gudermann, Wasser, Boden und der Strukturwandel der westfälischen Landwirtschaft im 19. Jahrhundert, in: Westfälische Forschungen 61, 2011, S. 485–496, hier: S. 488.

tiefgreifende Veränderungen des Wasserhaushalts einher.⁴⁵ Neben Flüssen zählten – wie bei den „bonifiche" – auch Sümpfe, Niedermoore und Heiden zu den potenziellen Einsatzbereichen für Maßnahmen des Landesausbaus. Fortschrittsdenken und Ressourcenoptimismus prägten einen wasserwirtschaftlichen Diskurs, der postulierte, „die unendliche Fruchtbarkeit der Sümpfe warte nur darauf, vom Menschen ausgebeutet zu werden."⁴⁶ Obgleich sich Meliorationen erst ab dem Ende des 18. Jahrhunderts zu größeren, regionalen oder das gesamte Territorium betreffenden Initiativen ausweiteten, waren sie selbst im Preußen des 19. Jahrhunderts nicht allein Herrschenden und Amtsträgern vorbehalten. Seit je her betrieb in erster Linie die ländliche Bevölkerung kleinere, meliorierende Maßnahmen zur individuellen Be- oder Entwässerung ihrer Äcker, Wiesen und Weiden.⁴⁷ Trotz einer zentralen, preußischen Verwaltung ließen sich diese Eigeninitiativen auf mangelnde staatliche Leitung und Finanzierung zurückführen. Anstelle systematischer, präventiver Regulierungsaktionen kam es von Seiten der Obrigkeit lediglich zu nachträglichen Reaktionen auf lokale oder regionale Katastrophen, welche der Behebung von Notlagen und somit letztlich der Herrschaftsabsicherung dienten.⁴⁸

Im Rahmen der preußischen Wasserbauinitiativen des 18. Jahrhunderts strebten Verwaltungsbeamte danach, kameralistische Vorstellungen von Flüssen in die Tat umzusetzen. Das bedeutete, sie weitgehend der Ökonomie des Landes zu unterstellen.⁴⁹ Unter den Gesichtspunkten Verkehr und Handel, aber auch zur Schaffung von „Nahrungsräumen" für die Versorgung der wachsenden, das Land „peuplierenden" Bevölkerung erhielt der Flussbau enorme Bedeutung. Insbesondere Vorschläge zur Schiffbarmachung, also dem Bau von Wasserwegen, etwa für die Ruhr in den 1770er Jahren, fanden bei Kameralisten Anklang. Außerdem sollten zur Verbesserung der Landeskultur feuchte Landstriche, die bisher unbebaut geblieben waren, durch Gräben urbar gemacht sowie mithilfe einer Wasserinfrastruktur aus Kanälen, Brücken und Schleusen für Transport und Handel wirtschaftlich erschlossen werden.⁵⁰ Exemplarisch für die „Er-

---

45 Gudermann, Morastwelt (wie Anm. 13), S. 2.
46 Gudermann, Wasser (wie Anm. 44), S. 487.
47 Vgl. Gudermann, Morastwelt (wie Anm. 13), S. 2. Hannig, Gefahren (wie Anm. 5), S. 139. Blackbourn wies zudem daraufhin, dass Sumpfentwässerungen bereits im Mittelalter stattgefunden hätten. Vgl. Blackbourn, Eroberung (wie Anm. 12), S. 11.
48 Vgl. Gudermann, Wasser (wie Anm. 44), S. 489.
49 Der Begriff des Kameralismus oder der Kameralistik verweist auf einen unmittelbaren Bezug zu Wirtschaft und Finanzen, weil seine lateinische Wurzel „camera" die Schatzkammer des Herrschers und damit im übertragenen Sinne die Finanzverwaltung eines Territoriums bezeichnet. Vgl. Thomas Sokoll, „Kameralismus", in: Enzyklopädie der Neuzeit, Bd. 6. Stuttgart u. a. 2007, Sp. 290–299.
50 Vgl. Marcus Sandl, Ökonomie des Raumes. Der kameralwissenschaftliche Entwurf der Staatswirtschaft im 18. Jahrhundert. Köln u. a. 1999, S. 75, 78; Rita Gudermann, Zur Be-

oberung" künftig nutzbaren Landes war die Eindämmung und Begradigung der Oder (1746–1753), deren nun künstlich erhöhte Fließgeschwindigkeit dazu beitrug, das angrenzende Sumpf- und Bruchland zu entwässern und die alljährlich wiederkehrende Überschwemmung zu verhindern.[51] In späteren Jahrzehnten trieb Preußen zudem die Meliorationen des Netze- (1763–1769) und des Warthebruchs (1767–1785) voran.

Aus kameralistischer Perspektive wohnte Flüssen eine ordnende Funktion inne, da sie die Fläche – wenn auch nicht linear – durchschnitten, Landschaften eine natürliche Struktur gaben und nicht zuletzt Räume begrenzten und konstituierten.[52] Dank dieser Attribute waren Flüsse für Eingriffe von Herrscher- und Verwaltungsseite prädestiniert. Freifließend hingegen waren sie Urheber von Hochwassern und Überschwemmungen. Unregulierte Flüsse galten im utilitaristischen Diskurs der Zeit als menschenfeindliche Ausprägungen der Natur. Sie verursachten Schäden in der „zivilisierten Welt", weswegen sie wie Wildtiere „domestiziert", „gezähmt", also mit dem Ziel einer nützlichen Existenz an der Seite des Menschen eingehegt werden mussten.[53] Flussmeliorationen und -korrektionen bezweckten im wörtlichen Sinne, die Unvollkommenheit dieser Fließgewässer auszugleichen. Sie zu regulieren bedeutete, sie einer menschlichen Regelhaftigkeit zu unterwerfen. Der Doppeldeutigkeit des lateinischen „rectus" entsprechend umfassten Flussrektifikationen schließlich die Berichtigung und damit Begradigung ihrer fehlerhaften Laufrichtung. Erst ein vollständig begradigter, im Prinzip kanalisierter Verlauf entsprach dem Ideal der Herrschenden, der Kameralisten und der Ingenieure. Ohne Altarme und Mäander erschien ein

---

deutung der friederizianischen Landeskulturmaßnahmen – Mythos und Realität, in: Leben und Arbeiten auf märkischem Sand. Wege in die Gesellschaftsgeschichte Brandenburgs 1700–1914, hrsg. v. Ralf Pröve u. Bernd Kölling. Bielefeld 1999, S. 351–377, hier: S. 352.

51 Siehe hierzu v. a.: Bernd Herrmann/Martina Kaup, „Nun blüht es von End' zu End' all überall": Die Eindeichung des Nieder-Oderbruches 1747–1753. Münster u. a. 1997. Trotz des sich daran anknüpfenden Mythos der „Eroberung einer Provinz im Frieden" darf die Bedeutung der so genannten „friederizianischen Landeskulturmaßnahmen" Gudermann zufolge nicht überschätzt werden. Preußen folgt in dieser Hinsicht einem europäischen Trend, ist demnach kein Unikum. Die Kosten, die für Preußen bei der Entwässerung des Oderbruchs anfielen, waren gemessen an den Ausgaben des Siebenjährigen Krieges verschwindend gering. Dieser Meliorationsmaßnahme folgte zudem weder eine große Bevölkerungszunahme noch ein immenser Gewinn an Ackerfläche. Vgl. Gudermann, Landeskulturmaßnahmen (wie Anm. 50), S. 362 f.

52 Vgl. Knoll, Grenzen (wie Anm. 37), S. 113, 118.

53 Vgl. Cioc, Rhine (wie Anm. 12), S. 39; Susanne Rau, Fließende Räume oder: Wie lässt sich die Geschichte des Flusses schreiben?, in: Historische Zeitschrift, 291, 2010, S. 103–116, hier: S. 109.

Fluss statisch, vorhersehbar, mühelos zu kontrollieren und einzudämmen sowie, infolge seiner dadurch erhöhten Fließgeschwindigkeit, optimal zu befahren.[54]

Jedoch beschränkte sich die ordnende Wirkung des Wasser- und Flussbaus nicht nur auf die Gewässer selbst. Abgesehen von Nutzen und Ästhetik beinhalteten wasserbauliche Projekte oftmals eine erzieherische, auf die Bevölkerung bezogene Komponente: Der natürlichen Entwässerung der menschlichen Umwelt sollte sich eine „moralische[.] ‚Entsumpfung' der Menschen" anschließen. Aufgrund der Bandbreite an Zusammenhängen, die Wasserbauprojekte berührten, boten sie vielfältige Ansatzpunkte für eine taktische Veränderung gesellschaftlicher, insbesondere rechtlicher Verhältnisse. Obertreis erkennt in solchen Initiativen zur Verhaltenslenkung der Untertanen frühneuzeitliche Ansätze von „social engineering",[55] woraus sich gesellschaftspolitische Parallelen zu den Ingenieursleistungen der Wasserbauer ziehen lassen. Aus bevölkerungspolitischer Perspektive diente entwässertes Land vornehmlich der „Peuplierung". Eingriffe in die hydrologischen Aspekte der Natur wirkten sich allerdings auch positiv auf die Gesundheit und damit auf die Produktivität und Arbeitskraft der Bevölkerung aus. Stehende Gewässer trockenzulegen oder die Fließgeschwindigkeit träger Flüsse zu erhöhen, entzog Mücken die Lebensgrundlage und dämmte von ihnen übertragene Krankheiten wie Malaria ein. Ganz im kameralistischen Sinne steigerten sinkende Sterberaten indirekt das Bevölkerungswachstum.[56] Gemessen an den früh einsetzenden *Be*wässerungsinitiativen hatten Landesherren und Gelehrte diese Effekte der *Ent*wässerung erst spät durchschaut. Wenngleich die genauen Krankheitsursachen noch im Dunkeln lagen, gelangten sie zu der Erkenntnis: „Gesundheit [wird] durch die Umwelt beeinflußt und durch bestimmte Umwelten bedroht".[57] Zum (körperlichen) Wohle der Untertanen und letztlich des Staates lohnte es sich, die Umwelt in diesem Sinne umzugestalten.

---

[54] Vgl. Cioc, Rhine (wie Anm. 12), S. 39. Wieland, Valdichiana (wie Anm. 9), S. 21 f. „Wo Region und Landschaft in einem Idealzustand erstarren, haben Flüsse, die sich stets neue Flussbetten graben, kaum Platz." Vgl. Knoll, Grenzen (wie Anm. 37), S. 127.

[55] Obertreis, Transformation (wie Anm. 6), S. 659 f. „Wasserpolitik war keineswegs nur […] Umweltpolitik, sondern ein Medium, durch das Landwirtschaft und Handel, die allgemeine und persönliche Hygiene, das Kriegswesen und damit die Gesellschaft insgesamt gestaltet wurden." Christian Wieland, Wasser, Politik und Bürokratie. Politische Kultur der Hydraulik im England der Tudors und Stuarts" in: Geschichte in Wissenschaft und Unterricht 67.11/12, 2016, S. 675–694, hier: S. 675.

[56] Vgl. Radkau, Natur (wie Anm. 3), S. 111, 146; Cioc, Rhine (wie Anm. 12), S. 37; Hannig, Gefahren (wie Anm. 5), S. 164; Wieland, Valdichiana (wie Anm. 9), S. 17.

[57] Radkau, Natur (wie Anm. 3), S. 154.

3. Das Stift Essen im 18. Jahrhundert

Damenstifte stellten im Alten Reich keine Rarität dar.[58] Wo der Abtei wie in Essen ein Stiftsterritorium anhing, besaß die Äbtissin nicht nur die geistliche Gewalt, sondern besetzte ebenfalls das Amt der weltlichen Landesherrin und übte somit die Landeshoheit aus. Obwohl staatstheoretisch umstritten und damit rechtlich gefährdet,[59] war Frauenherrschaft gelebte Praxis. Im Stift Essen existierte zudem eine ausgeprägte ständische Struktur, die das gräfliche Damenkapitel als ersten, das bürgerliche Kanonikerkapitel als zweiten und die Ritterschaft als dritten Stand umfasste.[60] Viele politische Organe und Interessengruppen verlangten folglich nach Teilhabe an Gesetzgebungs- und Entscheidungsprozessen, insbesondere in landeshoheitlichen Belangen. Alf Lüdtke bezeichnete solche herrschaftlichen Konstellationen mit dem Konzept des „Kräftefeldes", welches die Dichotomie von einem Herrscher gegenüber vielen Beherrschten aufbrechen sollte.[61]

3.1 Im Schatten der Nachbarn? – Die Essener Fürstäbtissinnen

Aufgrund fluider Landesgrenzen kann für das Stift Essen erst ab dem 17. Jahrhundert allmählich von einem territorialisierten Staat gesprochen werden.[62] Das gilt besonders im Emscherbruch, wo sich mit dem Fluss ständig der Grenzverlauf änderte. Neben dem Hauptterritorium um die Stadt Essen gehörten zum Stift aber auch die Dörfer Huckarde und Dorstfeld in der Nähe der Reichsstadt Dortmund sowie die Herrschaft Breisig, eine Exklave am Rhein zwischen Bonn und Koblenz. Darüber hinaus verfügte Essen über weitreichenden Lehnbesitz in Form von Ober- und Unterhöfen.[63] Die geringe Größe des Hauptstiftgebiets von knapp zwei Quadratmeilen schlug sich in einem Mangel an natürlichen wie personellen Ressourcen nieder und erwies sich als Nachteil bei der Staatsbildung. Ohne ein zusammenhängendes Territorium animierte diese „Mindermächtigkeit" die Herrscher angrenzender Territorien, Essen zumindest als Teil ihres Einflussbereichs zu betrachten, wenn nicht gar zu versuchen, es in ihren Besitz zu bringen und damit auf Essens Kosten das eigene Staatsgebiet zu

---

58 Vgl. Ute Küppers-Braun, Frauen des hohen Adels im kaiserlich-freiweltlichen Damenstift Essen (1605–1803). Münster 1997, S. 1, 7.
59 Vgl. Teresa Schröder-Stapper Fürstäbtissinnen. Frühneuzeitliche Stiftsherrschaften zwischen Verwandtschaft, Lokalgewalten und Reichsverband. Köln u. a. 2015, S. 2.
60 Essens Sonderstellung beruhte darauf, dass es die einzige Reichsabtei mit „voll entwickelte[r] landständische[r] Verfassung" war. Küppers-Braun, Frauen (wie Anm. 58), S. 214.
61 Schröder-Stapper hat Alf Lüdtkes „Kräftefeld"-Theorie zwar bereits in ihrer bahnbrechenden Vergleichsstudie zu frühneuzeitlichen Fürstäbtissinnen auf das Stift Essen angewandt, dabei territoriale Amtsträger wie Freiherren und nicht-preußische Nachbarn jedoch nicht näher beleuchtet.
62 Vgl. Schröder-Stapper, Fürstäbtissinnen (wie Anm. 59), S. 162.
63 Vgl. Küppers-Braun, Frauen (wie Anm. 58), S. 30, 32.

arrondieren.⁶⁴ Im Eid, den eine zukünftige Fürstäbtissin spätestens seit Ende des 17. Jahrhunderts in der Regel bei ihrer Einführung abzuleisten hatte, gelobte sie daher „Besitzstandwahrung der Abtei und des Stifts".⁶⁵ Der Aufstieg benachbarter Landesherren zu bedeutenden Akteuren auf Reichsebene und das damit verbundene Abstecken von regionalen Interessensphären machte es notwendig, die Neugewählte auf dieses Führungsziel einzuschwören. Vor allem Essens Lage als Landbrücke zwischen der Grafschaft Mark und dem Herzogtum Kleve, die beide während des 17. Jahrhunderts im Zuge des Jülich-Klevischen Erbfolgestreits an Brandenburg-Preußen gelangt waren, erschien problematisch. Der Kurfürst von Brandenburg und König in Preußen machte nun in seiner Rolle als Nachfolger des Herzogs von Kleve Vogteirechte im Stift geltend, die einst dem Kaiser zugestanden hatten.⁶⁶ Daraus leitete er ein Schutz- und Schirmherrenrecht ab, das sich in politischer Hinsicht auf das gesamte Territorium sowie, in konfessioneller Hinsicht, auf die Patronage der protestantischen Stadt Essen gegenüber der katholischen Abtei und dem Stiftsgebiet *extra muros* als Herrschaftsbereich der Fürstäbtissin erstreckte. Hinzu kam das mit Schutzherrenrecht und konfessioneller Patronage begründete Engagement bei der Konfliktmediation zwischen Stadt und Stift, welches durchaus als aufdringlich bezeichnet werden könnte.⁶⁷ Diese Rechtsansprüche gewährten Brandenburg-Preußen weitreichenden Einfluss auf die innerstiftische politische Gemengelage. Preußen beanspruchte damit de facto die Landeshoheit.⁶⁸ Die Fürstäbtissin bestand hingegen auf der Reichsunmittelbarkeit des Stifts. Sie akzeptierte über sich nur die kaiserliche Obrigkeit und verlangte weltliche Mitspracherechte auf regionaler und Reichsebene.⁶⁹

Im Norden des Stiftsterritoriums markierten Emscher und Boye die Grenze zum Vest Recklinghausen, welches seit dem Mittelalter ein Teil Kurkölns war. Formal unterstand das Stift Essen in geistlichen Belangen ebenfalls dem Erzbistum Köln, obgleich die Fürstäbtissin in ihrem Territorium mit Ausnahme von Weihen und Seelsorge bischöfliche Rechte ausübte.⁷⁰ Die geistlichen Per-

---

64 Vgl. Schröder-Stapper, Fürstäbtissinnen (wie Anm. 59), S. 3; Küppers-Braun, Frauen (wie Anm. 58), S. 94. Noch 1792 erinnert Hofrat Schorn nach einer Grenzbegehung im Emscherbruch daran, dass Gefahr wegen „immer gefährlicher Näherungen und Erweiterungen umgreifender Nachbaren" drohe. Bericht Schorns an die Fürstäbtissin, Essen, 6.2.1792. Vgl. LAV NRW R, Stift Essen Akten 835, fol. 181r.
65 Küppers-Braun, Frauen (wie Anm. 58), S. 114.
66 Vgl. Milly Ascherfeld: „Maria Kunigunde von Sachsen, die letzte Fürstäbtissin des Stiftes Essen (1776–1802), in: EB 47, 1930, S. 1–119, hier: S. 41; Schröder-Stapper, Fürstäbtissinnen (wie Anm. 59), S. 226–229.
67 Vgl. Ebd., S. 224 f.
68 Vgl. Ebd., S. 285 f.
69 Vgl. Küppers-Braun, Frauen (wie Anm. 58), S. 2; Schröder-Stapper, Fürstäbtissinnen (wie Anm. 59), S. 2.
70 Vgl. Schröder-Stapper, Fürstäbtissinnen (wie Anm. 59), S. 2.

sonalunionen des 18. Jahrhunderts, die ab 1723 die Kölner Erzbischofs- und Kurwürde mit der des Münsteraner Fürstbischofs auf einem Haupt vereinigten, verliehen diesem Essener Nachbarn durchaus größeres Gewicht in der Region, wie auch auf Reichsebene. Auf eine ähnliche Machtbasis stützten sich auch die Pfalzgrafen, zu deren Territorialbesitz das südlich von Essen gelegene Herzogtum Berg gehörte. Wenn sie auch nicht in Düsseldorf residierten, so repräsentierte das Bergische doch einen Außenposten der pfälzischen Kur. Berg wurde 1777, nachdem Pfalzgraf Karl Theodor die bayerische Kur geerbt hatte, Teil eines ebenso großen wie territorialisierten Staatsgebildes.

Die Fürstäbtissinnen aber im Kontext dieses außenpolitischen „Kräftefeldes" als politisch inaktive Landesherrinnen zu charakterisieren, ihnen wie ihrer Regierung keine *agency* zuzugestehen und Essen als ein bedeutungsloses „Zwergterritorium" abzustempeln,[71] entbehrt jeder Grundlage. Für ein unbedeutendes Territorium war Preußen sehr stark an der Essener Lokalpolitik interessiert, in sie involviert und zögerte 1801 nicht, Essen ohne vertragliche Basis zu annektieren. Gleichzeitig zeigte die letzte Fürstäbtissin, Maria Kunigunde von Sachsen, ein großes Maß an Eigeninitiative bei der Emscherregulierung und vertrat ihre landeshoheitlichen Ansprüche gegenüber dem kurkölnischen Vest. Ferner verhinderte die Lage inmitten dreier kurfürstlicher Territorien und damit die „Überschneidung der unterschiedlichen Interessenssphären benachbarter Fürsten" eine definitive Eingliederung in selbige und legte auch einer „übermächtige[n] Schutzherrschaft" Preußens Steine in den Weg. „Die Essener Äbtissin verfügte somit im Schatten ihrer zahlreichen Nachbarn über einen größeren Handlungsspielraum als politische Akteurin", wie Schröder-Stapper bewertet.[72]

In der Essener Landesherrin vereinigten sich die Kompetenzen dreier Rechtspersonen, die jeweils unterschiedliche rechtliche Geltungsbereiche verantworteten: Die Äbtissin stand allein der geistlichen Abtei vor und verwaltete die anhängenden Güter. Im Gegensatz dazu verkörperte die Fürstin die weltliche Gerichts- und Polizeigewalt und verfügte über legislative Macht gegenüber der Landesbevölkerung und den Landständen, wobei letztere jedoch Mitspracherechte bei der Gesetzgebung und der Steuererhebung reklamierten. Als Fürstäbtissin vertrat sie ihre geistliche Gerichtsbarkeit sowie die Hoheit als

---

71 Vgl. Küppers-Braun, Frauen (wie Anm. 58), S. 2, 22.
72 Schröder-Stapper, Fürstäbtissinnen (wie Anm. 59), S. 272. Küppers-Braun relativiert ihre Einschätzung zur Bedeutungslosigkeit Essens, formuliert aber passivisch: „Allerdings scheinen die konkurrierenden Interessen, in die die Stiftsdamen auf der einen oder anderen Seite eingebunden waren, aufs Ganze dem Stift zum Vorteil gereicht zu haben; während fast alle anderen Damenstifte im Laufe der Jahrhunderte irgendeiner Interessenssphäre zugeordnet wurden, konnte Essen seine Position bis zur Säkularisierung behaupten." Küppers-Braun, Frauen (wie Anm. 58), S. 94.

Landes- und Reichsfürstin gegenüber den beiden Kapiteln.[73] Schon diese kurze Kontrastierung offenbart potenzielle Unklarheiten, die beim Versuch entstehen konnten, die jeweiligen Kompetenzen der Äbtissin, Fürstin und Fürstäbtissin trennscharf voneinander abzugrenzen, ohne ein rechtliches Präjudiz herbeizuführen. Es ist demnach anzunehmen, dass bei Infrastrukturprojekten wie der Emscherregulierung ebenso unklare Zuständigkeiten bestanden.

Ab Ende der 1780er Jahre oblagen der fürstliche Haushalt und die Hofverwaltung in Abwesenheit der Fürstäbtissin Maria Kunigunde einem Oberhofmeister. Dies führte zu eklatanten „Differenzen mit den Kapiteln", zumal Maria Kunigundes Entscheidungen vielfach eine Unkenntnis der „Besonderheiten und Eigenarten der stiftischen Verfassung" und Fehleinschätzungen hinsichtlich der Amtsträger vor Ort demonstrierten.[74] Da die Fürstäbtissin so gut wie nie in Essen weilte, vertrat der Kärntner Adlige Franz Anton von Aicholt ihre Interessen, indem er regelmäßig mit ihr korrespondierte und ihre Entscheidungen an die Regierung, an die Stände und an auswärtige Amtsträger weiterleitete.[75] 1788 ließ sie Aicholt die Vorarbeiten für die Emscherregulierung mit dem Statthalter des Vests absprechen; im Juni 1789 berief sie ihn kurzzeitig zum Oberaufseher, bevor sie die Aufgabe im Herbst der Fürstlichen Regierung überantwortete.[76] 1792 dekretierte Maria Kunigunde jedoch, dass Aicholt drängende Angelegenheiten entscheiden dürfe, ohne sie hinzuziehen zu müssen.[77] Er agierte nun de facto als ihr Statthalter in Essen. Seiner Vermittlerposition ebenso wie seiner Nichtzugehörigkeit zur Fürstlichen Regierung war es zu verdanken, dass Fürstäbtissin und Landstände in den Jahrzehnte andauernden Herrschafts- und Zuständigkeitsstreitigkeiten 1794 zu einem juristischen Vergleich gelangten.[78]

3.2 Einflussfaktoren: Regierungskanzlei und Berater
Innenpolitisch gestaltete neben der Fürstäbtissin vor allem die Fürstliche Kanzlei die unmittelbare Politik. Sie umfasste die Fürstliche Regierung, bestehend aus

---

73 Küppers-Braun nutzt den neu zusammengesetzten Begriff „Fürstin-Äbtissin", da ihr ‚Fürstäbtissin' mit Blick auf die Essener Situation als unangebrachter „Kunstterminus" erscheint. Vgl. Küppers-Braun, Frauen (wie Anm. 58), S. 30, 32. In diesem Beitrag wird jedoch in Anlehnung an Schröder-Stapper am Begriff ‚Fürstäbtissin' festgehalten.
74 Vgl. Ebd., S. 175.
75 „Die Essener protocolla regiminis zeugen davon, dass Maria Kunigunde von Sachsen trotz ihrer Abwesenheit in die Entscheidungsprozesse miteingebunden war." Schröder-Stapper, Fürstäbtissinnen (wie Anm. 59), S. 330.
76 Kommissorium für Aicholt, Thorn, 16.08.1788. Vgl. LAV NRW R, Stift Essen Akten 835, fol. 4; Kommissorium für Aicholt, Thorn, 06.06.1789, Vgl. LAV NRW R, Stift Essen Akten 835, fol. 55; Aicholt an Leimgardt, Thorn, 14.10.1789; Vgl. LAV NRW R, Stift Essen Akten 836, fol. 79.
77 Vgl. Schröder-Stapper, Fürstäbtissinnen (wie Anm. 59), S. 313.
78 Vgl. Ebd., S. 175.

einem Kanzleidirektor und zwei bis vier Hofräten, sowie weitere Verwaltungsbeamte.[79] Ungeachtet der Tatsache, dass diese Amtsträger eine bedeutende Rolle für die innerstiftische Politik spielten, sind meist nur noch ihre Namen bekannt.[80] Der Aufgabenbereich der Kanzlei erstreckte sich über die „Rechtsprechung, die Güter- und Renteiverwaltung, das Supplikationswesen, [und] die Korrespondenz" nach innen und außen. Somit erfüllte sie eine „Mehrfachfunktion als Regierungs-, Verwaltungs-, Gerichts-, Appellations- und Exekutionsinstanz", fungierte gleichzeitig aber auch als „Lehnkammer und Rentei".[81] Dem angeschlossen existierte eine Steuerverwaltung aus einem Prokurator und einem Advokaten. Wegen zunehmender Komplexität der Sachverhalte und im Zuge der Bürokratisierung bedurften alle Teilbereiche der Legislative und Exekutive juristischer Expertise. Insbesondere der Schriftverkehr mit Reichstag und Reichsgerichten erforderte die Einhaltung genau festgelegter, formeller Vorgaben.[82] Eine Vielzahl von Regierungsmitgliedern, etwa der langjährige Berater Bernhardine Sophias, Kanzleidirektor Otto Friedrich Cocy (Amtszeit 1667–1723, Direktor seit 1687), waren daher ausgebildete Juristen mit Doktortitel.[83]

Meist diskutierte die Regierung wichtige Sachverhalte zunächst unter sich und legte sie erst im Anschluss der Äbtissin vor oder erklärte sie ihr mündlich. Wegen der ständigen Abwesenheit Fürstäbtissin Maria Kunigundes trug die Regierung alle wichtigen Gegenstände in einem Gesamtprotokoll zusammen, empfahl ihr darin eine Vorgehensweise und verschickte es per Post. Die Landesherrin übermittelte dann schriftlich ihre Entscheidung.[84] Sie reformierte das Essener Kanzleiwesen, indem sie Anwesenheitspflicht bei den Sitzungen verlangte und die Vorbereitung der Hofräte auf diese voraussetzte. Darüber hinaus ließ sie alle legislativen Vorgänge verschriftlichen und achtete auf eine akribische Protokollführung, wobei sie die Hofräte für Fehler persönlich verantwortlich machte.[85] Mit ihrem Vertrauen auf das Protokoll machte sich Maria Kunigunde zu einem gewissen Grad abhängig vom Wissen und der Loyalität der Essener Regierung, welche die Lage in ihren Augen vermutlich besser einschätzen konnte.

---

79 Dazu zählten ein Sekretär, ein Registrator, ein Kanzlist, zwei Kanzleidiener, zwei Kanzleiboten sowie gegebenenfalls ein Holzrichter für Markenangelegenheiten. Vgl. Ebd., S. 307.
80 Küppers-Braun hat hierzu ein Desiderat formuliert: „Die geistlichen und weltlichen Amtsträger, die in den meisten Religionskonflikten eine dominierende Rolle spielten, ihre Ziele, Netzwerke, Hoffnungen und Erwartungen sind bisher kaum untersucht worden." Vgl. Ute Küppers-Braun, Zwangstaufen, Kindesentführung und Tumulte bei Beerdigungen. Stift und Stadt Essen in der ersten Hälfte des 18. Jahrhunderts, in: EB 115, 2003, S. 23–66, hier: S. 55.
81 Schröder-Stapper, Fürstäbtissinnen (wie Anm. 59), S. 322 f.
82 Vgl. Ebd., S. 327.
83 Für eine Aufstellung siehe: Konrad Krägeloh, Urkundliche und statistische Unterlagen der Abhandlung: Die Lehnkammer des Frauenstifts Essen, in: EB 58, 1939, S. 72–89, Anlage 4.
84 Vgl. Schröder-Stapper, Fürstäbtissinnen (wie Anm. 59), S. 326.
85 Vgl. Ascherfeld, Maria Kunigunde (wie Anm. 66), S. 56.

Deshalb liegt die Vermutung nahe, dass Regierungsmitglieder womöglich hinter ihren Empfehlungen Eigeninteressen kaschierten.[86] Gleichzeitig wusste die Fürstäbtissin durch die detaillierten Protokolle trotz großer Distanz Bescheid und konnte auf dieser Grundlage gestalterisch wirken. Diese Delegierung von Aufgaben sorgte zudem für eine stärkere Assoziation von institutionellem Versagen, Fehleinschätzungen und Misswirtschaft mit den Hofräten als der Landesherrin selbst.[87]

Da die Fürstäbtissinnen durchaus Ämter und Präbenden in mehreren Stiften innehatten und mangels effektiver Residenzpflicht Essen verlassen durften, setzten sie nicht selten externe Berater ein, die ihnen in ihrer Abwesenheit über die Vorgänge im Stift Bericht erstatteten. Einerseits scheuten sich diese Berater nicht, die Interessen der Fürstäbtissin vehement zu vertreten. Andererseits vertraten sie naturgemäß Eigeninteressen, aufgrund derer sie Themen auf die fürstliche Agenda brachten und politische Entscheidungen lenkten. Einige Fürstäbtissinnen erkannten mit der Zeit die negativen Auswirkungen, die Ratschläge der fürstlichen Regierung oder externer Berater auf die Harmonie im Stift haben konnten. So begann Bernhardine Sophia zum Ende ihrer Regierungszeit sowohl den Räten als auch ihrem Beichtvater zu misstrauen. Anna Salome von Salm-Reifferscheidt vertraute den Amtsträgern ihrer Vorgängerin per se nicht und setzte weitgehend neue Räte ein. Diese hatten ihr den Posten zu verdanken – ein Schachzug, mit dem sich die Fürstäbtissin ihre Loyalität durch Abhängigkeit sicherte.[88]

Seit der Amtszeit Anna Salomes existierte eine permanente Vertretung der Jesuiten in Essen.[89] Ihren Nachfolgerinnen Bernhardine Sophia und Franziska Christine von Pfalz-Sulzbach standen sie als persönliche Beichtväter zur Seite, wodurch die Patres unmittelbare Nähe zur und Einfluss auf die Fürstäbtissin erlangten.[90] Küppers-Braun geht sogar soweit, Bernhardine Sophia als „ihren

---

86 „Falsche Informationen ihrer juristisch geschulten Ratgeber, [...] denen ein aufgeklärtes absolutistisches Staatswesen im Fürstentum Essen vorschwebte und die die Rechte der Kapitel, der Landstände und der Stadt ignorierten bzw. negierten, mußten zu falschen Entscheidungen führen." Vgl. Küppers-Braun, Frauen (wie Anm. 58), S. 175 f.
87 Vgl. Schröder-Stapper, Fürstäbtissinnen (wie Anm. 59), S. 332, 335 f., 338; Küppers-Braun, Frauen (wie Anm. 58), S. 118.
88 Vgl. Küppers-Braun, Zwangstaufen (wie Anm. 80), S. 54 f.; Dies., Frauen (wie Anm. 58), S. 148.
89 Seit 1562 agierten die Jesuiten temporär in Essen. Zur Bewahrung des Katholizismus gegenüber der protestantischen Stadt Essen und dem brandenburgischen Nachbarn waren dann 1666 die Patres Johannes Biermann SJ und Ludolf Borghs SJ aus Köln dorthin geschickt worden, um die jesuitische Präsenz zu verstetigen. Vgl. Ebd., S. 142.
90 Vgl. Schröder-Stapper, Fürstäbtissinnen (wie Anm. 59), S. 318 f. Franziska Christines Beichtväter sind namentlich bekannt: Christoph Neander SJ (1727–1747), Thomas Mantels SJ (1748–1765) und Nicolaus Marner SJ (1765–1776), wovon letzterer bis zu ihrem Tod und damit über die Auflösung des Jesuitenordens 1773 hinaus an ihrer Seite blieb. „Die Wahl [Franziska Christines im Jahre 1726, S. Somfleth] war der Beginn einer fast fünfzigjährigen

geistlichen Ratgebern ausgeliefert" zu bezeichnen. Sie isolierten die Fürstäbtissin von den Stiftsdamen und bestärkten sie darin, ihre Herrschaftsvorstellungen auch gegen Widerstände durchzusetzen.[91] Auch das stellvertretende geistliche Oberhaupt des Stifts, der Offizial, stellte einen nicht zu unterschätzenden Einflussfaktor dar. Johann Josef Wilhelm Devens bekleidete dieses Amt von 1713 bis 1738. Devens „hatte ganz offensichtlich freie Hand" noch während Bernhardine Sophia in Essen lebte und insbesondere ab 1724, als sie sich nach Schloss Styrum bei Mülheim zurückzog. Ab 1719 unterstützte ihn außerdem der neue Pfarrer von St. Johann, der Jesuit Gerhard Teschius SJ, bei seinen Maßnahmen.[92] Wie die Regierung gerieten sie oftmals mit protestantischen wie katholischen Untertanen aneinander oder brachten die Landstände durch eigenmächtige Eingriffe in deren Belange gegen sich auf. Innerstiftische Unstimmigkeiten nutzten wiederum ungewollt dem preußischen König, der etwa 1724, als Bernhardine Sophia Essen verlassen hatte, die Gelegenheit ergriff, das Stift zu besetzen.

3.3 Weder Untertanen noch Mitregenten? Die Essener Landstände

Die Landstände im Stift Essen bestanden aus einem gräflichen Damenkapitel, dem maximal zehn hochadlige Stiftsdamen angehörten, sowie einem Kapitel aus rund 20 bürgerlichen Kanonikern und schließlich den Vertretern der Ritterschaft. Den ausdifferenzierten ständischen Strukturen im Stift Essen entstammte der Wunsch des Damenkapitels nach Mitregentschaft, welchen die Damen recht häufig und deutlich artikulierten. Sie erwählten die Äbtissin meist aus ihrer Mitte und ließen keine Rangunterschiede zwischen ihnen und der Landesherrin als „prima inter pares" gelten. In der Folge musste sich das Damenkapitel, im Gegensatz zum Kanonikerkapitel, bei Landtagen nicht vertreten lassen, unterzeichnete Landtagsabschiede und durfte eigenständig siegeln.[93] Ferner beanspruchte das Damenkapitel für sich die gleiche Reichsfreiheit wie sie die Fürstäbtissin besaß,[94] wodurch letztere nicht länger ihre Obrigkeit verkörpert hätte. Die Stiftsdamen leiteten ihre politischen Partizipationsrechte aus der Befugnis ab, in Zeiten der Sedisvakanz die Stiftsregierung zu stellen,[95] wohingegen die bürgerlichen Kanoniker der Fürstäbtissin untergeben waren. Ebenso

Regierungszeit, die von den Jesuiten geprägt wurde. Der Einfluß der Beichtväter der Fürstin-Äbtissin kann kaum überbewertet werden." Küppers-Braun, Frauen (wie Anm. 58), S. 158.

[91] 1721 ließ Bernhardine Sophia die Jesuiten aus Essen vertreiben; ihre Nachfolgerin Franziska Christine holte sie 1727 zurück. Vgl. Ebd., S. 149, 151.

[92] Vgl. Küppers-Braun, Zwangstaufen (wie Anm. 80), S. 55 f.; Schröder-Stapper, Fürstäbtissinnen (wie Anm. 59), S. 203.

[93] Während das gräfliche Damenkapitel auf Landtagen und Versammlungen meist vollständig auftrat, musste das Kanonikerkapitel zwei Deputierte aus seinen Reihen entsenden. Vgl. Ebd., S. 214.

[94] Vgl. Küppers-Braun, Frauen (wie Anm. 58), S. 37.

[95] Vgl. Schröder-Stapper, Fürstäbtissinnen (wie Anm. 59), S. 169, 177.

veranschaulichten die Stiftsdamen klare Standesunterschiede im Verhältnis zur fürstlichen Regierung, indem sie sich nicht nach den Hofräten richteten oder vor ihnen Rechenschaft ablegten, denn die bürgerlichen Amtsträger waren ihnen in der Standeshierarchie untergeordnet.[96] Vor allem im 18. Jahrhundert lieferte das allumfassende Herrschaftsverständnis, welches die Räte im Namen der Fürstäbtissin auch gegenüber den Kapiteln vertraten, fortwährend Anlässe für Konflikte und Rechtsstreit.[97] Obgleich die Fürstäbtissin die Landstände von den übrigen Untertanen klar unterschied, sah sie in ihnen dennoch Untergebene und keineswegs Mitregenten.[98] Somit widersprachen sich die Vorstellungen der Fürstäbtissin und der Stände bezüglich politischer Teilhabe.

Im Laufe dieser Zeit ersetzten Adlige fürstlichen Standes die Reichsgräfinnen in den Kapiteln und die Fürstäbtissin agierte in landeshoheitlichen Belangen zunehmend eigenmächtiger.[99] Den Landesherrinnen gelang es jedoch nicht, die korporativen Herrschaftsrechte vollständig zu beseitigen. Dazu besaßen die Landstände zu viele Möglichkeiten, mithilfe von Revision oder Modifikation fürstlicher Verordnungen Einfluss zu nehmen.[100] Nach dem Willen Franziska Christines sollten die Stände nur noch bei der Abnahme der Landesrechnungen in Erscheinung treten und ausschließlich beratend agieren. Sie versammelten sich jedoch weiterhin, um die Rechnungsrevision für Kanzlei und Land vorzunehmen. Diese Zusammenkünfte, welche im Haus der Pröpstin, der Vorsitzenden des Damenkapitels, abgehalten wurden, bildeten über 35 Jahre lang den „einzige[n] Gegenpol zur fürstlichen Macht.[101] Daher durfte die Landesherrin für Alleingänge, wie die Stiftung des Waisenhauses in Steele in den 1760er Jahren oder den Bau einer Chaussee in den 1790ern, zumeist selbst aufkommen, denn die Landstände beäugten die Ausgaben des Territoriums äußerst kritisch und verweigerten ihr die Kostendeckung.[102] Die Verwaltung der Landesausgaben genauso wie diesbezügliche Streitpunkte zwischen Regierung und Ständen sollten auch bei der Emscherregulierung eine prominente Rolle einnehmen.

Nichtsdestotrotz herrschten wegen der Rangunterschiede oder aufgrund von Partikularinteressen oft Zwistigkeiten zwischen den Mitgliedern der Landstände, sodass sie sich der Fürstäbtissin und ihrer Regierung nur selten geschlossen

---

96 Vgl. Küppers-Braun, Frauen (wie Anm. 58), S. 37.
97 Vgl. Ebd., S. 158.
98 Vgl. Schröder-Stapper, Fürstäbtissinnen (wie Anm. 59), S. 177.
99 Vgl. Schröder-Stapper, Fürstäbtissinnen (wie Anm. 59), S. 178. Unter Bernhardine Sophia fielen beispielsweise die regelmäßig stattfindenden Landtage weg; während der Amtszeit Franziska Christines fanden sie nur noch viermal statt, letztmalig 1735.
100 Vgl. Ebd., S. 301.
101 Vgl. Ebd., S. 215.
102 Vgl. Ebd., S. 302. „Besonders gegen Ende des 18. Jahrhunderts ist zu beobachten, daß man die Fürstin zum Sparen anzuhalten versuchte." Vgl. Küppers-Braun, Frauen (wie Anm. 58), S. 215.

entgegenstellten. Die Ritterschaft nahm Mitte des 18. Jahrhunderts kaum mehr an den landständischen Versammlungen teil.[103] Obendrein verringerte sie sich zusehends, da männliche Linien ausstarben, Töchter in andere Familien einheirateten oder die Rittersitze verkauft wurden. Beispielsweise gehörten von den ursprünglich sieben Häusern zum Ende des 18. Jahrhunderts zwei dem Freiherrn Clemens August von Vittinghoff gen. von Schell, der darüber hinaus der Ritterschaft vorstand und stellvertretend für sie alle landständischen Beschlüsse unterschrieb.[104] Ständische Unstimmigkeiten erleichterten es der Fürstäbtissin und ihrer Regierung, die Kapitel und die Ritterschaft gegeneinander auszuspielen. Aus diesem Grund konnten Abtei und Kanzlei zwar ihre Beschlüsse weitgehend durchsetzen, vermochten sich aber der landständischen Einwände nie in Gänze zu entledigen.

4. Unter Rivalen: Räumung und Regulierung der Emscher zwischen Ressourcen- und Interessenmanagement

Diverse Interessengruppen erhoben Ansprüche im Emscherbruch und machten Mitspracherechte geltend. Auf Essener Seite zählten die Fürstäbtissin, ihre Berater, die Mitglieder der Regierungskanzlei und die Angehörigen der drei Landstände dazu. Auf vestischer Seite fanden diese im kurkölnischen Statthalter, dem Syndikus der Vestischen Ritterschaft und einer Reihe lokaler Adliger, wie etwa dem Freiherrn von Asbeck auf Haus Knippenburg, ihre Pendants. Viele von ihnen besaßen Wiesen, Weiden oder Wälder in unmittelbarer Nähe des Flusses oder am Rande des Bruchlandes, weswegen jeder Eingriff in diesen Naturraum sie dazu nötigte, sich zu positionieren und die eigenen Forderungen zu artikulieren. Hinzu kamen Emscheranlieger aus bäuerlichen

---

103 Vgl. Ebd.
104 Dem Freiherrn von Schell gehörte der Familiensitz Schellenberg (1) in Rellinghausen. Seine Familie besaß seit 1617 auch das Haus Ripshorst (2) nahe der Emscher in der Bauerschaft Frintrop. Darüber hinaus waren folgende Rittersitze in Essen ebenfalls landtagsfähig: Haus Dieck bzw. Portendieck (3) in Schonnebeck gehörte bis 1788 dem Freiherrn Franz von der Wenge. Nach seinem Tod erbte es die Familie von Hövel. Ebenfalls in Frintrop befand sich Haus Bermen (4), welches im 17. Jahrhundert durch Heirat an die Freiherren von Boenen gekommen war. Der spätere Besitzer Ludolf von Boenen residierte jedoch zumeist auf Schloss Berge im vestischen Ort Buer und nahm bei seiner Heirat 1769 den Namen seiner Frau, Westerholt-Gysenberg, an. Die Freiherren von Dobbe wohnten auf Haus Horl (5) in Vogelheim, welches sie 1769 an die Fürstäbtissin verkauften. Haus Berge (6) bei Borbeck gehörte einem Zweig der vestischen Freiherrenfamilie von Asbeck, der auf Haus Knippenburg bei Osterfeld lebte. Haus Achtermberg (7) in Kray hatte ursprünglich die Familie Wendt von Hardenberg besessen. 1749 verkauften die Erben den Rittersitz jedoch an das Kanonikerkapitel, welches es daraufhin verpachtete. Vgl. Robert de Vries, Die Landtage des Stiftes Essen. Ein Beitrag zur Verfassungsgeschichte der geistlichen Territorien, in: EB 52, 1934, S. 1–168, hier: S. 44–52.

wie unterbäuerlichen Schichten, welchen die Herrschafts- und Amtsträger die Nutzung der weitläufigen Marken des Emscherbruchs in unterschiedlichem Maße zugestanden. Gudermanns Fazit ist somit auch auf den Emscherbruch des 18. Jahrhunderts übertragbar: „Meliorationen stellten sich dar als Maßnahmen, bei denen alle Parteien […] eigene Interessen verfolgten."[105] Mit Blick auf ihre konkurrierenden Umgangsformen und Nutzungsrechte bezüglich der Emscher und des Emscherbruches, wie auch die sich daraus ergebenden Konflikte, können die Akteure nicht nur im übertragenen Sinne als „Rivalen" bezeichnet werden. Dem lateinischen Wortursprung nach bezeichnet „ripa" bzw. „riva" nämlich das Flussufer, wodurch der benachbarte Uferanlieger zum „Rivalen" wird, mit dem es sich auseinanderzusetzen gilt.[106] Das Schriftgut zu den Flussräumungen und zur ersten Emscherregulierung gewährt daher einen Einblick in die gesellschaftlichen Strukturen und politischen Prozesse an der gemeinsamen Peripherie zweier Territorien. Darüber hinaus lassen sich aus diesen Umwelteingriffen die ihnen zugrundeliegenden Handlungsabsichten erahnen.

4.1 Emscherräumungen in der Frühen Neuzeit

4.1.1 Koordinierte Räumung

Die frühneuzeitlichen Räumungen oder Ausräumungen eines Flusses dienten der Instandhaltung des Fließgewässers, indem sie „Hindernisse, welche der Geschwindigkeit des Stromlaufes Abbruch thun", aus dem Weg schafften.[107] Durch die natürliche Trägheit eines Flusses oder die Behinderung seines Laufes drohte früher oder später Gefahr:[108]

> *„Es eräugnet sich oft, daß der Strom nur in einer gewissen Gegend zu langsam fortschleicht, und daher den Aeckern und Wiesen gefährlich wird, zumahl bey niedrigen Ufern. Man ist daher, um diese Gefahr abzuwenden, genöthigt, dem Wasser einen geschwindern Abfluß zu verschaffen. […] Beschleunigt man also den Lauf, so erniedrigt man zugleich den Wasserstand des Stromes, und durch beydes wird derselbe unfähiger auszutreten."*

---

[105] Vgl. Rita Gudermann, Wasser, Boden und der Strukturwandel der westfälischen Landwirtschaft im 19. Jahrhundert, in: Westfälische Forschungen 61, 2011, S. 485–496, hier: S. 496.

[106] Vgl. Radkau, Natur (wie Anm. 3), S. 109.

[107] „Fluß", in: Krünitz, Encyklopädie (wie Anm. 35), S. 394. So erkannte der vestische Freiherr von Asbeck die Intention der Emscherräumung von 1731 darin, dass „den Fluß des Waßers sein ohngesperreter Lauff wiederumb hergestellet werde." Asbeck an den kölnischen Kurfürsten, Herten, 3.5.1734. Vgl. LAV NRW R, Stift Essen Akten 831, fol. 57r.

[108] „Fluß", in: Krünitz, Encyklopädie (wie Anm. 35), S. 394.

Während solche „schleichenden" Überschwemmungen im Winter erwünscht waren, „da nährstoffreiche Sedimente auf den Flächen abgelagert wurden",[109] sorgte längerfristig stehendes Wasser zu anderen Jahreszeiten für eine starke Durchnässung des Bodens, welche Samen und Wurzeln verfaulen ließ. In der Folge hatten Bauern Ernteausfälle bei der Heuernte im Sommer zu beklagen, was die Viehversorgung für den nächsten Winter gefährdete. Ferner konnte das Vieh auf den überfluteten Weiden oft nur schwerlich grasen und musste an höher gelegene Orte gebracht werden. Vor allem Auwiesen versauerten durch das Hochwasser, was den Weideerträgen zusätzlich schadete. Obendrein waren Rinder und Schafe auf überschwemmten Weiden den im stehenden Wasser lebenden Parasiten wie z. B. Leberegeln und den von ihnen übertragenen Krankheiten schutzlos ausgeliefert.[110] Die Fließgeschwindigkeit zu erhöhen und Verstopfungen vorzubeugen kam demnach nicht nur dem unmittelbaren Hochwasserschutz zugute, sondern indirekt auch der Existenzsicherung von Mensch und Tier.

Krünitz' *Oekonomische Encyklopädie* verortet unter „Hindernissen" vor allem dem Fluss eigene, natürliche Bremsen wie Schleifen bzw. Mäander, Engstellen, Untiefen und „andere Hebungen des Grundbettes" wie Sand- oder Kiesbänke. Menschengemachte Hemmnisse wie zu hoch angesetzte Fachbäume an Wassermühlen werden ebenfalls dazugerechnet.[111] Doch auch das Pflanzenwachstum oder die Ansammlung von Totholz im Fluss konnten hinderlich sein, wie der Essener Obersthofmeister Aicholt 1788 der Fürstäbtissin mit Erstaunen berichtete: „die Menge des Gesträuchs und der Bäume, welche sich gegenwärtig in dem Fluß befindet, ist warhaft unglaublich, und macht bei der geringsten Erhöhung des Waßers sogleich eine gänzliche Überschwemmung besorgen."[112] 1731 hatten vestische und Essener Untertanen sogar gemeinschaftlich bei ihren jeweiligen Obrigkeiten suppliziert, um eine großangelegte und grenzübergreifende Reinigung der Emscher von allem sie versperrenden Gehölz zu erreichen.[113] Ihre Kooperation veranschaulichte die Dringlichkeit des Anliegens, zumal das Holz (nicht nur) in Asbecks Zitat dieser Bittschrift wie ein unsauberer Fremdkörper

---

109 Vgl. Bebermeier, Maßnahmen (wie Anm. 14), S. 83.
110 Vgl. Ebd.
111 Vgl. „Fluß", in: Krünitz, Encyklopädie (wie Anm. 35), S. 394. Beispielsweise müssen laut der Revidierten Niers-Ordnung (§ 7c), welche die preußische Regierung 1769 für den gleichnamigen Fluss in den Herzogtümern Geldern und Kleve erließ, „alle Untiefen Grind= und Sand=Bäncke, Hösten und Insuln, wo deren sich angesetzet haben, aus dem Strohm geräumet [...] werden." Sammlung der Gesetze und Verordnungen, welche in dem Herzogthum Cleve und in der Grafschaft Mark über Gegenstände der Landeshoheit, Verfassung und Rechtspflege ergangen sind [...], Bd. 3, hrsg. v. Johann Josef Scotti. Düsseldorf 1826, S. 1928.
112 Bericht Aicholts an die Fürstäbtissin, o. O., 2.9.1788. Vgl. LAV NRW R, Stift Essen Akten 835, fol. 9r.
113 Asbeck an den kölnischen Kurfürsten, Herten, 3.5.1734. Vgl. LAV NRW R, Stift Essen Akten 831, fol. 57r.

erschien, der entgegen jeglicher zivilisierten Ordnungsvorstellung den Fluss verschmutzte. Teilweise ließen sich die Hindernisse in der Emscher auch auf die Nachlässigkeit der Anlieger zurückführen: Bei einer gemeinsamen Begehung der an die Emscher grenzenden Vogelheimer Wiese im Jahre 1748 fiel dem Essener Kanzleidirektor Cocy und dem Komtur der Deutschordenskommende Welheim auf, „daß verschiedene darin Beerbte, viel lebendigen Holtzes, welches in der Embscher Strom hineingehet, und den freÿen Abfluß des Waßers behindert, ohnabgehauen stehen laßen." Dies begünstige die Ufererosion an einer gegenüberliegenden Wiese, welche der Kommende gehöre.[114] Wen genau die Amtsträger mit „Beerbte" auf der Vogelheimer Wiese meinten, ist unklar, denn Markenerben waren die benachbarten Rittersitze. Dementgegen zählte die Ausräumung, wie Wirtz herausgearbeitet hat, auch außerhalb der Zeiten großangelegter Flussreinigungsprojekte zu den üblichen Pflichten der Borbecker Markgenossen.[115] Hier stellte sich die Frage, ob Unwille, Nachlässigkeit oder unklare Zuständigkeiten die Ursache der unsauberen Arbeit ausmachte.[116]

Alle ausschließlich auf die Entfernung von wuchernden Wasserpflanzen abzielenden Maßnahmen bezeichneten die Zeitgenossen als Krautung bzw. Kräutung oder Schofung.[117] Die ausgerissenen Pflanzen sollten sofort „mit Hacken und Harken aufs trockene Land gezogen" werden oder sich zur einfacheren Abschöpfung an extra dafür errichteten, kleinen Eindämmungen im Fluss ansammeln, damit die Strömung sie nicht flussabwärts spülte, wo sie an Brücken und Engstellen erneut den Wasserabfluss hemmen würden.[118] Aus demselben Grund sollten die Räumungsmaßnahmen stets am Unterlauf des Flusses beginnen und sich gegen die Strömung flussaufwärts fortsetzen. Die

---

[114] Regierungsprotokoll, Essen, 16.7.1748. LAV NRW R, Stift Essen Akten 832, fol. 5r.

[115] „Daß auch die Instandhaltung der Anlagen in der Mark selbst, Entwässerung, Emscherräumung, Instandhaltung von Brücken, Wegen und Stegen zu den Markenlasten gehörten, ist selbstverständlich." Vgl. Wirtz, Marken (wie Anm. 26), S. 80.

[116] „Eben so oft aber ist auch die verabsäumte Reinhaltung des Flußbettes die Ursache, wenn man Rohr, Schilf und allerley Wasserkräuter ungehindert fortwachsen läßt, welche jährlich im Herbste faulen, sich mit Erde und Schlamm vermischen, und auf solche Art das Grundbett nach und nach immer mehr und mehr erhöhen. Es ist bekannt, daß dergleichen Wasserkräuter am häufigsten an den seichtesten Stellen aufwachsen, wo der Fluß die geringste Tiefe hat [...]." „Fluß", in: Krünitz, Encyklopädie (wie Anm. 35), S. 396.

[117] Eine Kräutung ist die „Reinigung eines kleinen Flusses von dem jährlich darin aufwachsenden, und denselben nachtheiligerweise verstopfenden und veruntiefenden vielen Kraute". „Schofung" fand besonders in der Hamburger Gegend Verwendung. „Kräutung, Schofung", in: Lexikon der beym Deich= und Wasserbau auch beym Deich= und Dammrecht vorkommenden fremden und einheimischen Kunstwörter und Ausdrüke, Bd. 1, hrsg. v. Georg Samuel Benzler. Leipzig 1792, S. 244.

[118] Vgl. „Kräutung", in: Benzler, Lexikon (wie Anm. 117), S. 244. Im Falle der Niers waren etwaige „Pfäle [...] zur Aufhaltung des Schilfs und Krauts" verboten, wurden mit drei Goldgulden geahndet und mussten herausgezogen werden. Scotti, Sammlung (wie Anm. 111), S. 1928.

den Fluss räumenden Arbeiter mussten den Auswurf, also Schlamm, Sand und Pflanzenwerk, teilweise in einer bestimmten Distanz vom Fluss deponieren oder durften ihn zuweilen als Dünger auf ihre Äcker auftragen.[119] Eine Krautung umfasste darüber hinaus nicht nur den Wasserlauf, sondern auch Eingriffe in die Vegetation an Ufern und Böschungen, um selbige freizuschneiden und etwa dem Hineinfallen abgestorbener Äste vorzubeugen.[120]

Bereits 1575 hatte das Stift mit seinen Nachbarn, der Herrlichkeit Horst und der Kommende Welheim, regelmäßige Räumungen und Reinigungen der Emscher verabredet.[121] Ob diese Übereinkunft wirklich umgesetzt wurde, ist nicht bekannt. Jedenfalls baten die Untertanen der an die Emscher grenzenden vestischen Kirchspiele Buer und Gladbeck 1693 um eine Ausräumung und beklagten den bedauernswerten Zustand des Flusses. Daraufhin forderte der Statthalter den Syndikus der vestischen Ritterschaft dazu auf, einen Vergleich mit dem Stift und anderen möglichen Interessenten auszuhandeln.[122] 1731 ersuchten Essener und vestische Eingesessene sogar gemeinschaftlich um eine weitgehende Ausräumung des Flusses, bei deren Durchführung schließlich 200 von ihnen als Arbeiter eingesetzt wurden.[123]

Lediglich über die nächste grenzübergreifende Räumung, welche im Jahre 1765 stattfand, sind genauere Informationen erhalten. Sie geben Aufschluss über die Koordination dieser Projekte und lassen erahnen, welche Problematiken sich hierbei ergaben. Am 7. Juli erging von der fürstlichen Kanzlei ein Mandat, demzufolge der Müller in Oberhausen bei Androhung von fünf Goldgulden Strafe sofort und für unbestimmte Zeit seine Schütten aufziehen solle. Kein aufgestautes oder Hochwasser dürfe die Räumarbeiten und das Wohl der arbeitenden Untertanen gefährden.[124] Angesichts des sonst zögerlichen Vorgehens, wenn es darum ging, Müller zum Öffnen der Schütten zu bewegen (siehe 4.1.3.), erstaunt an dieser Stelle die Bereitschaft der fürstlichen Regierung zur direkten

---

119 Das Niers-Reglement von 1769 (§ 7c) schrieb mindestens fünf Rheinische Ruten (etwa 18 Meter) Entfernung vor. Vgl. Ebd. Trotzdem durften die Untertanen der Grafschaft Diepholz laut Räumungsverordnung von 1778 den Auswurf an niedrigen Uferstellen verteilen. Mit ihm Deiche zu bauen oder auszubessern, war allerdings verboten. Vgl. Bebermeier, Maßnahmen (wie Anm. 14), S. 96 f.
120 „besonders muß bey dieser Gelegenheit, das an denen Ufern auswachsende Schilf und Rohr mit denen Wurzeln so viel möglich ausgerissen […] werden" (Niers-Reglement, § 7a); Scotti, Sammlung (wie Anm. 111), S. 1928.
121 Kopie eines Vergleichs (datiert auf Essen, 26.6.1575), Essen, 18.6.1764. Vgl. LAV NRW R, Reichskammergericht T 203/1009, Qdr. 5, fol. 28r-v.
122 Protokoll über Emschervisitation, o. O., 16.9.1693. Vgl. LAV NRW R, Stift Essen Akten 831, fol. 1r.
123 Ortmann an die Fürstäbtissin, Essen, 11.9.1731. Vgl. LAV NRW R, Stift Essen Akten 831, fol. 19v.
124 Erlass der fürstlichen Regierung, Essen, 7.7.1765. Vgl. LAV NRW R, Stift Essen Akten 833, fol. 31.

Androhung von Konsequenzen. Eine erste, umgehende Anordnung erhielten die Eingesessenen der westlichsten Bauerschaften Lippern und Lirich. Bereits am nächsten Morgen kurz nach Sonnenaufgang um fünf Uhr sollten sie sich an Eschbrocks Hof im Vest einfinden, der sich leicht nördlich der Oberhausener Mühle befand. Somit begannen die Arbeiten relativ weit flussabwärts, wie es die zeitgenössische Fachliteratur empfahl.[125] Während die Essener Untertanen vom vestischen Ufer ausgehend die Emscher bis zur Flussmitte räumen sollten, bearbeiteten ihre vestischen Nachbarn die Essener Seite. Vermutlich war die gewählte Distanz zum Einsatzort absichtlich nicht allzu groß, damit die Eingesessenen keinen weiten Weg zurücklegen mussten und früh mit der Arbeit beginnen konnten.[126] Darüber hinaus blieb die Anzeige recht vage, denn sie verlangte zwar von den Bauerschaften die Bereitstellung von mehr als 25 tüchtigen Männern, benannte aber keine Obergrenze. Mit Ausnahme von jeweils „einem großen und einem kleinen Beil" beinhaltete sie auch hinsichtlich der mitzubringenden Werkzeuge keine konkreten Informationen. Sofern Brandhacken vorhanden waren, sollten sie mitgebracht werden und auch „nicht wenige hinlängliche Ketten" standen auf der Liste. Ein Prozedere, welches die Arbeiter nach Ankunft an ihrem Einsatzort zu befolgen hätten, oder ein Ansprechpartner wurden nicht aufgeführt. Da die letzte großangelegte, beidseitige Räumung wohl 1731 – und somit 34 Jahre zuvor – erfolgt war, bestand durchaus die Möglichkeit, dass die Kanzleibeamten die frühere Vorgehensweise nicht mehr kannten. Nur die drastische Brüchtenstrafe bei Nichterscheinen sticht ins Auge: zehn Goldgulden.[127]

Aus der deutlich genaueren Anzeige für die Bauerschaft Frintrop, welche die Kanzlei am nächsten Tag herausgab, lässt sich schlussfolgern, dass es an diesem ersten Tag der Ausräumung vermutlich zu Unruhen und Koordinationsschwierigkeiten gekommen war. Zunächst präzisierten die Beamten den Begriff „Eingesessene", worunter sie „ganze oder halbe Bauern, Kötter, Leibzüchter, Einwohner oder Backhäuser" – kurz gesagt, die gesamte arbeitsfähige Bauerschaft – fassten. Womöglich hatten sich einige am vorigen Tag durch die Bezeichnung als „Eingesessene" nicht angesprochen gefühlt oder die Anordnung trotz der Strafe ignoriert. Nun sollten genau 25 Männer aus Frintrop zur Arbeit antreten, obgleich den Organisatoren aus den Erfahrungen des ersten Tages deutlich geworden sein durfte, dass diese Anzahl nicht ausreiche. Offensichtlich hatten die wenigen Eingesessenen aus Lippern und Lirich die ihnen aufgetragene Arbeit nicht vollenden können, weswegen am nächsten Tag wieder

---

[125] Vgl. „Kräutung", in: Benzler, Lexikon (wie Anm. 117), S. 245.

[126] An der Hunte in der Grafschaft Diepholz wurden im Zuge der Räumungsverordnung von 1779 den beteiligten Bauerschaften sogar festgelegte Räumungsabschnitte zugeordnet. Vgl. Bebermeier, Maßnahmen (wie Anm. 14), S. 110.

[127] Fürstliche Regierung an Eingesessene der Bauerschaften Lippern und Lirich, Essen, 7.7.1765. Vgl. LAV NRW R, Stift Essen Akten 833, fol. 31.

in der Nähe von Eschenbrocks Haus geräumt wurde. Dementsprechend beorderten die Beamten für den 9. Juli ergänzend 25 Männer aus der Bauerschaft Dellwig zur Emscherräumung. Bei der Uhrzeit betonte die Anordnung mittels der Formulierung „punkt 5 Uhr" einen pünktlichen Arbeitsbeginn, woraus sich trotz der Nähe des Einsatzortes auf Verspätungen seitens Lippern und Lirich am Vortag schließen lässt. Die Werkzeuge berechneten die Beamten nun für die gesamte Bauerschaft, indem sie den beiden Gruppen auftrugen, jeweils alle vorhandenen Brandhacken, mehr als drei Räumketten und zwei bis drei Hundsbeile mitzuführen. Außerdem standen die Eingesessenen vom Zeitpunkt ihrer Ankunft am Einsatzort bis zum Eintreffen der herrschaftlichen Kommissare, welche die Räumung leiteten, unter Aufsicht des örtlichen Försters und zweier Bauernrichter, ergo dörflicher Respektspersonen.[128]

Für die darauffolgenden Tage berief die Kanzlei jeweils rund 50 bis 60 Arbeiter zur Emscherräumung. Im Laufe der Zeit vermochten die Beamten genauer einzuschätzen, wie viele Arbeiter sie aus den verschiedenen Bauerschaften einbestellen konnten. Die erste Etappe der Abordnungen begann mit Frintrop und Dellwig im westlich gelegenen Borbecker Quartier, setzte sich mit 60 Mann aus Borbeck und Schönebeck am 10. Juli fort und endete am 11. Juli mit insgesamt 54 Mann aus Vogelheim, Bochold und Gerschede. Für die zweite Etappe requirierte die Regierung unter Androhung einer willkürlichen Brüchtenstrafe 100 Männer aus Steele. Sie sollten je zur Hälfte am 16. und 17. Juli am Beulmannshof erscheinen, womit die Räumung ein Stück weiter nach Osten und flussaufwärts vorrückte. Dass Arbeiter aus Steele angefordert wurden, war ungewöhnlich, zumal die Stadt 1731 noch als weitgehend autonomes Essener Nebenquartier zu den Ausnahmefällen gezählt hatte.[129] Die Steeler Arbeiter bekamen einige Tage Vorlaufzeit und sollten an ihren Arbeitstagen spätestens um sechs Uhr erscheinen; Zugeständnisse, die dem längeren Anreiseweg Rechnung trugen. Jeder Arbeiter hatte ein großes und ein kleines Beil mit sich zu führen. Im Kollektiv waren sie jeden Tag angewiesen, wenigstens acht Brandhacken und sechs starke Räumketten zu stellen.[130] Zudem öffnete die Regierung für den 17. Juli einen weiteren Emscherabschnitt nahe der Mühle von Haus Vondern, auf dem mindestens 35 zusätzliche Arbeiter aus der Bauerschaft Rotthausen und 15 Mann aus Schonnebeck ihren Dienst verrichten mussten. Ähnlich verfuhren die

---

[128] Fürstliche Regierung an die Eingesessenen zu Frintrop, Essen, 8.7.1765. Vgl. LAV NRW R, Stift Essen Akten 833, fol. 30.

[129] Von der pflichtmäßigen Räumung ausgenommen waren 1731: „die Geistlichkeit, Cavaliers [also die Ritterschaft, S. Somfleth] undt die Statt Steel". Daraus ließe sich eine stärkere Anbindung bzw. Integration der Stadt ins Stift schlussfolgern. Ortmann an die Fürstäbtissin, Essen, 11.9.1731. Vgl. LAV NRW R, Stift Essen Akten 831, fol. 19v.

[130] Womöglich hatten sich die während der ersten Etappe genutzten Räumketten als nicht stabil genug erwiesen. Fürstliche Regierung an die Stadt Steele, Essen, 13.7.1765. Vgl. LAV NRW R, Stift Essen Akten 833, fol. 32.

Kanzleibeamten in den folgenden drei Tagen mit den restlichen Bauerschaften des Altenessener Quartiers.[131]

Doch auch hier ließ „ziviler Ungehorsam" nicht lange auf sich warten. Am 29. Juli sollten die Stoppenberger Bauernrichter vor der fürstlichen Regierung Rechenschaft darüber ablegen, wieso die Eingesessenen ihrer Bauerschaft am 18. Juli keine Brandhacken mitgebracht hatten, wodurch den halben Tag nur wenig Arbeit verrichtet werden konnte. Die Bauernrichter wiesen jegliche Verantwortung mit dem Verweis von sich, dass sie den Köttern frühzeitig Bescheid gesagt hatten.[132] Als die Kanzlei nun subsequent die Kötter Poth und Windweiher vorlud, schilderte Ersterer, dass die Eingesessenen nach Verlesung der Anordnung die Bauernrichter gefragt hätten, wie sie denn außer den beiden Beilen wohl noch die gewünschte Anzahl an Räumketten und Brandhacken mitschleppen sollten. Daran wird deutlich, dass die Bauerschaft über Brandhacken verfügte. Poth erklärte pragmatisch „die Ursach, warum keine Brandthacken mitgenommen worden, [würde] ohne Zweiffel darin bestehen, weilen dieselbige ziemlich schwehr wären, und also niemand dieselbe zu tragen Lust gehabt haben mögte."[133] Windweiher antwortete ähnlich ausweichend: Seine Frau sei während einer längeren Abwesenheit seinerseits zum Aufgebot für die Räumung gegangen, behaupte aber, dass „ihr ab Seithen des Baur Richters vom Brandhacken nichts gemeldet" worden sei. Der Kötter glaube ihrer Aussage, müsse jedoch im Angesicht der Regierung eingestehen, dass seine Frau, obwohl sie den schriftlichen Bescheid erhalten habe, ihn nicht lesen könne.[134] Bemerkenswerterweise schwieg Windweiher sich über seinen Verbleib aus. Eventuell missfiel der Kanzlei, dass einige Männer ihre Frauen vorschickten, dass sich Frauen eigenständig für den Räumdienst meldeten oder dass Eltern ihre Kinder mitnahmen bzw. mitarbeiten ließen. Mit Beginn der dritten Projektetappe, kurz nach der Vorladung der Stoppenberger, forderte die Kanzlei schließlich von den Altendorfer Eingesessenen ein Aufgebot von wenigstens 50 starken, zum Arbeiten tüchtigen Leuten „und keine Kinder noch Weibsbilder".[135] Nach drei

---

131 Dazu zählten noch Altenessen, Stoppenberg und Katernberg. Fürstliche Regierung an die Eingesessenen der Bauerschaft Rotthausen, Essen, 16.7.1765. Vgl. LAV NRW R, Stift Essen Akten 833, fol. 35.
132 Aus der Anordnung für die Bauerschaft Altendorf wird ersichtlich, dass die Bauernrichter bei mangelnder Berichterstattung über die Räumungs-Aufgebote zwei Goldgulden Strafe zu entrichten hatten. „Der Baurrichter aber beÿ Straff von zweÿ Goltz zur hochfürstlich Cantzleÿ referriren, was, und wie viel Leuthe er zur Arbeit verbottet habe." Fürstliche Regierung an die Eingesessenen der Bauerschaft Altendorf, Essen, 3.8.1765. Vgl. LAV NRW R, Stift Essen Akten 833, fol. 36.
133 Regierungsprotokoll, Essen, 29.7.1765. Vgl. LAV NRW R, Stift Essen Akten 833, fol. 33r-v.
134 Vgl. Ebd., fol. 33v.
135 Fürstliche Regierung an die Eingesessenen der Bauerschaft Altendorf, Essen, 3.8.1765. Vgl. LAV NRW R, Stift Essen Akten 833, fol. 36.

Tagen der Räumung in der Gegend der Vonderschen Mühle kam auch diese Etappe zu einem Ende. Die darauffolgende Lücke im August lässt sich durch die Erntezeit erklären, in welcher die Eingesessenen nicht zu Ausräumarbeiten herangezogen werden durften, weil dies ihre Selbstversorgung beeinträchtigt und Getreideeinbußen für das Stift bedeutet hätte.[136] Zwei weitere Etappen – eine vierte vom 9. bis zum 20. September und eine fünfte vom 30. September bis zum 5. Oktober – sollten noch folgen, wobei diese auch die Seitenarme der Emscher, den Spieck und die Flötte, in der Herrschaft Carnap miteinschlossen. Bei der Bearbeitung dieser Abschnitte hatte die Kanzlei in auffälliger Weise auf Räumketten verzichtet und stattdessen Schüppen angefordert.[137] Vielleicht musste in diesem Teil des Emscherbruchs besonders viel Sand und Schlamm ausgeräumt werden; vielleicht hatte aber auch der latente Widerstand einiger Untertanen gegen ihre Anordnungen die Beamten ein Stück weit zermürbt.

4.1.2 Umstrittene „Arrangements"

Die Umwelthistoriker Verena Winiwarter und Martin Schmid versuchen, die Interaktion von naturalen und soziokulturellen Prozessen herauszuarbeiten. Ihnen zufolge gilt es, kulturelle Artefakte wie Brücken, Fischfanggeräte, Schiffe oder Anleger auf naturale Prozesse bei ihrer Entstehung zu überprüfen.[138] Umgekehrt ließen sich etwa Flüsse auf kulturell bedingte Langzeitfolgen hin analysieren, die sich aus dem Brückenbau oder ihrer Eindeichung erst ergeben. Dafür greifen Winiwarter und Schmid auf die Begriffe der „Arrangements" und der „Praktiken" zurück. Arrangements zwischen Mensch und Natur seien zugleich Folge wie Bedingung menschlichen Handelns und somit der Rahmen, in welchem sich Praktiken vollziehen könnten.[139] So ist die Befestigung eines Ufers gegen Erosion ein Arrangement mit der Natur, durch das menschliche Kulturtechniken erst ermöglicht werden. Gleichzeitig ist es Vorbedingung für einen vor Hochwasser geschützten Ackerbau in Ufernähe.

Eine äußerst umstrittene Praktik zur Uferbefestigung stellte das Einlegen von sogenannten Kribben bzw. Kribbenflügeln in den Fluss dar. Mit „Kribben" oder „Krippen" bezeichneten die Zeitgenossen im nördlichen Teil des Alten

---

136 Schon im Juli 1693 hatte Kanzleidirektor Otto Friedrich Cocy dem vestischen Syndikus Dr. Münch zu Bedenken gegeben, dass Essen zwar eine Ausräumung dringlichst wünsche, „eß nährte sich aber die Ärndte, undt könten dieserhalb die Unterthanen darzu füglich und ohne Schaden nicht vaciren." Protokoll über die Emschervisitation, o. O., 16.9.1693. Vgl. LAV NRW R, Stift Essen Akten 831, fol. 1r.
137 Aufstellung über Räumungen, o. O., o. D. [1765]. Vgl. LAV NRW R, Stift Essen Akten 833, fol. 46 f. Die Lücke zwischen dem 20. und dem 30. September ist einer Auseinandersetzung zwischen Stift und Vest über die Ausräumung an der Bocholder Wiese geschuldet. Vgl. LAV NRW R, Stift Essen Akten 833, fol. 50r–58v.
138 Vgl. Schmid, Donau (wie Anm. 4), S. 63.
139 Vgl. Ebd. Winiwarter/Schmid, Umweltgeschichte (wie Anm. 4), S. 60.

Reiches eine Art von Buhnen für Fließgewässer, genauer gesagt „Flechtwerke […], welche an den Ufern gemacht werden, solche dadurch fester zu machen" respektive „ein[en] von Holz und dicken Aesten geflochtene[n] Vorzaun, dergleichen man an die Dämme setzt, daß das angeflossene Wasser sie an solchen Orten nicht auswaschen, oder das Eis sie beschädigen kann."[140] Im Zuge der Emscherräumung 1731 bemerkten die dazu abgeordneten Kommissare, dass Freifrau Isabella Theodora von Brempt auf Haus Vondern einen Kribbenflügel von 30 Fuß Breite (ca. 9,3 Meter) in die Emscher hatte legen lassen. Der Essener Hofrat Ortmann äußerte sogleich den Verdacht, sie habe „dadurch die Waßerlage in hiesiges Hochstift einzutringen getrachtet", ergo beabsichtigt, das Wasser von ihren Ländereien in Richtung Essen umzuleiten, um dem Stift Land abzuringen.[141] Sein Vorwurf war nicht unbegründet: Indem der Flügel das Wasser auf die andere Uferseite zwang, spülte dieses mehr vom Essener Grund ab, welcher sich wiederum im Kribbenflügel der Freifrau ansammelte und das vestische Ufer verstärkte. Durch die schiere Größe des Arrangements überschritt es die Grenze zwischen Stift und Vest in der Mitte des Flusses, weswegen die Essener Räumungsarbeiter den Abbau des Flügels als rechtens ansahen. Indem sie einen Notar mit einem Protest- sowie einer Art Unterlassungsschreiben zu den rund 200 Arbeitern an die Emscher schickte, setzte sich von Brempt gegen diese Eingriffe zur Wehr. Sie mochte geglaubt haben, die Räumenden auf diese Weise zur Einstellung ihrer Arbeit bewegen zu können. Gleichwohl hatte sie ihre Autorität als Freifrau ebenso wie die eines Notars und die Wirkung amtlicher Protestschreiben auf die Arbeiter überschätzt. Zwar schienen die Arbeiter der Essener Kanzlei vom Protest der Freifrau berichtet zu haben, doch weder legten sie ihre Arbeit nieder, noch wurden von Brempts Schreiben letzten Endes an die Räumungskommission weitergeleitet.[142]

Nach der gemeinschaftlichen Ausräumung der Emscher erließ der Kurfürst von Köln 1732 eine Verordnung für das Vest, der zufolge ab sofort „ohne Unterlaß und von keinen Theill einseitig wieder darin gepflantzet oder gepoßet" werden dürfe. Jeder Untertan, der ihr zuwider handle, müsse das Eingesetzte oder Gepflanzte binnen acht Tagen selbständig aus dem Fluss entfernen oder

---

[140] Vgl. „Krippe", in: Oekonomische Encyklopädie oder allgemeines System der Staats= Stadt= Haus= u. Landwirthschaft, Bd. 53: Kriegs=Wirtschafts=Kunst – Krönungs=Münze, hrsg. v. Johann Georg Krünitz. Berlin 1791, S. 492–511, hier: S. 492.

[141] Ortmann an die Fürstäbtissin, Essen, 11.9.1731. Vgl. LAV NRW R, Stift Essen Akten 831, fol. 19v.

[142] Hofrat Ortmann resümierte, dass der Kommission keine Dokumente eingereicht worden seien. Sollte er hier lediglich von sich selbst als Essener Vertreter gesprochen haben, so ist aufgrund der engen Zusammenarbeit der Kommissare dennoch davon auszugehen, dass ihm der Erhalt weiterer Informationen seitens Asbeck oder Münch bekannt gewesen wäre. Ortmann an die Fürstäbtissin, Essen, 11.9.1731. Vgl. LAV NRW R, Stift Essen Akten 831, fol. 19v.

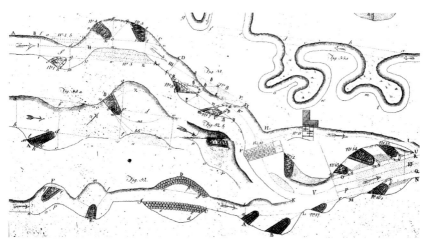

Abb. 50: Skizzen zu verschiedenen Fertigungsschritten eines Durchstiches mit Sperrkribben und Faschinen

die Kosten für dessen Entfernung tragen.[143] Jedoch verfehlte selbst diese Vorschrift der höchsten Obrigkeit ihre Wirkung, wie die Essener Hofräte Ortmann und Cocy dem Statthalter von Nesselrode 1733 berichteten. So hätten vestische Untertanen „fast den gantzen Embscher Strohm durch strafbahres Einteichen wider in vorigen verderbtem Stande gestellet" und die Räumung von 1731 dementsprechend zunichte gemacht.[144] Im Gegensatz zu den Amtsträgern empfanden die Emscheranlieger Kribben nicht als „verderbt", sondern als notwendige Uferbefestigung, für die sie sogar Strafen riskierten. Erst mehrfaches kurfürstliches Einschreiten sorgte dafür, dass die vestischen Eingesessenen einstweilen ihre Kribben aus dem Fluss nahmen.[145] Doch ausgerechnet der Freiherr von Asbeck, der 1731 die vestische Oberaufsicht über die Emscherräumung innegehabt hatte, widersetzte sich nun dem kurfürstlichen Befehl. Er ließ seine Ufer erneut befestigen „undt zwarn also exorbitant daß sich gegen das Hauß Knippenburg beÿ

---

[143] Befehl von Kurfürst Clemens August an Statthalter von Nesselrode, übermittelt durch Hofrat und Lehndirektor Schönhoven, Bonn, 6.6.1732. Vgl. LAV NRW R, Stift Essen Akten 831, fol. 30.

[144] Hofräte Ortmann und Cocy an Nesselrode, Essen, 18.8.1733. Vgl. LAV NRW R, Stift Essen Akten 831, fol. 33r-v.

[145] Kurfürst Clemens August wiederholte seinen Befehl im September 1733 mit einer geringeren Ausräumungsfrist von sechs Tagen. Wiederholter Befehl des Kölner Kurfürsten durch Statthalter von Nesselrode, Herten, 5.9.1733. Vgl. LAV NRW R, Stift Essen Akten 831, fol. 35. Im November konnte Ortmann der Fürstäbtissin berichten, dass kaum noch jemand gegen die Anordnung verstoße. Ortmann an die Fürstäbtissin, Essen, 6.11.1733. Vgl. LAV NRW R, Stift Essen Akten 831, fol. 39r.

die 100 Krippen in der Emscher befunden."[146] Darauf angesprochen, weigerte sich Asbeck, die Kribben zu entfernen. Er fürchte die Unterspülung und damit die Erosion seines höheren Ufers. Durch die Räumung von 1731 und ohne den Schutz der Kribben habe er bereits viel Land verloren, welches letztlich den Essenern zugutegekommen sei, da sie ihr niedrigeres Ufer mit Weidenpflanzungen verstärkt hätten.[147] Hofrat Ortmann empfahl daher der Fürstäbtissin, den durch die Kribben Geschädigten nahezulegen, Gegenkribben zu errichten, um den Freiherrn von Asbeck dazu zu bringen, seine Absichten zu überdenken.[148]

Im Frühjahr 1734 begann sich die Situation an der Emscher zuzuspitzen. Nach monatelanger Verzögerung beim Kurkölnischen Hofrat wurde die Essener Regierung in deutlich rauerem Ton beim vestischen Statthalter vorstellig. Vestische Untertanen, aber insbesondere der Freiherr von Asbeck, hätten sich mit Kribben „verschantzet und befestiget" und würden „mitt der mindesten Demolition sich nicht anschicken."[149] Die Begriffe muteten nun militärisch an und suggerierten, der Nachbar sei der Feind und das Stift befinde sich bezüglich dieses Konflikts im Belagerungszustand. Essen konstatierte die Wirkungslosigkeit kurkölnischer Verordnungen und führte deren Scheitern entweder auf fehlende Durchsetzungsfähigkeit oder den Unwillen, gegen einen eigenen, adligen Amtsträger vorzugehen, zurück. Sollten nicht gerade für Adlige höhere Maßstäbe gelten?

Noch am 3. Mai 1734, einen Tag vor einer erneuten Ausräumung, versuchte Freiherr von Asbeck den vestischen Statthalter zum Einlenken zu bewegen. Als Stellvertreter des Kurfürsten würde eine solche Verfügung jedoch einen Alleingang bedeuten, ein Präjudiz schaffen und somit die Geltungskraft eines kurfürstlichen Erlasses infrage stellen. Asbeck beteuerte nicht nur die Harmlosigkeit seiner Kribben für den Ablauf des Wassers, weswegen die Ausräumung nicht nötig sei, sondern argumentierte zudem mit dem Verlust seiner Investitionen in Uferschutzmaßnahmen bei deren Entfernung. Überdies stellte der Freiherr

---

146 Vgl. LAV NRW R, Stift Essen Akten 831, fol. 39r-v.
147 Protokoll des Amtsschreibers Becker an den Kurkölnischen Hofrat, Herten, o. D. [Nov. 1733]. Vgl. LAV NRW R, Stift Essen Akten 831, fol. 43v, 48r (aufeinanderfolgende Seiten, falsche Foliierung!). Selbiges betonte Asbeck auch später gegenüber dem Kölner Kurfürsten: Er könne beweisen, „das in einigen Jahren von meinem Grundt in die 25 Kuhweÿden von den Fluß weckgespühlet, undt also die Noth erfordert habe, meinen Grundt juxtà naturalem æquitatem so zu befestigen, das die gehehle Weÿde zu meinem undt der landtsherrlicher Jurisdiction Schaden nicht weggerißen, undt ahn die Eßendische Seithen geworffen wurde." Asbeck an den Kölner Kurfürsten, Herten, 3.5.1734. Vgl. LAV NRW R, Stift Essen Akten 831, fol. 57v.
148 Ortmann an die Fürstäbtissin, Essen, 6.11.1733. Vgl. LAV NRW R, Stift Essen Akten 831, fol. 39v.
149 Fürstliche Regierung an Nesselrode, Essen, 11.3.1734. Vgl. LAV NRW R, Stift Essen Akten 831, fol. 49r-v.

die Arbeiten als einen unbefugten, grundlosen Eingriff auswärtiger Bauern dar, obgleich Fürstäbtissin und Statthalter die Kommissare Dobbe, Ortmann und Boenen mit der Räumung beauftragt hatten.[150] Asbeck versicherte dem Statthalter, er werde sich gegen solche in seinen Augen gewalttätigen Eingriffe auf welche Art auch immer verteidigen, übernehme jedoch für daraus entstehende Unannehmlichkeiten keine Verantwortung.[151] Des Weiteren wandte er sich präventiv an den Kurfürsten bzw. den kurkölnischen Hofrat. Obwohl selbst ein Eilbote das Schreiben nicht mehr rechtzeitig überbracht hätte, erhoffte er sich dadurch wohl größere Chancen auf einen nachträglichen Entscheid zu seinen Gunsten. Er hob hervor, nicht der einzige Emscheranlieger mit Kribben zu sein, und präsentierte sich als Opfer, dem kein Gehör geschenkt worden sei. Zudem appellierte er an die Territorialherrenrolle des Kurfürsten. Diesem könne nicht daran gelegen sein, dass sein Territorium weggerissen und dem Stift Essen zugeeignet werde.[152] Zuletzt ließ Asbeck noch am selben Abend – gegen 20 Uhr, wie der Statthalter auf dem Schriftstück explizit vermerkte – seinen Notar einen Eilbescheid von Statthalter Nesselrode auf Schloss Herten erwirken. Den überrumpelten Statthalter überzeugte vor allem eine beglaubigte Kopie der Bittschrift an den kurkölnischen Hofrat, sodass er ihm ein „Supersessorium" mit einem Aufschub von acht Tagen gewährte. Nesselrode rechtfertigte sich später gegenüber dem Hofrat, er habe „diese gringe Zeith, der gdgst. committirten Raumung nicht nachtheillig zu seÿn erachtet", wobei er sich allerdings nicht erklären könne, „warumb aber der von Asbeck solches denen Eßendischen Commissarien nicht communicirt habe".[153] Nesselrode sah sich nämlich mit dem Vorwurf konfrontiert, für einen lokalen Adligen im Namen seines Kurfürsten einen kurfürstlichen Erlass zumindest temporär außer Kraft gesetzt zu haben. Asbeck hatte die beiden Instanzen gegeneinander ausgespielt, seinen Willen bekommen und sich mithilfe der Schreiben an Nesselrode und den Kurfürsten

---

150 „daß morgen meine mitt grosen Kösten zu Befestigung des Uffers meine ahn dem Embscher Fluß belegene Weide Gründen angelegte Wehr undt Kribben durch auffgebottete viele Eßendische Bauren viâ facti weckgerisen werden sollen, ohnerachtet solche dem Fluß des Waßers im geringsten nicht hinderlig, undt dahero auch sub casu commissionis clemendissimi mit nichten begriffen seÿe." Asbeck an Nesselrode, Knippenburg, 3.5.1734. Vgl. LAV NRW R, Stift Essen Akten 831, fol. 56r.

151 „ich protestire widrigpfalß für Gott und die Weldt, das wo nuhr attentando Gewalt geschehen ich solche quocumq. modo abzukehren vernehmens, undt ahn darauf entstehenden Inconvenientien nicht responsabel seÿn wolle". Vgl. Ebd., fol. 56r-v.

152 Asbeck an den Kölner Kurfürsten, Herten, 3.5.1734. Vgl. LAV NRW R, Stift Essen Akten 831, fol. 57v–58r.

153 Nesselrode an den Kurfürsten, Herten, 21.5.1734. Vgl. LAV NRW R, Stift Essen Akten 831, fol. 66r-v.

bürokratisch abgesichert. Als nun am Morgen des 4. Mai die Kommission zur Ausräumung der Emscher eröffnet wurde, eskalierte der Konflikt:[154]

> *„gleich eingangs durch den [Freiherrn] von Asbeck zur Knieppenbourg nicht allein mit gewaffneter Handt unseren auffgebotteten Leüthen halt gemacht, sondern unsern Holtz=Greffen Kreÿenbroch durch deßen Jäger mitt Flintenstöß übell tractirt, auch so gahr wie Rath Ortman alß gnädigst angeordneten Concommissario von ermeltem [Freiherrn] von Asbeck ins Gesicht verkündet worden ist, daß unsere Leüthe sich packen sollten, oder er wolte ihnen Füeß machen."*

Obwohl weder Kommissare noch Räumungsarbeiter seinen Grundbesitz betraten, sondern sich in der Nähe von Breuckers Hof bei Bottrop aufhielten, stellte sich Asbeck ihnen entgegen, beleidigte sie und ließ sie sogar mit vorgehaltener Waffe bedrohen. Auch die Anwesenheit eines vestischen Kommissars wie des Freiherrn von Boenen hielt ihn nicht davon ab, was die mangelnde Weisungsbefugnis des Kurfürsten bzw. seines Statthalters gegenüber lokalen Adligen zusätzlich unterstreicht. Asbeck schwang sich zur Exekutivgewalt auf, fühlte gleichzeitig sich aber nicht genötigt, Boenen sein „Supersessorium" vorzuzeigen.[155] Angesichts dieses Verhaltens ergriff der Kommissar Partei für die Essener, indem er herausstellte, dass die Behauptungen Asbecks nicht den Tatsachen entsprachen. Im Zuge der wechselseitigen Emscherräumung von 1731 seien die Essener keineswegs bevorzugt worden, weil selbst fürstliche Wiesen „von den Vestischen nicht einmahl verschönet sondern [...] so gar die Bäum auff den Ufer abgefället worden seindt ohne daß das mindeste biß hiehin wieder eingedeichet."[156] Daraufhin erhielt der Bonner Hofrat einige Beschwerdeschreiben der Essener Regierung über den „jetz mitt Unfueg quærulirenden" Freiherrn, während dieser sich bei selbiger Instanz über die „essendischer seithß einseitig eingelegte[n] Berichteren" beklagte und sie mithilfe eines Zeugenverhörs und mehrerer Bitt- und Klageschriften benachbarter Adliger und Eingesessener zu widerlegen versuchte.[157]

---

[154] Dobbe und Ortmann an Boenen, Essen, 5.5.1734. Vgl. LAV NRW R, Stift Essen Akten 831, fol. 53r.

[155] „und zwarn ohne daß das ertheilte Supersessorium ihme auff öffters Forderen hat vorgewiesen worden wöllen". Boenen an Nesselrode, Berge, 5.5.1734. Vgl. LAV NRW R, Stift Essen Akten 831, fol. 60r.

[156] Vgl. Ebd., fol. 60v.

[157] Fürstliche Regierung an den Kurkölnischen Hofrat, Essen, 8.5.1734. Vgl. LAV NRW R, Stift Essen Akten 831, fol. 63v. In diesen bemerkenswerterweise undatierten Schriftstücken erschienen die Räumungsarbeiter als vom Stift entsandte, bewaffnete Stoßtrupps, die nur auf die Zerstörung des vestischen Ufers aus seien. Asbeck an den Kurkölnischen Hofrat, Knippenburg, 17.5.1734. Vgl. LAV NRW R, Stift Essen Akten 831, fol. 85r.

Ob Asbeck eine Abmahnung erhielt, ist nicht bekannt. Allerdings ließ der kurkölnische Hofrat drei Jahre verstreichen und verlegte die entsprechenden Akten, bevor er sich 1738 dazu entschloss, der gesonderten Ausräumung der Kribben und Einpflanzungen in der Emscher zuzustimmen. Asbeck wiederum gab erst 1748 seine Einwilligung dazu.[158] Die Konflikte um Arrangements zum Uferschutz sollten jedoch bis zum Ende des Alten Reiches nicht aufhören.

4.1.3 „Unordentliche Mühlen"

Wassermühlen waren protegierte wie verhasste Interessensobjekte: Die Landesherrschaft schätzte die Steuereinkünfte, die sie in die Landeskasse spülten. Über ihr Wasserrad entzogen sie dem Flusslauf Energie und übertrugen sie mittels einer Nockenwelle auf das Mahlwerk. Derartige Mühlen dienten in erster Linie der Herstellung von Mehl und Öl. Darüber hinaus konnte durch ihre Antriebskraft Gewebe für die Papierherstellung zerfasert, Tuch gewalkt, Holz geschnitten und ein Hammerwerk betrieben werden.[159] Allerdings setzte ihre Technik Eingriffe in den Wasserhaushalt eines Flusses voraus. Das machte sie zu Zankäpfeln zwischen Herrschaftsträgern und Eingesessenen, die ständig im Verdacht standen, durch das willkürliche Aufstauen des Flusses den Ablauf bei Hochwasser zu behindern und dadurch Überschwemmungen zu begünstigen.[160]

Auf dem Emscherabschnitt, den sich Essen und das Vest teilten, lagen zwei Wassermühlen: weiter oben die Kornmühle von Haus Vondern, weiter unten die Oberhausener Mühle – eine die Emscher überspannende Doppelmühle für die Mehl- und Ölproduktion, die dem gleichnamigen Haus und späteren Schloss zugehörig war. Im Hinblick auf solche Doppelmühlen hebt Theißen hervor, dass ihre „Bauweise überall dort gebräuchlich gewesen zu sein [scheint], wo flache Topographien und ausreichend großer Wasserfluß solche Anlagen rentabel machten."[161] Somit belegt allein die Existenz der Oberhausener Doppelmühle das ebene Relief des Emscherbruches und die Wasserkraft dieses augenscheinlich kleinen Flusses. Gleichzeitig lässt sich die Doppelmühle als Indiz dafür werten, dass lokale Amtsträger, die meist auch Mühleneigentümer waren, ein

---

158 Hofratspräsident von Kessel an die fürstliche Regierung, Bonn, 19.4.1738. Vgl. LAV NRW R, Stift Essen Akten 831, fol. 80. Regierungsprotokoll, Essen, 16.7.1748. Vgl. LAV NRW R, Stift Essen Akten 832, fol. 5v–6r.
159 Vgl. Marcus Popplow, Unsichere Karrieren: Ingenieure in Mittelalter und Früher Neuzeit 500–1750, in: Geschichte des Ingenieurs. Ein Beruf in sechs Jahrtausenden, hrsg. v. Walter Kaiser u. Wolfgang König. München u. a. 2006, S. 71–125, hier: S. 81.
160 Vgl. Rita Gudermann, ‚Wasserschätze' und ‚Wasser-Diebereien'. Konflikte zwischen Müllern und Bauern im Prozess der Agrarmodernisierung im 19. Jahrhundert, in: Archiv für Sozialgeschichte 43, 2003, S. 19–38, hier: S. 20.
161 Peter Theißen, Mühlen im Münsterland. Der Einsatz von Wasser- und Windmühlen im Oberstift Münster vom Ausgang des Mittelalters bis zur Säkularisation (1803). Münster u. a. 2001, S. 165.

Interesse daran hatten, den Fluss für sich ertragreich zu machen. An dieser Stelle muss letztlich noch die Mahlmühle der Deutschordenskommende Welheim Erwähnung finden, die nordwestlich von Carnap lag. Sie bezog ihr Wasser teils aus der ebenfalls zum Flusssystem gehörigen Boye, teils über einen nahe Horst abzweigenden Stichkanal aus der Emscher.[162]

Die Konflikte um die Emschermühlen gehen weit in die Vergangenheit des Stiftes zurück. So postuliert ein undatiertes Promemoria: „Schlieslich sind die Mühlen auf der Embsch zu Overhausen, Vonderen, Welheim, und so weiter hinauf in vorigen Zeiten fast alle unordentlich angelegt worden."[163] Bereits im Sommer 1621 hatten sich Essener Emscheranlieger bei der Fürstäbtissin Maria Clara von Spaur, Pflaum und Vallier über die Vondersche Mühle beschwert. Sie beklagten, dass heftige Unwetter sowie Reparaturmaßnahmen an Mühle und Wehr das Wasser der Emscher stark angestaut hätten, wodurch ihre Gründe überschwemmt worden seien. Die Fürstäbtissin wandte sich daraufhin direkt an den Besitzer der Mühle, Johann von Wylich. Die Untertanen wussten offensichtlich sehr genau, wer die Schuld am Desaster trug, und trauten sich, ihn zu beschuldigen. Andernfalls hätten sie etwa den Müller oder das Vest als solches verantwortlich gemacht.[164]

Die Personen, bei denen die Eingesessenen die Schuld für Missstände verorteten, wiesen die Vorwürfe in der Regel entschieden zurück. Rentmeister Wylich behauptete, nie in die Wasserverhältnisse der Emscher, sei es in Zu- oder Abfluss, eingegriffen zu haben.[165] Seine Rechtfertigung entkräftet allerdings, dass eine Mühle per se einen Eingriff in den Fluss darstellt. Indem er postulierte, „daß mit jetziger Bauwungh anderer gestaldt nicht alß vor etzliche hondert Jahren

---

162 Theißen hat mit Bezug auf die Forschung von Hans-Peter Dickel befestigte Anlagen, die ohnehin schon Gräben bzw. Gräften besaßen oder an Flüssen lagen, als ideale Standorte für Wassermühlen hervorgehoben. Dies traf auf alle drei genannten Beispiele im Emscherbruch (Oberhausen, Vondern, Welheim) zu. Vgl. Ebd., S. 99.

163 Promemoria o. O, o. D. Vgl. LAV NRW R, Stift Essen Akten 833, fol. 12v.

164 Die Klage der Essener Untertanen spiegelte sicherlich auch die Sicht der vestischen Emscheranlieger wider, weil davon auszugehen ist, dass der Rückstau des Wassers ihre Gründe ebenfalls überschwemmt hatte. Der Umstand, dass auf vestischer Seite keinerlei Beschwerde überliefert ist, bedeutet jedoch nicht, dass die dortigen Eingesessenen sich in ihr Schicksal fügten. Gleichwohl unterstellte der Essener Prokurator Helffrich dem Welheimer Komtur, Raban Heinrich von Haxthausen, in einem späteren Reichskammergerichtsprozess der Kommende gegen das Stift, der Komtur habe den Welheimer Eingesessenen den Mund verboten. Falls letztere sich äußern dürften, würde ihr Urteil zu Haxthausens Ungunsten ausfallen. Helffrich implizierte, die Eingesessenen beschwerten sich nur nicht über den Umgang des Komturs mit der Mühle, weil dieser ihnen Repressalien angedroht habe. Prokurator Helffrich an das RKG, Wetzlar, 6.11.1775. Vgl. LAV NRW R, Reichskammergericht T 203/1009, Qdr. 8, fol. 45v.

165 „wird auch jedermennlich bekennen, daß dem Wasser allezeit sein Cours gelassen". Wylich an die Fürstäbtissin, Vondern, 01.08.1621. Vgl. LAV NRW R, Stift Essen Akten 830, fol. 1r.

geschehen, jetzundt verfahren werde",[166] beharrte Wylich auf seiner Nichtverantwortlichkeit für neu entstandene Schäden. Ferner beschrieb er hier nicht nur die Vondersche Mühle, sondern auch die klimatischen Bedingungen als konstant. Ein Bruchbewohner wie er, dem der ständige Wandel des Emscherflusslaufs bekannt war, konnte das nicht ernst meinen. Das Argument war demnach Mittel zum Zweck, um keine Fahrlässigkeit seinerseits eingestehen zu müssen.

Ähnlich verhielt es sich mit den Streitigkeiten um die an der Boye liegende Mühle der Kommende Welheim. Im späten Frühjahr 1764 baten die Eingesessenen zu Carnap in einer Supplikation Fürstäbtissin Franziska Christine um eine kurzfristige Ausräumung der Emscher. Sie begründeten die Bittschrift damit, dass ihnen das Wintergetreide „durch die annoch anhaltende große Überschwemmung bereits völlig im Grundt verdorben" sei.[167] Die vom stehenden Wasser verursachte Fäulnis der Samenkörner raubte den Eingesessenen ihre Lebensgrundlage für das kommende Jahr, zumal sie nur auf wenigen Flächen im ständig feuchten Emscherbruch überhaupt Ackerbau betreiben konnten. Wie schon 1621 machten die Untertanen ein konkretes Flussarrangement für die Schäden verantwortlich. In diesem Fall beschuldigten sie zwar keine konkreten Personen, doch war ihre Kritik an den entsprechenden Besitzer- und Herrschaftsinstanzen implizit. Dementgegen erfuhr die Fürstäbtissin im Jahre 1771 aus anonymer Quelle, der Müller zu Oberhausen habe „die Emscher derart angeschwellet […], daß die Carnapper Waldung und andere Gründe würcklig mit Wasser bedeckt seyen".[168] Aller Wahrscheinlichkeit nach denunzierten die Untertanen zwar einen realen Missstand, nämlich die von zugezogenen Mühlenschütten verschlimmerte Überschwemmung, suchten die Schuld jedoch beim Falschen. Schließlich lag zwischen der Carnapper Waldung und der Oberhausener Mühle noch die Mühle Vondern.[169]

Daraus wird ersichtlich, wie Eingesessene aus dem Emscherbruch immer wieder ihre Interessen gegenüber der Obrigkeit artikulierten. Sie waren bemüht, das Augenmerk der Fürstäbtissin und ihrer Verwaltung auf Missstände an der Peripherie des Stiftsterritoriums zu lenken, um deren Beseitigung herbeizuführen. Hierfür griffen sie auf lokale Wissensbestände zurück. Beispielsweise machten sie 1764 die präzise Angabe, dass der Grundbalken der Welheimer

---

166   Wylich an die Fürstäbtissin, Vondern, 1.8.1621. Vgl. LAV NRW R, Stift Essen Akten 830, fol. 1r.
167   Carnapper Eingesessene an die Fürstäbtissin, Carnap, o. D. [vor dem 5.5.1764]. Vgl. LAV NRW R, Stift Essen Akten 830, fol. 24v.
168   Vorladung der Fürstlichen Regierung, Essen, 21.6.1771. Vgl. LAV NRW R, Stift Essen Akten 830, fol. 13r.
169   In den Tagen darauf fand der Begutachter Niehawer alle Oberschütten und drei Unterschütten der Oberhausener Mühle offen vor, wobei das Wasser nicht höher als zwei Fuß über dem Grundbalken stand, was den Verdacht gegenüber Oberhausen ein wenig entkräftete. Niehawer an die Fürstliche Regierung, Essen 25.6.1771. Vgl. LAV NRW R, Stift Essen Akten 830, fol. 13v.

Mühle, auf dem die Schütten zur Regulierung des Wasserabflusses standen, im Laufe der Jahre um einen halben Fuß tiefer gesunken sei und dieser Umstand den Abfluss behindere.[170] Ob der Balken in den schlammigen Boden eingesunken war oder angehäufter Sand die Schütten verstopft hatte – Gründe für eine Ausräumung gab es genügend.[171] Wenngleich der Ausgangspunkt der Missstände, die Welheimer Mühle, an der Boye lag, baten die Eingesessenen um eine Ausräumung der gesamten Emscher, woran deutlich wird, dass sie den Hauptfluss ebenso wie seine den Bruch durchfeuchtenden Seitenarme Boye, Spieck und Flötte als komplementäre Teile eines Flusssystems ansahen. Eine lohnende Ausräumung musste alle Wasserläufe miteinbeziehen. Gleichzeitig betonten sie die Plötzlichkeit, mit der sich das Wasser sammelte, und damit die Dringlichkeit eines Eingriffs.[172] Die Untertanen appellierten daher strategisch an ein etwaiges Eigeninteresse der Fürstin: Ihre Wiesen und Weiden, die ebenfalls an die Emscher angrenzten, waren genauso von den Überschwemmungen betroffen oder würden es ohne eine Flussräumung in Zukunft sein. Eine solche Maßnahme – dessen schienen sich die Eingesessenen bewusst zu sein – schüfe jedoch nur kurzfristig und symptomatisch Abhilfe. Sie plädierten dafür, dass der Grundbalken „zu seiner behörigen Höhe wieder auffgezogen" werde. Das würde sich langfristig vorteilhafter auswirken.[173]

---

[170] Für den Grundbalken existierten im 18. Jahrhundert auch die Begriffe Fachbaum, Grundbaum, Mahlbaum und Spundbaum. Sie bezeichneten „dasjenige Holz, bey einem Mühlgraben, oder bey einem Wehre, das quer über den Wassergraben geht, um das Wasser vor dem Gerinne in der vorgeschriebenen Höhe zu erhalten, und worüber das Wasser in das Gerinne herabfällt." Christian Ludwig Stieglitz, Encyklopädie der bürgerlichen Baukunst. Ein Handbuch für Staatswirthe, Baumeister und Landwirthe, Bd. 2. Leipzig 1794, S. 70; Theißen, Mühlen (wie Anm. 161), S. 102 f. Im Zuge seiner späteren Begutachtung sollte Hofbaumeister Kees feststellen, dass die Untertanen recht hatten: Der Grundbalken lag tatsächlich 7 ¾ Zoll, folglich sogar mehr als einen halben Fuß, unter der Standardmarke. Protokoll über Augenschein, Essen am Schultenhof zu Carnap, 17.5.1764. Vgl. LAV NRW R, Stift Essen Akten 830, fol. 28v.

[171] Anscheinend durfte der Grundbalken weder zu hoch noch zu tief im Mühlenfließ liegen, weil er sonst ein Hindernis für das Wasser darstellte. Vgl. „Fluß", in: Krünitz, Encyklopädie (wie Anm. 35), S. 394. Ein undatiertes Promemoria beklagt, dass Sandablagerungen vor dem „Geschall" der verschiedenen Emschermühlen, ergo vor dem Grundbalken, für Untiefen im Fluss sorgten und ihn über die Ufer treten ließen. Promemoria, o. O., o. D. Vgl. LAV NRW R, Stift Essen Akten 833, fol. 13r.

[172] Aufgrund der anstehenden Sommergewitter und Regenfälle im Herbst war Eile geboten. Laut den Erfahrungswerten der Eingesessenen reichte schon ein mäßiger Regenschauer aus, um für großflächige Überschwemmungen zu sorgen: „daß es bey etwas einfallend Woogenwetter sich also forth hoch auffstewe, die angräntzende Gründe gäntzlich überschwemme". Carnapper Eingesessene an die Fürstäbtissin, Carnap, o. D. [vor dem 5.5.1764]. Vgl. LAV NRW R, Stift Essen Akten 830, fol. 24r.

[173] Vgl. Ebd., fol. 24v.

Die Strategie der Untertanen zeigte prompte Wirkung, denn Franziska Christine fühlte sich als Landesherrin ebenso wie als Grundeigentümerin persönlich involviert und beeinträchtigt.[174] Sie zeigte sich bewegt von diesem „mit weinenden Augen unterschriebene[n] Supplicatum" und erkannte in ihrer Antwort an, dass sowohl abteiliche als auch gemeinsame Ländereien betroffen seien. Unter „gemeinsamen Ländereien" fasste sie all diejenigen Gründe, welche zwar ihr gehörten, aber von Untertanen bewohnt und genutzt wurden. Mit dieser Formulierung unterstrich sie ihre Landeshoheit und erinnerte die Eingesessenen daran, dass das Land ihnen nur anvertraut war. In der Supplik wiederum sprachen die Bittenden nicht von ihren Äckern, sondern von ihren Früchten, die verfault seien. Sie erahnten somit die Sichtweise der Fürstäbtissin und maßten sich nicht an, das Land als das Ihrige auszugeben. Franziska Christine versuchte derweil, Schuldige zu benennen: Sie bezeichnete die Eingesessenen als Leidtragende „frembder Eingriff[e]", obgleich der Komtur zu Welheim dem Stift und dessen Untertanen nur indirekt Schaden zugefügt hatte. Außerdem sah sie die Verantwortung für die ordnungsgemäße Instandhaltung aller Teile der Mühle nicht ausschließlich beim Komtur, sondern auch bei „einige[n] Benachbahrte[n]", die sie nicht näher spezifizierte.[175]

Zwar versprach die Fürstäbtissin eine schleunige Untersuchung, doch das Kommissorium erging erst elf Tage später. Ihre Hofräte Cocy und Biesten sollten mit Hofbaumeister Ignatius Kees die Situation vor Ort in Augenschein nehmen, in den folgenden Wochen die Ausräumung mit dem Komtur sowie dem Freiherrn von Asbeck verabreden und einen Vergleich zur Erhöhung des Grundbalkens aushandeln. Franziska Christines Vorschlag umging die direkte Auseinandersetzung mit dem vestischen Statthalter und konzentrierte sich auf lokale Amtsträger und Grundherren. Des Weiteren verlangte sie die ständige Anwesenheit ihrer Räte bei den Ausräumarbeiten und das Abfassen eines ausführlichen Protokolls.[176] Die Präsenz der Räte als fürstliche Stellvertreter sollte

---

[174] 1767 waren Franziska Christine und ihre Regierung ebenfalls alarmiert, als durch die nasse Witterung und das Aufstauen der Emscher an der Mühle in Vondern nahegelegene fürstliche Weiden und Wälder überflutet worden waren. Sie beklagten gegenüber Statthalter Nesselrode, dass „selbst die Fortbringung deren im Carnapper Holtz liegender zum Baw des Steelischen Armenhaus bestimmten höchstnöthigen Höltzer, wo dieses Geholtze fast gantz unter Waßer stehen soll, unmöglich gemacht werden dörffte." Die Wasserverhältnisse im Emscherbruch und das daraus resultierende nasse, womöglich moderne Bauholz gefährdeten folglich das Prestigeprojekt der Fürstäbtissin, was sie eiligst zum Handeln bewegte. Fürstliche Regierung an Nesselrode, Essen, 1.6.1767. Vgl. LAV NRW R, Stift Essen Akten 830, fol. 22r.

[175] Fürstäbtissin an Carnapper Eingesessene, Schloss Borbeck, 5.5.1764. Vgl. LAV NRW R, Stift Essen Akten 830, fol. 25v.

[176] Fürstäbtissin an Cocy und Biesten, Schloss Borbeck, 16.5.1764. Vgl. LAV NRW R, Stift Essen Akten 830, fol. 26.

nicht nur die Autorität der Fürstäbtissin über Fluss und Ufer unterstreichen, sondern ihr zudem umfassendere Kontrolle über die Arbeiten ermöglichen. Offenbar misstraute sie den vestischen Amtsträgern.[177] Im Protokoll zu ihrem Ortstermin in Carnap nahmen sich die fürstlichen Räte ein Beispiel an der Bittschrift der Eingesessenen. Indem sie auf das beiderseitige Interesse an einem Rückgang des Hochwassers anspielten, versuchten sie den Komtur dazu zu bewegen, den Grundbalken anheben und die Mühlenschütten öffnen zu lassen. Schließlich lagen seine Weiden gegenüber der Welheimer Mühle und waren bei steigendem Wasserspiegel ebenfalls gefährdet.[178]

Doch nichts passierte: Als die Regierungsmitglieder weitere drei Tage später ihr Protokoll an die Fürstäbtissin sandten, baten sie gleichzeitig um einen fürstlichen Befehl, der ihnen vorgeben sollte, wann sie sich mit dem Komtur und dem Freiherrn von Asbeck zu unterreden hatten. Ungeachtet ihres fürstlichen Kommissoriums sowie einer expliziten Ordre zur Verabredung und weiteren Aushandlung, fühlten sich die Räte nicht dazu berechtigt, gegenüber den vestischen Amtsträgern als fürstliche Stellvertreter oder Unterhändler aufzutreten.[179] Dieser Protokollvermerk enthüllt die Unselbständigkeit der fürstlichen Kanzlei. Trotz gebotener Eile verzögerten ihre Mitglieder in rigider Weise die Verfahrensgänge und trugen dadurch zur Verstetigung der nachteiligen Situation der Emscheranlieger, wenn nicht gar zu ihrer Verschlimmerung, bei.

In ihrer Not griffen die Betroffenen im Emscherbruch zu Selbsthilfemaßnahmen. So berichtete der Rentmeister von Vondern dem vestischen Statthalter, Essener Untertanen hätten Ende Mai 1764 die Unterschütten der Vonderschen Mühle eigenmächtig aufgezogen und einige davon mutwillig zerstört. Angesichts der wochenlangen Untätigkeit der Essener Verwaltungsbeamten bei der Untersuchung der nahegelegenen Welheimer Mühle erschien ihnen der Amtsweg womöglich zu langwierig. Der Rentmeister charakterisierte die Delinquenten hingegen als impulsiv, ihre Handlungen als übereilt. Mittlerweile sähen diese auch ein, einen Fehler begangen zu haben. Er zeigte aber dafür Verständnis, dass sie mit Rückblick auf das Hochwasser im Frühjahr erneute Überschwemmungen fürchteten und daher bestrebt waren, präventiv gegen künftige vorzugehen. Das rechtfertige

---

[177] Ende der 1760er wurde Schulte-Carnap, wohlgemerkt ein Carnapper Eingesessener und Essener Untertan, damit beauftragt, den Grundbalken zu erhöhen. Helffrich an RKG: Unterthänigste Exceptiones sub- et obreptiones mit rechtlicher Bitte, Wetzlar, 6.11.1775. Vgl. LAV NRW R, Reichskammergericht T 203/1009, Qdr. 8, fol. 44v–45r.

[178] „da dem H[errn] Commandeur zu Welheim selbsten daran gelegen wäre diese Scheutfälle zu eröffnen, um das allzu starck auffschwellende Waßer von seiner grad gegenüber liegender Weÿden abzukehren." Protokoll über Augenschein, Essen am Schultenhof zu Carnap, 18.5.1764. Vgl. LAV NRW R, Stift Essen Akten 830, fol. 30r.

[179] Ad-Fermum-Vermerk zum Protokoll des Augenscheins, Essen, 22.5.1764. Vgl. LAV NRW R, Stift Essen Akten 830, fol. 32.

jedoch nicht die Zerstörung des Mühlenwehrs.[180] Die Tat der Essener Untertanen blieb kein Einzelfall: 1767 insistierte die fürstliche Regierung beim vestischen Statthalter, dass das Wehr an der Vonderschen Mühle auch für seine Untertanen ein Problem darstellte.[181] Trotz der Hochwasser der letzten Jahre weigere sich der Müller beharrlich, die Schütten zu öffnen, woraus sich künftig weitere Klagen beiderseitiger Emscheranlieger ergeben würden. Die Räte drängten darauf, dass Nesselrode die Interessen von Eingesessenen und Müllern bzw. Mühlenbesitzern gegeneinander abwog und nicht wie 1764 pauschal für letztere Partei ergriff. Ansonsten sahen sie „allerfalls unvermeidtliche[.] Thätlichkeiten" kommen.[182]

Ähnliche Vorkommnisse wurden auch aus Welheim berichtet, hatte es doch nach der Supplik der Carnapper Eingesessenen an die Fürstäbtissin zunächst noch sieben Jahre gedauert, bis sie ihr Ziel annähernd erreichten. 1771 erhöhte der Komtur zwar nicht den Grundbalken, ließ aber als Kompromisslösung im Beisein einiger Essener Deputierter den ersten mit einem zweiten aufbocken, wodurch die Schwelle des Gerinnes um acht Zoll anstieg.[183] Als 1775 ein Konflikt zwischen der Kommende und dem Stift um einen Emscherseitenarm eskalierte und die Streitparteien den Instanzenzug bis ans Reichskammergericht vollzogen, kam heraus, dass besagter doppelter Grundbalken nichts bewirkt hatte. Hier nahmen Müller und Komtur ebenso billigend in Kauf, dass geschlossene Mahlschütten an der Welheimer Mühle und Flutschütten an der flussabwärts gelegenen Berförde großflächige Überschwemmungen hervorriefen.[184] Über seinen Prokurator im Prozess, Dr. Gress, ließ Komtur von Haxthausen der Fürstäbtissin und ihrer Regierung seine Verteidigung mitteilen: Regen sei eine unbeeinflussbare Variable des Schicksals. Ein Hochwasser komme demzufolge einem Gottesurteil gleich, das die Menschen und damit auch die Eingesessenen

---

180 Nesselrode an den Kurkölnischen Hofrat, Grimberg 3.6.1764. Vgl. LAV NRW R, Stift Essen Akten 830, fol. 19r.

181 „war von Seithen einiger vestischen Benachbahrten schon würcklich zu Abkehrung ihres eigenen Schadens thätlich zugefahren, undt dem Müller verschiedene Schütten theils aufgezogen, theils kurz gehauen." Fürstliche Regierung an Nesselrode, Essen, 1.6.1767. Vgl. LAV NRW R, Stift Essen Akten 830, fol. 22r.

182 Vgl. Ebd., fol. 22v. 1764 hatte sich der Rentmeister auf Haus Vondern als Fürsprecher des Müllers hervorgetan. Dieser habe meistens alle Schütten geöffnet, sie nur zufällig an besagtem Tag der Zerstörung geschlossen, da er ohne Einsetzen der Unterschütten nicht vernünftig hätte mahlen können. Nesselrode erschien der Rentmeister glaubwürdiger als die Beteuerungen der Essener Eingesessenen, „weilen die Kuheweÿde, wo er sein eigen Vieh gehen hat, schier beständig unter Waßer gestanden und ihme also selber daran gelegen, daß die Schütten aufgezogen, und das Waßer seinen Lauff halte." Siehe: Nesselrode an den Kurkölnischen Hofrat, Grimberg 3.6.1764. Vgl. LAV NRW R, Stift Essen Akten 830, fol. 19r-v.

183 Gutachten von Lieutenant Boner, Beck, 21.10.1774. Vgl. LAV NRW R, Stift Essen Akten 830, fol. 33r.

184 Helffrich an RKG: Unterthänigste Exceptiones sub- et obreptiones mit rechtlicher Bitte, Wetzlar, 06.11.1775. Vgl. LAV NRW R, Reichskammergericht T 203/1009, Qdr. 8, fol. 45r–46r.

im Emscherbruch hinnehmen müssten. Lakonisch fügte Gress hinzu: „Qui sentit commodum, sentiat et incommodum" – frei übersetzt: Wer die Vorteile des Wassers genießen wolle, solle auch die Nachteile ertragen.[185]

4.2 Die erste Emscherregulierung (1788–1791)

Durchstich oder auch „Coupirung" bezeichnete im 18. Jahrhundert eine Maßnahme, um einen mäandernden Fluss zu verkürzen und seine Fließgeschwindigkeit zu beschleunigen. Mäander wurden überbrückt, indem der Fluss eine Umleitung in ein neu gegrabenes, geradliniges Flussbett erhielt. Anschließend wurden die nun überflüssigen Flussschleifen abgetrennt und mit der ausgehobenen Erde aufgefüllt. Sie dienten in erster Linie der Hochwasserprävention. Im Emscherbruch sollten sie nicht nur die Äcker und Wiesen schützen, sondern auch das Anlegen weiterer Nutzflächen ermöglichen. Darüber hinaus stellten Essener Beamte eine bessere Verkehrs-, Post- und Handelsanbindung des Territoriums als Folge der seltener überschwemmten Straßen in Aussicht.[186]

Der erste Hinweis auf erfolgte Emscherdurchstiche stammt aus dem Jahre 1731. In einem Schreiben teilte Hofrat Ortmann der Fürstäbtissin Franziska Christine Folgendes mit:[187]

> „In gem[eldte]r Borbecker Marck hatt man nötig gefunden wegen eingelegenen gahr große Holtz, sonst auch zur Menagirung einer zur hochfürstl. Abdeÿ gehörigen Weiden, die Embsche auf dreÿen Ohrten durchzustechen, wodurch die Weide einen großen Zuwachß erreichet, keinem der geringste Schade zugewachßen."

Die ersten drei Durchstiche entstanden demnach unter Aufsicht und im Auftrag der Äbtissin. Sie dienten primär der Reinigung des Flusses vom Gehölz sowie zur mutmaßlichen Arrondierung und besseren Verwaltung der Abteiweiden in der Borbecker Mark. Ohne seine Behauptung näher zu erläutern oder Belege anzuführen, versicherte Ortmann seiner Landesherrin, dass diese für sie profitablen Eingriffe in die Mark und damit den Lebensraum Emscherbruch niemanden benachteiligt hätten. Fast 50 Jahre vor der ersten umfassenden Regulierung der Emscher gelangten Anlieger auf beiden Seiten des Flusses zu der Einsicht, dass die wiederholten Ausräumungen des Flusses allein womöglich kein probates Mittel darstellten, um der häufigen und andauernden Überschwemmungen des Emscherbruchs Herr zu werden. Ausgerechnet der Komtur des Deutschen

---

[185] Replik Gress' an das RKG, Wetzlar, 27.03.1776. Vgl. LAV NRW R, Reichskammergericht T 203/1009, Qdr. 16, fol. 83r.

[186] Promemoria, o. O., o. D. (vermutlich 1790er). Vgl. LAV NRW R, Stift Essen Akten 835, fol. 11r–12r.

[187] Ortmann an die Fürstäbtissin, Essen, 11.09.1731. Vgl. LAV NRW R, Stift Essen Akten 831, fol. 20v.

Ordens in Welheim, Raban Heinrich von Haxthausen, und die Welheimer Markgenossen regten 1739 an, „daß zu Vorbiegung aller Verdrießlichkeit undt würcklich vorseÿenden großen Schadens der ged[acht]er Embscher Fluß auß zweÿ Orthen auff gemeinschafftlichen Unkosten durchgegraben werden möge."[188] Essen übermittelte diesen Vorschlag an den vestischen Statthalter, woraufhin dessen Sekretär Jeibmann sie mit Verweis auf den ordnungsgemäßen Instanzenzug bis an den Bonner Hofrat in ihrem Eifer bremste.[189] 1748 wiederholten die Welheimer ihre Idee, „daß die Embscher ohnweith des so genanten Rosenwehrs zu Erhaltung eines beqüemeren Waßer-Flußes, durchgestochen" werden solle,[190] woraus hervorgeht, dass weder Vest noch Stift in der Zwischenzeit weitere Schritte unternommen hatten. Die Welheimer beschränkten sich diesmal versuchsweise auf einen Durchstich und fassten für diesen einen passenden Ort ins Auge. Sie argumentierten nicht nur mit der Hochwasserprävention, sondern führten das Gemeinwohl aller Anlieger an und hoben die Kosteneinsparungen aufgrund der künftig seltener nötigen Räumungen hervor.[191] Da sich mit einem geradlinigen Durchstich die Territorialgrenze verschieben würde, erboten sich die Holzgrafen und Förster der unmittelbar angrenzenden Essener Marken, eine Prüfung des Vorschlags mit abschließendem Gutachten durchführen zu dürfen.[192] Womöglich fürchteten sie, Markengrund zu verlieren.

Im Zuge einer Ausräumung der Uferwiesen Mitte September 1749 trafen sich der Welheimer Komtur, der Verwalter des Freiherrn von Asbeck, Wölter, sowie der Freiherr von Schell in seiner Funktion als Essener Landständevertreter und Wiesenanlieger im Emscherbruch. Die Amtsträger und gleichzeitigen Interessenten diskutierten bei dieser Gelegenheit einen Ausgangspunkt, „umb die Gerade des Flußes zu bekommen", und entschieden, „daß der Anfang gemacht werden solle von Segerats Fort [der Segerothsfurt, S. Somfleth] und linea recta auff Rosenwerts Schemm lang Frh. von Scheele [Freiherr von Schells, S. Somfleth] Wiese zu wollenfahren seÿ".[193] Es bot sich an, mit den Flussbaumaßnahmen an der Segerothsfurt zu beginnen, weil es dort bereits im Sommer zu einem „besorglichen Durchbruch der Embscher" gekommen war.[194] Der Uferabschnitt benötigte daher ohnehin eine Reparatur, wobei sich die Zerstörung nun im Nachhinein für die

---

188 Fürstliche Kanzlei an Nesselrode, Essen, 8.7.1739. Vgl. LAV NRW R, Stift Essen Akten 832, fol. 1r-v.
189 Jeibmann im Namen von Nesselrode an die Fürstliche Kanzlei, Herten, 14.7.1739. Vgl. LAV NRW R, Stift Essen Akten 832, fol. 3.
190 Regierungsprotokoll, Essen, 16.7.1748. Vgl. LAV NRW R, Stift Essen Akten 832, fol. 6v.
191 Cocy an die Fürstäbtissin, Essen, 23.9.1748. Vgl. LAV NRW R, Stift Essen Akten 832, fol. 13v.
192 Regierungsprotokoll, Essen, 16.7.1748. Vgl. LAV NRW R, Stift Essen Akten 832, fol. 6v–7r.
193 Regierungsprotokoll, Essen, 7.8.1748. Vgl. LAV NRW R, Stift Essen Akten 832, fol. 10r.
194 Regierungsprotokoll, Essen, 16.7.1748. Vgl. LAV NRW R, Stift Essen Akten 832, fol. 6r. Cocy an die Fürstäbtissin, Essen, 23.9.1748. Vgl. LAV NRW R, Stift Essen Akten 832, fol. 13r.

Hochwasserprävention ausnutzen ließ. Holzgrafen, Förster und Markgenossen stimmten den Durchstichsplänen „zu beÿderseitigen Marcken Besten" zu, zumal sie sich erhofften, dass dadurch zusätzlich zur Kostenminderung die Ufer auf Essener wie vestischer Seite seltener oder weniger rapide abgetragen und Flussdurchbrüche der Vergangenheit angehören würden. Darüber hinaus einigten sie sich mit den Amtsträgern beider Territorien darauf, die Gründe auszumessen und sie samt Bewuchs gleichmäßig zwischen den Marken aufzuteilen. In einer gemeinsamen Aktion von Borbecker und Welheimer Markgenossen sollte letztlich der Durchstich gegraben werden.[195] Es ist jedoch nicht auszuschließen, dass die adligen Amtsträger und die Fürstliche Regierung den Borbecker Holzgrafen und die Markenförster bei ihrem zustimmenden Votum beeinflussten. Schließlich hatten die Markenverwalter ihnen ihre Ämter zu verdanken.[196]

Als die Überschwemmungen nach der grenzübergreifenden Emscherräumung von 1765 nicht aufhörten, musste die fürstliche Kanzlei zu ihrem Leidwesen feststellen, „daß diese Raumung allein die hinlängliche Wirkung nicht haben konte, das Waßer vom Austritt zu hindern, weil der Fluß gar zu sehr gebogen läuft, und dahero das Waßer eine weit größere Zeit als nöthig ist, zum Abfließen brauchen muß."[197] Ähnlich argumentieren die zeitgenössischen Lexika: „Serpentiret der Fluß, so wird man," trotz aller anderen ergriffenen Maßnahmen „nie zu seiner Absicht gelangen", die Fließgeschwindigkeit zu erhöhen. „Die Durchstechung der Serpentinen ist also das erste und beynahe das souveräne Mittel den Strom zu beleben."[198] Folglich mussten die unzähligen Mäander der Emscher fast zwangsläufig in den Fokus der Landesherrschaft geraten. Im Falle solcher Infrastrukturprojekte delegierten Landesobrigkeiten die Oberaufsicht an Kommissare, die ihre Autorität vor Ort verkörperten. Der Kurfürst und Erzbischof von Köln übertrug diese Aufgabe dem Statthalter des Vests, dem Grafen von Nesselrode, während Fürstäbtissin Maria Kunigunde von Sachsen ihren Obersthofmeister, den Grafen von Aicholt, damit beauftragte. Hinzu kam ein weiteres Kommissorium für den Kanoniker Moritz Leimgardt, welcher die Interessen der Essener Landstände vertrat.

---

[195] Vgl. Cocy an die Fürstäbtissin, Essen, 23.9.1748. Vgl. LAV NRW R, Stift Essen Akten 832, fol. 14r-v.

[196] Die Fürstäbtissin berief den Holzgrafen, während die Erben der Mark, ergo die Häuser Berge, Heck, Horl und Ripshorst, drei der vier Förster bestimmten. Berge, Heck und Ripshorst gehörten dem Freiherrn von Schell, Horl dem Freiherrn von Asbeck. Die beiden Adligen – Schell persönlich, Asbeck vertreten durch Wölter – hatten sich bezüglich des Durchstichs bereits am 20.9.1749 geeinigt. Vgl. Wirtz, Marken (wie Anm. 26), S. 50, 53 f.

[197] Promemoria, o. O., o. D. Vgl. LAV NRW R, Stift Essen Akten 833, fol. 12r.

[198] „Fluß", in: Krünitz, Encyklopädie (wie Anm. 35), S. 394.

4.2.1 Ohne Rücksicht des Territorii – Grenzen und Austausch

Die Emscher bildete in weiten Teilen die Nordgrenze des Stiftsterritoriums und die Südgrenze des Vests. Durch Bestrebungen zur Territorialisierung, wie sie das 18. Jahrhundert kennzeichneten, wurde dies zunehmend zum Problem. Ungeachtet ihrer Dynamik verwendeten Landesobrigkeiten Flüsse als offensichtliche Trennlinien zur Markierung ihrer Territorien.[199] Daher schrieb ein kurkölnischer Gutachter 1722 im Zuge einer Grenzbegehung: „also muß ein Jeder dar für halten, daß die Emsche selbst die Limite seÿe, flumina enim et rivi sunt limites naturales." Im Gegensatz zu einem Fußpfad sei sie „eine rechtschaffene Limite". So sah das auch der vestische Statthalter Nesselrode, als er in den Vorverhandlungen zu den Emscherdurchstichen 1788 zu bedenken gab, dass „eine natürliche Gränze immer einer gekünstelten vorzuziehen" sei.[200] Denn mit der anvisierten Begradigung des Emscherverlaufs gewännen Vest und Stift zwar an Grenzeindeutigkeit und -sicherheit, verlören aber mit den abgetrennten Flussschleifen auch Stücke ihrer jeweiligen Territorien an den Nachbarn. Im Vergleich vom August 1788 waren die Kommissare beider Territorien darin übereingekommen, dass während der Regulierungsarbeiten Grenze und Landeshoheit an beiden Ufern der Emscher keine Rolle spielen dürften. Eine gemeinsame Räumung und Regulierung bedeutete unweigerlich Grenzübertritte durch Untertanen und Amtsträger ins Nachbarterritorium. Dieses Problem war nicht neu: Bei vergangenen Emscherräumungen hatten die Untertanen wechselseitig Fluss und Ufer gereinigt, was zur Unparteilichkeit beitragen sollte. Auf diese Weise konnten sich die Nachbarn nicht über den Zustand des jeweils anderen Ufers beklagen und ihrem Gegenüber Nachlässigkeit unterstellen. Laut Aicholt seien dennoch Konflikte entstanden, sobald auf diese Weise Emscheruferabschnitte geräumt werden sollten, die auf beiden Seiten der Essener Landeshoheit unterstanden. Die vestischen Eingesessenen hatten zur damaligen Zeit nicht eingesehen, in diesen Abschnitten für die Räumung zuständig zu sein; sie hatten dagegen protestiert und womöglich sogar die Arbeit niedergelegt.[201]

Die Durchstiche gingen sogar noch weiter als die Räumungsarbeiten; sie würden unweigerlich die Grenze versetzen. Wenngleich die unmittelbare Landeshoheit weder bei Nesselrode noch bei Aicholt und Leimgardt lag, hatten die drei durch ihre Kommissorien dennoch einen Handlungsspielraum erhalten, der es ihnen erlaubte, die Emschergrenze für die Zeit der Durchstiche „außer Kraft" zu

---

[199] Vgl. Andreas Rutz, Die Beschreibung des Raums. Territoriale Grenzziehungen im Heiligen Römischen Reich. Köln u. a. 2018, S. 22, 118.

[200] Gutachten des Lieutenants Schram, Bonn, 3.7.1722. Vgl. LAV NRW R, Stift Essen Akten 713, fol. 4r–4v; Promemoria Nesselrodes, Herten, 27.8.1788. Vgl. LAV NRW R, Stift Essen Akten 835, fol. 5v.

[201] Berichtsauszug, Aicholt an die Fürstäbtissin, o. O., 2.9.1788. Vgl. LAV NRW R, Stift Essen Akten 835, fol. 9v.

setzen. Bis zu deren Fertigstellung wäre sie für Aufseher und Arbeiter durchlässig und nähme den Charakter eines Provisoriums an. Erst nach der Regulierung würde sie neu festgelegt, um hinderliche Auseinandersetzungen zu vermeiden. Diese Rechnung hatten die Kommissare ohne die fürstliche Regierung gemacht, welche das Flutgebiet der Emscher als „Limitrophe des Köllnischen und Essendischen" ansah. Demnach stellte der Fluss für die Kanzlei keine Grenzlinie dar; vielmehr formte sein Bruchland ein bisher unklar abgegrenztes Randgebiet bzw. eine Grenzregion.[202] Die Territorialhoheit müsse deshalb auch über den Zeitraum der Arbeiten an der Emscher beachtet werden. Somit gingen nun zwei Instanzen (Regierung und Obersthofmeister) mit gegensätzlichen Meinungen davon aus, den Willen Maria Kunigundes zu kennen und umzusetzen.

Die fürstliche Regierung stellte einen Gebietsaustausch in Aussicht, um das territoriale Gleichgewicht zwischen Stift und Vest zu wahren,[203] machte aber sogleich deutlich, dass letztlich geringfügige Ungleichheiten unvermeidlich seien. Im Gegensatz zum Statthalter sprachen sich die Hofräte dafür aus, vor den Wasserbauarbeiten im Emscherbruch verbindliche Regeln für die Grenzziehung festzuschreiben, um nachträgliche Einsprüche und Forderungen zu vermeiden. Gemessen an der gewonnenen Grenz- und Überschwemmungssicherheit erschienen ihnen kleinere Gebietsverluste akzeptabel. Die ausgetauschten Ländereien brachten im kameralistischen Sinne ohnehin keine Erträge. Eine „Fructus Jurisdictionis", also ein Entgeltertrag aus gerichtlichen Handlungen, welche mit diesem Land zusammenhingen, fiel nur äußerst selten an und die erhaltenen Beiträge seien zu vernachlässigen. Darüber hinaus handle es sich größtenteils um Marken und Gemeinheitsgründe, die nicht zur Landeskasse bzw. den fürstlichen Einnahmen oder zur Reichsmatrikel kontribuierten. Sie konnten aufgrund ihres geringen Nutzens für die Territorialverwaltung getrost ausgetauscht werden.[204]

[202] Regierungsbericht, Essen, 15.9.1788. Vgl. LAV NRW R, Stift Essen Akten 835, fol. 12r. Dies war bis zum Ende des Alten Reiches nicht unüblich für derart gering besiedelte Räume an der Peripherie. Die fürstliche Regierung berücksichtigte mit dieser Regelung die Dynamik des Flusses, durch welche Stift oder Vest mal eine Wiese verloren, mal eine dazugewannen, wesentlich stärker als die gradlinige Grenzvorstellung des Vests. Rutz verwendet für solche Bereiche den Begriff der „Grenzsäume": „Diese von der Natur vorgegebenen Grenzsäume waren Niemandsland und wurden erst im Laufe der Zeit besetzt." Rutz, Beschreibung (wie Anm. 199), S. 11.
[203] Die Regierung schlug vor, die Durchstiche in einer Weise anzulegen, gemäß der beide Territorien annähernd gleich viel gewannen und verloren, also eine beiderseits regulierte Landzunahme und -abgabe möglich war. Regierungsbericht, Essen, 15.9.1788. Vgl. LAV NRW R, Stift Essen Akten 835, fol. 12r.
[204] „Sollte auch ein oder anderes Territorium eine Kleinigkeit dabei verlieren, so ist darauf um so weniger zu seen, als eines teils die darauf vorfallende Fructus Jurisdictionis äusserst selten, und anbei ganz unbeträglich sind, und andern teils die anschießende Gründe merenteils Marken, und Gemeinheiten sind, welche in dem Matricular-Anschlag und in den Landes

Doch auch die Landstände artikulierten ihre Interessen in dieser Hinsicht gegenüber der Regierung und der Fürstäbtissin. Aufgrund des Misstrauens, welches zum Ende der 1780er Jahre zwischen ihnen und der Kanzlei herrschte, ließen sie das Durchstichsprojekt unabhängig untersuchen und stellten einen eigenen Kommissar, den Kanoniker Moritz Leimgardt, dafür ab. Im Zuge der Untersuchung hatten die landständischen Gutachter „jene große Ungleichheit bemerkt", dass die Durchstiche in ihrem Verlauf von 1.001 Rute auf Essener Gebiet und lediglich 314 Ruten auf vestischem Gebiet unverhältnismäßig angelegt seien.[205] Angesichts der Ausdehnung des Fürsterzbistums Köln, seiner Kurwürde und der damit verbundenen Geldmittel sahen sie diese Verteilung zu Essens Ungunsten als ungerecht an. Dementgegen strebten die Landstände zweifellos nach einer für das stiftische Ufer günstigen Aufteilung, zumal neben den Kapiteln und dem Steeler Waisenhaus zwei Adlige aus der Essener Ritterschaft (Dobbe, Schell) dort Grundansprüche geltend machen konnten. Darin liegt ein weiterer Grund, weshalb die Stände auf einen eigenen Kommissar pochten. Laut Regierung waren ihre Kontrahenten „in irrigem Supposito". Mit anderen Worten, sie leugnete die Richtigkeit der landständischen Berechnung, machte aber trotzdem Vorschläge, welche die Anzahl der Durchstiche an Stellen reduzierte, an denen das Stift davon profitierte.[206]

Die fürstliche Regierung verfolgte eine Politik des kleineren Übels: Sie verlor zwar einige hundert Ruten für das Stift wertlosen Grund, profitierte aber im Austausch von einer Melioration des Wasserhaushalts, die eine ertragreichere Nutzung des Bruchs ermöglichte.[207] Gleichzeitig versuchte sie eine paritätische Kostenaufteilung mit dem kurkölnischen Vest durchzusetzen, mittels derer sich die Emscherregulierung überhaupt erst finanzieren und realisieren ließ. Müsste Essen das gesamte Projekt alleine stemmen, würde die Landeskasse wahrscheinlich wesentlich mehr belastet als bei einem Eigenanteil von 1.001 Rute. Die Kanzlei war sich sicher, die Einwilligung des Nachbarn zu erhalten, „da es in der natürlichen Billigkeit beruhet, daß gemeinschafftliche Sachen, wofür allerdings auch ein Gränz Fluß zu halten ist, auch gemeinschafftlich zustande

---

Beiträgen gar keinen Unterschied verursachen." Regierungsbericht, Essen, 15.9.1788. Vgl. LAV NRW R, Stift Essen Akten 835, fol. 12v–13r.

205 Landstände an die Regierung, Essen, 27.1.1789. Vgl. LAV NRW R, Stift Essen Akten 835, fol. 24r. Wo die Emscher die Grenze bildete, musste das Stift sechs Durchstiche allein fertigstellen und war an vieren mit mehr Ruten beteiligt als das Vest. Demgegenüber musste das Vest fünf Durchstiche ohne Essener Zutun graben, war aber nur an einem mit mehr Ruten Land beteiligt als Essen. Hinzu kamen acht Durchstiche in Gebieten südlich der Herrschaft Carnap, wo beide Ufer zum Stift Essen gehörten. Aufstellung der berechneten Ruten, Essen 1789. Vgl. LAV NRW R, Stift Essen Akten 835, fol. 27.
206 Regierungsbericht, Essen, 9.3.1789. Vgl. LAV NRW R, Stift Essen Akten 835, fol. 29r, 30v.
207 Regierungsbericht, Essen, 9.3.1789. Vgl. LAV NRW R, Stift Essen Akten 835, fol. 33r.

gebragt werden müssen."²⁰⁸ In einer Beteiligung Kurkölns bestand ohnehin ihre einzige Chance, denn andernfalls müsste nicht nur das Land der Emscheranlieger für das neue Flussbett herhalten, sondern dessen dann ehemalige Besitzer würden obendrein die Kosten tragen. Proteste, Klagen und Gerichtsprozesse wären die logische Konsequenz. Das Stift Essen stand also in den Augen der Regierung vor der Wahl zwischen Konflikten mit den Untertanen und dem finanziellen Ruin. In ihrem Bericht ließ die Regierung durchscheinen, dass sie im Falle einer Weigerung Kurkölns die Grundeigentümer mit einer gewissen Rücksichtslosigkeit in die Pflicht nehmen würde. Neben dem grenzübergreifenden Wasserbauprojekt könnte der Ausdruck „ohne Rücksicht auf das Territorii" daher auch auf dieses Vorgehen gegenüber den Emscheranliegern bezogen werden. Im gleichen Schreiben sicherte sie sich jedoch gegen entsprechende Vorwürfe der Landstände ab. Mit Abschaffung der Räumungskosten für die Emscher, dem Abtrotzen und Urbarmachen zukünftigen Ackerbodens sowie der dauerhaften Hochwasserprävention für die Emscheranlieger habe sie im kameralistischen Sinne nur das Wohl des Landes und damit den Staatszweck sowie die Glückseligkeit der Untertanen im Blick.²⁰⁹

Ende März 1789 hatte der vestische Statthalter Nesselrode den Essener Vorschlägen zur paritätischen Kostenteilung zugestimmt. Daraufhin verfolgten Regierung und Landstände erstaunlicherweise eine gemeinsame Strategie, indem sie darin übereinkamen, dass die Durchstiche, die auf der Karte des Ingenieurs Ulrich Kämmerer basierten, „auf die Art auf die Köllnische Seite verleget werden, daß der Schaden verhältnismäßig nicht zu stark das Hochstift drücke".²¹⁰ Die Idee der Regierung vom September 1788 – gleichwertige Landgewinne und -verluste für Stift und Vest – hatten sie dahingehend abgeändert, dass sich die Durchstiche gleichmäßiger auf die beiden Territorien verteilten. Gemessen an der Ausgangsberechnung hatte das Stift nun einen Vorteil, weil es weniger zahlen musste. Ob die Emscherdurchstiche schlussendlich eindeutige Grenzen erzeugten, ist unklar. Um die Emscher wirklich zur Grenze zu erklären und der natürlichen Begradigung auch eine politisch-territoriale folgen zu lassen, müssten laut Kämmerer erst die jeweiligen Ländereien, die nun am anderen Ufer lagen, gegeneinander ausgetauscht werden.²¹¹ Womöglich kann aber aus der Betonung der Emscher als Grenze im Zuge einer Grenzbegehung des Essener

---

208 Vgl. Ebd., fol. 32r.
209 Regierungsbericht, Essen, 9.3.1789. Vgl. LAV NRW R, Stift Essen Akten 835, fol. 33v–34r.
210 Kopie eines Vergleichs zwischen Regierung und Landständen, Essen, 26.3.1789. Vgl. LAV NRW R, Stift Essen Akten 835, fol. 43r.
211 Gutachten von Ingenieur Ulrich Kämmerer, o. O., Jan. 1790. Vgl. LAV NRW R, Stift Essen Akten 835, fol. 150v.

Hofrats Schorn 1792 geschlussfolgert werden, dass die Durchstiche letztlich ihren Zweck erfüllt und dem Stift eine gerade, verbindliche Grenze gegeben hatten.[212]

4.2.2 Mit Zuziehung eines Ingenieurs – Professionalisierung
Landesobrigkeiten und lokale Amtsträger des Alten Reiches zogen in der zweiten Hälfte des 18. Jahrhunderts zunehmend ausgebildete Experten für Wasser- und Wegebauprojekte heran, weil sie ihrer technischen Expertise bedurften. Parallel zur menschlichen Erforschung der Natur schritt in dieser Zeit auch die Ausbildung naturwissenschaftlich-technischer Universitätsdisziplinen wie Physik und Chemie voran. Dies bedingte ebenfalls die Institutionalisierung der Fächer Geometrie, Mechanik und Hydraulik, was sich wiederum in einer stärkeren baulichen Regulierung der Umwelt niederschlug. Exemplarisch für diesen Prozess der Professionalisierung und Popularisierung mathematisch-technischen Wissens war der Übergang vom Beruf des Festungsbaumeisters hin zum Zivilingenieur im Europa des 18. Jahrhunderts. Der Ingenieur, welcher Verstand und Schaffenskraft (lat.: genius) bereits im Namen trug, tauchte im 17. Jahrhundert zunächst in der Rolle eines militärischen Baumeisters und Spezialisten für Belagerungsgerät auf.[213] 1717 erstmals in Frankreich in sogenannten Ingenieur-Corps organisiert, erleichterten sie das Vorankommen der Armee durch den Bau von Brücken und Wegen.[214] 1729 formierten sich vergleichbare Einheiten auch in Preußen. Allerdings unterschied sich deren Ausbildung noch deutlich von der Unterweisung ziviler Baumeister. Im Laufe des Jahrhunderts verlagerte sich ihre Ausbildung an Bergschulen und -akademien, später gründeten sich dezidierte Ingenieursschulen.[215] Zum Kanon der Fähigkeiten, die angehenden Ingenieure vermittelt werden sollten und welche nun auch Eingang in Curricula fanden, gehörten mitunter technisches Zeichnen und Kartographie, Geometrie und Landvermessung, Arithmetik, Maschinen- und Wasserbautechnik.[216] Diese Bandbreite war auf zukünftige Allrounder ausgerichtet, „die praktikable Lösungen für anspruchsvolle technische Wünsche ihrer Auftraggeber fanden und ihre Realisierung organisierten und anleiteten."[217] Anhand der Emscher und den diesbezüglichen Wasserbauprojekten lässt sich dieser Wandel ebenfalls

---

212 Schorn an die Fürstäbtissin, Essen, 6.2.1792. Vgl. LAV NRW R, Stift Essen Akten 835, fol. 176v–181r.
213 Vgl. Lars Ulrich Scholl, Ingenieure in der Frühindustrialisierung. Staatliche und private Techniker im Königreich Hannover und an der Ruhr (1815–1873). Göttingen 1978, S. 19.
214 Vgl. Popplow, Karrieren (wie Anm. 159), S. 72. Dieses Arbeitsfeld spiegelte sich auch im Namen der ersten staatlichen und bürgerlichen Ingenieursschule Frankreichs, der Ecole royale des ponts et chaussées wider, welche der Kartograph und Ingenieur Daniel-Charles Trudaine 1747 gegründet hatte. Sie wurde zum Vorbild für alle Nachfolgeinstitutionen.
215 Vgl. Scholl, Ingenieure (wie Anm. 213), S. 16, 222.
216 Vgl. Popplow, Karrieren (wie Anm. 159), S. 96.
217 Vgl. Popplow, Karrieren (wie Anm. 159), S. 71.

nachvollziehen. Hier standen zivile Baumeister und militärische Ingenieure den Landesobrigkeiten beratend zur Seite, schrieben Gutachten, vermaßen Fluss wie Boden und zeichneten detailgenaue Karten. Auf diese Weise versuchten sie, den herrschaftlichen Vorstellungen einer eingehegten, kontrollier- und nutzbaren Flusslandschaft gerecht zu werden.

Während in den 1730er Jahren die Inaugenscheinnahme durch technisch unkundige Beamte genügte, um eine wasserbauliche Situation an der Emscher zu evaluieren, ließ Fürstäbtissin Franziska Christine 1764 den Baumeister Ignatius Kees mit der Kanzlei nach Carnap aufbrechen, um den Grundbalken an der Welheimer Mühle zu begutachten. Kees leitete zu dieser Zeit den Bau des fürstlichen Waisenhauses in Steele, war also nicht dezidiert für den Wasserbau angestellt worden. Dennoch war sich die Fürstäbtissin seiner Expertise bewusst und scheute sich nicht, sie bei passender Gelegenheit andernorts einzusetzen. Offensichtlich besaß der kurpfälzische Hofbaumeister neben seinen architektonischen Fähigkeiten genügend Kenntnisse im Vermessungswesen oder speziell zu Mühlen, um einschätzen zu können, dass der Grundbalken an der Welheimer Mühle um mehr als 7 ¾ Zoll zu tief lag.[218] 1774 beauftragte der vestische Hofrat Jungeblodt seinerseits den Ingenieur-Lieutenant Johann Engelbert Boner mit der Untersuchung des Grundbalkens, erhielt darüber hinaus aber eine umfassende Analyse der Mühlen von Welheim, Vondern und Oberhausen. Boner riet dem vestischen Beamten die Mahlpfähle und damit die Wasserpegel der Vorfluten aufeinander abzustimmen, um Überschwemmungen zu vermeiden. Jungeblodt verließ sich mit Boner nicht nur auf militärisch-technische Expertise, sondern auch auf eine auswärtige Perspektive, zumal der Ingenieur eigentlich in Diensten des Fürstbistums Münster stand.[219]

Im Gegensatz zu diesen Arbeiten für jeweils ein Territorium sollten die stiftische und die vestische Kommission 1788 einen gemeinsamen Ingenieur benennen, den sie als Ratgeber und Sachverständigen zur Emscherregulierung hinzuziehen würden. Der Vorschlag, Ulrich Kämmerer zu engagieren, dürfte von vestischer Seite gekommen sein. Dafür spricht, dass Hofrat Jungeblodt ihn als einen „des Marckts verständigen und geschworenen Hochstifts Kölnischen Wasser Baumeister" anpries und er demzufolge in Kurköln ausgebildet worden

[218] Protokoll über Augenschein, Essen am Schultenhof zu Carnap, 17.5.1764. Vgl. LAV NRW R, Stift Essen Akten 830, fol. 28v. Dies belegen sowohl seine Abmessungen und Berechnungen für den Chausseebau im Herzogtum Jülich als auch seine Arbeit an einer Brücke und einem Damm über die Anger bei Mülheim/Ruhr in den 1750er Jahren. Kees betitelte sich jedoch nicht als technischer Ingenieur, sondern betont künstlerisch als Architekt. Vgl. LAV NRW R, RW Karten 3050, 3061.

[219] Gutachten von Lieutenant Boner, Beck, 21.10.1774. Vgl. LAV NRW R, Stift Essen Akten 830, fol. 33r–35v. Diesen grenzübergreifenden Wissenstransfer ermöglichte sicherlich die seit 1723 bestehende, enge Verbindung zwischen Köln und Münster in der Personalunion ihrer Bischöfe.

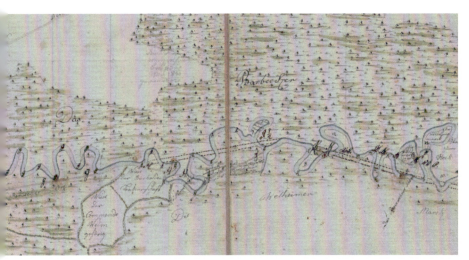

Abb. 51: *Durchstiche zwischen Borbecker (oben) und Welheimer Mark (unten), um 1789*

war.[220] Außerdem wird die vestische Regierung bereits 1766 auf Kämmerer aufmerksam geworden sein, als dieser gemeinsam mit einem preußischen und einem Münsteraner Ingenieur die Lippe im Zuge ihrer Schiffbarmachung von Hamm bis Wesel verkartete.[221] 1772 stellte Kämmerer sein Talent erneut unter Beweis, indem er eine große Übersichtskarte des Emscherbruchs und zwei kleinere, vermutlich je eine für das Vest und das Stift anfertigte.[222]

Das Stift schien sich jedoch nicht so schnell festlegen zu wollen: Während die vestische Verwaltung Kämmerers Karte schon als Arbeitsgrundlage für die Durchstiche zu Rate zog, ließ die fürstliche Regierung noch per Augenschein das Gezeichnete mit der Situation vor Ort abgleichen. Zum einen stellten sie dadurch sicher, dass die Karte das Gebiet angemessen wiedergab und sich keine größeren landschaftlichen Veränderungen in den vergangenen 16 Jahren ergeben hatten. Zum anderen prüften sie Kämmerers Eignung als Leiter des „Durchstichs-Geschäfts" womöglich, weil sie den Lieutenant verdächtigten, ein Parteigänger des Vests zu sein. Schließlich zog jeder gemäß der Karte angelegte Durchstich territoriale Veränderungen nach sich.

Trotz vermeintlicher wissenschaftlicher Objektivität waren Wasserbauingenieure bezahlte Angestellte der Landesobrigkeit. Abgesehen von dieser finanziellen Interdependenz rechtfertigten ihre spezialisierten Kenntnisse nicht nur Eingriffe

---

220 Jungeblodt an die Fürstliche Regierung, Dorsten, 14.1.1790. Vgl. LAV NRW R, Stift Essen Akten 835, fol. 146r.
221 Siehe hierzu: LAV NRW W, Karten A 4253, 4912–4919.
222 Nesselrode an Aicholt, Bonn, 22.3.1789. Vgl. LAV NRW R, Stift Essen Akten 835, fol. 40r.

in Wasserverhältnisse, sondern auch in Besitzrechte, weswegen sie selten als neutral wahrgenommen wurden.²²³ Im Verlauf der Auseinandersetzung zwischen der Essener Regierung und den Landständen begnügten sich letztere nicht damit, dass ihre Kontrahenten in der Kanzlei Kämmerer für geeignet hielten. Um sein Verständnis der Verhältnisse im Emscherbruch genau beurteilen zu können, beraumten sie eine eigene Begehung der Lokalitäten an. Der vestische Statthalter Nesselrode zeigte sich empört darüber, dass die Stände Kämmerers Kompetenz anzweifelten. Obwohl ihnen das technische Wissen fehle, maßten sie sich an, eine Sachverständigenmeinung korrigieren zu können. Wenn sie der fachkundigen Einschätzung eines von der Regierung angestellten Ingenieurs nicht trauten, sollten sie schlicht eine Gegenmeinung einholen.²²⁴ Andererseits traf die fürstliche Regierung ebenso Entscheidungen, die von einem Mangel an technischem Verständnis zeugten. Kämmerer arbeitete simultan an mehreren Bauprojekten, weshalb er häufig abwesend war. In der Zwischenzeit ernannte die Kanzlei den Hofgärtner Langer zum Unteraufseher und betraute ihn mit Vermessungsaufgaben, obgleich er keine erkennbare Qualifikation dazu besaß.²²⁵ Er sollte im Winter 1789/90 die halbfertigen Durchstiche abmessen und die Wasserwaage an die Emscher anlegen, um das Gefälle zu ermitteln. Danach wäre er dafür zuständig, Kämmerers Karte „mit Aufnahme aller anschiessenden [sic!] Gründen und mit Ausgleichung des alten und neuen Bettes geometrisch zu rectificiren". Auf diesen Messungen sollten dann die gleichmäßige Vertiefung des neuen Flussbettes wie auch etwaige Entschädigungen und Grenzberichtigungen basieren.²²⁶ Als Kämmerer im Januar 1790 in den Emscherbruch zurückkehrte und von den Maßnahmen der Regierung hörte, reagierte er mit Unverständnis. Es ergebe zu diesem Zeitpunkt keinen Sinn, die Wasserwaage an die Emscher anzulegen und daraus das Gefälle zu berechnen.²²⁷ Davon würden die Durchstiche nicht weniger tief, geschweige denn schmaler oder billiger, zumal die Kanzlei

---

²²³ Vgl. Popplow, Karrieren (wie Anm. 159), S. 96.

²²⁴ „ces Etats qui ne comprenent guerre a l'hidraulique veulent mettre le compas a la main [unleserlich] corriger l'argument d'un homme de metiers il faudrait qu'il commencent avant tout par adhiber un ingenieur a leurs propres frais". Nesselrode an Aicholt, 22.3.1789. Vgl. LAV NRW R, Stift Essen Akten 835, fol. 40r.

²²⁵ Langer hatte lediglich eine Tabelle mit Wasserpegeln angefertigt. Kommissionsprotokoll, Vondern, 19.12.1789. Vgl. LAV NRW R, Stift Essen Akten 835, fol. 138r.

²²⁶ Vgl. Ebd., fol. 141v–142r.

²²⁷ Bereits 1788 hatten die Essener Hofräte in Erwägung gezogen, das Gefälle zwischen Carnap und der Mühle von Haus Vondern berechnen und das zukünftige Gefälle nach Fertigung der Durchstiche abschätzen zu lassen. Trotz des ohnehin schleichenden Wasserabflusses und ständiger Beschwerden wegen der notorisch aufstauenden Emschermühlen waren sie zuversichtlich, dort eine weitere Mühle anlegen zu können, von der sie sich zusätzliche Einkünfte erhofften. Regierungsbericht, Essen, 15.9.1788. Vgl. LAV NRW R, Stift Essen Akten 835, fol. 13v–14r.

für jeden Tag jener überflüssigen Arbeit Langers einen Reichstaler bezahlte. Kämmerer misstraute Langers Fähigkeiten und ermahnte die Regierung, nicht den erstbesten zu engagieren, sondern die Karte durch Kartographen, Geometer und Ingenieure korrigieren zu lassen.[228] Eine derart forsche Zurechtweisung der Regierung war ihm nur dank der Sonderposition möglich, die er wegen seines Spezialwissens innehatte. Sie machte den Ingenieur fast unentbehrlich.

Schon in der Planungsphase der Regulierung führte Kämmerer den stiftischen und vestischen Beamten vor Augen, dass zunächst eine Räumung der Emscher vorgenommen werden müsse. Erst danach sei deren Normalbreite zu erkennen, welche die Grundlage für eine Flussregulierung darstellte. Daneben plante er, auch das Pflanzenwachstum an den Ufern, insbesondere das von Weiden und Eichen, „ein für alle Mal" zu normieren und auf eine Distanz von zwölf Fuß zurückzudrängen.[229] Um ein Gefühl für das Terrain zu bekommen, ließ Kämmerer im Sommer 1789 einen Probedurchstich von 121 ½ Ruten graben, wobei eine Rute mit 16 Fuß Länge, 16 Fuß Breite und einem Fuß Tiefe bemessen wurde.[230] Um die sogenannten Sperrkribben zu errichten, die das Wasser von den Grabungsstellen fernhalten und somit Gelegenheit für die Veränderung des Emscherverlaufs bieten sollten, stellte Kämmerer für einige Wochen einen ihm bekannten „Kribbenbaas" an.[231] Dieser hatte sich darauf spezialisiert, Sperrkribben aus Reisig zu bauen. Der Ingenieur verließ sich dementsprechend nicht nur auf seine eigenen Fachkenntnisse, sondern vertraute auch dem Erfahrungswissen eines Praktikers. Des Weiteren hatte der Kribbenbaas die Aufgabe, seine Fähigkeiten binnen zwei Wochen an die Arbeiter weiterzugeben, damit sie künftig imstande wären, selbst Sperrkribben für Wasserbaumaßnahmen anzulegen.[232] Die Effizienz einer solchen fachmännischen Leitung bezeugten 38 Durchstiche

---

[228] „durch solche Leüte vornehmen, und denselben den Verdienst dafür billig zu kommen zu lassen, denen es ihr Fach ist, welche zu dem Ende in Eid und Pflicht stehen, und derer ausgefertigten Arbeiten Rechts gültig, kräftig und glaubhaft sind; Zumahlen ohnehin es an solchen Leüten in dasigen Gegenden nicht fehlen dörfte." Gutachten Kämmerers, o. O., o. D. [vermutlich Januar 1790]. Vgl. LAV NRW R, Stift Essen Akten 835, fol. 151r.

[229] Promemoria Nesselrodes, Herten, 27.8.1788. Vgl. LAV NRW R, Stift Essen Akten 835, fol. 6v–7r.

[230] Leimgardt an die Fürstäbtissin, Berge, 5.8.1789. Vgl. LAV NRW R, Stift Essen Akten 836, fol. 23.

[231] „Ein Annehmer zur Anlegung der Wasserwerke, welche aus Busch= Reiß= oder Packwerken bestehen, indem dergleichen Werke in Holland überhaupt Kribben heißen." Vgl. „Kribbenbaas", in: Lexikon der beym Deich= und Wasserbau auch beym Deich= und Dammrecht vorkommenden fremden und einheimischen Kunstwörter und Ausdrüke, Bd. 1, hrsg. v. Georg Samuel Benzler. Leipzig 1792, S. 248.

[232] Promemoria Nesselrodes, Bonn, 24.6.1789. Vgl. LAV NRW R, Stift Essen Akten 835, fol. 62v. – Promemoria Nesselrodes, Bonn, 6.7.1789. Vgl. LAV NRW R, Stift Essen Akten 835, fol. 71v.

auf der Strecke zwischen Horst und Lirich, die unter Kämmerer im Herbst 1789 und dem darauffolgenden Frühjahr vollendet werden konnten.

4.2.3 Donner de l'ouvrage au pauvre maneuvre – Arbeit und Steuerlast

Die Emscherräumungen des 18. Jahrhunderts waren stets aus der Landeskasse bezahlt und die Arbeit durch Frondienste (bei Infrastrukturprojekten wie Wege- und Flussbau auch „Corvée" genannt) abgeleistet worden. Doch schon die Heranziehung der Nebenkontribuenten Lippern und Lirich sowie der Stadt Steele bei der Räumung 1765 deutet auf einen Wandel hin.[233] 1789 diskutierten nun Regierung, Oberhofmeister und Landstände sowohl über den Einsatz von Fronarbeit bei den Emscherdurchstichen als auch über die Bezahlung der Durchstiche aus der Landeskasse. Die ursprünglichen Abläufe erschienen verhandelbar.

Ob die Regierung die in der Bevölkerung unbeliebten Frondienste jemals ernsthaft für die Durchstiche in Betracht zog, ist unklar. Ohne Einbezug der Landstände hatte sie sich mit dem Vest darauf geeinigt, die einst Frondienstpflichtigen einen verhältnismäßigen Geldbetrag als Ablöse zahlen zu lassen. Die einzelnen Durchstiche würden in der Folge an interessierte „Entrepreneurs" ausgeschrieben, wobei das günstigste Angebot den Zuschlag erhielte.[234] Der vestische Statthalter bezeichnete dieses Vorgehen als „ganz zweckmäßig", da es einerseits auf den zeitgenössischen staatswirtschaftlichen Grundsätzen wie dem Kameralismus beruhe und andererseits das Vest die Corvée zumindest beim Wegebau schon vor Jahren abgeschafft habe.[235] Das Stift erhielt durch diese Kooperation grenzübergreifende Anregungen für die künftige Infrastrukturpolitik. Dennoch nutzten Regierung und Oberhofmeister die Fronarbeitsdiskussion, um ein alternatives Druckmittel für den Fall zu haben, dass die Landstände nur einen niedrigen Dienstablösebetrag bewilligen wollten und sich unflexibel hinsichtlich der Kostenübernahme zeigten.[236] Obwohl sich die Kanzlei schon in Verhandlungen mit dem Vest befand, ließ sie obendrein die Landstände kalkuliert darüber debattieren, ob nur Emscheranlieger oder das gesamte Stift Beiträge zu den Durchstichen zu zahlen hätten. Dies erscheint auf den ersten Blick wie eine Maßnahme zur Einbindung der Landstände in den politischen Prozess, diente jedoch eher als Finte, um etwaigen Frust der Bevölkerung über die Dienstablöse und die Kosten für die Durchstiche leichter auf die Stände und weg

---

[233] Zudem stellte die Herrschaft Carnap, die als weiterer Nebenkontribuent eigentlich genauso wenig steuer- und dienstpflichtig war, 1765 die Pferde für die Räumungskommission. Konferenzprotokoll, Essen, 4.6.1798. Vgl. LAV NRW R, Stift Essen Akten 836, fol. 139v–140r.
[234] Kopie eines Vergleichs, Essen, 26.3.1789. Vgl. LAV NRW R, Stift Essen Akten 835, fol. 43r-v.
[235] Nesselrode an Aicholt, Bonn, 22.3.1789. Vgl. LAV NRW R, Stift Essen Akten 835, fol. 41r.
[236] Aicholt rechnete damit, dass die Landstände die Regierung auf einen Standardbetrag festnageln wollten, der nicht mehr der Situation angepasst (wahrscheinlich erhöht) werden konnte, was die Durchführung der Durchstiche gefährdete. Vgl. Ebd., fol. 41r-v.

von der Regierung zu lenken. Letztere hatte ohnehin bereits einen Großteil der Beschlüsse eigenmächtig gefasst, was eine ernstgemeinte Debatte über diese Frage überflüssig machte.[237] In Zeiten, wo Landstände und Regierung sich regelmäßig als Kontrahenten in erbitterten Auseinandersetzungen über landeshoheitliche Rechte und Verordnungen gegenüberstanden, war dies ein probates Mittel, um die Gegenseite zu diskreditieren. In ihren Beschlüssen zeigte sich die Regierung zunehmend intransparent. Zwar gestanden die Landstände der Kanzlei durchaus die Autorität zu, Leitlinien für das „Durchstichs-Geschäft" festzulegen. Im Mai 1789, anderthalb Monate nach dem letzten Schreiben, verlangten sie jedoch nach einem genauen Plan zur Kostenaufteilung. Mit einer Viehsteuer, die nicht nur die Besitzer der Äcker und Weiden zur Kasse bat, sondern auch die Kötter, die ihr Vieh auf den Gemeinheiten grasen ließen, miteinschloss, wollte die Regierung die Ausgaben für die Durchstiche decken.[238] Die Taxierung der Steuer sollte sich an den Räumungen von 1731 und 1765 orientieren und die Größenverhältnisse der Bauerschaften berücksichtigen, aber vor allem den Viehbestand als Maßstab anlegen. Ihre Vermarktung stellte sich jedoch als Streitpunkt heraus: Bereits der Begriff „Steuer" im Namen werde laut Regierung „gewiß anstößig sein und zu Weitläufigkeiten Anlaß geben", weswegen es ratsam sei, ihn wegzulassen.[239] Damen- und Kanonikerkapitel billigten diese Lösung, wahrscheinlich weil sie nicht die Landeskasse betraf, und schlugen stattdessen „Surrogat" vor, ergo ein erleichternder Ersatz für die Frondienste, den sie den Untertanen einfacher „verkaufen" konnten. Dementgegen plädierten sie dafür, erst im folgenden Jahr die Emschermäander durchzustechen, zumal „die unvorseens eingefallene Teurung der Kornfrüchten, und sonstiger Lebens Mitteln es dem Landman beinae unmöglichen machen würde, eine solche auserordentliche Abgabe, nebst den gewöhnlichen, zu bestreiten."[240] Der vestische Statthalter Nesselrode empörte sich darüber in seiner Privatkorrespondenz, indem er zu bedenken gab, dass Preiserhöhungen erst recht ein Grund dafür seien, armen Tagelöhnern Arbeit an öffentlichen Bauten zu verschaffen.[241] Fürstäbtissin Maria Kunigunde tat die Forderung nach Aufschub als „beinahe lächerlich" ab. Sie drängte die Landstände dazu, für den Landmann, dessen Interessen sie zu verteidigen vorgaben, in die

---

237 Regierungsbericht an die Fürstäbtissin, Essen, 9.3.1789. Vgl. LAV NRW R, Stift Essen Akten 835, fol. 35v–36r.
238 Protokoll von Hofrat Schorn, Essen, 7.5.1789. Vgl. LAV NRW R, Stift Essen Akten 835, fol. 49v.
239 Resolution der Fürstäbtissin, Essen, 20.5.1789. Vgl. LAV NRW R, Stift Essen Akten 835, fol. 50r.
240 Regierungsprotokoll, Essen (in regimine), 3.6.1789. Vgl. LAV NRW R, Stift Essen Akten 835, fol. 52r-v.
241 „les denrees sont cheres, une raison de plus p[ou]r donner de l'ouvrage au pauvre maneuvre a un travail public ou il trouve du pain." Nesselrode an Aicholt, Bonn, 6.7.1789. Vgl. LAV NRW R, Stift Essen Akten 835, fol. 70.

Bresche zu springen und die Dienstablösebeiträge vorzustrecken, damit noch 1789 mit den Durchstichen begonnen werden konnte.[242] Um ihren guten Willen zu demonstrieren, stellten die Landstände die in der Landeskasse befindlichen 1.208 Reichstaler zur Verfügung. Gemessen an den 300 Reichstalern, die Aicholt im Namen der Landesherrschaft wohlgemerkt nachträglich vorschoss, bezahlten die Stände nun das Gros der Essener Arbeiten. Ihr Beitrag würde sich erst wieder nach Einzug des „Surrogats", also der Viehsteuer, amortisieren.[243] Bis dahin klaffte ein Loch in der Landeskasse.

Am Tag der Versteigerung der Durchstichsarbeiten, dem 3. August 1789, stand zwar das Prozedere fest, doch die Verantwortlichen hatten nicht mit der Kühnheit der Untertanen gerechnet. Diejenigen Arbeiter, die auf Anweisung des Ingenieurs Ulrich Kämmerer einen Probedurchstich gegraben hatten, – laut Nesselrode zumeist Borbecker Eingesessene – wussten bereits, auf welches schwierige Unterfangen sie sich einließen. Sie waren daher „unverschämt genug [...] per Ruthe zu einen Fuß tief 1 Rtl. 15 Stbr. [75 Stüber, S. Somfleth] zu fordern, endlich sich bis zu 52 ½ Stbr. herunter zu laßen." Dieser Betrag lag weit jenseits der fürstlichen Preisvorstellung von 15 bis 16 Stübern, weswegen die Versteigerung nach mehr als zwei Stunden ergebnislos endete. Daraufhin spekulierte der vestische Statthalter, „man [werde] ohne fernere öffentliche Versteigerung fortfahren müßen die einzelne Durchstiche zu accordiren", ergo sich mit Interessenten individuell einig werden.[244] Auch bei dieser Verfahrensweise würden die Verantwortlichen schwerlich jemanden finden, der für eine derart geringe Summe ein neues Emscherbett grub. Mitte September 1789 hatten sich schließlich Eingesessene gefunden, die 18 Stüber pro Rute akzeptierten, diesen Betrag aber für das Fällen von Bäumen auf ihren Teilstücken auf bis zu 26 Stüber erhöhten.[245] Als die fürstliche Regierung 1791 die Kostenaufstellung machte, hatte sie 1.284 Rtl. 46 ¾ Stbr. gezahlt, an denen sich nun auch die Nebenkontribuenten beteiligen mussten.[246]

---

[242] Resolution der Fürstäbtissin, o. O., 10.6.1789. Vgl. LAV NRW R, Stift Essen Akten 835, fol. 53v.
[243] Vorstellung der Landstände, Essen, 22.7.1789. Vgl. LAV NRW R, Stift Essen Akten 835, fol. 59. Aicholt an Leimgardt, Schloss Borbeck, 29.7.1789. Vgl. LAV NRW R, Stift Essen Akten 835, fol. 79.
[244] Nesselrode an Aicholt, Herten, 4.8.1789. Vgl. LAV NRW R, Stift Essen Akten 80r-v.
[245] Protokoll der Kommissare, Vondern, 18.9.1789. Vgl. LAV NRW R, Stift Essen Akten 836, fol. 47r-v.
[246] Davon entfielen 1.201 Rtl. 36 ¼ Stbr. auf die Arbeiter, 36 Rtl. 10 Stbr. auf den Landmesser und 47 Rtl. ½ Stbr. auf Ingenieur-Lieutenant Kämmerer. Demgegenüber hatte das Vest nur 968 Rtl. 27 ½ Stbr. vorgeschossen, weswegen es dem Stift noch 158 Rtl. 9 ½ Stbr. schuldete. Protokoll der Kommissare, Vondern, 23.7.1791. Vgl. LAV NRW R, Stift Essen Akten 836, fol. 152r-v, 153r–154r.

4.2.4 Nur eine ausgehölte dürre Sandgrube – Entschädigungen

Anhand der Entschädigungen, also der Ersetzung von Gründen, die ihren Besitzern im Zuge der Durchstiche verloren gegangen waren, lassen sich deutliche Unterschiede zwischen der im Vorfeld abgesprochenen Leitlinie und deren praktischer Umsetzung erkennen. Der zwischen Stift und Vest geschlossene Vergleich vom August 1788 sah dafür folgende Regelung vor:[247]

> „Denen Eigenthümern durch weßen Gründe ein Durchstich angelegt wird, soll das alte Fluß=Bette zur Entschädigung angedeÿen, sollte aber wider Vermuthen ein Eigenthümer dennoch für das allgemeine Wohl einen erweißlichen Schaden leiden; so verbindet sich jedes Land denselben billigmäßig zu entschädigen."

Die abgetrennten Mäander wurden also mit dem Aushub aus den gegrabenen Durchstichen verfüllt. Vermutlich reichte die ausgehobene Erde nicht aus und enthielt viel Flusssand, denn bereits ein Bericht der Regierung an die Fürstäbtissin vom 15. September enthüllte, dass das alte Flussbett „nur eine ausgehölte dürre Sandgrube" und „nicht als eine hinreichende Entschädigung zu betrachten" sei. Ungeachtet dieser Bedenken genehmigte Maria Kunigunde die grenzübergreifende Vereinbarung fünf Tage später und ließ sie ohne diesbezüglichen Verweis den Landständen vorlegen.[248] Weder sie selbst noch die Regierung hatte im Vorfeld Abänderungen am Entschädigungsparagraphen vorgenommen. Als der Freiherr von Schell im Herbst 1789 auf Schadensersatz für die Durchstiche klagte, begründete er deshalb seinen Anspruch wie zu erwarten mit der Unfruchtbarkeit des Bodens.[249] Es ist unwahrscheinlich, dass er von der Vertuschung dieser Problematik durch die Landesherrschaft wusste, zumal er nichts dergleichen erwähnte. Schell war der Erste, der finanziellen Ersatz für den „fortgegrabene[n] Grund" verlangte. Obendrein forderte er Brücken zu seinen nun jenseits des neuen Flusslaufs liegenden Wiesen ebenso wie Beiträge zur dauerhaften Instandhaltung dieser Brücken.[250] All das sollten die Landstände bezahlen. Deren Syndikus, Moritz Leimgardt, gestand ihm zwar zu, er „verliere bei den Durchstichen ein Ansehnliches", betonte aber gleichzeitig den Vorteil, dass „dessen Gründe in der Folge nicht so leicht den Überschwemmungen ausgesezt seÿn würden."

---

247 Promemoria Nesselrodes, Herten, 27.8.1788. Vgl. LAV NRW R, Stift Essen Akten 835, fol. 6r-v.
248 Regierungsbericht, Essen, 15.9.1788. Vgl. LAV NRW R, Stift Essen Akten 835, fol. 14v; Aicholt an Nesselrode, Schloss Mariemont, 20.9.1788. Vgl. LAV NRW R, Stift Essen Akten 835, fol. 18.
249 „en allegant que l'ancien lit par sa sterilité ne pouvoit venir dans aucun déconte [décompte, S. Somfleth]". Aicholt an Nesselrode, Thorn, 10.10.1789. Vgl. LAV NRW R, Stift Essen Akten 835, fol. 131r.
250 Leimgardt an die Landstände, Berge, 26.9.1789. Vgl. LAV NRW R, Stift Essen Akten 836, fol. 56.

Leimgardt bemühte sich um einen Kompromiss, indem er die Möglichkeit zum Austausch des Grundes mit dem Vest ins Spiel brachte. Die Stände müssten dann zumindest nicht für die Brücken und deren Unterhalt zahlen.[251] Unterdessen herrschte weiterhin Unklarheit darüber, ob der neue Emscherverlauf auch in Zukunft die Grenze markieren würde, wodurch Schells abgetrennte Wiesen im Vest lägen. Hinsichtlich dieser Streitfrage legte die Regierung der Fürstäbtissin nahe, sie erst gemeinsam mit dem Vest zu erörtern und hinterher die Durchstiche vorzunehmen.[252] Der vestische Statthalter schien ebenfalls keine Kenntnis von der Bodenbeschaffenheit oder -güte zu haben, denn noch im März 1789 reagierte er in einem privaten Schreiben mit Unverständnis auf die fortwährend skeptische Haltung der Landstände. Ihnen sei nicht begreiflich zu machen, dass sie aufgrund der Durchstiche und des verfüllten alten Flussbetts an wertvollem Land gewännen.[253] Auch die fürstliche Regierung begegnete Beschwerden unnachgiebig: „Umso weniger hat sich also hir weder ein von Schell noch sonst ein Untertan im Allgemeinen zu beschweren."[254]

Indem von Schells Klage darauf abzielte, seine Verluste mit Geld aus der Landeskasse auszugleichen, positionierte er sich gegen die Landstände, denen er normalerweise als Vorsitzender der Essener Ritterschaft selbst angehörte.[255] Angesichts der unklaren territorialen Situation im Emscherbruch stellte er seine Eigeninteressen über diejenigen des Landes. Damit machte der Freiherr deutlich: primär war er Grundbesitzer, danach erst Landstand. Für den Fall, dass letztlich nur die Emscheranlieger für die Durchstiche bezahlen mussten, würde ihm auf diese Weise ein Großteil der Kosten zurückerstattet, zumal er mit Heck und Ripshorst zwei Häuser in unmittelbarer Nähe der Emscher besaß. Wenn Schell Recht bekäme, so argumentierten die restlichen Landstände, wäre das ein Präzedenzfall, der weitere Entschädigungsforderungen von insgesamt bis zu 20.000 Reichstalern nach sich zöge.[256] Diese Summe könne das Land nicht aufbringen, weswegen Schell mit seiner Forderung nicht durchkommen dürfe.

Im Vorfeld der Durchstiche hatte sich die Regierung intern darauf verständigt, dass sie beim Auftreten etwaiger Schäden Individuen – und Adlige mit politischem Gewicht wohl erst recht – nicht zugunsten der Allgemeinheit übergehen

---

[251] Leimgardt an Aicholt, Berge, 29.9.1789. Vgl. LAV NRW R, Stift Essen Akten 836, fol. 57r-v.
[252] Regierungsbericht, Essen, 15.9.1788. Vgl. LAV NRW R, Stift Essen Akten 835, fol. 15v.
[253] „que la ligne courbe de l'ancien lit contiendra plus de terrain et vaudra toujours autant de plus meme que les proprietaires ne perdront a la ligne droitte du nouveau canal." Nesselrode an Aicholt, Bonn, 22.3.1789. Vgl. LAV NRW R, Stift Essen Akten 835, fol. 40r.
[254] Regierungsbericht, Essen, 8.10.1789. Vgl. LAV NRW R, Stift Essen Akten 835, fol. 118v.
[255] Die Mitglieder der Kapitel waren nicht gewillt, pauschal für die Durchstiche und etwaige Entschädigungen aufzukommen, wie es Schells Forderungen implizierten. Aicholt an Nesselrode, Thorn, 10.10.1789. Vgl. LAV NRW R, Stift Essen Akten 835, fol. 131r.
[256] Vgl. Ebd. Gutachten der Juristenfakultät Gießen im Prozess Nierhoff ./. Landstände, Gießen, Okt. 1800. Vgl. LAV NRW R, Stift Essen Akten 836, fol. 280v.

würde.²⁵⁷ Trotzdem verhielt sich die Kanzlei Schell gegenüber ablehnend. Dies kann als Reaktion auf die Zugehörigkeit des Freiherrn zu den Landständen gewertet werden. Im Hinblick auf politische Teilhabe und Entscheidungsbefugnis standen sich Landstände und Regierung in diesen Jahren zunehmend unversöhnlich gegenüber. 1788 hätte die Regierung Schell noch Recht gegeben, zumal einer ihrer Vertreter gegenüber der Fürstäbtissin äußerte: „Es versteet sich demnach von selbst, daß ein jeder Privater […] für seinen Verlust aus Landes Mitteln entschädiget werden muß."²⁵⁸ Die Regierung beanspruchte demnach die Verfügungsgewalt über die Gelder der Landeskasse, womit sie dieses Recht den Landständen absprach. Dennoch ordnete die Kanzlei im Frühjahr 1793 eine Beseitigung der Schäden an den Wiesen des Freiherrn auf Landeskosten an, spezifizierte allerdings nicht, wie hoch die reelle Entschädigung ausgefallen war oder was sie beinhaltete.²⁵⁹

Die Durchstiche hatten auch viele kleinere Interessenten von ihren Wiesen getrennt. Ihnen konnte das alte Flussbett keinen adäquaten Ersatz für ihre verlorenen Wiesen bieten. Mehrere Eingesessene der Borbecker Mark warteten 1793 auf eine Entschädigungszahlung und forderten sogar eine für einen Heuwagen ausgelegte Fahrbrücke über den neuen Emscherlauf. Ansonsten hätten sie keine Möglichkeit, die abgetrennten Gründe für die Heuernte zu nutzen. Dabei bezogen sie sich auf die Entschädigung des Freiherrn von Schell. In deren Nachgang hätten viele Eingesessene schon mündliche Anträge bei der Regierung vorgebracht und auch sie seien nun dazu berechtigt, ihre Ansprüche geltend zu machen. Im Gegensatz zum Freiherrn wurden sie jedoch in der Regel abgewiesen.²⁶⁰ Sie wussten nicht, dass die Regierung bereits im Vorfeld der Durchstiche die Nutznießer von Gemeinheiten ebenso wie Markgenossen aus der Gruppe der potenziell Entschädigungsberechtigten ausgeklammert hatte.²⁶¹ Selbst die Entschädigungsforderung des Rentmeisters Nierhoff für

---

257 „Übrigens ist es unbillig, wenn ein Privater Schaden leiden, und das Publicum Nuzzen zien sollte." Regierungsbericht, Essen, 15.9.1788. Vgl. LAV NRW R, Stift Essen Akten 835, fol. 15r.

258 Regierungsbericht, Essen, 15.9.1788. Vgl. LAV NRW R, Stift Essen Akten, fol. 15r.

259 Auszug aus dem Regierungsprotokoll, Essen, 8.3.1793. Vgl. LAV NRW R, Stift Essen Akten 836, fol. 226r (falsche Foliierung!).

260 Der Eingesessene Vogelwiesche, dessen Gründe unmittelbar an die Emscher anschlossen, wurde am 29.8.1791 abgewiesen. Hölte aus der Bauerschaft Altenessen besaß aufgrund der Durchstiche drei überschüssige Morgen Land am anderen Ufer. Dort ließ sich zwar Heu ernten, aber der Heuwagen aufgrund der durch die Wasserbaumaßnahmen höheren Ufer weder in den Fluss noch aus ihm herausfahren. Er habe seinen Wagen daher über Vogelwiesches Gründe fahren müssen. Seinen Antrag lehnte die Regierung am 16.7.1792 ab und riet ihm, mit Vogelwiesche eine gemeinsame Durchfahrt durch die Emscher zu bauen. Protokollar-Anzeige und Bitte einiger Borbecker Eingesessener, Essen, 19.6.1793. Vgl. LAV NRW R, Stift Essen Akten 835, fol. 183r–184r.

261 Regierungsbericht, Essen, 15.9.1788. Vgl. LAV NRW R, Stift Essen Akten 835, fol. 15r.

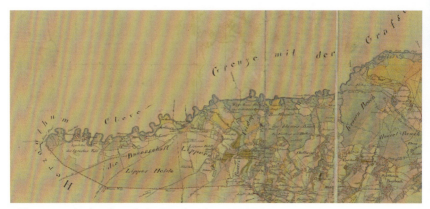

Abb. 52: Emscherbruch nach den Durchstichen, 1803/04

eine mittlerweile zweigeteilte Emscherwiese im Besitz des Steeler Waisenhauses lehnte die Regierung im Jahre 1800 ab. Vermutlich wurden ihm zwei Umstände zum Verhängnis: Einerseits hatte das Waisenhaus laut eines Gutachtens des Ingenieur-Lieutenants Kämmerer von 1794 kein Anrecht auf Schadensersatz.[262] Andererseits beurteilte ebenjene fürstliche Regierungskanzlei seinen Fall, welche gleichzeitig über mögliche Entschädigungen für die Emscheranlieger entschied. Angesichts dieses Interessenskonflikts zwischen Geldgebern und Richtern schien eine Ablehnung quasi vorprogrammiert. Nierhoff hatte bereits 1796 den Prozess angestrengt, weil das alte Flussbett, welches als Ersatz für die verlorenen Gründe fungieren sollte, wegen eines Bachlaufs weiterhin sehr feucht bleibe und daher nicht als Wiese genutzt werden könne. Darüber hinaus begründete Nierhoff seine Klage damit, dass weder Regierung noch Landstände die Zustimmung der Anlieger zu den Durchstichen eingeholt hätten. Sie alle hätten die Zerteilung und Verschlechterung der eigenen Gründe billigend in Kauf nehmen müssen, weil diese Maßnahmen angeblich dem Gemeinwohl dienten.[263]

Schells Erfolg hatte demnach tatsächlich eine Serie von Entschädigungsforderungen und -klagen losgetreten, womit die Landstände ansatzweise recht behielten. Nur die Besetzung des Stifts durch Preußen im Jahre 1801 setzte ihr ein jähes Ende.

---

[262] Erklärung und Bitte der Landstände im Prozess Nierhoff ./. Landstände, Essen, 12.5.1796. Vgl. LAV NRW R, Stift Essen Akten 836, fol. 256v.
[263] Nierhoff an die Fürstäbtissin, o. O., o. D. [vermutlich 1796]. Vgl. LAV NRW R, Stift Essen Akten 836, fol. 249r.

5. *Panta rhei* – Résumé und Ausblick

Panta rhei („Alles fließt") heißt eine vielzitierte Formel, die dem Philosophen Heraklit zugeschrieben wird. In ihr kumuliert die Vorstellung, dass die Welt in einem stetigen Umbruch und Wandel begriffen ist. Da schon der griechische Ursprung an die Strömung eines Flusses erinnert, liegt es nahe, die analysierten Vorgänge unter diesem Sinnspruch zu bündeln. Rau übertrug sie mit dem Vorschlag, eine Flussgeschichte zu schreiben, auf die historische Forschung und beschrieb die Schwierigkeit, Flüsse historiographisch festzuhalten, folgendermaßen:[264]

„[…] das Untersuchungsobjekt [ist] ein Raum […], der sich bewegt und auch für die Zeitgenossen immer in dem Moment schon wieder verschwunden ist, in dem man glaubt, ihn erfaßt zu haben. Insofern ähnelt die Geschichte eines Flusses der Betrachtung der Zeit."

Aus diesem Grund hat der vorliegende Beitrag zwar die Emscher und den Emscherbruch in den Mittelpunkt gerückt, aber versucht, sie über das sie umgebende, sich verändernde Spannungsfeld aus „Arrangements", Interessen, Konflikten, Nutzungsweisen und Rechten zu erforschen. Das 18. Jahrhundert bot sich dafür nicht nur wegen der umfangreichen Überlieferung aus dem Stift Essen an, sondern ebenso, weil mit ihm eine Epoche des „radikalen Wandel[s] in der Herrschaftskonzeption bzw. in der Verfügbarkeit und Anwendung technischer und administrativer Verfahren zur Erfassung des Raums" einherging.[265] Individuen und die sich ausbildenden Territorialstaaten erkannten Potenziale darin, sich ihre Umwelt zunutze zu machen. Gleichzeitig sahen sie sich gezwungen, dafür Sorge zu tragen, dass natürliche Unwägbarkeiten sowie andere Nutzungsformen die für sie profitablen nicht torpedierten. Der landesherrliche Zugriff selbst auf die Peripherie eines Territoriums beabsichtigte, deren natürliche Umwelt einer staatswirtschaftlich orientierten Agenda unterzuordnen, damit deren Erträge dem Territorium zugutekamen. Diesem Ziel dienten auch Vorkehrungsmaßnahmen gegen Überschwemmungen, wie Flussräumungen und das begradigende Durchstechen der Emscherschleifen. Bei der Durchsetzung dieser Wasserbauprojekte demonstrierten Fürstäbtissin und Regierungskanzlei eine erstaunliche Blindheit gegenüber Interessen, die der landesherrlichen Agenda zuwiderliefen. Beispielsweise können die Nutznießer der an die Emscher anschließenden Marken als Verlierer der Flussregulierung gelten. Die Eingriffe machten den Nebennutzungen u. a. der Kötter, die laut Gudermann auf einer

---

[264] Rau, Fließende Räume (wie Anm. 53), S. 105.
[265] Rutz, Beschreibung (wie Anm. 199), S. 456.

sogenannten „Ökologie des Notbehelfs" beruhten und Materialien wie Schilfrohr, Korbweiden, Wasserlinsen und Schlick nutzten, den Garaus.[266]

Als Herrschaftsinstanzen sahen sich die Fürstäbtissinnen und ihre Regierungskanzlei bei der Räumung und Regulierung des Flusses mit einer Vielzahl lokaler Amtsträger, ihren gegensätzlichen Interessen und Nutzungsabsichten konfrontiert. Daher gerieten alle wasserbaulichen Natureingriffe zu langwierigen Verfahren. In diesem Zusammenhang erkannten Fürstäbtissin und Regierung häufig, dass trotz der geringen Größe des Territoriums die landeshoheitliche Durchsetzungskraft mit Entfernung von der Abtei spürbar abnahm. So weigerten sich lokale Adlige im Emscherbruch, den Befehlen der Landesobrigkeit Folge zu leisten, „Arrangements" zu entfernen oder Mühlen und Uferschutz nicht auf Kosten anderer Flussanlieger zu betreiben. Diese Interessenten reagierten mit der Statik des Gewohnheitsrechts auf die Herausforderungen einer dynamischen Flusslandschaft. Ähnlich verhielt es sich mit den letztlich ergebnislosen Versuchen der Landesobrigkeiten, die Emscher als gradlinige Grenze zu fixieren. Alle Maßnahmen zur Erschließung des Emscherbruchs wurden demnach von Interessenten begleitet, welche sich aus dem sich eröffnenden Raum individuelle oder staatswirtschaftliche Vorteile erhofften. Sie stießen auf dort lebende Interessenten, die ihre Rechte gewahrt sehen wollten. Daneben bildeten sich grenzübergreifende Interessenkonstellationen, die trotz gegenseitiger Versuche, sich mithilfe des Flusses Land abzugraben, in eine Kooperation von Stift und Vest mündeten. Größere Wasserbauprojekte wie die Regulierung der Emscher waren aufgrund des Umfangs, der Kosten und der zu beachtenden Interessen nur gemeinsam zu bewältigen.

Demgegenüber beeinflussten die bis in die 1790er Jahre anhaltenden Interessenkonflikte zwischen Fürstäbtissin bzw. Regierungskanzlei auf der einen und den Landständen auf der anderen Seite jede wasserbauliche Entscheidung. Wenngleich diese Rechtsstreitigkeiten im Grunde keine Verbindung zum Emscherbruch aufwiesen, verlagerten beide Parteien die Konfliktaustragung auf das Feld der herrschaftlichen Natureingriffe. Dem konnten sich selbst Auswärtige wie Ingenieur-Lieutenant Kämmerer nicht erwehren. Jede Handlung, auch das einseitige Hinzuziehen eines Experten, konnte eine hintergründige Absicht verbergen, welche die Gegenseite in ihren Rechten beschnitt und ein Präjudiz für die Zukunft schuf. Daher begegnete die eine oder die andere Seite jedem Vorstoß mit Misstrauen. Zugleich verdeutlichte die Notwendigkeit, einen Fachmann dauerhaft anzustellen, dass wasserbauliche Maßnahmen zunehmend komplexere Techniken und Verfahren erforderten. Aufgrund ihres Wissens konnten diese Spezialisten ihren herrschaftlichen Geldgebern widersprechen,

---

[266] Rita Gudermann, Ökologie des Notbehelfs – Die Nutzung der Gemeinheiten als Teil der Überlebensstrategien ländlicher Unterschichten im 19. Jahrhundert, in: Allmenden und Marken vom Mittelalter bis zur Neuzeit. Beiträge des Kolloquiums vom 18. bis 20. September 2002 im Museumsdorf Cloppenburg, hrsg. v. Uwe Meiners u. Werner Rösener. Cloppenburg 2004, S. 65, 70.

deren Laienmeinungen widerlegen und das vielfach, ohne Repressalien fürchten zu müssen. Fürstäbtissin, Regierung und Landstände waren auf einen Experten wie Kämmerer für die Emscherregulierung angewiesen, weswegen sie seine Gutachten und Äußerungen ernst nahmen.

Nicht zuletzt traten in Bezug auf die Eingesessenen des Emscherbruchs – eine Gruppe, die Bauern, aber auch Angehörige unterbäuerlicher Schichten umfasste – selbstbestimmte Handlungsabsichten zunehmend deutlicher zutage. So baten sie initiativ um Natureingriffe „von oben" und artikulierten Missstände gegenüber der Fürstäbtissin. Damit reagierten sie auf wiederkehrende Naturgefahren und solche, die sich erst durch das Einwirken anderer Interessenten an der Emscher als Risiken für ihre Existenz entpuppten. Die Eingesessenen sahen ihre Forderungen gegenüber der Landesherrschaft keineswegs als anmaßend, sondern als ihr gutes Recht an. Doch auch die Wasserbauprojekte, die ihnen angeblich zugutekommen sollten, betrachteten sie skeptisch. Sie nahmen nicht hin, dass das Land, das sie bearbeiteten, im Sinne des Gemeinwohls von der fürstlichen Regierung sequestriert wurde, und verlangten nach angemessener Entschädigung. Anstatt einen schleppenden Verfahrensgang abzuwarten, agierten sie situationsbedingt eigenmächtig und schufen etwa durch das Zerschlagen von Mühlenwehren Fakten. Diese Mündigkeit ging zunächst mit einer stärkeren Einbindung in Wasserbauprojekte einher, zu denen im Laufe der Zeit ausnahmslos alle Teile des Territoriums in irgendeiner Weise einen Beitrag leisten mussten. In späteren Jahrzehnten ließen sich Untertanen nicht mehr pflichtmäßig mobilisieren und trauten sich, horrende Summen für einstige Frondienste zu verlangen.

Die obigen Ausführungen erlauben einen Einblick in eine nicht mehr existente Welt. Ähnlich einem Palimpsest ist die ursprüngliche Unterlage – das geographische Gebiet des Emscherbruchs und die Emscher – heute noch vorhanden, doch anthropogene Natureingriffe haben sie durch Industrialisierung und Kanalisierung bis zur Unkenntlichkeit verformt. Möglicherweise liegt es an dieser Unsichtbarkeit der alten Strukturen, dass der frühneuzeitliche Emscherbruch noch immer größtenteils unerforscht ist. Dieser Beitrag hat versucht, die Geschichte eines Flusses anhand seiner Anlieger und Interessenten zu erzählen und konnte dabei die Natur des Bruchlandes nur in Ansätzen darstellen. Allein zum Thema der Räumung und Regulierung der Emscher ließe sich tiefer in lokale Beziehungsgeflechte eintauchen, ließen sich die Herrschaftsstrukturen und Absichten der einzelnen Interessengruppen detaillierter in den Blick nehmen, indem die entsprechenden Akten des Vests Recklinghausen als Kontrollquellen herangezogen würden.[267] Darüber hinaus existieren weitere Quellen vestischer[268]

---

[267] LAV NRW W, Kurfürstentum Köln, Hofrat, Vestische Sachen 240. LAV NRW W, Vest Recklinghausen, Statthalter 638–647.

[268] Dazu gehören Akten der vestischen Landstände, Landesrechnungen, Protokolle des Landtags und die Handakten des Hofrats Jungeblodt. Vgl. LAV NRW W, Vest Recklinghausen, Statthalter 108, 648–649; LAV NRW W, Vest Recklinghausen, Landstände 30, 33, 424.

und stiftischer Herrschaftsinstanzen[269] sowie Bestände aus der preußischen Grafschaft Mark[270] in den entsprechenden Landesarchiven. Zudem harrt eine dezentral gelagerte, kommunale Überlieferung ihrer systematischen Erschließung.[271] Denn während tiefes Schürfen zum Charakteristikum eines modernen, industrialisierten Emscherbruches wurde, kratzen Historikerinnen und Historiker hinsichtlich der frühneuzeitlichen Geschichte dieser Region bis heute nur an der Oberfläche.

---

[269] Für das Stift Essen sind Regierungs- und Kapitelprotokolle überliefert (wenn auch mit einer Lücke für das Kanonikerkapitel vor 1789) ebenso wie Landes- und Kanzleirechnungen. LAV NRW R, Stift Essen Akten 136–137, 176, 690–696, 811–812. Hinzu kommen Bestände zur Boye und Flötte als Teile des Flusssystems. Vgl. LAV NRW R, Stift Essen Akten 837. LAV NRW W, Vest Recklinghausen, Statthalter 653. Darüber hinaus muss die ebenfalls im Bruch gelegene Essener Exklave Huckarde miteinbezogen werden. Vgl. LAV NRW R, Stift Essen Akten 834.

[270] Die märkischen Akten sind nicht im Detail online verzeichnet und können daher hier nicht aufgeführt werden. Erwähnt sei nur exemplarisch ein Prozess zwischen den Herren von Strünkede und den Bauern zu Baukau gegen die Mühle zu Crange wegen der Überschwemmung der Emscher. Vgl. LAV NRW W, Gesamtarchiv von Landsberg-Velen (Dep.)/Akten 17766.

[271] Beispielsweise lagern zwei Akten zum Emscherzoll im Stadt- und Vestischen Archiv Recklinghausen (SuVAR). Vgl. SuVAR, Herzoglich Arenbergisches Archiv I C, Akten 174, 177.

SYMPOSIUM „DER ARCHITEKT JOSEF RINGS" IM SEPTEMBER 2022 IN DER ALTEN SYNAGOGE ESSEN

1. Der Architekt und Stadtplaner Josef Rings – wiederentdeckt

INES SONDER

Im Jahr 1923, als vor 100 Jahren die Ruhrkrise begann und in Deutschland das Jahr der Hyperinflation anbrach, trat der Architekt Josef Rings, der seit 1912 als Bauabteilungsleiter der Krupp AG in Essen tätig war und 1919 hier ein eigenes Architekturbüro eröffnet hatte, mit seinem publizistischen Hauptwerk „Siedlungsreform. Gesetze, Baugedanken, Ziele" an die Öffentlichkeit. Angesichts der ökonomischen Krisenzeiten und rapide steigender Baukosten formulierte er im Vorwort seine Vision einer künftigen Stadtentwicklung:

„Die ‚kommende Stadt' wird nicht mehr leere Mache sein, wie es die des vergangenen Jahrhunderts ist. Nicht das gedankenlose Schema wird ihr wie hier den Stempel aufdrücken, sondern die wohldurchdachte Bauorganisation und vor allem die Gesinnung und der künstlerische Takt kommender Geschlechter. Wir, die wir noch mit beiden Füßen im Alten stehen und den Beginn der Neuwerdung erleben, können nur vorbereitend wirken, und zwar durch vorurteilslose Klärung aller schwebenden Fragen und Verinnerlichung der Arbeit. Die aus den Haustypen entwickelten Straßen- und Blockbildungen der vorliegenden Arbeit sind solche klärenden Teilarbeiten, bei denen äußerste Wirtschaftlichkeit und zugleich einfache, edle Schönheit angestrebt ist."[1]

Als „Vorarbeit" des Buches diente ihm die 1919 vom Allgemeinen Bauverein Essen A.G. herausgegebene Schrift „Wollen – Können", in der Rings als dessen künstlerischer Beirat 29 Hauseinheiten für Ein- bis Vierfamilienhäuser unter anderem für die ersten Allbau-Siedlungen Feldhaushof (Allbau I) und Heimatdank entworfen hatte.[2] In *Siedlungsreform* stellte er neben diesen beiden nun auch die in den Jahren 1920–24 für den Gemeinnützigen Bauverein Essen-Stadtwald errichtete Stadtwaldsiedlung vor, umfangreich illustriert mit Plänen, Grundris-

---

[1] Josef Rings, Siedlungsreform. Gesetze, Baugedanken, Ziele. Essen 1923. Für die Publikation konnte Rings den Oberregierungsrat Gustav Gretzschel vom preußischen Wohlfahrtsministerium in Berlin als Mitarbeiter gewinnen, der die Organisations- und Gesetzesfragen für das Siedlungswesen zusammenstellte. Gemeinsam mit ihm hatte Rings bereits 1912 *Die Praxis der Wohnungsreform* veröffentlicht.

[2] Die „Leitgedanken" der Broschüre formulierte der Beigeordnete der Stadt Essen, Robert Schmidt, der spätere Direktor des „Siedlungsverbandes Ruhrkohlenbezirk".

sen und Fotografien, gefolgt von weiteren Siedlungen, die er im Auftrag anderer Bauvereine ausgeführt hatte, darunter die Siedlungen Kray und Margarethenwald (die nur Projekt blieb) sowie die Bergmannssiedlungen Brühl und Altenessen. Bei ihren Planungen waren im Wesentlichen die Haustypen der Schrift „Wollen – Können" zur Anwendung gekommen. – Diesem programmatischen Siedlungswerk in Essen verdankte Josef Rings zu Beginn der 1920er Jahre den Ruf als praktizierender Wohnungs- und Siedlungsreformer.

Rings war jedoch nicht nur durch seine innovativen Ideen und Lösungen im Siedlungsbau hervorgetreten. Zu seinem Oeuvre gehörten vor dem Ersten Weltkrieg auch Entwürfe für Landhäuser, die in verschiedenen Publikationen vorgestellt wurden.[3] Ende der 1920er Jahre entwickelte er ein Belichtungssystem für Tageslicht in Großraumbauten, das er patentieren ließ. In dieser Dekade hatte er auch mit seinen Studien zur Bandstadt begonnen, die er in den Jahren seines Exils in Palästina (1934–1948) weiter intensivierte und für die er auch konkrete Planungen vor Ort vorlegte. In seinem Lebenslauf schrieb er später:

> *„Meine städtebaulichen Arbeiten ergaben aus der begründeten Ablehnung der Stadt von heute mit ihren ständig steigenden Verkehrsgefahren den neuen Stadttyp ‚Die Bandstadt', der aus dem Wesen des Verkehrs heraus entstanden und entwickelt wurde. Bei einer Sonderausstellung meiner Arbeiten im Museum Duisburg 1927 wurde dieser neue Stadttyp erstmalig gezeigt. Seitdem ist dieser Typ der ‚Bandstadt' in städtebaulichen Fachkreisen zu einem internationalen Begriff geworden."*[4]

Bis zu seiner Emigration war Josef Rings rund drei Jahrzehnte lang mit seinen Bauten und Projekten in Fachzeitschriften vertreten, laut eigenen Angaben wurden seine Arbeiten bei 14 öffentlichen Wettbewerben prämiert und er nahm an 15 Ausstellungen im In- und Ausland teil, darunter 1923 bei der Internationalen Städtebau-Ausstellung in Gothenburg, Schweden.[5] Nach seiner Rückkehr aus dem 14-jährigen Exil, aufgrund einer Berufung als Professor für Städtebau an die Johannes Gutenberg-Universität Mainz, widmete sich Rings in seinen letzten Lebensjahren seinen schon in Palästina begonnenen wissen-

3   Vgl. u. a. Ein Landhaus in Honnef a. Rhein, in: Innendekoration. Illustrierte Kunstgewerbliche Zeitschrift XVI (August–September 1905), S. 572–576; Das Wohnhaus für die kleinen Leute, in: Die Rheinlande 8 (August 1908), S. 45–48; Mela Escherich, Ein Landhaus von Josef Rings, Offenbach, in: Deutsche Kunst und Dekoration 1 (Oktober 1912), S. 263–264; K. Pfälzer: Ländlicher Wohnungsbau, in: Die Rheinlande 1 (Januar 1914), S. 13–20.

4   Vgl. Josef Rings, Lebenslauf, ETH Zürich, Archiv für Zeitgeschichte (AfZ), NL Werner Rings/17.

5   Vgl. u. a. Von der Internationalen Städtebau-Ausstellung zu Gothenburg in Schweden, in: Deutsche Bauzeitung 78/79 (29.9.1923), S. 341–344; Gustav Langen, Die internationale Städtebau- und Siedlungs-Ausstellung in Gotenburg, in: Zentralblatt der Bauverwaltung 69/70 (29.8.1923), S. 415–418.

schaftlichen Studien zum modernen Städtebau, die jedoch unveröffentlicht blieben. Jahrzehnte später waren sein Name und sein Werk in den Annalen der Architekturgeschichte in Deutschland, aber auch regional im Rheinland und Ruhrgebiet, in Vergessenheit geraten.[6]

Erstmals zum Bauhaus-Jubiläum 2019 im Rahmen des NRW-Landesprogrammes „100 jahre bauhaus im westen" wurde mit der Ausstellung „Josef Rings und Erich Mendelsohn: Neues Bauen in Deutschland und Palästina-Erez Israel" und dem begleitenden Katalog an den Architekten, Stadt- und Siedlungsplaner in einem breiteren Kontext erinnert.[7] Vor gut zwei Jahren hat sich ein deutsch-israelisch-schweizerisches Team von Forscherinnen und Forschern zusammengefunden, um Werk und Lebensweg von Josef Rings weitergehend zu erforschen und zu würdigen und ihn wieder in das öffentliche Bewusstsein insbesondere der Stadt zu bringen, in der er von 1912 bis 1934 gearbeitet hat. Der konkrete Anlass waren die Diskussionen um den geplanten Teilabriss der Stadtwaldsiedlung, dem Vorzeigeprojekt Rings'scher Siedlungsplanung vor 100 Jahren in Essen.[8] Die Forschungsergebnisse wurden während des Symposiums „Der Architekt Josef Rings" im September 2022 in der Alten Synagoge Essen präsentiert[9] und finden nun in den *Essener Beiträgen* ihren publizistischen Widerhall.

Zu Beginn legt Ines Sonder in ihrem Beitrag dar, wie es Ende der 1980er Jahre zur ersten Wiederentdeckung des Werkes von Josef Rings kam und begibt sich auf Spurensuche über den Verbleib von dessen beruflichem Nachlass, den sein Sohn Werner Rings später an die TH Darmstadt und das Technion in Haifa übergeben hat. Ihre Ausführungen geben zugleich einen Einblick in den bisherigen Forschungsstand bis zu der von ihr gemeinsam mit Micha Gross konzipierten Ausstellung zum Bauhaus-Jubiläum.

Daran anschließend verfolgt Renate Kastorff-Viehmann den Werdegang von Josef Rings, beginnend mit seinen ersten Wettbewerbs-Beteiligungen um

---

[6] Eine Ausnahme ist die Josef-Rings-Schule in Gelsenkirchen, im Stadtteil Hassel, wo Rings Ende der 1920er Jahre die Siedlung „Im Spinnstuhl" gebaut hat. Die Siedlung ist ein zentrales Werk von ihm und wurde auf Beschluss des Rates der Stadt Gelsenkirchen 2006 unter Denkmalschutz gestellt. Zur Siedlung vgl. Barbara Seifen, Siedlung Spinnstuhl Gelsenkirchen. Josef Rings 1928 „Bauen als Ausdruck des Gemeinschaftsbewusstseins", in: Denkmalpflege in Westfalen-Lippe 1 (2005), S. 18–24.

[7] Vgl. Josef Rings und Erich Mendelsohn: Neues Bauen in Deutschland und Palästina-Erez Israel, hrsg. v. Micha Gross u. Ines Sonder, Bauhaus Center Tel Aviv 2018 [Deutsch/Englisch/Hebräisch].

[8] Zur Bürgerinitiative gegen den Teilabriss der Eyhof-Siedlung vgl. https://www.openpetition.de/petition/online/schuetzen-sie-die-historische-eyhof-siedlung-in-essen-stadtwald-vor-einem-teilabriss.

[9] Ein besonderer Dank gilt der Historikerin Susanne Abeck, Vorstandsmitglied des Forum Geschichtskultur an Ruhr und Emscher e. V., die als Mitorganisatorin des Symposiums auch die Moderation der Vorträge übernommen hatte.

1904/1905 bis hin zu seiner einjährigen Tätigkeit als Honorarprofessor am Institut für Kunstgeschichte an der Johannes Gutenberg-Universität Mainz 1948/1949. Einige Themenschwerpunkte – darunter Rings' Patente zur Belichtung und Belüftung – konnten dabei nur gestreift werden. Manche Fragen – darunter diejenigen, die die Vernetzung von Architekten im Rheinland bzw. im Ruhrrevier mit Lehrenden an der TH Darmstadt und an den Technischen Lehranstalten in Offenbach betreffen – konnten nur aufgeworfen werden. Hier gibt es weiterhin Forschungsbedarf.

Speziell auf den familiären Hintergrund des aus Honnef gebürtigen Josef Rings und sein frühes Umfeld richtet im Weiteren Katrin Gräwe den Fokus ihres Beitrages. Insbesondere die Auswertung der lokalen *Honnefer Volkszeitung* eröffnet hierbei eine bislang unbekannte Sicht auf dessen Herkunft respektive Werdegang und belegt Rings' Verwurzelung in seiner Heimatstadt. Denn die örtliche Presse berichtete wiederholt über seine beruflichen Erfolge – was wahrscheinlich auf großes Interesse bei den Bürgerinnen und Bürgern in Honnef stieß. Rainer Metzendorf, Enkel und Biograph des Architekten der Margarethenhöhe, widmet sich in seinem Beitrag Aspekten der Essener Baugeschichte am Beispiel der Architekten Georg Metzendorf und Josef Rings. Beide hatten in den Dekaden von 1910 bis 1930 den Siedlungsbau von Essen maßgebend geprägt. Vor dem Hintergrund der Gegebenheiten in Essen werden ihre Reformideen zum sozialen Wohnungsbau beschrieben und gegenübergestellt.

Im Anschluss daran legt Heinz Wilhelm Hoffacker in seinem Beitrag die Rolle von Josef Rings bei den Aktivitäten dar, die zur Gründung des Allgemeinen Bauvereins Essen AG in den Jahren 1918/19 geführt hatten. Der architektonische Teil des Grundsatzprogramms der Neugründung stammte von ihm. Skizziert wird ebenfalls das personelle berufliche Umfeld, in dem er sich dabei bewegte, um deutlich zu machen, mit welchen national und international bedeutenden Personen Rings am Ende des Kaiserreiches und in der Weimarer Republik zusammengearbeitet hat.

Danach stellt Hannah Feldhammer in zwei Artikeln die beiden Hauptwerke von Josef Rings in Essen vor: die Stadtwaldsiedlung und die Ausstellungshalle. Die Referenzsiedlung von Rings ist die als Gartenstadt erbaute Stadtwaldsiedlung in Essen, heute Eyhof-Siedlung genannt. Sie zeigt eine Vorstufe zum Neuen Bauen der 1920er Jahre und zeichnet sich durch die besondere Art der Straßenführung und Kubaturanordnung als Lösung besonderer urbaner Gestaltung und sozialen Bewusstseins aus, die subtil jede Einförmigkeit vermeiden. Der für Ausstellungen, Konzerte und soziale Events geplante Vorgängerbau der heutigen Grugahalle war das einzige Werk von Josef Rings für die öffentliche Hand in Essen. Seine markanten Merkmale waren das Basilika-ähnliche äußere Erscheinungsbild und eine nach innen wie außen wirkende Lichtarchitektur, die in ihrer Zeit sehr innovativ war.

Mit dem Beitrag zu „Wohnungs- und Siedlungsreform" geht Renate Kastorf-Viehmann auf die Position von Josef Rings im Diskurs über die Wohnungs- und Siedlungsfrage im Zeitraum von etwa 1905 bis 1930 ein. Sie gibt damit gleichzeitig eine erste Antwort auf die Frage, warum Josef Rings bzw. seine Siedlungsprojekte in den Debatten um die Neue Wohnung und die Neue Siedlung, wie sie ab Mitte der 1920er Jahre geführt wurden, keine oder nur noch im regionalen Kontext eine Rolle spielten.

Vor dem Hintergrund seiner Berufung an die neugegründete Universität in Mainz als Honorarprofessor für Städtebau nähert sich der Beitrag von Ute Reuschenberg der Rings'schen Bandstadt an. Dieser – mit Ausnahme von Werner Rings' erstem Bericht über das von seinem Vater entwickelte städtebauliche Modell[10] – bisher weitgehend unerforschte Beitrag zur Städtebaureform der 1920er Jahre, an dem Rings zeit seines Lebens arbeitete, wurzelt trotz seiner strikten Trennung der Funktionen im Sinne des Funktionalismus der Avantgarden im künstlerischen Städtebau, so die These. Ein Desiderat der Forschung ist zweifellos, diese ersten Erkenntnisse zu vertiefen und, darauf aufbauend, den Einfluss des Bandstadt-Modells auf Rings' Stadt- und Siedlungsplanungen für Palästina–Erez Israel genauer auszuloten.

Daran anschließend stellt Micha Gross in seinem Beitrag über das Werk von Rings in Palästina 13 Projekte vor, welche während seiner 14-jährigen Exilzeit zwischen 1934 und 1948 entstanden sind. Ob es sich hierbei um sein ganzes Schaffen in dieser Zeit handelt, kann auf Grund der partiellen Dokumentenlage nicht abschließend bestimmt werden. Es handelt sich dabei vor allem um Stadt- und Siedlungsplanungen, im Sinne der von Rings propagierten Bandstadt, Pläne für Arbeiterhäuser sowie den Plan für eine Villa auf dem Ölberg. Von den vorliegenden Projekten wurde etwa ein Viertel tatsächlich verwirklicht. Am Ende des Beitrags ist der Text „Der israelische Mittelmeerstrand von Tel Aviv" von Rings abgedruckt, der sich als handschriftliches Manuskript im Archiv der TU Darmstadt befindet.

Uri-Robert Kaufmann widmet seinen Beitrag dem bekannten deutsch-schweizerischen Historiker und Autor Werner Rings, dem Sohn von Josef Rings, der von den fortschrittlichen Einstellungen seines Vaters geprägt war. Im Alter kümmerte er sich um Kenntnisnahme des Werks seines Vaters durch Fachkreise und um die professionelle Aufbewahrung von dessen Nachlass.

---

10 Vgl. Werner Rings, „Die Wabenstadt" – Zur Geschichte der Rings'schen Bandstadt, in: „Die Stadt wird in der Landschaft sein und die Landschaft in der Stadt". Bandstadt und Bandstruktur als Leitbilder des modernen Städtebaus, hrsg. v. Gerhard Fehl u. Juan Rodriguez-Lores. Basel u.a.1997, S.191–201.

2. Spurensuche – Die verschlungenen Wege des Nachlasses von Josef Rings

INES SONDER

„Die zahlreichen Veröffentlichungen seiner Bauten in verschiedenen Architekturzeitschriften zwischen 1906 bis Anfang der dreißiger Jahre, seine schriftlichen Auseinandersetzungen mit der Siedlungsplanung und seine Verbindung zu führenden Unternehmen der deutschen Montanindustrie, insbesondere der Friedrich Krupp A.G. in Essen, bezeugen die Bedeutung, die Josef Rings in der Baugeschichte der Weimarer Republik hatte. Dennoch wurden die von ihm entworfenen und realisierten Siedlungen in Essen (1919–1924) erst sechzig Jahre später von dem Aachener Professor Gerhard Fehl wissenschaftlich untersucht."[1]

Mit diesen Worten eröffnet der Eintrag zu Josef Rings in Myra Warhaftigs Publikation „Sie legten den Grundstein" (1996) über deutschsprachige jüdische Architekten und Architektinnen im britischen Mandatsgebiet Palästina (1918–1948) und ihren Beitrag beim Aufbau des Landes Israel. Ihre weiteren Ausführungen zu Leben und Werk von Rings folgen im Wortlaut vor allem dem Inhalt der drei Seiten des „Curriculum vitae Prof. Josef Rings (1878–1957)", das sein in Ascona lebender Sohn Werner Rings verfasst und ihr 1991 zur Verfügung gestellt hatte.[2] Er war es auch, der sie auf Gerhard Fehls Artikel zu Rings' Siedlungsplanungen in Essen aufmerksam gemacht hatte,[3] ebenso auf die Bergsiedlung Kirjat Amal in Israel, die 1936 nach dessen Gesamt-Layout errichtet worden war.[4] Versteckt in einer Anmerkung findet sich zudem der kurze Hinweis: „Den Nachlaß Josef Rings', der leider unvollständig ist, hat Werner Rings 1988 dem Technion Haifa übergeben, zusammen mit einer Aufstellung der an der Technischen Hochschule Darmstadt archivierten Arbeiten."[5]

---

1   Myra Warhaftig, Sie legten den Grundstein. Leben und Wirken deutschsprachiger jüdischer Architekten in Palästina 1918–1948, Berlin 1996, S. 184–189, Zitat S. 184. – So beginnt auch der erste Satz in dem Eintrag zu Rings in ihrem Lexikon, wobei im Zitat verändert ist: „zwischen 1906 und 1930", vgl. Myra Warhaftig, Deutsche jüdische Architekten vor und nach 1933 – Das Lexikon, Berlin 2005, S. 410–412.
2   Vgl. „Curriculum vitae Prof. Josef Rings (1878–1957)", UA Darmstadt 917 Nr. 1.
3   Vgl. Gerhard Fehl, Gartenstadt-Bebauung oder schematische Reihenhaus-Bebauung? Zum Konflikt um die Bebauungsweise neuer Siedlungen ab 1918, dargestellt am Werk des Essener Architekten Josef Rings, in: Im Grünen wohnen – im Blauen planen. Ein Lesebuch zur Gartenstadt, hrsg. v. Franziska Bollerey u.a., Hamburg 1990, S. 189–227.
4   Vgl. Werner Rings an Myra Warhaftig, Berlin, 7.11.1991, ETH Zürich, Archiv für Zeitgeschichte (AfZ), NL Werner Rings/502.
5   Warhaftig, Grundstein (wie Anm. 1), S. 186.

Warhaftig war im Sommer 1991 im Zusammenhang mit ihrer Forschungsarbeit im Archiv der Architekturfakultät des Technion in Haifa auf die Anschrift von Werner Rings gestoßen und hatte sich Ende Oktober erstmals mit einer Anfrage an ihn gewandt. Darin schrieb sie: „Ich arbeite an einem biographischen Werk über deutsche und nicht nur jüdische Architekten, die infolge der politischen Ereignisse 1933 in Israel (damals Palästina) Zuflucht gefunden haben. Zu denen gehört auch Ihr Vater Josef Rings (20.12.1878–…1957)."[6] Aus Veröffentlichungen, die sie später in Bibliotheken in Deutschland gefunden hatte, habe sie sich jedoch „noch kein befriedigendes Bild" von ihm als Theoretiker, Stadtplaner und Architekt machen können. Sie bat den Sohn daher, ihr bei ihren Recherchen mit Materialien behilflich zu sein, auch würde sie „gerne die Informationen über Ihren Vater mit einem Porträt und seinem genaueren Sterbedatum ergänzen". Letzteres ist in ihrem Beitrag später angegeben, ein Porträt von Josef Rings fehlt jedoch – als einziger unter den 47 im Band vorgestellten Architekten und Architektinnen. Mit Blick auf die ihrem Beitrag beigefügten Abbildungen fällt zudem auf, dass keiner der Pläne aus Rings' Emigrationszeit in Palästina, die ans Technion gegeben worden waren, abgedruckt ist.[7] Eine Erklärung dafür muss offen bleiben.

Wiederentdeckung und erste Sichtung des Nachlasses von Josef Rings

Gerhard Fehl, Professor für Planungstheorie an der RWTH Aachen, hatte schon Anfang 1986 für seinen Artikel zu den von Rings geplanten Siedlungen in Essen für den seinerzeit geplanten Sammelband zur Gartenstadt, deren Mitherausgeber er war, Kontakt zu Familienangehörigen gesucht. Zunächst zu Werner Rings, der zu dieser Zeit noch in Brissago-Gardero wohnte, dieser hatte ihn an seine Cousine, Josef Rings' Nichte, Gisela Klönne, geb. Rings, in Essen, verwiesen, in deren Besitz sich damals ein beachtlicher Bestand seines beruflichen Nachlasses befand. Nach einem Besuch bei ihr zur Sichtung des Materials hatte Gerhard Fehl an Werner Rings geschrieben, es enthalte Arbeiten „seit Mitte der 1920er Jahre", er erwähnt die Gruga-Halle, seine Hochhausprojekte (1926), den Plan zu einem Museum (1930), die Siedlungen in Palästina bis 1948,[8] Entwürfe zur

---

6   Myra Warhaftig, Berlin, an Werner Rings, Ascona, 31.10.1991 ETH Zürich, AfZ, NL Werner Rings/502.
7   Für seine Zeit in Palästina ist lediglich ein Bebauungsschema für Kirjat Amal (1937) abgebildet, das im hebräischen Architekturmagazin Habinyan Bamisrah Hakarov. A Palestine Periodical for Architecture in the Near East im August 1937 veröffentlicht worden war, sowie eine Fotografie der ersten Häuser in Kirjat Amal 1938 eines nicht näher genannten Fotografen.
8   Geschrieben hatte er „Siedlungen in Israel (1930–1946)", tatsächlich war Rings erst 1934 nach Palästina emigriert.

„Wabenstadt" und „Bandstadt", zur „Neuplanung um Mainz" (1948), und zu einer „Planung für Berlin (Verkehrsplan ohne Datum)". Weiter führte er aus:

> „Für das mich interessierende Thema seiner frühen Tätigkeit als Architekt mehrerer Siedlungen in Essen, habe ich keinerlei Unterlagen im Nachlaß gefunden. Hierzu habe ich lediglich sein Buch von 1922: ‚Siedlungsreform' und den Hinweis auf das 1923 vom Allgemeinen Bauverein Essen herausgebrachten Buch ‚Wollen und Können', dessen ich allerdings noch nicht habhaft werden konnte. Beim Allgemeinen Bauverein in Essen, bei der Stadt Essen und beim Landesdenkmalpfleger (Dr. Bunsmann) habe ich keinerlei Hinweise auf das Siedlungswerk finden können."⁹

In seinem Brief hatte Gerhard Fehl auch vermerkt, dass es gut wäre, „wenn das Material gesichtet und katalogisiert würde". Zudem mahnte er, „diesen für die Architekturgeschichte wichtigen Nachlaß einem einschlägigen öffentlichen Archiv zu übergeben". Er schlug das Museum Folkwang vor, „da der hauptsächliche Wirkungsort Ihres Vaters ja Essen war".¹⁰

Ein Jahr später interessierte sich erneut ein Architekturhistoriker für den Rings'schen Nachlass: Wolfgang Voigt, damals wissenschaftlicher Mitarbeiter an der Hochschule für Bildende Künste in Hamburg. Er arbeitete zu der Zeit an einem Forschungsprojekt der Stiftung Volkswagenwerk „Deutsch-französische Beziehungen 1940–1950 und ihre Auswirkungen auf Architektur und Stadtgestalt", zu dessen Themen auch die 1946 von französischer Seite begonnene Planung für den Wiederaufbau von Mainz gehörte. Den Kontakt zu Werner Rings hatte er von Gerhard Fehl erhalten, der ihn darauf hingewiesen hatte, dass Josef Rings „aus der Emigration in Palästina von den Franzosen nach Mainz geholt worden" sei.¹¹ Voigt bat den Sohn ebenfalls um Einsichtnahme in die Unterlagen. Dieser informierte ihn, dass er den bei seiner Cousine aufbewahrten Teil des beruflichen Nachlasses seines Vaters „selbst bisher noch nicht habe prüfen und ordnen können".¹²

Anfang September 1987 besuchte Voigt Gisela Klönne in Essen. Über die eingesehenen Pläne schrieb er nach Ascona:

---

9   Gerhard Fehl, Aachen, an Werner Rings, Brissago–Gardero, 6.1.1986, ETH Zürich, AfZ, NL Werner Rings/502. Die Allbau-Broschüre „Wollen – Können" war 1919 erschienen.
10 Gerhard Fehl, Aachen, an Werner Rings, Brissago–Gardero, 6.1.1986, Ebd., NL Werner Rings/502.
11 Wolfgang Voigt, Hamburg, an Werner Rings, Ascona, o. D. [Anfang 1987], Ebd., NL Werner Rings/501.
12 Werner Rings, Ascona, an Wolfgang Voigt, Hamburg, 29.3.1987, ebd., NL Werner Rings/502.

> *„Es sind phantastisch komponierte Blätter. Die Bandstadtidee hat darin eine hochorganisierte Form angenommen, die von Josef Rings im Laufe der Jahre noch verfeinert worden ist. Die in Mainz entstandenen Blätter (datiert 1951) bleiben, wie die sehr ähnlichen Entwürfe aus den 30er Jahren, Idealprojekte ohne einen konkreten Ort (ausgenommen einige Planungen für Israel). Was es nicht gibt, ist ein ganz direkt auf den Fall Mainz bezogener Entwurf."*[13]

Mit Frau Klönne hatte Voigt vereinbart, die Mainz betreffenden Unterlagen nach Hamburg auszuleihen, worauf er aber zunächst verzichtete. „Die Planrollen sind in einem Zustand, in dem ihnen eine Bahnfahrt mit Umsteigen usw. nicht gut bekommen wäre."[14] Man war soweit verblieben, dass Voigt die Sachen zu einem späteren Zeitpunkt mit dem Auto abhole.[15] In seinem Brief mahnte auch er die dringend erforderliche Sicherung des Nachlasses an:

> *„Der Erhaltungszustand vor allem der gerollten Pläne ist sehr schlecht. Die Sachen lagen eine Zeit lang in einem feuchten Keller. Inzwischen sind die Rollen wieder trocken und der damals gebildete Schimmel ist zurückgegangen. Die getrockneten Partien sind nun aber brüchig geworden und zerbröseln von den Rändern her. Bei manchen Blättern ist das soweit fortgeschritten, daß wenig mehr als die Hälfte des Ur-Formats übrig ist.*
> *Wenn der Nachlaß Ihres Vaters erhalten bleiben soll, dann muß er bald an einen Ort, wo er nicht weiter verfällt und wo eine sachgemäße Pflege möglich ist."*[16]

Voigt empfahl, die Sachen an das Hamburgische Architekturarchiv zu geben, eine seit einigen Jahren bestehende Einrichtung der Architektenkammer in Hamburg. Neben der „Pflege der gefährdeten Bestände" würden die Nachlässe hier auch einer wissenschaftlichen Bearbeitung unterzogen, wie die Erstellung eines Werkverzeichnisses, „nach Möglichkeit verbunden mit einer Publikation".

Werner Rings beherzigte schließlich die Aufrufe zur Rettung des Nachlasses seines Vaters, entschied sich aber – wie bereits erwähnt – für zwei andere Aufbewahrungsorte: die Technische Hochschule Darmstadt und das Technion in Haifa.

---

13 Wolfgang Voigt, Hamburg, an Werner Rings, Ascona, 15.9.1987, ebd., NL Werner Rings/501.
14 Ebd.
15 Ob dies geschah, ist nicht überliefert. Wolfgang Voigt konnte sich auf Rückfrage zwar noch an den Besuch bei Frau Klönne erinnern, hatte aber über den weiteren Verbleib der Sachen keine Kenntnis (E-Mail vom 22.9.2022).
16 Wolfgang Voigt, Hamburg, an Werner Rings, Ascona, 15.9.1987, ETH Zürich, AfZ, NL Werner Rings/501.

Die Teilnachlässe am Technion in Haifa und in Darmstadt

Dem Schriftverkehr zur Übernahme des Teilnachlasses in Darmstadt ist zu entnehmen, „dass Werner Rings einen weiteren Teilnachlass, bestehend aus 27 Plänen und 4 Studien bzw. Auftragsarbeiten zu Projekten in Palästina 1934–1948, an die Architekturfakultät des Technion in Haifa abgeben wollte".[17] Laut der erhaltenen Korrespondenz in seinem Nachlass im Archiv für Zeitgeschichte der ETH Zürich war die Lieferung zwar in seinem Auftrag, aber nicht von ihm selbst nach Haifa geschickt worden, sondern von „Herrn G. Klönne, Essen". Einige Monate nach der Übersendung hatte Werner Rings den Architekten Al Mansfeld, Professor am Technion in Haifa, gebeten, Nachforschungen über den Empfang der Pläne seines Vaters einzuholen. Dieser informierte ihn im März 1989, dass eine diesbezügliche Bestätigung bereits im November des Vorjahres „versehentlich, weil auf den Plänen so angeben" nach Essen geschickt worden war: „Ich weiss nicht, warum Herr Klönne Sie nicht davon verständigt hat", schrieb Mansfeld verwundert und legte seinem Brief eine Fotokopie des Schreibens bei.[18]

In diesem Schreiben hatte sich Ita Heinze-Greenberg, Mitarbeiterin an der Documentation Unit of Architecture am Technion unter deren Direktor Professor Gilbert Herbert, bei „Herrn G. Klönne" für die eingesandten Pläne offiziell bedankt und versprochen, das Planmaterial im Archiv einzuordnen:

> „Es hilft uns wieder einmal ein Stück weiter bei unserem Versuch, die Aufbau-Geschichte des Landes weitestgehend lückenlos in Dokumenten erhalten zu können. Ich selbst wohne in einer Siedlung (Kiriat Amal), die von Architekt Rings 1937 geplant wurde und denke daran, einen Artikel zur Entstehungsgeschichte dieser Siedlung zu schreiben. Was uns fehlt, sind Informationen zum Background Josef Rings. Könnten Sie uns dabei weiterhelfen?
>
> Gibt es Publikationen über ihn? An welchen Projekten hat er in Deutschland gearbeitet? Auf welchem Wege kam er nach Palästina (Israel), wohin ist er 1948 ausgewandert? Die einzigen Informationen, die mir bekannt sind, stammen aus Müller-Wulckow's Publikation zur Architektur der 20er in Deutschland."[19]

Anfang April 1989 schrieb Werner Rings an Gilbert Herbert und bestätigte ihm den verspäteten Erhalt des Schreibens vom November 1988, „mit dem Sie den guten Empfang der Pläne meines Vaters, die Ihnen von Herrn Klönne zugeschickt worden waren, bestätigt haben", welches ihn durch „irgendein dummes Versehen" bisher nicht erreicht hatte. In dem Brief, dem er auch das Curriculum

---

[17] E-Mail von Annegret Holtmann-Mares, Universitätsarchiv der TU Darmstadt, vom 2.3.2017.
[18] Al Mansfeld, Haifa, an Werner Rings, Ascona, 12.3.1989, ETH Zürich, AfZ, NL Werner Rings/502.
[19] Ita Heinze-Greenberg, Haifa, an G. Klönne, Essen, 14.11.1988, ebd., NL Werner Rings/502.

vitae seines Vaters beigelegt hatte, ging er kurz auf die von Ita Heinze-Greenberg (deren Namen er nicht erwähnt, obwohl das Schreiben von ihr war) gestellten Fragen zur Laufbahn von Josef Rings ein. Er stellte zudem in Aussicht, ihm eine Aufstellung der in Darmstadt archivierten Arbeiten zukommen zu lassen. Abschließend schrieb er:

> „Noch ein Wort zu der Verabredung, die ich mit Herrn Professor Mansfeld getroffen habe: dass mir von Ihnen photographische Reproduktionen des Ihnen überlassenen Planmaterials für mein eigenes Archiv zur Verfügung gestellt werden. Wie ich nun von Herrn Mansfeld erfahre, kann das vorderhand aus finanziellen Gründen nicht geschehen. Ich lege meinerseits aber grossen Wert darauf, wenigstens eine Kopie der Originale zu besitzen, die ich Ihnen kostenlos überliess. Ich möchte Ihnen dabei gern entgegenkommen und Sie bitten, die Pläne mit einer gewöhnlichen Kleinbildkamera zu fotografieren, den Film sodann entwickeln zu lassen und das Negativ zu prüfen, ob die Aufnahme scharf ist. Mir wäre damit gedient, diesen Film (das Negativ) sodann von Ihnen zu bekommen. Ich wäre dann in der Lage, die Vergrösserungen hier von einem Fotografen anfertigen zu lassen und somit die Kosten dafür selbst zu tragen. Darf ich Sie bitten, mir zu schreiben, ob das wohl möglich wäre und – bis wann?"[20]

Mansfeld hatte ihn in seinem Brief informiert, dass eine Reproduktion der Pläne „zur Zeit wegen Budget-Mangel vollständig unmöglich" sei und auch Frau Heinze-Greenberg entlassen werden müsse. „Sollte dieser Zustand sich in absehbarer Zeit ändern, so werden Sie selbstverständlich entsprechende Reproduktionen erhalten."[21]

Dieser Zustand scheint sich ein knappes Jahr später entspannt zu haben, denn im März 1990 schrieb Ita Heinze-Greenberg an Werner Rings, sie freue sich, ihm nun endlich die erbetenen Negative zusenden zu können. „Unser Labor hat jeweils zwei Negative pro Plan angefertigt mit jeweils anderer Belichtungszeit."[22] Des Weiteren bat sie ihn um die „erwähnte Aufstellung des beruflichen Nachlasses aus dem Archiv in Darmstadt". Abschließend hieß es: „Derweil wird das Material über Ihren Vater in unser Archiv- und Informationsmaterial eingeordnet. Für die Zukunft denken wir an eine etwaige Veröffentlichung der interessanten Projekte ihres Vaters."[23]

---

20 Werner Rings, Ascona, an Gilbert Herbert, Haifa, 2.4.1989, Archiv der Faculty of Architecture and Town Planning, Technion–Israel Institute of Technology, Haifa.
21 Al Mansfeld, Haifa, an Werner Rings, Ascona, 12.3.1989, ETH Zürich, AfZ, NL Werner Rings/502.
22 Ita Heinze Greenberg, Haifa, an Werner Rings, Ascona, 13.3.1990, ebd., NL Werner Rings/502.
23 Ebd.

Erste Publikationen

Im selben Jahr als Werner Rings die Reproduktionen der Pläne aus dem Technion erhalten hatte, erschien das Gartenstadt-Buch „Im Grünen wohnen – im Blauen planen" (1990), mit dem Beitrag von Gerhard Fehl über die Rings'schen Siedlungen in Essen. Mit Blick auf dessen Nachlass schrieb er eingangs der Anmerkungen kurz über seine Kontakte zu Gisela Klönne und Werner Rings, der ihm bei einem Gespräch in Ascona bestätigt habe, „daß ihm über den Verbleib des Architektur-Nachlaßes seines Vaters aus den Zwanziger Jahren nichts bekannt sei"[24]. Da seine Nachforschungen im Archiv der Allbau AG und des Stadtarchivs in Essen „fruchtlos" geblieben waren, hieß es abschließend: „Die Untersuchung fußt mangels Archivmaterial allein auf Veröffentlichungen aus jener Zeit."[25]

Ein Exemplar des Buches hatte Gerhard Fehl Ende September 1990 an Werner Rings mit Dankesgrüßen geschickt, verbunden mit der Anfrage: „Falls Sie Interesse an dem Fachbuch finden und bereit wären, es zu rezensieren, würde ich mich sehr freuen."[26] Weitere Exemplare könne er jederzeit bei ihm zu einem Nachlass von 20 DM bestellen – der Ladenpreis des Sammelbandes belief sich auf stattliche 69 DM. Im Postskriptum merkte Fehl noch an:

> *„Das Buch zur Geschichte der Bandstadt ist für 1992 geplant und ich erwarte die Beiträge bis Herbst 1991. Ich hoffe sehr auf Ihren Beitrag zum Bandstadt-Konzept Ihres Vaters; dabei könnte die kurze Schrift Ihres Vaters mit den vielen Zeichnungen von 1927 als Faksimile wiedergegeben werden."*[27]

Die Publikation verzögerte sich jedoch um vier Jahre. Während der Arbeit an seinem Artikel wandte sich Werner Rings im Juli 1992 erneut ans Technion. Darin informierte er Ita Heinze-Greenberg zunächst, dass die früheren Arbeiten seines Vaters mittlerweile „eine sachkundige Darstellung" durch Gerhard Fehl in dem von ihm mit herausgegeben Sammelband gefunden hatten und er ihr gern ein Exemplar für das Archiv zukommen lassen würde, falls nicht schon vorhanden. Sein eigentliches Anliegen betraf aber das neue Sammelwerk zur „Bandstadt", das von Fehl zurzeit vorbereitet werde. „Darin sollen die Bandstadt-Studien meines Vaters, die schon sehr früh, nämlich Mitte der zwanziger Jahre

---

24 Fehl, Gartenstadt-Bebauung (wie Anm. 3), S. 217.
25 Ebd. Zu Rings' Tätigkeit als künstlerischer Berater für die Allbau AG, vgl. Renate Kastorff-Viehmann, Wollen und Können. Der Allbau in der ersten Phase der Wohnungsreform 1917–1923, in: Wohnen und Markt. Gemeinnützigkeit wieder modern, hrsg. v. Jürgen Reulecke u. a., Essen 1994, S. 91–119. Auch diese Untersuchung basiert auf zeitgenössischen Veröffentlichungen.
26 Gerhard Fehl, Aachen, an Werner Rings, Ascona, 28.9.1990, ETH Zürich, AfZ, NL Werner Rings/502.
27 Ebd.

vorlagen und später in Jerusalem abgerundet worden sind, eine systematische Darstellung finden."[28] In dem Zusammenhang erinnerte er daran, dass sie ihm in einem ihrer früheren Briefe mitgeteilt hatte, dass sie in Kirjat Amal wohne, für das sein Vater seinerzeit das Gesamt-Layout erstellt habe. Damit verband er nun weitere Fragen an sie:

> „Sind noch andere Layouts meines Vaters verwendet worden? Zum Beispiel diejenigen vom Nathanya Samara District oder von Rishon Letsiyon (Tel-Aviv–Jaffa–Holon), deren Pläne in Ihrem Archiv liegen und die wahrscheinlich im neuen Sammelwerk publiziert werden?
> Gibt es Fotos? Vielleicht auch nur Postkarten, die für eine Reproduktion im neuen Sammelwerk brauchbar wären?
> Und sind schliesslich Ihrerseits die Projekte meines Vaters ganz oder teilweise publiziert worden – und wenn ja, wo und wann?"[29]

Eine Antwort aus Haifa kam erst im Oktober. Das Interesse an dem Erwerb des Gartenstadt-Buches war groß, insbesondere weil die Bibliotheken in Israel mit neuerer Fachliteratur in deutscher Sprache sehr schlecht bestellt seien. Bezogen auf seine Fragen antwortete Heinze-Greenberg:

> „Wir haben bislang – sehr zu meinem persönlichen Bedauern – aufgrund fehlender Geldmittel noch kein Forschungsprojekt einleiten können, dass sich speziell mit den Arbeiten Ihres Vaters auseinandersetzt. Die von Ihnen uns geschickten Pläne sind daher auch bis heute von uns nicht publiziert worden."[30]

Leider habe sie momentan auch keine Antworten auf seine Fragen parat, ebenfalls keine Fotos. Sie könne ihm aber anbieten, sich umzuhören. Im Dezember 1992 erhielt Werner Rings einen weiteren Brief von ihr. Das inzwischen eingetroffene Gartenstadt-Buch wurde als „ganz hervorragend" bewertet: „Das Kapitel über Ihren Vater äusserst wichtig – auch für hier. Leider lesen hier immer weniger Leute Deutsch."[31] Mit Blick auf ihre eingeholten Erkundigungen schrieb sie: „Die Stadtämter konnten mir keine Auskunft geben. Nach Plänen zu urteilen, sind die Ortsgebiete zumindest nicht unmittelbar nach den Plänen Ihres Vaters ausgeführt worden. Ich schicke Ihnen Pläne mit."[32] Sie versicherte ihm, sich weiter umzuhören und falls sie Neues in Erfahrung bringen könne, ihm zu schreiben. – Eine weitere diesbezügliche Korrespondenz ist nicht erhalten.

28 Werner Rings an Ita Heinze, Haifa, 9.7.1992, ebd., NL Werner Rings/502.
29 Ebd.
30 Ita Heinze-Greenberg, Haifa, an Werner Rings, Ascona, 3.10.1992, ebd., NL Werner Rings/502.
31 Ita Heinze-Greenberg, Haifa, an Werner Rings, Ascona, 5.12.1992, ebd., NL Werner Rings/502.
32 Ebd.

Im Jahr darauf, im August 1993, hatte sich Werner Rings auch an das Archiv in Darmstadt mit der Bitte um Anfertigung von Fotokopien gewandt. Knapp zwei Monate später erhielt er von dort auf Briefpapier „Der Präsident der Technischen Hochschule Darmstadt" von Hannelore Skroblies die Nachricht, sie habe erst nach ihrem Urlaub den Auftrag, ihm das gewünschte Material zuzuschicken, an das Archiv geben können.

> „Zu meiner großen Verwunderung habe ich von dort erfahren, daß das Nachlaß-Material Ihres Vaters aus Essen ‚im Auftrag des Sohnes' wieder abgeholt worden ist. Das würde auch erklären, warum sich in unseren Akten nirgendwo der Hinweis auf die Anfertigung der versprochenen Reproduktionen oder ein endgültiges Dankschreiben unseres Präsidenten finden läßt."[33]

Sie bat ihn, sich mit ihr in Verbindung zu setzen. Die Post dauerte fünf Tage, sofort nach Erhalt des Briefes schrieb Werner Rings zurück:

> „Atemlos las ich, das Nachlass-Material meines Vaters aus Essen sei ‚im Auftrag des Sohnes' wieder abgeholt worden.
> Es muss sich um eine Verwechslung handeln. Denn ich, der einzige Sohn meines Vaters, habe niemals jemand beauftragt oder ermächtigt, aus dem bei Ihnen deponierten Nachlassmaterial irgendetwas abzuholen oder abholen zu lassen."[34]

Nun bat er sie eindringlich, „der Sache auf den Grund zu gehen" und in Erfahrung zu bringen, „wann und von wem der Empfang des Materials quittiert worden ist". – Weitere Korrespondenz in dieser Angelegenheit ist bislang ebenfalls nicht bekannt. In der Beschreibung zur Bestandsgeschichte des Teilnachlasses in Darmstadt ist heute zu lesen: „Die erste Lieferung des Nachlasses Heinrich Josef Rings an die Technische Hochschule Darmstadt kam aus Ascona und beinhaltete die gelbe, rote und blaue Mappe sowie Karton A + B. Die zweite Lieferung erfolgte aus Essen und kam nicht im TU-Archiv an."[35]

Als schließlich 1996 in dem von Gerhard Fehl herausgegebenen Sammelband der Beitrag von Werner Rings mit dem Titel „„Die Wabenstadt' – Zur Geschichte der Rings'schen Bandstadt" erschien, betonte er eingangs, sein Vater sei in Deutschland der Erste gewesen, der 1927 mit der Idee der Bandstadt an die Öffentlichkeit getreten war:

---

[33] Hannelore Skroblies, Darmstadt, an Werner Rings, Ascona, 13.10.1993, ETH Zürich, AfZ, NL Werner Rings/502.
[34] Werner Rings, Ascona, an Hannelore Skroblies, Darmstadt, 18.10.1993, ebd.
[35] Vgl. https://arcinsys.hessen.de/arcinsys/detailAction.action?detailid=b8998

"Im zeitlichen Abstand von Jahrzehnten zeigt es sich nun, was einer erschöpfenden Darstellung der Rings'schen Bandstadt im Wege steht: Daß der berufliche Rings'sche Nachlaß leider unvollständig ist. Dabei wäre es wohl geblieben, wenn nicht Gerhard Fehl davon erfahren hätte, daß der einzige Sohn des Josef Rings, damals ein Jüngling im Alter von 14 bis 18 Jahren, die schöpferisch wohl ergiebigsten Jahre seines Vaters in nächster Nähe miterlebt hatte. Er hatte mit ihm in der Intimität des Elternhauses, am Zeichentisch im Büro und auf den Bauplätzen, die sie gemeinsam besuchten, zahllose Gespräche geführt, die in seinen Erinnerungen im wesentlichen noch lebendig sind. So wird nun von ihm, dem Verfasser dieses Beitrages erwartet, daß gewisse Lücken im Nachlaß seines Vaters geschlossen werden."[36]

Dem Artikel beigefügt waren lediglich vier Abbildungen – und nicht wie einst von Gerhard Fehl in Aussicht gestellt, die kleine Schrift „mit den vielen Zeichnungen von 1927 als Faksimile". Daraus jedoch sein erster Bandstadt-Entwurf „Verkehr-Stadt" und die „Wabenstadt",[37] sowie ein Blatt mit Bandstadt-Entwürfen von 1932 und ein weiterer Entwurf von 1936, der in (aber nicht für) Palästina entstanden war.[38] Die Abbildungen entstammten, so Werner Rings, einer „repräsentativen Ausstellung" der Arbeiten seines Vaters, „die 1948 im Gebäude der Mainzer Universität veranstaltet wurde".[39] Für seine Arbeit in Palästina hieß es lediglich, Rings habe hier seine „Bandstadt-Studien" fortgesetzt, mit dem Ergebnis „weiterer Bandstadt-Varianten".[40]

Zwei Abbildungen Rings'scher Bandstadtentwürfe für Palästina waren erstmals in dem im Jahr zuvor erschienenen Sammelband *Social Utopias of the Twenties* (1995), in dem auch Ita Heinze-Greenberg und Gilbert Herbert als Autoren vertreten waren, publiziert worden, bei denen als Quelle das Archiv des

---

36 Werner Rings, „Die Wabenstadt" – Zur Geschichte der Rings'schen Bandstadt, in: „Die Stadt wird in der Landschaft sein und die Landschaft in der Stadt". Bandstadt und Bandstruktur als Leitbilder des modernen Städtebaus, hrsg. v. Gerhard Fehl u. Juan Rodriguez-Lores, Basel u.a.1997, S.191–201, Zitat S. 191.

37 Varianten davon waren schon 1928 abgedruckt, vgl. Beiträge zum Siedlungs- und Städtebau, in: Bauwarte 9, 1928, S. 69–74, Zitat S. 74.

38 Ursprünglich waren wohl sieben Abbildungen zuzüglich einiger Planungen für Palästina (Richon Le-Zion und/oder Nathanya) vorgesehen. Vgl. Werner Rings, Unterlagen betr. Illustrationen zu „Zur Geschichte der Ringschen Bandstadt", ETH Zürich, AfZ, NL Werner Rings/505.

39 Vgl. Rings, „Die Wabenstadt" (wie Anm. 36), S. 198. Weitere Informationen zu der Ausstellung konnten bislang nicht eruiert werden.

40 Vgl. ebd., S. 197. An anderer Stelle heißt es, Rings habe 1937 in Palästina eine „22,5 Millionen-Bandstadt, die pro Hektar Bodenfläche nur 60 Bewohner zählte," entworfen, vgl. ebd. S. 198. Einen planerischen Beleg gibt es dafür allerdings nicht.

Technion angegeben war: zum einen das „Layout scheme for Kirjat Amal, 1937"[41] sowie im Bildteil das „Layout for a housing scheme, North Tel Aviv, 1936".[42]

Die Ausstellung und der Katalog zu Josef Rings 2018

Die genannten Publikationen waren Ausgangspunkt und Forschungsstand zugleich, als die Autorin gemeinsam mit Micha Gross vom Bauhaus Center Tel Aviv vor über sechs Jahren die Ausstellung „Josef Rings und Erich Mendelsohn – Neues Bauen in Deutschland und Palästina-Erez Israel" zum 100-jährigen Bauhaus-Jubiläum zu konzipieren begann. Mit dem Wissen um den Verbleib der Teilnachlässe von Josef Rings starteten wir damals unsere Recherchen in Deutschland und Israel. Nach einer Anfrage Anfang März 2017 im Universitätsarchiv der TU Darmstadt wurde uns eine Kopie der Übergabe-Liste „Nachlass-Inventar Rings" der „Lieferung ab Ascona" zugesandt, erstellt auf Briefpapier von Werner Rings. Weiter wurde mitgeteilt: „Eine zweite, geplante Lieferung von Unterlagen, zu denen wir auch eine Liste in dem Teilnachlass haben, ist nie im Archiv angekommen. Möglicherweise wurden diese Unterlagen am Ende doch an ein anderes Archiv abgegeben."[43] Bald darauf erhielten wir erneut Nachricht aus Darmstadt, in der uns mitgeteilt wurde, dass man mittlerweile die Zeit genutzt habe, „um den Nachlass Rings in unserem Archiv zu erschließen. Er enthält durchaus mehr als die Übergabe-Liste, allerdings besteht er insgesamt nur aus fünf Verzeichnungseinheiten und beinhaltet viele Kopien."[44] Eine Übersicht über den Bestand wurde mitgesandt, der „Nachlass Josef Rings" erhielt die Bestandsnummer 917. – Wo die „Lieferung aus Essen" verblieben ist, bleibt trotz erneuter Recherchen bis heute ein Rätsel.

Geradezu schockierend war das Ergebnis der Nachforschungen in Israel. Hier wurden wir in Kenntnis gesetzt, dass der an die Architekturfakultät des Technion übergebene Teilnachlass von Rings nicht mehr auffindbar sei, zudem befand sich das Archiv zu dem Zeitpunkt gerade im Umzug, was die weitere Suche unmöglich machte. Als Glücksfall erwies sich jedoch die Nachfrage bei Ita Heinze-Greenberg, die seinerzeit mit Werner Rings über den Teilnachlass seines Vaters am Technion korrespondiert hatte. Wegen ihres damaligen Wohnorts Kirjat Amal hatte sie damals Fotokopien einiger Pläne von Rings für ihr privates Archiv angefertigt, die sie uns dankenswerterweise zur Verfügung stellte.[45]

---

41 Vgl. Abb. 55 in dem Beitrag Edina Meyer-Maril, Workers' settlements in Eretz Israel, in: Social Utopias of the Twenties. Bauhaus, Kibbutz and the Dream of the New Man, hrsg. v. Jeannine Fiedler, Wuppertal 1995, S. 94.
42 Vgl. Abb. 120 in Settlements of Palestine, in: ebd., S. 180.
43 E-Mail von Annegret Holtmann-Mares, Universitätsarchiv der TU Darmstadt, vom 2.3.2017.
44 E-Mail von Annegret Holtmann-Mares, Universitätsarchiv der TU Darmstadt, vom 17.3.2017.
45 Für den Katalog zur Ausstellung verfasste Ita Heinze-Greenberg den Beitrag zu Erich Mendelsohn in Palästina. Darin schrieb sie, sie habe 1987, als die Architekturfakultät des Techni-

Als erquickliche Quelle sollte sich der Nachlass von Werner Rings im Archiv für Zeitgeschichte an der ETH Zürich herausstellen. Unter den Dokumenten findet sich ein von ihm Anfang 1988 erstelltes „Inventar zum Nachlass von Josef Rings in Ascona und in Essen", aus dem ersichtlich wird, um welches Material aus Essen es sich handelte, das nie in Darmstadt angekommen bzw. von jemandem von dort wieder abgeholt worden war.[46] Hier finden sich auch die 27 Fotokopien der Originalpläne seines Vaters aus Palästina, die ans Technion gegeben worden waren. Hier konnte auch erstmals ein Porträt von Josef Rings aufgefunden werden – ein Lichtbild auf dem Zertifikat, das ihm den Aufenthalt als Immigrant in Palästina bescheinigte, ausgestellt am 21. Mai 1935 (Abb. 53).[47]

Durch die aufgefundenen Archivalien und Abbildungen in den zahlreichen Veröffentlichungen seiner Bauten und Entwürfe in zeitgenössischen Architekturzeitschriften konnte das vielgestaltige Œuvre von Josef Rings in der Ausstellung zum 100. Bauhaus-Jubiläum und dem Katalog erstmals einer breiteren Öffentlichkeit vorgestellt werden – wenngleich ohne Originalpläne. Thematisch gehören hierzu in Deutschland seine Landhäuser vor dem Ersten Weltkrieg, die Essener Siedlungen der 1920er Jahre (Stadtwaldsiedlung, sowie Feldhaushof und Heimatdank, beide für die Allbau AG), das Neue Bauen im Ruhrgebiet, die Ausstellungshalle in Essen, das Belichtungssystem mit Tageslicht in Großraumbauten, für das Rings Patente in Deutschland, England, Frankreich und ab 1931 auch für die USA besaß. Erstmals wurden nun auch seine Bauten und Projekte in Palästina präsentiert: zwei Wohnviertel in Holon (Agrobank und Kirjat HaAvoda), Kirjat Amal bei Haifa, Neues Bauen in Tel Aviv sowie seine Bandstadtplanungen in Palästina.[48] Als Autorin für den Katalog konnten

ons in Haifa anlässlich von Mendelsohns 100. Geburtstag eine Ausstellung zu seinem Werk ausrichtete, ihren damaligen Katalogbeitrag am Esstisch eines kleinen Siedlungshauses in Kirjat Amal verfasst. „Erst später, als ein Teilnachlass Josef Rings an das Technion kam, lernte ich das ursprüngliche Erscheinungsbild der Arbeiterkolonie kennen und meinen damaligen Wohnort als zionistische Modellsiedlung schätzen." Vgl. Ita Heinze-Greenberg, „Erich Mendelsohn in Palestine" – Verortungen, in: Josef Rings und Erich Mendelsohn: Neues Bauen in Deutschland und Palästina-Erez Israel, hrsg. v. Micha Gross u. Ines Sonder, Bauhaus Center Tel Aviv 2018, S. 161–164, Zitat: S. 162.

46 Vgl. Inventar zum Nachlass von Josef Rings in Ascona und in Essen, 16.1.1988, ETH Zürich, AfZ, NL Werner Rings/29. Auf Seite 1, datiert auf den 16.1.1988. steht verzeichnet „Vermutlich Vorhandenes in Essen". Auf Seite 2, datiert auf den 6. Februar 1988, steht „Tatsächlich Vorhandenes in Essen".

47 Vgl. Bescheinigung für „Mr. Yosef Rings" des Government of Palestine, Department of Migration, ETH Zürich, AfZ, NL Werner Rings/19. Ein anderes Lichtbild befindet sich auf seiner Einbürgerungsakte im Israel State Archives (ISA), vgl. Application for Palestinian Citizenship, Rings Heinrich Josef, ISA mem–35/6295.

48 Vgl. Josef Rings und Erich Mendelsohn: Neues Bauen in Deutschland und Palästina-Erez Israel, hrsg. v. Micha Gross u. Ines Sonder, Bauhaus Center Tel Aviv 2018 [Deutsch/Englisch/Hebräisch].

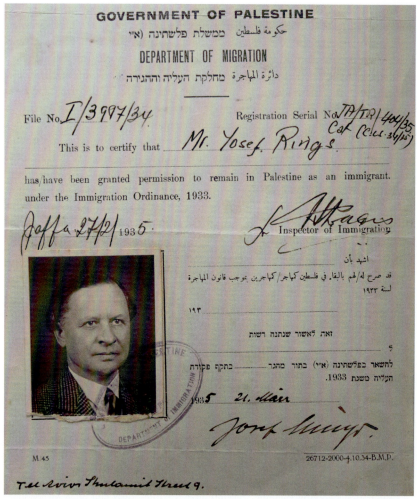

Abb. 53: Aufenthaltsgenehmigung von Josef Rings für Palästina, ausgestellt am 21. Mai 1935

wir Renate Kastorff-Viehmann gewinnen, die über seine Zeit in Deutschland den Artikel „Josef Rings – ein vergessener Pionier der modernen Architektur?" verfasste. Die Ausstellungseröffnung fand am 12. September 2018 in der Alten Synagoge Essen statt. Die Wanderausstellung wurde im Bauhaus-Jahr an verschiedenen Orten in NRW und auch im Bauhaus Center Tel Aviv und im Goethe-Institut Jerusalem gezeigt.[49]

[49] Vgl. Milena Karabaic, Migrant Bauhaus. Wanderausstellung über Wege und Wirkungsstätten zweier Architekten: Josef Rings und Erich Mendelsohn – Neues Bauen in Essen

Bis zum Symposium „Der Architekt Josef Rings" im September 2022 in der Alten Synagoge Essen, zu dem sich ein deutsch-israelisches-schweizerisches Team zur weitergehenden Erforschung von Werk und Lebensweg von Josef Rings zusammengefunden hatte, konnten neben detaillierten Analysen zu Rings' Planungen in Deutschland auch neue Erkenntnisse über seine 14-jährige Exilzeit in Palästina präsentiert werden. So ließ sich anhand seiner Einbürgerungsakte im israelischen Staatsarchiv (ISA) verifizieren, dass sich Rings nach seiner Einwanderung im Juli 1934 in Tel Aviv und nicht in Jerusalem niedergelassen hatte, wie Werner Rings im „Curriculum vitae" seines Vaters angab. Den Antrag zur Erlangung der palästinensischen Staatsbürgerschaft hatte er am 25. April 1939 gestellt und darin vermerkt: „I have never left this country in the meantime and intended to stay here. I always residet [sic] in Tel Aviv."[50] Auch seine 17 Jahre jüngere Schwester Josefine Rings, geboren 1895 in Honnef, die Ende Dezember 1934 eingewandert war, wohnte bei ihm in Tel Aviv, zog später jedoch nach Jerusalem.[51]

Der mit Ausnahme spektakulärste Fund war eine von Josef Rings erstellte Broschüre mit dem Titel „Der Meeresstrand von Tel Aviv", datiert auf April 1935, verfasst in deutscher und hebräischer Sprache, die auf einem Online-Auktionsportal angeboten wurde.[52] Über das Projekt hatte Rings nach seiner Rückkehr nach Deutschland auch ein Manuskript mit dem Titel „Der israelische Mittelmeerstrand von Tel Aviv" verfasst, das im zweiten Teil seines geplanten Buches „Städtebau" erscheinen sollte.[53] Dieses basierte auf den Vorlesungen über „Gegenwartsprobleme des Städtebaus und des Wiederaufbaus mit einer Einführung in die Geschichte der Stadt und der Stadtplanung", die Rings nach seiner Berufung an die Johannes Gutenberg-Universität Mainz in den Jahren 1948 und 1949 gehalten hatte.[54] Das Manuskript liegt im handschriftlichen „Vorentwurf" mit dem Arbeitstitel „Städtebau" mit einer Grundlegung „Städtebaulichen Planens als Wissenschaft" vor, das Buch wurde jedoch bis heute nicht publiziert.

---

und Palästina–Erez Israel, in: Staatsaffäre Bauhaus. Beiträge zur internationalen Bauhaus-Rezeption, hrsg. v. Thomas Schleper, Berlin 2020, S. 199–209.

50 Vgl. Application for Palestinian Citizenship, Rings Heinrich Josef, ISA mem–35/6295.
51 Vgl. Application for Palestinian Citizenship, Rings Josefine, ISA mem–34/6295. Josefine Rings war Krankenschwester und Masseurin.
52 Zum Projekt vgl. den Beitrag von Micha Gross in diesem Band.
53 Vgl. „Der israelische Mittelmeerstrand von Tel Aviv", Manuskript „Städtebau", Zweiter Teil, S. 237–243, UA Darmstadt 917 Nr. 4. Abgedruckt nach dem Beitrag von Micha Gross.
54 Vgl. Manuskript des Buches „Städtebau", Erster Teil mit einer Einführung, UA Darmstadt 917 Nr. 4. Siehe auch Johannes Gutenberg-Universität in Mainz, Vorlesungsverzeichnis Wintersemester 1948-49, S. 27, 43, online unter: https://openscience.ub.uni-mainz.de/bitstream/20.500.12030/46/1/2450.pdf (Zugriff: 12.04.2023). Sowie Vorlesungsverzeichnis Sommersemester 1949, S. 49, online unter https://openscience.ub.uni-mainz.de/bitstream/20.500.12030/47/1/2480.pdf (Zugriff: 12.04.2023).

3. Der Architekt Josef Rings: Eine Einführung in Leben und Werk

RENATE KASTORFF-VIEHMANN

Abb. 54: Josef Rings, Porträt auf einem Zertifikat der Einwanderungsbehörde in Palästina, 1935

Mit Josef Rings begegnen wir einem Architekten, der Bauen und Planen ganzheitlich begriff, einem Intellektuellen, der sich in einem weiten Themenkreis über die Grenzen seines Fachs hinaus bewegte, einem ausgewiesenen Praktiker und ambitionierten Theoretiker, der immer wieder sein hervorragendes Gespür für den Stadtraum beweisen konnte, nicht nur in der Essener Stadtwaldsiedlung. Und der sich früh, 1905, mit der Wohnungsreform beschäftigte. Mitte der 1920er Jahre definierte er seine Bauten und Projekte als „Ausdruck des Gemeinschaftsbewusstseins". In seiner Parteinahme für Bau- und Siedlergenossenschaften, in der Suche nach der zeitgemäßen Lebensform und in seinem Plädoyer für Wohn- und Werkgemeinschaften wie auch in den Überlegungen zum rational begründeten Städtebau wirkt Josef Rings im Rückblick geistesverwandt mit Martin Wagner, der 1920 Mitbegründer des Verbandes der sozialen Baubetriebe war und der als Berliner Stadtbaurat von 1926 bis 1933 das Neue Berlin bzw. die dortige Bau- und Siedlungstätigkeit lenkte. Aber im Gegensatz zu Wagner spielt Rings in der Geschichtsschreibung über die deutsche Architektur im ersten Drittel des 20. Jahrhunderts nur eine Nebenrolle. Ein Gedankenaustausch zwischen beiden ist nicht überliefert.

Die Spanne der Interessen und Arbeitsfelder von Rings war breit und anspruchsvoll. Sie reichte vom funktionalen Wohnungsgrundriss bis hin zur Bandstadt als Stadtentwicklungs-Modell, von der Fenstertechnik bis zum patentierten Belichtungssystem, vom Entwurf für den Völkerbundpalast in Genf bis zur Mappe mit Zeichnungen zur Formengeschichte der Menschheit. Notwendiges Grundwissen, das weit über das Fachwissen eines Architekten hinausging, erlangte er durch das intensive Studium einschlägiger Literatur. Im Nachlass des Sohnes Werner Rings im Archiv für Zeitgeschichte der ETH Zürich befinden sich umfangreiche, bis über 70 Seiten lange, handschriftliche Textauszüge zu Veröffentlichungen, in die sich Josef Rings eingearbeitet hatte. Ein Schwerpunkt betraf das Altertum und die Vor- und Frühgeschichte, speziell das alte Ägypten.

Darüber hinaus las er Bücher zur Stil-, Kultur- und Religionsgeschichte und vertiefte sich in Mathematik und Geometrie. Natürlich war er auch an Texten zur Zeitgeschichte interessiert, ab 1933 speziell an solchen, die sich mit dem Nationalsozialismus auseinandersetzten.[1]

Viele Themen müssen ihn schon in jungen Jahren interessiert haben, aber neue Impulse wird er in der dynamischen, jedoch chaotisch strukturierten Industrieregion nördlich der Ruhr erhalten haben. Als er im September 1912 von Darmstadt bzw. von Offenbach nach Essen ins Kruppsche Baubüro wechselte, war die Diskussion über Städtebau und regionale Entwicklung im Revier schon im Gange. Maßgeblich daran beteiligt war Robert Schmidt, damals Dezernent für Stadterweiterung in Essen, der fachlich ein enger Weggefährte von Josef Rings werden sollte. Dass Letzterer in diesem Umfeld selber Ideen zur Entwicklung der Industriestadt ausarbeitete, die weit über den konkreten Planungsauftrag hinausreichten, ist gut nachvollziehbar. Aber anders als der französische Architekt Tony Garnier, der 1904 erstmals seine Entwürfe zu einer letztlich vollständig geplanten, jedoch imaginären Stadt der Industrie und der Arbeit – der Cité industrielle – ausgestellt hatte,[2] waren Rings' Konzepte zu Beginn immer an einen Ort und an einen Bauauftrag gebunden. Man kann deshalb auch sagen, im Gegensatz zu Garnier ging er vom Kleinen (vom Haus und der Siedlung) ins Große (zum Stadtentwicklungsmodell) und vom Konkreten ins Utopische. Aber für beide, für Garnier wie für Rings, bot der Topos Industriestadt ein Ideen und Konzepte initiierendes Feld: Garnier arbeitetet ab 1904 als eine Art Stadtarchitekt in Lyon; Rings kam 1912 zu Krupp nach Essen. Beide bezogen gesellschaftspolitisch eindeutig gewerkschaftlich bzw. sozial orientierte Positionen, durchdrangen ein Thema systematisch und suchten einfache, grundsätzliche Lösungen, was bei Rings u. a. zum Modell der „schematischen Siedlungsplanung" führte und sich bei Garnier in einer Neigung zu Neoklassizismen ausdrückte. Aber während sich Garnier weltanschaulicher Spekulation und kunsttheoretischer Erörterungen enthielt und sowieso seine Projekte kaum mit Worten erläuterte, versuchte Rings, sich sowohl an der Sinngebung der Industrieregion zu beteiligen als auch das „Rätsel des Schönen" zu lösen.

Es gibt ein weiteres Indiz, das auf die ideelle Nähe von Rings zu Fach-Diskursen und vielleicht sogar zu Personen in Frankreich hindeutet. Im weiteren Sinne betrifft es die Hygiene-Frage, die die dortigen Debatten über Städtebau und Wohnungswesen weit mehr geprägt hat als diejenigen in Deutschland. Die Internationale Städtebau-Ausstellung im Sommer 1914 in Lyon zeigte dies

---

1   Eidgenössische Technische Hochschule Zürich, Archiv für Zeitgeschichte, Nachlass Werner Rings/Dossier 18/Dossier 19/Dossier 20.
2   Als gedrucktes Konvolut erstmals veröffentlicht in: Tony Garnier, Une Cité industrielle. Paris 1918.

deutlich.³ Man diskutierte nicht allein über die technische Ausstattung von Stadtquartieren und Gebäuden, sondern ebenfalls über bessere Durchlüftung, Belichtung und Besonnung.⁴ Rings' patentierte Arbeiten aus den 1920er Jahren zur Belichtung von Gebäuden mit großer Bautiefe durch Tageslicht (vgl. den Beitrag von Hannah Feldhammer zur Ausstellungshalle) sowie seine Überlegungen zur Lenkung und Filterung von Lichtstrahlen durch Spektralglas (= Glasbausteine bzw. Prismen mit abgerundetem Boden) könnten ein Reflex auf die Entwicklungen in Frankreich gewesen sein. Denn soweit es die Debatten in Deutschland betrifft, waren seine Ideen zur Belichtung und seine Gedanken zum Einsatz von Spektralglas ganz und gar außergewöhnlich.

Der Beruf Architekt war Josef Rings nicht in die Wiege gelegt. Er wurde 1878 als erstes von zwanzig Kindern in (Bad) Honnef nahe Bonn in eine angesehene Handwerkerfamilie hinein geboren. Der Vater, er war Klempnermeister, wird den Sohn früh an damals neuartige Fragen und Probleme der technischen Gebäude-Ausstattung herangeführt haben. Während das kulturelle Umfeld in der rheinischen Kleinstadt weiterhin durch den Katholizismus geprägt war. Aber vielleicht gewann Rings schon in jungen Jahren eine Ahnung von der interessanten „großen Welt", war doch der 1858 eröffnete Bahnhof Rolandseck auf der Honnef gegenüberliegenden linken Rheinseite nicht nur der ehemalige Umsteigebahnhof von der Köln-Bonner Eisenbahn auf die Rheinschiffe, sondern mehr noch ein beim in Bonn studierenden preußischen Adel angesagtes Gesellschaftshaus mit großen Festsälen. Rings, über dessen Werdegang die Honnefer Volkszeitung mehrfach berichtete (vgl. den Beitrag von Kathrin Gräwe), löste sich aus dem Milieu seiner Heimatstadt. Er verstieß durch die Heirat mit Mathilde (Tilly) Menkel, einer Jüdin aus Honnefer Familie, gegen die in ihn gesetzten Erwartungen. Auch sein beruflicher Ehrgeiz trug dazu bei, die Enge der Kleinstadt zu überwinden. Ohne Protektion musste er sich hocharbeiten. Vermutlich entwickelte er deshalb ein spezielles Vorgehen, mit dem er ein Aufgabenfeld gänzlich zu durchdringen suchte: Seien es Hessische Baupläne für Kleinwohnungen, für die er um 1905 Alternativen durchspielte und einen

---

[3] Vgl. Maria-Anna Privat-Savigny (Ed.), Lyon, Centre Du Monde ! L' Exposition international urbaine de 1914. Lyon 2013.

[4] 1905 hatte die 1904 gegründete Fondation Rothschild für ein in etwa dreieckiges Gelände in Paris an der Rue de Prague einen Wettbewerb zu sozialem Wohnungsbau (Habitation à bon Marché) ausgeschrieben, der die gute Ausstattung, Belichtung und Belüftung der Geschossbauten forderte und nach einer baulichen Lösung fragte, die nicht das Stigma Arbeiterwohnungsbau vermittelte. Gewinner war Augustin Rey, der damals in Paris, Rue de Belleville, eine exemplarische innerstädtische Wohnanlage errichtete. 1907, auf dem Congrès International de la Tuberculose, sprach Rey zum Thema „Méthode nouvelle d' éclairage des chambres de toute habitation" und zeigte Bilder zum Einfallwinkel von Lichtstrahlen und zu Innenräumen mit Tageslichtstrahlen zurückwerfenden, abgerundeten Decken.

Preis gewann,[5] seien es um 1913/1914 ländliche Wohnhäuser,[6] seien es 1919 die knapp 30 Typenentwürfe für den Essener Allgemeinen Bauverein (= Allbau) oder späterhin 87 Blätter zur Formengeschichte der Menschheit.

Rings muss Zeit seines Lebens ein großes Vertrauen in die eigenen Fähigkeiten, insbesondere in sein technisches Verständnis besessen haben. Wie sonst lässt sich erklären, dass er sich zu Fragen der Lichtbündelung und -lenkung Expertisen von Albert Einstein und vom Physiker Fritz Houtermans erhoffte,[7] und für seine Erfindungen zu Lüftungs- und zu Belichtungssystemen in den 1920er und beginnenden 1930er Jahren Patentschutz anstrebte und erhielt. Auch der Tatbestand, dass er sich seit 1903/1904, also seit Beginn des Studiums in Darmstadt, und weiterhin während seiner Tätigkeit bei Friedrich Pützer an Architektur-Wettbewerben beteiligte, spricht für beruflichen Ehrgeiz und Selbstbewusstsein. Genauso wie seine Überzeugung, für die Stadtentwicklung von Tel Aviv (1935) und von Mainz (1948/1949) entscheidende Impulse geben zu können. In der Tat errang „Prof. Josef Rings (1878–1957)" laut Curriculum vitae im Laufe seines Lebens Prämierungen bei 14 öffentlichen Wettbewerben. Einladungen zu 15 in- und ausländischen Ausstellungen verweisen ebenfalls auf sein fachliches Renommee: begonnen 1905 in Berlin, über Brüssel 1912 und Göteborg 1923 bis Moskau 1932. Die Einladungen belegen die große Anerkennung, die er mindestens für zwei seiner Projekte europaweit erhielt: für die Stadtwaldsiedlung und für die große Ausstellungshalle in Essen.

Studium und erste Berufsjahre

Nach ausgedehnten Praktika – wie er selber schrieb, seine Zeit an der Baugewerkschule in Stade erwähnte er nicht – studierte Rings von 1903 bis 1906 an der Technischen Hochschule in Darmstadt. Daran anschließend war er von 1907 bis 1912 Assistent von Friedrich Pützer, der dort seit 1902 als ordentlicher Professor die Fächer Städtebau, Kirchenbau und Perspektive vertrat. Parallel zur Assistenten-Tätigkeit arbeitete Rings bis 1912 in dessen Privatatelier und unterrichtete gleichzeitig an den Technischen Lehranstalten und an der Kunstgewerbeschule in Offenbach am Main (heutige Hochschule für Gestaltung). Leiter der Lehranstalten war ab 1907 Hugo Eberhardt, der gemeinsam mit Friedrich Pützer 1905 den Bebauungsplan für die Villenkolonie Buchschlag erarbeitet und der 1914 auf der Werkbund-Ausstellung in Köln die Verkehrshalle gebaut hatte. Eberhard war nicht nur ein erfolgreicher Architekt, sondern darüber hinaus an

---

5 Vgl. Hessischer Zentralverein für Errichtung billiger Wohnungen (Hrsg.), Hessische Baupläne für Kleinwohnungen. Darmstadt 1905, S. 19 ff.

6 Vgl. R. Pfälzer, Ländlicher Wohnungsbau – Zu den Entwürfen von J. Rings, in: Die Rheinlande, Jg. 1914, S, 14–20.

7 Vgl. Josef Rings, Sieben Notizblätter, ETH Zürich, AfZ, NL Werner Rings/Dossier 21.

diversen Wissensgebieten hoch interessiert, darunter Archäologie und Geografie. Ob und wieweit er Rings an damals brisante kunsttheoretische Themen herangeführt hatte (darunter die Frage, inwieweit erlerntes Können und tradierte Regeln konstituierend für das Kunstschaffen wären, oder ob individuelles Kunstwollen, beispielhaft im Jugendstil, letztlich entscheidend wäre), ist rückblickend kaum zu klären. Obwohl Rings sich damals wahrscheinlich mit den vier Vorträgen des holländischen Architekten Hendrik Petrus Berlage auseinandersetzte, die dieser 1908 im Kunstgewerbemuseum in Zürich gehalten hatte,[8] um seine Haltung zu dieser Frage zu erläutern. Ein knapper Hinweis dazu findet sich in den oben erwähnten Exzerpten. Berlage, der antike Tempel und gotische Kathedralen als Belege für seine Argumentation heranzog, wandte sich in den Vorträgen gegen das malerisch Gefällige und erklärte stattdessen Symmetrie, Ordnung und Maß zu Urprinzipien jeglichen Stils. Die Geometrie galt ihm sogar als absolute Notwendigkeit bei der Bildung künstlerischer Formen in der Architektur. Die stetige Einwanderung von Kubus und Quader in Entwürfe von Rings (begonnen 1914/1916 beim 2. Bauabschnitt vom Kruppschen Alfredshof III, fortgesetzt 1919 und 1923 mit Typenhäusern in „einfachster Form") wie auch seine Schlussfolgerungen hinsichtlich der Formengeschichte der Menschheit (s. u.) lassen vermuten, dass er sich in seiner Auffassung vom Schönen von den vier Vorträgen Berlages zumindest inspiriert gefühlt haben könnte – dem jeweiligen Zeitgeist zum Trotz. Ebenfalls unsicher ist, ob Rings sich unter dem Einfluss der Reformideen Eberhardts oder weiterer Lehrender in Offenbach dem Deutschen Werkbund zugewandt hat; Mitglied wurde er auf jeden Fall. Nachträglich ist auch nicht mehr eindeutig festzustellen, ob Rings in Pützers Atelier für alle Aufgabenbereiche zur Verfügung stand, inbegriffen Projektleitung und Wettbewerbe (was wahrscheinlich ist), oder überwiegend städtebaulich arbeitete. Pützer selber, der sich mehrfach an bedeutenden Architektur-Wettbewerben beteiligte, hatte an der Technischen Hochschule in Aachen studiert und verfügte über gute Kontakte ins Rheinland. Was Denkmalpflege, Kirchenbau, Siedlungsplanung und Wohnungsbau betrifft, gab es kaum eine hilfreichere Empfehlung als die Mitarbeit bei Friedrich Pützer, dem „Erneuerer aus der Tradition heraus".[9]

Tatsächlich deuten frühe Arbeiten von Rings auf dessen Einfluss: Einmal ist es der durch die Reformbewegung geläuterte Hang zum Historischen und Wehrhaften bei repräsentativen Bauvorhaben wie Turm und Kirche, zum anderen eine mehr informell-malerische, dem Barock sowie den Reformbewegungen verbundene Haltung bei Villen und Landhäusern in gartenstädtischem Umfeld. Rings' Entwürfe für die Villa Girardet in Honnef (1904/1905), für ein Junggesellen-

[8] Hendrik Petrus Berlage, Grundlagen und Entwicklung der Architektur. Berlin 1908.
[9] Regina Stephan, hrsg. im Auftrag der Technischen Universität Darmstadt, „In die Umgebung hineingedichtet". Bauten und Projekte des Architekten, Städtebauers und Hochschullehrers Friedrich Pützer (1871–1922). Baunach 2015, S. 8.

Wohnhaus am Main (1911) oder für ein Sommerhaus mit Verwalterwohnung (1912) entsprachen ganz und gar dem Geschmack des Publikums und hätten sich nahtlos in die Vorschläge zu Sommer- und Ferienhäusern aus dem populären Wettbewerb der Zeitschrift Woche von 1906 eingepasst.[10] Während seine Vorschläge für Schulbauten gleichzeitig sachlich und deutsch-anheimelnd wirken. Bei einfachen Wohnhäusern besann er sich hingegen des englischen Vorbilds und der kleinstädtisch anmutenden Entwürfe Heinrich Tessenows, der Volkstümlichkeit nicht mit Heimatstil, sondern mit einfachem, handwerksgerechtem Bauen übersetzte. „Wollen – Können", die 1919 von Josef Rings gemeinsam mit Robert Schmidt verfasste Programm-Schrift für den Essener Allbau, erwies Tessenow schon im Titel die Referenz: Die Kluft zwischen „wollen und können", als Gegensatz von Theorie und Praxis interpretiert, hatte Tessenow seitenlang im Buch über „Hausbau und dergleichen" (1916) thematisiert.[11] Aber auch das amerikanische Vorbild trug Früchte. So erinnern die recht flachgeneigten, weit heruntergezogenen, gewalmten Dächer auf Zeichnungen zu einem Sommerhaus am Rhein (1909) und zu einem Dorfbahnhof (1912) wie auch Pützers Wettbewerbsbeitrag für den Hauptbahnhof in Darmstadt (1907) an Entwürfe aus dem Atelier von H. H. Richardson für kleine Empfangsgebäude der Boston & Albany Railroad und der Old Colony Railroad aus den 1880er Jahren.[12] In der Tat lässt sich Henry Hobson Richardson, der 1886 starb, ähnlich wie Friedrich Pützer als ein Erneuerer aus der Tradition heraus begreifen.

Rings traute sich als Wettbewerbs-Architekt einiges zu, egal ob es sich um Orte und Bauten von historischer Bedeutung oder um die Citybildung im Industriegebiet handelte: 1906 beteiligte er sich gemeinsam mit Heinrich Stumpf (Architekt in Darmstadt) am Wettbewerb zum Bebauungsplan für das Gebiet am Holstentor in Lübeck; dort ging es um das Umfeld des prominentesten Stadttores in Deutschland. Während 1910 beim Wettbewerb zur Gestaltung der Umgebung des neuen Bahnhofsgebäudes in Dortmund, den Rings gemeinsam mit Alois Beck (ebenfalls Architekt in Darmstadt) bearbeitete, nach einem repräsentativen Entree für eine sich im Wandel begriffene ehemalige Ackerbürgerstadt gefragt wurde. Die frühen Wettbewerbs-Beteiligungen, die durchweg nicht zu Bauaufträgen führten, lassen sich unter der Überschrift „Ein Architekt sucht seinen Stil und seinen Schwer-

---

10   Vgl. N. N., Sommer- und Ferienhäuser aus dem Wettbewerb der Woche, Mit einer Einleitung von Hermann Muthesius. Berlin 1907.
11   Vgl. Renate Kastorff-Viehmann, Wollen und Können. Der Allbau in der ersten Phase der Wohnungsreform 1917 bis 1923, S. 107 f, in: Jürgen Reulecke u. a., Wohnen und Markt. Gemeinnützigkeit wieder modern. Essen 1994, S. 91–119 und S. 165–173.
12   Richardsons Empfangsgebäude selbst wirken eher wie Bungalows denn wie Stationsbauten, vgl. Jeffrey Karl Ochsner, H. H. Richardson – Complete Architectural Works, The Massachusetts Institute of Technology 1982/1984, S. 270–276, S. 306 f., S. 320 f., S. 354 f., S, 360–365; mindestens eins der Bahnhofsgebäude wurde in „American Architecture and Building News" veröffentlicht.

Abb. 55: Josef Rings und Heinrich Stumpf, Beitrag zum Wettbewerb Holstentor in Lübeck, 1906

Abb. 56: Josef Rings, Beitrag zum Wettbewerb „Kaiser Wilhelm-Turm" Adenau, 1907

punkt" zusammenfassen. Ganz anders verhält es sich mit „seinem" Haus Merkel, einem von sechs Musterhäusern in der Kleinwohnungskolonie, die der Hessische Zentralverein für Errichtung billiger Wohnungen 1908 auf der Mathildenhöhe in Darmstadt realisierte (vgl. den Beitrag von Rainer Metzendorf). Haus Merkel wurde ein Meilenstein in Rings' beruflichem Werdegang. Exemplarisch sollte es für eine ländliche Arbeiterfamilie gebaut werden. Wie schon Rings' preisgekrönter Kleinhaus-Entwurf von 1905 erzählt es eine Geschichte vom bescheiden-behaglichen Leben auf dem Land: Eingeschossig, mit behütendem Satteldach, steht es traufständig zur Straße. Die Eingangsloggia bietet bzw. bot Platz für eine

Abb. 57: Haus Merkel

gemütliche Bank, geschützt von einem erkerartig ausgebildeten Fenster, hinter dem sich innen die Sitzecke der Wohnküche verbirgt. „Das Häuschen" wurde mehrfach abgebildet und als „das vollkommene Muster wohnlicher Häuslichkeit" vorgestellt.[13] Haustechnisch war es einfach ausgestattet und in Ermangelung von Neben- oder Stallräumen kaum brauchbar für ein ländliches Dasein, stattdessen reich mit kunsthandwerklichem Zierrat versehen. Und so behaglich-deutsch es auch aussehen mag, so erinnert Haus Merkel (zwar seitenverkehrt und vergrößert) doch an den Entwurf von Charles A. Voysey für „a Lodge for a Manchester Suburb", der 1890 in The British Architect veröffentlicht wurde.[14]

Bei Krupp

Josef Rings wechselte 1912 von Darmstadt nach Essen zur Firma Krupp und arbeitete dort unter dem Baudirektor Robert Schmohl. Es mag sein, dass er auf Empfehlung von Gustav Gretzschel nach Essen kam, der als ehemaliger Sekretär des Rheinischen Vereins für Arbeiterwohnungsbau und danach – von April 1903 bis Juni 1918 – als Sekretär des Hessischen Zentralvereins für Errichtung billiger Wohnungen gute Verbindungen sowohl zu Schmohl als auch zu Rings hatte. Möglich ist ebenfalls, dass der Kontakt über den Aachener Städtebauprofessor Karl Henrici, einem Mentor von Friedrich Pützer, oder durch Georg Metzendorf geknüpft worden war. Im Krupp-Archiv[15] gibt es weder eine Personalakte zu Rings noch Handakten, die über seine Einstellung oder seine Arbeit Auskunft geben. Nur eine einzelne Karteikarte belegt, dass er in der Friedrich Krupp AG als Abteilungsvorsteher im Baubüro tätig war, und zwar vom 15. September 1912 bis zum 31. Januar 1919. Im Curriculum vitae Prof. Josef Rings ist kaum mehr vermerkt: „1912 Berufung auf den Posten des Abteilungschefs der Firma Krupp in Essen. Dort Planung und Ausführung von Siedlungen, Fabrikanlagen, Konsumanstalten usw. bis 1919".[16] Konkrete Projekte sind nicht genannt. Jedoch steht außer Frage, dass der Rüstungskonzern Krupp während des Ersten Weltkrieges Wohnungen und Siedlungen baute, darunter Barackenlager für 22.000 Arbeiter[17] und eine Speiseanstalt mit 7.200 Sitzplätzen.[18] Rings schrieb in seinem Lebenslauf – formuliert frühestens Ende 1949 – u. a. von „großangelegten Siedlungen", für die er zuständig gewesen war.[19] Richard Klapheck, der „Biograf" des

13 Wilhelm Schäfer, Das Wohnhaus für die kleinen Leute, in: Die Rheinlande, 1908, Heft 8, S. 45.
14 Jg. XXXIII, S. 223.
15 Historisches Archiv der Fried. Krupp GmbH, Krupp-Stiftung, Essen.
16 ETH Zürich, AfZ, NL Werner Rings/Dossier 17.
17 Vgl. Manfred Walz, Frühe Siedlungsbeispiele: Hannes Meyer bei Krupp, S. 47 f., in: Internationales Symposium, Hannes Meyer – Beiträge zum 100. Geburtstag, Dortmund, vom 15.–18. November 1989, S. 46–52.
18 Richard Klapheck, Siedlungswerk Krupp, Berlin 1930, S. 144.
19 ETH Zürich, AfZ, NL Werner Rings/Dossier 17.

Abb. 58: Die Hauptachse im nördlichen Bereich vom Alfredshof III

Kruppschen Siedlungswesens, erwähnt ihn in einem Atemzug mit den Architekten Henning, Leikert, Schneegans (Vorgänger von Rings), Seiffert, Streich und Scharschmidt (1925 Nachfolger von Schmohl), aber ohne weitere Spezifikation.[20] Mechthild Köstner, die über den Werkswohnungsbau des Krupp-Konzerns bis 1924 gearbeitet hat, verliert hingegen kein Wort über Rings.[21] Während der Düsseldorfer Architekt Ludwig Jahn hinsichtlich des 3. Bauabschnitts der Krupp-Siedlung Alfredshof (Alfredshof III) 1920 in Wasmuths Monatsheften für Baukunst nicht nur vom „großen und unvergesslichen Eindruck" schwärmte, den diese Siedlung bei jedem Besucher hinterlassen habe, sondern Josef Rings ausdrücklich als Planverfasser bezeichnete.[22] Dies ist beachtenswert, da in der Regel allein Robert Schmohl als Architekt der Krupp-Siedlungen genannt wurde.

In der Tat war der Alfredshof III (in Essen-Holsterhausen, in Fußweg-Entfernung zum Werksgelände) ein städtebauliches Meisterwerk. Ähnlich wie beim weiter nördlich gelegenen Alfredshof II, der ab 1907 realisiert worden war, handelte es sich beim Alfredshof III, der im Zeitraum von 1914 bis 1918 in zwei Bauabschnitten entstand, um eine mehrgeschossige innerstädtische Wohnanlage, die durch begrünte Innenhöfe bzw. Innenparks gegliedert war. Während die Putzbauten im südlichen Teil (1914 bis 1916) noch verbindlich-malerisch wirken, herrschten im nördlichen, Josef Rings zuzuschreibenden Alfredshof III (1916 bis 1918 gebaut, im Krieg weitgehend zerstört) städtebaulich und architektonisch

---

20 Klapheck, Siedlungswerk Krupp (wie Anm. 18), S. 127.
21 Auf das Kruppsche Baubüro und die Leiter Ferdinand Brachwitz, Gustav Kraemer und Robert Schmohl geht Köstner kurz ein, vgl. Mechthild Kösters, Werkswohnungsbau des Kruppkonzerns bis 1924, Dissertation Osnabrück 2017, Bd. 1 Textband, S. 103 ff., S. 108 bis S. 120.
22 L. Jahn, Der Alfredshof der Firma Fried. Krupp in Essen-Ruhr, in: Wasmuths Monatshefte für Baukunst, Jg. 1920/21, S. 206–216; Gustav Adolf Platz, Die Baukunst der Neuesten Zeit, Berlin 1927, S. 571, bezeichnet Rings ebenfalls als Architekten des Alfredshofs.

Geradlinigkeit und Strenge vor. Schon auf den ersten Blick erinnert er an den Wettbewerb Groß Berlin aus dem Jahr 1910, bei dem die Arbeitsgemeinschaft von Bruno Möhring, Richard Petersen und Rudolf Eberstadt den Vorschlag eingebracht hatte, in die Innenbereiche großer Baublocks anstelle der in Berlin üblichen Hinterhofbebauung niedriggeschossige Reihenhäuser mit Gärten zu setzen. Das Konzept erhielt in der Fachwelt viel Anerkennung; eine beeindruckende Realisierung gelang in Essen mit dem Alfredshof III.

Wie der Alfredshof III wurden die Krupp-Siedlungen in Essen nahe der Wickenburg, oberhalb des Mühlbachtals (und in Sichtentfernung zur Margarethenhöhe), und nahe Schloss Borbeck noch im Gestus der Friedenszeit geplant. Der jeweilige Siedlungsplan belegt nicht nur die Anpassung an bewegtes Gelände (an der Wickenburg) oder an vorhandene Landmarken (Park und Schloss Borbeck), sondern zeigt eine aufwendig inszenierte zentrale Achse. In der Siedlung an der Wickenburg (Bauantrag Sommer 1918), die nach englischem Vorbild auch Hausgruppen und Spielplätze im Blockinnenbereich aufweisen sollte, war sie in Form einer repräsentativen, barock anmutenden Allee vorgesehen, die vom Torhaus im Norden (das realisiert wurde) über mehrere hundert Meter zum Kirchplatz im Süden (nicht realisiert) verlaufen sollte. In der Siedlung nahe Schloss Borbeck (laut Klapheck 1916 geplant) war die Platzfolge zwischen dem Torhaus und dem baulich gefasstem Gartenparterre ebenfalls großzügig dimensioniert, aber wie die rahmende Bebauung straff rechtwinklig angelegt. Bis Ende 1918, d. h. unter dem Abteilungsvorsteher Rings, wurde in beiden Siedlungen nur rund ein Viertel der Wohngebäude gebaut, die Achsen bzw. Platzfolgen nur im Ansatz realisiert.[23]

Laut Klapheck entstanden in Essen während des Ersten Weltkrieges 1.194 Kruppsche Werkswohnungen. In „Siedlungswerk Krupp" nennt er, neben den erwähnten, folgende Projekte: erstens Notwohnungen in Holzbauweise im Laubenhof am Eselsweg in Altenessen, teils mit Laubengang, zweitens eine mehrgeschossige Randbebauung des Innenparks an der Bärendelle in Essen-West (an der Robert Schmidt konzeptionell beteiligt war), drittens eine Siedlung bei der Straße Bergmühle für den Krupp-Bergbau, viertens Geschossbauten an der Kaulbachhöhe (bzw. Kaulbachstraße). Außerdem Maßnahmen in Rheinhausen für die Friedrich-Alfred-Hütte (Margarethenhof, begonnen 1904) und in Kiel-Gaarden, wo eine Siedlung mit streng orthogonalem Straßennetz für ein etwa dreieckiges Gelände vorgesehen war. Typisch für damalige Krupp-Siedlungen hätte sie eine zentrale Achse mit Torhaus, Platz bzw. Grünhof und Konsumanstalt erhalten sollen. Der Entwurf firmierte unter Robert Schmohl als Architekt. Obwohl Hannes Meyer, der als junger Mann von 1916 bis 1918 bei Krupp tätig und von 1928 bis

[23] Vgl. Walz, Frühe Siedlungsbeispiele, S. 46–52; die Darstellung bei Walz zu den realisierten Teilbereichen der Siedlungen erfolgte auf Basis von Archivalien im Fried. Krupp Historisches Archiv, WA (=Werksarchiv) Nr. VII f 1098, Nr. 153 V 288 und 298.

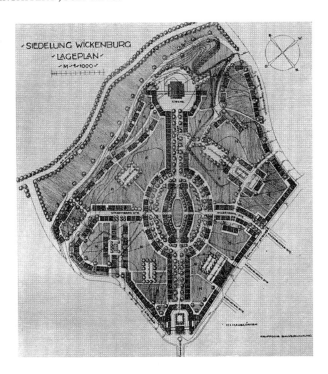

Abb. 59: Krupp-Siedlung an der Wickenburg, Lageplan

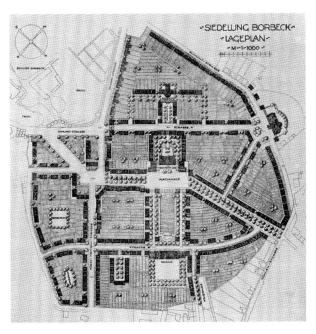

Abb. 60: Krupp-Siedlung bei Schloss Borbeck, Lageplan

1930 Direktor am Bauhaus in Dessau war, versicherte, das Projekt in Kiel-Gaarden bis zu den Wohnungsgrundrissen vollständig durchgeplant zu haben.[24]

Bauten für die Gemeinschaft

Ab 1919 arbeitete Rings freiberuflich als Architekt in Essen; seine ersten Projekte waren die Siedlung in Kray, die Allbau-Siedlungen Feldhaushof und Heimatdank, eine Bergarbeiter-Siedlung in Altenessen sowie die Stadtwaldsiedlung, die zu seinem Referenzprojekt werden sollte. Trotz Ruhrbesetzung und Inflation war er derart erfolgreich, dass er sich 1922 mit seinem Büro im repräsentativen Hansahaus südlich vom Hauptbahnhof einmieten konnte. Er beteiligte sich an örtlichen Wettbewerben und machte Vorschläge zu Neubauten, im Sommer 1924 z. B. zu einem Essener Theater am Stadtgarten. Seine zuverlässigsten Auftraggeber bis Mitte der 1920er Jahre waren jedoch Baugenossenschaften und andere gemeinnützige Bauträger. Beim Allbau arbeitete er gleich zu Beginn als künstlerischer Beirat und Architekt und entwickelte Typenhäuser in „einfachster Form" sowie funktionale Grundrisse: mit Wasserklosett und Badewanne (im kleinen Badezimmer oder in der Spülküche), mit Wohnküche oder Kochküche, seltener mit einem Stallanbau. Den Lebensvorstellungen der ins Auge gefassten Klientel entsprechend (das waren Familien von Lehrern und kleinen Beamten), variierte er vorwiegend das zweigeschossige Einfamilienhaus mit Garten, entweder als Doppelhaus oder in Reihe gebaut. Daneben entwarf er noch einen Wohnhof mit Mietwohnungen für Ledige und zwölf Alternativen zu Geschoss-Wohnungen in Zwei- und Mehrfamilienhäusern. Alles abgebildet in „Wollen – Können".

Am Schluss der Broschüre sind verschiedene Siedlungsstandorte in Essen auf einer Karte markiert. Aber nur ein Siedlungsplan ist abgebildet: nämlich der der Allbau-Siedlung am Feldhaushof. 1923 in „Siedlungsreform" konnte Rings hingegen einen Strauß von Plänen präsentieren, begonnen mit der damals weitgehend realisierten Stadtwaldsiedlung, die ausführlich beschrieben wird. Es folgen der Heimatdank in Essen-Fulerum, die Siedlung in Essen-Kray (teilweise realisiert), die Bergarbeitersiedlung in Altenessen (knapp ein Drittel gebaut), Erläuterungen zum Brünlinghaushof, zur Siedlung Margarethenwald, zu einer Siedlung in Brühl und schließlich zur „schematischen Siedlungsplanung". Da er eingangs über das „wüste Durcheinander" im Revier geklagt und bedauert hatte, dass „der Begriff ‚Stadt' als organische Gebundenheit, als gemeinsame Angelegenheit der Bürger […] vollständig verschwunden" sei, [25] drängt sich die Vermutung auf, dass Rings besagte „organische Gebundenheit" sowohl

---

[24] Was laut Arbeitszeugnis bestätigt ist, vgl. Walz, Frühe Siedlungsbeispiele (wie Anm. 23), S. 51.
[25] Josef Rings, Siedlungsreform. Gesetze, Baugedanken, Ziele. Essen 1923, S. 140.

über die Mitwirkung in einem Bauverein als auch vermittels der baulichen und städtebaulichen Gestalt einer Siedlung zurückzugewinnen hoffte.

„Organische Gebundenheit" im engeren Siedlungszusammenhang war ihm aber offenbar nicht hinreichend als Reformstrategie für eine Industriestadt mit defizitärer Kultur. Denn er warb 1923 außerdem für „Eine Wohn- und Werkkolonie. Westdeutsche Werkstätten für Edelerzeugnisse [im] Sinne der Kulturstätten Dresden-Hellerau, Wien und München".[26] Es war ein utopisches Projekt, imaginiert im Vertrauen auf die gemeinschaftsbildende Kraft von Kunst und Kultur. Generell scheint es durch die Ziele des 1907 gegründeten Deutschen Werkbundes inspiriert, der das Zusammenwirken von industriellen Produzenten und ausgewiesenen Gestaltern zum Zwecke eines guten Designs erfolgreich propagiert hatte. Konkret handelte es sich vielleicht um Rings' Reaktion auf die Ansiedlung einer kleinen Künstlergemeinschaft auf der Margarethenhöhe, die sich 1919 abzeichnete.[27] Ihm schwebte aber Größeres vor: eine Gemeinschaft von mehreren hundert Menschen als großem Haushalt mit kleinen Wohneinheiten und zentralen Gemeinschaftseinrichtungen, komplementär zur Werkgemeinschaft der Künstler mit eigenen Ateliers und gemeinsamer Verwaltung und Vermarktung. Die Wohn- und Werkkolonie sollte helfen, Technik und Kunst im Ruhrrevier in „harmonische Beziehungen zueinander zu stellen, [da der Technik] der tiefe innere Glückszustand, wie er sich in kultureller Höhe, in Religion und Kunst auswirkt", versagt sei.[28] Personen aus Rings' Umfeld, die ein Interesse an dem Projekt geäußert haben könnten, sind nicht identifiziert, Texte, die er eventuell nutzte, nicht zitiert. Jedoch wurde 1921 in der Zeitschrift Die Volkswohnung intensiv über den Individualismus eingrenzende Lebensformen und über gemeinschaftliches Wohnen diskutiert.[29] Überdies erinnert Rings' orthogonal aufgebauter Entwurf auf der Basis des doppelten Quadrats an ein überdimensioniertes Kloster sowie an Bau- und Siedlungskonzepte aus der 1. Hälfte des 19. Jahrhunderts, die unter dem Einfluss der Ideen der Frühen oder Utopischen Sozialisten zirkulierten.[30] Dass das Projekt fern der stadtstrukturellen Realität im Industriegebiet imaginiert

---

26 Ebd., S. 251 ff.
27 Vgl. Heinrich Theodor Gütter und Axel Heimsoth (Hrsg.), Aufbruch im Westen. Die Künstlersiedlung Margarethenhöhe. Essen 2019; insbesondere Axel Heimsoth, Das kleine Atelierhaus, S. 90–99.
28 Rings, Siedlungsreform (wie Anm. 25), S. 254.
29 Vgl. Kastorff-Viehmann, Wollen und Können (wie Anm. 11), S. 114 ff. und Anm. 105 bis 117; einen unmittelbaren Anstoß für Rings gab möglicherweise der Gewerkschafter Kurt Ehrenberg mit seinem Aufsatz „Die fünfzig Städte der Kohlenarbeiter", in: Die Volkswohnung, Jg. 1921, S. 225 ff., S. 253 ff., S. 273 ff.
30 Vgl. dazu Renate Kastorff-Viehmann, Wohnungsbau für Arbeiter, Das Beispiel Ruhrgebiet bis 1914, Aachen 1981, S. 166 ff., S.183 ff.; ein Werber für Selbsthilfevereine und Modelle gemeinschaftlichen Wohnens war in Deutschland um die Mitte der 19. Jahrhunderts Victor Aimé Huber, der u. a. 1846 in einem Text „Ueber innere Colonisation" eine Arbeiterkolonie

war, muss ihm selbst aufgefallen sein, schloss er doch das Kapitel zur Wohn- und Werkkolonie mit einem Gedicht ab, das mit der Zeile „Es träumt das All die ‚Stadt' des Menschen" anfängt und mit den Worten „bis endlich es geschieht, daß Arbeit wird zu tiefem Beten, dann weichen alle Grenzen höchster Freiheit, und alles strahlt in Freundschaft und Liebe" endet.[31]

Nachdem sich ein anderes Ausstellungsprojekt zerschlagen hatte, erhielt Josef Rings 1927 die Gelegenheit, im Duisburger Kunstverein seine Arbeiten zu präsentieren. Das patentierte Belichtungssystem wurde dort am Beispiel des „Hochhauses mit Steillicht" erstmals vorgestellt. Im Zentrum stand jedoch die Essener Ausstellungshalle, die schon im Entwurfsstadium Neugier erweckt hatte. Die Zeitschrift Die Bauwarte reservierte im März 1928 Rings' Werk bzw. der Ausstellung ein ganzes Heft. Er konnte dort sowohl Gedanken zum Städtebaugesetz darlegen als auch neuere Arbeiten unter der Überschrift „Bauen als Ausdruck des Gemeinschaftsbewusstseins" präsentieren. Gleich zu Beginn waren es vier Abbildungen zur Wohn- und Werkkolonie, die nun Künstler- und Kunsthandwerkerkolonie hieß, ergänzt um zwei Zeichnungen zu einer Kleinindustriesiedlung. Es muss ihm eine Herzensangelegenheit gewesen sein. Frei von jeglicher politischen oder ideologischen Positionierung erachtete er eine neue Gemeinschaftlichkeit als Anliegen der Zeit, da „gegenwärtig im menschlichen Wirken ein ausgeprägter Gemeinschaftswille erkennbar" ist.[32] Dies traf nicht zuletzt auf die damalige Bau- und Sozialpolitik der Kommunen zu, die nicht nur Siedlungsgesellschaften gegründet hatten, sondern auch Volkshäuser, Sportanlagen, ausgedehnte Grüngürtel, Schulen und Krankenhäuser bauten. Und auch im Revier hatten sich viele Menschen zur selbstorganisierten Arbeitsbeschaffung und Problemlösung zusammengetan; dabei ging es genauso um Reformschulen, Konsum-Vereine oder Volksbanken (um nur drei Beispiele zu nennen) wie um Siedlergemeinschaften, soziale Baubetriebe und Baugenossenschaften.[33]

Den Zuschlag für die Werkausstellung hatte Rings wahrscheinlich als Architekt einer großen Wohnanlage in Duisburg-Neudorf an der Grabenstraße erhalten, denn der 1. Bauabschnitt war damals gerade fertiggestellt. Bauträger war die in (Duisburg-)Marxloh ansässige Bauhütte Niederrhein (= Rohstoff- und Werkgemeinschaft Niederrhein). Das Projekt wurde 1928 in der Bauwarte über vier ganzseitige Fotos und einen Grundriss dokumentiert. Abgebildet bzw. erwähnt wurden ebenfalls ein Kinderheim in Hörde, ein Siedlungsmuseum, die Reform-

---

mit einem Zentralgebäude für gemeinsame Ökonomie und gemeinsame Versorgung, inkl. der Dampfmaschine für die Zentralheizung beschrieb.

31 Rings, Siedlungsreform (wie Anm. 25), S. 254.
32 Josef Rings, „Bauen als Ausdruck des Gemeinschaftsbewusstseins", in: Die Bauwarte, 1928, Heft 9, S. 75.
33 Vgl. als Überblick: Klaus Novy, Arno Mersmann und Bodo Hombach (Hrsg.), Reformführer NRW. Köln, Weimar, Wien 1991.

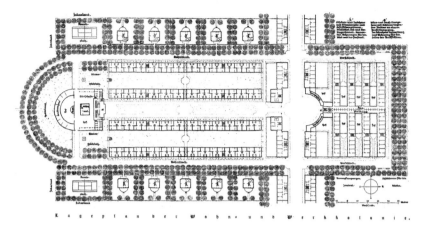

Abb. 61: Die Wohn- und Werkkolonie, Grundrissplan

Abb. 62: Die Wohn- und Werkkolonie, Blick auf das Zentralgebäude

schule am Meer, auf Juist, Sieberei und Kohlenwäsche der Zeche Dahlbusch und der Entwurf für den Palast des nach dem Weltkrieg gegründeten Völkerbundes in Genf, laut Rings „eine Einrichtung zum Wohle der gesamten Menschheit", ja, sogar die „größte Gemeinschaftsaufgabe an sich".[34] Um dies architektonisch auszudrücken, hatte er sich über die Wettbewerbsausschreibung hinweggesetzt und die Anlage in den Genfer See gestellt. 1935, als er über den Meeresstrand von Tel Aviv nachdachte, erinnerte er sich an den Entwurf für Genf. In Worten (und auf dem Papier) malte er das Bild eines streng nach den Regeln des goldenen Schnitts aufgebauten Völkerbundpalastes, mit glatten Fassaden aus geschliffenem,

---

[34] Rings, „Bauen als Ausdruck …" (wie Anm. 32), S. 79 f.

Abb. 63: Wohnanlage in Duisburg-Neudorf, Grabenstraße, Teilansicht

fast weißem Marmor, der zeitlos, hellstrahlend ähnlich einem Kristall und wie aus den Wolken herabgesunken im ruhigen See liegt, optisch bekrönt vom Gipfel des Mont Blanc.[35]

Große Projekte

Während in der Moderne die Gleichwertigkeit aller Bauaufgaben proklamiert wird, kennt die historische Architektur eine deutliche Unterscheidung nach Rang. Das bedeutet, je wichtiger die Aufgabe, desto wirkungsvoller und monumentaler sollte der Bau sein. Rings hatte unter diesem Leitsatz sein Konzept für den Völkerbundpalast entwickelt – als „Palast des Friedens" und als Monument der neuen Völkergemeinschaft. Gleichzeitig fühlte er sich dem Geist des Ortes verpflichtet, nicht nur in Genf. Versuchte er doch zweimal in Essen, ein – einem Gasometer ähnliches – Trumm als Hochhaus zu platzieren: um 1920 (vielleicht auch erst 1928) am Rüttenscheider Markt und 1922 auf dem Schulz-Knaudt'schen Gelände östlich des Hauptbahnhofs. Es war seine eigenwillige Antwort auf das damals aufflackernde Hochhaus-Fieber und die unerfüllten Weltstadt-Träume in Essen, der in der Folgezeit noch weitere Hochhaus-Entwürfe folgten. Während es schon damals in der Wirklichkeit des Ruhrreviers drei außerordentliche Gemeinschaftsprojekte gab, die das gesamte Gebiet betrafen: die 1899/1904 gegründete Emschergenossenschaft zur gemeinschaftlich verantworteten Ableitung der Abwässer, der 1899/1913 gegründete Ruhrverband zur Garantierung der Frischwasser-Versorgung und der 1920 gegründete Siedlungsverband Ruhrkohlenbezirk unter Robert Schmidt als erstem Direktor bzw. Präsident. Dem Verband waren Aufgaben der Verkehrsplanung, des Flächen-Managements und der Grünflächen-Sicherung zugewiesen. Was lag da näher, als selber in neuen Dimensionen zu denken und Ideen für eine

---

[35] Josef Rings, Der Völkerbundpalast in Genf, Manuskript, in: Universitätsarchiv Darmstadt, Bestand 917, Nr. 4, S. 229–236.

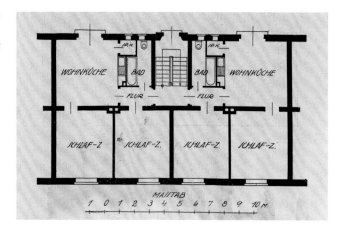

Abb. 64: Wohnanlage in Duisburg-Neudorf, Grabenstraße, Wohnungsgrundriss

rapide wachsende Stadtregion zu entwickeln? Wurde doch schon vor 1914 unter maßgeblicher Beteiligung von Schmidt über Stadtmodelle und regionale Entwicklung und seit 1918 über eine politische und administrative Reform im Revier diskutiert. Ein Ergebnis (neben der Gründung des Siedlungsverbandes) waren die großen Eingemeindungen von 1928 und 1929, die die Städte Duisburg, Essen und Dortmund von der Fläche und von der Einwohnerzahl her zu wirklichen Großstädten machten, die auf neuem Niveau der städtebaulichen Ordnung und infrastrukturellen Ausstattung bedurften. Vermutlich war Rings an entsprechenden Planungen hoch interessiert und kannte den fulminanten „Generalsiedlungsplan für den Raum Essen", der im Sommer 1927 der Öffentlichkeit präsentiert wurde. Die Federführung hatte bei Hermann Ehlgötz gelegen, der als Dezernent für Stadtentwicklung seit 1921 Nachfolger von Schmidt war und der 1928 als Professor für Städtebau und Städtischen Tiefbau an die Technische Hochschule in Berlin wechselte. Ehlgötz gehörte zu jenen Stadtplanern, die von der Qualität der Rings'schen Siedlungen überaus überzeugt waren. Als dieser aber auf der Bauausstellung in Essen 1925 erstmals seine „Pläne und Modelle zum ‚Wabensystem' [zeigte], in dem er neuartige Ideen zur Siedlungsfrage festlegt", erregten sie zwar „viel Aufmerksamkeit", jedoch wurde ihnen aufgrund „der Summe der vorhandenen Mängel [...] keine Aussicht auf Verwirklichung" zugesprochen.[36] Späterhin waren die Pläne und Modelle gänzlich vergessen. Selbst Ehlgötz, der 1937 in Wasmuths Lexikon der Baukunst (Nachtragsband) den Abschnitt über die Bandstadt schrieb, erwähnte die Arbeiten von Rings mit keinem Wort.

---

[36] W. Claas, Die Bauausstellung in Essen 1925, S. 523, in: Deutsche Bauzeitung, Jg. 1925, S. 520–524.

Im Gegensatz dazu stand die Anerkennung, die er für Entwürfe in innerstädtischen Baugebieten erhielt. Sein „erster Zweiter Preis" (der nicht zur Ausführung kam) 1924 beim Wettbewerb Burgplatz in Essen[37] und mehr noch der Auftrag zur Planung der großen Ausstellungshalle bzw. „Industrieausstellungshalle" um 1924 müssen ihn regelrecht beflügelt haben. Als passionierter Wettbewerbs-Architekt beteiligte er sich 1925 am Wettbewerb Rathaus Düsseldorf.[38] Anfang 1927 wollte er mit dem Entwurf für den Völkerbundpalast in Genf bei einem weit größeren Projekt mitmischen, wenn auch außer Konkurrenz und ohne Erfolg.[39] Im Frühjahr 1927 beteiligte er sich mit einem stilistisch ähnlichen Entwurf am „Wettbewerb zum Neubau eines Dienstgebäudes für den Siedlungsverband Ruhrkohlenbezirk in Essen". Als Hauptbaukörper plante er einen viergeschossigen Quader mit streng vertikal gegliederten Fassaden, seitlich angefügt ein schmaler Anbau mit mittig-vertikalem Fensterfeld. In den Eckbereich der Straßenkreuzung stellte er als Eingangshalle einen flachen, ebenfalls quadrischen Baukörper, der durch eine umlaufende Pfeilerhalle eingefasst werden sollte. Das Motiv der tempelhaften Rahmung nutzte er zur Bekrönung des Hauptbaukörpers ein zweites Mal. Die knappe Beurteilung des Preisgerichts lautete: „Eine interessante Arbeit, die jedoch technische Mängel im Grundriß aufweist. Die äußere Gestaltung ist ruhig und klar".[40] Rings errang einen Ankauf; sein Essener Kollege Alfred Fischer war im Wettbewerb erfolgreich und bekam den Auftrag zum Bau des Dienstgebäudes. Jedoch fand Rings wenig später eine Zweitverwertung für seinen Entwurf: Auf der Werkausstellung in Duisburg taucht er als Siedlungsmuseum auf, mit einem großen Modell des gesamten Ruhrkohlenbezirks in der zentralen Halle.

Auch das Siedlungsmuseum blieb eine Idee. Ertragreicher waren Wohnbauprojekte. In der Tat war der 1926 fertiggestellte erste Bauabschnitt der Wohnanlage in Duisburg-Neudorf mit rund 70 Wohneinheiten ein großes Projekt. In der Nachbarschaft drei- und viergeschossiger Dreifensterhäuser aus der Zeit um 1900 hatte Rings zwar den Blockrand respektiert, aber keine geschlossene Randbebauung realisiert. Stattdessen kombinierte er zwei leicht aus der Fluchtlinie heraustretende Gebäudeteile mit zwei dreigeschossigen Riegeln und zwei an die Riegel angeschlossenen, viergeschossigen Punkthäusern, alles

[37] Zum Wettbewerb siehe Ernst Kurz/Stadt Essen (Hrsg.), Der Burgplatz in Essen. Zeitreise 850–2004, Essen 2004.
[38] Hinweis in: Zentralblatt der Bauverwaltung, Jg. 1925, S. 396.
[39] Während die Arbeitsgemeinschaften von Emil Fahrenkamp und Albert Deneke (Düsseldorf) und Alfred Fischer und Richard Speidel (Essen) Preise bzw. Ehrennennungen erhielten; vgl. Peter Meyer, Wettbewerb für das Völkerbundgebäude Genf, in: Zentralblatt der Bauverwaltung, Jg. 1927, S. 383–387.
[40] Oberbaurat Krüger, Der Wettbewerb zum Neubau eines Dienstgebäudes für den Siedlungsverband Ruhrkohlenbezirk in Essen, in: Zentralblatt der Bauverwaltung, Jg. 1927, S. 253–257, Zitat S. 256.

Abb. 65: Der Entwurf von Josef Rings zum Wettbewerb um das Dienstgebäude des Siedlungsverbandes Ruhrkohlenbezirk, Essen

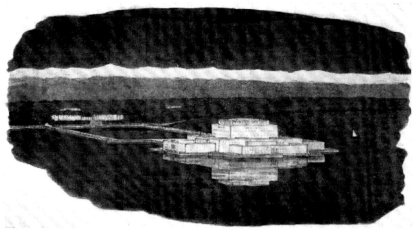

Abb. 66: Der Völkerbundpalast im Genfer See, 1927, Wettbewerbs-Entwurf von Josef Rings

mit hohem Mezzaningeschoss unter flachem bzw. flach geneigtem Dach. Der Riegel an der Grabenstraße (in der Fassade baulich verändert) ist leicht konvex geformt, gegenüber der Straße etwas zurückgesetzt und optisch durch die zwei Punkthäuser gefasst. Derart war zwar kein neuer Platz entstanden, aber ein dynamisch wirkender Stadtraum im ansonsten geradlinigen Straßenverlauf. Rings, geübt in der differenzierten Raumbildung im Siedlungsgefüge, hatte für sich den Diskurs über die Reformierung der innerstädtischen Bebauung, wie er schon im Kruppschen Baubüro geführt worden sein muss, fortgesetzt.

Während er in Duisburg-Neudorf mit horizontal laufenden Gesimsbändern noch eine Art Ornament-Ersatz angeboten hatte, war bzw. ist die drei oder vier

Abb. 67 und 68: Siedlung Löcherheide bzw. am Spinnstuhl in Gelsenkirchen-Hassel, Hauszeilen und Punkthaus

Jahre später errichtete Siedlung am Spinnstuhl in (Gelsenkirchen-)Hassel[41] nah der Löcherheide frei von jeglichem Ornament. Sachlicher, einfacher konnte man um 1930 kaum eine Siedlung planen. Bauträger war der Gemeinnützige Aktienbauverein Essen,[42] der die Siedlung kurz nach Fertigstellung an ein Bergbau-Unternehmen verkaufte.[43] Rings hatte in Hassel nicht allgemein in der Industriestadt gebaut, sondern konkret an einem industriellen Entwicklungsschwerpunkt im nördlichen Revier, wo der Bergbau strukturbestimmend war und gleichzeitig unter starkem Rationalisierungsdruck stand. Entsprechend sparsam und schematisch gestaltete er Siedlung und Häuser: in der Mehrzahl zweigeschossige Zeilen mit flachem Dach. Die ursprünglich insgesamt 402 Wohnungen umfassten eine Wohnküche, ein Zimmer und ein kleines Bad. Der Siedlungsplan zeigt drei in Nord-Süd-Richtung verlaufende, in etwa parallele, leicht geschwungene Wohnstraßen. Quer zu den beiden östlichen liegt als längsrechteckiger Grünhof der namensgebende Spinnstuhl. Nördlich und südlich zum Spinnstuhl ausgerichtet sowie einmal westlich vor Kopf erheben

---

41 Barbara Seifen, Siedlung Spinnstuhl. Gelsenkirchen. Josef Rings 1928: „Bauen als Ausdruck des Gemeinschaftsbewusstseins", in: Denkmalpflege in Westfalen-Lippe, Heft 1 2005, S. 18–24, nennt als Bauzeit 1926–1928; ein Artikel der Gelsenkirchener Allgemeine Zeitung vom 18. April 1928 besagt, dass der Bauverein am 27. März 1928 durch die Stadtverordnetenversammlung aufgefordert wurde, genauere Pläne einzureichen; das ArchitekturBildArchiv nennt 1931 als Baujahr.

42 Gemeint war wahrscheinlich der Gemeinnützige Bauverein Essen AG, zu dem sich der Gemeinnützige Bauverein Essen-Stadtwald umfirmiert hatte.

43 An die staatliche Hibernia AG, zu der die benachbarten Zechen Bergmannsglück und Westerholt gehörten.

sich insgesamt sieben dreigeschossige Punkthäuser. Es sind Doppelhäuser (vom Grundriss her „Rücken an Rücken" gebaut) mit beidseitigen, vor die Fassaden vorspringenden Treppenhäusern. Derart gelang es Rings erneut, mit wenigen Mitteln städtebauliche Akzente zu setzen.[44]

Zeitgleich mit der Siedlung am Spinnstuhl plante Rings in Essen im Bereich Töpferstrasse/Henricistraße, nahe der Villen-Bebauung vom Brünlinghaushof, ein größeres Bauprojekt in eigener Regie. Vorgesehen waren großzügig bemessene Zwei- bis Fünf-Zimmer-Wohnungen. Erste Zeichnungen mit höhengestaffelter, zwei- bis viergeschossiger Flachdach-Bebauung datieren von 1927; ein Bauantrag wurde 1930 gestellt. Erneut handelte es sich um einen Blockrand, den Rings hier durch Rücksprünge hinter die Baufluchten, durch unterschiedliche Bautiefen, gestufte Abstandsflächen und einzelne Punkthäuser (= viergeschossige Gebäudeteile) auflöste. Die pastellfarbig verputzten Bauten sollten kleine Balkone und regelmäßig angeordnete Fenster erhalten. Der Entwurf, fraglos modern, zeigt keine frei vorkragenden Mauerscheiben, keine horizontalen oder vertikalen Fensterbänder, keine umlaufenden Brüstungen und keine freie Fassadenaufteilung – also keine Stilmittel des Neuen Bauens. Realisiert wurden durch Rings als Bauherrn allein die Häuser Henricistraße Nr. 69 (wo er von 1931 bis 1934 wohnte) und Nr. 71.

Wahrscheinlich hatte er gehofft, weitere Interessenten zu finden. Aber vergeblich, in der Weltwirtschaftskrise zerschlug sich das Projekt an der Töpferstraße, genauso wie der Auftrag für ein „Haus der Frau" in Köln. Der Architekt Josef Rings geriet finanziell in eine schwierige Situation. Im Lebenslauf steht: „Schon bevor das Nationalsozialistische Regime zur Herrschaft gelangte, begann sich mein grosses Architekturatelier langsam wegen Auftragsmangel aufzulösen bis schließlich meine Existenz total ruiniert war [...] Durch den Zerfall meiner Existenz wurden meine beiden Häuser Henricistraße 69/71 weit überschuldet und im Juni 1934 wurde ich infolge Nationalsozialistischer Bedrohung veranlasst Deutschland zu verlassen [...] Meine Frau musste ich wegen Erkrankung und Unsicherheit einer neuen Existenz in Palästina leider in Deutschland zurücklassen".[45] Mathilde Rings zog damals zu ihren Schwestern nach Honnef. Sie starb 1942 im Konzentrations-Außenlager Köln-Müngersdorf. Alle ihre jüdischen Familienangehörigen aus Honnef wurden deportiert und in Konzentrationslagern ermordet.

---

44 Freundliche Hinweise von Lutz Heidemann, Gelsenkirchen-Buer; ebenfalls Seifen, Siedlung Spinnstuhl (wie Anm. 41), S. 18 f.
45 ETH Zürich AfZ, NL Werner Rings/Dosssier 17.

Das „Rätsel des Schönen" oder 87 Tafeln zur Formengeschichte der Menschheit

„*Alles Geschaffene trägt ungewollt den Geist seiner Gestalter. Alles Tun, Gebärde und Sprache öffnen den Blick ins Innere und zeigen den wirklichen Menschen. [...] Es ist natürlich, daß alles den Sinn verkörpert, den die Natur hineinlegt, d. h. aus dem die Natur gestaltet. Auch der Wille des Menschen ist in dieses Naturgesetz eingespannt. Er kann wohl hin und her, aber nicht aus diesem Rahmen heraus, weil er selbst eine Naturauswirkung ist*".[46]

Josef Rings, der, so meine Annahme, schon während seiner Zeit in Darmstadt und Offenbach nach dem „Rätsel der Schönheit" [47] geforscht hatte, könnte in Essen der Lösung nähergekommen sein. Erinnert doch das obige Zitat, das aus einem Artikel von ihm stammt, der 1923 in der in Essen herausgegebenen Kulturzeitschrift Hellweg erschien, an Welterklärungen von Paul Krannhals, der seit 1921 im Verlag bzw. in der Redaktion der von Theodor Reismann-Grone dirigierten Rheinisch-Westfälischen Zeitung in Essen tätig war, zuständig für „Kunst, Wissen, Leben". Begleitend zu Rings' Artikel wurden neun Abbildungen der Stadtwaldsiedlung und ein „Entwurf einer Essener Bahnhofsplatzgestaltung" abgedruckt: ein Stadtraum mit angedeuteten Straßenbahnschienen, auf einer Seite eine Randbebauung mit Arkaden, ähnlich Weinbrenners Karlsruhe, an der Stirnseite ein blockhaftes Gebäude. Würde sich dahinter nicht ein einem Gasometer ähnliches Hochhaus erheben, könnte man meinen, der Entwurf stamme aus der Zeit vor 1914, und nicht aus 1923. Vier Jahre später schien das Bildungsgesetz des Schönen gefunden. Rings notierte: „Hellweg Juli 1927: Das Minimum an Kraft und Materialaufwand ergibt die organische Form in natürlich innerer Notwendigkeit, sie wirkt in den Natur[gesetzen] wie in der Kunstform [...]Prinzip des kleinsten Kräftemaßes. Die Technik des Menschengeistes gehorcht den gleichen Weltgesetzen wie die Technik in der organischen und unorganischen Natur".[48] Hellweg, die Westdeutsche Wochenschrift bzw. Zeitschrift für Deutsche Kunst, wurde von 1921 bis 1927 im Verlag von Reismann-Grone herausgegeben. Die Richtung wies er im Vorwort zum ersten Heft im Januar 1921: Der Krieg war verloren, „was wir noch retten können und müssen, ist unsere deutsche Kultur".

Der deutsch-national gesinnte, sich Ende der 1920er Jahre offen zum nationalsozialistischen Gedankengut bekennende Reismann-Grone und sein Redakteur Paul Krannhals vertraten ein weltanschaulich geleitetes Konzept, das sich summarisch als Projekt einer organischen Moderne für die Industriestadt

---

[46] Josef Rings, Haus und Stadt als Kulturausdruck, S. 811 in: Hellweg, Jg. 1923. Heft 47, S. 811–817.
[47] Formulierung analog zu Adolf Behne, „Kunst, Natur und Technik, in: Innendekoration, Jg. 1918, S.107–111, Titel erwähnt in: ETH Zürich, AfZ, NL Werner Rings/Dossier 19, Teil 5.
[48] ETH Zürich, AfZ, Nachlass Werner Rings/Dossier 19, Teil 5.

bezeichnen lässt.[49] Sich selbst empfand Reismann-Grone als deutschen Schriftsteller. Zwischen 1924 und 1930 veröffentlichte er unter dem Pseudonym Dierck Seeberg vier hölzern gestrickte Romane über die „Metallstadt", in denen er das Industrierevier und seine Menschen dem Untergang weihte, während allein ein Bauernsohn aus dem Westfälischen als „völkisch gesund" und zukunftsfähig auftrat.[50] Dessen ungeachtet besaß er ein großes Interesse an Städtebau und Landesplanung und gab nachweislich zwölf Kommentare zum Essener Generalbebauungsplan ab.[51] Während Krannhals, ein diplomierter Naturwissenschaftler, sich nicht in die Tiefen von Stadtpolitik und Stadtentwicklung hinab bewegte. Er vertrat ein radikal-organologisches Konzept und vertraute auf die Möglichkeit einer wissenschaftlichen Erklärung von Leben und Kultur mit Hilfe der Biochemie: Da alle Denk- und Arbeitsformen, alles was sich seine Welt baut, Dinge herstellt und Symbole bildet, durch die Biologie bestimmt sei, wäre das Geistige immer eine Art Überbau des biologisch Vorgegebenen. Er glaubte sogar, mit seiner Veröffentlichung über „Das organische Weltbild" (1928) für alle Lebensäußerungen, einschließlich Kunst und Wissenschaft, die Verankerung im Biologischen belegen zu können. Zur anschaulichen Vergegenwärtigung der „organischen Kultur" forderte Krannhals die Rückbesinnung auf das „organische Formprinzip", das im Industriezeitalter durch das mechanische Prinzip überlagert worden wäre. Also nahm die Formenwelt in seinem Denken eine Schlüsselrolle ein: Geschaffen durch die innere Tätigkeit des „kreativen Subjekts" (sei es die Künstlerin, sei es der Architekt), entstünden Formen quasi aus der Natur heraus.[52] Krannhals, ein geistiger Wegbereiter des Nationalsozialismus, war mit seinen Hypothesen in Hellweg und in der Rheinisch-Westfälischen Zeitung präsent. In Essen lebte und arbeitete er bis Ende 1926. [53]

Dass es sich bei den Protagonisten von Hellweg um falsche Freunde handelte, könnte Rings in der national aufgeheizten Situation der Nachkriegsjahre übersehen haben. Immerhin handelte es sich um Intellektuelle, die in regionalen Printmedien Fragen zur neuen Kunst und Kultur aufwarfen und die wie eine weltgewandte, wenn auch selbsternannte Avantgarde auftraten. Denen jedoch das System von Weimar wenig galt, und die Gleichheit mit Volksgemeinschaft übersetzten. Die Anerkennung, die Rings in Hellweg erhielt, mag sein Kritikvermögen geschwächt haben. Denn abgesehen von den Düsseldorfern Wilhelm

---

49 Vgl. Erhard Schütz, Die Zeitschrift „Der Hellweg" (1921–1927) und ihr Verleger Dr. Reismann-Grone, S. 137, in: Dieter Breuer (Hrsg.), Die Moderne im Rheinland, Köln 1994, S. 133–152.
50 1924 Mauer um die Stadt, 1927 Oberstadt und Zwischenstadt, 1930 Unterstadt, vgl. Renate Kastorff-Viehmann, Die Neue Industriestadt. Essen 2014, S. 144ff.
51 Ebd., S. 143 f.
52 Ebd., S. 134 f.
53 Ebd., S. 266.

Kreis und Emil Fahrenkamp erhielt dort kein Architekt aus der Region eine vergleichbare Plattform. Jedoch hatte er schon 1923 mit dem Konzept der Wohn- und Werkkolonie, bei der weder Herkunft noch Abkunft hätten eine Rolle spielen sollen, eine Gegenposition zur völkischen Ideologie bezogen, wie sie in Hellweg gepflegt wurde. 1927 ging er einen Schritt weiter und wurde Mitglied der SPD.[54]

Folgenlos blieben die Hypothesen über das „organische Formprinzip" und die „Natur" als Basis jeglichen geistigen Überbaues, wie Krannhals sie postuliert hatte, aber nicht. Meinte doch auch Rings, der Mensch sei in all seinem Sein und Tun „selbst eine Naturauswirkung". So gesehen waren geschichtliche, ethnische und geografische Differenzen nebensächlich, denn der Ursprung wäre immer gleich, was menschheitsgeschichtlich nachzuweisen wäre. Nicht zuletzt deshalb hatten sich bildende Künstler um 1900 von der Stammeskunst z. B. in Afrika, Nordamerika oder Ozeanien inspirieren lassen: Nicht um nachzuahmen, sondern um im authentischen Lebenszusammenhang und im künstlerischen Ausdruck zum Eigentlichen zu finden. Wer nicht als bildender Künstler oder als Künstlerin auf Intuition vertraute, konnte analytisch vorgehen, um sich dem Ursprung zu nähern. Hilfreich war, dass die systematische Erfassung von Formen und Symbolen, die die Menschheit im Laufe ihrer Existenz hervorgebracht hatte, insofern auch derjenigen der außereuropäischen Kulturen, schon zur Mitte des 19. Jahrhunderts im Zuge des historischen Denkens und gestützt durch das wachsende Wissen um die Welt durch die Eroberung der Kolonien eingesetzt hatte. Mit der Kenntnis vom Ursprung der Formen hätte sich vielleicht auch die Kontroverse um „Kunstkönnen" oder „Kunstwollen" erübrigt, die die Architekten wie die Kunstwissenschaft vor 1914 gespalten hatte. Die Überlegungen zum Ursprung der Formen und Symbole wurden in den 1920er Jahren von Ernst Cassirer, der von der Sprache ausging, auf eine wissenschaftliche Basis gestellt. Für ihn war Kunst ein vorbewusster, dem Menschen von Natur gegebener Impuls, zuerst manifest im Kult, später in der künstlerischen Sublimierung des Kultischen. Kult, Kunst und Symbolbildung sah er entwicklungsgeschichtlich als Einheit.[55] Ähnlich muss Rings gedacht haben, als er über die Formengeschichte der Menschheit arbeitete und schrieb: „Dazu muss bemerkt werden, dass das Bilden von Formen nicht ‚zweckmäßig' geschah, sondern dass sie ohne Nachdenken aus dem Spieltrieb heraus wuchsen".[56]

---

54   So der Hinweis im Lebenslauf, Quelle: ETH Zürich, AfZ, NL Werner Rings/Dossier 17; ein Dokument zur SPD-Parteimitgliedschaft von Rings liegt nicht vor; ein schriftlicher Nachweis ist laut Auskunft des Archivs der Sozialen Demokratie/Friedrich-Ebert-Stiftung, Bonn für die 1920er Jahre für einfache Mitglieder in der Regel nicht zu führen.
55   Vgl. Ernst Cassirer, Symbol, Technik, Sprache, Aufsätze aus den Jahren 1927–1933, hrsg. von Ernst Wolfgang Orth und John Michael Krois, Hamburg 1995.
56   Brief vom 6. Dezember 1945 an Werner Rings, ETH Zürich, AfZ, NL Werner Rings/Dossier 24.

Wer sich grundlegend der Formengeschichte widmen wollte, musste frühe Formen und Symbole entweder vollständig oder zumindest signifikant erfassen. Rings versuchte, dies durch intensive Literatur-Studien sowie in der ihm eigenen systematischen Vorgehensweise zu erledigen – ohne dass er in übergreifend Forschungsprojekte eingebunden war. Schlussendlich entstanden 87 Bildtafeln (von denen neun erhalten sind), die er selbst zeichnete und im Brief vom Dezember 1945 an seinen Sohn Werner Rings erläuterte: „Die ersten Darstellungen betreffen Tier und Mensch und zwar sind die frühesten naturalistisch wiedergegeben, die späteren bis Ende der Steinzeit werden zunehmend abgekürzt, versinnbildlicht, geometrisiert um schließlich in Amuletten, Idolen und Symbolen zu enden. Das alles im Zusammenhang mit dem religiösen Leben unserer Vorfahren bis in unsere Zeit zu verfolgen [...] das ist in ganz groben Zügen der Leitfaden meiner Arbeit und dabei zeigt sich wie viel wir noch von den Primitiven in uns tragen ohne es zu wissen".[57] Er war aber nicht nur auf der Suche nach dem Ursprung; er wollte darüber hinaus zeigen, dass alle Formen und Symbole aus den Grundformen Dreieck, Quadrat und Kreis entstanden wären, wie man es aus seiner Sicht sowohl in Kinderzeichnungen als auch in der Bilderwelt von „primitiven Völkern" vorfände. Zweitens wollte er beweisen, dass diese Grundformen Ableitungen der menschlichen Gestalt wären, was seines Erachtens schon die „Geometrie der Steinzeit" beweise. Danach, „Im zweiten Teil meiner Arbeit ,Geometrie', auf den ersten aufbauend, zeige ich die wunderbare Gesetzmäßigkeit und Harmonie dieser Grundformen in sich und untereinander als gemeinsames Prinzip".[58] Für einen entwerfenden Architekten ergab sich als Konklusion das Arbeiten mit Kuben, Quadern und vielleicht noch mit Zylindern. Es ist eine Besinnung auf Grundsätzliches und auf Grundformen, wie sie im Laufe der Geschichte des Bauens mehrmals eingefordert wurde. Man kann deshalb sagen, dass Rings, ausgebildet in einer Zeit, in der der Späthistorismus zuerst durch den Jugendstil in Frage gestellt und dann durch die Reformbewegung abgelöst wurde, für sich die Folgerichtigkeit der geometrischen Abstraktion bzw. der „einfachsten Form" als Urgrund des Schönen nachgewiesen hatte.

Im Abstand von 80 oder sogar 100 Jahren erscheint das Projekt gewagt. Rings selbst schrieb über seine Herangehensweise, es klinge vorerst wie „an den Haaren herbeigezogen".[59] In der Tat sind weder die überlieferten Zeichnungen noch die Schlussfolgerungen in den Fundus von Fachwissen oder Populärwissen eingegangen. Wann er begann, seine Fragen zur Formengeschichte der Menschheit systematisch zu bearbeiten, ist unbekannt. Erste überlieferte Textauszüge

---

[57] Ebd.
[58] Ebd.
[59] Ebd.

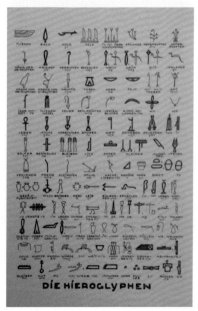

Abb. 69–72: *Vier von neun erhaltenen Blättern zur Formengeschichte der Menschheit: Primitives Darstellen, Kinderzeichnungen, Die Bilderschrift, Die Hieroglyphen*

zum Thema betreffen Veröffentlichungen aus den 1920er Jahren.[60] Damals saß Rings am Entwurf zur Ausstellungshalle in Essen und grübelte über die einem Völkerbundpalast angemessene Form; dabei dachte er womöglich über die Sinnhaftigkeit historischer Formen nach. Denn 1928 in Heft 9 der Bauwarte beginnt ein ihm von mir zugeschriebener kurzer „Abriß", um „die Stufen des Siedlungs- und Städtebaus aus psychologischen Momenten abzuleiten" mit folgendem Goethe-Zitat: „Wer nicht von dreitausend Jahren sich weiß Rechenschaft zu geben, bleibt im Dunkeln unerfahren, mag von Tag zu Tage leben".[61] Die wenigen erhaltenen Zeichnungen korrespondieren am Rande sowohl mit der Städtebau-Vorlesung als auch mit dem Manuskript zum Städtebau-Buch, die aus Rings' Tätigkeit in Mainz 1948/1949 überliefert und im Archiv der Technischen Universität Darmstadt einzusehen sind (vgl. den Beitrag von Ute Reuschenberg).

Das Projekt wiederum auszeichnend ist, dass das Vorhaben, die Formengeschichte der Menschheit zu erfassen, entfernt an Arbeiten Aby Warburgs erinnert, der – die eingefahrenen Pfade der Kunstwissenschaft verlassend – nicht nur dem Schlangenmythos in Stammeskulturen in aller Welt nachspürte, sondern in den 1920er Jahren seinen Bilderatlas „Mnemosyne" zusammenstellte (mnemosyne = Göttin des Gedächtnisses), mit dem er das Weiterwirken von Bildthemen der Antike in der Renaissance belegte. Warburgs Arbeiten haben Fragestellungen und Methodik der Kunstgeschichte beeinflusst. Dessen ungeachtet wurde der Bildatlas erstmals 1993 veröffentlicht, 64 Jahre nach seinem Tod.

Auswanderung und Rückkehr

„Im Juni 1934 veranlassten die politischen Verhältnisse Josef Rings […] seine Tätigkeit ins britische Mandatsgebiet Palästina, nämlich nach Jerusalem zu verlegen, wo er sich, teils in Zusammenarbeit mit britischen Stadtplanungsbehörden, bis 1948 mit Regionalplanungen in verschiedenen Gebieten Palästinas beschäftigt und gleichzeitig seine grundlegenden Städtebaulichen Studien fortsetzt".[62] Rings, wohnhaft in Tel Aviv, engagierte sich in der Tat landesplanerisch, aber die Mehrzahl seiner Arbeiten in Palästina betraf wie schon im Ruhrgebiet Siedlungen und Wohnhäuser (vgl. den Beitrag von Micha Gross). Unter den Projekten befindet sich erstaunlicherweise keins der rund 4.000 Gebäude in

---

60 Ohne Anspruch auf Vollständigkeit: Gerhard Stammler, Berkeley's Philosophie der Mathematik, 1921, Heinrich Schäfer, Von ägyptischer Kunst, 1922, Erman-Ranke, Die Hieroglyphen der Ägypter, 1923, Moritz Hoernes, Urgeschichte der bildenden Kunst, 1925, vgl. ETH Zürich, AfZ, NL Werner Rings/Dossier 18.
61 N. N. (Josef Rings), Beiträge zum Siedlungs- und Städtebau, in: Die Bauwarte 1928, Heft 9, S.69–74, der Artikel endet mit Abbildungen zur Wabenstadt und Bandstadt.
62 Curriculum vitae Prof. Josef Rings (1878–1957), in: ETH Zürich, AfZ, NL Werner Rings/Dossier 17.

Tel Aviv, der „Weißen Stadt", die dem Bauhausstil bzw. dem International Style zugerechnet werden. Dagegen erwies sich sein Traum vom „Meeresstrand von Tel Aviv" (siehe Anhang), mit dem er 1935 die Erschließung und Urbanisierung des rund sechs Kilometer langen Küstenstreifens von Jaffa im Süden bis zum Ausstellungsgelände im Norden der Stadt imaginierte, letztlich als realitäts-nah. Als Assistentin stand ihm während der Zeit der Emigration seine Schwester Josefine Rings zur Seite, die ebenfalls 1934 nach Palästina ausgewandert war.

Was ihn letztlich bewogen haben könnte, 1948, als Siebzigjähriger in ein kriegszerstörtes Land zurückzukehren, ist unbekannt. Vielleicht lag es daran, dass er keine Chance hatte, in Israel die Staatsangehörigkeit zu erlangen. Vielleicht war es die Sehnsucht nach dem Sohn Werner und der Familie in Honnef. Möglicherweise waren auch seine Ambitionen, als Stadtplaner am Wiederaufbau und an der Neugestaltung deutscher Städte mitzuwirken, entscheidend. Fakt ist, dass er auf Druck der Französischen Militärregierung als Gastprofessor an das Institut für Kunstgeschichte der Universität Mainz berufen wurde (freundl. Auskunft von Rainer Metzendorf). Dort bot er zwei Semester lang, im Sommer 1948 und im Winter 1948/1949 eine Vorlesung und eine Übung zu „Gegenwartsprobleme des Städtebaus und des Wiederaufbaus, mit einer Einführung in die Geschichte der Stadt und der Stadtplanung" an,[63] die jedoch auf wenig Zuspruch bei den Hörern traf. Das Thema passte trotz aller Aktualität offenbar nicht zur Erwartungshaltung der Studenten der Kunstgeschichte. Und sicherlich gehört es nicht zu den thematischen Schwerpunkten der Mainzer Kollegen: Leiter des 1946 neugegründeten Instituts war Friedrich Gerke mit dem Spezialgebiet Christliche Archäologie. Als Privatdozent unterrichtete Heinrich Gerhard Franz am Institut, der über die Architektur des Barock und über frühislamische Kunst arbeitete. Dritter im Bunde war Fritz Arens, dessen Schwerpunkt die Denkmalpflege betraf.[64] Allein das letztgenannte Thema tangierte Rings' Interessen als Städtebauer. Aber ob und wieweit er überhaupt die Gelegenheit erhielt, in die Diskussion um den Wiederaufbau von Mainz einzugreifen, ist fraglich (vgl. den Beitrag von Ute Reuschenberg). Auch das Städtebau-Buch, das aus den Manuskripten zur Vorlesungsreihe hätte entstehen sollen, wurde nie gedruckt. Josef Rings verließ 1949 das Mainzer Institut und ließ sich in Koblenz nieder. Vielleicht war es ganz einfach das Rheinland, das er vermisst hatte. 1957, kurz vor seinem Tod, kehrte er nach Honnef zurück.

---

63   Laut Personalakte der Johannes Gutenberg-Universität Mainz zu Josef Rings.
64   Chronik Institut Kunstgeschichte Johannes Gutenberg-Universität Main, im Netz unter „kunstgeschichte.uni-mainz.de".

4. Josef Rings – Herkunft, Familie, Rückkehr

KATHRIN GRÄWE

Josef Rings entstammt einer katholischen Handwerkerfamilie in Honnef. Die ersten Berufsjahre des jungen Architekten werden durch die Honnefer Lokalpresse aufmerksam wahrgenommen, wodurch sich sein früher Werdegang gut nachvollziehen lässt.

Der Nachname Rings ist im damaligen Honnef (seit 1960 Bad Honnef im heutigen Rhein-Sieg-Kreis) weit verbreitet gewesen. So finden sich um 1900 unter diesem Familiennamen beispielsweise ein Möbelfabrikant, ein Winzer, ein Steinbruchbesitzer, ein Pontenbesitzer, ein Gastwirt, ein Kohlenhändler sowie verschiedene Handwerker, etwa ein Schreiner- und Schlossermeister. Auch ein Klempnermeister war darunter: Heinrich Josef Bernhard Rings – Josef Rings' Vater. Dieser betrieb in der dortigen Hauptstraße ein Klempner- und Installationsgeschäft und konnte sich ab 1901 als „Hoflieferant Ihrer Majestät der Königin von Schweden und Norwegen" bezeichnen,[1] welche damals einen Wohnsitz in Honnef unterhielt und diesen in den Jahren zwischen 1892 und 1906 mehrmals aufsuchte. Häufig geschaltete Werbeanzeigen in der Honnefer Volkszeitung lassen einen florierenden Handwerksbetrieb vermuten. Nicht zuletzt wird seine Firma in der ursprünglich vom Weinanbau geprägten Kleinstadt von der wachsenden Bedeutung Honnefs als Luftkurort profitiert haben, da durch den Bau von Villen und Stadthäusern um 1900 ein Aufschwung in der Baubranche zu verzeichnen war.[2] Zumindest konnte Bernhard Rings im Jahr 1907 ein repräsentatives Wohn- und Geschäftshaus in der Hauptstraße 43 errichten lassen.[3] Möglicherweise hat Josef Rings die Pläne für das heute in die Denkmalliste der Stadt Honnef eingetragene Gebäude erstellt.[4] Bernhard Rings schien zeit seines Lebens in vielen Vereinen engagiert gewesen zu sein,

Abb. 73: Reklame Bernhard Rings & Sohn in der Honnefer Volkszeitung aus dem Jahr 1909

1 Mitteilung, in: Honnefer Volkszeitung, 24.8.1901.
2 Verena v. Dellingshausen, Villen & Bauten – Stadtplan mit Bildern und Beschreibungen, Stadt Bad Honnef 2019 (Flyer).
3 In: Honnefer Volkszeitung, 2.3.1907.
4 Denkmalliste der Stadt Honnef, Stand: 10.6.2019.

so bei der Freiwilligen Feuerwehr, dem Katholischen Gesellenverein oder dem Honnefer Bürgerverein. Die Honnefer Volkszeitung schrieb später anlässlich seiner Beerdigung am 27. Februar 1913:

> „Ein Leichenzug, wie Honnef einen solchen wohl selten sieht, bewegte sich heute von der Hauptstraße nach dem alten Friedhofe. […] 6 Vereine mit trauerumflorten Fahnen und eine überaus große Zahl sonstiger Leidtragener beteiligten sich am Leichenzuge. Der Verstorbene war ein in allen Kreisen beliebter, hochangesehener Mitbürger."[5]

Mit seiner Ehefrau Maria Therese, geborene Rüdesheim, hatte er eine im katholischen Rheinland sicherlich nicht ungewöhnlich kinderreiche Ehe geführt. Am 20. Dezember 1878 kam Josef als erstgeborener Sohn von insgesamt 20 Kindern zur Welt.[6] Werner Rings, Sohn von Josef Rings, beschrieb später die Beziehung seines Vaters zu den Großeltern: „Seine Eltern waren mit ihm zufrieden. Seinem Vater gefiel des Jungen intellektuelle Freude an freier Denkart. Die fromme Mutter, meine Großmutter, war stolz auf ihn."[7] Es sollte sich vermutlich schon früh herausstellen, dass Josef einen anderen beruflichen Weg einschlagen würde, als ein Handwerk zu erlernen und den elterlichen Betrieb zu übernehmen. Diese Aufgabe fiel an den zweitgeborenen Sohn Fritz, der das Familienunternehmen zunächst mit dem Vater weiterführte und nach dessen Tod wohl übernahm. Das Verhältnis von Josef zu seinen Eltern schien dies aber nicht getrübt zu haben, da er, wie die Honnefer Volkszeitung 1903 berichtete, seinen ersten Wettbewerbsbeitrag für die Katholische Kirche in Mayen in Honnef in seiner Heimatstadt anfertigte: „[…]. Herr Rings, welcher z. Z. in Darmstadt in Stellung ist, machte die Zeichnungen während einer kurzen Ferienzeit hier in Honnef. Für diesen ersten hervorragenden Erfolg gehört dem jungen strebsamen Architecten volle Anerkennung und die besten Glückwünsche."[8] Auch weitere Wettbewerbserfolge wurden aufmerksam verfolgt. So berichtete die Honnefer Volkszeitung am 12. September 1904 über den ausgeschriebenen Ideen-Wettbewerb für ein Landhaus in Honnef für Wilhelm Girardet, einem seinerzeit einflussreichen Verleger aus Essen: „Es ist schon das zweite Mal, daß die künstlerischen Arbeiten des Herrn Rings in solcher Art Anerkennung fanden. […] Dem strebsamen jungen Künstler unsere besten Glückwünsche."[9]

---

5 Mitteilung, in Honnefer Volkszeitung, 27.2.1913.
6 Eidgenössische Technische Hochschule Zürich, Archiv für Zeitgeschichte (nachfolgend „ETH, AfZ"), Nachlass Werner Rings, Dossier 4–8/Dossier 9–13.
7 ETH, AfZ, Nachlass Werner Rings, Dossier 4–8/Dossier 9–13.
8 Mitteilung, in Honnefer Volkszeitung, 14.11.1903.
9 Mitteilung, in Honnefer Volkszeitung, 12.9.1904.

Abb. 74: Entwurf von Josef Rings für ein Landhaus in Honnef a. Rhein, 1905

Im darauffolgenden Jahr wird mitgeteilt, dass Josef Rings vom Großherzog von Hessen den Auftrag zum Entwurf für zwei Villen in Darmstadt erhielt: „Herr Architekt Joseph Rings […] hat von Sr. Kgl. Hoheit dem Großherzog von Hessen den ehrenvollen Auftrag erhalten, die Entwürfe für zwei Villen in Darmstadt zu machen. Herr Rings wurde in einer Hofequipage nach dem Schloß beschieden, […]."[10] Um welche Entwürfe es sich handelt und ob diese realisiert wurden, ist nicht bekannt. Auch Rings Berufung an die Technischen Lehranstalten in Offenbach am Main kommentierte die Honnefer Volkszeitung im September 1908: „Der Architekt Josef Rings, der als Erbauer des Einfamilienhauses der Firma Merkel in der Hessischen Landesausstellung in weiteren Kreisen bekannt geworden ist, wurde als Lehrer an die Bauschule der technischen Lehranstalten berufen. […] Es sei noch bemerkt, daß Herr Rings seine bisherige Stellung an der Darmstädter Tech. Hochschule für kirchliche Baukunst beibehält."[11]

So stolz die Familie sicherlich auf ihren Ältesten war, so empfindlich traf sie offensichtlich die Wahl seiner Liebsten und späteren Ehefrau.

10 Mitteilung, in Honnefer Volkszeitung, 23.10.1905.
11 Mitteilung, in Honnefer Volkszeitung, 19.9.1908.

In der Bergstraße 5, wenige Meter vom Elternhaus des Josef Rings entfernt, lebte die jüdische Familie Menkel und Samuel Menkel betrieb dort eine Metzgerei. Die Tochter Mathilde, genannt „Tilly" oder auch „Cilly", spätere Ehefrau von Josef Rings, geboren am 25. Oktober 1886, war die jüngste von dreizehn Geschwistern. In dem Nachlass des Sohnes Werner Rings findet sich eine Beschreibung, wie die Verbindung von Josef und Mathilde im katholischen Hause Rings, vor allem von der Mutter Therese, aufgenommen wurde. So schrieb Werner Rings:

> „Immer häufiger, so hiess es weiter, suche er ein Haus in der Nachbarschaft auf, das einer Familie Menkel gehörte. Dabei achtete er peinlich darauf, nicht gesehen oder gar erkannt zu werden. Neueste Informationen fügten hinzu, dass er im Hause Menkel nur mit einer einzigen Person verkehre: mit Mathilde alias Tilly Menkel, der jüngsten dreizehnten Tochter einer Familie, gegen die nur gesagt werden konnte, dass sie jüdisch war. Eine Sünde! Unfassbar aber wahr! Die Enthüllungen, die die glaubenstreue Großmutter schmerzten, liessen sich nicht verleugnen. Mit zittriger Stimme verkündete sie, dass jede Sünde eine umso härtere Strafe erheische."[12]

Daher ist es nicht verwunderlich, dass die Trauung im Juli 1909 in Frankfurt am Main ohne Beisein der Rings'schen Familie stattfand und die Trauzeugen aus dem Kreis der Familie Menkel kamen. So beschrieb Werner Rings:

> „Mein Vater wurde von der Familie verstossen. Er durfte das Elternhaus nicht mehr betreten. […] Auch meiner Mutter wurden von ihrer Familie die bittersten Vorwürfe gemacht. Aber das junge Liebespaar war sich einig. Beide konterten die religiöse Intoleranz ihrer Eltern mit einem raschen und schweren Entschluss: Sie traten aus der katholischen und jüdischen Glaubensgemeinschaft aus."[13]

Zum Zeitpunkt der Hochzeit wohnte Mathilde nicht mehr in Honnef, sondern war in Frankfurt am Main gemeldet, während Josef weiterhin in der Nachbarstadt Offenbach wohnte, vermutlich aufgrund seiner Lehrtätigkeit an den dortigen Technischen Lehranstalten. Warum Mathilde Honnef schon zuvor verlassen hatte, bleibt unklar. Von Sohn Werner wissen wir, dass die Honnefer Lokalpresse über die bevorstehende Hochzeit berichtete, wenn auch der Bericht bisher noch nicht gefunden wurde.[14]

---

12   ETH, AfZ, Nachlass Werner Rings, Dossier 4–8/Dossier 9–13.
13   Ebd.
14   Ebd.

Es ist davon auszugehen, dass spätestens 1910 Offenbach am Main der gemeinsame Wohnort des jungen Ehepaares Rings war, da dort am 19. Mai desselben Jahres Sohn Werner zur Welt kam. Werner Rings gibt in seinem Nachlass an, dass es nach einem Jahr zur Versöhnung mit den Großeltern kam.[15] In dem Jahr 1912 verzog die junge Familie Rings nach Essen, wo Josef Rings bis 1919 die Stellung als Abteilungsvorsteher im Baubüro-Ressort der Firma Krupp A. G. aufnahm. Danach arbeitete er bis 1934 als selbstständiger Architekt in Essen, bis ihn die politischen und finanziellen Umstände 1934 dazu zwangen, Essen zu verlassen und in das britische Mandatsgebiet nach Palästina zu emigrieren.[16] Seine Frau Mathilde, welche an Multipler Sklerose litt, hatte aufgrund ihres schlechten gesundheitlichen Zustands keine Möglichkeit, mit nach Palästina einzureisen.[17] Sie soll dann zunächst zur Kur nach Bad Oeynhausen gegangen sein,[18] einer der wenigen Kurorte, in denen sich jüdische Bürger und Bürgerinnen noch bis 1935 aufhalten durften.[19] Nach dortigem Aufenthalt ist sie dann zurück zur Familie nach Honnef gezogen.[20] Inwieweit sie weiterhin in Kontakt zu ihrem Ehemann in Palästina stand, ist unklar.

Mit Beginn des Zweiten Weltkrieges lebten noch 15 Bürger und Bürgerinnen jüdischen Glaubens in Honnef. Bis Mai 1941 wurden alle jüdischen Einwohner und Einwohnerinnen in zwei „Judensammelhäusern" in Honnef zusammengelegt, davon war eines in der Bergstraße 5. Die Bewohnerinnen dort waren: Rosalie Menkel, Elfriede Menkel (beides Schwestern von Mathilde), Else Stang, geb. Juhl (vermutlich eine Cousine) und Mathilde Rings. Ende Juni 1941 wurden dann alle arbeitsfähigen Bewohner und Bewohnerinnen aus den Sammelhäusern ins Reichsarbeitsdienstlager nach Much verbracht und interniert. Von dort aus erfolgte ca. ein Jahr später in mehreren Transporten die Deportation zunächst zu Sammelstellen nach Bonn und Köln-Deutz und von dort aus in die Vernichtungslager in Richtung Osten.[21] Die Namen Elfriede und Rosalie Menkel finden sich heute auf einem Gedenkstein des ehemaligen Sammellagers in Much wieder, allerdings

---

15 Ebd.
16 ETH, AfZ, Nachlass Werner Rings, Dossier 21–23. Vgl. Textbeitrag von Micha Gross: Josef Rings in Palästina (1934–1948).
17 ETH, AfZ, Nachlass Werner Rings, 17.
18 Vgl. Textbeitrag von Uri-Robert Kaufmann: Werner Rings (1910–1998) – von Essen über Barcelona und Paris nach Brissago.
19 Elke Niedringhaus-Haasper, Bad Oeynhausen – Kurstadt ohne Juden/Stadtarchivar Rico Quaschny hat Frank Bajohr bei Spurensuche geholfen, http://www.hiergeblieben.de/pages/textanzeige.php?limit=20&order=datum&richtung=ASC&z=552&id=11774, abgerufen am: 4.4.2023, auch erschienen in: Bad Oeynhausener Kurier/Neue Westfälische, 9.11.2006.
20 ETH, AfZ, Nachlass Werner Rings, Dossier 21–23.
21 Adolf Nekum, Honnefs Kinder Israels. Bad Honnef am Rhein 1988, S. 92 ff.

Abb. 75: Betonstein mit Flur- und der Grabnummer von Mathilde Menkel auf dem Jüdischen Friedhof Köln-Bocklemünd

nicht die Namen von Else Stang und Mathilde Rings.[22] Was genau mit Else Stang geschehen ist und wann Mathilde von ihrer Familie getrennt wurde, ist bisher nicht bekannt.[23] Für Mathilde ist allerdings belegbar, dass sie Patientin in dem Israelitischen Krankenhaus Köln-Ehrenfeld gewesen ist, welches am 1. Juni 1942 auf Anordnung der Gestapo geräumt wurde. Alle Patienten und Patientinnen, Ärzte und Ärztinnen und Pflegekräfte wurden in das Konzentrations-Außenlager Köln-Müngersdorf (Fort V) verschleppt.[24] Am 15. Juni erfolgte von dort die erste große Deportation nach Theresienstadt, am 27. Juli verließ der letzte große Transport Köln. Mathilde Rings verstarb in der Zeit dazwischen laut Sterbebuch am 7. Juli 1942 im Außenlager Köln-Müngersdorf, angeblich an den Folgen ihrer Multiplen Sklerose, einer Herzschwäche und Lungenentzündung.[25] Sie wurde auf dem Jüdischen Friedhof Köln-Bocklemünd bestattet. An Elfriede, Rosalie und Mathilde Rings sowie Else Stang erinnern heute Stolpersteine sowie eine Menora vor und an dem Haus in der Bergstraße 5 in Bad Honnef. Es handelt sich allerdings nicht mehr um das Gebäude, welches die Familie Menkel bewohnte.

Eine stetige Wegbegleiterin von Josef Rings scheint die über 15 Jahre jüngere Schwester Josefine, genannt „Fine", geboren am 27. September 1895 in Honnef, gewesen zu sein. Sie emigrierte wie Josef 1934 nach Palästina,[26] lebte zuvor

[22] Stolpersteine. Auf den Spuren jüdischer Mitbürger in Bad Honnef, Stadt Bad Honnef 1/2019 (Flyer).
[23] Die Stolpersteine vor dem Haus in der Bergstraße 5 in Honnef geben für Mathilde „Cilly" Rings und Else Stang lediglich „Deportiert Richtung Osten?" an, während bei Elfriede und Rosalie Menkel „Deportiert 1942 Richtung Osten?" angegeben ist.
[24] Barbara Becker-Jákli, Das jüdische Krankenhaus in Köln. Die Geschichte des Israelitischen Asyls für Kranke und Altersschwache. Köln 2004, S. 340 ff.
[25] Sterbebucheintrag des Israelitischen Krankenhauses Köln-Ehrenfeld vom 8.7.1942.
[26] Vgl. Textbeitrag von Ines Sonder: Spurensuche. Die verschlungenen Wege des Nachlasses von Josef Rings.

ebenfalls im Ruhrgebiet, in der Storchstraße 3 in Gelsenkirchen.[27] Briefe, die Josef Rings seinem Sohn 1945 aus Palästina geschickt hat, lassen auf ein enges Verhältnis der Geschwister schließen.[28] Mit ihr zusammen kehrte Josef Rings 1948 nach Deutschland zurück und erhielt zunächst eine Anstellung als Gastprofessor für das Fachgebiet Städtebau an der Johannes-Gutenberg-Universität in Mainz, die er bis 1949 ausübte. Aus den Unterlagen des Berufungsvorschlags geht hervor, dass er zu der Zeit in Mainz-Gonsenheim, An der Prall 6, wohnhaft war.[29] Mit seiner Schwester Josefine, in den Meldeunterlagen als „ledig, Assistentin" bezeichnet, meldete er sich schließlich am 1. November 1949 in Koblenz-Neuendorf, Bergstraße 29 an. Im Oktober 1956 verzogen beide nach Honnef in die Beuler Str. 58a.[30]

Josef Rings verstarb am 7. August 1957 im Alter von 79 Jahren in Honnef. Die Honnefer Volkszeitung titelte am 9. August 1957 ein letztes Mal: „Professor Josef Rings. Ein Städtebauer von internationalem Ruf. In der Heimat gestorben."[31]

5. Georg Metzendorf und Josef Rings – Aspekte der Essener Baugeschichte

RAINER METZENDORF

Präambel

Die beiden Dekaden vor und nach dem Ersten Weltkrieg stellen für die Stadt Essen und ihre Baukultur in jeder Hinsicht eine Blütezeit dar. Bei ihrem rasanten Wandel von einer Provinzstadt im „Wilden Westen Preußens" zu einer disziplinierten Industrie- und renommierten Kulturstadt bediente sich die Stadt Essen und die dort ansässige Großindustrie zur Bewältigung der Bauaufgaben fast ausnahmslos süddeutscher Architekten. Begründet im guten Empfinden für städtebauliche Anpassungen an Gegebenheiten sowie dem bewussten Eingehen auf regionale Bezüge und Bautraditionen, die zur Lösung von Siedlungsproblemen probater erschienen als die kühlere Gesinnung des Nordens.[1] Robert Schmohl (Isny/Allgäu 1855–1944 Bielefeld), von 1891 Leiter des Kruppschen

---

27 StA Koblenz, polizeiliche Meldeunterlagen.
28 ETH, AfZ, Nachlass Werner Rings, 24 u. 25.
29 Johannes Gutenberg-Universitätsarchiv, Best. 064 1138 Rings.
30 StA Koblenz, polizeiliche Meldeunterlagen.
31 Honnefer Volkszeitung, 9.8.1957.
1 Rainer Metzendorf, Georg Metzendorf – Siedlungen und Bauten. Darmstadt 1994, S. 20.

Baubüros und verantwortlich für die seinerzeit vorbildlichen Werkssiedlungen wie „Altenhof", „Margarethenhof" (Rheinhausen) oder „Alfredshof", holte sich seine tragenden Mitarbeiter wie Hennig, Leikert, Scharschmidt, Schneeganz und Seiffert aus Süddeutschland oder von dortigen Technischen Hochschulen.² Die Stadtspitze von Essen, unter Erich Zweigert von 1886 bis 1906 und Wilhelm Holle von 1906 bis 1918 Oberbürgermeister, berief ganz bewusst junge Fachleute von auswärts, bei denen man davon ausgehen konnte, dass sie unverbraucht, dem Klüngel vor Ort nicht verpflichtet, den Schwung mitbrachten, solch große Aufgaben zu stemmen. Paul Brandi (Papenburg 1870–1960 Essen) war mit 29 Jahren Beigeordneter der Stadt Essen, Alfred Fischer (Stuttgart 1881–1950 Murnau) mit 30 Direktor der Kunstgewerbeschule, Edmund Körner (Görlitz 1878–1940 Essen) mit 31 Leiter der Entwurfsabteilung im Hochbauamt, Robert Schmidt (Frankfurt 1869–1934 Bad Münstereifel) mit 32 Leiter des Stadterweiterungsamtes, Georg Metzendorf (Heppenheim 1874–1934 Essen) mit 33 Stadtplaner und Architekt der Margarethenhöhe und Josef Rings (Bad Honnef 1878–1957 Bad Honnef) mit 34 Abteilungsleiter im Kruppschen Baubüro. In deren Zeit von 1910 bis 1930 nahm Essen an einer umwälzenden Entwicklung teil, die später als „Westdeutscher Impuls" in die Bau- und Kulturgeschichte eingegangen ist. Ihr praktizierter Siedlungsbau, geprägt von Robert Schmohl, Josef Rings und Georg Metzendorf, gilt heute als „Essener Schule" und exemplarisches Vorbild nicht nur im Rheinland.³ Markenzeichen dieser Güte sind die „Margarethenhöhe" von Georg Metzendorf als Beispiel unmittelbar vor dem Ersten Weltkrieg und die „Stadtwaldsiedlung" von Josef Rings als Muster aus der direkten Nachkriegszeit.

Mathildenhöhe in Darmstadt

Beide Planer, Rings und Metzendorf, starteten 1908 ihre berufliche Karriere mit bahnbrechenden Beiträgen auf der Darmstädter Mathildenhöhe, die mit ihren Bauten und Ausstellungen ab 1901 wie kein anderer Ort für den architektonischen Aufbruch in das 20. Jahrhundert steht.⁴ In bewusster Ergänzung zu den elitären Künstlerhäusern von Peter Behrens und Joseph Maria Olbrich

---

2   Richard Klapheck, Neue Baukunst in den Rheinlanden. Düsseldorf 1928, S. 73.
3   Rainer Metzendorf, Die Gartenstadtidee und ihre Umsetzung im Ruhrgebiet, in: Industriedenkmalpflege und Geschichtskultur, 2003, H. 1, S. 25–31
4   Landesamt für Denkmalpflege Hessen, Wiesbaden (Hrsg.), „Eine Stadt müssen wir erbauen, eine ganze Stadt!" Die Künstlerkolonie Darmstadt auf der Mathildenhöhe, Melsungen 2017. Dokumentation der internationalen Fachtagung vom 17.–19. April 2016 mit 23 Beiträgen namhafter Wissenschaftler. Die Mathildenhöhe wurde 2021 zum Weltkulturerbe der UNESCO erklärt.

Abb. 76: Mathildenhöhe/ Darmstadt, Kleinwohnungskolonie, 1908. Links das Haus von G. Metzendorf, rechts anschließend das Haus von J. Rings.

mit ihrem ornamentalen Überschwang hatte der „Ernst-Ludwig-Verein"[5] als „Hessischer Zentralverein für Errichtung billiger Wohnungen" beschlossen, auf der „Hessischen Landesausstellung für freie und angewandte Kunst" 1908 an prominenter Stelle der Mathildenhöhe, am Osthang des Ausstellungsgeländes, eine Kleinwohnungskolonie von sechs Musterhäusern zu errichten (Abb. 76).[6] Sechs hessische Großindustrielle, darunter Wilhelm Opel aus Rüsselsheim und Dyckerhoff & Söhne aus Mainz/Wiesbaden, finanzierten den Bau der Häuser, die sie für ihre Arbeiterschaft verwenden wollten. Festgelegte Forderungen bestimmten das Programm.[7] Die Musterhäuser waren samt Innenausstattung bis hin zum Geschirr und zur Dekoration zu konzipieren, hatten ein Mindestraumprogramm zu erfüllen, durften einen vorgegebenen finanziellen Rahmen nicht überschreiten, sollten auf Zierrat aus unechtem Material verzichten, regionale Baustoffe verwenden und die Anforderungen an zeitgemäße Hygiene erfüllen.[8]

5   Der „Ernst-Ludwig-Verein" entstand 1901 unter dem Protektorat von Großherzog Ernst Ludwig von Hessen und bei Rhein (1868–1937), Initiator der Künstlerkolonie „Mathildenhöhe" in Darmstadt.
6   Susanne Feick, Die Kleinwohnungskolonie der Hessischen Landesausstellung für freie und angewandte Kunst 1908, Magisterarbeit an der Rupprecht-Karls-Universität Heidelberg, 1992, 152 Seiten.
7   Hessischer Zentralverein für Errichtung billiger Wohnungen, Das Kleinwohnhaus und sein innerer Ausbau, Darmstadt, 1910, S. 7–11.
8   Forderungen an Hygiene und Körperpflege im Arbeiterwohnungsbau waren zu damaliger Zeit kaum gestellt. Selbst Heinrich Tessenow, Leitfigur der Reformarchitekten, sprach in seinem 1914 erschienenen Buch „Der Wohnungsbau" dem Arbeiter wegen seiner ganzen Lebensweise den Anspruch auf eine eigene Badewanne ab. Er ging davon aus, dass diese Be-

Nach den Vorgaben der Veranstalter sollte der Nachweis erbracht werden, „[...] daß auch beim Bau kleiner Häuser und deren innerer Einrichtung künstlerischem Empfinden ohne besondere Kosten Rechnung getragen werden kann."[9] Sechs Architekten aus dem Darmstädter Raum erhielten den Planungsauftrag für die Ausstellungshäuser: Ausgewählt waren die beiden Preisträger aus dem 1905 von dem „Hessischen Zentralverein für Errichtung billiger Wohnungen" ausgelobten Wettbewerb zur Erlangung von mustergültigen Entwürfen zu kleinen Häusern, Arthur Wienkoop (1864–1941), Direktor der Landesbaugewerkschule in Eberstadt-Darmstadt und Josef Rings, Architekt in Darmstadt. Die Professoren Josef Maria Olbrich (1867–1908) und Heinrich Walbe (1865–1954) vertraten die Technische Hochschule Darmstadt. Hinzu kamen die mit dem Thema bereits vertrauten Architekten Ludwig Mahr (1872–1948) aus Darmstadt und Georg Metzendorf aus Bensheim. Erstaunlicherweise fehlte Prof. Friedrich Pützer (1871–1922), der von 1903 bis 1906 für die Chemiefabrik E. Merck in Darmstadt eine Arbeitersiedlung erstellt hatte, die wegen ihres städtebaulichen und architektonischen Ansatzes als beispielhaft galt.[10]

Der jüngste der teilnehmenden Architekten war Josef Rings mit 28 Jahren, Assistent von Prof. F. Pützer an der TH Darmstadt und gesetzt, weil er 1905, damals noch Student an der Technischen Hochschule in Darmstadt, bei dem Planungswettbewerb des Ernst-Ludwig-Vereins für Kleinwohnhäuser den zweiten Preis erreicht hatte.[11] Er lag damit vor Größen wie Heinz Tessenow, der einen Ankauf erhalten hatte. Zur Ausstellung auf der Mathildenhöhe entwarf Rings für die Möbelfabrik Merkel aus Dalsheim bei Worms ein eingeschossiges Einfamilienhaus, das keine Verkleinerung einer Villa oder eines Landhauses

dürfnisse einfacher und billiger durch die Einrichtung öffentlicher Badeanstalten befriedigt würden.

9   Illustrierter Katalog der hessischen Landesausstellung für freie und angewandte Kunst Darmstadt. Darmstadt 1908, S. 82.

10 Die genauen Gründe sind unbekannt. Holger Stüve, in den 1980er Jahren Professor für Baugeschichte an der Fachhochschule in Darmstadt, ging in einem Vortrag davon aus, dass Pützer als Architekt, Stadtplaner, Hochschullehrer und Denkmalpfleger für Rheinhessen beruflich überlastet war und deshalb ablehnte. Er vermutete, dass Pützer damit auch seinen Assistenten Josef Rings protegieren wollte. Siehe ebenfalls hierzu Feick, Kleinwohnungskolonie (wie Anm. 6), S. 74.

11 Bei diesem reichsweit ausgelobten Architektenwettbewerb gab es 287 eingereichte Arbeiten mit durchschnittlich zehn Entwürfen. (Siehe hierzu Vorwort zur Planmappe, Hessische Landes- und Hochschul-Bibliothek Darmstadt, Inventarnummer 51A186.) Als Preisrichter fungierten u.a. Landeswohnungsinspektor Gustav Gretschel, Darmstadt, und Prof. Heinrich Metzendorf (1866–1923), Bensheim, Bruder von Georg Metzendorf, der sich an dem Wettbewerb nicht beteiligte, da er damals Teilhaber in dem Büro seines Bruders war und somit als befangen galt. Den ersten Preis erhielt Arthur Wienkoop mit dem Kennwort „Merlin", den zweiten Josef Rings mit dem Kennwort „Arbeiterwohl". Es folgten zwei dritte Preise und acht Ankäufe.

SYMPOSIUM „DER ARCHITEKT JOSEF RINGS" 289

Abb. 77: Mathildenhöhe, Haus Merkel von J. Rings, Eingangsseite, 1908

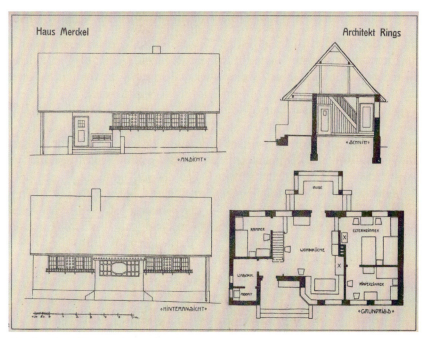

Abb. 78: Mathildenhöhe, Haus Merkel von J. Rings, Planung 1908

Abb. 79: Mathildenhöhe, Haus Dörr & Reinhart von G. Metzendorf, 1908, Foto 2013

sein sollte, sondern ein eigenständiger Haustypus, der sich den Verhältnissen der Arbeiterschaft anpasst (Abb. 77). Anlehnungen an englische Cottages sind bei diesem Entwurf unübersehbar. Der lebendige Grundriss lebte hier von dem Ablauf seiner Raumfolgen: Vom öffentlichen Dorfplatz über eine halbhohe Trennungsmauer zum privaten Vorgarten mit obligatem Hausbaum und großzügig bemessener, einladender Eingangsloggia, die in einen Zentralraum führte, der, mit zwei Stufen abgesetzt, die gesamte Breite des Hauses einnahm und zur Gartenseite mit einem Laubenanbau endete (Abb. 78). Dank dieser Grundrissposition mit ihrer Zweckmäßigkeit der zentralen Wohnküche sowie der Anordnung sämtlicher Räume auf einer Ebene resultierte „der künstlerische Vorzug des Reichtums an Durchblicken."[12] Das Herzstück des Hauses bildete die gemütliche Wohnecke mit Herd als zentrale Feuerstelle. Der Abort war über eine kleine Waschküche zu erreichen, eine Badewanne hatte Rings nicht vorgesehen. Die zeitgenössischen Kommentare fielen durchweg positiv aus. Insgesamt sah man in dem Haus Merkel „innen wie außen das vollkommene Muster einer wohnlichen Häuslichkeit. Sein Erbauer, Josef Rings, [...] hat sich als Fachmann ersten Ranges für diesen wichtigen Teil der Baukunst erwiesen."[13] Nach der Ausstellung wurde das Musterhaus samt Einrichtung als Werkswohnung der Fabrik Merkel in die Übenstrasse 4 nach Dalsheim bei Worms verlegt.[14] Die Möbelentwürfe standen fortan im Lieferprogramm der Firma Merkel.

12 Anm. 9, S. 86.
13 Wilhelm Schäfer, Das Wohnhaus für kleine Leute, in: Die Rheinlande 8/1908, S. 45–47, hier S. 47.
14 Mitte der 1970er Jahre gab es bauliche Veränderungen. Während im Innenbereich der Grundriss im Wesentlichen erhalten blieb, ist der Außenbau völlig entstellt.

Georg Metzendorf hatte mit seinen Siedlungshäusern 1905 belegt, dass er die gestellte Aufgabe nicht nur planen, sondern auch umsetzen konnte. Sein zweigeschossiges Zweifamilienwohnhaus für die Wormser Lederfabrik Dörr & Reinhart fiel wegen seiner schlichten Außenwirkung auf (Abb. 79). Man wird an Goethes Gartenhaus in Weimar erinnert. Der Verzicht auf verteuernde Elemente wie Erker, Schmuckgiebel oder Dachausbauten und die Beschränkung auf einen klaren Rechteckbaukörper entsprachen dem vorgegebenen Kostenrahmen. Im Inneren herrschte das Praktische vor. Mittelpunkt war die Wohnküche als Hauptraum, um die sich die übrigen Räume entsprechend ihrer Bedeutung gruppierten. Technisches Zentrum war ein Installationskern, um den sich sämtliche Ver- und Entsorgungsstränge legten. Erstmals im deutschen Siedlungsbau wurde hier die Kombination Zentralheizung mit Herd, Warmwasserbereitungsanlage, Baderaum mit Wanne, Spülküche, Ventilationsanlage und Wasserklosett vorgestellt.[15] Erfolg und Nachfrage waren entsprechend. Noch im Ausstellungsjahr erhielt Metzendorf den Auftrag, für die Gartenstadt „Hellerau" bei Dresden einen Straßenzug mit seinem Reformhaus zu entwerfen und mit der „Margarethenhöhe" gar eine Stadt für 12.000 Einwohner. 1909 folgte die Planung für die Genossenschaftssiedlung „Hüttenau" mit 10.000 Einwohnern und der Regierungsauftrag, für die Weltausstellung 1910 in Brüssel zwei „Deutsche Siedlungshäuser" zu kreieren.[16] Auf Anordnung von Großherzog Ernst Ludwig wurde das Musterhaus von Georg Metzendorf nach der Ausstellung in die benachbarte Hofmeierei am Oberfeld, Erbacher Straße 140, umgesetzt und später, 1985, unter Denkmalschutz gestellt.[17]

Essen bis 1918

Anfang Januar 1909 begann Metzendorf im Auftrag der Stadt Essen die Planung der Stiftungssiedlung Margarethenhöhe, einer autark funktionierenden Gartenstadt mit einem damals bahnbrechenden Verkehrskonzept und den sie prägenden Plätzen. Eine „Dichtung in Stein und Grün", ein Gesamtkunstwerk vom städtebaulichen Leitentwurf bis hin zur Innenausstattung, bewusst in die Hände eines einzigen Planers gelegt. Bereits im Herbst des gleichen Jahres erfolgte dank klugem, praxisorientiertem Baumanagement der erste Spatenstich. Auf der Grundlage seines Darmstädter Reformhauses entwickelte Metzendorf zwei Typengrundrisse mit seiner Blockheizanlage, die unter dem Namen „Druna" weltweit in den Handel kam. Wie in einem Baukastensystem konnten die

---

15 Rainer Metzendorf, Das Kleinwohnungshaus von Georg Metzendorf – ein Modell und seine Wirkung, in: Denkmalpflege und Kulturgeschichte, 3/2008, S. 35–40.
16 R. Metzendorf, Georg Metzendorf (wie Anm. 1).
17 Ebenfalls dorthin wurden die Häuser Mahr und Wienkoop als Wohnraum für die Landarbeiter transloziert.

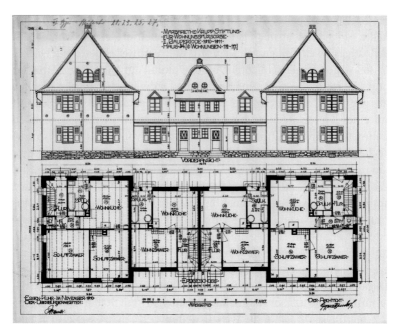

Abb. 80: Margarethenhöhe, Hausgruppe, Erdgeschoss und Straßenansicht, Planung 1910

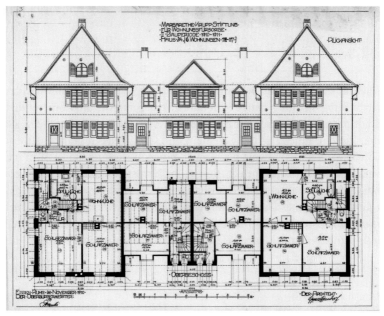

Abb. 81: Margarethenhöhe, Hausgruppe, Obergeschoß und Gartenansicht, Planung 1910

Abb. 82: Margarethenhöhe, Straßenzug (Steile Straße), 1910

über einem Quadrat errichteten Häuser als Solitäre, in Reihe oder gestapelt im Geschoßwohnungsbau eingesetzt werden (Abb. 80–81). Trotz Typisierung und Standardisierung (nur vier Fenstergrößen, zwei Treppen) gleicht kein Gebäude dem anderen (Abb. 82). Eine bewusst eingesetzte Kombination, um ökonomische und soziologische Aspekte miteinander zu verbinden. Abschluss einer steten Weiterentwicklung ist das „Essener Arbeiterwohnhaus", das Metzendorf auf der epochalen Werkbundausstellung 1914 in Köln realisierte. „Schönheit, Zweckmäßigkeit und Billigkeit erscheinen mir hier in dieser Form vollständig vereinigt".[18]

1912, drei Jahre nach Metzendorf, wechselte Josef Rings von Darmstadt nach Essen und startete als Ressortchef im Baubüro von Krupp,[19] das unter Robert Schmohl seit 20 Jahren der Zeit entsprechend vorbildlichen Werkswohnungsbau erstellte. Noch vor dem Ersten Weltkrieg fand im Siedlungsbau von Krupp ein Paradigmenwechsel vom romantisierenden Kleinwohnungshaus der Kolonien zum Geschosswohnungsbau statt. Besonders auffällig war dieser Wechsel beim dritten Bauabschnitt des Alfredhofes unter Rings von 1914–1918. Ein Quartier mit einer dreigeschossigen, großstädtisch wirkenden Blockrandbebauung, ruhigen Innenbereichen und differenzierten, mehrstufigen Raumfolgen. Eine 360 Meter lange, symmetrisch angelegte Stadtachse mit abschließenden Kopfbauten (Konsumanstalt auf der einen und Torbogenhaus auf der anderen Seite) bildete mit breiten, künstlerisch angelegten Grünplätzen das städtebauliche Rückgrat

---

18   Georg Metzendorf, Kleinwohnungsbauten und Siedlungen, Darmstadt 1920, Vorwort.
19   Rings und sein bisheriges Hauptwerk dürfte für Schmohl nicht unbekannt gewesen sein. Georg Metzendorf hatte 1908 bei seiner Bewerbung zur Margarethenhöhe Gustav Gretschel, mit dem er von 1906 ab im Darmstädter Raum Vorträge über Kleinwohnhäuser gehalten hatte, und seinen Bruder Prof. Heinrich Metzendorf als Gewährsmänner angegeben. Im Mai 1908 besuchte R. Schmohl beide und ließ sich von G. Metzendorf durch dessen Ausstellungshaus auf der Mathildenhöhe führen. Es ist davon auszugehen, dass R. Schmohl auch das direkt benachbarte Haus von J. Rings besichtigte. Möglicherweise hat G. Metzendorf, der mit Schmohl freundschaftlich verbunden war, 1912 vermittelt.

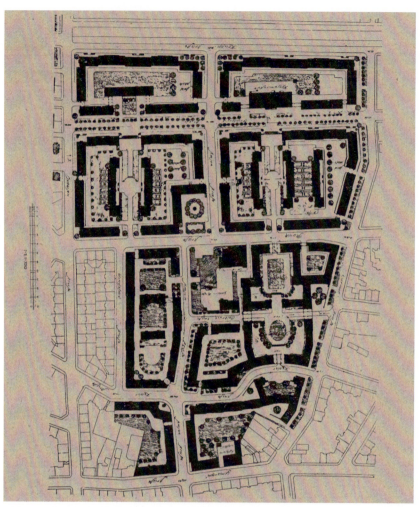

Abb. 83: Alfredshof, Lageplan dritter Bauabschnitt, 1914–1918

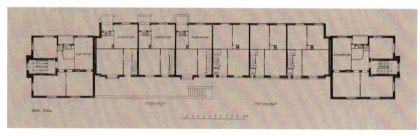

Abb. 84: Alfredshof, Grundriss Reihenhausgruppe

SYMPOSIUM „DER ARCHITEKT JOSEF RINGS"

Abb. 85: Alfredshof, Straßenansicht Reihenhausgruppe

Abb. 86: Alfredshof, Gartenansicht Reihenhausgruppe

(Abb. 83). Sie belegte, dass die städtebauliche Ordnung der Außenbereiche im harmonischen Zusammenklang mit der gestaltenden Architektur als Einheit zu bewerten ist. Die inneren Achsen mit symmetrisch angelegten Einfamilien-Reihenhausgruppen und vorspringenden Kopfbauten für jeweils zwei Wohnungen zeigten bereits formale Ansätze, die Rings später bei der Stadtwaldsiedlung verwendete (Abb. 84–86).[20] Die Fensterscheiben der Kolonie hatten alle die gleiche Größe und die Hausloggien zur Gartenseite spalierartige Vergitterungen aus Hölzern, um die großen Öffnungen maßstäblich zu mildern. Insgesamt eine stark vereinfachte Architektursprache, die Zukünftiges bereits andeutete.[21]

Essen ab 1919

In den ebenso schwierigen wie unruhigen Zeiten nach dem Ersten Weltkrieg versuchte die Stadt Essen unter ihrem staatsmännischen, geschickt taktierenden Oberbürgermeister Dr. Hans Luther (1879–1962) die führende Rolle an Rhein und Ruhr einzunehmen. Die Wirtschaft stärkende Unternehmen und neue Verbände kamen in die Ruhrmetropole. 1920 wurde Essen Sitz des Siedlungsver-

---

20 Siehe hierzu Beitrag von Hanna Feldhammer in diesem Band.
21 Die Kolonie Alfredshof wurde im Zweiten Weltkrieg fast völlig zerstört.

bandes Ruhrkohlenbezirk, einer Planungsgemeinschaft von 18 Stadtkreisen. 1921 kam es zur Gründung der neuen Ausstellungsgesellschaft (später Gruga) und zum Beschluss, ein Börsenhaus in Essen zu errichten. Im gleichen Jahr konnte die Stadt Essen im Wettstreit mit anderen das Hagener Folkwang-Museum erwerben. Die das Geschehen bestimmenden Planer blieben die gleichen wie vor dem Krieg, auch wenn sie Positionen wechselten. Josef Rings trennte sich von Krupp, gründete 1919 eine eigene Architekturfirma, und Georg Metzendorf stellte sich 1921 mit den Kompagnons Carl Mink (1883–1939) und Baurat a. D. Jacob Schneider (1889–1981) breiter auf. Hinzu kam Ernst Bode (1878–1944), von 1920 bis 1934 Baudezernent der Stadt Essen.

Unter Beibehaltung des städtebaulichen Leitkonzeptes fertigte Metzendorf im Mai 1919 einen neuen Rahmenplan für die „Margarethenhöhe".[22] Im gleichen Monat erstellte Rings, nun freischaffender Architekt und Chefplaner des 1919 gegründeten, gemeinnützigen Unternehmens „Allbau" an der Lührmannstraße, direkt im Anschluss an die „Margarethenhöhe", die Siedlung „Margarethenwald" (Abb. 87). Ein eigenständiges Wohnquartier auf einem rund 3,4 Hektar großen Areal mit 155 Einfamilienhäusern, zumeist in Verbänden um kleinere Platzanlagen gruppiert. Da der Allbau Grund und Boden nicht erwerben konnte, kam das Projekt nicht zur Ausführung.[23] Möglicherweise die unmittelbare Nachbarschaft der beiden Siedlungen mit identischer Planungszeit, dazu noch mit ähnlichem Namen und Konzept, führt bis heute zu Vermutungen und Behauptungen, J. Rings habe gemeinsam mit G. Metzendorf und H. Meyer die Erweiterung der „Margarethenhöhe" geplant und ausgeführt, doch: Rings war nie, weder als Mitarbeiter im Kruppschen Baubüro noch als selbständiger Architekt, für die Margarethe-Krupp-Stiftung tätig.[24]

[22] Rainer Metzendorf, Hannes Meyer bei Georg Metzendorf und im Kruppschen Baubüro, in Essener Beiträge, 135/2023, S. 39–61.
[23] Das Areal gehörte dann ab 1962 zum Bauprogramm der „Margarethenhöhe II".
[24] 1927 stellte Gustav Adolf Platz in seinem Buch „Baukunst der neuesten Zeit" auf Seite 571 Josef Rings in einer Kurzbiografie als Absolvent der TH Karlsruhe und Planer der Kolonie Alfredshof und der Siedlung Margarethenhöhe vor. (Rings studierte an der TH Darmstadt und entwarf beim Alfredshof nur den dritten Bauabschnitt.) 1934 wurde diese Zuordnung im Band 28 des Standardwerkes „Allgemeines Lexikon der Bildenden Künste – Von der Antike bis zur Gegenwart" von Thieme-Becker (Band 28, S. 371) übernommen. – Obwohl die Margarethenhöhe in Dissertationen, Masterarbeiten, Fachbüchern und Dokumentationsbänden der Margarethe Krupp-Stiftung wissenschaftlich er- und abgeschlossen ist, tauchen nach wie vor bis in die Gegenwart (z. B. Wikipedia 2023) Behauptungen auf, Josef Rings habe mit Georg Metzendorf und Hannes Meyer die Margarethenhöhe geplant und ausgeführt. Josef Rings selber hat weder in seinen Veröffentlichungen noch in seinen Lebensläufen oder Schriftverkehr erwähnt, er wäre an der Margarethenhöhe beteiligt gewesen, und auch in seinem Nachlass befinden sich keine entsprechenden Hinweise. Laut Auskunft des HAK im Archiv der Margarethe Krupp-Stiftung in Essen existieren keine Unterlagen, die eine Mitwirkung von Rings bestätigen. Die Planung der Margarethenhöhe

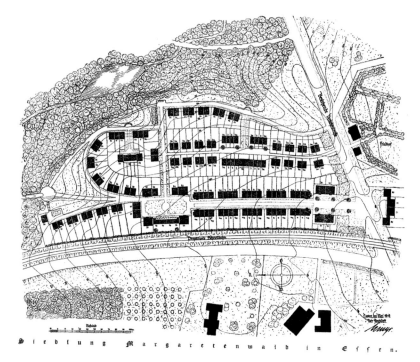

Abb. 87: *Margarethenwald, Planung Josef Rings, 1919*

Nach dem Ersten Weltkrieg erzwangen allgemeine Wohnungsnot, inflationäre Verhältnisse, Knappheit der Baumaterialien, geänderte Finanzierungsbedingungen sowie soziale Herausforderungen neue Konzepte. Metzendorf wechselte bei der Margarethenhöhe unter Wahrung des Rahmenkonzeptes vom Einfamilienhaus zum Geschosswohnungsbau über. Aus den Erfahrungen der Vorkriegsbebauung entwickelte er unter Beibehaltung der Grundidee einen neuen Typengrundriss, der als Zweispänner in meist dreigeschossigen Zeilen auch in längeren, zusammenhängenden Verbänden zum Einsatz kam. Durch Verzicht auf schmückende Zierelemente und Dachgliederungen erhielt die äußere Gestaltung eine starke Vereinfachung in kubischen, schmucklosen Formen (Abb. 88). Kopfbauten, Eckbetonungen oder gliedernde Mittelteile gingen jedoch weiterhin auf städtebauliche Vorgaben ein. Erst 1927, nach Stabilisierung der Wirtschaftslage, kamen wieder im Raumangebot anspruchsvollere, freistehende Einfamilien-Doppelhäuser (Abb. 89), Reihenhausgruppen und zweigeschossige

erfolgte durch den von der Stadt Essen beauftragten Architekten Georg Metzendorf, in dessen Büro zeitweise Hannes Meyer, aber niemals Josef Rings tätig war.

Abb. 88: Margarethenhöhe, Sommerburgstraße, 1920   Abb. 89: Margarethenhöhe, Einfamilien-
doppelwohnhaus, 1928

Vierfamilienhäuser zur Ausführung.²⁵ Auch bei den Nachkriegsbauten von 1919 bis 1934 gab es dem Zeitgeist angepasste Gestaltungselemente, doch mit übereinstimmender Haltung in der städtebaulichen und architektonischen Ausformung.

Rings setzte dagegen bei seinen vor allem genossenschaftlichen Siedlungen wieder auf das freistehende Doppelhaus in Verbindung mit kurzen Reihenhauszeilen. Typenhäuser mit genormten, vorgefertigten Ausbaudetails wie bei Metzendorf vor dem Krieg, doch nicht individualisiert, sondern schematisiert in durchweg einheitlicher Gestaltung, aber unverwechselbarem Stadtgrundriss. Ein Paradestück dafür ist die von Rings für den Allbau im Oktober 1920 entworfene Siedlung in Altenessen zwischen Palmbuschweg,²⁶ Rahmstraße, Schwarze Straße und dem Kaiser Wilhelm Park, getrennt von der auf einem Damm geführten Eisenbahnstrecke Essen HBF und Katernberg Nord. Auf dem gleichbleibend flachen Gelände wählte Rings eine gestauchte Ellipse als geometrische Figur mit linear durchgehender Mittelachse und sie begleitenden, leicht gebogenen Straßen mit dadurch räumlicher Tiefenwirkung (Abb. 90). Obwohl schablonenhaft wirkend, zeigt der Grundplan feine städtebauliche Details: das verdichtete, länglich geformte Zentrum mit öffentlichem Platz in der Mitte, abschließenden Kopfbauten und endenden Torhäusern, die unterschiedlich artikulierte Betonung der Siedlungseingänge, die perspektivische Inszenierung des vorhandenen Schulgebäudes oder der Bahntunnel zum benachbarten Kaiser Willhelm Park. Die schematische Form der Siedlung und ihre fremdelnde Architektur mit flachem Dach (Abb. 91) entsprachen nicht den Vorstellungen des Bauherren Allbau,

25 Rainer Metzendorf/Achim Mikuscheit, Architekturführer durch die Gartenstadt Margarethenhöhe (Kleine Schriften des Ruhr Museums, Bd. 4). Essen 2016, S. 63–67.
26 Im Plan noch mit Katenbergerstraße bezeichnet.

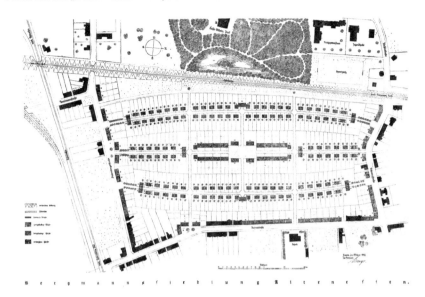

Abb. 90: Siedlung Altenessen, Lageplanentwurf, 1920

Abb. 91: Siedlung Altenessen, Planung Straßenzug, 1920

der die Planung nicht weiter verfolgte.[27] 1920 erstellte jedoch die Treuhandstelle Bergmannsiedlung in der Kinßfeldstraße, parallel zum Bahndamm, 25 von Rings entworfene Doppelwohnhäuser mit einer an die Sehgewohnheiten angepassten Architektur: durchgehende Straßenrandbebauung mit Walmdächern und seitlich gekoppelten Ställen nach dem Muster üblicher Zechenkolonien.[28]

Margarethenhöhe und Stadtwaldsiedlung
(heute Eyhof-Siedlung genannt)

„Es wird einmal ein Ruhm für diese Stadt sein – der zum größten Teil freilich auf den Namen Krupp zurückfällt –, daß sie nicht nur das Siedlungswesen großzügiger als sonst eine Stelle in Deutschland angriff, sondern daß sie sich auch solche Männer wie Metzendorf und Rings rechtzeitig zu gewinnen wusste."[29] Die beiden maßstabsetzenden und -gebenden Essener Siedlungen im ersten Drittel des 20. Jahrhunderts sind die durch Georg Metzendorf von 1909 bis 1934/38 realisierte „Margarethenhöhe" und die von Josef Rings zwischen 1920 und 1924 umgesetzte „Stadtwaldsiedlung". Beide liegen am Waldesrand, sind in eine topografisch bewegte Landschaft hineinkomponiert, beleben die Räume durch ihre unverwechselbaren Platzfolgen, identifizieren den jeweiligen Hauptzugang der Siedlung mit markanten Torbogenhäusern und verwenden Typengrundrisse mit vorgefertigten Bauteilen. Der äußerliche Unterschied liegt im jeweils zeitlichen Beginn der Planung: elf Jahre Differenz mit einem dazwischenliegenden Weltkrieg und geänderten Voraussetzungen. Aber auch darin, dass die alte „Margarethenhöhe" seit fast einem halben Jahrhundert unter Denkmalschutz steht und die „Stadtwaldsiedlung" immer noch nicht.

Resümee

Metzendorf und Rings betätigten sich nicht nur als Stadtplaner, sondern auch als maßgebende Architekten in Essen. Der eine mit dem Eickhaus vor dem und der Stadtsparkasse nach dem Krieg, der andere 1926 mit der Ausstellungshalle V. Beide starteten 1908 von Darmstadt aus ihre berufliche Laufbahn und beendeten sie in Essen 1934. Rings wanderte nach Palästina aus und gegen Metzendorf

---

27 Josef Rings, Siedlungsreform – Gesetze, Baugedanken, Ziele. Essen 1923, S. 205–206. Auch Robert Schmidt, Direktor des Siedlungsverbandes Ruhrkohlenbezirkes hatte interveniert und verlangte, dass Essen unter seiner Aufsicht weiterhin „deutsch" aussehe und der bewährte Haustyp mit ausbaubarem hohem Dach weiterhin zu verwenden sei. (Gerhard Fehl, Gartenstadt-Bebauung oder schematische Reihenhausbebauung?, in: Im Grünen wohnen – im Blauen planen, Stadt Planung Geschichte Band 12. Hamburg, 1990, S. 204.
28 Siehe Beitrag Heinz Wilhelm Hoffacker.
29 Wilhelm Schäfer, Siedlung Essen Stadtwald, in: Die Rheinlande 1921, Heft 4, S. 161–167, hier 161.

leiteten die Nationalsozialisten ein Verfahren wegen Kulturbolschewismus ein – er starb kurz darauf. Zwei Vertreter der Darmstädter Reformbewegung in Essen, die auf den ersten Blick weit auseinander scheinen, jedoch beim zweiten, genaueren, in ihren Auffassungen über den sozialhumanen Städtebau mit neuen Wohnmodellen nahe beieinander liegen.

6. Josef Rings und der Allgemeine Bauverein Essen AG

HEINZ WILHELM HOFFACKER

Josef Rings war in der Anfangszeit des Allbau der wichtigste Architekt dieser Neugründung, doch aus den überlieferten historischen Akten des Unternehmens lassen sich keine Erkenntnisse zu seiner Person oder zu seiner detaillierten Tätigkeit gewinnen. Die archivalische Überlieferung setzt nämlich erst ein, nachdem der Allbau in städtischen Besitz gekommen und durch die Tätigkeit zweier delegierter städtischer Beamter vor dem Untergang bewahrt worden war. Deshalb kann ich aufgrund des beim Allbau vorhandenen Materials keine Angaben machen zu seiner politischen Ausrichtung, zu seinem Engagement und seiner Tätigkeit außerhalb des Allbau oder zu seinen Verbindungen zu anderen damals entstehenden Strukturen der neuen Wohnungswirtschaft. Aus diesem Grund habe ich für meinen Beitrag folgende Vorgehensweise gewählt: Bevor ich Rings' Tätigkeit für den Allbau näher beschreibe, möchte ich verschiedene Bereiche skizzieren, die sein zeitgenössisches Umfeld bildeten und auch einzelne Personen benennen, mit denen er zusammen gearbeitet hat, Personen, die später national und auch international fachlich und politisch eine wichtige Rolle gespielt haben. Davon erhoffe ich mir, dass sich Rings' Arbeit genauer einordnen lässt. Im Wesentlichen bestand seine Tätigkeit für den Allbau in der engagierten Teilnahme an der Gründungskampagne, in der Formulierung des architektonischen Teils der Programmschrift und in der planerischen Umsetzung dreier Bauprojekte, für die der Allbau in seinen ersten Jahren die Rolle des Bauträgers übernahm.

Vor dem Ersten Weltkrieg war der private Wohnungsbau nicht in der Lage, die entstehenden Bedürfnisse zu befriedigen. Selbsthilfe in Gestalt von Genossenschaften und auch kommunale Interventionen waren erste Reaktionen. Ein besonderes Recht für Wohnen und Wohnungswirtschaft gab es nicht. Es galt die allgemeine Vertragsfreiheit des BGB.[1] Im Ersten Weltkrieg verschärfte

---

[1] Helmut W. Jenkis, Einführung in die Wohnungswirtschaftspolitik, in: Kompendium der Wohnungswirtschaft Hrsg. von Helmut W. Jenkis. München – Wien 1996, S. 65–122, hier S. 69 ff.

sich die Lage erheblich. Nach deutlichem Rückgang gleich zu Beginn blieb der Wohnungsneubau dann fast vollständig aus. Die wirtschaftlichen Ressourcen wurden ab 1915 im Hindenburg-Programm in der Kriegswirtschaft gebündelt.[2] Das heißt, die Lage des Wohnungsmarktes, die vor 1914 schon äußerst schlecht war, musste nach Ende des Krieges geradezu katastrophal sein. So beginnt bereits im Krieg die Wohnungszwangswirtschaft, die Bewirtschaftung und Verteilung des vorhandenen Wohnraums durch die Kommunen.[3] In Essen z. B. werden Stadtteil nach Stadtteil die privaten Wohnungen von der Stadt inspiziert und Wohnräume beschlagnahmt, die für Einquartierungen genutzt werden konnten.[4] Angesichts dieser immer drängender werdenden Probleme kam es in Preußen im März 1918 zur Verabschiedung des Preußischen Wohnungsgesetzes, durch das der Staat bekundete, eine neue Linie einschlagen zu wollen.[5] Nachdem vor dem Krieg Kampagnen zur Verabschiedung eines Reichswohnungsgesetzes gescheitert waren, ist dies mehr oder weniger das erste Mal, dass staatlicherseits (wenn auch nur in Preußen) eine Intervention in den Wohnungsmarkt, auch über die Förderung des Wohnungsbaus, möglich gemacht wurde.[6] Vor diesem Hintergrund beginnen noch vor Ende des Krieges die Bemühungen, die vor Ort in Essen in der Gründung des Allbau enden sollten.

Bevor ich detaillierter darauf eingehe, soll zunächst das lokale personelle berufliche Umfeld skizziert werden, in dem sich Josef Rings bewegte und aus dem die Initiative für das Projekt Allbau stammte.

Da ist zunächst der Essener Oberbürgermeister Hans Luther zu nennen, ein parteiloser, aber von seiner politischen Einstellung eindeutig nationalliberaler Mann. Er war von 1918 bis 1922 Oberbürgermeister, von 1922 bis 1924 Reichsminister für Ernährung und Landwirtschaft, dann 1924 und 1925 Reichsfinanzminister. In dieser letzten Funktion brachte er die Hyperinflation zum Stillstand und führte eine neue Währung ein. 1925 und 1926 war er Reichskanzler, 1930

---

[2] Gerald D. Feldman, Armee, Industrie und Arbeiterschaft in Deutschland 1914 bis 1918. Berlin 1985, S. 133 ff.
[3] Zwangswirtschaft im Wohnungswesen, in: Handwörterbuch des Wohnungswesens. Jena 1930, S. 853, dort die Auflistung der einzelnen Maßnahmen und der Verweis auf die entsprechenden Artikel des Handwörterbuches; Heinrich Hirtsiefer, Wohnungswirtschaft in Preußen. Eberswalde 1929, S. 106 ff.
[4] Siehe dazu z. B.: Erfassung leerstehender Wohnungen und Räume, in: Essener Arbeiter Zeitung (EAZ) vom 27.8.1919.
[5] Lutz Niethammer, Ein langer Marsch durch die Institutionen. Zur Vorgeschichte des preußischen Wohnungsgesetzes von 1918, in: Wohnen im Wandel. Beiträge zur Geschichte des Alltags in der bürgerlichen Gesellschaft. Hrsg. v. Lutz Niethammer. Wuppertal 1979, S. 363–384.
[6] Eine allgemeine Verpflichtung für den Staat, eine aktive Wohnungspolitik zu betreiben, wurde auch in die Weimarer Verfassung aufgenommen (Artikel 153 und 155), siehe dazu: Helmut W. Jenkis, Grundlagen der Wohnungswirtschaftspolitik. München/Wien 2004, S. 24 ff.

Abb. 92: Im September 1933 wird der abgesetzte stellvertretende preußische Ministerpräsident Heinrich Hirtsiefer von SA und SS verhaftet durch Essener Straßen geführt und öffentlich gedemütigt. Im Hintergrund Krupp-Hallen an der Altendorfer Straße.

bis 1933 in der Weltwirtschaftskrise war er Präsident der Reichsbank, von 1933 bis 1937 war er Botschafter in den USA. Während der Wirtschaftskrisen 1924 und 1930 griff er immer wieder auf Planungsvorstellungen zurück, die er in und nach dem Ersten Weltkrieg in Essen kennengelernt und mit entwickelt hatte.[7]

Die zweite wichtige Person in Rings Umfeld war Heinrich Hirtsiefer, ein typischer Vertreter der christlichen Gewerkschaftsbewegung, die im Ruhrgebiet stark verankert war.[8] Hirtsiefer war ein Metallfacharbeiter bei Krupp und Bezirksleiter des katholischen christlich-sozialen Metallarbeiter-Verbandes für das Ruhrgebiet, dann Verbandssekretär für das ganze Reich. Seit 1900 war er Mitglied der Zentrumspartei, von 1907 bis 1921 Mitglied der Essener Stadtverordneten-

---

[7] Heinz Wilhelm Hoffacker, Entstehung der Raumplanung, konservative Gesellschaftsreform und das Ruhrgebiet 1918–1933. Essen 1989, S. 59 ff, 330 ff; ders., Diskussionen in der Weltwirtschaftskrise über die soziale und ökonomische Rolle der Stadt, in: Die Bauhaus-Stadt. Spiegelbild urbanistischer Konzeptionen um 1930. Beiträge zum Symposium BauhausStadt vom 7.–8.10.1991 Am Bauhaus Dessau. Hrsg. v. Martin Stein, Jutta Stein, Ilona Schnelle. Dessau 1992, S. 85–97; Hans Luther, Von Deutschlands eigener Kraft. Versuch einer gemeinverständlichen Darstellung unserer Lage in der Weltwirtschaft. Berlin 1928; ders., Zusammenbruch und Jahre nach dem ersten Krieg in Essen, in: Essener Beiträge 73, 1958; siehe auch: Heinz Wilhelm Hoffacker, Das Ruhrgebiet als Selbstversorgerlandschaft – Pläne zur partiellen Reagrarisierung der Region in der Zwischenkriegszeit, in: Westfälische Forschungen 61, 2011 Themenschwerpunkt: Aus der Hand in den Mund – Selbstversorgung als Praxis und Vision in der modernen Gesellschaft. Hrsg. v. Michael Prinz. Münster 2011, S. 215–223.

[8] Aus der umfangreichen Literatur zur Arbeiterbewegung im Ruhrgebiet seien nur beispielhaft genannt: Glückauf Kameraden! Die Bergarbeiter und ihre Organisationen in Deutschland. Hrsg. v. Hans Mommsen, Ulrich Borsdorf. Köln 1979; Klaus Tenfelde, Sozialgeschichte der Bergarbeiterschaft an der Ruhr im 19. Jahrhundert. Bonn 1981 (durchgesehene Auflage).

versammlung, von 1921 bis 1932 Mitglied im Preußischen Landtag und Minister für Volkswohlfahrt, mit heutigen Begriffen Ministerium für Soziales, allerdings, das ist für unseren Zusammenhang wichtig, umfasste dieses Ministerium auch den Bereich Wohnungsbau und Stadtplanung. Damit setzte Hirtsiefer nahtlos seine Essener Arbeit fort, denn hier war sein politisches Haupttätigkeitsfeld der Wohnungsausschuss der Stadtverordnetenversammlung.[9] In seiner Tätigkeit als preußischer Minister war er der Hauptverantwortliche für den Aufbau der neuen Wohnungswirtschaft und für die Ausarbeitung der Pläne für ein Städtebaugesetz. Die zehnjährige Arbeit des Ministeriums wurde von ihm in einer über 500-seitigen Veröffentlichung 1929 dokumentiert: „Die Wohnungswirtschaft in Preußen".[10] Hirtsiefer war Mitglied im Aufsichtsrat des Allbau bis 1930.

Als Minister für Volkswohlfahrt war Hirtsiefer stellvertretender preußischer Ministerpräsident, Stellvertreter des Sozialdemokraten Otto Braun.[11] Die Weimarer Koalition aus SPD, Zentrum und DDP/DStP (Linksliberale)[12] regierte bis Sommer 1932, stellte also für die ganze Weimarer Republik hindurch das wesentlich stabilisierende Element dar. Dieses letzte große Hindernis galt es aus Sicht der Republikfeinde auf ihrem Weg zur Zerstörung der Demokratie zu beseitigen. Am 20. Juli 1932 erfolgte deswegen der sogenannte „Preußenschlag". Reichskanzler Franz von Papen, der selber längere Zeit Mitglied im Zentrum gewesen war, wurde per Notverordnung des Reichspräsidenten Reichskommissar in Preußen. Die demokratisch gewählte preußische Regierung war abgesetzt. Weil der preußische Ministerpräsident Otto Braun erkrankt war, hatte sein Stellvertreter Heinrich Hirtsiefer zum Zeitpunkt des Preußenschlages dieses Amt inne und wurde seines Amtes enthoben. Für seine politische Rolle während der Republik ließen die Nationalsozialisten Heinrich Hirtsiefer dann bitter büßen. 1933 wurde er zweimal verhaftet, beim zweiten Mal im September 1933 wurde er öffentlich gedemütigt und von SA und SS durch Essen geführt. Da Hirtsiefer ein beleibter Mann war, bot er sich aus Sicht der Nationalsozialisten geradezu dafür an, ihn öffentlich als typischen Bonzen der Weimarer Republik zu denunzieren. Man hängte ihm ein Schild aus Pappe um den Hals mit der Aufschrift „Ich bin der Hungerleider Hirtsiefer".[13] Nach einer einmonatigen KZ-Haft (Bürgermoor, Emsland) wurde er entlassen und erhielt ein Aufenthaltsverbot für Essen. Körperlich und psychisch gebrochen starb er 1941 in Berlin.

---

9 Haus der Essener Geschichte/Stadtarchiv (HdEG/StA) Rep. 102 Nr. 385 Wohnungsausschuß
10 Heinrich Hirtsiefer, Die Wohnungswirtschaft in Preußen. Eberswalde 1929.
11 Hagen Schulze, Otto Braun oder Preußens demokratische Sendung. Eine Biographie. Frankfurt/Main u. a. 1981, S. 725–744.
12 DDP: Deutsche Demokratische Partei, umbenannt 1930 in DStP: Deutsche Staatspartei.
13 Marcus Schymiczek, Heinrich Hirtsiefer – Christ, Minister, Nazi-Opfer, in: Westdeutsche Allgemeine Zeitung (WAZ) vom 15.5.2016, https://www.essen-nord.de/2016/05/15/heinrich-hirtsiefer-christ-minister-nazi-opfer (zuletzt heruntergeladen 29.3.2023).

Abb. 93: Teilnehmer der Internationalen Städtebautagung New York 1925. Bildmitte: Grace Coolidge (mit hellem Kleid), rechts daneben US-Präsident Calvin Coolidge, links von Grace Coolidge: Raymond Unwin (mit Schnurrbart); links daneben: Robert Schmidt, links daneben: Ebenezer Howard

Über den christlichen Gewerkschafter Heinrich Hirtsiefer ergab sich auch die Verbindung zu einem Geldinstitut, das in späteren Jahrzehnten die Hausbank des Allbau war. Adam Stegerwald, der Vorsitzende der christlichen Gewerkschaften (DGB) beauftragte seinen Referenten Heinrich Brüning (Geschäftsführer des DGB 1920–1930) mit der Gründung der Vereinsbank für deutsche Arbeit AG, dann umbenannt in Deutsche Volksbank AG, als Bank der christlichen Gewerkschaften. 1922 wurde der Hauptsitz von Berlin nach Essen verlegt. Bis 1933 war ihre Aufgabe die Finanzierung von genossenschaftlichen und sozialen Projekten. Nach der Machtübernahme durch die Nationalsozialisten gingen die gewerkschaftlichen Anteile an die Deutsche Arbeitsfront, der Name wurde in National-Bank geändert, Zielrichtung jetzt: Finanzierung mittelständischer Unternehmen.[14]

Die dritte Person aus dem Essener Umfeld von Josef Rings ist wahrscheinlich für die in diesem Beitrag behandelte Zeit die wichtigste: der Essener Stadtplaner Robert Schmidt.

Robert Schmidt hatte an der TH Hannover studiert und danach bei der Rheinischen Bahngesellschaft, zuletzt bei der Wasserbauinspektion Düsseldorf gearbeitet, bevor er 1901 in die Dienste der Stadt Essen trat (als Leiter des Stadterweiterungsamtes), wo er bis zum Jahre 1920 blieb. Ab 1906 war er als

---

14 Joachim Scholtyseck, Die Geschichte der National-Bank 1921–2011. Stuttgart 2011.

Technischer Beigeordneter für sämtliche Fragen der städtebaulichen Entwicklung zuständig. Die Verhinderung einer geschlossenen Bebauung des Stadtgebietes war sein Minimalziel. Durch die Arbeit an der Umsetzung dieser Vorstellungen erweiterte sich die Perspektive Schmidts bald über die Stadt selbst hinaus auf die umliegende Region und von dort weitergehend dann auf den gesamten staatlichen Raum. Ausgangspunkt dieser Entwicklung Schmidts ist dabei eindeutig die Vorstellungswelt der deutschen und englischen Gartenstadtbewegung. Eine der ersten von Schmidt in Essen durchgesetzten Veränderungen war die Abschaffung der Berliner Bauordnung. Sie hatte zwar nur wenige Jahre gegolten, doch war diese Zeit ausreichend, um eines der schwierigsten Essener Stadtviertel entstehen zu lassen, den sozialen Brennpunkt Segeroth.[15]

In seiner Arbeit setzte Schmidt dem hektischen Stadtwachstum der Hochindustrialisierungsphase die Leitidee der „Industrie- und Wohnstadt" entgegen. Mit diesem Konzept wollte er planerisch eingreifen. Es sollte, so Schmidts eigene Worte, „die Stadt in die Landschaft und die Landschaft in die Stadt wachsen."[16] An dezentrale überlieferte Siedlungsstrukturen anknüpfend folgte Schmidt der Linie, neue Stadtteile bewusst so im städtischen Raum zu verteilen, dass sie in einen vorgegebenen, von ihm entwickelten „Generalplan für die Grünflächen" eingepasst waren. Auch eine der bekanntesten an der Gartenstadtidee orientierten Siedlungen Deutschlands, die Margaretenhöhe, entstand eingefügt in diesen von Schmidt entwickelten Gesamtzusammenhang. Wenn auch die anderen unter Schmidts Verantwortung realisierten neuen Stadtteile und Siedlungen sicher nicht den durch die Margaretenhöhe gesetzten Standard erreichten, dem Gesamtanliegen Schmidts wurden sie gerecht.

Die positive städtebauliche Entwicklung Essens war auch der Grund für den Wunsch der englischen Gartenstadtgesellschaft, im Rahmen einer Studienreise durch das Deutsche Reich dieser Stadt einen Besuch abzustatten. Im April 1911 schließlich hielt sich eine Delegation der Gesellschaft in Essen auf und absolvierte ein ausführliches Besichtigungsprogramm. Nachdem zunächst der Kruppsche Wohnungsbau in Augenschein genommen worden war, erläuterte Robert Schmidt bei einer Rundfahrt und später in einem Referat seine eigene planerische Arbeit und diejenige seiner Vorgänger. Ganz offensichtlich

---

[15] Robert Schmidt, Ein modernes Stadtgebilde. Die Industrie- und Wohnstadt, in: Essens Entwicklung 1812–1912. Hrsg. aus Anlaß der hundertjährigen Jubelfeier der Firma Krupp vom Verkehrsverein für den Stadt- und Landkreis Essen e.V. August 1912. Essen 1912, S. 34–43, hier S. 35; siehe auch Heinz Wilhelm Hoffacker, Robert Schmidt und die Gartenstadt, in: Robert-Schmidt-Preis 1992. Europäischer interdisziplinärer Studentenwettbewerb für die bau- und planungsbezogenen Disziplinen. Dokumentation. Thema: Gartenstadt heute. Eine Aufforderung Ebenezer Howards Klassiker neu zu interpretieren. Kommunalverband Ruhrgebiet – IBA Internationale Bauausstellung Emscherpark. Essen 1992, S. 9–20.

[16] Robert Schmidt: Die städtebauliche Entwicklung Essens und seine Stellung im Rahmen des Siedlungsverbandes, in: Essener Volkszeitung (EVZ) vom 16.4.1926.

hinterließen seine Ausführungen einen bleibenden Eindruck, denn der zweite Vorsitzende der deutschen Gartenstadtgesellschaft, Adolf Otto, schrieb später an den Essener Oberbürgermeister Holle: „Besonders wertvoll war den Engländern auch der sehr instruktive Lichtbildervortrag des Herrn Beigeordneten Schmidt." Die Entwicklung der Stadt und die „großartige Bodenpolitik" habe man seitens der Besucher als auch für englische Gemeinden nachahmenswert empfunden.[17]

Hinter dieser positiven internationalen Resonanz stand die Anerkennung in Deutschland nicht zurück. So verwies 1913 der renommierte Hamburger Gartenarchitekt Leberecht Migge, seit 1920 Worpswede, in seinem Buch „Gartenkultur des 20. Jahrhunderts" besonders auf die erfolgreiche Freiflächenpolitik Essens, das seiner Ansicht nach „sich überhaupt immer markanter zu einem städtebaulichen Musterstädtle zu entwickeln" schien.[18] Nur kurz sei noch erwähnt, dass Schmidt mit seinem im Auftrag des Regierungspräsidenten in Düsseldorf verfassten Generalsiedlungsplan für den westlichen Teil des Ruhrgebietes (soweit er zum Regierungsbezirk Düsseldorf gehörte) weiter national und international bekannt wurde.[19] All dies führte dazu, dass die International Federation for Housing and Town Planning, die aus der internationalen Gartenstadtbewegung hervorgegangen war, begründet von Ebenezer Howard und Raymond Unwin, auch nach dem Ersten Weltkrieg Robert Schmidt als ihren legitimen Erben ansah. 1931 sollte er als Nachfolger von Raymond Unwin den Vorsitz der International Gardencities and Townplanning Association übernehmen. Streitigkeiten und Eifersüchteleien in der deutschen Delegation verhinderten das. Immerhin wurde Schmidt dann noch als Ehrenmitglied in das British Town Planning Institute aufgenommen.[20] Insgesamt muss Robert Schmidt als einer der Väter der

---

17 Englische Gäste der Stadt Essen, in: Rheinisch-Westfälischer Anzeiger (RWA) vom 16.4.1911; Brief Adolf Otto an den Essener Oberbürgermeister Holle vom 27.3.1911, in: HdEG/StA Rep. 102 Abt. I Nr. 773.
18 Leberecht Migge, Gartenkultur des 20. Jahrhunderts. Jena 1913, S. 36, siehe auch S. 78; zu Migge: David H. Haney, When Modern Was Green: Life and Work of Landscape Architect Leberecht Migge. London 2010. Die Bedeutung Migges für die Herausbildung der Raumplanung in Deutschland wird von Haney nicht thematisiert. Zu diesem Aspekt von Migges Lebenswerk siehe: Hoffacker, Entstehung der Raumplanung (wie Anm. 7) das Kapitel zu Migge S. 183–212.
19 Robert Schmidt, Denkschrift betreffend Grundsätze zur Aufstellung eines General-Siedlungsplanes für den Regierungsbezirk Düsseldorf (rechtsrheinisch) 1912; Heinz Wilhelm Hoffacker, Robert Schmidts Denkschrift im kritischen Rückblick. Zur Entstehung der Abhandlung und zu deren Wirkung auf nachfolgende Entwicklungen im Gebiet des Siedlungsverbandes Ruhrkohlenbezirk, in: Regionale Planung im Ruhrgebiet. Von Robert Schmidt lernen? Hrsg. v. Renate Kastorff-Viehmann, Yasemin Utku, Regionalverband Ruhr. Essen 2014, S. 41–50.
20 Hoffacker, Entstehung der Raumplanung (wie Anm. 7), S. 44 ff; zur Mitgliedschaft im British Town Planning Institute siehe Todesanzeige Robert Schmidt im Essener Anzeiger (EAZ) vom 23.5.1935. Der Verband firmiert heute als: International Federation for Housing and

deutschen Raumplanung angesehen werden, deren institutionelle Verankerung letztendlich mit der Einrichtung der Reichsstelle für Raumordnung im Juni 1935 gelang. Auch wenn die Reichsstelle natürlich nationalsozialistische Perspektiven in ihrer Arbeit umzusetzen hatte und auch umsetzte, die grundsätzliche Idee einer solchen reichsweiten Gesamtplanung als notwendiges Instrument staatlicher Politik war in den wirtschaftlichen und städtebaulichen Diskussionen in den Jahrzehnten zuvor von unterschiedlichen Ausgangspunkten entwickelt worden. Sie war keine spezifisch nationalsozialistische Idee.[21] Robert Schmidt hatte zu diesen Diskussionen u. a. auch als Präsident der Freien Deutschen Akademie des Städtebaues Relevantes beigetragen und war zudem als Direktor des Siedlungsverbandes Ruhrkohlenbezirk von 1920 bis 1932 der Mann an der Spitze der ersten städteübergreifenden Planungsinstitution auf gesetzlicher Grundlage. Robert Schmidt starb 1934.[22] Damit ist Rings' personelles berufliches Umfeld, aus dem heraus das Vorhaben „Allbau" entstand, im Groben skizziert.

Die Geschichte des Allbau beginnt im Herbst 1918, noch im Kaiserreich. Ein Zeitungsbericht vom Februar 1919 fasst es so zusammen: Essener Bürger hätten sich zusammengetan, um Mittel und Wege zu finden, die uns aus der Not herausführen sollen.[23] Konkreter wollte der Berichterstatter nicht werden. Die oben beschriebenen und auch etliche andere Personen aus Essen hatten bereits zu diesem Zeitpunkt und erst recht später gute Kontakte zur preußischen Regierung. Sie waren an der Formulierung der Leitlinien zukünftiger Wohnungspolitik mehr oder weniger direkt beteiligt oder zumindest gut darüber informiert (Schmidt, Rings, Hirtsiefer, Robert Schmohl, von 1891 bis 1924 Leiter des Baubüros Friedrich Krupp AG). Von daher kann man davon ausgehen, dass die späteren Allbau-Gründer und ihr politisches und berufliches Umfeld in Essen stets genaue Kenntnisse über die Grundlinien der kommenden

Planning – Internationaler Verband für Wohnungswesen, Städtebau und Raumordnung – Fédération Internationale pour l'habitation, l'urbanisme et l'aménagement des territoires.

[21] Zur Herausbildung verschiedener theoretischer Ansätze für die Begründung der Aufgabe „Raumplanung" siehe Hoffacker, Entstehung der Raumplanung (wie Anm. 7); ders., Raumplanung als Gesamtrationalisierung. Ein Versuch zur theoretischen Begründung der Notwendigkeit von Raumplanung aus dem Jahre 1929, in: Zukunft aus Amerika. Fordismus in der Zwischenkriegszeit. Siedlung, Stadt, Raum. Hrsg. v. Stiftung Bauhaus Dessau/ Rheinisch-Westfälische Technische Hochschule Aachen. Dessau 1995, S. 276–287. Die Darstellung der späteren Entwicklungen: Ariane Leendertz, Ordnung schaffen: Deutsche Raumplanung im 20. Jahrhundert. Göttingen 2008.

[22] Als Gesamtdarstellung von Robert Schmidts Weg: Ursula von Petz, Robert Schmidt 1869 – 1934. Stadtbaumeister in Essen und Landesplaner im Ruhrgebiet. Tübingen/Berlin 2016; zur Rolle Robert Schmidts im Ruhrgebiet: Renate Kastorff-Viehmann, Die Neue Industriestadt. Ein „Dritter Weg" in der Moderne. Essen 2014, S. 81 ff.

[23] Heinz Wilhelm Hoffacker, Geschichte des Allgemeinen Bauvereins 1919 bis 1993, in: Jürgen Reulecke/Heinz Wilhelm Hoffacker/Renate Kastroff-Viehmann, Klaus Selle/Dietrich Goldmann, Wohnen und Markt. Gemeinnützigkeit wieder modern. Essen 1994, S. 23–89, hier S. 26.

Wohnungspolitik hatten. Insbesondere über die bis dahin unbekannte staatliche Finanzierung des Wohnungsbaus durch direkte staatliche Zuschüsse. Da gleichzeitig schon vor Kriegsende abzusehen war, dass der private Wohnungsbau langfristig völlig ausfiel, würden die Gewichte eindeutig zugunsten der öffentlichen Hand verlagert werden. Damit schien endlich, hier nur aus Essener Sicht beschrieben, möglich zu werden, was der Essener Stadtplaner Robert Schmidt in verschiedenen Veröffentlichungen immer wieder als Ziel formuliert hatte: die umfassende Steuerung der Entwicklung der Stadt in baulicher, flächenmäßiger und infrastruktureller Hinsicht.

Im Januar/Februar 1919 waren die Bemühungen soweit gediehen, dass man daran ging, die Gründung eines „gemeinnützigen Bauvereins auf breitester Grundlage" konkret vorzubereiten. Organisatorischer Ausgangspunkt war der Gemeinnützige Bauverein Essen-Stadtwald AG, der in mancherlei Hinsicht dem späteren Allbau ähnelte. Auch personell waren die Verflechtungen eng. Die beiden Vorstandsmitglieder Eisenbahnsekretär Mathias Braun und Architekt Wilhelm Schulte wurden im April 1919 zum ersten Vorstand des Allbau bestellt und der Vorsitzende des Aufsichtsrates des Gemeinnützigen Bauvereins Essen-Stadtwald, Oberlehrer Frye, war von Beginn auch im Aufsichtsrat des Allbau vertreten. Ein weiteres Bindeglied war Josef Rings, der sowohl die Stadtwaldsiedlung als auch die ersten Allbau-Projekte entwarf und künstlerischer Beirat des Allbau wurde. Schließlich ging die Ähnlichkeit zwischen beiden Gesellschaften so weit, dass sogar der Name fast übereinstimmte. Unter dem Namen „Gemeinnütziger Bauverein Essen, AG" und nicht als „Allgemeiner Bauverein Essen AG" wurde die Neugründung in den Monaten Februar bis April 1919 bekannt gemacht. Erst als man Nachteile durch die Verwechslung der beiden Gesellschaften befürchtete, wurde für die Neugründung der Name „Allgemeiner Bauverein Essen AG" gewählt.

Am 11. Februar 1919 fand die erste öffentliche Versammlung im Essener Saalbau statt, bei der für das Vorhaben Allgemeiner Bauverein Essen AG geworben wurde. Als Hauptredner war der Essener Stadtplaner Robert Schmidt vorgesehen, der aber wegen seiner Verpflichtungen als Kommandant der Einwohnerwehr dann doch nicht auftreten konnte. Die Veranstaltung war nur schwach besucht. Lediglich rund 40 Personen waren erschienen. Man hatte mehr erwartet. Trotzdem entwarf man für die Anwesenden ein detailliertes Bild des Gründungsvorhabens. Ziel der Gesellschaft sollte sein, einerseits der Wohnungsnot abzuhelfen, andererseits Erwerbsmöglichkeit für das darniederliegende Baugewerbe zu schaffen. Ganz eindeutig beschränkte man die zukünftige Tätigkeit des Bauvereins auf bestimmte Bevölkerungsgruppen:

„Vornehmlich handle es sich um Wohnungsfürsorge für den Mittelstand. Darum waren Einladungen an die verschiedensten Kreise des Mittelstandes und der Angestellten

ergangen, so an die Innungen, die techn. Vereine, die Lehrer und Philologen, die kaufmännischen Verbände, ferner an Krupp, Goldschmidt, Kohlensyndikat, Emschergenossenschaft, Bergbaulicher Verein und an die Verwaltungsangestellten der Stadt, der Post und der Eisenbahn."[24]

Vor diesem Hintergrund darf man den Begriff „minderbemittelt" und ähnliche Bezeichnungen, wie sie im Programm des Allbau Ende 1919 dann auftauchen, nicht nach heutigem Sprachgebrauch missverstehen. Vielmehr muss hier festgehalten werden, dass der Allbau ursprünglich auf den sozialen Bereich beschränkt bleiben sollte, den man heute wie damals in irgendeiner Weise als Mittelstand bezeichnen würde, der aber nach damaligem Verständnis auch mit dem Begriff „minderbemittelt" angemessen gekennzeichnet war. Dass die damals größte Bevölkerungsgruppe, die in den Montanindustrien beschäftigte Arbeiterschaft, nicht angesprochen wurde, hat einen ganz bestimmten Hintergrund. Für das Ruhrgebiet war ein Ausbau der Kohleförderung in allergrößtem Stil vorgesehen. Reichsregierung und preußische Regierung planten den Einsatz von 150.000 zusätzlichen Bergleuten im Ruhrgebiet, das bedeutete insgesamt die Ansiedlung von rund 600.000 Menschen. Dieses Vorhaben konkretisierte sich seit Anfang 1919, führte schließlich zur Gründung der Treuhandstelle für Bergmannswohnstätten und war auch ein wesentlicher Faktor, der die Entstehung des Siedlungsverbandes Ruhrkohlenbezirk begünstigte.[25] Letztlich ist nur

---

[24] Rheinisch-Westfälischer Anzeiger (RWA) vom 16.2.1919.

[25] Der wesentliche Impuls, der zur Gründung des Siedlungsverbandes Ruhrkohlenbezirk führte, war jedoch nicht, wie von Robert Schmidt und Hans Luther später wiederholt beschrieben, die Denkschrift von 1912, sondern das Vorhaben der Gründung einer neuen preußischen Provinz, der Herauslösung des Ruhrgebietes aus der Provinz Westfalen und der Rheinprovinz und der Zusammenfassung des Ruhrgebietes zu einer „Industrieprovinz". Der Siedlungsverband Ruhrkohlenbezirk ist letztlich das, was sich unter den sich schnell verändernden damaligen Rahmenbedingungen verwirklichen ließ. Das preußische Gesetz vom 5.5.1920, das den Siedlungsverband begründete, enthielt aber eine Regelung, die besagte, dass aus dem Siedlungsverband durch einen Beschluss des preußischen Parlaments jederzeit eine solche neue Provinz hätte gebildet werden können. In Verbindung mit der Aufgabe der Treuhandstelle für Bergmannswohnstätten erschien eine solche Neubildung realistisch, solange die Diskussion über die Weimarer Verfassung noch nicht beendet war und die Neugliederung des Deutschen Reiches unter funktionalen wirtschaftlichen Gesichtspunkten diskutiert wurde. Damit wäre die Auflösung der früheren Bundesstaaten, also auch Preußens, gemeint gewesen. Entsprechendes fand dann jedoch keinen Eingang in die verabschiedete Verfassung. Hans Luther hielt auch später an der Perspektive der Neugliederung des Reiches, einer Reichsreform in Gestalt einer territorialen Neugliederung fest. Er gehörte 1928 zu den Gründungsmitgliedern des „Bundes zur Erneuerung des Reiches". Siehe dazu: Hoffacker, Entstehung der Raumplanung (wie Anm. 7), S.67–96; ders, Der Siedlungsverband Ruhrkohlenbezirk in den Jahren1920–1945, in: Vom Ruhrgebiet zur Metropole Ruhr SVR KVR RVR 1920. Hrsg. v. Karola Geiß-Netthöfel, Dieter Nellen, Wolfgang Sonne. Berlin 2020, S. 48–67.

ein geringer Teil dieser Pläne verwirklicht worden, doch für die Allbau-Gründer gehörte all dies zu den Rahmenbedingungen, denen sie Rechnung zu tragen hatten. Des Weiteren gab es eine im ganzen Reich verbreitete Gründungswelle von Genossenschaften und gemeinnützigen Baugesellschaften, deren soziale Basis eben die Arbeiterschaft war. Allein in Essen stieg die Mitgliederzahl der Baugenossenschaften von 9.168 im Jahre 1918 auf 16.105 im Folgejahr und schließlich auf 25.392 im Jahre 1922, was den Höchststand für die Zeit der Weimarer Republik bedeutete. So gesehen erscheint die Beschränkung des Allbau auf den Mittelstand also durchaus einleuchtend.[26]

In der Versammlung am 11. Februar 1919 erfuhren die Anwesenden auch, dass in Form der „Übertueerungszuschüsse"[27] staatlicherseits die Möglichkeit geschaffen worden war, die Baukosten in etwa auf die Höhe der Vorkriegszeit zu begrenzen, und dass der Allbau diese Geldquelle zu nutzen gedachte. Die Art, wie sich die Gründer darüber hinaus die Aufbringung des Aktienkapitals vorstellten, wirft im Übrigen ein bezeichnendes Licht auf einige spezifische Aspekte des ganzen Vorhabens. Als Käufer von Aktien – der Allbau wurde als Aktiengesellschaft geplant und auch realisiert – sollten ja nicht nur die eigentlichen Wohnungsinteressenten angesprochen werden, sondern auch ganz einfach Gruppen, Institutionen, Einzelpersonen, die allgemein ein Interesse an der Überwindung der Wohnungsknappheit hatten. Die angestrebte Zusammensetzung des Aufsichtsrates zeigte die zugrundeliegende Vorstellung am deutlichsten: ein Drittel sowie der Vorsitz sollten der Stadt Essen zustehen, ein weiteres Drittel den direkten Wohnungsinteressenten und das letzte Drittel schließlich den allgemein Interessierten. Hinter diesen verbargen sich nicht nur Handwerker und andere Vertreter des Baugewerbes, sondern auch wohlhabende Bürger, die, wie seit Beginn der organisierten Bemühungen um eine Reform des Wohnungswesens Mitte des 19. Jahrhunderts üblich, um Mitarbeit und finanzielle Unterstützung gebeten wurden. In gewisser Weise wird hier deutlich, dass dem Vorhaben Allbau zum Teil auch noch ein patriarchales Fürsorgedenken zugrunde lag, wie es für zahlreiche Reformbemühungen während des Kaiserreiches typisch war. Der Allbau ist also unter diesem Blickwinkel gesehen von seinem Ursprung her eine Kombination von patriarchalem Fürsorgewillen älteren Stils und ersten Strukturen des entstehenden Sozial- und Interventionsstaates. Da Hans Luther und Robert Schmidt von ihrer Berufspraxis in der Kommunalpolitik her die

---

26 Rüdiger vom Bruch, Bürgerliche Sozialreform im deutschen Kaiserreich, in: ders., Weder Kommunismus noch Kapitalismus. Bürgerliche Sozialreform vom Vormärz bis Adenauer. München 1985, S. 117–122; für den exemplarischen Weg einer einzelnen Genossenschaft im Ruhrgebiet durch die Jahrzehnte der Wohnungswirtschaft seit den 1890er Jahren siehe: Heinz Wilhelm Hoffacker/Wohnungsgenossenschaft Witten-Mitte, 1895–2020. 125 Jahre Wohnungsgenossenschaft Witten-Mitte eG. Witten 2020.

27 Übertueerung der Wohnungsbaukosten, in: Handwörterbuch des Wohnungswesens, S. 733 ff.

grundlegende Prägung während der Kaiserzeit erfahren hatten, kann eine solche Denkstruktur nicht überraschen. Wenn zudem mit Josef Rings, Wilhelm Schulte und vor allem mit dem späteren Aufsichtsratsmitglied Robert Schmohl, Vertreter des Kruppschen Wohnungswesens führend im Allbau vertreten sind, so ist in der Anfangszeit des Unternehmens eine kaum noch enger zu gestaltende Verbindung zu einem der vor Ort größten patriarchalen Fürsorgesysteme, nämlich dem der Firma Krupp, gegeben.

Trotz intensiver Bemühungen von Robert Schmidt kam durch die Zeichnung von Aktien die angestrebte Summe von mindestens 1,3 Millionen Mark nur mit Verzögerung zustande. Erst als die Stadtverordnetenversammlung ihrerseits 660.000 Mark bewilligte, war das Gründungskapital zusammen.[28] Die Verteilung des Aktienbesitzes zeigt noch einmal klar die Ausrichtung der Allbau AG: Große Anteile waren im Besitz der Stadt Essen, des Rheinisch-Westfälischen Kohlensyndikats, der Emschergenossenschaft, der Handwerker- und Handelsbank e GmbH, der größte Anteil wurde jedoch gehalten von den katholischen Lehrerverbänden (gezeichnet von deren Vertreter Franz Frye).[29] Der erste Aufsichtsrat hatte 15 Mitglieder, darunter Personen, die durch ihr allgemeines Engagement und ihre Sachkenntnis im Bereich Wohnungswesen bekannt waren: Baurat Robert Schmohl, der langjährige Leiter des Kruppschen Baubüros (wo Wilhelm Schulte und Josef Rings gearbeitet hatten), Landessekretär Dr. Mewes (Vorstand Landesversicherungsanstalt der Rheinprovinz, bis Herbst 1918 Geschäftsführer des Rheinischen Vereins für Kleinwohnungsfürsorge) sowie Heinrich Hirtsiefer. Den Vorsitz im Aufsichtsrat übernahm Oberbürgermeister Hans Luther. Der Vorstand, der die eigentlichen Geschäfte führt, bestand aus Architekt Wilhelm Schulte (wurde vom Kruppschen Baubüro dafür beurlaubt) und Eisenbahn-Obersekretär Mathias Braun. Eigentlich hätte die Arbeit nach den ganzen Verzögerungen der Gründungsphase jetzt zügig beginnen können, doch das erste Jahr der praktischen Tätigkeit stellte das Unternehmen bald vor ungeahnte Probleme.

Zunächst sah es nicht danach aus, denn der Vorstand teilte mit, dass ein Heft mit den Bauvorhaben der Gesellschaft veröffentlicht werde. Bis zum Ende des Jahres hatte sich dieses Heft ausgewachsen zu einem allein von der grafischen Gestaltung her beeindruckenden Büchlein im Querformat. Sein Titel: „Wollen – Können" (22 cm × 31,5 cm; 64 Seiten).[30] Neben acht Seiten „Leitgedanken", die von Robert Schmidt unterzeichnet waren, enthielt diese Veröffentlichung von Josef Rings stammende konkrete Beschreibungen der ersten Allbau-Projekte, vor allem von Feldhaushof und Heimatdank, aber auch Standardentwürfe für

---

[28] Hoffacker, Geschichte des Allgemeinen Bauvereins (wie Anm. 23), S. 29.
[29] Ebd., S. 31.
[30] Allgemeiner Bauverein Essen, AG Wollen – Können. Essen o. J. (1919), darin: Robert Schmidt, Leitgedanken, S. 2–10 und Josef Rings, Hausentwürfe. Entwürfe und Erläuterungen, S. 11–64.

unterschiedliche Haustypen, die von der Darstellung der Gesamtanlage bis zu Einrichtungsdetails der Wohnungen reichten.

Obwohl Robert Schmidt dem Allbau eine städtisch gestützte Führungsrolle bei der Durchsetzung der „guten neuzeitlichen Gedanken der Wohnungskultur und des Städtebaues"[31] auf Essener Gebiet zugeschrieben hatte, geriet das Unternehmen bald in größte Schwierigkeiten. Zum einen stieß der Führungsanspruch, den der Allbau für sich gegenüber den Gemeinnützigen bei der Beschaffung der finanziellen Mittel und der Baustoffe in Anspruch nahm, zunehmend auf Widerspruch. Alle Projekte kamen nur langsam vorwärts. Zunächst verursachten die zeitgenössischen Konflikte in Politik und Gesellschaft erhebliche Turbulenzen, die insgesamt die Realisierung der Projekte verzögerten (Streikbewegungen für die Sozialisierung des Steinkohlenbergbaus im Ruhrgebiet Januar 1919, Kapp-Putsch und Rote Ruhr Armee März 1920).[32] Auch die Natur spielte in den ersten zwölf Monaten der Allbau-Tätigkeit eine negative Rolle. Laut zeitgenössischen Zeitungsberichten war es eine äußerst regenreiche Phase. Viele halbfertige Bauten feuchteten durch, große Teile der Materialvorräte drohten durch die Feuchtigkeit ganz zerstört zu werden.[33] Die allergrößten Schwierigkeiten entstanden aber als Folge des Währungsverfalls. Nur zur Verdeutlichung: Im April 1919 betrug die Kaufkraft einer Friedensgoldmark von 1914 noch ganze 37 Pfennig, bis April 1920 sank sie auf 5,8 Pfennig. Die staatlichen Zuschüsse verloren, wenn sie im Januar 1919 ausgezahlt wurden, bis zum Oktober 1919 70 % ihres Wertes.[34] Im Sommer 1920 kam die Bautätigkeit in Essen, die nahezu ausschließlich von den Gemeinnützigen getragen wurde, zum Stillstand. Vorhaben ließen sich nur durch weitere Zuschüsse, die allerdings nur von der Kommune kommen konnten, fertigstellen. Nur so waren, so schien es, der städtische Aktienanteil von rund 33% und die zwischenzeitlich städtischerseits reichlich gewährten Zwischenfinanzierungen und Kredite zu retten. Die Details der zeitgenössischen politischen Diskussionen seien hier weggelassen. Am 15. Oktober 1920 bewilligte die Stadtverordnetenversammlung 31,5 Millionen Mark, um den Allbau vor dem Untergang zu bewahren.[35] Die finanzielle Rettung durch die Stadt war allerdings damit verbunden, dass die Kleinaktionäre ihre Aktien zum Nennwert abtreten mussten. So kam es, dass der städtische Aktienanteil im August 1921 bei rund 51,5 % und im August 1922 bei 60,5 % lag. In den nächsten Jahrzehnten stieg er weiter kontinuierlich an. Jetzt war der Allbau städtisch. Oberbürgermeister

---

31 Hoffacker, Geschichte des Allgemeinen Bauvereins (wie Anm. 23), S. 34.
32 Heinrich August Winkler, Von der Revolution zur Stabilisierung. Arbeiter und Arbeiterbewegung in der Weimarer Republik 1918 bis 1924. Berlin/Bonn 1984, S. 295 ff; Erhard Lucas, Märzrevolution 1920. 3 Bde. Frankfurt 1973, 1974, 1978.
33 Hoffacker, Geschichte des Allgemeinen Bauvereins (wie Anm. 23), S. 41.
34 Ebd., S. 40.
35 Ebd., S. 48.

Abb. 94: Wollen – Können Programm-Schrift des Allbau Essen von 1919, erschienen 1923

Abb. 95: Haustypen, Entwurf Josef Rings

Luther war bereits vor der Übernahme durch die Gemeinde auf Nummer sicher gegangen und hatte schon im September 1920 zwei städtische Beamte in den Vorstand des Allbau entsandt, die dann die Geschicke des Unternehmens bis in die 1940er Jahre leiten sollten: Jakob Riehm und Ernst Haag.[36]

Mit den neuen Besitzverhältnissen verbunden war auch eine völlige Neuausrichtung des Unternehmens. Nicht mehr der „Mittelstand", so hatte es ja anfangs geheißen, war jetzt die Zielgruppe, sondern der Allbau entwickelte sich zunehmend zu einem Instrument städtischer Wohnungspolitik und auch der Stadtplanung, mit dem die Kommune in den Wohnungsmarkt und in die weitere städtebauliche Entwicklung eingreifen konnte. Auch der Wohnungsbau für „So-

---

36 Ebd., S. 46.

Abb. 96: Musterwohnung, Entwurf Josef Rings

zialbedrängte", so der zeitgenössische Ausdruck, und für Arbeitslose am Ende der Weimarer Republik rückte in das Aufgabenfeld des Allbau. Doch bevor die Entwicklung diese Richtung nahm, trat der Allbau als Bauträger für verschiedene größere Vorhaben in Erscheinung, die mit dem Ausbau des Ruhrgebietes (Treuhandstelle für Bergmannswohnstätten)[37] und den neuen Wohnungsgenossenschaften in Verbindung standen. Erst nach der Konsolidierung der Währung Ende 1924 wurden größere eigene Projekte entwickelt und umgesetzt. Dies ist der Grund dafür, dass Bauakten und Pläne aus der Zeit davor nicht mehr im Besitz des Allbau sind, sondern, soweit überhaupt noch vorhanden, bei den damaligen Auftraggebern. In den Geschäftsberichten des Allbau wurden die Namen von Architekten in der Regel nicht genannt. So lassen sich aus den Unterlagen des Allbau nur drei von Josef Rings entworfene Projekte nachweisen:

- Siedlung Heimatdank Essen-Fulerum: 42 Häuser mit 42 Wohnungen
- Siedlung Feldhaushof Essen Huttrop: 199 Häuser mit 261 Wohnungen
- Bergmannssiedlung Altenessen: 25 Zweifamilienhäuser (Kinßfeldstraße) für die Treuhandstelle für Bergmannswohnstätten

Die von Robert Schmidt und Josef Rings in der Schrift „Wollen – Können" skizzierte Programmatik und spezifische Ausrichtung auf eine bestimmte soziale Gruppe bestimmte die Arbeit des Allgemeinen Bauvereins bald nicht mehr. Die grundsätzliche Verpflichtung auf Gemeinnützigkeit und die Verpflichtung auf eine soziale Wohnungswirtschaft blieb jedoch bis in die Gegenwart erhalten.[38]

---

37 Nach 2010 umfirmiert in THS GmbH, 2012 Zusammenschluss mit Evonik Immobilien zur Vivawest GmbH.
38 „100 Jahre Allbau – Die Geschichte im Film" (2019), https://www.youtube.com/watch?v=4ix4ZJjXhRw&t =367s zuletzt abgerufen 4.4.2023 und „Festakt 110 Jahre Allbau" (2019) https://www.youtube.com/watch?v= Gbg3T0N 8VWs, zuletzt abgerufen 4.4.2023.

Abb. 97: Siedlung Feldhaushof Esen Huttrop, Entwurf Josef Rings

Abb. 98: Siedlung Kinßfeldstraße

SYMPOSIUM „DER ARCHITEKT JOSEF RINGS"

7. Josef Rings: Die Stadtwaldsiedlung in Essen – „Eine einzigartige städtebauliche Leistung"

HANNAH FELDHAMMER

Die Siedlung in ihrer Entstehungszeit

Die Stadtwaldsiedlung, heute Eyhofsiedlung genannt, gilt nicht nur als Meilenstein im Siedlungsbau ihrer Zeit, gleichzeitig ist sie auch die Referenzsiedlung des Architekten Josef Rings schlechthin. Mit ihrer streng symmetrischen Anlage, mit der geschwungenen Dreiecksform am Übergang zum Wald, vermittelt sie wie keine andere Siedlung das Verständnis des Architekten vom angemessenen, einfachen Wohnen für unterschiedliche Gesellschaftsschichten. Gleichzeitig lässt sich gerade hier der sensible Umgang mit dem urbanen Außenraum und der Landschaft gut nachvollziehen (Abb. 99).

In ihrer Entstehungszeit von 1920 bis 1924[1] fand die für den *Gemeinnützigen Bauverein Essen-Stadtwald* erbaute Siedlung überregionale Aufmerksamkeit. Sie wurde nicht nur im Jahre 1923 bei der bedeutenden *Internationalen Städtebauausstellung* in Göteborg präsentiert.[2] Sie wurde auch mehrmals in Zeitungen und einschlägigen Fachzeitschriften lobend besprochen.[3] So wendet sich 1921 der Berliner Kulturwissenschaftler Hans Cürlis in der Essener Arbeiter-Zeitung an die Leser, um sie auf die Qualitäten der neuen Siedlung aufmerksam zu machen:

„In Essen darf man sich aufrichtig freuen, dass Josef Rings auf Essener Boden eine Siedlung im Stadtwald schafft, die sich grundsätzlich von allem bisher hierin Versuchten unterscheidet. In diesem ‚Grundsätzlich' liegt das Wesentliche, was dieses Werk der nur lokalen Bedeutung enthebt. [...] Rings hat das Wesentliche erfasst und baut mit Fähigkeit und Nüchternheit. Hier ist Sparsamkeit nicht Sport, dafür aber unerbittlich durchgeführt auch da, wohin der Laie nicht sieht, und ohne ‚Konzession' an den Geschmack.

1   Einige heutige Hausbesitzer berichten von den Jahren 1925, 1926 als Fertigstellungsdatum ihrer Häuser. Wie aus Luftaufnahmen dieser Zeit ersichtlich, wurde der Löwenanteil der Häuser jedoch 1924 vollendet.
2   Vgl. International Cities and Town Planning Exhibition, Jubilee Exhibition Göteborg Sweden 1923, English Catalogue, S. 152–153 (Erwähnung: Rings 10 Zeichnungen und 9 Fotos von Siedlungen in Essen; Abb. von Lageplan und Foto der Stadtwald-Siedlung). S. auch: N. N., Die internationale Städtebau- und Siedlungs-Ausstellung in Göteborg (u. a. Material aus Essen von dem Architekten Joseph Rings und von der Kreissiedlungsgesellschaft Recklinghausen, das einzelne Bauausführungen bis zur Inneneinrichtung der Räume zeigte), in: Zentralblatt der Bauverwaltung 1923, 43. Jahrgang, Nr. 69/70, S. 415–441.
3   Vgl. auch Renate Kastorff-Viehmann, Wollen und Können, in: Jürgen Reulecke u. a., Wohnen und Markt, Gemeinnützigkeit wieder modern. Essen 1994. S. 91–120.

Das gilt für Grundriss, Aufbau und Bebauungsplan in gleicher Weise. [...] Es würde mich freuen, wenn schon aus diesen Zeilen der Essener mit Befriedigung sehen würde, dass gerade in seiner Stadt eine einzigartige städtebauliche Leistung im Werden ist."[4]

Ein anderer bekannter Laudator der Siedlung war der Schriftsteller Wilhelm Schäfer, der viele Artikel zu Architektur in der einschlägigen Presse publizierte. Er schreibt in der Zeitschrift „Die Rheinlande" 1921 einen großen Artikel über die Siedlung, in dem er ihre ästhetischen Qualitäten beleuchtet.[5] Die Architekturkritiker in den frühen zwanziger Jahren haben sogleich festgestellt, dass die Stadtwaldsiedlung die romantisch-kleinstädtische Urbanität bereits in Richtung eines neuen Horizontes verlassen hat (Abb. 100). Aus einer Vielfalt an zeitgenössischen Fachartikeln zur Siedlung können hier nur einige erwähnt werden. Auch aus der unmittelbaren Umgebung, aus Essen selbst, kommt zur damaligen Zeit eine Anerkennung, die hier erwähnt werden soll: Im Jahr 1925 zählt der damalige Planungsdezernent von Essen, Hermann Ehlgötz, in seiner Publikation über Essens bauliche Entwicklung die Stadtwaldsiedlung zu den „beachtenswerten Ergebnissen der genossenschaftlichen Bautätigkeit" mit folgenden Worten:

„Das große Gegenstück zur Margarethenhöhe bildet in diesem Zweige für die mit hervorragender städtischer Beteiligung erstellte Stadtwaldsiedlung für den Mittelstand, ein Muster von Sachlichkeit und Zweckmäßigkeit, mit verbindlichster Liebe in die prächtige, grüne Umgebung hinein komponiert".[6]

Zusammen mit dem Lob aus städtebaulicher Sicht stellt Ehlgötz mit diesem Vergleich im Weiteren auch das Prinzip des Mäzenatentums, das der Margarethenhöhe zugrunde liegt, dem Prinzip des genossenschaftlichen Eigentums gegenüber.[7]

Rings selbst widmete sich der Siedlung – abgesehen von zahlreichen Publikationen in der Fachpresse – sehr ausführlich in seinem 1923 vorgelegten Grundlagenwerk „Siedlungsreform". Von Überlegungen zu den erwünschten

---

4   Hans Cürlis, Die Siedlung Essen-Stadtwald, in: Essener Arbeiterzeitung (24.9.1921). Zeitungsausschnitte-Sammlung im Haus der Essener Geschichte/Stadtarchiv Sig. 914,2.
5   Wilhelm Schäfer, Siedlung Essen Stadtwald, in: Die Rheinlande (31)1921 S. 161–168.
6   Hermann Ehlgötz, Essens bauliche Entwicklung, in: Zeitschrift des Rheinischen Vereins für Denkmalpflege und Heimatschutz, 1928, S. 128–129.
7   Der Pioniercharakter der Margarethenhöhe als Gartenstadt wird nicht negiert, sondern übernommen und in eine andere Richtung geführt. Das zeugt von der Bedeutung, die die Margarethenhöhe in Essen damals bereits erlangt hatte. Ehlgötz ist übrigens nicht der Einzige, der diesen Vergleich macht, auch andere zeitgenössischen Autoren, die die Essener Verhältnisse kennen, wie z. B. Cürlis schauen auf die Stadtwaldsiedlung mit einem Blick, der die Margarethenhöhe im Augenwinkel behält. Hier wird insbesondere der Baustil in Betracht gezogen, vgl. Cürlis, Siedlung Essen-Stadtwald (wie Anm. 4).

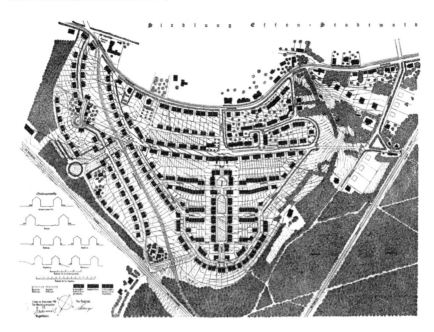

Abb. 99: Siedlungsplan

Abb. 100: Luftaufnahme von 1926

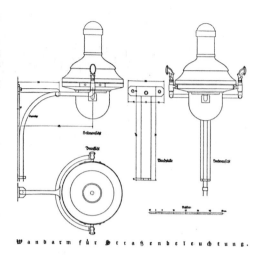
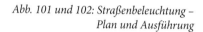

Abb. 101 und 102: Straßenbeleuchtung – Plan und Ausführung

Wohnbedingungen bis hin zu Tür-Details ging Rings hier intensiv auf seine Siedlung ein, die er „als Heimstätte für den Mittelstand, der am schwersten unter den Folgen des Krieges zu leiden hatte" konzipiert hatte. Besonders kümmert er sich hier um die Wohnqualität.[8]

Die heterogene Einkommensstruktur der zukünftigen Bewohner und Bewohnerinnen, die Rings nicht nur in Kauf nahm, sondern der er ausdrücklich entgegenkommen wollte, erforderte unterschiedlich große Wohnungen. Ein gravierendes Problem war aber die starke Teuerung und die Ressourcenknappheit, die nach dem Ersten Weltkrieg und der folgenden Ruhrkrise in Deutschland herrschten. Da Rings keine Abstriche bei der Bauqualität oder bei der gestalterischen Konzeption machen wollte, plante er die Siedlung nach dem Prinzip der seriellen Produktion: Um Geld zu sparen, entwarf er eine Typologie von Bauelementen wie Fenster, Türen, Treppengeländer, Gauben, Straßenbeleuchtung (Abb. 101–102) usw. als sich wiederholende Grundmuster, die er in variierenden Kombinationen einbaute. Das verleiht der Siedlung ein geschlossenes, einerseits homogenes, aber wegen der Wechselordnung in der Platzierung der Bauelemente kein uniformes Bild (Abb. 103). Auf die städte-

---

[8] Josef Rings, Siedlungsreform, Essen 1923. S. 140 ff. Vgl. auch den Beitrag von Renate Kastorff-Viehmann in diesem Band.

Abb. 103: *Hagelkreuz, Portale und Bogengeländer*

baulichen, architektonischen und ästhetischen Qualitäten dieser Siedlung wird im Folgenden näher eingegangen.

Siedlungscharakter und Struktur

Die Stadtwaldsiedlung folgt sowohl in städtebaulicher wie auch in sozialer Hinsicht den Prinzipien der Gartenstadtbewegung. Neben städtebaulichen Merkmalen war ein zentrales Kriterium des 1898 von Ebenezer Howard erdachten Konzepts der Gartenstadt insofern auch ein sozialpolitisches, als das Prinzip des genossenschaftlich organisierten Gemeinschaftseigentums hier bestimmend sein sollte.[9] Mit der Erfüllung des Bauauftrags des *Gemeinnützigen Bauvereins Essen-Stadtwald* orientiert sich Rings an diesem Grundsatz (Abb. 104).[10] Rings ordnet, im Rahmen seines Sozialkonzeptes, jedem Haus und jeder Wohnung in den Mehrfamilienhäusern eine Gartenparzelle zu, und alle gemeinschaftlichen Keller haben einen zusätzlichen Ausgang zu diesen Gärten.

Aus architekturhistorischer Sicht kann man die Siedlung auch als einen entscheidenden Schritt auf dem Weg zur Überwindung der herrschenden dekorativ-idyllischen Baugestaltung in Richtung auf das „Neue Bauen" verstehen.

---

[9] Vgl. Wolfgang Pehnt, Deutsche Architektur seit 1900. München 2005. S. 48 ff.
[10] Josef Rings, Bauen als Ausdruck des Gemeinschaftsbewußtseins, in: Bauwarte 4.Jhg. 1928 H. 9, S. 75–82. Siehe auch im Beitrag von Ute Reuschenberg in diesem Band.

Abb. 104: Hagelkreuz, Vorgärten

Sie verkörpert, wie Gerhard Fehl es formuliert, „einen Aufbruch zu neuen Ufern mit partieller Verteidigung des Altbewährten".[11] Zum „Altbewährten" kann man hier beispielsweise die Sattel- und Walmdächer mit Gauben zählen (Abb. 105), die sparsame Anwendung von Zierelementen, ebenso das Konzept eines markanten Torhauses. Auf all diese Elemente verzichtet Rings ein paar Jahre später völlig, wie es die Spinnstuhlsiedlung in Gelsenkirchen eindrücklich beweist.

Die achsensymmetrisch geplante Siedlung erstreckt sich auf einem von Südost nach Nordwest gegen den Stadtwald sich senkenden Hang. Die Topografie beeinflusst die Konzeption der Anlage unter konsequenter Einhaltung der Symmetrie. So bildet die Kontur des Siedlungsgrundrisses ein gleichschenkliges Dreieck mit teilweise abgerundeten Schenkeln oder, anders formuliert, einem etwas geschwungenen Bogen mit geraden, abgespreizten Verlängerungen zu beiden Seiten, dessen Enden mit einer geraden Sehne verbunden sind. Der *Grünhof* bildet die Mittelachse und das Zentrum der Siedlung, auf den sich alles bezieht. Der *Waldsaum* umrundet die Siedlung vom Westen über Norden und Osten, und die *Angerstraße* begrenzt die Siedlung nach Süden. Die innere Erschließung erfolgt durch drei senkrecht der Mittelachse parallel zueinander geordnete Querstraßen, die in der Anordnung der Kubatur unterschiedlich gestaltet sind. Von Süden nach Norden sind es das *Hagelkreuz*, der *Waldblick* (Abb. 106) und das *Eyland*.

[11] Gerhard Fehl, Gartenstadt-Bebauung oder schematische Reihenhaus-Bebauung? Zum Konflikt um die Bebauungsweise neuer Siedlungen ab 1918, dargestellt am Werk des Essener Architekten Josef Rings, in: F. Bollerey, G. Fehl, K. Hartmann (Hrsg.), Im Grünen Wohnen – Im Blauen Planen. Hamburg 1990 S. 190 ff. Hier beschreibt Fehl auch das allgemeine Problem und das Konfliktpotential in einer Diskrepanz zwischen den neuen rationellen Formen als Ausdruck eines Gestaltungswillens von Architekten mit einem Hang der Bauträger, im Altbewährten zu beharren (S. 191–192).

SYMPOSIUM „DER ARCHITEKT JOSEF RINGS"

Abb. 105: Straßen- und Gartenansichten der Reihenhäuser, Planung

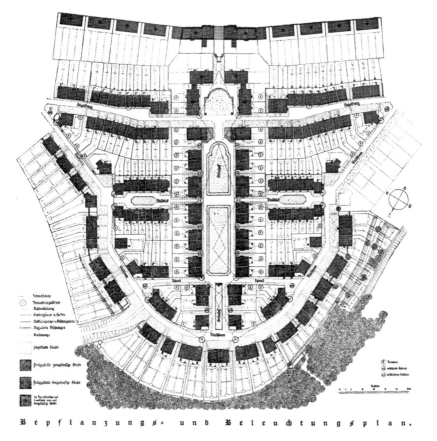

Abb. 106: Ordnung der Kubatur

Abb. 107: Grünhof. Blick nach Norden

Abb. 108: Grünhof, Blick zum Kopfhaus nach Norden

Der Grünhof ist gleichzeitig der zentrale Platz der Siedlung; ein rechteckiger großer freier Platz. Hier liegt die Betonung auf „freien Platz", dessen Umbauung sehr schlicht gehalten ist. An den Längsseiten des Platzes sind die Eingänge zu den Häusern nicht zum Platz gerichtet, sondern jeweils in den Baulücken zueinander gegenübergestellt, wo auch die Beleuchtung platziert ist. So bleibt die Wandflucht an dieser Stelle sehr schlicht und klar (Abb. 107). Jedoch be-

Abb. 109 und 110: Grünhof, Blick nach Norden. Kopfhaus, Eckrisalite als Blicklenkendes Element

finden sich hier punktuell Gestaltungselemente, die den Blick auf sich ziehen. Diese Elemente haben die Funktion, den Blick nicht nur zu fangen, sondern ihn auch zu lenken.

Wenn wir vom Grünhof gegen Norden schauen, blicken wir auf das Stirnhaus der Siedlung, den nördlichsten Punkt der Symmetrieachse, von dem sich der Straßenbogen des Waldsaums zu beiden Seiten erstreckt (Abb. 108). Dieses Haus hat, abgesehen von der Funktion zur Betonung der Symmetrie, keine anderen Gestaltungsmerkmale, die den Blick länger aufhalten würden. Es soll weder Konkurrenz noch Widerspiegelung zur Anlage im Süden darstellen. Die Blickführung vom Grünhof zu diesem Haus wird durch zwei mit oktogonalen Eckrisaliten versehenen Häusern geleitet. Diese Häuser verjüngen hier die Zeile des Grünhofes und führen auch rechts und links zum Eyland. Diese Oktogone lenken also die Blickrichtung auf das Stirnhaus, führen sie aber auch zu den beiden Seiten der Querstraße hin. Dieses Prinzip von Blickführung und -lenkung ist hier, wie in der ganzen Siedlung, zu beobachten (Abb. 109–110).

Nach Süden führt der Blick über einen Vorplatz mit Treppe zu einer monumentalen Anlage: ein die Siedlung überragendes Torhaus (Abb. 111, Planung, und 112, Ausführung) Es besteht aus einem durch drei Bogenöffnungen dominierten

Abb. 111: Grünhof, Blick nach Süden

Abb. 112: Grünhof Blick nach Süden. Torhaus. Ausführung.

Abb. 113: Angerstraße, Torhaus

Mitteltrakt und Seitenflügel. Die dem Bau vorgelagerte, halbrunde Treppenanlage bildet – zusammen mit den ihr beidseitig zugeordneten Häusern und den Häusern auf der gegenüberliegenden Seite des Hagelkreuzes – einen Platz, den man von diesem Standpunkt als „Vorplatz zum Grünhof" bezeichnen kann. Das Torgebäude ist ungeachtet seiner Monumentalität ein Mehrfamilienwohnhaus, wobei zur Außenseite der Siedlung, also zur Angerstraße hin, im Parterre einige Geschäfte integriert sind (Abb. 113). Schaut man vom Grünhof aus auf das Torhaus, so zeigt sich dieser, über der Gesamtanlage aufragende Bau in seiner Einzigartigkeit – obwohl seine architektonische Sprache die gleichen Elemente beinhaltet wie die Siedlungshäuser. Eine Differenzierung wird aber beispielsweise

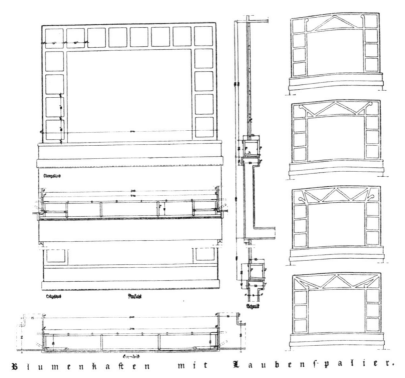

Abb. 114: Angerstraße, Mehrfamilienhäuser, Loggien, Spaliere

durch ihre Anordnung bewirkt. Hier sei auch auf die Loggien-Reihe unter dem Dach verwiesen. Diese lockern die Fassade optisch auf und verleihen dem Bau, trotz seiner Dominanz, eine filigrane Erscheinung.

Die Angerstraße säumt die Siedlung im Süden ein. Von da gesehen, betonen zwei Risalite die Symmetrie und Monumentalität dieses Torbaus. Diese zentrale, dreieinhalbgeschossige Toranlage bildet den markantesten und höchsten Bau der Siedlung und markiert auf dieser Seite die Achse der Symmetrie. Von da aus erstreckt sich zu beiden Seiten eine sich abstufende Häuserlinie, die den Torbau flankieren. Diese Abstufung entsteht durch das Gefälle im Gelände und die sich dadurch nach außen verringernde Traufhöhe der Häuser an den Flanken. Die Loggien sind auch hier ein wichtiges gestalterisches Element, denn sie verbinden formal die Häuser der Angerstraße, die den Rand der Siedlung nach außen bilden, mit den Bauten des Inneren der Siedlung. Die äußeren Kopfbauten der Reihe nach Osten und Westen sind mit oktogonalen Eckrisaliten versehen, wodurch das Äußere der Siedlung mit dem Inneren verbunden wird. Sie betonen so die Geschlossenheit und Homogenität der Anlage (Abb. 114).

Die Anordnung der Baukörper – Der öffentliche Raum und die Wohnkultur

Die Platzierung und Organisation der Häuser haben eine durchdachte ästhetische Wirkung und zugleich eine soziale Funktion, indem sie durch die unterschiedlichen Haus- und Wohnungsgrößen auch zur Zusammenführung unterschiedlicher Einkommensgruppen der Bewohner und Bewohnerinnen führen sollen. Die innere Aufteilung der Häuser und Funktion der Zimmer wird in der Publikation von Rings „Siedlungsreform" ausführlich beschrieben, da diese Siedlung als Mustersiedlung für seine Reformtheorie dient.[12] Es ist für Rings bezeichnend, dass sein Siedlungskonzept sehr behutsam auf die Wohn- und Lebensbedingungen und Bedürfnisse seiner Zeit eingeht. So Rings: „Die Steigerung der Freude am Wohnen und die Hebung der Wohn- und Gartenkultur fördern den gesunden bodenständigen Gemeinschaftssinn und die innere Kraft des Volkes".[13] Er stellt also seine gestalterischen Fähigkeiten dem Allgemeinwohl zur Verfügung, das ist auch der große Verdienst dieses Architekten. Man kann sagen, dass sich in der Stadtwaldsiedlung die sozialorientierte Weltanschauung von Rings in der Architektur und der städtebaulichen Konzeption spiegelt. Die Architektur soll nach seiner Auffassung der Gesellschaft, nicht dem Ruhm des Architekten dienen.

Die Siedlung besteht aus wohl konzipierten Gruppierungen einer begrenzten Zahl von Haustypen: Die meisten Ein- bis Zweifamilienhäuser sind zweieinhalbstöckig und die Mehrfamilienhäuser sind dreieinhalbstöckig konzipiert. Das halbe Stockwerk ergibt sich durch die Unterkellerung. In diesen Kellern sind Funktionsräume wie Waschküche, Lager etc. untergebracht. Dadurch sind alle Eingänge zum Wohnbereich in Hochparterre angebracht. Die Eingänge zu den Kopfhäusern sind ebenerdig und die Treppe zum Wohnbereich befindet sich im Inneren. Die zur Straße gerichteten Häuser haben eine Außentreppe mit dem typischen Bogengeländer, das als Gestaltungselement

Abb. 115: Treppenaufgang Innen

---

12 Rings, Siedlungsreform (wie Anm. 8), S. 156–184.
13 Ebd., S. 6.

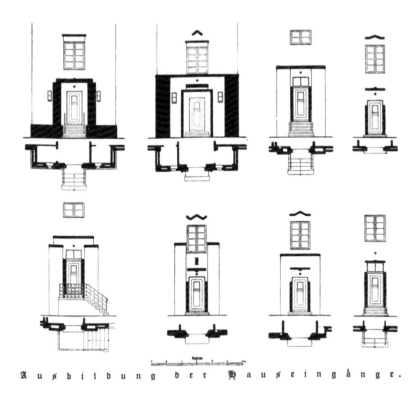

Abb. 116: Typologie der Portale

ins Auge fällt. Der an den Kopfbauten optische Eindruck der „Treppenlosigkeit" (weil die Treppen ins Innere eingezogen sind, Abb. 115) unterstützt ästhetisch das Prinzip „Eingang gegenüber Eingang", da die sich gegenüberstehenden Türen jeweils ebenerdig sind. Außenständige Treppenanlagen dagegen würden hier eine optische Störung bedeuten. Dieses Prinzip von „Eingang gegenüber Eingang" findet man im Grünhof und auch an der äußeren Zeile des Waldsaums, wie auch an wenigen bestimmten Stellen in den Querstraßen. Der Rest der Häuser hat Fronteingänge zur Straße, deren Gestaltung sich aus dem Reihenhausprinzip und der Topografie ergibt. Typisch für diese Fronteingänge sind die Außentreppen mit Bogengeländer. Alle Häuser haben einen portalartigen, betonten Eingang, der ursprünglich auch farblich abgesetzt wurde (Abb. 116).

Zur Gestaltung der Kubatur schreibt Rings:

„Die Hauskörper sind in der einfachsten Weise zu Straßen- und Gartenräumen zusammengefügt. Das einzelne Haus ist nur im Zusammenhang mit seiner Umgebung

Abb. 117: Waldblick. Straße öffnet sich zum Platz

zu verstehen; es ist gleichsam als Baustein zum Bau der Siedlung zu betrachten. Die Einfachheit der Hauskörper bringt das klar zum Ausdruck und kommt gleichzeitig der wirtschaftlichen Forderung zum Sparen entgegen. Der einfache und klare Baukörper ist zum Ausdruck städtischer Gedanken der geeignetste und der geringste Material- und Funktionsaufwand fordert wiederum klare Gebilde. So unterstützt eins das andere und führt durch die in der Zeit und ihren Verhältnissen eine begründete Richtung zu modernen Lösungen. [...] Bei der Aufteilung von Wohnquartieren durch Straßen handelt es sich vorwiegend darum, eine geschickte Aufteilung des Geländes zu finden, die der Art der Bebauung entspricht und die nötigen Freiflächen für Gärten und Grün berücksichtigt."[14]

Die geschickte Aufteilung des öffentlichen Raums ist für diese Siedlung bezeichnend. Hier hat Rings es geschafft, den Raum zwischen den Häusern auf eine Weise zu gestalten, dass er als Platz wahrgenommen wird: Das Prinzip der *Agora* bzw. des *Angers* wird hier an mehreren Stellen gestalterisch betont und folgt dem von Rings postulierten Gedanken vom „Bauen als Ausdruck des Gemeinschaftsbewußtseins".[15] Dieses Gemeinschaftsbewusstsein (auch zwischen verschiedenen Einkommensgruppen) ist ein wichtiges Leitbild im architektonischen Denken von Rings und wird öfters im Zusammenhang mit seiner städtebaulichen Position und seinem Architekturkonzept erwähnt.

Der öffentliche Raum wird zum Ort, der zum Verweilen und zur gemeinschaftlichen Kommunikation einlädt. Schon dass die Mittelachse der Siedlung als Grün-Hof gestaltet ist, ist das beste Indiz dafür, aber nicht das einzige. Auch an anderen Stellen, wie im Waldblick (Abb. 117) und Hagelkreuz, erweitert sich

[14] Ebd., S. 156.
[15] Josef Rings, Bauen als Ausdruck des Gemeinschaftsbewußtseins, in: Bauwarte 4. Jhg. 1928 H. 9, S. 75–82. Siehe auch im Beitrag von Ute Reuschenberg in diesem Band.

Abb. 118: Eyland, Eckbau. Drehung um 45 Grad

die Straße zu einem Platz. Hier soll insbesondere auf die Stellen hingewiesen werden, in denen die Querstraßen in den Waldsaum münden. Durch die schräge Führung des Waldsaums münden diese Querstraßen in einem spitzen Winkel in sie ein. Das würde Endbauten mit spitzzulaufenden Ecken bedingen, was in Anbetracht der geringen Dimensionen dieser Siedlungsbauten zu Raumverschwendung führen würde. Dieses Problem erläutert Rings ausführlich:

> *„Besondere Schwierigkeiten bieten die Eckbebauungen für spitz- oder stumpfwinklige Zusammenschnitte von Straßen. Wenn der Bebauungsplan, der Grundriss und die Gebäude der Aufriss des Stadtganzen sein sollen, muss eine Eckbebauung beide Fluchten der zusammenschneidenden Straßen aufnehmen. Wird darauf keine Rücksicht genommen, so geht von solchen Lösungen immer ein unbefriedigendes Gefühl aus."*[16]

Er löst dieses Problem aber, indem er den Kubus des Endhauses um 45 Grad aus der Straßenflucht dreht (Abb. 118–120). Dadurch entsteht ein kleiner Platz, zu dem die Haustüren der benachbarten Häuser münden. Auch hier ergibt sich so ein kleiner Begegnungsort, der zum Verweilen einlädt.

Ein Gang durch die Siedlung bietet dem Auge daher keine monotone Reihung von Häusern. Darum vermeidet Rings endlos gradlinig erscheinende Straßenfluchten durch Biegungen in der Straßenführung. Er scheint bemüht, den Betrachter mit überraschenden Anblicken und Ausblicken zu verwöhnen. Das homogene, vollkommen durchdachte Raumkonzept von Rings durchdringt die Siedlung – weshalb jeglicher Eingriff ihre Integrität zu gefährden droht.

---

16 Rings, Siedlungsreform (wie Anm. 8), S. 168–169.

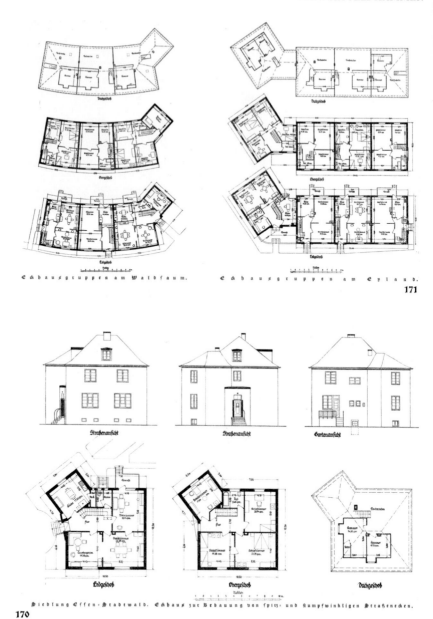

Abb. 119 und 120: Eckbauten. Innenaufteilung der Räume

Haustypen – Einblicke und Ausblicke

Die vier Gruppierungen von Haustypen: Doppelhäuser im Grünhof und Waldsaum, die Reihenhäuser in den Querstraßen, die Mehrfamilienhäuser in der Angerstraße und dem „Vorhof zum Grünhof", sowie die „Effekthäuser" mit besonderer, den Blick lenkender Architektur sind – trotz ihrer architektonischen Unterschiede – in ihren Details einheitlich gestaltet. Hier kommt die Serialität der Bauteile zum Ausdruck. So wiederholen sich zwar die Fassadenelemente in der ganzen Siedlung, dies aber in ständig wechselnder Reihung. Das betrifft Fenster und Türen, Portale und Hauseingänge, Treppengeländer und Gauben. Diese sind sowohl in Form wie in Farbe einheitlich. Die ursprüngliche Farbe der Häuser war grün und die der Portale gelb. Diese Pigmentierung ist sehr schnell verblasst wegen mangelnder Qualität des Anstrichs. Die Anordnung der Fassaden kann man auch an den Trauflinien der Häuser sehr gut verfolgen. Die Trauflinie bildet die symmetrische Ordnung der Siedlung ab: Das Rauf- und-Runter der Trauflinie folgt der Stellung der Bauten in dieser Ordnung in Bezug zur Mittelachse. Besonders gut kann man das im Hagelkreuz und in der Angerstraße verfolgen.

Rings vermeidet die Wiederholung einer Bauform in einer zu langen Folge. Um das Auge nicht zu langweilen, besteht jede Gruppierung von gleichen Häusern aus nicht mehr als fünf Einheiten. Und wenn die Länge der Straße (wie z. B. im Hagelkreuz) mehr Einheiten verlangt, schafft es Rings durch einen Knick in der Straße, bzw. ihre Erweiterung, oder durch einen aus der Position begründeten, ergänzenden Vorbau (wie z. B. im Waldblick), oder durch die Versetzung eines Baukörpers, einen neuen Anblick zu kreieren, um so den Betrachterinnen und Betrachtern einen Aha-Effekt zu bieten. Die Mehrfamilienhäuser und das Torhaus sind mit dezenten Ornamenten über den Eingängen geschmückt. Einige Ornamente zeigen geometrisch abstrahierte Werkzeuge des Architekten wie Zirkel, Lineal und Dreieck. Man kann diese als dezenten Fingerabdruck des Planers deuten, ähnlich der Zeichen der Steinmetze im Mittelalter, die ihre Arbeiten so markierten und signierten. Ein zusätzliches Ornament bieten die Spaliere, die die Loggien zieren.

Die Loggien, diese innerhalb der Fassaden befindlichen Einschnitte, respektieren die Wandflucht der Kubatur und lockern sie gleichzeitig auf. Für die Bauästhetik der 1920er Jahre ergibt sich durch die Loggien eine typische, so genannte Lochfassaden-Architektur. Sie hatte wohl auch die Funktion Luft, Licht und Sonne in das Haus zu führen. Besonders auffallend sind die Loggien in der Angerstraße, hier lockern sie die Fassaden auf und rhythmisieren die Oberflächenstruktur der Straßenflucht. Auch verbinden sie thematisch diesen südlichen Saum der Siedlung mit ihrem Inneren, denn gleich nach dem Eintreten durch das Torhaus erscheinen diese Loggien mit ihren markanten Spalierornamenten im oben genannten „Vorplatz zum Grünhof" unterhalb der Rundtreppe wieder. Auch die zum Wald gerichteten Fassaden der Waldsaumhäuser haben Loggien in der gleichen Anordnung wie in der Angerstraße. Neben ihrem Beitrag zur Wohnqualität sind die Loggien mit ihren Spalieren ein Gestaltungselement mit wichtiger ästhetischer Funktion.

Ein besonderes Gestaltungselement der Fassade bieten die Fenster. In seinem Buch „Siedlungsreform" widmete ihnen Rings viel Raum, mit der Absicht, sein Konzept des Außenanschlags der Fenster zu begründen und zu rechtfertigen. Auch Wilhelm Schäfer beschreibt in der Zeitschrift *Die Rheinlande* den gestalterischen Sinn der Fenster:

> „Diesen Schmuck nun hat Rings noch glücklich bereichert, indem er alle Fenster, wie die Abbildungen zeigen, nach außen aufgeben ließ. Das ist zunächst eine Ersparnis an Leibung, dann aber wird dadurch die Straße ganz anders durch die Spiegelung belebt, als es bei der bisher bei uns gebräuchlichen Art, die Fenster in Höhlungen zu legen, erreicht werden konnte. Wie man auch in die Straßen hineinblickt, überall wirkt dieses Spiegelbild der Fenster mit, den Anblick zu beleben und zu belustigen. Da auf diese für uns neue Weise die Fensternische für Blumen glänzend ausgenutzt werden kann, indem keine Läden, sondern an der inwendigen Wand Schiebeverschlüsse vorhanden sind, ist diese Bereicherung noch durch die Buntheit der Blumen verstärkt. Auch wenn die Schiebeläden geschlossen sind, bleiben diese Blumennischen für die Straße offen".[17]

Die Siedlung im Wandel der Zeit

Schon 1925 schreibt in *Wasmuths Monatsheften für Baukultur und Städtebau* der unbekannte Autor des Artikels zur Stadtwaldsiedlung Folgendes:

> „Zu den vornehmsten Leistungen der verheißungsvollen rheinischen Baukunst gehört die Siedlung Essen-Stadtwald von Josef Rings, deren Abbildungen – wie der Architekt sich einmal ausdrückte – ‚... veranschaulichen sollen, wie schlichte Sachlichkeit von innerer Wahrheit ausgehend geeignet ist, gute Wirkung zu ermöglichen.' Leider mußte der Architekt seiner eben angeführten Äußerung hinzufügen: ‚seitdem die Abbildungen gemacht wurden, hat sich jedoch manches geändert. Wintergarten und Ornamentale Bleiverglasungen, die sich hier breitmachen, zeigen, daß die gefühlsmäßige Einstellung eines großen Teils der Allgemeinheit noch stark im alten Fahrwasser schwimmt."[18]

So früh eben wird mangelnde Einfühlung in die ästhetische Konzeption des Architekten manifest. Hier spiegelt sich die notorische Divergenz zwischen Plan-

---

[17] Wilhelm Schäfer, Siedlung Essen Stadtwald, in: Die Rheinlande (31)1921 S. 161–168.
[18] N. N., Josef Rings, Essen, in: Wasmuths Monatshefte für Baukunst 1925, H.5, S. 169–172.

SYMPOSIUM „DER ARCHITEKT JOSEF RINGS" 335

Abb. 121: Eyhofsiedlung heute

Ästhetik und Bewohner-Anliegen. In den letzten hundert Jahren wechselten die Bewohnerinnen und Bewohner und auch die Wohnbedürfnisse. Zu den „Wintergärten und ornamentalen Bleiverglasungen" ist noch einiges dazugekommen: Autostellplätze und Garagen wurden angebaut, Dachgauben vergrößert und Fassadenoberflächen haben verschiedene Farben und Strukturen bekommen. Die Nationalsozialisten haben unter dem Grünhof 1939 einen Bunker mit massivem Betoneingang gegraben. Sämtliche Fenster sind in ihre Leibungen zurückversetzt, weil der Außenanschlag mit den nach außen zu öffnenden Fenstern sich als unbequem erwiesen hat. Auch der Gartenstadtcharakter der Siedlung erschien ursprünglich zumindest insofern noch ausgeprägter, als die Vorgärten deutlich tiefer und Grünflächen außerhalb der eigentlichen Gärten zahlreicher waren. Letztere wurden z. B. mit Garagen oder Autostellplätzen überbaut. Die Tiefe der Vorgärten wurde zum Zwecke einer Straßenverbreiterung und der Anlage beidseitiger Bürgersteige erheblich reduziert, ursprünglich gab es jeweils nur einen einseitigen Bürgersteig. Der sich wandelnde Geschmack und neue Bedürfnisse haben also auch hier leider keinen Halt gemacht, da es versäumt wurde, diese Siedlung rechtzeitig unter Denkmalschutz zu stellen.

Aber trotz all dieser Änderungen ist die Handschrift des Architekten Josef Rings und sein behutsamer Umgang mit dem öffentlichen Raum als Zeugnis einer Stil-Epoche unmittelbar erkennbar. Es ist höchste Zeit, diese Siedlung vor noch gravierenderen Änderungen zu schützen, denn sie ist einzigartig in ihrer städtebaulichen Komposition. Ihre architekturästhetische Qualität ist noch hundert Jahre nach ihrer Erbauung evident, und sie ist es wert, dass sich die Stadt Essen mit ihr schmückt (Abb. 121).

8. Die Ausstellungshalle V – Ein Paradigma der Lichtarchitektur der 1920er Jahre

HANNAH FELDHAMMER

Für das breite Publikum gebaute Veranstaltungshallen sind schon wegen ihrer Funktion in vielen Städten ein besonderes Aushängeschild und erfordern meistens eine repräsentative Architektur.

Die Ausstellungshalle V ist eine der wenigen Großbauten der öffentlichen Hand, die Josef Rings als selbstständiger Architekt in Essen geplant und auch gebaut hat.[1] Mit seinem Architekturkonzept für diesen Bau befand sich Rings am Puls der Zeit und wurde in vielen einschlägigen Zeitschriften dafür gelobt. Diese Wertschätzung kam durchaus auch aus lokalen architekturnahen Kreisen seiner Zeit. In einer Festschrift der Essener Allgemeinen Zeitung von 1929, die bekannte Essener Architekten wie z. B. Ernst Bode, Edmund Körner und Georg Metzendorf mit ihren markanten Bauten vorstellt, wird Rings zusammen mit seiner Ausstellungshalle V präsentiert (Abb. 122). In dieser Publikation mit dem Titel „Essener Baukünstler" schreibt der Autor und Architekt Fred Gerhardt über Rings und Halle Folgendes:

> „Architekt Josef Rings gilt als einer der ideenreichesten Fachleute der Stadt. Sein Bestreben, sich stets alle Errungenschaften der Technik nutzbar zu machen, führt zu baulichen Lösungen, die für eine Reihe von Architekten vorbildlich wurden. Seine formale Gestaltung der Massen und Details ist stets von abgeklärter Ruhe und zeitloser Gültigkeit. Die Ausstellungshalle z. B. wird auch in Jahrzehnten dieselbe ästhetische

---

[1] Andere Projekte von Rings für die öffentliche Hand wurden aus verschiedenen Gründen nicht verwirklicht, auch wenn sie in Wettbewerben hoch dotiert und gelobt wurden, so z. B im Wettbewerb um die Gestaltung des Burgplatzes in Essen. Siehe auch die Beiträge von Kathrin Gräwe und Renate Kastorff-Viehman in diesem Band.

SYMPOSIUM „DER ARCHITEKT JOSEF RINGS"

Abb. 122: Essener Achitekten und ihre Bauten (Sonderausgabe der Essener Allgemeine Zeitung, Erinnerungsblatt zur großen Umgemeindung, Essen, 1929)

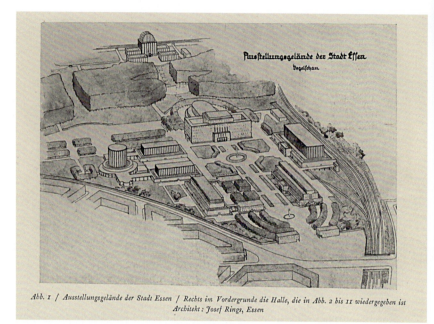

Abb. 1 / Ausstellungsgelände der Stadt Essen / Rechts im Vordergrunde die Halle, die in Abb. 2 bis 11 wiedergegeben ist
Architekt: Josef Rings, Essen

Abb. 123: Plan des Ausstellungsgeländes 1924

> Wirkung auslösen, wie sie es heute tut. Eine eventuelle Unterschiedlichkeit dürfte dann höchstens in weiteren technischen Fortschritten begründet sein."[2]

Auf diese ästhetische Wirkung soll hier aus architekturhistorischer Perspektive näher eingegangen werden.

Geplanter Verwendungszweck und Baugeschichte

In Folge der Ruhrkrise von 1923 musste sich die Stadt Essen ein neues ökonomisches Profil aufbauen, nachdem ihr Einkommens-Schwerpunkt in der Schwerindustrie durch Reparationen und den sogenannten „Ruhrkampf" sehr geschwächt wurde. Da die Schwerindustrie nach der Währungsumstellung mit dem allgemeinen ökonomischen Aufschwung nicht mithalten konnte, wurde angestrebt, den Handel stärker zu fördern. Deshalb versprach sich die Stadt Essen u. a. mit einem Messebetrieb, der mit den Städten Köln, Düsseldorf und Dortmund mithalten sollte, dem Problem der enormen Arbeitslosigkeit entge-

---

[2] Fred Gerhardt, Essener Baukünstler, in: Sonderausgabe der Essener Allgemeinen Zeitung, Erinnerungsblatt zur großen Umgemeindung, Essen, 1929, Bd. 1 S. 28–31 (Haus der Essener Geschichte/Stadtarchiv, Sig. DIII14).

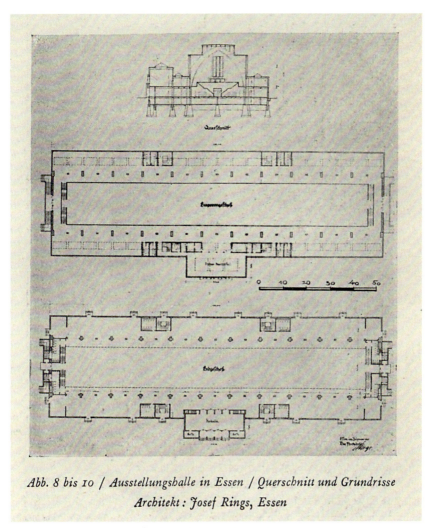

Abb. 8 bis 10 / Ausstellungshalle in Essen / Querschnitt und Grundrisse
Architekt: Josef Rings, Essen

Abb. 124: Grundrisse und Querschnitt der Ausstellungshalle V

genwirken zu können. Dafür wurde das Gelände zwischen Alfred-, Norbert- und Lührmannstraße zur Verfügung gestellt. Die benachbarte Eisenbahnstrecke begünstigte diese Position. Es wurden einige Ausstellungshallen gebaut und eine davon ist die Ausstellungshalle V (Abb. 123).[3]

---

[3] Vgl. N. N., Zur Stadtverordneten-Versammlung. in: Essener Arbeiter-Zeitung vom 23.1.1925 (HdEG DZA 914).

Abb. 125: Bauphase um 1925

1925 wurde mit dem Bau der Ausstellungshalle V begonnen. Bauherren waren die Stadt Essen und der Gemeinnützige Verein für die Verwertung des Essener Ausstellungsgeländes GmbH. Die Architekturplanung wurde als direkter Auftrag an Josef Rings vergeben.[4] Die Ausstellungs- und Festhalle sollte für Fachausstellungen sowie für Konzerte und soziale Events geeignet sein und über 9.000 Personen Platz bieten (Abb. 124). Das Modell der Halle wurde bereits 1925 in der großen Bauausstellung in Essen präsentiert.[5]

Aus der Bauphase sind keine Unterlagen vorhanden, so dass sich Einzelheiten nur lückenhaft darstellen lassen. Einiges kann man unüberprüfbar aus der zeitgenössischen Lokalpresse entnehmen.[6] Dort kann man finden, dass bereits nach Fertigstellung des Rohbaus die genehmigte Bausumme von 650.000 Mark (einschließlich Architektenhonorar) verbraucht war. Nachträglich geforderte höhere Lohnforderungen von Seiten der ausführenden Firmen sowie zwei große Streiks in der Bauwirtschaft trieben die Baukosten über das Einkalkulierte hinaus. Die Halle war im Stadium eines dachlosen Stahlbetonskeletts, als die

[4] Torsten Ebers meint dazu: „Vermutlich hatte Rings diesen Auftrag nicht zuletzt als Ersatz für die entgangene Burgplatz-Planung erhalten". Vgl. Thorsten Ebers, Ernst Bode – Baupolitik und Bauten in Essen 1920–1934. in: Essener Beiträge 121, 2008, S. 73–234, Zitat S. 151.
[5] Die Bauausstellung in Essen, in: Deutsche Bauzeitung 1925, S. 522.
[6] Vgl. HdEG DZA 903, 914, 915.

Abb. 126:
Gesamtansicht der
Ausstellungshalle V
von Norden

Bauarbeiten aus Geldmangel abgebrochen wurden (Abb. 125). Erst zehn Monate später wurde von der Essener Stadtverordneten-Versammlung die Bausumme auf 1.530.000 Mark erhöht und die Bautätigkeit konnte fortgesetzt werden. Am 17. Oktober 1926 berichtet der Essener Anzeiger über den Fortgang der Arbeiten an der neuen Ausstellungshalle nach dieser langen Pause. Im Mai 1927 konnte die Ausstellungshalle an die Gesellschaft zur Verwertung des Essener Ausstellungsgeländes GmbH übergeben werden. Als erste Ausstellung fand hier die „Achema" (eine Ausstellung für das „Chemische Apparatewesen") in der Zeit vom 7. bis 19. Juni 1927 statt.[7] In den Berichten über die darauffolgende „Bäckerinnungsausstellung", die im Zeitraum von 16. bis 31. Juli 1927 stattfand, wird in den lokalen Tageszeitungen noch die Tatsache erwähnt, dass sie in der neuen Ausstellungshalle V stattfand. Nachdem dann für diese Halle der Messebetrieb zur Routine geworden war, fanden sich in der örtlichen Presse keine Hinweise mehr hinsichtlich ihrer architektur-ästhetischen Qualitäten.

Architekturbeschreibung

Außenarchitektur
Auf den ersten Blick lässt die langgestreckte Halle einen dreischiffigen Basilika-ähnlichen Bau erkennen. Der Grundriss ist rechteckig mit 133,5 m Länge und 40,5 m Breite. Die Höhe des Mittelschiffes beträgt 23,05 m und die Seitenschiffe sind 8,48 m hoch (Abb. 126).[8]

Die Baukörperstaffelung, die symmetrischen Doppeltreppen an den Stirnseiten und die Struktur des Mittelschiffs nobilitieren den Bau durch Assoziationen mit repräsentativen historischen Bauten. Der Baustil zeigt den Anklang einer

---

[7] Klaus Wisotzky, Vom Kaiserbusch zum Euro-Gipfel. 100 Jahre Essener Geschichte im Überblick. Essen 1996, S. 101.
[8] Vgl. Josef Rings, Die Konstruktion der Essener Ausstellungshalle. in: Konstruktion und Ausführung, 8, 1928, S. 103–104.

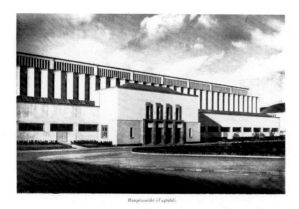

Abb. 127: Haupteingang

expressionistischen Formsprache, was durch die Anwendung von Elementen der sogenannten „Dreiecksmoderne" zum Ausdruck kommt. Das kann man besonders an der Gestaltung des Mittelschiffes erkennen.[9] Rings formuliert die Essenz dieses Baus so:

> „Das Äußere der Halle zeigt eine starke Gliederung u. Differenzierung der Massen. Die ruhigen Felder der Seitenschiffbauten werden mit plastischem Schmuck versehen. Die hochragenden Mittelschiffwände erhalten eine starke reliefartige Gliederung durch Fenster und Vorsprünge".[10]

Um die „Differenzierung der Massen" und die äußere Fassadenstruktur der Halle zu beschreiben, ist es notwendig, den Blick auf die vertikale Gliederung der Baukörper zu richten. Hier sind drei ihrer Grundrissgröße nach gestaffelte Etagen sichtbar: das untere breite Erdgeschoss, das die Seitenschiffe einschließt, das mittlere Geschoss – also der Obergaden – und darüber der dritte, schmalere Überbau. Diese Etagen sind in ihren Baumassenproportionen und durch die Fenstergestaltung unterschiedlich strukturiert. Nur die Längsseiten des Baus sind mit Fensterbändern ausgestattet. An der südlichen Längsfront befindet sich der Haupteingang in Form eines vorgelagerten Kubus. Dieser überragt die Oberkante des Seitenschiffes und reicht bis zur Mitte des Mittelschiffs. In diesem Kubus befindet sich der Eingangsbereich und der zu ihm führende Treppenaufgang. Die äußere Front des Eingangs wird hier durch fünf dunklere, rechtwinkelige Stützen und den auf diesen ruhenden Architrav eingerahmt. Diese Konstruktion, wie auch die Rahmung der darüber platzierten vier Fenster, ragt aus der Wandfläche heraus und betont den Eingangscharakter dieses Vorbaus (Abb. 127). An den

---

[9] Vgl. Wolfgang Pehnt, Die Architektur des Expressionismus. Ostfildern 1998.
[10] Essener Anzeiger v. 25.1.1925, S. 43 (HdEG DZA 903,10).

Abb. 7 / Ausstellungshalle in Essen / Eingangshalle / Architekt: Josef Rings, Essen

Abb. 128 und 129: Haupteingang und Vorhalle innen

Abb. 130: Struktur des Mittelschiffes und Treppe an Schmalseite

Schmalfronten der Ausstellungshalle sind jeweils symmetrische Doppeltreppen vorgebaut, diese dienen als Nebeneingang oder Ausgang (Abb. 128 und 129). Die Wände des hochragenden Mittelschiffs erhalten ihr starkes Relief durch die Abwechslung zwischen langgestreckten Fenstern und Dreieckprisma-förmigen Lisenen. Das farbig abgesetzte Gesims dieses Geschosses zeichnet den Verlauf der Relieflinie der Fenster-Lisenen-Ordnung nach und bildet so eine Folge konkaver Bögen (Abb. 130 links). Die axiale Mitte der Schmalseiten des Baus, an Ost- und Westfassaden, ist auf dieser Etage durch drei schmale Fenster über den Türen markiert und unterbricht hier die Abfolge der Bögen des Gesimses (Abb. 130 rechts). Die oberste Etage der Halle ist schmucklos und zeichnet sich nur durch das Fensterband an den Längsseiten aus. (Im Prinzip dient sie nur zur Aufnahme des oberen Teils der Spitzbögen der Stahlbinder.) Dieses Fensterband unterscheidet sich durch das Fensterformat und damit auch durch die Lichtdurchlässigkeit von der Fensterreihe des Obergadens. Entlang des Daches der Seitenschiffe zieht sich beidseitig eine Oberlichtstraße mit Dreiecksprismaförmiger Verglasung (Abb. 131). Durch eine ausgefeilte Fenstergestaltung entsteht eine besondere Lichtarchitektur, auf die im Weiteren eingegangen wird.

Innenarchitektur
Im Inneren übernehmen im Wesentlichen Stahlbinder die gestalterische Funktion der Halle (Abb. 132 und 133). Dazu sagt Rings: „Die Binderstellung teilt

Abb. 131: Mittelschiff mit Fenster-Lisenen-Band. Oberlicht des Seitenschiffes

den großen Raum rhythmisch auf, verstärkt die perspektivische Wirkung und begünstigt die Akustik". Die Binder unterteilen das Mittelschiff in Joche. Sie sind als hohe Spitzbögen gestaltet, konstruiert sind sie im Dreigelenkbogensystem und stehen in 12 m Abstand voneinander.[11] Diese Ordnung der Spitzbögen hat einen expressionistischen Anklang, da sie die Formsprache der sogenannten „modernisierten Gotik" zitiert.[12] In diesen Bindern sind die Beleuchtungskörper der Ausstellungshalle eingebaut. Rings spricht von einem Schachtelhalm-System:

„Die Beleuchtung der Halle ist mit der Raumgestaltung und der Architektur auf das innigste verbunden. Die Lichtlinien der Bögen, Giebel und Brüstungen sind Grundformen des Raumes. Sie unterstreichen bei Beleuchtung besonders die Raumelemente entgegen der Beleuchtung durch Einzelkörper, die nur dekorativ aufzufassen sind. Die Beleuchtungskörper an den Bögen sind festmontierte ineinandergeschobene Eisenblechschilder in der Art der Schachtelhalme mit Emaillacküberzug, hinter denen die Lichtstellen mit offenen Reflektoren sitzen. Die Konstruktion ist so, daß nie eine Birne in den Raum fallen kann."[13]

[11] Da Essen sich im Bergbaugebiet befindet, sind die Binder mittels Gelenk technisch so konstruiert, dass sie eventuelle Erdbewegungen aufnehmen können. Siehe Rings, Konstruktion der Essener Ausstellungshalle (wie Anm. 8), S. 103–104.
[12] Vgl. Pehnt, Architektur des Expressionismus (wie Anm. 9), S. 43 ff.
[13] Josef Rings, Die Essener Ausstellungshalle, in: Zentralblatt der Bauverwaltung 14, 1928, S. 221–227, Zitat S. 226. Siehe auch: P. J. C., Neuzeitliche Hallenarchitektur. in: Hellweg 7, 1927, S. 266–269. Zitat S. 268.

Abb. 132 und 133: Ausstellungsbereich innen, bei Tag und bei Nacht

Abb. 134: Die Empore

*Abb. 11 / Ausstellungshalle in Essen / Nachtaufnahme des Inneren
Architekt: Josef Rings, Essen*

Die wenigen Fotos von den Innenräumen zeigen das Mittelschiff als Großraum, der sich auf die ganze Hallenhöhe und Tiefe erstreckt. Die Seitenschiffe sind innen in zwei Stockwerke aufgeteilt. Das obere Stockwerk ragt als Empore in den Großraum des Mittelschiffes hinein (Abb. 134). Kleinere Nebenräume wie Büros, Garderoben und andere Funktionsräume befinden sich im Parterre. Die detaillierte Beschreibung dieser Räume und ihre Funktion kommentiert Rings 1928 im Artikel „Die Essener Ausstellungshalle", den er im Zentralblatt der Bauverwaltung publizierte. Besonders beschäftigt ihn hier das Problem der gewünschten Multifunktionalität der Halle. Die widersprüchlichen akustischen Raumeigenschaften, die ein Konzertsaal oder eine Ausstellungshalle benötigen, erfordern viele Kompromisse bei den Qualitätsansprüchen. Rings beschreibt hier sein Bestreben, diese und andere Ansprüche halbwegs zu befriedigen, und sein Bemühen, allen Anforderungen gerecht zu werden.[14]

Die Ausstellungshalle und das Licht

Die Architektur der Ausstellungshalle beruht auf einer Idee, die das Licht als intrinsischen Bestandteil der architektonischen Konzeption mit einplant, eine Idee, die in ihrer Erbauungszeit innovativ und sehr virulent war. Hier kommt die Begeisterung für das künstliche Licht als architektonisches Gestaltungsmittel zum Ausdruck. Bezeichnend für ein neues Phänomen ist, dass dafür neue Begriffe entstehen, die eine neue Sichtweise eröffnen. In diesem Zusammenhang prägte Joachim Teichmüller 1927 das Begriffspaar „Lichtarchitektur" und „Architekturlicht". Der erste Begriff beschreibt die Anwendung des elektrischen Lichtes zur Betonung architektonischer Elemente, der zweite die Lichtführung zum Zwecke der gleichmäßigen Beleuchtung eines Gebäudes.[15] Für die Beschreibung der Eigenschaften der Hallenarchitektur von Rings sind beide Begriffe sehr

---

14 Rings, Essener Ausstellungshalle (wie Anm. 13), S. 221–227.
15 Joachim Teichmüller, Lichtarchitektur, in: Licht und Lampe 13/14, 1927, S. 449–458. Siehe auch Werner Oechslin, Lichtarchitektur, in: Expressionismus und Neue Sachlichkeit, Moderne Architektur in Deutschland 1900–1950. Ausstellungskatalog im D.A.M. in Frankfurt/M., hrsg. v. Vittorio Magnago Lampugnani & Romana Schneider. Stuttgart 1994, S. 117–132.

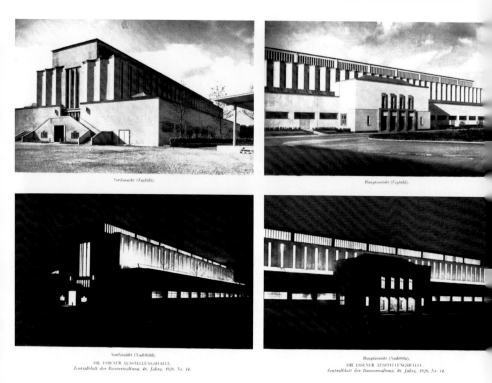

Abb. 135 und 136: Tag- und Nachtaufnahmen der Ausstellunghalle V

passend (Abb. 135 und 136). Es ist auffallend, dass in vielen zeitgenössischen Texten über die Ausstellungshalle immer vom Umgang mit Licht in dem Bau die Rede ist. Auf das Licht als Mittel der Gestaltung soll hier näher eingegangen werden, und zwar, sowohl auf die Beleuchtung der Innenräume mit Tageslicht wie auch auf die Beleuchtung mit elektrischem Licht bei Nacht.

Lichtarchitektur – Das künstliche Licht bei Nacht
In einem Artikel in den Wasmuths- Monatsheften für Baukunst von 1928 mit dem Titel „*Die moderne Stadt und die Nacht*" beklagt der Berliner Kulturhistoriker und Filmemacher Hans Cürlis die unstrukturierte Unbeholfenheit, die die Zeitgenossen bei der Lichtgestaltung zeigen, und hebt im Gegensatz dazu die Gestaltung der Essener Ausstellungshalle als wegweisend für den Umgang mit künstlichem Licht in der Architektur hervor:

> „*Einen entscheidenden Schritt tat Josef Rings in der Ausstellungshalle in Essen. Hier ist das Licht keine Zutat, sondern ein Bestandteil des Baues. Es heißt nicht mehr – weil es*

dunkel ist, kann oder muss man das Gebäude, um es sichtbar zu machen, beleuchten. Nein, der Bau leuchtet außen, wenn er nach Eintritt der Dunkelheit innen erhellt werden muss, um seinem Zweck als Ausstellungshalle bis in die Nachtstunden hinein zu dienen. Darin liegt das Verdienst dieses Schrittes: In dem bewussten Ineinanderfügen von Bau und Licht. Dadurch wird dem Licht seine bisherige Eigenschaft als bloße Zutat entzogen, es hilft den nächtlichen Bau zu schaffen. So bedeutungsvoll diese Tat ist, mit so einfachen Mitteln wird sie erreicht. Die Seitenschiffe haben Oberlichte, welche abends das zur Innenbeleuchtung notwendige Licht, nach außen, auf die überhöhten Wände des Mittelschiffes werfen."[16]

In der Zeitschrift Hellweg von 1927 wird die Verwendung der inneren Raumbeleuchtung zur Bestrahlung der äußeren Wände der Halle als Mittel der Architekturgestaltung unter der Betonung des Avantgardistischen dieses Gestaltungsprinzips beschrieben:

„Die Beleuchtungskörper, die [...] in den Oberlichten sitzen, sind so angeordnet, daß sie auch das Oberlichtband auf der ersten äußeren Stufe des Gebäudes gleichmäßig erhellen. Dadurch wird die hier aufsteigende Mittelschiffwand außen hell erleuchtet, so daß das Gebäude bei Nacht wie aus weißem Marmor errichtet aussieht. Es ist hier zum ersten Male die innere Nutzbeleuchtung gleichzeitig zur äußeren Nachtarchitektur geworden. Das ist keine Illumination, sondern eine neues Lichtarchitektonisches Gestalten."[17]

Rings selbst betont nicht nur das Innovative in dieser Lichtgestaltung, sondern auch das Zukunftsweisende:

„Es ist hier zum ersten Male die innere Nutzbeleuchtung gleichzeitig zur äußeren Nachtarchitektur geworden. Nicht um Illumination oder sonst wie auf Effekt gestellte Bestrahlung von außen handelt es sich hier, sondern es beginnt ein neues lichtarchitektonisches Gestalten der Baukörper entsprechend der tektonischen Funktionen, das erst mit der Verbilligung des Stromes zur vollen Auswirkung gelangen wird. Man kann sich vorstellen, daß Städte in der Nacht vom Flugzeug aus wie streng geordnete hellerleuchtete Kristalle aussehen."[18]

Um das Gewicht des künstlichen Lichtes in der Architektur der Ausstellungshalle zu verstehen, ist hier näher zu erörtern, welche Bedeutung das elektrische Licht in den ersten Jahren des zwanzigsten Jahrhunderts hatte. Die Geschichte

---

16   Hans Cürlis, Die moderne Stadt und die Nacht, in: Wasmuths Monatshefte für Baukunst, 6, 1928, S. 256–262. Auch: https://digital.zlb.de/viewer/image/14192921_1928/269/.
17   P. J. C. Neuzeitliche Hallenarchitektur (wie Anm. 13), S. 266–269, Zitat S. 268.
18   Rings, Essener Ausstellungshalle (wie Anm. 13), S. 221–227.

des Lichtes im Städtebau schildert Wolfgang Schivelbusch in seinem *Buch Licht, Schein und Wahn, Auftritt der elektrischen Beleuchtung im 20. Jahrhunderts* so:

„*Die Großstadt des 20. Jahrhunderts ist eine 24-Stunden Großstadt. Und in den 20er Jahren war sie das vielleicht noch entschiedener als heute. Die Nacht gehört ebenso zu ihr wie der Tag, ja, ohne sie ist das Phänomen Großstadt überhaupt nicht vorstellbar. Das eigentliche Leben der Großstadt beginnt, wenn das Licht schwindet und die künstliche Beleuchtung an seine Stelle tritt. Die Leuchtarchitektur der 20er Jahre war der erste breit angelegte Versuch, ein Nacht-Bild der Großstadt zu bauen, das dem Tag-Bild in nichts nachstand, sondern ihm entsprach wie in der Fotographie das Negativ dem Positiv. [...] Am Tage scheint Architektur im Positiv: Helle Fassaden und dunkle Fenster. Nachts die Umkehrung ins Negativ: Dunkle Fassaden aus denen helle Fenster leuchten. [...] Solche Leucht-architektonische Lösungen waren auch in den 20er Jahren Einzelfälle. Um ihre Wirkung voll zu entfalten, bedurften sie einer möglichen lichtschwachen Umgebung.*"[19]

Die in den verschiedenen Artikeln publizierten Bilder zeigen deutlich diese Positiv-Negativ-Relation der Tag-Nacht-Architektur der Ausstellungshalle. Man kann insofern sagen, dass dieser Bau ein Paradigma der Lichtarchitektur der 1920er Jahre war. Das wurde auch von Zeitgenossen erkannt und gewürdigt. Bedauert sei an dieser Stelle, dass diese Qualitäten der Halle in der späteren Fachliteratur bis jetzt nie gewürdigt wurden.

Architekturlicht – Das natürliche Licht bei Tag
Das optimale Architekturlicht entsteht normalerweise, wenn die Fensterordnung eines Gebäudes auf die notwendige Beleuchtung der Innenräume ausgerichtet ist. Rings kümmert sich in ganz besonderer Weise um die natürliche Beleuchtung der Ausstellungshalle tagsüber. „Das Bestreben ist, das Erreichen einer sehr guten natürlichen Beleuchtung. [...] Die Beleuchtung des Mittelschiffes erfolgt durch hohes Seitenlicht. Das obere Geschoß der Seitenschiffe wird durch Oberlicht belichtet, das Erdgeschoß derselben durch Seitenlicht".[20]

Der Satz von Cürlis: „Hier ist das Licht keine Zutat, sondern ein Bestandteil des Baues" bezieht sich nicht nur auf die Nacht, sondern ausdrücklich auch auf den Tag. Er bringt die von Rings erfundene und patentierte Tageslichtarchitektur, die sich nicht nur auf die Fensterordnung beschränkt, mit folgenden Worten zur Sprache.

„*Nicht die Monumentalität oder die Möglichkeit, mit großen Flächen zu komponieren, reizt ihn, wohl aber der Wunsch, Tageslicht in die Arbeitsräume eindringen zu lassen. Das bringt ihn auf den Gedanken, das Licht von oben einzulassen und durch ein*

---

[19] Wolfgang Schivelbusch, Licht, Schein und Wahn, Auftritt der elektrischen Beleuchtung im 20. Jahrhundert. Berlin 1992, Zitat S. 78.
[20] Essener Anzeiger v. 25.1.1925 S.43 (HdEG DZA 903,10).

System von Öffnungen in den Böden das Licht bis tief in das Innere und Untere der Gebäude zu leiten. Eine besondere Bedeutung kann diese Bauweise gewinnen, wenn man berücksichtigt, daß man wohl in absehbarer Zeit mit der Verwendung von Glas rechnen kann, das die ultravioletten Sonnenstrahlen durchläßt."[21]

Der Bezug auf die am Ende des 19. Jahrhunderts erfundenen Glasbausteine durch den Schweizer Architekten Gustave Falconnier ist erkennbar. Diese haben sich besonders zu Anfang des 20. Jahrhunderts schnell verbreitet und den Architekten dieser Zeit viele Gestaltungsimpulse gegeben. Bekanntestes Beispiel dafür ist das Glashaus von Bruno Taut (zusammen mit Max Taut und Franz Hoffmann konzipiert) in der Kölner Werkbundausstellung im Jahr 1914, das nicht nur als effektvolle Reklame für ihre Auftraggeberin, die damalige Glasindustrie, fungierte. „Denn", so schreibt Bruno Taut, „Licht und Bauen ist nichts anderes als Licht bringen. […] So ist die Geschichte der Glasarchitektur die Geschichte der Architektur überhaupt."[22] Aber auch das von diesem Bau inspirierte, von Paul Schneebart 1914 formulierte utopistische Manifest zur Glasarchitektur, in dem er eine ganze Ideenwelt zum Bauen mit Glas beschrieben hatte, war virulent zu dieser Zeit und könnte Rings ebenso bekannt gewesen sein.[23] Das Prinzip der transparenten und transluziden Wände und Decken schaffte ganz andere Räume mit Hilfe des Lichtes und markierte eine neue Innen-Außen-Beziehung in der Architektur. Diesen Gedanken denkt Rings weiter, indem er das in den Bau eindringende Außenlicht nicht nur in der Nähe der Fenster sehen will, sondern bestrebt ist, mit Hilfe eines Lichtleit- und Durchscheinsystems das Tageslicht bis in das Innere eines Baus zu leiten. Die sich verändernden Lichtverhältnisse während des Tages sollen in die Bauten bis in die Tiefe hineindringen. Das nennt Rings „Das Schräglicht-System". Er reicht die Beschreibung dieser Idee mit dem Titel „*Gebäude mit Öffnungen in den Decken oder Wänden*" 1926 beim Reichspatentamt ein und erhält 1928 das Patent dazu (Abb. 137). In der Patentschrift wird diese Erfindung so beschrieben:

„Die Erfindung betrifft ein Gebäude mit Lichtöffnungen in den Decken oder Wänden. Eine günstigere Ausnutzung als bisher und eine durch die Rücksicht auf die Tageslichtversorgung unbeschränkte Gebäudeentfaltung soll dadurch erzielt werden, daß die Lichtöffnungen in den Geschoßdecken und gegebenenfalls auch in den Geschoß-

---

21 Cürlis, Moderne Stadt (wie Anm. 16), 1928, S. 256–262.
22 Bruno Taut, Glasarchitektur, in: Die Glocke 49, 1921 (1374–1376), Zitat S. 1374. Zu Tauts Glasarchitektur auch: Pehnt, Architektur des Expressionismus (wie Anm. 9), S. 99 ff. Auch: Regine Prange, Das Kristallene Sinnbild, in: Expressionismus und Neue Sachlichkeit (wie Anm. 15), S. 69–98.
23 Paul Schneebart, Glasarchitektur. Berlin 1914. Auch: https://digi.ub.uni-heidelberg.de/diglit/scheerbart1914/0081/image,info. Vgl. auch Anm. 22.

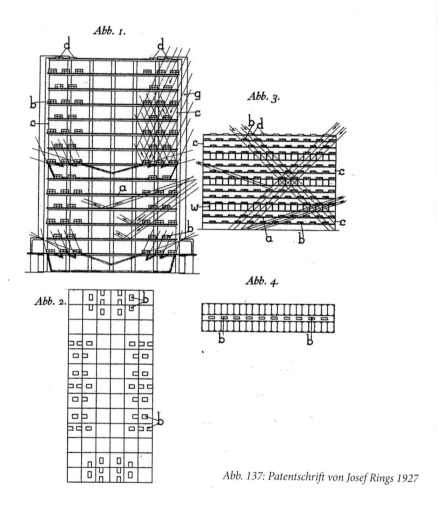

Abb. 137: Patentschrift von Josef Rings 1927

innenwänden in der Höhenrichtung entsprechend dem Verlauf schräg einfallender Lichtbündel gegeneinander versetzt sind. Auf diese Weise wird das von den Gebäudeseiten einfallende Licht in mehreren Geschossen wirksam, während es bisher nur bis zu einem Fensterabstand von einigen Metern innerhalb eines Geschosses wirkte. Ferner ist eine weitgehende Versorgung der Räume mit Tageslicht ohne Lichthöfe ermöglicht".[24]

[24] Patentschrift Nr. 459020, Klasse 37f, Gruppe 7/01, 1928. Im Archiv der TU Darmstadt. Sig. Nr. 917.

SYMPOSIUM „DER ARCHITEKT JOSEF RINGS" 353

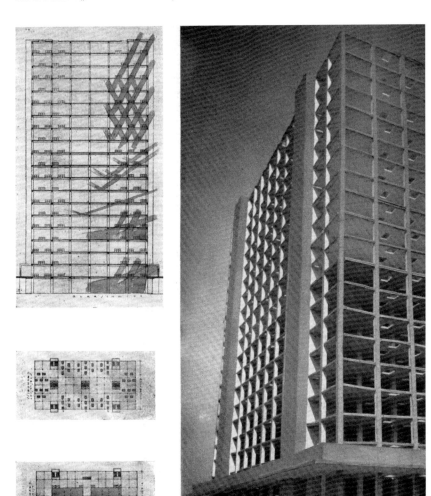

Abb. 138: Model eines Hochhauses. Lichteinfall-Schema

Die Patentschrift lässt auf eine profunde und intensive Experimentierarbeit von Rings zum Thema Licht und Optik schließen. Jedoch gibt es an dieser Stelle zum Versuch, außer Bildern und Materialbeschreibungen, keine detaillierten Erläuterungen zum Experimentiervorgang. Man kann aus diesen Bildern trotzdem die Vorgehensweise und Erkenntnisse von Rings rekonstruieren: Er baute das Modell eines 20-stöckigen Hochhauses mit dem er Lichtbündelung und -streuung durch vorgefertigte Öffnungen in Wänden und Decken erprobte (Abb. 138). Der Licht-

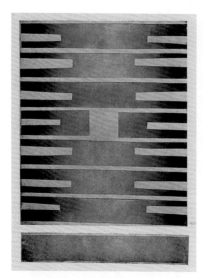

Abb. 139: Lichteinfall auf Fotopapier

einfall und sein Helligkeitsgrad wurde von Rings auf diese Weise gemessen und dokumentiert, indem er an bestimmten Stellen im Modell lichtempfindliche Fotopapierstreifen auslegte. Das darauf geworfene Licht belichtete das Fotopapier. So wurden Lichteinfall und Lichtstärke entsprechend der verschiedenen Graustufen nach dem Entwickeln festgehalten. Je dunkler die Fläche, desto intensiver das Licht an dieser Stelle (Abb. 139). Den Weg der Strahlen und Reflexionen dokumentierte er auf den Längs- und Querschnitten des Gebäudes (Abb. 137, 138). Es ist davon auszugehen, dass Rings die Erkenntnisse aus diesen Experimenten nicht nur in der Ausstellungshalle appliziert hat. Um seine Erkenntnisse und sein Wissen um die Optik und den Weg der Lichtstrahlen und deren Brechungen, Streuung und Reflexionen zu fundieren, bemühte sich Rings, durch Gespräche mit bekannten Physikern wie Albert Einstein und Fritz Houtermans weitere wissenschaftliche Informationen einzuholen. Seine handschriftlichen Notizen zu diesen Gesprächen befinden sich im Nachlass seines Sohnes Werner Rings an der ETH Zürich.[25]

Zum Bedeutungswandel der Ausstellungshalle V für die Stadt Essen

So sehr die Ausstellungshalle in den 1920er Jahren als innovative Architektur gewürdigt wurde, so wenig Bedeutung wurde ihr in den Nachkriegsjahren zuteil. Der in den Kriegsjahren beschädigten Halle wurde ihre ursprüngliche Funktion als Ausstellungs- und Konzerthalle nicht mehr zurückgegeben. Wie in Luftaufnahmen aus der Nachkriegszeit ersichtlich,[26] waren die Kriegsschäden an der Halle keineswegs irreparabel und der Beweis für die Nutzbarkeit liegt schon in ihrer weiteren Verwendung zu anderen Zwecken (Abb. 140). Aus welchen konkreten Gründen diese Halle in Ungnade gefallen war und abgerissen wurde, ist noch unbekannt. Auch ihr Erbauer ist in Essen bis heute in Vergessenheit

---

[25] Siehe auch Aufsatz von Renate Kastorff-Viehmann in diesem Band und Dank an Otto Kastorff für die Transkription der handschriftlichen Texte aus dem Sütterlin und für die Fülle an wertvollen Informationen zum thematischen Hintergrund.

[26] www.geoportal.ruhr/application/ruhrtourismus. Dank an Ute Reuschenberg für diesen Hinweis.

Abb. 140: Luftaufnahmen des heutigen Grugageländes – 1926, 1952, 1969

geraten. Es mag sein, dass das auch mit der damaligen Einstellung zum vor den Nationalsozialisten nach Palästina-Israel geflohenen Architekten Rings zu tun hatte. Ähnlich anderen aus Nazideutschland emigrierten Architekten, die in der Nachkriegszeit als Zurückgekehrte in ihren alten Positionen nicht mehr Fuß fassen konnten, da alle Stellen in diesem Bereich von den nicht verfolgten Daheimgebliebenen besetzt waren. Dieser mangelnden Möglichkeit, in die nachkriegsdeutschen Gegebenheiten sich wieder hineinzufinden, entsprach auch die Ausblendung der Bedeutung ihres Wirkens im Bewusstsein der Nachkriegsgenerationen.[27] Die Ausstellungshalle wurde schon während des Krieges an die Speditions- und Lagerfirma Paas vermietet, für die der Bau durch Anschluss zum Bahngleis und der benachbarten Bahnstation Rüttenscheid sehr günstig gelegen war. Die Firma Paas berichtet von ihrem Aufenthalt in der Ausstellungshalle V während der Kriegs- und Nachkriegszeit auf ihrer Homepage so:

„Der Betrieb bezog ein neues Domizil in den Ausstellungshallen der Gruga und in der Kunsteisbahn, die von der Stadt Essen zur Verfügung gestellt wurden. Das Unternehmen hat in der Folge in den Gruga-Hallen noch 8 weitere Bombardements überstanden, bis es am 27. April 1944 noch einmal völlig zerstört wurde. Nun stand nur noch Halle 5 der Gruga zur Verfügung, die mit der Tochterfirma Alfred Paas geteilt werden mußte."[28]

Das Bestreben, das Grugagelände zu Anfang der 1950er Jahre nach den Verwüstungen des Krieges und der Umfunktionierung in einen „Kartoffel- und

---

27 Viele Straßen und Plätze in Essen tragen Namen von Architekten, die, wie Josef Rings, das Gesicht der Stadt geprägt haben. Einen öffentlichen Platz, Gebäude oder Straße, der den Namen Josef Rings trägt, sucht man in Essen, anders als in anderen Städten, vergebens. Die Stadt Gelsenkirchen z. B. hat nicht nur die von Rings gebaute „Spinnstuhlsiedlung" unter Denkmalschutz gestellt, sondern auch eine Schule nach ihm genannt.

28 http://heinrich-paas.de/geschichte.

Gemüseacker" in der unmittelbaren Nachkriegszeit wieder in der alten Pracht zu erleben, war sehr stark.[29] In diesem Zusammenhang ist die Neuplanung des Geländes und der Beschluss zu sehen, sich von diesem Bau ohne Rücksicht auf dessen ästhetische Bauqualitäten zu trennen. Auf die Behauptung in der einschlägigen Literatur zur neuen Grugahalle, dass diese auf dem Fundament der kriegszerstörten Ausstellungshalle V gebaut ist, ist zu entgegnen, dass die Ausstellungshalle erst 1954 abgerissen wurde. In der Niederschrift der Sitzung des Aufsichtsrats der Gemeinnützigen Ausstellungsgesellschaft mbH vom 9. Oktober 1953 ist folgender Beschluss dokumentiert:

„P.3. – Ausschreibung eines Architektenwettbewerbs für die Ausstellungshalle V. Nach sehr eingehender Behandlung der gesamten Frage des Abbruches bzw. der Neuherstellung der Halle V vertritt der Aufsichtsrat die Auffassung, dass der Abbruch und der Neubau der Halle V als Mehrzweckbau zügig verfolgt werden muss. Die bedeutsame und eigenartige Planung, die für einen Ausstellungsbau mit Mehrzweckbestimmung notwendig ist, spricht dafür, nur Architekten zur Abgabe von Entwürfen aufzufordern, die auf diesem Gebiet anerkannt sind und bereits gemachte Erfahrungen auswerten können. Infolgedessen soll das Städt. Hochbauamt gebeten werden, zunächst einen beschränkten Architektenwettbewerb auszuschreiben, unter Verwendung der Mittel in Höhe von 20.000.–, die bei der Erstellung der Ausstellungshallen I und II a eingespart worden sind. Der Beschluss wurde gegen eine Stimme gefasst."

Ferner in diesem Protokoll:

„In Verbindung mit der Durchführung des Neubaus der Ausstellungshalle V [...] (soll) das Mietverhältnis zu den Firmen Heinrich und Alfred Paas & Cie. behandelt (werden). Der Aufsichtsrat beauftragt die Geschäftsführung, von den vertraglichen Rechten auf Freigabe der Halle V durch die Firmen Paas Gebrauch zu machen, evtl. durch Einreichung einer Räumungsklage, damit sichergestellt ist, dass mit dem Abbruch der Halle V spätestens am 30. Juni 1954 begonnen werden kann."

In diesem Zusammenhang wurde auch beschlossen, die angrenzende Bahnlinie der Rheinischen Eisenbahn zwischen Steele und Heissen stillzulegen.[30]

Die von Josef Rings 1925 gebaute Ausstellungshalle V ist 1954 abgerissen worden. An ihrer Stelle steht seit 1958 die Grugahalle, die im Jahr 2000 unter Denkmalschutz gestellt wurde. Die von den Architekten Brockmann und Lich-

---

[29] Vgl. Astrid Schröder, ... und sonntags in die Gruga, die Geschichte des Essener Volksparks. Essen 1996.
[30] HdEG/Stadtarchiv Sign. 1004/62. An dieser Stelle einen Dank an Frau Holtermann vom HdEG, die nach Darstellung der Fragestellung mir mit viel Verständnis und Kenntnis die passenden Archivakten zur Verfügung stellte.

tenhahn entworfene Grugahalle verdankt ihre Form der Tatsache, dass diese Halle auf dem Fundament der Ausstellungshalle V von Rings gebaut wurde. Es ist schwer nachzuvollziehen, welche Argumente ins Gewicht gefallen sind, um die Ausstellungshalle V in seltsamer Geschichts- und Kulturvergessenheit als entsorgungswürdig zu den „alten Zöpfen" zu degradieren. Zu bedauern jedenfalls ist, dass in Essen noch immer historisch wertvolle Bauten, die das Gesicht der Stadt jahrelang prägten, dem Profitgott geopfert werden.

9. Josef Rings: Wohnungs- und Siedlungsreform

RENATE KASTORFF-VIEHMANN

„Was wir also zurzeit im Städtebau oder auch im Hausbau entwerfen, muß wirtschaftlich klar aufgefaßt und einfach sein, insbesondere deshalb, weil wir für die nächste Zukunft kein Geld für Nebensächliches oder gar Unnützes haben. Daher ist unser heutiges Haus von rechteckiger Grundrißform ohne teure Vorbauten und einer damit verbundenen Verteuerung des Daches. Der einfache Mauerkörper scheidet sich reinlich vom Dach ohne das Hauptgesims durchschneidende Aufbauten, weil gerade diese neben einer Verteuerung der Bauausführung auch die Unterhaltungskosten wesentlich erhöhen. Vier Wände und ein Dach, das ist die einfachste Form des nach wirtschaftlichen Erwägungen entstandenen Hauses. Diese Form eignet sich als Zelle am besten zum reinen Ausdruck städtebaulicher Gedanken",

schrieb Robert Schmidt 1919 in „Wollen – Können", der Programm-Schrift vom Allbau, dem Allgemeinen Bauverein Essen AG.[1] Josef Rings, fachlich hervorragend ausgewiesen, entwarf die entsprechenden Typenhäuser in „einfachster Form".

Schon vor 1914 hatten sich Sozialpolitiker, christliche Sozialreformerinnen, Stadthygieniker, Architekten, Städtebauer und leitende Verwaltungsbeamte intensiv mit der Wohnungs- und Siedlungsfrage beschäftigt. Es gab Tagungen zum Thema und es erschien eine große Anzahl von Veröffentlichungen. Insbesondere der Arbeiterwohnungsbau, der in Deutschland bis ins ausgehende 19. Jahrhundert Immobilienträgern, privaten Bauherrn, Bauunternehmern und den Bauabteilungen großer Unternehmen überlassen worden war, bedeutete für die an Hochschulen ausgebildeten Architekten erstmals eine ernstzunehmende Herausforderung. Man fragte, ob Einzelhaus (bzw. Kleinhaus), Reihenhaus

---

1 Robert Schmidt, Leitgedanken, in: Allgemeiner Bauverein Essen AG (Hrsg.): Wollen – Können, Essen 1919, S. 5 f.

oder Geschossbau passender wäre, erkundete den Bedarf, dachte sogar an die Bedürfnisse der Arbeiterfamilien und entwarf auf dieser Basis Grundrisse und Möbelprogramme, forderte des Weiteren die abgeschlossene Wohnung, zog die Kochküche in Erwägung, ergänzt um eine „gute Stube" anstelle der üblichen Wohnküche, erörterte Anforderungen der Stadthygiene und sprach über die technische Ausstattung der Wohnung, vergaß dabei das Watercloset nicht (es sei denn, es handelte sich um ländliche oder halbländliche Lebensformen, wo weiterhin ein Abort beim Stallanbau genügte), überlegte sogar, mit dem Haus und der Wohnung des Arbeiters die christliche Familie als Fundament der Gesellschaft zu stabilisieren und widmete sich unter diesem Gesichtspunkt auch dem Baustil: „Ich habe angekündigt, über die erzieherische Bedeutung des Hauses zu reden".[2] Mit diesen Worten eröffnete der Hagener Mäzen Karl Ernst Osthaus sein Einleitungsreferat auf der 14. Konferenz der Centralstelle für Arbeiter-Wohlfahrtseinrichtungen, die zum Thema „Die künstlerische Gestaltung des Arbeiterhauses" 1905 in Hagen stattfand. Um dann fortzufahren: „Wer sich zu Hause glücklich fühlt, der bleibt zu Hause, heißt es in England".[3] Zweiter Referent war Hermann Muthesius, ein England-erfahrener und England-affiner Architekt und Geheimrat in der preußischen Staatsverwaltung, der sich u. a. mit seiner dreibändigen Veröffentlichung über „Das englische Haus" (1904/1905) als Reformer ausgewiesen hatte. Muthesius führte aus, dass in England mit den Siedlungen Bedford Park und Port Sunlight die Frage der guten Gestaltung im neuzeitlichen Siedlungsbau beispielhaft beantwortet sei, während man in Deutschland beim Arbeiterwohnungsbau nur die Versuche von „Versorgern" entdecken könne, die sich an gängigen Haustypen orientierten. Da aber der „moderne Arbeiter etwas anderes ist als der frühere Bauer oder Kleinbürger, so wird sich mit der Zeit auch sein Haus zu einer besonderen Art entwickeln müssen".[4] Ein dritter prominenter Referent war Paul Schultze-Naumburg, Vorsitzender des Deutschen Bund Heimatschutz und Anhänger heimatlicher Bauweisen. Er imaginierte den „Typus des anständigen Arbeiterhauses [...] dessen Äußeres so behaglich von Glück und Zufriedenheit erzählt, daß ein Abglanz davon auf die Innewohnenden übergehen muß. Gleichzeitig wäre ein Mittel gefunden, den traditionslosen Stand der Zukunft mit der Vergangenheit zu verknüpfen".[5]

---

2   Karl Ernst Osthaus, Das künstlerische Problem, In: Schriften der Centralstelle für Arbeiter-Wohlfahrtseinrichtungen 29, Berlin 1906, S. 1.
3   Ebd., S. 4.
4   Hermann Muthesius, Die Entwicklung des künstlerischen Gedankens im Hausbau, in: Schriften der Centralstelle für Arbeiter-Wohlfahrtseinrichtungen 29, Berlin 1906, S. 11 ff, S. 14.
5   Paul Schultze-Naumburg, Das Bauernhaus in seiner vorbildlichen Bedeutung für den Arbeiterwohnungsbau, in: Schriften der Centralstelle für Arbeiter-Wohlfahrtseinrichtungen 29, Berlin 1906, S. 29 ff.

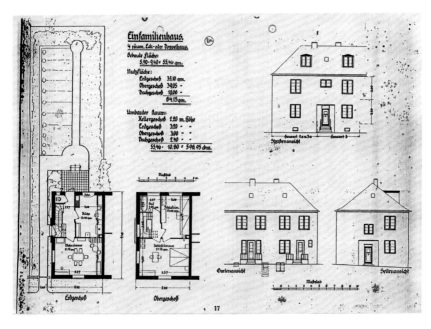

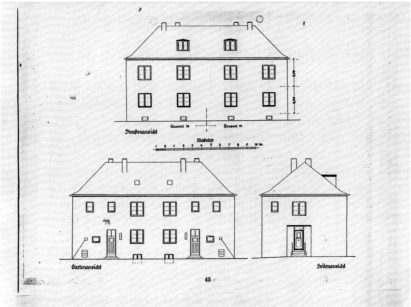

Abb. 141 und 142: Haustypen in „einfachster Form" von Josef Rings

Die Aufgabe war definiert; aber noch war nichts entschieden. Es gab einige Erwartungen, die mit dem zeitgemäßen Arbeiterhaus verknüpft wurden; und es gab viele Aspekte, die zu berücksichtigen waren. Entwürfe von Josef Rings aus der Zeit vor 1914 zu Wohnhäusern unterschiedlicher Zuschreibung, bzw. zu Kleinhäusern, sind dem entsprechend vielgestaltig. Sie belegen sowohl den Rückgriff auf die damals wiederentdeckte idealisierte heimatliche Bauweise (bis ungefähr 1908/1910, exemplarisch beim Haus Merkel) als auch den Einfluss, den Heinrich Tessenow wenig später mit Entwürfen zum einfach-funktionalen Hausbau ausübte. Sie deuten ebenfalls auf Vorbilder in Amerika und in England, dem Mutterland der Gartenstadt, wie Vorschläge zu bescheidenen Wohnhäusern zeigen, die Rings 1912 in „Die Praxis der Wohnungsreform" veröffentlichte. Sein Entwurf von 1910 für eine kleine (nicht gebaute) Kolonie in Marburg-Weidenhausen macht hingegen Gartenstädtisches par excellence anschaulich. Auf den Zeichnungen[6] sieht man Doppel- und Reihenhäuser mit Sprossenfenstern, Blendläden und Baywindows (englischer Art) unter hohem Dach. Drei Häuser stehen ähnlich Wächtern an der Hauptstraße; die anderen sind um eine dahinter liegende Wohnstraße gruppiert. Vor- und Rücksprünge gegenüber der einheitlichen Bauflucht, Rankspaliere, Vorgärten, niedrige Einfriedungen und Bäume im Straßenraum komplettieren gemeinsam mit den Hausgärten das anheimelnde Bild. Schon auf den ersten Blick erinnern die Bilder an die Margarethenhöhe in Essen, die ab 1909 nach Plänen von Georg Metzendorf entstand.

„Das Arbeiterhaus ist ein Typus"

Der malerische Gestus, den Rings' Schaubilder zur Kolonie Weidenhausen vermitteln, lässt im Nachhinein staunen, selbst wenn fraglich ist, ob es sich dort um Arbeiterwohnungsbau handeln sollte. Schrieb er doch 1912, also zwei Jahre später, über Arbeitersiedlungen, dass dort sowohl der Vorgarten als auch der gartenstädtische Charakter vollkommen fehl am Platze seien. Angemessen wären stattdessen der Typ und das Reihenhaus. Denn: „Das Arbeiterhaus ist ein Typus, der sich von einer ganz anderen Grundlage aus entwickelt wie das Einfamilienhaus der Gartenstadt".[7] Was ihn konkret zu dieser Erkenntnis geführt hatte, lässt sich nicht zweifelsfrei rekonstruieren. Vielleicht waren es die Diskussionen mit den Kollegen in Darmstadt und Offenbach, vielleicht seine Gespräche mit Gustav Gretzschel (s. u.). Zudem waren zwischenzeitlich, 1910, zwei grundlegende Veröffentlichungen erschienen: einmal das von Karl Weißbach und Walter Mackowsky editierte Buch „Das Arbeiterwohnhaus",[8] mit dem die

6 Vgl. Deutsche Kunst und Dekoration, Bd. XXX, 1912/13, S. 263–264.
7 Gustav Gretzschel und Josef Rings, Die Praxis der Wohnungsreform, Darmstadt 1912, S. 101.
8 Berlin 1910, Untertitel: Anlage, innere Einrichtung und künstlerische Ausgestaltung. Arbeiterkolonien und Gartenstädte.

Verfasser den gesamten Fragenkreis zum Thema ansprachen. Und zum Zweiten das Standardwerk „Grundlagen des Städtebaues. Eine Anleitung zum Entwerfen Städtebaulicher Anlagen von Raymond Unwin" (1. ed. London 1909, Town Planning In Practise). Damit wurde ein Panorama zeitgemäßer Kleinhäuser, Hausgruppen und Siedlungsbereiche englischer Art eröffnet. Reformorientierte Architekten schauten um 1910 sowieso nach England. Wobei Unwin, damals einer der führenden Städtebauer weltweit, als Architekt englischer Gartenstädte eine besondere Rolle spielte. Er zeigte aber nicht nur Beispiele zeitgemäßen Städtebaus, darunter diverse kleine Siedlungsbereiche, sondern bewertete sie auch hinsichtlich Kosten, Flächenverbrauch, Erschließung, Grundstückszuschnitt und Belichtung. Dass Unwins Veröffentlichung sowohl am Lehrstuhl von Friedrich Pützer in Darmstadt als auch an den Technischen Lehranstalten in Offenbach zur Verfügung stand, ist anzunehmen.

Als Mitarbeiter in Pützers Atelier hätte Rings aber schon vorher Pläne für eine mustergültige Arbeitersiedlung kennengelernt haben können, und zwar für die bandartig aufgebaute Kolonie der Firma Merck in Darmstadt-Arheiligen. (Vielleicht war er sogar in das Projekt involviert gewesen.) An zwei annähernd parallelen Straßen war dort seit 1905 „Eine kleine Stadt […] im Entstehen begriffen".[9] Während die 21 realisierten Häuser (geplant waren 200) vom Baustil her ländlich-malerisch wirkten, war der Bebauungsplan mit dem leicht geschwungenen Straßenverlauf und mit den Vor- und Rücksprüngen der Häuser gegenüber einer einheitlichen Bauflucht gleichzeitig einfach und raffiniert. Denn mit wenigen Mitteln war ein abwechslungsreicher Straßenraum inszeniert. Vergleichbar sachlich und gekonnt war der Entwurf von 1904 aus dem Büro des Aachener Städtebauprofessors Karl Henrici für eine große Siedlung in Knurow (Kolonie III, in Teilen realisiert) im oberschlesischen Bergbaurevier. Henrici hatte dort parallel zu Hauptstraße, Eisenbahngleisen und Zechengelände ein Siedlungsband mit ebenfalls leicht geschwungenen Parallelstraßen vorgesehen, in deren Verlauf kleine platzartige Aufweitungen eingefügt waren.[10] Auch Henrici kam 1905 in Hagen auf der Konferenz der Centralstelle für Arbeiter-Wohlfahrtseinrichtungen zu Wort und erläuterte dort das Projekt für Knurow. Er präsentierte damit eine Muster-Siedlung, die sich weder am Schematismus alter Arbeiterkolonien noch am malerischen Gestus der Gartenstädte oder an den anheimelnden Bildern idealisierter kleiner Städte orientierte. Dessen ungeachtet

---

9 H. Wagner, Die Arbeiterkolonie der Firma E. Merck zu Darmstadt, in: Bauzeitung für Württemberg, Baden, Hessen, Elsass-Lothringen, Jg. 1907, Nr. 29, S. 225.
10 Karl Henrici, Arbeiterkolonien, in: Schriften der Centralstelle für Arbeiter-Wohlfahrtseinrichtungen 29, Berlin 1906, S. 59 ff; vgl. Renate Kastorff-Viehmann, Kleinwohnung und Werkssiedlung. Zur Erziehung des Arbeiters durch Umweltgestaltung, in: Juan Rodriquez-Lores und Gerhard Fehl (Hrsg.), Die Kleinwohnungsfrage, Hamburg 1988, S.221–241.

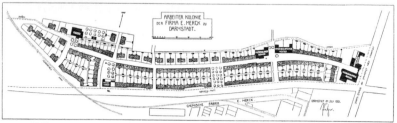

Abb. 377–379. Lageplan und Teilansichten der Arbeiterkolonie der Firma E. Merck bei Darmstadt. Arch. Prof. Pützer, Darmstadt. Aus der Zeitschrift: Der Städtebau. Jahrg. 1906, Tafel 52, 53, 55.

Abb. 143: Grundriss und Schaubilder zur Siedlung der Fa. Merck in Darmstadt-Arheiligen, Architekt Friedrich Pützer

sah der Plan für Knurow III sowohl typisierte, regelmäßig angelegte Wohnwege als auch anmutige Straßen- und Platzräume vor.

Als Josef Rings Ende 1920 für den Allbau eine Bergarbeitersiedlung in Essen-Altenessen plante, legte er sie ebenfalls wie ein Siedlungsband neben eine Eisenbahn-Trasse. Es mag sein, dass er dabei an die Maßstab setzenden Projekte in Darmstadt-Arheiligen und Knurow gedacht hatte.[11] Wenn ja, dann könnte es sein, dass er durch diese drei Siedlungen angeregt wurde, die Idee der Bandstadt als Stadtentwicklungsmodell auszuarbeiten. Aber seine Überlegungen im Zusammenhang mit der Bergarbeitersiedlung in Essen-Altenessen gingen noch in eine andere Richtung. Denn ähnlich wie bei den Typenhäusern für den Allbau spielte er nun die Bauaufgabe „zeitgemäß optimierte Bergarbeitersiedlung" systematisch durch. Vielleicht war sein Interesse darin begründet, dass damals von 100.000 oder sogar 150.000 neuen Bergleuten gesprochen wurde, die für die Zechen des Ruhgebiets neu angeworben werden mussten, um die

---

[11] Weißbach und Mackowsky, Das Arbeiterwohnhaus, S. 252 ff, betrachteten die beiden Siedlungen gemeinsam mit dem Kruppschen Margarethenhof in Rheinhausen (ab 1904 gebaut) als vorbildlich, jedoch nicht unter den Gesichtspunkten Typisierung oder Schematisierung, sondern unter den Aspekten Vermeidung von Eintönigkeit, geschickte Planung sowie malerische bzw. anmutige Anlage.

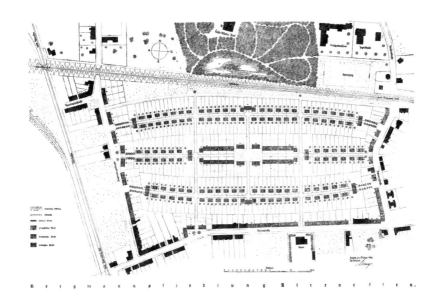

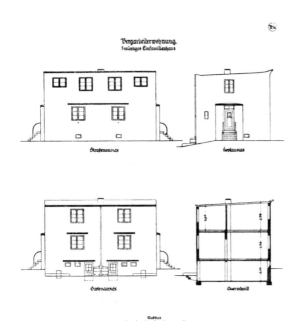

Abb. 144 und 145: Siedlungsgrundriss für eine Bergarbeitersiedlung in Altenessen und Doppelhaus für Bergarbeiter mit Pultdach

Reparationen über Kohlelieferungen begleichen zu können. Und dass deshalb viele neue Siedlungen gebaut werden mussten. Auf jeden Fall warb Rings 1923 in der Veröffentlichung „Siedlungsreform. Gesetze, Baugedanken, Ziele" mit kostengünstigen Lösungen für „Straßen- und Blockbildungen mit neuen Miethaustypen"[12] und für „Garten- und Straßenraumbildungen unter Berücksichtigung besserer Licht- und Luftzufuhr".[13]

Im Kapitel mit der Überschrift „Schematische Siedlungsplanung" druckte er Pläne zu fünf modellhaften Bergarbeitersiedlungen ab, jeweils ergänzt um die Berechnung und den Vergleich von bebauter Fläche, Nutzfläche (=Wohnfläche + Kelleranteil + Anteil Treppe) und umbautem Raum: eine erste Alternative mit Doppelhäusern, die mit Vor- und Hausgärten ausgestattet sind (siehe Abb. 149), eine zweite mit Reihenhäusern, die jeweils einreihig an einem Wohnweg stehen, plus den zugehörigen Nutzgärten, eine dritte mit drei- und vierräumigen Mietwohnungen in zweigeschossigen Reihen mit Laubengang-Erschließung, eine vierte mit gleicher Bebauung, aber an einem sehr schmalen Wohnweg, und eine fünfte mit sparsam dimensionierten zweiräumigen Mietwohnungen (ohne Bad), aber wieder in Reihe und mit Laubengang gebaut (siehe Abb. 150), ergänzt um ein gemeinschaftliches Küchen- und Badehaus, und aufgrund größerer Garten- und Abstandsflächen unter Berücksichtigung verbesserter Licht- und Luftzufuhr geplant.[14] Der Garten bzw. die unbebauten Flächen spielten unter funktionalen Aspekten eine wichtige Rolle. Garten-Ideologen hingegen betrachteten ihn zu Ende des Krieges als notwendiges Element einer „deutschen" Siedlerbewegung, entsprechend der so bezeichneten „deutschen" Mentalität. Funktional gesehen diente der Hausgarten als Nutzgarten zur Selbstversorgung und war förderlich für die Betätigung an frischer Luft. „Licht und Luft", so hieß schon im 19.Jahrhundert ein generelles Anliegen der Stadthygiene. Licht, Sonne und Luft erachtete man als probate Mittel gegen Tuberkulose, Rachitis und Seuchen. Wo unter Tage gearbeitet wurde, galt die Betätigung im Garten als vorbeugendes Mittel gegen Steinstaublunge, der Berufskrankheit der Bergleute.

Was die grundsätzlichen Überlegungen zu optimierten und typisierten Siedlungs- und Hausformen betrifft, konnte Rings nicht zuletzt auf Erfahrungen zurückgreifen, die er als Abteilungsvorsteher bei Krupp gesammelt hatte. War man dort doch während des Krieges gezwungen gewesen, immer weiter zu vereinfachen. Am deutlichsten dokumentierten die Barackenlager und die 287

---

[12] Josef Rings, Siedlungsreform. Gesetze, Baugedanken, Ziele, Essen 1923, S. 207.
[13] Ebd., S. 222.
[14] Rings, Siedlungsreform, S. 207 ff.; ebenfalls Gerhard Fehl, Gartenstadt-Bebauung oder schematische Reihenhaus-Bebauung? Zum Konflikt um die Bebauungsweise neuer Siedlungen ab 1918, dargestellt am Werk des Essener Architekten Josef Rings, S. 198 ff., in: Franziska Bollerey/Gerhard Fehl/Kristiana Hartmann (Hrsg.), Im Grünen wohnen – im Blauen Planen. Ein Lesebuch zur Gartenstadt, Hamburg 1990, S. 189–227.

Abb. 146: Krupp-Wohnungsbau, Notwohnungen am Laubenhof

Notwohnungen am Laubenhof in Essen den Sparzwang und die Abkehr von der opulenten Siedlungsplanung der Vorkriegszeit bei Krupp. Wo Hannes Meyer, der 1916–1918 im Kruppschen Baubüro gearbeitet hatte, laut eigener Aussage, sich „intensiv an den ersten arbeiten zur standardisierung und typisierung kruppscher siedlungen" beteiligt hatte.[15] Vielleicht bot das Haus mit der Laubengang-Erschließung am Laubenhof sogar ein Vorbild, als Rings über die „schematische Siedlungsplanung" nachdachte. Ähnlichkeiten sind nicht zu übersehen. Ohne Bindung an einen Ort oder Planungsauftrag konnten die fünf Alternativen schnell und straff mit dem Lineal gezeichnet werden. Für anmutige oder gar malerische Siedlungs-Szenerien gab es weder Raum im Denken noch Platz auf dem Papier. Rings dachte jedoch intensiv über Raumabschlüsse und über Verengungen im Straßenraum nach. Er erläuterte die „schematische Siedlungsplanung" ausführlich in „Siedlungsreform" auf den Seiten 207 bis 234 (eine sechste Variante mit „Wabensystem" stellte er 1925 auf der Bauausstellung in Essen vor).

Seine Modelle zeigten in der Theorie (bzw. auf dem Papier), wie sich Grundstücks-, Bau- und Wohnflächen, Verkehrswege und Versorgungsleitungen optimieren und Kosten minimieren ließen. Im Modell schien es zunächst unwichtig, dass Reihenhäuser aufgrund zu erwartender Bauschäden für Bergbaugebiete nicht geeignet sind. Für die reale Planungsaufgabe in Altenessen entwarf Rings deshalb nur am zentralen Wohnhof Reihenhäuser; gebaut wurden würfelförmige, zweigeschossige Doppelhäuser mit Walmdach, mit rund 66 m² Wohnfläche, mit Watercloset und mit einer Badwanne (in der Futterküche im Keller). Ergänzend zeichnete er 1923 modellhaft ein einfaches Doppelhaus mit flach geneigtem Pultdach. Die Entwürfe begründete er folgendermaßen: „Wahrheit drängt zur klaren Form, Lüge zur Verwicklung und Unklarheit [...] Innere Wahrheit und äußere Klarheit müssen Anfang und Ende sein [...] Der für die Bergmanns-

---

[15] Curriculum vitae Hannes Meyer, zitiert nach: Rainer Metzendorf, Hannes Meyer bei Georg Metzendorf und im Kruppschen Baubüro, S. 54, in: Essener Beiträge, Bd. 134, S. 39–59.

Abb. 147: Josef Rings, Anlage mit Mietwohnungen für Ledige

siedlung Altenessen vorgesehene Haustyp ist nach diesen Gesichtspunkten bearbeitet".[16] Der frühe Testfall der „schematischen Siedlungsplanung" wurde damals in Altenessen nur ansatzweise umgesetzt – mit 25 Doppelhäusern an der Kinßfeldstraße, die der Allbau 1920/1921 für die Treuhandstelle für Bergmannswohnstätten errichtete.[17]

Rings' Entscheidung für die „einfachste Form" (vgl. das Eingangs-Zitat von Schmidt) führte in seinen Entwürfen zu einer immer weiter gehenden Vereinfachung und Geometrisierung. Um 1920 und 1923 war dies sowohl zeitgemäß aufgrund der allgemeinen Mangel-Situation als auch unzeitgemäß angesichts der in Politik und Medien verbreiteten nationalen Erweckungs-Strategie. Ideologische Hardliner warben nach dem verlorenen Krieg für ein „deutsches" Siedlungsbild. Andere Zeitgenossen bevorzugten weiterhin das verbindlich Malerische der gartenstädtischen Quartiere der Vorkriegszeit. Die Ästhetik der „einfachsten Form" im Sinne von Schmidt und Rings, die die kollektive Not anspricht, konnte sich in den 1920er Jahren selbst unter avantgardistischen Architekten nicht durchsetzen.[18] Zwar veranschaulichen auch die meisten der seit der Mitte der 1920er Jahre errichteten Siedlungen des Neuen Bauens nicht die Teilhabe am ersehnten materiellen Reichtum, sondern die Teilung der Armut. Aber erst in der Weltwirtschaftskrise und angesichts schrumpfender Fördermittel wurden rigoros-einfache Reihen- und Zeilenbauten und die Wohnung für das Existenzminimum akzeptiert. Josef Rings hielt unabhängig von den Zeitläuften am einmal als richtig erkannten Modell fest und verordnete den Siedlungen

---

[16] Rings, Siedlungsreform, S. 199.
[17] Laut Verwaltungsbericht des Allbau von 1920, freundl. Auskunft von H. W. Hoffacker.
[18] Während sanitär gut ausgestattete Wohnungen in einfach-sachlichen Gartensiedlungen bei den Bewohnern und Bewohnerinnen beliebt waren; egal, wieweit Flachdach-Siedlungen oder Quartiere wie der Weißenhof bei Stuttgart in den Printmedien als „Neu Jerusalem" oder als „Araberdorf" verunglimpft wurden.

am Schäperskotten in Gelsenkirchen-Erle und nahe der Löchterheide bzw. am Spinnstuhl in Gelsenkirchen-Hassel, die in der zweiten Hälfte der 1920er Jahre bzw. um 1930 gebaut wurden, eine kaum zu unterbietende Einfachheit.

Die Zusammenarbeit mit Gustav Gretzschel

1919, als Josef Rings künstlerischer Beirat beim Allbau wurde, und 1923, als er mit dem Buch „Siedlungsreform" für seine Art zu planen warb, lag sein erster nachweisbarer Entwurf zum Arbeiterwohnungsbau schon 15 bzw. 20 Jahre zurück: 1905 hatte er mit einem malerischen Kleinhaus den Zweiten Preis beim Wettbewerb zur Erlangung mustergültiger Entwürfe zu kleinen Häusern errungen, den der 1901 gegründete Hessische Zentralverein zur Errichtung billiger Wohnungen (der wenig später als Ernst Ludwig-Verein firmierte) ausgeschrieben hatte (vgl. den Beitrag von Rainer Metzendorf). Bedeutsam für Rings' weiteren Berufsweg war nicht nur, dass er als Architekt daraufhin eine Einladung vom Großherzog erhielt (vgl. den Beitrag von Kathrin Gräwe), sondern dass er als einer der Preisträger den damaligen hessischen Landeswohnungsinspektor Gustav Gretzschel kennen und sicher auch schätzen gelernt hatte. Gemeinsam veröffentlichten sie 1912 „Die Praxis der Wohnungsreform". Rings zeichnete zudem mehrmals Typenhäuser, die in den von Gretzschel betreuten Jahrbüchern des Vereins abgedruckt werden konnten. Dieser wiederum handelte in „Siedlungsreform" auf 130 Seiten „die Organisations- und Gesetzesfragen für das Siedlungswesen" ab.[19] Jedoch war Gretzschel seit Sommer 1918 nicht mehr in Hessen tätig, sondern in Berlin beim Staatskommissar für das Wohnungswesen.[20] 1919 wechselte er dort ins neu gegründete Ministerium für Volkswohlfahrt, das ab Ende 1921 von Heinrich Hirtsiefer geleitet wurde, einem Zentrums-Politiker aus Essen.

Bevor Gretzschel Anfang 1903 in Personalunion Landeswohnungsinspektor in Hessen und Generalsekretär des Hessischen Zentralvereins zur Errichtung billiger Wohnungen wurde, war er Generalsekretär des Rheinischen Vereins zur Förderung des Arbeiterwohnungswesens (später Rheinischer Verein für Kleinwohnungswesen), wo sowohl der Kruppsche Baudirektor Robert Schmohl als auch der Aachener Städtebauprofessor Karl Henrici über Jahre im Vorstand saßen. Gretzschels Initiativen zielten aber nicht allein auf Hessen und das

---

19 Rings, Siedlungsreform, S. 9.
20 „Seine Majestät haben Allergnädigst geruht […] den bisherigen Großherzoglich hessischen Landeswohnungsinspektor a. D. Gustav Gretzschel in Berlin zum technischen Hilfsarbeiter beim Staatsministerium (Staatskommissar für das Wohnungswesen, d. V.) mit dem Titel Regierungsrat zu ernennen", Zentralblatt der Bauverwaltung, Jg. 1918, S. 357 (Sept.), Amtliche Mitteilungen.

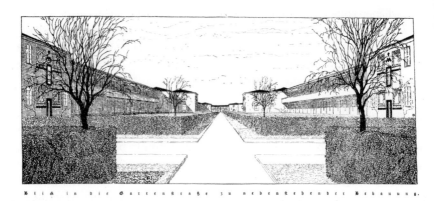

Abb. 148: Schaubild zu einer modellhaften Wohnanlage mit Mietwohnungen für Bergarbeiter

Rheinland; er warb generell für die Wohnungsreform[21] und arbeitete mit prominenten Reformern zusammen. 1910 rezensierte er die 2. Auflage von Rudolf Eberstadts „Handbuch des Wohnungswesens",[22] um 1920 bei der 4. Auflage selbst als Autor beteiligt zu werden. Sein engerer Arbeitsschwerpunkt betraf die Förderung gemeinnütziger Bauvereine und Siedlungsgesellschaften. 1919 veröffentlichte er „Die gemeinnützigen Siedlungsgesellschaften und ihr Werk" sowie gemeinsam mit dem späteren Frankfurter Oberbürgermeister Ludwig Landmann und dem Rüstringer Stadtbaurat Willy Hahn eine vom Deutschen Verein für Wohnungsreform herausgegebene Schrift über „Kommunale Wohnungs- und Siedelungsämter". 1918, als erstmals staatliche Fördermittel für Kleinsiedlungen und halbländliche Siedlungen bereitstanden, hatte eine Welle von Gründungen gemeinnütziger Siedlungs- bzw. Bauvereine eingesetzt. Dies administrierend zu begleiten, war wohlmöglich eine herkulische Aufgabe für den preußischen Regierungs- bzw. späteren Oberregierungsrat Gretzschel. Bei der er gerne vorzeigbare Beispiele nutzen wollte. So schrieb er 1920 in „Der Städtebau" wohlwollend über „Wollen – Können", bezeichnete darin Robert Schmidt und Josef Rings als „zwei rühmlichst bekannte Fachleute" und hob Rings besonders hervor als einen „Mann mit großen Erfahrungen im Kleinwohnungsbau, begabt mit schöpferischen Ideen, der auch den Mut hat, alten verrosteten Anschauungen mit neuen Gedanken entgegenzutreten".[23]

[21] Eine Übersicht der Veröffentlichungen in: Renate Kastorff-Viehmann, Wollen und Können, S. 94 f, S. 166, Anm.18, in: Jürgen Reulecke u. a., Wohnen und Markt. Gemeinnützigkeit wieder modern, Essen 1994, S. 91–119.
[22] Der Städtebau, Jg. 1910, S. 94.
[23] Neue Literatur, Bearbeitet von Regierungsrat Gretzschel, Berlin, in: Literatur-Bericht No. 7, Beilage zu „Der Städtebau", Jg. 1920, S. 1 f.

Im Schatten von Neuem Bauen und Neuer Siedlung

Gretzschel war ein Mann der Praxis, des Erreichbaren – kein Utopist. Dies hatte sich schon 1912 erwiesen, als er gemeinsam mit Rings „Die Praxis der Wohnungsreform" herausgab. Das Buch enthält u. a. das Muster-Statut einer Baugenossenschaft und Hinweise, wie und wo man Mittel beantragen konnte. Rings lieferte auf 34 Tafeln Muster-Entwürfe zu Klein- und Mittelwohnungen mit Kostenschätzungen und gab Ratschläge für die Baupraxis: gegen die Opulenz der gartenstädtischen Siedlung und für das typisierte Reihenhaus, gegen den Vorgarten und für den Nutzgarten, gegen Bad oder Abort ohne direkte Lüftung und für eine dem Bedarf entsprechend zugeschnittene, funktionale Wohnung.[24] Das Handbuch war für all jene Zeitgenossen gedacht, die bauwillig waren und/oder selber einen Bauverein oder eine Baugenossenschaft gründen wollten. Dergestalt versteht sich fast von selbst, dass Josef Rings als Fachmann anerkannt wurde. „Siedlungsrefom" richtete sich 1923 mit ähnlicher Intention an einen vergleichbaren Kreis von Adressaten, jedoch elf Jahre später und unter gänzlich veränderten Rahmenbedingungen. Dies betraf einmal die Dominanz des Militärischen (Tessenow hatte 1916 von der „Uniform" gesprochen, als er den Typ meinte) und die Sparzwänge während des Krieges, die generell ein Nachdenken über kostengünstige Lösungen erzwungen hatten. Zum anderen hatten sich die Fördermöglichkeiten und die Gesetzeslage geändert (worüber Gretzschel informierte). Da seit 1919 in vielen deutschen Städten gemeinnützige Siedlungsträger und Bauvereine als Auftraggeber auftraten, beschäftigten sich vermehrt ausgewiesene Privat-Architekten mit dem Kleinwohnungsbau. Damit lagen um 1923 vielerorts einschlägige Erfahrungen vor, nicht nur in Essen. Zudem hatten sich prominente Architekten und Städtebauer des Themas angenommen und ihre Vorschläge veröffentlicht.[25] Josef Rings verfügte in diesem Diskurs nur über eine Stimme und die kam aus der Industrieprovinz. Während in Berlin und Frankfurt (oder in Hamburg) Stadtpolitik, leitende Verwaltungsbeamte und örtliche Architekten seit Mitte der 1920er Jahre in konzertierten Aktionen nicht nur für das Neue Berlin bzw. das Neue Frankfurt warben, sondern mit großen Siedlungsprojekten in der Haltung des Neuen Bauens sozial und medial erfolgreich waren.

---

24 Gretzschel und Rings, Die Praxis, S. 101 ff.
25 Ohne Anspruch auf Vollständigkeit: Fritz Schumacher gab 1917 „Die Kleinwohnung. Studien zur Wohnungsfrage" heraus, Arthur Wienkoop im gleichen Jahr „Das Kleinwohnungshaus der Neuzeit", Hermann Muthesius veröffentlichte 1915 „Wie baue ich mein Haus" und 1918 in 1. Auflage „Kleinhaus und Siedlung", Peter Behrens gemeinsam mit Heinrich de Fries ebenfalls 1918 „Vom sparsamen Bauen. Ein Beitrag zur Siedlungsfrage"; 1919 erschien „Der wirtschaftliche Kleinwohnungsbau", Verfasser Moritz Wolf, in der Schriftenreihe des Groß-Berliner-Vereins für Kleinwohnungswesen.

Ein vergleichbar ambitioniertes, späterhin übergangenes Projekt war in Essen schon 1919 gestartet worden. Hier hatten sich der Oberbürgermeister (= Hans Luther), der Planungsdezernent (= Robert Schmidt), der Baudirektor von Krupp (= Robert Schmohl) und ein örtlicher Architekt (= Josef Rings) zusammengetan: Schmidt, Schmohl und Luther wurden 1919 Gründer des Allbau, der als Siedlungsträger nicht nur selber oder im Auftrag anderer Gesellschaften bauen und somit dazu beitragen sollte, die Wohnungsnot in der Stadt zu lindern, sondern gleichzeitig hinsichtlich der Bauteiltypisierung und der Siedlungslenkung vorbildlich wirken sollte. Denn – so Schmidt – „die Hausarten des Allbau stellen den Abschluss eines praktischen Entwicklungsganges des Essener Wohnungswesens dar".[26] Und der wurde einerseits durch Metzendorfs Margarethenhöhe repräsentiert und war andererseits maßgeblich vom professionell arbeitenden Kruppschen Baubüro bestimmt worden. Insofern war es nur folgerichtig, dass Rings künstlerischer Beirat und Architekt beim Allbau wurde – und damit gemeinsam mit Schmidt, der konkrete Vorstellungen von der räumlichen Entwicklung der Stadt besaß, die zukünftige Siedlungstätigkeit in Essen hätte lenken sollen. Zu Beginn schienen die Aussichten glänzend. Es wurde gebaut und es waren neue Siedlungen geplant, die sich wie ein Kranz von Trabanten westlich, südlich und östlich um die dicht bebaute Stadt legen: auf Kuppen oberhalb von schönen Bachtälern, durch die die Städter und Städterinnen ins Grüne wandern konnten (was man noch heute erleben kann). Zwar wurden neben der Margarethenhöhe, dem Kruppschen Altenhof 2 (die beide vor 1914 begonnen worden waren) und der Siedlung Heimaterde in (Mülheim-)Heißen zu Beginn der 1920er Jahre vier Siedlungen realisiert. Aber das Projekt der kommunalen Siedlungslenkung verlor schon 1920 mit dem Beinah-Zusammenbruch des Allbau an Schwung (vgl. den Beitrag von H. W. Hoffacker). Letztlich wurde es im Diskurs über die fortschrittliche Wohnungs- und Siedlungspolitik der Weimarer Republik sogar vergessen. Während ab Mitte der 1920er Jahre im Ruhrgebiet mit der Cuno Siedlung in Hagen, der Einschornsteinsiedlung in Duisburg-Neudorf oder dem Kaiserblock in Dortmund – um nur drei Beispiele zu nennen – populäre, sozial orientierte Siedlungen und Wohnanlagen in der Haltung des Neuen Bauens entstanden. Gleichzeitig wurden staatlicherseits die Arbeiten zur Optimierung des Wohnungs- und Siedlungsbaus mit der 1927 gegründeten Reichsforschungsstelle für Wirtschaftlichkeit im Bau- und Wohnungswesen in Leipzig zentralisiert. Ziel war, die Rationalisierung im Wohnungsbau systematisch voranzutreiben – eigentlich im Sinne von Rings. Eine Weiterarbeit an der „schematischen Siedlungsplanung" gehörte aber nicht zum Programm. Er bekam auch nicht die Chance, eine Versuchs-Siedlung der Weimarer Republik zu bauen. Rings blieb derweil ein Einzelkämpfer und zählte nicht zur anerkannten Avant-

---

[26] Allgemeiner Bauverein Essen, Wollen – Können, S. 2.

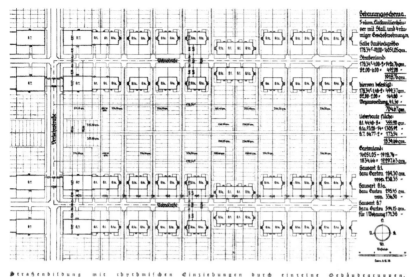

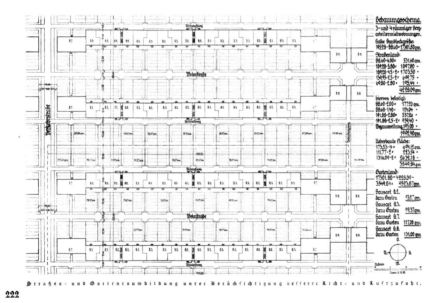

Abb. 149 und 150: „Schematische Siedlungsplanung" – zwei von fünf Alternativen

garde des Neuen Bauens. Ob und wieweit ihm Gustav Gretzschel damals noch zur Seite stand, ist unbekannt.

Ein Paradigmen-Wechsel

Was sein Verhältnis zu Gustav Gretzschel ab Mitte der 1920er Jahre angeht, kann es einen gewichtigen Grund gegeben haben, warum die Zusammenarbeit entweder versandete oder zumindest über schriftliche Zeugnisse nicht mehr nachzuweisen ist. Denn ihre gemeinsamen Aktivitäten zielten zuallererst auf die Reform von Wohnhaus und Siedlung vor 1914, damit verbunden war die Selbsthilfe des unteren Mittelstandes bzw. von „Minderbemittelten" in Baugenossenschaften und Bauvereinen. So gesehen waren beide für die Übergangszeit nach dem Ersten Weltkrieg vorbereitet, als man noch nicht wirklich wusste, in welche Richtung sich Gesellschaft und Wirtschaft in Deutschland nach dem verlorenen Krieg entwickeln würden. Ob nach dem Übergang etwas Neues entstehen könnte? Oder ob sich gesellschaftliche Verhältnisse ähnlich denen vor 1914 herausbilden würden? Für Letzteres wäre Rings als Praktiker der Wohnungsreform und als ehemaliger Abteilungsvorsteher bei Krupp fachlich absolut gewappnet gewesen. Aber selbst das Meisterstück aus seiner Zeit bei Krupp, der Alfredshof III in Essen, erlangte in den Debatten der 1920er Jahre über Kleinhaus und Großsiedlung keine Vorbild-Funktion. Auch die von Fachleuten wie vom Publikum in einem weiten politischen Spektrum als gut und schön empfundene Stadtwaldsiedlung in Essen verschwand angesichts der medialen Präsenz der Siedlungen des Neuen Bauens Schritt für Schritt aus dem Diskurs über die Neue Siedlung und die Neue Stadt. Egal, dass sie vor Ort als machbare Utopie populär und über Jahrzehnte im kollektiven Bewusstsein präsent war. Verbindet sie doch – typisch für Rings – städtebaulich wie architektonisch Elemente der gartenstädtischen Siedlung aus der Zeit vor 1914 mit funktionalen, sparsam gestalteten Häusern der Nachkriegszeit. Mit einigem Wohlwollen hätte man sie sogar als Trabantenstadt einstufen können. Es passte insofern absolut in die Zeit, dass Rings 1923 auf der Internationalen Städtebauausstellung in Göteborg mit zehn Zeichnungen und neun Fotos seiner Siedlungen vertreten war; zwei Abbildungen der Stadtwaldsiedlung, der Siedlungsgrundriss und der Blick vom Grünhof auf das Torhaus, wurden sogar im Katalog abgedruckt.[27] Denn wie der Alfredshof III war bzw. ist die Stadtwaldsiedlung das hervorragende Beispiel einer Synthese von zeitgemäß Schönem und Notwendigem, ohne sich gänzlich von älteren Leitbildern zu distanzieren. Während die Avantgarden der 1920er Jahre, die sich wie Rings politisch links definierten und für eine Neue Gemein-

---

[27] N.N. „International cities and town planning exhibition", English Catalogue, Göteborg 1923, S. 152 u. S. 153.

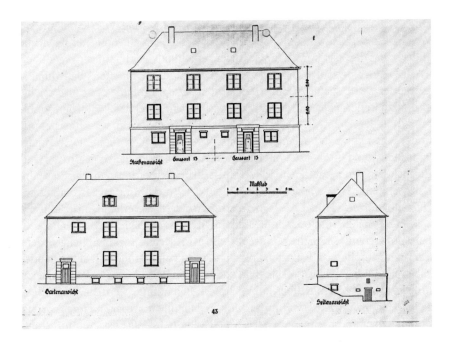

Abb. 151 und 152: Das Haus in der Siedlung Heimatdank, 1. Bauabschnitt

schaft eintraten, sich aus den Formvorstellungen, den programmatischen Zielen und den Netzwerken der Vorkriegs- und Übergangszeit lösen wollten und sich radikal in Richtung Internationale neue Baukunst bewegten.

Gestützt wurde diese Entwicklung durch einen Paradigmen-Wechsel in der Wohnungspolitik der Weimarer Republik: Denn ab Mitte der 1920er Jahre überwog aufgrund der staatlichen Förderung zahlenmäßig der großstädtische Geschossbau als Mietwohnungsbau gegenüber dem eigenen Haus in der Siedlung. Was sich auch in Projekten von Rings niederschlug. Der Paradigmen-Wechsel hatte einerseits den Bau von Großsiedlungen zur Folge; er bewirkte andererseits die Stärkung leistungsfähiger gemeinnütziger Bauträger gegenüber jenen Genossenschaften, in denen sich die „minderbemittelten" Bauwilligen 1918 oder wenig später zusammengefunden hatten. Zu Ende des Kaiserreichs und noch in den Folgejahren hatte ein wesentliches Ziel der staatlichen Wohnungspolitik gelautet, die Deutschen wieder mit ihrem Staat zu versöhnen. Noch in der Anfangszeit der Weimarer Republik wurde deshalb die breite Streuung von Haus- und Grundbesitz mit Hilfe von Baugenossenschaften gefördert. Das Reichsheimstättengesetz von 1920 sah ausdrücklich eine Privilegierung von Kriegsteilnehmern oder deren Witwen bei der Beschaffung von Bauland vor. Heimatdank oder Heimaterde heißen heute noch die entsprechenden Siedlungen, z. B. in Essen-Fulerum oder auf (Mülheim-)Heißener Gebiet an der Grenze zu Fulerum. Schon 1917 hatte das Preußische Ministerium für öffentliche Arbeiten einen „Runderlass, betreffend die Förderung von Kleinhaussiedlungen und Kleinhausbauten" herausgegeben, um den Bau von Wohnungen und Siedlungen für jene „Minderbemittelten" zu regeln, die Eigentümer werden wollten. Im gleichen Jahr initiierte das Ministerium für öffentliche Arbeiten einen „Beirat für Städtebau und Kleinwohnungswesen" (Ende 1918 aufgelöst), um für Probleme, die sich aus „Erschwernissen und Hemmungen [ergeben, d. V.], die dem praktischen Städtebau auf dem Gebiet des Kleinhausbaus und der Kleinsiedlung entgegenstehen", Lösungswege zu erarbeiten.[28] Von den 28 Fachleuten, die 1917 in den Beirat berufen wurden, kamen drei aus Essen: Es waren Robert Schmidt, Robert Schmohl und Otto Hue, der damals für die SPD im Reichstag saß. Ein viertes Beiratsmitglied, nämlich Hans Luther, wurde 1918 Essener Oberbürgermeister. Fünfter im Bunde hätte Josef Rings sein können. Aber schon vor dem Ende der Übergangszeit hatte sich der virtuelle „Essener Fünfer-Bund" erledigt: Schmidt wurde 1920 Direktor des Siedlungsverbandes Ruhrkohlenbezirk und war damit für ein Aufgabenfeld verantwortlich, welches das gesamte Revier betraf. Otto Hue starb im April 1922. Hans Luther verließ Essen im gleichen Jahr und wurde in Berlin Reichsminister für Ernährung und Landwirtschaft. Robert Schmohl trat Ende 1924 in den Ruhestand. Nicht nur, dass 1924/1925 mit dem Ende von Inflation und Ruhrbesetzung die Übergangszeit beendet war und die „Goldenen Zwanziger" begannen. Josef Rings verlor durch Hues Tod und die anderen personellen Veränderungen Schritt für Schritt wichtige Verbündete aus Essen. Auch der nächste Auftrag zur Planung einer Siedlung ließ auf sich warten. Unbenommen, dass er als Siedlungsreformer anerkannt war und weiterhin auf die Unterstützung durch Robert Schmidt und Gustav Gretzschel vertrauen, vielleicht aber auch nur hoffen konnte.

[28] Kastorff-Viehmann, Wollen und Können, S. 96.

10. Werner Rings (1910–1998) – Von Essen über Barcelona und Paris nach Brissago

URI R. KAUFMANN

Jugend

In der Kleinstadt Bad Honnef wohnten nur wenige jüdische Familien, allerdings dies kontinuierlich seit mindestens 1666.[1] Man kann davon ausgehen, dass sich die christlichen (katholischen) und jüdischen Familien gegenseitig kannten (1911: 68 Juden in Honnef).[2] Trotzdem waren gemischt-konfessionelle Ehen um 1900/1914 nicht üblich, so wie sie auch zwischen evangelischen und katholischen Partnern selten waren.

Was in der anonymen Großstadt um 1900 möglich war, war in einer Kleinstadt wie Honnef schwieriger. Hier gab es eine intensivere soziale Kontrolle. Trotzdem wirkte in der zweiten Hälfte des 19. Jahrhunderts die Säkularisierung, das „Drei-Tage-Judentum" entstand, so wie evangelische Christen nur noch am Sonntag und auch da nicht allzu häufig in die Kirche gingen. Die formalen Bindungen zu den Religionsgemeinschaften lockerten sich. 11,9 % aller jüdischen Heiratenden im Deutschen Reich gingen 1910 eine gemischt-konfessionelle Ehe ein.[3]

Es war somit nicht ganz unüblich, dass 1909 der katholische Josef Rings und die jüdische Metzgerstochter Hedwig Menkel den Bund der Ehe eingingen. Die jüdische Familie soll nach Sohn Werner Rings „gläubig" gewesen sein.[4] Der Großvater übte mit dem Schlachterberuf eine sehr typische Beschäftigung für die rheinischen Juden aus, der sich aus dem Schlachtviehhandel entwickelt hatte. Nach dem Zeugnis von Werner Rings soll es in der katholischen Familie seines Vaters zu einem Abbruch der Beziehungen für ein Jahr gekommen sein und auf jüdischer Seite machte man „bittere" Vorbehalte.[5] Nach ihrer Hochzeit traten beide aus ihren jeweiligen Religionsgemeinschaften aus und bezeichneten sich als „konfessionslos".[6] Im Alltag war man von diesen Reaktionen wenig

---

1   Elfie Pracht-Jörns, (Bad) Honnef, in: Jüdisches Kulturerbe in NRW, Regierungsbezirk Köln. Bd. I, Köln 1997, S. 509–513. Anlegung eines Friedhofs.
2   Klaus-Dieter Alicke, Lexikon der jüdischen Gemeinden im deutschen Sprachraum, Bd. 1. Gütersloh 2008, S. 235.
3   F.(elix) A.(aron) Theilhaber, Mischehen, in: Jüdisches Lexikon, Bd. IV. Berlin 1930, Sp. 212–221, hier Sp. 216. In Preußen betrug der Anstieg von 1876: 4,4 % zu 1921–24: 21 %, also eine Verfünffachung in 45 Jahren.
4   ETH Archiv für Zeitgeschichte (im Folgenden „ETH AfZ") Nachlass Werner Rings/15.
5   ETH AfZ: NL Werner Rings/15.
6   In der deutschen jüdischen Presse gab es zu dieser Zeit eine umfangreiche Debatte über die Zukunft der jüdischen Gemeinschaft angesichts der steigenden „Mischehen"-Raten: Vgl. Ja-

betroffen, wohnte das Paar doch nicht mehr in der Kleinstadt Honnef, sondern im größeren Offenbach, wo 1910 Sohn Werner geboren wurde. Die Hochzeit fand in Frankfurt statt, nicht am Wohnort der beiden Familien.[7] Mit der Geburt des Sohnes ein Jahr darauf versöhnte sich die katholische wie auch die jüdische Seite mit den Eheleuten Rings.

Im rheinischen katholischen Milieu gab es Sympathisanten für die Sozialdemokratie und irgendwie muss Josef Rings den Weg zu ihr gefunden haben. 1927 war er in Essen Mitglied der SPD geworden, hatte aber bloß an Mitgliederversammlungen teilgenommen, wie er selbst bei seinem Antrag auf „Wiedergutmachung" berichtet.[8] Er wollte keine Parteikarriere anstreben. Zentral für ihn war die Frage, wie funktional und günstig gebaut und doch eine hohe Wohnqualität für alle Schichten erreicht werden konnte.

„Schule am Meer" auf Juist

Vater Josef Rings erhielt 1912 eine Anstellung als Leiter einer Bauabteilung bei der Firma Alfried Krupp in Essen und eröffnete 1919 ein eigenes Architekturbüro.[9] Um 1920 mietete er vier Räume im großen „Hansahaus" an der Schillerstraße 1–5 (Abb. 153) und verblieb dort bis etwa 1931. Ein Hans Hörner wird als Mitarbeiter genannt. 1912 erscheint die Rellinghauser Straße 107 als Wohnort,[10] im August 1932 wird die Henricistraße 69 genannt, ein Haus, das ihm gehörte und das er zusammen mit einem Architekten namens Zbinden gebaut hatte.[11] Hier wohnte er von 1931 bis 1934.

Sein Sohn besuchte die Goetheschule, die damals in der Nähe des Museum Folkwang gelegen war.[12] Er scheint dort nicht glücklich gewesen zu sein. Wahrscheinlich hatte er in dieser Schule ein deutsch-nationales Lied gelernt,

cob Toury, Soziale und politische Geschichte der Juden 1847–1871. Düsseldorf 1973; Oskar Uziel Schmelz: Die demographische Entwicklung der Juden in Deutschland von der Mitte des 19. Jahrhunderts bis 1933, in: Zeitschrift für Bevölkerungswissenschaft, Jg. 8.1., 1982, S. 31–72. Dieser Austritt scheint nicht formal-rechtlich vollzogen worden zu sein. Zumindest wird seine Mutter auch nach 1945 auf den amtlichen Urkunden als „israelitisch" bezeichnet.

7 HdEG/StA Essen Best. 158 R 360 E (Wiedergutmachungsakte Josef Rings).
8 HdEG/StA Essen Best. 158 R 360 E, Antrag Dezember 1954. Die Akten der SPD Essen gelten als verloren. S.a. ETH AfZ: Nachlass Werner Rings/17.
9 ETH AfZ: Nachlass Werner Rings/502, Lebenslauf von Josef Rings verfasst durch Werner Rings (1988).
10 Essener Adressbuch für Essen und Umgebung, 1913, Teil I, S. 239. Das Adressbuch wurde auf Basis von Daten vom Jahr 1912 angelegt.
11 HdEG/StA Essen, Best. 143 Nr. 720 (Hausakte Töpferstraße N. a. B.). Am 17.2.1930 reicht er ein Baugesuch ein. Es könnte sein, dass das Haus 1931 in etwas reduzierter Form fertiggestellt war, da in den Plan-Unterlagen Vorbehalte durch die Stadt gemacht wurden. Essener Adressbuch, 1934, S. 426.
12 Freundliche Mitteilung von Sven Herdemerten, 27.8.2022.

Abb. 153: Hansa-Haus, Essen 1930er Jahre

wovon ihn sein Vater abbringen musste.[13] Die Schule litt unter der Kontrolle der französischen Besatzungsmacht im Jahr 1923 und wurde damals vier Wochen geschlossen.[14] 1926, mit 16 Jahren, schickten ihn seine Eltern an die ein Jahr zuvor gegründete Reformschule oder "Schule am Meer" auf der Insel Juist, wo ein Reformpädagoge aus Schleswig, Martin Luserke (1880–1968), wirkte.[15] So ein Experiment war in diesem liberal-sozialdemokratischen Haus möglich. Luserke galt Werner Rings im Nachhinein als „mönchisch strenger Erzieher". Dieser gehörte ins Umfeld von Gustav Wyneken und dessen „Freier Schulgemeinde Wickersdorf", distanzierte sich aber später von ihm, als Wyneken homoerotische Beziehungen zwischen Lehrer und Schülern konzeptuell rechtfertigte.[16] Die Juister Schule hatte einige jüdische Förderer und obwohl ihre Zahl klein war, hieß sie bei den Einheimischen deswegen schon 1925 „Jöddeschool". In der Rückschau sieht Werner Rings dies als positive Erfahrung an, wollte er sich von seiner „possessiven" (sic!) Mutter etwas befreien.[17] Die Schule hätte die „Anziehungskraft der Familie überstrahlt".[18] Er hatte dort vorher schon Sommerferien verbracht. Prägend für ihn waren die „politischen Seminare", die der Lehrer Paul Reiner hielt. Musikalisch prägte ihn Eduard Zuckmayer, den er als „ungemein gebildet" und „beschwingt" einstufte. Rings

---

13 ETH AfZ: NL Werner Rings/39.
14 HdEG/StA Essen, Best. 102 Nr. 1268 (Goethe-Schule).
15 Handbuch der deutschsprachigen Emigration. ETH AfZ: NL Werner Rings/39, fol. 15. Rings sah darin eine „Wohngemeinschaft" zwischen Lehrern und Studenten im Stil eines englischen Colleges.
16 Martin Luserke, Die Schule am Meer: Ein Buch vom Wachsen deutscher Jugend geradeaus vom Ursprünglichen bis ins Letzte. Bremen 1925.
17 ETH AfZ: NL Werner Rings/39. Vgl.: Ulrich Schwerdt, Landerziehungsheime – Modelle einer „neuen Erziehung", in: Reformpädagogische Schulkonzepte, 2. Landerziehungsheim-Pädagogik, 2012, S. 54- 111.
18 ETH AfZ: NL Werner Rings/39, Lebenslauf aus dem Jahr 1987. Rings hat bis an sein Lebensende Papiere zur Juister Schule aufbewahrt, was deren Bedeutung für ihn belegt.

stellt fest, dass das „Völkisch-Germanische" von Luserke den anderen Lehrern unwichtig gewesen sei.

Die reformpädagogischen Ansätze sind im Umfeld der Deutschen Jugendbewegung anzusiedeln, die einen progressiven („freideutschen") und einen deutschnational völkischen Flügel aufwies. Wyneken war im Oktober 1913 Redner auf der berühmten Tagung auf dem „Hohen Meissner" gewesen, wo er für die Jugend mehr Verantwortung forderte und nach neuen Wegen des Zusammenlebens gerade auch während der Schulzeit suchte. Diese reformerischen Ansätze wirkten im gesamten deutschsprachigen Raum, so etwa auch in Galizien, wo eine große jüdische Bevölkerung vorhanden war. Im Polen und im Deutschland der Zwischenkriegszeit entstanden jüdische Jugendbewegungen, die sich mit diesen Ideen und auch mit denjenigen der englischen Pfadfinderbewegung „Boy Scouts" auseinandersetzten.[19] Diese Suche nach neuer Gemeinschaft mündete in die in den 1920er entstehende „Kibbuz"-Bewegung. Kibbuzim wurden durch jüdische Jugendbewegungen gegründet. Diese benötigten einfache Wohnungsbauten, eigentlich genau das, was Rings beschäftigte.

Vater Josef Rings war an der Reform-Schule auf der Insel Juist interessiert und zeichnete für sie Baupläne.[20] Mit abenteuerlichem Einsatz eines Flugzeugs zum Prüfungsort absolvierte Werner Rings rechtzeitig mit 19 Jahren 1929 das Abitur.

Der Vater muss durch Hyperinflation und Wirtschaftskrise enorme Verluste erlitten haben. Er selbst schrieb von einer „total ruinierten Existenz" und meinte weiter, dass er nach 1931 schon große Schwierigkeiten hatte, Aufträge zu erhalten, weil er mit einer jüdischen Frau verheiratet war.[21] Ein Architekt Hans Hörner wird in den Akten als Mitarbeiter genannt (1962 wohnhaft in Kettwig).[22] Rings hatte Aussichten ein „Haus der Frau" in Köln an der Hohen Straße 137 bauen zu können, welches eine wichtige berufliche Referenz geworden wäre, doch nahm sich der Bauherr und Financier, ein jüdischer Bankier, 1933 das Leben. Angetragen wurde ihm im selben Jahr eine Professorenstelle an der Technischen Hochschule in Berlin, doch auch dies war wegen des in Deutschland herrschenden Rassismus nicht umzusetzen.

Mit einem Touristenvisum reiste Vater Josef Rings am 20. Juni 1934 nach Palästina und konnte sich im Jahr 1935 als regulärer Einwanderer legalisieren.

---

[19] Doron Kiesel (Hrsg.), Die jüdische Jugendbewegung. Eine Geschichte von Aufbruch und Erneuerung. Leipzig 2021.

[20] Frdl. Mitteilung von Hannah Feldhammer, Essen, vgl. den Roman von Sandra Lüpke, Die Schule am Meer. Hamburg 2020.

[21] Er besaß 1934 noch zwei Häuser an der Henricistraße 69 und 71, die aber „überschuldet" gewesen seien, ETH AfZ: NL Werner Rings/55, fol. 19. Siehe auch seine in der Wiedergutmachungsakte aufgezeichneten Aussagen, HdEG/ StA Essen Best. 158 R 360 E (wie Anm. 4).

[22] HdEG/StA Essen, Wiedergutmachungsunterlagen (wie Anm. 8). Hörner sollte zur Aussage über die Geschäftstätigkeit von Josef Rings geladen werden.

Nach seiner Aussage halfen ihm finanziell Verwandte seiner Frau.[23] Diese meldete sich 1934 nach Bad Oeynhausen ab und kehrte später zu ihrer Familie nach Bad Honnef zurück. Ihr Mann hatte dafür gesorgt, dass seine beiden Häuser durch den Gerling-Konzern verwaltet wurden und ihr die Hälfte der Mieteinnahmen zustand. Ihr war die Einwanderung nach Palästina verweigert worden.[24]

Wie Sohn Werner die Verarmung seines Vaters miterlebt hat, beschreibt er nicht.

Studium und erste Arbeit

Zuerst studierte Werner 1929/30 in Berlin Architektur und arbeitete daneben als Journalist.[25] Dann wechselte er zu Musik und Philosophie. Neue Medien faszinierten ihn, besonders das neue Radio. Für das Sommersemester 1931 ist seine Immatrikulation an der Uni Freiburg nachgewiesen.[26] Er scheint dort somit nur ein Semester geblieben zu sein: Kam er mit dem Philosophen Martin Heidegger (1889–1976) nicht zurecht, der nach 1928 der führende Kopf des Philosophischen Seminars der Universität Freiburg gewesen war?[27] Heidegger war vom 21. April 1933 bis April 1934 Rektor der Universität und begrüßte am 27. Mai 1933 die Machtübertragung an die Nationalsozialisten. Danach war Rings anscheinend bis April 1933 in Heidelberg. Hier arbeitete er (parallel?) als wissenschaftlicher Mitarbeiter zum Thema Rundfunksendungen. Ob er dort promoviert hatte, ist angesichts der kurzen Studienzeit (1931–33) fraglich und die Relegation kann nicht durch Heidegger veranlasst worden sein, da er im Sommersemester 1933 in Freiburg nicht immatrikuliert war.[28] Eine andere Philosophiestudentin, Hannah Arendt (1906–1975), hielt sich um 1930 in Heidelberg auf.[29] Sind sie sich begegnet? Die Philosophie-Seminare waren damals nicht sehr groß. 1933 wurde er wahrscheinlich in Heidelberg „relegiert", d. h. aus der Universität geworfen.

---

23   In einem Lebenslauf wird auf einen Karl Jansen aus Boppard verwiesen.
24   ETH AfZ: NL Werner Rings/502, Brief vom 5.9.1989; siehe auch Dossier 23, Brief vom 30.4.1934 (wie Anm. 4).
25   ETH AfZ: NL Werner Rings/39, handschriftlicher Lebenslauf Werner Rings, fol. 1, s.a. Dossier 43.
26   Universitätsarchiv Freiburg – Tektonik (uni-freiburg.de) Signatur Uniarchiv FR: 1931 UAF_D0154_0229. Danach erscheint er nicht mehr bis und mit Sommersemester 1933. Im Eintrag wird er als erst 1931 immatrikuliert vermerkt. Die Eintragungen für das Wintersemester 1933/34 sind nicht digitalisiert. Auch im Nachlass Dossier 43 von Werner Rings ist keine Bescheinigung für spätere Immatrikulationen nachgewiesen.
27   Martin Heidegger – Wikipedia (abgerufen 7.10.2022).
28   ETH AfZ: NL Werner Rings/41; Lebenslauf Werner Rings, fol. 16.
29   Arendt hatte 1926/28 in Marburg und Heidelberg studiert. Ob sie sich in Heidelberg kennengelernt hatten? Arendt lebte um 1930 zeitweise wieder in Heidelberg.

Vermutlich wurde er wegen „linker Umtriebe" exmatrikuliert. Dass er 1926 bis 1933 Mitglied der „Internationalen Roten Hilfe" und 1931 der „Roten Gruppe" an der Universität Freiburg gewesen war, deutet auf ein linkes kommunistennahes Engagement hin.[30] Die „Rote Hilfe" war das kommunistische Gegenstück zum Roten Kreuz und 1922 in der Sowjetunion gegründet worden.[31] War er in Freiburg sogar Mitglied der KPD geworden?[32]

Für den Sieg der Demokratie in Spanien 1933–1939, zweites Exil in Frankreich

So war es für ihn als „Linken" selbstverständlich, 1933 die Republikanische Regierung in Spanien zu unterstützen und dorthin auszuwandern.[33] In einem Lebenslauf schreibt er von der Anziehung, die Schriftsteller wie Ortega y Gasset (1883–1955) und Salvador de Madariaga (1886–1978) auf ihn ausgeübt hätten, eine Relativierung der politischen Motivation und der persönlichen Bedrohungslage im Nachhinein? Er schreibt von sich, dass er dort als Journalist und auch für eine „Firma" tätig gewesen sei. Hatte er Spanisch gelernt? Schrieb er für Exilzeitungen? Hier blieb er bis April 1939, dem Zeitpunkt der Niederlage des demokratischen Regimes gegen Generalissimus Franco. Er war zeitweise zuständig für (deutsche?) Presse- und Rundfunkarbeit und deshalb erneut politisch gefährdet. Im Frühling 1939 finden wir ihn in Paris. Mit Einmarsch der Wehrmacht am 16. Juni 1940 wurde er verhaftet und danach im Internierungslager Les Milles bei Aix-en-Provence interniert. In Les Milles lebten viele jüdische Flüchtlinge, neben badischen Juden, die im Oktober 1940 nach Südwestfrankreich deportiert worden waren, auch andere Emigranten, die gehofft hatten sich im „unbesetzten" Süden besser verstecken zu können. Hannah Arendt lebte von Mai 1941 an ein Jahr in Südfrankreich.[34] Hierher geflüchtet war der Psychologe Manès Sperber (1905–1984), der nach 1934 in Frankreich Karriere gemacht hatte. Er hatte dem Jugendbund HaSchomer haZair angehört, der 1913 aus der Jugendbewegung und der englischen Pfadfinder-Strömung in Wien und Galizien entstanden war. Der „Schomer" befürwortet das Leben in einem kleinen (elitären) Kibbuz und gründete in den 1920er Jahren viele Kibbuzim im britisch verwalteten Palästina. Hatten sich Rings und Sperber in Les Milles kennengelernt?

30 Handbuch der deutschsprachigen Emigration, Bd. 2, München 1983, S. 972. Internationale Rote Hilfe – Wikipedia. Im Stadtarchiv Freiburg i. Br. findet sich kein Betreff zur „Roten Hilfe".
31 Sabine Hering, Kurt Schilde: Die Rote Hilfe. Die Geschichte der internationalen kommunistischen „Wohlfahrtsorganisation" und ihrer sozialen Aktivitäten in Deutschland (1921–1941). Opladen 2003.
32 Im Universitätsarchiv Freiburg befinden sich nur Unterlagen zu „Studentenverbindungen".
33 Handbuch der deutschsprachigen Emigration, Bd. 2. München 1983, S. 972.
34 Hannah Arendt – Wikipedia (abgerufen 7.10.2022).

Flucht in die Schweiz: Die Ambivalenz der Behörden zu Flüchtlingen

Die Lage wurde für Juden in Frankreich und solche, die wie Werner Rings eine jüdische Mutter hatten, – auch wenn sie sich atheistisch definierten – 1942 gefährlich. Es gab von Grenoble her Wege durch die Savoyer Alpen in die neutrale Schweiz und Rings wählte diese im Oktober 1942 wie auch Manès Sperber. Ob sie zusammen flüchteten, ist nicht bekannt. Im August 1942 waren die ersten Meldungen vom Massenmord an den deutschen Juden durch einen deutschen Industriellen in die Schweiz gekommen. Benjamin Sagalowitz (1901–1970) vom Schweizerischen Israelitischen Gemeindebund hatte davon erfahren, wie auch der ehemalige Berliner Rechtsanwalt Gerhart Riegner (1911–2001) in Genf, der dort als Zuständiger für Flüchtlingsfragen den Jüdischen Weltkongress vertrat. In Folge des öffentlichen Protestes gegen die harsche, abweisende Flüchtlingspolitik der Schweiz sah sich der Bundesrat veranlasst, im Herbst 1942 der Eidgenössischen Fremdenpolizei unter Dr. Heinrich Rothmund etwas flexiblere Direktiven zu geben und so war Rings in einem günstigen Moment über die Grenze geflüchtet.[35]

Er wurde nach der Befragung durch die Eidgenössische Fremdenpolizei im Oktober 1942 zuerst im jüdischen Flüchtlingslager Adliswil bei Zürich untergebracht.[36] Wurde er durch diese als „politischer" oder als „jüdischer" Flüchtling eingestuft? In der Schweizer Politik dieser Zeit bedeutete diese Begrifflichkeit einen wesentlichen Unterschied. „Politische" Flüchtlinge hatten eher Aussicht auf Asyl als „rassisch Verfolgte", wie man damals in der Schweiz formulierte. „Politische" Flüchtlinge mussten aber nachweisen, Aktivisten in einer politischen Partei und persönlich verfolgt gewesen zu sein. Es ist nur ein Blatt in einem Dossier von Rings beim „*Verband Schweizerischer Jüdischer Flüchtlingsfürsorgen*" VSJF bekannt,[37] der zwischen 1933 und 1945 immerhin 36.000 Personaldossiers geführt hatte. Somit kann man vermuten, dass die Behörden ihn eher als „politisch" verfolgt einstuften.

Was er im Internierungslager Adliswil tun musste, ist – noch – nicht bekannt. In einer Rede dort am 28. Dezember 1942 drückt er die Hoffnung auf Erlösung aus. Die Wehrmacht war bei Stalingrad eingekreist worden, das „Kriegsglück" begann sich zu wenden. Er war sich bewusst, dass die meisten Flüchtlinge in Adliswil jüdisch waren, bat sie aber die Weihnachtstage als „Stunde der Besinnung" zu sehen. Er bedankte sich beim Oberleutnant, dem das Internierungslager unterstand.[38]

---

35 Werner Rings, Schweiz im Krieg. Ein Bericht, Zürich 5. Aufl. 1988, S. 315–346. Handbuch der deutschsprachigen Emigration, Bd. 2. München 1983, S. 972.
36 Handbuch der deutschsprachigen Emigration, Bd. 2. München 1983, S. 972.
37 Frdl. Auskunft des ETH-Archivs für Zeitgeschichte, Zürich, Frau Berger.
38 ETH AfZ: Nachlass Werner Rings/507, Rede am 28.12.1942, Typoskript, ETH AfZ: NL Werner Rings/46.

Danach wurde er ins Tessin nach Magliaso versetzt und organisierte dort Kulturarbeit unter den – meist jüdischen – Flüchtlingen. Im Tessin in Brissago lebte seit 1933 die jüdische Anna Reiner (1891–1972), Witwe eines ehemaligen Lehrers der Juister Schule, die dort aber auch unterrichtet hatte. In dieses Haus wurde er 1943 mit Ende seiner Internierung aufgenommen. Eine andere berühmte Mitbewohnerin der „casa Reiner" war die spätere Schauspielerin Maria Becker (1920–2012), die 1931–33 auch auf Juist gewesen war. 1947 erhielt er als ausgebürgerter mittelloser Emigrant endlich eine „Dauerduldung" durch die Eidgenössische Fremdenpolizei und wurde nicht wie viele andere zur Weiterwanderung gezwungen.

Von seiner Zuflucht bei der ihm vertrauten Anna Reiner erklärt sich sein bleibender Wohnsitz im Tessin. Hier gab es eine Gruppe deutscher jüdischer Emigranten um Erich Fromm (1900–1980, wohnhaft nach 1974 in Muralto/Tessin), die „Associazione Ebraica del Ticino", die Treffen und sporadisch Gottesdienste durchführte. Von dieser wurde er mindestens einmal zu einem Vortrag eingeladen (25.11.1976).[39] Ob er nähere Kontakte hatte?

Aufbau einer Existenz

Nach 1945 machte er Karriere. Er wurde als erfahrener deutscher Muttersprachler und vermutlich inzwischen auch spanischsprachig 1947/48 Pressechef des Filmfestivals Locarno und 1949 der Musikwoche Ascona.[40] Als Pressemann war er nach 1948 für den Ringier-Konzern, das größte Verlagshaus der Schweiz, interessant.[41] Rings verfasste für die damals bedeutende „Schweizer Illustrierte Zeitung" – eine Wochenzeitschrift mit 1945 213.000 gedruckten Exemplaren auf 2.4 Millionen Deutschschweizer – Reportagen aus dem kriegsversehrten Deutschland: ein zentrales Thema für die Schweizer Öffentlichkeit.[42] Dr. Werner Meier war damals Chefredakteur (Tätigkeit von 1941–1972) und wollte der „Illustrierten" eine mehr politische Ausrichtung geben. Hier war Rings mit seiner internationalen Erfahrung ein idealer freier Mitarbeiter. Zwischen 1948 und 1960 sind auf etwa 650 Ausgaben 302 Reportagen nachgewiesen.[43] Zeitgeschichte faszinierte ihn.

---

39 ETH AfZ: Werner Rings/520. Das Thema war mit „Verborgene Welten. Eine journalistische Plauderei" sehr allgemein gehalten.
40 Handbuch der deutschsprachigen Emigration, Bd. 2. München 1983, S. 972.
41 Ein Verlagsarchiv ist zurzeit in Zürich im Aufbau begriffen. Interessant wäre zu wissen, ob Chefredakteur Werner Meier diesen mittellosen Emigranten 1948 eingestellt hatte.
42 ETH AfZ NL: Werner Rings/79–83.
43 In einem persönlich angefertigten Verzeichnis im Nachlass sind viele Reportagen identifiziert, für die in der „Illustrierten" kein Verfasser oder nur ein „W.R." angegeben ist.

Sein Bild vom Nachkriegsdeutschland

Den Schweizer Lesern wurde ein kritisches Bild der deutschen Nachkriegsgesellschaft nahegebracht. Er sah dort einen starken Pazifismus herrschen und sah die angestrebte Wiederbewaffnung distanziert.[44] Die neue Bundeswehr würde von Männern befehligt, die „von allen bösen Geistern besessen" seien (1954).[45] Den Frauen im Nachkriegsdeutschland warf er vor, sich mehr fürs Kochen als für Politik zu interessieren.[46] Es gäbe eine „Sehnsucht nach Gemütlichkeit" (1955), die er ablehnte. Für ihn waren Rekonstruktionen von Vorkriegsbauten ein Beleg für „Restauration". Man verpasse dadurch Chancen, Neues zu gestalten. Ungut sei es für Deutschland, dass immer nach einem verlorenen Krieg die Demokratie als Staatsform eingeführt worden sei. Er setzt seine Hoffnung auf die „Jugend", die mehr von demokratischem Geist geprägt sei als die Elterngeneration.[47] Seine erste Reportage betitelte er „Die Verbotenen von gestern", als sich im Winter 1948 Otto Dix, Curth Becker und andere Künstler in Hemmenhofen am Südende des Bodensees (am Wohnort von Curth Becker) trafen und ein ausgelassenes (Jahresend-?) Fest feierten, von dem Rings berichtete.[48] Für ihn war Deutschland ländlicher geworden und es war für ihn unklar, ob die bedeutenden Künstler, die sich in Dörfer aufs Land geflüchtet hatten, wieder in die Städte zurückkehren wollten. Er würdigte weiter den kulturellen Beitrag von Emigranten für die Schweiz, etwa am Beispiel von Carl Zuckmayer, der 1934 und 1946 („Des Teufels General") am Zürcher Schauspielhaus eine Premiere gefeiert hatte. Er interviewte ihn an seinem späteren Schweizer Wohnort in Saas-Fee im Wallis. Auf einem Foto ist auch sein Juister Lehrer, der Bruder Carl Zuckmayers, Eduard Z. zu sehen, der hier als „Direktor der Staatlichen Musikakademie in Ankara" bezeichnet wurde.[49]

Kritisch sah er den im Nachkriegsdeutschland verbreiteten Wunsch nach einer Rekonstruktion zerstörter Architektur, anstelle der Schaffung von wirklich Neuem. 1964 verfasste er einen mehrteiligen Bericht über Schweizer Mandate im Sinne der diplomatischen „Guten Dienste": Hier ging es um Fragen der Neutralität und des Einsatzes für verfolgte oder anderswie bedrohte Menschen. So soll ein Schweizer Diplomat 1942 40.000 alliierte Kriegsgefangene trotz eines Führerbefehls vor dem Erschießungstod gerettet haben.[50] Vom Freikauf 2.882

---

44   ETH AfZ: NL Werner Rings/84, SIZ („Schweizer Illustrierte Zeitung") Nr. 211, 20.12.1954, S. 10 f.
45   Ebd., S. 41 (Fortsetzung).
46   Ebd., SIZ Nr. 2, 3.1.1955.
47   Ebd., S. 14.
48   ETH AfZ Nachlass Werner Rings/80, Schweizer Illustrierte Zeitung, „Februar 1948", ohne Paginierung.
49   ETH AfZ: Nachlass Werner Rings/37.
50   ETH AfZ: Nachlass Werner Rings/187, # 6436, September 1964, S. 14, # 6439, 4. Teil, S. 43.

jüdischer KZ-Insassen, die in drei Zügen Ende 1944/Anfang 1945 in die Schweiz ausreisen durften, berichtet er dabei wahrscheinlich als Erster in der Schweizer Presse.[51] Der ehemalige Bundesrat Jean-Marie Musy (1876–1952) hatte bei Reinhard Gehlen interveniert und einige NS-Größen waren angesichts der sich abzeichnenden Niederlage interessiert, etwas Positives für die Zeit nach einer deutschen Niederlage vorzuweisen.

Die Geschichte der Schweiz 1933–1945 verfolgte Rings danach ganz besonders und muss vor 1972 umfangreiche Bildrecherchen für seine spätere 13-teilige Fernsehreportage unternommen haben.

Für Jugoslawien befürwortete er den atheistischen Charakter des Regimes unter Jossip Broz Tito (1892–1908): Er definierte das Schleier-Verbot als – guten – Zwang zur Freiheit: eine sehr säkulare Position. Die Teilnahme von Frauen am Partisanenkampf hatte seiner Auffassung nach das traditionelle Frauenbild dort infrage gestellt. Er stellte damals schon – 1953 – ein „Zustreben" zum „Westen" fest.[52]

Rings erhielt Aufträge, aus Paris, London oder Rom zu berichten.[53] Manchmal wurde er als „Sonderberichterstatter" bezeichnet, etwa für die erwähnte mehrteilige Serie im Jahr 1953 aus Jugoslawien. Sein Stil war kurz und etwas dramatisch. Inhaltlich berichtete er daneben über Schweizer Themen, was man von der „Illustrierten" des Hauses Ringier erwartete. Er fotografierte viel selbst. Manchmal sind die Fotos gekennzeichnet, manchmal sind sie offensichtlich von Agenturen übernommen worden.

Die Schweizer „Aktivdienst-Generation":
Im Rückblick nur heroischer Widerstand 1933–1945?

In der Schweizer Öffentlichkeit herrschte bis Ende der 1960er Jahre ein selbstzufriedenes Bild vom heldenhaften Widerstand gegen den Nationalsozialismus. Der „Aktivdienst"-Generation saß noch der Schrecken der Anspannung in den Knochen. Man war ja zwölf Jahre von nationalsozialistischen und faschistischen Mächten eingekreist gewesen. Kritik an der Politik zwischen 1933 und 1945 gab es kaum. Allenfalls Alfred Häsler (1921–2009), ein christlich-religiös motivierter Journalist, veröffentlichte 1967 ein Buch über die Schweizer Flüchtlingspolitik, das Aufsehen erregte.[54] Was aber an wirtschaftlicher Kooperation zwischen 1933

---

51 ETH AfZ: Nachlass Werner Rings/187, # 6439, 4. Teil „Tatsachenbericht". Hier wurde das copyright extra festgehalten: „Schweizer Illustrierte Zeitung und Werner Rings, Brissago".
52 ETH AfZ: NL Werner Rings/83, Nr. 172, 7.9.1953, S. 12 f.
53 Er wurde nach London geschickt, um vom Symphoniekonzert in der Royal Albert Hall zu berichten, ETH AfZ: Nachlass Werner Rings/189, # 48. Er machte die Fotos der Reportage.
54 Das Boot ist voll. Die Schweiz und die Flüchtlinge 1933–1945, Zürich: Fretz & Wasmuth/ex libris Verlag 1967.

und 1945 bestanden hatte, war zu dieser Zeit nur Insidern bekannt. Werner Rings war hier innovativ, indem er die Oral History einsetzte und Interviews mit Zeitgenossen machte, die teilweise in Transkripten in seinem Nachlass erhalten geblieben sind.

1959 hatte er sich im 2000-Seelen-Dorf Brissago unweit von Ascona im Schweizer Kanton Tessin einbürgern lassen. Er hatte somit mit Deutschland „abgeschlossen", während einzelne Emigranten durchaus eine Karriere im Nachkriegsdeutschland machen wollten. Man denke an die Sozialphilosophen Theodor W. Adorno (1903–1969, Rückkehr definitiv 1953)[55] oder Max Horkheimer (1895–1973, Rückkehr 1949)[56] in Frankfurt, den Politikwissenschaftler Ernst Fränkel (1898–1975, Rückkehr 1951) in Berlin oder den Justizminister von NRW Josef Neuberger (im Amt 1966–1972).

In seinem Nachlass ist ein Brief seines Vaters aus dem Jahr 1947 erhalten, in dem dieser von sieben Filmen schreibt, die er ihm in die Schweiz habe zukommen lassen. Damals wollte er sicherstellen, dass seine Pläne zur Idee der „Bandstadt" nicht verloren gingen. Es ging um eine Publikation in Aachen. Dies scheint dem Vater in der Retroperspektive das Wichtigste seines Schaffens gewesen zu sein.

Josef Rings machte im Dezember 1954 seine durch Verfolgung erlittenen Schäden im Rahmen der 1952 beschlossenen deutschen „Wiedergutmachungs"-Gesetzgebung geltend.[57] Er schilderte, dass er als mit einer Jüdin verheiratet schon nach 1931 „unmöglich" seinen Beruf ausüben konnte. Das Essener Wiedergutmachungsamt sah aber keine „direkte Verfolgungsmaßnahme" und argumentierte, es sei nicht festzustellen, ob er wirklich ohne eine jüdische Ehefrau die Professur in Berlin erhalten hätte.[58] Es hätte insgesamt keine „zwingende Notwendigkeit" gegeben für ihn auszuwandern, formulierte der Beamte der Essener „Wiedergutmachungs"-Behörde und am 22. Juni 1955 teilte ihm der Regierungspräsident mit, sein Antrag sei in toto abgelehnt. Dass gemischt-konfessionelle Ehepartner aus Deutschland und im September 1944 aus Essen deportiert worden waren,[59] war bekannt und somit eine Behauptung wider besseres Wissen.

Werner Rings als Alleinerbe seines Vaters folgte dieser Begründung nicht und reichte im Juni 1961 einen zweiten Antrag ein.[60] Er legte zwei Zeugenaussagen von ehemaligen Arbeitskollegen seines Vaters bei, von Siedlungsplaner Yaakov Ben Sira (geboren Schiffman, 1899–1994, Stadtarchitekt von Tel Aviv 1929 bis 1952)

---

55 Theodor W. Adorno – Wikipedia (abgerufen 7.10.2022).
56 Max Horkheimer – Wikipedia (abgerufen 7.10.2022).
57 HdEG/StA Essen, Best. 158 R 360 E, die private Überlieferung im ETH AfZ: NL Werner Rings/55.
58 HdEG/StA Essen, Best. 158 R 360 E.
59 Walter H. Kern: Stille Helden, Essen 2014, S. 49–65. 18. September 1944: letzte Deportation aus Essen.
60 HdEG/StA Essen, Best. 158 R 360 E.

und Leo Kadman (geboren Leo Kaufmann, 1895–1963 aus Mülheim a. d. Ruhr, Direktor der Baufirma „Schikun Owdim"),[61] beide aus Tel Aviv. Er veranlasste weiter ein Schreiben des Bundes Deutscher Architekten am 19. Juni 1962. Schließlich wurde das Einkommen seines Vaters als gleichwertig zu dem eines Beamten des „höheren Dienstes" eingestuft (nicht des „gehobenen"!) und die Schädigung des „beruflichen Fortkommens" zwischen 1933 und 1948 auf 40.000 Deutsche Mark abgerundet (!). Diese Summe erhielt Sohn Werner 1962 überwiesen.

Für letzteren galt sein Wohnsitz in Heidelberg als Bezugsort und nicht Freiburg, da über die Neckarstadt und die Finanzdirektion Karlsruhe seine eigene „Wiedergutmachung" abgewickelt wurde.[62]

Schweizer Zeitgeschichte am Fernsehen

Als bekannter Journalist der maßgeblichen Familienillustrierten der Deutschschweiz öffneten sich ihm 1965 die Tore zum Schweizer Fernsehen (Abb. 154). Er wurde dort freier Autor, später Produzent (bis 1973). Parallel verfasste er Bücher, etwa zum Thema der Neutralität in Zeiten des Krieges (1966).[63] Er reflektierte weiter über neue Medien, so etwa über „Das Fernsehen als die fünfte Wand" (1962).[64] Besonderen Erfolg hatte die 13-teilige Serie „Die Schweiz im Krieg", die eine der zentralen schweizergeschichtlichen Reportagen war und hohes Aufsehen erregte. Sie wurde 1972/73 ausgestrahlt. Der Diplomat Raymond Probst (1919–2001) – nach 1942 Mitarbeiter im Eidgenössischen Politischen Departement und damit ein „Insider" – äußerte vorab seine Befürchtung, dass damit die „Büchse der Pandora" geöffnet würde,[65] das heißt, das vielfältige Versagen der Schweizer Politik würde einer breiteren Öffentlichkeit bekannt gemacht: in der politisch-diplomatischen Elite hatte man ein schlechtes Gewissen. Das 1974 gedruckte Buch dazu mit dem gleichen Titel wurde ein Kassenschlager und bis 1990 mehrfach aufgelegt.[66] Es gab sogar „Lichttonkopien" für Unterrichtszwecke und der Ex-Libris Verlag entschloss sich, das Buch direkt in den drei Landessprachen Deutsch, Französisch und Ita-

---

[61] Kaufmann stammte aus Mülheim/Ruhr und war Direktor der Baugenossenschaft „Schikun Owdim" („Arbeiterwohngebäude"), für die Josef Rings auch gearbeitet hatte. Frdl. Auskunft von Frau Ines Sonder, Berlin.

[62] Ein weiterer Hinweis darauf, dass es mit der Relegation durch Martin Heidegger nicht stimmen kann. Die Akte im Stadtarchiv Heidelberg wurde nicht eingesehen.

[63] Ein Jahr darauf (1967) begann Professor Edgar Bonjour seine umfangreiche Studie über die „Geschichte der Schweizer Neutralität", die sich bis 1974 hinzog.

[64] Die 5. Wand: Das Fernsehen. Düsseldorf 1962.

[65] ETH AfZ: NL Werner Rings/267.

[66] Werner Rings, Schweiz im Krieg. Ein Bericht. Zürich 1974; siehe auch Anm. 35. Nachdrucke gab es bis 1990, zuletzt durch den Chronos-Verlag. In der 5. Auflage waren schon 72.000 Exemplare verkauft worden, was für die Schweiz eine sehr hohe Zahl für ein Sachbuch ist.

Abb. 154: Werner Rings als Fernsehjournalist

lienisch zu drucken.⁶⁷ Eine jüngere Generation Schweizer Historiker begann in den 1970er Jahren kritisch über die Elterngeneration nachzuforschen. So veröffentlichte 1973 der Historiker Daniel Bourgeois (*1940) eine französische Studie zur Schweiz und dem „III. Reich".⁶⁸ Rings stand in Kontakt mit ihm. Bourgeois war Mitarbeiter des Bundesarchivs und hatte direkten Zugang zu allen Quellen ohne Schutzfristen. Obwohl Rings vermerkt, er hätte das Bundesarchiv wegen der langen Fristen und der Einflussnahme der Regierung nicht nutzen können,⁶⁹ hatte ihm Bourgeois vielleicht doch zugearbeitet?

Rings' Buch ist in zwölf Kapitel unterteilt. Der Abschnitt über die Flüchtlingspolitik ist durchaus im Umfang der anderen Kapitel abgefasst.⁷⁰ Er platzierte aber in den anderen Kapiteln immer wieder Ereignisse, von denen Juden betroffen waren, so die Entführung eines Journalisten Berthold Jakob,⁷¹ die Ermordung von Wilhelm Gustloff, dem Gauleiter der NSDAP Schweiz in spe durch David Frankfurter⁷² oder die Ermordung von Viehhändler Arthur Bloch in Payerne.⁷³

---

67 Der Verlag gehört zum großen Lebensmittelkonzern Migros, dem bis 1999 eine eigene politische Oppositions-Partei („Landesring der Unabhängigen") nahestand, die von ihm finanziell unterstützt wurde. Schon Alfred Häslers Buch über die Flüchtlingspolitik war im Ex Libris-Verlag veröffentlicht worden und nicht in einem „klassischen" für Schweizer Geschichte wie Hallwag und Paul Haupt in Bern, Birkhäuser in Basel, Orell Füssli in Zürich oder Huber in Frauenfeld. War es damals (1970er Jahre) nicht Mainstream, kritisch zur „heldenhaften" Widerstandsgeschichte zu sein?
68 Daniel Bourgeois, La Suisse et le III.ème Reich. Genf, 1973, vgl. auch ders., Das Geschäft mit Hitlerdeutschland. Schweizer Wirtschaft und Drittes Reich. Zürich 2000.
69 Schweiz im Krieg, S. 9. (s. Anm. 64)
70 Ebd., S. 315–346.
71 Ebd., S. 43.
72 Ebd., S. 47–56. David Frankfurter wird im Buch als Interviewpartner bezeichnet. Er wohnte in Ramat Gan bei Tel Aviv.
73 Ebd., S. 92.

Auch die Fotoauswahl lässt auf lange intensive Recherchen schließen. Zu heiklen Themen präsentierte er Fotos: etwa zur Schweizer Ärztemission an der Ostfront 1941, die nach seiner Formulierung vor allem der „Unterstützung im Kampf gegen den Bolschewismus" galt[74] und durchaus nicht nur humanitär gemeint war. Man sieht NS-Versammlungen in Zürich von Auslanddeutschen oder einen „Sportverein", der in SA-Uniformen – in Zürich – posiert: All dies stand für die Unterwanderung der Schweiz durch die Schweizer NSDAP.[75] Diese Dinge waren 1974 nicht allgemein bekannt und werden viele Leser beeindruckt haben. Er wies weiter mit einem Repro aus der angesehenen bürgerlichen *Neuen Zürcher Zeitung* nach, dass es in ihrer Redaktion 1933/35 durchaus Mitglieder gab, die nicht als Widerständler gelten konnten. Er scheute nicht vor Kritik an Bundesrat und Außenminister Giuseppe Motta (1871–1940) zurück, dem er mehrmals ein Eingehen auf Wirtschaftsinteressen vorwarf.[76] Die berüchtigte Eingabe „der 200" wird vorgestellt, als 1942 rechtskonservative Petenten eine Anpassung an das „neue Europa" forderten.[77] Zur Beurteilung der Flüchtlingspolitik zitiert er bloß Aussagen der Historiker Jean-Rodolphe von Salis und von Edgar Bonjour („schwarzer Fleck").[78] Selbst lässt er nicht erkennen, dass er direkt betroffen war.[79] Er lässt im Klappentext des Buches seine Lebensstation im Spanischen Bürgerkrieg (1933–1939) weg: 1974 war immer noch die Zeit des Kalten Krieges und ein Kommunismus-Verdacht hätte ihm geschadet. Er lobt am Schluss das System der dezentralen Direkten Demokratie, das den Anforderungen gewachsen sei, und stellt fest, dass die Schweizer Öffentlichkeit in der Mehrheit eine humanere Flüchtlingspolitik befürwortet hatte als die Behörden.[80]

1979 weitete er das Thema auf Europa aus: „Leben mit dem Feind. Anpassung und Widerstand in Europa, 1939–1945". 1985 – mit 75 Jahren – verfasste er als Erster eine Studie zur wirtschaftlichen Kooperation Schweizer Firmen mit NS-Deutschland zum heiklen Thema „Raubgold", was in den 1990er Jahren wieder aufgegriffen wurde.[81] Damals entwickelte sich eine Krise zwischen der Schweiz

---

74 Ebd., S. 310 f.
75 Ebd., S. 56, 58.
76 Rings, Schweiz im Krieg (wie Anm. 66), S. 143.
77 Ebd., S. 281–284. Erstunterzeichner war der Aargauer Staatsarchivar Hektor Ammann.
78 Ebd., S. 315 ff.
79 Indirekt kann man auf sein Urteil schließen, wenn er zu einem Foto eines Soldaten, der Flüchtlingen hilft schreibt, dies „sei selten" vorgekommen, S. 333.
80 Ebd., S. 336, 405.
81 1997 konnte eine Unabhängige Expertenkommission UEK unter Leitung von Prof. François Bergier alle staatlichen Archive und auch Firmenarchive auswerten, die Rings vorher nicht zugänglich gewesen waren. Die Untersuchungen sind 2002 in 25 Bänden mit Unterstützung der Schweizer Regierung veröffentlicht worden. Thomas Maissen, Verweigerte Erinnerung. Nachrichtenlose Vermögen und die Schweizer Weltkriegsdebatte 1989–2002. Zürich 2005;

und den USA. Die Banken wurden gezwungen einen Entschädigungsfonds einzurichten.

Die Recherchen zur großen Fernsehreportage von 1972/73 brachten Rings in Kontakt mit vielen jüdischen Zeitgenossen.[82] So etwa dem in Basel lebenden jüdischen Psychologen Hermann Adler (1911–2001), der die Israelitische Lehrbildungsanstalt in Würzburg, ein modern-orthodoxes jüdisches Lehrerseminar, besucht und das Ghetto Wilna sowie den Warschauer Ghetto-Aufstand überlebt hatte.[83] Er sprach mit der Psychoanalytikerin und Flüchtlingsaktivistin Madeleine Dreyfus oder mit dem Literaturkritiker Marcel Reich-Ranicki (1920–2013), lange bevor dieser 2002 seine Autobiographie veröffentlicht hatte.[84] Es finden sich der linke Psychologe Paul Parin oder der jüdische Aktivist und Rechtsanwalt Veit Wyler, beide aus Zürich.[85] Besonders ausführlich sind die Korrespondenzen mit Manès Sperber und dessen Frau Jenka Sperber (1960–1995).[86] Daraus geht hervor, dass er schon 1966 mit einem größeren Buch über „die Schweiz und der Krieg" anfangen und Interviews mit Zeitzeugen führen wollte.[87] Er rechnete mit Kritik an seiner Position und platzierte deshalb das unangefochtene Thema der „Guten Dienste" der Schweiz zu Beginn der geplanten Serie.

Ein Original war Edouard Wahl (1923–2015), Sohn eines jüdischen Metzgers aus Basel, der Weltreisender wurde und Korrespondent im Nahen Osten für das „Echo der Zeit", einer beliebten Radiosendung mit internationalen Berichten. 1959 war er Bundeshaus-Korrespondent des „Blicks" geworden, der Schweizer Variante der BILD-Zeitung. Von den 1970er Jahren an lebte er in der Nachbarschaft von Rings in Brissago und führte als Lebenskünstler eine Segelschule. Er bat Rings zu einer 1. August-Rede (1.8.1990).[88] Zu einem ehemaligen Lehrer Eduard Zuckmayer (1890–1972, Musikpädagoge), der nach Ankara emigriert war, ein Bruder des Schriftstellers Carl Zuckmayer (1896–1977), unterhielt er ebenfalls Kontakt.[89]

Verheiratet war er in zweiter Ehe mit einer österreichischen Emigrantin, Ruth Maria von Sacher-Masoch (1909–1992), die jüdische Wurzeln hatte, war sie doch eine geborene Schlesinger und stammte aus Wien.[90]

Unabhängige Expertenkommission Schweiz – Zweiter Weltkrieg – Wikipedia (abgerufen 19.8.2022); Bergier-Bericht – Wikipedia (abgerufen 19.8.2022).
82 ETH AfZ: NL Werner Rings, siehe auf der Webseite des ETH-Archivs Punkt 4.3: Allg. u. priv. Korrespondenz.
83 ETH AfZ: NL Werner Rings/604.
84 Ebd.,/606, 615.
85 Ebd.,/614, 532.
86 Ebd./618.
87 Ebd.
88 ETH AfZ: NL Werner Rings/620.
89 Ebd.
90 Ihr Vater war ein jüdischer Fabrikant in Wien gewesen. Ruth Rings-von Sacher Masoch (Schlesinger) (1909 – 1992) – Genealogy (geni.com) (abgerufen 23.8.2022).

Rings erhielt nach seiner großen Fernseh-Reportage viele Anfragen für Vorträge, so etwa durch die Augustin-Keller-Loge in Zürich (3.11.1974),[91] die Ortsfiliale der Bnei Brith, einer jüdischen Freimaurer-Loge, die durch in die USA ausgewanderte deutsche Juden gegründet worden war und nach 1882 viele Filialen in Deutschland gehabt hatte.[92]

Er setzte sich für die Leidensgefährten ein, etwa wenn er im Vorstand des „Internationalen Schutzbundes Deutschsprachiger Schriftsteller" ISDS aktiv war:[93] Hier machten Schalom Ben Chorin (1913–1999) mit, die Dichterin Masha Kalèko (1907–1975), der Lyriker Siegfried Einstein (1910–1983), der Bibliothekar und Lyriker Werner Kraft (1896–1991), der Musikhistoriker Hans Kühner-Wolfskehl (1912–1986), der (nichtjüdische) Historiker Kurt Kersten (1891–1962) und der Erforscher der Emigration Wilhelm Sternfeld (1888–1973) u. v. a. m. Im Pen-Zentrum London war er ebenfalls Mitglied: Er hielt sein Netzwerk zu deutschen jüdischen und nichtjüdischen Emigranten zeit seines Lebens aufrecht und engagierte sich jahrelang in ehrenamtlicher Vorstandsarbeit.

Mit 80 Jahren beteiligte er sich im Jahr 1990 an der Abfassung von Stichwörtern zur Schweizer Zeitgeschichte für das „Schweizer Lexikon" von Gerhard Ziehrer.[94]

Fazit

Rings hatte sich aus dem Nichts der Existenz eines geflüchteten Emigranten emporarbeiten können. Einige seiner Bücher wurden übersetzt und von großen Verlagshäusern verlegt (Mondadori-, Econ-, Artemis-, Ex Libris-, Kindler-, Payot- und Europa-Verlag).[95] Er kümmerte sich im Alter um die Schriften und Pläne seines Vaters.[96]

1986 begann er sich Gedanken zum Nachlass seines Vaters zu machen.[97] Es ist naheliegend, dass er als Sohn die Originalität und Bedeutung des Werkes seines Vaters herausstellen wollte. Er schrieb Aufsätze über die Bedeutung seines Vaters, kehrte somit im hohen Alter – 1997 – zum Thema Architektur zurück.[98]

91 AfZ: NL Werner Rings/517.
92 https://de.wikipedia.org/wiki/B%E2%80%99nai_B%E2%80%99rith (abgerufen 7.10.2022).
93 Handbuch der deutschsprachigen Emigration, Bd. 2, München 1983, S. 972. ETH AfZ: Nachlass Werner Rings/509: Ansprache am 13.3.1955 an der Hauptversammlung.
94 AfZ: NL Werner Rings/500.
95 1975 La Svizzera in Guerra 1933–1945, 1982 das Buch über Anpassung und Widerstand in Europa ins Englische, 1985 das Buch über Raubgold ins Französische. AfZ: NL Werner Rings/562–583.
96 ETH AfZ: NL Werner Rings/505 und 506.
97 Siehe den Aufsatz von Ines Sonder in diesem Band.
98 „Die Stadt wird in der Landschaft sein und die Landschaft in der Stadt": Bandstadt und Bandstruktur als Leitbilder des modernen Städtebaus, Hrsg. Gerhard Fehl/Juan Rodríguez-

Der sozialdemokratische Vater hatte auf die Weltanschauung seines Sohns gewirkt. Werner Rings berichtete, dass er ein enges Verhältnis zum Vater gehabt und sich über Architekturfragen mit ihm unterhalten habe, er mithin der beste Zeuge für das Werk seines Vaters sei.

1986 überlegte er den Nachlass seines Vaters dem Museum Folkwang in Essen zu schenken. Am 19. Juli 1988 fragte er den Bund Deutscher Architekten in Düsseldorf deswegen an.[99] Kurz vorher, am 28. März 1988 hatte Prof. Alfred Mansfeld (1912–2004)[100] von der Architektur-Fakultät des Technions Haifa Interesse an den Plänen von Projekten in Palästina bekundet. Mit dieser Anfrage konfrontiert entschied Sohn Werner, die auf Deutschland bezogenen Teile des Nachlasses an die Technische Hochschule Darmstadt zu verschenken, wo sein Vater einen Teil seiner Ausbildung erhalten hatte. Eine Verwandte in Essen – Gisela Klönne – hatte vor 1989 Unterlagen aus der Zeit nach 1934 und bis 1958 aufbewahrt: Hatte dies noch Josef Rings verfügt? Hatte er ihr in den 1950er Jahren Material übergeben? Sie war seine Cousine. In Essen hatte Josef Rings am längsten gewirkt (1912–1934). Wollten das Stadtarchiv Essen oder das Museum Folkwang die Papiere nicht übernehmen? Quellen über explizite Anfragen sind im Nachlass und im Archiv des Museums Folkwang nicht vorhanden.

Dass Werner Rings in Ascona nicht genau wusste, was sich 1988/89 bei Frau Klönne in Essen befand, könnte in die Richtung deuten, dass sein Vater noch vor seinem Ableben Dinge geregelt hatte. Sohn Werner wohnte 1958 weit weg von Honnef im Dorf Brissago und hatte im Tessin vermutlich keine Möglichkeit, den Nachlass seines Vaters bei sich unterzubringen. Zudem war dieser Ort weit weg von den Wirkungsstätten des Vaters im Ruhrgebiet.

Persönliche Papiere seines Vaters, die nicht direkt mit Bauprojekten zu tun hatten, beließ Werner Rings schließlich in seinem eigenen Nachlass. So sind die Unterlagen heute an mindestens drei Orten zerstreut: in Haifa, Zürich und Darmstadt.

Für seine eigenen Papiere wählte er das ETH-Archiv für Zeitgeschichte aus. Dieses war 1974 durch Klaus Urner initiiert und später dem ETH-Institut für Zeitgeschichte angegliedert worden. Er ließ sich hier am 13. Mai 1992 durch den Freundeskreis des Archivs für Zeitgeschichte (Zürich) biographisch

---

Lores, mit Beiträgen von Wolfgang Istel und Werner Rings. Basel 1997.

99 ETH AfZ: Nachlass Werner Rings/502, 19.7.1988, Museum Folkwang: in Brief vom 11.1.1986. Quellen zu einer ablehnenden Antwort gibt es nicht. Im neuen Verzeichnis des Archivs des Museum Folkwang gibt es keinen Hinweis auf Werner Rings, frdl. Auskunft von Merlin Goriß, September 2022, Bearbeiter des neuen Archiv-Verzeichnisses des Museum Folkwang.

100 Mansfeld stammte aus Russland und hatte vor 1933 an der Technischen Hochschule Berlin studiert. Hatten sich Sohn Werner und Mansfeld 1929/30 in Berlin kennengelernt? Beide studierten dort Architektur.

Abb. 155: Grab von Werner Rings in Ascona

interviewen,[101] 1986 und 1991 hatte er schon Material abgeliefert.[102] Mit seinen 82 Jahren wirkte er als „elder statesman" der Schweizer Zeitgeschichte.

Als angesehener Publizist der Qualitäts-Presse und des Recherche-Fernsehjournalismus ist Werner Rings im Alter von 87 Jahren in Ascona verstorben und dort auf dem kommunalen Friedhof beerdigt worden. Er legte keinen Wert auf eine jüdische Beerdigung. Im 1983 erschienenen Handbuch der deutschsprachigen Emigration ist er als „protestantisch" bezeichnet:[103] Hatte er diese Bezeichnung selbst auf dem ihm durch die Bearbeiter zugestellten Formular eingefügt? War er nach 1945 wirklich zum reformierten Christentum konvertiert? Wann? Wo? Warum? Dies dazu in einem sehr katholisch geprägten Kanton? Sein Grabstein ist bar jeglicher christlicher Symbole, eine einfache Rundstele.[104] Er ließ sich im Grab seiner 1992 verstorbenen Ehefrau bestatten.

Es bleiben Fragen offen. Tatsache bleibt, dass er von 1943 bis mindestens 1974 in einer Hausgemeinschaft mit jüdischen Emigranten in Brissago lebte, viele Arbeitskontakte zu Geflüchteten weltweit hatte und auch ehrenamtliche Funktionen in Standesorganisationen emigrierter Schriftsteller wahrnahm. Verheiratet war er mit einer Emigrantin jüdischer Herkunft. Dass in seinem Werk viel persönlich Erlebtes verarbeitet worden ist, werden die wenigsten Schweizer Zeitgenossen der 1970er Jahre gewusst haben.

---

[101] ETH AfZ: Nachlass Werner Rings/532.
[102] Webseite AfZ. AfZ Online Archives (ethz.ch) AfZ: NL Werner Rings/6.
[103] Dies wurde durch Matthias Wipf im biographischen Eintrag im Historischen Lexikon der Schweiz übernommen: Matthias Wipf: „Rings, Werner", in: *Historisches Lexikon der Schweiz (HLS)*, Version vom 09.11.2010. Online: https://hls-dhs-dss.ch/de/articles/041628/2010-11-09/ (abgerufen am 11.08.2022).
[104] Mit bestem Dank für die lokale Recherche an Cl. B.-Sch., Gordola/Schweiz.

11. „Ein ‚Film' großartigster städebaulicher Gesamtschöpfung"[1] – Die Rings'sche Bandstadt – von der Bändigung des Verkehrs zur monumentalen Stadtbaukunst

UTE REUSCHENBERG

1948 wurde dem ins britische Mandatsgebiet Palästina emigrierten Architekten Josef Rings in seinem kriegszerstörten Heimatland eine besondere Wertschätzung zuteil: Er erhielt einen Ruf an die von der französischen Besatzung gegründete Johannes Gutenberg-Universität Mainz, um über Städtebau zu lehren. Rings, bis zur Emigration 1934 Mitglied der „Freien Deutschen Akademie für Städtebau", war nicht nur ein hierzulande vielbeachteter und anerkannter Siedlungsreformer. Er setzte sich auch zeit seines Lebens mit dem Konzept von Stadt auseinander, zuletzt als Siedlungsplaner in Palästina-Erez Israel. Flankiert wurde seine Berufung durch eine umfassende, leider nicht überlieferte Werkschau seiner Arbeiten.[2] Und während Rings seinen Studierenden angesichts der Herausforderungen des Wiederaufbaus ein fundiertes, bis weit in vorchristliche Zeit zurückgehendes Städtebauwissen vermitteln wollte, drehte sich die Ausstellung vor allem um ein Thema: die Bandstadt. Ein städtebauliches Konzept, das für Rings wie kein anderes dazu berufen schien, alle Probleme der überkommenen kompakten Stadt zu lösen.[3] Als Stichworte zur Charakterisierung dieser Probleme seien genannt: wachsender Individualverkehr und die davon ausgehenden Gefahren, Wohnen in sozialen Hierarchien, hohe Dichte bei gleichzeitiger Zersiedelung am Stadtrand, Entfremdung zwischen Stadt und Land.

Bevor näher auf Rings' Beitrag zum Modell der Bandstadt eingegangen werden soll: Woher stammt diese Stadtkonzeption und was zeichnet sie aus?

Die Idee der Bandstadt konkretisierte sich erstmals in Spanien: Arturo Soria y Mata, ein findiger Unternehmer, Reformer und Publizist aus Madrid, entwickelte seine „Linien-Stadt" ab 1882 (ciudad lineal) als Antwort auf die baulich-

---

[1] Josef Rings, Grundlagenforschung Städtebau. Fortsetzung der Bandstadt- und Verkehrsstudien, 1952, S. 5; ETH Zürich, Archiv für Zeitgeschichte (AfZ), NL Werner Rings/25.
[2] Vgl. Werner Rings, „Die Wabenstadt" – Zur Geschichte der Rings'schen Bandstadt, in: Die Stadt wird in der Landschaft sein und die Landschaft in der Stadt: Bandstadt und Bandstruktur als Leitbilder des modernen Städtebaus, hrsg. v. Gerhard Fehl u. a.. Basel u. a. 1997, S. 190–201, hier S. 198.
[3] Rings thematisierte die Bandstadt aber auch im Rahmen seiner 13 im Sommer- und Wintersemester 1948/49 gehaltenen Vorlesungen: am 13. Juli 1948 lautete der Titel der Veranstaltung: „Die britische Gartenstadt, die spanische Linienstadt und die Rings'sche Bandstadt" (Technische Universität Darmstadt/Universitätsarchiv, im Folgenden UniA DA, Bestand 917 Nr. 3). Zu Lehrtätigkeit und einem unvollendeten Buchprojekt über den Städtebau vgl. auch der Beitrag „Spurensuche" von Ines Sonder in diesem Band.

verkehrlichen Missstände im alten Madrid (Abb. 156).⁴ Ihre Charakteristika brachte er programmatisch auf den Punkt:

> „*Eine einzige Straße von 50 m Breite und von der notwendigen Länge [...]: so wird die Stadt der Zukunft sein, deren Endpunkt Cadix und Petersburg, Peking und Brüssel sein können. Legt in die Mitte dieses ungeheuren Bandes Eisenbahnen und Straßenbahnen, Rohrleitungen für Wasser, Gas und Elektrizität, Teiche, Gärten und in bestimmten Zwischenräumen kleine Gebäude für die verschiedenen städtischen Dienststellen [...], so werden einmal fast alle Komplexe und Probleme, die das Leben von großen Menschenmassen in der Stadt hervorbringt, gelöst sein. Unser Stadtprojekt vereinigt alle Vorteile des Lebens der Großstädte mit dem gesunden Leben auf dem Lande.*"⁵

Ein marxistisch oder besser sozialreformerisch inspirierter Ansatz zur Überwindung der Trennung von Stadt und Land klingt an, wenn Soria y Mata sich auf Ildefonso Cerdá beruft, beabsichtigte doch jener, „die Stadt zu ruralisieren und das Land zu verstädtern."⁶ Im Kern bildeten die Verkehrs- und Transportwege fortan das städtebauliche Rückgrat jeder Bandstadt-Konzeption. Diese unterteilten die im Prinzip in der Horizontale unendlich erweiterbare Bandstadt in verschiedene, voneinander getrennte Industrie-, Wohn- und Grünzonen – mit kurzen Wegen innerhalb des Bandes und in die umgebende Region. Ein Stadtzentrum im herkömmlichen Sinne gab es also nicht. Damit steht die linear organisierte Bandstadt nicht nur im diametralen Gegensatz zur überkommenen Stadt, sondern auch zu einem weiteren Reform-Modell: der weitaus populäreren Gartenstadt von Ebenezer Howard. Denn diese stellt – vor allem in ihrer von Gustav Langen (Berlin) und Raymond Unwin (London) um 1912 angeregten Neuordnung – lediglich eine Erweiterung der herkömmlichen, kompakten Stadt in Form von Trabanten dar.⁷ Wurde das konkurrierende Reformmodell der Gartenstadt häufig umgesetzt – wenn auch nicht in seiner ursprünglichen Form – , so blieb das spanische Beispiel die einzige, wenigstens in Teilen realisierte Konzeption einer linearen Stadt.⁸

4   Vgl. Vittorio Magnano Lampugnani, Die Stadt im 20. Jahrhundert. Visionen, Entwürfe, Gebautes, 2 Bd., Berlin 2. Auflage 2011, S. 38–41.
5   Soria y Mata, zitiert nach Hermann Ehlgötz, Bandstadt, in: Wasmuths Lexikon der Baukunst, hrsg. von Günter Wasmuth, Bd. V. Berlin 1937, S. 56.
6   Jesús Calvo Barrios, Ramón García Hernández, Arturo Soria. Un urbanismo olvidado. Madrid 1981, S. 31, zit. nach Wilhelm Kainrath, Die Bandstadt. Städtebauliche Vision oder reales Modell der Stadtentwicklung? Wien 1997, S. 55.
7   Vgl. Gerhard Fehl, Vorwort, in: Die Stadt wird in der Landschaft sein und die Landschaft in der Stadt: Bandstadt und Bandstruktur als Leitbilder des modernen Städtebaus, hrsg. von demselben u. a.. Basel u. a. 1997, S. 7–18, hier S. 7.
8   Rund zehn Kilometer sind ab 1894 entlang der Straßenbahn-Trasse zwischen den Vororten Madrids realisiert worden, vgl. Gerhard Fehl u. Juan Rodriguez-Lores, Von der „Bandstadt"

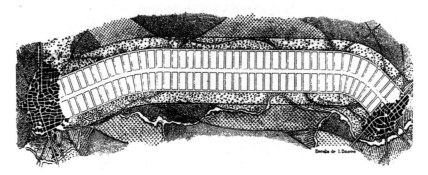

Abb. 156: Soria y Mata, Planschema der „Linien-Stadt" (ciudad lineal), 1902

Die Ring'sche Bandstadt – „Bauen als Ausdruck des Gemeinschaftsbewusstseins"?[9]

Egal ob sie sich als Verfechter der Gartenstadt- oder (später) der Bandstadt-Idee verstanden, die kompakte Groß-und Industriestadt war das Feindbild aller Städtebaureformer seit der Mitte des 19. Jahrhunderts. Auch Rings bildete da keine Ausnahme, wenn er schrieb:

> „Es gibt keine Stadt in der Geschichte, die den Tiefstand der Stadt unserer Zeit auch nur annähernd aufweist, die unverstandener und an künstlerischer Qualität geringer ist."[10]

Ausgangspunkt aller Überlegungen war für Rings aber nicht das Künstlerische, sondern – wie schon für Soria y Mata – die Verkehrsfrage: Die „Rundstadt" war seiner Ansicht nach die Ursache aller Verkehrsprobleme. Die Bandstadt hingegen entspräche den Bedürfnissen des anwachsenden modernen Verkehrs, der sich „geradlinig abwickeln will", wie es Werner Rings im Sinne seines Vaters 1996 und damit kurz vor seinem Tod im Jahre 1998 für den Architekturhistoriker Gerhard Fehl niederschrieb.[11]

Unter dem Motto „Bauen als Ausdruck des Gemeinschaftsbewusstseins" präsentierte Rings seine Bandstadt-Konzeptionen erstmals im Sommer 1927 im Rahmen einer Ausstellung des von August Hoff geleiteten Duisburger Museums-

---

zur „Bandstruktur". Eine Einführung in das Thema, in: Fehl, Die Stadt wird in der Landschaft sein (wie Anm. 7), S. 37.

9 Josef Rings, Bauen als Ausdruck des Gemeinschaftsbewusstseins, in: Die Bauwarte, 4. Jg. 1928, Heft 9, S. 75–79.
10 Josef Rings, Siedlungsreform. Essen 1923, S. 140.
11 Werner Rings, „Die Wabenstadt" (wie Anm. 2), S. 192.

vereins.¹² Als konkreten „Vorschlag zur Reform des Städtebaues"¹³ betrachtete er seine „Verkehrsstadt" für 200.000 Einwohner, ein linearer Gegenentwurf zur zentralisierenden Kreisform der „Rundstadt" (Abb. 157). Das Rückgrat dieser linear geschichteten Stadtstruktur bildet, dem Madrider Beispiel folgend, die Trasse des Personenverkehrs, hier mit Fernschnellbahn, Schnellbahn und Autostraße. Diese untergliedert das zentral angeordnete Wohnband mit seinen zweigeschossigen Wohnhäusern in zwei Teile, betont durch die Spiegelung der im strengen Fischgrätmuster verlaufenden Erschließungswege. Nördlich und südlich der Wohnzone schließt sich ein Grünzug mit Kulturbauten an. Ergänzt wird die ansonsten symmetrisch aufgebaute Einheit durch eine Industriezone im Süden. Die Arbeitsplätze sollten auf kurzem Wege über die Grünzone erreicht werden. Hat die Bandstadt auch kein Zentrum im eigentlichen Sinne, so verfügt jede Verwaltungseinheit doch über eine „City": Sie liegt als vertikale Achse in der Wohnzone, gleichsam bekrönt von einer ganz im Norden gelegenen Sportanlage. Das dem Schema mitgegebene Motto *Die Stadt. das Haus der Wohner – die Wohnungen sind Eigentum der Gemeinschaft* legt nahe, dass Rings sein Verständnis von Stadt hierdurch näher charakterisieren wollte. Demnach basiert Stadt auf dem Eigentum der Gemeinschaft. Ein sozialreformerisches Engagement bricht sich hier Bahn, vielleicht sogar ein sozialistischer Anspruch. Tatsächlich gilt die Bandstadt durch ihr ausgeglichenes sozialräumliches Gefüge, eben ohne hierarchische Strukturen, als das ideale Stadtkonzept des Sozialismus.¹⁴ Entsprechend fiel das Bandstadtkonzept in Form der „industriellen Bandstadt" oder der „Wohn-Bandstadt" in der 1922 gegründeten Sowjetunion auf fruchtbaren Boden.¹⁵ Auch Rings' Bandstadt versprach, die schon von den frühen Sozialisten geforderte Überwindung des Gegensatzes zwischen Stadt und Land einzulösen. Denn die Stadtmodule ließen sich zwar in beliebiger Länge aneinanderreihen – jedoch ließe sich das umgebende Land immer fußläufig in 15 Minuten erreichen.¹⁶

---

[12] Vgl. etwa N. N., Stadtnachrichten. Zeichnungen und Bauentwürfe im Museumsverein, in: Groß-Duisburger Anzeiger v. 22.7.1927 oder N. N., Eröffnung der neuen Ausstellung im Duisburger Museumsverein, in: Rhein- und Ruhrzeitung v. 16.7.1927.

[13] So Rings gleichnamiger Beitrag: Josef Rings, Vorschlag zur Reform des Städtebaues, in: Die Bauwarte, 4. Jg. 1928, Heft 9, S. 79–80.

[14] Für den österreichischen Architekten und Stadtplaner Wilhelm Kainrath war die Bandstadt ganz dezidiert ein sozialistisches Raumordnungsmodell, vgl. Wilhelm Kainrath, Bandstadt (wie Anm. 6), S. 21

[15] So entstand im Rahmen des Ersten Fünfjahresplanes (1928–1932) N. A. Miljutins Bandstadt für Wolgograd; vgl. hierzu Gerhard Fehl u. Juan Rodriguez-Lores, Von der „Bandstadt" zur „Bandstruktur". Eine Einführung in das Thema, in: Fehl, Die Stadt wird in der Landschaft sein (wie Anm. 7), S. 37 f.

[16] Vgl. Werner Rings, „Wabenstadt" (wie Anm. 2), S. 193.

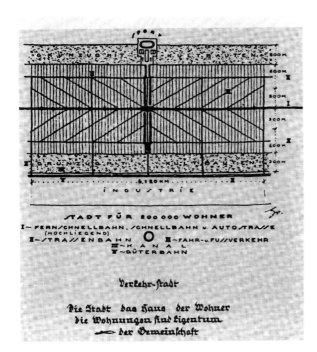

Abb. 157: Josef Rings, Die Verkehrsstadt, 1927

Ganz besonders wichtig war es Rings, dass seine Bandstadt „die mörderische Dynamik des motorisierten Verkehrs" stoppte.[17] Hiervon angetrieben, entwickelte er seine Bandstadt durch eine hexagonale Bodenaufteilung im Wohnbereich zur „Wabenstadt" weiter (Abb. 158). Bereits 1925 hatte Rings auf der Essener Baufachausstellung mit Siedlungsbauten im „Waben-System" Aufmerksamkeit erregt: Durch die hexagonale Anordnung der Bauten war es ihm gelungen, den Anteil an Straßen zugunsten der Wohnqualität zu verringern und gleichzeitig Kosten zu sparen (Abb. 159).[18] Das weiterentwickelte, nun auf die Bandstadt übertragene Wabensystem eignete sich für Rings ganz besonders dafür, jedes Haus für den Pkw erreichbar zu machen. Ein auf der geometrischen Grundform des Sechsecks aufgebautes, minutiös ausgetüfteltes System der Verkehrsführung durch Einbahnstraßen und tangentiale Straßenführungen ohne Kreuzungen sollte den Bewohnern ein gefahrloses Leben ermöglichen. Fußwege löste Rings

17 Ebd. S. 192.
18 Vgl. Martin Krüger, Die Baufachausstellung in Essen und ihre Bedeutung für die Weiterentwicklung der Baukunst, in: Der Neubau: Halbmonatsschrift für Baukunst, 7. Jg. 1925, Heft 17, S. 209–220, hier S. 215; vgl. auch W. Claas, Die Bauausstellung in Essen, in: Deutsche Bauzeitung, 59. Jg. 1925, Nr. 66, S. 520–523, hier S. 523 sowie der Beitrag von Renate Kastorff-Viehmann in diesem Band (Wohnungs- und Siedlungsreform).

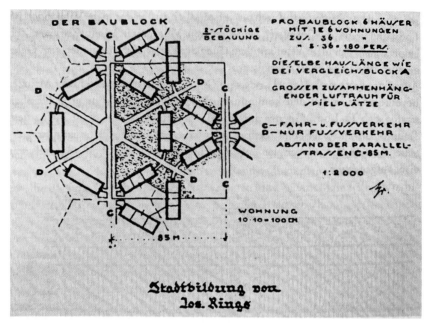

Abb. 158: Josef Rings, Die Wabenstadt, 1927

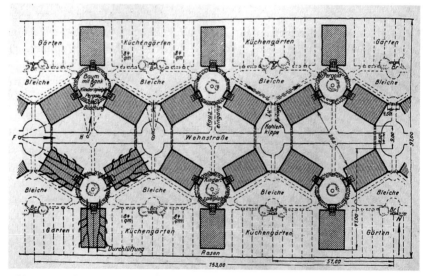

Abb. 159: Josef Rings, Siedlungsbauten im Wabensystem

von den Fahrstraßen und führte sie durch Grün und Gärten. Auf den Bürgersteig konnte verzichtet werden. Und auch ästhetische Aspekte wollte er nicht vernachlässigen, denn „das freizügige hexagonale Ordnungsschema" käme, so Rings, auch „einer kunstvollen architektonischen Gestaltung weit entgegen".[19]

Welche Einflüsse führten Rings zur Bandstadt-Idee?

Der Städtebau als Königsdisziplin der Architektur bildet ein Themenfeld, mit dem sich Rings schon als ehemaliger Assistent von Friedrich Pützer (1871–1922) beschäftigt hat. Der in Darmstadt tätige Architekt und Hochschullehrer zählte um 1900 zu den ersten Städtebaureformern mit landesweiter Strahlkraft. Mit der Siedlung Merck hatte er sich, wie der in seine Fußstapfen tretende Rings, auch im Arbeiterwohnungsbau einen Namen gemacht. Rings, der zwischen 1905 und 1908 auch in Pützers Privatatelier „eine Anzahl Stadtpläne, städtebauliche Teilaufgaben, Verwaltungsgebäude, Schulen, Kirchen und den Bahnhof der Stadt Darmstadt" bearbeitet hat, dürfte sich also früh mit reformerischen städtebaulichen Fragen beschäftigt haben.[20]

Noch während seiner Zeit bei Pützer könnte Rings bereits mit der Idee der Bandstadt in Berührung gekommen sein: In Offenbach am Main, wo er parallel zu seiner Assistenz bei Pützer zwischen 1908 und 1912 an der Kunstgewerbeschule lehrte, wirkte der Kaufmann und Sozialreformer Jakob Latscha. Gemeinsam mit dem evangelischen Pfarrer Wilhelm Teudt hatte dieser bereits 1898 eine Bandstadt-Idee konkretisiert, die der von Rings äußerst nahe kam.[21] So zeigt sich schon hier das Schema einer „Industrie-Wohnstraße" mit unterschiedlichen parallel verlaufenden Zonen, das entlang des Mains zwischen Schwanheim und Frankfurt zur Anwendung kommen sollte. Fragen zur Wohnungs- und Bodenreform, die im Kreise der Inneren Mission der evangelischen Kirche intensiv diskutiert wurden, hatten zu diesem Vorschlag Latschas und Teudts geführt. Latscha, der den Kontakt zum Bodenreformer Adolf Damaschke pflegte, hatte 1910 die Wohnkolonie Waldheim bei Offenbach realisiert und Schriften zur Wohnungsreform veröffentlicht.[22] Auch Rings veröffentlichte in dieser Zeit ein Studienheft zu „Kleinwohnungen"[23] sowie – in Zusammenarbeit mit dem damaligen hessischen Landeswohnungsinspektor Gustav Gretzschel – die

---

19 Werner Rings, „Wabenstadt" (wie Anm. 2), S. 195.
20 Vgl. Lebenslauf Josef Rings, o. D. [nach 1949], ETH Zürich, Archiv für Zeitgeschichte (AfZ), NL Werner Rings/17.
21 Jakob Latscha u. Wilhelm Teudt, Nationale Ansiedelung und Wohnungsreform. Grundgedanken und Vorschläge. Frankfurt a. M. 1899, vgl. hierzu Fehl, Die Stadt wird in der Landschaft sein (wie Anm. 7), S. 179 ff. sowie Werner Rings, „Wabenstadt" (wie Anm. 2), S. 196.
22 Vgl. Fehl, Die Stadt wird in der Landschaft sein (wie Anm. 7), S. 179.
23 Josef Rings, Kleinwohnungen, Darmstadt 1910.

Schrift „Praxis der Wohnungsreform" (1912).[24] Über Pützer, seit 1908 auch Kirchenbaumeister der evangelischen Landeskirche in Hessen, eröffneten sich zudem weitere Berührungspunkte: Entsprechend hatte Rings 1910 im Rahmen der Sonderausstellung für christliche Kunst auf der *Großen Kunstausstellung* in Düsseldorf den „frisch modernen" Entwurf einer evangelischen Kirche für Wuppertal-Barmen präsentieren können.[25] Es ist also nicht ganz ausgeschlossen, dass Rings aus diesem protestantischen Umfeld heraus auch Kenntnis von reformerischen Stadtkonzepten im Sinne der Bandstadt bekam.

Auch im rheinisch-westfälischen Industrierevier könnte die Bandstadt nach dem Ersten Weltkrieg breiter diskutiert worden sein. 1912 hatte Rings seinen Wohnsitz nach Essen verlegt, um als „Abteilungschef" der Firma Krupp zu planen. In diesem Jahr veröffentlichte Robert Schmidt in seiner berühmten *Denkschrift* die schematische Darstellung einer werdenden Großstadt (Abb. 160).[26]

Diese zeigt zwar noch eine Rundstadt. Doch sind die in strenger Parallele verlaufenden Verkehrslinien dominant und weisen klar über die an der Ruhr überholte Stadtform hinaus. Das „Band" deutet sich an. Schmidt hat diese Ansätze im 1920 entworfenen Arbeitsplan für den Siedlungsverband Ruhrkohlenbezirk verdichtet, als dessen erster Direktor er bis 1932 fungierte. Hier fand er zum Begriff des „Verkehrsbandes" – ja „die Frage der gesamten *Verkehrsregelung* im Industriegebiet"[27] stand mitsamt der Grünflächen- und Siedlungspolitik im Fokus. Das Ende der alten Stadt zugunsten einer zusammenhängenden Region nahm hier Formen an, wenn auch nicht als Bandstadt im eigentlichen Sinne. Anlässlich der Ausstellung seiner Werke in Duisburg sprach auch Rings immerhin von einer „gewaltige(n) Stadt ‚Ruhrkohlenbezirk'".[28]

Vorstufen der Bandstadt – neben dem Wabensystem – lassen sich aber auch in Rings' eigenem Werk ausmachen. Denn auch in seinen Siedlungsplanungen für die Essener Allbau wollte Rings die Verkehrsfragen im fortschrittlichen Sinne lösen. Hierfür begab er sich auf das Feld des konzeptionellen Städtebaus und entwickelte städtebauliche Grundsatzlösungen. Werner Rings spricht hier von „einer frühen Art urbanistischer Grundlagenforschung, indem er in theo-

---

[24] Josef Rings und Gustav Gretzschel, Die Praxis der Wohnungsreform, Darmstadt 1912; vgl. hierzu auch den Beitrag von Renate Kastorff-Viehmann (Rings als Wohnungs- und Siedlungsreformer).

[25] Vgl. Theodor Goecke, Die Baukunst. Auf der großen Kunstausstellung und der damit verbundenen Sonderausstellung für christliche Kunst in Düsseldorf, in: Der Städtebau, 7. Jg. 1910, Heft 1, S. 8–9, hier S. 8.

[26] Robert Schmidt, Denkschrift betreffend Grundsätze zur Aufstellung eines General-Siedelungsplanes für den Regierungsbezirk Düsseldorf (rechtsrheinisch). Essen 1912.

[27] Robert Schmidt, zit. nach Ursula von Petz, Robert Schmidt 1869–1934. Stadtbaumeister in Essen und Landesplaner im Ruhrgebiet. Berlin 2016, S. 137.

[28] Josef Rings, Bauen als Ausdruck des Gemeinschaftsbewusstseins (wie Anm. 9), S. 79.

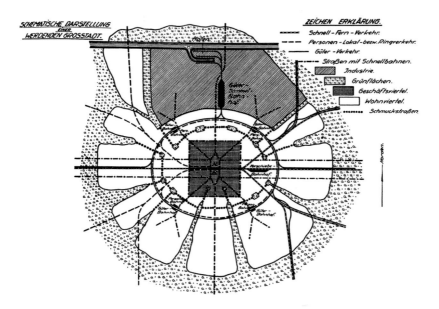

Abb. 160: Robert Schmidt, Schema einer werdenden Großstadt aus der „Denkschrift" von 1912

retischen Studien vergleichbare Schemen der Reihenhausbebauung aufstellte."[29] Tatsächlich sind in Rings' Publikation „*Siedlungsreform*" zahlreiche Schemata enthalten, die sich wie Vorstufen der späteren Bandstadtstrukturen ausnehmen (Abb. 161).[30] Sie stammen aus dem Jahr 1920, wo Rings begonnen hatte, sich hiermit zu beschäftigen. Es ging ihm um neue Erkenntnisse, die sich für ihn nur „wissenschaftlich" am Reißbrett ermitteln lassen. Die Schemata sollten allerdings, „keine schemenhafte Anwendung finden, sondern nur das typische wiedergeben."[31] Daher unterschied er den „Wirklichkeitsplan", der auf die Topographie und die tatsächlichen Gegebenheiten eingeht, klar von der „Ideal-Stadt" im Schema.[32] Auch die Bandstadt-Entwürfe waren Schemata, die sich, unter Berücksichtigung des Ortes realisiert, durchaus voneinander unterschieden hätten: „Den Wirklichkeitsplan wird man vielleicht ‚real plan', das Schema ‚model' und die Schemakette ‚continued models' nennen,"[33] formulierte Rings noch 1952.

29 Werner Rings, „Wabenstadt" (wie Anm. 2), S. 194.
30 Josef Rings, Siedlungsreform (wie Anm. 10), hier besonders die Abbildungen S. 208 ff.
31 Josef Rings, Haus und Stadt als Kulturausdruck, in: Hellweg. Wochenschrift für Deutsche Kunst, 3. Jg. 1923, S. 811–817, hier S. 817.
32 Josef Rings, Grundlagenforschung Städtebau (wie Anm. 1), S. 7.
33 Ebd. S. 8.

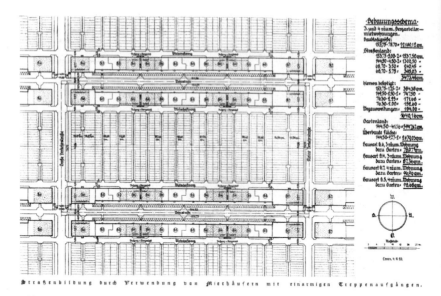

Abb. 161: Josef Rings, Bebauungsschema, 1923

Trotz aller ingenieurmäßigen Analysen ging es Rings nie um einen nackten Materialismus. Im Gegenteil: Er war von einem tiefen Humanismus durchdrungen. So schrieb er im Vorwort zur „Siedlungsreform":

„Die ‚kommende Stadt' wird nicht mehr leere Mache sein, wie es die des vergangenen Jahrhunderts ist. Nicht das gedankenlosen Schema wird ihr wie hier den Stempel aufdrücken, sondern die wohldurchdachte Bauorganisation und vor allem die Gesinnung und der künstlerische Takt kommender Geschlechter."[34]

Entsprechend begriff Rings seine aus den Haustypen entwickelten Straßen- und Blockbildungen im Buch als „klärende Teilarbeiten, bei denen äußerste Wirtschaftlichkeit und zugleich einfache, edle Schönheit angestrebt ist. Die Steigerung der Freude am Wohnen und die Hebung der Wohn- und Gartenkultur fördern den gesunden bodenständigen Gemeinschaftssinn und innere Kraft des Volkes. Die drohende Gefahr, den Menschen zur Maschine zu machen, wird dadurch wirkungsvoll abgebogen zur Freude am Dasein. Das zu begünstigen und die Aufgabe zu erfüllen, ist die edelste Seite des Wohn- und Städtebaues."[35] Wenn sich das Gesagte auch auf seine Siedlungsentwürfe bezieht, so ist nicht davon

[34] Josef Rings, Siedlungsreform (wie Anm. 10), S. 5.
[35] Ebd.

auszugehen, dass seinem Bandstadt-Konzept eine andere Haltung zugrunde lag. Die 1932 geäußerte Forderung des Berliner Stadtbaurats Martin Wagner, dass Bandstädte „neue Städte nach der Idee der vollendeten Maschine"[36] sein sollten, teilte Rings nicht.

Ich würde sogar so weit gehen, ihn als künstlerischen Städtebauer zu verstehen. Für Rings war Städtebau eben nicht nur eine technische Angelegenheit. Schönheit und Zweck betrachtete er ganz im Sinne des Diskurses über Stadtbaukunst im frühen 20. Jahrhundert als gleichwertig.

World Center of Communication –
Adaption eines pazifistischen Idealstadtentwurfs

Die „City-Axe" einer Mittelstadt mit dem „Band der Geschäfts- und Kulturzentren" spricht hier eine deutliche Sprache (Abb. 162). Werner Rings verortet diese zwar im Jahre 1936, jedoch dürfte sie schon aufgrund der deutschsprachigen Beschriftung früher entstanden sein.[37] Als monumentales Achsenkreuz mit einer bedeutsamen Baugruppe (einer Kirche?) im Schnittpunkt, nimmt sie nördlich hiervon auch einen beherrschenden, architektonisch gefassten Stadtplatz auf. Wenn auch die Straßenzüge in Vermeidung von Kreuzungen tangential geschwungen verlaufen, so handelt es sich doch um eine streng axialsymmetrisch aufgebaute Komposition im Sinne eines urbanen Klassizismus. Es überrascht daher nicht, dass Rings' feingliedrige, fast ornamental ausformulierte Stadt durch einen akademischen Idealstadtentwurf inspiriert ist: dem World Center of Communication des amerikanischen Bildhauers Hendrik Christian Andersen und des französischen Architekten Ernest Hébrard – beides Schüler der Pariser École des Beaux-Arts (Abb. 163–164).

Auch dieses 1912 vor dem Hintergrund eines aufkommenden internationalen Pazifismus geborene „Weltkommunikationszentrum" steht in der Tradition des Klassizismus, ganz im Sinne der Stadtbaukunst der Beaux-Arts.[38] Mit internationalem Gerichtshof und Tempel der Religionen – um nur einige der geplanten Bauwerke zu nennen – sollte das World Center of Communication für Aus-

---

36 Martin Wagner, Städtebau als Wirtschaftsbau und Lebensbau, in: Die neue Stadt, S. 162–178, hier S. 173, zitiert nach Gerhard Fehl, Vorwort zu: Die Stadt wird in der Landschaft sein (wie Anm. 7), S. 14.
37 Vgl. Werner Rings, „Wabenstadt" (wie Anm. 2), S. 200; Rings' Pläne für das britische Mandatsgebiet weisen eine englisch- und hebräischsprachige Beschriftung auf. Leider ist die Qualität der überlieferten Planreproduktion zu schlecht, um die gesamte Beschriftung zu entziffern.
38 Zum World Center of Communication vgl. grundlegend: Wolfgang Sonne, Representing the State. Capital City Planning in the Early Twentieth Century. München 2003, S. 241–285 (zugleich: Hauptstadtplanungen 1900–1914. Die Repräsentation des Staates in der Stadt. Diss. ETH Zürich 2001, hier S. 321–386).

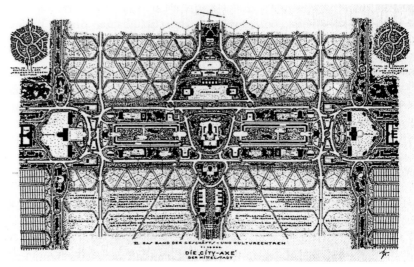

Abb. 162: Josef Rings, Die ‚City Axe' der Mittelstadt, um 1927

tausch, Gerechtigkeit und Frieden sorgen – ein Anliegen, das bis heute nichts von seiner Aktualität eingebüßt hat. Auch hier ein monumentales Stadtzentrum und Architekt Hébrard folgend wählte später auch Rings eine leicht versetzte Anordnung seiner Bauten, hier in der zentralen Querachse, die in diesem Fall eine Sicht auf das Herz der Gesamtanlage zulässt.

Auch jenseits der offensichtlichen ästhetischen Parallelen kann angenommen werden, dass Rings dieses urbane Gesamtkunstwerk kannte. Denn Andersen hatte seine Modellstadt 1913 in Form einer aufwändig gestalteten Publikation herausgebracht und es nicht versäumt, gezielt für ihre Verbreitung zu sorgen.[39] Noch 1932 würdigte kein Geringerer als Josef Stübben den vor dem Hintergrund des erstarkenden Faschismus erneut virulenten pazifistischen Entwurf, wo „das geplante Weltzentrum durch Pflege der gemeinsamen Interessen der Völker und Staaten den Weltfrieden sichern und den Kulturfortschritt jeder Art auf breiteren Grundlagen verwirklichen soll."[40]

Dass Rings dem Pathos einer friedenstiftenden architektonischen Vision mehr als zugetan war, belegt nicht zuletzt sein Vorschlag für den Völkerbund-

[39] Hendrik Christian Andersen und Ernest M. Hébrard, Creation of a World Centre of Communication. Paris 1913 sowie derselbe und Olivia Cushing Andersen, Creation of a World Centre of Communication. Legal Argument, Economic Advantage. Rom 1918; zur Rezeption vgl. Wolfgang Sonne, Representing the State (wie Anm. 38), S. 269 ff.

[40] Josef Stübben, Städtebau-Gedanken internationaler Art, in: Deutsche Bauzeitung, 66. Jg. 1932, Nr. 12, S. 233–234, hier S. 234.

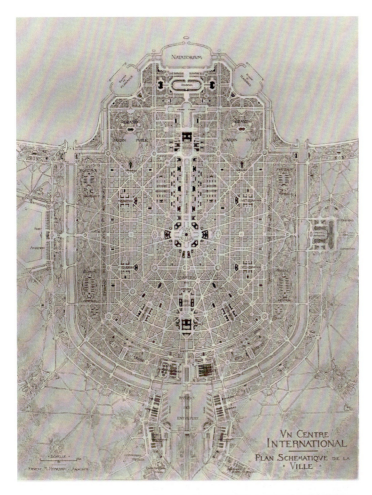

Abb. 163 und 164: Hendrik Christian Anderson und Ernest Hébrard, World Center of Communication, 1912

palast in Genf[41] (Abb. 165). Veröffentlicht hat er ihn erst im Nachgang des 1926 ausgelobten, unbefriedigend verlaufenen internationalen Wettbewerbs. Es handelt sich um einen monumentalen Idealentwurf für das Versammlungshaus des nach dem Ersten Weltkrieg gegründeten überstaatlichen Weltparlaments, das der Völkerverständigung dienen und den Frieden sichern sollte. So gesehen ohne Frage ein Nachfolger des World Center of Communication. Äußerst symbolträchtig hat Rings seine symmetrische Komposition in Form eines Kreuzes angelegt und mitten im Genfer See platziert – direkt in der Sichtachse des alles bekrönenden, mächtigen Montblanc.

Wie schon Andersen und Hébrard dürfte es auch Rings – hier wie generell – um eine den neuesten technologischen Möglichkeiten entsprechende moderne und hygienische Stadtanlage gegangen ein. Wie er lehnten auch die Vorbildstifter die „dense industrialised city" ebenso ab wie den Krieg.[42] Und auch dem malerischen Städtebau konnten sie, die sich einem monumentalen Klassizismus verschrieben hatten, nichts abgewinnen. Denn dieser orientierte sich ihrer Vorstellung nach eher an der den Ansprüchen nicht mehr genügenden mittelalterlichen Stadt.

Dennoch kamen in beiden Entwürfen bewährte Formen des Städtebaus zum Zuge: Dem Vorbild Andersen und Hébrard folgend gibt es auch bei Rings ein „Civic Centre" mit kommunalen sowie Kulturbauten um einen monumentalen Stadtplatz. Dies rückt seine „City-Axe" zusätzlich in die Nähe der amerikanischen City-Beautiful-Bewegung, die wiederum der Pariser École des Beaux-Arts verpflichtet war. Diese verknüpfte Ästhetik mit dem Ideal einer demokratischen Architektur mit stadtbürgerlichen Wurzeln.[43] Auch Andersen wollte mit seiner Bildhauerei und der daraus entwickelten Stadtbaukunst mehr als l' art pour l' art: Er wollte eine gesellschaftliche Wirkung erzielen, die Welt zu einem besseren Ort machen. In diesem erzieherischen Geiste betrachtete auch die City-Beautiful-Bewegung die öffentlichen Bauten als „Inbegriff des guten Bürgers und Staates."[44] Gruppiert zu einem „Civic Centre" konnten sie den Höhepunkt der Stadtplanung bilden. Auch Josef Rings rekurriert eindeutig auf die „Civic Art", welche die Gestaltung von neuen Stadtzentren als bedeutendste Aufgabe ansah.

Als spätes Handbuch der City-Beautiful-Bewegung gilt der 1922 erschienene „American Vitruvius" von Werner Hegemann und Elbert Peets – wenn auch Hegemann selbst dieser Bewegung durchaus kritisch gegenüberstand.[45]

[41] Vgl. Josef Rings, Gedanken zum Völkerbundpalast in Genf, in: Wettbewerbe für Baukunst und Schwesterkünste, 61.Jg. 1927, Nr. 19, S. 121–122 (= Supplement zu: Deutsche Bauzeitung, 1927, Nr. 78).
[42] Wolfgang Sonne, Representing the State (wie Anm. 38), S. 265.
[43] Vgl. Wolfgang Sonne, Urbanität und Dichte im Städtebau des 20. Jahrhunderts. Berlin 2. Auflage 2017, S. 177.
[44] Ebd., S. 178.
[45] Werner Hegemann, Elbert Peets, The American Vitruvius: an architects' handbook of civic art, New York 1922.

Abb. 165: Josef Rings, Wettbewerb Völkerbundpalast, 1927

Dieses Grundlagenwerk dürfte Rings ebenso bekannt gewesen sein wie Hegemanns „Amerikanische Architektur und Stadtbaukunst" von 1925,[46] knüpfte Letzeres doch an die *Internationale Städtebauausstellung Gotenburg* an, wo Rings 1923 seine Stadtwald-Siedlung präsentieren konnte.[47] Diese Ausstellung, deren Gesamtleitung sowie das Verfassen des englischsprachigen Katalogs in den Händen Hegemanns lag, fand parallel zum 7. Internationalen Kongress der „Garden Cities and Town Planning Federation" statt.[48] Rings Siedlung für Essen markierte somit den „State of the Art" an der Ruhr.

Besonders der „Vitruvius" bot ein Kompendium der Architektur- und Städtebaugeschichte mit dem Fokus auf Civic Centers. Die städtebaulichen Mittel: Achsen, Symmetrien, eine monumentale Bebauung an Plätzen und ein streng geometrisch konzipierter Raum. Mittel, die sich auch durch Rings' gesamtes Schaffen ziehen, sei es bei seiner Fest- und Ausstellungshalle in Essen oder bei zahlreichen Siedlungs- und Wettbewerbsentwürfen. Ein Umstand, der ihn klar als „Ostendorfianer" ausweist. Diese Strömung des reformorientierten künstlerischen Städtebaus berief sich auf den Karlsruher Architekturtheoretiker Friedrich Ostendorf und orientierte sich – wie Andersen und Hébrard oder die

[46] Werner Hegemann, Amerikanische Architektur & Stadtbaukunst, Berlin 1925.
[47] Vgl. International Cities and Town Planning Exhibition, Jubilee Exhibition Gothenburg Sweden 1923, English Catalogue, pp. 152–153 (Erwähnung von Rings: 10 Zeichnungen und 9 Fotos von Siedlungen in Essen; Abb. von Lageplan und Foto der Stadtwald-Siedlung).
[48] Es nahmen 300 Personen aus 22 Ländern teil. Die Ausstellung legte ihren Fokus entsprechend auf die Gartenstadt. Der deutsche Beitrag wurde von Gustav Langen organisiert, den Schwerpunk bildeten die Pläne für Groß-Berlin und für das Ruhrgebiet; vgl. Gerd Albers, Zur Entwicklung der Stadtplanung in Europa. Begegnungen, Einflüsse, Verflechtungen. Braunschweig – Wiesbaden 1997, S. 188.

City-Beautiful-Bewegung – am französischen Klassizismus. Auch Hegemann selbst war ein glühender Anhänger Ostendorfs, der 1925 anlässlich des Wettbewerbs zum Ulmer Münsterplatz in seinen *Wasmuths Monatsheften* spitzfedrig mit der „malerischen" Fischer-Schule abrechnete.[49]

Interessanterweise hat sich Rings an diesem Wettbewerb beteiligt: Zur Freude Hegemanns schlug er eine symmetrische Platzgestaltung vor dem Ulmer Münster vor – mit einer auf den Altar als Zielpunkt zulaufenden Achse (Abb. 166). Begeistert schrieb er Hegemann: „Ich habe mich sehr gefreut, dass Sie einer großzügigen axialen Lösung das Wort reden, im Gegensatz zu der Auffassung romantischer Art, die das Preisgericht vertritt."[50] Und weiter: „Da große Kunst letzten Endes Religiosität ist, so muss der Gedanke, den Grundriss des Domes in den Stadtorganismus zu entwickeln, mit dem Willen, hier zu einer künstlerischen Lösung zu gelangen, unbedingt zusammenfallen."[51]

Die in der frühen Stadtbaukunst um 1900 wurzelnde „künstlerische Lösung" war also stets mit intendiert – auch bei den Bandstädten, so die These. Zu erkennen ist dies auch bei den Planungen für Palästina, wie ein erst kürzlich durch Recherchen des Bauhaus Centers Tel Aviv entdecktes Dokument beweist.[52] Das Zentrum einer hierin enthaltenen axialen Planung von 1935 mit dem Titel „Der Meeresstrand von Tel Aviv" sollte ein architektonisch gefasster und durch Skulpturen und Kunstwerken geschmückter Terrassenplatz bilden. Dieser sei in seiner „imposanten Monumentalität […] als ‚Platz der Könige Israels' geeignet wie kaum ein anderer", formulierte Rings in seiner begleitenden Projektbeschreibung.[53] Der vom Pathos für das ihn aufnehmende Gastland getragene, auf einen gedruckten Stadtplan aufgebrachte Entwurf, wollte die rasant wachsende Stadt städtebaulich enger ans Meer anbinden. Dass sich das Ganze entlang des sechs Kilometer langen „Bandes" von Strand und parallel verlaufender HaYarkon Street entwickelt, integrierte auch den Rings so wichtigen Bandstadt-Gedanken. Mit dieser Vision, die auch eine sich ins Meer hinausgerückte Terrasse umfasste, griff Rings auf seinen – hier durch Abbildungen integrierten – Entwurf für den Völkerbundpalast zurück. Auch diesen hatte er nach Osten, der aufgehenden Sonne zu, orientiert, wenn auch in „schmerzlicher Überschätzung des Wesens

---

49   Vgl. Der Städtebau, 20. Jg. 1925, Heft 3/4; vgl. hierzu auch Detlef Jessen-Klingenberg, Camillo Sitte als „leidenschaftlicher Verehrer des Barock". Zur Rezeption im Umfeld Werner Hegemanns, in: Formationen der Stadt: Camillo Sitte weitergelesen, hrsg. v. Karin Wilhelm, u. dems. Gütersloh u. a., 2. Aufl. 2006, S. 97–118.
50   N. N., Entwurf von Josef Rings, in: Wasmuths Monatshefte für Baukunst, 9. Jg. 1925, Heft 4, S. 402–403, hier S. 403.
51   Ebd.
52   Vgl. der Beitrag von Micha Gross in diesem Band mit der Abbildung des Dokuments.
53   Josef Rings, Der Meeresstrand von Tel Aviv, Typoskript, 10 Seiten und (Stadt)Plan, April 1935, S. 7.

Abb. 166: Josef Rings, Wettbewerb Ulmer Münsterplatz, 1925

dieser hohen ‚Vereinigung'", wie er 1935 rückblickend einräumte.[54] Dass dem Platz der Könige Israels ein großes „Wassersportbecken zum Schwimmen und Rudern"[55] vorgelagert werden sollte, bringt auch diesen, ebenfalls klassizistischen Ordnungsprinzipien verpflichteten Entwurf in die Nähe des World Center of Communication von Andersen und Hébrard: Bereits diese hatten am wasserseitigen Zielpunkt ihrer Achse ein „Natatorium", ein Sportzentrum mit Wasserbecken für Schwimm- und Ruderwettbewerbe angelegt. Wurde der Zugang durch ein sich die Hände reichendes kolossales athletisches Figurenpaar wirkungsvoll betont,[56] so gedachte Rings, seine Version durch einen monumentalen Torbau als Versinnbildlichung des Stadtzeichens von Tel Aviv zu überhöhen.

Künstlerischer Städtebau versus „Charta von Athen"?

Möglicherweise ist diese Verwurzelung in der Stadtbaukunst um 1900 auch ein Grund dafür, dass sich Rings im Nachkriegs-Mainz mit den modernistischen Wiederaufbauplanungen offenbar schwertat. Es ist zu vermuten, dass Rings sein Exil vor dem Hintergrund des 1948 begonnenen Unabhängigkeitskrieges des jungen jüdischen Staates Israel verlassen musste. Im Heimatland, wo viele der deutschen „Rundstädte" im Bombenhagel des Luftkriegs untergegangen waren, schienen sich durch den Ruf an die im Mai 1946 von den französischen Besatzern neugegründete Johannes Gutenberg-Universität Mainz neue Chancen zu bieten: Zum einen konnte Rings das städtebauliche Modell der Bandstadt durch Lehre und Ausstellung bekannt machen, zum anderen hätte dieses im Wiederaufbau der französischen Besatzungszone eine Rolle spielen können.

[54] Ebd. S. 4.
[55] Ebd. S.8
[56] Vgl. Wolfgang Sonne, Representing the State (wie Anm. 38), S. 260

Abb. 167: Section du Plan, Werbung für die „Charta von Athen", Mainz 1947

So sah es wohl auch der junge General Pierre Jacobsen als französischer Stadtkommandant der zu 80 Prozent zerstörten Stadt Mainz. Diese wollte er zur Hauptstadt des französischen Besatzungsgebiets ausbauen. Im Frühjahr 1946 hatte Jacobsen daher den Pariser Architekten Marcel Lods, einen ehemaligen Mitarbeiter Le Corbusiers, zunächst beratend, später als offiziellen Stadtplanungsberater nach Mainz geholt. Lods, seit 1933 Mitglied des CIAM, war von 1946 bis 1948 Leiter der Planungsabteilung „Section du plan" für den Wiederaufbau von Mainz im Auftrag der Militärverwaltung. Für Mainz imaginierte er eine vertikale „Gartenstadt" (Ville verte): Hochaufragende Scheibenhochhäuser in einer parkartigen Stadtlandschaft, durchzogen von Verkehrsbändern. Eine Stadt ohne erfahrbare Räumlichkeit, zudem entwickelt nach den Grundsätzen der „Charta von Athen" mit einer strikten Trennung der Funktionen Wohnen, Arbeit, Freizeit und Verkehr (Abb. 167). Diese Vision vermochte Rings nicht zu teilen, eine Hochhausbebauung war für ihn schon aus verkehrstechnischen Gründen indiskutabel.[57] Gegen den Begriff Stadt-„Vision" in diesem Kontext verwahrte er sich sogar explizit: „Bezeichnend ist, dass es sich hier ja auch nur um Architekturen, Hochhausgruppen handelt, die mit Städtebau nicht mehr zu tun haben wie jede andere Gebäudegruppe alter oder neuer Art. [...] Hier wie dort spielt die Befriedigung des Geltungsbedürfnisses eine große Rolle", konstatierte der noch in Jerusalem Lebende 1947 in einem Brief an Sohn Werner.[58]

Nach Ansicht seines Sohnes sollte Rings zwar „dem modernistischen Lager um Lods den Rücken [...] stärken."[59] Doch der dies favorisierende französische Stadtkommandant Jacobsen ist bereits im Oktober 1947 aus Mainz abberufen worden.[60] Dessen ungeachtet: Das modernistische Zwischenspiel, zu dem auch

[57] Vgl. Werner Rings, „Wabenstadt" (wie Anm. 2), S. 198.
[58] Brief von Josef Rings aus Jerusalem an seinen Sohn Werner, 24. Oktober 1947 (AfZ, NL Werner Rings/25).
[59] Werner Rings, „Wabenstadt" (wie Anm. 2), S. 198.
[60] Vgl. Jean-Louis Cohen u. a., Ein neues Mainz? Kontroversen um die Gestalt der Stadt nach 1945. Berlin/Boston 2019, S. 251.

Rings als Lehrender einen Beitrag leisten sollte, endete definitiv 1948 – noch bevor sich Rings 1949 resigniert von seiner Lehrtätigkeit zurückzog. Im April 1948 hatte Lods angesichts des Widerstands der Mainzer gegen die rationalistische Neuformung ihrer Stadt das Feld geräumt. Doch auch der traditionalistische Paul Schmitthenner scheiterte mit seinem 1946/47 erarbeiteten Gegengutachten zum Wiederaufbau der Altstadt.

Rings hat Städtebau stets als Stadtbaukunst begriffen. Eine Haltung, die er von Friedrich Pützer als seinem frühen und sicherlich prägenden Vorbild übernommen hat – auch, wenn er sich von dessen Städtebau in der Nachfolge von Camillo Sitte rasch abgewandt hat, um sich monumentalen Entwürfen im Sinne des Beaux-Arts-Städtebaus zu verschreiben. Doch ging es auch Rings, wie dem hier Sitte folgenden Pützer, um einen gefassten und hierdurch sinnlich wahrnehmbaren Stadtraum, den er mit Hilfe der Bandstadt schaffen wollte. Hatte für Rings die „Rundstadt" durch den Verlust der Festungswälle „ihre sinnlich fassbare Stadtform verloren"[61] und war sie stattdessen nur noch „ein unbestimmbares Gemisch von Häusern, zwischen denen der Verkehr wütet",[62] so betrachtete er die Bandstadt selbst als „*Baustein* der von grün durchwirkten *Stadtkompositionen*, wobei die *sinnlich-fassbare Form* der *Stadt als solcher vollkommen erhalten bleibt.*"[63] Nicht nur die architektonisch-städtebauliche Ausgestaltung in der Tradition der Pariser École des Beaux-Arts, auch die Auffassung von Stadt als kompakter Ganzheit brachte Rings in den diametralen Gegensatz zu den CIAM-Funktionalisten, die gerade diese Stadt dezidiert auflösen wollten.

12. Josef Rings in Palästina (1934–1948)

MICHA GROSS

Einführung

Mit über drei Jahrzehnten Berufserfahrung kam Josef Rings im Juli 1934 als „gestandener" Architekt, mit der sogenannten Fünften Einwanderungswelle (Alyia HaChamischit von 1932–1939) nach Palästina. Diese Einwanderungswelle zählte schätzungsweise 250.000 Juden, ca. 60.000 davon aus Deutschland. Für die vielen Neueinwanderer mussten in kurzer Zeit tausende von Wohneinheiten erstellt werden, was zu einem „Bau-Boom" in Städten, Dörfern, landwirtschaftlichen

---

61 Josef Rings, Grundlagenforschung Städtebau (wie Anm. 1), S. 1.
62 Ebd.
63 Ebd. S. 4; die Hervorhebungen entsprechen dem Original.

Siedlungen und Gemeinschaftssiedlungen (Kibbuzim) führte. Dieser Umstand mag miterklären, weshalb Josef Rings schon gleich nach seiner Ankunft mit Arbeiten betraut wurde. Seine umfangreichen beruflichen Erfahrungen als Architekt und Planer ermöglichten ihm, sein professionelles „know how" in idealer Weise zu verwirklichen – versierte Bau-Fachleute sind in jedem sich entwickelnden Lande gefragt. Diese Situation erlaubte es Rings auch, seine theoretischen Konzepte des modernen Siedlungs- und Städtebaues zum ersten Mal zu konkretisieren.[1] Den Gesamtüberblick über das Schaffen von Josef Rings in Palästina verdanken wir zum großen Teil dem Nachlass von Werner Rings an der ETH Zürich. Neben fehlenden Informationen gibt es da allerdings auch Unklarheiten und Widersprüche, deren abschließende Klärungen noch auf sich warten lassen.

Arbeitgeber und Mitarbeiter – das berufliche Netzwerk von Josef Rings in Palästina

In der *Members' Roll* der *Association of Engineers and Architects in Palestine* aus den Jahren 1935/36 findet sich unter den in Tel Aviv ansässigen Architekten der Eintrag von Josef Rings mit der Adresse Schchunat Hapoalim H (Arbeiterviertel) im Beth Licht (Haus Licht).[2] Offenbar hatte er schon bald nach seiner Einwanderung Kontakt zu dem Berufsverband aufgenommen, in dem auch eine ganze Reihe der aus Deutschland emigrierten Architekten vertreten waren, die wie er früher Mitglieder im Bund Deutscher Architekten waren.

In dem „Curriculum vitae Prof. Josef Rings" schreibt Werner Rings, dass sein Vater „teils in Zusammenarbeit mit britischen Stadtplanungsbehörden, bis 1948 mit *Regionalplanungen* in verschiedenen Gegenden Palästinas" tätig war.[3] Außerdem wurde Josef Rings von der gewerkschaftlichen Bauorganisation „Shikun" für Aufträge verpflichtet. Den Quartierplan für die arabische Stadt Lyddia machte er für „M.C. Salah and Partners", ein arabisches Unternehmen. Eine private Villa auf dem Ölberg in Jerusalem plante er für Miss Anderson. Ob Josef Rings diese Aufgabe als privater Architekt übernommen hat, ist unklar. Die gemeinsamen Planungen mit Richard Kauffmann und Yakov Schiffman (Ben Sira), zwei lokalen „Star-Architekten", können zweifellos als professionelle Anerkennung interpretiert werden. Ob sich Rings und Kauffmann schon aus Deutschland gekannt haben, wissen wir nicht, es wäre allerdings möglich, da

---

[1] Vgl. Curriculum vitae Prof. Josef Rings (1878–1957), ETH Zürich, Archiv für Zeitgeschichte (AfZ), NL Werner Rings/17.
[2] Vgl. Association of Engineers and Architects in Palestine, Biannual Report on the Activities of the Association during the Years 1935–1936. Tel Aviv 1936, S. 104.
[3] Curriculum vitae (wie Anm. 1), S. 3.

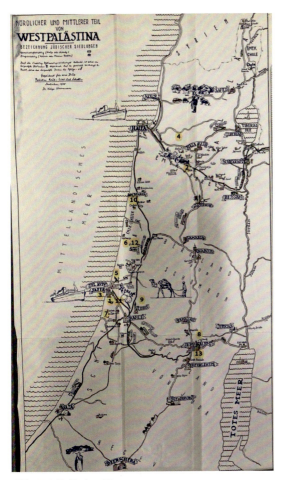

Abb. 168: Palästina-Karte

Legende der Karte: Chronologische Liste der bisher bekannten Wirkungsorte von Josef Rings in Palästina

1. Holon, Kirjat HaAvoda (Stadt der Arbeit), in Zusammenarbeit mit dem Stadtingenieur Y. Shiffman, 1934–35
2. Afula, Arbeiterviertel, 1935
3. Tel Aviv, Der Meeresstrand von Tel Aviv, 1935
4. Hartja, Kirjat Amal, 1936
5. Tel Aviv, Bebauungsplan für Nord Tel Aviv, in Zusammenarbeit mit dem Stadtingenieur Y. Shiffman, 1936
6. Nathania, Stadterweiterungsplan, 1942
7. Rishon LeZion, Stadterweiterungsplan, 1945
8. Jerusalem, Wohnhaus für Miss Anderson auf dem Ölberg, 1945
9. Lydda, Quartierplan für Lydda, Auftraggeber: M.C. Salameh und Partner, 1948
10. Hadera, Arbeiterviertel, ohne Datum
11. Holon, Quartier Agrobank, ohne Datum
12. Kfar Netter, ohne Plan, um 1941
13. Jerusalem, Tabaliya T.P. Scheme, Quartierplan, Datum unleserlich

beide gleichzeitig in Essen gewirkt haben. Rings begann 1912 bei Krupp zu arbeiten und Kauffmann war von 1912–1914 bei Georg Metzendorf tätig.

Im Archiv der TU Darmstadt liegen eine Patentschrift und Pläne zu „Improvements in or relating to the ventilation of houses", welche Rings gemeinsam mit Rudolf Feige am 9. Juli 1936 zur Patentierung eingereicht hatte. Rudolf Feige (1889–1948) war Meteorologe, gebürtig aus Breslau, ehemaliger Direktor der dortigen Wetterstation und Gründer des Palestine Meteorological Services, der auch das gerade im Entstehen begriffene Flugwesen Palästinas beeinflusste. Wie Rings mit ihm in Kontakt kam, bleibt weiter Desiderat.

Leo Adler (1891–1962) war in Deutschland als Architekturtheoretiker, Architekturkritiker und Autor bekannt. Er war Mitglied im Deutschen Werkbund und im Bund Deutscher Architekten – wie auch Rings, so dass anzunehmen ist, dass sich beide zumindest aufgrund ihrer Publikationen aus Deutschland gekannt haben dürften. Nach seiner Emigration nach Palästina war Adler Herausgeber des Architekturmagazins *Habinyan Bamisrah Hakarov*, in dessen zweitem Heft vom August 1937 das „Town Planning Scheme for Kirjat Amal" von Josef Rings veröffentlicht wurde.[4] 1939 war Adler auch einer der Unterstützer von Rings' Einbürgerungsantrag in Palästina.[5]

1. Holon, Kirjat HaAvoda (Stadt der Arbeit), in Zusammenarbeit mit dem Stadtingenieur Y. Shiffman, Tel-Aviv, 1934–35

Mit dem Plan für die Stadt der Arbeit (Kirjat HaAvoda) in Holon scheint Josef Rings ein fast nahtloser Übergang seines Schaffens von Deutschland nach Palästina gelungen zu sein. Der Plan vereint verschiedene Facetten seines Schaffens. Als bekennender Sozialist und Mitglied der SPD entsprach der Auftrag einer „Arbeiterstadt" bestimmt seiner sozialistischen Überzeugung. Bei der urbanen Planung ließ er sich von seinen theoretischen Ideen der Bandstadt leiten. Für Kirjat HaAvoda plante er Bänder mit unterschiedlichen Funktionen: Wohnen, Arbeiten, Freizeit und Verkehr. Das verkehrsfreie, grüne Freizeitband liegt in der Mitte des Quartiers und beidseitig davon reihen sich parallele Wohnstraßen, Plätze und öffentliche Anlagen. Auf dem Plan von Kirjat HaAvoda sieht man auch zwei Typen von Wohnhäusern. In beiden Fällen handelt es sich um „modernistische", kubenartige Flachdach-Häuser. Eines der Modellhäuser ist ebenerdig, das zweite mit einem Zimmer auf dem Dach.

Die Baufläche für Kirjat HaAvoda umfasste anfangs 3.000 Dunam (1 Dunam=1.000 Quadratmeter), welche vom Jüdischen Nationalfonds (KKL) erworben worden war, um 3.000 Familien Wohnraum zu bieten. Bei den Bewohnern handelte

---

[4] Josef Rings, Town Planning Scheme for Kirjat Amal, in: Habinyan Bamisrah Hakarov. A Palestine Periodical for Architecture in the Near East 2, August 1937, S. 26–27 (Hebräisch).

[5] Vgl. Application for Palestinian Citizenship, Rings Heinrich Josef, ISA mem–35/6295.

es sich um Mitglieder der Arbeitergewerkschaft „Histadrut". Neben preiswerten Wohnungen waren auch soziale Einrichtungen (Schule, Krankenkasse, Sportanlagen etc.) vorgesehen, deren Bau die Baugewerkschaft „Shikun" übernahm. Die Einfamilienhäuser besetzten Parzellen von 0,5 Dunam Größe, inklusive Selbstversorgergärten. Später wurden auch mehrstöckige Mehrfamilienhäuser errichtet. Anfänglich bestand jede Wohneinheit aus zwei Zimmern, Küche, Bad und Hof. Den Bewohnern wurden 10-Jahres-Darlehen gewährt, nach deren Rückzahlung sie Besitzer ihrer Häuser waren. Baubeginn war der 27. Februar 1936.

2. Afula, Arbeiterviertel, 1935

Zwischen Haifa und Bet Shean im Jesreel Tal liegt die Stadt Afula. Hier sollte nach Plänen von Richard Kauffmann, bereits in den 1920er Jahren, die erste jüdische Industrie-Gartenstadt Palästinas entstehen. Das Vorhaben war allerdings ohne Erfolg, die heutige Stadt Afula wurde erst nach der Staatsgründung Israels gebaut.[6] In diesem Zusammenhang ist der Plan von Rings besonders interessant, könnte er auch hier mit Richard Kauffmann in Kontakt gestanden haben, da Afula unter Kauffmanns Planungen einen besonderen Stellenwert hatte.

Für das Arbeiterquartier in Afula sieht Rings einen geometrischen, rechtwinkligen Straßenverlauf vor. Die alleinstehenden Arbeiterhäuser sind von Gärten umgeben und im Zentrum des Quartiers stehen die öffentlichen Einrichtungen: das Volkshaus, eine Turnhalle, ein Kindergarten, eine Schule, ein Kino, ein Lebensmittelgeschäft und eine Grünanlage. Diesen öffentlichen Bereich plante Rings in der von ihm favorisierten Form eines Bandes.

3. Tel Aviv, Der Meeresstrand von Tel Aviv, 1935

Tel Aviv wurde im Jahre 1909 als jüdischer Gartenvorort von Jaffa gegründet. Aufgrund anhaltender Spannungen zwischen der jüdischen und arabischen Volksgruppe veranlasste die britische Mandatsregierung 1921 die Trennung Tel Avivs von Jaffa, unter Bildung zweier unabhängiger Städte. Durch diese Trennung ergaben sich für die neue Stadt Tel Aviv planerische Herausforderungen: Aus dem einstigen Wohnvorort von Jaffa, musste neu, eine Stadt mit allen Funktionen entstehen.

Auch dem frisch eingewanderten Josef Rings ist vor allem eines der planerischen Defizite von Tel Aviv aufgefallen. Er schreibt, dass die Stadt zwar geographisch am Mittelmeer liege, ein urbaner Bezug zum Wasser aber fehle. Die folgenden Worte bilden die Einleitung der Planungsbroschüre für den

---

6   Vgl. Ines Sonder, Gartenstädte für Erez Israel. Zionistische Stadtplanungsvisionen von Theodor Herzl bis Richard Kauffmann. Hildesheim u.a. 2005, hier insbesondere S. 198–209.

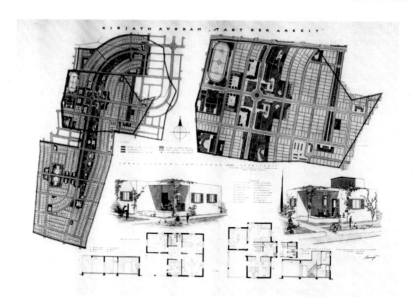

Abb. 169: Josef Rings, Kiriat HaAvoda, 1934–35

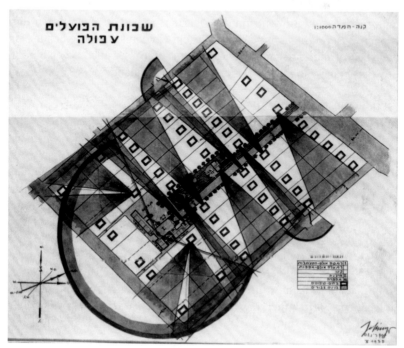

Abb. 170: Josef Rings, Afula, Arbeiterquartier, 1935

Abb. 171: Josef Rings, Der Meeresstrand von Tel Aviv, 1935

Meeresstrand von Rings: „Das Meer ist tod, an seinem Strande häufen sich die Menschen, der Kühlung des Wassers und der Brise des Meeres begehrend; nur selten zieht weit in der Ferne einsam ein Schiff. Das ist der Strand von Tel Aviv, lebendig und doch tod." Vor diesem Hintergrund ist das Memorandum zu verstehen, in dem Rings auf einer Karte und einem achtseitigen Bericht, die Öffnung der Stadt zum Meer hin propagiert. Sein Plan beinhaltet ein neues Hafenquartier, einschließlich eines Flughafens sowie Tourismus und Kultureinrichtungen.

„Der Meeresstrand von Tel Aviv" wird weder im Werkverzeichnis, das Josef Rings selber aufgestellt hat, noch in dem seines Sohnes Werner für die Arbeiten vom Vater erwähnt.[7] Die intensive Suche und Kontaktaufnahmen vom Bauhaus

[7] Siehe Lebensläufe von Rings, ETH Zürich, AfZ, NL Werner Rings/17.

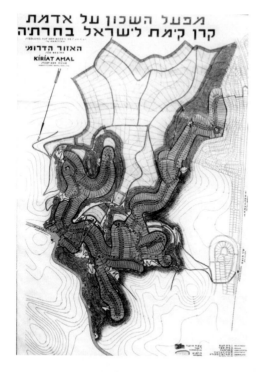

Abb. 172: Josef Rings, Kiriat Amal, 1936

Center mit Sachverständigen in Israel führten zum Fund der Original-Dokumente für den „Meeresstrand von Tel-Aviv".

In der Akte „Josef Rings" im Universitätsarchiv der TU Darmstadt identifizierte Ines Sonder erst jüngst eine handschriftliche Abhandlung in Sütterlin-Schrift mit dem Titel „Der israelische Mittelmeeresstrand von Tel Aviv". Darin erläuterte Rings auch die Beweggründe für seinen Projektentwurf:

„Diesen Vorentwurf, der natürlich nur die nackte Grundidee wiedergibt, mit einem ausführlichen Memorandum schenkte ich je in einem Exemplar Ingenieur Grünblatt und dem mir befreundeten Leiter des Stadterweiterungsamtes von Tel Aviv, Stadtingenieur Ben Sira, weil ich mich meinem damaligen Gastlande gegenüber verpflichtet fühlte auch auf diese Weise an seinem Aufbau mitzuhelfen."[8]

4. Hartja, Kirjat Amal, 1936

Gegen Ende des Jahres 1935 erlebte das britische Mandatsgebiet Palästina eine schwere Wirtschaftskrise, welche zu Massenarbeitslosigkeit und breiter Verarmung führte. Um die schwierige Situation der mittellosen Neueinwanderer zu lindern, präsentierte Dov Patischi, ein zionistischer Aktivist und Bauingenieur, eine sogenannte Eigenbau-Initiative. Seine Idee ermöglichte es arbeitslosen Bürgern, aktiv am Hausbau teilzunehmen und so auch zu Hauseigentümern zu werden.

Joseph Rings erhielt 1936 von der Baugewerkschaft „Shikun" den Auftrag für den Bau der Siedlung Kirjat Amal (Hartia), deren Entstehen Dov Patishi

---

[8] Josef Rings, „Der israelische Mittelmeerstrand von Tel Aviv", Manuskript „Städtebau", Zweiter Teil, S. 237–243, UA Darmstadt 917 Nr. 4. Der Ingenieur und Geschäftsmann Claude Grünblatt hatte ab 1933 ein Strandprojekt für Tel Aviv vorlegt, das sogen. „Grünblatt-Projekt", was zu der Zeit reichlich diskutiert wurde.

Abb. 173: Bebauungsplan Nord Tel Aviv, 1936

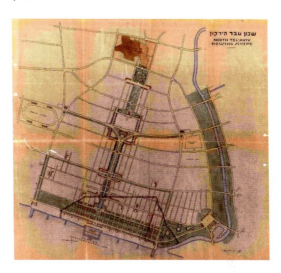

initiiert hatte.⁹ Die Topographie des Terrains, ein Hügel nahe der Landstraße Haifa–Nazareth, war eine wesentlicher Faktor der Planung. Rings entschied sich in diesem Fall für eine Verteilung der öffentlichen Anlagen und Institutionen über das ganze Gelände – und nicht, wie traditionell erwartet, an einem zentralen Standort.¹⁰ Jedes private Grundstück umfasste 600 Quadratmeter, mit einem Haus aus Beton, welches zwei Zimmer, eine Küche und einen Abstellraum aufwies. Der große Garten diente der Selbstversorgung.

5. Tel Aviv, Bebauungsplan für Nord Tel Aviv, 1936: in Zusammenarbeit mit Y. Shiffman, Stadtingenieur Tel Aviv

Für das Mündungsgebiet des Yarkon Flusses, nördlich des damaligen Einzugsgebietes der Stadt Tel Aviv, liegen drei Pläne von Josef Rings vor: ein Quartiersplan, ein architektonischer Plan für sechs unterschiedliche Haustypen und ein Plan der Windrichtungen in Bezug auf die geplanten Häuser. Den historischen Hintergrund dieser Quartiersplanung beschreibt der Architekt Shmuel Giller im Jahre 2017 in einer hebräischen Online-Zeitschrift für Landeskunde: „[…] Der Sekretär der Stadt Tel Aviv wandte sich an das staatliche [britische, M. G.] Planungsbüro mit der Bitte, das Gebiet für Minderbemittelte der Stadt Tel Aviv zu bekommen […]. Zur Planung wurde Josef Rings und der Stadtingenieur Y. Schiffman (Ben Sira) verpflichtet. Unter Rings geübter Hand entstand ein auffal-

---

9   Vgl. Dov Patishi, A Town in the Shade of the Oak Trees: the Story of Kiryat-Tivon. Tel Aviv 1983, S. 38 (Hebräisch).
10 Vgl. Rings, Town Planning Scheme (wie Anm. 3).

Abb. 174: Mündungsgebiet des Yarkon Flusses, Nord Tel Aviv, 1936

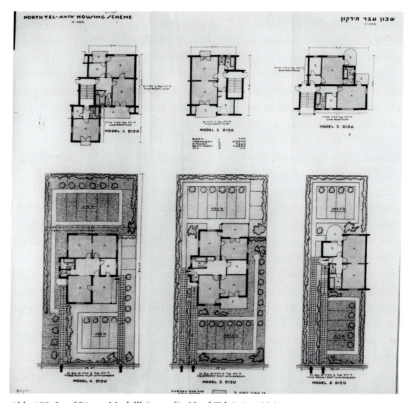

Abb. 175: Josef Rings, Modellhäuser für Nord Tel Aviv, 1936

lend ausgereifter Plan für ein neues Tel Aviver Quartier sowie ein schöner Plan für einen Park entlang des Flusses Yarkon mit einer modernen Badeanlage."[11]

Der Quartierplan besticht durch seine Klarheit mit einer Zentralachse, um die ein symmetrisch-hierarchisches Straßennetz angelegt ist. Eine Hafenanlage am Ende der Zentralachse öffnet das Quartier in Richtung Mittelmeer. Der rechtwinklige Straßenverlauf weist Verkehrswege parallel zum Meer auf sowie Straßen, welche vom Strand Richtung Landesinnere verlaufen. Symmetrisch lokalisierte Parkanlagen verteilt Rings über das gesamte Quartier. Im Süden wird das Quartier vom Fluss Yarkon begrenzt, entlang dessen Ufer eine längliche Parkanlage vorgesehen ist, wobei mehrere Brücken die Ufer miteinander verbinden. Im Park befindet sich auch ein Freibad.

In den 2020er Jahren, 90 Jahre nach der Planung von Rings, wird auf dem Gelände nördlich des Yarkon Flusses ein neues Wohnquartier errichtet, mit auffallenden Ähnlichkeiten zum Entwurf von Rings aus den 1930er Jahren.

Modellbauten für den Bebauungsplan Nord Tel Aviv, 1936
Der Plan auf Abb. 175 zeigt sechs Modellbauten im Querschnitt: drei Einfamilienhäuser, mit jeweils 2, 3, 4 Zimmern und Garagen; sowie drei Mehrfamilienhäuser mit Treppenhaus und verschiedenen Kombinationen von 1- und 2-Zimmer-Wohnungen und Garten.

Windrichtungen im Bebauungsplan Nord Tel Aviv, 1936
Dieser Plan zeigt, wie die Hausreihen ausgerichtet werden sollten, um idealerweise vom Wind belüftet zu werden.

6. Nathania, Stadtplan, 1942

Die Stadt Nathania wurde im Jahre 1929 gegründet. Der Plan von Rings stellt eine südliche Fortsetzung zur bereits bestehenden Stadtanlage dar. Josef Rings hatte ehrgeizige Pläne für Nathania, mit einem Hafen für Hochseeschifffahrt, Flugplatz etc. Unter „Beispiele konkreter Bandstadt-Planung" formulierte Rings zum Projekt „Nathanya, Samaria District, Palästina, 1942":

> „Dort projektiert ich unter anderem nach meinen Stadtideen eine Bandstadt am Strande des Mittelmeeres entlang für rd. 250 000 Wohner mit Flugplatz und vorgelagertem Sportzentrum inmitten der Stadt, terrassenartiger Uferbebauung, Tiefseehafen, Industrien, Wasserversorgung, Kanalisation und dergleichen mehr unter Mitwirkung der betreffenden Spezialisten und des Landes-Meteorologen."[12]

11 Vgl. https://benyehuda.org/read/22294. Sinngemäße Übersetzung M.G.
12 Josef Rings, „Nathanya, Samaria District, Palästina, 1942", ETH Zürich, AfZ, NL Werner Rings/11.

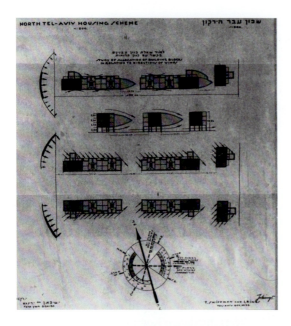

Abb. 176: Josef Rings, Bebauungsplan Nord Tel Aviv, Windrichtungen, 1936

Abb. 177: Stadtplan Nathania heute – Nathania Plan von Rings (1942) – Kombination

7. Richon LeZion, Stadterweiterungsplan, 1945

Rishon LeZion wurde 1882 als eine der ersten jüdischen Siedlungen im damals ottomanischen Palästina gegründet. Sie liegt südöstlich von Jaffa, landeinwärts, und hat im Westen einen mehrere Kilometer breiten Zugang zum Meer. Der Plan von Rings bezieht sich auf diese „Landreserven" in Richtung Meer. Auch

SYMPOSIUM „DER ARCHITEKT JOSEF RINGS" 423

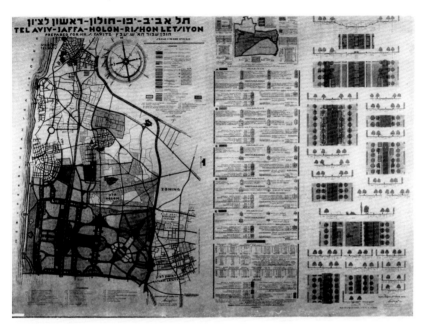

Abb. 178: Josef Rings, Stadterweiterungsplan von Richon LeZion, Ausschnitt, 1945

hier fällt die Symmetrie seines Planes auf, mit zentraler Hauptachse, einem Park und regelmäßiger Straßenanlage. Besonders originell ist die Idee, hier ein Freilichtmuseum mit Modellbauten aus der gesamten jüdischen Diaspora zu errichten. Außerdem plante er ein Amphitheater und ein Denkmal zu Ehren der ermordeten Juden, in Anlehnung an „Denkmale für den unbekannten Soldaten".

8. Jerusalem, Wohnhaus für Miss Anderson auf dem Ölberg, 1945

Der Plan „Residential House for Miss Anderson on Mount of Olives, Jerusalem", datiert auf August 1945. Eine genaue Situierung des Gebäudes, das sich in Hanglage befindet, fehlt im Plan.[13] Ein Versuch, mit Hilfe von „Google Earth" den Plan auf dem heutigen Ölberg zu verorten, verlief erfolglos. Über die Hintergründe der Planung fehlen ebenfalls Informationen. Ein Mitarbeiter der städtischen Denkmalpflege Jerusalem verwies uns jedoch auf das Buch *The Jerusalemites – A*

---

[13] Auf den Plan wurden wir zuerst im privaten Archiv von Ita Heinze-Greenberg aufmerksam, die – nachdem der Teilnachlass von Josef Rings Ende der 1980er Jahre ans Technion kam (vgl. den Beitrag von Ines Sonder) – einige Fotokopien seiner Pläne aus Palästina anfertigen ließ. Ein Negativ des Planes befindet sich auch im Nachlass von Werner Rings an der ETH Zürich, Archiv für Zeitgeschichte.

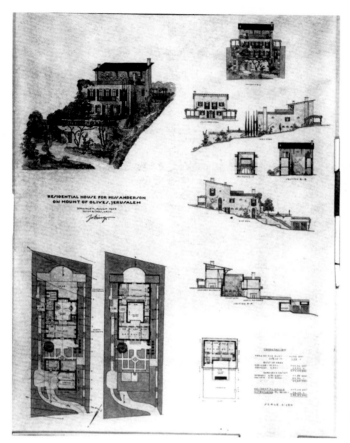

Abb. 179: Josef Rings, Residential House for Miss Anderson on Mount of Olives, 1945

Journey through the British Mandate Telephonebook 1946. In dieser bearbeiteten Neuauflage des ursprünglichen Telefonbuches aus dem Jahr 1946 findet sich auch der Name von Miss Anderson.[14]

Miss Anderson, eine gebürtige Schwedin, erwarb im Jahre 1924 ein Grundstück auf dem Ölberg, um drei Jahre später ins Land zu ziehen und sich missionarisch zu betätigen. Sie ließ sich ein Haus im Stil der „alten Hebräer" bauen, umgeben von einem Garten mit Weinreben und Regenwasserbecken. Furchtlos habe sie dieses Anwesen alleine bewohnt. Mit ihren Nachbarn sprach sie arabisch

---

[14] Moshe Hananel, The Jerusalemites – A Journey through the British Mandate Telephonebook 1946. Tel Aviv 2007 (Hebräisch).

und wurde als „Schwedin mit den Zuckerbonbons" bezeichnet. – Ihr Haus stand an einer strategisch wichtigen Stelle mit direkter Sicht auf den Tempel- und Ölberg. Anfang März 1948 hatte Miss Anderson Besuch eines britischen Offiziers, in dessen Folge sie ihrer Freundin in Norwegen schrieb, sie befürchte, die Briten seien versucht, sie zu ermorden. Trotz der Spannungen und gewalttätigen Unruhen vor dem Ende des britischen Mandats weigerte sich Anderson ihr Haus zu verlassen. Am 25. April 1948 wurde sie auf dem Heimweg von der Kirche von einem Scharfschützen erschossen. Bis heute wurde der Mord nicht aufgeklärt. Ihr strategisch gut gelegenes Haus wäre allen drei Kriegsparteien dienlich gewesen.

Die vorliegenden Hauspläne stimmen sehr gut mit den beschriebenen Anforderungen der Bauherrin überein: Es handelt sich um eine romantische Villa, welche an historisch-biblische Vorbilder erinnert. Das tatsächlich errichtete Gebäude entspricht zwar ebenfalls diesen Anforderungen – es handelt sich jedoch nicht um das Haus auf den Plänen. Hat Rings die Baupläne überarbeitet? Hat ein anderer Architekt das Haus gebaut? – Im städtischen Bauarchiv konnte die Bauakte nicht ausfindig gemacht werden. Heute befindet sich in dem Gebäude die Religionsschule „Beit Orot" und die Adresse lautet auf Ben Adia Strasse Nr. 1.

9. Lydda, Quartierplan für Lydda, Auftraggeber: M.C. Salameh und Partner, 1948

Der Quartierplan für die arabische Stadt Lydda ist durch drei dreieckige Zentralbereiche charakterisiert. Jeder dieser drei aneinandergereihten Dreiecksbereiche dient anderen öffentlichen Funktionen: Wasserturm, Tennisplätze, Kindergärten, Schulen, Stadthaus, Hotel, Café, Einkaufszentrum etc. Die Straßen verlaufen parallel zu den drei Schenkeln des zentralen Bereiches. Interessant ist die morphologische Ähnlichkeit dieser Anlage zur Siedlung Feldhaushof in Essen, welche Rings in den frühen 1920er Jahren geplant und gebaut hatte.

10. Hadera, Arbeiterviertel, ohne Datum

Das Arbeiterquartier in Hadera sieht zwei parallele Hauptachsen vor, welche untereinander durch kleinere, ebenfalls parallel verlaufende Straßen verbunden sind. Das ganze Quartier ist symmetrisch aufgebaut, wobei die beiden Hauptachsen jeweils unterschiedliche öffentliche Aufgaben erfüllen. Eine Achse wird als Park genutzt, während die zweite öffentliche Gebäude vereint.

11. Holon, Quartier Agrobank, ohne Datum

Das flache Gelände von Holon erlaubte es Rings, hier ungestört von topographischen Herausforderungen einen Quartierplan zu gestalten. Er entschied sich

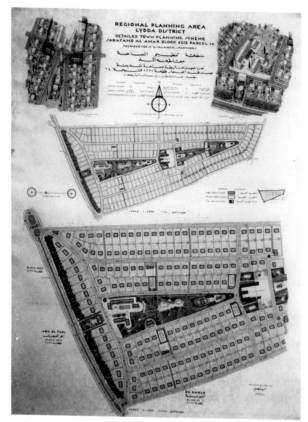

Abb. 180: Josef Rings, Regional Planning Area Lydda District, 1948

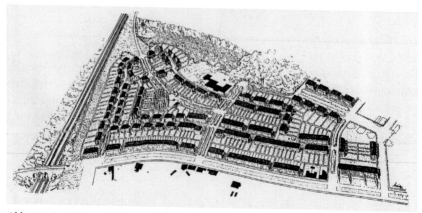

Abb. 181: Josef Rings, Siedlung Feldhaushof, Essen, 1919

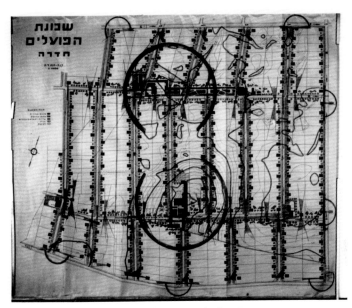

Abb. 182: Josef Rings, Hadera, Arbeiterviertel, ohne Datum

Abb. 183: Josef Rings, Holon, Quartierplan Agrobank, ohne Datum

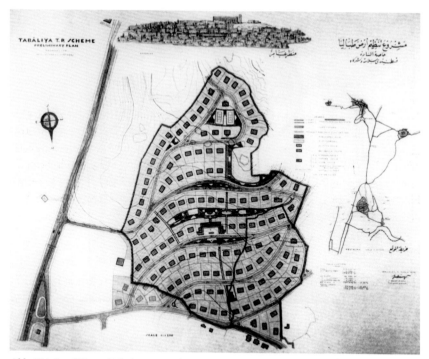

Abb. 184: Josef Rings, Tabalija, Jerusalem, Datum unleserlich

für einen fast „barock" anmutenden Plan mit Straßenverläufen rund um zwei Platzanlagen. Das Stadtquartier Agrobank wurde entsprechend dem Plan von Rings gebaut.

12. Kfar Netter, ohne Plan, um 1941

Am 11. Dezember 1941 schreibt der bereits 1920 aus Deutschland nach Palästina eingewanderte Architekt und Stadtplaner Richard Kauffmann einen kurzen Brief an Josef Rings. In diesem Schreiben wird Rings aufgefordert, seine Pläne für Kfar Netter zu verändern. Kauffmann bittet um verkehrstechnische Verbesserungen, insbesondere stört ihn der Durchgangsverkehr, welcher im Plan von Rings offenbar vorgesehen war. Aus der Formulierung des Briefes lässt sich erschließen, dass Josef Rings Pläne für das gesamte Gebiet um Kfar Netter, südlich von Nathania, unter Bearbeitung hatte.[15] Eine Skizze wurde ihm von Kauffmann

---

[15] Vgl. Richard Kauffmann, Jerusalem, an Josef Rings, Nathanya, 11.12.1941, Central Zionist Archivs, Jerusalem, CZA 175/306.

zurückgesandt, die leider nicht erhalten ist.[16] – Bei Kfar Netter handelt es sich um eine Kollektivsiedlung in der Scharon-Ebene in der Nähe der Küstenstraße Tel Aviv–Nathania, die im Juni 1939 gegründet worden war.

13. Jerusalem, Tabaliya T.P. Scheme, Quartierplan, Datum unleserlich

Den Bebauungsplan eines Hügelzuges zwischen Jerusalem und Betlehem entwarf Josef Rings für einen arabischen Auftraggeber. Aus der Vogelperspektive gesehen kann man die Rings'sche Planung erkennen, welche zentrale, längliche öffentliche Anlagen vorsieht und parallel dazu bandartig verlaufende Straßen und Häuserreihen. Eine Perspektive des Quartiers zeigt, dass Rings bei seiner Planung die Topographie so berücksichtigt, dass die Häuserreihen parallel zu den Höhenkoordinaten laufen.

Zusammenfassung

Die vorliegende Aufstellung umfasst das aktuell bekannte Schaffen von Josef Rings in der Zeit von 1934 bis 1948 in Palästina. Mehrheitlich handelt es sich um Siedlungsplanungen, welche geographisch auf das ganze Land verteilt waren und jüdischen, arabischen und christlichen Auftraggebern dienten. Bei der Planung hielt sich Rings meistens an die von ihm konzipierte „Bandstadt".[17] Werner Rings schreibt sogar, dass es seinem Vater in Palästina möglich war, zum ersten Mal seine theoretischen Ideen zur Stadtplanung auch praktisch zu verwirklichen.[18]

Ein Vergleich des planerischen Schaffens in Deutschland und Palästina könnte Antworten über die Rings'sche Entwicklung respektive Kontinuität in seiner Planung geben. Wie „altert" die Bandstadt in Deutschland und in Israel? Entspricht sie auch zeitgenössischen Bedürfnissen des 20. Jahrhunderts? Ist die Aufteilung nach urbanen Funktionen ein Vor- oder Nachteil? Haben die grünen Zonen den Erholungswert eingehalten oder führten sie zu Zersiedelung auf Kosten unbebauter Gebiete? Plakativ ausgedrückt: Ist Rings überholt oder ist er umgekehrt ein Beispiel für zukünftige Planer? Antworten auf diese Fragen sind nicht nur theoretisch interessant, sie könnten wegweisend den Umgang mit dem gebauten Erbe von Josef Rings in Deutschland und Israel mitbeeinflussen.

---

16 Vgl. Richard Kauffmann, Jerusalem, an Josef Rings, Nathanya, 16.12.1941, ebd.
17 Siehe dazu auch den Beitrag von Ute Reuschenberg: Städtebaureform – Stadtkonzepte in diesem Band.
18 Vgl. Rings, „Curriculum vitae" (wie Anm. 1), S. 2.

13. Manuskript von Josef Rings

QUELLE: UA DARMSTADT 917, BL. 237-243

Der Israelische Mittelmeerstrand von Tel Aviv

Jede baukünstlerische Schöpfung hängt von dem Grade der Begeisterung ab, von der das Denken und Planen ihres Gestalters bestimmt und gelenkt wird. Steht er einer großen Aufgabe gegenüber, so sieht er zunächst einen Weg zu ihrer Lösung. Zu einem Weg gehört aber auch unstreitig ein Ziel. Und gerade das Ziel, es zu erkennen, im Geiste zu sehen und in einem Ideal zu steigern, das bestimmt den Weg zur Lösung. Wir konnten einen solchen Weg bei der Behandlung der Frage des Völkerbundpalastes für Genf verfolgen. Zieht man das „Ziel" aber nur in der Erfüllung des gegebenen Bauprogrammes, so wird es niemals zu einer wahren Schöpfung im tiefsten Sinnen kommen. Ein solches Bauprogramm ist stets nur eine Aufzählung sachlicher Forderungen, weit entfernt von einem „Ideal". Das Ideal ist aber Kern und Ausgangspunkt der Begeisterung zu seiner Erfüllung, ohne die kein hohes und edles Ziel zu erreichen möglich ist. Daher ist die Begeisterungsfähigkeit, die das Ideal gestaltet und zu verwirklichen sucht, grundlegend und ausschlaggebend für ein Schöpfertum überhaupt.

War es beim Völkerbundpalast in Genf ein repräsentatives Verwaltungsgebäude, dessen Bedeutung in dem Ideal des Völkerfriedens, der Menschheitsgestaltung erhöht wurde, so war es bei der Strandgestaltung von Tel Aviv die entscheidendste Geschichtswendung im Leben des israelischen Volkes –. Hier war sr. Zt. von dem Hafenbauingenieur Grünblatt, ähnlich wie ich es beim Völkerbundpalast vorgeschlagen hatte, jedoch in weit größerem Maße, durch „Wasserverdrängung" Boden zu gewinnen, beabsichtigt. Er wollte den Strand an seiner bedeutendsten Stelle durch eine Kaimauer etwa 120 m ins Meer hinausschieben, um durch Hinterfüllung wertvolles Baugelände für Hotels und Kaffees zu gewinnen. Dieser rein spekulativ-wirtschaftliche Gedanke des Ingenieurs Grünblatt gab bei mir den Anstoß dazu hierfür einen Vorentwurf zu machen, nachdem ich, ähnlich wie beim Völkerbundpalast das Bauprogramm, hier den wirtschaftlichen Zweck einem höheren Sinn untergeordnet hatte. Diesen Vorentwurf, der natürlich nur die nackte Grundidee wiedergibt, mit einem ausführlichen Memorandum schenkte ich je in einem Exemplar Ingenieur Grünblatt und dem mir befreundeten Leiter des Stadterweiterungsamtes von Tel Aviv, Stadtingenieur Ben Sira, weil ich mich meinem damaligen Gastlande gegenüber verpflichtet fühlte auch auf diese Weise an seinem Aufbau mitzuhelfen. Außerordentlich weitblickend und fortschrittlich, brachten sie meiner Idee die höchste Sympathie in vollster Würdigung der in ihr enthaltenen Gedanken entgegen – zu meiner größten Freude –. Mit der Steigerung dieser Idee, die ja nur ein Anfang war, tat sich eine „phantastisch weite Welt" auf, ähnlich dem Erlebnis der irdischen „Kosmosgestaltung", in scheinbar unmöglicher Großartigkeit – trotz ihres absolut rauhen und nüchternen Anfangs –. So kam dieser Vorschlag aber auch nicht nur dem berechtigten Wunsche der Bevölkerung entgegen einen den natürlichen Vorteilen der Lage und der Zukunft der Stadt entsprechend schönen Strand zu bekommen, sondern auch dem Bestreben der Ärzte, die in der überaus günstigen Lage am Meer die Vorbedingungen zu einem Seebad größten Stiles sahen und das kurmäßig zu verwerten, entgegen. In seiner Broschüre: Palästina, Land und Wirtschaft" schnitt bereits Dr. Alfred Bonne diese Frage an und wies darauf hin, daß der Strand von Tel Aviv bei entsprechender Modernisierung der Badeeinrichtungen, unterstützt durch die starke Reflektionskraft des Meeres und die zwei- bis dreimal stärkere ultraviolette Strahlung gegenüber Davos besonders zur Heilung Stoffwechselkrankheiten und zur Erholung von Erschöpfungszuständen in Betracht kommen. Die Stadt Tel Aviv „Hügel des Frühlings", die aus einer Siedlung eines kleinen Kreises von Juden der alten Hafenstadt Jaffa 1908 in einer weiten Sandwüste entstand, ist die erste rein jüdische Stadt der Welt – im Lande ihrer Väter. Durch den starken Zuzug Angehöriger ihres Volkes aus allen Ländern der Erde entwickelte sich diese Stadt, schnell und oft überstürzt, zu einer modernen Großstadt mit all ihren Licht- und Schattenseiten. Kein Wunder, daß sich Tel Aviv auf diesem schnellen Entwicklungswege anfänglich nur als „zufällig" am Meere liegend betrachtete. Die Stadt hatte noch keinen Hafen und keine anderen Beziehungen zum Meere als die des gelegentlichen Badens und der Erholung am Strande. Man hatte noch nicht den Wert der Lage am Meer in Rechnung gestellt, die für eine Stadt, wie es viele alte Städte am Mittelmeer beweisen, von ausschlaggebender Bedeutung sein kann. Das änderte sich nun mit dieser Idee, die wirtschaftliche mit kulturellen und geschäftlichen Werten zu vereinigen suchte. Es ist eine charakteristische Eigenart des jüdischen Volkes, daß es stets, wo es auch immer in aller Welt „zu Gaste" gewesen sein mochte, seine alte religiöse Bindung behielt, ohne die es längst in anderen Völkern aufgegangen wäre und ohne die es sich niemals im heutigen Israelischen Staate hätte sammeln können. Fand das „Symbolische Gestalten" beim Völkerbundpalast seine belebende Kraft in ethischmenschlichen Impulsen, so äußerte es sich hier bei der Strandgestaltung von Tel Aviv religiösen Neigungen. Hier wie dort ist es ein Streben nach Veredelung, das dem Gestalten eine gewisse Weise, der Wirklichkeit in Verbindung mit der Natur höchste Harmonie und Schönheit, als Kreation, geben soll.

Schon das Stadtzeichen von Tel Aviv ist ein Tor mit Leuchtkopf am Meer. Es entstand nicht von ungefähr, sondern es symbolisiert das Tor der Einwanderer, das Licht auf seinem Kopfe den Weg vom weiten Meer her weisend – ein sinniges Zeichen – und so lag es nahe in Erweiterung dieses Gedankens Tel Aviv als den „Vorhof des Tempels" im Nordwesten, und Jerusalem im Südosten als das „Allerheiligste" aufzufassen, eine Orientierung nach Jerusalem, nach Osten gerichtet, *wie es bei den Synagogen der Juden und den Kirchen der Christen üblich ist; beiden gilt Jerusalem als heilig. Das Aufgehen der Sonne im Osten wird als Symbol des Aufstrebens, der inneren Erhebung, betrachtet, und wie der Schneegipfel des Mount Blanc den Völkerbundpalast in seiner großen sichtbaren Achse krönt, so krönt hier Jerusalem auf dem Rücken des Judäischen Gebirges in 800 m Höhe das „Tor zum Vorhof" in einer unsichtbaren Achse – beides nach Osten gerichtet. So wurde das Stadtzeichen von Tel Aviv zum gedanklichen Ausgangspunkt der Strandgestaltung, in deren Mitte der „Platz der Könige Israels" gedacht ist, wobei die beiderseitige Strandbebauung des et. 6 km. langen Strandes von Jaffa rechts bis zum Ausstellungsgelände links, schwach nach innen gebogen, als weit geöffnete empfangend-aufnehmende „Arena" gedacht waren. In der Achse des „Platzes der Könige Israels" steht weit ins Meer hinaustretend ein hoher riesiger Baukörper nur aus Stützen und Deckenplatten gebildet, ein Rahmenbau ohne „Architektur", stets von der erfrischenden Brise des Meeres durchweht, als „Leuchtkopf fernhin" unter der obersten Plattform, die eine Flugstation für Hubschrauber des Landverkehres aufnehmen sollte. Der mittlere Teil dieses Turmes war zur Unterbringung von Aufzügen, Treppen, notwendigen Wirtschaftsräumen und dergleichen gedacht, während die ihn umschließenden Terrassen als Ruhe- und Liegehallen offen bleiben sollten. Der „Platz der Könige Israels", der Geschichte des Volkes geweiht, sollte museumsmäßig mit alten, neuzeitlichen und späteren Skulpturen geschmückt werden und seine umrahmenden Bauten waren neben einem Museum, das sich auch mit der Wanderungsgeschichte des Volkes in aller Welt befaßt, zur Unterbringung von Einrichtungen wie Bibliothek mit Leseräumen, Vortrags-, Konzert- und Spielräume, Säle zur Abhaltung von Kongressen mit Beratungsräumen und Ausstellungsgelegenheiten für Landeserzeugnisse u.s.w. Beiderseitig an diese Anlage anschließend wurden zwei Gebäudetrakte projektiert, die, Grünhöfe umschließend, dem Kurbetrieb dienen sollen. Die seitlichen, wie meerwärts gelegenen Baureihen stehen im Erdgeschoß auf Stützen um weite Durchlüftungsmöglichkeiten und schattige Plätze zu schaffen. Die rückwärtigen beiden Baureihen sollten im Erdgeschoß neben Reisebüros und besonderen Geschäftslokalen, Restaurants und Kaffees enthalten, während die Obergeschosse als Hotel mit Eß-, Spiel- und Unterhaltungsräumen aller Art, wie die sonnengeschützten Dachterrassen, den Kurgästen und Touristen aus aller Welt dienen sollten. Diesen beiden Grünhöfen der Gebäudetrakte sind, über eine breite Promenade hinweg, Segel- und Motorboothäfen vorgelagert, daran zugehörige Reparatur-, Garderobe- Brauseräume u.s.w., eventuell auch Boxen für Ruder- und Motorboote, unter einem entsprechenden Teil der Promenade liegend gedacht. Beiderseitig dieser großen Kuranlage liegt der lange Badestrand. Ein Wechsel von Ebbe und Flut ist hier völlig unbekannt; es besteht nur in der Nähe des Strandes eine leichte Süd-Nord-Strömung, also im Plan von Jaffa nach links gerichtet; deshalb liegen die Zufahrtsstellen zu den Häfen natürlich im Norden. Der Badestrand ist durch Stege zu den Beobachtungs- und Rettungsposten zur*

SYMPOSIUM „DER ARCHITEKT JOSEF RINGS"

Sicherheit der Badenden in entsprechende Abteilungen geteilt worden –. Zwischen dem terrassenartig ansteigenden „Platz der Könige Israels" und dem gewaltigen, über die Stadt hinausragenden, Turm war in seiner Achse ein großes Wasserbecken für Wassersportspiele angeordnet. Hier könnten sich Wassersportfeste glänzend und imponierend auswirken, besonders wenn man sich dazu eine Illumination des Skelettbaues und des großen Wasserbeckens, in dem sich die Lichter spiegeln, vorstellt. Es könnte in den verschiedensten Lichtfarben, ihren Reflexen und Spie[ge]lungen im bewegten Wasser im Zusammenklang mit den lichtumfluteten Gebäuden, Lampions und vielem anderen, eine märchenhaft-prächtige Wirkung hervorzaubern – der, von „Tausend und einer Nacht" vergleichbar, ein Bild, wie es beispielsweise der Strand von Beirut zeigt, mit seinen weißen Palasthotels als Rahmen einer märchenhaften Farbenpracht der bunten Sonnenschirme und der Eleganz der Welt, beim Sonnenuntergang in ein buntes Lichtmeer verwandelt. Wie vielleicht noch manches andere, wäre dieser nur summarisch-überschläglich Vorentwurf zur Durcharbeitung gelangt, so würde man den Platz meerwärts des Skelettturmes um das vorgelagerte Halbrund hinausschieben und vielleicht auch seitlich vergrößern als Anlegestelle für Überseepassagierschiffe, so, daß seitlich Motorboote des Strandverkehrs für kürzere und weitere Strecken anlegen könnten. Man hätte dann, wäre man mit einem Überseeschiff angekommen, das sich dem hohen Skelettturm gegenüber klein ausnehmen würde, die Möglichkeit, mit dem Aufzug zur Flugstation emporzufahren und zum Bestimmungsort im Lande oder darüber hinaus zu fliegen. Man hätte in der Durchführung dieses Vorentwurfes nicht nur die ursprünglich beabsichtigte Bodengewinnung durch „Wasserverdrängung" in ihren Chancen gesteigert, sondern darüber hinaus der Stadt selbst unerhörte propagandistische, wassersportmäßige und wirtschaftliche Vorteile dadurch verschaffen können, daß sie zu einem der bedeutendsten Seebäder hätte werden können. Wesentliche Verbesserungen des Verkehrsnetzes hätten unter anderem zur Entlastung der HaJarkonstrasse mit ihren vielen Straßenkreuzungen durch die Anlage der Strandstraße erreicht werden können, die als separate Durchgangstraße mit Parkplätzen von Jaffa bis zum Ausstellungsgelände jeden Fahrverkehr vom Strandgelände hätte abhalten können, sodaß dort ein ruhiges Verweilen der Einwohner und der Kurgäste bei unterhaltenden Wassersportspielen und Konzerten möglich gewesen wäre. Von rein wirtschaftlichen Gedanken ausgehend, entstand, entzündet im Stadtzeichen von Tel Aviv, der Wunsch, zugleich an dieser „Schwelle" der bewussten Sammlung und Rückkehr des Israelitischen Volkes ein Denkmal zu setzen, daß in einem hohen Skelettturm im Mittelpunkt seinen markanten Ausdruck finden sollte. Daher die Schlussworte des Memorandums –: „der symbolische Skelettbau ist frei von jeder architektonischen Manier. Abgewogen in den edelsten Maßverhältnissen steht er hell und hochragend in der Achse des „Platzes der Könige Israels" im blauen Meer vom blauen Himmel überspannt, leuchtend und „zeitlos", gefaßt in eine großartig-schlichte Strandgestaltung als Wahrzeichen zu Beginn einer bedeutungsvollen Geschichtswendung, das von gewaltigen Energien geführten Neuaufbaues Palästinas, einer uralten Heimat, des Landes, dem die gesamte Kulturwelt der Erde Unendliches zu danken hat." – Und nun darf ich noch den Satz zitieren, der das Memorandum vom April 1935 einleitete und dem damaligen Zustande am Meere entsprach.

„Der Meeresstrand von Tel Aviv."
„Das Meer ist tot, an seinem Strande häufen sich die Menschen, der Kühlung des Wassers und der Brise des Meeres begehrend; nur selten zieht weit in der Ferne einsam ein Schiff. Das ist der Strand von Tel Aviv, lebendig und doch tot."

Mit welchen gewaltigen Aussichten wirtschaftlicher und künstlerischer Art, hätte sich damals dieser Zustand zu ändern anschicken können, wenn sich nicht die Bestrebungen des äußerst aktiven Hafeningenieurs Grünblatt zerschlagen hätten. – So blieb es hier nur bei einem ersten „Wurf", wie ja auch der Idealentwurf zum „Völkerbundspalast" in ungünstigen Zusammenhängen stecken blieb und nicht zu einer Verwirklichung führte. Aber solche Gedanken können in unserem kulturellen Tiefstand vielleicht doch noch einmal einen günstigen Einfluß finden und aus diesem Grunde sind sie hier behandelt worden. Das ist nun einmal der Welten Lauf und wir erinnern nur an das auf S. 216 angeführte, worunter Burckhard auszugsweise sagt, daß „auch in der Blütezeit der Renaissance das Beste und Großartigste unausgeführter Entwurf blieb" und daß wir von vielen der großartigsten Bauabsichten nur „durch Nachrichten, auch wohl durch Zeichnungen, welche die größte Sehnsucht rege machen", erfahren haben, ohne mir anmaßen zu wollen meine beiden vorhin behandelten Entwürfe diesem an die Seite zu stellen.

Jedoch – einer Gewißheit, die mir mein 14-jähriger Aufenthalt im vorderen Orient und in Palästina mit seinem wolkenlos-blauen Himmel und sternenhellen Mondnächten gab, möchte ich hier, auch in einer tiefen Sehnsucht, Ausdruck verleihen: Man muss die Unendlichkeit des Meeres und Weite der Wüste erlebt haben, die zauberhafte Fata Morgana gesehen haben, um das, was wir „Baukunst der Landschaft" nennen wollen, voll und in ihrem tiefsten Wesen verstehen und würdigen zu können.

Transkription aus dem Sütterlin: Ines Sonder

14. Josef Rings – Bauten, Projekte, Städtebau und Ausstellungen

001
Wettbewerb Katholische Pfarrkirche in Mayen
Entwurf 1903
Auftraggeber: Kirchenvorstand Mayen
3. Preis, nicht ausgeführt

002
Wettbewerb Landhaus W. Girardet in (Bad) Honnef
Entwurf 1904
Auftraggeber: Wilhelm Girardet (Verleger aus Essen)
2. Platz, nicht ausgeführt
(siehe Abb. 74)

003
Wettbewerb Arbeiterwohnhäuser
Entwurf 1905
Auftraggeber: Ernst Ludwig-Verein. Hessischer Zentralverein zur Errichtung billiger Wohnungen
2. Preis „Arbeiterwohl", nicht ausgeführt

004
Wettbewerb Schwimmbad für Iserlohn
Entwurf 1905
Auftraggeberin: Stadt Iserlohn
Ankauf „Ein Dreizack", nicht ausgeführt

005
Wettbewerb zur Erlangung eines Bebauungsplanes für das Gebiet am Holstentor in Lübeck
Entwurf 1906 (Heinrich Stumpf und Josef Rings)
Auftraggeberin: Lübecker Baudeputation
Lobende Anerkennung „Junger Ast am alten Stamme", nicht ausgeführt
(siehe Abb. 55)

006
Wettbewerb Realprogymnasium in Völkingen a. d. Saar
Entwurf 1906
Auftraggeberin: Gemeinde Völkingen
„Halleneingang", nicht ausgeführt

007
Wettbewerb Evangelische Kirche in Barmen-Wupperfeld
Entwurf 1906
Auftraggeberin: Evangelisch-lutherische Gemeinde Wupperfeld
„Baugedanke", nicht ausgeführt

008
Wettbewerb Kaiser Wilhelmturm auf der Hohen Acht in Adenau
Entwurf 1907
Auftraggeber: Kreis Adenau
In engerer Wahl „Eifel", nicht ausgeführt
(siehe Abb. 56)

009
Wettbewerb zur Errichtung eines Zierbrunnens
Hauptstraße, Ecke Luisenstraße (Brinckplatz), Honnef
Entwurf: 1907
Auftraggeber: Verschönerungsverein Honnef
1. Platz „Am Brunnen vor dem Tore", ausgeführt

010
Musterhaus „Haus Merkel" auf der Hessischen Landesausstellung für freie und angewandte Kunst Darmstadt (Mathildenhöhe)
Entwurf 1908
Auftraggeber: Ernst Ludwig-Verein. Hessischer Zentralverein zur Errichtung billiger Wohnungen, Firma Merkel als finanzierendes Unternehmen
„Haus Merkel", ausgeführt
(siehe Abb. 57, 77–78)

011
Wettbewerb Überbrückung des Rheinstroms in Honnef
Entwurf 1909
Auftraggeberin: Stadtverwaltung Honnef
Nicht ausgeführt

012
Wettbewerb Bebauung der Umgebung des neuen Bahnhofsempfangsgebäudes in Dortmund
Entwurf 1910 (Alois Beck und Josef Rings)
Auftraggeber: Städtisches Hochbauamt Dortmund
Ankauf „An der Fehmlinde", nicht ausgeführt

013
Musterbeispiele für Arbeiterhäuser, Einfamilienhäuser-Doppel- und Mehrfamilienhäuser sowie Villen und Landhäuser in „Das eigene Heim und sein Garten" von 1909 von Gerold E. Beetz

014
Ländliche Schule mit Lehrerwohnung (ohne Angabe des Standorts) veröffentlicht in
„Die Stilwandlungen in der Architektur von 1750–1908" von Othmar von Leixner in:
Der Baumeister, Oktober 1910

015
Kolonie „Weidenhausen" in Marburg a. L. veröffentlicht 1910/1911 in:
Deutsche Kunst und Dekoration

016
Wettbewerb Bebauung des Holzhausen-Parks in Frankfurt am Main
Entwurf 1911
Auftraggeberin: Eigenheim-Baugesellschaft für Deutschland,
Zentralverwaltung Frankfurt a. Main
Ankauf, nicht ausgeführt

017
Entwürfe aus „Praxis der Wohnungsreform" von Landeswohnungsinspektor Gretzschel
und Architekt Josef Rings, herausgegeben mit Zustimmung des Ernst Ludwig-Vereins,
Hessischen Zentralvereins für Errichtung billiger Wohnungen, Darmstadt, 1912.

018
Entwürfe aus „Moderne Bauformen", 1912 (ohne erläuternden Begleittext veröffentlicht)

019
Landhaus in Marburg, veröffentlicht in „Ein Landhaus von Josef Rings – Offenbach"
von Mela Escherich in: Deutsche Kunst und Dekoration, 1912/1913

020
Kolonie Alfredshof (3. Bauabschnitt)
im Bereich Gelände der Krupp- und Gemarkenstraße und Carmer- und Hobeisenstraße, Essen
1914–1918
in Anstellung bei der Friedrich Krupp AG (unter Leitung von Architekt und Baurat
Robert Schmohl)
Ausgeführt, im südlichen Teil sind noch einige Bereiche erhalten (Keplerstraße, Simonstraße).
In der Zeit während des Ersten Weltkrieges realisierte die Friedrich Krupp AG unter Leitung
von Architekt und Baurat Robert Schmohl mit Josef Rings, als Abteilungsleiter in der Bauabteilung, vermutlich folgende Not- und Kriegssiedlungen: Siedlung Laubenhof: 021; Siedlung
bei Schloss Borbeck: 022; Siedlung an der Wickenburg: 023; Siedlung Bergmühle: 024.
Folgende weitere Siedlungen sind in „Siedlungswerk Krupp" von Richard Klapheck aus
dieser Zeit aufgeführt, allerdings aufgrund der wenigen Informationen hier nicht einzeln
genannt: Bärendelle bei Cronenburg, Siedlung Bottrop.
(siehe Abb. 58, 83–86)

021
Siedlung Laubenhof „Notwohnungen am Eselsweg" (nicht eindeutig belegt)
Ehem. Eselsweg, Halbachtraße, Essen
1916
in Anstellung bei der Friedrich Krupp AG (unter Leitung von Architekt und Baurat Robert Schmohl)
Ausgeführt, nicht erhalten
(siehe Abb. 146)

022
Siedlung Borbeck (nicht eindeutig belegt)
Flurstraße, Lindnerplatz, Essen
1916
in Anstellung bei der Friedrich Krupp AG (unter Leitung von Architekt und Baurat Robert Schmohl)
Teilweise ausgeführt, erhalten
(siehe Abb. 60)

023
Siedlung Essen West an der Wickenburg (nicht eindeutig belegt)
Adelkampstraße, Bramkampstraße, Langenkamp, Wiesenbergstraße, Essen
1918
in Anstellung bei der Friedrich Krupp AG (unter Leitung von Architekt und Baurat Robert Schmohl)
1. Bauabschnitt ausgeführt, erhalten
(siehe Abb. 59)

024
Siedlung an der Bergmühle (nicht eindeutig belegt)
Bergmühle (beidseitig), Münzstraße, Milendonkweg, Asbeckstraße (teilweise), Essen
1917/1918
in Anstellung bei der Friedrich Krupp AG (unter Leitung von Architekt und Baurat Robert Schmohl)
Teilweise ausgeführt, erhalten

025
Programmschrift „Wollen – Können" veröffentlicht in Zusammenarbeit mit Robert Schmidt, herausgegeben vom Essener Allgemeinen Bauverein, 1919
(siehe Abb. 94–96, 141–142, 147)

026
Siedlung Kray
Nibelungenweg (teilweise), Brunhildenstraße (beidseitig), Walkürenweg (beidseitig), Sieglindenstraße (teilweise), Kriemhildenstraße (teilweise), Essen
1. Bauabschnitt: 1919/1920/ 2. Bauabschnitt 1924/1925
Auftraggeber: Gemeinnütziger Bauverein Kray
Teilweise ausgeführt (ca. 50 %, südlicher Teil), erhalten

SYMPOSIUM „DER ARCHITEKT JOSEF RINGS"

027
Siedlung Feldhaushof (Allbau I)
Allbauweg (beidseitig), Schwanenbuschstraße (einseitig), Feldhauskamp (beidseitig), Beyweg (Querstraße), Luegstraße (Querstraße), Essen
1919–1921 **(Josef Rings mit A. Farmers)**
Auftraggeber: Allgemeiner Bauverein Essen AG (Allbau)
fast vollständig ausgeführt, teilweise erhalten
(siehe Abb. 97, 181)

028
Siedlung Margarethenwald in Essen (Bereich zwischen Südfriedhof und Lührmannstift)
1919
Auftraggeber: Allgemeiner Bauverein Essen AG (Allbau)
Nicht ausgeführt
(siehe Abb. 87)

029
Hochhaus in Essen
Entwurf 1920
Nicht ausgeführt

030
Siedlung Brünlinghaushof
Moltkestraße, Schinkelstraße, Olbrichstraße, Semperstraße, Ruhrallee, Essen
1920
Auftraggeber: Allgemeiner Bauverein Essen AG (Allbau)
Ausführung erfolgte durch verschiedene Architekten

031
Siedlung Heimatdank
Heimatdank, Mecklenbecksweg, Wienenbuschstraße, Essen
1920 (1. Bauabschnitt), ab 1925 (2. Bauabschnitt)
Auftraggeber: Allbau für Produktionsgenossenschaft „Heimatdank"
Ausgeführt, erhalten
Noch während der ersten Bauphase (Bauabschnitt 1) trennte sich die Produktionsgenossenschaft vom Allbau. Der zweite Bauabschnitt wurde trotzdem noch nach den Plänen von Josef Rings realisiert, aber in veränderter, vereinfachter Form.
(siehe Abb. 151–152)

032
Siedlung Essen Stadtwald „Eyhof-Siedlung"
zwischen Angerstraße, Hagelkreuz, Waldblick, Eiland, Grünhof, Waldsaum, Essen
1920/21
Auftraggeberin: Gemeinnützige Siedlungsgesellschaft Essen-Stadtwald
Ausgeführt, erhalten
(siehe Abb. 99–121)

033
Bergmannsiedlung Altenessen
zwischen Kinßfeldstraße, Schwarze Straße, Rahmstraße, Palmbuschweg, Essen
1920
Auftraggeber: Allbau (Allgemeiner Bauverein Essen AG)
Von der Gesamtanlage wurde 1920 von der Treuhandstelle Bergmannsiedlung lediglich die Kinßfeldtstraße östlich des Kaiser-Wilhelm Parks realisiert.
(siehe Abb. 90–91, 98, 144–145)

034
Wettbewerb Bergmannsiedlung Brühl
1921
Auftraggeber: Allgemeiner Bauverein Essen AG (Allbau)
Nicht ausgeführt. Da der Entwurf nicht den Vorgaben entsprach und über den vorgegebenen Bereich hinaus geplant wurde, konnte er in der Beurteilung nicht berücksichtigt werden.

035
Wettbewerb Bebauung Schulz-Knaudtsches Gelände in Essen
Entwurf 1922
Auftraggeberinnen: Stadt Essen und die Schulz-Knaudtsche Terraingesellschaft
Zwei Entwürfe: Ankauf, Kennzeichen „Ruhrindustriemacht" und Ankauf „Großhandelsplatz", nicht ausgeführt

036
Mehrfamilienhäuser in Bochum
Oskar-Hoffmann-Straße 77 b-c (ehem. Ottostraße), Bochum
1922/23
Auftraggeberin: Baugenossenschaft Bochum und Umgebung eGmbH
Ausgeführt, erhalten

037
Wohn- und Werkkolonie
1923
Nicht ausgeführt
(siehe Abb. 61–62)

038a-e
Schematische Siedlungsplanungen veröffentlicht in: „Siedlungsreform – Gesetze, Baugedanken, Ziele", herausgegeben 1923 von Josef Rings. Neben Siedlungsentwürfen publizierte Rings modellhafte Bebauungsschemen zur rationellen Siedlungsplanung.
(siehe Abb. 148–150, 161)

039
Wohnhäuser in Bochum
Friederikastraße 123–125, Hunscheidtstraße 43–45, Marschnerstraße 4–6, Bochum
1923/24
Auftraggeberin: Baugenossenschaft Bochum und Umgebung eGmbH
Ausgeführt, teilweise erhalten

040
Siedlung Weitmar (1. u. 2. Bauabschnitt)
Hattinger Straße 297–311, Bochum
1923/24
Auftraggeberin: Baugenossenschaft Bochum und Umgebung eGmbH
Ausgeführt, erhalten

041
Kohlenwäsche mit Sieberei der Zeche Dahlbusch in Gelsenkirchen
Entwurf 1924
Auftraggeberin: Bergwerksgesellschaft Dahlbusch
Ausgeführt, nicht erhalten

042
Theater-Neubau am Stadtgarten in Essen
Entwurf 1924
Nicht ausgeführt

043
Städtebaulicher Ideenwettbewerb zu Ausgestaltung des Burgplatzes und Rathausviertels in Essen
Entwurf 1924
Auftraggeberin: Stadt Essen
„Blaukreuz", 2. Preis und „Gelbkreuz", beide nicht ausgeführt

044
Wettbewerb Münster-Platzbebauungen in Ulm
Entwurf 1924
Auftraggeberin: Ulmer Stadtverwaltung
Ausgeschieden, nicht ausgeführt
(siehe Abb. 166)

045
Ausstellungshalle V Essen
Standort der heutigen Grugahalle, Essen
1925–1927
Auftraggeberin: Stadt Essen und der Gemeinnützige Verein für die Verwertung des Essener Ausstellungsgeländes GmbH
Ausgeführt, nicht erhalten
(siehe Abb. 122–136, 140)

046
Ausstellungshalle für die Bauausstellung in Essen
Gelände der heutigen Grugahalle, Essen
1925
Auftrageber/in: Stadt Essen (gemeinnütziger Verein für die Verwertung des Essener Ausstellungsgeländes G.m.b.H.)
Ausgeführt, nicht erhalten
Als Ersatz für die von der Besatzungsbehörde noch nicht freigegebenen alten Ausstellungshalle und der noch nicht fertiggestellten neuen Ausstellungshalle entwarf Josef Rings für die Austragung der Bauausstellung 1925 eine „leichte Ausstellungshalle in Zollbauweise".

047
Entwurf Hauptpost und Bahnhofsvorplatz in Essen
Entwurf 1925
Auftraggeberin: Reichspostverwaltung und Stadt Essen
Nicht ausgeführt

048
Wettbewerb zum Rathausneubau in Düsseldorf
Entwurf 1925
Auftraggeberin: Stadt Düsseldorf

049
Ideenwettbewerb „Bebauung des Kölner Brückenkopfes" (Bebauung zwischen der linksrheinischen Rampe der Kölner Deutzer Hängebrücke und dem Heumarkt mit einem Verwaltungszentrum)
Entwurf 1925
Auftraggeberinnen: Stadt Köln im Einvernehmen mit der Firma Leonhard Tietz A.-G. und die Stadt Köln
Ankauf, Kennzeichen „Recke am Heumarkt, Trabant des Domes", nicht ausgeführt

050
Wohnhaus in Essen
Schellstraße 14, Essen
1926
Auftraggeber: Karl Kamp
Ausgeführt

051
Waben- und Bandstadtsystem
1925/1927
(siehe Abb. 157–159, 162)

052
Wettbewerb Völkerbundpalast in Genf
Entwurf 1927
Nicht ausgeführt
(siehe Abb. 66, 165)

053
Kleinindustrie-Siedlung für 300 Arbeiter (ohne Angabe des Standorts)
veröffentlicht in Bauen als Ausdruck des Gemeinschaftsbewußtseins von Josef Rings in:
Bauwarte, 1828

054
Kinderheim Hörde
veröffentlicht in Bauen als Ausdruck des Gemeinschaftsbewußtseins von Josef Rings in:
Bauwarte, 1828

055
Schule am Meer
Loogster Pad, Störtebekerstraße, Juist
1927
Von einem Gesamtentwurf der mehrere Gebäude umfasste, wurde lediglich ein Gebäude ausgeführt

056
Wohnbebauung
Grabenstraße, Pappenstraße, Duisburg
1927
Auftraggeberin: Bauhütte Niederrhein, Marxloh (Rohstoff- und Werkgemeinschaft Niederrhein)
Ausgeführt, baulich verändert
(siehe Abb. 63–64)

057
Studie „Hochhaus mit Steillicht" (1927) veröffentlicht in „Die moderne Stadt und die Nacht" von Hans Cürlis in: Wasmuths Monatshefte für Baukunst und Städtebau, 1928.
(siehe Abb. 138)

058
Wettbewerb für ein Dienstgebäude des Siedlungsverbandes Ruhrkohlenbezirk in Essen
Entwurf 1927
Auftraggeber: Siedlungsverband Ruhrkohlenbezirk
Ankauf „Im Grünen", nicht ausgeführt
(siehe Abb. 65)

059
Wettbewerb zu Wohnhäusern auf dem Gelände an der Gabrielkirche in Duisburg (Einschornstein-Siedlung)
Entwurf 1927
Auftraggeber: Gemeinnütziger Bauverein Essen A.G. (ehem. gem. Bauverein Essen-Stadtwald)
Ankauf, nicht ausgeführt

060
Siedlung Am Schäperskotten
Am Schäperskotten, Haunerfeldstraße, Kannenstraße, Gelsenkirchen
1927
Auftraggeber: Gemeinnütziger Bauverein AG Essen, Zweigstelle Buer i.W.
Ausgeführt, stark verändert

061
Öldestillation
vermutlich Kekuléstraße 30, Castrop-Rauxel
1928
Auftraggeber: Gesellschaft für Teerverwertung. Rauxel i. W.
Ausgeführt

062
Dampfspeicher veröffentlicht in Bauen als Ausdruck des Gemeinschaftsbewußstsein von Josef Rings in: Bauwarte, 1928

063
Siedlung „Löchterheide" (Siedlung Spinnstuhl)
Im Spinnstuhl, Brakestraße, Rockenstraße, Flachsstraße, Hechelstraße, Marler Straße, Gelsenkirchen
1928
Auftraggeber: Gemeinnütziger Bauverein Essen AG
Ausgeführt, erhalten (steht unter Denkmalschutz)
(siehe Abb. 67–68)

064
Haus der Frau
Entwurf 1929
Auftraggeber: Josef Molling (Bankier)
Nicht ausgeführt

065
Wohnhausgruppe A-D
Töpferstraße/Henricistraße/Camillo-Sitte-Platz, Essen
1929/1930
Bauherr: Josef Rings
Von Josef Rings geplante Wohnhausgruppe auf dem von ihm erworbenem Grundstück an der Töpferstraße/Henricistraße/Camillo-Sitte-Platz im Essener Südviertel. Entstehen sollten vier Wohnhäuser (A-D), davon realisiert wurden das Wohnhaus A (Henricistr. 69) und das Wohnhaus B (Henricistr. 71). Das weitere Bauvorhaben (Wohnhaus C und D) hat Josef Rings nicht weiterverfolgt. Durch Kriegseinflüsse wurde das Wohnhaus A stark beschädigt, so dass nur noch ein Teil des Gebäudes stehen bleiben konnte. Das Wohnhaus B hingegen, ist scheinbar noch in seinem bauzeitlichen Zustand.

066
Wettbewerb Verwaltungsgebäude der Ortskrankenkasse in Essen
Entwurf 1930
Auftraggeber: Allgemeine Ortskrankenkasse Essen
3. Ankauf „4444 4444", nicht ausgeführt

067
Wettbewerb Pädagogische Akademie in Essen
Entwurf 1930
Auftraggeber: Preußische Hochbauverwaltung

068
Siedlung Kirjat HaAvoda (Stadt der Arbeit)
Bereich der Ha-Histradut St. und Haim Weizman St., Holon
1934/1935, in Zusammenarbeit mit Stadtbauingenieur Yakob Shiffman (Ben-Sira)
Auftraggeberin: Baugewerkschaft „Shikun"
Ausgeführt
(siehe Abb. 169)

069
Arbeiterviertel Afula
1935
Nicht ausgeführt
(siehe Abb. 170)

070
Stadtplanung „Der Meeresstrand von Tel Aviv" (Jaffa)
Bereich der Promenade Herbert Samuel Bulevard
1935
Nicht ausgeführt
(siehe Abb. 171)

071
Bergsiedlung Kirjat Amal (Stadt der Mühe)
Bereich Yitshak Rabin St., Hartja
1936
Auftraggeber: Baugewerkschaft Shikun
Ausgeführt, durch spätere Bebauungen vergrößert
(siehe Abb. 172)

072
Siedlung North Tel-Aviv Housing scheme
1936, in Zusammenarbeit mit Stadtbauingenieur Yakob Shiffman (Ben-Sira)
Auftraggeber: Stadt Tel-Aviv
Nicht ausgeführt
(siehe Abb. 173–176)

073
Siedlung Kfar Netter südlich von Nathania
ca. 1941

074
Stadterweiterung Nathania
1942
Nicht ausgeführt
(siehe Abb. 177)

075
Stadterweiterung Rishon-Le-Zion (Tel Aviv-Jaffa-Holon)
1945–1948
Auftraggeber: Mr. S. Yavitz
Nicht ausgeführt
(siehe Abb. 178)

076
Wohnhaus "Residential House for Miss Anderson on Mount of Olive" in Jerusalem
1945
Auftraggeberin: vermutlich Ms. Anderson
Ausgeführt
(siehe Abb. 179)

077
Siedlung Settlement near Mama Gan (eigentl. Ramat Gan)
1946
Ausgeführt

078
Siedlung Lydda
1948
Auftraggeber: M. C. Salameh Partners
Nicht ausgeführt
(siehe Abb. 180)

079
Wohnquartier Hadera (Arbeiterviertel)
(siehe Abb. 182)

080
Wohnquartier Agrobank
Bereich HaShiv'a Square, Ha Shlosha Square, Holon
Auftraggeber: Agrobank (Bankhaus)
Ausgeführt, erhalten
(siehe Abb. 183)

081
Bergsiedlung Tabaliya in Betlehem
Auftraggeber: M. C. Salameh Partners
(siehe Abb. 184)

Ausstellungen

Berlin: Ausstellung von Entwürfen zu Kleinwohnungsbauten, 1905

Düsseldorf: Große Kunstausstellung und die damit verbundene Sonderausstellung für christliche Kunst in Düsseldorf, 1909/10

Brüssel: Frühjahrssalon (Abteilung Kirchenkunst), 1912

Krefeld: Rheinische Siedlungswoche, 1921

Düsseldorf: Große Kunstausstellung Düsseldorf, 1920

Düsseldorf: Ersten Internationale Kunstausstellung Düsseldorf, 1922

Göteborg: Internationale Städtebauausstellung, 1923

Essen: Essener Bauausstellung, 1925

Wien: 1926

Duisburg: Ausstellung veranstaltet im Duisburger Museumsverein, 1927

London: 1928

Oldenburg: Neue Baukunst in Oldenburg 1928

Dresden: Dresdner Kunstsommer 1929

Moskau: 1932

Mainz: Ausstellung in der Johannes Gutenberg-Universität 1948

Patente

Belichtungssystem: Patent „Gebäude mit Lichtöffnungen in den Decken und Wänden" Das Patent wurde in Deutschland (Nr. 459 020, patentiert ab 22.6.1926), England (Nr. 272 944), Frankreich (Nr. 635 753) und Amerika (Nr. 1 802 068) angemeldet. (siehe Abb. 137)

Belüftung von Gebäuden: Im Jahr 1936 (ausgestellt am 9.7.1936) meldeten Rudolf Feige und Josef Rings in Palästina das Patent „Improvements in or Relating to the ventilation of houeses" an.

449

„WO SICH MERKUR DER KUNST VERMÄHLT" – DIE ESSENER BÖRSENHAUSGESELLSCHAFT UND IHR VON EDMUND KÖRNER ENTWORFENES BÖRSENHAUS

ROBERT WELZEL

I. Einleitung

Heute ist weitgehend in Vergessenheit geraten, dass Essen für viele Jahrzehnte Börsenstandort war. Als Sitz der „Börse für die Stadt Essen" diente ab 1925 das nach dreijähriger Bauzeit eingeweihte Börsenhaus, das heutige Haus der Technik (HDT) (Abb. 185). Die Wahl des Standortes am Bahnhofsplatz, zwischen Bachstraße (heute Am Handelshof) und Hansastraße (heute Hollestraße),[1] trug zu einer städtebaulichen Aufwertung der Innenstadt und zur Schaffung zusätzlicher Büro- und Ladenflächen im Geschäftszentrum bei. Als erstes Hochhaus der Stadt galt der bis 1927 als Erweiterungsbau erstellte Ostflügel an der Gildehofstraße. Die Strahlkraft der als „expressionistisch" empfundenen Architektur von Professor Edmund Körner (1874–1940) hält bis heute an.

Es ist ein glücklicher Zufall, dass sich neben den zahlreichen zeitgenössischen Publikationen[2] (Abb. 186) umfassende Akten zum Börsenhaus sowohl der Stadt als auch der Börsenhausgesellschaft als Bauherrin und Vermieterin erhalten haben und nun ausgewertet werden konnten.[3] Sie geben detaillierten Einblick in die Entstehungsumstände und Nutzung des Gebäudes. Einige überraschende Erkenntnisse zur Planungsgeschichte eröffnen die Möglichkeit einer Neubewertung des Gebäudes innerhalb von Körners Werkschaffen und im Kontext der zeitgenössischen Büro-, Hochhaus- und Börsenarchitektur.

---

[1] Im Folgenden werden die historischen Bezeichnungen Bach- und Hansastraße verwendet. Die Anschrift des Gebäudes lautete ursprünglich Hansastraße 1 u. Bachstraße 2, dann Hollestraße 1–1h und Bachstraße 2–2g (heute Am Handelshof 6–12).

[2] Aus Anlass der Einweihung erschien eine aufwendig gestaltete Festschrift: Börsenvorstand (Hrsg.), Festschrift zur Einweihung der Börse für die Stadt Essen. Essen 2.5.1925 (im Folgenden: Festschrift). Eine weitere umfassende Publikation erschien 1926: Die Essener Börse, Sonderdruck Nr. XVI des Verlages für Architektur-, Industrie- u. Stadtwerke Düsseldorf. Düsseldorf 1926 (im Folgenden: Börse, Sonderdruck). Das mit 1926 datierte Titelbild schließt mit den Initialen „EK" ab, wurde also wohl von Körner selbst gestaltet.

[3] Die Akten der Baupolizei, der Bauordnung und des Grundstücksamtes der Stadt Essen einschließlich von Teilen der Aktenführung der Börsenhausgesellschaft befinden sich im Haus der Essener Geschichte/Stadtarchiv (HdEG). 1996, als Barbara Pankoke Körners Werk erforschte (vgl. Anm. 24), war die Auswertung dieser Unterlagen noch nicht möglich. Auch heute noch sind rund 80 % des Aktenbestandes im HdEG nicht erschlossen, vgl.: Claudia Kauertz, Das Haus der Essener Geschichte/Stadtarchiv (2010–2020) – Zehn Jahre Kompetenzzentrum für Stadtgeschichte, EB 135, 2022, S. 212.

Abb. 186: Sonderdruck „Die Börse in Essen" 1926, rechts unten die Initialen von Edmund Körner

Abb. 185: Der Kopfbau des früheren Börsenhauses 2023

II. Planungs- und Baugeschichte des Börsenhauses

Die Börse für die Stadt Essen

Ein erster Essener Börsenverein bestand schon 1855–57. Eine Neugründung als überregionale Einrichtung erfolgte auf Initiative des Bergbaulichen Vereins und der Handelskammer Essen zum 21. Dezember 1865, sie erhielt aber erst 1880 als „Börse für die Stadt Essen" amtlichen Charakter. Sie war vor allem für den Handel mit Anteilsscheinen von bergbaulichen Gewerkschaften („Kuxen") bestimmt[4] und unterstrich den Anspruch Essens als „Mittelpunkt des rheinisch-westfälischen Industriegebiets".[5] Seit 1905 bestand eine enge Zusammenarbeit mit der Düsseldorfer Börse. Der Freiverkehr beider Börsen wurde über den

---

[4] Wilhelm von Waldthausen, Geschichtliche Entwicklung und Bedeutung der Essener Börse, in: Festschrift (wie Anm. 2) (im Folgenden: Waldthausen, Börse), S. 8–9 u. 11; Patrick Bormann/Joachim Scholyseck, Der Bank- und Börsenplatz Essen. München 2018 (im Folgenden: Bormann, Bank- und Börsenplatz), S. 63–65.

[5] Essener Volks-Zeitung v. 24.7.1921.

später im Essener Börsenhaus ansässigen „Kuxenverein" geregelt, der beide Institutionen „wie ein Riegel fest zusammen" fügte.[6]

Bis zur Einweihung des Börsenhauses 1925 nutzte die Essener Börse für ihre am Nachmittag stattfindenden Sitzungen angemietete Räume im Saalbau.[7] Während des Weltkrieges, 1914 bis 1917, und 1920, infolge des Ruhrkampfes, war die Börse vorübergehend geschlossen.[8] Ende 1921, als sich die Planung für das Börsenhaus konkretisierte, umfasste die Börse 238 Mitglieder. „Zum amtlichen Effektenhandel waren […] an Kuxen 16 Steinkohlenwerte, 1 Braunkohlenwert und 14 Kaliwerte, ferner die Aktien von 3 Bergwerksgesellschaften und 6 anderen Industriegesellschaften zugelassen, außerdem 59 Obligationen verschiedener Gesellschaften."[9]

In Abstimmung mit dem Essener Beigeordneten Albert Meurer beschlossen im Dezember 1923 führende Kreise des Getreide-, Lebensmittel- und Textilhandels die Errichtung einer eigenen Warenbörse, die am 28. Januar 1924 im Saalbau eröffnet wurde. Tonangebend war hier die Getreidebörse.[10]

Die Essener Börse verfügte über ein Einzugsgebiet, das bis nach Hannover reichte,[11] zählte aber nicht zu den wichtigsten Börsenstandorten in Deutschland. In ihrem Buch „Der Bank- und Börsenplatz Essen" geben die Autoren sogar die Einschätzung, dass die Essener Börse trotz des hier konzentrierten Kuxenhandels zu keinem Zeitpunkt eine wirklich überregionale Rolle spielte.[12] Während der Inflationszeit wurde der Gesamtumfang der Essener Börse gesteigert, u. a. durch die Einführung nicht zur offiziellen Börsennotiz zugelassener Wertpapiere.[13] Ein Terminhandel, beschränkt auf zunächst sieben ausgewählte Aktien, wurde 1927 auf Initiative der „Großbanken" eingeführt, um dem Bedeutungsverlust des Kuxenhandels entgegenzuwirken.[14] Dies konnte allerdings den Niedergang der Börse nicht aufhalten. Zum 1. Januar 1935 wurden die Börsen von Essen, Köln und Düsseldorf am Standort Düsseldorf zur „Rheinisch-Westfälischen-

---

6   Karl Schacht, Die Börse für die Stadt Essen – Ihre Geschichte und Bedeutung, in: Börse, Sonderdruck (wie Anm. 2) (im Folgenden: Schacht, Börse), S. 11–13. Zur Erbauungszeit des Börsenhauses fanden die Börsenversammlungen in Essen jeweils montags und donnerstags, in Düsseldorf dienstags und freitags statt. Am Mittwoch wurde im Wechsel an beiden Standorten getagt.
7   Rheinisch-Westfälischer Anzeiger v. 17.2.1918.
8   Waldthausen, Börse (wie Anm. 4), S. 12.
9   Dr. Ramin, Essen als Gewerbe-, Industrie- und Handelsstadt, in: Erwin Stein (Hrsg.), Monographien Deutscher Städte, Bd. XI, Essen. Berlin 1923, S. 28.
10 Essener Volks-Zeitung v. 22.12.1923; Essener Anzeiger v. 29.1.1924.
11 Paul Brandi, Essener Arbeitsjahre, in: EB 75, 1959 (im Folgenden: Brandi, Arbeitsjahre), S. 94.
12 Bormann, Bank- und Börsenplatz (wie Anm. 4), S. 234. Die Essener Börse zählte nicht zu den zehn wichtigsten deutschen Börsenplätzen.
13 Brandi, Arbeitsjahre (wie Anm. 11), S. 94.
14 Bormann, Bank- und Börsenplatz (wie Anm. 4), S. 202.

Börse" zwangsvereinigt. Das Börsenhaus fiel an die Stadt Essen. 1936 eröffnete hier das Haus der Technik.[15]

Die Handelskammer und der Architekt Körner
Mit der Errichtung eines eigenen Gebäudes wollte man der Essener Börse zusätzliche Geltung verschaffen und einer möglichen Abwanderung nach Düsseldorf aufgrund der mangelnden Raumsituation in Essen entgegenwirken.[16] Im Februar 1918, noch vor Kriegsende, startete der Börsenvorstand unter Vorsitz von Albert Müller einen öffentlichen Aufruf an die Wirtschaft, um erste Geldmittel zu sammeln. Die beteiligten Banken zahlten fast 3 Mio. Mark ein, die von der Handelskammer verwaltet wurden. Diese Mittel gingen später durch die Inflation zum großen Teil verloren.[17] Initiator war die Handelskammer der Kreise Essen, Mülheim-Ruhr und Oberhausen mit Sitz in Essen (Bismarckplatz). Eine räumliche Anbindung der Börsen an die Handelskammern war durchaus üblich und wurde auch in Essen zunächst favorisiert. Warum die Handelskammer offenbar schon im November 1920 den Architekten Edmund Körner (Abb. 187) um erste Entwürfe für den Anbau eines Börsengebäudes an die Handelskammer bat oder ihn damit beauftragte, ist nicht ersichtlich.[18] In Essener Wirtschaftskreisen war Körner seit der Vorkriegszeit bekannt und geschätzt. So hatte er z. B. für den Getreidehändler Carl Herzberg, Vorstandsmitglied der Essener Getreidebörse und auch der Börsen in Duisburg und Dortmund, das Privatwohnhaus errichtet.[19]

Körner, der 1908 für die Planung und Ausführung der Essener Synagoge (Abb. 188) von Berlin nach Essen gezogen war, wurde hier als Vorsteher der Entwurfsabteilung im Hochbauamt angestellt.[20] Nicht zuletzt seine erfolgreiche Tätigkeit als Privatarchitekt und Raumkünstler[21] brachte ihm 1911 die „Ehren-

---

[15] Essener Anzeiger v. 22.10.1936.
[16] Hans Luther, Zusammenbruch und Jahre nach dem ersten Krieg in Essen, in: EB 73, 1958 (im Folgenden: Luther, Zusammenbruch), S. 92.
[17] HdEG 144–1412, Bericht im Protokoll der Gesellschafterversammlung v. 16.12.1935. Im Rahmen der Börsenfeier 1925 gab W. von Waldthausen an, dass erste Erwägungen für ein Börsenhaus in das Jahr 1912 zurückreichen, vgl. Essener Anzeiger v. 10.3.1925. Zur Person von A. Müller (1847–1925): Essener Anzeiger v. 31.10.1925. Demnach war Müller auch Repräsentant der Handelskammer.
[18] Edmund Körner, Das Börsengebäude, in: Festschrift (wie Anm. 2) (im Folgenden: Körner, Börsengebäude), S. 16. Körner gibt hier den Beginn der Vorarbeiten mit November 1920 an.
[19] Essener Anzeiger v. 29.1.1924; Henrique Herzberg, Die Familie Herzberg in Essen, in: Hermann Schröter, Geschichte und Schicksal der Essener Juden. Essen 1980, S. 156.
[20] Die Personalakte „Abteilungsvorsteher Edmund Körner" ist inzwischen einsehbar: HdEG 140-138, Bl. 25–27.
[21] Richard Klapheck, Professor Edmund Körner, Essen-Darmstadt, in: Moderne Bauformen, Jahrgang XIII, Heft 2, Februar 1914 (im Folgenden: Klapheck, Körner), S. 65 ff. Neben dem schon erwähnten Haus Herzberg dürfte die Villa für Eugen von Waldthausen am Moltkeplatz einschl. dem vollständigen Interieur entscheidend für seine Berufung gewesen sein.

Abb. 187: Der Architekt Edmund Körner

volle Berufung" an die Künstlerkolonie der Darmstädter Mathildenhöhe durch Großherzog Ernst Ludwig von Hessen Darmstadt ein. In Darmstadt wurde ihm der Professorentitel verliehen, den er bis zu seinem Lebensende führte.[22] Hier kam er in engen Kontakt zum Architekten Albin Müller (auch bekannt unter dem Künstlernamen Albinmüller) und zum Bildhauer Bernhard Hoetger, zwei Wegbereitern des Expressionismus (Abb. 189).[23]

Die in Essen gehegten Befürchtungen, Körner an Darmstadt verloren zu haben, bestätigten sich nicht. Neben seinem neuen Wohnsitz auf der Mathildenhöhe behielt Körner auch eine Essener Wohnung (Richard-Wagner-Straße 15). Sein Büro befand sich zunächst auf der Synagogen-Baustelle. Bereits im März 1914 siedelte Körner mit seinem Büro in den Essener Handelshof um. Seinen Darmstädter Wohnsitz gab er im Oktober 1916 auf, da die Künstlerkolonie nach dem Ausbruch des Ersten Weltkrieges rasch an Bedeutung verloren hatte.[24] Da er nicht eingezogen wurde, konnte Körner auch während des Krieges weiterarbeiten.[25] Sein Entwurf eines Schutzbaues für das Nagelstandbild „Der Schmied von Essen" und die von ihm gestalteten Kriegswahrzeichen (Abb. 190) entsprachen ganz seiner patriotischen

---

22 Körner kündigte bei der Stadt zum 1. Januar 1912. In: HdEG 140–138, Bl. 68–69. Lt. Vermerk v. 6.12.1911 wurde Körners Gehalt wegen seiner nebenamtlichen Tätigkeit für die Synagoge und die Villa Waldthausen rückwirkend gekürzt. Die Essener Volks-Zeitung vermeldete am 30.1.1912, dass ihm der Großherzog soeben „den Charakter als Professor" verliehen habe und fügte hinzu: „Wie wir erfahren, wird Herr Körner neben seiner Darmstädter Tätigkeit sein Essener Atelier beibehalten".
23 Paul F. Schmidt, Die III. Ausstellung der Darmstädter Künstler-Kolonie, in: Die Kunst, Monatshefte für freie u. angewandte Kunst, XV. Jahrgang, Heft 11, August 1914 (im Folgenden: Schmidt, Die III. Ausstellung), S. 489 ff. Mit Müller und Hoetger gestaltete Körner die Bauten für die letzte Ausstellung der Künstlerkolonie 1914, wobei Körner die temporären Bauten zukamen.
24 Barbara Pankoke, Der Essener Architekt Edmund Körner (1874–1940) – Leben und Werk. Weimar 1996 (im Folgenden: Pankoke, Körner), S. 30, 77, 198. Seinen Umzug in den Handelshof veröffentlichte Körner per Anzeige im Rheinisch-Westfälischen zugleich Essener Stadtanzeiger v. 22.3.1914.
25 Ebd., S. 26–27.

Abb. 188: Die Essener Synagoge als Aquarell von Carl Hapke

Abb. 189: Körners Ehrensaal der Darmstädter Ausstellung 1914 mit Hoetgers Skulpturen

Gesinnung.[26] Anfang der 1920er Jahre übernahm Körner die Leitung der Essener Ortsgruppe im Bund Deutscher Architekten.[27] Er war fachkundiges Mitglied im städtischen Bauausschuss und meldete sich in der Öffentlichkeit für städtebauliche Anliegen zu Wort.[28]

---

[26] Die von den Professoren Körner (Essen), Hugo (Feldkirch) und Ederer (Düsseldorf) entworfenen Nagelschilder wurden von Schulen und Vereinen zugunsten der „Jugendspende für Kriegswaisen" genagelt, vgl. Rheinisch-Westfälischer und zugleich Essener Stadt-Anzeiger v. 5.8.1916. Später entwarf Körner das Kriegerehrenmal in Frillendorf und unterstützte es durch „uneigennützige Arbeit", vgl. Essener Anzeiger v. 24.9.1929. Außerdem war er bis 1931 Vorstandsmitglied in der Ortsgruppe Essen des Volksbundes „Deutsche Kriegsgräberfürsorge", vgl. Essener Volks-Zeitung v. 19.11.1931.

[27] Pankoke, Körner (wie Anm. 24), S. 200; HdEG 145–2056, Bl. 53. Körner wird hier von der Stadt 1921 als maßgeblicher Vertreter des B.D.A. angeschrieben.

[28] Essener Arbeiter-Zeitung v. 18.2.1924. Öffentlich äußerte er sich z. B. zur Neugestaltung des Burgplatzes.

DIE ESSENER BÖRSENHAUSGESELLSCHAFT

Abb. 190: Von Körner entworfenes Kriegswahrzeichen

Abb. 191: Die unvollendete Schutzengelkirche 1938

Zu den ersten Aufträgen nach Kriegsende gehörte die Siedlung am Kaiserpark in Altenessen, die Körner für die neu gegründete Treuhandstelle für Bergmannswohnstätten (THS) entwarf.[29] Ähnlich wie Bruno Taut in Magdeburg provozierte er dabei mit dem Einsatz von Farbe im Straßenbild. Die Essener Arbeiter-Zeitung schrieb 1924, seine Siedlung würde „mehr auf der Insel Tahiti als im Industriegebiet stehen" können.[30] Die mehrjährige Planung und Ausführung des Börsenhauses ab 1921 war von politischen Krisen und wirtschaftlichen Problemen überschattet. Gleiches gilt für die Realisierung der Schutzengelkirche in Frillendorf (Abb. 191), einen Bau, der „wegen der Eigenart seiner baulichen Ausdrucksform" viel Aufmerksamkeit erregte. Obgleich sich Körner (ein bekennender Katholik) 1927 bereit erklärte, die Leitung zum Weiterbau kostenlos zu übernehmen, blieb die Kirche mangels Baumaterials für Jahrzehnte unvollendet.[31]

Körners Büro- und Wohnsituation während des Börsenbaues

Körners Büroräume im Handelshof wurden im Juli 1923 von französischen Besatzungssoldaten beschlagnahmt, seine Mitarbeiter aufgrund eines Missver-

[29] 10 Jahre Treuhandstelle für Bergmannswohnstätten im rheinisch-westfälischen Steinkohlenbezirk G.m.b.H. Essen, S. 84 u. Abb. 126–131.
[30] Essener Arbeiter-Zeitung v. 14.1.1924.
[31] Essener Anzeiger v. 23.12.1924; HdEG 1040–42, Schreiben Pfarrer Otten an den Bürgermeister in Stoppenberg v. 14.6.1927.

Abb. 192: Foto mit Hans Luther (links) und Edmund Körner (rechts) in einem Bericht über die Südamerika-Reise, Essener Anzeiger v. 30.7.1926

ständnisses sogar vorübergehend inhaftiert.³² Körners Büro fand für mehrere Jahre Unterkunft in der Villa von Karl Goldschmidt an der Bismarckstraße 96. Hier wickelte er auch den Baubetrieb für das Museum Folkwang ab, sein nach der Börse wichtigster Auftrag.³³ Spätestens ab 1924 unterhielt er ein weiteres Büro im Glückaufhaus, wo die Arbeiten für den zweiten Bauabschnitt der Börse koordiniert wurden.³⁴ 1933 zog er mit seinem Büro in das Baedekerhaus, wo es im Zweiten Weltkrieg unter Verlust seines Planarchivs abbrannte.³⁵ Ab Ende Juli 1926 begleitete Körner zusammen mit seiner Frau die Familie des früheren Essener Oberbürgermeisters und nunmehrigen Reichskanzlers a. D., Dr. Hans Luther, für mehrere Monate durch Südamerika, eine Reise, die weit über Essen hinaus mediale Aufmerksamkeit fand (Abb. 192). Dass die Freundschaft der Familien so öffentlich ausgelebt wurde, nährte Spekulationen, Luther habe Körner beruflich protegiert.³⁶

32 HdEG 143–3715, Bl. 30. Hier erwähnt Körner die Beschlagnahmung seiner Räume und den erforderlichen Umzug in einem Schreiben an den Beigeordneten Ehlgötz v. 23.7.1923.
33 HdEG 143–3715, Bl. 42. Lt. Vermerk vom 29.2.1924 hat Körner seine Adresse im Goldschmidthaus, Bismarckstraße 96 (später als Nr. 64); Essener Arbeiter-Zeitung v. 8.8.1925. Die Entscheidung, dass Körner den Erweiterungsbau für das Museum Folkwang ausführen sollte, fiel am 8. März 1925 kurz vor der Eröffnung der Börse im März 1925, vgl. Essener Volks-Zeitung v. 27.3.1925.
34 Diese Büroadresse wird mehrfach in den Bauakten erwähnt: HdEG 144–172, Bl. 49 (Schreiben an Körner, Glückaufhaus, v. 11.11.1924); Bl. 51 (Schreiben Büro Körner an Stadt v. 15.9.1926); Bl. 25 (Schreiben Körner v. 16.5.1928 mit „Glückaufhaus" im Briefkopf).
35 Pankoke, Körner (wie Anm. 24), S. 15 u. 32.
36 Etwa bei der Auftragsvergabe für das Museum Folkwang. Vgl. Rainer Metzendorf, Museum Folkwang in Essen – Eine hintergründige Betrachtung zu dem Architektenwettbewerb von

Körners private Wohnsituation während des Börsenbaues ist eng verknüpft mit seiner Bautätigkeit im Brünglinghaushof (Moltkeviertel). 1921, vor dem Hintergrund der sich verbessernden Auftragslage und der für das Börsenhaus in Aussicht stehenden, nicht unerheblichen Honorare, plante er, seinen Wohnsitz an den Camillo-Sitte-Platz zu verlegen. Dabei sicherte er sich dort ein größeres städtisches Grundstück, um Partner und Geldgeber für eine aufeinander abgestimmte Bebauung zu gewinnen. Körner wollte das Grundstück in drei Einzelgrundstücke aufteilen, wobei eine der Parzellen für sein eigenes Wohnhaus, eine andere für die Firma M. Stern bestimmt war. Die Umsetzung verzögerte sich allerdings erheblich, da die Stadt noch nicht festgelegt hatte, „ob eine Bebauung des Platzes mit wenigen grossen Bauwerken oder mit einer Reihe kleinerer Häuser gewünscht" war.[37] Nur das Haus Stern wurde ausgeführt (Villa Stern II).[38] Die Pläne für sein Privatwohnhaus am Platz gab Körner zunächst auf und erwarb von der Stadt 1922 ein Grundstück mit Bauverpflichtung in Bredeney (Am Ruhrstein). Ein 1923 von den französischen Besatzern angelegter Militärtaubenschlag für Brieftauben verhinderte aber auch hier einen baldigen Baubeginn.[39] So bezog er 1923 zunächst ein Wohnhaus an der Kleiststraße 10.[40]

Am Camillo-Sitte-Platz hatte sich seit März 1922 eine andere Option ergeben, ein gemeinsames Projekt mit dem auf den Industrie- und Siedlungsbau spezialisierten Kölner Architekten Emil [Rudolf] Mewes. Körner erwarb 2/3 und Mewes 1/3 des verbleibenden Areals. Beide beabsichtigten offenbar, eine Bürogemeinschaft einzugehen. Das im März 1924 genutzte gemeinsame Briefpapier nennt als Adresse das Kölner Gereonhaus. Laut Körner wollte Mewes sein Büro nach Essen verlegen und Köln nur noch als Dependance nutzen. Der Camillo-Sitte-Platz war als Standort für „ein Gebäude für bestimmte künstlerische Zwecke" bzw. ein „künstlerisch besonders angelegtes Projekt" mit Ateliergebäude vorgesehen. Da eine längere Vorbereitung auch wirtschaftlicher Art erforderlich war, konnten aber weder Körner noch Mewes die mit dem Grundstückskauf verbundene Bauverpflichtung binnen zwei Jahren einhalten. Schließlich schied Mewes aus dem Projekt aus.[41]

    1925, EB 125/126, 2013, S. 220–221.
[37] HdEG 144–172, Bl. 1 (Beschluss Grundstückskommission v. 29.9.1921) u. Bl. 5 (Schreiben Körner an Grundstücksamt v. 18.1.1922).
[38] 1922–23 für den Direktor der M. Stern AG, Willy Cohn (Moltkestraße 48). Vgl. Pankoke, Körner (wie Anm. 24), S. 176.
[39] HdEG 144–172, Bl. 32 ff.
[40] Pankoke, Körner (wie Anm. 24), S. 198. Adressbucheintrag 1925. Als Eigentümer ist Körner eingetragen.
[41] HdEG 144–172, Bl. 8, 11, 23, 30 (Schreiben v. 12.3.1924 mit gemeinsamem Briefkopf) u. 38. U. a. plante Mewes in Köln-Poll die „Milchmädchensiedlung" (1919–21) u. die GAG-Siedlung (1927–29), in: Werner Heinen/Anne-Marie Pfeffer, Köln: Siedlungen 1888–1938. Köln 1988, S. 104 u. 227. Später wurde er durch seine Mitwirkung am Wolfsburger

Abb. 193: Wohnhaus Körner I kurz nach der Fertigstellung

Abb. 194: Wohnhaus Körner II im heutigen Zustand

Im Herbst 1924 beantragte Körner zum wiederholten Male eine Bauerlaubnis für das Eckgebäude Moltkestraße 50, das zunächst als Sanatorium bzw. Frauenklinik geplant war (Abb. 193).[42] Die Stadt erfuhr von der Entscheidung, das Gebäude zum eigenen Wohnhaus umzuwidmen (Haus Körner I), erst nach Baubeginn im November 1926, im Anschluss an Körners Südamerika-Reise.[43] Am 1. Mai 1928 zog das Ehepaar Körner ein.[44] Das Bredeneyer Grundstück tauschte Körner gegen die benachbarte Grundstücksparzelle am Camillo-Sitte-

VW-Werk (zusammen mit den Architekten Schupp und Kremmer) bekannt. Mewes ist im Adressbuch 1930 mit Büroadresse im Verwaltungsgebäude Ruhrsiedlungsverband erwähnt.

[42] Pankoke, Körner (wie Anm. 24), S. 108; Klapheck, Neue Baukunst (wie Anm. 148), S. 201.
[43] HdEG 144–172, Bl. 55. Lt. Schreiben Grundstücksamt an Körner v. 29.11.1926 erfuhr die Stadt erst jetzt, dass Körner statt des Grundstückes in Bredeney dasjenige am Camillo-Sitte-Platz für seine Privatzwecke bebauen wollte. Der Essener Anzeiger v. 31.3.1929 gibt an, dass das Gebäude als Frauenklinik erbaut und erst nach Fertigstellung als Privathaus verwandt wurde.
[44] Pankoke, Körner (wie Anm. 24), S. 109.

Platz, wo er gleich mehrere Wohnhäuser plante. Doch aufgrund der nach wie vor zögernden Haltung der Stadt wurde nur das Wohnhaus Körner II (Camillo-Sitte-Platz 1) 1929 erbaut.[45] Schon Anfang 1930 zogen die Eheleute Körner in dieses Gebäude um, das ihren Bedürfnissen besser entsprach (Abb. 194).[46] Die Moltkestraße 50 wurde an die Firma Borrmann & Co veräußert, die das Gebäude als Bürohaus nutzen wollte.[47]

Körners Büro hatte (mit kriegsbedingter Unterbrechung) mehrere Mitarbeiter, u. a. Peter Friedrich Schneider. Schneider übernahm die Leitung einer Kölner Dependance, die Körner 1931/32 für die Planungen der dortigen Ford-Werke im Hansahochhaus einrichtete. Später wurde Schneider Partner von Körner und führte das Büro nach dessen Tod 1940 weiter.[48]

Das Hochhausprojekt im Südviertel

Im Laufe des Jahres 1920 fertigte Körner erste Skizzen für eine Börse auf dem Nachbargrundstück der am Bismarckplatz stehenden Handelskammer (Abb. 195) an.[49] Sie zeigen ein dreigeschossiges Bauwerk, dem ein Eingangstrakt mit Eingangshalle, Garderobe, Sitzungszimmer und Büros vorgelagert werden sollte. Der rückwärtige Börsensaal mit seinem pagodenartig geschwungenen Dach wäre mit seitlichen Emporen ausgestattet worden. Im Verbindungstrakt zur Handelskammer sollte eine Wohnung liegen. Für die Vorderfront sah Körner einen Mittelrisalit mit Rundbogenarkaden vor (Abb. 196).[50]

Körner selbst hielt diese Lösung für städtebaulich unbefriedigend und schlug vor, an der Kruppstraße ein 12- bis 16-stöckiges Hochhaus zu errichten, in das er die Börsenräume integrieren wollte.[51] Laut Bericht der Essener Arbeiter-Zeitung vom 12. Januar 1921 lagen die Kosten für diese „Essener Hochhausphantasien" bei 70 Mio. Mark. Neben der Börse und der Handelskammer sollten in dem Gebäude Industrieunternehmen untergebracht werden.[52] Wie Hans Luther angibt, war mit diesem Hochhaus außerdem die Hoffnung verbunden, „mit

---

45 HdEG 144–172, Bl. 88.
46 Pankoke, Körner (wie Anm. 24), S. 116 f. Noch am 15. Oktober 1930 heißt es in der Essener Volks-Zeitung, dass Körner am Camillo-Sitte-Platz „verschiedene moderne Neubauten" errichten wollte.
47 HdEG 144–172, Bl. 124; Essener Anzeiger v. 31.3.1929.
48 Pankoke, Körner (wie Anm. 24), S. 32.
49 HdEG 145–2056, Bl. 12. Körner erwähnt in seinem Schreiben v. 28.5.1921 an Beigeordneten Ehlgötz, dass die Handelskammer das früher Böhm'sche Grundstück für den Börsenbau erworben hat und das Hilger'sche Grundstück zukaufen möchte.
50 HdEG 145–2056, Bl. 14–17. Die Datierung vom 10.5.1921 auf Bl. 17 deutet auf eine überarbeitete Fassung hin.
51 August Hoff, Die neue Börse in Essen, Deutsche Bauzeitung, 59. Jahrgang, Nr. 55, Berlin 11.7.1925 (im Folgenden: Hoff, Die neue Börse), S. 430–431.
52 Essener Arbeiter-Zeitung v. 12.1.1921. Hier wird Körner als planender Architekt genannt.

Abb. 195: Bismarckplatz mit Essener Handelskammer und Arenberghaus

verhältnismäßig geringen Kosten die Theaterfrage für Essen [zu-]lösen".[53] Ein erhaltener Lageplan zeigt einen langgestreckten Baukörper mit Querflügeln an der Vorder- und Rückseite (Abb. 197).[54]

Die Errichtung eines solchen Hochhauses wäre für das Jahr 1921 ein spektakuläres Vorhaben gewesen, denn, „damals grassierte die inzwischen schon fast zur Manie gewordene Hochhausmode noch nicht", wie Körner später schrieb.[55] Die mutigen Pläne wurden über die Stadtgrenze hinaus wahrgenommen. So erhielt die Stadt im Juni 1921 ein Schreiben der Architekten Herm. Hoppe und G. Wehling, Düsseldorf, Königsallee. Die Herren stellten die Gründung einer Gesellschaft zur Ausführung von Hoch- und Bürohäusern mit amerikanischen Geldgebern in Aussicht: „wir wissen, dass in Ihrer Stadt grosses Interesse für die Errichtung eines Hochhauses besteht […]"[56] Noch am 2. Juli 1921 bekräftigte die Stadt ihr grundsätzliches Interesse an einem solchen Projekt.[57]

Als erster „Wolkenkratzer" Europas gilt das zehngeschossige „Weiße Haus" in Rotterdam von 1897/98.[58] In Deutschland entstand das erste Hochhaus erst 1915, das von Friedrich Pützer für Zeis in Jena gebaute Verwaltungsgebäude mit zehn Geschossen (Abb. 198). Per Erlass wurde am 3. Januar 1921 die Genehmigung von „vielgeschossigen Häusern" als Ausnahme von den herrschenden Baugesetzen in Aussicht gestellt, was im September 1921 auf mehr als sechs Vollgeschosse prä-

---

53 Luther, Zusammenbruch (wie Anm. 16), S. 92.
54 HdEG 145–2056, Bl. 13 (Lageplan o. D.). Ansichten sind bislang nicht gefunden worden.
55 Körner, Börsengebäude (wie Anm. 18), S. 16.
56 HdEG 145–2056, Bl. 47. Das Schreiben datiert v. 15.6.1921.
57 HdEG 145–2056, Bl. 51 (Schreiben an die Architekten Hoppe u. Wehling v. 2.7.1921).
58 Rijksmonumentenregister, Monument 334003, https://monumentenregister.cultureelerfgoed.nl (abgerufen 16.3.2023).

DIE ESSENER BÖRSENHAUSGESELLSCHAFT

Abb. 196: Zeichnung der Ansicht des Börsengebäudes am Standort Kruppstraße in der Farbgebung Körners

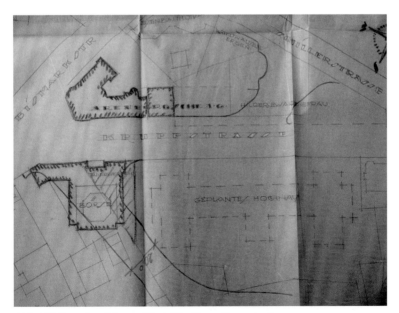

Abb. 197: Lageplan Börsengebäude/Hochhaus Kruppstraße

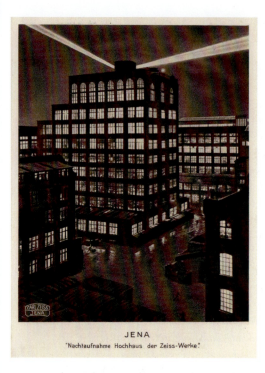

Abb. 198: Erstes deutsches Hochhaus in Jena

zisiert wurde. Zuständiger Minister und oberster Entscheidungsträger wurde kurz darauf der Essener Zentrums-Politiker Heinrich Hirtsiefer als neuer preußischer Minister für Volkswohlfahrt, der bis 1932 an der Dispens-Erteilung vieler „Wolkenkratzer" beteiligt war.[59]

Das von Körner vorgeschlagene Hochhaus wäre womöglich eines der damals höchsten Gebäude Deutschlands geworden. Noch in der Börsen-Festschrift von 1925 kommt seine Enttäuschung darüber zum Ausdruck, dass sich die Pläne für das Südviertel zerschlugen: „Es ist, unter allen möglichen Gesichtspunkten betrachtet, nicht genug zu bedauern, daß dieses Projekt nicht zur Ausführung gekommen ist."[60] Höchstes Hochhaus Deutschlands und Europas wurde stattdessen, wenn auch nur für ein paar Monate, das 1924 fertiggestellte Düsseldorfer Wilhelm-Marx-Haus mit zwölf Geschossen, das noch während der Planungsphase zur Heimstatt der eigentlich gesondert geplanten Düsseldorfer Börse auserkoren wurde.[61]

Die auch in Essen aufkommende öffentliche Debatte über die Errichtung so genannter „Turmhäuser", „Hochhäuser" oder „Wolkenkratzer" wurde in den kommenden Jahren mit ebenso sachlichen wie unsachlichen Argumenten geführt. Als Beispiel sei ein Beitrag in der Essener Volks-Zeitung vom 16. März 1924 erwähnt. Der Autor bezweifelte darin die Standfestigkeit und Dauerhaftigkeit der Eisenbetonkonstruktionen und befürchtete durch den Hochhausbau eine „unerträgliche Zusammenballung von Menschenmassen", eine „gewaltige Schattenwirkung" und einen „Sturmwind", der „an hohen Fassadenflächen sich brechend herabschlägt auf die freien Plätze". „Auch der Bahnhofsvorplatz würde

---

59 Dietrich Neumann, „Die Wolkenkratzer kommen!" Deutsche Hochhäuser der zwanziger Jahre – Debatten – Projekte – Bauten. Braunschweig/Wiesbaden 1995 (im Folgenden: Neumann, Wolkenkratzer), S. 177, 132–133.
60 Körner, Börsengebäude (wie Anm. 18), S. 16.
61 Neumann, Wolkenkratzer (wie Anm. 59), S. 171–172.

durch die Errichtung eines Wolkenkratzers noch stärker unter dem Windeinfall leiden", heißt es, offenbar in Anspielung auf den zu dieser Zeit im Bau befindlichen Kopfbau des Börsenhauses.[62]

Die Börsenhausgesellschaft
Bereits Ende November 1920 verhandelte Oberbürgermeister Hans Luther, seit 4. Juli 1918 im Amt,[63] mit Paul Brandi über ein großes Hotel- und Bürogebäude, das mit „Kapital-Beteiligung der Stadt Essen" auf einem Grundstück in der Nähe des Bahnhofsplatzes realisiert werden könnte, als Alternative zum Standort Kruppstraße. Brandi, früher städtischer Beigeordneter und nunmehr Vertreter der Essener Filiale der Berliner Disconto-Gesellschaft, stellte eine Beteiligung diverser Essener Banken in Aussicht. Das diesbezügliche Anschreiben Brandis wurde später mit dem handschriftlichen Vermerk „betr. Börsenbau" versehen.[64] Das damalige Interesse der Kommune, sich an der Errichtung von Bürohäusern zu beteiligen, beschrieb die Stadt 1934 rückblickend wie folgt:

„Die Errichtung der Bürohäuser, die mit Ausnahme eines Teiles des Börsenhauses in die Zeit des wirtschaftlichen Aufschwunges nach der Inflation fiel, erfolgte damals, um einem dringenden Bedürfnis nach Büroräumen in der Stadt Essen abzuhelfen. Essen, seiner Struktur nach früher eine reine Industriestadt, war nach dem verlorenen Krieg und der damit erfolgten Einstellung der Rüstungsindustrie gezwungen, sich eine breitere wirtschaftliche Grundlage zu schaffen, wenn es nicht der vollkommenen Verelendung anheim fallen wollte. [...] Die Umstellung der wirtschaftlichen Struktur der Stadt aus einer ausgesprochenen Industriestadt in eine Handelsstadt setzte aber in erster Linie das Vorhandensein ausreichender Büro- und Geschäftslokale voraus. Essen besass damals so gut wie nichts dergleichen."[65]

Erstmals beim Handelshof (Abb. 199) hatte sich die Stadt an der Finanzierung eines solchen Gebäudes beteiligt, indem sie eine selbstschuldnerische Bürgschaft übernahm. Die Eigentümerin, die 1907 gegründete Essener Grundbesitz-Gesellschaft m.b.H., konnte dadurch Geld zu einem günstigen Zinsfluss leihen. Verbunden war dies mit der Option, seitens der Stadt das Gebäude nach 60 Jahren zu übernehmen,

---

62 Essener Volks-Zeitung v. 16.3.1924. In der Ausgabe wurde auch eine Karikatur mit dem Börsenhaus ohne Kopfbau gezeigt, als „halbvollendete Ruinen" (vgl. Abb. 276).
63 Stadt Essen/Historischer Verein für Stadt und Stift Essen e.V. (Hrsg.), Essener Köpfe. Essen 2015 (im Folgenden: Essener Köpfe), S. 233.
64 HdEG 145–2056, Bl. 43, Schreiben Brandi an Oberbürgermeister v. 27.11.1920. Angesprochen wurde ein Grundstück zwischen Kettwiger Straße und Teichstraße.
65 HdEG 144–1408, Bl. 43–44 (Schreiben Stadt an Regierungspräsident Düsseldorf v. 8.3.1934).

Abb. 199: Der Essener Handelshof 1913

was aber bereits 1921 geschah.⁶⁶ Die Entstehung des Handelshofes, an der bereits Paul Brandi (damals als Beigeordneter) mitwirkte,⁶⁷ gab die Blaupause ab für die Gründung ähnlicher Gesellschaften unter Beteiligung der Stadt bei der Finanzierung, Errichtung und Bewirtschaftung von Bürogebäuden, u. a. für die Burgplatzbau A.G. (Lichtburg-Gebäude) und die Theaterplatz A.G. (Sparkassengebäude).

Die Gründung einer Trägergesellschaft für das Börsenhaus wurde juristisch von Justizrat Dr. Salomon Heinemann vorbereitet, der bald darauf auch die Übernahme der Folkwang-Sammlung betreute.⁶⁸ Heinemann erarbeitete einen Satzungsentwurf einschließlich eines Erbbauvertrages für ein städtisches Grundstück. Der Entwurf wurde der Stadt am 17. März 1921 zur Verfügung gestellt, ohne dass ein konkretes Grundstück benannt war.⁶⁹ Am 6. Juli 1921 luden Oberbürgermeister Luther und der neue Vorsitzende des Vorstandes der Börse für die Stadt Essen, Wilhelm von Waldthausen (1873–1946, Abb. 200), nach einer „Vorbesprechung im engeren Kreis" den Börsenvorstand zum Gespräch über einen Neubau ein. Dieser sollte nun direkt am Bahnhofsplatz und an der

---

66 Kölnische Zeitung v. 17.10.1907 u. 22.1.1913; Klaus Wisotzky, Vom Kaiserbesuch zum Euro-Gipfel – 100 Jahre Essener Geschichte im Überblick. Essen 1996, S. 81. Demnach wurde die Übernahme des Handelshofes in städtischen Besitz am 14.1.1921 von der Stadtverordnetenversammlung bewilligt.

67 Essener Volks-Zeitung v. 22.1.1913.

68 Uri R. Kaufmann, Der Mann hinter den Kulissen des Museum Folkwang … – Salomon und Anna Heinemann, in: Alte Synagoge Essen (Hrsg.), Donnerstagshefte über Politik, Kultur und Gesellschaft, Heft 15, Essen 2022, S. 15 ff. Salomon Heinemann war einer von Körners privaten Auftraggebern und hatte sich 1913–14 sein Kanzleigebäude an der Zweigertstraße 50 von Körner erbauen lassen. Körner selbst ließ sich auch von Heinemann in seinen Grundstücksangelegenheiten juristisch betreuen, vgl. HdEG 144-172 (Camillo-Sitte-Platz).

69 HdEG 145-2056, Bl. 45 (Schreiben Handelskammer an Stadt v. 17.3.1921), undatierter Vertragsentwurf Bl. 20-33.

DIE ESSENER BÖRSENHAUSGESELLSCHAFT

Abb. 200: Wilhelm von Waldthausen

Bachstraße entstehen und „unter anderem vor allem auch die Essener Börse aufnehmen".[70] Ein Standort am Hauptbahnhof und in der Nähe des Bankenviertels galt als vorbildlich.[71] In dieser Beziehung lag das Grundstück für „die zahlreichen von auswärts – aus Köln, Düsseldorf, Bochum, Hagen usw. – kommenden Börsenbesucher […] konkurrenzlos gut", wie Brandi später feststellte.[72]

Zur Realisierung des Bauvorhabens wurde im ersten Halbjahr 1921 eine „Studiengesellschaft Bürohaus" ins Leben gerufen, die unter dem stellvertretenden Vorsitz des Oberbürgermeisters stand.[73] Am 20. Juli 1921 genehmigten die Stadtverordneten in geheimer Sitzung einstimmig die Beteiligung der Stadt am Börsengebäude. Dass Körner den Entwurf erstellen werde, war schon am kommenden Tag in der Zeitung zu lesen, obgleich es hierzu noch keine Beschlusslage gab. Auch erste Finanzierungsdetails wurden bekannt und dass die Stadt der zu gründenden Börsenhausgesellschaft ein Baugrundstück am Bahnhofsplatz in Erbpacht übertragen wollte.[74]

Für den 1. August 1921 lud die Börse für die Stadt Essen Vertreter der Stadtverwaltung, die Börsenvorstandsmitglieder und die bisherigen Zeichner von Verpflichtungsscheinen zu einer kurzfristig angesetzten „Interessentenversammlung" in die Handelskammer ein. Seitens der Stadt nahmen neben Luther die Beigeordneten Hermann Ehlgötz, Ernst Bode und Karl Hahn teil. Die Tagesordnung sah die Bildung einer „Arbeitsvereinigung" der Interessenten und die endgültige Bestimmung eines Architekten für den „Börsenneubau" vor. Da Körner bereits das erste Projekt im Südviertel entworfen hatte und mit einem „umgehenden Anziehen aller Materialpreise" zu rechnen war, entschloss man sich nach eingehender Aussprache einstimmig, Körner mit der Weiterbearbeitung zu beauftragen. Körner sollte schon jetzt mit den Vorarbeiten beginnen,

---

70 HdEG 145–2056, Bl. 1. Angaben zu von Waldthausen: Essener Köpfe (wie Anm. 63), S. 356. Er war Aufsichtsratsvorsitzender der Essener Credit-Anstalt und nach deren Fusion mit der Deutschen Bank 1925 Mitglied im dortigen Aufsichtsrat. Vorsitzender des Börsenvorstandes wurde er 1921, vgl. Essener Anzeiger v. 4.1.1931.
71 Alphons Schneegans, Börsengebäude, in: Handbuch der Architektur, 4. Teil, 2. Halb-Band, 2. Heft, 2. Auflage, Leipzig 1923 (im Folgenden: Schneegans, Börsengebäude), S. 232.
72 Brandi, Arbeitsjahre (wie Anm. 11), S. 94 f.
73 Waldthausen, Börse (wie Anm. 4), S. 14; HdEG 145–2056, Bl. 54–55 (Schreiben des Geschäftsführers der Studiengesellschaft an den Oberbürgermeister v. 3.6.1921).
74 Essener Arbeiter-Zeitung v. 21.7.1921 u. Essener Volks-Zeitung v. 24.7.1921.

Abb. 201: Briefpapier der Börsenhausgesellschaft 1922

obgleich die endgültige Übertragung des Auftrages der Gesellschafterversammlung vorbehalten blieb.

Am selben Tag, im Anschluss an die „Interessentenversammlung", tagte der „Arbeitsausschuss". Es wurden erste Details des Bauprogramms besprochen, etwa die Schaffung eines „mittelgrossen, sehr guten Restaurants", die Anlage kleiner Bürozimmer im Zusammenhang mit dem Börsensaal und eine etwaige Integration der Getreidebörse.[75] Die Gründung der Gesellschaft wurde am 20. August 1921 im Gebäude der Handelskammer vor dem Justizrat Dr. Heinemann beurkundet.[76] Sie erfolgte damit kurz nach der Betriebsaufnahme der Düsseldorfer Bürohausgesellschaft m. b. H., die das Wilhelm-Marx-Haus zusammen mit der dortigen Stadtverwaltung realisierte.[77] Der Erbbauvertrag vom 20./23. August 1921 war wesentlicher Bestandteil des Gesellschaftervertrages und regelte u. a., dass die Bauzeichnungen des Essener Börsenhauses und etwaige Änderungen einer schriftlichen Genehmigung der Stadtgemeinde bedurften. Der Börsenhausgesellschaft wurde das Recht zugebilligt, für eine bessere wirtschaftliche Ausnutzung ohne Zustimmung bauliche Veränderungen vorzunehmen, soweit sie nicht die äußere Form der Gebäude betrafen.

Der auf 99 Jahre geschlossene Erbbauvertrag gibt auch einen Überblick über die damals vorgesehene Finanzierung des Bauprojektes:

- Hypothekendarlehen der Pensionskasse der Firma Fried. Krupp A.G. zu Essen: 5 Mio. Mark
- Darlehen der Sparkasse der Stadt Essen: 3 Mio. (Ausbezahlung vorläufig 2 Mio. Mark)

[75] HdEG 145–2056, Bl. 17 u. 34–37 (Protokoll Interessentensitzung u. Arbeitsausschuss v. 1.8.1921). Über die Interessentensitzung wurde auch im Essener Anzeiger v. 5.8.1921 berichtet.
[76] HdEG 144–1407, Gesellschaftervertrag, verhandelt am 20.8.1921.
[77] Im Juli 1921, vgl.: Statistisches Amt der Stadt Düsseldorf (Hrsg.), Verwaltungsbericht der Stadt Düsseldorf für den Zeitraum vom 1. April 1922 bis 31. März 1925, S. 328.

- Eintragung einer Eigentumsgrundschuld: 2 Mio. Mark
- Obligationen: 2,25 Mio. Mark
- Barkapital der Gesellschaft: 2 Mio. Mark.[78]

Während des gesamten Bauprozesses musste die Börsenhausgesellschaft nicht nur ihre Gesellschaftsanteile anpassen, sondern auch wiederholt Hypotheken und weitere Darlehen aufnehmen, u. a. 1922 beim Allgemeinen Knappschaftsverein in Bochum (20 Mio. Mark) oder 1925 bei der „Börse für die Stadt Essen" (50.000 Mark).[79] Ermöglicht wurden die Hypotheken durch die Erbpachtregelung (das Gebäude konnte beliehen werden), wobei die Stadt Essen eine selbstschuldnerische Bürgschaft übernahm.[80]

Die Stadt Essen wurde in der Gesellschaft durch den Beigeordneten Hahn vertreten, die Handelskammer durch ihren Direktor Franz Woltze. Der Kreis der Gesellschafter setzte sich darüber hinaus aus Vertretern von Banken und Firmen zusammen. Am Stammkapital von 3 Mio. Mark war die Stadt Essen mit 1,25 Mio. Mark beteiligt, wobei der Sachwert des Grundstückes i. H. v. 1 Mio. Mark angerechnet wurde. Weitere Anteile entfielen auf die Handelskammer (280.000 Mark), die Essener Credit-Anstalt (250.000 Mark), den Barmer Bankverein, die Discontogesellschaft und die Commerz- und Privatbank (jeweils 150.000 Mark), sowie die Dresdener Bank, Simon Hirschland und die Bank für Handel und Industrie (jeweils 125.000 Mark). Die übrigen Gesellschafter waren mit geringeren Beträgen von mindestens 20.000 Mark beteiligt.

Für die Beschlüsse der Gesellschafterversammlung war eine 2/3-Mehrheit erforderlich, wobei jeweils 1.000 Mark eine Stimme ausmachte. Von insgesamt 3.000 Stimmanteilen hielt die Stadt Essen lt. Vertrag 1.250 (= 42 %), die Handelskammer 280 (= 9 %) und die Banken und Unternehmen 1.470 (= 49 %). Das Stammkapital wurde später angepasst und stieg inflationsbedingt bis zum 22. Januar 1923 von 3 Mio. Mark auf 137.155.000 Mark. Am 30. Oktober 1924, nach der Währungsumstellung, erfolgte eine Anpassung und Erhöhung auf nunmehr 346.880 RM. Bis 13. Dezember 1926 wurde das Stammkapital in zwei Schritten auf 1.015.280 RM angehoben.[81]

---

78 HdEG 144–1407, Gesellschaftervertrag einschl. Erbbauvertrag. Die Laufzeit sollte am 31.12.2021 enden.
79 HdEG 144–1407, Niederschrift Besprechung zur Finanzierung des Börsenbaues v. 10.7.1922 u. Schreiben Börsenhausgesellschaft an Börse v. 22.11.1925.
80 Dies bereitete zunächst keine Probleme, vgl. Brandi, Arbeitsjahre (wie Anm. 11), S. 96: „Die Hypothekenbanken schlugen sich um die Beleihung des Objektes […]"; Essener Arbeiter-Zeitung v. 20.3.1926 über die Hypothek der Preußischen Zentralbodenkreditanstalt i. H. v. 2,4 Mio. Mark.
81 HdEG 144–1407, Gesellschaftervertrag einschl. Erbbauvertrag u. Mitteilungen über Erhöhung Stammkapital.

Bevor sie 1924 ins Börsenhaus einzog, residierte die Börsenhausgesellschaft zunächst in einem Privatwohnhaus in der Julienstraße 18.[82] Als Organ wirkte neben dem Geschäftsführer und der Gesellschafterversammlung ein Aufsichtsrat mit neun Mitgliedern, von denen drei seitens der Stadt Essen gestellt wurden und zwei seitens der Handelskammer. Um die praktische Abwicklung des Bauvorhabens kümmerte sich ein bereits in der zweiten Sitzung des Aufsichtsrates initiierter Bauausschuss unter Vorsitz von Brandi, an dessen Sitzungen neben Körner auch der Beigeordnete Bode teilnahm.[83]

Der Börsenverein
Aufgabe der Börsenhausgesellschaft war die Errichtung, Verwaltung und Vermietung des Börsenhauses und die Aufnahme der Börse in das Gebäude. Die Gesellschaft war demnach Bauherr, Vermieter und Betreiber des Börsenhauses. Die eigentlichen Börsenräume wurden aber nicht von ihr selbst, sondern von der Börse für die Stadt Essen genutzt und untervermietet. Die Geschäftsstelle der Börse, die zuvor im Arenberghaus und dann vorübergehend in der Essener Credit-Anstalt untergebracht war, bezog Ende 1924 Büros im Börsenhaus.[84] Um die Nutzung vertraglich zu regeln, gründete sich am 16. Februar 1925 der „Börsenverein e. V.". Den Vorsitz übernahm Wilhelm von Waldthausen, sein Stellvertreter war der Bankier Kurt Martin Hirschland. Laut Satzung bestand der Zweck des Vereins darin, die für den Betrieb der Börse erforderlichen Geschäfte zu führen und die Börse in ihren Rechtsgeschäften nach außen zu vertreten. Außerdem übernahm der Verein das bisher von der Handelskammer treuhänderisch verwaltete Vermögen der Börse. Mitglied im Verein konnten ausschließlich die Essener Mitglieder des Börsenvorstandes werden.[85]

Der Börsenverein mietete laut Vertrag die Räume des Erdgeschosses (Eingangshalle), des Zwischengeschosses (Obergeschoss mit der Telefonanlage und den Garderoben) und Hauptgeschosses des Essener Börsenhauses, einschl. der zum Hauptgeschoss gehörenden Emporen der Säle und aller zugehöriger Treppen an. Der Mietpreis wurde für die ersten zwei Jahre auf 65.000 Mark festgelegt und mit einem Baukostenzuschuss für Mobiliar verrechnet.[86]

---

82   HdEG 143–3715, Bl. 44 RS.
83   HdEG 144–1407, Niederschrift Sitzung Bauausschuss v. 19.10.1921. Durch den späteren Übergang des Gebäudes an die Stadt sind glücklicherweise neben einigen Protokollen des Aufsichtsrates die Niederschriften des Bauausschusses erhalten geblieben sowie ein Teil des Schriftverkehrs der Gesellschaft. Es fehlen Aufträge und Vertragsunterlagen.
84   HdEG 144–1411, Schreiben Börsen-Geschäftsstelle an Börsenhausgesellschaft v. 13.5. u. 5.11.1924 mit Angabe Bismarckstraße 3 (Arenberghaus) bzw. Essener Credit-Anstalt.
85   HdEG 144–1408, Bl. 55–56, Abschrift Gründungsprotokoll v. 16.2.1925 u. Satzung.
86   HdEG 144–1411, undatierter Mietvertrag [vom 6.5.1925] zwischen Börsenhausgesellschaft u. Börsenverein. Datum aus anderen Schriftsätzen im Vorgang ersichtlich.

Planungsverlauf des ersten Bauabschnittes

Die konkreten Planungen für das Börsenhaus am nunmehrigen Standort wurden nach der Gründung der Börsenhausgesellschaft in großer Eile vorangetrieben. Schon in der Sitzung des Bauausschusses am 19. Oktober 1921 konnte Körner eine „endgültige Grundrißlösung" für die nächste Sitzung in Aussicht stellen. Von dieser Planfassung hat sich nur die für die Außenarchitektur aufschlussreiche Ansicht der Bachstraße (datiert November 1921) erhalten.[87] Ebenfalls in der Oktober-Sitzung wurde beschlossen, die Ausführung des Börsenhauses alternativ in Eisenkonstruktion oder Eisenbeton auszuschreiben und eine mögliche Vergabe an einen Generalunternehmer zu prüfen.[88] Im Eisenbetonbau besaß Körner große Erfahrung, u. a. was seine Entwürfe für die Synagoge, die Baugewerkschule oder die Gemeinde-Doppelschule an der Großenbruchstraße betraf. Hier war zur Vermeidung von Bergschäden eine vom Fundament bis zur Dachspitze reichende Eisenbetonkonstruktion eingebaut worden.[89] Auch für das Börsenhaus entschied man sich für eine Eisenbetonkonstruktion, die für beide Bauabschnitte durch die „Gesellschaft für Hoch- und Tiefbauten (vorm. Gebr. Helfmann)", „Hochtief", ausgeführt wurde.[90] Für das erst seit kurzem in Essen ansässige Unternehmen war das Börsenhaus ein werbewirksamer Auftrag.[91] Am Erweiterungsbau wirkte außerdem das schon seit 1873 in Essen bestehende Bauunternehmen Hoch-, Tief- und Betonbau A.-G August Diehl mit, dem die Maurer-, Verputzungs- und Zimmerarbeiten übertragen wurden.[92]

Der moderne Eisenbetonbau eröffnete die Möglichkeit, höhere Gebäude zu errichten, die keine tragenden Wände mit einer – je nach Gebäudehöhe – erheblichen Wandstärke mehr benötigten. Auffällig ist, dass, anders als bei vergleichbaren Baumaßnahmen in anderen Städten, weder Körner noch die anderen zeitgenössischen Rezensenten des Börsenhauses auf die konstruktiven Beson-

---

[87] HdEG 143–3721, Bl. 16.
[88] HdEG 144–1407, Niederschrift Sitzung Bauausschuss v. 19.10.1921; 143–3721, Bl. 16. Mit einer Stahlbau-Konstruktion der Altenessener Firma Wilh. zur Nieden arbeitete z. B. Ernst Knoblauch beim Umbau des Freudenberg-Hauses. In: Paul Joseph Cremers, Ernst Knoblauch, Neue Werkkunst. Berlin/Leipzig/Wien 1929 (im Folgenden: Cremers, Knoblauch), Anzeigenteil S. 9.
[89] Essener Volks-Zeitung v. 22.10.1910; Klapheck, Körner (wie Anm. 21), S. 66.
[90] HdEG 144–1407, Niederschrift Bauausschuss v. 3.1.1925.
[91] Mit Referenzhinweisen auf oder Abbildungen der Börse warb Hochtief u. a. in: Erwin Stein (Hrsg.), Monographien Deutscher Städte Bd. XI – Essen, Berlin 1923, S. 240; Hermann Ehlgötz (Hrsg.), Deutschlands Städtebau – Essen, Berlin 1925 (im Folgenden: Städtebau, Essen), S. 168; Konrad Adenauer (Hrsg.), Deutschlands Städtebau, Köln, 1926 (3. Auflage) (im Folgenden: Köln, Städtebau), Anzeigenteil.
[92] HdEG 144–1407, Niederschrift Bauausschuss v. 3.1.1925; Städtebau, Essen (wie Anm. 91), S. 212–213. Diehl hatte fast alle Bauten im Umfeld ausgeführt (Handelshof, Kaiserhof, Barmer Bankverein).

derheiten, etwa auf die von Hochtief verwendeten Eisenbetonrippendecken,[93] näher eingingen. „Die neuartige Stahlbetontechnologie in den Gestaltungskanon einzubeziehen fiel den allermeisten Architekten offenbar sehr schwer […]" (Wilhelm Busch).[94] Wie wir aus späteren Verlautbarungen Körners wissen, lehnte er eine sichtbare Offenlegung der Konstruktion ab, die bescheiden zurücktreten sollte, um sich der geistigen Idee, der Ästhetik, unterzuordnen.[95]

Eine erste finanzielle Krise trat ein, als im Februar 1922 klar wurde, dass als Folge der im Herbst 1920 eingetretenen Mark-Entwertung die ausgeschriebenen Erd- und Rohbauarbeiten mehr als doppelt so teuer werden würden, wie im August 1920 veranschlagt. Die neueste Berechnung der Gesamtbaukosten (ursprünglich im Erbbauvertrag mit 11 Mio. Mark geschätzt) lag bereits bei 26 Mio. Mark, ohne die innere Einrichtung. Es musste eine außerordentliche Gesellschafterversammlung einberufen werden, um die bisherigen Einzahlungen aufzustocken und ggf. weitere Gesellschafter zu gewinnen.[96]

Am 27. Februar 1922 reichte Körner das Baugesuch offiziell bei der Baupolizei ein. Sofort wurde mit dem Abbruch der Häuser an der Bachstraße begonnen,[97] der sich allerdings bis April 1923 hinzog. Grund für die Verzögerung waren Schwierigkeiten des Wohnungsamtes, geeignete Ersatzwohnungen für die bisherigen Bewohner zu finden, aber auch Widerstände einzelner Mieter und Eigentümer, die auf eine hohe Abfindung hofften. In einem Fall eskalierte die Situation, der Bauführer und andere Personen wurden schwer bedroht. Allein bis Anfang Juli 1922 musste die Börsenhausgesellschaft über 215.000 Mark für die Räumung der Häuser aufwenden. Mit den Fundamentierungsarbeiten wurde im Mai 1922 begonnen, was als offizieller Baubeginn gewertet werden kann.[98]

Abhängigkeiten bestanden zu den Planungs- und Bauvorhaben im Umfeld: Im Februar 1922 erwarb die Stadt das östlich der Gildehofstraße anschließende Gelände des früheren Walzwerkes Schulz-Knaudt, um es für die künftige Stadtentwicklung zu sichern (Abb. 202). An einem im Juni 1922 für das Viertel ausgeschriebenen Wettbewerb beteiligte sich auch Körner. Er favorisierte eine

---

93 HdEG 143–3715, Bl. 3. Verwendet wurden Massiv-Decken, Pohlmann, D.R.P. (Thermos-Rahmenzellen-Decken).
94 Wilhelm Busch, Bauten der 20er Jahre an Rhein und Ruhr – Architektur als Ausdrucksmittel, in: Udo Mainzer (Hrsg.), Beiträge zu den Bau- und Kunstdenkmälern im Rheinland Bd. 32. Köln 1993 (im Folgenden: Busch, Bauten), S. 126.
95 Organische Einfügung des Kirchenbaues in die Großstadt, 1932, zitiert in: Pankoke, Körner (wie Anm. 24), S. 261.
96 HdEG 144–1407, Schreiben Börsenhausgesellschaft an Gesellschafter v. 4.2.1922 u. Bericht über den Stand des Börsenneubaues v. 13.2.1922.
97 HdEG 143–3715, Bl. 2. Die Abbrucharbeiten hatte Körner schon am 15./16.1.1922 ausgeschrieben, vgl. Essener Volks-Zeitung v. 15.1. u. Essener Arbeiter-Zeitung v. 16.1.1922.
98 Körner, Börsengebäude (wie Anm. 18), S. 17 u. 25; HdEG 144–1407, Bericht Geschäftsführung Börsenhausgesellschaft v. 1.6.1922 u. Bericht Börsenhausgesellschaft v. 1.7.1922.

Ausrichtung auf den Burgplatz, die schmalen Häuserblöcke sollten diagonal zur Bahnlinie angelegt werden. Zur Aufwertung des Börsengebäudes sah er einen Platz an der Gildehofstraße vor. Körners Vorschlag wurde zwar angekauft, ein Dortmunder Architekturbüro ging allerdings als Sieger hervor.[99] 1925 wurde ein Wettbewerb für die neue Hauptpost ausgeschrieben, die nach ihrer Fertigstellung als Bürostandort dem Börsenhaus Konkurrenz machte.[100] Außerdem wurde ein großzügiger Ausbau des Hauptbahnhofs zur Beschleunigung des Personenverkehrs („Schnellbahn") durch einen weiteren Wettbewerb vorangetrieben.[101] Die Börse sah man in diesem Kontext als „Zentralbahnhof des Geldverkehrs".[102]

Dass ein Teil dieser ambitionierten Planungsvorhaben scheitern musste, war der dramatischen wirtschaftlichen Entwicklung geschuldet. Neben dem Währungssturz waren Streiks und Schwierigkeiten bei der Materialbeschaffung zu bewältigen.[103] Weil das Zementsyndikat mit der Lieferung im Rückstand blieb, kamen die im Juli 1922 begonnenen Betonierungs- und Maurerarbeiten am Börsenhaus nur langsam voran.[104] Am 10. Juli 1922 trafen sich die Verantwortlichen der Börsenhausgesellschaft außerhalb der üblichen Gesprächsformate zur Krisensitzung. Körner schätzte die Rohbaukosten inzwischen auf 30,5 Mio. und die Ausbaukosten auf 20 Mio. Mark, die Gesamtkosten bei unveränderten Löhnen auf bereits 50,5 Mio. Mark. Etwa 20 Mio. Mark fehlten für die Fertigstellung, so dass ein Darlehen beim Allgemeinen Knappschaftsverein in Bochum aufgenommen werden musste.[105]

Doch dies reichte nicht: Noch bevor der Rohbau ganz vollendet war, vernichtete die Inflation einen Teil der Geldmittel. Um eine Stilllegung der Baumaßnahmen zu vermeiden, erklärte sich die Firma Stinnes bereit, das Objekt zu erwerben. Sie wollte das Gebäude zum großen Teil für eigene Zwecke nutzen und die Börse mietweise unterbringen.[106] Erwogen wurde ein Teilerwerb des Erbbaugrundstückes durch die Firma Hochtief, die damals zum Stinnes-Konzern gehörte.[107] Eine damit verbundene vollständige Umänderung des Bauprogramms

---

99 Essener Arbeiter-Zeitung v. 26.6.1922 (Auslobung); Thorsten Ebers, Ernst Bode – Baupolitik und Bauten in Essen 1920–1934, EB 121, 2008 (im Folgenden: Ebers, Bode), S. 88–91, Abb. von Körners Entwurf auf S. 86.
100 [Konrad] Wittmann, Das Problem des Essener Bahnhofsplatzes, in: Deutsche Bauhütte 1925 (im Folgenden: Wittmann, Bahnhofsplatz), S. 196.
101 Essener Volks-Zeitung v. 14.6.1925.
102 Wittmann, Bahnhofsplatz (wie Anm. 100), S. 196.
103 Körner, Börsengebäude (wie Anm. 18), S. 25.
104 HdEG 144–1407, Bericht Börsenhausgesellschaft v. 1.7.1922.
105 HdEG 144–1407, Niederschrift Besprechung v. 10.7.1922 u. Darlehnsvertrag v. 24.5.1922.
106 Körner, Börsengebäude (wie Anm. 18), S. 25; HdEG 144–1407, Niederschrift Sitzungen Aufsichtsrat/Bauausschuss v. 25.9.1922.
107 HdEG 144–1407, Niederschrift Aufsichtsrat u. Bauausschuss v. 25.9.1922 u. Vermerk v. 25.9.1925; Essener Arbeiter-Zeitung v. 4.8. u. 30.9.1922.

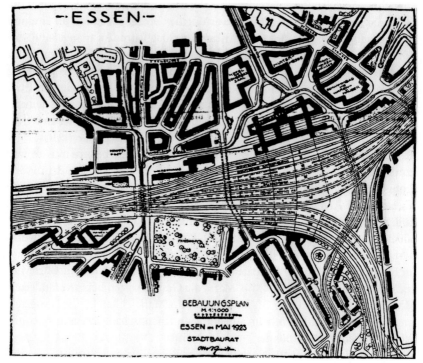

Abb. 202: Nach dem Wettbewerb für das Schulz-Knaudt-Gelände im Mai 1923 aufgestellter Bebauungsplan, Essener Anzeiger v. 27./28.6.1926

wurde von Oberbürgermeister Luther angeregt.[108] Obwohl der erste Bauabschnitt bereits zu 2/5 fertig gestellt war, legte Körner am 25. September mehrere Grundrissvarianten vor, von denen einige als unzweckmäßig sogleich verworfen wurden. Man einigte sich auf einen Plan „D", der die Börsenräume im westlichen Gebäudeteil bis zur Ostseite des bisherigen Treppenhauses konzentrierte und eine etwaige Teilung des Gebäudes zuließ. Diese Grundrissvariante blieb verbindlich, obwohl die Verhandlungen mit Stinnes im Januar 1923 scheiterten.[109]

Die französische Besetzung des Ruhrgebiets ab 11. Januar 1923 stürzte den Börsenbau in noch größere Bedrängnis.

---

[108] HdEG 145–2056, Bl. 99 (Schreiben Körner an Ehlgötz v. 17.10.1923).
[109] HdEG 144–1407, Schreiben Körner an Börsenhausgesellschaft v. 17.10.1922, Niederschrift Aufsichtsrat u. Bauausschuss v. 25.9.1922 u. Vermerk v. 25.9.1925; Körner, Börsengebäude (wie Anm. 18), S. 25. Im Plan E, der ebenfalls in Betracht gezogen wurde, hätte Körner die Börsensäle im Lichthof des Ostflügels angeordnet.

„Infolge Stillegung der Reichsbahn, Einrichtung der Zollgrenze und der außerordentlichen Schwierigkeiten, die die Franzosen dem Zugang jeglichen Materials bereiteten, trat bald die bekannte Verknappung und damit verbundene Preissteigerung des vorhandenen Materials ein. Das auswärts lagernde gekaufte Material konnte nicht mehr herangeschafft werden und oft mußten alle möglichen Listen angewendet werden um buchstäblich beispielsweise den Zement sackweise per Auto heranzuschaffen oder den Kies in einzelnen Fuhren vom Hafen Duisburg aus anzufahren."[110]

So beschreibt Körner die Situation und gibt auch an, dass Änderungen an der Konstruktion erforderlich waren, etwa der Dachstuhl in Holz statt in Eisenbeton ausgeführt werden musste. Der fortwährende Währungsverlust führte zu Lohnstreitigkeiten und weiteren, längeren Streiks. Zwischen Februar 1922 und Dezember 1923 stieg der Stundenlohnsatz von 7 bzw. 11 Mark auf 1,6 bzw. 2 Billionen Mark. Körner und sein Baubüro mussten 1924 zeitweilig selbst Hand anlegen. Um die letzte Betondecke im Kopfbau einschalen zu können und Witterungsschäden zu vermeiden, musste dort sogar zeitweise unter Polizeischutz gearbeitet werden. Körner urteilte später: „Der Arbeitsplatz war politischer Tummelplatz geworden und was das der Bauleitung an Belastung und Hemmungen brachte, kann nur der Fachmann ermessen."[111]

Anfang 1922 hatte der Aufsichtsrat der Börsenhausgesellschaft zunächst eine Verblendung des Börsenhauses in Werkstein beschlossen, auf deren Grundlage Körner die Entwürfe fertigte.[112] Erst in der Aufsichtsratssitzung vom 26. April 1922 kam es zu einer folgenschweren Änderung:

„Der Preis der Werksteine darf heute auf das Doppelte von 2,2 Millionen […] angenommen werden. Aus städtebaulichen Gründen ist ein Bau in Werksteinen vorzuziehen. Die Preisfrage legt jedoch eine andere Lösung nahe. Die Herren Körner und Bode sollen die Frage einer Ausführung in Ziegelrohbau prüfen und zur nächsten Sitzung einen Kostenanschlag darüber vorlegen. Nach Ansicht der beiden Herren wird ein Ziegelrohbau namentlich mit Rücksicht auf die spätere Unterhaltung nicht wesentlich teurer als ein guter Putz. Die Herren Körner und Bode werden ermächtigt, bezüglich der Steinlieferung bestmöglichst abzuschließen."[113]

Das Protokoll legt nahe, dass der Hinweis, aus städtebaulichen Gründen sei ein Bau in Werksteinen vorzuziehen, die Meinung Körners widerspiegelt, ganz

---

110 Ebd., S. 25–26.
111 Ebd., S. 26, 29. Dass Körner während der Einschalungsarbeiten beim Streik der Zimmerer mit einem Borbecker Schreinermeister und seinem Bauführer Werner selbst Hand anlegte, berichtet auch die Essener Arbeiter-Zeitung v. 5.8.1924.
112 Im Essener Bankenviertel herrschte Natursteinverblendung vor, mit Ausnahme des erst 1923 gebauten Barmer Bankvereins (Arch. Carl Moritz) direkt neben der Börse.
113 HdEG 144–1407, Niederschrift Aufsichtsratssitzung v. 26.4.1922.

Abb. 203: Haus der Technik mit zerstörter Außenhülle 7.9.1951

sicher ist dies aber nicht. Jedenfalls steht in Kenntnis dieser Protokolle nun fest, dass Essens vielleicht bedeutendster Ziegelbau der 1920er Jahre das Ergebnis wirtschaftlicher Zwänge war. Die Skelettbauweise erlaubte es dabei, die Wandflächen zwischen dem Eisenbetonfachwerk nicht mehr auszumauern (wie es z. B. bei einer Verblendung mit Werkstein sinnvoll war), sondern sie durch eine vorgesetzte Mauer zu umhüllen. Für das Börsenhaus ließ Körner eine nur 40 cm starke Außenhülle aus Ziegelsteinen erstellen, in welche die äußeren Pfeiler hälftig vermauert waren.[114] In der Außenansicht wurde trotzdem der Eindruck eines Massivbaues erweckt. Erst als Folge der Bombenangriffe trat das an vielen Stellen noch intakte Tragwerk des Börsenhauses ans Tageslicht, nachdem die Wände des Börsenhauses großflächig abgesprengt worden waren (Abb. 203).

Zwischen Oktober 1922 und Oktober 1923 kam der Baufortschritt weitgehend zum Stillstand. Erst Anfang November 1923 konnte zwischen Architekt, Börsenhausgesellschaft und Stadt eine Einigung über die Gestalt des Kopfbaues erzielt werden, so dass die Bauarbeiten nun zügiger vorangingen.[115] Auch die wirtschaftliche Lage des Unternehmens entspannte sich vorübergehend. Vorrangig wurden die vermietbaren Flächen ausgebaut, um möglichst bald Einnahmen erzielen zu können. Die ersten Räume konnten im April 1924 bezogen werden.[116] Ende April konnte Körner mitteilen, dass die Büros am 15. Mai und die Läden am 1. Juli bezugsfertig wären und der gesamte Rohbau bis zum 1. Juli fertiggestellt werden könnte.[117] Auch wenn sich die Terminschiene noch ein wenig verzögerte, war nun die Planung berechenbarer geworden.

[114] HdEG 143-3721, Bl. 41. Ursprünglich war eine Wandstärke von 65 cm vorgesehen, welche die Pfeiler komplett eingeschlossen hätte.
[115] HdEG 144-1407, Niederschrift Bauausschusssitzung am 29.10. u. 2.11.1923.
[116] Körner, Börsengebäude (wie Anm. 18), S. 26.
[117] HdEG 144-1407, Niederschrift Bauausschuss v. 28.4.1924.

Die Börsenfeier von 1925

Die Vollendung des ersten Bauabschnittes (Abb. 204) wurde am 9. März 1925 als „Börsenfeier" festlich begangen, weil damit der Börsenbetrieb im Gebäude aufgenommen werden konnte. Der Festakt fand im kleinen Saal der Börse statt, mit etwa 600 geladenen Gästen, um deren An- und Abfahrt man frühzeitig besorgt war. So gab es detaillierte Bestimmungen über den zu erwartenden „regen Kraftwagenverkehr" und die Sondererlaubnis, dass an der Hansastraße die Wagen in Zweierreihen parken durften.[118] Dies wurde auch später für den Börsenbetrieb so gestattet, mit zwei Haltespuren in der Mitte der Straße. Die Autos parkten in Richtung Bahnhofsplatz (Abb. 205).

Körner übergab mit einer Ansprache das Börsenhaus an den Vorsitzenden der Börsenhausgesellschaft und des Börsenvorstandes, Wilhelm von Waldthausen, der das Gebäude „als ein Denkmal in der denkmalarmen Stadt" würdigte. Bankdirektor Brandi verwies besonders auf den Anteil der Stadt am Gelingen. Zu den Ehrengästen gehörten Vertreter des Ministeriums für Handel und Gewerbe, des Reichsbankpräsidiums, der Reichsbahndirektion, des Landgerichts, der Handelskammer und der Börsen in Düsseldorf, Köln, Hannover und Berlin sowie der seit 18. Dezember 1924 amtierende neue Essener Oberbürgermeister Franz Bracht und der zuständige Regierungspräsident Karl Bergemann.

Der Vertreter des Handelsministeriums beteuerte in seiner Ansprache, dass die Essener Börse in Berlin volles Vertrauen genieße, und sprach die Hoffnung aus, dass sich auch der Markt der unnotierten Werte in Essen bald zu einem amtlichen Verkehr entwickeln möge. Die Berliner Börse ließ versichern, dass sie sich die besondere Spezialität des Kuxenverkehrs nicht zu eigen machen wolle. Vertreter der Essener Getreide- und Warenbörse (in diesem Fall der Kaufmann Hermann Schäfer) und der Schrottbörse Düsseldorf-Essen (der Kaufmann Hermann Stern) bekräftigten den Wunsch, zukünftig im Börsenhaus ein geeignetes Heim zu finden. Ein „Festmahl" mit den geladenen Ehrengästen in den Sälen des Hotels Kaiserhof beendete die Feier.[119] In der Presse gab es aus Anlass der Börsenfeier auch kritische Stimmen. So schrieb die Essener Arbeiter-Zeitung:

„Der Bau hat sich mehrere Jahre hingezogen und wäre zweifellos als Ruine liegengeblieben, wenn die Stadt nicht auch in der schlimmsten Inflationszeit, während die Banken dauernd versagten, immer wieder Zuschüsse zum Weiterbau gegeben hätte. Als Dank dafür wäre die Stadt beinahe aus der G. m. b. H. herausgeflogen, hätte sie nicht bis in die jüngste Zeit weitere Zuschüsse geleistet".[120]

---

118 Essener Volks-Zeitung v. 8. u. 10.3.1925.
119 Essener Anzeiger u. Essener Volks-Zeitung v. 10.3.1925. Für Hermann Stern baute Edmund Körner eine der Villen im Moltkeviertel. Vgl. Pankoke, Körner (wie Anm. 24), S. 176.
120 Essener Arbeiter-Zeitung v. 10.3.1925.

Abb. 204: Der erste Bauabschnitt des Börsenhauses 1925

Planungsverlauf des zweiten Bauabschnittes (Erweiterungsbau)
Wie von Anfang an geplant, erwarb die Börsenhausgesellschaft ergänzend zum Erbbaugrundstück im Mai 1923 das Gelände für den Erweiterungsbau von der Schulz Knaudt'schen Bau- und Terrain GmbH für 14 Mio. Mark.[121] Das Baugesuch für den Ostflügel wurde von Körner am 3. Dezember 1924 eingereicht.[122] Der Aufsichtsrat stimmte erst nachträglich, am 2. Januar 1925, der Ausführung zu, obgleich die finanzielle Lage mehr als angespannt war. Man lebte förmlich von der Hand in den Mund. Als das Bauunternehmen A. Diehl im Februar 1925 eine Vorschusszahlung für Ziegelsteine und Klinker erbat, beteuerte der Bauausschuss, diesen Wunsch erst erfüllen zu können, sobald weitere Mittel hereinkämen. Für die weitere Zusammenarbeit mit Hochtief musste erst ein Streit über deren „Aufwertungsansprüche" beigelegt werden, die als Folge der Geldentwertung entstanden waren.[123]

Noch immer bestand Unklarheit über die Unterbringung der Waren- und Getreidebörse. Obgleich die Essener Börse bereit war, einen Börsentag mit Düsseldorf zu tauschen (Montag war der traditionelle Tag der Essener Getreidebörse), konnte man sich nicht über eine angemessene Miete einigen. Die Schaffung eines eigenen Saales für die Getreidebörse im Erweiterungsbau hielt der Aufsichtsrat für unrentabel. Auch der Bauausschuss bekundete am 1. Mai 1925, die erforderlichen Mehrkosten von 80.000 RM keinesfalls übernehmen zu wollen. Trotzdem ließ Körner, ohne eine Entscheidung in der Sache abzuwarten, für den Einbau des Saales die Dachkonstruktion im Rohbau ändern, verbunden mit erheblichen Mehrkosten (Abb. 206). Dies erfahren wir aus einem Schreiben der Börsenhausgesellschaft an Körner vom 24. März 1926. Man behielt sich

---

[121] HdEG 144–1411, Abschrift Beurkundung der Verhandlung in den Geschäftsräumen der Rheinisch-Westfälischen Bank für Grundbesitz AG in Essen am 18.5.1923.
[122] HdEG 143–3715, Bl. 59.
[123] HdEG 144–1407, Niederschrift Bauausschuss v. 3.1. u. 26.2.1925.

Abb. 205: Luftansicht Börsenhaus mit Vorortbahnhof und Parkstreifen um 1930

„Gegenansprüche verschiedenster Art" vor, „z. B. wegen der Aenderung der Dachkonstruktion am Erweiterungsbau, wodurch ein neuer Saal entstanden ist".[124] Auffällig ist, dass Körner in den erhaltenen Protokollen und Schriftsätzen an keiner Stelle den Vorwurf, er habe aus Eigeninitiative gehandelt, zu entkräften sucht, während er sich später im Hinblick auf die angeblich zu niedrig kalkulierten Baukosten energisch zur Wehr setzte.

Die Folgen waren verheerend, denn im Januar 1926 verzichtete die Waren- und Getreidebörse endgültig auf eine Umsiedlung in das Börsenhaus (Abb. 207),[125] womit der Saal faktisch überflüssig wurde. Da ein Umbau zu Büros zu kostspielig war (man hätte eine Decke einziehen müssen), mietete die Stadt Essen den Saal an, lehnte aber eine Beteiligung an den Baukosten ab.

Tatsächlich war Körners eigenmächtige Entscheidung zum Saal nur der Gipfel eines Eisberges, was sich auch bereits in dem zitierten Schreiben der Börsenhausgesellschaft vom 24. März 1926 andeutet. Es ging um erhebliche Mehrkosten für den Innenausbau, auch schon im ersten Bauabschnitt: „Allein der für den Ausbau der Restauration von Ihnen mit R. M. 50.000,- veranschlagte Betrag ist um ein Vielfaches überschritten, sodass wir durch die Anlage des Börsenrestaurants auf

---

[124] HdEG 144–1407, Niederschrift Aufsichtsrat v. 2.1.1925, Niederschrift Bauausschuss v. 1.5.1925 u. Schreiben Börsenhausgesellschaft an Körner v. 24.3.1926.

[125] HdEG 144–1407, Niederschrift Bauausschuss v. 26.4.1926. Dass die Verhandlungen gescheitert waren und die Getreidebörse nicht einzog, wird schon im Essener Anzeiger v. 31.1.1926 erwähnt.

Abb. 206: Ostflügel mit Saalkonstruktion im Rohbau, Essener Volks-Zeitung v. 30.1.1926

das Schwerste geschädigt worden sind."[126] Wie den Gesprächsprotokollen zu entnehmen ist, hatte Körner die Bauaufträge über lange Zeit in eigener Verantwortung vergeben. So mussten die Mitglieder des Bauausschusses am 27. August 1925 zur Kenntnis nehmen: „Die von Professor Thorn-Prikker für die Börsenschenke gelieferten 5 bunten Fenster sind von der Börsenhausgesellschaft weder bestellt noch genehmigt. Sie befinden sich nun aber einmal im Gebäude und es fehlt daher die rechtliche Begründung der Zahlungsverweigerung. Evtl. Regressansprüche an Herrn Professor Körner." Tatsächlich hatte sich die Kostenentwicklung schon im Jahr zuvor dramatisch zugespitzt: Kaum dass der Baubetrieb nach längerem, streikbedingtem Stillstand wieder aufgenommen war, wurde zum 22. Mai 1925 im Einvernehmen zwischen Arbeitgebern und Arbeitnehmern eine Lohnerhöhung um stattliche 33 % wirksam. Diese Kostensteigerung stellte das ganze Vorhaben ernsthaft in Frage, obgleich der Rohbau des Ostflügels schon zu zwei Dritteln fertig gestellt war.[127] Um die Lohnerhöhungen aufzufangen, musste das Gebäude ein weiteres Mal beliehen werden.

Im August 1925, also wohl als unmittelbare Folge der Saal-Angelegenheit, zog die Börsenhausgesellschaft die Zügel an. Ab sofort sollten nun „die Abmachungen und Richtlinien zur Geltung kommen, wie sie zwischen Behörden bezw. Privatbauherren und ihren Architekten üblich sind." Auftragsvergaben, der Abschluss von Lieferverträgen oder die Anerkennung der Rechnungen durften nur noch durch den Bauherrn erfolgen. „Geplante Aenderungen am und im Bau sind dem Bauherrn unter Angabe der Kosten anzumelden und zu begründen, ebenso etwaige Nachforderungen und Lieferanten." Nach rund ei-

---

[126] HdEG 144–1407, Niederschrift Bauausschuss v. 17.6. u. 8.7.1926; Schreiben Börsenhausgesellschaft an Körner v. 24.3.1926.
[127] HdEG 144–1407, Niederschrift Bauausschuss v. 27.8.1925 u. 26.5.1925.

Abb. 207: Ornament am Treppenhaus Hollestraße, das auf die geplante Unterbringung der Getreidebörse verweist

nem halben Jahr verlängerte man diese Regeln sogar und behielt sich weiterhin Regressansprüche vor.[128]

Die eigentlich anvisierte Fertigstellung bis Ende 1925 konnte nicht mehr erreicht werden, die Arbeiten zogen sich bis Mitte 1926 hin.[129] Es gab zudem erhebliche Probleme mit der Vermietung der Räume, „angesichts der allgemeinen Geschäftslage und schwachen Nachfrage", wie es 1926 in einem Protokoll heißt. Für den ersten Bauabschnitt gab es wiederholt Anträge auf Herabsetzung der vertraglich vereinbarten Miete, die aber abschlägig beschieden wurden. Die neuen Mietverträge wurden ab Juli 1926 in Goldmark statt wie bisher in Dollar festgesetzt.[130]

Große aber vergebliche Hoffnungen setzte die Börsenhausgesellschaft auf eine vollständige Vermietung des Erweiterungsbaues an den neu gegründeten „Bergtrust". In der Essener Volks-Zeitung vom 30. Januar 1926 wurde sogar die trügerische Hoffnung ausgesprochen, das Börsenhaus könnte Ausgangspunkt für ein ganzes „Syndikatsviertel" werden. Doch selbst der bereits in Essen ansässige Roheisenverband entschied sich gegen das Börsenhaus.[131] Die Etagen

---

128 HdEG 144–1407, Niederschrift Bauausschuss v. 27.8.1925 u. 26.4.1926. Bode wurde um eine Stellungnahme gebeten, über die in den späteren Protokollen nichts ausgesagt wird.
129 Essener Anzeiger v. 29.6.1926.
130 HdEG 144–1407, Niederschrift Bauausschuss v. 20.3. u. 8.7.1926. Der Begriff „Goldmark" wurde ab 1923 auf Notgeldscheinen verwendet und mit dem US-Dollar in Bezug gesetzt. Mit der Festlegung in Goldmark wollte man die Mietverträge vor der weiteren Inflation schützen.
131 HdEG 144–1407, Niederschrift Bauausschuss v. 20.3.1926 u. 24.8.1926. In Düsseldorf wurden im Januar 1926 die Vereinigten Stahlwerke gegründet, für die man sich einen Sitz auch in Essen hätte vorstellen können. Zumindest sollten die Zechenbetriebe („Ruhr-Bergtrust") in Essen ihren Sitz erhalten, vgl. Essener Anzeiger v. 28.1.1926, Velberter Zeitung v. 20.2.1926, Volksblatt v. 2.4.1926 u. Essener Arbeiter-Zeitung v. 7.4.1926. Sitz der Vereinigten Stahlwerke wurde schließlich das Düsseldorfer „Stummhaus" („Neuer Stahlhof").

wurden separat vermietet bzw. aufgeteilt. Erst im Februar 1927 waren fast alle Räume vergeben.[132]

Die Streitigkeiten zwischen Körner und der Börsenhausgesellschaft weiteten sich noch aus. Im Zusammenhang mit seiner Honorarabrechnung im März 1926 fühlte sich Körner übervorteilt. Die Börsenhausgesellschaft wollte ihm für seine Tätigkeiten 173.000 Goldmark[133] für Rohbau und Innenausbau des Erweiterungsbaues zahlen, worin auch 10.000 Goldmark für einige vor dem 31. Dezember 1923 angefallenen Tätigkeiten enthalten waren. Man hielt ihm vor, die Kosten für den Innenausbau mit ursprünglich 400.000 RM angegeben zu haben, schließlich seien es 750.000 RM geworden. Vor diesem Hintergrund hielt die Börsenhausgesellschaft das angebotene Honorar für eine „reichliche Abzahlung" seines Anspruchs und drohte erneut „Gegenansprüche verschiedenster Art" an. „Damit ist von Ihnen eine Schärfe in die Sache hineingebracht, die ich selbst bedaure", antwortete Körner noch am selben Tag und stellte in Aussicht, den Schutzverband für die freien technischen Berufe einzuschalten. Die um einen Kompromiss bemühte Börsenhausgesellschaft wollte sich nicht mehr direkt mit Körner streiten und übergab den ganzen Schriftverkehr am 8. Juni dem Beigeordneten Ernst Bode mit der Bitte um Unterstützung: „Andererseits ist es aber ein unmögliches Ergebnis, daß der Bauherr bankrott geht, während der Architekt von den gewaltigen Mehrausgaben, auch wenn diese ganz ohne sein Verschulden eingetreten sein sollten, das volle Honorar liquidiert." Ob es einen Kompromiss gab und wie er schließlich ausfiel, ist nicht ersichtlich.[134]

III. Rezeption des Börsenhauses

„Wer an der Straße baut, muß andere reden lassen. Dies ist und wird reichlich geschehen." So schrieb Körner in der Börsen-Festschrift 1925 und präsentierte sich selbst als Wegbereiter einer zeitgerechten Architektursprache: „Wir verändern unmerklich aber täglich unsere Sprache, verändern Kleidung, Raumbedürfnisse, Nahrung, ja sogar unsere Weltanschauung, aber bei der Baukunst soll Beharrung sein."[135]

Dank einer Fülle von Fachpublikationen, dank der Fotografien und Ansichtskarten entfaltete Architektur längst eine weltumspannende Wirkung, begleitet

---

[132] HdEG 144–1407, Übersicht Vermietungen v. 30.10.1926 u. Niederschrift Bauausschuss v. 12.2.1927.

[133] Hiermit wurde ein Unterschied zur Mark bzw. „Papiermark" deutlich gemacht, die durch die Inflation bedroht bzw. entwertet war. Lt. Brandi erfolgte die Trennung von der Papiermark zur Rentenmark als Übergang zur Goldmark Ende 1923. In: Brandi, Arbeitsjahre (wie Anm. 11), S. 93.

[134] HdEG 144–1407, Schreiben Börsenhausgesellschaft an Körner und Körner an Börsenhausgesellschaft v. 24.3.1926, Schreiben Börsenhausgesellschaft an Bode v. 8.6.1926.

[135] Körner, Börsengebäude (wie Anm. 18), S. 23 u. 18.

Abb. 208: Das Börsenhaus mit Terrasse vom heutigen Heinrich-Reisner-Platz aus

von öffentlichen Debatten, mit ebenso fachkundigen wie oft flüchtigen oder gar polemischen Urteilen. Dabei ging es nicht nur um Kosten und Nutzen oder ästhetisches Empfinden. Insbesondere die Publikationen, die aus Anlass der Börsenfeier entstanden, boten auch gleichnishafte Deutungen des Bauwerks, die in einer Wechselbeziehung zu der von Körner gefundenen Architektursprache standen. So schrieb der Syndikus der Essener Börse, Dr. Karl Schacht, 1926: „Der neue Börsenbau in Essen spricht die Sprache seiner Zeit, in der die kräftige glatte Linie des Stahls dominiert und den unbeugsamen Willen des Menschen zu Tat und Fortschritt kündet. Dieses kräftige Symbol des Willens unserer Tage […] zeigt die ungebrochene Kraft unserer Industrieheimat und unsere feste Hoffnung auf unseren Wiederaufstieg."[136] Ganz ähnlich äußerte sich im Jahr zuvor Wilhelm von Waldthausen: Der Bau bringe „in seiner modernen kräftigen Form die wichtigste Eigenschaft der hiesigen Industrie, den Willen zur Tat, zum Ausdruck […]"[137] Diese Dynamik sah man vor allem in der an einen Schiffsbug erinnernden Form des Kopfbaues und seiner Terrasse baulich umgesetzt (Abb. 208).[138]

Der nunmehrige Reichskanzler Hans Luther schrieb im Geleitwort der Börsen-Festschrift: „Möge die starke Architektur des neuen Börsenhauses ein Markstein sein in der Ausbildung eines neuen Baustils, der die eigene Sprache des Industriebezirks spricht!"[139] Schon früher soll Luther prognostiziert haben, dass die Börse „in der deutschen Baugeschichte einen bedeutenden Platz einnehmen" werde. Dies nutzte der Essener Anzeiger im März 1925 für einen ironischen Kommentar: Man könne diese Äußerung kunsthistorisch nicht verbindlich neh-

[136] Schacht, Börse (wie Anm. 6), S. 20.
[137] Waldthausen, Börse (wie Anm. 4), S. 15.
[138] Wittmann, Bahnhofsplatz (wie Anm. 100), S. 199.
[139] Festschrift (wie Anm. 2), S. 6.

Abb. 209: Der Ostflügel des Börsenhauses

men. Sie sei dem unauslöschlichen Anhänglichkeitsgefühl des Reichskanzlers an den Essener Ereignissen zuzuschreiben.[140] Doch Luther stand nicht alleine mit seiner Einschätzung. Sogar Peter Behrens bescheinigte Körner, als er anlässlich einer Ausstellungseröffnung 1926 im Börsenhaus zu Gast war, „hier einen schönen, stilreinen Bau" geschaffen zu haben. Und er gestand den Ruhrgebietsstädten zu, dass die „neue Architektur, und der moderne formsachliche Kunststil überhaupt, [...] dem rheinisch-westfälischen Industriegebiet ganz Besonderes" verdanke.[141]

Zu den kritischen Stimmen gehörte der Architekt Konrad Wittmann in der Deutschen Bauhütte von 1925: „Die modischen Elemente der Architektur, scharfe Kanten, Zickzacklinien, asymmetrische Ornamente, die gleichsam absichtslos verstreut sind, auch schwere Betonfensterstürze, paradoxe Kontraste sind geflissentlich angewendet. Der Gesamteindruck ist kaum erquickend [...]"[142] 1929 nahm der Essener Kulturredakteur Paul Joseph Cremers drei Fotografien des Erweiterungsbaues der Börse (Abb. 209), des soeben im Bau befindlichen „Hauses der Technik" (Sparkassengebäude) und des Deutschlandhauses zum Anlass für eine Generalkritik an der Amerikanisierung des Stadtbildes, die er hier repräsentiert sah:

> *„In Essen werden zur Zeit mehr Großbauten errichtet, als in irgend einer anderen deutschen Stadt. Mit einem grandiosen Eifer, der fast amerikanisch anmutet, finden privatkapitalistischer und kommunaler Betätigungsdrang hier in der neuen, drittgrößten Stadt Preußens Felder neuer Arbeitsmöglichkeiten. [...] Denn die Essener City wird einmal ein Musterbeispiel kleinamerikanischer Großbauhäufung, enger Straßen und riesiger Verkehrsentfaltung werden [...]"*[143]

[140] Essener Anzeiger v. 1.3.1925. Der Verfasser (vermutlich Paul Joseph Cremers) beruft sich auf ein (allerdings nicht auffindbares) Luther-Zitat im Essener Anzeiger aus seiner Amtszeit als Reichsfinanzminister (10.1923–01.1925).
[141] Essener Volks-Zeitung v. 29.11.1926.
[142] Wittmann, Bahnhofsplatz (wie Anm. 100), S. 196.
[143] Essener Anzeiger v. 23.9.1929, „Jubiläums-Ausgabe".

DIE ESSENER BÖRSENHAUSGESELLSCHAFT

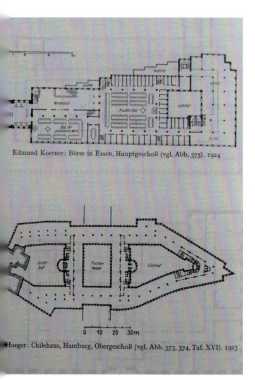

Abb. 210: Vergleich der Grundrisse des Essener Börsenhauses und des Hamburger Chilehauses bei Gustav Adolf Platz

Abb. 211: Das Hamburger Chilehaus um 1930

Insgesamt wohlwollend nahmen August Hoff, Gustav Adolf Platz und Richard Klapheck das Börsenhaus wahr. In der Deutschen Bauzeitung schrieb Hoff, Direktor des Kunstmuseums Duisburg, 1925:

„Die Sachlichkeit der Konstruktion schließt die Kraft der Phantasie nicht aus, das lehren die Ingenieurkonstruktionen des Industriegebietes nur zu deutlich. Das erlebt man bei diesem Bau wieder. – Die konstruktiven sachlichen Grundlagen beflügeln eher die Phantasie zum schöpferischen Gestalten der Form unserer Zeit, eines eigenen Stils, nicht eines nachempfundenen oder nachgedachten. Der freie Rhythmus, der hier von der Grundrißkonzeption an jede Form durchdringt, ist Form unserer Zeit, wie hier im Bauwerk so auch in allen anderen Künsten."[144]

Der Mannheimer Stadtbaudirektor Gustav Adolf Platz bewertete die Essener Börse in seinem Buch „Die Baukunst der neuesten Zeit" von 1927 als „das Glanzstück

[144] Hoff, Die neue Börse (wie Anm. 51), S. 434.

einer schon ins Spielerische hinüberweisenden Baukunst". „Nicht ohne Vorbehalt wird man an Maßstabsverschiedenheiten vorbeigehen. Wichtig aber ist die erfrischende, unbekümmerte Art dieser vorwärtsstrebenden Leistung." Platz, der einige Jahre mit Fritz Schumacher in Hamburg zusammengearbeitet hatte, stellte das Börsenhaus in Foto und Grundriss dem Hamburger Chilehaus gegenüber (Abb. 210–211). Indem er die Baudaten vereinfachend mit 1923 für das Chilehaus (tatsächlich 1921–24) und 1924 für das Börsenhaus (Pläne 1921, Bauzeit erster Bauabschnitt 1922–25) angab, erweckte er den Eindruck, Körner könnte sich am Chilehaus orientiert haben.[145] Der Vergleich trug dazu bei, das Börsenhaus in späteren Publikationen als Nachfolgebau des Chilehauses zu sehen, so etwa bei Alfred Kamphausen in seiner Monographie über Fritz Höger von 1972. Kamphausen ging sogar von einer Errichtung der Essener Börse erst ein Jahr nach Abschluss der Bauarbeiten in Hamburg aus. Er sprach der Börse daher die von Höger erzielte Ursprünglichkeit ab: „Sie [die Essener Börse] folgt dem Chilehaus nicht nur in der Grundform des spitzwinkligen Dreiecks, sondern auch in der Gestalt der Flanken; von der Verve des Höger-Baus blieb bei Körner [..] nichts."[146]

Für Richard Klapheck, der wie Hoff mit Körner befreundet war, war das Börsenhaus der „eindrucksvollste neuere Backsteinbau in Essen".[147] 1928 betonte er die große Herausforderung, die mit dem Grundstück verbunden war: „Grundrißliche Gestaltung […] ist Körners besondere Begabung, und das ist kein geringes Kompliment für einen Baumeister!"[148] Und:

„Durch die mit Notwendigkeit sich ergebende Staffelung mit dem stark betonten Auftrieb der vertikalen, über Eck gestellten Baumassen, die zweckmäßig die Räume mit Licht durchfluten, erhält der Bau ein eigen künstlerisch rhythmisch durchzucktes Leben von einer Spannkraft und starkem Miterleben."[149]

In der Einordnung von Körners Architektur nahm Klapheck zu Gustav Adolf Platz eine Gegenposition ein. Er sah die ersten Backsteinbauten Körners, angefangen mit Haus Herzberg, als „Wiederbelebung niederrheinischer

---

[145] Gustav Adolf Platz, Die Baukunst der neuesten Zeit. Berlin 1927 (im Folgenden: Platz, Baukunst), S. 49, 374–375 und 516.

[146] Alfred Kamphausen, Der Baumeister Fritz Höger, Studien zur schleswig-holsteinischen Kunstgeschichte, Bd. 12. Neumünster 1972 (im Folgenden: Kamphausen, Höger), S. 11 u. 27. Verve = Begeisterung, Schwung.

[147] Richard Klapheck, Typen der Essener Baugeschichte – Vom Schiefer-, Putz-, Hausteinund Backsteinbau, in: Rheinischer Verein für Denkmalpflege und Heimatschutz (Hrsg.), 21. Jahrgang, 1928, Heft 1 (Essener Heft) (im Folgenden: Klapheck, Essener Heft), S. 104.

[148] Richard Klapheck, Neue Baukunst in den Rheinlanden, hrsg. v. Rhein. Verein für Denkmalpflege und Heimatschutz. Düsseldorf 1928 (im Folgenden: Klapheck, Neue Baukunst), S. 133.

[149] Klapheck, Essener Heft (wie Anm. 147), S. 106.

Backsteinarchitektur"[150] und betonte bei den späteren Monumentalbauten den Einfluss der Niederlande:

> „Erst um 1924 konnte bei uns die vor zehn Jahren so jäh unterbrochene Bautätigkeit wieder aufgenommen werden. Holland hatte da weiten Vorsprung vor uns, auch psychisch betrachtet, weil es von den seelischen und materiellen Nöten eines ausgehungerten Volkes und von der Revolution verschont geblieben war. Holland war die Pilgerstätte der Architekten Europas geworden – mit Recht! Bei den engen, schon vorkriegszeitlichen baukünstlerischen Beziehungen des Niederrheins zu Holland konnte es jetzt gar nicht ausbleiben, daß die Fülle der Anregungen von Holland über uns ausströmten. Das war ungefähr um die gleiche Zeit, 1924 und 1925, als Behrens, Kreis und Körner in Oberhausen, Düsseldorf und Essen wieder monumentalere Backsteinbauten auszuführen wagen durften [...]"[151]

Auch August Hoff verglich die „starken Erlebniswerte" der Börse mit den „neueren Holländern" und mit den Bauten von Peter Behrens: „Hier offenbart sich das, was Behrens die neue Romantik nennt."[152] In der Buchreihe „Deutsche Baukunst der Gegenwart" wurde das Börsenhaus 1925 vorgestellt. Im Band „Bauten der Arbeit und des Verkehrs" wurde der Kopfbau in eine Reihe mit dem Chile- und Ballinhaus und den Hochhäusern in Berlin, Düsseldorf und Köln gestellt. Die Gesamtarchitektur würdigte der Autor Walter Müller-Wulckow als „Spielende Beherrschung von Material und Konstruktion".[153] Offenbar in Anlehnung an die bei Langewiesche erschienene Buchreihe veranstaltete der Westdeutsche Rundfunk im September 1930 eine Hörfunk-Vortragsreihe zu „Bauten der Arbeit und Bauten der Gemeinschaft", an der neben Wilhelm Riphahn auch Edmund Körner mitwirkte.[154]

Eine erste umfassendere Würdigung von Körners Architektur aus einer zeitlichen Distanz heraus nahm Claudia Gemmeke 1990 in ihrer Arbeit über die Essener Synagoge vor. In der skulpturalen Bauauffassung von Körners Synagoge

---

150 Klapheck, Neue Baukunst (wie Anm. 148), S. 92.
151 Ebd., S. 109. Im Falle von Körner dürfte vor allem das Börsenhaus gemeint sein. Bekannt sind die Studienreisen v. Erich Mendelsohn u. Bruno Taut in die Niederlande. Maristella Casciato, Michel de Klerk – das gebaute Utopia, in: Wim de Wit, Expressionismus in Holland – die Architektur der Amsterdamer Schule, Stuttgart 1986 (Einzelbeiträge) (im Folgenden: de Wit, Amsterdamer Schule), S. 99.
152 August Hoff, Nutz- und Kunstform des Börsengebäudes, in: Börse, Sonderdruck (wie Anm. 2) (im Folgenden: Hoff, Nutz- und Kunstform), S. 23.
153 Walter Müller-Wulckow, Bauten der Arbeit und des Verkehrs aus deutscher Gegenwart, Langewiesche, Königstein im Taunus, 1925 (im Folgenden: Bauten der Arbeit), S. 66 u. 76.
154 Essener Anzeiger v. 4., 11. u. 15.9.1930. Körner stellte neben den Synagogen die „Saalbauten" vor, vermutlich auch die Börse. 1931 sprach er im WDR über den „Fabrikneubau" wegen seiner Arbeiten für Ford, vgl. Essener Volks-Zeitung v. 2.5.1931.

Abb. 212: Das Amsterdamer Scheepvaarthuis um 1920

sah sie bereits einen Hinweis auf „frühe expressionistische Architekturentwürfe hin". In den 1920er Jahren, so schrieb sie, arbeitete Körner nun aber nicht mehr mit „unorthodoxen Wölbungen, sondern mit Kuben, entsprechend der funktionalen Architekturauffassung des Bauhauses".[155] Ausführlich wurde das Börsenhaus 1993 von Wilhelm Busch in „Bauten der 20er Jahre an Rhein und Ruhr" behandelt. Busch billigte Essen dabei eine „Führungsrolle" unter den Ruhrgebietsstädten zu, was auch an den namhaften hier ansässigen Architekten lag, u. a. an Edmund Körner. Charakteristische Elemente des Börsenhauses, wie das Klinkermaterial, „der schroffe Gegensatz von vertikalen und horizontalen Lisenen und Gesimsen, die Betonung von Flächen" oder die „Auswahl der Ordnungsschemata bei der Baukörpergruppierung" sah Busch vom zeitgenössischen Expressionismus beeinflusst. Im dreieckigen Grundriss und im scharfen Umriss des Börsenhauses erkannte auch er eine Anleihe an das Hamburger Chilehaus.[156]

Die bislang umfangreichste Gesamtdarstellung zu Körners Biografie und Architektur ist Barbara Pankoke 1996 zu verdanken. Anders als Busch äußerte sie sich kritisch zu einem Vergleich mit dem Chilehaus und schloss eine gegenseitige Beeinflussung aus. Stattdessen schlug sie das 1913–16 entstandene Amsterdamer Kontorhaus Scheepvaarthuis (Architekt Johan Melchior van der Meij) als mögliche Inspirationsquelle vor. Das Scheepvaarthuis, das Körner auf jeden Fall gekannt haben muss, gilt als früher und prägender Aufschlag des Amsterdamer Expressionismus (Abb. 212). Pankoke ordnete das Börsenhaus auch erstmals ausführlicher in die Hochhausarchitektur ein, wobei sie Anklänge an die Hochhausidee im Kopfbau verwirklicht sah, nicht im neungeschossigen

---

[155] Claudia Gemmeke, Die „Alte Synagoge in Essen" (1913). Essen 1990 (im Folgenden: Gemmeke, Synagoge), S. 86–87.

[156] Busch, Bauten (wie Anm. 94), S. 86, 10 u. 89.

Erweiterungsbau.[157] Da der Schwerpunkt der Darstellung auf der stilistischen Entwicklung lag, fanden wie schon bei Busch die funktionalen Aspekte und der Kontext der Börsenarchitektur nur wenig Berücksichtigung.

Eine Vielzahl von Backsteinbauten im regionalen Umfeld, nicht nur die Essener Börse, gaben und geben Anlass, über ein regionales Entstehungszentrum des Backsteinexpressionismus nachzudenken, wie es zum Beispiel von der Stadt Gelsenkirchen touristisch beworben wird.[158] Diese Idee liegt auch dem 2016 erschienenen Bildband „Fragments of Metropolis – Rhein & Ruhr" zugrunde, in dem das heutige Haus der Technik vorgestellt wird. Es wird dort dem Rhein-Ruhr-Raum ein „besonders glanzvolles Erbe expressionistischer Architektur" bescheinigt.[159] Doch Wilhelm Busch hat sich schon 1993 kritisch zu einem solchen Ansatz geäußert: „Für die Gesamtheit der hier betrachteten Bauten bedeutet dies natürlich, daß eine Klassifizierung wie z. B. ‚Rheinischer Expressionismus' nur zu neuerlichen Fehlinterpretationen und zu weiterer begrifflicher Unschärfe führen würde."[160]

IV. Die Funktionen des Börsenhauses

Die Bauaufgabe „Börse"
Die Essener Börse gehörte zu den wenigen Börsenneubauten, die nach 1900 in Deutschland entstanden. Mit einer Gesamtgröße der Börsensäle von über 800 m²[161] handelte es sich um eine größere Anlage, vergleichbar der Bremer Börse, deren Saal 522 m² groß war. In Hamburg waren es 730 m², in Berlin gab es gleich drei Säle mit jeweils 860 m².[162] Am 11. Oktober 1921 berichtete Edmund Körner im Aufsichtsrat der Börsenhausgesellschaft über seine Studien, die er in den Börsen von Hamburg und Frankfurt vorgenommen hatte. August Hoff gibt später an, dass Körner auch ausländische Börsenstandorte aufgesucht hat.[163] Hierzu dürfte zumindest die Börse in Amsterdam gehört haben. Da die

---

157 Pankoke, Körner (wie Anm. 24), S. 86–88; Silke Heller-Jung, Architekturführer Amsterdam. Berlin 2015 (im Folgenden: Heller-Jung, Amsterdam), S. 124.
158 Stadt Gelsenkirchen (Hrsg.)/Dr. Lutz Heidemann, Stadtprofile Gelsenkirchen: Backstein-Expressionismus. Gelsenkirchen 2011 (5. Auflage) (im Folgenden: Gelsenkirchen, Backstein), S. 4. Angesichts der großen Zahl „sehr interessanter Bauten des Backstein-Expressionismus" könne „durchaus von einem regionalen Stil gesprochen werden".
159 Christoph Rauhut/Niels Rauhut, Fragments of Metropolis Rhein & Ruhr. München 2016 (im Folgenden: Rauhut, Fragments), Vorbemerkung.
160 Busch, Bauten (wie Anm. 94), S. 122.
161 Körner, Börsengebäude (wie Anm. 18), S. 26–27.
162 Hans Auer, Börsengebäude, in: Eduard Schmitt (Hrsg.), Handbuch der Architektur, 4. Teil, 2. Halb-Band, 2. Heft. Stuttgart 1902 (im Folgenden: Auer, Börsengebäude), S. 258.
163 HdEG 144–1407, Protokoll 2. Aufsichtsratssitzung Börsenhausgesellschaft am 11.10.1921; August Hoff, Die neue Börse in Essen (Forts.), Deutsche Bauzeitung, 59. Jahrgang, Nr. 56,

Abb. 213: Der Hamburger Börsensaal „zur Börsenzeit" um 1900

Entwürfe für den Standort an der Handelskammer im Südviertel vom 20. Mai 1921 und die ältesten Pläne für den Standort am Bahnhofsplatz von Oktober 1921 stammen,[164] könnten Erkenntnisse der Besichtigungstouren in beide Entwürfe eingeflossen sein.

Generelle Anforderungen an ein Börsengebäude waren dem Handbuch der Architektur von 1902 zu entnehmen, dessen Abschnitt zu den Börsengebäuden von Hans Auer erstellt und für die zweite Auflage 1923 von Alphons Schneegans überarbeitet wurde. Hier wird die „Börse" (ein Begriff des 16. Jahrhunderts) in ihrer historischen Entwicklung als Ort beschrieben, an dem sich, in Anlehnung an die antiken Handelsplätze, Kaufleute, Bankiers, Versicherungsunternehmer, Reeder oder andere Geschäftstreibende regelmäßig zusammenfanden. Da dies zunächst unter freiem Himmel üblich war, erhielten noch im 19. Jahrhundert einige Börsensäle eine Wandgliederung, die an Innenhöfe erinnerte (z. B. Hamburg, Abb. 213).[165]

Das Handbuch unterschied reine Effektenbörsen mit hohen Besucherzahlen (wie der in Essen betriebene Kuxen-Handel) von den meist kleineren Warenbörsen, bei denen Muster der zu handelnden Waren vorgelegt wurden (wie etwa die Essener Getreidebörse). Oft wurden die Börsen räumlich an die Handelskammer angebunden. Als zentraler Raumbereich waren je nach Größe der Einrichtung ein oder mehrere Börsensäle vorgesehen. Für größere Börsen wurden in Anlehnung an die römische Basilika schmale Galerien als sinnvoll erachtet, um ein größeres Publikum unterbringen zu können. Da der Börsenbetrieb in der Regel

Berlin 15.7.1925, S. 437.
[164] HdEG 145–2056, Lageplan Oktober 1921 u. Bl. 14–16.
[165] Auer, Börsengebäude (wie Anm. 162), S. 253–254.

Abb. 214: Der Saal der Bremer Börse um 1905

Abb. 215: Die Leipziger Börse mit Merkur um 1902

um die Mittagszeit stattfand, sollte es um diese Zeit kein direktes Sonnenlicht durch Fenster oder Oberlichter geben.[166]

Zu den erforderlichen Nebenräumen nahe am zentralen Börsensaal gehörten eine Bibliothek, eine Eingangshalle, ein oder mehrere Sitzungszimmer, Kleiderablage, Waschräume, Aborte, Pissoirs, Büfetts (am besten im Börsensaal) bzw. ein Erfrischungsraum oder Restaurant, vor allem aber die Postbüros bzw. der Telegrafen- und Fernsprechdienst.[167] Seit Anfang des 20. Jahrhunderts waren Fernsprechzellen üblich, die in vielen älteren Börsen nachträglich eingebaut werden mussten. Die Fernsprechzellen durften durch den Lärm im Börsensaal nicht gestört werden, sollten aber durch kurze Wege erreichbar sein, woraus sich die Notwendigkeit einer räumlich abgegrenzten Fernsprechzone ergab.[168]

Gestalterisch gehörten Börsen zu den „wahren Monumentalbauten", die sich in ihrem „Charakter den grossen Gesellschaftsgebäuden, andererseits

---

[166] Ebd., S. 256.
[167] Ebd., S. 255.
[168] Schneegans, Börsengebäude (wie Anm. 71), S. 230–231.

hervorragenden Verwaltungsgebäuden" annäherten, wie Auer schrieb. Nur die neugotische Bremer Börse von 1861–64 erinnerte im Inneren an eine Kirche (Abb. 214).[169] Ansonsten zeigte sich im 19. Jahrhunderts eine stilistische Kontinuität in der Formensprache des Klassizismus und der Renaissance, analog zur Bankenarchitektur. In Frankfurt, Hamburg, Leipzig oder Königsberg gruppierten sich die Nebenräume symmetrisch um den erhöhten Börsensaal, der als zentrale Funktionseinheit das Gebäude überragte (Abb. 215).

Nachhaltige Impulse für die Monumentalarchitektur gingen vor allem von der neuen Amsterdamer Börse (1884–1903) von Hendrik Petrus (H. P.) Berlage aus, in deren Planungsverlauf sich eine stilistische Neutralität durchsetzte (Abb. 216). Die hier erprobte „Architektur der Mauer"[170] übte großen Einfluss aus und ist auch am Essener Börsenhaus ablesbar (Abb. 217). Als Beispiel für eine reformorientierte Architektursprache kann außerdem die Krefelder Börse im dortigen Hansahaus angeführt werden, die 1914–16 von Carl Moritz (vgl. Handelshof Essen) im Auftrag einer für diesen Zweck gegründeten Hansahaus GmbH gebaut wurde (Abb. 218). Sie lag ähnlich wie das Essener Börsenhaus direkt am Hauptbahnhof und barg im Erdgeschoss neben den Ladenlokalen einen großen Börsensaal für die Getreidebörse mit Telefonzentrale und angegliedertem Restaurant. Am Außenbau gab es einheitliche Rundbogenarkaden für den Saal und die zweigeschossigen Läden. Die uniformen oberen Fensterreihen kennzeichneten das Gebäude als Bürohaus.[171]

Zu den wenigen, vom Expressionismus beeinflussten Planungen gehörte die Kölner Börse, die 1922 als Teil eines „Kaufmannshauses" in der Nähe des Domes angedacht war. Ähnlich wie in Essen gründete sich hier auf Anregung und unter Führung der Handelskammer und mit Unterstützung der Stadt und der Wirtschaft eine Kaufmannshaus-Aktiengesellschaft.[172] Besonders bemerkenswert war der Wettbewerbsbeitrag von Hans Poelzig mit einem in Kaskaden ansteigenden Gebäudekomplex, bei dem der große Börsensaal mit 23 Meter hoher Kuppel als Abschluss zum Rheinufer dienen sollte, seitlich flankiert von den Nebenräumen sowie von den Telefonzellen in einem Zwischengeschoss. In einem Mitteltrakt waren Vestibül, Treppenhaus, Restauration, Büros und Klubräume angeordnet. Der höher gelegene zweite Bauabschnitt mit sechs Geschossen sollte Läden und ein Hotel umfassen. Das „Kaufmannshaus" wurde niemals realisiert, als Provisorium bestand von 1922 bis 1931 ein wenig spektakulärer Börsen-Anbau am Gürzenich.[173]

169 Auer, Börsengebäude (wie Anm. 162), S. 256, 284–285.
170 Jan Gratama, Dr. H. P. Berlage – Bouwmeester. Rotterdam 1925 (im Folgenden: Gratama, Berlage), S. 28 ff.; Wolfgang Pehnt, Die Architektur des Expressionismus. Stuttgart 1973 (im Folgenden: Pehnt, Expressionismus), S. 183.
171 Hans-Peter Schwanke, Architekturführer Krefeld. Krefeld 1996, S. 223 ff.
172 H. C. Louis Hagen, Kölns Handel und Industrie, in: Köln, Städtebau (wie Anm. 91), S. 26–27.
173 Theodor Heuss, Hans Poelzig – Bauten und Entwürfe – Das Lebensbild eines deutschen Baumeisters. Berlin 1939, S. 106.

Abb. 216: Seitlicher Mittelbau der Amsterdamer Börse

Abb. 217: Schmucklose Ziegelmauern am früheren Essener Börsenhaus

Abb. 218: Hansahaus Krefeld

Abb. 219: Börse Düsseldorf Wilhelm-Marx-Haus 1925

Die mit Essen verschwisterte Düsseldorfer Börse wurde in das nach einem Wettbewerb bis 1924 gebaute Wilhelm-Marx-Haus (Architekten Wilhelm Kreis und August Jüngst) integriert, das zudem Büroflächen, Ladenlokale und Gastronomie beherbergte (Abb. 219). Sowohl die Gründung der Trägergesellschaft als auch der Baubeginn erfolgten zeitgleich zu Essen 1921 bzw. im Mai 1922.[174] Die Börse nutzte zwei Säle und eine große Anzahl an Sprechzimmern und Telefonzellen. Darüber hinaus gab es Räume für den Börsenvorstand. Der große Börsensaal mit guter Akustik reichte über zwei Stockwerke, seine Lage war an der Außenfassade aber kaum ablesbar.[175] Erst nach der Fertigstellung des Essener Börsenhauses entstanden zwei, in ihrer Architekturauffassung der Neuen Sachlichkeit verpflichtete Börsen, die Züricher Börse (1928–30), in der die beiden Börsensäle übereinander angeordnet waren,[176] und die Rotterdamer Börse (1936–40) mit ihrer zukunftsweisenden, grazilen Eleganz (Abb. 220).[177]

[174] Die Bürohausgesellschaft m. b. H. nahm ihre Tätigkeit im Juli 1921 auf und realisierte u. a. das Industriehaus am Wehrhahn, das Wilhelm-Marx-Haus und das Stumm-Hochhaus. In: Statistisches Amt der Stadt Düsseldorf (Hrsg.), Verwaltungsbericht der Stadt Düsseldorf für den Zeitraum vom 1. April 1922 bis 31. März 1925, S. 328. Die Preisvergabe zum Wettbewerb und die Wettbewerbsbeiträge des Wilhelm-Marx-Hauses (Bürohaus am Alleeplatz) wurden am 13.8. bzw. 8.10.1921 veröffentlicht und können das Bauvorhaben in Essen kaum beeinflusst haben. In: Zentralblatt der Bauverwaltung 41. Jahrgang, Nr. 65, Berlin 13.8.1921, S. 407 u. Nr. 81, Berlin 8.10.1921, S. 498–501.
[175] Hermann Ehlgötz (Hrsg.), Deutschlands Städtebau – Ruhrland. Berlin 1925 (im Folgenden: Städtebau, Ruhrland), S. 287; Carl Meissner, Wilhelm Kreis. Essen 1925 (im Folgenden: Meissner, Kreis), S. 34.
[176] Das neue Börsengebäude in Zürich von Arch. Henauer & Witschi B.S.A., in: Das Werk, Schweizer Monatsschrift für Architektur, Freie Kunst, Angewandte Kunst. Zürich April 1931 (im Folgenden: Börsengebäude Zürich), S. 101 ff.
[177] Rijksmonumentenregister, Monument 513765, https://monumentenregister.cultureelerfgoed.nl (abgerufen 16.3.2023).

Abb. 220: Die Rotterdamer Börse um 1940

Die für Börsenzwecke benötigen Räume

Anders als in Düsseldorf wurde in Essen die Börse nicht in ein bereits geplantes Bürogebäude integriert, sondern ein eigenständiges „Börsenhaus" erstellt, das „nach Möglichkeit durch Errichtung von Ladenlokalen, Bureauräumen und Wirtschaftsbetrieb geschäftlich ausgenutzt werden" sollte.[178] Es entstand ein sechs- bis neungeschossiges Mehrzweckgebäude, das mit über 73.000 cbm umbautem Raum größer als das Wilhelm-Marx-Haus war. Bei einer Grundfläche von nur rund 2.800 m²[179] und angesichts einer Realisierung in zwei zeitlich getrennten Bauabschnitten konnten, anders als in Amsterdam oder Krefeld, nicht alle wesentlichen Funktionen im Erdgeschoss konzentriert werden. Hier mussten vielmehr die Ladenflächen geschaffen werden, die zur Finanzierung des Bauvorhabens beitrugen. Über den zweigeschossigen Läden, im s. g. „Obergeschoss", fanden die für die Börsenbesucher wichtigen Nebenräume (Garderobe, Toiletten- bzw. Waschräume, Telefonanlage etc.) Platz. Angesichts der geringen Tiefe des Grundstücks (11 Meter im Westen, 32 Meter am Ostende) musste für die Schaffung ausreichend dimensionierter Säle für das „Börsenhauptgeschoss" der Gehsteig der Hansastraße um sechs Meter überbaut werden. Unter dem Aspekt der „Barrierefreiheit" würde man heute die Lage der Säle für fragwürdig halten, zumal der Einbau eines zunächst geplanten Paternosters zwischen Eingangshalle und Wandelhalle aus Kostengründen unterblieb. Auch für den

---

[178] Essener Volks-Zeitung v. 24.7.1921.
[179] Körner, Börsengebäude (wie Anm. 18), S. 26. Zum Vergleich: Das Grundstück des sechsgeschossigen Handelshofs war 2.550 m² groß. In: Essener Volks-Zeitung v. 22.1.1913. Das des Hamburger Chilehauses 5.950 m². In: Kamphausen, Höger (wie Anm. 146), S. 25. Das Wilhelm-Marx-Haus umfasste 60.000 cbm umbauten Raum. In: Städtebau, Ruhrland (wie Anm. 175), S. 287.

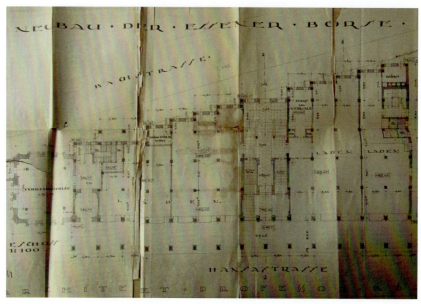

Abb. 221: Erdgeschossgrundriss Februar 1922 (ohne Erweiterungsbau)

neungeschossigen Erweiterungsbau wurden Personenaufzüge erst nach langer Diskussion eingebaut.[180]

In Richtung Gildehofstraße ergab sich ein starkes Gefälle (Höhenunterschied bis zu 8,20 m), so dass entlang der Bachstraße zwei bis drei Sockelgeschosse unterhalb der Erdgeschossebene in Erscheinung traten, die man für Lagerräume, das Börsenrestaurant und weitere Ladenlokale nutzte. Diese Geschosse reichten im ersten Bauabschnitt bis unter den Gehsteig der Hansastraße, geschützt durch eine Eisenbetondecke.[181] Für den Erweiterungsbau war dies nicht möglich, da sich unter dem östlichen Abschnitt der Kolonnade eine Stützmauer der Gildehofbrücke befand. Unter Berücksichtigung all dieser Rahmenbedingungen sind für den ersten Bauabschnitt mindestens drei Planungsvarianten nachweisbar, wobei sich von der ersten detaillierten Planung von November 1921, wie schon erwähnt, nur eine Fassadenansicht der Bachstraße erhalten hat. Aus ihr ist aber immerhin die Lage der Säle und Treppenhäuser erkennbar.[182]

---

[180] HdEG 144–1407, Niederschrift Bauausschuss v. 29.10. u. 2.11.1923, v. 20.3.1926, 1.4.1926 u. 8.7.1926; August Hoff, Der Erweiterungsbau der neuen Börse in Essen, in: Deutsche Bauzeitung, Nr. 15, Berlin 22.2.1928 (im Folgenden: Hoff, Erweiterungsbau), S. 138.
[181] HdEG 143–3723, Bl. 77 u. 102.
[182] HdEG 143–3721, Bl. 16.

Die für das Baugesuch erstellte zweite Raumplanung, die später weitgehend verworfen wurde, ist durch die Grundrisse vom 18. Februar und einen Schnitt vom 24. Februar 1922 bekannt (Abb. 221).[183] Vorgesehen war die Anlage eines repräsentativen dreiläufigen Mitteltreppenhauses, dessen Zugang in der Kolonnade im Bereich der 8. und 9. Arkadenstellung erfolgen sollte. Da insgesamt 18 Arkaden geplant waren, lagen Zugang und Treppenaufgang nicht in der Mitte der Front, hätten aber die Grundfläche des ersten Bauabschnittes mit den Sälen in zwei etwa gleich große Bereiche geteilt.

Im Inneren waren ein großer Vorraum und eine Pförtnerloge vorgesehen. Das Treppenhaus sollte an der Gebäuderückseite nach oben geführt werden. Im Obergeschoss über den Läden war zur Hansastraße mittig der Telefonsaal angeordnet, flankiert vom Börsenrestaurant im Westen und vom Garderobenbereich im Osten. Das Börsengeschoss war ebenfalls dreigliedrig aufgebaut: mittig ein breiter Erschließungsflur als Wandelhalle, mit dem anschließenden, über einige Stufen erreichbaren Sitzungszimmer. Den breiteren östlichen Trakt füllte der große Börsensaal aus, umgeben von den Telefonkabinen. Im schmaleren westlichen Trakt war der (kleine) Börsensaal,[184] im Kopfbau ein weiterer Saal geplant. Ein eigenes Treppenhaus mit separater Garderobe hätte eine Bespielung dieser beiden Räume unabhängig vom Börsenbetrieb ermöglicht. Die Raumaufteilung des Börsenhauptgeschosses mit der mittigen Erschließung scheint an den Grundriss der deutlich größeren Amsterdamer Börse angelehnt, wo sich das Baugrundstück ähnlich wie in Essen verjüngt (Abb. 222–223).[185]

Als Folge der in der zweiten Jahreshälfte 1922 geführten Verhandlungen mit Stinnes war eine „völlige Umprojektierung" erforderlich, für die am 19. Januar 1923 neue Grundrisse eingereicht wurden,[186] zu denen Körner schrieb:

„Die Aenderungen, die gegenüber dem ersten und bereits zur Prüfung und Genehmigung vorgelegten Projekt eingetragen sind, erstrecken sich in der Hauptsache auf die Verlegung des Haupttreppenhauses im Mittelbau nach dem Westflügel am Kopfbau und der räumlichen Umgestaltung der ausschliesslich für Börsenzwecke bestimmten Börsensäle im Börsen- und Börsenobergeschoss und des Telefonsaales im Obergeschoss."[187]

---

183 HdEG 143–3715, Bl. 98 ff. u. 143–3721, Bl. 13.
184 Eine im Plan eingezeichnete Scheidewand zur Abtrennung eines „Börsen-Lesesaales" sollte nicht ausgeführt werden. In: HdEG 143–3715, Bl. 6 (Schreiben Körner an Baupolizei v. 12.4.1922).
185 Gratama, Berlage (wie Anm. 170), S. 33. Berlage sah neben der Schifferbörse drei Säle für die Waren-, Wertpapier- und Getreidebörse vor, wobei die Warenbörse den schmaleren Südflügel bildete, während die beiden anderen Börsensäle im Nordflügel lagen.
186 HdEG 145–2056, Bl. 99–100 (Schreiben Körners an Stadt v. 17.10.1923). Diese Pläne wurden wohl später an Körner zurückgegeben.
187 HdEG 143–3715, Bl. 20 (Schreiben Körner an Baupolizei v. 19.1.1923).

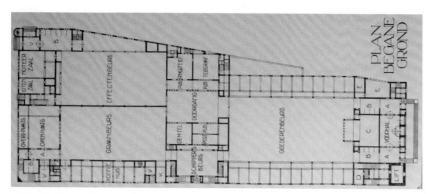

Abb. 222: Erdgeschossgrundriss der Amsterdamer Börse

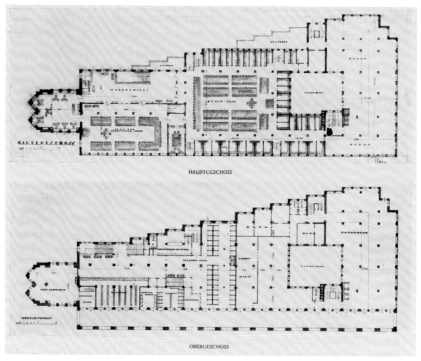

Abb. 223: 1926 veröffentlichte Grundrisse für Obergeschoss und Börsenhauptgeschoss mit der modifizierten Raumaufteilung

Durch die Verlegung des Treppenhauses war im Ostteil des Obergeschosses ein von den Börsenräumen separierter Bürotrakt entstanden, der sein Licht u. a. durch den jetzt vergrößerten Lichthof erhielt und mit den geplanten Räumen im Erweiterungsbau eine zusammenhängende Bürofläche bildete. Vermutlich war dieser Bereich für Stinnes bestimmt und konnte durch die beiden östlichen Treppenhäuser getrennt vom Börsenbetrieb genutzt werden. Als im Januar 1923 die Verhandlungen mit Stinnes scheiterten, kam aufgrund des Baufortschritts eine nochmalige, grundlegende Planänderung nicht mehr in Betracht. Der Einmarsch der Franzosen und die Beschlagnahmung von Körners Büro hatten inzwischen das Planungsgeschehen durcheinandergebracht. Erst nach einer längeren Bauunterbrechung bis Anfang 1924 wurden neue Grundrisse eingereicht, die vom 11. Februar bis 8. April 1924 datieren und auch den erst im Verlauf des Jahres 1923 neu konzipierten Kopfbau sowie den Erweiterungsbau mitberücksichtigen.[188]

Der neue Haupteingang am westlichen Beginn der Kolonnade fiel weniger repräsentativ aus als in der früheren Planvariante. Zwei niedrige Türöffnungen bildeten den Zugang zum Kopfbau und zum Börsenrestaurant („Börsenkeller"), die benachbarten beiden Schwingtüren führten in einen als Windfang dienenden Vorraum, durch den die über zwei Ebenen reichende Eingangshalle erreichbar war. Der hier beginnende, ums Eck geleitete Treppenaufgang führte direkt in das über den Ladenemporen liegende Obergeschoss, wo sich die Garderobe (mit über 500 Nummern) mit dem Waschraum, den Klosetts, der Telefonsaal, ein Depeschen-Dienst und die „Fernsprech-Centrale" befanden.[189] Bei der Planung des Sanitärbereichs hatte man offenbar nur an den männlich dominierten Börsenbetrieb und nicht an die Saalvermietungen gedacht. Die für Frauen bestimmte Toilettenanlage war anfänglich zu klein dimensioniert und musste 1928 erweitert werden.[190]

Der breite Treppenaufgang setzte sich fort und mündete in die zur Bachstraße weisende, breite Wandelhalle des Börsenhauptgeschosses. Hier befanden sich die Zugänge zum großen Börsensaal (Kuxensaal), der das Kernstück der Anlage bildete (Abb. 224). „Der Betrieb eines Börsensaales gleicht einem Ameisenhaufen, der in der größten Aufregung ist und es soll dafür gesorgt werden, daß dieser fieberhafte Verkehr ungestört vor sich gehen kann", schrieb Schneegans 1923.[191] Der Saal war in Essen mit einer Grundfläche von über 500 m² für mehr als 300 Börsenbesucher ausgelegt und verfügte über 23 – im Bedarfsfall demontierbare – Tische in Hufeisenform. Hier befanden sich die reservierten Plätze für die Händler und ihre Assistenten. Die Brüstung der Saalempore war mit Schreib-

---

[188] HdEG 143–3721, Bl. 41 u. 43–48.
[189] HdEG 144–1411, Schreiben Börse an Börsenhausgesellschaft v. 30.11.1928. Die für die Bedienung der „Centrale" vorgesehene Bürokraft wurde von der Börsenhausgesellschaft finanziert.
[190] Ebd., Schreiben Börsenhausgesellschaft an Börse v. 13.12.1928.
[191] Schneegans, Börsengebäude (wie Anm. 71), S. 232.

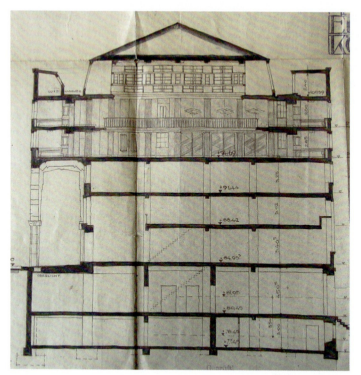

Abb. 224: Querschnitt des Essener Börsenhauses mit Kuxensaal und Kabinen

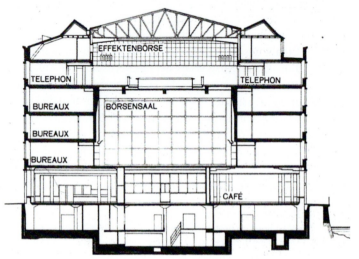

Abb. 225: 1931 veröffentlichter Querschnitt der Börse Zürich

brettern versehen und konnte falls nötig bestuhlt werden. Im Saal wurden um die Mittagszeit die Berliner Aktienkurse angezeigt, die dank einer technischen Vorrichtung aus dem Telegrafenbüro hierher übertragen wurden.[192] Am Kuxensaal und seiner Empore waren die für die Telefonzwecke erforderlichen 86 vermietbaren Kabinen („Boxen") angeordnet, schallsicher gegeneinander und zum Saal.[193] Die Kabinen wurden ohne eigenen Erschließungsflur platzsparend vom Saal bzw. von der Saalempore aus erschlossen, ähnlich wie in Amsterdam (Kontoren-Büros) und später in Zürich. Die für Zürich von den Architekten Henauer & Witschi gefundene Lösung mit den übereinander angeordneten Funktionsbereichen bei relativ geringer Grundstücksfläche dürfte von Essen beeinflusst worden sein (Abb. 225).[194]

Die von Körner entworfene Ausstattung der Kabinen wurde von der „Industrie für Holzverwertung, Essen-Altenessen" ausgeführt, ein auf Schiffseinrichtungen spezialisiertes Unternehmen.[195] Als Folge der Neuplanung und der Verlagerung des Lichthofes besaßen, anders als in der Hamburger Börse, alle Kabinen direktes Tageslicht.[196] Die mit der Kabinennutzung in Verbindung stehende Telefonanlage galt als „Nervensystem der Börse".[197] Ihre Anforderungen hatte Körner zusammen mit einer eigens für diesen Zweck gebildeten „Telephonkommission" erarbeitet, indem man vorhandene Anlagen in anderen Börsen in Augenschein nahm.[198] Die Kabinen am Kuxensaal erhielten jeweils einen Amtsanschluss sowie eine gesonderte, direkte Amtsleitung zu der Geschäftsstelle des Mieters. Durch eine Lichtsignalanlage in den Börsensälen wurden die Inhaber, anders als in Hamburg (wo dies über ein Tableau erfolgte), direkt am Platz darüber informiert, ob sie von auswärts oder von seiner Geschäftsstelle angerufen wurden. Dieses System wurde später auch für Düsseldorf übernommen. Für Firmen, die keine eigene Kabine angemietet hatten, gab es im Obergeschoss bis zu 78 kleinere Telefonzellen, die über ein gesondertes Treppenhaus schnell erreichbar waren.[199] Auch von hier aus konnten die Händler in den Sälen per

---

[192] Körner, Börsengebäude (wie Anm. 18), S. 26–27; Essener Anzeiger v. 1.3.1925 (Autor vermutlich P. J. Cremers).
[193] Körner, Börsengebäude (wie Anm. 18), S. 27.
[194] Börsengebäude Zürich (wie Anm. 176), S. 115–116 u. Querschnitt auf S. 113. Der Bauteil mit der Börse beherbergte ausschließlich Börsenräume, Handelskammer und Restaurant/Café.
[195] Börse, Sonderdruck (wie Anm. 2), S. 42 und Propagandaanhang.
[196] HdEG 143-3715, Bl. 6 (Schreiben Körner an Baupolizei v. 12.4.1922).
[197] Reg.-Baumstr. a. D. von Streit, Technische Einrichtungen der Essener Börse, in: Börse, Sonderdruck (wie Anm. 2) (im Folgenden: Streit, Technische Einrichtungen), S. 28.
[198] HdEG 144-1407, Protokoll 2. Aufsichtsratssitzung der Börsenhausgesellschaft v. 11.10.1921.
[199] Körner, Börsengebäude (wie Anm. 18), S. 28. In Zürich hatte man diese Telefonzellen im Saal angeordnet, um Wege zu verkürzen, was angesichts des hier herrschenden Lärmpegels sicher zu Problemen führte.

Lichtsignal über eingehende Anrufe informiert werden. Insgesamt verfügte die Börse über 45 Amtsnummern mit 500 Anschlüssen.[200]

Ebenfalls von der Wandelhalle aus zugänglich war der kleine Börsensaal (Saal der unnotierten Werte). Über die hier gehandelten unnotierten Werte schreibt von Waldthausen 1925: „Die Zahl der im freien Verkehr gehandelten Kuxe und Aktien, die also amtlich nicht notiert werden, beträgt das Mehrfache der amtlichen Werte. Ihre Überführung in den amtlichen Markt und damit zur amtlichen Notiz, sobald die betr. Werte ‚börsenreif' geworden sind, bleibt Gegenstand dauernder Aufmerksamkeit des Börsenvorstandes."[201] Mit einer Grundfläche von über 300 m² waren hier Tische für mehr als 200 Personen vorgesehen.[202]

Im Sitzungszimmer, das zwischen den Sälen lag, trat der Börsenvorstand nach Schluss der amtlichen Börsennotierung zusammen, um die amtliche Notiz noch einmal zu überprüfen und etwaige Beanstandungen der Interessenten entgegenzunehmen. Erst dann wurden die amtlichen Kurse endgültig festgesetzt. Während der Kuxensaal ausschließlich durch das umlaufende Oberlicht sein Tageslicht erhielt, sorgten im Sitzungszimmer und im „Saal der unnotierten Werte" die hohen Fenster zur Hansastraße für Seitenlicht. In den Börsensälen gab es eine Luftheizung der Düsseldorfer Firma J. Wolferts, die im Winter warme und im Sommer kühle Luft zuführen konnte.[203] Der Saal im Kopfbau bildete nun den „Erfrischungsraum" und konnte von der Wandelhalle und vom kleinen Börsensaal aus betreten werden. Er war zunächst den Beamten der Börse zur Nutzung vorbehalten. Die untereinander verbundenen Emporen aller drei Säle waren über mehrere Treppenaufgänge zu erreichen, von denen sich einer auch in der Wandelhalle befand.

Die vermietbaren Räume

Im Handbuch der Architektur von 1902 findet sich die Empfehlung, zumindest bei kleineren Börsen vermietbare Nebenräume vorzusehen, die im Bedarfsfall für eine spätere Erweiterung des Börsenbetriebes nutzbar waren.[204] In der Regel blieben die größeren Börsengebäude aber bis Anfang des 20. Jahrhunderts dem eigentlichen Börsenbetrieb vorbehalten. Insofern wurde sowohl in Düsseldorf (dort aus der Not heraus) als auch in Essen (hier mit Bedacht) Neuland betreten. In Essen war die Bereithaltung zusätzlicher Büro-, Laden-, Lager- und Wirtschaftsflächen sogar fester Bestandteil des Finanzierungskonzeptes.[205] Der 1924

[200] Essener Anzeiger v. 1.3.1925 (Autor vermutlich P. J. Cremers).
[201] Waldthausen, Börse (wie Anm. 4), S. 13–14.
[202] Körner, Börsengebäude (wie Anm. 18), S. 27.
[203] Essener Anzeiger v. 1.3.1925 (Autor vermutlich P. J. Cremers); Streit, Technische Einrichtungen (wie Anm. 197), S. 32–33.
[204] Auer, Börsengebäude (wie Anm. 162), S. 260. Ein Beispiel ist die erwähnte Krefelder Börse.
[205] Essener Volks-Zeitung v. 24.7.1921.

beschlossene Erweiterungsbau sollte sogar vorrangig als großer „Bürohausanbau" die Rentabilität sichern. Laut Brandi betrug der Mietertrag des Börsenhauses insgesamt 360.000 Mark, wovon die Börse (der Börsenverein als Mieter) nur 65.000 Mark aufbringen musste.[206]

Neben den repräsentativen Geschäftsräumen im Kopfbau, die der Norddeutsche Lloyd bezog, verfügte das Börsenhaus über acht zweigeschossige Ladenlokale an der Hansastraße und drei eingeschossige Ladenlokale an der Bach- bzw. Gildehofstraße. Die Geschäfte an der Hansastraße lagen alle in der wettergeschützten Kolonnade, die auch als „Börsen-Passage" bezeichnet wurde.[207] Eine solche Anlage stand in der Tradition der überdachten Einkaufspassagen, die seit Mitte des 19. Jahrhunderts entstanden.[208] Unterhalb der Kopfbau-Terrasse lag der nur von außen aus zugängliche „Raum für Chauffeure" mit eigener Toilette,[209] der im Februar 1925 an die 1919 gegründete Genossenschaft „Vereinigte Auto- und Droschkenbesitzer e.V." vermietet wurde, mit einer Telefonanlage zur Annahme der Bestellungen für die Droschken.[210] Ab 1929 wurden hier mit eigener Schankkonzession auch die Dienstmänner und die „fremden" Kraftwagenführer, die auf Besucher der Börse warteten, beköstigt.[211]

Eine der größten zusammenhängenden Flächen, die vermietet bzw. verpachtet werden sollten, war das Börsenrestaurant (auch als „Börsenkeller" mit „Börsenschenke" bezeichnet[212]), das erst im Zuge der Planung vom Obergeschoss in das Untergeschoss (Abb. 226) verlegt wurde und nun unabhängig von den Börsenzeiten betrieben werden konnte.[213] Der Gastraum nahm die gesamte westliche Hälfte des Untergeschosses ein und verfügte über eine eigene Be- und Entlüftung.[214] Der Hauptzugang erfolgte von der Bachstraße aus, ein weiterer „Abgang" lag neben dem Haupteingang in der Kolonnade. Es gab eine separat bespielbare Weinstube und eine „Frühstücksstube" im Untergeschoss des Kopfbaues.[215] Alle Funktionsräume einschließlich der Besuchertoiletten befanden sich

---

206 Brandi, Arbeitsjahre (wie Anm. 11), S. 96.
207 So z. B. auf einer Ansichtskarte von 1926.
208 Etwa in Hamburg die Alsterarkaden (1846) oder „Colonnaden" (1885), in: Dirk Meyhöfer, Hamburg – Der Architekturführer. Salenstein 2009 (im Folgenden: Meyhöfer, Hamburg), S. 37, 39 u. 52. Auch in Essen gab es seit den 1890er Jahren eine „Glaspassage".
209 HdEG 143–3724, Bl. 1 (Grundriss UG v. 17.2.1927).
210 HdEG 144–1409, Schreiben des Vereins an die Börsenhausgesellschaft v. 10.3.1927 u. Schreiben an die Stadt v. 28.2.1935.
211 HdEG 155–8, Bl. 30 ff.
212 Lt. Anzeige im Essener Anzeiger v. 27.6.1931, lt. Adressbuch 1934 „Börsenschenke" u. „Börsenhausrestaurant".
213 Ursprünglich sollten hier Läden eingerichtet werden, vgl. HdEG 143–3715, Bl. 99 (Grundriss UG Anfang 1922).
214 Streit, Technische Einrichtungen (wie Anm. 197), S. 33. Die Küchendünste wurden über einen Abzugsschlot auf dem Dach des Kopfbaues abgeführt.
215 HdEG 143–3724, Bl. 1 (Grundriss Untergeschoss v. 17.2.1927).

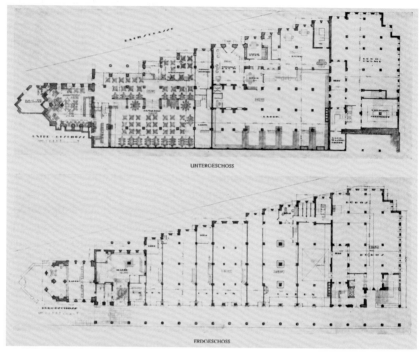

Abb. 226: 1926 veröffentlichte Grundrisse für Untergeschoss und Erdgeschoss

im darunter liegenden Kellergeschoss, eine große Küche, Kühlraum, Eismaschine, Bierkeller und separate Lagerräume für Wasser, Weißwein und Rotwein. Die Küche musste nach Beanstandungen des Gewerbeamtes im März 1924 in diverse einzelne Funktionsräume, z. B. eine besondere Wurstküche und einen Gemüseputzraum, aufgeteilt werden. Die Verbindung zum Börsenhauptgeschoss stellte ein Speiseaufzug her, vor allem um den mit Rauchtischen und Sesseln bestückten „Erfrischungsraum" mit Speisen und Getränken zu versorgen.[216]

Leo Bremer und seine populäre Ehefrau Emma Bremer („Tante Emma"[217]) waren die ersten und langjährigen Pächter des Börsenrestaurants (Abb. 227). Die Schankerlaubnis umfasste auch den kleinen Börsensaal, der als Konzert- und Vortragssaal sowie für Vereinsfestlichkeiten vermietet werden sollte.[218]

[216] HdEG 144–1407, Niederschrift Bauausschuss am 23.3.1924; 143–3721, Bl. 38 (Sonderplan der Wirtschaftsräume v. 22.4.1924); 143–3723, Bl. 125 (Grundriss KG mit endgültiger Raumaufteilung v. 17.2.1927) u. Bl. 128 (Grundriss Börsenhauptgeschoss v. 17.2.1927).
[217] Wiederholt in der Presse so bezeichnet, z. B. Essener Anzeiger v. 28.5.1932.
[218] HdEG 155-8, Bl. 9 (Schreiben Börsenhaus Restaurant, gez. Bremer, an den Polizeipräsidenten v. 30.10.1925) u. Bl. 24 (Schankerlaubnis v. 15.6.1926). Eröffnet mit vorläufiger Schank-

Abb. 227: Logo des Börsenhaus-Restaurants 1925

Abb. 228: Werbeanzeige für den Schuh-Hof, Essener Volks-Zeitung, 17.3.1925

Längerfristig erwies sich die Aufteilung des Restaurantbetriebs auf das Untergeschoss und die Börsensäle als nachteilig. Vor allem nach der Einführung der Sonnabend-Börsen und der Verlegung der Börsenzeit auf die Mittagsstunden war es vielen Besuchern durch den geltenden „Terminverkehr" nicht mehr möglich, zum Mittagessen in die Galsträume hinunterzugehen. Der Erfrischungsraum wurde nun stärker frequentiert und die dort erhältliche Speisenauswahl als ungenügend empfunden. In Düsseldorf stünden mehrere Fleischgerichte zur Auswahl, behaupteten die Börsenvertreter im Oktober 1928, die Speisen wären nicht warm genug und die Getränke würden zu spät serviert. Offenbar lag dies an der unzureichenden Leistungsfähigkeit des Speiseaufzuges.[219] 1935 lief der zehnjährige Pachtvertrag mit den Eheleuten Bremer aus und wurde nicht

erlaubnis am 27.5.1925, in: Essener Anzeiger v. 27.5.1925.
[219] HdEG 144–1411, Schreiben Börse an Börsenhausgesellschaft v. 2.10.1928 u. Schreiben Börsenhausgesellschaft an Börse v. 13.12.1928. Die Börsenhausgesellschaft ließ noch ein zusätzliches Büffet im großen Börsensaal einbauen, um Abhilfe zu schaffen.

verlängert.²²⁰ Danach wechselten die Pächter in kurzen Abständen, obgleich (oder womöglich weil) man sich um parteipolitisch unbedenkliche Kandidaten bemühte.²²¹ Schließlich wurde das nun vom HDT verpachtete Lokal in „Gaststätte Haus der Technik" umbenannt.²²²

Ein weiteres größeres Mietobjekt bildeten die zusammenhängenden Ausstellungs- und Lagerflächen im Untergeschoss und Kellergeschoss mit eigenem Eingang und Empfangsraum an der Bachstraße. Es gab einen Lastenaufzug, Büros, einen Kassenraum und Toiletten. Trotzdem gelang es nicht, die Räume für Ausstellungszwecke zu vermieten. Vorübergehend zog die Firma „Schuh-Hof GmbH im Börsenhaus" mit ihrem „Massen-Schuh-Verkauf" ein (Abb. 228). Später wurde erwogen, hier eine Autogarage einzurichten, da es über den Lichthof eine Zufahrt zu den Räumen gab. Den Zuschlag erhielt schließlich die Deutsche Papier-Handelsgesellschaft Essen.²²³ Wie die Adressbucheinträge belegen, gab es insgesamt im Börsenhaus eine hohe Fluktuation, die auch den wirtschaftlichen Turbulenzen geschuldet war. Viele Mieter, auch der Büroetagen, kamen aus den Sparten Bau, Textilhandel und Textilgroßhandel, u. a. die Unternehmen Bernstein & Co., A. u. R. Levy G.m.b.H., Löwenstein & Straus, G. Nassau und Mendel & Singer.²²⁴ Da es gleich mehrere Autohändler im Börsenhaus gab, schlug der Essener Anzeiger 1927 in einer Glosse vor, dass man das Firmenschild „Börsenkeller" durch „Autokeller" ersetzten sollte, da „nun soviel Auto und so wenig Börse" im Börsenhaus sei.²²⁵

Städtebauliche Funktion des Börsenhauses
Schon bei der ersten Veröffentlichung zum Börsengebäude 1918 ließ der Essener Börsenvorstand keinen Zweifel daran, dass man „das architektonische Stadtbild durch ein neues Monumentalgebäude zu bereichern" gedenke.²²⁶ Mit der Bereitstellung des Baugrundstückes war seitens der Stadt die Hoffnung verbunden, dem „Bahnhofsvorplatz ein würdiges, der Großstadt entsprechendes Aussehen" zu geben (Abb. 229).²²⁷ Um 1900 war der bisherige Bergisch-Märkische Bahnhof zum Hauptbahnhof mit repräsentativem Stationsgebäude ausgebaut

---

220 Essener Anzeiger v. 8.2.1935 u. 1.1.1936. Die Bremers übernahmen das Parkhotel.
221 HdEG 155–8, Bl. 83 ff. Für Konzessionsvergaben waren nun Unbedenklichkeitsbescheinigungen der NSDAP erforderlich. Einer der Pächter bekundete bei der Konzessionsbeantragung 1936, dass er der NSDAP seit März 1933 angehöre und „nachweisbar Kampfanhänger" seit 1929 wäre (Bl. 128).
222 Ebd., Bl. 262.
223 HdEG 144–1407, Niederschrift Bauausschuss v. 26.2.1925, 2.11.1926 u. 12.2.1927; Anzeige Essener Volks-Zeitung v. 17.3.1925.
224 Adressbücher 1926 u. 1929.
225 Essener Anzeiger v. 17.4.1927.
226 Rheinisch-Westfälischer Anzeiger v. 17.2.1918.
227 Essener Volks-Zeitung v. 24.7.1921.

Abb. 229: Bahnhofsplatz (hier noch mit Pferde-Droschken) um 1905

worden. Durch den Abbruch des Eisenbahnbetriebsamtes war davor ein offiziell namenloser Bahnhofsplatz entstanden, der u. a. als Haltepunkt für die 1907 eingeführten Auto-Droschken[228] und später auch für Omnibusse diente. Der 1907 gegründete Essener Verkehrsverein[229] betrieb hier einen Pavillon, in dem auch die „Droschken-Anruf-Zentrale (D. A. Z.)" untergebracht war.[230]

Schrittweise wurde das Bahnhofsumfeld durch größere Bauwerke aufgewertet, angefangen mit der Herberge zur Heimat (Hotel Vereinshaus) und dem Hotel Royal am Beginn der Kettwiger Straße. 1900–1903 entstand die Hauptpost mit ihrem stadtbildprägenden Eckturm. Im Kontext der Errichtung des Handelshofes als Büro- und Geschäftshaus mit Hotelbetrieb, eröffnet im Januar 1913, wurden auch einige der umliegenden Hotels, etwa das Vereinshaus und das Hotel Stemme, mit neuen Fassaden geschmückt.[231] Zur Neugestaltung der südlichen Innenstadt trugen die Anlage der heutigen Rathenaustraße mit dem Bau des Eickhauses und die Errichtung mehrerer Bankgebäude an der Lindenallee bei. 1914 schrieb man einen Wettbewerb zur Erweiterung der Hauptpost aus, den Edmund Körner gewann. Doch der Kriegsausbruch verhinderte die Pläne.[232]

Die „unhaltbaren Verkehrsverhältnisse am Essener Hauptbahnhofsvorplatze" blieben bestehen, vor allem an der Ostseite boten sich den ankommenden Reisenden die „trostlosen Rückseiten wenig schöner Häuser und die an Jahrmarktsrummel erinnernden Verkaufsbuden" an.[233] Bei der Aufstellung des Na-

228 Rheinisch-Westfälischer Anzeiger v. 22.8.1907.
229 Albert Meurer, Verkehrswesen, in: Städtebau, Essen (wie Anm. 91), S. 126.
230 Verkehrsverein für den Stadt- u. Landkreis Essen e.V. (Hrsg.), Essen, Essen 1912, S. 62.
231 Robert Welzel, Essener Streifzüge 3 – Aufbruch zum Jugendstil, Historischer Verein für Stadt und Stift Essen u. a. (Hrsg.). Essen 2018, S. 100.
232 Pankoke, Körner (wie Anm. 24), S. 172; Essener Volks-Zeitung v. 24.12.1914.
233 Essener Volks-Zeitung v. 3.5.1912.

Abb. 231: Der Neubau des Barmer Bankvereins um 1925

Abb. 230: Schutzbau für den Schmied von Essen 1915

gelstandbildes „Schmied von Essen" vor dem Handelshof 1915 versuchte man, diesen unschönen Eindruck zu kaschieren. Körner entwarf einen temporären Schutzbau, der kulissenartig die Hinterfronten der Bachstraße verdeckte, nach Kriegsende aber wieder beseitigt werden musste (Abb. 230). Immerhin gab der 1918 errichtete neue „Vorortbahnhof" mit Empfangsgebäude und Ladenlokalen der Platzfläche nach Osten ansatzweise Kontur.[234] Mit dem Bau des Barmer Bankvereins an der Akazienallee durch Carl Moritz rückte das Bankenviertel an den Bauplatz der Börse heran (Abb. 231).[235]

Die schon 1868 nach der Berne benannte Bachstraße bildete vor der Anlage der Hansastraße die Hauptverbindungsstraße vom Bahnhofsplatz zum Walzwerk Schulz-Knaudt und mündete in die Varnhorststraße. In Bahnhofsnähe lagen an der Bachstraße gleich mehrere Hotels sowie die Kleiderfabrik Neumann & Mendel. Auf dem Börsengrundstück befanden sich weitere Wohn- und Geschäftshäuser (Abb. 232). Die Hansastraße wurde überhaupt erst im Zusammenhang mit dem Börsenbau angelegt und am 8. März 1922 mit Rücksicht auf das Börsengebäude nach dem mittelalterlichen Hansebund benannt. Beide

---

234 Rheinisch-Westfälischer zugleich Essener Stadtanzeiger v. 11.6.1915 u. 23.3.1918.
235 Der Barmer Bankverein war ab 1919 in Essen mit einer Filiale vertreten und gehörte zu den Gesellschaftern der Börsenhausgesellschaft, vgl.: Bormann, Bank- und Börsenplatz (wie Anm. 4), S. 62.

Abb. 232: Die Rückseiten der Häuser an der Bachstraße vor dem Abbruch

Straßen tragen heute andere Namen, die Hansastraße wurde nach der Eingemeindung von Steele (wo eine Hansastraße existiert) 1932 zu Ehren des früheren Oberbürgermeisters Wilhelm Holle umbenannt, die Bachstraße nach der Eingemeindung von Kettwig (wo es eine Straße gleichen Namens gibt) 1978 der Straße Am Handelshof zugeschlagen. Die Gildehofstraße, die das Börsenhaus auf seiner Ostseite begrenzt, wurde 1902 angelegt.[236] An ihr lag die Städtische Feuerwache. Seit dem Bau der Gildehofbrücke unterquert sie die Hansastraße und die Bahnsteige des Hauptbahnhofs in einem Tunnel.

Der winkelförmige Zuschnitt des Baugrundstücks zwischen diesen drei Straßen stellte in städtebaulicher Hinsicht nicht zwingend einen Nachteil dar. Ähnliche Grundstücke gaben Anlass für eine anspruchsvolle Bebauung. Als Beispiele seien das Bielefelder Geschäftshaus an der Jöllenbecker Straße (Abb. 233), der Admiralspalast im oberschlesischen Hindenburg, das Metropol in Hamm (Abb. 234) oder das Bert-Brecht-Haus in Oberhausen genannt. Und natürlich leitet auch das Chilehaus in Hamburg seine Stromlinienform von einem spitzzulaufenden Grundstück ab, dessen Wirkung Fritz Höger sogar durch Abänderung der ursprünglich geplanten Baufluchtlinien noch verstärkte.[237] Ein Problem für das zukünftige Börsenhaus stellte der benachbarte Handelshof dar: „Die Börse, so hoch sie ist, leidet unter dem konventionellen Hotelmassiv des

---

236 Vermessungsamt der Stadt Essen, Die Benennung der Straßen in Essen. Essen 1928, S. 31, 71 u. 79; Stadt Essen/Historischer Verein für Stadt und Stift Essen e.V. (Hrsg.), Essener Straßen. Essen 2015, S. 36 u. 165; HdEG 143–3715, Bl. 91 (Lageplan v. 27.2.1922 mit Vorgängerbebauung).

237 Das Chielhaus – Ein nachgelassener Aufsatz von Fritz Höger, in: Kamphausen, Höger (wie Anm. 146), S. 83–84.

Abb. 233: Geschäftshaus in Bielefeld *Abb. 234: Metropol in Hamm*

Handelshofes", schrieb der Essener Anzeiger 1925[238] und Körner selbst kritisiert in der Festschrift von 1925 die Struktur des Platzes „mit der Anlage des viel zu weit vorn liegenden Handelshofes."[239]

Das Börsenhaus hatte einschließlich des Kopfbaues eine Länge von etwa 104 Metern, der Kopfbau bildete den Auftakt für die Hansastraßenfront in ihrer monumentalen Längsausdehnung. Für die Kombination eines horizontal betonten Baukörpers mit einem Kopfbau gab es bereits andernorts prominente Vorbilder, etwa das 1911–12 in Berlin von Hans Schwechten gebaute Haus Potsdam (später „Haus Vaterland") am Potsdamer Bahnhof, das mit 93 Metern Länge und 2.250 m² Grundfläche an die Größe des Börsenhauses fast heranreichte. Ähnlich der Essener Kolonnade fassten in Berlin Rundbogenöffnungen die Kaffee- und Restaurantetagen einschließlich der Emporen zusammen (Abb. 235).[240] In Essen war schon kurz nach der Einweihung des Börsenhauses 1925 ein Nachahmungseffekt spürbar: Beim Wettbewerb um den Bahnhofs-

---

238 Essener Anzeiger v. 1.3.1925 (Autor vermutlich P. J. Cremers).
239 Körner, Börsengebäude (wie Anm. 18), S. 17. Vgl. auch Essener Allgemeine Zeitung v. 27.7.1924.
240 Der Neubau „Haus Potsdam" in Berlin, in: Zentralblatt der Bauverwaltung, Nr. 41, 1912, S. 254–259.

Abb. 235: Haus Vaterland, Berlin, vor 1922

Abb. 236: Das Essener Sparkassengebäude an der Rathenaustraße um 1930

platz sahen Georg Metzendorf und Jakob Schneider einen jetzt als Hochhaus aufgefassten Turmbau als Abschluss von Neubauten an der Kettwiger und der heutigen Rathenaustraße vor, das Eickhaus sollte aufgestockt werden. Der Turmbau an der Rathenaustraße wurde später in reduzierter Form als Teil des Sparkassengebäudes verwirklicht (Abb. 236).[241]

Die bis Anfang der 1930er Jahre entstandenen Großbauten am Bahnhofsplatz, an der Hache- und Hansastraße wurden als Gegenüber zum Gleiskörper angelegt. Mit einer Fassadenlänge von insgesamt fast 400 Metern gaben Börse, Handelshof und Hauptpost der Innenstadt ein großstädtisches Antlitz. Die Form der Erdgeschossfenster am Postgebäude, die mit flachen Dreiecken abschließen, lehnte sich offenbar an die Kolonnade der Börse an (Abb. 237). Erst im Planungsverlauf des Börsenhauses ergab sich 1925 im Kontext einer möglichen Neugestaltung des Hauptbahnhofs die Option, auch die südliche Seite der Hansastraße zu bebauen. Körner befürwortete diese Lösung, zumal die Schaffung eines zweiten Kopfbaues „ein besonders eindrucksvolles Stadt- und Architekturbild" geschaffen hätte, wie es etwa eine 1925 veröffentlichte Skizze in der Essener Volks-Zeitung zeigt

---

[241] Rainer Metzendorf, Georg Metzendorf 1874–1934 – Siedlungen und Bauten, in: Quellen und Forschungen zur Hessischen Geschichte 96. Darmstadt/Marburg 1994, S. 343–344.

Abb. 237: Hauptpost mit Arkaden um 1935

Abb. 238: Entwurf für den neuen Hauptbahnhof mit zwei Kopfbauten an der Hansastraße, Essener Volks-Zeitung 14.6.1925

(Abb. 238).²⁴² Doch die Pläne für ein neues, großes Bahnhofsgebäude verliefen im Sande, wie so viele Architektur-Visionen der damaligen Zeit.

Mit dem Bau der Gildehofbrücke, mit der die Hansastraße über das Berntal hinweg ins Ostviertel verlängert werden sollte, war aufgrund einer vertraglichen Verpflichtung der Stadt mit der Schulz-Knaudtschen Terraingesellschaft schon 1919 begonnen worden. 1921 war sie im Rohbau fertig.²⁴³ Sie wurde bis 1922 architektonisch von Ernst Bode ausgestaltet. Sowohl der Straßendamm als auch der höher gelegene Bahndamm wurden teilweise als Hohlköper angelegt, der mit einer Kraftwagenhalle und mit vermietbaren, zweigeschossen Lagerräumen und Ladenlokalen nach dem Vorbild der Berliner „Stadtbahnbögen" ausgestattet wurde.²⁴⁴ An der tiefer liegenden Gildehofstraße sollte ein Platz angelegt

---

²⁴² Körner, Börsengebäude (wie Anm. 18), S. 17; Essener Volks-Zeitung 14.6.1925.
²⁴³ Essener Arbeiter-Zeitung v. 28.4. u. 6.10.1921.
²⁴⁴ Essener Arbeiter-Zeitung v. 6.10.1921; Lothar Binger, Stadtbahnbögen, in: Exerzierfeld der Moderne – Industriekultur in Berlin im 19. Jahrhundert. München 1984, Bd. I, S. 106 ff. Einige bescheidene Reste dieser Anlagen haben sich an der heutigen Hollestraße, also auf

Abb. 239: „Studie zur Platzgestaltung hinter der Börse" in der Broschüre des Verkehrsvereins. Rechts der Ostflügel des Börsenhauses.

Abb. 240: Stockholm, Kungstornen

werden, den Körner in einer 1926 veröffentlichten Studie genauer darstellte (Abb. 239). An seiner Ostfront sollte der Platz von einem weiteren Hochhaus mit vorgelagerter Terrasse und Treppenspindel begrenzt werden und hätte die städtebauliche Wirkung des Börsenhaus-Ostflügels deutlich erhöht.[245] Die von Körner skizzierte Gesamtsituation mit der von Hochhäusern flankierten Stra-

der oberen Ebene, erhalten. Die Ladenlokale an der Nordseite des Bahndamms wurden mit finanzieller Beteiligung der Eisenbahnverwaltung erstellt; Ebers, Bode (wie Anm. 99), S. 215.

245 Verkehrsverein für den Stadt- und Landkreis Essen e. V. (Hrsg.), Fünfzehnter bis achtzehnter Jahresbericht und Vereins-Satzung, Geschäftsjahre 1922/25. Essen 1926; Hoff, Erweiterungsbau (wie Anm. 180), S. 138.

ßenüberführung zeigt Parallelen zu anderen zeitgenössischen Bauprojekten wie etwa den Stockholmer Kungstornen von 1919–24 (Abb. 240).[246]

V. Die Architektur des Börsenhauses

Entsprechend der Baugeschichte lassen sich drei Abschnitte bilden, die ihre zur Ausführung bestimmte Gestalt zeitversetzt erhielten: der zentrale Saalflügel zwischen Kopfbau und Lichthof (Entwurf 1921/22), der Kopfbau (Entwurf Ende 1923) und der Erweiterungsbau/Ostflügel (Entwurf 1924). Einer besonderen Betrachtung bedarf die Innenarchitektur und künstlerische Ausstattung des Börsenhauses.

1. Der Saalflügel, Hansastraße

Da die Errichtung des Kopfbaues zeitweilig in Frage gestellt wurde und es in wirtschaftlich turbulenter Zeit keine Gewähr für die Ausführung des Erweiterungsbaues gab, vereinte der im Zuge des ersten Bauabschnittes bis Anfang 1925 errichtete Saalflügel alle Räume, die für den Börsenbetrieb zwingend erforderlich waren. Durch die Kolonnade und die darüber angeordneten Fensterachsen wird bis heute an der Südseite der Eindruck eines insgesamt zweigeschossigen Gebäudes erzeugt (Abb. 241). Tatsächlich ergaben sich im ersten Bauabschnitt zwei Sockelgeschosse (die optisch nur an der Bachstraße in Erscheinung traten), insgesamt fünf Hauptgeschosse und ein nicht auf ganzer Fläche ausgebautes Dachgeschoss mit Lagerräumen, einigen Büros und der Hausmeisterwohnung, welches sich hinter der hohen Attika verbarg. Dies entsprach der Geschosszahl des benachbarten Handelshofes. Drei der Hauptgeschosse entfielen auf die Kolonnade und zwei auf die Börsensäle mit ihren Emporen.

Schon für den ersten Bauabschnitt musste 1922 eine Ausnahme bezüglich der zulässigen Gebäudehöhe vom Verbandspräsidenten des Ruhrsiedlungsverbandes bewilligt werden, da – auch ohne Berücksichtigung des Turms (Kopfbaues) – die zulässige Höhe an der abfallenden Bachstraße an zwei Stellen geringfügig überschritten wurde.[247] Entlang der Hansastraße entstanden zunächst 14 von 18 Arkaden und 28 von insgesamt 36 Fensterachsen. Auf jede der Arkaden entfiel ein Fassadenabschnitt von 4,84 Metern Breite.[248] Die zwölf durchgehenden Fenster des kleinen Börsensaales und Besprechungszimmers sowie die ab der 13. Fensterachse in optisch angeglichener Form durch Werksteinrahmen zusammenge-

---

[246] Olof Hultin/Bengt O. H. Johansson u. a., The complete guide to Architecture in Stockholm. Stockholm 2009, S. 62.

[247] HdEG 143–3715, Bl. 6 (Schreiben Körner an Baupolizei v. 12.4.1922) u. 12 (Schreiben Stadt an Verbandspräsident v. 30.6.1922). Sowohl die städtische Bauberatung als auch der Verbandspräsident sahen die Überschreitung als unproblematisch an.

[248] Ebd., Bl. 96.

Abb. 241: Der Saalflügel im Zustand nach dem Wiederaufbau

Abb. 242: Die neue Börse in Zürich 1932

fassten Fenster der Telefonkabinen unterstrichen die zentrale Bedeutung der Börsensäle im Inneren. Diese Lösung unterschied sich z. B. von der Börse in Zürich. In Erweiterung eines Bürohauses errichtet, bestimmten hier die kleinen Einheitsfenster der außen liegenden Geschäftsräume und Telefonzimmer das Erscheinungsbild (Abb. 242). Nur durch den Eckzylinder mit Treppenhaus und Aufzuganlage erhielt das Gebäude einen repräsentativen Charakter.

Dabei ist bemerkenswert, dass in Essen keines der Fenster tat-

Abb. 243: Börsenhaus mit Saalfenstern und Kolonnade um 1929

sächlich zur Beleuchtung des großen Börsensaales, der das Herzstück der Anlage darstellte, diente. Der Saal wurde ausschließlich über die Dachlaterne mit Tageslicht versorgt und gegen das geschäftige Treiben und den Verkehrslärm des Bahnhofsplatzes und der Hansastraße durch die Anordnung der Kabinen abgeschirmt. Dass man entgegen der allgemeinen Empfehlung auf Seitenlicht ganz verzichtete, wurde in der Börsen-Festschrift als geglücktes Experiment beschrieben.[249] Damit die Dachaufbauten der beiden Börsensäle von der Straße aus unsichtbar blieben, wurde die Attika um drei Meter erhöht und schloss mit einem nach außen geneigten Werksteingesims die Fassade ab. Gestalterisch wurde so die klar umrissene Form des symmetrisch angelegten Saalflügels zusätzlich betont.

Die noch im Oktober 1921 angedachte Ausbildung eines in Form eines Risalits über den Gehsteig vorspringenden Mittelbaues[250] wurde zugunsten einer weit monumentaleren Lösung aufgegeben, bei der eine extreme Reihung der Einzelmotive (Arkaden, Saalfenster) den Gesamteindruck bestimmte. Körner verzichtete dabei auf einen repräsentativen Eingang, wie er der Würde eines Börsengebäudes angemessen gewesen wäre. Die Lage des Haupteingangs zu ebener Erde in der Kolonnade war nach außen hin kaum erkennbar, weshalb man dort 1926 eine auffällige Leuchtreklame für den Börsenkeller und später auch für das HDT anbrachte.[251] Weit mehr Aufmerksamkeit zog der Kopfbau mit seinen hohen Erkerfenstern auf sich (Abb. 243).

---

[249] Streit, Technische Einrichtungen (wie Anm. 197), S. 33.
[250] HdEG 145–2056, Lageplan o. D. u. Lageplan v. Oktober 1921.
[251] Dazu Glosse im Essener Anzeiger v. 11.4.1926. „Das ‚B' ist wundervoll geraten, so rund und nett wie Tante Emma."

DIE ESSENER BÖRSENHAUSGESELLSCHAFT

Abb. 245: Wettbewerbsbeitrag für das Schulz-Knaudt-Gelände

Abb. 244: Das aufgestockte Hotel Vereinshaus um 1940

Eine horizontal ausgerichtete, rein kubische Monumentalität hatte Peter Behrens 1910 am Düsseldorfer Verwaltungsgebäude der Mannesmannröhren-Werke-AG erstmals im näheren Umfeld erprobt.[252] Der damit verbundene Rückgriff auf klassizistische Vorbilder wurde im Unterschied zur dekorativen Freizügigkeit des Späthistorismus und Jugendstils als natürlich, ehrlich und klar empfunden.[253] Der versachlichte Neoklassizismus stand allerdings im Verdacht, ein erneutes Aufkommen des Historismus zu begünstigen.[254] So lehnte etwa Fritz Höger (Chilehaus) den Klassizismus kategorisch ab.[255]

Für Körner war der Rückgriff auf einen ornamentfreien Klassizismus rein ästhetisch motiviert. In seiner Schrift „Die ‚Villa', oder was man so nennt" von 1935 stellte er die „vornehm-klassische Ruhe" der Bauten der Schinkelzeit den Wohnhäusern der Gründerzeit „mit allem Schnick-Schnack" gegenüber und kam ausdrücklich auf die besondere Dachgestaltung des sog. „Schinkel-Pavillons" in Berlin-Charlottenburg (Neuer Pavillon) zu sprechen. „Wer würde Schinkels schönem kubischem Kavalierhaus […] ein Dach aufsetzen wollen?" Körner sah im geraden Traufabschluss nicht zuletzt eine Möglichkeit, um ein „Dachgewirr" unterschiedlicher Formen und Neigungen zu vermeiden.[256] Ganz in diesem

[252] Busch, Bauten (wie Anm. 94), S. 48.
[253] Im Werk Körners z. B. Haus Herzberg, Modepavillon für die Ausstellung der Darmstädter Mathildenhöhe 1914 u. Schutzbau des Schmiedes von Essen von 1915.
[254] Pehnt, Expressionismus (wie Anm. 170), S. 63.
[255] Kamphausen, Höger (wie Anm. 146), S. 39 und 59.
[256] Zitiert in: Pankoke, Körner (wie Anm. 24), S. 265–267.

Abb. 246: Ritterhaus in Halle

Abb. 247: Arkaden der Essener Börse mit spitzwinkeligen Kapitellen

Sinne versahen 1927–28 die Architekten Kunhenn & Büssing das benachbarte Hotel Vereinshaus mit einem ähnlichen Dachabschluss (Abb. 244).[257] Mit der von Schinkel entwickelten Lösung, bei der ähnlich wie am Börsenhaus das flache Zeltdach hinter einer Attika verborgen blieb,[258] konnten die Nachteile eines tatsächlichen flachen Daches im Hinblick auf die Wasserabführung vermieden werden. Dass der Saalflügel klassizistische Vorbilder bediente, klingt in einem Wettbewerbsbeitrag für das Schulz-Knaudt-Gelände an, in dem ein unbekannter Architekt das Börsenhaus ohne den Kopfbau und mit einem seitlichen Giebeldreieck darstellte (Abb. 245).[259]

Das in enger Abstimmung mit dem Beigeordneten Ehlgötz entwickelte Arkadenmotiv[260] weckte zwar Assoziationen zu den offenen Höfen der frühen Börsenarchitektur (etwa der ersten Amsterdamer Börse von 1611), wurde von Körner aber rein funktional gesehen.[261] Ohne diesen Überbau hätten ausrei-

[257] Essener Anzeiger v. 25.8.1927; Volkswacht v. 20.9.1928.
[258] Johannes Cramer/Ulrike Laible u. a., Schinkel, Führer zu seinen Bauten, Bd. I. München 2012, S. 84–85.
[259] HdEG 957–12.
[260] HdEG 143–3715, Bl. 2 (Angabe Körners im Baugesuch v. 27.2.1922).
[261] Körner, Börsengebäude (wie Anm. 18), S. 22–23. Er gibt raumtechnische Gründe an.

Abb. 248: Schutzengelkirche in Frillendorf

chend dimensionierte Börsensäle kaum geschaffen werden können. Außerdem sah Körner im Bogengang eine „starke Unterstützung des Platzabschlusses", wie es am 3. Dezember 1922 in der Essener Volkszeitung heißt.[262] Ähnliche Bogengänge finden sich an zeitgenössischen Monumentalbauten, etwa an der überregional bekannten Stuttgarter Markthalle (1911–14, Architekt Martin Elsaesser)[263] oder am Ritterhaus in Halle (1928, Architekt Bruno Föhre), das auch in seiner Dimension (Frontlänge 100 Meter) mit dem Essener Börsenhaus vergleichbar war (Abb. 246).[264] In beiden Fällen wird durch die Spitzbögen auf die Tradition mittelalterlicher Laubengänge oder Rathauslauben verwiesen. Venezianisch anmutende rundbogige Kolonnaden bestimmten in Mülheim an der Ruhr das Gesamtkonzept der Ruhruferbebauung.[265] In Düsseldorf nutzte man rechtwinklige Arkaden, um den Hochhausturm des Wilhelm-Marx-Hauses durch Überbauung des Gehsteiges in der Flucht des Alleeplatzes vorzurücken.

Nicht abschließend feststellbar ist, ob auch Körner für die Hansastraße zunächst Rundbögen plante, wie dies die Fassadenansicht der Bachstraße von November 1921 nahelegt (vgl. Abb. 266). Die Arkaden wären ohne Kapitelle schmucklos in die Wandfläche eingeschnitten worden.[266] Die älteste erhaltene Ansicht der Hansastraße in der überarbeiteten Planfassung vom 8. bzw. 9. März 1922 zeigt bereits die später ausgeführten, abgetreppten Arkaden, die auf kreuz-

---

[262] Da der Text in mehreren Zeitungen erschien, wurde er wohl von Körner mit verfasst.
[263] Elisabeth Spitzbart/Jörg Schilling, Martin Elsaesser – Kirchenbauten, Pfarr- und Gemeindehäuser. Tübingen/Berlin 2014, S. 38 f.
[264] Tom Binner, Das Ritterhaus – Ein Prestigeprojekt der hallischen Moderne mit kurzer Lebensdauer, Kulturfalter, 2.12.2018.
[265] U. a. der Mülheimer Stadthalle (1923–25, Arch. Pfeifer und Großmann), vgl. Helmut Becker u. a., Mülheim an der Ruhr, Architekturführer. Mülheim 1992, Objekt 5.
[266] HdEG 143–3721, Bl. 16 (Ansicht Bachstraße v. November 1921).

Abb. 249: Arkaden der Essener Börse

förmigen, mit Naturstein verblendeten Pfeilern aufsitzen, bekrönt von Kapitellen mit wechselnden kristallinen Abschlüssen (Abb. 247).[267]

Spitzwinklige, auseinanderstrebende oder kristalline Formen sind typisch für eine expressionistisch motivierte Architektur. In Körners Werk finden wir sie schon vor 1914, etwa an der Baugewerkschule, wo sie sowohl an der Fassade als auch bei der Innenausmalung vorkommen. Für Haus Becker in Meerbusch bei Düsseldorf (um 1918)[268] und für die Häuser Stern I und II in Essen (1922/23) erzeugte Körner Grundrisse mit im 45-Grad-Winkel gedrehten Räumen und Erkern. Die Fenster, Giebel und Gauben der Schutzengelkirche, mit deren Planung Körner spätestens ab August 1921 befasst war,[269] versah er mit spitzwinkligen Abschlüssen. Der ganze Baukörper einschließlich der Gauben scheint hier auseinanderzustreben (Abb. 248). Das „Kristalline" war also in Körners Werk kontinuierlich verankert, als er 1922 die Entwürfe für die Börsen-Arkaden zeichnete.

Die aus den Kapitellen aufsteigenden und um die schmalen Betonpfeiler gemauerten Klinkerbögen erhielten eine an den Seiten senkrechte, sich „stalaktitisch" verbreiternde Form (W. Busch), wobei kürzere und längere Abschnitte wechselten (Abb. 249). Die auf diese Weise in die Länge gezogenen und gewei-

---

[267] HdEG 143–3715, Bl. 95/96; 143–3721, Bl. 20.
[268] Klapheck, Neue Baukunst (wie Anm. 148), S. 94 f.
[269] HdEG 1040–42, Schreiben Körner an Bürgermeister Meyer v. 9.8.1921.

teten Arkaden schlossen jeweils mit einem gebrochenen Sturz nach oben ab. Die Form der Bögen optimierte den Lichteinfall für die Ladenlokale und das Zwischengeschoss. An der Bruchstelle des Sturzes war ein Scheitelstein mit Relief eingefügt, der die ausstrahlende Bewegung der Kapitelle fortsetzte. Die Klinker oberhalb des Sturzes waren in einem Zierverband senkrecht zum Sturzverlauf angeordnet. Sie griffen die von den Kapitellen und Scheitelsteinen ausgehende Strahlbewegung auf, schlossen dabei aber waagerecht und höhenversetzt ab. Es ergab sich eine Zackenkrone, vergleichbar dem Traufabschluss am Kopfbau.

Die Detailgestaltung der Arkaden, die das klassische System aus Säule, Kapitell und Bogen verleugnen, um sich der Leichtigkeit des Betonskeletts anzunähern, war für den Betrachter irritierend. Durch die schlanken Pfeiler wirkte der Saalflügel aus der Ferne, als würde er auf Stelzen stehen. Während bei vielen anderen Gebäuden derartige Arkaden etwas Robustes und Wehrhaftes verkörpern, wirkten sie hier leichtfüßig. Durch die Bewegung der Kapitelle, Scheitelsteine und der Ziegelbekrönung wurden sie vom tragenden zum deformierenden Element. Der Architekt Konrad Wittmann, der das Gebäude 1925 in der Deutschen Bauhütte als einer der Ersten besprach und der Gesamtwirkung durchaus positiv gegenüberstand, schrieb daher:

> *„Dieser vorteilhafte Eindruck wird durch die Behandlung des untern Geschosses leider empfindlich gestört. Hier sind zwei heterogene, ästhetisch und tektonisch unvereinbare Bauteile, die Säule und die dem Eisenbeton entlehnte, durch Auskragung oben verbreiterte Stütze aufeinander gestellt. Die statischen Richtkräfte in einer Säule und in einer nach oben zu verstärkten Stütze sind so verschieden, daß uns die Verbindung dieser beiden Bauelemente als ein höchst heikles Experiment erscheinen muß. […] Am Kapitäl der Säule ergibt sich durch die stark vertikale Belastung ein gefühlsmäßig sehr kompliziertes statisches Verhalten. Man befürchtet, der Pfeiler könnte an dieser Stelle knicken."*[270]

In dieser Hinsicht bot das Anzeiger-Hochhaus in Hannover (1927–28, Fritz Höger) eine Alternative, die sich von Körners Lösung womöglich bewusst absetzte. Hier wurden die ohne Säule schon knapp über dem Boden aufsteigenden und sich zur Mitte hin in fünf Etappen verjüngenden Bögen zur Schaffung höhlenartiger Räume genutzt (Abb. 250). Das „schwebende Stehen" (Kamphausen) wird hier nur durch die darüber aufsteigenden Leisten erzeugt.[271] Auf den letzten Schritt, die Pfeiler auf das konstruktiv Notwendige, nämlich auf die Form des Betonkerns zu reduzieren, verzichtete Körner am Börsenhaus. Trotzdem kann es als Vorläufer der Rotterdamer Börse (1936–40, Architekt J. F. Staal) gelten, wo der Saaltrakt auf schlanken Stelzen regelrecht zu schweben schien (Abb. 251).[272]

270 Wittmann, Bahnhofsplatz (wie Anm. 100), S. 196–198.
271 Kamphausen, Höger (wie Anm. 146), S. 30.
272 Rijksmonumentenregister, Monument 513765, https://monumentenregister.cultureelerfgoed.nl (abgerufen 16.3.2023).

Abb. 251: Eingangsbereich der Rotterdamer Börse

Abb. 250: Arkaden des Anzeiger-Hochhauses in Hannover

Die hinter den Arkaden sichtbare Fassade umfasste drei Geschosse. Der Haupteingang und der im Zuge des Erweiterungsbaues ausgeführte Nebeneingang wurden ursprünglich im Erdgeschoss durch Werksteinverblendungen und Bildhauerarbeiten hervorgehoben. Zwischen diesen Eingängen befanden sich die jeweils mit einer Empore zweigeschossig angelegten Ladenlokale. Indem Körner vor die Pfeilerstellungen Schaukästen anordnete, ergab sich eine durchgehende Verglasung des Erdgeschosses. Die Oberlichter und die im Wechsel rechts und links liegenden Ladentüren waren mit versetzt angeordneten Leisten in variierender Breite verziert. Im Obergeschoss sprangen die Fenster prismenartig vor (Abb. 252).

Über den Arkaden, auf Brüstungshöhe des Börsenhauptgeschosses, teilte ein heute nicht mehr vorhandenes Werksteingesims die Fassadenfläche und bildete die Grundlinie für die Fensterbahnen. Es umzog, mit Ausnahme des Kopfbaues, das gesamte Gebäude. An der Hansastraße waren jeder Arkade zwei mit Werkstein eingefasste Fensterbahnen zugeordnet. Um die monumentale Reihung nicht zu stören, waren die Fenster der Kabinen (und auch der Büros im Erweiterungsbau) durch mit Werksteinplatten verblendete Brüstungsfelder verbunden und damit den Saalfenstern des kleinen Börsensaales und des Sitzungszimmers optisch angeglichen. Alle Werksteinrahmen der Fensterbahnen schlossen in der Breite des Mittelfensters mit einer Platte und einem aufgesetzten Scheitelstein ab.[273]

Die Fassadenansicht der Hansastraße von Frühjahr 1922 zeigte noch eine Vielzahl spitzwinkliger Details, auf die bei der Errichtung des Gebäudes ver-

---

[273] Zunächst waren die Fensterabschlüsse zackenförmig geplant, vgl. HdEG 143–3715, Bl. 96.

zichtet wurde, etwa bei den Schmuckgittern, Fensterarchitekturen oder bei den oberen Scheitelsteinen. Zur Ausführung gelangten die schräg gestellten Wandpfeiler an den Gebäudeecken (vgl. Abb. 243). Sie standen in einem gewissen Spannungsfeld zur klassizistischen Formauffassung und konnten im Eisenbetonbau als technisch überflüssig gelten. Wie beim Kaffgesims gotischer Kirchen wurde sogar das Sohlbankgesims um die Pfeiler herumgeführt. Die Übereckstellung von Gliedern oder Volumina war vor allem in der Spätgotik üblich, ebenso die geknickten Arkadenbögen, bei denen das Bogenhafte begradigt wurde.[274] Wilhelm Busch hielt diese Mittelalter-Bezüge, nicht zuletzt die aufgesetzten Scheitelsteine Körners, für „leicht ironisierend".[275] Wolfgang Pehnt stellte 1973 fest: „Der Tradition standen sie [die expressionistischen Baukünstler] pietätlos gegenüber. Sie entnahmen ihr, was sie brauchen konnten, um es zu verwandeln."[276] Es finden sich daher an vielen Bauten der 1920er Jahre auch gotische Formen, die oft durch Strecken, Bauschen oder Stauchen verfremdet wurden.[277] Fritz Höger schmückte die Vorhallen des Chilehauses mit gotischem Maßwerk und gliederte seine Fassaden in Anlehnung an die Gotik vertikal. Eckpfeiler wie jene des Börsenhauses sind z. B. zeitgleich am Kölner Hansahochhaus[278] vorhanden (Abb. 253) sowie am Hamburger Ballinhaus von 1924, wo sie in konkaver Rundung in die Fassade übergehen.[279] So können wir beim Börsenhaus nötigenfalls von einer klassizistisch geprägten Gotik sprechen.[280] In dem vom rechten Winkel bestimmten Gesamtkontext fallen diese unaufdringlichen Stilzitate aber kaum ins Gewicht.

Beim Wiederaufbau der Börse nach dem Zweiten Weltkrieg wurde auf die Wandpfeiler, Scheitelsteine und die Pfeilerkapitelle verzichtet. Noch gravierender: Die Arkaden wurden zu Rundbögen korrigiert, die zudem auf kannelierten Säulen stehen (Abb. 254). Außerdem schließt die Attika nun über einer Schattenfuge mit einem weit vorkragenden Dach ab. Insgesamt führte dies zu einer völligen Neuinterpretation der Architektur.

2. Der Saalflügel, Bachstraße

Beim Hamburger Chilehaus oder beim Essener Deutschlandhaus, wo einer eleganten Stromlinienform der Vorzug gegeben wurde, ergeben sich zwangsläufig unregelmäßige Raumzuschnitte. Körner legte hingegen großen Wert auf die

---

[274] Pablo de la Riestra, Die Revolte der Gotik – Architektur der Spätgotik in Mitteleuropa. Lindenberg i. Allgäu 2018, S. 87 u. 93.
[275] Busch, Bauten (wie Anm. 94), S. 89.
[276] Pehnt, Expressionismus (wie Anm. 170), S. 49.
[277] Z. B. die Parabelbögen am Essener Südwestfriedhof.
[278] Zentralblatt der Bauverwaltung, 46. Jahrgang, Nr. 30, Berlin 28.7.1926, S. 357–359.
[279] Meyhöfer, Hamburg (wie Anm. 208), S. 98.
[280] Vgl. die von Schinkel entworfene Friedrichwerdersche Kirche in Berlin.

Abb. 252: Die Ladenlokale der Kolonnade mit den Obergeschossfenstern

Abb. 253: Eckpfeiler am Kölner Hansahochhaus

Abb. 254: Kolonnade in der 1951–1953 umgestalteten Form

Ausbildung rechtwinkliger Räume, die für die Nutzung und Möblierung als vorteilhaft galten. Dass dies originelle Grundrisslösungen nicht ausschloss, stellte er nicht nur beim Arenberghaus, sondern vor allem bei der Villa Stern I unter Beweis, wo die Räume des Erd- und Kellergeschosses spitzwinklig hervortreten. Eine Eisenbetonkonstruktion ermöglichte es dort, den gesamten Grundriss dieser Etagen im Verhältnis zum Obergeschoss

DIE ESSENER BÖRSENHAUSGESELLSCHAFT 523

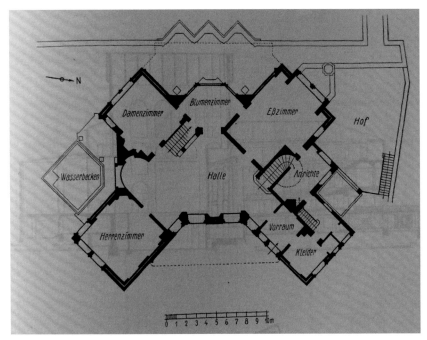

Abb. 255: Grundriss der Villa Stern I

um 45 Grad zu drehen,[281] ein sehr gelungenes grundrisstechnisches Experiment, wie der Essener Anzeiger 1926 befand.[282] Ähnlich wie am Kopfbau der Börse wurde die Gestaltung des Außengeländes in dieses Experiment mit einbezogen (Abb. 255).

Beim Börsenhaus war das Grundstück keilförmig zugeschnitten. Rechtwinkelige Räume konnten nur durch eine Staffelung der Rückfront erzielt werden. Wie den ältesten erhaltenen Lageplänen zu entnehmen ist,[283] sollte dabei zunächst die Lage der unterschiedlich tiefen Säle im Börsenhauptgeschoss die Kubatur des Gebäudes bestimmen. Die verbleibende Fläche zur Baufluchtlinie besetzte Körner im Planungsverlauf zur Vergrößerung der Nutzfläche mit kubisch hervortretenden Baukörpern, die bis zur Höhe des Sohlbankgesimses reichten und zugleich als Austrittsterrassen für das Börsenhauptgeschoss dienten. Die eigentlichen Börsengeschosse mit ihren längeren Fassadenabschnitten setzten sich dabei von

---

281 HdEG 143–6880, Bl. 48 ff. Körner variierte die 1917/18 erbaute Villa Meerhoek von Cornelis J. Blaauw, der für die Räume einen fünfeckigen Zuschnitt in Kauf genommen hatte. In: de Wit, Amsterdamer Schule (wie Anm. 151), S. 32–33.
282 Essener Anzeiger v. 11.5.1926.
283 HdEG 145–2056, Lageplan o. D. u. Oktober 1921.

Abb. 256: Teil der Nordfront im ursprünglichen Zustand

Abb. 257: Nordfront im heutigen Zustand

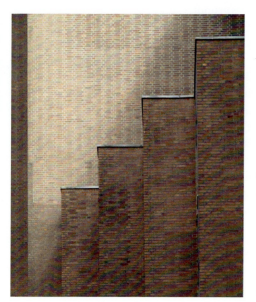

Abb. 258: Fensterlose Kuben der Nordfront im heutigen Zustand

der aufgefalteten unteren Zone deutlich ab (Abb. 256). Durch das Abschmelzen des Bauvolumens wurde zudem der Lichteinfall in der 15 Meter breiten Straßenschlucht optimiert (Abb. 257).

Die in den unteren Geschossen gebildeten Kuben mit einer Breite von jeweils 4,84 Metern (dies entsprach der Arkadenbreite an der Hansastraße) folgten mit ihren Eckpunkten exakt der gestatteten Baufluchtlinie und rückten von West nach Ost jeweils um

Abb. 259: Grafik aus der Börsen-Festschrift

Abb. 260: Ansichtskarte New York, Vision von 1923

1,17 Meter vor.[284] Dabei wiesen die Fenster fast alle nach Norden. Vom heutigen Heinrich-Reisner-Platz aus wurde und wird daher der Gesamteindruck von weitgehend geschlossenen Wandpartien bestimmt (Abb. 258). Zugunsten der Geometrie beschränkte sich Körner in der Dekoration der Nordfront auf dünne Werksteinrahmen, glatt geschliffene Brüstungsfelder und das durchlaufende Sohlbankgesims.

Für die Gesamtbewertung des Börsenhauses ist die zentrale Gestaltungsidee der gestaffelten Kuben, ergänzt durch die modifizierten Entwürfe für Kopfbau und Ostflügel, von entscheidender Bedeutung. Von der nur 10 Meter breiten Westfront mit ihrer vorgelagerten, spitz zulaufenden Terrasse steigerte sich das Motiv schrittweise und in sorgfältig austarierter Unregelmäßigkeit bis zum „Hochhaus" des Ostflügels, wo sich die Gebäudemasse zu einem regelrechten Berg verdichtet. Körner schuf damit eines der beeindruckendsten und ungewöhnlichsten Essener Architekturbilder des frühen 20. Jahrhunderts. Eine solche Architektur kalkulierte das subjektive Empfinden mit ein. Scheinbar

---

284 HdEG 143–3721, Bl. 11 (Grundriss Erdgeschoss v. 18.2.1922).

Abb. 261: Haus Herzberg am Haumannplatz um 1913

mit spielerischer Leichtigkeit aufgestapelt, begünstigten die fensterlosen Kuben einen Verlust an Maßstäblichkeit, wie er in einer Zeichnung aus der Börsen-Festschrift anklingt (Abb. 259). Vor allem in der Nachmittags- und Abendsonne entstand und entsteht noch heute der Eindruck hintereinanderstehender und sich überragender Turmhäuser, wie es sie damals in den US-amerikanischen Millionenstädten gab (Abb. 260).[285]

Mit sich durchdringenden geometrischen Grundformen experimentierte Körner bereits am Haus Herzberg im Haumannshofviertel, das von Klapheck als „absolut moderner Bau" charakterisiert wurde (Abb. 261).[286] Klapheck erkannte hier Lösungsansätze für Formprobleme, die erst später in den Vordergrund der Debatte rückten. Anders als am Börsenhaus arbeitete Körner damals noch mit der sanft abgerundeten Gebäudeecke, die in dekorativer Funktion hier wohl erstmals im Rheinland Verwendung fand.[287] Am Börsenhaus entfiel dieses weiche, fließende Element zugunsten einer scharfkantigen Ausprägung.

Etwa in der Mitte der Nordfassade sollte ursprünglich das Haupttreppenhaus liegen. Dieser doppelt so breite Fassadenabschnitt ragte bis zur Traufe auf und unterbrach den Rhythmus der Kuben. Der für das Haupttreppenhaus gedachte, repräsentative Eingang (heute Am Handelshof 8) wurde von Körner

---

[285] Wie eine wohl von Körner erstellte Grafik verdeutlicht, in: Festschrift (wie Anm. 2), S. 21.
[286] Richard Klapheck, Haus Herzberg in Essen a. d. Ruhr – Erbaut von Professor Edmund Körner, Sonderdruck aus dem September-Heft 1913 der „Deutschen Kunst und Dekoration", hrsg. von Alexander Koch, Darmstadt (im Folgenden: Klapheck, Herzberg), S. 416.
[287] Klapheck, Neue Baukunst (wie Anm. 148), S. 152. Vorbilder sieht Klapheck in den heimischen Backsteinbaumeistern des 18. Jahrhunderts (Johann Conrad Schlaun). Anregungen könnte Körner aber auch bei der damals aktuellen nordamerikanischen Landhausarchitektur (Frank Lloyd Wright) gewonnen haben.

nach Änderung der Raumstruktur beibehalten und nun als Zugang für die Ausstellungsräume im Untergeschoss und Kellergeschoss genutzt. Er wurde in den bis heute im Original erhaltenen Basaltsockel eingebunden, mit dem das Kellergeschoss und schließlich das Untergeschoss verblendet ist.

Im benachbarten Kubus musste Körner auf Wunsch der Börsenhausgesellschaft ein Verbindungstreppenhaus zwischen Börsensaal und Telefon-Centrale vorsehen, weil ein Aufgang mitten im Saal vermieden werden sollte.[288] Dieser Gebäudeabschnitt wurde erhöht, aber nicht bis ganz nach oben geführt. Vergleichbare Unregelmäßigkeiten ergeben sich bei der Positionierung und Gliederung der Fenster. Zunächst sah Körner ein einheitliches, überwiegend quadratisches Fensterformat vor, das in den beiden Laden- und den beiden Saalgeschossen zu doppelgeschossigen, hochrechteckigen Fenstern verbunden wurde.[289] Eine abweichende Anordnung ergab sich im Anschluss an den Kopfbau. Hier lagen das neue Haupttreppenhaus und die Wandelhalle und ragten über die Bauflucht hinaus. Körner musste die Räume daher durch drei niedrige Arkaden abgefangen. Da einem dritten Pfeiler die baupolizeiliche Genehmigung versagt blieb, wurde die Hausecke mit einer reich profilierten Konsole abgefangen, die heute leider nicht mehr vorhanden ist.[290]

Schließlich musste auch das den ersten Bauabschnitt nach Osten abschließende Treppenhaus mit seinen versetzt angeordneten Fenstern bis zur Traufhöhe des Erweiterungsbaues hochgeführt werden. Seitlich war ein auffälliges, von einem Kranz aufrechtstehender Ziegel eingerahmtes Rundfenster (Okuli) angelegt. Es gehörte zur Diele der Hausmeisterwohnung und ermöglichte einen Ausblick über die Bachstraße in Richtung Handelshof (vgl. Abb. 256).[291] Der zum Treppenhaus gehörende Hauseingang wurde mit einem auffälligen Rundbogenportal versehen (heute Am Handelshof 10) (Abb. 262).[292] Diese Abweichungen vom Schema verliehen dem Gebäude Lebendigkeit, ohne dass die dafür vorliegenden praktischen Gründe sofort ins Auge fielen.

Auffälliger waren die sehr unterschiedlichen Gestaltungskonzepte von Süd- und Nordseite, die nicht nur von Paul Joseph Cremers als „Schönheitsfehler"

---

[288] HdEG 144–1407, Niederschrift über die Sitzung des Bauausschusses am 19.10.1921.
[289] HdEG 143–3721, Bl. 16; 143–3715, Bl. 95 (Ansichten Bachstraße).
[290] HdEG 145–2056, Bl. 74 (Schreiben Körner an Baupolizei v. 3.10.1922 u. Antwort v. 6.10.1922).
[291] Auch an der Synagoge und – sehr auffällig – am Kesselhaus der Kölner Ford-Werke sah Körner einzelne Rundfenster vor. Hier verwies das einzige Fenster dieser Art auf den benachbarten Eingang zum Büro- und Ausstellungstrakt, vgl. Birgit Gropp/Marco Kieser/ Sven Kuhrau, Neues Bauen im Rheinland – Ein Führer zur Architektur der Klassischen Moderne. Petersberg 2019 (im Folgenden: Gropp, Neues Bauen), S. 218 f.
[292] Rundbogenportale, die in scheinbarem Widerspruch zur rechtwinkligen Gesamtgestaltung stehen, gab es an verschiedenen Körner-Bauten der 1920er Jahre, etwa am Museum Folkwang (Hauptzugang zwischen den Goldschmidt-Villen) oder am Essener Bürohaus des Benzol-Verbandes an der Schürmannstraße.

Abb. 262: Rundbogenportal am Treppenhaus mit Basaltsockel

empfunden wurden, als Widerspruch in den architektonischen Baugedanken und Stilgesetzen:

„Betrachtet man einmal die Front der Hansastraße. Hier herrscht ein Architekturgesetz von großer, harmonischer Ruhe. Der Rhythmus des Baues geht in die Breite. [...] Herrscht hier also der horizontale Bewegungscharakter, so steht die Front der Bachstraße [...] im Zeichen unüberbietbarer Vertikalbewegung, und sie wird als solche noch außerordentlich verstärkt durch die rechtwinklige Auffaltung der Hausfront."[293]

Körner dürfte dies anders gesehen haben, denn beide Fronten wurden zusammen geplant und waren durch die einheitliche Jochbreite der Arkaden und Kuben klar aufeinander bezogen. Hätte man die Nordfront aus größerer Entfernung und frontal betrachten können, sie wäre trotz ihrer Tiefenbewegtheit zu einem stimmigen Fensterraster verschmolzen, das der Raumaufteilung und Pfeilerstellung im Inneren entsprach. Obwohl es nahegelegen hätte, der Front an der Bachstraße eine geringere Aufmerksamkeit zu schenken, gelang es Körner sogar, zwei gestalterisch ebenbürtige Längsansichten zu erzeugen. Eine völlige Harmonie zwischen Süd- und Nordseite kam dabei schon deshalb nicht in Betracht, weil die Grundstücksform und die Topografie dies verhinderten. Es gab auch keinen Grund mehr, wenigstens zum Schein die Symmetrie zu wahren, wie dies in der Kaiserzeit noch üblich war.[294] Der moderne Architekt, so Körner 1925, „schaltet die Distanz zwischen Erscheinungsform und Bedeutungsform aus und versucht ehrlich und mit Anstand aus den gegebenen Momenten, als das sind höchste wirtschaftliche Ausnützung, ökonomisches Bauen und neue Baumethoden die mögliche ästhetische Form zu finden."[295]

---

[293] Essener Anzeiger v. 1.3.1925 (Autor vermutlich P. J. Cremers).
[294] Z. B. an Körners Haus Herzberg, wo die auf den ersten Blick symmetrische Hauptansicht den völlig asymmetrischen, rein funktional entwickelten Grundriss verschleiert.
[295] Körner, Börsengebäude (wie Anm. 18), S. 22.

Abb. 263: Amsterdamer Börse mit „Glockenturm"

3. Der Kopfbau

Funktion

In den Bauakten wird der Kopfbau von der Stadt zunächst als „Eckturm" bezeichnet,[296] was seiner eigentlichen Funktion aber nicht gerecht wurde, denn er verfügte über ein – wenn auch begrenztes – Raumangebot, das nicht nur dem Börsenbetrieb sondern auch der Refinanzierung des Projektes zugutekam.[297] Der Kopfbau erfüllte nicht vorrangig eine städtebauliche oder dekorative Funktion, wie man dies für den Turm der Amsterdamer Börse annehmen kann, in dem der „Lift" eingebaut war. Berlage schmückte den Turm mit großen Uhren und einer Klangarkade, womit er optisch den Glockentürmen von Kirchen angepasst wurde (Abb. 263).[298] Sicher sollte auch der Essener Kopfbau die Aufmerksamkeit auf sich lenken. Als Standort der Droschken- bzw. Taxizentrale (Untergeschoss), des Norddeutschen Lloyd und des Essener Verkehrsvereins (Erdgeschoss) war er zentraler Anlaufpunkt für den Fremdenverkehr.[299]

Planungsprozess des Kopfbaues

Der späte Baubeginn des Kopfbaues Ende 1923 hing nicht nur mit den Verzögerungen beim Abbruch des hier stehenden Wohnhauses Bachstraße 16 zusammen. Vielmehr wurde kein anderes Element der Planung im Laufe der Zeit so oft und

---

[296] HdEG 143–3715, Bl. 27 (Vermerk v. 29.3.1923).
[297] Allerdings bereitete die Vermietung der Büroräume über dem Ladenlokal einige Schwierigkeiten, vgl. HdEG 144–1407, Niederschrift Bauausschuss v. 28.4.1924.
[298] Gratama, Berlage (wie Anm. 170), S. 33 (Grundriss Amsterdamer Börse).
[299] HdEG 143–3721, Bl. 7 (Abb. 38). Im Grundriss v. 18.2.1922 ist der Kopfbau-Raum mit „Verkehrsverein" beschriftet, war also von Anfang an als touristischer Anlaufpunkt gedacht.

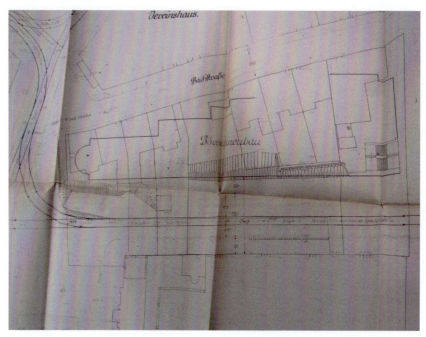

Abb. 264: Lageplan mit Straßenbahn Akazienallee und Kopfbau Variante 1 (Oktober 1921)

grundlegend den sich wandelnden Anforderungen angepasst. So konnten als Vorläufer der zur Ausführung bestimmten achten Variante zwischen Oktober 1921 und Oktober 1923 mindestens sieben ältere Versionen nachgewiesen werden. Bis dahin herrschte, auch in der öffentlichen Wahrnehmung, Unklarheit darüber, welche Gestalt die dominierende Westansicht erhalten sollte.

Bei der endgültigen Festlegung der Baufluchtlinie, die formal erst am 24. August 1927 erfolgte,[300] spielten vor allem verkehrsplanerische Aspekte eine Rolle. Seit 1922 sollte vor dem Handelshof die von Steele über die Hansastraße einmündende Straßenbahn ihre Endhaltestelle erhalten, verbunden mit einer in beiden Richtungen aus der Teichstraße einmündenden Gleisführung.[301] Im Zuge dieser Überlegungen wurde 1922 eine Nord-Süd-Trasse auf der Gildehofstraße erwogen, die eine Anbindung zum Bahnhofsplatz bzw. zur Kettwiger Straße über die Bachstraße erhalten sollte.[302] Für die etwaigen Gleisführungen musste die Westfront des Börsenhauses gegenüber der Altbebauung zurückgenommen

---

[300] Ebd., auf Grundlage eines am 15.6.1925 aufgestellten Bebauungsplanes.
[301] Essener Arbeiter-Zeitung v. 9.5.1922; Lageplan in: Wittmann, Bahnhofsplatz (wie Anm. 100), S. 196.
[302] HdEG 145–2056, Lageplan v. 20.3.1922.

Abb. 265: Entwurfsskizze für ein Verwaltungsgebäude 1914

werden, wodurch die Fläche des heutigen Heinrich-Reisner-Platzes geschaffen wurde. Erst nach Aufgabe dieser Pläne trennte man 1938 den Bahnhofsplatz von der Bachstraße mit der heute noch vorhandenen Treppe ab, zumal es wegen des Steigungswinkels immer wieder zu Unfällen gekommen war.[303]

Der vermutlich älteste, erhaltene Lageplan mit den Umrissen des Börsenhauses entstand etwa zwei Monate nach der vorläufigen Beauftragung Körners im Oktober 1921. Erkennbar ist bereits die Grundstruktur des Börsenhauses mit der gestaffelten Nordfront. Nach Westen läuft der sich verjüngende Baukörper in einen langgestreckten, weit vorgerückten Gebäudeteil aus, der mit einem Vorbau halbkreisförmig nach Westen abschließt (Variante 1) (Abb. 264).[304] Denkbar wäre ein Westabschluss, wie ihn Körner für ein Verwaltungsgebäude vorsah, das 1914 von Richard Klapheck veröffentlicht wurde (Abb. 265).[305]

Die Fassadenansicht der Bachstraße von November 1921 zeigt einen deutlich kürzeren, in den Saalflügel eingeschobenen Kopfbau mit einem vermutlich spitz zulaufenden Erdgeschossvorbau an der Westseite und einer vorgelagerten Terrasse (Variante 2) (Abb. 266).[306] Aus den Seitenfronten und vermutlich auch aus der nicht abgebildeten Westfront sollten jeweils zwei schmale, in die Mitte gerückte Erker spitzwinklig hervortreten. Über einem Staffelgeschoss war eine Plattform mit Skulptur als Dachbekrönung vorgesehen.

Vom 18. Februar 1922 datiert eine davon abweichende Entwurfsfassung des Kopfbaues, die zusammen mit dem Baugesuch eingereicht wurde (Vari-

---

[303] Ein Foto vom Bau der Treppe in: HdEG 952, Altsignatur P 5/170.
[304] HdEG 145–2056, Lageplan vom Oktober 1921 u. Lageplan o. D.
[305] Klapheck, Körner (wie Anm. 21), S. 66. Möglicherweise eine Vorstudie für das Arenberghaus, das er ab 1913 plante und dessen Grundriss einen spitzen Winkel von ca. 45 Grad aufwies. Vgl. Essener Volks-Zeitung v. 29.11.1913.
[306] HdEG 143–3721, Bl. 16 (Ansicht Bachstraße v. November 1921).

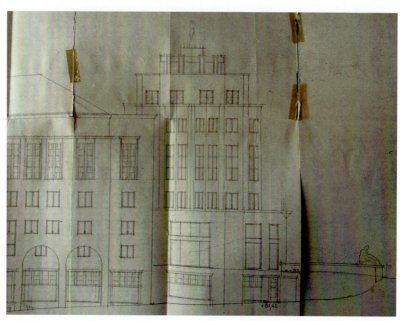

Abb. 266: Ansicht Bachstraße November 1921 (Variante 2)

Abb. 267: Ansicht Bachstraße (Variante 3), 8. März 1922

Abb. 268: Keramik am Ledigenheim Seumannstraße („Erde" als Satyr mit Früchten)

ante 3). Der Kopfbau sollte nun einen nahezu quadratischen Grundriss von 12 mal 12 Metern erhalten und sich erneut mit dem Saalbau leicht durchdringen (Abb. 267).[307] Als oberer Abschluss war ein spitzwinkeliger Aufsatz mit einer deutlich höheren Figur vorgesehen, die offenbar einen Merkur als Symbolfigur des Handels darstellen sollte.[308] Bei dieser Variante verzichtete Körner auf die Erker. Stattdessen wurden jeweils drei Fensterachsen mit einer Natursteinrahmung in der Mitte der Fassaden konzentriert. Ein vorgelagerter Pavillon, der die Dachform des Kopfbaues zitiert, erweiterte die Erdgeschossfläche auf die Terrassen hinaus. Unterhalb der Traufe waren vier Reliefs mit Liegefiguren vorgesehen,[309] welche an die Keramiken an dem von Körner gestalteten Ledigenheim Seumannstraße erinnern (Abb. 268).[310]

Schon am 20. März 1922 gab es eine neue Kopfbauvariante, die zunächst durch einen Lageplan dokumentiert ist (Variante 4).[311] Am 3. Dezember 1922 veröffentlichten die Essener Volkszeitung und die Essener Arbeiter-Zeitung eine dazu passende Gebäudeansicht, die wohl erste publizierte Darstellung des Börsenhauses überhaupt. Die geometrische Eigenständigkeit der Baumassen sollte jetzt durch eine additive Verknüpfung von Kopfbau und Saalflügel unterstrichen werden. An allen Fronten waren jeweils drei hervortretende, spitzwinklige Erker geplant, die Westfront sollte durch schräg gestellte Pfeiler eingerahmt werden. Mit dieser stark vertikalen Ausrichtung zeigte der Entwurf einen ausgeprägten Höhenzug, wie er zeitgleich bei einigen US-amerikanischen Hochhausentwürfen zu bemerken ist.[312] In Deutschland erhielt z. B. das 1925 vollendete Düsseldorfer Stumm-Hochhaus (Architekt Paul Bonatz) eine Gebäudehülle mit haushohen

307 HdEG 143–3715, Bl. 98–103 (Grundrisse v. 18.2.1922) u. Bl. 92 (Ansicht Bachstraße 8.3.1922).
308 Körner bildete zeitweise einen „Heroldsstab" auf den Bauplänen ab, vgl.: HdEG 143–3721, Bl. 16 (Ansicht Bachstraße v. November 1921).
309 HdEG 143–3715, Bl. 95–96.
310 Die Keramiken an der Seumannstraße zeigen die vier Elemente.
311 HdEG 145–2056, Lageplan 20.3.1922.
312 Z. B. der am 3.12.1922 gekürte Siegerentwurf des Gebäudes der Chicagoer Tribune, ein Wettbewerb, an dem sich div. deutsche Architekten vergeblich beteiligten, in: Neumann, Wolkenkratzer (wie Anm. 59), S. 66 ff.

Abb. 270: Fassadendetail Scheepvaarthuis in Amsterdam

Abb. 269: Stumm-Hochhaus Düsseldorf

Pfeilervorlagen, von denen es später heißt, dass mit ihnen ein gewöhnliches Bürohaus gotisch verkleidet worden sei (Abb. 269).[313] Der Essener Kopfbau sollte hingegen nicht dekoriert, sondern die gesamte Fassade durch die Erker und Eckpfeiler aufgefaltet werden, vergleichbar dem Blasebalg einer Ziehharmonika. Die Plastizität der Fassade, in die auch die Ausbildung einer Zackenkrone einbezogen war, könnte vom 1913–16 in Amsterdam errichteten Scheepvaarthuis beeinflusst sein. Es gilt als eines der frühen Schlüsselwerke des niederländischen Expressionismus, bei dem J. M. van der Mey das Ziegelmaterial auch bereits für die Ausformung traditioneller Ornamente und Rahmungen nutzte. Teile der Fassade faltete er rhythmisch auf (Abb. 270).[314]

Glücklicherweise hat sich ein Foto des von Körner erstellten Modells mit diesem Kopfbau erhalten (Abb. 271). Im Modell konnte der Kopfbau offenbar ausgetauscht werden, es diente also der Veranschaulichung alternativer Entwürfe.[315] Viele der expressionistisch orientierten Architekten arbeiteten mit ähnlichen Modellen, oft aus Ton, um die Wirkung ihrer zuweilen allzu utopischen Planungen zu erproben. Körner hatte schon um 1910 für seinen Entwurf der Synagoge ein Tonmodell verwendet.[316] Das Modell des Börsenhauses wird bereits

[313] Ebd., S. 171.
[314] Heller-Jung, Amsterdam (wie Anm. 157), S. 124.
[315] Fotosammlung HdEG 952–0, Alt-Signatur H1/3.
[316] Gemmeke, Synagoge (wie Anm. 155), S. 246 u. Abb. 26 auf S. 275.

DIE ESSENER BÖRSENHAUSGESELLSCHAFT

Abb. 271: Tonmodell mit der vierten Kopfbau-Variante

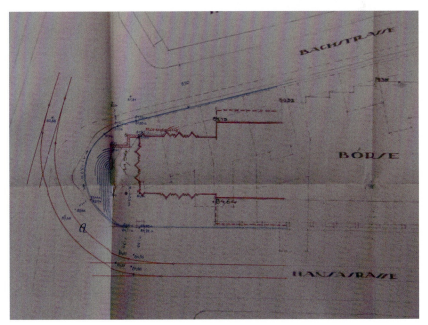

Abb. 272: Lageplan 16.2.1923 (Variante 5)

im Baugesuch vom 27. Februar 1922 erwähnt, als er der Baupolizei Fotografien des Modells in Aussicht stellte.[317] Auf der erhaltenen Ansicht des Modells ist erkennbar, dass der Turm durch drei kräftige Gesimse horizontal unterteilt werden sollte und zur Bekrönung ein niedriger Aufsatz ohne Skulpturenschmuck vor-

[317] HdEG 143–3715, Bl. 2.

gesehen war. Die Skulptur sollte stattdessen an der Kopfbau-Terrasse aufgestellt werden, wie dem Zeitungsbild zu entnehmen ist.

Diese Entwurfsvariante wurde wohl von der Börsenhausgesellschaft favorisiert. Doch auf Drängen der Stadt musste sie in den folgenden Monaten überarbeitet werden. Am 19. Januar 1923 reichte Körner seine Baupläne mit einer neuen Raumaufteilung im Inneren ein, die überarbeitete Fassung des Kopfbaues ließ er fast einen Monat später folgen. Ein Lageplan vom 16. Februar 1923 zeigt uns diese aus der Variante 4 entwickelte, schmalere und in die Länge gezogene Variante 5, die der später ausgeführten zwar nahekommt, aber jeweils drei Erker an den Fronten erhalten sollte (Abb. 272). Wenig später einigten sich Architekt und Stadt bei einem Ortstermin, den Kopfbau um letztlich 3,80 Meter nach Westen vorrücken zu lassen. Auf dieser Grundlage ließ Körner laut eigenen Angaben die Statik neu berechnen und die Baumaterialien bestellen.[318] Dann erreichte ihn das Schreiben der Stadt vom 8. Mai 1923, wonach der Bauausschuss seine Zustimmung versagt hatte. Als Begründung wird angegeben, dass die „Verkehrsübersicht für den Straßenbahn-, Fuhr- und Automobilverkehr […] ganz beträchtlich eingeschränkt wird." Außerdem müsse der „Einklang der Flucht des Turmes wenigstens mit dem Vereinshaus gewahrt bleiben [..]" Körner sah dies anders. „Städtebauliche – architektonisch betonte – Gründe sprechen im Gegenteil für, zumindest nicht gegen, das Vorziehen des Kopfbaues", schrieb er sichtlich erbost am 8. Juni 1923 an die Stadt. Er fügte noch hinzu, dass ihm die „ausdrücklichste Unterstützung bei der Baupolizei" von Oberbürgermeister Luther und dem Beigeordneten Hahn zugesagt worden sei.[319]

Am 23. Juli 1923 teilte Körner dem Beigeordneten Ehlgötz dann doch mit: „Es ist mir gelungen die Lösung in Ihrem Sinne d. h. in Rücksicht auf die Verkehrsübersicht noch günstiger zu gestalten. Ich bin an der Front noch etwas zurückgeblieben, habe an der Spitze die Erker in einen vereinigt und hoffe so die früher vorgesehene Rampe ganz fortfallen lassen zu können was ich zur Zeit am Modell ausprobiere." Diese Variante mit nur einem breiten Fronterker ist als nicht datierter Grundriss für alle Stockwerke dokumentiert (Variante 6) (Abb. 273). Von Nachteil war, dass für diese Lösung gleich zwei Mittelpfeiler in Kauf genommen werden mussten, die das Ladenlokal im Erdgeschoss beeinträchtigt hätten. Körner, aktuell von der Beschlagnahmung seiner Räume durch die französischen Besatzer und durch die geltende Verkehrssperre geplagt, drängte gegenüber Ehlgötz auf eine Entscheidung, zumal „sich ja wie immer die Oeffentlichkeit bemüßigt fühlt reichlich Kritik an der

---

[318] HdEG 145–2056, Lageplan v. 16.2.1923, Bl. 88 (Schreiben Körner an Stadt v. 8.6.1923) u. Bl. 99–100 (Schreiben Körner an Oberbürgermeister v. 17.10.1923).

[319] Ebd., Bl. 86 (Schreiben Körner v. 8.5.1923, lt. Körners Angabe v. 11.5.1923), Bl. 88–89 (Schreiben Körner an Oberbürgermeister v. 8.6.1923).

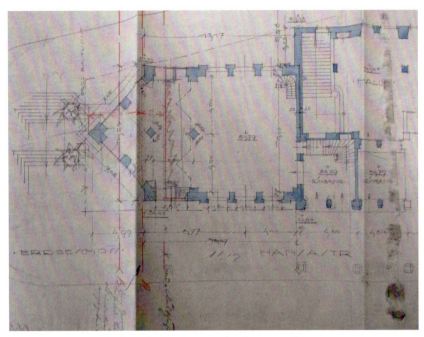

Abb. 273: Stockwerkpläne Kopfbau mit einem Erker (Variante 6)

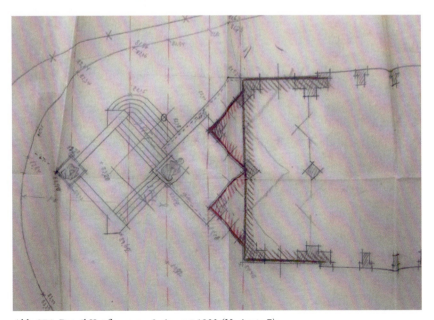

Abb. 274: Detail Kopfbau vom 8. August 1923 (Variante 7)

Abb. 275: Ansichtskarte mit der nicht realisierten Skulptur auf der Kopfbau-Terrasse

fehlenden Ausführung des Kopfbaues zu üben."[320] Es fanden weitere Gespräch mit Ehlgötz, Bode und von Waldthausen statt. Vom 8. August 1923 stammt eine Zeichnung Körners mit zwei eingezogenen Fronterkern. In Anlehnung an den vorhergehenden Entwurf sollte die Terrasse in Form zweier sich überlagernder Rauten ausgeführt werden, ein Treppenaufgang von der Bachstraße zur Hansastraße wäre von zwei Skulpturen im Scheitelpunkt der Rauten begleitet worden (Variante 7) (Abb. 274).[321]

Am Ende dieser schrittweisen Metamorphose des Entwurfs stand Mitte Oktober 1923 die schließlich zur Ausführung bestimmte Form des Kopfbaues (Variante 8), ohne Außentreppe, aber mit einer breiten, vorne spitz zulaufenden Terrasse, die nur vom Bahnhofsplatz aus betreten werden konnte. Die Terrasse sollte wie der Gebäudesockel mit Basaltplatten verblendet werden. Für die geplante Skulptur wurde ein Natursteinsockel bis auf Brüstungshöhe ausgeführt, der auf den historischen Ansichten des Gebäudes gut erkennbar ist. Körner ging offenbar bis zuletzt davon aus, dass die Standfigur an dieser Stelle realisiert würde. Doch die Bauberatungskommission hatte Vorbehalte und hielt es für erforderlich, „ein Modell der ganzen Anlage" zu sehen. Die Aufstellung der Figur wurde auf später verschoben und wird in den Akten letztmalig Ende 1927 erwähnt.[322] Immerhin fand sie Eingang in die im März 1925 erstellte Festschrift, wo sie auf einer ganzseitigen Grafik des Kopfbaues zu sehen ist, die auch als Ansichtskarte vertrieben wurde (Abb. 275).[323]

---

[320] HdEG 143–3715, Bl. 30 (Schreiben Körner an Ehlgötz); 145–2056, Stockwerkpläne Kopfbau mit einem Erker o. D.
[321] HdEG 145–2056, Detail Kopfbau v. 8.8.1923.
[322] HdEG 143–3723, Bl. 106 (Schreiben Körner an Baupolizei v. 31.10.1924 und Beschluss der Bauberatung v. 15.11.1924), 105 (Sockelplan v. 22.1.1925 mit der Standfigur), 111a (Vermerk der Baupolizei v. 10.12.1927).
[323] Körner, Börsengebäude (wie Anm. 18), S. 20.

Abb. 276: Karikatur Bahnhofsvorplatz mit „unvollendete[n] Ruinen", Essener Volks-Zeitung v. 16.3.1924

Da die Zeit drängte, verzichtete man darauf, neue Fassadenansichten und Schnitte des Gesamtgebäudes zu erstellen. Von der Ausführungsplanung des Kopfbaues sind nur zwei undatierte Seitenansichten mit geringen Abweichungen erhalten.[324] Körner sah nun keinen Grund mehr für weitere Verzögerungen. Am 16. Oktober 1923 schrieb er der Stadt: „Da die Verantwortung für das weitere Aufhalten der Bauarbeiten schon der Oeffentlichkeit gegenüber nicht mehr getragen werden kann, darf ich voraussetzen, dass Sie gegen den sofortigen Beginn der Arbeiten keinen Einspruch erheben." Ohne weitere Erlaubnis ließ er die Arbeiten fortsetzen, bis die Baupolizei am 24. Oktober einen Baustopp verfügte. Wie sich herausstellte, hatte die Stadt eine Überschreitung der Baufluchtlinie um 45 cm festgestellt. Körner eilte sofort ins Rathaus und ließ zu Protokoll nehmen, dass er von einem Irrtum seitens der Stadt ausgehe und er keine Lust mehr habe, „sich weiterhin pekunär [sic!] schädigen zu lassen."[325] Es ist nicht auszuschließen, dass er damit auch auf die sich hinauszögernden Zahlungen seines eigenen Honorars anspielte, da er sich ja zur selben Zeit um sein Bauprojekt am Camillo-Sitte-Platz sorgte.

Die Baupolizei gestattete zwar vorerst den Weiterbau, es blieb aber dabei: Die gesetzten Fundamente für die Westfront ragten 45 cm über die Baufluchtlinie hinaus. Am 30. Oktober mischte sich der Aufsichtsrat ein und erklärte: „Die Entfernung der Fundamente und die Umänderung der Achsen würden der Börsenhausgesellschaft solche großen finanziellen Opfer auferlegen, daß sie […] in diesem Fall eher auf den Turmbau [..] verzichten" würde. Diese unver-

[324] HdEG 143–3715, Bl. 93 u. 143–3723, Bl. 87.
[325] HdEG 143–3715, Bl. 33 u. 35 (Schreiben Körner an Baupolizei v. 16. u. 25.10.1923), 38 (Niederschrift v. 24.10.1923).

Abb. 277: Noch erkennbare Trägerkonstruktion nach 1949

hohlene Drohung genügte, um die Gemüter zu beruhigen, zumal, wie Bode an Körner schrieb, das „städtebauliche Interesse, den Turm unbedingt gebaut zu bekommen, [..] für die Stadt aber so groß" sei (Abb. 276).[326]

Was die Gestaltung betraf, war Körner den Vorbehalten des Bauausschusses insofern entgegengekommen, als dass er den Kopfbau noch weiter in den Saalflügel schob. Die bei Variante 5 in der Mitte der Seitenfronten angeordneten Fensterreihen grenzten nun direkt an den Saalflügel und schlossen in Fortsetzung des dortigen Traufgesimses mit einem Natursteinband ab. Zwischen diesem Band und der Brüstung der Dachterrasse fügte Körner einen Rücksprung der Seitenfassaden ein, auf deren Höhe eine zweite, nach Osten weisende Dachterrasse angelegt wurde.[327] Die im ausgeführten Zustand so selbstverständlich wirkende Staffelung der Baumassen konnte im Rohbau des schon weitgehend fertiggestellten Saalflügels nicht mehr berücksichtigt werden. Das aus Schwemmstein und mit geringerer Wandstärke ausgeführte Mauerwerk der Kopfbau-Ostterrasse wurde durch eine besondere Trägerkonstruktion statisch abgesichert und schwebte gewissermaßen über der Wandelhalle und dem kleinen Börsensaal. Nach der Kriegszerstörung des Gebäudes war dies gut sichtbar (Abb. 277).[328]

Was die neue gestreckte Gestalt des Kopfbaues betrifft (Abb. 278), verwies schon 1925 Konrad Wittmann auf das 1922–24 errichtete Ballinhaus in Hamburg, ein Werk der Architekten Hans und Oskar Gerson.[329] Dank der jetzigen Spätdatierung des Essener Kopfbaues kommt das 1924 gebaute Ballinhaus durchaus als Vorbild

---

[326] Ebd., Bl. 40 (Vermerk der Stadt u. Anschreiben Bode an Körner v. 30.10.1923).
[327] HdEG 143–3721, Bl. 44 (Dachausmittelung v. 8.4.1924).
[328] HdEG 143–3723, Bl. 88 (Längsschnitte Kopfbau). Dies sollte sich beim Wiederaufbau als ungünstig erweisen, die ganze obere Hälfte des Kopfbaues musste neu ausgeführt werden.
[329] Wittmann, Bahnhofsplatz (wie Anm. 100), S. 198.

Abb. 279: Das Hamburger Ballinhaus

Abb. 278: Der Kopfbau nach der Fertigstellung

in Frage.³³⁰ Dort schiebt sich ein deutlich breiterer, gestaffelter Kopfbau mit zehn Geschossen (das oberste als Staffelgeschoss) zwischen die seitlichen Gebäudeflügel. Durch seine Lisenengliederung, die gleichmäßige Anordnung der Fenster und das Walmdach wirkt er behäbiger als der Essener Kopfbau (Abb. 279).

Die Wirkung des Essener Kopfbaues wurde durch die beiden Erker dominiert, die sich als Teil eines eigenständigen Bauteils frontal in den Turmbau schoben und diesen noch einmal deutlich überragten. Mit den Erkern wirkte der Kopfbau schlanker und monumentaler, als er tatsächlich war. In Verbindung mit der gestaffelten Höhenlinie ergab sich jetzt eine stromlinienförmige Zuspitzung des Baukörpers. Dass die Erker um 45 Grad gedreht waren, betrachtete Körner als exemplarisch für ein Abweichen vom „Althergebrachten", „aber wenn einmal ein Viereck anstatt vorschriftsmäßig mit der Breitseite etwa mit der Spitze zur Schau gestellt wird, fühlt man sich irgendwie angegriffen."³³¹ In der Zeitschrift Deutsche Bauhütte schrieb Konrad Wittmann zu der von Körner gefundenen Lösung:

> „Die Ecklösung mit den im Zickzack gefalteten Mauerflächen ist merkwürdig und ungebräuchlich. Es sind gleichsam zwei dreieckige Erker von der Erde bis zum Obersten

---

330 Meyhöfer, Hamburg (wie Anm. 208), S. 98.
331 Körner, Börsengebäude (wie Anm. 18), S. 18.

Abb. 280: Detail der Zackenkrone 1925

Geschoß durchgeführt. Der Eindruck der Baumasse wird dadurch allerdings etwas kompliziert, und dazu kommt noch die Verwendung ungleicher Fensterhöhen, so daß diese Stirnseite eine andre Tendenz wie die Front nach der Hansastraße zeigt. Die Unruhe der durch die Fenster geschaffenen Flächenteilung wird durch die vorstehenden Backsteinornamente nicht gemindert."[332]

Ein gestalterisches Element, das in Hamburg weder am Chilehaus noch am Ballinhaus vorkommt, ist die zugleich als Brüstung der Dachterrassen dienende „Zackenkrone" aus Naturstein, mit der Körner das Traufgesims und die seitlichen Mauervorsprünge des Kopfbaues abschloss (Abb. 280). Die an Zinnen erinnernden Zacken waren mittig leicht geknickt. Vielleicht gaben sie Anlass dazu, dass die Essener Arbeiter-Zeitung 1925 das Börsenhaus als „Zwingburg des Kapitalismus" verhöhnte.[333]

Vorbilder für die Zackenkrone finden sich im tschechischen Architektur-Kubismus kurz vor und nach dem Ersten Weltkrieg (Abb. 281).[334] Ein frühes Beispiel aus dem Rhein-/Ruhrgebiet ist das orientalisch anmutende Verwal-

---

[332] Wittmann, Bahnhofsplatz (wie Anm. 100), S. 198.
[333] Die Essener Arbeiter-Zeitung v. 10.3.1925.
[334] Z. B. Mietshaus Neklanova 30/96, Vyšehrad, Prag von 1913/14, in: Zdeněk Lukeš/Petr Kratochvíl, Architekturführer Prag, Bauten und Projekte 1900–2000. Prag/Berlin 2018, S. 85.

tungsgebäude des Bochumer Vereins mit seinen halbrunden Aufsätzen (1923, Architekt Wilhelm Kreis).[335] Der Essener Lösung näher verwandt sind der kronenartige Traufabschluss des von den Architekten (Carl) Moritz und Betten entworfenen Bankgebäudes an der Düsseldorfer Königsallee von 1924/25[336] und die Bekrönung des Frillendorfer Wasserturms von 1925/26 (Abb. 282–283).[337] Eine Mitwirkung Körners an der Gestaltung des von Hochtief realisierten Wasserturms wird angenommen.[338]

Backsteinornamentik des Kopfbaues
Die vermutlich im Oktober 1923 entstandenen Ansichten des Kopfbaues sind die einzigen Bauzeichnungen des ersten Bauabschnittes, auf denen die Ziegelverblendung zu erkennen ist, allerdings ohne dekorative Details.[339] Die Ansichten der Hansa- und Bachstraße entstanden noch unter der Prämisse einer Natursteinfassade. Die Entscheidung für einen Ziegelrohbau fiel, wie schon erwähnt, aus Kostengründen und erst nach der Bauantragstellung im April 1922.[340] Eine Werksteinverblendung hätte sich harmonischer in das Umfeld mit dem Handelshof und den Bankhäusern eingefügt, zumal sie als Ausdruck der Beständigkeit und als Gewährsmittel für Monumentalität galt.[341] An den wenigen monumentalen Ziegelbauten, die bis dahin in Essen entstanden waren, etwa am Emscherhaus von Wilhelm Kreis oder am Arenberghaus, gab es keine Ziegelornamentik und wichtige Fassadenpartien waren nach wie vor mit Werkstein verblendet. Dies galt auch für das Gebäude des Barmer Bankvereins in der Nachbarschaft der Börse (vgl. Abb. 231).

Bei den bisher behandelten Fassaden des Saalflügels übertrug Körner das dekorative Konzept einschließlich der Arkadenform auf den Ziegelrohbau, indem er mit geringen Veränderungen alle Gliederungselemente in Werkstein (Muschelkalk) und den Sockel in Basalt ausführte.[342] Geliefert wurde der Werkstein von den Tuffstein- und Basaltlavawerken in der Nähe von Andernach, die auch

---

335 Meissner, Kreis (wie Anm. 175), S. 32 u. 38.
336 Jörg Heimeshoff, Denkmalgeschützte Häuser in Düsseldorf mit Garten- und Bodendenkmälern. Essen 2001, S. 148.
337 Offenbar zeigt sich der Turm von Otto Bartnings Zeipauer Wasserturm in Oberschlesien beeinflusst, der 1922 entstand, vgl.: Platz, Baukunst (wie Anm. 145), S. 58 u. 202.
338 Der Wasserturm soll ein Werk des Hochtief-Architekten Arndts sein. Da Körner in den wenigen zeitgenössischen Presseberichten nicht erwähnt wird, ist seine Beteiligung ungesichert.
339 HdEG 143–3715, Bl. 93; 143–3723, Bl. 87.
340 HdEG 144–1407, Niederschrift Aufsichtsrat v. 26.4.1922.
341 Fast alle Bankgebäude des Essener Bankenviertels waren mit Naturstein verblendet, mit Ausnahme des erst kurz vor dem Börsenbau entstandenen Barmer Bankvereins.
342 Sigrid Watzlawik, Visionen in Stein – Modernes Bauen in Essen 1910–1930. Essen 1998, S. 20; Essener Volks-Zeitung v. 3.12.1922: „Die Fronten werden ganz in echtem Material, Klinkerverblendung mit sparsamer Verwendung von Naturstein, durchgeführt."

Abb. 281: Wohnblock in Prag mit Zackenbekrönung von 1919–21

Abb. 282: Bankgebäude an der Königsallee

Abb. 283: Zackenkrone am Frillendorfer Wasserturm

DIE ESSENER BÖRSENHAUSGESELLSCHAFT

Abb. 284: Mauerverband und Fugenmörtel am Haus Körner I

das Material für den Handelshof bereitgestellt hatten. Nur die Fassadenfläche an sich, auf der sich diese Natursteinarbeiten erhaben abzeichneten, wurde aus Ziegeln gemauert bzw. mit hochwertigen Klinkern verblendet. Sowohl am Saalflügel als auch am Ostflügel bildete Körner ausschließlich plane Ziegelflächen aus, Wandstreifen aus vorgemauerten Ziegeln gab es nicht, ebenso wenig Formsteine oder Keramiken.

Bereitgestellt wurden die „Eisenklinker" von den Heisterholzer Dachziegel- und Klinkerwerken Schütte AG für Tonindustrie in Minden i. W., die auch am Kölner Hansahochhaus mitwirkten.[343] Die Klinker, heute durchweg im Märkischen Verband angeordnet, wurden vermutlich in einem „Wilden Verband" gemauert, wie die historischen Ansichten nahelegen. Am Haus Körner I verwendete Körner einen solchen Verband, bei dem auf eine Reihe mit zwei Läufern und einem Binder im Wechsel eine solche mit vier Läufern und zwei Bindern folgte (Abb. 284). Beim „Wilden Verband" ist die Logik der Anordnung nicht auf Anhieb erkennbar, das Mauerwerk wirkt dadurch lebendiger. Zwischen den Reihen gab es sowohl am Haus Körner I als auch am Börsenhaus einen hervortretenden Fugenmörtel.[344]

„Eisenklinker" aus eisenoxidhaltigem Ton besaßen eine blaurote bis schwarze Färbung. Klinker galten als besonders materialbeständig, da durch den längeren Brennprozess ihre Oberfläche gegen Feuchtigkeit versiegelt wurde. Variierende Farbschattierungen, die je nach Tageslichtsituation mehr oder weniger deutlich in Erscheinung treten, trugen ebenfalls zur Popularität bei.[345] Zum Backsteinbau generell führte Klapheck 1913 aus:

---

343 Börse, Sonderdruck (wie Anm. 2), Propagandaanhang. Vom Natursteinmaterial ist außer den Resten des Basaltsockels und einer Wandpartie am östlichen Hauseingang der Kolonnade nichts erhalten. Die Klinkerverblendung wurde beim Wiederaufbau vollständig erneuert.
344 Gut zu erkennen auf einer 1935 entstandenen Fotografie im Ruhr Museum/Fotoarchiv Bildnummer SBS_si211.
345 Vgl. z. B. die Bauten des Südwestfriedhofs v. Ernst Bode.

Abb. 285: Unregelmäßiges Ziegelmaterial an der Vorhalle der Schutzengelkirche

„*Das einzige Baumaterial, das den klimatischen Verhältnissen der Industrie gerecht zu werden weiß, ist der Backstein. Er kann auch ganz allein der Träger der heroischen und malerischen Schönheit der Industrie werden. Die Patina der Industrie, die Rauch- und Säuredünste, die den Putzbauten gefährlich werden und ihr Ansehen untergraben, umgeben liebkosend den angestammten Backsteinbau, geben mit zunehmendem Alter seiner Schönheit einen besonderen Reiz!*"[346]

Anders als an der Schutzengelkirche verwendete Körner am Börsenhaus keine unregelmäßigen oder mangelhaften Steine (Abb. 285). Es wurde eine Uniformität der Fläche angestrebt, wie sie mit der ursprünglichen Absicht im Einklang stand, eine vermutlich glatt polierte Natursteinfläche zu erhalten. Merkwürdig ist, dass Körner den Planwechsel vom Naturstein- zum Ziegelrohbau in keiner seiner eigenen Publikationen erwähnte. Wir wissen folglich auch nicht, ob er ihn nur als Verlegenheitslösung empfand.

Einfluss der Hamburger Architektur
Im September 1927 schrieb ein Reisender auf eine Ansichtskarte des Börsenhauses, die er nach Hamburg schickte: „Essen! beinah so schön wie Hamburg!!?" (Abb. 286).[347] Ob das ironisch gemeint war, können wir heute nicht mehr sagen. Aber der Verfasser konnte sich in guter Gesellschaft wähnen, denn auch Gustav Adolf Platz erklärte in Anspielung auf das Chilehaus 1927: „Es wohnt diesem Essener Börsenbau etwas von der nordischen herben Stimmung hanseatischer Backsteinbauten inne, die in eine moderne Handels- und Industriestadt besser hineinpassen als alle vom Barock herstammenden Säulen- und Pfeilerbauten der Nachbarschaft."[348] Und er stellte, wie schon erwähnt, Ansichten und Grundrisse von Börsen- und Chilehaus demonstrativ gegenüber.

---

[346] Klapheck, Herzberg (wie Anm. 286), S. 414.
[347] Ansichtskarte in der Sammlung Robert Welzel.
[348] Platz, Baukunst (wie Anm. 145), S. 49

Eine Beeinflussung des Börsenhauses durch das Chilehaus, wie sie Platz andeutet, ist allerdings selbst im Hinblick auf den erst Ende 1923 entschiedenen Kopfbau auszuschließen, weil die ausgeführte Variante schrittweise aus den vorangegangenen entwickelt wurde. Was die zuletzt und vermutlich erst 1924 von Körner hinzugefügte Ornamentik betrifft, gibt es aber kaum Gemeinsamkeiten. Höger „formte seine Bauten modellierend aus dem Material, und dies bewirkte die Form" (Kamphausen). Für das Essener Börsenhaus ist der umgekehrte Weg gewählt worden: Die Form stand bereits klar vor Augen, als über das Material entschieden wurde. Erst für die Detailplanung des Kopfbaues konnte Körner die ästhetischen Möglichkeiten des Materials nutzen. Insofern stellte der Kopfbau eine Zäsur im Gesamtentwurf dar. Dies zeigte sich bereits in den Fenstern der Seitenfronten, die zusätzlich von in Klinkern gemauerten Pilastern eingerahmt waren. Auch an den beiden Fronterkern wurde die Ziegelfläche nun plastisch aufgefasst: Vertikale Mauerstreifen verjüngten die Erker an ihrer Spitze. Vor allem aber nutzte Körner die Ziegeloberfläche für eine reliefartige Ausformung des Bauschmuckes, die sich frei über die Fläche ausbreiten durfte. Höger ordnete die Ziegelsteine am Hamburger Chilehaus und am Anzeiger-Hochhaus in Hannover (Abb. 287) hingegen diagonal versetzt an, um das Licht in unterschiedliche Richtungen zu reflektieren und die Fassade damit zum Flimmern zu bringen.[349]

Zu Höger gab es folglich keine wirkliche Übereinstimmung in ästhetischer Hinsicht, sehr wohl aber standen sich beide Architekten in theoretischen Fragen nahe. Sowohl Höger als auch Körner betrachteten die Stilfrage als offen.[350] Körner sah die Gegenwart als Übergangsperiode an in einer „wilden voller gärenden Probleme steckenden Zeit", wie er 1925 schrieb.[351] Fast wortgleich erscheinen die Aussagen beider Architekten zum Material:

Höger zum Chilehaus: „Die Form der Einzelheit ist hier zum Material geworden, der Zweck zur Konstruktion, die Konstruktion zum Zweck."[352]

Körner im Februar 1925: „Der Börsenbau ist formgewordene Konstruktion und Bekenntnis zum Material."[353]

Beide Architekten betrachteten das sichtbare Ziegelmauerwerk als handwerkliche Arbeit, die Körner sicher zu den „Glanzleistungen als stolze Proben deutscher Wertarbeit" rechnete, von denen er in der Börsen-Festschrift sprach.[354] Anders als einige Vertreter der Amsterdamer Schule und des Expressionis-

---

349 Kamphausen, Höger (wie Anm. 146), S. 28.
350 Bernd Allenstein/Michael Pasdzior, Welterbe Kontorhäuser – Hamburgs Architektonische Perlen, Maximilian-Verlag 2017 (im Folgenden: Allenstein, Kontorhäuser), S. 23. Höger gab an, der Stil seines Bauwerkes wäre einstweilen noch nicht getauft.
351 Körner, Börsengebäude (wie Anm. 18), S. 24.
352 Allenstein, Kontorhäuser (wie Anm. 350), S. 25.
353 Körner, Börsengebäude (wie Anm. 18), S. 22.
354 Ebd., S. 30. Auch was die Innenräume betrifft, hob Hoff 1925 „die handwerkliche Qualität und die Materialschönheit" hervor. In: Hoff, Die neue Börse (wie Anm. 51), S. 432.

Abb. 286: 1927 nach Hamburg verschickte Ansichtskarte des Börsenhauses

Abb. 287: Fassadendetail am Anzeiger-Hochhaus in Hannover

mus, die sich in Kulturpessimismus übten, stand Körner allerdings den neuen Baumethoden nicht grundsätzlich kritisch gegenüber.[355] Eine Ideologisierung solcher Fragestellungen lehnte er sogar ab, etwa bei der Diskussion um das Flachdach: „Schlimm ist, daß ein doch nur formal und ökonomisch-konstruktiv anzufassendes Thema plötzlich mit Weltanschauungsfragen verknüpft und im politischen Tageskampf verwertet wurde".[356]

---

[355] Pehnt, Expressionismus (wie Anm. 170), S. 22, 30–31.
[356] „Die ‚Villa', oder was man so nennt", zitiert in: Pankoke, Körner (wie Anm. 24), S. 267.

Herleitung aus dem eigenen Werk Körners

Für die Bejahung der Frage, ob Körners Bauten Teil der expressionistischen Architekturbewegung sind, setzte Wilhelm Busch 1993 eine kontinuierliche Ausbildung expressionistischer Tendenzen als Teil eines persönlichen Entwicklungsprozesses voraus. Unter den hiesigen Architekten sah er diese Voraussetzung nur bei Edmund Körner erfüllt:

> „Seine Bauten, die ‚expressionistischen' Einfluss erkennen ließen – das ursprüngliche Börsengebäude beispielsweise – sind Teil eines Gesamtwerkes und standen innerhalb desselben nicht isoliert, sondern ließen den zeitgebundenen Einfluß im Rahmen seiner persönlichen Weiterentwicklung erkennen."[357]

Bei der Frage, wie es zur ausgefallenen Backsteinornamentik am Kopfbau kommen konnte, ist also Körners eigene Entwicklung in der Verwendung des Ziegelrohbaues relevant. Richard Klapheck zählte Körner zu den Wegbereitern einer modernen Backsteinarchitektur im Rheinland. Er habe dem traditionellen Material „mit seiner Neigung zu neuen Ausdrucks- und Gestaltungsformen" eine „neuzeitlich persönliche Fassung" verliehen. Klapheck, der große Sympathie für die Heimatschutzbewegung hegte, hob hervor, dass es gerade zwei zugewanderte Architekten waren, nämlich Wilhelm Kreis aus Dresden und Körner aus Berlin, die sich mit der Wiederbelebung der niederrheinischen Backsteinarchitektur beschäftigten.[358]

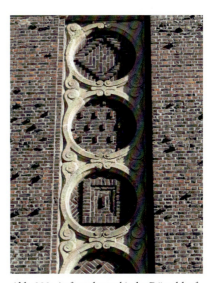

Abb. 288: Auferstehungskirche Düsseldorf (Detail)

Als eines der frühesten Beispiele für eine Backsteinornamentik im Rheinland gilt die Auferstehungskirche in Düsseldorf-Oberkassel (1913–14, Architekten Stobbe & Verheyen) mit ihren figurativ ausgemauerten Ziegeldekorationen, die Wilhelm Busch als „den Anfang zur Wiederbelebung einer alten handwerklichen Tradition" bezeichnete.[359] In den Ziegelreliefs wurden hervortretende Steine in variierenden Mustern angeordnet, die Ziegelflächen der Kirche insgesamt

---

357 Die Ornamentik wurde trotzdem von Busch als Ausdruck einer „vorwiegend historisch orientierten Baugestaltung" interpretiert. In: Busch, Bauten (wie Anm. 94), S. 122.
358 Klapheck, Neue Baukunst (wie Anm. 148), S. 95 u. 92.
359 Busch, Bauten (wie Anm. 94), S. 57.

Abb. 289: Ziegelornamentik am Verwaltungsgebäude Mackensen, Magdeburg

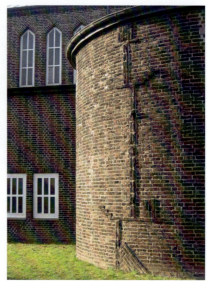

Abb. 290: Ornament an den Apsiden der Schutzengelkirche

Abb. 291: Ornament am Turm der Schutzengelkirche

durch einzelne, hervortretende Steine belebt (Abb. 288). An Körners frühen Ziegelbauten (Haus Herzberg, Kanzleigebäude Heinemann, Arenberghaus) fehlt eine vergleichbare Ornamentik. Körner nutzte das Ziegelmaterial, ähnlich wie Berlage, ausschließlich zur planen Oberflächengestaltung und führte die Gliederungselemente in Werkstein aus.

Erstmals für das Verwaltungsgebäude Mackensen in Magdeburg (Entwurf 1916, ausgeführt 1919–20)[360] sah er plane Ornamente im Zierverband vor (Abb. 289).[361] Bereits eine ganze Bandbreite an Möglichkeiten zeigte er 1921 am Ledigenheim an der Seumannstraße in Altenessen. Er verwendete mosaikartige Zierverbände, plastisch hervortretende Einzelornamente, Ziegelfriese (Deutsches Band) und Keramiken. Den Turm des Kohlensyndikats an der Gärtnerstraße (Ausführung 1920–1923) schmückte er mit einem breiten Ziegelfries, an dem sich ein abstrakt-geometrisches Motiv rapportartig wiederholte.[362] Eine Nähe zum Kopfbau der Börse zeigen vor allem die Apsiden der bis 1924 ausgeführten Schutzengelkirche, wo man sich allerdings um eine weitgehende Vermeidung dekorativen Schmucks bemühte.[363] Jeweils am Scheitel der sechs Apsiden ordnete Körner in voller Höhe eine sich wiederholende, asymmetrische Komposition aus hervortretenden, horizontalen, vertikalen und diagonal gesetzten Ziegelsteinen an (Abb. 290).[364] Die Ornamente an den Turmfenstern der Kirche zeigen eine zerklüftete Oberfläche (Abb. 291). In der Vorhalle der Kirche wurden kleinere Gebilde scheinbar wahllos auf die Wandflächen verteilt.

Wie diese Beispiele belegen, hat sich die für den Kopfbau gewählte Ornamentik schrittweise in vorausgegangenen Werken der Jahre 1919 bis 1924 vorbereitet, vom Zierverband hin zur plastischen Form und von der klassischen Ornamentik und Symmetrie hin zur freien Komposition. Vielleicht war diese kontinuierliche Befassung mit dem Material ausschlaggebend für Klapheck, im Börsenhaus den eindrucksvollsten neueren Backsteinbau in Essen zu sehen.[365] Obgleich er gewusst haben dürfte, dass Körner die Börse zunächst mit einer Natursteinfassade plante, sah er das Börsenhaus nicht mehr als Kompromiss, sondern als wegweisenden Vertreter der immer populärer werdenden zeitgenössischen Backsteinarchitektur an.

---

360 Landeshauptstadt Magdeburg, Stadtplanungsamt (Hrsg.), Magdeburg – Architektur und Städtebau. Wettin-Löbejün, 2. Auflage 2017, S. 434.
361 Z. B. sich überlagernde Dreiecke, ähnlich den Zierverbänden über den Fenstern der Börse.
362 Klapheck, Neue Baukunst (wie Anm. 148), S. 136–137; Pankoke, Körner (wie Anm. 24), S. 175. Lt. Klapheck Fertigstellungsjahr des Erweiterungsbaues erst 1925.
363 Essener Anzeiger v. 23.12.1924.
364 Ein ähnliches Ornament findet sich am Haus Körner I (vgl. Abb. 284).
365 Klapheck, Essener Heft (wie Anm. 147), S. 104.

Abb. 292: Ornamentik am Kopfbau um 1925

Abb. 293: Ziegelornamentik am Paula-Becker-Modersohn Haus, Bremen

Möglicher Einfluss von Thorn Prikker und Bernhard Hoetger
Die Backsteinornamentik am Kopfbau war auf die Brüstungsfelder der seitlichen Fensterbahnen (in Ergänzung der dort vorhandenen Scheitelsteine) und auf die beiden Erker in voller Höhe begrenzt. Über den Fenstern waren die Steine ähnlich wie am Saalflügel im Zierverband senkrecht oder gezackt angeordnet. Die vorgemauerten Ziegel bildeten Ornamente, die in ihrer Bewegung von den Fensteröffnungen und Scheitelsteinen ausgingen. Am Kopfbau entstanden so bizarre Gebilde, die sich ungezügelt und asymmetrisch ausbreiteten. Sie nahmen keine Rücksicht auf die vorgegebenen Mauerstreifen und schienen sich damit gegen die Logik des Architekturgerüsts aufzulehnen (Abb. 292). Es wäre nicht abwegig, diese Ornamentik als Fortführung der Wandmalereien im Erfrischungsraum anzusehen, deren wuchernde Formen durch die Fenster nach außen drangen und den Baukörper wie ein Fassadengrün zu überwuchern schienen. Auch in den Details erinnern die Ornamente, z. B. die Ausbildung querliegender „Treppen", an die Fenster und Wandmalereien Professor Jan Thorn Prikkers. Ob sie als Anregung gedient haben können, ist allerdings fraglich, da die Ausmalung vermutlich erst Ende 1924 in Angriff genommen wurde.[366]

[366] Die Vergaben an Thorn Prikker haben sich nicht erhalten, die Bemalung der Saaldecken wurde erst in der Sitzung des Bauausschusses v. 17.10.1924 behandelt, ohne dass Thorn Prikker namentlich erwähnt wird, vgl. HdEG 144–1407.

Abb. 294: Freie Ornamentik am Gelsenkirchener Straßenbahndepot von Josef Franke

Eine auffällige Nähe bestand zum Werk von Bernhard Hoetger. Hoetger und Körner waren 1911 bis 1914 über mehrere Jahre hinweg auf der Mathildenhöhe in ihrer dortigen Ateliersituation Nachbarn, bevor Hoetger nach Worpswede wechselte und Körner dauerhaft nach Essen ging. Bei der Ausstellung der Mathildenhöhe 1914 arbeiteten sie bei der Gestaltung des Ehrensaales eng zusammen, dessen Architektur von Körner und dessen Skulpturenschmuck von Hoetger erstellt wurde (vgl. Abb. 189).[367] Für die Giebel am Café Worpswede ordnete Hoetger 1925 die hervortretenden Ziegel der ausgemauerten Wandfelder kreuz und quer an und ließ sie in freien Mustern hervortreten.[368] Ab 1926 entstand in Bremen das Paula-Becker-Modersohn-Haus, dessen Fassaden Hoetger durch „unvermittelt herausspringende Klinker" regelrecht aufriss (Abb. 293).[369] Es ist nicht auszuschließen, dass sich Körner an Hoetger orientierte, aber angesichts der Baudaten wäre auch der umgekehrte Weg denkbar.

Innerhalb des Backsteinexpressionismus stellen diese Lösungen jedenfalls einen Sonderfall dar. Wenn wir im lokalen Umfeld nach Vergleichsbeispielen suchen, stoßen wir auf einige ähnliche Ornamente, an Bauten, die ihren Bauschmuck aber ausnahmslos nach der Fertigstellung des Essener Kopfbaues erhielten. Zu nennen sind hier die variierenden Brüstungsfelder am Oberhausener „Ruhrwacht-Haus" (1925–26, Architekt Otto Scheib), wobei hier die Ziegel auf das jeweilige Ornamentfeld begrenzt bleiben. Am Gelsenkirchener Straßenbahndepot (Entwurf 1925, Architekt Josef Franke) erscheinen die Stei-

---

[367] Institut Mathildenhöhe Darmstadt (Hrsg.)/Ina Bahnschulte-Friebe, Die Künstlerkolonie Mathildenhöhe Darmstadt 1899–1914, Das Buch zum Museum. Darmstadt 2004, S. 236; Schmidt, Die III. Ausstellung (wie Anm. 23), S. 499.
[368] Pehnt, Expressionismus (wie Anm. 170), S. 131.
[369] Frankfurter Zeitung v. 1.6.1927, zitiert in: Nils Aschenbeck, Das Paula-Becker-Modersohn-Haus von Bernhard Hoetger, in: Hans Tallasch (Hrsg.), Das Projekt Böttcherstraße. Delmenhorst 2002, S. 160–161.

ne am Seitenflügel mitten auf der ansonsten schmucklosen Wandfläche ohne erkennbare Struktur (Abb. 294).[370] Ebenso zufällig, fast schon rebellisch wirken die möglicherweise nicht mehr vollständig erhaltenen Ziegeldekorationen am Erdgeschoss des „Roten Blocks" in Wanne-Eickel (1926–29, Architekten Georg Gobrecht und Ferdinand Revermann).[371] Es scheint, als habe man hier die Anordnung der Steine dem Maurer und seiner Phantasie überlassen, wie dies auch von Bernhard Hoetger und seiner Arbeitsweise überliefert ist.[372] Die Ornamentik am Kopfbau des Börsenhauses ergänzt sich hingegen zu einer ausgewogenen, die Fensteröffnungen verbindenden Gesamtkomposition, auch wenn sie Konrad Wittmann 1925 als „gleichsam absichtslos verstreut" bezeichnete. „Sinn und Bedeutung dieser Linienspiele bleibt fraglich", urteilte er damals.[373]

Besondere Wirkung des Kopfbaues
Die fotografische Inszenierung von Bauten trug zu ihrer Popularität bei, etwa beim Chilehaus, das nicht zuletzt dank einiger bekannter Ansichten mit einem Ozeandampfer assoziiert wurde (Abb. 295).[374] Die 1925 entstandenen zeitgenössischen Fotografien u. a. des Architekten Damm und des Fotografen Anton Meinholz[375] legen nahe, dass man sich einen ähnlichen Effekt auch für das Essener Börsenhaus erhoffte, von dem es in der Zeitschrift Deutsche Bauhütte von 1925 hieß: „Wie ein Schiffskörper mit scharfem Bug stößt der Bau mit kantiger Stirn gegen den Platz vor."[376] Viele Darstellungen zeigen den markanten Kopfbau der Börse steil von unten, auch von der tiefer gelegenen Bachstraße aus. Im Unterschied zum Chilehaus wählte man dabei meist eine Diagonalperspektive (Abb. 296). Walter Müller-Wulckow zeigte in „Bauten der Arbeit und des Verkehrs" zudem eine an mittelalterliche Kirchenwestwerke erinnernde Frontalansicht (Abb. 297) und schrieb dem Kopfbau eine durch „Doppelabschrägung gesteigerte Vertikaltendenz" zu.[377] Von der Börsenhausgesellschaft wurden, ergänzend zu den Fotografien, auch mehrere Grafiken veröffentlicht,

---

[370] Rauhut, Fragments (wie Anm. 159), Objekt 124; Gelsenkirchen, Backstein (wie Anm. 158), S. 20.
[371] Rauhut, Fragments (wie Anm. 159), Objekt 91.
[372] Pehnt, Expressionismus (wie Anm. 170), S. 130.
[373] Wittmann, Bahnhofsplatz (wie Anm. 100), S. 196 u. 199.
[374] Schon Müller-Wulckow kritisierte Darstellungen des Chilehauses als „photographisch unnatürlich übertrieben", in: Bauten der Arbeit (wie Anm. 153), S. 71.
[375] Der zeitweise für die Stadtbildstelle tätige Amateurfotograf A. Meinholz wurde mehrfach mit Preisen ausgezeichnet und in der „Deutschen photographischen Ausstellung in Frankfurt" 1926 als einer der zwölf besten Aussteller gewürdigt, vgl. Essener Anzeiger v. 3.9.1926.
[376] Wittmann, Bahnhofsplatz (wie Anm. 100), S. 199. Dies konnte auch als Anspielung auf das Lloyd-Reisebüro im Kopfbau verstanden werden, wo Schiffspassagen verkauft wurden.
[377] Bauten der Arbeit (wie Anm. 153), S. 76.

DIE ESSENER BÖRSENHAUSGESELLSCHAFT

Abb. 295: Chilehaus in übertriebener Darstellung, Fotograf W. Schäfer, 1924

Abb. 296: Der Kopfbau der Börse im Gegenlicht

Abb. 297: Der Kopfbau des Börsenhauses in seltener Frontalansicht

Abb. 298: Bert-Brecht-Haus in Oberhausen

Abb. 299: Frontalansicht des früheren Essener Börsenhauses im heutigen Zustand

Abb. 300: Doppelerker am Polizeipräsidium Bochum

DIE ESSENER BÖRSENHAUSGESELLSCHAFT

Abb. 301: Stern-Haus Gelsenkirchen

Abb. 302: Das Wohnhaus an der Prinz-Georg-Straße in Düsseldorf

die durch eine sichtlich übertriebene Licht- und Schattenwirkung und durch besonders kleine Staffagefiguren die Architektur dramatisieren (vgl. Abb. 259).

Zweifellos beeinflusste der oft publizierte Kopfbau ähnliche Bauten in anderen Ruhrgebietsstädten. Zu nennen ist vor allem das Bert-Brecht-Haus (früher Warenhaus Tietz) in Oberhausen (1927–28, Architekt Otto-Scheib), wo vom Essener Börsenhaus der hier zur Negativform umgedeutete Doppelerker, die ornamentale Verwendung der Ziegel als Flachrelief und die Kombination mit Werksteinelementen übernommen wurden (Abb. 298).[378] Am Bochumer Polizeipräsidium (1927–29, Oberbaurat Scheibner) findet sich ein bis über die Traufe reichender Doppelerker nach Essener Vorbild (Abb. 299–300),[379] ebenso an der Jahnschule in Hamm (1927–28, Architekt Wilhelm Eckenrath).

Bei der Bebauung spitzwinkliger Grundstücke sind allein im regionalen Umfeld das bereits erwähnte Geschäftshaus Lommel (Metropol) in Hamm von Max Krusemark (1927)[380] sowie das Wohn- und Geschäftshaus „Ring-Eck" von Josef Franke (1927) und das Sternhaus von Theodor Waßer (1926–27) in Gelsenkir-

---

[378] Busch, Bauten (wie Anm. 94), S. 109.
[379] Entwurf Oberbaurat Ludwig Scheibner. In: Axel Schäfer/Norbert Konegen u. a. (Hrsg.), Bochum entdecken – 25 Stadtteilrundgänge durch Geschichte und Gegenwart, 5. Auflage, Essen 2022, S. 75.
[380] Rauhut, Fragments (wie Anm. 159), Objekt 27 u. 93.

chen zu nennen. Hier ist sogar ein Ladenbau mit Dachterrasse vorgelagert, der an die Terrasse des Essener Börsenhauses erinnert (Abb. 301).[381] Als möglicher Nachfolgebau der Essener Börse wird auch das Wohnhaus Prinz-Georg-Straße 100 in Düsseldorf mit seiner gleich mehrfach gestaffelten Hausecke in Betracht gezogen, das aber schon 1924, vor der Fertigstellung des Essener Kopfbaues, gebaut wurde (Architekt Gustav August Munzer, Abb. 302).[382]

4. Der zweite Bauabschnitt

Funktion und Ausstattung
Nachdem Körner schon im Januar 1923 die Baupolizei um eine erste Vorprüfung des Ostflügels gebeten hatte,[383] wurden die Pläne im Laufe des Jahres 1924 noch mehrfach überarbeitet.[384] Nicht zuletzt aus wirtschaftlichen Gründen verzögerte sich der Baustart.[385] Erst nach der Eröffnung der Börse im Mai 1925 konnte begonnen werden. In der örtlichen Presse wurde nur spärlich über den Fortgang berichtet.[386] Nach der Fertigstellung 1927 verzichtete man auf eine aufwendige Eröffnungsfeier. Immerhin verfasste August Hoff für die Februar-Ausgabe der Deutschen Bauzeitung 1928 einen Bericht über den Erweiterungsbau.[387] Das verhaltene öffentliche Interesse war sicher auch dem Umstand geschuldet, dass der Ostflügel vorrangig als Bürogebäude konzipiert war. Die Essener Arbeiter-Zeitung behauptete am 10. März 1925 sogar, die Finanzierung des zweiten Bauabschnittes würde vollständig durch die Stadt erfolgen.[388]

Über einem zweigeschossigen Tiefkeller lag das die Schaufensterzone bildende Untergeschoss. Hier befanden sich zwei große Ladenlokale, von denen eines für den Kassenverein bestimmt und mit einem Tresorraum im Tiefkeller ausgestattet war. Der Verein wickelte den gesamten Clearingverkehr der Essener und Düsseldorfer Börse ab.[389] Außerdem befanden sich auf der Ladenebene der Heizkeller und eine Durchfahrt zum Lichthof, über die auch die Ausstellungsflächen des ersten Bauabschnittes erreichbar waren.[390] Die darüber befindlichen Geschosse sollten als Büroflächen extern vermietet werden und konnten durch

---

381 Gelsenkirchen, Backstein (wie Anm. 158), S. 17–18.
382 Jörg Heimeshoff, Denkmalgeschützte Häuser in Düsseldorf mit Garten- und Bodendenkmälern. Essen 2001, S. 203.
383 HdEG 143–3715, Bl. 20.
384 HdEG 143–3721, Bl. 47–48 (Pläne v. 11.2./1.3.1924) u. 27–30 (Pläne v. 26.11.1924).
385 HdEG 143–3715, Bl. 47. Die Börsenhausgesellschaft teilte hier der Stadt am 17.4.1924 mit, dass vorläufig an eine Ausführung nicht zu denken sei.
386 Essener Volks-Zeitung v. 30.1.1926; Essener Anzeiger v. 29.6.1926.
387 Hoff, Erweiterungsbau (wie Anm. 180).
388 Essener Arbeiter-Zeitung v. 10.3.1925.
389 Hoff, Erweiterungsbau (wie Anm. 180), S. 138.
390 HdEG 143–3723, Bl. 125 (Grundriss KG).

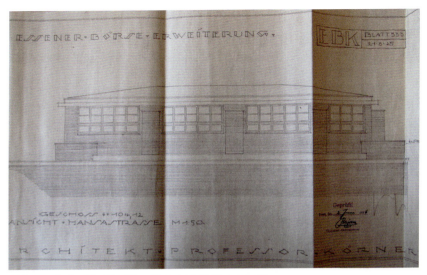

Abb. 303: Einlegeblatt Staffelgeschoss Ansicht Hansastraße

variable Wände je nach Vermietungsmöglichkeit aufgeteilt werden. Da man trotzdem im Idealfall ganze Etagen vermieten wollte, beschloss der Bauausschuss 1925 folgende Mietregelung: Für ein komplettes Stockwerk sollte der Mietsatz 30–40 Mark, für abgeteilte Räume aber 40–50 Mark betragen.[391] Die Erschließung des Ostflügels erfolgte losgelöst vom Börsenbetrieb über zwei Treppenhäuser und separate Zugänge an der Hansa- und Bachstraße (spätere Adressen Bachstraße 2f und Hansa- bzw. Hollestraße 1g).

Das Dachgeschoss sollte ursprünglich ebenfalls zur Unterbringung von Büros genutzt werden. Um hier den Saal der Getreidebörse einzubauen, war es erforderlich, den Ostflügel um eine abgetreppte Oberlichtwand zu erhöhen. Dieses „II. Dachgeschoss" war von der Straße aus als zurückspringendes Staffelgeschoss gut sichtbar. Staffelgeschosse wurden 1924 von Höger für das Chilehaus in Hamburg als Neuheit eingeführt.[392] Da es auch in Essen wohl bisher kein solches Geschoss gab, fertigte Körner für die Fassadenansichten besondere „Einlegeblätter" an, um die Wirkung zu demonstrieren (Abb. 303).[393] Für den Saal sah Körner eine Binderkonstruktion aus Eisenbeton vor, die den Raum unter Vermeidung un-

---

[391] HdEG 140-1407, Niederschrift Bauausschuss v. 4.4.1925. Das Protokoll ist vermutlich falsch datiert und behandelt eine Sitzung nach dem 8.5.1925.
[392] Das Chilehaus – Ein nachgelassener Aufsatz von Fritz Höger, in: Kamphausen, Höger (wie Anm. 146), S. 84. Höger gibt an: „Nach meinem Chilehaus ist dann freilich diese Art, wie auch anderes, von vielen Kollegen übernommen worden."
[393] HdEG 143-3721, Bl. 32–33 v. 20.8.1925 i. V. m. Ansicht Bl. 34.

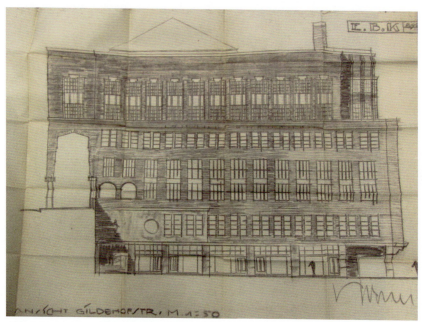

Abb. 304: Ansicht Gildehofstraße vom 11. September 1924

nötiger Stützen in Joche unterteilte, die durch Glasdecken erleuchtet wurden. Für die Belange der Getreidebörse, die viel Tageslicht benötigte, wäre der Saal also gut geeignet gewesen. Ergänzend sah Körner neuartige Beleuchtungskörper vor, die laut August Hoff „schnell Schule" machten.[394]

Fassadengestaltung
Gestalterisch sollte das Konzept der beiden Hauptfassaden des ersten Bauabschnittes für den Erweiterungsbau übernommen werden, an der Hansastraße die Arkaden und darüber die durch Werksteinrahmen über zwei Etagen zusammengefassten Bürofenster, für die Bachstraße laut der Fassadenzeichnung von 1921 insgesamt acht Fensterachsen mit einheitlichen Bürofenstern. Die älteste erhaltene Ansicht der Gildehofstraße vom September 1924 zeigt eine Fensteranordnung in Anlehnung an die Hansastraße. Entlang der Bachstraße sollte sich die Staffelung der Kuben bis zur Straßenecke konsequent fortsetzen, allerdings nur für die unteren Etagen. Die oberen Geschosse traten oberhalb des Gesimses deutlich zurück. Die dadurch erzeugte Asymmetrie wurde durch

---

[394] Hoff, Erweiterungsbau (wie Anm. 180), S. 142.

DIE ESSENER BÖRSENHAUSGESELLSCHAFT

Abb. 305: Der Erweiterungsbau mit dem Staffelgeschoss von der Hansastraße aus

ein großes Rundfenster im Bereich des Treppenabgangs der Hansastraße noch verstärkt (Abb. 304).[395]

Jedoch erwies sich diese Lösung unter Berücksichtigung der angedachten Straßenbahntrasse als nicht realisierbar und die Baufluchtlinie musste im Eckbereich für alle Geschosse zurückgenommen werden. Die Fassade der Gildehofstraße wurde dafür um etwa 6,50 Meter verkürzt.[396] Der Fassadenplan vom 15. Dezember 1924 zeigt nun an der Bachstraße eine über den Schaufenstern vorspringende, über Konsolen bis zur Traufe aufsteigende, in ihrer Höhe nicht mehr gestaffelte Fassade.[397] Das von Körner für die Anlage des Saales vorgesehene Dachgeschoss trat hier und an der Gildehofstraße durch eine weitere Fensterreihe in Erscheinung, die mittels der Werksteinrahmen wie eine Erhöhung der „Saalfenster" wirkte.[398] Darüber war ein niedriges Staffelgeschoss als Oberlicht für den Saal vorgesehen (Abb. 305). Auch wenn die entsprechenden Verhandlungen mit der Getreidebörse noch andauerten, reichte Körner am 20. August 1925 neue

---

[395] HdEG 145–2056, Ansicht Gildehofstraße v. 11.9.1924.
[396] Ebd., undatierter Lagepläne mit Straßenbahntrasse.
[397] HdEG 143–3715, Bl. 94.
[398] Um den erforderlichen Versprung der Trauflinie zu kaschieren, wurde die Brüstung der Dachterrasse im Eckbereich nicht als Gitter, sondern in gemauerter Form ausgeführt (vgl. Abb. 305). Beim Wiederaufbau wurde die Traufhöhe beider Fronten vereinheitlicht, indem man die Front der Gildehofstraße absenkte.

Abb. 306: Blick in die Bachstraße

Pläne ein, die den Ausbau des Saales bereits vorsahen. Der breite Risalit der Bachstraße sollte erhöht werden und im Bereich des Staffelgeschosses eine weitere Fensterreihe erhalten.[399] Für eine entsprechende Erhöhung des Ostflügels hatte der Ruhrsiedlungsverband bereits am 31. Januar 1925 die erforderliche Genehmigung erteilt.[400]

Der Ostflügel als „Hochhaus"
Für die städtebauliche Wirkung des Ostflügels war diese Planänderung von großer Bedeutung. An der Bachstraße wies das Gebäude jetzt neun oberirdische Volletagen auf (Abb. 306). Dementsprechend kündigte der Essener Anzeiger nach dem Abbau der Gerüste am 29. Juni 1926 „Das erste Hochhaus in Essen" an. „Das Essener Börsenhaus dürfte mit seinen nach der Gildehof- und Bachstraße zu gelegenen 9 Stockwerken als das erste Essener Hochhaus anzusehen sein." Am 10. September berichtete der Essener Anzeiger zudem:

> „*Bemerkenswerte Neuanschaffung der Städtischen Feuerwehr*
> *Da man in Essen auch zum Bau von Hochhäusern übergeht, sah sich die Feuerwehr vor die Aufgabe gestellt, diesem Umstand Rechnung zu tragen. Die Anschaffung einer 30 Meter hohen Leiter ermöglicht ihr auch in den oberen Etagen vielstöckiger Häuser evtl. Brände zu bekämpfen.*"[401]

Das beigefügte Foto mit der probeweise ausgefahrenen Leiter demonstrierte, dass alle Stockwerke des neuen Ostflügels erreichbar waren. Nach dem Scheitern der Pläne im Südviertel war es nun Körner doch noch gelungen, in Essen das erste „Hochhaus" zu errichten. Allerdings geriet dieser Coup später in Vergessenheit, nachdem 1928 das Roba-Haus von Ernst Knoblauch mit sechs bis sieben Etagen[402] und kurz darauf im Essener Bankenviertel das Deutschlandhaus von Jakob Koerfer fertig gestellt waren. Im Stadtbild trat der zehngeschossige Turm des Deutschland-

---

[399] HdEG 143–3724, Bl. 106.
[400] HdEG 143–3715, Bl. 61.
[401] Essener Anzeiger v. 29.6.1926 u. 10.9.1926.
[402] Cremers, Knoblauch (wie Anm. 88), S. VIII u. Bildseite 1 ff., dort mit Baujahr 1929 angegeben.

DIE ESSENER BÖRSENHAUSGESELLSCHAFT 563

Abb. 307: Ostflügel mit Gildehofbrücke

hauses markanter in Erscheinung, besaß aber bei weitem nicht so viel Nutzfläche wie der Ostflügel des Börsenhauses. Auch im Hinblick auf die Planungen für das Schulz-Knaudt-Gelände war der Ostflügel von Bedeutung, für dessen Anlage er gewissermaßen den Auftakt darstellte, verbunden mit einer begehbaren Dachterrasse, die einen Ausblick über das neue Stadtviertel ermöglicht hätte.

Fassadengliederung des Ostflügels
Die Nordseite des Erweiterungsbaues war durch die Planänderung im Laufe des Jahres 1925 städtebaulich aufgewertet worden, indem Körner den Ostflügel in drei scheinbar ineinander verschränkte Kuben auflöste. Der äußere Kubus wurde von der Front der Gildehofstraße gebildet. Seitlich um 3,15 Meter versetzt, sprang der zweite, um das Staffelgeschoss erhöhte Kubus hervor, der mit seinen über Eck angeordneten Doppelfenstern betont wurde. Wiederum um 3,15 Meter versetzt und auf Konsolen die Schaufensterzone und den Bürgersteig überbauend, ergab sich der dritte Kubus als Risalit, der mit der bekrönenden Dachterrasse alles andere überragte (Abb. 307). Entlang der Bachstraße wich die Front daneben nur noch um 1,17 Meter zurück, um den Ostflügel in die gestaffelte Nordfront einzubinden.

Abb. 308: Wilhelm-Marx-Haus, 1925

Im Zuge dieser Planänderung passte Körner die Fensterformate und Sprosseneinteilung am Risalit des Ostflügels an. Oberhalb des Sohlbankgesimses wurden die Bürofenster der Gildehofstraße und des breiten Risalits durch Werksteinrahmen und Brüstungsfelder verbunden und damit den Fenstern der Hansastraße angeglichen. Unterhalb des Gesimses wurden an der Gildehofstraße genauso breite Doppelfenster angelegt. Die Fenster am Risalit der Bachstraße wurden durch Werksteingesimse zu horizontalen Fensterbändern zusammengefasst. Auf diese Weise ergab sich eine Zweiteilung der Fassade in einen horizontal betonten unteren und einen vertikal betonten oberen Abschnitt.

Anders als in den USA, wo Hochhausbauten meist einen eindeutigen Höhenzug aufweisen, wurden für die deutschen „Turmhäuser" ganz unterschiedliche Gestaltungskonzepte entwickelt. Eine eindeutig vertikale Gliederung findet sich am Breslauer Postscheckamt (1926–29, Architekt L. Neumann),[403] eine horizontale Ausrichtung z. B. an den Hochhäusern von Koerfer in Aachen und Dortmund oder am Dresdener Hochhaus am Albertplatz (1929).[404] Eine eher unkonventionelle, geteilte Lösung wie am Ostflügel des Börsenhauses findet sich am Wilhelm-Marx-Haus, dem Sitz der Düsseldorfer Börse (Abb. 308). Während hier die oberen, weniger kraftvoll gegliederten Geschosse wie aufgesetzt wirken, gelang es Körner durch die Übereckfenster die Fassadenpartien zu verklammern.

Die Gestaltung des Treppenabgangs

An der Hansastraße wurden mit dem Erweiterungsbau ohne sichtbare Baufuge vier zusätzliche Arkaden ergänzt. In der Kolonnade schloss sich neben dem Eingang zum neuen Treppenhaus ein Rundbogen an, der den heute nicht mehr bestehenden Treppenabgang zur Gildehofstraße überspannte. Die Treppe wurde schon 1916 beschlossen und vermutlich 1919 im Vorfeld des

---

[403] Ernst Badstübner u. a. (Hrsg.), Dehio-Handbuch der Kunstdenkmäler in Polen – Schlesien. München/Berlin 2005, S. 1139–1140.

[404] Neumann, Wolkenkratzer (wie Anm. 59), S. 158 u. 170 f.

Abb. 309: Fassadenskulptur am Kölner Hansahochhaus

Brückenbaus ausgeführt.[405] Um sie in das Börsenhaus integrieren zu können, musste sie umgestaltet werden.[406] Der Ausgang zur Gildehofstraße bildete nun zusammen mit einem kleinen Ladenlokal, das unter dem Treppenpodest lag, eine gestalterische Einheit.[407] Die in diesem Bereich verputzte oder in Sichtbeton ausgeführte Außenwand wurde durch zwei aus der Fassade ragende Köpfe bereichert, wie sie ähnlich auch am Kölner Hansahochhaus vorhanden sind (Abb. 309). Früher hielt man die Köpfe des Börsenhauses für Werke Will Lammerts, was aber inzwischen in Zweifel steht (Abb. 310–311).[408] Womöglich gehörten sie zur künstlerischen Ausstattung des benachbarten Brückenbauwerks. Die Brücke war mit einem großen Relief versehen und die in den Bahndamm integrierten Läden schmückten einige Fassadenskulpturen (u. a. Köpfe).[409]

Die Wandfläche mit den Köpfen wurde an der rechten Seite von einem Natursteinband überschnitten, das die benachbarte Einfahrt und die gesamte Schaufensterzone der übrigen Läden zusammenfasste und zugleich den Fuß des großen Risalits an der Bachstraße bildet. An der Gildehofstraße ergab sich so eine reizvoll gestaffelte Abwärtsbewegung, vom abgetreppten Arkadenbogen der Kolonnade bis zum Steinband und der Toreinfahrt (Abb. 312). Die im Planungsverlauf Schritt für Schritt entwickelte Lösung erinnert an Körners Fassade für die Firma Mackensen in Magdeburg, wo Haupteingang und Hofdurchfahrt zusammengefasst waren (Abb. 313).

---

[405] HdEG 145–2056, Bl. 38 (Protokollauszug Beschluss Baudeputation v. 21.12.1916) u. 40 (Plan Treppenanlage v. 25.7.1919); 143–3721, Bl. 48 (Planvariante v. 1.3.1924 mit Hinweis „Vorhand. Freitreppe").

[406] Hoff, Erweiterungsbau (wie Anm. 180), S. 137.

[407] HdEG 144–1407, Niederschrift Bauausschuss v. 27.8.1925. Der Ausschuss stimmte einem zweiten Ladenlokal an der Südostseite zu.

[408] Freundliche Mitteilung von Dorothea Bessen.

[409] Ebers, Bode (wie Anm. 99), S. 86–87 und 215.

Abb. 310 und 311: Die Köpfe an der Gildehofstraße

Abb. 312: Gestaltung des Treppenabgangs mit Ladenlokal und Hofeinfahrt (rechts)

Abb. 313: Verwaltungsgebäude Mackensen in Magdeburg

DIE ESSENER BÖRSENHAUSGESELLSCHAFT

Abb. 314: Ostflügel mit angestrahlter Bachstraße

Gesamtwirkung und Einfluss der „Neuholländer"

In der Ostansicht ergab sich insgesamt ein durchaus prächtiges Bild, bei dem je nach Beleuchtungssituation der Ostflügel als eigenständiges Bürohaus oder als logische Fortführung der Front an der Bachstraße betont wurde (Abb. 314).[410] Körner führte hier die Motive der anderen Fronten fort, verlieh der Gesamtansicht aber auch eine eigene Dynamik, die sich in einer verstärkten Nutzung von Werksteinanteilen und in einer kraftvollen Staffelung der Baumassen ausdrückte. Der in den ersten Entwürfen eher funktional aufgefasste Ostflügel wurde zu einem auch städtebaulich dominanten „Wolkenkratzer" aufgewertet, wie ihn August Hoff 1928 wie folgt beschrieb:

> „Nun bekommt diese Front Ecke Bachstraße – Gildehofstraße den beherrschenden Akzent und harmonischen Abschluß in dem ausgekragten und überhöhten Risalit. Das Motiv der Abtreppung klingt in dieser Ecke ab. Es dient nicht nur der Regelung des Verkehrs, sondern ermöglicht dem Architekten das rhythmische und unbedingt räumlich gedachte Spiel der Baukörper gegeneinander. Er erzielt hier räumliche Spannungen und ein Widerspiel wagerechter [sic!] und lotrechter Tendenzen von lebendigster Wirkung."[411]

Innerhalb der frühen Hochhausarchitektur in Deutschland ist eine solche freie Komposition „von lebendigster Wirkung" wohl solitär geblieben. Körner verzichtete dabei auf eine plastische Backsteinornamentik, die er kurz zuvor für den Kopfbau eingeführt hatte, und kehrte zu größeren, geschlossenen Wandpartien zurück. Sowohl Klapheck als auch Paul Joseph Cremers sahen vielleicht auch deshalb die Vorbilder für Körners Börsenhaus in den Niederlanden, wo seit Berlage eine großzügige Flächenwirkung möglich geworden war, die Klapheck für

---

410 Das Vormittagslicht betonte die Eigenständigkeit des Erweiterungsbaues (vgl. Ansicht in: Klapheck, Essener Heft (wie Anm. 147), S. 106). Bei den am späten Nachmittag entstandenen Fotografien wurde hingegen die Einbindung in die gestaffelte Fassade der Bachstraße hervorgehoben (vgl. Abb. 314).
411 Hoff, Erweiterungsbau (wie Anm. 180), S. 140.

Abb. 315: Amsterdam, Coenenstraat, Arch. J. F. Staal, 1921

Abb. 316: Amsterdam West, Apostolische Kerk, Witte de Withstraat, Arch. H. F. Sijmons, 1922–23

Abb. 317: Stadthuis Amsterdam

Abb. 318: Rheinpark-Hochhäuser Düsseldorf *Abb. 319: Shell-Haus Berlin*

neuzeitliche Bauaufgaben als gut geeignet ansah.[412] Vielleicht kannten sich Körner und Berlage, denn 1929, als Berlage das Kunstmuseum in Den Haag plante, kam er nach Essen, um sich von Körner das neue Museum Folkwang zeigen zu lassen.[413] Die von Berlage bevorzugten, uniformen Wandpartien klingen sowohl im Saalflügel als auch im Ostflügel des Börsenhauses an, sie waren aber vor allem unter den „Neuholländern" weit verbreitet. Beispielhaft seien hier Bauten der Architekten Jan Frederik Staal und Hermanus Franciscus Sijmons vom Anfang der 1920er Jahre genannt (Abb. 315–316).[414] Eine besondere Ähnlichkeit zum Börsenhaus, auch was den gliedernden Einsatz von Werkstein betrifft, kann für den Neuen Flügel des Amsterdamer Prinzenhofes von 1926 festgestellt werden, auch als „Stadhuis" oder „Radhuis" bezeichnet, ein Bauwerk, an dem auch Thorn Prikker mitwirkte. Der Architekt Nico Lansdorp versah die geschwungene Fas-

---

412 Klapheck, Neue Baukunst (wie Anm. 148), S. 88 u. 109; Cremers, Essen. Berlin 1937, S. 53. Cremers sah einige der Essener Großbauten in der Tradition der „neuholländischen Backsteinarchitektur mit ihren großen Flächen und würfelartigen Gliederungen […]".
413 Volkswacht v. 24.1.1929.
414 Baudaten lt. Angabe auf den zur Erbauungszeit veröffentlichten Kunstkarten.

sade mit teils vorkragenden Obergeschossen und den sich durchdringenden und an der Straßenecke förmlich auftürmenden Kuben (Abb. 317).[415]

Die von Körner für den Ostflügel entwickelte Staffelung geometrisch klar umrissener Elemente lässt sich später an vielen anderen Bauten nachweisen, etwa bei den elfgeschossigen Rheinpark-Wohnhäusern in Düsseldorf-Golzheim (1927–28, Architekt William Dunkel) (Abb. 318).[416] Es sei auch auf das Shell-Haus von Emil Fahrenkamp hingewiesen (1930–32) (Abb. 319), das als Variante der in Essen gefundenen Lösung denkbar wäre. Fahrenkamp hielt sich 1925 für seine Arbeiten im Handelshof in Essen auf und kannte die Börse aus eigener Anschauung. Körners spielerischer Umgang mit der Geometrie fand allerdings bei Fahrenkamp keine Nachahmung, da er die Staffelung in metrischen Schritten vollzog.[417]

5. Bauplastik und Ausstattung

Beteiligte Künstler und Firmen

Über die Beauftragung der Künstler entschied Körner vermutlich ohne Beteiligung des Bauherrn. In den 1925 erschienenen, offiziellen Publikationen der Börse werden Will Lammert (Skulpturenschmuck der Außenfassaden und der Eingangshalle) und Jan Thorn Prikker (Fenster, Wandgestaltungen) erwähnt.[418] Beide Künstler waren reichsweit bekannt und gehörten zum Umfeld von Karl Ernst Osthaus in Hagen. Der Bildhauer Will Lammert (1892–1957) von den „Folkwang-Werkstätten" in Hagen zog 1922 aus wirtschaftlichen Gründen nach Essen, wo er sich u. a. für die Gründung der Keramischen Werkstatt Margaretenhöhe einsetzte, die ihre Aufgabe auch in der Heranbildung des kunstgewerblichen Nachwuchses sah.[419] Spätestens Anfang 1924 kam er in Kontakt mit Körner, als beide gemeinsam „Berufskundliche Vorträge" abhielten.[420] Dass Körner Lammert als Künstler schätzte, dafür spricht, dass er auch privat mindestens eines seiner Werke erwarb.[421] Zwischen 1922 und 1933 wurde Lammert mit der Ausführung

---

[415] Rijksmonumentenregister, Monument 518487, https://monumentenregister.cultureelerfgoed.nl (abgerufen 23.3.2023).

[416] Gropp, Neues Bauen (wie Anm. 291), S. 126 f.

[417] Essener Anzeiger v. 31.10.1925; Guido Brendgens/Norbert König, Berlin Architektur, Architekturführer. Berlin 2003, S. 210 f.

[418] Hoff, Nutz- und Kunstform (wie Anm. 152), S. 24 und Abb. ab S. 20. Ob Lammert auch am zweiten Bauabschnitt mitwirkte, ist nicht geklärt.

[419] Die Keramische Werkstatt wurde 1924 unter Aufwendung privater Mittel für einen Brennofen eingerichtet und am 17. September 1925 als Gesellschaft eingetragen, vgl. Essener Arbeiter-Zeitung v. 12.4.1924 u. Essener Anzeiger v. 24.10.1925.

[420] Essener Arbeiter-Zeitung v. 21.2.1924. Lammert hielt auch öffentliche Vorträge bei den Akademischen Kursen, vgl. Essener Anzeiger v. 27.10., 26.11. u. 3.12.1925.

[421] Werkverzeichnis Will Lammert, in: Will Lammert, VEB Dresden, 1963 (im Folgenden: Werkverzeichnis Lammert), Nr. 33, einen Stehenden weiblichen Akt aus Gips, den Körner aus dem Besitz der Essener Bücherstube Walter Severin kaufte.

der Bauplastik für diverse Kommunalbauten beauftragt, in unterschiedlichen Materialien und Techniken.[422] Das Börsenhaus ist die einzig belegte Zusammenarbeit Lammerts mit Körner.[423]

Einige Werke Lammerts lösten öffentliche Kontroversen bzw. Skandale aus, so 1927 ein von der Stadt beauftragter, hellrot gefasster „weiblicher Akt" für das neugestaltete Schauspielhaus, der noch vor der Eröffnung wieder entfernt wurde.[424] Überhaupt wurde Lammert vom konservativen Essener Anzeiger (Herausgeber Reismann-Grone) und dem zuständigen Kunstredakteur Paul Joseph Cremers schon vor 1933 immer wieder diffamiert. 1930 schrieb die Zeitung: „Die Plastik (liegende Frau) von W. Lammert ist eine nicht zu unterbindende Banalität, erregt die Lust, Bilderstürmer zu werden."[425] Und im Jahr darauf, als Lammert mit dem Rom-Preis die damals höchste künstlerische Auszeichnung in Preußen erhielt, urteilte der Essener Anzeiger: „Vielleicht ist der Rom-Aufenthalt geeignet, das übertrieben Harte, Barbarische und gewollt Hässliche seiner Arbeiten künftig auszugleichen."[426]

Als Mitglied der kommunistischen Partei und wegen seiner jüdischen Frau musste Lammert nach der Machtergreifung durch die Nationalsozialisten das Land verlassen.[427] Der Essener Anzeiger veröffentlichte am 24. August 1933 eine angebliche Abschiedsbotschaft des Künstlers: „Für mich als Kunstbolschewist und für meine Frau als jüdische Aerztin ist kein Platz mehr in Essen und in Deutschland." Der Bericht war gespickt mit Unterstellungen verschiedenster Art, u. a. mit der Behauptung: „Der Bildhauer Lammert war bekanntlich der Liebling der früheren Stadtverwaltung und bekam fast sämtliche Aufträge, die die Stadtverwaltung zu vergeben hatte [...]." Und über die Flucht heißt es: „Damit ist die Stadt einen der Träger des Folkwang-Bolschewistentums los. Die Werke des Herrn Lammert sind wir allerdings noch nicht los." Tatsächlich wurden in den kommenden Jahren kleinere Plastiken Lammerts beschlagnahmt und viele Werke im öffentlichen Raum zerstört.

Der aus den Niederlanden stammende Johan Thorn Prikker (1868–1932), der bis 1918 an der Handwerker- und Kunstgewerbeschule Essen unterrichtet hatte,[428]

---

422 Robert Welzel, Die Architektur des Essener Südwestfriedhofs im Kontext des Neuen Bauens, EB 132, 2019, S. 173 ff.
423 Körner arbeitete vor 1918 wiederholt mit Ludwig Nick und in den 1920er Jahren mit Ludwig Gies zusammen (Neubau Museum Folkwang, Haus Bergius in Heidelberg).
424 Volkswacht v. 8. u. 27.12.1927.
425 Essener Anzeiger v. 6.9.1930 über eine Ausstellung der Rheingruppe in der Düsseldorfer Kunsthalle.
426 Essener Anzeiger v. 18.8.1931. Der Artikel ist mit „C." unterschrieben.
427 Marlis Lammert, Dokumentation, in: Will Lammert (1892–1957) – Plastik und Zeichnungen, Ausstellung der Akademie der Künste zu Berlin anlässlich des 100. Geburtstages des Künstlers 1992 (im Folgenden: Lammert, Dokumentation), S. 120 ff.
428 Busch, Bauten (wie Anm. 94), S. 38.

war von 1923–26 als Lehrkraft an der Düsseldorfer Kunstgewerbeschule tätig. In Essen war er bereits vor 1918 an kommunalen Bauvorhaben beteiligt und schuf u. a. die ornamentalen Fenster für die Viktoriaschule und Fenster, Ausmalung und ein Mosaik für die altkatholische Friedenskirche.[429] Mit Körner arbeitete Thorn Prikker seit 1915 mehrfach zusammen (Entwürfe für den Schutzbau Schmied von Essen und für Fenster und Ausmalung der Schutzengelkirche; Ziegelrelief im Innenhof des Museum Folkwang),[430] im Wohnhaus Körner I gestaltete er das Fenster für das Musikzimmer.[431] Nach der Eröffnung des Börsenhauses stellte Thorn Prikker seine Werke im „Kunstsalon Baedeker" im Börsenhaus aus.[432] Die Entwürfe Thorn Prikkers für die Wandmalereien sind offenbar von den „Werkstätten für dekorative Malerei" J. Ludwig Grothus in Essen (Kurtstraße 43) und die der Fenster von den „Werkstätten für künstlerische Glasmalerei und Bleivergasung" W. Hallermann in Essen (Dorotheenstraße 32) umgesetzt worden. Beide Unternehmen gehörten dem Deutschen Werkbund an.[433]

Im Werkverzeichnis Thorn Prikkers werden die Fensterentwürfe 76–78 zweifelsfrei der Börse zugeordnet, wobei der Entwurf Nr. 78 „mit symmetrisch angelegtem, gleiche Grundformen wiederholendem, geometrischem Ornament" in Schwarz, Gold, Braun und ausgesparten Flächen mit einer rückseitigen Ausführungsanweisungen Körners („3mal") versehen ist.[434] Der Entwurf W 27 für eine ornamentale Wandgestaltung könnte ebenfalls von der Essener Börse stammen. Es zeigt ein „Geometrisches Ornament aus geraden und abgewinkelten Balken" in Braun, Schwarz, Blau und ausgesparten Flächen.[435]

Bauplastik der Außenarchitektur
Laut den Fassadenansichten von Februar 1922 sah Körner an der Hansastraße neben einigen Standfiguren auf Wandkonsolen kleinere Figurengruppen auf dem

---

[429] August Hoff, Thorn Prikker und die neuere Glasmalerei, in: Paul Joseph Cremers (Hrsg.), Charakterbilder der neuen Kunst, Bd. IV, Essen 1925 (im Folgenden: Hoff, Thorn Prikker), S. 21 u. 18–19.
[430] Pankoke, Körner (wie Anm. 24), S. 27, 90 u. 104. In der Schutzengelkirche wurden wohl nur die vier Fenster in den Beichtkapellen ausgeführt, in: August Hoff, Sakralbauten von Edmund Körner, in: Gesellschaft für christliche Kunst GmbH München (Hrsg.), Die christliche Kunst – Monatsschrift für alle Gebiete der christlichen Kunst und Kunstwissenschaft, XXIV. Jahrgang 9/10, Juni/Juli 1928, S. 282.
[431] Hoff, Thorn Prikker (wie Anm. 429), S. 21.
[432] Essener Arbeiter-Zeitung v. 29.4.1925.
[433] Börse, Sonderdruck (wie Anm. 2), Propagandaanhang. Wilhelm Hallermann hat um 1930 auch eigene Entwürfe für Kirchenfenster umgesetzt, vgl.: https://glasmalerei-ev.net/pages/k9377.shtml (abgerufen 13.3.2023).
[434] Paul Wember, Johan Thorn Prikker. Glasfenster, Wandbilder, Ornamente 1891–1932. Krefeld 1966 (im Folgenden: Wember, Thorn Prikker), S. 247–248. Eines der ausgeführten Fenster befand sich 1966 in Neuß in Privatbesitz.
[435] Ebd., S. 244.

DIE ESSENER BÖRSENHAUSGESELLSCHAFT

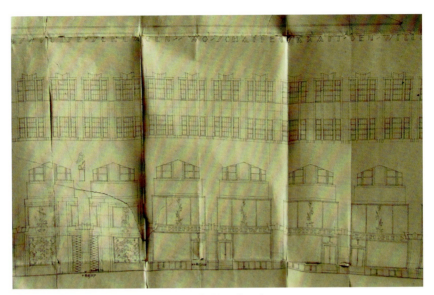

Abb. 320: Fassadenentwurf mit Sinnspruch (Ausschnitt)

Sohlbankgesims vor, wie sie sich in ähnlicher Form am Büro- und Hotelgebäude Duisburger Hof in Duisburg erhalten haben. Außerdem wollte er die Attika des Kopfbaues mit Reliefdarstellungen schmücken und den Kopfbau mit einer großen Merkurstatue bekrönen. Reliefschmuck sollte es auch am Haupteingang geben. Alle Darstellungen und auch die baumartig sich verzweigenden Mittelstege der Laden-Oberlichter skizzierte Körner in extrem spitzwinkligen Formen. Das angedeutete Bildprogramm lässt sich mit den Begriffen Industrie, Handel und Verkehr umschreiben. Hierzu passend zeichnete Körner entlang der Hansastraße unterhalb des Traufgesimses einen Buchstabenfries ein (Abb. 320). Der womöglich von Körner selbst verfasste oder ausgewählte Sinnspruch lautete wie folgt:

„Wo sich Merkur der Kunst vermählt – wo frisch des Lebens Pulse schlagen – wo Schaffenskraft den Willen stählt – da werden beide Früchte tragen".[436]

In Körners Gesamtwerk finden sich einige weitere Schriftzüge als Mittel der Fassadengestaltung.[437] Besonders beeindruckend ist das Ornamentband am Verwaltungs- und Kauengebäude der Zeche Helene in Altenessen „Helene 1927" aus gelb glasierten Klinkern (Abb. 321). Für die Rotunde im Museum Folkwang

---

436 HdEG 143–3715, Bl. 96. Dass Körner selbst derartige Texte auswählte, ist für das Sitzungszimmer belegt. In: HdEG 144–1407, Niederschrift Bauausschuss v. 28.4.1924.

437 U. a. Inschriften u. Straßenschild an der Synagoge, Schutzbau „Der Schmied von Essen".

Abb. 322: Eine der Masken am Eingang zu den Ausstellungsräumen

Abb. 321: Schriftzug am Kauengebäude der Zeche Helene

favorisierte Körner ebenfalls ein „Spruchband".[438] Am Börsenhaus wurde letztlich auf den Schriftzug aus unbekannten Gründen verzichtet, ebenso wie auf die Fassadenskulpturen und -reliefs. Der in das Auftragsvolumen Lammerts gehörende Fassadenschmuck reduzierte sich auf die Bekrönungssteine über Türen und Fenstern.[439] Erhalten haben sich drei geometrisch zergliederte Maskenreliefs am Eingang zu den Ausstellungsräumen (Abb. 322), die vermutlich von Lammert stammen. In dem von Fritz Cremer 1963 aufgestellten Werkverzeichnis sind „Fensterbekrönungs- und Bogenschlußsteine mit symbolischen Darstellungen und Masken" unter der Nr. 36 erwähnt, ohne dass Anzahl und Standort näher bezeichnet sind. Außerdem ist hier ein bisher nicht lokalisierbares „figürliches Relief" am Ladentrakt der Bachstraße (Nr. 37) aufgeführt.[440]

Künstlerische Innenausstattung
Auf einem 1922 eingereichten Querschnitt des Gebäudes wird von Körner auch eine künstlerische Innenausstattung mit abgehängten Decken und Ornamenten

---

[438] Karin v. Maur, Oskar Schlemmer – Der Folkwang-Zyklus – Malerei um 1930. Stuttgart 1993, S. 13.
[439] Fotos zeigen auch einen aus der Fassade ragenden Kopf über den Arkaden der Bachstraße.
[440] Werkverzeichnis Lammert (wie Anm. 421). Der Ausführungszeitraum aller Werke wird mit 1922–24 angegeben. Es ist daher unklar, ob das erst im zweiten Bauabschnitt ausgeführte und bereits erwähnte Ornament am Zugang zum östlichen Treppenhaus (vgl. Abb. 207) von Lammert stammen kann. Seine Mitwirkung am Erweiterungsbau ist nicht belegt.

Abb. 323: Querschnitt von 1922 mit dem damals geplanten Portal zum Börsenrestaurant

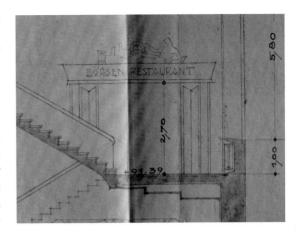

etwa an den Wänden oder Türflügeln angedeutet (Abb. 323).[441] Die letztlich ausgeführte künstlerische Innenausstattung von Lammert und Thorn Prikker beschränkte sich auf die für den Börsenbetrieb maßgeblichen Räume einschließlich des Börsenrestaurants. Neben einigen markant platzierten bildhauerischen Werken und der Ausmalung, bestimmten ornamentale Deckengestaltungen, Bleiverglasungen, Schmuckgitter, Holzvertäfelung und phantasievoll gestaltete Lampen die Innendekoration. Ähnlich wie beim Hamburger Chilehaus spielte dabei das für die Außenfassaden prägende Ziegelmaterial keine Rolle. Es gab auch keine keramischen Werke.[442] Zur Innenausstattung heißt es in der Deutschen Bauhütte 1925:

„Auch im Innern zeigt sich das Bestreben des Architekten, auf der Höhe moderner Linienführung zu sein, da einerseits kubische Gebilde (Bauhaus) und andererseits Zickzacklinien besonders bevorzugt sind. Dazu tritt eine gewisse nüchterne Flächenklarheit, die nur die Reize des Materials sprechen läßt und in der technischen Zweckmäßigkeit auch ein ästhetisches Moment gefunden hat."[443]

Beim Durchschreiten des Haupteingangs am Beginn der Kolonnade gelangten die Besucherinnen und Besucher des Börsenhauses 1925 zunächst in einen Vorraum, für dessen Seitenwände Lammert zwei rote Kunststeinreliefs (Zement mit Ziegelsplitt) fertigte, die laut Werkverzeichnis, „Geometrische Ornamente und unbekleidete männliche Figuren, zum Teil in Arbeitsszenen zu Gruppen zusammengefaßt" zeigten.[444] Auf der linken Wand, die über eine Tür und ein dreiteiliges Fenster verfügte, war ein Menschenpaar (er tanzend, sie die Arme vor der Brust verschränkend) in einer Naturlandschaft dargestellt (Abb. 324). Auf der gegenüberliegenden Wand sah man einen erhöht platzierten Mann,

---

[441] HdEG 143–3721, Bl. 14.
[442] Kamphausen, Höger (wie Anm. 146), S. 76.
[443] Wittmann, Bahnhofsplatz (wie Anm. 100), S. 198.
[444] Essener Anzeiger v. 1.3.1925 (Autor vermutlich P. J. Cremers); Werkverzeichnis Lammert (wie Anm. 421).

Abb. 324–325: Die Wandreliefs von Lammert im Vorraum

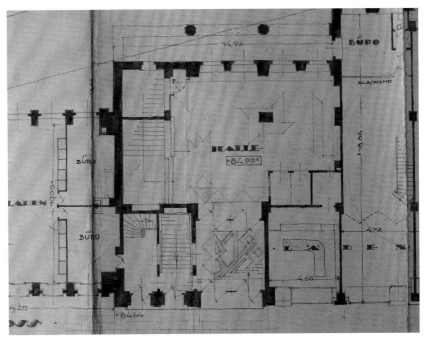

Abb. 326: Fußbodenplan der Eingangshalle

aus dessen Hand Rauch aufstieg, daneben eine Person, die mit einem Hammer ein Werkstück am Amboss bearbeitete, sowie zwei weitere Personen mit Stöcken oder Stangen (Stahlarbeiter beim Abstich?) (Abb. 325). Als Deutung der Bilder kämen die klassischen Schöpfungsmythen (Sündenfall und Prometheus als Feuerbringer) in Betracht. Der Fußboden im Vorraum (Linoleum?) zeigte ähnlich wie die Eingangshalle eine geometrische Einteilung in spitzwinkeligen Formen (Abb. 326).[445]

Zwei breite Pendeltüren führten in die Eingangshalle mit der zentral im Raum angeordneten, künstlich beleuchteten Pfeilerplastik von Lammert.[446] Die fotografische Überlieferung lässt zwar eine Deutung der Figuren nicht zu, dokumentiert aber ihre ästhetische Funktion, die in der Deutschen Bauhütte 1925 wie folgt beschrieben wurde: „Die Pfeilerplastik fängt das von oben fallende Licht in scharfen Graten und Kanten auf. Lichteffekt unterstützt die ausgeprägt moderne Modellierung."[447] Beiderseits des Pfeilers waren kubische Lichtkästen

---

[445] HdEG 143–3722, Bl. 3 (Grundriss EG v. 17.2.1927).
[446] Im Werkverzeichnis nicht aufgeführt, im Essener Anzeiger v. 1.3.1925 aber Lammert eindeutig zugeordnet.
[447] Wittmann, Bahnhofsplatz (wie Anm. 100), S. 199.

Abb. 327: Pfeilerfigur mit dem Hals der Sphinx im Vordergrund

angeordnet, welche die Bildwerke in ein geheimnisvolles Gegenlicht tauchten. Die vom Pfeiler ausstrahlenden Farbflächen des Fußbodens schienen sich wie Schatten auszubreiten. Diese eindrucksvolle Kombination der Bauplastik mit Farbgestaltung und Lichtführung gehörte zu den Höhepunkten expressionistischer Raumkunst in Essen (Abb. 327). Sogar der Bauausschuss der Börsenhausgesellschaft befasste sich mit diesem Kunstwerk: „Der Pfeiler im Vestibül wird verputzt. Die figürliche Ausschmückung wird im Prinzip gutgeheissen. Prof. Körner wird zunächst Kostenanschlag und Entwurf einreichen."[448]

Da die Halle nur kleinere Fensteröffnungen mit Bleiverglasung aufwies, lenkte das durch die hohen Fenster des Treppenhauses von links einströmende Tageslicht die Aufmerksamkeit auf die „Grosse Plastik am Treppenaufgang", die im Werkverzeichnis Lammerts als „Zweigesichtige Sphinx" aus Stein erwähnt wird.[449] Die Sphinx gehört zu den mythologischen Mischwesen mit dem Körper eines Löwen und den Schultern einer Frau und versetzt die Wanderer mit ihren Rätseln in Schrecken. Lammerts Figur sollte mit ihrem langen, kraftvollen Hals, auf dem zwei ineinander verschränkte, menschenähnliche Gesichter saßen, Glück und Unglück des Börsengeschäftes vergegenwärtigen. Sie schien wie ein lebendiges Wesen den Gästen der Börse aufzulauern (Abb. 328). Es ist wohl kaum ein Zufall, dass es eine ähnliche Skulptur im Wilhelm-Marx-Haus gab, ein Löwe des Bildhauers Carl Moritz Schreiner, der die Treppe herabzukommen schien.[450]

Der Treppenaufgang besaß dreieckige Leuchtkästen im Deckenbereich. Die Bleiglasfenster verfügten über einen hohen Anteil an Klarglas. Während die Fenster der Eingangshalle (wie auch des Kuxensaales) geometrische Formationen aus Rechtecken und rechteckigen Streifen zeigten, herrschten an der Haupttreppe

---

[448] HdEG 144–1407, Niederschrift Bauausschuss v. 17.10.1924. Die Kosten werden mit 3.000 Mark angegeben.
[449] Werkverzeichnis Lammert (wie Anm. 421).
[450] Meissner, Kreis (wie Anm. 175), S. 34.

sich überlagernde diagonale Elemente vor. Die Treppe mündete, nachdem sie die Zwischenebene des Obergeschosses mit den Garderoben passiert hatte, in die großzügige Wandelhalle, von der es 1925 heißt: „In der Wandelhalle war die Zickzacklinie formbestimmend: die zerklüftete Decke, die rankenförmigen Fenster, die Spinnenarme der Lampen sind ihr unterworfen. Die Türen mußten aus konstruktiven Gründen rechteckig bleiben."[451] Über die in Rhomben aufgegliederte Decke schrieb der Essener Anzeiger: „Die Decken selbst sind nicht flächig behandelt, sondern rollen sich in schmalen, langgestreckten Rhomben auf. Sie schaffen dadurch akustisch wertvollere Schallverhältnisse und ziehen andererseits die tote Deckenfläche in lebendige Raumverhältnisse hinein."[452] Der vermutlich in Rabitz ausgeführte Deckenspiegel weckte Assoziationen zu einer natürlich entstandenen Hohlform, einer Höhlendecke, wie sie zu den charakteristischen Motiven expressionistischer Architektur zählt (Abb. 329).[453]

Die in der oberen Wandelhalle auf der Brüstung des Treppenaufgangs installierten, „riesigen Leuchtergruppen" sorgten mit ihren nach oben weisenden Glasschirmen für eine angemessene Ausleuchtung der Halle und ihrer Decke. Aus sich überlagernden Rhomben wurden auch die Innenfenster zu den Saalemporen gebildet, einbezogen in farblich abgesetzte Wandpartien, welche die klare Kubatur des Raumes aufzulösen schienen. Hierzu schrieb 1925 der Essener Anzeiger: „Sämtliche Räume zeigen eine matte, helltönige Eichenbekleidung der Wände. Darüber meistens ein weißer Fries, in dem kubistischlineare Farbenornamente die ersten (und zwar prachtvoll abgestimmten) Farbenklänge für die Deckenpartien abgeben."[454] Zwei große „Normaluhren" an den Schmalseiten der Halle gehörten zu der von der Essener Firma Normalzeit GmbH gelieferten Uhrenanlage.[455] Die Normalzeit, die seit 1893 im Deutschen Reich als „Mitteleuropäische Zeit" eine an allen Orten einheitliche Uhrzeit gewährleistete, war für den Börsenbetrieb mit seinen überregionalen Vernetzungen von großer Bedeutung.

Der von der Wandelhalle aus zugängliche Erfrischungsraum im Kopfbau wurde durch die Seitenfenster und die diagonal gestellten Erkerfenster erhellt. Da der Raum nur für kurze Aufenthalte bestimmt war, erhielt er eine intensive Farbfassung, eine „in freien Rhythmen mit rot, schwarz und grau durchgeführte eigenartige Behandlung" (Abb. 330). Wie bei den anderen Wandgestaltungen fügte Thorn Prikker die Ausmalung dabei „höchst sinnvoll in alle Absichten des

---

451 Wittmann, Bahnhofsplatz (wie Anm. 100), S. 198.
452 Essener Anzeiger v. 1.3.1925 (Autor vermutlich P. J. Cremers).
453 Berühmt ist die von Hans Poelzig 1918/19 für das Neue Schauspielhaus Berlin geschaffene Stalaktiten-Kuppel, die oft variiert wurde, z. B. in den Düsseldorfer Rheinterrassen (Wilhelm Kreis) oder im Essener Casanova (Georg Metzendorf).
454 Essener Anzeiger v. 1.3.1925 (Autor vermutlich P. J. Cremers).
455 HdEG 144–1411, Schreiben Börsenhausgesellschaft an Börse v. 28.12.1925.

Abb. 328: Sphinx am Treppenaufgang der Eingangshalle

Abb. 329: Wandelhalle mit Rhombendecke

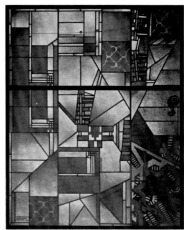

Abb. 330: Erfrischungsraum

Abb. 331: Fenster Thorn Prikkers für das Musikzimmer im Wohnhaus Körner

Baumeisters ein".[456] An den Wänden herrschten geometrische Grundformen (sich überlagernde Kreise und Rechtecke) vor, im Deckenbereich gab es stumpfe und spitze Winkel und flüchtig gesetzte Linien, wie sie auch an der schon 1922/23 für das Wohnhaus Körners geschaffenen Verglasung (Abb. 331) und an Thorn Prikkers berühmtem Mosaik „Die Nacht" für die Düsseldorfer Gesolei-Ausstellung von 1926 zu finden sind (Abb. 332).

Das über einen Vorraum zugängliche Sitzungszimmer verfügte über eine raumhohe Wandvertäfelung, von der sich die helle Decke absetzte, die mit diagonal überschneidenden, teils netzartigen Formationen bemalt war. In der Zeitschrift Deutsche Bauhütte heißt es 1925: „Die Täfelung wird hauptsächlich durch Materialreiz des Holzes deshalb in großen Flächen und sparsamer Linienführung gestaltet. Edel und sachlich sparsam aus dem Material entwickelt ist die Form der Lampen. Zu beachten: bei den Uhren ist das kreisrunde Zifferblatt vermieden."[457] Über dem Türdurchgang verlief ein breiter Gesims-Streifen, der die Wände optisch in zwei Zonen teilte. Hier war eine hölzerne Skulptur als Wandschmuck montiert. Aus einem Protokoll des Bauausschusses wissen wir, dass im Raum ein Sinnspruch angebracht werden sollte, den Körner ausgewählt hatte.[458] Der erhaltene Entwurf für die Fenster (im Werkverzeichnis von Thorn Prikker mit der Nr. 76 aufgeführt) wird mit „symmetrischem, kleinteiligem geometrischem Ornament" in Schwarz, Gold, Grau und ausgesparten Flächen

---

[456] Hoff, Nutz- und Kunstform (wie Anm. 152), S. 24.
[457] Wittmann, Bahnhofsplatz (wie Anm. 100), S. 199.
[458] HdEG 144–1407, Niederschrift Bauausschuss v. 28.4.1924.

beschrieben.[459] Es handelte sich um „Teppichfenster" mit einer streng symmetrischen Anordnung der ornamentalen Motive (Abb. 333).[460]

Die Farbgebung und Ornamentik der Fenster unterschieden sich in den einzelnen Räumen. Die Farbskala für die Fenster im „Saal der unnotierten Werte", dessen Wände und Empore weitgehend mit Holz verkleidet waren, wird im Werkverzeichnis unter der Nr. 77 ebenfalls mit Schwarz, Gold und Grau angegeben, nunmehr ergänzt durch braune Anteile.[461] Die Fenster wurden hier als kälter und heller als im Sitzungszimmer empfunden. „Die Fenster Thorn-Prikkers, in seiner eigenen Werkstatt gefertigt, bilden den wundervollen Ton auf dem Holz des Raums. Mit diesen Fenstern erst klingt der Raum."[462] Da es außer den ornamentalen Fenstern kaum dekorative Elemente gab, wurde der Saal als „sachlich zweckmäßig" empfunden, zumal er mit einer Balkendecke abschloss (Abb. 334).[463] Auf Deckenlampen hatte man verzichtet, was dazu führte, dass es bereits im Jahr nach der Eröffnung Beschwerden über die Beleuchtung gab und eine Nachrüstung erforderlich war: „Die indirekte Beleuchtung des kleinen Börsensaales erfordert ungebührlich hohe Geldmittel für Stromkosten und Soffittenlampen."[464]

Der mit Parkett anstelle von Linoleum[465] ausgelegte und an den Wänden mit Holz verkleidete Kuxensaal erhielt sein Tageslicht vor allem über die Dachlaterne (Abb. 335). Außen war dem von innen sichtbaren Fensterraster mit den horizontalen und vertikal angeordneten Lichtöffnungen ein schräg verlaufendes Glasdach vorgesetzt, verbunden mit offenen Galerien, die als Zugang zu den Heizkammern und Lagerräumen dienten, die sich hinter der hohen Attika verbargen. Für elektrisches Licht sorgten kubische Leuchtkästen, die unterhalb der Fensterraster angebracht waren und sowohl die Raumfläche als auch die zerklüftete Deckenkonstruktion anstrahlten. Da die Pfeiler hinter das Deckenraster zurücktraten, bestimmte die Horizontale der weit in den Raum ragenden, fast schwebenden Emporenbrüstung den Gesamteindruck. Es gab ergänzende Malereien an der Laterne, an der Hauptdecke und an den Emporendecken (Abb. 336).

Nachweislich von Thorn Prikker stammten die Entwürfe für fünf „bunte Fenster" im Börsenkeller.[466] Die oberen Wandflächen zeigten hier in mosaikartiger Flächigkeit sich teils überlagernde Streifen- und Kreisformen in unterschiedlicher Farbigkeit (Abb. 337). In den Geschäftsräumen des Norddeutschen

---

459   Wember, Thorn Prikker (wie Anm. 434), S. 247.
460   Hoff, Thorn Prikker (wie Anm. 429), S. 20. August Hoff: „Seine Phantasie erfindet immer neue abstrakte Formen und ornamentale Motive. Oft sind diese Teppichfenster von großer Einfachheit und dabei doch von reicher Wirkung [...]"
461   Wember, Thorn Prikker (wie Anm. 434), S. 247.
462   Essener Anzeiger v. 1.3.1925 (Autor vermutlich P. J. Cremers).
463   Wittmann, Bahnhofsplatz (wie Anm. 100), S. 198.
464   HdEG 144–1407, Niederschrift Bauausschuss v. 17.9.1926.
465   Ebd., Niederschrift Bauausschuss v. 8.11.1924.
466   Ebd., Niederschrift Bauausschuss v. 27.8.1925.

DIE ESSENER BÖRSENHAUSGESELLSCHAFT

Abb. 332: Thorn Prikkers Mosaik „Die Nacht" in Düsseldorf

Abb. 333: Fenster von Thorn Prikker im Sitzungszimmer (Ausschnitt)

Abb. 334: Saal der unnotierten Werte mit „Wiener Stühlen"

Abb. 335: Ansicht des Kuxensaales

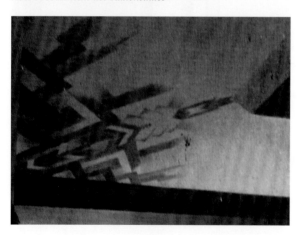

Abb. 336: Detail der Emporendecke (Foto bearbeitet: Das Ornament wurde durch eine Transformation des Bildes besser sichtbar gemacht.)

Lloyd waren über der Vertäfelung an der Emporenwand spitzwinkelige und rechteckige Farbflächen partiell und in völlig asymmetrischer Anordnung aufgebracht.[467] Dies korrespondierte mit den Intarsien der mit Holz verkleideten Theke. Der zentrale, über Eck gestellte Pfeiler war dunkel gefasst und an ihm

---

[467] Essener Anzeiger v. 22.11.1924. Als Gestalter wird Körner genannt, nicht Thorn Prikker.

DIE ESSENER BÖRSENHAUSGESELLSCHAFT

Abb. 337: Börsenkeller mit Wandmalereien

Abb. 338: Ladenlokal des Norddeutschen Lloyd

waren die kubischen Beleuchtungskästen angebracht (Abb. 338). Die übrigen Läden und die Büros erhielten eine rein zweckmäßige Einrichtung. Für den Saal im Erweiterungsbau bestimmte der Bauausschuss am 17. September 1926: „Farbanstrich und Holzverkleidung sollen einfach gehalten werden." Mit den Malerarbeiten wurde hier ebenfalls die Firma Grothus beauftragt.[468]

Das Mobiliar
Im Zusammenhang mit Körners Honorarstreit 1926 gab die Börsenhausgesellschaft an, dass in den von Körner geltend gemachten Aufwendungen „sehr viel Mobiliar enthalten war, das entweder nach fertigen Mustern bestellt oder nur in einer Form gezeichnet zu werden brauchte (Kabinettausstattung)".[469] Kör-

---
[468] HdEG 144–1407, Niederschrift Bauausschuss v. 17.9. u. 2.11.1926.
[469] Ebd. 144–1407, Schreiben Börsenhausgesellschaft an Bode v. 8.6.1926.

Abb. 339: Foto mit schrägem Beschnitt der Eingangshalle

Abb. 340: Treppe zur Empore des Kuxensaales

ner hat demnach einen Teil des Mobiliars entworfen. Außerdem nahm er die Auswahl der Möbelstücke vor und empfahl sie der Börsenhausgesellschaft zur Anschaffung. Für die Ausführung der Tische im Kuxensaal verhandelte Körner mit dem Möbelhaus A. Eick Söhne, mit dem er im Rahmen seiner Tätigkeit für die Essener Raumkunstgruppe zusammengearbeitet hatte.[470] Insgesamt gab es 38 Börsentische, die in beiden Börsensälen in Hufeisenform, gruppiert um den Maklertisch, aufgestellt wurden. Neben den technischen Vorrichtungen im Zusammenhang mit der Telefonanlage verfügten alle Plätze über Aschenbecher.[471] Im Bedarfsfall konnten die Tische abgebaut werden. Für die Sitzmöglichkeiten schlug Körner die Anschaffung von „Wiener Stühlen" vor, die auf Entwürfe der Gebrüder Thonet zurückgehen (vgl. Abb. 334). Es wurden 600 Stück bestellt,

---

[470] Diese Zusammenarbeit ist für 1914/15 belegt. An der Raumkunstgruppe waren zudem Georg Metzendorf, Alfred Fischer, Adolf Otto Holub und zeitweilig Paul Portten beteiligt. Vgl. Rheinisch-Westfälischer zugleich Essener Stadtanzeiger v. 8.3.1914 (Mitwirkung Werkbundausstellung Köln) u. 12.4.1914 (Anzeige A. Eick Söhne).

[471] HdEG 144–1411, Schreiben Börsenhausgesellschaft an Börse v. 9.7.1926.

später noch einmal 300 Stück, um den Kuxensaal bei Untervermietungen besser nutzen zu können.[472]

Besondere Wirkung der Innenräume
Der Essener Anzeiger hob 1925 die Qualität der Innenausstattung hervor: „Und unsere eigene Auffassung ist es, daß Prof. Körner mit der Innenarchitektur dieser Börse und ihrer bis ins kleinste durchgeführten künstlerischen Raum- und Ausstattungskultur die größere Leistung vollbracht hat."[473] Die Wirkung der Innenräume kann heute nur noch anhand der 1926 veröffentlichten Schwarzweißfotos nachvollzogen werden, die man auch zur Darstellung der Beleuchtungseffekte nutzte.[474] Besonders interessant sind die Fotos der Pfeilerskulptur in der Eingangshalle, denn sie halten die Blendwirkung fest, mit dem geheimnisvoll anmutenden Schattenriss von Lammerts Sphinx im Vordergrund. Vermutlich mit Absicht wurde eine der Fotografien schief beschnitten, um die skurrile Atmosphäre zu betonen (Abb. 339). Gleich zwei Ansichten zeigen die Architektur aus der Perspektive des Nutzers, etwa wie er beim Ersteigen der Emporentreppe plötzlich von der Deckenkonstruktion des Kuxensaales überrascht wird (Abb. 340). Die modernen Mittel der Fotografie ermöglichten es, die emotionale Wirkung der Rauminstallationen einzufangen.

VI. Die weitere Nutzung des Börsenhauses

Die Börse als Konzert-, Ausstellungs- und Tagungsort
Der Börsenverein hatte schon bei seiner Gründung deutlich gemacht, über die angemieteten Räume im Börsenhaus frei verfügen zu wollen.[475] Bei Untervermietungen musste er die Hälfte der Einnahmen an die Börsenhausgesellschaft abführen, soweit sie im Jahr über 10.000 Mark lagen. Im ersten Jahr war dies nicht der Fall, aber in den Folgejahren. Die Räume wurden also häufig untervermietet, womit eine erhöhte Abnutzung und notwendige Reparaturen verbunden waren. Einmal ging es um Brandflecken auf dem Parkettboden (die allerdings wohl von den Börsianern durch brennende Zigarren oder Zigaretten verursacht waren), ein andermal stellte die Börsenhausgesellschaft 34 Reichsmark in Rechnung

---

[472] HdEG 144–1407, Niederschrift Bauausschuss v. 8.11.1924, 19.12.1924 u. 26.10.1927; 144–1411, Schreiben Börsenhausgesellschaft an Börse v. 5.11.1927. Die fotografisch dokumentierten Stühle im Kuxen-Saal weichen allerdings von tatsächlichen Wiener Stühlen von Thonet ab, womöglich waren sie also nur in Anlehnung an diese Stühle gefertigt worden.
[473] Essener Anzeiger v. 1.3.1925 (Autor vermutlich Paul Joseph Cremers).
[474] Lt. Angabe in Börse, Sonderdruck (wie Anm. 2) stammen die Fotografien von L. von Kaenel (Essen) und Architekt Damm (Essen, Keramikhaus).
[475] HdEG 144–1407, Vermerk von Waldthausen v. 17.2.1925.

Abb. 341: Werbeanzeiger für die Behrens-Ausstellung, Essener Anzeiger v. 28.11.1926

„für Instandsetzung der anlässlich des Maskenfestes der Folkwangschule in der Wandelhalle unseres Börsenhauses angerichteten Schäden an den Wänden."[476]

Enttäuscht wurden die Hoffnungen, im Börsenhaus einen regen Konzertbetrieb zu etablieren, obgleich schon im Vorfeld der Eröffnung 1925 Professor Max Fiedler eine Nutzung des kleinen Börsensaales zumindest für seine Chorproben in Aussicht stellte und nach der Eröffnung auch entsprechende öffentliche Veranstaltungen im „Konzertsaal" der Börse stattfanden.[477] Als das Städtische Orchester unter Leitung von Fiedler bei einer Gedächtnisfeier für Friedrich Grillo im Januar 1926 im Kuxensaal die Leonorenouvertüre und das Meistersinger-Vorspiel zur Aufführung brachte, zeigte sich der Essener Anzeiger trotz guter Akustik skeptisch: „Die Geister Beethovens und Wagners fühlten sich ein wenig fremd in diesem seinem Aussehen nach ordentlich geometrisch errechneten Geschäftsraum."[478] Man nutzte den kleinen Saal außerhalb des Börsenbetriebes für festliche Anlässe, wie etwa 1927 für die Eröffnungsveranstaltung der „Österreichischen Kunstausstellung". Diesmal leitete der Direktor der Wiener Staatsoper, Professor Franz Schalk, das Essener Orchester. In den Sälen der Börse fanden zahlreiche Ausstellungen, Vorträge (u. a. Akademische Kurse, Haus der Technik, Kunstverein Folkwang), Tagungen, Karnevalssitzungen, Gewerkschaftstreffen und sogar politische Veranstaltungen statt, etwa 1926 eine Kundgebung des Essener Saarvereins „Treudeutsch die Saar immerdar!" 1929 trat im kleinen Saal der 1933 von den Nationalsozialisten ermordete Hellseher Hanussen auf.[479]

Für die Stadt Essen, die sich des „Neuen Saales" im Ostflügel angenommen hatte, stand hier ein zentral gelegener Ausstellungsort zur Verfügung, u. a. für Kunstausstellungen. Ende November 1926 wurde im Saal eine vielbeachtete Architekturausstellung zu Peter Behrens und den Mitgliedern seiner Wiener

---

[476] HdEG 144–1411, Mietvertrag zwischen Börsenhausgesellschaft als Vermieterin und dem Essener Börsenverein als Mieter v. 6.5.1925, Schreiben Börsenhausgesellschaft an Börse v. 9.7.1926 u. 23.5.1930.
[477] Essener Anzeiger v. 1.3.1925 (Autor vermutlich P. J. Cremers) u. 5.4.1925.
[478] Essener Anzeiger v. 19.1.1926.
[479] Essener Volks-Zeitung v. 21.1.1927, Essener Anzeiger v. 8.2.1926 u. 21.3.1929.

Meisterklasse eröffnet (Abb. 341). Der Saal wurde offenbar in Erinnerung an die Ausstellung dann auch „Behrenssaal" genannt.[480] Später und bis 1931 wurde er hauptsächlich für die Zwecke der Folkwangschule genutzt, bevor er dann vorübergehend leer stand.[481] Im Adressbuch von 1939 ist er als Probensaal des Stadttheaters aufgeführt.[482]

Die Krisenjahre 1931–32

Die im Finanzierungskonzept unerlässlichen Mieteinnahmen erwiesen sich im Laufe der Zeit als das gravierendste Problem des Unternehmens „Börsenhaus". Laut Brandi begannen Ende der 1920er Jahre „sorgenvolle Zeiten für die Börse".[483] Eine Karikatur im Essener Anzeiger machte sich im Mai 1929 angesichts der bestehenden Wohnungsnot sogar lustig über die offenkundigen Leerstände: „Im Burgfried der Essener Börse hängen schon seit vorigem Jahre Schilder an den Fenstern: ‚Zu vermieten'. [...] Daß durch den Neubau von Bürohäusern Wohnraum frei wird, hat sich als ein schöner Irrtum erwiesen."[484] Nicht zuletzt das Scheitern der Pläne für das Schulz-Knaudt-Gelände ließ die Mieteinnahmen, auch die der Büros, auf einen Bruchteil zusammenschrumpfen.[485]

Am 7. September 1931 schrieb die Börsenhausgesellschaft an Brandi: „Die Mehrzahl der Mieter des Börsenhauses drängt auf schleunige Herabsetzung der bisherigen Mietsätze, da sie die alten Sätze nicht mehr aufbringen können."[486] In den Akten der Börsenhausgesellschaft haben sich diverse Schriftwechsel mit den Mietern erhalten. So machte 1927 der Verein „Vereinigte Auto- und Droschkenbesitzer e.V." geltend, dass viele der Droschkenbesitzer die notwendigen Bedürfnisse ihrer Familien nicht mehr decken könnten und ihre Einkünfte unter dem Existenzminimum lägen. Obwohl der Verein auch die Stadt um Hilfe bat, sah sich die selbst in Not befindliche Börsenhausgesellschaft nicht in der Lage zu helfen. Erst auf der Grundlage der Notverordnung vom 8. Dezember 1931[487] gewährte man einen ersten Mietnachlass, weitere folgten.[488] Erschwerend kam hinzu, dass es durch die Fertigstellung der neuen Hauptpost zusätzliche,

---

480 Essener Volks-Zeitung v. 29.11.1926 u. Essener Anzeiger v. 18.12.1929. Die Bezeichnung „Behrenssaal" wurde möglicherweise nur in den Jahren 1929–30 verwendet.
481 HdEG 144–1408, Bl. 6 (Schreiben Börsenhausgesellschaft an Stadt v. 22.4.1933).
482 Unter der Anschrift Bachstr. 2f.
483 Brandi, Arbeitsjahre (wie Anm. 11), S. 96.
484 Essener Anzeiger v. 12.5.1929.
485 Brandi, Arbeitsjahre (wie Anm. 11), S. 96.
486 HdEG 144–1412, Schreiben Börsenhausgesellschaft an Brandi v. 7.9.1931.
487 Vierte Verordnung des Reichspräsidenten zur Sicherung von Wirtschaft und Finanzen und zum Schutze des inneren Friedens.
488 HdEG 144–1409, Schreiben Verein Vereinigte Auto- und Droschkenbesitzer e.V. an Börsenverwaltung v. 10.3.1927 u. 11.11.1930 und an die Stadt v. 19.5.1931 u. Schreiben Börsenhausverwaltung an Verein v. 21.2.1933.

preiswerte Büroflächen im näheren Umfeld gab, die auf den Markt kamen.[489] Immerhin konnte der Norddeutsche Lloyd, der eigentlich seine Essener Generalvertretung aufheben wollte, dazu bewegt werden, die Räume gemeinsam mit dem Essener Verkehrsverein (der sich ein Logo mit dem Doppelerker des Kopfbaues zulegte) weiter zu nutzen, wofür aber andere Räume in städtischen Bürogebäuden aufgegeben wurden.[490]

Zum Problem wurden nun auch die Hypotheken, die auf dem Börsenhaus lasteten. Schon Mitte 1931, als die Ablösung einer Hypothek i. H. v. 2,5 Mio. RM[491] erforderlich war, fanden sich vor dem Hintergrund von „immer verworrener werdenden Wirtschaftsverhältnissen" im Inland keine Geldgeber mehr und auch englische Finanziers, auf die man gehofft hatte, zogen sich aus dem deutschen Geldmarkt zurück.[492] Die Situation war so dramatisch, dass selbst ein Verkauf oder Teilverkauf des Gebäudes kein Tabu mehr war. So beabsichtigte die Reichsbahndirektion im November 1931, im Zusammenhang mit dem Ausbau des Hauptbahnhofs ein größeres Gebäude in Bahnhofsnähe zu pachten oder zu kaufen. Die Börsenhausgesellschaft zog in Erwägung, den kompletten Erweiterungsbau einschließlich des Saales abzutreten, der als Zeichensaal geeignet gewesen wäre. Doch die Reichsbahn wollte mehr und dachte, wie sich herausstellte, „allen Ernstes daran", das komplette Börsengebäude zu kaufen. Nur die Räume der Börse (ohne den kleinen Börsensaal), die Restauration und Läden wären den jetzigen Mietern verblieben. Doch schon im Mai 1932 zog die Reichsbahn-Direktion ihr Interesse unter Verweis auf die Wirtschaftsverhältnisse zurück.[493]

Auch der Ankermieter, die Börse selbst, geriet in Schwierigkeiten und nur wenige Tage später musste die Börsenhausgesellschaft „angesichts der schwierigen Lage der Börse" eine ganz erhebliche Herabsetzung der Miete für die Börsenräume hinnehmen. Statt der bisherigen 65.000 Mark konnte der Börsenverein nur noch 20.000 Mark aufbringen. Ende 1932 wurde die Mietminderung verlängert: „Wie aus dem für das Rechnungsjahr 1933 aufgestellten Rechnungsvorschlag der

---

489 HdEG 144–1412, Schreiben Börsenhausgesellschaft an Stadt v. 24.8.1933.
490 HdEG 144–1412, Schreiben Vorsitzender des Verkehrsvereins für den Stadt- und Landkreis Essen e.V. an Brandi v. 20.3.1931. Ein Foto des Logos in: Ruhr Museum/Fotoarchiv Bildnummer SBS_c0761.
491 Es handelte sich vermutlich um die 1926 gewährte Hypothek i. H. v. 2,4 Mio. Mark, vgl. Essener Arbeiter-Zeitung v. 20.3.1926.
492 HdEG 144–1412, Schriftwechsel der Börsenhausgesellschaft mit Dr. jur. Th. Strünck – General-Agenturen, hier Anschreiben Strünck v. 5.6.1931.
493 HdEG 144–1412, Schreiben Börsenhausgesellschaft an Brandi v. 14.2.1932 u. Schreiben Aktiengesellschaft für Baufinanzierungen Essen, Bürohaus Burg, Burgstr. 17, an Börsenhausgesellschaft z. Hd. Herrn Major Giersberg v. 6.5.1932. Als Vermittler betätigte sich der städtische Beigeordnete Küppers.

Börse für die Stadt Essen hervorgeht, haben sich die Schwierigkeiten der Börse nicht nur nicht vermindert, sondern sogar vergrössert [...]"[494]

Als im Frühjahr 1933 die Übernahme des Börsenhauses durch die Stadt in die Wege geleitet wurde, standen an Laden-, Büro- und sonstigen Räumen rund 3.000 m² leer, darunter allein drei der Läden an der Hollestraße mit zusammen 500 m². In der Gesellschafterversammlung der Börsenhausgesellschaft am 26. Januar 1933 musste der damalige Geschäftsführer Major a. D. Paul Giersberg mitteilen, dass 1932 die Einnahmen nicht zur Deckung der laufenden Ausgaben und vertragsgemäßen Abtragungen ausgereicht hätten. Die Zins- und Abtragungsraten für die Hypothek der Deutschen Zentralbodenkredit A.G. (2,364 Mio) waren nur teilweise gedeckt. „Es besteht sonach zur Zeit an sich eine Zahlungsunfähigkeit der Gesellschaft, während im Hinblick auf die Vermögenswerte der Gesellschaft eine Ueberschuldung nicht besteht."[495]

Abwicklung der Börsenhausgesellschaft
Wie aus dem Protokoll hervorgeht, hatten sich die Gläubiger, die Stadtgemeinde (die für die Hypothek einstand), die Städt. Sparkasse, der Börsenverein und vier hiesige Banken, bereits verpflichtet, auf ihre Forderungen zu verzichten, falls es zu einer Auflösung der Gesellschaft kommen sollte. Am 26. Januar 1933 wurde die Auflösung vom Aufsichtsrat und der Geschäftsführung empfohlen. Die Stadt Essen sei bereit, so heißt es im Protokoll, das ihr gehörende Börsenhausgrundstück für die Hypothek nachzuverpfänden und damit die persönliche Verpflichtung aus der bestehenden Darlehensschuld zu übernehmen. Die Versammlung stimmte der Auflösung und dem für die Nachverpfändung erforderlichen Verzicht auf das Erbbaurecht einstimmig zu.[496]

Bereits im Vorfeld der Versammlung, am 14. Januar 1933, hatten Vertreter des Börsenvereins Kontakt zur Stadt aufgenommen und für den Fall der Übernahme des Gebäudes durch die Stadt Vorschläge für die Detailgestaltung eines neuen Mietvertrages zwischen Stadt und Börsenverein unterbreitet. Man einigte sich auf eine Jahresmiete von nur noch 7.000 RM für 1933. Der neue Mietvertrag wurde am 10. April 1933 geschlossen, obgleich die Stadt zu diesem Zeitpunkt formal noch nicht im Besitz des Börsenhauses war.[497] Denn erst wenige Tage später, spätestens am 25. April 1933, befassten sich die städtischen Gremien mit einer Übernahme des Börsenhauses. Zunächst wurde eine Übernahme gleich mehrerer Bürogebäude durch die im Allbauhaus verortete Burgplatzbau A.G. als Mantelgesellschaft erwogen, um den Kommunal-Etat von allem Beiwerk zu befreien und „eine scharfe Trennung [...] zwischen den eigentlichen Verwaltungsaufgaben

---

494 HdEG 144–1411, Schreiben Börsenverein an Börsenhausgesellschaft v. 11.5. u. 14.12.1932.
495 HdEG 144–1408, Bl. 6 (Schreiben Börsenhausgesellschaft an Stadt v. 22.4.1933), 11–12.
496 Ebd., Bl. 11–12.
497 Ebd., Mietvertrag zwischen Stadt und Börsenverein v. 10.4.1933 u. Vermerk v. 14.1.1933.

und den wirtschaftlichen Einrichtungen der Stadt" herzustellen. Doch der neue NS-Oberbürgermeister Reismann-Grone sprach sich Anfang 1934 gegen eine weitere Verwaltung der Gebäude „außerhalb der unmittelbaren Stadtverwaltung" aus. Die Stadt beantragte am 8. März 1934 beim Regierungspräsidenten Düsseldorf die Genehmigung zur entschädigungslosen Übernahme der drei Bürohäuser Burgplatz (Lichtburggebäude), Theaterplatz (Sparkassengebäude) und Börsenhaus nach Auflösung der jeweiligen Gesellschaften.[498]

Die formale Übernahme der Gesellschaft und des Gebäudes zog sich noch bis Ende 1934 hin, u. a. weil das aufgelöste Stadtverordnetenkollegium keinen formalen Beschluss zum Heimfall des Erbbaurechtes fassen konnte. Die Entscheidung zur Übernahme fasste der Oberbürgermeister nach einer Anhörung der „vorläufig berufenen Gemeinderäte", die am 27. April 1934 stattgefunden hatte, am 21. Juni 1934. Die in Liquidation befindliche Börsenhausgesellschaft musste derweil noch weiterbestehen, weil die Gläubigerin der Hypothek, die Deutsche Centralbodenkredit A.G., Berlin, erst die Genehmigung der Schuldenübernahme seitens der Stadt abwarten wollte. Ernst Bode und der Bankier Kurt Hirschland waren zu diesem Zeitpunkt bereits aus dem Aufsichtsrat ausgeschieden.[499]

Als Liquidator der Gesellschaft fungierte der bereits 69 Jahre alte und schwerkriegsbeschädigte bisherige Geschäftsführer Major a. D. Paul Giersberg.[500] Im Januar 1935 warf die Stadt Giersberg vor, er habe zu einem Zeitpunkt, als das Börsenhaus durch die Löschung des Erbbaurechts bereits faktisch an die Stadt übergegangen war, noch einen Makler mit der Neuverpachtung des Börsenrestaurants beauftragt, verbunden mit einer kostspieligen Provisionsregelung. Auch Stadtkämmerer Karl Hahn geriet unter Druck, weil er angeblich dem Grundstücksamt nicht rechtzeitig alle Unterlagen zum Börsenhaus übergeben hatte, was Hahn aber bestritt. Hahn legte zugleich sein Amt im Aufsichtsrat nieder (blieb aber städtischer Vertreter in der Gesellschafterversammlung)[501] und wurde dort durch Stadtrat Dr. Bender ersetzt.[502] Die an der Gründung der Börsenhausgesellschaft beteiligten, maßgeblichen städtischen Akteure waren damit aus dem Aufsichtsrat ausgeschieden.

---

[498] HdEG 144–1408, Bl. 2–4 (Beschluss Finanzausschuss v. 25.4.1933 u. Niederschrift des vom Finanzausschuss berufenen Ausschusses v. 11.5.1933), 16 (Vermerk v. 24.1.1934) u. 43–44 (Schreiben Stadt an Regierungspräsident Düsseldorf v. 8.3.1934).

[499] HdEG 144–1408, Bl. 58 u. Protokoll Gesellschafterversammlung Börsenhausgesellschaft i. L. v. 2.8.1934.

[500] Lt. Bericht im Wittener Tageblatt v. 8.12.1932 war Giersberg „Oberster-Ring-Führer" im „Ring ehem. Freikorp- und Reichswehr-Angehöriger".

[501] HdEG 144–1415, Schreiben Hahn an Stadtrat Dr. Bender v. 15.2.1935 u. Vermerk 32–4 v. 21.2.1935.

[502] HdEG 144–1412, Schreiben Börsenhausgesellschaft i. L. an Stadt v. 12.2.1935 u. Antwortschreiben Stadt v. 13.2.1935.

Der Vorwurf bezüglich der Provisionsangelegenheit wog so schwer, dass die Stadt – explizit auch Oberbürgermeister Reismann-Grone – darauf drängte, Giersberg als Liquidator sofort abzuberufen und durch einen städtischen Mitarbeiter zu ersetzen, ein Wunsch, dem die Gesellschafterversammlung am 2. März 1935 auch nachkam.[503] Die Börsenhausgesellschaft klagte daraufhin zusammen mit Giersberg gegen das Maklerunternehmen und scheiterte, selbst in der Berufung, beim Oberlandesgericht. Auch der Versuch der Stadt, mit Zustimmung des Aufsichtsrates Major Giersberg für den finanziellen Schaden haftbar zu machen, scheiterte letztlich vor Gericht. Offenbar ging das Gericht davon aus, dass Giersberg doch rechtmäßig und sogar im Auftrag der Stadt gehandelt hatte.[504]

Ende 1935 wurden neue Vorwürfe gegen Giersberg erhoben. Das Grundstücksamt der Stadt Essen hatte im Rahmen ihrer Buch- und Belegprüfung, obgleich die vorausgegangene interne Prüfung keine Beanstandungen ergeben hatte, diverse Unstimmigkeiten entdeckt.[505] Giersberg sollte u. a. zu Unrecht eine Weihnachtsgratifikation an die Angestellten der Gesellschaft ausbezahlt und sein Privattelefon zeitweise über die Gesellschaft abgerechnet haben. Stadtrat Dr. Bender nutzte den Sachverhalt, um nun im Aufsichtsrat auf eine auch strafrechtliche Verfolgung zu drängen, „da das untreue Verhalten des Giersberg keine Rücksicht verdiene."[506] In der anschließenden Gesellschafterversammlung am 16. Dezember 1935, an der Dr. Bender nicht teilnahm, wurde diese Absicht aber nicht mehr geäußert. Vielmehr gestand von Waldthausen im Hinblick auf die Provisionszahlung ein, dass die Beteiligung des Aufsichtsrates bei Vertragsabschlüssen in der Vergangenheit „weitherzig" gehandhabt worden sei.[507] Einiges deutet darauf hin, dass der Streit mit Giersberg, der damit offenbar sein Ende fand, im Großen und Ganzen auf Kommunikationsmängeln innerhalb der Gesellschaft beruhte. Das energische Vorgehen der Stadt erklärt sich vermutlich aus der grundsätzlich kritischen Haltung der neuen NS-Stadtführung gegenüber der Börsenhausgesellschaft und der Börse selbst.

---

[503] HdEG 144–1415, das im Büro des Oberbürgermeisters noch verschärfte Schreiben Stadtamt 32-4 an Giersberg v. 25.1.1935, Vermerk Stadtamt 32-4 v. 11.2.1935 u. Protokoll Gesellschafterversammlung der Börsenhausgesellschaft v. 2.3.1935.

[504] So jedenfalls vermutete der von der Börsenhausgesellschaft mit der Vertretung des Rechtsstreits beauftragte Rechtsanwalt und riet davon ab, in Berufung zu gehen. HdEG 144–1415, Schreiben Rechtsanwalt Kiwit an Börsenhausgesellschaft v. 14.5.1935. Eine Berufung wurde abgewiesen lt. Vermerk Stadtamt 32 A v. 27.5.1936.

[505] HdEG 144–1412, Prüfungsbemerkungen betr. Geschäftsjahr 1934 der Börsenhaus G.m.b.H. i. L. und Abrechnung des bisherigen Liquidators für Anfang 1935, unterzeichnet Stadtoberamtmann Piening.

[506] HdEG 144–1415, Protokoll Aufsichtsratssitzung v. 2.12.1935.

[507] HdEG 144–1412, Protokoll Gesellschafterversammlung v. 16.12.1935.

Die Liquidation der Börsenhausgesellschaft wurde ebenfalls in der Sitzung am 16. Dezember 1935 von der Gesellschafterversammlung beschlossen und konnte im Februar 1936 vollzogen werden. Die Vermögenswerte (u. a. das Mobiliar), vor allem aber die vermögensrechtlichen Ansprüche der Gesellschaft, die kaum etwas wert waren, wurden an die Stadt abgetreten, weil sie wegen ihrer Bürgschaft als einzige Gläubigerin galt.[508] Die Verwaltung des Börsenhauses ging nach Lesart der Stadtverwaltung bereits am 1. Februar 1935 an die Stadt über, die sogleich den langjährigen Hausmeister des Börsenhauses kündigen ließ, um einen neuen Hausmeister einzustellen.[509] Das Grundstücksamt schloss diverse neue Mietverhältnisse ab, u. a. zog im Juni 1935 die NS-Gemeinschaft „Kraft durch Freude", Gau Essen, in eines der Ladenlokale, um hier die Anmeldungen für die „Kraft durch Freude"-Reisen entgegenzunehmen. Die Verwaltung des Gebäudes durch die Stadt war aber nur ein Intermezzo. Zum 1. April 1938 ging das Börsenhaus in die Verwaltung des Hauses der Technik über, das auch die Mieteinnahmen erhielt.[510]

Das Ende der Essener Börse

Noch im Januar 1933 hatte der Vorstand des Börsenvereins der Stadt zugesichert, eine Verlegung der Essener Börse komme nicht infrage. Ein Erlass des Reichswirtschaftsministers und Preußischen Ministers für Wirtschaft und Arbeit vom 28. November 1934 schuf dann aber vollendete Tatsachen. Der Börsenverein unterrichtete die Stadt am 27. Dezember 1934, dass die Börsenversammlungen nach dem Zusammenschluss der Börsen von Essen, Düsseldorf und Köln schon ab 2. Januar 1935 nur noch in Düsseldorf stattfänden. Die angemieteten Räume würden daher ab diesem Tag nicht mehr benötigt, der Börsenverein trete in Liquidation.[511]

Am 31. Dezember 1934 beschloss ein Festakt die 69-jährige Börsengeschichte. Wilhelm von Waldthausen hielt aus diesem Anlass eine längere Ansprache: „Gleich, […] wenn die Glocke die amtliche Börse abschallen wird, dann wird das gleichsam das Sterbegeläute für die Essener Börse sein."[512] Der Essener Anzeiger drückte sein Bedauern aus, „weil mit der Börse ein Stück Essener Heimatgeschichte verbunden ist […]"[513] In den Augen der regimekonformen

---

[508] HdEG 144–1412, Protokoll Gesellschafterversammlung v. 16.12.1935, Vermerk und Vfg. Stadtamt 32–4 v. 30.12.1935 u. Vermerk und Vfg. Stadtamt 32–4 v. 17.2.1936.

[509] HdEG 144–1409, Vfg. Schreiben Stadtamt 32–4 an Stadtamt 10 – Gehaltsbuchhaltung v. 17.1.1935 u. Vermerk Stadtamt 32–4 v. 2.5.1935.

[510] Ebd., Mietvertrag zwischen Stadt und NS-Gemeinschaft Kraft durch Freude, Gau Essen vom 1./7.6.1935; Schreiben Stadtrat Dr. Bender an den Verein Vereinigte Auto- und Droschkenbesitzer e.V. v. 30.3.1938.

[511] HdEG 144–1408, Vermerk v. 14.1.1933 u. Bl. 38 (2. Zählung) (Schreiben Börsenverein an Stadt v. 27.12.1934).

[512] Essener Volks-Zeitung v. 3.1.1935.

[513] Essener Anzeiger v. 7.12.1934.

Presse war die Börse inzwischen kaum mehr als eine lokalgeschichtliche Angelegenheit. Ab Januar 1935 leistete der Börsenverein keine Mietzahlungen mehr. Sowohl der Börsenverein als auch die Stadt waren der Ansicht, dass die Rheinisch-Westfälische Börse in Düsseldorf als Rechtsnachfolgerin der Börse anzusehen sei, was diese aber nicht nur für die Essener Börse, sondern auch für die bisherigen Börsen von Köln und Düsseldorf letztlich mit Erfolg ablehnte. Erst im März 1936 wurde im Reichswirtschaftsministerium ein Abfindungsbetrag vereinbart, den der Börsenverein zahlen musste.[514]

Das Börsenhaus als Haus der Technik
Das Weiterbildungsinstitut „Haus der Technik" (HDT) erlebte bereits 1927 seine Geburtsstunde im Börsengebäude. Die Eröffnung des ersten Semesters fand im Kleinen Börsensaal statt. Bis zur Fertigstellung des Sparkassengebäudes im Januar 1930 wurden Veranstaltungen des HDT in den dafür angemieteten Börsenräumen durchgeführt.[515] Durch die Verlegung des Börsenbetriebes nach Düsseldorf ergab sich schließlich die Möglichkeit, den inzwischen erheblich erweiterten Betrieb ab 22. Oktober 1936 in das verwaiste Börsenhaus zu verlagern, das nun zum „Haus der Technik" umbenannt wurde. Seine bisherige Nutzfläche konnte das HDT auf etwa das Dreifache erweitern. Während der Kuxensaal für den Unterrichtsbetrieb nur geringe Umbauten erfuhr, wurden fast alle anderen Räume umgestaltet, an die Stelle der Telefonzellen traten Büros, Konferenzsäle, ein Lesesaal und eine Bücherei. Die Garderobe wurde vergrößert und erneut ein Erfrischungsraum eingerichtet. Man verfügte über drei große Hörsäle. 15 kleinere und mittelgroße Räume boten Platz- und Arbeitsmöglichkeiten für jeweils 15–40 Teilnehmende.[516] In den kommenden Monaten wurde der Betrieb noch ausgeweitet, so dass bisher drittvermietete Räume für das HDT freigestellt werden mussten.[517]

Die Börse als Werbeträger
Zur Einweihung der Börse 1925 waren Firmenbezeichnungen in vereinheitlichter Schrifttype über den Schaufenstern der Börsen-Passage angebracht worden (vgl. Abb. 252). Eine wohl vergoldete Inschrift warb für den „Norddeutschen Lloyd" im Kopfbau. Womöglich hat Körner alle diese dezenten Beschriftungen selbst entworfen. Weitere Werbemaßnahmen blieben auf einen Reklamekasten und den Sockelbereich an der Bachstraße beschränkt.[518] Am 24. März 1925 erklärte sich der Bauausschuss mit der Anbringung einer Lichtreklame auf dem Börsen-

514 HdEG 144–1408, Bl. 42 u. 59 ff. (2. Zählung).
515 HdEG 144–1411, Schreiben Börsenhausgesellschaft an Börse v. 25.5.1928.
516 Essener Anzeiger v. 22.10.1936.
517 HdEG 144–1409, Schreiben Grundstücksamt an den Geschäftsführer der Deca-Pneumatik, Carl Streul v. 25.6.1937.
518 HdEG 144–1407, Niederschrift Bauausschuss v. 26.2.1925; div. historische Ansichten.

hausdach einverstanden. In erster Linie sollten die Mieter des Börsenhauses Berücksichtigung finden. Ein Angebot der Firma Städte-Reklame G.m.b.H. wurde allerdings als ungeeignet für weitere Verhandlungen angesehen (Abb. 342).[519]

Eine erste großformatige Leuchtreklame an der Fassade wurde für das Pianohaus Hilger gestattet, das ab 1929 drei Ladenlokale am Beginn der Kolonnade nutzte.[520] Nach der Aufgabe des Börsenbetriebes wurde das hier vorhandene Fenster des kleinen Börsensaales zugemauert, um eine Leuchtreklame für das HDT anzubringen, das außerdem auf dem Dach des Kopfbaues einen HDT-Schriftzug erhielt. Fast inflationär muten die weiteren Leuchtreklamen und Schriftzüge an, die nun am Kopfbau und an der Terrassenmauer angebracht werden durften und u. a. für den Norddeutschen Lloyd, den Verkehrsverein Essen e. V. oder für die Mitropa (Schlaf- und Speisewagen) warben (Abb. 343). Die Backsteinornamentik Körners wurde optisch negiert, galt doch der Expressionismus und seine Dekorationskunst inzwischen als verfemt und wurde dem „Kulturbolschewismus" zugeordnet.[521]

Zerstörung der künstlerischen Ausstattung
Die weitgehende Zerstörung der von Thorn Prikker und Lammert erstellten Anteile der Innenausstattung setzte erst nach der Übernahme des zunächst privaten Börsenhauses durch die Stadt Essen ein. Bei der Umgestaltung des Börsenhauses für die Nutzung als HDT wurde bereits ein großer Teil der Wandmalereien entfernt bzw. übermalt. Historische Ansichten belegen dies auch für die vom Verkehrsverein mitgenutzten Räume des Norddeutschen Lloyd und für das Börsenrestaurant, das nach Übernahme durch die Essener Actien-Bierbrauerei wiedereröffnete. Der Essener Anzeiger äußerte sich Anfang 1935 in einer Glosse verächtlich zur „expressionistischen Beleuchtung und Wandbemalung" in den Galerieräumen, die schließlich beseitigt wurde.[522] In der National-Zeitung vom 2. Juli 1936 wird vermerkt:

> „Ein kleiner Rundgang durch die Gaststätte ließ erkennen, daß architektonisch und künstlerisch ein gründlicher Wandel stattgefunden hat. Den düsteren Farben von ehedem sind helle und freundlichen Farbtöne gefolgt, so daß man sich in den neuen Räumen wirklich wohlfühlen kann."

Zu einem erneuten und offenbar grundlegenden Umbau des Börsenkellers „nach den Gesichtspunkten eines neuen, Klarheit und Wärme liebenden Raumgefühls"

---

[519] HdEG 144–1407, Niederschriften Bauausschuss v. 24.3. u. 4.4.1925. Es handelt sich vermutlich um die Deutsche Städte-Reklame GmbH.
[520] Ebd., Niederschrift Bauausschuss v. 30.9.1929.
[521] Pehnt, Expressionismus (wie Anm. 170), S. 203.
[522] Essener Anzeiger v. 6.1.1935.

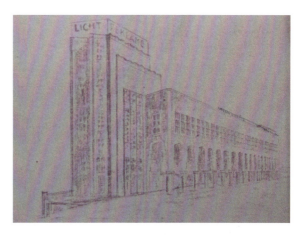

Abb. 342: Zeichnung mit „Licht Reklame"

Abb. 343: Kopfbau mit Leuchtreklamen um 1940

kam es 1938 durch den Architekten Hans Hörner, der außerdem die Erdgeschossräume und einen Teil des Zwischengeschosses radikal umgestaltete. Anstelle der Läden wurde eine zusammenhängende Ausstellungsfläche für eine dauerhafte Gewerbeschau geschaffen. Das Gebäude erhielt einen neuen Haupteingang und eine neue, repräsentative Eingangshalle (Abb. 344).[523] Die bisher am Eingang angebrachten Fassadenskulpturen sowie die Fenster, Wandgemälde, Reliefs und Skulpturen im Inneren fielen diesem Umbau zum Opfer.

Angriffe gegen Körner
Wegen seiner Bauprojekte und der damit verbundenen Honorare wurde Körner auch schon vor 1933 wiederholt öffentlich angegriffen, so etwa im Zusammenhang mit dem Folkwang-Bau, der „jahrelang eine fette Einnahmequelle des Architekten Prof. Körner" gewesen sei, wie die Welt am Abend am 11. August

---

[523] Essener Anzeiger v. 13.9., 7.10. u. 12.10.1938.

Abb. 344: Hörners Entwurf der neuen Eingangshalle, Essener Anzeiger v. 12.10.1938

1928 schrieb. Die Freundschaft der Familien Körner und Luther trug erheblich dazu bei, dass Körner, wie kaum ein anderer Essener Architekt, wiederholt und überregional persönlichen Unterstellungen und Diffamierungen ausgesetzt war.[524] Ein besonders abstoßender Vorgang ereignete sich 1926. Als Erbauer der Synagoge und des Börsenhauses in Essen geriet Körner neben Robert Schmidt vorübergehend in die engere Wahl für den Posten des Stadtbaudirektors in Groß-Berlin.[525] Wie die Essener Arbeiter-Zeitung am 24. Februar mit spürbarem Befremden vermeldete, erhob aber das antisemitisch ausgerichtete „Deutsche Tageblatt" in Berlin gegen Körner den Vorwurf, er wäre „Vollblutjude" und er habe deshalb in Berlin durch die „Rassenverbundenheit der Juden" eine starke Empfehlung. Auch seine Verbindung mit Luther (Abb. 345) wurde thematisiert und unterstellt, der Reichskanzler stehe unter dem Einfluss einer jüdischen Familie.[526]

Kurz vor der Machtergreifung durch Adolf Hitler (30. Januar 1933) nutzte die von Theodor Reismann-Grone diktierte Presse Körners Bauten, u. a. das Börsenhaus, um den jetzigen Reichsbankpräsidenten Hans Luther in Misskredit zu bringen. Anlass für diesen Angriff gab der geplante Neubau der Berliner Reichsbank, an dessen Wettbewerb sich Körner (vergeblich!) beteiligt hatte.[527] Der Essener Anzeiger, der schon vor 1933 immer wieder ironische und herabwürdigende Beiträge über das Börsenhaus und über Körner gebracht hatte, veröffentlichte am 25. Januar 1933 eine Glosse im Stil eines Leserbriefes. Unter der Überschrift „Alles in Butter mit Dr. Luther" heißt es darin:

---

[524] Z. B. im Essener Anzeiger v. 1.11.1925. Hier werden Körner in einer Glosse politische Ambitionen unterstellt, weil er mit seiner Frau bei einem Vortrag Hans Luthers neben dem Regierungspräsidenten und den Ministerialräten seine Plätze in der ersten Reihe einnahm. Der örtlichen Presse entging auch nicht, dass Luther bei seinen Besuchen in Essen bei Familie Körner zu Gast war, vgl. Essener Volks-Zeitung v. 21.12.1925: „Der Kanzler ist bei Professor Körner abgestiegen".
[525] Essener Arbeiter-Zeitung v. 3.2.1926.
[526] Ebd. v. 24.2.1926. Die Essener Volks-Zeitung hatte bereits am 3.2.1926 über die Höhe der Einkünfte von Schmidt und Körner öffentlich spekuliert.
[527] Pankoke, Körner (wie Anm. 24), S. 134 ff.

Abb. 345: Hans Luther als Reichskanzler mit Paul von Hindenburg in Berlin

„Dr. Luthers Anhänglichkeit an seine alten Freunde in Essen ist sprichwörtlich. Namentlich erfreut Herr Prof. Körner sich seiner besonderen Freundschaft." Und weiter unten: „Es sei, um allen Mißverständnissen vorzubeugen, von vornherein betont, daß Herr Prof. Körner ein Architekt von Format ist. Börse, Folkwang-Museum und Reichsbankneubau bestätigen seinen guten Ruf als Baukünstler, ganz unabhängig davon, daß im Hintergrund dieser Neubauten Herr Dr. Luther stand und steht… Kleine Geschenke erhalten bekanntlich die Freundschaft!"[528]

Auf diese Angriffe im Essener Anzeiger bezog sich offenbar Paul Brandi, als er 1944 (!) in einem unveröffentlichten Manuskript anmerkte, man habe einem, „dem Oberbürgermeister nahestehenden Künstler" den Auftrag für das Börsenhaus übertragen. In der gekürzten Textfassung, die 1959 in den Essener Beiträgen abgedruckt wurde, fehlt dieser kompromittierende Hinweis, womöglich aus gutem Grunde.[529]

Ob es während der Amtszeit Luthers als Oberbürgermeister ein besonderes Entgegenkommen der Stadtverwaltung Körner gegenüber gab, kann angesichts der Aktenlage und der zahlreichen Streitigkeiten, etwa auch im Zusammenhang mit Körners Aktivitäten im Moltkeviertel, bezweifelt werden. Das Börsenhaus im Speziellen war, anders als der Folkwang-Bau (Bauherr: Stadt Essen), ein privates Bauvorhaben, für das ein Wettbewerb zwar ratsam, aber keineswegs zwingend war. Dies galt erst recht für das Vorprojekt, das nicht auf städtischem Grund geplant und vermutlich von der Handelskammer in Auftrag gegeben wurde. Körner war bereits intensiv mit den Planungen befasst, noch bevor eine finanzielle Beteiligung der Stadt überhaupt in Aussicht stand. Diese Vor-

---

[528] Essener Anzeiger v. 25.1.1933.
[529] Pankoke, Körner (wie Anm. 24), S. 81; Brandi, Arbeitsjahre (wie Anm. 11), S. 94.

arbeiten für den Standort im Südviertel werden in den Sitzungsprotokollen als Begründung für die Beauftragung Körners angegeben, außerdem die Sorge um steigende Materialpreise, sollte es zu weiteren Verzögerungen kommen. Letzteres war kein Vorwand, denn tatsächlich zogen die Preise schon bald stark an.[530] Ein Wettbewerb, wäre er im August 1921 noch in die Wege geleitet worden, hätte viel Zeit und vor allem Geld gekostet. Vielleicht hätte er das Projekt zum Scheitern gebracht.

Noch am 28. Februar 1933, Hitler war bereits einige Wochen Reichskanzler, unterrichtete Oberbürgermeister Heinrich Schäfer Körner darüber, dass eine Bronzebüste seiner Person, geschaffen von Josef Enseling, als Dank und Anerkennung der Stadt im Museum Folkwang aufgestellt worden sei.[531] Schon kurz darauf wurde ein Berufsverbot im Gau Essen verhängt. Es ist naheliegend, dass Körners teils jüdische Auftraggeber hierzu Anlass gaben. Erneut wurde das Gerücht verbreitet, dass Körner Jude oder Halbjude sei.[532]

Die Eheleute Körner überlegten ernsthaft, das Land zu verlassen, und hielten sich mehrfach in den USA auf (Hans Luther war inzwischen in Washington deutscher Botschafter). Zu einem unbekannten Zeitpunkt wurde das Berufsverbot aufgehoben, was möglicherweise Henry Ford zu verdanken war.[533] Körner konnte ab 1936 die Arbeiten für die Fordwerke fortsetzen, unter maßgeblicher Beteiligung von Peter Friedrich Schneider, weitere Bauten entstanden nach 1933 nicht. Doch die Angriffe der nationalsozialistischen Presse gegen Körner, seine Architektur und seine früheren Auftraggeber nahmen selbst nach der Schließung der Börse kein Ende. Als Beispiel sei eine Glosse des Essener Anzeigers von 1936 genannt, in welcher davon die Rede war, dass die „Getreidejuden" zunächst in das Börsenhaus eingezogen seien, dann aber festgestellt hätten, dass der für sie vorgesehene Börsensaal zu duster gewesen sei, um „den pharaonischen Weizen nicht vom Gerstenkorn am eigenen Auge [zu] unterscheiden".[534] Der Autor spielt damit auf die früheren Repräsentanten der Essener Warenbörse an, den Getreidehändler Carl Herzberg und den Eisengroßhändler Hermann Stern von der Schrottbörse Essen-Düsseldorf, die zu Körners Auftraggebern für Wohnhäuser

---

[530] HdEG 145–2056, Bl. 34–37 (Protokoll Interessentensitzung für den Börsenneubau am Bahnhof v. 1.8.1921); 144–1407, Niederschrift Sitzung Bauausschusses v. 19.10.1921.

[531] HdEG 748 (Nachlass Gottfried Backhaus), Nr. 9. Über die Büste wurde am 1. März 1933 in der Essener Volks-Zeitung berichtet.

[532] Pankoke, Körner (wie Anm. 24), S. 139–140. Trotzdem wurden noch 1934 mehrere Körner-Bauten in der Deutschen Bauzeitung besprochen. Vgl. Deutsche Bauzeitung, 68. Jahrgang, 1934, Heft 47 (u. a. Haus Körner II und die Siedlung Altenessen). Schon am 17.8.1933 berichtete die Velberter Zeitung, dass Körners Museumsentwürfe auf der internationalen Mailänder Kunstausstellung gezeigt wurden.

[533] Pankoke, Körner (wie Anm. 24), S. 141.

[534] Essener Anzeiger v. 25.10.1936.

Abb. 346: Blick durch den früheren Kuxensaal auf den Ostflügel mit der noch erhaltenen Dachterrasse über dem Saal 1951

im Haumannshof- bzw. Moltkeviertel gehörten.[535] Körner wird nicht namentlich erwähnt, vermutlich wegen seiner Tätigkeit für Ford.

1940 starb Körner mit 65 Jahren an einer Lungenentzündung. Während die Essener Volkszeitung seinem Gedenken gerade einmal fünf Zeilen gönnte, wurde er in einer Kölner Zeitung ausführlicher und als „Baumeister von Ford" gewürdigt. Als „väterlicher Freund" wurde Körner in einer privaten Traueranzeige seines Büropartners Schneider bezeichnet, die demonstrativ mit dem Wort „Nachruf" überschrieben war.[536]

Zerstörung des Gebäudes und Wiederaufbau

Am 5. März 1943 wurde das frühere Börsenhaus und nunmehrige Haus der Technik durch Bombeneinwirkung zerstört.[537] Als ausgebrannte Ruine blieben nur der Arkadengang, die unteren Geschosse des Saalflügels, der Kopfbau und der Erweiterungsbau in voller Höhe erhalten. Dass die früheren Börsensäle völlig zerstört wurden, war offenbar der Ausführung der Dachbereiche in Holz geschuldet (Abb. 346). Schon vor dem Wiederaufbau wurden die Ladenlokale und Restaurationsräume und Teile des Erweiterungsbaues wieder nutzbar gemacht. Das HDT konnte ab 1946 wieder erste behelfsmäßig hergerichtete Räume beziehen, bereits 1948 gab es einen ersten Vortragssaal mit Vorraum. Es war dem Engagement von Prof. Heinrich Reisner, der Initiative der Stadt und der Unterstützung der Landesregierung und Industrie zu verdanken, dass

---

535 Villa Herzberg am Haumannplatz (1911/12) und Villa Stern I (1922/23) an der heutigen Robert-Schmidt-Straße. Vgl. Pankoke, Körner (wie Anm. 24), S. 169 u. 176.

536 Essener Volks-Zeitung v. 15.2.1940; Kölnische Zeitung v. 16.2.1940; Essener Volks-Zeitung v. 18.2.1940 (Anzeige).

537 Karl Krekeler, Aufgabe und Fortschritt des Hauses der Technik Essen, in: Essen – Starkes Herz der deutschen Lande. Essen 1952, S. 195.

Abb. 347: Der Ostflügel des früheren Börsenhauses im heutigen Zustand 2022

der Wiederaufbau ab Ende 1951 durch den Regierungsbaumeister a. D. Alfred Pegels und unter der Bauleitung von Bauinspektor Rosenthal erfolgen konnte.[538] Die konstruktiven und gestalterischen Veränderungen waren so weitreichend, dass sowohl im Zusammenhang mit der Wiedereinweihung als auch in zeitgenössischen Publikationen das HDT als eigenständige Leistung von Pegels gewürdigt wurde, ohne Körner zu erwähnen.[539] Am 13. Mai 1953 wurde das noch unvollendete HDT, jetzt eine Außenstelle der Technischen Hochschule Aachen, wiedereröffnet. Die völlig erneuerte Ziegelverblendung wurde erst nachträglich fertiggestellt, unter Verzicht auf die Ziegelornamentik und mit einer reduzierten Werksteingliederung (Abb. 347).[540]

VIII. Zusammenfassung

Das frühere Börsenhaus erinnert an die Geschichte der Börse für die Stadt Essen und ist eng verbunden mit der Börsenhausgesellschaft und dem Börsenverein, die eigens für die Vermarktung und Nutzung des Gebäudes gegründet wurden. Die Abwicklung des Bauvorhabens über die Börsenhausgesellschaft zeigt Parallelen zu anderen Projekten, vor allem zur Düsseldorfer Bürohausgesellschaft von 1921. Viele der Überlegungen, Planungen und zuweilen vergeblichen Hoffnungen, die im Zusammenhang mit dem Börsenhaus aufkamen, reflektieren die damals

---

538 Essener Woche, 1953, Heft 20, S. 10–11; Rheinische Post v. 30.10.1948.
539 Z. B. in: Stadt Essen (Hrsg.), Essen – Aus Trümmern und Schutt wächst eine neue Stadt – 10 Jahre Planung und Aufbau der Metropole an der Ruhr. Essen 1956, S. 47.
540 Essener Woche, 1953, Heft 18, S. 10 u. Heft 20, S. 10.

vorherrschende Konkurrenzsituation zwischen den Verwaltungsstandorten Essen und Düsseldorf. Letztlich entschied sich in diesem Fall der Wettstreit zu Gunsten von Düsseldorf, daran konnte auch das Börsenhaus auf Dauer nichts ändern.

Schon von Anfang an, im Kontext der Geldentwertung und Ruhrbesetzung, stand das Essener Vorhaben unter keinem guten Stern. Selbst die Wahl des bekannten und prominenten Architekten trug offenbar dazu bei, den Initiatoren das Leben schwer zu machen, „weil der Architekt, dem die schwierige Lage des Bauherrn nicht unbekannt sein konnte, die künstlerischen Fragen vor die ökonomischen stellte", wie Paul Brandi in seinen Erinnerungen vermerkt.[541] Zweifellos nahm Edmund Körner nicht immer Rücksicht auf die wirtschaftlichen Sorgen seiner Auftraggeber. Die erhaltenen Briefwechsel mit der Baupolizei oder mit seinen Auftraggebern belegen, dass Körner oft mit Erfolg auf seiner Sicht der Dinge beharrte. Anders als Fritz Höger, den man als bodenständig verehrte,[542] galt Körner als eigenwillig, ein Urteil, das fast schon zu einmütig fällt, um es ignorieren zu können: Folkwang-Direktor Ernst Gosebruch sprach vom „eigenwilligen Talent" Körners und Brandi charakterisierte ihn post mortem als einen „durch Originalität und Erfindungsgabe wie Eigenwilligkeit bekannten Künstler".[543] In Körners nur fünfzeiligem Nachruf in der Essener Volks-Zeitung vom 15. Februar 1940 wies man auf seinen „eigenwüchsigen Baustil" hin.

Bei den kritischen Stimmen, die speziell gegen das Börsenhaus erhoben wurden, ging es allerdings nicht nur um Körners Charakter und seine avantgardistische Formensprache. Das Konzept einer engen Zusammenarbeit zwischen Kommune, Banken und anderen Unternehmen zum Zwecke der Wirtschaftsförderung, das in Essen schon vor 1918 praktiziert worden war, bot einen willkommenen Anlass, die demokratische Stadtpolitik zu diskreditieren oder lächerlich zu machen. Das Projekt „Börsenhaus" mit seinem letztlich gescheiterten Finanzierungskonzept, die teils jüdischen Geldgeber, Edmund Körner und der beteiligte Bildhauer Will Lammert sahen sich schon vor 1933 und verstärkt ab dem Zeitpunkt der Machtergreifung massiven Anfeindungen ausgesetzt, die mitunter rassistisch motiviert waren. Um sein Leben zu retten, blieb Lammert nur die Möglichkeit zur Flucht. Bei den Angriffen gegen Körner spielte dessen Freundschaft zum Essener Oberbürgermeister und späteren Reichskanzler Hans Luther eine entscheidende Rolle. Die rechte Presse nutzte das Börsenhaus, um Luther und Körner gleichermaßen ins Visier zu nehmen. Bis in die Gegenwart hält sich die damals vertretene Ansicht, Luther habe seinen Einfluss geltend gemacht, um Körner Aufträge zu vermitteln.[544]

---

541 Brandi, Arbeitsjahre (wie Anm. 11), S. 95.
542 Kamphausen, Höger (wie Anm. 146), S. 55.
543 Dokumentation zur Geschichte des Museum Folkwang 1912–1945. Essen 1983, S. 61; Brandi, Arbeitsjahre (wie Anm. 11), S. 94–95.
544 Pankoke, Körner (wie Anm. 24), S. 35.

Abb. 348: Das Börsenhaus in seinem städtebaulichen Umfeld Ende der 1920er Jahre

Kaum ein Jahrzehnt nach der feierlichen Eröffnung des Börsenhauses wurde die Börse aufgelöst, das Finanzierungskonzept des Gebäudes war schon vorher gescheitert, woran Körner mit seinen teilweise eigenmächtigen Entscheidungen nicht ganz unschuldig war. Vor allem war es die Weltwirtschaftskrise, welche die Baukosten in ungeahnte Höhen trieb und schließlich, was das Börsenhaus betraf, die Mieteinnahmen auf einen Bruchteil zusammenschrumpfen ließ.

Aus heutiger Sicht geht die baugeschichtliche Bedeutung des Börsenhauses als ein Leuchtturmprojekt der 1920er Jahre weit über den wirtschaftsgeschichtlichen Rang der Essener Börse hinaus. Das Börsenhaus trug erheblich zu einer städtebaulichen Aufwertung der Essener Innenstadt bei (Abb. 348). Im europäischen Kontext gelang der Essener Börsenhausgesellschaft und ihrem Architekten ein außergewöhnlicher Beitrag zur Modernisierung der Banken- und Börsenarchitektur, der sich zwischen den Extremen der Amsterdamer Börse und der ihrer Zeit vorauseilenden Rotterdamer Börse einordnet. Hierbei spielte auch die unter Berücksichtigung der funktionalen Abläufe optimierte Raumaufteilung eine große Rolle. Das Unerhörte der stadtbildprägenden Außenarchitektur versucht die womöglich von Körner selbst gezeichnete Titelgrafik der Börsen-Festschrift einzufangen: Sie zeigt das Börsenhaus synchron aus unterschiedlichen Perspektiven. Im Zentrum streckt uns Lammerts doppelgesichtige Sphinx ihre Pranke entgegen.[545] Die fensterlosen, gestaffelten Kuben türmen sich in unnatürlicher

[545] Der Umschlag der Festschrift ist sowohl vorne als auch hinten grafisch gestaltet, wobei die Rückseite die Aufschrift „Arch. Prof. Körner" trägt. Das darüber groß positionierte Datum „2. März 1925" gibt Rätsel auf, da die Börse erst am 9. März eröffnet wurde. Für die Dar-

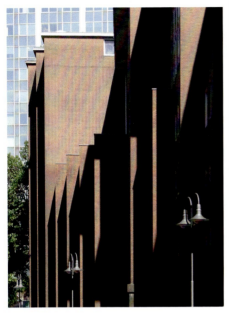

Abb. 349: Titelgrafik der Börsen-Festschrift

Abb. 350: Scheinbar fensterlose Nordfront in der Nachmittagssonne

Dramatik vor- und hintereinander auf und verdichten die Komposition zu einem regelrechten Gebirgsmassiv (Abb. 349).

Gebaute Berge sind charakteristische Ausformungen expressionistischer Architektur, blieben aber wegen der damit verbundenen bautechnischen Schwierigkeiten oft nur Vision.[546] Körner gelang es, diese Vision in ein reales Bauwerk umzusetzen, ohne umbauten Raum zu vergeuden oder ungenügende Raumzuschnitte in Kauf nehmen zu müssen. Die Nordseite des Börsenhauses zählt bis heute zu den besonders beeindruckenden Schöpfungen der 1920er Jahre und vermittelt, wie kaum ein anderes Bauwerk in Essen, den Wesensgehalt expressionistisch empfundener Architektur (Abb. 350).

Richard Klapheck und August Hoff betonten in ihren Besprechungen des Gebäudes aber nicht zuletzt die funktionale Herleitung des Entwurfs:

---

stellung der Sphinx wurde eine Grafik Lammerts verwendet, veröffentlicht in: Lammert, Dokumentation (wie Anm. 427), S. 116.
546 Pehnt, Expressionismus (wie Anm. 170), S. 18.

„Was anfänglich fremdartig wirken mag, ergibt sich aus der zwingenden Logik höchster wirtschaftlicher Ausnützung des Geländes, sparsamsten Bauens und der Verwendung neuer Baumethoden."[547]

„So neuartig die Formen auch wirken mögen, es ist eine zwingende Logik in der ganzen Entwicklung vom Grundriß bis zum letzten Detail."[548]

Der Weg, dies zu gewährleisten, war aus Körners Perspektive ein „Prozeß und Kampf".[549] Dabei reagierte er erstaunlich souverän und einfallsreich auf die Planungsänderungen, die erst jetzt in ihrer ganzen Tragweite bekannt wurden. Sie betrafen vor allem das Verblendmaterial, die innere Raumaufteilung und die Gestalt des Kopfbaues. Die unentschlossene Haltung seiner Auftraggeber im Hinblick auf den Saal im Ostflügel nutzte Körner, um Essens ersten „Wolkenkratzer" zu formen.

Körner, der seine Baupläne mit einem unübersehbaren Echtheitszertifikat stempelte (Abb. 351), sah sein eigenes Werk als „leidenschaftliches Bekenntnis zu dem – nur in schöpferischen Epochen lebendigen – Formwillen" seiner Gegenwart.[550] Er spielte dabei auf den Begriff der „Schaffenskraft" bei Friedrich Nietzsche an, aus dessen Werken er gerne zitierte.[551] In diesem Sinne dürfen wir auch den Sinnspruch verstehen, mit dem Körner das Börsenhaus noch voller Optimismus 1922 schmücken wollte: „Wo sich Merkur der Kunst vermählt – wo frisch des Lebens Pulse schlagen – wo Schaffenskraft den Willen stählt – da werden beide Früchte tragen".[552] Zumindest in einer Hinsicht blieb dies nicht verwehrt: Ganz wie es Hans Luther einst voraussah, ist Körners Börsenhaus in der deutschen Baugeschichte ein bedeutender Platz einzuräumen.

Abb. 351: Körners Stempel auf den Bauplänen

---

547 Klapheck, Essener Heft (wie Anm. 147), S. 104.
548 Hoff, Nutz- und Kunstform (wie Anm. 152), S. 23.
549 Festschrift, S. 24.
550 Körner, Börsengebäude (wie Anm. 18), S. 24.
551 Pankoke, Körner (wie Anm. 24), S. 148–149.
552 HdEG 143–3715, Bl. 96. Dass Körner selbst derartige Texte auswählte, ist für das Sitzungszimmer belegt. In: HdEG 144–1407, Niederschrift Bauausschuss v. 28.4.1924.

STANDORTFRAGEN. PRÄGENDE KULTUR- UND BILDUNGSBAUTEN IM ESSENER STADTGEBIET

ANNA KLOKE UND SONJA PIZONKA

„Ist diese Stadt Metropole des Reviers, ist sie berufen, etwas für die Zukunft zu leisten? Da ist mehr Überlegung anzustellen, die nicht mit dem Rechenschieber oder mit dem Zollstock abzumessen ist. Besteht die Kultur im Neubau eines Theaters?
Nein, Kultur ist das, was aus dem Leben der Einwohner wird. Unsere Stadt ist von dem Fluch zu lösen, sie sei nur eine Arbeiterstadt. Was soll schon in dieser Arbeiterstadt geboten werden, man kann doch nach Düsseldorf fahren, um sich abzureagieren! Wir müssen dem hier lebenden und arbeitenden Menschen eine Heimatstadt bieten. Was hier entsteht, muss eine Note haben, die man nicht mehr übersehen kann, auf die man Rücksicht nehmen muss."[1]

Wilhelm Nieswandt, Oberbürgermeister der Stadt Essen, 1958

Das Forschungsprojekt StadtBautenRuhr

Im Ruhrgebiet der Moderne wurden in den Stadtzentren zahlreiche Rathäuser, Kirchen, Museen, Theater und Schulen gebaut, die nicht nur Impulsgeber neuer Urbanität, sondern auch Projektionsorte einer neuen Stadtgesellschaft sein sollten.

Das vom Bundesministerium für Bildung und Forschung geförderte Forschungsprojekt StadtBautenRuhr der Technischen Universität Dortmund, des Baukunstarchivs NRW und des Museum Folkwang stellte sich im Projektzeitraum von 2018 bis 2022 anhand der Bestände des Baukunstarchivs NRW und unter besonderer Berücksichtigung des Verhältnisses von planerischen Konzepten und realisierten Bauten die Frage, in welcher Weise bestimmte Bauaufgaben in den jeweiligen Ruhrgebietsstädten und der Region insgesamt zur Identitätsbildung beigetragen haben. Im Zentrum stand dabei die systematische Untersuchung der Wirkungsweisen architektonischer Medien wie Plan, Perspektive, Modell und Fotografie im Vergleich zum realisierten Bauwerk. Die Grundlage bildeten dabei die Bestände des Baukunstarchivs NRW, welches die Arbeit bedeutender Bauschaffender mit Bezug zu Nordrhein-Westfalen aus den Bereichen Architektur, Ingenieurbau, Stadtplanung, Landschafts- und Innenarchitektur sichert, erforscht und der Öffentlichkeit zugänglich macht. Hierzu zählen u. a. die Bestände

---

1   Aussage des Essener Oberbürgermeisters Wilhelm Nieswandt, zitiert nach: Protokoll eines Gesprächs im Anschluss an die Jahreshauptversammlung der „Gesellschaft zur Förderung des Essener Theaterneubaus" am 17.4.1958 im Gelben Saal des Städtischen Saalbaus, Haus der Essener Geschichte (HdEG)/Stadtarchiv, 408 34.

der Architekten Harald Deilmann, Werner Ruhnau, Friedrich Mebes wie auch Wilhelm Seidensticker, die die städtebauliche Entwicklung in Essen insbesondere im Kultur- und Bildungsbaubereich an entscheidenden Stellen geprägt haben. So waren im Rahmen des Forschungsprojekts das Grillo-Theater, das Aalto-Theater, das Museum Folkwang sowie das Haus der Erwachsenenbildung und das Bürgerhaus Oststadt Gegenstand der Forschung.[2] Ihre Gebäudebiografien bilden prominente wie auch weniger bekannte Höhepunkte in der Entwicklung sowohl der Kultur- und Bildungslandschaft als auch der „Stadtlandschaft" Essens. Dabei standen die Bauten, das zeigen die zahlreichen Presseartikel und Diskussionen, stets im Fokus des öffentlichen Interesses. Sie sollten Zeichen setzen – für Essens städtebauliche Entwicklung, den bildungskulturellen Auftrag der Kommune und teils auch für das Selbstverständnis in der Ruhrregion. Diese Relevanz wurde auch in den Jahrzehnten nach der Eröffnung immer wieder neu verhandelt, wie die folgenden Erläuterungen zeigen.

I. Grillo-Theater und Aalto-Musiktheater

Das 1892 eröffnete Essener Opernhaus (Architekt: Heinrich Seeling), eine Stiftung des Industriellen Friedrich Grillo mitten im Zentrum der Stadt, war Ende des Zweiten Weltkrieges schwer beschädigt, das in der Nähe gelegene Schauspielhaus an der Hindenburgstraße sogar völlig zerstört. Opern- und Theateraufführungen an diesen ursprünglich hierfür vorgesehenen zentralen Standorten waren dementsprechend nicht möglich. Deshalb wurde bereits ab der Spielzeit 1945/46 das Jugendheim Steele als provisorische Ausweichspielstätte genutzt. Später kam der Saalbau Maas in Werden für Opernaufführungen hinzu. Beide Häuser lagen etwa sieben beziehungsweise zehn Kilometer von der Essener Innenstadt entfernt. Baudirektor Richard Rosenthal beklagte deshalb, dass die „weiten Anmarschwege auf die Dauer den Besuchern nicht zugemutet werden"[3] könnten. Darüber hinaus waren die Ausweichstätten für den Theaterbetrieb nur eingeschränkt geeignet. Intendant Karl Bauer setzte sich deshalb unentwegt für eine Spielmöglichkeit im Stadtzentrum ein. Auch ein nur provisorischer Aufbau des Opernhauses schien ihm nach drei Jahren Spielzeit in Steele und Werden akzeptabel. Er beklagte, dass gute Schauspieler und Schauspielerinnen den Standort Essen mieden:

---

[2] Einzelne Auszüge aus diesem Text wurden bereits veröffentlicht in den Publikationen des Forschungsprojektes StadtBautenRuhr. Vgl. Hans-Jürgen Lechtreck, Wolfgang Sonne, Barbara Welzel (Hrsg.): „Und so etwas steht in Gelsenkirchen …", Kultur@Stadt_Bauten_Ruhr. Dortmund 2020; Religion@Stadt_Bauten_Ruhr. Dortmund 2021; Bildung@Stadt_Bauten_Ruhr. Dortmund 2022.

[3] Richard Rosenthal, Die Vorarbeiten zum Wiederaufbau, in: Bühnen der Stadt Essen 1950, S. 82– 85, 84.

Wir werden uns damit abfinden müssen, dass Essen in einigen Jahren auf dem Gebiet des Theaters an letzter Stelle liegt, denn es wird auf die Dauer nicht möglich sein, bei den in Essen besonders schwierigen Lebensbedingungen erstrangige Kräfte hier zu halten, da für eine wirklich künstlerische Arbeit in Essen die Voraussetzungen fehlen."[4]

Keine exakte Rekonstruktion in der Nachkriegszeit
Im Sommer 1949 erfolgte schließlich der Beschluss, das beschädigte Opernhaus wiederaufzubauen. Das erhaltene Kulissenhaus und das weitgehend intakte Bühnenhaus waren, verbunden mit der Hoffnung auf Kostenersparnis, ausschlaggebend für diese Entscheidung. Die Essener Architekten Johannes Dorsch und Wilhelm Seidensticker erhielten den Auftrag. Wie zu fast jedem seiner Bauprojekte hatte Seidensticker auch hier eine fotografische Dokumentation in einer eigenen Mappe angelegt, mit Aufnahmen vom Beginn der Bauarbeiten bis zur Eröffnung, die in seinem Nachlass im Baukunstarchiv NRW überliefert sind. Sie vermitteln einen guten Eindruck vom Zustand des beschädigten Gebäudes (Abb. 352) und der Wirkung, die das veränderte Bauwerk nach der Eröffnung auf das Publikum gehabt haben musste. Denn mit dem Wiederaufbau des alten Opernhauses war keine exakte Rekonstruktion des Vorgängerbaus erfolgt und die auffälligste Veränderung war eine grundlegende Neugestaltung der Eingangsfassade. Dorsch und Seidensticker begründeten diese Entscheidung unter anderem damit, dass sich das Theater dank des von ihnen entworfenen Mitteltrakts mit seinen 17 Meter hohen Pfeilern gegenüber der Umbauung nun städtebaulich behaupte (Abb. 353).[5] Auch in der Lokalpresse hieß es: „Der Bau muss sich den benachbarten Gebäuden, insonderheit dem städtischen Bürohaus und dem künftigen Bankbau auf der Nordseite des Platzes, anpassen. Er musste aber bei aller Einordnung doch durch starke Eigenprägung hervortreten, was umso schwieriger ist, als die benachbarten Bauten durch ihre viel höhere Höhe die Vorderfront des Theaters in seiner architektonischen Wirkung leicht erdrücken."[6]

Dorsch und Seidensticker schufen nicht nur eine neue Eingangsfassade, sie verlängerten auch das Theatergebäude insgesamt, indem sie den Haupteingang neun Meter nach vorn verlegten. In diesen nüchtern und streng gestalteten Bauteil integrierten sie Treppenhäuser, Foyer und Erfrischungsräume. Die gesamte Konzeption mit den raumsparenden Wendeltreppen und dem niedrigen Eingangsbereich war darauf ausgelegt, eine Verlängerung des Theatersaals zu ermöglichen sowie Platz für den Aufenthaltsbereich im ersten Obergeschoss

---

4   Karl Bauer, Brief an den Vorsitzenden des Kunstausschusses Niemeyer, Essen 7.5.1948, HdEG/Stadtarchiv, 1004/202.
5   Johannes Dorsch/Wilhelm Seidensticker, Planung und Gestaltung, in: Bühnen der Stadt Essen (Hrsg.), Blätter der Städtischen Bühnen Essen 24, 1950, H. 6, S. 86–94, 88.
6   Westdeutsche Allgemeine Zeitung (WAZ), 29.12.1950, zitiert nach Franz Feldens, 75 Jahre Städtische Bühnen Essen. Geschichte des Essener Theaters 1892–1967. Essen 1967, S. 425.

Abb. 352: Fotografie des Opernhauses nach dem Zweiten Weltkrieg, nach 1945

Abb. 353: Opernhaus Essen von Johannes Dorsch, Wilhelm Seidensticker, Fotograf: Hanns Buschhausen, ca. 1950

zu gewinnen. Nach der Fertigstellung Ende 1950 wurde letzterer in der Presse besonders gelobt:

> *„Da ist auch nicht mehr die Spur von Beengtheit und Gedrücktsein, wie sie den alten Wandelgängen und Treppen schon wegen des ganz anderen konstruktiven Aufbaus anhaftete. Eine hohe imposante Halle öffnet sich. Die Fenster hoch und viereckig, die Decke lebhaft gemustert, Wände und Vorhänge in einem innigen Zusammenklang der Farben. Auf der Seite zur Kettwiger Straße öffnet sich durch vier hohe Durchlässe ein festlicher Raum, der auch als Empfangsraum der Stadt dienen soll."*[7]

Planungen zu einem großen Opernhaus

Die Anzahl der 800 Sitzplätze erwies sich jedoch bereits ab der Spielzeit 1951/52 als kaum ausreichend. Und schon während der Eröffnung des Opernhauses hatte Baudirektor Richard Rosenthal auf Planungen zu einem großen Opernhaus mit 1.700 Plätzen verwiesen, das seinen Platz neben dem Saalbau im Stadtgarten erhalten sollte. Es dauerte allerdings noch bis zum Dezember 1958, als auf Initiative und mit finanzieller Unterstützung der 1955 gegründeten „Gesellschaft zur Förderung des Essener Theater-Neubaus" von der Stadt Essen ein Ideenwettbewerb zum Bau eines neuen Opernhauses ausgeschrieben wurde. Man lud auf Honorarbasis den Finnen Alvar Aalto und den Schweden David Helldén sowie die Schweizer Architekten Werner Frey und Jacques Schrader ein. Aus Deutschland waren die Hochschulprofessoren Hans Schwippert, Gerhard Graubner und Gerhard Weber sowie die Architekten Otto Apel und Fritz Bornemann zur Teilnahme eingeladen. Ebenso durften in Essen geborene, wohnende oder dort tätige Architekten sich ohne vorherige Vergütung einbringen. Zur Fachpreisjury zählte u. a. Egon Eiermann. Alvar Aalto gewann den Wettbewerb mit einer Freiformarchitektur im Stil des Organischen Bauens, die sich mit einer dynamisch gewellten Fassade in den umliegenden Stadtpark einfügen sollte. Der Gewinnerentwurf wurde 1959 mitsamt den anderen Einreichungen in einer Ausstellung im noch nicht ganz vollendeten neuen Gebäude des Museum Folkwang präsentiert. Die Presse reagierte positiv auf das Wettbewerbsergebnis und ordnete es in die Entwicklung der zeitgenössischen Architektur in Deutschland ein, so hieß es z. B. in den Düsseldorfer Nachrichten: „Die Durchführung des Aalto-Entwurfs wäre […] geeignet, nun endlich auch in Deutschland gültige Beispiele für Theaterbauten aus dem Geist der Epoche zu schaffen."[8] Das Ruhrgebiet war im Bereich des Theaterbaus vor allem auch mit der Neueröffnung der Städtischen Bühnen Gelsenkirchen 1959 (heutiges Musiktheater im Revier) auf einem verheißungsvollen Weg. Das Bauwerk mit über 1.000 Sitzplätzen und

---

7   Ebd.
8   K. R. (Autorenkürzel), Theater aus dem Geist der Epoche, in: Düsseldorfer Nachrichten, 16.10.1959.

einer Glasfassade mit Blick auf die beiden Foyers in prominenter Innenstadtlage wurde auch international besprochen und als Zeichen des Aufbruchs im Ruhrgebiet gewertet. So wie man in Essen Ende der 1940er Jahre befürchtet hatte, im Vergleich mit anderen Städten schlecht abzuschneiden, wenn man nicht die Voraussetzungen für künstlerische Arbeit schaffe, so war es auch in Gelsenkirchen Anfang der 1950er Jahre wichtig gewesen, das kommunale Kulturangebot durch Investitionen in den Theaterbau zu stärken, um wiederum „nicht länger hinter Essen und Bochum zurückstehen" zu müssen, schließlich wolle man „den Anschluss an die Ruhrgebietsstädte nicht verpassen".[9]

Der Architekt Werner Ruhnau stellte seinen Entwurf für das viel beachtete Gelsenkirchener Haus auf einer Ausstellung zum deutschen Theaterbau in New York vor.[10] Ein Opernhaus nach Entwürfen des renommierten und international tätigen Architekten Aalto in Essen hätte mit Sicherheit weitere Aufmerksamkeit für die Kulturbauten und die bauliche Entwicklung der Region erzeugt. Da der Baubeginn dort jedoch auf sich warten ließ, erhöhte die „Gesellschaft zur Förderung des Essener Theaterneubaus" den Druck auf die Stadtspitze und veranstaltete 1964 eine Ausstellung zum Projekt im Amerikahaus auf dem Kennedyplatz mit begleitender Publikation unter dem bezeichnenden Titel „Wollen und Werden". Nachdrücklich wies man hier darauf hin, dass „nun nach Bewältigung der vordringlichsten Aufgaben, auf die Wiederherstellung des kulturellen Gleichgewichts" geachtet werden müsse, wolle man „seine Stellung als Metropole des Ruhrgebietes behalten".[11] Diese sei schließlich „das Produkt einer Wechselwirkung von Wirtschaftskraft und kulturellem Ansehen".[12] 1972 nahm die CDU-Fraktion im Rat erneut den Faden auf und betonte ebenfalls, dass das neue Theater „nicht nur notwendiges Element des geistigen Lebens im Mittelpunkt des Ruhrreviers sei, sondern auch ein wichtiger wirtschaftlicher, gesellschaftlicher und sozialer Faktor".[13]

„Von außen her entworfen"
Erst 1988 wurde das Opernhaus feierlich eröffnet. Alvar Aalto, der 1976 gestorben war, erlebte dies nicht mehr. Nach seinem Tod war es der Architekt Harald Deilmann, der bei der Wiederaufnahme des Projekts die Pläne gemeinsam mit der Witwe Elissa Aalto den aktuellen Gegebenheiten anpasste und somit

[9] Auszug aus der Niederschrift über die 3. Sitzung des Kulturausschusses am 23.1.1953 im Hans-Sachs-Haus. Stadtarchiv Gelsenkirchen, GE 14/28, Keller 6, Anl. 2.
[10] Ausstellung „The New Theatre in Germany. A Dramatic Exhibition of the Contemporary German Stage", Pepsi-Cola World Headquarters, 6.2.–14.3.1961.
[11] Gesellschaft zur Förderung des Essener Theaterneubaus e.V. (Hrsg.), Das neue Essener Opernhaus. Wollen und Werden. Essen 1964, S. 5.
[12] Ebd.
[13] Auszug aus der Niederschrift der Sitzung des Rates der Stadt Essen am 23.8.1972, HdEG/Stadtarchiv 1048 913.

Abb. 354: Aalto-Musiktheater, Fotografie des Modells, ohne Datum

die Umsetzung einer Bauidee aus den späten 1950er Jahren ermöglichte.[14] (Abb. 354) In der Presse löste die Umsetzung von Aaltos Planung, die nach dem Wettbewerbssieg 1959 noch mehrmals überarbeitet worden war, nach all den Jahrzehnten Erstaunen aus. Die VDI-Nachrichten titelten: „Für 140 Mio. DM entstand ein Musentempel im Stil der 50er Jahre".[15] Dass die Pläne überhaupt am ursprünglich vorgesehenen Standort ausgeführt werden konnten, lag wesentlich an der von vornherein festgelegten Lage des Opernhauses im Stadtgarten. Der Park war zu einer Art städtebaulichem Refugium geworden – Bebauungsdruck gab es an dieser Stelle nicht. Die Entscheidung, eine Oper im Park zu bauen, hatte Aalto von Anfang an begrüßt und sie als wesentliche Inspiration für seinen Entwurf genutzt. „Vor allem war es der schöne, klar geordnete Park, zu dem ich die Sichtseiten des Theaters öffnen kann", erklärte er. „Der anmutige Wechsel von Höhen und Senken, Bäumen, dem Teich wird von der Asymmetrie meines Entwurfs übernommen, eine Form, die mit der bewegten Melodie des Stadtgartens zusammenklingt. Insoweit ist der Bau von außen her entworfen."[16]

Leuchtende Farbe und große Außenwerbung für das Theater
Aufgrund der Verzögerungen beim Opernbau im Stadtpark erfüllte das Grillo-Theater im Zentrum der Stadt weiter die Funktion als Opernhaus der Stadt. Doch Ende der 1980er Jahre bestand ein nicht länger zu ignorierender Sanie-

14   Deilmanns Pläne befinden sich ebenfalls im Baukunstarchiv NRW und sind zumeist in Form von Microfiche erhalten. Zur Archivierung seiner Dokumente hatte sich der Architekt für das platzsparende Medium entschieden, das jedoch nur bei Einsatz eines Microfiche-Lesegeräts in allen Details betrachtet werden kann.
15   Elmar Wallerang, Für 140 Mio. DM entstand ein Musentempel im Stil der 50er Jahre, in: VDI-Nachrichten, 23.9.1988, S. 30.
16   Sbl (Autorenkürzel, d.i. Karl Sabel), Stadtgarten inspirierte Alvar Aalto, in: WAZ, 21.9.1959.

rungsbedarf. Sogar eine Schließung des Gebäudes wurde diskutiert. Hansgünther Heyme, seit 1985 Intendant des Grillo-Theaters, setzte sich für den Erhalt des Bauwerks ein und sah die Chance, endlich eine umfassende Modernisierung in Angriff zu nehmen. Der Architekt Werner Ruhnau erhielt den Auftrag für den Umbau und fand im Grillo-Theater geradezu ein Musterbeispiel jenes Theatersaals vor, den er seit fast mehr als 30 Jahren als ungeeignet für ein modernes Schauspiel kritisierte. In dem im Baukunstarchiv NRW aufbewahrten Nachlass des Architekten befinden sich zahlreiche Skizzen und Visualisierungen zu dem Projekt, darunter auch eine Zeichnung der vorgefundenen Raumsituation mit dem Titel „Bestehende, nicht vergrößerbare Bühnenöffnung". (Abb. 355) Ihr stellte er sein flexibel nutzbares Theaterkonzept gegenüber, bei dem Bühne und Zuschauersitze je nach Situation neu in Beziehung gesetzt werden können. Unter dem Titel „Arenatheater" (Abb. 356) zeigte er eine der diversen Möglichkeiten, bei denen das Bühnengeschehen umringt von Zuschauern stattfinden sollte. Mit seinem „ganzheitlichen, zeitgenössischen Theaterverständnis" wollte Ruhnau die Trennung zwischen Schauspiel und Publikum überwinden, berücksichtigte bei diesem flexiblen Konzept jedoch auch traditionelle Darstellungsformen: „Daneben bleibt selbstverständlich für historisches Repertoire die alte Guckkasten-Bühne möglich."[17] Die Neugestaltung machte es jedoch erforderlich, die Anzahl der Sitzplätze zu reduzieren, je nach Bühnenversion auf 350 bis 550 Plätze. Und von der alten Ausstattung des Theatersaals war nach dem Umbau fast nichts mehr übriggeblieben. Stuck und Kronleuchter waren abgetragen und durch gut sichtbare Beleuchtungs-, Ton- und Projektionstechnik ersetzt worden. Der Raum hatte nun „den Charakter eines Werkstatt-Theaters".[18]

Auf mehreren großen Kartons erprobte Werner Ruhnau zudem verschiedene Farbkonzepte für die Fassade des umgebauten Grillo-Theaters (Abb. 357). Das Gebäude, so Ruhnau, dürfe sich nicht verstecken: „Die Außengestaltung des Theaters soll Aufmerksamkeit erregen, sich vom grauen Einerlei des Umfeldes abheben und zum Besuch einladen. Farbe der Außenwände pompeianisch rot, vorspringende Bauteile hell, am besten weiß. Kapitelle Gesimse Friese und klassische Kapitelle farbig."[19] Mit leuchtender Farbe und großer Außenwerbung sollte, fast schon wie bei den Werbestrategien aus der US-amerikanischen Streitschrift „Lernen von Las Vegas",[20] auf das neue Leben im alten Theaterbau

[17] Werner Ruhnau, Kurzbeschreibung Grillo-Theater Essen, 20.9.1988, Bestand Werner Ruhnau, Baukunstarchiv NRW.
[18] Manfred Krause, Aus alt mach neu, in: WAZ, 19.11.1990.
[19] Werner Ruhnau, Gestaltung Grillo-Theater. Stichworte für den Aufsichtsrat der TUP am 22.11. und den Bauausschuss am 23.11.1989, Essen 22.11.1989, Bestand Werner Ruhnau, Baukunstarchiv NRW.
[20] Vgl. Robert Venturi/Denise Scott Brown/Steven Izenour, Lernen von Las Vegas. Zur Ikonographie und Architektursymbolik der Geschäftsstadt. Wiesbaden 1979 (amerikanische Erstausgabe 1972).

PRÄGENDE KULTUR- UND BILDUNGSBAUTEN

*Abb. 355:
Grillo-Theater,
Zeichnung von
Werner Ruhnau,
Tusche und Kohle
auf Transparent,
„Bestehende, nicht
vergrößerbare
Bühnenöffnung",
15.9.1986*

*Abb. 356:
Grillo-Theater,
Zeichnung von
Werner Ruhnau,
Tusche und Kohle
auf Transparent,
„Neuplanung Nutzung als Arenatheater", 22.9.1986*

Abb. 357: Grillo-Theater, Ansichten, kolorierte Collage auf Karton, Entwurf zur Fassadengestaltung des Grillo-Theaters von Werner Ruhnau, ca. 1986

hingewiesen werden. Deshalb füllte Ruhnau in seinen Entwürfen die schon vor der Schließung angebrachten großen Informationsflächen an der Theaterfassade mit bunten Fotografien und zeichnete wehende Fahnen ein. Dazu plante er diverse Schriftzüge, die auf den neuen Buchladen und das Theater-Café hinweisen sollten. Die „Strenge der Formen" und die „würdig festliche Note"[21] der Hauptfassade spielten bei diesen Entwürfen keine Rolle mehr, stattdessen galt es, die Werbemaßnahmen der innerstädtischen Geschäfte zu übertreffen.

Am Ende wurden diese Entwürfe jedoch nicht in vollem Umfang realisiert. Das Theater erhielt zwar den Schriftzug „Grillo-Theater", doch das geforderte pompeianische Rot, das zwischenzeitlich zum sogenannten „Farbenstreit"[22] führte, wurde nicht verwendet. Das Hochbauamt favorisierte ein sattes Rotbraun, wogegen Ruhnau und Heyme sich für das intensive Rot aussprachen. Am Ende erhielt das Theater den weniger auffälligen Anstrich aus hellem Rotbraun und Grau-Weiß, der bei einer weiteren Neugestaltung später durch einen Anstrich in der Farbe Rosa ersetzt wurde. Ruhnaus Pläne, das Haus durch Umbau, neue

[21] WAZ, 29.12.1950, zitiert nach Feldens, 75 Jahre Städtische Bühnen Essen, Geschichte des Essener Theaters 1892–1967. Essen 1967, S. 425.
[22] Vgl. Helga Mohaupt, Das Grillo-Theater, Geschichte eines Essener Theaterbaus 1892–1990. Bonn 1990, S. 66 ff.

Angebote und Signalfarbe zu einem neuen kulturellen Mittelpunkt im Zentrum der Stadt zu machen, wurden zwar nicht vollständig umgesetzt, sie zeigen aber, wie wichtig es Ruhnau war, dass sich das Grillo-Theater als kultureller Treffpunkt auch in seiner äußeren Gestaltung von der Umgebung abheben sollte. Bemerkenswert ist dabei, dass bereits Seidensticker und Dorsch die monumental anmutende Gestaltung der Fassade 1950 mit der Hervorhebung gegenüber der benachbarten Innenstadtbebauung begründet hatten. Und so wurde diesem Theaterbau wieder und wieder die Aufgabe zugetragen, einen Kontrast zur Architektur der „Einkaufsstadt" zu bilden.

II. Haus der Erwachsenenbildung

Die „Einkaufsstadt" machte Ende der 1960er/Anfang der 1970er Jahre mit dem Bau des Hauses der Erwachsenenbildung als Hort innovativer Bildungskonzepte überregional von sich reden. Bereits 1919 wurde mit Unterstützung des damaligen Oberbürgermeisters und späteren Reichskanzlers Hans Luther die Volkshochschule Essen gegründet, deren Kursräume sich zunächst im Keramikhaus befanden, einem Büro- und Geschäftshaus am Flachsmarkt, in dem die Stadt Mieter war. Man wollte „zu echtem Volkstum, freudigem Gemeinsinn und edlem Menschentum erziehen, [...] in den Zusammenhang des Weltgeschehens einführen und dadurch die Berufsarbeit froh und wertvoll machen",[23] so die Satzung der neuen Bildungsanstalt. Nach der Schließung durch die Nationalsozialisten im Jahr 1933 gab 1946 die britische Militärregierung dem Antrag der Stadt Essen auf Wiedereröffnung der Volkshochschule statt, so dass der Unterricht in verschiedenen öffentlichen Einrichtungen im Stadtgebiet behelfsweise wieder aufgenommen werden konnte.

Der Wettbewerb
1962 beschloss der städtische Rat die Errichtung des Hauses der Erwachsenenbildung, in dem neben der Volkshochschule auch die Verwaltungs- und Wirtschaftsakademie untergebracht werden sollte. Drei Jahre später lobte man einen Wettbewerb unter fünf eingeladenen Architekten aus und wählte den Holleplatz[24] unweit des Essener Hauptbahnhofs, „eine[n] der Empfangsräume

---

[23] Satzung der Volkshochschule Essen, 1.9.1919, zitiert nach: https://de.wikipedia.org/wiki/Volkshochschule_Essen, Zugriff: 14.9.2021.
[24] Das rund 7.000 Quadratmeter große Gelände in direkter Nachbarschaft zur ehemaligen Humboldt-Schule gehörte einst zum weitreichenden Areal des Puddlings- und Blechwalzwerks Schulz-Knaudt, auf dem bereits ab 1922 die Essener Börse (heute: Haus der Technik) im Stil des Backsteinexpressionismus von Edmund Körner errichtet wurde.

Abb. 358: Haus der Erwachsenenbildung, Wettbewerbsmodell, um 1968, Fotograf: unbekannt

der Essener City"[25], als Planungsfläche. Da keiner der eingereichten Entwürfe gänzlich überzeugte, sicherte man sich durch das Auslassen der Erstplatzierung und die Vergabe eines zweiten Preises an Wilhelm Seidensticker sowie eines dritten an Heinz Budde Verhandlungsspielraum für das weitere Vorgehen. Seitens des Dezernats für Stadtentwicklung wurde der Wunsch geäußert, an solch prominenter Stelle ein Gebäude als „Auftakt zu dem interessanten Gesamtbild der Essener City" zu errichten, das „einen energischen und markanten Festpunkt"[26] bildet. Gemeinsam mit dem Oberbürgermeister favorisierte man aus diesem Grund den Entwurf Seidenstickers, der mit einem „lebendigen und spannungsreichen Wechselspiel"[27] der Baumassen, gekrönt von einem siebengeschossigen Hauptbaukörper, vor allem städtebaulich, aber auch wirtschaftlich überzeugte (Abb. 358). Der Entwurf Buddes hingegen wurde wegen seiner funktionellen und pädagogischen Vorzüge unter anderem vom Arbeitskreis Kultur, dem damaligen Leiter der VHS Wilhelm Godde und dem Baudezernenten befürwortet. Im Laufe der Verhandlungen musste das Raumprogramm aufgrund von Finanzierungsschwierigkeiten und der zusätzlichen Aufnahme des Institut

---

[25] Haus der Erwachsenenbildung. Stellungnahme des Dezernats für Stadtentwicklung, 15.6.1966, in: Büro des Oberstadtdirektors: Planung und Errichtung eines Neubaues für das Haus der Erwachsenenbildung an der Hollestraße, I. und II. Bauabschnitt, HdEG/Stadtarchiv, 1048/61, S. 769.
[26] Ebd.
[27] Ebd.

Français angepasst werden. Schließlich beauftragte man 1967 beide Architekten[28] zur Einreichung einer gemeinsamen Entwurfsplanung, verbunden mit der Auflage, ein aus Gründen der besseren Finanzierbarkeit in zwei Bauabschnitten zu realisierendes Gebäude zu konzipieren.

So entstanden 1969 bis 1971 zunächst die Bereiche der VHS mit provisorischen Räumen für das Institut Français. Im zweiten Bauabschnitt wurden dann die Hörsäle der Akademie und die endgültigen Räume des Instituts realisiert. Das zuvor als städtebaulich markant gelobte Hochhaus entfiel. Dennoch pries der Oberbürgermeister Horst Katzor, in dessen Amtszeit auch das 106 Meter emporragende Rathaus gebaut wurde, beim Richtfest des zweiten Bauabschnitts 1974 den Skelettbau aus vorgefertigten Stahlbetonteilen als „funktionell und bauästhetisch überzeugende[n] Ausdruck des Kulturwillens einer großen Stadt".[29] Man habe mit solch einem vorbildlichen Bau mitten in der City die Demokratisierung von Bildung, Wissenschaft und Kultur gefördert: „Gerade diejenigen Menschen, die nach teilweise armseliger Jugendschule jetzt als Berufstätige weiterlernen möchten, hätten im Zeichen einer sozialen Demokratie Anspruch auf zeitgemäße Bedingungen der Weiterbildung",[30] so der SPD-Politiker. Das Gebäude drücke die „Bedeutung der modernen Erwachsenenbildung" und den „Wille[n] unserer Stadt zur Bildung"[31] bestens aus. Man sei „auf dem Weg zu einer menschlichen Stadt […] mit dem Weiterbau dieses Hauses einen guten Schritt vorangekommen",[32] so Katzor. Die Stadt Essen wollte eine „architektonische Atmosphäre der Freiheit und der spielerischen Überraschung"[33] schaffen. Tatsächlich ermöglichte das im Sinne des „Demokratischen Bauens" gestaltete Haus mit seinen ausladenden Terrassen je nach Blickwinkel immer neue An- wie auch Aussichten.

Baubeschreibung

Wie ein Stapel Bausteine setzt sich auf einem Foto aus dem Baukunstarchiv NRW (Abb. 359) aus dem Nachlass Wilhelm Seidenstickers eine Architektur zusammen, deren Stringenz durch das fortlaufende Fugenbild einer Waschbetonfassade verstärkt wird. Außenliegende Fenster unterstreichen die Plastizität des Baukörpers, die in der Fotografie durch das eingefangene Schattenbild zusätzlich hervorgehoben wird. Das Gebäude zeichnet ein nach Norden abfallendes Gelände

---

28 Zur Arbeitsgemeinschaft zählten später auch die Architekten Herbert Jung, Werner Gutsmann und Willi Spantzel.
29 Unbekannt, „Jugendzentrum für Erwachsene" steht, in: Neue Ruhr Zeitung (NRZ), 14.3.1974.
30 Ebd.
31 Unbekannt, Aufwendige Säle machten den neuen Teil der VHS teuer, in: WAZ, 14.3.1974.
32 Ebd.
33 Unbekannt, Das Haus der Erwachsenenbildung, in: Deutsche Bauzeitung 141 (1972), Heft 7, S. 1227–1232, 1227.

stufenartig nach und schafft so Terrassen. Zur Straßenseite hin (Abb. 360) öffnet sich der Baukörper über Betonstützen und definiert so einen Eingangsbereich. Die weiß gestrichenen Stahlbeton-Brüstungselemente der Schall- und Sonnenschutzbalkone heben sich von der Waschbetonfassade ab. Auch hier verstärkt ein Spiel von Licht und Schatten die Dramaturgie. Das Außengelände ist mit ineinander verschachtelten, flachen Sichtbetonelementen gestaltet.

Neben den etwa 30 Studienräumen mit Zugang zu den Dachterrassen zählen auch ein Malatelier mit Dachgarten sowie ein modernes Sprachlabor zum Raumprogramm (Abb. 361). Offen gestaltete Grundrisse mit Zwischengeschossen ermöglichten spannende Blickbeziehungen und vor allem eine Teilhabe am Geschehen. Der Wunsch nach Demokratisierung von Bildung, Wissenschaft und Kultur fand insbesondere in der Gestaltung des „Forums für Kulturelle Manifestation" (Abb. 362), dem „Kernstück der gesamten Anlage",[34] seinen Ausdruck. Wie dem Erdgeschossgrundriss und verschiedenen Fotografien zu entnehmen ist, öffnet sich das Forum zum Foyer, der Cafeteria und über eine Vollverglasung an der Außenwand auch zur Umgebung. Darüber hinaus ist hier bewusst eine freie Bestuhlung gewählt worden, die nicht frontal einem erhöhten Podium gegenübergestellt ist. Um eine Kommunikationssituation zu schaffen, wurden stattdessen über Eck liegende Ränge angeordnet, die sich zu einem Moderationsbereich abtreppen. Ein Wandrelief, Beistelltische mit Aschenbechern sowie die Ausstattung mit niedrigen, lederbespannten Armlehnstühlen vermitteln sowohl Wertigkeit als auch eine gewisse Geselligkeit. Die Wand- und Deckengestaltung unterstreichen das Raster nicht nur als statisches (Statisches Raster 4,80 × 7,20 Meter generiert aus dem Grundraster von 1,20 × 1,20 Meter), sondern auch als gestalterisches Motiv des Gebäudes im Außen- wie im Innenbereich.

Reaktionen auf den Neubau
Werner Morgenstern, Kulturausschussvorsitzender der Stadt, sah 1974 in seiner Ansprache zum Richtfest „nun auch den Zeitpunkt einer Harmonisierung der wirtschaftlichen und kulturpolitischen Gesichtspunkte bei der Bewertung der Stadtentwicklung für gekommen."[35] Gerade die technische und räumliche Ausstattung galt in der Fachwelt als vorbildlich und verstärkte den bestehenden Andrang an Volkshochschulen zu jener Zeit. Die Landesregierung lobte das Haus als beispielhaft und erklärte es gar 1974 zur Volkshochschul-Modelleinrichtung des Landes NRW. Dies wurde mit einer Baukostenbezuschussung von 50 Prozent des zweiten Bauabschnitts, der anteiligen Finanzierung der Innenausstattung in Höhe von 300.000 DM und der Förderung weiterer Lehrerstellen unterstri-

[34] Hauptausschussdrucksache 434, Ratsdrucksache 1054. In: Büro des Oberstadtdirektors: Planung und Errichtung eines Neubaues für das Haus der Erwachsenenbildung an der Hollestraße, I. und II. Bauabschnitt, Haus der Essener Geschichte/Stadtarchiv, 1048/61, S. 887.
[35] Ludwig Wintzenburg, Vortritt für Berufstätige, in: NRZ, Essener Tagebuch, 13.4.1974.

PRÄGENDE KULTUR- UND BILDUNGSBAUTEN

Abb. 359: Ansicht des Hauses der Erwachsenenbildung von Westen, 1972, Fotograf: Manfred Hanisch

Abb. 360: Ansicht des Hauses der Erwachsenenbildung Eingangsseite mit Foyerterrasse, 1972, Fotograf: Manfred Hanisch

chen. Im selben Jahr verabschiedete NRW das „Erste Gesetz zur Ordnung und Förderung der Weiterbildung im Lande Nordrhein-Westfalen", welches die Weiterbildung als vierte Säule des Bildungswesens bestimmte und ihre Förderung zur kommunalen Pflicht erklärte. Es entstanden in der Folge viele neue Einrichtungen zur Weiterbildung. 1979 wurde die Heinrich-Thöne-Volkshochschule in Mülheim an der Ruhr von Dietmar Teich nach einem Wettbewerbs-Entwurf der Architektengemeinschaft Seidensticker-Spantzel-Teich-Budde-Gutsmann-Jung errichtet, die unter anderem mit ihren Terrassierungen an das Essener Haus der Erwachsenenbildung erinnert. Aktuell steht der Bau-Erhalt trotz seiner Denkmalschutzstellung 2015 zur Debatte.[36]

Abbruch und Neubau

In Essen wies man in den 1990er Jahren eine gesundheitsgefährdende PCB-Belastung im Haus der Erwachsenenbildung nach. Man errechnete Sanierungs-

---

[36] Siehe hierzu: https://www.lokalkompass.de/muelheim/c-kultur/die-vhs-initiative-laedt-zur-podiumsdiskussion-ein_a1846387, Zugriff: 3.5.2023.

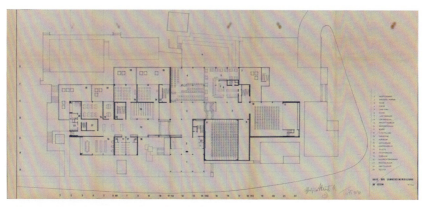

Abb. 361: Haus der Erwachsenenbildung, Grundriss Erdgeschoss, Fotokopie mit handschriftlichen Vermerken, 1972

Abb. 362: Haus der Erwachsenenbildung, Forum für kulturelle Manifestation, 1972, Fotograf: Manfred Hanisch

kosten in Höhe von sieben Millionen Euro, die wiederum Abrisskosten von zwei Millionen Euro vergleichend gegenübergestellt wurden. Schließlich beschloss die Stadt im Jahr 2000 den Bau einer neuen Volkshochschule am Burgplatz, der bereits bei der Gründung der Einrichtung 1919 als Standort eines „Wahrzeichen der neuen Zeit" auf Vorschlag der Sozialdemokraten im Gespräch war.[37] Das von Hartmut Miksch entworfene, mit seiner Vorhang-Glasfassade an das historische Filmtheater Lichtburg anschließende Schulgebäude wurde 2004 eröffnet. Gelegen an der zentralen Fußgängerzone der Kettwiger Straße soll es verstärkt öffentliche Sichtbarkeit und Zugänglichkeit schaffen und im Stadtkern für Belebung sorgen. Das Haus der Erwachsenenbildung indes verfiel zusehends und stand bis zum vollständigen Abbruch 2014 als vermeintlich abschreckendes Beispiel der Architektur der 1970er Jahre an prominenter Stelle im Herzen der Stadt. Seit Jahren klafft nun an diesem ehemaligen „Empfangsraum der Essener City"[38] eine großformatige Lücke.

III. Bürgerhaus Oststadt

Im Fall des Bürgerhauses Oststadt entschied man sich 2019 zur Sanierung des denkmalgeschützten Hauses. Seine konzeptionellen Qualitäten lassen sich bereits in der Plandarstellung (Abb. 363) mit dem Titel „Bauwettbewerb Bürgerhaus" erahnen. Der Plan zeigt nicht nur den Grundriss einer im Grünen liegenden Architektur, sondern verrät bereits einiges über die Idee des geplanten Hauses und den Auftrag des Bauherrn. Zu sehen ist eine Raumanordnung, die nicht streng einem orthogonalen Raster folgt, sondern sich von innen heraus wabenartig um eine zentrale Halle entwickelt. Offene Treppenanlagen, eine Faltwand sowie großzügige Verglasungen mit anschließenden Terrassen ermöglichen lange Sichtachsen und öffnen das Haus – nach außen wie nach innen. Raumbeschriftungen lassen auf eine generationenübergreifende, vielfältige und multifunktionale Nutzung schließen – vom Musikstudio zum Altenclubraum, vom Bezirksreferentenbüro zur Open-Air-Tanzfläche auf dem Mühlespielplatz. In Summe erkennt man eine recht individuelle Architektur mit vielfältigem Raumprogramm, die vom Nutzer her gedacht ist und behutsam eine vorhandene Topografie aufnimmt. Der Siegerentwurf zum Bau des Bürgerhauses Oststadt wurde nach einigen Plananpassungen 1973 bis 1976 in Mischbauweise aus Beton und Mauerwerk

---

[37] Arbeiter-Zeitung 38, 14.2.1919. Vgl. Klaus Wisotzky, Die Gründung der Volkshochschule Essen, in: Essener Beiträge, 132, 2019, S. 240–256, 246.

[38] Haus der Erwachsenenbildung. Stellungnahme des Dezernats für Stadtentwicklung, 15.6.1966, in: Büro des Oberstadtdirektors: Planung und Errichtung eines Neubaues für das Haus der Erwachsenenbildung an der Hollestraße, I. und II. Bauabschnitt, HdEG/Stadtarchiv, 1048/61, S. 769.

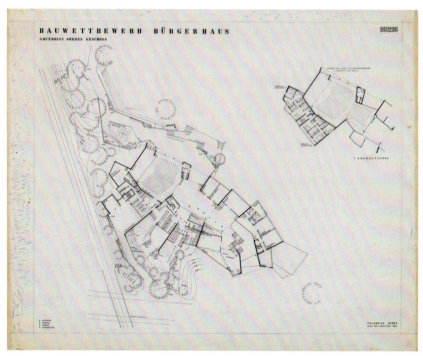

Abb. 363: Bürgerhaus Oststadt, Wettbewerbsgrundriss Erdgeschoss, Lichtpause auf Papier, 1968

Abb. 364: Bürgerhaus Oststadt, Baustelle, ca. 1974, Fotograf: M.E. Thelen, Gesellschaft für Büroorganisation und Gestaltung mbH

als zweigeschossiges Haus in einem Grünzug in direkter Nachbarschaft der Hochhäuser des Bergmannsfelds errichtet. (Abb. 364)

Bauvorhaben Oststadt
Das sogenannte Bergmannsfeld ist Teil des „Bauvorhabens Oststadt", ein Großsiedlungsprojekt für 15.000 Menschen, mit dem die Stadt Essen auf steigende Bevölkerungszahlen reagierte. Ausgezeichnet mit dem „Deubau-Preis 1966" wurde das Bergmannsfeld seinerzeit noch hoffnungsvoll als „erst im Geburtsstadium befindliches Paradestück"[39] betitelt. Die Punkthochhäuser und bis zu achtgeschossigen Mehrfamilienhäuser wurden 1966 bis 1973 von der Wohnungsbaugenossenschaft „Neue Heimat" in Fertigbauweise erstellt. Die sich horizontal in die Landschaft einfügende organische Architektur des Bürgerhauses bildet hierzu einen bewussten Gegenentwurf.

Einen solchen forderten auch Bewohnerinnen und Bewohner ein, die sich zu einer Bürgerbewegung formierten und auf Plakaten die Oststadt, einst Modell eines sozialen Städtebaus der Zukunft, mit Fäkalausdrücken beschimpften. Mit dem Satz „Aber jetzt kommt die Kultur"[40] brachten sie ihre Hoffnung zum Ausdruck, das angekündigte Bürgerhaus könne als Werkzeug der Stadtreparatur dienen. Lobend erwähnten die Aktivisten, dass im Gegensatz zum Bau der Oststadt hier ein Gutachten beauftragt, ein Wettbewerb ausgeschrieben und viel Geld ausgegeben werde.

Studie „Bürgerhäuser in Essen"
Tatsächlich sah auch die Stadt Essen selbst bereits vor Baubeginn im Sonderausschuss für das Stadterweiterungsgebiet Oststadt die „Notwendigkeit, in den neuen Nachbarschaften geeignete Einrichtungen als Stätten der Begegnung zu schaffen",[41] und so den Mangel an gewachsener, sozialer Infrastruktur auszugleichen. Die Stadt betrat Neuland und beauftragte das „Sozialpädagogische Seminar Dortmund" mit der Studie „Bürgerhäuser in Essen". Gleich im Vorwort würdigten die Autoren diesen Mut der Stadt Essen:

„*Zum ersten Male sind Rat und Verwaltung einer deutschen Großstadt willens, in ihren städtebaulichen Vorhaben auch den sozialen Sachverstand gebührend wirken zu lassen; zum ersten Mal engagiert sich eine deutsche Sozialschule, also eine Stätte*

---

[39] Unbekannt, Bau-Messe präsentiert auch das Bergmannsfeld, in: WAZ, 17.9.1966, https://www.waz.de/staedte/essen/bau-messe-praesentiert-auch-das-bergmannsfeld-id12201838.html, Zugriff: 22.5.2020.
[40] Plakat einer Bürgerversammlung, in: Deutsche Bauzeitung, Gemeinschaftsbauten – Vom Kindergarten bis zum Bürgerhaus, November 1972, S. 1188.
[41] Auszugsweise Abschrift aus der Niederschrift Nr. 4 über die Sitzung des Sonderausschusses für das Stadterweiterungsgebiet Oststadt, 29.7.1966, HdEG/Stadtarchiv 1048/1143.

der Theorie und der Bildung, derart konkret und verbindlich für die Gestaltung der sozialen Praxis."[42]

Die Gutachter empfahlen, das Haus nach dem „Prinzip Offenheit"[43] zu gestalten: offen für verschiedene Nutzungen, offen für Mitgestaltung und offen für verschiedene soziale Gruppierungen wie auch für individuelle Interessen. Auf Grundlage der Dortmunder Studie lobte die Stadt Essen 1969 einen Wettbewerb aus, den der Scharoun-Schüler Friedrich Mebes (1927–2017) für sich entscheiden konnte. Noch zu Lebzeiten vermachte er seinen beruflichen Archivbestand dem Baukunstarchiv NRW.

Baubeschreibung
Durch eine Funktionsverflechtung der Bereiche Freizeit, Kultur und Bildung sollten unterschiedliche Alters- und Sozialgruppen angesprochen und durch gemeinschaftlich genutzte Flächen deren informelle Begegnungen gefördert werden. Als ein solches Forum der Begegnung funktioniert die Halle des Bürgerhauses Oststadt (Abb. 365), die dem „Prinzip Offenheit" folgt: Mit ihrem offenen Treppenhaus verbindet sie die Etagen und lässt als zentraler Verteilerpunkt Menschen, die aufgrund des vielfältigen Nutzungsangebotes verschiedensten Sozialgruppen angehören, einander begegnen. Durch eine Aufweitung der Verkehrsflächen schuf Mebes hier einen öffentlichen Raum im Innern. Diesen Eindruck verstärkte er durch die Weiterführung der Schiefer- wie auch der Ziegelfassade im Haus. Zudem wurde das Klinkerpflaster durch Klinkerfliesen innen optisch wieder aufgenommen und trägt zu einer Art „Marktplatzgefühl" bei. Auch die roten Lackierungen der Gitter und Geländer sind innen wie außen zu finden und leiten den Besucher ins Haus. Konstruktive Elemente wie Stützen und Binder zeigen Schalungsabdrücke und heben sich mit ihrem weißen Anstrich von den rot-braunen Ziegelwänden ab. Neben Schiefer und Ziegel bestimmt auch die Verwendung von Holz als natürlichem Material den Raumeindruck, wie für Bauwerke der sogenannten organischen Architektur typisch. So bewertet ein Gutachten von 2019 das Haus auch als „herausragendes Beispiel des maßgeblich durch die Architektur von Hans Scharoun geprägten ‚organischen Expressionismus'"[44]. Dieser zeigt sich in einer typischen Vermeidung des rechten Winkels in den Hauptnutzräumen, dem Formenspiel mit Ziegeln sowie in der dynamisch wirkenden Deckengestaltung.

---

[42] Dietmar Freier, Gerhard Müller: Bürgerhäuser in Essen. Eine Studie über ihre Konzeption und Gestaltung, Sozialpädagogisches Seminar Dortmund 1967, S.3.
[43] Ebd.
[44] Bürgerhaus Oststadt: Eintrag in der Denkmalliste der Stadt Essen, https://geo.essen.de/webdaten/sta61/Denkmaeler/Foto_Htm_und_pdf/D4642.htm, Zugriff: 13.5.2020.

Abb. 365: Bürgerhaus Oststadt, große Halle, ca. 1976, Fotograf: Hans Grempel

Die teils geneigten oder gewölbten Decken unterschiedlicher Höhe sind mit einer Holzlattung versehen, deren Richtung spannungsreich wechselt. In unregelmäßigen Abständen waren eigens für das Haus entworfene längliche Deckenleuchten in das Muster eingefügt, die im Laufe der Zeit jedoch durch runde Einbauleuchten ersetzt wurden. Durch die Wärme des Holzes und die Ausbildung verschiedener Raumnischen im Eingangsbereich sollte der Bau Behaglichkeit vermitteln und einladend wirken, um Schwellenängste abzubauen. Auch die Spazierwege des Tals wurden in das Freiflächen- und Wegesystem des Hauses aufgenommen und tragen zur „Offenheit" bei. Eine wallartige Geländeausbildung am Lesegarten und an den Spielplätzen sollte hingegen für die Nutzer eine „Geste der Abschirmung, der Zurückgezogenheit schaffen",[45] so Mebes in einem Erläuterungsbericht von 1971. Das teilweise Eingraben in die Topografie und der Versatz der Gebäudevolumina führt, wie die sich seitlich am Haus entlang schleichenden, abgeknickten Freitreppen zum Haupteingang, zu einer bewussten Vermeidung jedweder Imposanz.

Nicht denkmalhaftes Denkmal
Mebes selbst bezeichnete sein Werk als „nicht denkmalhafte Architektur [...] in bewusstem Anderssein verschieden von den blockhaften Bauten der angrenzenden Wohnquartiere".[46] Tatsächlich steht das Bürgerhaus seit 2019 doch unter Denkmalschutz – aus künstlerischen, architekturgeschichtlichen und städtebaulichen Gründen. So ist das Gebäude mit eigens ausgewiesenen Kinderwagenstellplätzen nicht nur nach sozialer Zweckmäßigkeit durchdacht, sondern wartet

[45] Friedrich Mebes, Erläuterung, 2.4.1971, Handakte zur Errichtung des Bürgerhauses Oststadt sowie zur Planung von Bürgerhäusern in Essen allgemein, HdEG/Stadtarchiv 1000/571.
[46] Ebd.

auch mit sorgsam gestalteten Details und einer insgesamt spannungsreichen Architektur auf – in Abgrenzung, aber zugleich im Dialog zum Ort.

IV. Museum Folkwang

Wie relevant der Standort und seine Eigenschaften für die Gestaltung und Nutzung eines Gebäudes ist, lässt sich abschließend an der Geschichte des Museum Folkwang nachvollziehen. Der Standort des Museums an der Bismarckstraße, 1,2 Kilometer von der Innenstadt entfernt, resultierend aus der Stiftung der beiden Goldschmidt-Villen für Museumszwecke, wurde insbesondere in der Nachkriegszeit intensiv diskutiert und infrage gestellt. Zwar waren schon kurz nach dem Krieg erste Maßnahmen erfolgt, das schwer beschädigte Gebäude des Museum Folkwang (die beiden umgenutzten Villen und der 1929 fertiggestellte Erweiterungsbau von Edmund Körner) für einen reduzierten Ausstellungsbetrieb teilweise instand zu setzen, und es waren auch bereits im Hochbauamt erste Planungen für einen Neubau erfolgt, doch eine völlige Verlegung des Museumsstandortes schien Anfang der 1950er Jahre immer noch möglich. So wurde der Vorschlag der Familie und Firma Krupp, das Museum im Park der Villa Hügel neu aufzubauen, nicht nur von Museumsleuten und Stadtpolitikern und Stadtpolitikerinnen diskutiert, auch in der Lokalpresse wurde mehrere Monate lang intensiv über den Vorschlag debattiert. Die Stadtgesellschaft nahm Anteil an der Frage, wo die optimale Lage eines Kunstmuseums zu finden sei. Kritiker und Kritikerinnen des Standortes an der Bismarckstraße bemängelten, dass das Grundstück, umgeben von drei Straßen, darunter eine Bundesstraße, wenig geeignet für ein Kunstmuseum sei: 1.000 Autos in der Stunde – eine Quelle des Lärms und eine Gefahr für querende Passanten, Kunstgenuss, so schien es manchem, war an diesem Ort unmöglich.[47]

Zumindest in den Zeitungsartikeln schien für das Essener Kulturleben auf einmal alles denkbar und möglich zu sein. Sogar nach Bekanntgabe des Verbleibs des Museums am alten Standort, formulierte Autor Heinrich Schmidt in der NRZ noch einmal einen neuen Vorschlag: ein Kulturzentrum im Stadtgarten. In diesem von ihm als „Folkwang-Viertel" bezeichneten Areal, bestehend aus Saalbau, Opernhaus, Folkwangschulen und Museum, sollte ein neuer kultureller Mittelpunkt entstehen. Inspiriert hatte ihn zu dieser Idee der Besuch von Pietro Maria Bardi in Düsseldorf. Bardi, der Direktor des Museu de Arte im brasilianischen São Paulo, hatte dabei für die Museen an Rhein und Ruhr eine zunehmende Ausweitung der Bildungsangebote für Besucher und Besucherinnen (Diskussionen, Filmaufführungen, Schulungskurse) und geeignete zusätzliche

---

[47] K.S. (Autorenkürzel, d.i. Karl Sabel), Im Lärm oder in der Stille? in: WAZ, 17.11.1954.

Räume für die Kunstvermittlung vorgeschlagen.[48] Realisiert wurde Heinrich Schmidts ambitionierte Idee allerdings nicht.

Licht und Transparenz
Die alte und neue Lage des Museums wurde schlussendlich als Errungenschaft einer funktionsgetrennten modernen Stadt bewertet, bei der das Museum Folkwang und das benachbarte Ruhrlandmuseum gut platziert am Rande der „Verwaltungsstadt" zu finden waren.[49] Hochbauamtsleiter Werner Kreutzberger, sein Mitarbeiter Erich Hösterey und der Essener Architekt Horst Loy waren für den Entwurf des 1960 eröffneten Gebäudes verantwortlich. Sie hatten ein differenziertes System der Lichtführung entwickelt, das auch für das Zusammenspiel von Innen und Außen für das Gebäude bedeutend war: im Süden eine Glasfassade, die neben dem Eingangspavillon als eine Art „Schaufenster" diente, im Westen geschlossene Wandflächen, im Norden und Osten auf circa zwei Meter Höhe angebrachte Fensterbänder. Damit ermöglichten sie für Passanten und Passantinnen an der ruhigen Kahrstraße einen großzügigen Einblick in die Ausstellungsräume und schufen entlang der viel befahrenen Bismarckstraße mit dem oberen Fensterband einen Museumsbereich, der sowohl mit ausreichend Tageslicht versorgt wurde als auch Abgeschlossenheit gegenüber der Straße besaß. Diese Gestaltung lässt sich auf einer zeitgenössischen Postkarte nachvollziehen. Auf ihr sind drei Ansichten des Museums zu sehen – der Eingang (sowohl von der Kahrstraße als auch der Bismarckstraße zugänglich), die Lage an der Bismarckstraße und ein Innenhof (Abb. 366). Das vierte Bild zeigt allerdings nicht das Museum Folkwang, sondern den Anbau des benachbarten Ruhrlandmuseums. Dieser war als Erweiterung der Ausstellungsräume in der Villa Knaudt 1963 eröffnet worden. Ein Jahr zuvor hieß es über das Nebeneinander der beiden Museen:

„In der harmonischen Gruppierung zueinander soll jedem der beiden Museumsbauten die Selbständigkeit gewahrt bleiben, jedoch in Maß und Material die Ähnlichkeit der Bestimmung erkennen lassen. Mit ihren Grünanlagen, Ruheplätzen und Durchgangswegen wird die ‚Museumsinsel' sich an die Grünzone des Aufbaugebietes Holsterhausen anschließen."[50]

Aufgrund der Ähnlichkeiten dieser beiden Gebäude war es wohl unbeabsichtigt geschehen, dass die Südfassade des Ruhrlandmuseums auf der Postkarte abgebildet wurde. Interessant ist in diesem Zusammenhang der Begriff der „Museumsinsel", der signalisiert, dass sich das Kulturangebot an diesem Ort

---

48 Heinrich Schmidt, Am Stadtgarten könnte das Kulturzentrum liegen, in: NRZ, 13.11.1954.
49 Justus Buekschmitt (Hrsg.), Essen – Soziale Gross-Stadt von morgen. Hamburg 1962, S. 49.
50 Ebd.

Abb. 366: Postkarte, Museum Folkwang Essen, ca. 1966, Verlag Heinrich Koch

nicht nur inhaltlich und funktionell konzentriert, sondern sich auch von der übrigen Stadt und ihren Nutzungen unterscheidet.

Die Auseinandersetzung mit den Themen Licht und Transparenz sowie Innen und Außen war zeittypisch für den europäischen Museumsbau. Das Kunsthaus Glarus in der Schweiz z. B. (eröffnet 1952, Architekt: Hans Leuzinger) mit seinem teilweise verglasten Eingangspavillon sowie Sälen mit Seitenlicht beziehungsweise Oberlicht ging dem Museum Folkwang voraus. Auch der 1954 eröffnete – seitlich verglaste – Ausstellungspavillon des von Willem Sandberg geleiteten Stedelijk Museums in Amsterdam war den Essener Architekten wahrscheinlich bekannt. Über diesen Anbau hieß es in der zeitgenössischen Presse:

> „[...] so sehen die Passanten von außen praktisch alles, was drinnen zur Schau gestellt ist – das sollen sie auch, meint Sandberg, ein Museum muß wie ein großes Warenhaus durch seine Objekte zum Eintreten auffordern –, wenn die Sonne scheint, sind Draußen und Drinnen, die Grünanlagen und Ausstellungssäle, eine lichtdurchflutete Einheit."[51]

---

51 Gert Schiff, Bei W.J.B.H. Sandberg muss immer etwas geschehen: Het Stedelijk Museum in Amsterdam, in: Du, Kulturelle Monatszeitschrift 18, 1958, H. 7, S. 34–37, 36.

Abb. 367: Museum Folkwang, Ausstellungsraum, ca. 1965, Fotograf: Rolf Epha

Im neuen Museum Folkwang, das mit seiner Südfassade Innen und Außen in Beziehung setzte, sollte die Kunst im Mittelpunkt der Aufmerksamkeit stehen.

> „Es war", erklärte Architekt Horst Loy, „oberstes Gebot der gewählten Konzeption, das Bauwerk selbstlos hinter den Dienst am Kunstwerk zurücktreten und somit die Architektur den ausgestellten Werken unterordnen zu lassen. Diesem Bestreben entspricht die Zurückhaltung bei der baulichen Gestaltung und bei der Wahl edler, aber in der Wirkung schlichter Baumaterialien."[52]

Diese Ausstellungsräume waren, das zeigt eine Aufnahme von ca. 1965, mit Orient-Teppichen im Kontrast zu leichten Mid-Century Möbeln von Ray und Charles Eames sowie einem flexiblen Stellwandsystem ausgestattet (Abb. 367).

Der neue Haupteingang

Das Gebäude des Museum Folkwang war schon nach wenigen Jahren zu klein für die ständig wachsende Sammlung und den kontinuierlichen Ausstellungsbetrieb. Es sollte allerdings 23 Jahre dauern, bis eine Erweiterung erfolgte. Wie

---

52 Horst Loy, Das Museumsgebäude, in: Museum Folkwang Essen, Das Museumsgebäude. Essen 1966, S. 13–18, 14.

auch beim Haus der Erwachsenenbildung brachte der 1977 ausgeschriebene Wettbewerb keinen ersten Preis. Stattdessen wurden jene Büros, die jeweils die beiden zweiten Preise erhalten hatten, Kiemle, Kreidt und Partner sowie Allerkamp, Niehaus und Skornia, dazu aufgefordert, ihre Entwürfe als Architektengemeinschaft zusammenzuführen. 1983 eröffnete dann das neu gegründete Museumszentrum, bestehend aus dem Museum Folkwang und dem Ruhrlandmuseum mit seiner Sammlung zur Geschichte von Essen und Region. Die Bauten des Ruhrlandmuseums, darunter auch die Villa Knaudt, waren für den Erweiterungsbau abgerissen worden, das Gebäude des Museum Folkwang blieb dagegen bestehen. Das Modell zeigt die Ansicht von Westen (Abb. 368). Gut zu erkennen ist die Hofsituation, die von der Goethestraße zum neuen Eingang führt. Museumsdirektor Paul Vogt notierte dazu: „Der neue Haupteingang wird zu der verkehrsruhigen Zone der Goethestraße verlagert. Der Zugang erfolgt durch eine Grünanlage mit Sitzmöglichkeiten, in der zeitgenössische Skulpturen und Objekte aufgestellt werden können. Ein zweiter Zugang öffnet sich zur Bismarckstraße."[53] Die schon im Eröffnungsjahr 1960 als nachteilig empfundene Lage an der viel befahrenen Bismarckstraße sollte auf diese Weise städtebaulich optimiert werden. Zugleich zeichnete sich der Bau durch verschiedene Räumlichkeiten für die Aufgaben der Bildung und Vermittlung aus. Rund um das gemeinsame Foyer der beiden Museen waren Video-Studio, diverse Vortragssäle, der Zugang zur Bibliothek mit Diathek sowie Museumsshop und Café angeordnet. Jene Erweiterungen des Museumsangebotes, die Pietro Maria Bardi 1954 angesprochen hatte, waren nun, fast 30 Jahre später, mit dem neuen Gebäude Wirklichkeit geworden. Und so öffnete sich das Museum mit seinem Programm mehr und mehr der Stadtgesellschaft und zeigte dabei zugleich zur Hauptverkehrsstraße hin eine weitgehend geschlossene Fassade.

Der öffentliche Charakter des Gebäudes
Dieser Bau des Museumszentrums wurde 2007 abgerissen. Das Ruhrlandmuseum erhielt unter dem Namen Ruhr Museum einen neuen Standort in der Kohlenwäsche der Zeche Zollverein im Essener Norden. Auf dem durch Zukauf geringfügig vergrößerten Grundstück sollte nun ein Erweiterungsbau allein für das Museum Folkwang umgesetzt werden. Den international ausgeschriebenen Wettbewerb gewannen David Chipperfield Architects; der Bau wurde von der Alfried Krupp von Bohlen und Halbach-Stiftung finanziert. Um seine Ideen zu verdeutlichen, ließ David Chipperfield ein leinengebundenes Buch im Folioformat anfertigen. Als Ergänzung zu den meist digital erzeugten Visualisierungen schuf er eine Erzählung in Buchform, bei der historische Schwarz-Weiß-Fotos

---

[53] Paul Vogt, Zum Erweiterungsbau des Museums, in: Museum Folkwang Essen (Hrsg.), Mitteilungen 1983, H. 12/13, S. 33–36, 33.

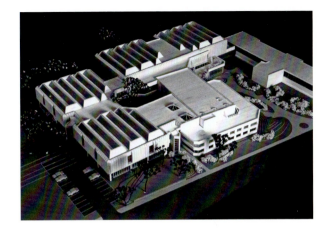

Abb. 368: Museum Folkwang, Modell des Museumszentrums Essen, ca. 1980, Fotografin: Inge Goertz-Bauer

Abb. 369: Museum Folkwang, Perspektive, leinengebundenes Buch (aufgeklappt), Eingangshof Museum Folkwang, Essen, David Chipperfield Architects, ca. 2007

des Altbaus von 1960 und moderne Renderings des geplanten Neubaus das Konzept der Verbindung beider Bauten veranschaulichten (Abb. 369). Ein Zitat von Ludwig Mies van der Rohe dient darin als Leitmotiv: „The first problem is to establish the museum as a centre for the enjoyment of and not the internment of art. Thus the barrier between the work of art and the community is erased." Der Entwurf zeigt die neue Eingangssituation, die als teilweise überdachter Hof dargestellt wird. Beim fertiggestellten Bau gelangen Besucher und Besucherinnen per Treppe, Aufzug oder Rampe zu dieser Übergangszone zwischen Museum und Stadt. Sie nutzen ihn als Treffpunkt vor dem Museumsbesuch, ebenso befindet sich an dieser Stelle die Außengastronomie des Cafés. Durch den Umstand, dass nach Betreten des Museumsgebäudes im sogenannten Neubau keine Höhenunterschiede mehr zu überwinden sind und Besucher und Besucherinnen sich in diesem Gebäudeteil barrierefrei vom Foyer zu Shop und

Lesesaal sowie den großen Ausstellungsbereichen begeben können, wurde das Überwinden der bei Mies van der Rohe zitierten Grenze zwischen Kunst und der (städtischen) Gemeinschaft tatsächlich architektonisch erleichtert. David Chipperfield erklärte das Konzept so:

> „Wir haben den öffentlichen Charakter des Gebäudes betont. Es öffnet sich jetzt mit einem Innenhof zur Straße hin, zur Stadt, und ist durch die vielen großen Fenster sehr durchlässig. Außerdem wollten wir mehr Übersichtlichkeit herstellen. Dafür haben wir alle für die Öffentlichkeit gedachten Räume auf einer Ebene im Erdgeschoss angesiedelt."[54]

Mit Zugängen im Süden (1960), einem neuen Hauptzugang an der Ostseite und einem Nebenzugang im Westen (1983), sowie einer erneuten Veränderung der Eingangssituation mit einem neuen Foyer an der Nordseite (2010) waren in fünfzig Jahren Baugeschichte Eingänge in allen vier Himmelsrichtungen erprobt worden. An diesen Veränderungen lässt sich gut erkennen, auf welch unterschiedliche und mitunter höchst gegensätzliche Weise die Beziehung zwischen Museumsbau, der unmittelbaren Umgebung und der Innenstadt aufgefasst und inszeniert wurde.

V. Fazit

Welche Relevanz haben nun die ausgewählten Kultur- und Bildungsbauten für die städtebauliche Entwicklung, den bildungskulturellen Auftrag und das Selbstverständnis der Stadt Essen?

Seit der Eröffnung 1892 erfüllt das Grillo-Theater seine Funktion als Kulturbau in der Innenstadt. Dabei hat es im Laufe der Jahrzehnte nicht nur eine Nutzungsänderung vom Opernhaus zum Schauspielgebäude erfahren, sondern ebenso mehrere Umgestaltungen der Fassade, der Bühne und des Zuschauerraumes. Der zentrale Standort blieb ihm jedoch erhalten. So zeugt das Grillo-Theater nicht nur weiterhin von der Essener Stadtentwicklung im späten 19. Jahrhundert, sondern auch von der Absicht, in der Nachkriegszeit möglichst schnell wieder Kultur in die Mitte des Gemeinwesens zu bringen, und ebenso von der Idee in den 1980/90er-Jahren, durch Modernisierung einen etablierten Theaterort in der City zu bewahren. Ähnliche Entwicklungen finden sich im Ruhrgebiet z. B. bei

---

54 „Ein guter Raum für Kunst ist immer gleich, egal für welche Kunst", David Chipperfield im Interview mit Frank Maier-Solgk, Monopol, 29.1.2010: https://www.monopol-magazin.de/ein-guter-raum-f%C3%BCr-kunst-ist-immer-gleich-egal-f%C3%BCr-welche-kunst, Zugriff: 6.8.2020.

den jeweils im Zentrum gelegenen Theaterbauten in Duisburg und Bochum.[55] Die Geschichte des Aalto-Theaters verdeutlicht in Ergänzung dazu eine weitere Variante der „Standorttreue", indem Aaltos Wettbewerbsbeitrag von 1959 auch bis zum Jahr 1988 seine Relevanz für die Stadt bewahrte. Aus der Lage des neuen Operngebäudes im Park resultierte zwar keine signifikante Veränderung des bestehenden Stadtbildes – das Renommee des international tätigen Architekten Alvar Aalto und die von ihm entworfene Freiformarchitektur haben jedoch einen wesentlichen Beitrag zum Image der Stadt Essen als Kulturstandort geleistet.

Auch das Haus der Erwachsenenbildung war als Modelleinrichtung des Landes NRW einst Aushängeschild für den bildungskulturellen Anspruch der Stadt. Im Verbund mit der (für diesen Standort vorgeschlagenen) Stadtbibliothek und dem markanten Haus der Technik sah Wilhelm Seidensticker in einem Zeitungsbericht von 1973 hoffnungsvoll eine „Geistige Schiene"[56] Essens für das nächste Jahrtausend entlang der Hollestraße entstehen.

Wie schon beim Umzug der VHS von der Hollestraße zum Burgplatz, so soll auch der geplante Standortwechsel der Zentralbibliothek in das Gebäude der „Mayerschen" Buchhandlung am Kennedyplatz den Innenstadtkern beleben und ihn als vitalen Standort für Kultur und Bildung weiter stärken. Es bleibt zu erwarten, wie sich nun die Hollestraße, einst geplant als „Empfangsraum der Stadt",[57] entwickeln wird.

Mit seiner Verflechtung der Nutzflächen und dem Einbezug des Außenraums in das Raumprogramm wies das dort gelegene Haus der Erwachsenenbildung konzeptionelle Parallelen zum Bürgerhaus Oststadt auf. Das Bürgerhaus zeigte zu seiner Entstehungszeit das Bemühen der Stadt, einer proklamierten „Unwirtlichkeit der Städte"[58] vor Ort im Quartier mit innovativen Kultur- und Bildungseinrichtungen entgegenzuwirken. Nach Beendigung der aktuell durchgeführten denkmalgerechten Sanierung wird es wieder „im bewussten Anderssein"[59] im Dienst der Wohnsiedlung stehen.

Im Kontrast dazu wurden beim Museum Folkwang mit seiner Lage an einer Ausfahrtstraße im erweiterten Innenstadtbereich verschiedene Möglichkeiten der Beziehung zwischen Kulturbau und Umgebung für die architektonische

---

55   Vgl. hierzu: Wolfgang Sonne, Die Tradition der Kulturbauten in den Städten des Ruhrgebiets, in: Hans-Jürgen Lechtreck, Wolfgang Sonne, Barbara Welzel (Hrsg.): „Und so etwas steht in Gelsenkirchen …", Kultur@Stadt_Bauten_Ruhr. Dortmund 2020, S. 164–185.
56   „Geistige Schiene für's nächste Jahrtausend". In: Sonderbeilage „Essen – heute und vor 50 Jahren", Nr. 258, 6.11.1973, Bestand Wilhelm Seidensticker, Baukunstarchiv NRW.
57   Ebd.
58   Alexander Mitscherlich, Die Unwirtlichkeit unserer Städte. Anstiftung zum Unfrieden. Frankfurt 1965.
59   Friedrich Mebes: Erläuterung, 2.4.1971, Handakte zur Errichtung des Bürgerhauses Oststadt sowie zur Planung von Bürgerhäusern in Essen allgemein, HdEG/Stadtarchiv 1 Abb.-/571.

Konzeption durchgespielt. Im Zuge des Wiederaufbaus und der jeweiligen Erweiterungen wurde dieser Aspekt immer wieder neu behandelt und es wurden jeweils unterschiedliche Lösungsansätze in Bezug auf Abkehr und Zuwendung zur Umgebung gefunden.

Wilhelm Nieswandt, von 1956 bis 1969 Oberbürgermeister der Stadt Essen, fragte 1958 am Rande der Jahreshauptversammlung der „Gesellschaft zur Förderung des Essener Theaterneubaus", ob diese Stadt berufen sei, „etwas für die Zukunft zu leisten".[60] Damit kulturinteressierte Bürger und Bürgerinnen nicht ins nahe gelegene Düsseldorf auswichen, müsse man die Stadt vom „Fluch" lösen, nur eine Arbeiterstadt zu sein und mit Architekturen, die „eine Note haben", eine „Heimatstadt bieten".[61] Dementsprechend dienen die hier präsentierten Kultur- und Bildungsbauten mit ihren vielfältigen Angeboten als wichtige Standortfaktoren für die Stadt Essen, an denen sich ablesen lässt, welche Konzepte und Orte immer wieder hinterfragt und aktuellen Entwicklungen angepasst wurden und welche (Entwurfs-)Ideen auch über Jahrzehnte hinweg für die Stadtgesellschaft relevant und förderwürdig geblieben sind.

---

[60] Aussage des Essener Oberbürgermeisters Wilhelm Nieswandt, zitiert nach: Protokoll eines Gesprächs im Anschluss an die Jahreshauptversammlung der „Gesellschaft zur Förderung des Essener Theaterneubaus" am 17.4.1958 im Gelben Saal des Städtischen Saalbaus, HdEG/Stadtarchiv 408 34.

[61] Ebd.

„VERBRANNTE ORTE": EINE AUSSTELLUNG ZU DEN BÜCHERVERBRENNUNGEN IM JAHR 1933 – AUCH IN ESSEN

MERLIN GORISS UND CLAUDIA KAUERTZ

Das Jahr 2023 gehört zu den Gedenkjahren, in denen u. a. an die Machtübernahme durch die Nationalsozialisten vor 90 Jahren im Jahr 1933 erinnert wird. Nachdem Reichspräsident Paul von Hindenburg Adolf Hitler am 30. Januar 1933 zum Reichskanzler ernannt hatte, endete die Weimarer Republik, die erste Demokratie auf deutschem Boden, und die Nationalsozialisten konnten in der Folge ihr autoritäres Regime etablieren. Unmittelbar nach der Machtübernahme begannen die neuen Machthaber bereits im März 1933 deutschlandweit mit der Verfolgung politischer Gegner und der Gleichschaltung von Staat und Gesellschaft. Besondere Akzente setzten sie im Bereich der Kulturpolitik, indem sie – auch in Essen – politisch missliebige Leiter von Kultureinrichtungen entließen und mit ersten kulturpolitischen Propaganda- und Säuberungsaktionen ihre eigenen Vorstellungen von Kultur durchsetzten. Eine der bis heute bekanntesten nationalsozialistischen Propagandaaktionen im Kulturbereich sind die Bücherverbrennungen, die im Jahr 1933 in vielen deutschen Städten stattfanden.

An diese Bücherverbrennungen erinnert das erinnerungskulturelle Projekt „Verbrannte Orte" e. V., das zum Gedenkjahr 2023 eine gleichnamige Wanderausstellung zu den Bücherverbrennungen in Deutschland erarbeitet hat. Diese Ausstellung wurde vom 6. Juni bis zum 4. Juli 2023 im Haus der Essener Geschichte/Stadtarchiv (HdEG) gezeigt. Eröffnet wurde sie am 6. Juni von Bürgermeister Rudolf Jelinek und Jan Schenck, dem Initiator von „Verbrannte Orte", vor 45 geladenen Gästen, darunter zahlreiche Vertreterinnen und Vertreter aus dem politischen Raum. Auf die Ausstellung aufmerksam gemacht wurde das HdEG durch Arnd Hepprich, Sprecher der AG der Essener Geschichtsinitiativen und

Abb. 370: Eröffnung der Ausstellung „Verbrannte Orte" am 6. Juni 2023 durch den Initiator Jan Schenck

Antiquar in Essen-Steele, der im Oktober 2022 auf der Deutschen Buchmesse in Frankfurt am Main erstmals auf das Projekt „Verbrannte Orte" gestoßen war.

Das Projekt „Verbrannte Orte"

Das 2013 auf Initiative des Fotografen Jan Schenck aus Küsten (Landkreis Lüchow-Dannenberg) ins Leben gerufene, vom gleichnamigen Verein getragene Projekt „Verbrannte Orte" hat sich zum Ziel gesetzt, die Orte der Bücherverbrennungen in Deutschland zu dokumentieren und mit historischen Erläuterungen und Erinnerungen von Zeitzeugen darzustellen. Auf einer eigenen Internetseite ist so im Laufe der Zeit ein digitaler Atlas entstanden, der für jeden kostenfrei einsehbar ist. Aktuell sind dort 165 Bücherverbrennungen dokumentiert.[1]

Interaktive Panoramen ermöglichen den Besucherinnen und Besuchern, sich den Orten der Bücherverbrennungen in ihrer heutigen Gestalt zu nähern und deren Geschichte zu erfahren. Großformataufnahmen rücken ausgewählte Perspektiven ins Blickfeld und Hintergrundtexte bieten eine historische Erläuterung. Zusätzlich machen weitere Quellen Geschichte erlebbar.

Das Projekt „Verbrannte Orte" will Unsichtbares sichtbar machen und damit eine für alle zugängliche Informationsplattform zu den Orten der Bücherverbrennungen schaffen. Es leistet einen aktiven Beitrag zur Erinnerungskultur, indem es dafür sorgt, dass diese Orte nicht weiter in Vergessenheit geraten. Neben dem Online-Atlas bietet der Verein „Verbrannte Orte" Vorträge, eine Projektbibliothek, Bildungsveranstaltungen, Unterrichtsmaterialien für Schulen sowie eigene Publikationen und Ausstellungen an.[2]

Die Wanderausstellung „Verbrannte Orte"

Die Wanderausstellung „Verbrannte Orte" wurde im Vorfeld des 90. Jahrestages der Bücherverbrennungen erarbeitet und bislang an verschiedenen Orten – meist in Ostdeutschland – gezeigt.[3] Mit der Präsentation im Haus der Essener Geschichte/Stadtarchiv gelangte die Ausstellung erstmals ins Ruhrgebiet. Die modular konzipierte Ausstellung bot insgesamt 18 Text- und Fototafeln zu den folgenden Aspekten und enthielt dabei auch ergänzende Informationen zu den Verbrennungen am Ausstellungsort – der Stadt Essen.

---

[1] Vgl. https://www.verbrannte-orte.de/ (Stand: 11.6.2023).
[2] Vgl. über das Projekt und seine verschiedenen Angebote das Projekt-Blog: https://blog.verbrannte-orte.de/ (Stand: 25.3.2023).
[3] Vgl. auch das im April 2023 erschienene Buch zur Ausstellung, das insgesamt 60 Fotografien von ehemaligen Bücherverbrennungsorten präsentiert: Jan Schenck (Hrsg.), Verbrannte Orte. Nationalsozialistische Bücherverbrennungen in Deutschland. Wien/Berlin 2023.

1. Die nationalsozialistischen Bücherverbrennungen in Deutschland
2. Nicht nur Berlin – Phasen und Hintergründe
3. Verboten, verbrannt, verbannt – Schriftsteller*innen
4. Meinungsfreiheit gestern und heute
5. Regionaler Ort: Bücherverbrennungen in der Stadt Essen.
6. Das Projekt Verbrannte Orte/Förder*innen/Realisierung
7–12. Die Orte heute: Sieben Fotografien von Bücherverbrennungsorten heute.[4]

Ergänzt wurde die Ausstellung durch Werke von Schriftstellerinnen und Schriftstellern, die den NS-Verbrennungsaktionen zum Opfer gefallen waren. Die Bücher waren dem HdEG von Arnd Hepprich als Leihgaben für die Ausstellung überlassen worden. In drei Vitrinen wurden insgesamt elf Bände präsentiert, darunter wertvolle Erst- und Zweitausgaben z. B. von Erich Maria Remarque, Im Westen nichts Neues (1929), oder Erik Reger, Union der festen Hand (1931), und Das wachsame Hähnchen (1933). Ein kommentiertes Verzeichnis der ausgestellten Bücher ist im Anhang beigefügt. Eine weitere Vitrine enthielt Originalquellen aus dem HdEG zu den Bücherverbrennungen in der Stadt Essen, die diesem Beitrag als Abbildungen beigefügt sind.

Der historische Hintergrund: Bücherverbrennungen in Deutschland

Schon bald nach der Machtübernahme begannen die Nationalsozialisten mit der Ausübung von Einschüchterungspraktiken sowie mit Propaganda- und Säuberungsaktionen im Kulturbereich. Einen Höhepunkt bildete die Erstellung der „Liste undeutschen Geistes" mit Werken von 131 Autorinnen und Autoren. Diese Bücher wurden am 10. Mai 1933 auf öffentlichen Plätzen in mehr als 20 Städten verbrannt. Diese sogenannte „Aktion wider den undeutschen Geist" und die Verbrennungen wurden aus den Kreisen der Deutschen Studentenschaft organisiert. Neben solchen zentral organisierten Verbrennungsaktionen gab es an vielen weiteren Orten Bücherverbrennungen, die von lokalen Akteuren initiiert und durchgeführt wurden. Häufig war hier die Hitler-Jugend (HJ) beteiligt.

Bereits im März 1933 kam es in vielen deutschen Städten zu Bücherverbrennungen. In dieser Phase wurden sie hauptsächlich als Mittel der Verfolgung und Einschüchterung politischer Gegner verwendet. So kam es nach Plünderungen, Durchsuchungen und Verhaftungen an einigen Orten zu spontanen Bücherver-

---

[4] In der Ausstellung gezeigt wurden aktuelle Ansichten der Bücherverbrennungsorte in den folgenden Städten: Zwickau, Bosenstraße, 8. März 1933; Wachenheim, Marktplatz, 6. Mai 1933; Rostock, Friedrich-Hildebrand-Platz, 10. Mai 1933; Mannheim, Messplatz, 19. Mai 1933; Schwerin, Pfaffenteich, 4. Juni 1933; Mainz, Großer Sand, 24. Juni 1933; Untergrombach, Michaelsberg, 26. Juni 1933. Diese Orte sind in der Regel nicht durch Gedenkplaketten als Orte der Bücherverbrennungen gekennzeichnet.

Abb. 371: Blick in die Ausstellung „Verbrannte Orte"

brennungen. Nach dem 10. Mai 1933 folgten dann Verbrennungsaktionen, die überwiegend durch die Aktion „Wider den undeutschen Geist" inspiriert wurden. Dabei kam es zu Einzelaktionen, zum Beispiel bei Sonnenwendfeiern und ähnlichen Anlässen, aber auch zu zentral gesteuerten Aktionen auf regionaler Ebene.

Insgesamt sind drei Phasen der nationalsozialistischen Bücherverbrennungen erkennbar, von denen jede ihre spezifischen Merkmale aufweist. Darüber hinaus hatte jede einzelne Bücherverbrennung aber auch ihre Besonderheiten. Gerade die Betrachtung der regionalen Zusammenhänge und Akteure ermöglicht eine neue, differenziertere Sichtweise auf die Ereignisse von 1933 vor Ort.

1. Phase: März bis Anfang Mai 1933
In dieser ersten Phase fanden hauptsächlich Verbrennungen im Rahmen des Straßenterrors gegen politische Gegner und Andersdenkende statt. Schwerpunkt waren hier kommunistische, sozialistische und jüdische Verlage, Gewerkschaften und Buchhandlungen. Bisher sind für diese Phase 41 Verbrennungen dokumentiert.

2. Phase: Mai bis Anfang Juni 1933
Im Rahmen der Aktion „Wider den undeutschen Geist" brannten in mindestens 20 Hochschulstädten im damaligen Deutschen Reich die Scheiterhaufen. Diese Verbrennungen wurden zentral durch die Deutsche Studentenschaft organisiert und durch Studierende vor Ort – oft gemeinsam mit anderen Akteuren – durchgeführt. Sie fanden zum großen Teil am 10. Mai statt. Regionale Besonderheiten, Parallelveranstaltungen und Witterungsbedingungen führten dazu, dass sich die Verbrennungen bis in den Juni 1933 zogen.

3. Phase: Ende Mai bis November 1933
In der letzten Phase der Bücherverbrennungen kam es im gesamten damaligen Deutschen Reich zu unzähligen weiteren Verbrennungsaktionen, die in Form und Ausprägung stark variierten. Es gab sowohl „wilde" Verbrennungen im

Rahmen des politischen Straßenterrors als auch groß inszenierte, öffentlichkeitswirksame Verbrennungen im Stil der Aktion „Wider den undeutschen Geist", die hier als Vorbild diente. In dieser Phase gab es koordinierte Aktionen auf regionaler Ebene, z. B. die „Kampfwochen gegen Schmutz und Schund" in Baden oder die Anweisung des Oberpräsidenten der Rheinprovinz an alle höheren Lehranstalten zur Durchführung von Bücherverbrennungen auf den Schulhöfen.

Aufgrund der überregionalen Berichterstattung und des universitären Rahmens hat sich die Forschung lange auf die Bücherverbrennungen durch die Deutsche Studentenschaft in den Universitätsstädten am 10. Mai 1933 konzentriert. In der heutigen Wahrnehmung und Erinnerung spielen die Verbrennungen der Phasen eins und drei deshalb nur eine nebengeordnete Rolle. Ein besonderer wissenschaftlicher Schwerpunkt liegt außerdem auf den Bücherverbrennungen in der damaligen Reichshauptstadt Berlin.

Diese Fokussierung führte in der Vergangenheit zu einer enormen Dunkelziffer und verschleierte das wahre Ausmaß der Bücherverbrennungen in Deutschland.

Die Bücherverbrennungen in der Stadt Essen

Die Stadt Essen gehörte nicht zu den deutschen Universitätsstädten, in denen die Bücherverbrennungen, organisiert von der Deutschen Studentenschaft, bereits am 10. Mai 1933 stattfanden. Da das Ruhrgebiet keine Universitäten hatte, blieben hier an diesem Tag die Vernichtungsaktionen aus. Allerdings lassen sich danach auch in Essen zwei Bücherverbrennungen nachweisen, die eine am 19. Mai auf dem Schulhof des Helmholtz-Realgymnasiums, die andere am 21. Juni auf dem Gerlingplatz.[5]

Bücherverbrennung auf dem Schulhof des Helmholtz-Realgymnasiums am 19. Mai 1933
Die erste Bücherverbrennung in der Stadt Essen wurde am 19. Mai 1933 vom renommierten, 1864 gegründeten Helmholtz-Realgymnasium in Essen-Rüttenscheid mittags auf dem dortigen Schulhof in Anwesenheit der gesamten Lehrer- und Schülerschaft inszeniert.[6] Begleitet von einer Rede des Studienrats

---

[5] Vgl. für das Folgende: Klaus Wisotzky, Essen, in: Orte der Bücherverbrennung in Deutschland 1933, hrsg. von Julius H. Schoeps u. Werner Treß. Hildesheim u. a. 2008, S. 322–327. Die Bücherverbrennung auf dem Gerlingplatz ist dabei auch Teil der Dauerausstellung im Haus der Essener Geschichte/Stadtarchiv. Vgl. dazu den Ausstellungskatalog: Klaus Wisotzky/Monika Josten, Essen. Geschichte einer Großstadt im 20. Jahrhundert. Münster 2018, hier S. 131–132.

[6] Im Jahr 2022 haben Schülerinnen und Schüler des Q2-Zusatzkurses Sozialwissenschaften unter Leitung der Lehrer Kurt Blanke und Semir Badrani die Wanderausstellung „Helmholtz Revisited! Aus Geschichte lernen" erarbeitet. Die Ausstellung präsentiert insgesamt

Abb. 372: Helmholtz-Realgymnasiums (um 1933)

von der Stein und unter dem Gesang des Liedes „Flamme empor..." wurden mit Werken von Ernst Toller, Ludwig Renn, Thomas Mann, Carl Zuckmayer und anderen, dem NS-Staat missliebigen Autorinnen und Autoren dort Bücher verbrannt, die zum Teil aus der Schulbibliothek stammten und zum Teil von den Schülern von zu Hause mitgebracht worden waren. Ein Bericht über die Bücherverbrennung am Helmholtz-Realgymnasium wurde in der Nationalzeitung am 20. Mai 1933 veröffentlicht.[7]

Dabei war die Bücherverbrennung des Helmholtz-Realgymnasiums keineswegs ein spontaner Akt einer einzelnen Essener Schule, sondern Teil einer zentral koordinierten, regionalen schulischen Verbrennungsaktion.[8] Das Realgymnasium hatte auf eine behördliche Anordnung des Provinzialschulkollegiums beim Oberpräsidenten der Rheinprovinz in Koblenz, der damaligen Schulaufsichtsbehörde für die höheren Schulen, reagiert. In einem Rundschreiben vom 15. Mai 1933 wies der Oberpräsident Hermann Freiherr von Lüninck (DNVP) die ihm unterstellten höheren Lehranstalten kurzfristig an, im Rahmen der sogenannten Aktion für „Deutsche Geistigkeit und Kultur" in Zusammenarbeit mit den örtlichen HJ-Führern an diesem Tag Verbrennungsaktionen auf den Schulhöfen zu veranstalten:

sieben Biographien von ehemaligen Helmholtz-Schülern, die während der NS-Zeit entweder zu Tätern oder Opfern geworden waren, und erwähnt mit Blick auf die Schulgeschichte während der NS-Zeit auch die Bücherverbrennung auf dem Schulhof am 19. Mai 1933. Die Ausstellung wurde nach ihrer Eröffnung in der Schule im Mai 2022 bislang in verschiedenen Kultureinrichtungen der Stadt Essen gezeigt, u. a. auch im Haus jüdischer Kultur in der Alten Synagoge und im HdEG. Vgl. den 2023 als Broschüre erschienenen Ausstellungskatalog „Helmholtz Revisited".

7 National-Zeitung Nr. 137 vom 20.5.1933.
8 Darauf hat auch Dr. Klaus Wisotzky in seinem am 21. Juni 2023 in der VHS Essen gehaltenen Vortrag „Dieses Geschreibsel wird heute in Flammen aufgehen. – Richard Euringer und die Bücherverbrennung in Essen", hingewiesen.

Abb. 373: Zeitungsbericht über die Bücherverbrennung im Helmholtz-Realgymnasium, in: Nationalzeitung vom 20.5.1933

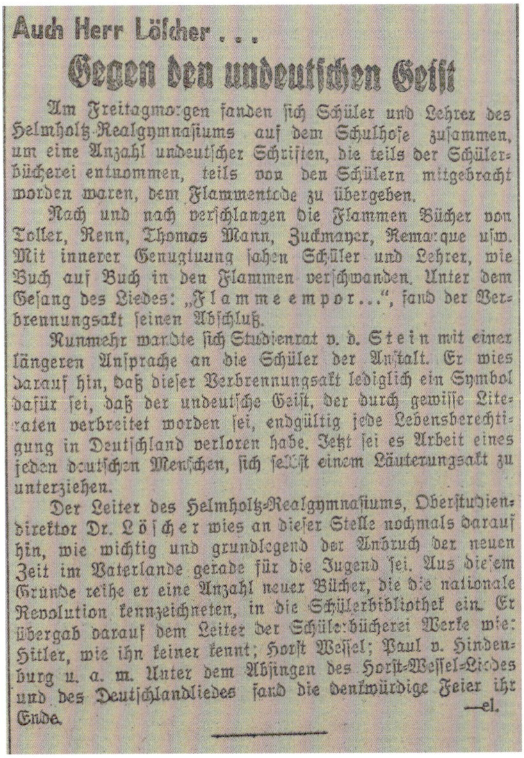

> **Auch Herr Löscher …**
>
> **Gegen den undeutschen Geist**
>
> Am Freitagmorgen fanden sich Schüler und Lehrer des Helmholtz-Realgymnasiums auf dem Schulhofe zusammen, um eine Anzahl undeutscher Schriften, die teils der Schülerbücherei entnommen, teils von den Schülern mitgebracht worden waren, dem Flammentode zu übergeben.
>
> Nach und nach verschlangen die Flammen Bücher von Toller, Renn, Thomas Mann, Zuckmayer, Remarque usw. Mit innerer Genugtuung sahen Schüler und Lehrer, wie Buch auf Buch in den Flammen verschwanden. Unter dem Gesang des Liedes: „Flamme empor…", fand der Verbrennungsakt seinen Abschluß.
>
> Nunmehr wandte sich Studienrat v. d. Stein mit einer längeren Ansprache an die Schüler der Anstalt. Er wies darauf hin, daß dieser Verbrennungsakt lediglich ein Symbol dafür sei, daß der undeutsche Geist, der durch gewisse Literaten verbreitet worden sei, endgültig jede Lebensberechtigung in Deutschland verloren habe. Jetzt sei es Arbeit eines jeden deutschen Menschen, sich selbst einem Läuterungsakt zu unterziehen.
>
> Der Leiter des Helmholtz-Realgymnasiums, Oberstudiendirektor Dr. Löscher wies an dieser Stelle nochmals darauf hin, wie wichtig und grundlegend der Anbruch der neuen Zeit im Vaterlande gerade für die Jugend sei. Aus diesem Grunde reihe er eine Anzahl neuer Bücher, die die nationale Revolution kennzeichneten, in die Schülerbibliothek ein. Er übergab darauf dem Leiter der Schülerbücherei Werke wie: Hitler, wie keiner ihn kennt; Horst Wessel; Paul v. Hindenburg u. a. m. Unter dem Absingen des Horst-Wessel-Liedes und des Deutschlandliedes fand die denkwürdige Feier ihr Ende. —el.

„Am 19. Mai ds. Js. veranstaltet die Hitler-Jugend – Bann Koblenz-Trier – an den höheren Schulen eine Kundgebung für ‚Deutsche Geistigkeit und Kultur', in deren Rahmen volkszersetzende Schriften aus den Schülerbüchereien auf dem Schulhof verbrannt werden sollen. Der H.J. Führer wird dem Direktor der Anstalt das Programm der Feier rechtzeitig vorlegen und von ihm die Bücher erbitten, die das Lehrerkollegium als undeutsch und zersetzend aus der Schülerbücherei entfernt hat. Ich weise alle Leiter(innen) der höheren Schulen an, den HJ-Führern die für die Verbrennung in Frage kommenden Schriften der Schulbüchereien zu überlassen und am 19. Mai den Schüler(innen) der Anstalt die Stunde von 12 bis 13 Uhr für diese Feier freizugeben."⁹

9 Auf das Rundschreiben des Provinzialschulkollegiums wurde erstmals von Horst Silbermann im Zusammenhang mit den Bücherverbrennungen hingewiesen, welche die beiden höheren Schulen in Bad Kreuznach, das Altsprachliche Gymnasium und das Städtische Lyzeum, am 19. Mai 1933 veranstalteten. Vgl. dazu Werner Treß, Phasen und Akteure der Bücherverbrennung, in: Ders., Julius H. Schoeps, Orte der Bücherverbrennung (wie Anm. 5), S. 21 sowie Horst Silbermann, Bad Kreuznach, in: Ebd., S. 33. Im Haus der Essener Geschichte/Stadtarchiv ist im bislang noch unverzeichneten Bestand des Gymnasiums

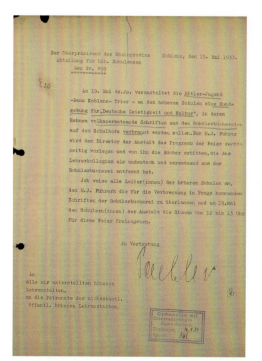

Abb. 374: Rundschreiben des Oberpräsidenten der Rheinprovinz vom 15. Mai 1933 mit Aufruf an alle höheren Lehranstalten zur Bücherverbrennung am 19. Mai 1933

Abb. 375: Maria-Wächtler-Schule (um 1933)

Trotz dieser behördlichen Anweisung sind bislang keine weiteren Bücherverbrennungen für Essener Schulen belegt. Die Maria-Wächtler-Schule, eine benachbarte höhere Mädchenschule in Essen-Rüttenscheid, wandte sich allerdings mit der folgenden Auskunft an die Presse:

> *„Die Maria-Wächtler-Schule hat nie in den Beständen ihrer Schülerinnenbüchereien eins von den Büchern besessen, die jetzt in öffentlichen Listen als undeutsch und volkszersetzend gebrandmarkt werden. Deshalb konnten wir auch keine Bücherverbrennung veranstalten."*[10]

Das Ausmaß der vom Oberpräsidenten der Rheinprovinz initiierten regionalen Aktion für „Deutsche Geistigkeit und Kultur", die jeweils dezentral in Zusammenarbeit mit der örtlichen Hitlerjugend durchgeführt wurde und bislang noch nicht das Interesse der Forschung gefunden hat, ist nicht bekannt. Allerdings lassen sich bereits jetzt in einigen anderen Städten der Rheinprovinz einzelne Schulen nachweisen, die der Anweisung des Oberpräsidenten folgten und am Mittag des 19. Mai 1933 Bücherverbrennungen auf ihren jeweiligen Schulhöfen im Beisein der gesamten Schülerschaft veranstalteten. So sind neben dem Essener Helmholtz-Realgymnasium am 19. Mai 1933 auch Bücherverbrennungen an höheren Jungen- und Mädchenschulen in Bad Kreuznach und Kleve dokumentiert.[11]

Auch nach den Bücherverbrennungen am 19. Mai 1933 war die Entfernung missliebiger Autorinnen und Autoren aus den Schülerbibliotheken längst noch nicht abgeschlossen und die Buchbestände der höheren Schulen in der Rheinprovinz blieben im Fokus der Aufmerksamkeit des Provinzialschulkollegiums.

Unter dem Betreff „Säuberung der Schülerbüchereien" wandte sich die Behörde in einem weiteren Rundschreiben vom 4. Juli 1933 an die Schulen, von denen sie zuvor Bestandsverzeichnisse aller Schülerbüchereien eingefordert hatte. Dem Schreiben waren zwei Listen beigefügt, von denen die eine die zu entfernenden Werke aufführte, während die andere Publikationen zur Anschaffung empfahl. Begründet wurde das Aussortieren der Bücher wie folgt:

> *„Die Durchsicht der mir übersandten Bücherverzeichnisse hat ergeben, dass in den Schülerbüchereien eine verhältnismäßig große Anzahl an Büchern vorhanden ist, die aus verschiedenen Gründen entfernt werden müssen. Es handelt sich dabei zunächst um solche Werke, die durch eine überspitzt analysierende Darstellung seelischer Vorgänge, durch ein Übermaß von Skepsis und Kritik, durch eine materialistische Lebens- und*

Borbeck (Best. 249) ein Exemplar des Rundschreibens des Oberpräsidenten der Rheinprovinz erhalten geblieben. Die Reaktion der Schule darauf ist nicht bekannt. Eine weitere Verbrennungsaktion kann hier nicht belegt werden.

10 National-Zeitung Nr. 141 vom 24.5.1933.
11 Vgl. dazu Treß, Phasen und Akteure (wie Anm. 5), S. 22.

Weltauffassung, eine sensationslüsterne Thematik oder durch eine bewusst antideutsche Haltung des Verfassers der großen nationalen Erziehungsarbeit, nämlich charakterstarke, auf ihre deutsche Art und völkische Bindung stolze Menschen heranzubilden, Abbruch tun könnten.

Mit diesen allgemein schädigenden Schriften sind solche auszumerzen, die zwar von urteilsfähigen und reifen Menschen mit Gewinn gelesen werden können, die jedoch Schülern nur unter Anleitung und Führung durch den Lehrer zu Vorträgen und schriftlichen Arbeiten überlassen werden dürfen. Es entsteht daraus für den Deutschlehrer die Pflicht, sorgfältig zu prüfen, welche Schüler er mit solchen Aufgaben betrauen kann, und darüber hinaus die Privatlektüre seiner Schüler durch Anweisungen, Empfehlungen und Aussprachen zu überwachen und zu leiten. Er darf sich nicht scheuen, im Interesse der nationalen Erziehung auch bisher anerkannte Schriftsteller von seinen Schülern fernzuhalten, wenn sie nach ihrer Gesamthaltung die Erziehungsarbeit ungünstig beeinflussen könnten. [...] Sollten Werke, die auf der anliegenden Liste verzeichnet sind, sich noch in einer Schülerbücherei befinden, so sind diese sofort zu entfernen."[12]

Wie diese Anordnung umgesetzt wurde und was danach jeweils konkret mit den aussortierten Büchern geschah bzw. auf welche Weise sie vernichtet wurden, lässt sich heute aufgrund der Quellenlage vielfach wohl nicht mehr nachvollziehen. Weitere öffentlichkeitswirksame Bücherverbrennungen von Schulen in der Rheinprovinz nach dem 19. Mai 1933 sind bislang allerdings nicht bekannt geworden.

Bücherverbrennung auf dem Gerlingplatz am 21. Juni 1933

Die zweite Bücherverbrennung in der Stadt Essen fand am 21. Juni 1933 auf dem Gerlingplatz im Rahmen einer Sonnenwendfeier statt.[13] Die SA hatte aus den Büchern von Thomas und Heinrich Mann, Erich Maria Remarque, Kurt Tucholsky, Ernst Toller und anderen Schriftstellerinnen und Schriftstellern einen Scheiterhaufen errichtet, der am Abend angezündet wurde.[14]

Der Schauplatz der Bücherverbrennung war bewusst gewählt. Denn der Gerlingplatz im Essener Ostviertel war der traditionelle Versammlungsort der Essener Arbeiterbewegung. Hier fanden die Kundgebungen der Gewerkschaften, der KPD und der SPD statt.

Bereits am 8. Mai 1933 war der Gerlingplatz von der nationalsozialistischen Stadtführung in Platz des 21. März umbenannt worden. Dieser Name erinnerte

---

12   Ein Exemplar des Rundschreibens ist im Bestand des Schulamtes überliefert. Vgl. HdEG Best. 1021 (Schulamt) Nr. 344. Erstmals auch auf dieses Rundschreiben hingewiesen hat: Silbermann, Bad Kreuznach (wie Anm. 5), S. 37–38.
13   Vgl. dazu den Bericht in der National-Zeitung Nr. 196 vom 22.6.1933.
14   Zu den damals verbrannten Werken erarbeiteten die Stadtbibliothek und die Alte Synagoge 1981 eine kleine Ausstellung, deren Katalog erstmals 1981 erschien (Neuauflage 1984): Verbrannte Bücher: ein Auswahlverzeichnis [Ausstellungskatalog], Essen 1981¹.

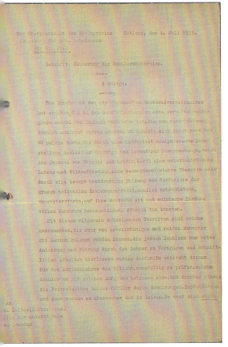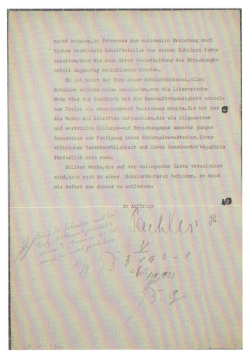

Abb. 376: Rundschreiben des Oberpräsidenten der Rheinprovinz vom 4. Juli 1933 betr. Säuberung der Schülerbüchereien, Seiten 1 und 2

an den sogenannten „Tag von Potsdam" am 21. März 1933, mit dem die NS-Propaganda die Feierlichkeiten in Potsdam zur Eröffnung des Reichstags, der aus der Reichstagswahl am 5. März 1933 hervorgegangen war, bezeichnete und den sie als Verbindung von konservativem Traditionsbewusstsein und nationalsozialistischem Erneuerungswillen bewusst inszenierte.

Der Bücherverbrennung wohnte eine große Menschenmenge bei: Angehörige von SA und SS, Mitglieder der Nationalsozialistischen Betriebszellen-Organisation (NSBO) und der Hitlerjugend (HJ) sowie eine Vielzahl Essener Bürgerinnen und Bürger, die das Spektakel miterleben wollten. Angezündet wurde der Bücherstapel von SA-Standartenführer Dahlem, begleitet von Reden des NSBO-Kreisobmanns Paul Knaden und des neuen Leiters der Stadtbibliothek Richard Euringer (1891–1953).[15] Die Kundgebung schloss mit dem Deutschlandlied und dem Horst-Wessel-Lied.

[15] Vgl. zu Euringer: Klaus Wisotzky, Richard Euringer: NS-Literat und Leiter der Essener Stadtbücherei, in: Essener Beiträge 112 (2000), S. 128–151; Jürgen Hillesheim, „Heil dir Führer! Führ uns an! …" Der Augsburger Dichter Richard Euringer. Würzburg 1995.

Der nationalsozialistische Schriftsteller[16] Euringer war nicht nur der Initiator der Bücherverbrennung, sondern zugleich auch der Hauptredner der Kundgebung auf dem Gerlingplatz. Dies war sein erster öffentlicher Auftritt in Essen, mit dem er zu Beginn seiner Amtszeit ein deutliches Zeichen setzen wollte:

> *„Ich sitze auf dem Sessel der Stadtbücherei und bin damit beauftragt, einen neuen Geist in die Stadtbibliothek hineinzutragen [...]. Die Proleten haben nicht etwa das gelesen, was ihre Seele verlangte, sondern etwas, was ihnen die Drahtzieher der marxistischen Internationale zuschoben, um aus ihnen ein willfähriges Objekt zu machen. Die deutschen Verleger, Buchhändler und Dichter sind nicht ganz schuldlos daran. Dieses Geschreibsel wird nun heute in Flammen aufgehen. Das ist schön, symbolisch, bildhaft. Wir werden nun hier in Essen zu den Kumpels gehen und ihnen deutsche Literatur näherbringen. Wir werden vor allen Dingen dafür sorgen, dass unter 12 Tierbüchern für die Kinder sich nicht 10 ausländische befinden, und wir werden dafür sorgen, daß aus den Lesesälen die Zeitungen wie Berliner Tageblatt, Frankfurter Zeitung usw. verschwinden."*[17]

Richard Euringer war der Nachfolger des renommierten Essener Stadtbibliothekars Dr. Eugen Sulz (1884–1965), der wegen seiner Zugehörigkeit zur SPD auf der Grundlage des *Gesetzes zur Wiederherstellung des Berufsbeamtentums* vom 7. April 1933 aus dem Amt entlassen worden war.[18] Der damalige NS-Oberbürgermeister Theodor Reismann-Grone (1863–1949)[19] hatte Euringer gezielt nach Essen geholt und ihn zunächst stark gefördert, um hier ein Zentrum nationalsozialistischer Kultur zu errichten und „Essen zu einem Weimar zu machen."[20] Unmittelbar nach seinem Dienstantritt in Essen ließ Euringer, der seine Pläne bereits im Vorfeld öffentlich verkündet hatte,[21] den gesamten Buchbestand der Stadtbibliothek durchsehen und alle Werke aus dem Leihverkehr nehmen,

---

[16] Vgl. Alois Klotzbücher, Schriftsteller als Bibliothekare im „Dritten Reich", in: Buch und Bibliothek 43 (1991), S. 347–351, hier S. 348.

[17] National-Zeitung Nr. 196 vom 22.6.1933.

[18] Zur Tätigkeit von Eugen Sulz als Leiter der Essener Stadtbücherei: Matthias Uecker, Zwischen Industrieprovinz und Großstadthoffnung. Kulturpolitik im Ruhrgebiet der zwanziger Jahre. Wiesbaden 1994, S. 205–226; Ders., „Eine universale Bildungs- und Beratungsstätte". Die Stadtbibliothek Essen in der Weimarer Republik, in: Reinhard Brenner, Klaus Wisotzky (Hrsg.), Der Schlüssel zur Welt: 100 Jahre Stadtbibliothek Essen, Essen 2002, S. 36–57. Der Nachlass von Eugen Sulz befindet sich heute unter der Bestandssignatur NL 664 (Eugen Sulz) im HdEG.

[19] Vgl. zu Reismann-Grone: Stefan Frech, Theodor Reismann-Grone (1863–1949). Ein radikaler Nationalist zwischen Kaiserreich und Entnazifizierung, in: Essener Beiträge 114 (2002), S. 35–57. Der Nachlass von Reismann-Grone ist unter der Bestandssignatur NL 652 (Theodor Reismann-Grone) im HdEG zu finden.

[20] HdEG NL 652 (Theodor Reismann-Grone) Nr. 13: Reismann-Grone an Josef Winckler, 28.8.1933.

[21] Vgl. Richard Euringer, Schrifttum der Zukunft, in National-Zeitung Nr. 121 vom 4.5.1933. Dort schreibt er u. a.: „Nur die Waffen der Politik schlagen dem giftigen Literaten

„VERBRANNTE ORTE"

Abb. 377: Vorbereitung des Scheiterhaufens auf dem Gerlingplatz am Tag des 21. Juni 1933

„deren Inhalt mit der nationalsozialistischen Ideenwelt in Widerspruch stehen. Dazu gehörten zunächst vor allem politische, geschichtliche und volkswirtschaftliche Werke der marxistischen und kommunistischen Richtung, ferner Bücher, die infolge ihres undeutschen, gegen die Moral und die christliche Religion verstoßenden oder geistig zersetzenden Inhalts in einer nach den Grundsätzen der nationalsozialistischen Weltanschauung geführten öffentlichen Bücherei nicht mehr allgemein dem Publikum dargeboten werden konnten. Dazu kam eine Überfremdung mit ausländischen Autoren, die zu erheblichen Bedenken Anlass gab."[22]

Der Aussonderung fielen insgesamt mehr als 18.000 Bände[23] zum Opfer. Ein kleiner Teil davon wurde am 21. Juni 1933 auf dem Gerlingplatz verbrannt, der größte Teil jedoch magaziniert und damit für die Benutzung gesperrt. Die wegen ihres Inhalts entfernten Bücher wurden wiederholt durch „schwarze Listen" in der Presse bekannt gegeben.

die Feder endgültig aus der Hand. Gesetze, und nicht Aufsätze räumen auf mit der Literatur, die systematisch ein Volk vergiftet."
22 Vgl. Chronik der Stadt Essen für das Jahr 1933, S. 177.
23 Ebd., S. 178.

Abb. 378: *Brennender Scheiterhaufen auf dem Gerlingplatz am Abend des 21. Juni 1933*

Zwei Jahre nach der Bücherverbrennung plante Euringer im Sommer 1935 die Vernichtung von weiteren 12.000 Büchern, die gemäß einer Anordnung der Reichsschriftumskammer vom 25. April 1935 und einem Ministerialerlass vom 9. Mai 1935 ausgesondert worden waren und ebenfalls verbrannt werden sollten.[24] Offenbar wollte Euringer eine weitere Bücherverbrennung inszenieren.[25] An diesem Vorhaben wurde er vom Oberbürgermeister Theodor Reismann-Grone gehindert, der die zur Verbrennung vorgesehenen 274 Bücherpakete in den Rathauskeller bringen ließ. Euringer, von dem sich Reismann-Grone inzwischen deutlich distanzierte und der sein Amt als Büchereileiter schließlich am 10. Oktober 1936 niederlegte, hatte zu dem zusätzlich noch mit einem

---

[24] Die Chronik der Stadt Essen 1934 berichtet, dass insgesamt mehr als 40.000 Bücher aussortiert wurden. Vgl. Chronik der Stadt Essen für das Jahr 1934, S. 181.

[25] Vgl. dazu die Ausführungen von Theodor Reismann-Grone in seiner Chronik der Oberbürgermeisterzeit 1933–1937, NL 652 (Theodor Reismann-Grone) Nr. 154: „Euringer kommt am 29.6. zu mir, total verrückt, will 12.000 Bände verbrennen. Er habe ‚Befehle', d. h. von den Beratungsstellen der Partei oder Auskünfte von Ministerialräten, deren ‚Anordnungen' er für Gesetze hält. Außerdem gebiete ihm sein Gewissen den großen Brand. […] Ich gebe Befehl, die 12.000 Bände ins Rathaus zu bringen in die Keller."

besonderen Sicherheitsschlüssel verschlossenen Kellerraum keinen Zutritt.²⁶ In der Begründung für die Sicherstellung gab Reismann-Grone an, dass die Bücher zu verwahren seien, „um einer späteren Zeit die Möglichkeit zu geben, darüber zu verfügen, hauptsächlich aber, weil eine Vernichtung dieser Bücher wie auch z. B. der Gemälde aus der jüdischen Kulturepoche späteren Geschlechtern jede Möglichkeit nimmt, diese Epoche zu beurteilen."²⁷

Nach einem Erlass des Reichsministers für Wissenschaft, Erziehung und Volksbildung vom 10. Mai 1937 sollten die ausgesonderten Bücher an die Preußische Staatsbibliothek in Berlin abgeliefert werden.²⁸ Daraufhin ordnete der neue Oberbürgermeister Just Dillgardt (1889–1960) eine Prüfung der im Rathauskeller befindlichen Bände an. Der

Abb. 379: Porträtfoto Richard Euringer

damit beauftragte, damalige kommissarische Stadtbüchereileiter Dr. Heinrich Dicke gab in seinem Bericht vom 27. August 1937 an, dass nur diejenigen Bücher, die auf dem von der Reichsschrifttumskammer veröffentlichten Index stünden, an die Preußische Staatsbibliothek abzugeben seien. Ein weiterer Teil der ausgesonderten Bücher sei von historisch-wissenschaftlichem Wert, weshalb diese nicht abgegeben, sondern in die Stadtbücherei zurückgeführt und „der Wissenschaftlichen Abteilung zu Archivzwecken einverleibt werden"²⁹ sollten. Eine dritte Gruppe von Büchern, die aufgrund von Anweisungen der Reichsstelle für das volkstümliche Büchereiwesen und der Reichsstelle zur Förderung des deutschen Schrifttums aussortiert worden seien, besitze keinerlei Wert mehr, weshalb ihre Makulierung durch eine Papiermühle vorgeschlagen wurde.

In der Folgezeit unterblieb allerdings die Abgabe an die Preußische Staatsbibliothek und die Bücher wurden weiterhin geschlossen im Rathauskeller aufbewahrt. Dies lag nicht zuletzt am Widerspruch des neuen Bibliotheksdirektors Dr. Carl Jansen (1899–1970)³⁰ gegen die Abgabe. In einem Vermerk vom 31. Januar 1939 äußerte er sich dazu:

---

26   Vgl. dazu HdEG Rep. 102 VIII Nr. 20. Hier sind auch Listen der ausgesonderten Bücher, geordnet nach der Hauptstelle und den Zweigstellen der Stadtbücherei, überliefert.
27   Ebd., Beschluss vom 11.11.1935.
28   Ebd., Erlass des Reichs- und Preußischen Ministers für Wissenschaft, Erziehung und Volksbildung vom 10.5.1937.
29   Ebd., Vermerk Dr. Dicke vom 3.8.1937.
30   Vgl. dazu: Klaus Wisotzky, Die Stadtbücherei in den Jahren 1922 bis 1945, in: Ders./Reinhard Brenner, Der Schlüssel zur Welt: 100 Jahre Stadtbibliothek Essen. Essen 2002, S. 58–74, hier S. 68.

> *„Bezüglich des Ministerialerlasses vertrete ich den Standpunkt, dass für die Stadt Essen keine Veranlassung vorliegt, Bücher an die Staatsbibliothek Berlin abzuführen. Der Erlass bezieht sich nur auf die auszumerzenden Bücher von Volksbüchereien. Da die Essener Stadtbücherei zugleich Wissenschaftliche Bibliothek und als Ganzes sog. Einheitsbücherei im Sinne des Erlasses anzusprechen ist, ist sie berechtigt, die auszusondernden Bücher selbst in einer Sperrabteilung aufzubewahren. Da alle auszusondernden Bücher in einem Stück als Zeitdokumente oder für wissenschaftliche Studien aufbewahrt werden sollen, können auch die aus dem Volksbücherei-Bestand auszusondernden Bücher hierzu gerechnet und in die Sperrabteilung der Wissenschaftlichen Bücherei einbezogen werden.“*[31]

Am 16. Februar 1939 wurden sämtliche Bücherpakete aus dem Rathauskeller entfernt, an die Stadtbücherei zurückgegeben und in deren Wissenschaftliche Abteilung überführt.[32] Dort verbrannten sie bei dem großen Luftangriff in der Nacht vom 26. auf den 27. Juli 1943, dem auch das Gebäude der Hauptstelle der Stadtbücherei an der Hindenburgstraße zum Opfer fiel.[33]

Verzeichnis der ausgestellten „verbrannten" Bücher aus Privatbesitz

Stefan Zweig, *Der Kampf mit dem Dämon* (1925)[34]

Der österreichische Autor, geboren 1881 in Wien als Sohn eines jüdischen Textilunternehmers, war überzeugter Pazifist. Nachdem er 1934 denunziert worden war und Polizisten sein Haus durchsucht hatten, emigrierte Zweig nach England. Seine Werke wurden 1933 verbrannt und 1935 wurde er auf die Liste der verbotenen Schriftsteller gesetzt. Im Februar 1942 beging Stefan Zweig Selbstmord. Die *Schachnovelle*, die er in den Jahren 1941/42 schrieb, ist sein letztes und wohl auch sein bekanntestes Werk.

Upton Beall Sinclair, *Petroleum* (1927)

Der US-amerikanische Schriftsteller wurde 1878 in Baltimore/Maryland geboren. Seine Werke konzentrieren sich vor allem auf sozialkritische Themen. Sie wurden in den Vereinigten Staaten und im deutschsprachigen Raum vielfach

---

[31] HdEG Rep. 102 VIII Nr. 20., Vermerk Dr. Jansen vom 31.1.1939.
[32] Ebd., Vermerk vom 16.2.1939.
[33] Vgl. Klaus Wisotzky, Stadtbücherei (wie Anm. 30), S. 72. Während des Kriegs wurden nur etwa 10.000 besonders wertvolle Bände der wissenschaftlichen Abteilung – darunter v. a. die Sammlung Wilhelm Grevel – ausgelagert. Der übrige Bestand verblieb im Gebäude an der Hindenburgstraße und ging dort im Bombenkrieg unter. Insgesamt verlor die Stadtbücherei Essen im Zweiten Weltkrieg 80 Prozent ihres wissenschaftlichen Bestandes.
[34] Angegeben sind hier die Erscheinungsjahre der ausgestellten Bände.

gelesen. Auf der „Schwarzen Liste" der Nationalsozialisten tauchten Sinclairs Werke unter den Rubriken „Schöne Literatur" und „Kunst" auf.

Egon Erwin Kisch, *Schreib das auf, Kisch!* (1930)
Der „rasende Reporter" Egon Erwin Kisch, geboren 1885 in Prag, war Schriftsteller und Journalist. Der aus jüdischem Hause stammende und dem Kommunismus zuneigende Kisch wurde nach einem kurzen Arrest im März 1933 aus Deutschland ausgewiesen. Egon Kisch engagierte sich international für den Widerstand gegen den Nationalsozialismus. Seine Werke wurden, nachdem sie in Deutschland verboten worden waren, im Ausland weiter gedruckt und veröffentlicht.

Arthur Schnitzler, *Traum und Schicksal* (1926)
Arthur Schnitzler (1862–1931) gilt als bedeutender Vertreter der Wiener Moderne. Schon zu seinen Lebzeiten wurde der jüdische Autor für seine Schriften und Theaterdichtungen, die neben erotischen Inhalten auch Militär- und Antisemitismuskritik enthielten, skandalisiert. Schriften zur Sexualpädagogik oder sexuellen Aufklärung sowie pazifistische Literatur wurden unter den Nationalsozialisten als schädlich und unerwünscht deklariert. Als Werke eines jüdischen Autors wurden Schnitzlers Schriften mit Ausnahme seines im Juni 1908 erschienenen Romans *Der Weg ins Freie* verboten.

Erik Reger (Hermann Dannenberger)**,** *Das wachsame Hähnchen – ein polemischer Roman* (1933), *Union der festen Hand* (1931)
Nach seiner Tätigkeit als Pressereferent bei der Friedrich Krupp AG (1920–1927) begann Erik Reger als freier Schriftsteller das gesellschaftliche und politische Zeitgeschehen im Ruhrgebiet festzuhalten. Aus demokratischer Überzeugung kritisierte er das Erstarken der Nationalsozialisten und äußerte sich dazu in zahlreichen Zeitungsartikeln. Im Juni 1933 wurden die beiden ausgestellten Romane *Union der festen Hand* (1931) und *Das wachsame Hähnchen* (1932) verboten.

Heinrich Mann, *Die Tote und andere Novellen* (1922)
Wie sein jüngerer Bruder Thomas war auch Heinrich Mann Schriftsteller und Gegner des Nationalsozialismus. Wegen seiner liberal-demokratischen Tendenzen und seiner pazifistischen Einstellung, die er bereits anlässlich der Teilnahme Deutschlands am Ersten Weltkrieg geäußert hatte, wurden seine Werke 1933 ebenfalls verboten und öffentlich verbrannt.

Oskar Maria Graf, *Im Winkel des Lebens* (1927)
Die Werke des deutsch-amerikanischen Schriftstellers Oskar Maria Graf landeten bei den offiziellen Bücherverbrennungen am 10. Mai 1933 nicht auf den Scheiter-

haufen, da die Nationalsozialisten schon vor der Machtübernahme versuchten, den Autor und seine Schriften für ihre Zwecke zu vereinnahmen. Erbost darüber, dass die Nationalsozialisten seine Werke sogar empfahlen, schrieb Graf seine berühmte Protestschrift *Verbrennt mich,* in der er sich öffentlich gegen den Nationalsozialismus aussprach und seine Bücher freiwillig den Flammen übergeben wollte, damit sie nicht in die Hände der Nationalsozialisten fielen. Grafs Werke wurden im Jahr 1934 sämtlich verboten. Eine eigens für seine Werke geplante Bücherverbrennung wurde angekündigt; ob sie tatsächlich stattgefunden hat, ist bisher nicht bewiesen. Die ausgestellte Ausgabe enthielt eine handschriftliche Widmung von Oskar Maria Graf aus dem Jahr 1956.

Kurt Held (eigentlich Kurt Kläber), *Passagiere der III. Klasse* (1927)
Das wohl bekannteste Werk des deutschen Schriftstellers ist das Jugendbuch *Die rote Zora und ihre Bande* aus dem Jahr 1941, das Held im Exil schrieb. Als prominenter Kommunist wurde er noch in der Nacht des Reichstagsbrandes vom 27. auf den 28. Februar 1933 verhaftet und floh nach seiner Freilassung mit seiner Ehefrau Lisa Tetzner in die Schweiz. Kurt Held und auch seine ebenfalls als Schriftstellerin tätige Ehefrau erschienen auf der Liste der von den Nationalsozialisten verbotenen Autoren.

Erich Maria Remarque, *Im Westen nichts Neues* (1929)
Der deutsche Schriftsteller wurde durch sein 1928 verfasstes Werk *Im Westen nichts Neues* und die darauffolgende Verfilmung des Buches im Jahr 1930 weltberühmt. Der Roman war ab dem 10. November 1928 zunächst in der Vossischen Zeitung abgedruckt worden, bevor er am 29. Januar 1929 beim Propyläen Verlag erstmals als Buch erschien. Schon vor der Machtergreifung durch die Nationalsozialisten 1933 wurden das Werk und sein Autor Zielscheibe einer Hetzkampagne, die von Gauleiter Joseph Goebbels angeordnet worden war. Als unerwünschtes und schädliches Schrifttum wurden seine Werke im Mai 1933 öffentlich verbrannt, vor allem wegen seines weltbekannten Antikriegsromans *Im Westen nichts Neues,* der hier mit einer seltenen Erstausgabe präsentiert wurde.

Joseph Roth, *Der Antichrist* (1934)
Wie viele Schriftsteller mit jüdischen Wurzeln emigrierte auch Joseph Roth ins Ausland, nachdem die Nationalsozialisten die Macht in Deutschland übernommen hatten. Der außerordentlich produktive Schriftsteller und Journalist schrieb zeitlebens gegen Adolf Hitler und den Nationalsozialismus. Roth starb im Jahr 1939 an einer Lungenentzündung. Seine Frau wurde in der NS-Euthanasieanstalt Schloss Hartheim 1940 ermordet.

SAUBERE LUFT IN ESSEN? DER LANGE KAMPF DER INTERESSENGEMEINSCHAFT UND DER KLEINGÄRTNER IN BORBECK

AXEL HEIMSOTH

Die Kleinanlage „Im Weidkamp" geriet im Rahmen eines Umweltskandals in den Fokus der lokalen Berichterstattung. In der Nacht vom 18. auf den 19. Mai 1977 zog eine gelbliche Wolke im Norden von Essen direkt über Dellwig und hinterließ am Boden eine kontaminierte Schneise. Die Vegetation war geschädigt, Bienen und Singvögel starben und die Anwohner klagten über Übelkeit und Brechreiz. Unklar war zunächst, wer für diese „Giftige Gaswolke"[1] verantwortlich war und woraus sie genau bestand. Weitere Betroffene stießen hinzu. Neben der direkt angrenzenden Kleingartenanlage „Hesselbach"[2] waren es Kirchenvertreter und Institutionen, die mit der „Interessengemeinschaft gegen Luftverschmutzung e.V." mit Sitz in Essen-Dellwig (= IG) zusammenarbeiteten.

Wie sah die Kommunikation zwischen den Betroffenen und den Behörden aus? Staatliche Behörden wie Vereine und private Initiativen, die sich im Umweltschutz engagierten, standen noch ganz am Anfang, wenn es darum ging, das Maß und die Art der Schäden wissenschaftlich exakt messen und den Verursacher präzise benennen zu können. Neue Institutionen wie das Landesamt für Immissionen standen mit den Kleingärtnern in Kontakt, so dass valide Daten zum Grad der Schäden zum ersten Mal vorlagen. Alle diese Aktivitäten und Untersuchungsergebnisse kamen durch die Kooperation und Unterstützung durch die IG zustande. Erst in der Zusammenarbeit zwischen der IG und der breit aufgestellten Umweltinitiative war die gemeinsame Kampagne für mehr Aufklärung und höhere Umweltauflagen für die Fabriken und Müllverbrennungsanlagen erfolgreich. Dieser Umweltskandal in Essen-Borbeck in den 1970er Jahren macht deutlich, wie ein bürgerliches Engagement für eine umweltfreundliche Kommunal- wie Landespolitik geboren wurde.[3] Wie kam es zu der Kooperation

---

[1] Giftige Gaswolke zerstörte die Gärten am Kanal. Besitzer stellten Strafantrag, in: Ruhr Nachrichten, Borbeck, 22.7.1977. Für die kritische Durchsicht des Textes möchte ich mich bei Dr. Stefan Siemer, Bochum bedanken.

[2] Zum Kleingärtnerverein Essen-Borbeck e.V. (KGV) gehören die Gartenanlagen Fürstenbergstraße, Mühlenaue, Wüstenhöferstraße, Hesselbach, Wallstraße und Residenzaue. Er besteht aus 250 Gärten. http://www.kleingaerten-essen.de/die-vereine/borbeck.php (Zugriff am 15.1.2023).

[3] Zum Essener Stadtbezirk IV Borbeck gehört unter anderem der Stadtteil Dellwig. In den folgenden Ausführungen liegt der Fokus der Untersuchung auf diesem Gebiet innerhalb des Stadtbezirks, wenn allgemein von „Borbeck" gesprochen wird, auch wenn die Schadensmeldungen über die Kernzone hinausgingen und damit ein größeres Gebiet von den Immissionen betroffen war.

zwischen den Vereinen und Institutionen und was machte das Besondere aus? Wie gelang es dieser kleinen Gruppe, sich sowohl auf kommunaler Ebene als auch bei der Landesregierung in Düsseldorf Gehör zu verschaffen?

Chronologisch wird der Hergang und die Reaktionen der Betroffenen ab dem Mai 1975 vorgestellt. Grundlage der Arbeit ist die Korrespondenz der IG, der Kleingärtner, der (Landes-)Behörden und Unternehmen. Möglich wird diese Aufarbeitung deshalb, da die IG nicht nur diesen Schriftverkehr, sondern auch die Berichterstattung in der Presse säuberlich dokumentiert und archiviert hat. Sowohl die Briefe, Karten, Fotografien als auch der Pressespiegel sind heute im Haus der Essener Geschichte/Stadtarchiv zu finden. In der Forschung wurde bisher kaum die Bedeutung der Umweltdebatte mit der IG und den Kleingärtnern auf der einen und der LMG, die Leichtmetall-Gesellschaft als Betreiberin der Aluminiumhütte in Essen-Bergeborbeck, (und weiterer Unternehmen) auf der anderen Seite bewertet. Der Borbecker Heimathistoriker Andreas Koerner maß diesem Kampf nur eine geringe Bedeutung bei: „Schon bald stellte sich heraus, daß die Luftbelastung durch die Hütte recht groß war. 1985 wurden die Elektrolyseöfen eingekapselt. 1988 wurde der 180 m hohe Schornstein in Betrieb genommen, der die Abluft der Elektrolyseöfen aufnimmt."[4] Dass dieser Prozess sehr viel komplexer war und zahlreiche Beteiligte über Jahre in Atem hielt, sollen die folgenden Ausführungen aufzeigen.

Die Kleingartenanlage

„Im Weidkamp e.V." ist eine Kleingartenanlage, gegründet 1932 im Stadtteil Dellwig. Ihre Realisierung war mit Hilfe von Reichskrediten möglich und sie gehört zu den fast 150 Kleingartenvereinen im Ruhrgebiet, die schon in der Weimarer Republik gegründet wurden.[5] Ziel war es, den Bewohnern eine zusätzliche Ernährung zu sichern.[6] Die Gartenanlage im Essener Norden lag und liegt in einem industriellen Ballungsraum. Der landwirtschaftliche Ertrag war – wie in vielen Regionen des Ruhrgebiets – eher gering. Mit dem Bau von Fabriken, Zechen und Kokereien gingen schon in der Vergangenheit Klagen über den schlechten Zustand der Luft und der Böden einher. Ein Bauer aus Vogelheim protestierte bereits 1850 gegen die Abgase aus der naheliegenden Zinkhütte.[7] Wie gefährlich die Altlasten einer Zinkhütte waren, musste die Stadt Essen

---

[4] Andreas Koerner, Schloss und Schloten. Die Geschichte Borbecks. Bottrop 1999, S. 204.
[5] Ulrich Häpke, Von den Markenteilungen bis zum Emscher Landschaftspark: Freiraumverluste und Freiraumschutz im Ruhrgebiet. Common – Property – Institutionen als Lösungsansatz? Diss. Kassel 2010, S. 189.
[6] Vgl. Werner Fasholz, Kleingärten – ihre Entstehung, Entwicklung und Wandlung im Essener Stadtgebiet, in: Die Heimatstadt Essen. Jahrbuch 1964/65, S. 126–129, hier S. 127.
[7] Vgl. Koerner 1999 (wie Anm. 4), S. 76 f.

Abb. 380: Schrebergärten, Oberhausen-Osterfeld 1953

noch in den 1980er Jahren erfahren. In Essen-Bergeborbeck hatte die Zinkhütte 1968 ihre Tore geschlossen. Die Stadt Essen übernahm das Gelände und errichtete eine Wohnsiedlung, ohne zu überprüfen, wie stark die Böden mit Schwermetallen kontaminiert waren. Die Entsorgung der Altlasten kam der Stadt Essen teuer zu stehen. Aufwendig musste der Boden abgetragen und die Käufer der Grundstücke mussten entschädigt werden.[8]

Neben den kontaminierten Böden war es die verschmutzte Luft, welche die Bevölkerung im Ruhrgebiet über Jahrzehnte belastete. Grund dafür war die Expansion des Bergbaus und der Eisen- und Stahlindustrie. Für den Essener Norden stellte der Heimatforscher Koerner fest: „Die Borbecker Luft war bis in die [neunzehnhundert]sechziger Jahre hinein noch sehr deutlich durch industrielle Luftverpester beeinflußt."[9] Nicht nur die Luft, sondern auch die Böden waren kontaminiert. Zu den Umweltbelastungen, welchen die Arbeitergärten im Ruhrgebiet ausgesetzt waren, hielt 1928 ein Fachmann fest:

> „Stetige Mißernten und minderwertige Qualitäten der selbstgewonnenen Gartenfrüchte sind das Normale […] was sich auch zugleich bevölkerungspolitisch sehr ungünstig auswirkt. Die Rauchschäden sind nicht geeignet, die Freudigkeit zu dieser Beschäftigung wachzuhalten. Allzuhäufig verleiden sie dem Kleingärtner die Bewirtschaftung des Bodens, so daß er sich davon zurückzieht."[10]

Borbecker Kleingärtner bauten ab den 1970er Jahren kein Obst und Gemüse zur Selbstversorgung mehr an, da keine wirtschaftliche Notwendigkeit mehr bestand.[11] Die Gärten dienten nun zur körperlichen Entspannung vom Berufs-

---

8 https://www.borbeck.de/lexikon-details/zinkh%C3%BCtte.html (Zugriff am 14.5.2023).
9 Koerner 1999 (wie Anm. 4), S. 79.
10 Stellungnahme eines Agrarwissenschaftlers zu den Arbeitergärten 1928, zitiert nach: Roswitha Czajkowski, Wenn der Atem stockte. Eine kleine Luftgeschichte des Ruhrgebiets, in: Unten und Oben. Die Naturkultur des Ruhrgebiets, hrsg. v. Ulrike Stottrop. Essen 2009, S. 129–142, hier S. 134.
11 Vgl. Otto Reschke, 50 Jahre Kleingärtnerverein Essen-Borbeck e.V. 1933–1983. o. O. 1983, S. 24 (vorhanden im Haus der Geschichte/Stadtarchiv); Fasholz 1964/65 (wie Anm. 6), S. 128.

Abb. 381: Kleingartenanlage „Im Weidkamp". Im Hintergrund ist der Schornstein der Aluminiumhütte Trimet zu sehen, die die Anlage 1994 übernahm,[15] Essen 2023

leben („sinnvolle Freizeitbeschäftigung"[12]). Die selbst angebauten Lebensmittel sollten vor allem frei von Schadstoffen sein. Das Engagement der Gärtner muss im Zusammenhang mit einer allgemeinen Entwicklung in Bezug auf das Freizeitverhalten in der Bundesrepublik Deutschland gesehen werden. Der Eigenanbau war für viele attraktiv, da so eine gesunde Ernährung möglich war.[13] Die ersten bauten ihr Obst und Gemüse nach neuen ökologischen Methoden an, um den Verzehr von Schadstoffen zu vermeiden, die in den gekauften Nahrungsmitteln enthalten waren. Die Kleingärtner verzichteten seit den 1970/80er Jahren auf Pestizide. Als Nachrichten über zu hohe Nitrat-, Pestizid- und weitere Schadstoffwerte in Lebensmitteln auftauchten, war die Öffentlichkeit beunruhigt. Die Enttäuschung war groß, als „[…] sich herausstellte, dass der eigene Garten durch industrielle Emissionen oder durch im Boden versteckte Altlasten belastet war."[14]

In diese Phase des ökologischen Aufbruchs fiel der Kampf der Bevölkerung im Essener Norden für saubere Luft und saubere Böden. Unklar blieb lange, wer über entsprechend valide Informationen verfügte. Denn nur dann konnten die Gärtner sicher sein, gesunde (Obst-)Bäume und Sträucher in ihren Anlagen, Parks und Friedhöfen zu pflanzen und ihr Gemüse und die Früchte auch essen zu dürfen.

Die Sorgen der Bevölkerung trafen auf die Interessen der Unternehmen, die ihre Produktion nicht einschränken, sondern eher expandieren wollten und mit dem Argument, neue Arbeitsplätze schaffen zu wollen, für ihre Pläne warben. Sie wiesen in ihren Pressemitteilungen – hier im konkreten Fall der

---

[12] Michael Lorenz, Kleingärten, in: Grün in der Stadt Essen. Mehr als Parks und Gärten, hrsg. v. Heinrich Theodor Grütter. Essen 2017, S. 62–73, hier S. 69.
[13] Vgl. Ulrich Timm, Darfs nie mehr Land haben, als die Olle umgraben kann, in: Unten und Oben. Die Naturkultur des Ruhrgebiets, hrsg. v. Ulrike Stottrop. Essen 2009, S. 206–222, hier S. 217.
[14] Häpke 2010 (wie Anm. 5), S. 194 f.
[15] https://www.alu-web.de/50-jahre-aluminiumhuette-in-essen (Zugriff am 10.6.2023).

Borbecker Alu-Hütte – darauf hin, nicht für die Fluorwasserstoff-Emissionen verantwortlich zu sein.[16]

Die Interessengemeinschaft

Die Bevölkerung in weiten Teilen des nördlichen Ruhrgebiets litt unter den Belastungen durch zu hohe Luftverschmutzung. Die Industrie- und Autoabgase im Essener Norden (Dellwig, Frintrop und Borbeck) mündeten 1959 in Protesten der Bürger- und Verkehrsvereine. Der Dellwiger Verein lud 1961 NRW-Gesundheitsminister Konrad Grundmann ein, sich selber ein Bild von der „Dunstglocke" zu machen. Im Düsseldorfer Landtag stand das Immissionsschutzgesetz zur Debatte. Ein Jahr später gründete der Dellwiger Bürger- und Verkehrsverein – mit Unterstützung der katholischen und evangelischen Kirchengemeinde – die „Interessengemeinschaft gegen Luftverschmutzungsschäden durch Luftverunreinigung e.V." (= IG).[17] Sie war überaus aktiv und mobilisierte die Öffentlichkeit. Gleichzeitig ging sie Politiker mit der Forderung an, endlich etwas gegen die hohen Emissionen der Fabriken und Bergwerke zu unternehmen. In den folgenden Jahren warnte sie vor den Gefahren des Smog und unterstützte zahlreiche Umweltinitiativen im Bundesgebiet beim Kampf für saubere Luft.[18] Ihr bekanntestes Protestplakat ist „Kampf um saubere Atemluft. Deine Lunge ist so schmutzig wie Deine Fensterbank!" Die IG kontaktierte und kooperierte mit 44 Interessenverbänden und Bürgerinitiativen im In- und Ausland.[19] Professor Bernhard Grzimek trat als Ehrenmitglied der IG bei, die mit seinem prominenten Namen in ihrem Briefkopf warb.[20] Auch Bischof Franz Hengsbach zählte zu ihren Mitgliedern.[21]

---

16 Vgl. Fluor-Wasserstoff der Alu-Hütte nicht Ursache dieser Schäden, in: Borbecker Nachrichten, 8.7.1977. Bisher war die Feinstaubbelastung, die in Essen 1976 gesunken war und nun bei 87 Gramm Staub pro Jahr lag, das dringlichste Problem gewesen. Nur zwischen Karnap und Altenessen lägen die Staubgrenzwerte – so die Landesanstalt für Immissions- und Bodennutzungsschutz – noch über dem erlaubten einem Gramm Staub je Quadratmeter und Tag; vgl. Essen wurde sehr viel sauberer, in: WAZ, 27.8.1976.

17 Die „IG Schmutz" von 1959–1971 in Stichworten, in: Haus der Essener Geschichte/Stadtarchiv (= HdEG), 472/98; vgl. ferner Wolfgang Sykorra, Von den „Talmulden" zum Regionalen Grünzug B, in: EB, 128, 2015, S. 61–296; Wolfgang Sykorra, 2022/23 Borbeck feiert Jubiläum als Wiege des Umweltschutzes https://www.borbeck.de/nachrichten-details/2022-2023-borbeck-feiert-jubiläum-als-wiege-des-umweltschutzes-2.html (Zugriff am 17.6.2023).

18 Stefan Siemer, Blauer Himmel über der Ruhr? Die Essener Interessengemeinschaft gegen Luftverschmutzung und die Umweltproteste im Ruhrgebiet in den 1960er Jahren, in: EB, 123, 2010, S. 295–326.

19 Vgl. Bericht der IG für das Jahr 1976, im April 1977, HdEG 472/133.

20 Brief der IG an das Gesundheitsministerium NRW, Essen 12.10.1982, HdEG 472/157.

21 Vgl. Jahresbericht der IG 1984, in: Jahresbericht der IG, im März 1983, HdEG 472/133.

Die ersten Immissionen durch Fluor

Auf die Nachricht hin, eine Aluminiumhütte würde in Borbeck gebaut, warnte 1968 der Vorsitzende der IG, Dr. Clemens Schmeck, vor der Gefahr von austretendem Fluor und den Folgen für die Umwelt. Der Mutterkonzern, die Alusuisse[22] lud ihn und Vertreter der Stadt Essen in die Schweiz ein, um die Bedenken zu zerstreuen. Am Betrieb ihrer schweizerischen Alu-Hütte sollte deutlich werden, dass keine Umweltbelastungen zu befürchten seien. Die Bauplanungen schritten voran und 1971 ging die Alu-Hütte im Stadthafengebiet von Essen in Betrieb. Als Eigentümer traten gleichberechtigt die Metallgesellschaft AG, Frankfurt und die Aluminium AG (Alusuisse) auf. 1977 wurde dann Alusuisse alleiniger Anteilseigner.[23] Schon in den ersten Jahren kam es in der Alu-Hütte wohl schon zu Emissionen, wie die IG 1973 festhielt. Die Vegetation sei in einer „Schadzone rings um das Stadthafengebiet" geschädigt worden.[24]

Auf welcher Basis konnte die IG die Art und den Umfang der Schäden ermitteln? Es waren die Kleingärtner und weitere Betroffene, die immer wieder auf diese aufmerksam machten. Kleingärtner der Anlage „Im Weidkamp" kontaktierten 1975 die IG und luden den 1. Vorsitzenden Dr. Schmeck und den Geschäftsführer Heinz Rössler zu einem Treffen ein. Gemeinsam besichtigte man die Schäden, die durch eine Gaswolke in den Gärten entstanden waren. Blattproben wurden mitgenommen und zur Analyse an das Institut für Umweltschutz und Agrikulturchemie in Heiligenhaus gesandt. Die Wissenschaftler stellten in ihrem Gutachten einen hohen Schwefelgehalt an den Serbischen Fichten fest und auch die Blätter der Apfelbäume seien – so die IG – geschädigt: „Die gewaschenen Blätter haben einen Gesamtfluorgehalt aufzuweisen, der von keinem Wissenschaftler als normal bezeichnet werden kann."[25] Die erste Zusammenarbeit zwischen dem Kleingartenverein und der IG war 1975 auch deshalb fruchtbar, da die Kleingärtner der IG beitraten. Je mehr Mitgliedsbeiträge der IG zugutekamen, umso erfolgreicher konnte sie agieren.[26] Ein weiterer Borbecker Verein trat der IG als Mitglied bei: „Der Kleingärtnerverein Essen-Borbeck e.V. möchte durch seine Mitgliedschaft in Ihrer Interessengemeinschaft den Kampf

---

[22] Das Schweizer Unternehmen war 1888 unter dem Namen Aluminium-Industrie Aktiengesellschaft (AIAG) gegründet worden und errichtete die erste Aluminiumhütte in Europa.
[23] Vgl. Koerner 1999 (wie Anm. 4), S. 204; Metallgesellschaft AG will sich von der Borbecker Aluminium-Hütte trennen, in: Borbecker Nachrichten, 16.8.1976.
[24] Brief von der IG an den Leitenden Oberstaatsanwalt beim Landgericht Essen, Essen 1.9.1977, HdEG 472/107; Bericht der IG für das Jahr 1976, im April 1977, HdEG 472/133.
[25] Kleingärtner bangen um ihre Pflanzen, in: Neue Ruhr Zeitung (NRZ), 9.9.1975.
[26] Vgl. Pflanzen der Kleingärtner sind durch Immissionen krank. Interessengemeinschaft bewies durch Untersuchung Verschmutzung, in: WAZ, 9.9.1975.

Abb. 382: Dr. Clemens Schmeck (stehend) während einer Versammlung des Dellwiger Bürger- und Verkehrswesens

gegen die Luftverschmutzung unterstützen, weil Pflanzen und Bäume in den Kleingärten darunter zu leiden haben und oft davon eingehen."[27]

Die Forderung, endlich gegen die hohen Immissionen in bestimmten Regionen vorzugehen, stieß bei staatlichen Stellen auf Ablehnung, da man auf die Gesamtsituation in NRW hinwies. In Düsseldorf verkündete 1976 Gesundheitsminister Friedhelm Farthmann,[28] die Qualität der Luft sei besser geworden, der Anteil an Feinstaub und Blei sei gesunken. Den Grund für den Erfolg sah er in „unsere[n] Umweltschutzmaßnahmen".[29] Das Staatliche Gewerbeaufsichtsamt in Essen spielte 1976 das Ausmaß des Vorfalls in Borbeck gegenüber der IG herunter. Die Schäden würden – das war die Interpretation der IG auf das Statement der Behörde – mit „allgemein bekannten Argumenten verharmlost bzw. als notwendiges Übel hingestellt, mit dem sich eben die Menschen im Essener-Norden abzufinden haben."[30] Die IG reagierte auf diese ablehnende Einschätzung und wandte sich an die Kleingärtner mit der Bitte, alle kommenden Schäden in ihren Anlagen zu melden und einen Teil der geschädigten Pflanzen

---

27 Brief vom Kleingärtnerverein (KGV) Essen-Borbeck e.V. an Heinz Rössler von der IG, 6.9.1975, HdEG 472/83. Der Verein entrichtete an die IG einen jährlichen Mitgliedsbetrag von 25 DM.
28 Dr. Friedhelm Farthmann war von 1975 bis 1985 Minister für Arbeit, Gesundheit und Soziales des Landes Nordrhein-Westfalen.
29 Bessere Luft an Rhein und Ruhr. Gewerbeaufsicht meldet Erfolge bei Umweltschutz, in: NRZ, 23.6.1976.
30 Brief der IG an den Kleingartenverein Borbeck e.V., Essen 3.12.1976, HdEG 472/83.

stehen zu lassen, um [...] Beweise für die Entstehung einer Schadzone rings um das Stadthafengebiet" herum dokumentieren zu können.[31] In diesem Gebiet lag auch das Aluminiumwerk (Alu-Hütte) der Alusuisse. Die Anlage war eine der modernsten weltweit. Die Planungen zum Neubau sahen 1970 eine Kapazität von 126.000 Tonnen pro Jahr vor.[32]

Wie wird Aluminium hergestellt? Die Borbecker Nachrichten haben sich über Jahre mit den Themen zur Aluminium-Produktion und daraus resultierenden möglichen Umweltbelastungen beschäftigt. Die Journalisten der Zeitung stellten – ohne technische Fachbegriffe zu verwenden – 1984 das Verfahren vor:

> „Um Aluminium zu gewinnen, braucht man Tonerde, Kohle und Strom. Damit der Strom von der Kohlekathode zur Anode fließt, muß die Tonerde verflüssigt werden. Damit die Verflüssigungstemperatur nicht absolut unwirtschaftlich hoch liegt, ist ein Fluorbad notwendig. Die Anode löst sich bei der Elektrolyse auf. Dabei wird Schwefeldioxyd frei. Ein Entweichen von Fluorgasen ist bei diesem Verfahren ebenfalls unumgänglich."[33]

Neben diesen waren weitere Stoffe aus der Alu-Hütte in Borbeck entwichen. „Drei Schadstoffe enthält die Abluft von Alu-Öfen in großer Menge: Fluorwasserstoff, Schwefeldioxyd und Staub."[34] An dieser Stelle soll besonders auf die Umweltbelastungen durch Fluorwasserstoff eingegangen werden. Eine Fluorwasserstoffwolke wirkt auf die oberirdischen Pflanzenteile ein. Indirekt sind auch Tierschädigungen möglich, wenn die Futterpflanzen entsprechend hohe Anteile an Fluorwasserstoff aufweisen. „Als Hauptquelle für Fluorwasserstoff-Immissionen werden Aluminiumwerke angesehen, in deren Umgebung dann auch häufiger akute Pflanzenschädigungen in Form von Blattnekrosen zu beobachten sind."[35]

Der Skandal

Die giftige Wolke kam in der Nacht vom 18. auf den 19. Mai 1977 (Christi Himmelfahrt) aus der Richtung des Stadthafens und hinterließ auf 700 Metern Breite einen „Emissionsgürtel" von Nordosten nach Südwesten im Borbecker Raum.[36]

31 Ebd.
32 Vgl. Rolf Wannig, 10 Jahre LMG, in: Miteinander Heft 9, 1979, abgedruckt in: Brigitta Takerngrasmi u. Werner Job, 25 Jahre LMG. Die Geschichte der Aluminiumhütte in Essen Borbeck. Essen 1994, S. 239.
33 Fruchtbarerer Dialog bei der LMG. Werksleitung und „Elterninitiative Pseudo-Krupp" sprachen miteinander, in: Borbecker Nachrichten, 3.2.1984.
34 Ebd.
35 Fluorwasserstoff-Wirkungen auf Pflanzen, Essen 1982 (LIS-Berichte Nr. 25), S. 5.
36 Der Essener Ausschuss für öffentliche Ordnung setzte das Thema unter dem Titel „Giftwolke über Borbeck" am 24. August 1977 auf ihre Tagesordnung; vgl. Borbecker Nachrichten, 26.8.1977.

Anwohner klagten über Unwohlsein, Fieber und Erbrechen und wandten sich an Heinz Rössler, den Geschäftsführer der Dellwiger Interessengemeinschaft gegen Luftverschmutzung. Rössler erstattete in den folgenden Tagen Strafanzeige gegen unbekannt wegen Körperverletzung und Sachbeschädigung. Der Essener Oberstaatsanwalt bekam am 1. September die Strafanzeige zugestellt. Als Beweismittel wurden neben Fotografien eine „Zeugenliste betr. gemeldeter Körperschäden", eine „Zeugenliste betr. Angaben über die Herkunft der Schadstoffe" und eine „Liste der Geschädigten mit Strafanträgen von Mitgliedern der IG" beigefügt.[37] Auch das städtische Gesundheitsamt und das Gewerbeaufsichtsamt wurden eingeschaltet.

Dem Umweltschützer Rössler fiel eine zentrale Rolle innerhalb der Initiative zur Aufklärung der gravierenden Verschmutzung zu. Er hatte zusammen mit dem Mediziner Dr. Schmeck 1962 die Interessengemeinschaft gegründet, da es im Borbecker Raum zu einer gravierenden Luftverschmutzung durch den Staub aus einer Erzverhüttungsanlage gekommen war. Über Jahre kämpfte die IG gegen zu hohe Werte bei den Emissionen bei verschiedenen Unternehmen. Sie wandte sich mit ihren Forderungen wiederholt an die Düsseldorfer Landesregierung. Gesundheitsminister Farthmann holte Rössler schließlich in den Ausschuss „Smogwarndienst".[38] Die Bedeutung der IG im Kampf für bessere Luft im Ruhrgebiet ist inzwischen auch in einem Aufsatz in den Essener Beiträgen gewürdigt worden.[39] Die Mitglieder der IG agierten im Laufe der 1970er Jahre immer professioneller und weiteten ihre Aktionen auf ganz Deutschland aus, was auch den geschädigten Kleingartenbesitzer „Im Weidkamp" zugutekam.

In den Borbecker Nachrichten wurde wenige Tage nach dem Zwischenfall im Mai berichtet, dass die Schadenszone sich über die Gartenanlage „Im Weidkamp" hinaus bis zur Reuenberger Höhe, dem Hagedorntal und der Gartenanlage Schnitterweg an der Frintroper Höhe erstrecken würde.[40] Inzwischen hätten sich Tannentriebe ebenso wie Hainbuchenhecken braun verfärbt. An Obst- und Laubbäumen würden die Blätter welken und auch einige Gemüsesorten in ihren Kleingärten seien befallen. Herr Willing von der Kleingartenanlage „Im Weidkamp" lud die IG am 20. Mai zu einem Besuch ein. Einen Tag später fand eine gemeinsame Besichtigung der Anlage statt. Am Sonntag, den 22. Mai fotografierte die IG die aufgetretenen Schäden. Dank ihrer insgesamt 32 Aufnahmen konnte sie belegen, dass diese unmittelbar entstanden seien und es sich nicht

---

37 Kopie des Strafantrags der IG, Essen 1.9.1977, HdEG 472/107. Auch die Kath. Kirchengemeinde St. Michael in Essen-Dellwig stellte mit ihren 334 Mitgliedern – die alle namentlich in einer Liste auftauchen – Strafantrag; vgl. ebd.
38 Giftige Gaswolke zerstörte die Gärten am Kanal, in: Ruhrnachrichten, Borbeck, 22.7.1977.
39 Vgl. Siemer 2010 (wie Anm. 18).
40 Vgl. Alarmierende Schäden zwischen Sulterkamp und Frintroper Höhe, in: Borbecker Nachrichten, 27.5.1977.

Abb. 383: *Heinz Rössler (rechts) im Kreis der Kleingärtner (Borbecker Nachrichten Nr. 22, 27.5.1977)*

etwa um Langzeitschäden handelte.[41] Einen Tag später rief man gemeinsam zu einer Pressekonferenz auf, der Treffpunkt war der Parkplatz an der Gartenanlage „Im Weidkamp". Journalisten der Westdeutschen Allgemeinen Zeitung (WAZ), der Neuen Ruhr Zeitung (NRZ), der Ruhr Nachrichten (RN) und der Borbecker Nachrichten erschienen. Zudem waren Klaus Renken, 1. Vorsitzender des Landesverbandes Bürgerinitiativen Umweltschutz NRW e.V., und Dr. Clemens Schmeck, 1. Vorsitzender der IG, anwesend. Heinz Rössler erläuterte den Pressevertretern anhand einer Skizze das Ausmaß der Schäden in ihrem Gebiet. Ein Sprecher der Kleingärtner sprach 1977 von Zuständen „[…] ähnlich wie in Seveso in Italien",[42] dem bis dahin schwersten Chemie-Unfall in Europa. Nach den Statements fand ein Rundgang mit den Pressevertretern durch die Gartenanlage statt. Sie machten sich so ein Bild von den eingegangenen Bienen, toten Singvögeln und den geschädigten Bäumen und Sträuchern. Öffentlichkeitswirksam konnten die Kleingärtner ihr Anliegen um Aufklärung des besorgniserregenden Vorfalls darstellen. Dank der Unterstützung durch die IG waren zahlreiche Medienvertreter erschienen, so dass der Vorfall über die Grenzen der Stadt Essen hinaus bekannt wurde.[43] Ein Grund für die große öffentliche Beachtung war die

---

41   Vgl. Nacht- u. Nebelaktion in der Nacht vom 18. zum 19.5.1977, HdEG 472/88.
42   Vgl. ebd. Am 10. Juli 1976 war es in einer Chemiefabrik in Seveso in Italien zu einer gewaltigen Explosion gekommen. Eine große Giftwolke (Dioxin) verseuchte ganze Landstriche in der Lombardei. Dieser massive Zwischenfall sensibilisierte breite Teile der Öffentlichkeit für die Belange des Umweltschutzes; vgl. https://www.wissen.de/40-jahre-seveso-ungluecк-giftwolke-ueber-italien (Zugriff am 17.6.2023).
43   Den Erfolg und die Wirkung solcher Fernsehformate (Natur und Umwelt) auf ein breites Publikum wird allerdings als gering eingeschätzt; vgl. Jens Ivo Engels, Naturpolitik in der Bundesrepublik. Ideenwelt und politische Verhaltensstile in Naturschutz und Umweltbewegung 1950–1980. Paderborn u.a. 2006, bes. S. 214–274.

Abb. 384: Geschädigte Tannen „Im Weidkamp", 2.–5. Juni 1979

Abb. 385: Geschädigter Rhabarber, 23.5.1977

professionelle Pressearbeit der IG, die seit ihrer Gründung 1962 immer wieder die Zeitungen und das Fernsehen für eine Berichterstattung gewinnen konnte.[44]

Schon im Mai 1977 kam die Vermutung auf, dass als Verursacher der Giftwolke nur das Alu-Werk im Essener Stadthafen verantwortlich sein könne. Doch diese Behauptung wurde von Seiten der Firma bestritten. Ihr Sachverständiger war Dr. Ölschläger aus Stuttgart, der am 6. Juni gemeinsam mit dem Betriebsbeauftragten für Immissionsschutz des Alu-Werks, Dr. Franke, die Kleingartenanlage „Im Weidkamp" besichtigte und die Schäden begutachtete. Die beiden begegneten Heinz Rössler, der die Einschätzung Ölschlägers zur Kenntnis nahm und später in einem Protokoll verschriftlichte. Die IG wertete in den folgenden Tagen 352 eingegangene Schadmeldungen aus und übertrug die Orte in eine Karte, um den möglichen Verursacher ermitteln zu können. So konnte sie nachweisen, dass sich die tiefhängende Wolke vom Stadthafengebiet in südwestlicher Richtung bewegt hatte und über die Frintroper Straße hinausgetrieben war. Die Erstellung dieser Karte ging auf Heinz Rössler zurück, der mit viel Akribie diesen „Fluor-Schaden-Kataster" erstellt hat. Diese Karte war die Grundlage für die staatsanwaltlichen Ermittlungen, um den Verursacher der Emissionen festzustellen.[45]

---

44 Vgl. Siemer 2010 (wie Anm. 18), S. 316–325.
45 Walter Wimmer, Einer der Stillen im Lande, in: Borbecker Nachrichten, 2.12.1983.

Abb. 386: Berichterstattung in der Quick, Nr. 33, 1977

Die hohe Zahl an Schadmeldungen war auch deshalb möglich, da die IG mit den Kleingärtnern zusammenarbeitete. Diese hatten die Schäden in ihren Parzellen aufgelistet, fotografiert und an die IG geschickt. Die zahlreichen Fotografien wurden beschriftet, archiviert und waren in den folgenden Jahren Teil der

Argumentationsstrategie. Für diese Mitarbeit bedankte sich die IG und bot allen Kleingärtnern an, bei ihr Mitglied zu werden oder für die weitere Arbeit Geld zu spenden. 170 traten der IG bei.[46] Vermerkt werden sollte dann bei der Überweisung „Spende 77 G". Das „G" stand in diesem Zusammenhang für „Garten".[47]

Die IG konnte die überregionale Presse für eine Berichterstattung gewinnen. Die Zeitschrift Quick veröffentlichte einen ganzseitigen Artikel mit der Schlagzeile „Wenn der Wind dreht, kommt die Todeswolke nach Borbeck". Der Untertitel lautete: „Seit Monaten leben Menschen im Essener Stadtteil Borbeck in Angst. Ein unheimliches Giftgas tötet Tiere und Pflanzen und macht die Einwohner krank". Im Artikel kamen sowohl Clemens Schmeck und Heinz Rössler von der IG als auch Mitglieder der Kleingartenanlagen zu Wort. Kombiniert war der Beitrag mit fünf Abbildungen, die das Maß der Umweltschäden visualisierten. Auf dreien waren verfärbte Tannen, tote Bienen und unreif abgefallene Äpfel zu sehen. Das vierte zeigt demonstrierende Kleingärtner mit Schildern wie „Schluß mit dem Gift".[48] Überregional fand der Austritt von Fluorwasserstoff aus einer Industrieanlage auch deshalb ein breites Presseecho, da es zeitgleich in Lünen zu einem ähnlichen Vorfall kam. In einem Aluminiumwerk bei Lünen trat am 8. Juli 1977 Fluorwasserstoff aus. Die Gaswolke ließ innerhalb eines Tages die Nadel an den Tannen rieseln und das Obst färbte sich braun. Mit einem Lautsprecherwagen fuhr die Polizei durch den Ort und warnte vor dem Verzehr von Gartenerzeugnissen.[49]

Die Aufarbeitung des Zwischenfalls vom Mai 1977 in Essen-Borbeck zog sich über Monate und Jahre hin. Die Schäden in ihren Anlagen bezifferten die Kleingärtner auf 250.000 DM.[50] Immer wieder kam es in den folgenden Jahren zu Umweltschäden. Die Immissionen kamen von benachbarten Fabriken. Die Kleingärtner wandten sich an die Essener Stadtverwaltung und die Unternehmen in ihrer Umgebung (am Stadthafen), ohne dass ein Schuldiger zweifelsfrei gefunden werden konnte. Schließlich berichtete sogar „Der Spiegel" über die jahrelangen Umweltbelastungen in diesem Teil des nördlichen Ruhrgebiets. Auslöser für die überregionale Berichterstattung war der Vorfall im Mai 1977 gewesen, der dieses Thema in das öffentliche Bewusstsein gerückt hatte:

---

46 Vgl. Pflanzen der Kleingärtner sind durch Immissionen krank. Interessengemeinschaft bewies durch Untersuchung Verschmutzung, in: WAZ, 9.9.1975.
47 Rundschreiben der IG an die „Kleingartenvereine, Siedlergemeinschaften, Kleingärtner und Gartenbesitzer, Essen 14.6.1977, HdEG 472/13.
48 Wenn der Wind dreht, kommt die Todeswolke nach Borbeck, in: Quick West Nr. 33, 4.8.1977. Auf der fünften Abbildung ist die Alu-Hütte zu sehen, die laut Bildunterschrift – diese „verhängnisvolle Gaswolke" abgelassen haben soll.
49 Vgl. Giftwolke über Lünen färbt die Gärten gelb. Viele Früchte sind ungenießbar, in: Ruhr Nachrichten, 9.7.1977.
50 Giftige Gaswolke zerstörte die Gärten am Kanal, in: Ruhrnachrichten, Borbeck, 22.7.1977.

„*Zuerst, vor sechs Jahren, gingen Pflanzen ein. Mitten im Mai [1977] ließen im Essener Norden, in der Nähe einer Aluminiumhütte der Leichtmetall-Gesellschaft, Obstbäume die Blätter fallen, und die jungen Triebe von Fichten und Tannen verfärbten sich bräunlich. Dann starben den Imkern die Bienen weg, und in den Schrebergärten lagen plötzlich tote Singvögel auf Rasen und Rabatten. Einem Lokalreporter kam es vor, als habe eine ‚unfaßbare anonyme Macht' kilometerweit ‚Gift und Hölle' übers Land geschleudert.*"[51]

Die LMG verwahrte sich gegen diese Art der Berichterstattung. Christian Roth, Mitglied der Geschäftsführung, wandte sich an die eigene Belegschaft und stellte klar, dass die Berichterstattung – neben richtigen – eine Vielzahl von unrichtigen Aussagen und Unterstellungen enthalten würde, da die Recherchen nur mangelhaft durchgeführt worden wären. „Nach dem Umbau wird die LMG mit das wirkungsvollste Abgasreinigungssystem für eine Aluminiumhütte besitzen. Wir haben deshalb künftig auch mit den schärfsten Auflagen zu leben."[52] Für die Bevölkerung in Borbeck blieb es auch in den folgenden Wochen und Monaten unklar, wer für die Giftwolke verantwortlich war. Inzwischen beschäftigten sich Wissenschaftler und Mitarbeiter der Gesamthochschule Essen (Landschaftsplanung), der Landesanstalt für Emissionsschutz, das Staatliche Gewerbeaufsichtsamt und das Essener Gesundheitsamt mit den Umweltschäden in Borbeck. Die Landesanstalt für Emissionsschutz hielt 1977 in ihrem Gutachten zur Giftgaswolke fest, sie habe aus Fluorwasserstoff bestanden. Der Leiter der Landesanstalt, Prof. Straatmann, trug die Ergebnisse seines Gutachtens am 28. Januar 1978 in einer Sitzung des Landesbeirats für Immissionsschutz in Düsseldorf vor und wies darauf hin, dass es sich um eine Fluorwolke gehandelt habe, die von der Alu-Hütte stamme.[53] Die Essener Gewerbeaufsicht empfahl den betroffenen Kleingärtnern, nun nur noch „fluorfeste Pflanzen anzubauen".[54] Allerdings befanden sich alle Messverfahren und Analysen noch in einem Entwicklungsstadium, so dass valide Ergebnisse zunächst nicht vorlagen. In den folgenden Jahren kam es zu regen Forschungsaktivitäten, da an vielen Stellen die Luftverschmutzung weiterhin hoch war, die Bevölkerung nun immer sensibler auf das Thema reagierte und Aufklärung forderte. Besonders die Entstehung und Verbreitung von Smog gingen die Forscher an. Für effiziente Luftreinhaltemaßnahmen waren Kenntnisse zu den atmosphärischen Prozessen

---

51 Schlagende Wetter – auch Übertage. Beispiel Ruhrgebiet: Erstickungshusten im Dunstkreis einer Aluminiumhütte, in: Der Spiegel Nr. 2, 8.1.1984.
52 25 Jahre LMG 1994 (wie Anm. 32), S. 295.
53 Vgl. Aktennotiz der IG „Gartenschäden in Essen-Borbeck in der Nacht vom 18. zum 19. Mai 1977", 9.2.1978, HdEG 472/13.
54 Borbecker Fluorwolke vor den Zivilrichter, in: WAZ, 11.8.1978.

vonnöten. Erst dank dem Einsatz von Computermodellen war es möglich, den Schadstofftransport und die Säurebildung zu simulieren.⁵⁵

Einen anderen, weil eigenen Weg beschritt im Mai 1977 ein Dellwiger Kleingärtner. Unabhängig von den Aktionen der IG oder anderer Kleingärtner wandte er sich an die Alu-Hütte und forderte Entschädigung für eingegangene Pflanzen und Bäume in seinem 2.100 Quadratmeter großen Garten. Aufgelistet wurden Art und Zahl einer jeden Baum- und Strauchsorte, die befallen war. Am Ende addierte sich seine Rechnung auf eine Summe von 14.970 DM. Hinzugerechnet hatte er seine Arbeitszeit für das Abräumen und das Neupflanzen und ein Schmerzensgeld, da für seine Familie durch die Zerstörungen der Lebensraum auf Jahre zerstört worden sei.⁵⁶ Unbekannt ist, wie die LMG seine Forderung bewertet hat.

Die Zusammenarbeit zwischen IG und Kleingärtnern

Die Untersuchungen zur Ermittlung des Schadensverursachers zogen sich 1978 hin. Schließlich wurde das strafrechtliche Verfahren, das die IG gegen unbekannt angestrebt hatte, bei der Essener Staatsanwaltschaft eingestellt. Ein „direkter Verursacher" war nicht zweifelsfrei zu ermitteln, „obwohl als sicher anzunehmen sei, daß die Wolke von der Alu-Hütte stamme."⁵⁷ Anfang 1979 kam es zu Verhandlungen zwischen der Alu-Hütte und den betroffenen Kleingärtnern, die eine finanzielle Entschädigung für die entstandenen Schäden forderten. Am 29. März richtete die Leichtmetall-Gesellschaft eine Informationsveranstaltung aus. Dreißig Kleingärtner waren auf das Essener Werksgelände eingeladen. Sie sahen zunächst den Film „Aluminium aus Essen", dann Kurzreferate zu „Fluor und Umwelt" und im Anschluss gab es Zeit für Diskussionen.⁵⁸

> „Es zeigte sich schon bald, daß auf Seiten der Geschäftsführung der Leichtmetall-Gesellschaft das Bemühen vorherrscht, die von den Kleingärtnern vorgebrachten Sorgen ernst zu nehmen. […] Weidkämper Gartenfreunde, die ihren vor allem noch aus dem Mai 1977 herrührenden Kummer freimütig äußerten, zeigten sich erfreut, daß es zu dieser Aussprache kam […]."⁵⁹

---

55 Vgl. Matthias Heymann, Luftverschmutzung, Atmosphärenforschung, Luftreinhaltung: Ein technisches Problem? In: Natur- und Umweltschutz nach 1945. Konzepte, Konflikte, Kompetenzen, hrsg. v. Franz-Josef Brüggemeier u. Jens Ivo Engels. Frankfurt a.M. u. New York 2005, S. 325–341, hier S. 333 f.
56 Brief vom 30.5.1977 an die LMG, 30.5.1977, HdEG 472/107.
57 Ebd.; vgl. ferner Borbecker Nachrichten, 13. und 20.10.1978.
58 Vgl. Borbecker Nachrichten, 30.3. und 4.4.1979.
59 Reinigungsanlage der LMG für fast eine Mill. DM verbessert, in: Borbecker Nachrichten, 6.4.1979.

Abb. 387: Die Borbecker Nachrichten untertitelten das Foto: „Dr. Ölschläger, emeritierter Dozent der Universität Stuttgart-Hohenheim, empfahl den Kleingärtnern den Anbau rauch-resistenter Pflanzen und Gehölze. Am Tisch: LMG-Geschäftsführer Dr. Tschopp und Betriebsratsvorsitzender J. Eisel."

Die Kleingärtner forderten technische Verbesserungen beim Produktionsablauf der Alu-Hütte vorzunehmen, „damit sich solche Panne wie am 18./19.4.1979 nicht wiederholen."[60] Im Rahmen der Kurzreferate erläuterte der firmeneigene Sachverständige Dr. Ölschläger, welche Bäume, Sträucher und Pflanzen zum Anbau empfehlenswert seien. Es komme zu einer „Bereitstellung von ausgesuchten Pflanzen und Gehölzen, deren Industriefestigkeit in den Gärten am Weidkamp erprobt werden soll."[61] In der firmeneigenen Zeitschrift „Miteinander" stellte die IMG den Besuch der Kleingärtner vor. Der Artikel erschien am Ende des Jahres 1979. Zitiert wird der Vorsitzende der Kleingartenanlage mit den Worten: „Dieses Zusammentreffen hat manches Mißverständnis ausgeräumt. Es ist eine gute Sache, wenn sich Industrie und Bürger zusammensetzen, um ihre Probleme in sachlicher Form zu beraten."[62]

[60] Aktennotiz „Besuch der Mitglieder des Kleingärtnervereins ‚Am Weidkamp e.V.' bei der ALU-Hütte am 19.3.1979", HdEG 472/3.
[61] Ebd. Der seit 1978 eingesetzte Geschäftsführer der LMG, Dr. Tschopp hielt in seiner Festrede fest: „Wir sind bereit, alles, was im Bereich unserer Möglichkeiten liegt, zu tun, damit wir die Umweltsituation trotz der starken Industrialisierung weiter verbessern können."
[62] Helmut Spies, Manches Mißverständnis ausgeräumt. Kleingärtner Weidkamp e.V. bei LMG, in: Miteinander, Heft 4, 1979; abgedruckt in: 25 Jahre LMG 1994 (wie Anm. 32), S. 234.

Welche Umweltschäden waren im Borbecker Raum entstanden und wer war dafür verantwortlich? Um diese Fragen zu beantworten, wurden eine Reihe von Untersuchungen und Messungen initiiert. Das Gesundheitsamt der Stadt Essen richtete 1976 Messstellen im Umfeld der LMG ein, die unter der Qualitätskontrolle des Landesinstituts für Immissionsschutz standen.[63] Das Ministerium für Arbeit, Gesundheit und Soziales ließ 1979 Luftbilder von allen nordrheinwestfälischen Aluminiumhütten anfertigen. Bei der Auswertung der Fotos stellte man fest, dass das „Ausmaß der Pflanzenschäden […] deshalb betroffen gemacht hat, weil die Emissionswerte der fünf Betriebe klar unterhalb der zulässigen Grenzwerte liegen […]."[64] Um Daten zum Grad der Luftverschmutzung im Umfeld der Essener Aluminium-Hütte zu gewinnen, richtete im gleichen Jahr die Gesamthochschule Essen Messstellen ein. Auch in den Kleingärten wurden einzelne Stationen – gegen eine Anerkennungsgebühr für die Gartenbesitzer – errichtet. In der Kleingartenanlage „Im Weidkamp" wurden zwei aufgestellt, jeweils eine weitere kam in der angrenzenden Kleingartenanlage „Hesselbach" und eine im Kleingarten an der Hafenstraße hinzu.[65] Das Landesamt für Immissionsschutz des Landes Nordrhein-Westfalen (LIS) richtete 1981 östlich der LMG die Messstation Essen-Dellwig ein. Ein Jahr später wurde die Station in die Kleingartenanlage „Im Weidkamp" verlegt. Sie lag nur 800 Meter westlich von der Aluminium-Hütte. Schon seit 1970 hatte das LIS stichprobenartig in der Umgebung der LMG den Anteil der Fluor-Verbindungen in der Luft gemessen. Seit 1981/82 fand nun eine kontinuierliche Messung statt.[66] Die Messstation „Im Weidkamp" war auf Initiative der IG eingerichtet worden.[67] Seit November 1982 registriert sie dort wie schon in Vogelheim täglich zwölf 1-Stundenwerte der F-Konzentration.[68] Die Messergebnisse veröffentlichte die Landesanstalt für Immissionsschutz 1983 in einem Gutachten. Sie stellte fest, dass „[…] erhöhte Fluorkonzentrationen vorliegen, die ebenfalls an bestimmten Wochentagen

---

63 Immissionsbelastungen durch Fluor-Verbindungen in der Nachbarschaft der Aluminiumhütte LMG in Essen, hg. v. Landesanstalt für Immissionsschutz des Landes Nordrhein-Westfalen. Essen 1984 (LIS-Berichte Nr. 44), S. 13.
64 25 Jahre LMG 1994 (wie Anm. 32), S. 208.
65 Vgl. Brief der IG an Prof. Guderian, Universität Essen 21.5.1979, HdEG 472/13. „Für den jederzeitlichen Zutritt zu den Gärten stellen die Gartenbesitzer gegen Erstattung der Anschaffungskosten einen Schlüssel zur Verfügung. Für die o.a. Kleingartenanlagen wird für einen bestimmten Eingang ebenfalls ein Schlüssel zur Verfügung gestellt. Die Beauftragten der Uni-Essen müssen sich als solche zu jeder Zeit bei dem Aufenthalt in den Gärten und den Anlagen ausweisen können, wenn es verlangt wird. Nach telefonischer Anmeldung stehen die Gartenbesitzer zu Fragen, Erörterungen und Änderungen zu jeder Zeit zur Verfügung."
66 Vgl. Immissionsbelastungen durch Fluor-Verbindungen 1984 (wie Anm. 63), S. 7 u. 11.
67 Vgl. Jahresbericht der IG, im März 1983, HdEG 472/133.
68 Immissionsbelastungen durch Fluor-Verbindungen 1984 (wie Anm. 63), S. 11.

gehäuft auftreten."[69] Ein Jahr später kamen ihre Wissenschaftler in ihrem Bericht „Immissionsbelastung durch Fluor-Verbindungen in der Nachbarschaft der Aluminiumhütte LMG in Essen" zu dem Schluss:

> *„Eine 1978 diesbezüglich von der LIS durchgeführte Immissionssimulation für das westlich der LMG gelegene Pflanzenschadensgebiet Weidkamp hatte bereits ergeben, daß die im Schadgebiet Weidkamp aufgrund der Fluor-Emissionen der LMG und der Müllverbrennungsanlage – beide bei Normalbetrieb – sich ergebenden Jahresmittelwerte der Fluor-Immissionsbelastung im Verhältnis 20:1 zueinander stehen."*[70]

Anwohner im Essener Norden und in den Städten Bottrop und Gelsenkirchen beschwerten sich immer wieder bei der IG über Gestank und sprachen von „übelriechenden Schadstoffen in der Atemluft".[71] Einige verließen fluchtartig ihre Grundstücke. Eine gravierende Umweltbelastung fand am 2. Juni 1979, dem Pfingstsamstag, statt. Wieder sei – wie schon beim Vorfall am 18./19. Mai 1977 – eine übelriechende Schadwolke aus dem Stadthafengebiet über Essen-Vogelheim und Essen-Dellwig hinübergezogen. Die Information bekam der Geschäftsführer der IG, Heinz Rössler, telefonisch von Betroffenen übermittelt. Er wandte sich in ihrem Namen an Friedhelm Farthmann, Minister für Arbeit, Gesundheit und Soziales NRW. Rössler konstatierte, dass das „plötzliche und unerwartete Ablassen von Immissionen von Industrieanlagen rings um das Stadthafengebiet der Stadt Essen [...] sich mittlerweile zur Gewohnheit entwickelt [habe]."[72] Die IG forderte den Stopp des Baus von weiteren Industrieanlagen, eine konsequente gewerbeaufsichtliche Überwachung und die Ermittlung der für die Giftwolken Verantwortlichen. Um ihren Forderungen im Ministerium mehr Nachdruck zu verleihen, leiteten sie ihr Schreiben an weitere Ministerien, an den Regierungspräsidenten von Düsseldorf, die Essener Gewerbeaufsicht, die Kreispolizeibehörde Essen und an die Landesanstalt für Immissionsschutz des Landes NRW weiter. Einen Monat später wandte sich die IG wieder an Minister Farthmann und warnte vor den gesundheitlichen Folgen für die Bevölkerung im Emscherbruch, die aufgrund der dreckigen Atemluft „über Erkrankungen der Atmungsorgane, der Nasen- und Rachenschleimhäute, der Stirnhöhle und der Augen" klagten.[73] Im Essener Norden tauchten 1979 immer mehr Atemwegs-

[69] Gutachten der Landesanstalt für Immissionsschutz, 27.5.1983, HdEG 472/12, S. 15.
[70] Immissionsbelastungen durch Fluor-Verbindungen 1984 (wie Anm. 63), S. 13.
[71] Brief der IG an den Minister für Arbeit, Gesundheit und Soziales NRW, Friedhelm Farthmann, 10.6.1979, HdEG 472/12. Die IG listete Vorfälle für das Jahr 1978 die Tage 17.2., 15.5., 17.12, 18.12. und den 31.12. auf. Am 16. und 17. Januar 1979 seien am „Tag des ersten Smog-Alarms in NRW" laufend „Beschwerden über Schadstoffe in der Atemluft" eingegangen.
[72] Ebd.
[73] Brief von Heinz Rössler im Auftrag der IG an den Minister für Arbeit, Gesundheit und Soziales NRW, Friedhelm Farthmann, 17.7.1979, HdEG 472/157.

Abb. 388: Kleingartenverein Essen-Borbeck e.V., Anlage Hesselbach 1, Essen 2023

erkrankungen besonders bei Kleinkindern auf. Auf diese Erkrankungen bezog sich einige Jahre später die Zeitschrift „Der Spiegel" in einem Artikel zu den Umweltbelastungen in diesem Teil des Ruhrgebiets:

> „Es begann damit, daß sich in [der Kinderarzt, A.H.] Mersmanns Praxis Notrufe wegen spastischer Bronchitis (‚Kleinkind-Asthma') und Pseudo-Krupp häuften, seit 1979 fast 400 Fälle, zunächst besonders häufig, merkwürdigerweise, an Freitagabenden zwischen 21 und 23 Uhr."[74]

Neben der Politik mobilisierte die IG die Presse. In den Borbecker Nachrichten erschien das Statement von Heinz Rössler: „Pfingst Samstag gegen 21.30 Uhr war wieder die Hölle los! Aber beim Gewerbeaufsichtsamt und anderen behördlichen Stellen war niemand zu erreichen."[75] Ziel der IG war, den Druck auf die staatlichen Stellen zu erhöhen und endlich im Sinne des Wohls für ihre Bevölkerung zu handeln.

Die nächste Gaswolke zog in der Pfingstnacht vom 25. auf den 26. Mai 1980 über Borbeck. Die IG beschwerte sich beim Ministerium für Arbeit, Gesundheit und Soziales NRW über die gasförmigen Schadstoffe, die „bewußt und widerrechtlich freigesetzt" worden seien. Sie verwies auf die Aussagen der Kleingärtner „Im Weidkamp", denen „erhebliche Schäden in Form von Braunfärbungen, insbesondere an den Nadelhölzern", entstanden seien.[76] Zudem könne man sich vor Ort von den angerichteten Schäden ein Bild machen. Ein Haufen toter Bienen läge vor den Bienenstöcken von Herrn Döring. Zum einen wies die IG auf die Zerstörungen hin und zum anderen forderte sie das Ministerium zum Handeln auf: Die widerrechtlich vorgenommenen Emissionen sollten un-

---

74 Schlagende Wetter – auch Übertage (wie Anm. 51). Die LMG suchte das Gespräch mit den besorgten Eltern und organisierte eine Werksbesichtigung, um ihr Produktionsverfahren vorzustellen; vgl. Borbecker Nachrichten, 3.2.1984.
75 Wieder Vegetationsschäden durch Fluor am Weidkamp, in: Borbecker Nachrichten, 8.6.1979; vgl. ferner die Pressenotiz der IG, Essen 11.6.1979, HdEG 472/88.
76 Brief der IG an Ministerialdirektor Prof. Dreyhaupt, Essen 22.7.1980, HdEG 472/100.

terbunden und die Verantwortlichen zur Rechenschaft gezogen werden.[77] Ein weiteres Protestschreiben – diesmal gemeinsam verfasst von der IG und dem LBU – dem Landesverband Bürgerinitiativen Umweltschutz NRW e.V. – war mit massiven Forderungen an Gesundheitsminister Farthmann adressiert. Er solle sich endlich für das Wohl der Bevölkerung einsetzen.[78] Diese Beschwerde ging als Kopie parallel an weitere Behörden und Pressevertreter, um größtmögliche Aufmerksamkeit zu erzielen. Die geforderten Umweltauflagen stießen auf Seiten der LMG auf Kritik. Der Vorsitzende der Alusuisse-Deutschland Arwed Neuman warnte vor solchen Investitionen in Sachen Umweltschutz, da die hohen finanziellen Belastungen existenzgefährdend für sein Unternehmen werden würden.[79] Neuman gab dieses Statement während der Festveranstaltung zum zehnjährigen Jubiläum seines Unternehmens ab. Bei der gleichen Veranstaltung äußerte sich auch der Essener Oberbürgermeister Horst Katzor zum Thema Umweltschutz: „Ich bin nicht in der Lage, Schuld- oder Freisprüche zu fällen, wenn Bürger mich mit ihren Sorgen und Befürchtungen ansprechen. Ich vertraue fest darauf, daß Technik und Wissenschaft auch auf diesem Gebiete das Menschenmögliche tun!"[80]

Die Kooperation zwischen Umweltverbänden und Behörden

Gesundheitsminister Farthmann lud 1980 seine Experten zum Immissionsschutz wie auch den Vorstand der IG zu einer Besprechung ein. Die Federführung in seinem Hause lag in der Hand von Ministerialdirektor Prof. Dreyhaupt. Beschlossen wurde, Meldeeinrichtungen zu installieren, so dass die Bevölkerung schnelle Hilfe im Bedarfsfalle anfordern könne.[81] Ein Jahr später empfing Minister Farthmann die Umweltschützer von der IG: Heinz Rössler, Clemens Schmeck und Heinz Lappe. Gegenüber der Presse äußerte sich Schmeck nach der Besprechung in Düsseldorf:

> „Auch ist es uns gelungen, den Minister noch stärker als bisher für die Frage der Verminderung der Fluor- und Schwefeldioxyd-Konzentration in unserem Raume zu gewinnen. Wir sind ganz zuversichtlich, daß unsere Bemühungen Erfolg haben werden."[82]

---

77 Vgl. ebd.
78 Brief des LBU an Minister Farthmann, Bottrop 26.7.1980, in: ebd.
79 Rolf Wanning, 10 Jahre LMG, in: Miteinander, Heft 9, 1979, abgedruckt in: 25 Jahre LMG 1994 (wie Anm. 32), S. 239.
80 Stadt wünscht Borbecker Werk weiterhin Aufstieg und Erfolg. Vor zehn Jahren Grundsteinlegung der LMG im Sulterkamp, in: Borbecker Nachrichten, 30.11.1979.
81 Vgl. Pressenotiz der IG „Gemeinsames Gespräch über Luftreinhalteprobleme im Emscherbruch", Essen 29.9.1980, HdEG 472/157.
82 Farthmann empfing Umwelt-Schützer, in: Borbecker Nachrichten, 22.5.1981.

In den 1970er Jahren war – bezogen auf das gesamte Ruhrgebiet – die Immissionsbelastung durch Fluorverbindungen gesunken. Im Stadtgebiet Essen nahm diese zwischen 1972 und 1979 um 49 % ab.[83] Die positive Entwicklung im Allgemeinen nutzte den betroffenen Bürgerinnen und Bürgern in Borbeck nur wenig, da sie jährlich gravierenden Luftverschmutzungen ausgesetzt waren. Immer offensichtlicher wurde zudem, dass die Umweltbelastungen nicht alleine auf die Luft beschränkt blieben.

Nachrichten von Bodenuntersuchungen in der Nachbarschaft schreckten 1982 die Kleingärtner in Borbeck auf. Auf dem ehemaligen „Panzerbaugelände" hatte das Essener Grünflächenamt erhöhte Werte an Schwermetallen und weiteren giftigen Stoffen im Boden festgestellt.[84] Da die „gleichen Industrieabgase" auch auf ihre Schrebergärten niedergegangen waren, fragten sich nun die Betroffenen, ob ihre Böden ebenfalls kontaminiert seien und sie ihr Obst und Gemüse nicht mehr verzehren durften. Der erste Vorsitzende „Im Weidkamp", Heinz Frase, äußerte sich gegenüber der Presse: „Falls Kohl, Salat, Gemüse oder Obst tatsächlich belastet sein sollten, hätten die Behörden uns doch warnen müssen." Eine andere Position vertrat Heinz Rössler im gleichen Presseartikel, der riet, nichts mehr aus dem eigenen Garten zu essen, da vor allem durch Fluorschäden die Böden belastet seien.[85]

Die Umweltdebatte bekam nun im Essener Norden eine andere Dimension. Zum einen war offensichtlich, dass die Vergiftungen längerfristig die Bevölkerung trafen. In der Öffentlichkeit wurde über Monate diskutiert, wie sehr die Böden durch Giftstoffe belastet seien und ob man Obst und Gemüse anbauen und essen dürfe. Zum anderen intensivierte sich das Krisenmanagement zwischen den einzelnen Parteien in Borbeck. Auf die nun folgenden Umweltskandale reagierten die IG, Kleingärtner und weitere Betroffene (wie die evangelische Kirchengemeinde Schildberg) immer wieder mit Eingaben an Behörden und Unternehmen, Klagen und Pressemitteilungen. Besonders das breite Presseecho sprach für die erfolgreiche Öffentlichkeitsarbeit der IG und ihrer Kooperationspartner.

Die IG arbeitete auch beim nächsten Umweltskandal wieder eng mit den Kleingärtnern zusammen. Zu Pfingsten 1982 zog eine weitere Giftwolke über Borbeck hinweg. Eine Schicht „bräunlicher Feinstaub" bedeckte unter anderem die Kleingartenanlage „Im Weidkamp". „Die Kleingärtner klagten übereinstimmend über Hustenanfälle und über Entzündungen der Nasen- und

---

[83] Vgl. Entwicklung der Immissionsbelastung in der Rhein-Ruhr-Region seit 1965, Essen 1982 (LIS-Berichte Nr. 18), S. 20.
[84] „Deutliche Überschreitungen der Orientierungsdaten von Arsen, Blei und Zink" waren in den Böden der Kleingärtner festgestellt worden; vgl. Kleingärtner: Die Stadt hat mit uns noch nie gesprochen, in: WAZ, 14.2.1984. Bei Zink und Blei handelt es sich um Schwermetalle. Arsen ist ein toxisches Halbmetall.
[85] Borbeck: Giftige Ernte aus dem Kleingarten? In: NRZ, 1.4.1982.

Abb. 389: Karnevalswagen zur Umweltbelastung, Essen-Altendorf 1988

Abb. 390: Tote Bienen vor dem Bienenstock, 1982

Rachenschleimhäute."⁸⁶ Heinz Rössler sprach gegenüber Minister Farthmann von einer „Nacht- und Nebelaktion" eines Unternehmens und wies auf die erheblichen Schäden und gesundheitlichen Beeinträchtigungen für die Bevölkerung hin. Denn bei Rössler waren in der Zeit vom 29. Mai bis 7. Juni 1982 zahlreiche Telefonanrufe und schriftliche Beschwerden eingegangen. Er wandte sich im Namen der IG an Gesundheitsminister Farthmann und legte seinem Schreiben umfangreiches Beweismaterial in Form von Fotografien aus den Kleingartenanlagen „Im Weidkamp" und „Hesselbach" bei. So konnte er visuell belegen, dass es „[…] zu Blattnekrosen an den Obstbäumen, Braunfärbungen an den Nadelhölzern und Braunfärbungen an den Buchenhecken" gekommen sei.⁸⁷

86 Clemens Schmeck, Jahresbericht der IG 1982, im März 1983, HdEG 472/133. Auch ein weiteres Mal war ein Bienensterben festzustellen.
87 Brief der IG an das Ministerium für Arbeit, Gesundheit und Soziales NRW, Essen 18.6.1982, HdEG 472/157.

Diese Art der Dokumentation war möglich, da die IG, die Kleingartenanlage und weitere Betroffene die Schäden zusammengetragen, aufgelistet und systematisch fotografiert hatten.[88] Die Fotografien von der zerstörten Natur machten Eindruck. Zwei Imker der Anlagen „Im Weidkamp" und im „Hesselbach" hatten ihre toten Bienen aufgenommen und diese Aufnahmen der IG zur Verfügung gestellt. Die Bilder werden Minister Farthmann verdeutlicht haben, wie massiv die Bodenbelastungen in den Kleingärten gewesen waren. Zwei Mitarbeiter der Düsseldorfer „Landesanstalt für Immissionsschutz", Dr. Klein und Dr. Jung, besichtigten am 5. Juli die Schäden in beiden Kleingartenanlagen. Im „Hesselbach" fotografierte Dr. Klein – drei Parzellenbesitzer hatten ihre Gärten zur Untersuchung zur Verfügung gestellt – die Schäden und nahm Bodenproben mit.[89]

Ein Jahr später kam es wieder zu Pfingsten zu einem Zwischenfall. Die Alu-Hütte in Borbeck hätte – so der LBU 1983 – „erhebliche Schadstoffmengen in die Atemluft" freigesetzt.[90] Die Bewohner informierten die Polizei und die Gewerbeaufsicht NRW in Essen. Die Staatliche Gewerbeaufsicht teilte mit, „daß es doch inzwischen nichts besonders mehr sei, daß von der Alu Hütten Geruchsbelästigungen ausgehen!"[91]

Die Kleingartenanlagen entwickelten sich durch die Begutachtung von Seiten der Landesbehörde quasi zu Versuchsfeldern des Immissionsschutzes. Die Bodenveränderungen konnten anhand von Luftmessungen, Fotografien und Bodenproben über Jahre kontinuierlich analysiert werden. Vor Ort waren es die Kleingartenbesitzer, die ihre Schrebergärten pflegten, instand hielten und jede Veränderung entweder an die IG oder die Behörden meldeten. „In den Dauerkleingartenanlagen Weidkamp und Hesselbach sind von April 1982 bis September 1983 detaillierte Untersuchungen angestellt worden."[92] Diese Art der Messung machte es erst möglich, den Grad an Verschmutzung im Essener Norden wissenschaftlich aufzuarbeiten.

„Die Essener Kleingärtner befassen sich bereits seit mehr als einem Jahr mit den giftigen Metallen, die vor allem von Blattgemüsen, etwa Salat und Spinat, aufgenommen wird. Das chemische Untersuchungsamt prüft zur Zeit in Zusammenarbeit mit der Essener Universität die Böden der Kleingartenanlage am Borbecker Weidkamp, die durch die Immissionen der nahen Aluminiumhütte besonders stark belastet werden."[93]

88 Handschriftliches Protokoll „Schäden Pfingsten 1982", HdEG 472/157.
89 Vgl. ebd., Montag, 5.7.1982.
90 Heinz Rössler als Leiter der Projektgruppe Luft des Vorstandes des LBU an Gesundheitsminister Farthmann, Essen 1.6.1983, HdEG 472/12.
91 Ebd.
92 Erdbeeren und Radieschen zwanzigfach über Richtwert, in: Borbecker Nachrichten, 17.2.1984.
93 Strategie gegen Gift im Boden, in: WAZ, 25.8.1983. Der Sprecher des Arbeitskreises Kleingartenwesen, Horst Kleiner: „Es wäre falsch, jetzt Angst vor Vergiftungen zu schüren."

Die Bevölkerung war nicht nur über die immer wieder auftretenden Luftverschmutzungen, sondern auch über die mangelnde Informationspolitik der Behörden besorgt und verärgert. Den Borbecker Kleingärtnern war nicht klar, wie stark ihre Böden belastet waren. Die IG wandte sich schon im Februar 1982 an den Umweltbeirat der Stadt Essen und bat um Aufklärung und fragte, welche Maßnahmen nun getroffen würden.[94] Allerdings gab es keine schnellen und beruhigenden Antworten. Die NRW-Minister Friedhelm Fahrtmann und Klaus Matthiesen[95] warnten 1983 vor den im Boden eingelagerten Schwermetallen, die „tickende Zeitbomben" seien. Sie kündigten die Einrichtung eines landesweiten Katasters zur Belastung der Böden und Gewässer an.[96] Die Verunsicherung auf Seiten der Betroffenen im Essener Norden blieb. Die WAZ titelte im Februar 1984 „Kleingärtner: Stadt hat mit uns noch nie gesprochen" und forderte mehr Transparenz.[97] Der Beigeordnete der Stadt Essen für Gesundheit und Umwelt, Karl Gabriel, reagierte und betonte, „[...] daß die Gesundheit durch den Anbau in den Kleingärten in Borbeck nicht gefährdet ist." Er bezog sich im März des Jahres auf ein Gutachten der Essener Universität.[98] Laut dem Chemiker Dr. Schwermann, der als Gutachter fungierte, sei die „Situation in Essen [...] nicht schlechter als in anderen Städten – nur hat Essen als erste die Meßergebnisse auf den Tisch gelegt." Möglicherweise seien jetzt andere Städte geschockt, weil sie „unter Zugzwang geraten". Der Untersuchungsaufwand in Essen sei „enorm gegenüber anderen Städten".[99]

Die Stadt Essen bot den Kleingärtnern – auf freiwilliger Basis – Blutuntersuchungen an. So sollte kleinste Spuren von Schwermetallen im Körper nachgewiesen werden. Die IG wandte sich in einem Brief an die betroffenen Kleingärtner und organisierte die Durchführung der Untersuchungen. Sie hängte eine Teilnehmerliste an und wies darauf hin, dass „Im Weidkamp" ältere Personen zwischen 50 und 60 Jahren und Kinder zwischen 4 und 11 Jahren untersucht werden sollen.[100] Der Vorsitzende des Kleingartenvereins bedankte sich bei der IG für die organisatorische Unterstützung und wies auf ein Gespräch mit dem Beigeordneten Gabriel hin. Der Politiker hatte sie im Vereinsheim aufgesucht und gebeten, mit der Aufstellung einer möglichen Liste von Probanden zu warten.

---

94   Vgl. Brief der IG an die Geschäftsstelle Umweltbeirat der Stadt Essen, Essen 26.2.1982, HdEG 472/12.
95   Klaus Matthiesen war Minister für Ernährung, Landwirtschaft und Forsten des Landes Nordrhein-Westfalen.
96   Weniger Blei in der Revierluft. Farthmann und Matthiesen: Gefahr lauert im Erdboden, in: WAZ, 21.10.1983.
97   Gifte im Boden. Kleingärtner: Stadt hat mit uns noch nie gesprochen, in: WAZ, 14.2.1984.
98   In Kleingärten keine Gefahr für Gesundheit, in: WAZ, 1.3.1984.
99   Kleingärtner können ihr Blut untersuchen lassen, in: WAZ, 15.3.1984.
100 Serienbrief der IG an die für die Blutuntersuchung vorgesehenen Kleingärtner, 27.3.1984, HdEG 472/12.

Die Stadt wolle „einen möglichst repräsentativen Querschnitt erreichen, wozu die Voraussetzungen in der nächsten Zeit geschaffen werden sollen."[101]

Die neuen Umweltschutzmaßnahmen

In der Industrie fand – auch aufgrund von neuen staatlichen Auflagen – ein Umdenken hin zu Investitionen in den Umweltschutz statt. Die Borbecker Leichtmetall-Gesellschaft zog Bilanz zu den hohen Fluoremissionen in der Vergangenheit:

„[...] feuchtwarmen Abgase traten in nur 27 Metern Höhe aus und gingen in der unmittelbaren Nachbarschaft der LMG nieder. In den folgenden Jahren formulierte sich eine Front aus Bürgerinitiativen, Ärzten und Kleingärtnern gegen den Betrieb. Die LMG nahm die Befürchtungen und Forderungen ernst und unterbreitete 1983 das neue Konzept der sogenannten Trockenabsorption [...]."[102]

Sie initiierte ein Umweltschutzprogramm. Zudem errichtete sie ein Biotop auf ihrem Betriebsgelände und siedelte Tier- und Pflanzenarten an, alles im Austausch mit der Universität Essen, deren Fachleute 1983 ein hohes Forschungsinteresse an der Vegetationsentwicklung hatten.[103] Das Unternehmen plante 1982 den Bau eines über hundertachtzig Meter hohen Schornsteins für seine Alu-Hütte. Aufgrund seiner Höhe fielen die schädlichen Stoffe nicht über das Ruhrgebiet, sondern über weit entfernte Regionen nieder, was die IG in einer Pressemitteilung scharf verurteilte.[104] 1988 wurde der 180 m hohe Schornstein in Betrieb genommen, der die Abluft der Elektrolyseöfen aufnimmt."[105] Dank seiner Höhe werde es – so die Borbecker Nachrichten – zu einer „deutlichen Entlastung der Auswürfe" für Borbeck kommen. Allerdings würden sich diese auf andere Gebiete des Landes verteilen.[106]

Als weitere Maßnahme strebte die LMG 1983 den Bau einer Trockenabsorptionsanlage für ihre Essener Hütte an.[107] Die Umstellung der Produktion auf dieses verkapselte und trockenabsorbierende Verfahren hatte zur Folge, dass

101 Brief vom Vorsitzenden Frase an Heinz Rössler von der IG, 9.4.1984, HdEG 472/12.
102 Vgl. Umweltschutzprojekt bei der LMG steht vor dem Abschluß, in: Borbecker Nachrichten, 25.11.1988.
103 Vgl. 25 Jahre LMG 1994 (wie Anm. 32), S. 324.
104 Ebd.
105 Koerner 1999 (wie Anm. 4), S. 204.
106 „Emscher-Koalition" war vor Ort. Besichtigung der Aluminiumhütte folgte freimütige Diskussion, in: Borbecker Nachrichten, 10.6.1983.
107 Umweltschutz fängt zu Hause an. CDU Dellwig und Ebel schließen Emscher-Koalition, in: Borbecker Nachrichten, 6.5.1983.

die Mengen an Staub und Fluorwasserstoff sanken.[108] „Fluor wird durch die neue Trockenreinigungsanlage um mindestens 30 % vermindert, auf maximal 69 t pro Jahr."[109] Zudem wurde der Ausstoß von Staub um mehr als 80 % auf etwa 400 t pro Jahr verringert. Weiterhin hoch blieb dagegen der Ausstoß von Schwefeldioxid, was die Zeitschrift „Der Spiegel" kommentierte:

> „Absurde Folge: Die Menge des von der Hütte ausgestoßenen Schwefeldioxids wird, aufgrund der genehmigten Kapazitätsaufstockung, nicht ab-, sondern zunehmen, die Spitzenbelastung der Luft mit dem giftigen Fluorwasserstoff nach einem TÜV-Gutachten weiterhin über den gesetzlichen Höchstwerten liegen – trotz des üppigen Steuergeschenks an die Hüttenbetreiber."[110]

Gesundheitsminister Farthmann bremste deshalb auch allzu hohe Erwartungen bezüglich der Umweltverträglichkeit der Anlage: „Ich kann nicht versprechen, daß nach dem Umbau jegliche Pflanzenschäden ausgeschlossen sind."[111]

Die Umweltdebatte schien sich 1982/84 versachlicht zu haben, denn die Fachleute von der Landesanstalt für Immissionsschutz NRW beschäftigten sich intensiv mit den Auswirkungen von Fluor auf Flora und Fauna.[112] In dieser Phase zog die nächste Fluorwolke über Borbeck hinweg. An der Messstelle im Garten von Herrn Kollenda in der Gartenanlage Hesselbach am Weidkamp wurde im Mai 1984 ein Fluor-Wert von 1,7–2,4 mg/Kubikmeter gemessen. Ein Anwohner der Hafenstraße berichtete: „Der Gestank war so stechend, daß wir fluchtartig die Terrasse räumen mußten."[113] Erneut verendeten die Bienen in den Borbecker Gärten, so dass neben Herrn Kollenda auch der Imker Döring Anzeige gegen unbekannt bei der Kreispolizeibehörde in Borbeck erstattete. Als Beweis übergaben sie der Polizei „Bienenproben".[114] Die IG vermutete als Verursacher die eisenverarbeitende und kunststoffverarbeitende Industrie. Weitere geschädigte

---

[108] Vgl. Fruchtbarerer Dialog bei der LMG. Werksleitung und „Elterninitiative Pseudo-Krupp" sprachen miteinander, in: Borbecker Nachrichten, 3.2.1984.

[109] Bessere Luft in Borbeck nach Verkapselung der Alu-Öfen, in: Borbecker Nachrichten, 21.10.1983.

[110] Schlagende Wetter – auch Übertage (wie Anm. 48).

[111] Bessere Luft in Borbeck nach Verkapselung der Alu-Öfen, in: Borbecker Nachrichten, 21.10.1983. „Farthmann kündigte gestern an, daß in Essen in den nächsten Jahren den größten industriellen Luftverschmutzern weiter konsequent zu Leibe gerückt werde."

[112] Fluorwasserstoff-Wirkungen auf Pflanzen 1982 (wie Anm. 35); Entwicklung der Immissionsbelastung 1982 (wie Anm. 83); Immissionsbelastungen durch Fluor-Verbindungen 1984 (wie Anm. 63).

[113] Freitagabend Gaswolke über Vogelheim. Fichtennadeln wurden braun, in: WAZ, 18.6.1984.

[114] Handschriftliches Protokoll „Großes Bienensterben vom 18.–22.5.1984", HdEG 472/12.

Imker und Kleingärtner an der Hafenstraße erstatteten ebenfalls Anzeige bei der Kreispolizeibehörde Essen.[115]

Fazit

Die LMG stellte 1985 ihre neue Anlage in Essen-Borbeck fertig. Die Elektrolyseöfen wurden eingekapselt.[116] Dank dieser Maßnahmen war weniger Fluor und Staub in der Abluft der Alu-Hütte. Die Fluor-Immission sank innerhalb eines Jahres (1984/85) um vierzig Prozent.[117] Allerdings blieb der Anteil an Schwefeldioxyd bei der Produktion unverändert hoch.[118] Von den 112 Millionen DM an Investitionen übernahm das Land NRW die Hälfte.[119] Der Borbecker Heimathistoriker Andreas Koerner kommentierte 1998 diesen Umbau: „Da es rechtlich keine Möglichkeit gab, das Werk zu nachträglichen Umweltschutzmaßnahmen zu zwingen, beteiligte sich das Land zur Hälfte an den Kosten von 112 Millionen DM".[120] Die Alu-Hütte feierte die Fertigstellung ihrer Anlage am 6. Februar 1985 in Anwesenheit von Gesundheitsminister Farthmann und weiteren Ehrengästen – zu denen auch Mitglieder der IG zählten. Das Unternehmen selber war schon am 9. Mai 1984 Mitglied der IG geworden.[121] Beide hatten über Jahre in Kontakt miteinander gestanden, hatten sogar kooperiert. Die IG hielt in ihrem Jahresbericht fest: „Wie erfolgreich eine solche Zusammenarbeit sein kann, hat der 6. Februar 1985 bewiesen."[122] Mit Stolz auf das Erreichte führte die IG die enge Zusammenarbeit mit der LMG weiter aus:

„*Die Leichtmetall-Gesellschaft Essen-Borbeck hat als Mitglied unserer IG auch im Verlauf des Jahres 1985 in enger Zusammenarbeit mit dem Vorstand, die Luftreinhalteprobleme besprochen und gemeinsam Maßnahmen zum Schutze der Menschen und die Natur, getroffen. Die durchgeführten Umweltschutzmaßnahmen führte zur Schaffung krisenfester Arbeitsplätze und zu einer intensiven Nachwuchsschulung.*"[123]

---

115 Vgl. Interessengemeinschaft gegen Luftverschmutzung e.V. an Minister für Arbeit, Gesundheit und Soziales NRW, Friedhelm Farthmann, Essen 19.6.1984, HdEG 472/12.
116 Andras Koerner, Wanderung durch Borbeck..., Rundgang 6: Bochold, Bergeborbeck, in: Borbecker Beiträge, 14. Jg., Nr. 2, 1998, S. 52–58, hier S. 57.
117 Vgl. Fluorid-Emisionen der LMG sind deutlich zurückgegangen, in: Borbecker Nachrichten, 9.10.1987.
118 Vgl. Weniger Fluor, weniger Staub aber Schwefeldioxyd unverändert. Neue LMG-Reinigungsanlage geht nächste Woche in Betrieb, in: Borbecker Nachrichten, 5.2.1985.
119 Vgl. Spürbare Verbesserung der Umweltsituation in Borbeck erwartet, in: Borbecker Nachrichten, 12.11.1982; Koerner 1999 (wie Anm. 4), S. 204.
120 Koerner 1998 (wie Anm. 116), S. 57.
121 Vgl. Jahresbericht der IG 1984, Essen 1985, HdEG 472/133.
122 Ebd.
123 Ebd.

Abb. 391: Kleingartenverein „Im Weidkamp", Essen 2023

Inzwischen war das Thema „Luftverschmutzung im Ruhrgebiet" auf die nationale Agenda gerückt und hatte international für Schlagzeilen gesorgt. Zwischen dem 9. und 22. Januar 1985 war vor allem das Ruhrgebiet und die Rheinschiene durch Smog betroffen.[124] Die Luftverschmutzung durch Schwefeldioxid und Schwebstaub war besonders im westlichen Ruhrgebiet so hoch gestiegen, dass NRW Arbeits- und Gesundheitsminister Farthmann Smogalarm der Stufe 3 auslöste.[125] Der öffentliche Druck auf die Landesregierung und ihre nachgeordneten Behörden wuchs mit jedem neuen Smogalarm.

In den Kleingartenanlagen sank in den folgenden Jahren die Motivation, sich für den Umweltschutz im gleichen Maße weiter zu engagieren. Der Schadstoffausstoß der Unternehmen war gesunken und damit sanken auch die Immissionen in Borbeck. Die Kleingärtner mussten keine weiteren Klagen über geschädigte Bäume und Pflanzen mehr einreichen. Für die Kleingärtner traten die Themen Luftverschmutzung und Bodenbelastungen immer mehr in den Hintergrund. Ihre Kooperation mit der IG kam fast zum Erliegen. Die IG erlebte einen generationsbedingten Umbruch. Der Vorstand wurde neu besetzt

[124] Vgl. Jahresbericht der IG 1985, HdEG 472/133.
[125] https://www.bpb.de/kurz-knapp/hintergrund-aktuell/199021/1985-smog-alarm-in-deutschland/ (Zugriff am 29.1.2023).

und trat – wie bisher – in zahlreichen anderen Projekten und Skandalen für die Belange der Bevölkerung und für die Wahrung des Umweltschutzes ein. Mit Stolz blickte die IG 1987 anlässlich ihres 25-jährigen Jubiläums auf ihre Arbeit zurück. Als einen ihrer Erfolge wertete sie die Zusammenarbeit mit der LMG: „Die Alu-Hütte Borbeck kapselte 1985 ihre Elektrolyseöfen ein. Der Ausstoß von Fluorwasserstoff verminderte sich damit um 30 %. Vier Fünftel weniger Staub gelangt seitdem in die Luft."[126]

Heute besteht die Kleingartenanlage „Im Weidkamp" mit 168 Gärten (2023).[127] Das Engagement ihrer (ehemaligen) Mitglieder in Kooperation mit der IG zeigt exemplarisch, wie erfolgreich eine Zivilgesellschaft zum Wohle der Allgemeinheit im Konsens mit der Industrie agieren kann. Die Interessengemeinschaft (= IG) löste sich schließlich 1992 auf.[128] Ihr großer Verdienst war es – auch dank der Unterstützung von Seiten der Kleingärtner – an der Ausarbeitung des Immissionsschutzgesetzes und den damit verbundenen Verordnungen TA-Luft und TA-Lärm mitgearbeitet zu haben.

---

[126] 25 Jahre Interessengemeinschaft gegen Luftverschmutzung. Dauer-Notruf aus Dellwig: Wir wollen nicht ersticken, in: Borbecker Nachrichten, 27.2.1987. Es handelt sich um die „Technische Anleitung zur Reinhaltung der Luft – TA Luft" und die „Technische Anleitung zum Schutz gegen Lärm – TA Lärm".
[127] Vgl. http://www.kleingaerten-essen.de/die-vereine/borbeck.php (Zugriff am 15.1.2023).
[128] Tagesordnung der IG, Essen 13.1.1992, HdEG 472/67.

NACHRUFE

Ludger Claßen (1953–2023)

DIRK HALLENBERGER

Abb. 392: Ludger Claßen bei einer Buchvorstellung des Klartext-Verlages, Essen 1986

Das hätte sich Ludger Claßen mit Sicherheit so nicht vorstellen können, als er 1985 als Lektor beim Klartext-Verlag in Essen begann: 30 Jahre lang in leitender Funktion im Buchgeschäft – als Ideengeber, als Netzwerker, als Geschäftsführer, kurz: als bedeutendster Vertreter der Verlagslandschaft im Ruhrgebiet. Claßens Karriere wies anfangs allerdings – nicht ganz untypisch für die Geisteswissenschaften – in eine andere Richtung. Seine Eltern gingen dem Lehrerberuf nach, und so hätten sie es zu gern gesehen, dass Ludger ebenfalls Lehrer sein wird. Nach dem Abitur in Werden (1971) und einem kleinen Fächerumweg (Chemie) an der Nachbaruniversität Bochum studierte Claßen in Essen tatsächlich auf Lehramt (Deutsch und Technik) und absolvierte an der Gesamthochschule das erste Staatsexamen (1975). Danach arbeitete er dort im Fachbereich Germanistik in unterschiedlichen Projekten mit u. a. folgenden Publikationen: der dreibändigen *Einführung in die deutsche Literatur des 20. Jahrhunderts* (1977–1980) sowie *Der Scheinwerfer. Ein Forum der Neuen Sachlichkeit 1927–1933* (1986) und Peter von Zahns *Schwarze Sphinx* (1986), die beide bezeichnenderweise bereits im Klartext-Verlag erschienen. Seine wissenschaftliche Ausbildung schloss Claßen mit einer Dissertation ab, die im Februar 1985 von der Universität-Gesamthochschule Essen angenommen wurde. Unter der Fragestellung „Strategien satirischen Erzählens" widmete er sich darin beispielhaft vier Romanen des 20. Jahrhunderts (von Heinrich Mann, Bertolt Brecht, Martin Walser und F. C. Delius), wobei Claßen hierzu – wie er in der Vorbemerkung ausführt – „erstmalig Theorien bzw. Theoreme von Theodor W. Adorno und Georg Lukács als Kontroverse über die mögliche Wirksamkeit von Satire im 20. Jahrhundert" erschloß.[1] Die Dissertation,

---

[1] Ludger Claßen, Satirisches Erzählen im 20. Jahrhundert. München o. J. [1986], S. 5.

von Jochen Vogt in die Reihe *Literatur in der Gesellschaft* aufgenommen, erschien im Fink-Verlag (München), wo Claßen ein Praktikum absolvierte und auf diese Weise einen anderen Weg zum Buch fand.

Der Klartext-Verlag,[2] der unter diesem Namen seit 1983 firmiert, entstand im direkten Umfeld zweier links-alternativer Stadtzeitungen für Essen, der *Standorte* (1981–84), Nachfolger des ähnlich verorteten *Klartext* (aus den späten 1970er-Jahren), und des *Lauffeuer* sowie im Nachgang des Verlags Homann & Wehr (1979–1982) aus Altendorf. Das gemeinsame Programm lautete schlicht, aber mit wirksamer Absicht, publizistische Gegenöffentlichkeit im vom WAZ-Konzern dominiert empfundenen Ruhrgebiet (für das als Ganzes ab 1979 das ähnlich ausgerichtete Stadtmagazin *Marabo* angetreten war). Zu den Mitgründern von *Standorte*, der monatlichen „Stadtzeitung für alle Essener", zählte Claßen, der später als Redakteur das Konkurrenz- bzw. „Neue Stadtmagazin für Essen" namens *Lauffeuer* mit ins Leben rief. Daneben gehörte er zur Redaktion vom *Schreibheft*, der überregionalen „Zeitschrift für Literatur", die von Norbert Wehr ab 1982 im eigens (von Claßen, Leistner und Wehr) gegründeten Rigodon-Verlag (Essen) herausgegeben wurde. Da der Klartext-Verlag 1985 unterdessen zunehmend mehr Satzaufträge (wichtiges Standbein) erhielt (u. a. durch die NRW-GRÜNEN), konnte er „– endlich – den langersehnten Lektor einstellen. Unser ‚Doktor', Ludger Claßen, brachte dann auch Ordnung ins Buchprogramm",[3] wie es in einer ersten Verlagsbroschüre hieß. „Inhalte und Form zusammenbringen, die Vielfalt der Arbeit kennenlernen", waren dabei Claßens anfängliche Motive, in einem Verlag tätig zu sein.[4]

Dort wurde mit *Rote Fahnen im Vest* (1983) der allererste Klartext-Titel veröffentlicht, ein Band zur „Geschichte von unten", der sich ausdrücklich dem Revier widmete. Denn die Thematisierung des Ruhrgebiets stand von Beginn an im Mittelpunkt der Verleger. „Und gerade in dieser Revierbezogenheit liegt die eigentliche Stärke des Verlages",[5] diagnostizierte das *Marabo* anlässlich der ersten Fünfjahresbilanz. Dass sich dies während der nächsten Jahrzehnte noch ausbauen sollte („Das Ruhrgebiet im Klartext"[6]), ließ Andreas Rossmann (FAZ) in seiner Rede, die er zur Verabschiedung von Claßen hielt, zu folgender Formulierung greifen: „In München soll es Leute geben, die das Ruhrgebet für eine Erfindung des Klartext-Verlags halten."[7] Unter dem Rubrum Gegenöffentlichkeit

2   Vgl. grundlegend Britta Caspers u. a., Ruhrgebietsliteratur seit 1960. Eine Geschichte nach Knotenpunkten. Stuttgart 2019, S. 411–414.
3   Klartext-Gesamtverzeichnis 1986. Essen 1986, S. 5.
4   Zit. n. Bernd Behrendt, Alternative Profis. Der Essener Klartext-Verlag zieht Bilanz, in: Marabo 9, 1986, S. 92.
5   Ebd.
6   So der Verlagsprospekt 1995.
7   Andreas Rossmann, In München soll es Leute geben, die das Ruhrgebiet für eine Erfindung des Klartext-Verlags halten. Ludger Claßen hat das Ruhrgebiet sichtbar gemacht, in: forum

wurden die ersten Titel zum Ruhrgebiet im „Geschichte von unten"-Kontext publiziert, thematisch auf die Aufarbeitung des Nationalsozialismus sowie die Geschichte der Arbeiterbewegung hin ausgerichtet. Von den 50 Titeln, die jenes Verlagsverzeichnis (1986) versammelt, gehörten die meisten den Rubriken „Geschichte" (14) und „Zeitgeschehen" (12) an sowie sechs Titel explizit dem Bereich „Ruhrgebiet", die zumeist literarischen Hintergrund besitzen. Obwohl bis heute immer wieder belletristische Titel verlegt werden, darunter etliche Neuauflagen (etwa im Segment Revier-Krimi), hat dieser Bereich im Vergleich zum übrigen Programm nie größere Bedeutung erlangt und hinterließ über die Jahre betrachtet einen eher disparaten Eindruck.

Das Klartext-Programm von 1990 umfasste bereits mehr als 100 Titel, ein Drittel davon in der Rubrik „Ruhrgebiet". Neu hinzugekommen war der Bereich „Fußball", der mit der Geschichte der Oberliga West (*Jungens, Euch gehört der Himmel!* 1988) von Hans Dieter Baroth, der auch mit einem Bergbau-Roman im Programm war (*Mann ohne Namen* 1987), eine Erfolgsgeschichte im Verlag auslöste, die weitere, „die etwas anderen Fußballbücher" nach sich zog. „Wir stießen mit unseren Büchern zur Geschichte des Ruhrgebiets in eine Marktlücke"', erklärte Claßen auf sieben Jahre rückblickend, „und hatten bald eine recht klare Zielgruppe vor Augen: den politisch interessierten Ruhrgebietsmenschen."[8] Während ab 1986 mit der Industriekultur ein weiterer programmatischer Bereich hinzutrat und seit Ende der 1980er-Jahre zunehmend wissenschaftliche Titel ins Programm stießen, sodass sich aus dem zunächst alternativen Verlag allmählich ein regional ausgerichteter Publikumsverlag sowie ein wissenschaftlicher Fachverlag entwickeln sollten, verlor die Belletristik ihr eigenes Ressort. Dafür rückten in den 1990er-Jahren vermehrt Zeitschriften ins Programm, das im Übrigen etwa 40 Titel pro Jahr edierte.[9] Nach der Zeitschrift *Grauer Panther* (des gleichnamigen Seniorenschutzbundes), der ersten des Verlags überhaupt, oder *Revier-Kultur* (1986–87), der ersten regional verankerten Zeitschrift (für Gesellschaft, Kunst, Politik im Ballungsraum), bei der Claßen der Redaktion angehörte und die nach zwei Jahrgängen ihr Erscheinen einstellen musste,[10] konnte er zusammen mit Manfred Bourrée (KVR) ein mehr als ambitioniertes Periodikum anschieben: das „Jahrbuch Ruhrgebiet" unter dem Titel *Standorte* (1995–2004), das außer dem Titel mit der einstigen Essener Stadtzeitung formal wie inhaltlich nichts gemein hatte und das hier durchgehend „von kompetenten

---

Geschichtskultur Ruhr 1, 2017, S. 54.
[8] Zit. n. Uwe Scheele, Verlag spricht Klartext, in: Westdeutsche Allgemeine Zeitung/WAZ v. 25.11.1992.
[9] Ebd.
[10] Vgl. hierzu Ludger Claßen, Ruhrgebiet – Kulturgebiet. Ein paar Randbemerkungen zur Einstellung der Zeitschrift aus Sicht des Verlages, in: Revier-Kultur 2, 1987, H. 3/4, S. 3–4.

Autoren"¹¹ profitieren und damit die unterschiedlichsten Bereiche bedienen konnte (Wirtschaft, Umwelt Städtebau/Landschaft, Gesellschaft, Bildung, Kultur). Als letztes Zeitschriften-Projekt verlegte Claßen das Kulturmagazin *k.west* (2003–2022), bei dem im Untertitel so etwas wie eine Übernahme der ehemaligen *Revier-Kultur* aufscheint: Magazin für Kunst, Kultur, Gesellschaft. Auch den *Essener Beiträgen* war Claßen verbunden: In der Zeit von 1999 bis 2018 erschien das Periodikum des Historischen Vereins Essen im Klartext Verlag.

Als Claßen 2007 den Verlag an die WAZ-Mediengruppe veräußerte, ging ein Ruf der Empörung und Irritation einmal quer durchs Revier: Verkauf ausgerechnet an denjenigen, gegen den man sich 25 Jahre zuvor publizistisch positioniert hatte: „Aus dem ‚Klassenfeind' war über die Jahre ein Partner geworden."¹² 2010 – im Jahr der „Kulturhauptstadt Europas" – erhielt Claßen auf Vorschlag des S. Fischer-Verlags (Frankfurt/Main)¹³ das Bundesverdienstkreuz, mit dem vor allem sein unermüdlicher Einsatz für den Strukturwandel des Ruhrgebiets gewürdigt wurde. „‚Klartext' steht für Strukturwandel im Ruhrgebiet"¹⁴, hieß es ja bereits zehn Jahre nach Verlagsgründung. 2016 musste sich Claßen – nach 31 Jahren und 3.500 Titeln – aus gesundheitlichen Gründen vom Verlag verabschieden, was in einem feierlichen Rahmen des Grillo-Theaters bedacht wurde. Zum Abschluss hielt Claßen aus der langen Verlagsgeschichte drei Titel ins Bild, die ihm wohl sehr wichtig waren (alle aus den 1980er-Jahren): *Rote Fahnen im Vest, Revier-Kultur* und *Lichter in der Finsternis*.¹⁵

Als passionierter Ruhrgebietler gab sich Claßen auch im (schmalen) Freizeitbereich dem Fußball hin. Freitagsnachmittags (im Winter samstags) stand er während der 1980er-Jahre zuverlässig in der Abwehrkette, auf Asche hinter der Gesamtschule in Altendorf, in einer akademischen Sportgemeinschaft, in der es ohne Promotion keine Gewähr auf Berücksichtigung gab und in der folglich Namen wie Franz-Josef Brüggemeier, Ulrich Herbert, Berndt Keller, Werner Lindner u. a. auf der Spielerliste standen, die späterhin ihre kreative Karriere mehrheitlich außerhalb von Essen fortsetzten. Neben dem mehr als aktiven Part war Claßen beim Fußball auch passiv aktiv, nämlich an der Hafenstraße bei seinen Rot-Weißen, entgegen den Gerüchten etwaiger Gunst gegenüber einem anderen Revierverein. Seine Fußballbegeisterung sollte am Ende eigentlich auch

---

11 Ludger Claßen, Ein Jahr Ruhrgebiet im Überblick, in: Standorte 1, 1994/95, S. 9.
12 Andreas Rossmann, Er hat das Ruhrgebiet lesbar gemacht. Zum Tod des langjährigen Leiters des Klartext-Verlags Ludger Claßen, in: Frankfurter Allgemeine Zeitung v. 1.6.2023.
13 Dort hatte Claßen zusammen mit seinem langjährigen Mitarbeiter (und jetzigem Verlagsleiter) Achim Nöllenheidt ein kleines kritisches Wörterbuch zur „Wahren Geschichte der Bundesrepublik" zusammengestellt (*Nobody is perfect* 1999).
14 Uwe Scheele, „Klartext" steht für Strukturwandel im Ruhrgebiet, in: Westdeutsche Allgemeine Zeitung/WAZ v. 5.8.1993.
15 Vgl. Jens Dirksen, Klartext-Chef Ludger Claßen verlässt seinen Verlag, in: Westdeutsche Allgemeine Zeitung/WAZ v. 30.12.2016.

in ein eigenes Projekt münden, ein Buch über den Fußball im Revier während des Ersten Weltkriegs, das Claßen leider nicht mehr verwirklichen konnte.

Mitverwirklichen konnte er jedoch ein nicht weniger großes Projekt: das mehr als 900 Seiten zählende Buch zu den Erinnerungsorten des Ruhrgebiets *Zeit-Räume Ruhr* (2019), bei dem Claßen zu den Herausgebern sowie zur Redaktion gehörte. Unter den 50 porträtierten Erinnerungsorten finden sich zwei aus der Feder von Claßen: der „Erinnerungsort IBA Emscher-Park" (zusammen mit Dieter Nellen) sowie der „Erinnerungsort Ruhrdeutsch". Die regionale Umgangssprache/Sprachvarietät oder Regionalsprache des Reviers hat Claßen stets interessiert, sodass dieser Beitrag exakt seiner Antrittsvorlesung entspricht, die er 2018 als von der Universität Duisburg-Essen ernannter Honorarprofessor hielt („Sprache und regionale Identität im Ruhrgebiet"). Diesen Worten kann man den persönlichen Hinweis entnehmen, dass Ludger Claßen und seine Familie seit Generationen in Werden-Fischlaken beheimatet sind,[16] wo er auf dem wunderschönen Bergfriedhof zur letzten Ruhe gebettet wurde. Der Klartext-Verlag wurde derweil 40 Jahre alt: Glück auf!

Heinz-Josef Kramer (1928–2023)

REINHILD STEPHAN-MAASER[1]

Nur wenige Tage nach seinem 95. Geburtstag verstarb am 21. Juli 2023 Heinz-Josef Kramer (geb. 9. Juli 1928). Über 30 Jahre lang betreute er als ehrenamtlicher Mitarbeiter zunächst die Münzsammlung des Ruhrlandmuseums, seit 2010 die des daraus hervorgegangenen Ruhr Museums auf Zollverein. Sein „Ehrenamt" gestaltete sich dabei eher als eine hauptamtliche Tätigkeit, der sich Herr Kramer nach Beendigung seines Schuldienstes mit Akribie und Leidenschaft, großem Fachwissen sowie ungeheurem Zeitaufwand widmete.

Nach den Wirren des Krieges, in denen der 16-jährge Heinz-Josef u. a. seinen Motorradführerschein machte und als Krad-Lotse die Feuerwehr zu den Bombentreffern in Essen führen musste, gelang ihm die Aufnahmeprüfung für das Helmholtz-Gymnasium in Essen-Rüttenscheid. Hier lernte er seine spätere Frau Christel kennen und bestand 1948 das Abitur, dem sich ein Lehramtsstu-

---

[16] Vgl. Ludger Claßen, Erinnerungsort Ruhrdeutsch, in: Zeit-Räume Ruhr. Erinnerungsorte des Ruhrgebiets, hrsg. v. Stefan Berger u. a. Essen 2019, S. 634.

[1] Reinhild Stephan-Maaser betreut als Kuratorin für Vormoderne Geschichte (Mittelalter) am Ruhr Museum Essen u. a. die Abteilung Numismatik. In den vorliegenden Beitrag sind auch die Erinnerungen anderer Kollegen und Kolleginnen an H.-J. Kramer eingegangen.

Abb. 393: Heinz-Josef Kramer bei der Vorstellung des Buches „Eingeprägt" zur numismatischen Sammlung des Ruhr Museums, Essen 2013

dium in Bonn und das Referendariat in Oberhausen und Essen anschloss. Der studierte Physiker und Mathematiker arbeitete von April 1962 bis Mai 1988 als Studiendirektor und stellvertretender Schulleiter am St. Hildegardis-Gymnasium in Duisburg. Sein Wohnort Essen-Frohnhausen verband ihn jedoch zeitlebens eng mit der Essener Stadtgeschichte.

Zum 75-jährigen Jubiläum der Pfarrgemeinde St. Elisabeth veröffentlichte Kramer bereits 1986 ein Geschichtsbuch über den Stadtteil Frohnhausen. Über die heimatkundliche Forschung gelangte er schließlich zur Numismatik. Aus dem Hobby, das er zunächst begonnen hatte, um nach der Pensionierung 1988 seiner Frau zuhause nicht „im Wege zu sein", wurde eine Profession. Zu Beginn stand der Aufbau einer Sammlung von Münzen und Medaillen für die Essener Domschatzkammer im Fokus: Er recherchierte die zwischen dem Hochmittelalter und der Säkularisation in Essen und Borbeck entstandenen Gepräge der Essener Äbtissinnen und erwarb für das Bistum viele Essener Münzen. Seit 2009 können diese in Form einer interaktiven Präsentation erforscht werden.

Bald darauf begann Kramer mit der ehrenamtlichen Betreuung der Münzen in der ehemals bedeutenden Sammlung des 1904 gegründeten Ruhrlandmuseums, die durch die Kriegsverluste erheblich dezimiert worden war. Im Bereich der Münzen- und Medaillensammlung hatte das Essener Museum bis zum Ersten Weltkrieg eine rege Erwerbstätigkeit betrieben. Der Bestand an Essener Münzen und Medaillen wurde bis zum Jahre 1936 auf 186 Stück erweitert. Zu Beginn des Zweiten Weltkrieges umfasste die Sammlung mehr als 2.000 Stücke; von den 92

Originalmünzen des Stiftes Essen gingen die meisten jedoch im Krieg verloren. Erst in der Nachkriegszeit wuchs die Numismatische Sammlung durch Ankäufe, Erbschaften und Stiftungen wieder an. Nach dem Ausscheiden von Hans Spaeth als ehrenamtlichem Mitarbeiter zu Beginn der 1960er Jahre fehlte jedoch mehr als 25 Jahre im Ruhrlandmuseum eine fachliche Betreuung der Sammlung, die folglich stark vernachlässigt wurde.

Dass die Numismatische Abteilung des Museums nicht länger in diesem Zustand verharrte, sondern heute sogar einen der am besten bearbeiteten und geschlossensten Bestände des Ruhr Museums darstellt, ist Heinz-Josef Kramer zu verdanken. Als er 1988/89 für die Veröffentlichung einer grundlegenden Neufassung der Essener Münzgeschichte im Ruhrlandmuseum recherchierte, veranlasste ihn der Zustand der Sammlung, sich dem Museum als ehrenamtlicher numismatischer Mitarbeiter anzubieten. Sowohl im Essener Domschatz als auch im Museum sichtete und ordnete Kramer die Sammlung und verschaffte sich somit einen Überblick über die vorhandenen und fehlenden Stücke. Er beobachtete genau den numismatischen Markt und hielt auf Auktionen nach Gelegenheiten für Ankäufe und Ersteigerungen Ausschau, um die Bestände zu ergänzen.

Bei den Ankäufen für das damals noch unter städtischer Trägerschaft stehende Museum wurde ihm weitgehend freie Hand gelassen. Aufgrund des zunächst noch ansehnlichen Ankaufsetats gelangen ihm einige spektakuläre Ersteigerungen noch fehlender Essener und Werdener Prägungen wie des einzigen bekannten Silberstübers der Äbtissin Sophia von Gleichen (1459–1489) oder des Talers von 1672 der Essener Fürstäbtissin Anna Salome von Salm-Reifferscheidt (1646–1688). 2019 erwarb er für das Museum das einzig bekannte Exemplar eines Goldguldens des Werdener Abtes Johann IV. Stecke von Beeck (1438–1452).

Von einigen Stücken, die einstmals zur Sammlung gehört hatten und aufgrund ihrer Seltenheit auf dem Markt nicht zu erwerben waren, ließ Kramer – auch in weit entfernten Museen wie Leningrad – galvanoplastische Kopien anfertigen. So gelangte von der im Krieg verschollenen, silbernen Renaissancemedaille der Äbtissin Katharina von Tecklenburg, die vom Museum bereits 1908 für fast 3.000 Mark erworben worden war, ein Nachguss nach dem einzig existierenden Original in Berlin wieder nach Essen. Stets bemühte sich Kramer erfolgreich, Sponsoren – vor allem die Sparkasse Essen – zu gewinnen, um wichtige Ankäufe für das Museum tätigen zu können; teilweise setzte er hierfür auch sein eigenes Vermögen ein.

1993 erschien in der Reihe „Quellen und Studien" vom Institut für kirchengeschichtliche Forschung des Bistums Essen sein Werk „Das Stift Essen. Münzen und Medaillen", das Hermann Grotes veraltete Zusammenstellung in den „Münzstudien" von 1863 ablöste und sich zu einem Standardwerk über die Essener Münzprägung entwickelt hat. Im Dezember 1994 war er im Ruhrlandmuseum neben dem Kurator für vormoderne Geschichte, Dr. Jan Gerchow,

Gastkurator der Ausstellung „für bare Münze. Zur Geldgeschichte des Stifts Essen und der Abtei Werden".

Durch intensives Eigenstudium sowie laufende Korrespondenz und Austausch mit den numismatischen Fachwissenschaftlern, Auktionshäusern und rund 100 europäischen Museen erwarb sich Kramer trotz seines Quereinstiegs den Ruf eines ausgesprochenen Experten – vor allem auf dem Gebiet der Essener und Werdener Geldgeschichte. Sein großes Engagement im Ehrenamt wurde auch durch einige offizielle Auszeichnungen honoriert: So erhielt er bereits 1988 das Ritterkreuz vom Orden des heiligen Silvester durch Papst Johannes Paul II., 1993 den Rheinlandtaler als Verdienstorden des Landschaftsverbandes Rheinland für ehrenamtliche Tätigkeit im Bereich der Kultur, 2014 den Verdienstorden des Landes Nordrhein-Westfalen und 2015 den Essener Bürgertaler.

Zuletzt erschien im Dezember 2022 die längst überfällige und vom Ruhr Museum mitfinanzierte Publikation „Die Münzprägung der Abtei Werden. Vom 11. Jahrhundert bis 1765". Hierfür wurde ein selbständiges Manuskript Heinz-Josef Kramers mit einem weiteren, bereits von dem Münsteraner Historiker und Numismatiker Dr. Peter Ilisch bearbeiteten Manuskript des früh verstorbenen Münzsammlers Felix Ossmann zu einem Buch zusammengeführt. Es war Heinz-Josef Kramer als Abschluss seiner numismatischen Tätigkeit ein großes Anliegen, diese Veröffentlichung noch begleiten und das Buch schließlich in Händen halten zu können. Dass tragischerweise auch Peter Ilisch im Mai 2023 verstorben ist, macht das Buch, in dem die gesamte Münzprägung der Werdener Äbte umfassend beschrieben ist, umso wertvoller.

Als Heinz-Josef Kramer sich dazu entschied, die numismatische Sammlung des Ruhrlandmuseums neu zu ordnen, übernahm er damit auch die Verantwortung für mehrere hundert antike Münzen. Diese stammten zum weitaus größten Teil nicht aus Essen oder der Region und sind mit einem Alter von teils weit über 2.000 Jahren deutlich älter als die sonstigen Stücke der Sammlung. Kramer arbeitete sich jedoch mit der für ihn typischen Akribie in die komplexen Zusammenhänge der römischen, griechischen, keltischen und sonstigen antiken Numismatik ein: Mit großer Sorgfalt und Genauigkeit bestimmte er die oft im Vergleich zu jüngeren Exemplaren deutlich schlechter erhaltenen Münzen und machte sich darüber hinaus in vielen Fällen auch die Mühe einer schriftlich fixierten kulturhistorischen Einordnung. Ohne Kenntnis des geschichtlichen Kontextes, in dem eine Münze entstand, ist deren ideeller Wert nicht zu verstehen. Diesen auch für die antiken Bestände bestmöglich sichtbar zu machen, war Kramer stets ein besonderes Anliegen.

Während die Bestände antiker Münzen in der Regel durch Schenkungen, Stiftungen und Ankäufe in die Sammlung gekommen waren, wurde Kramer darüber hinaus auch zum Ansprechpartner für die Bodendenkmalpflege. Seit der Einrichtung einer Kommunalarchäologie im Jahr 1992 ist das Ruhr(land-) Museum die aufnehmende Einrichtung für die archäologischen Funde auf dem Gebiet der Stadt Essen. Kramer übernahm die Aufgabe der Bestimmung sämtlicher bei Ausgrabungen, Prospektionen oder Baustellenbegleitungen in Essen geborgenen Fundmünzen. Die ältesten Fundstücke stammten aus der Römischen Kaiserzeit, die jüngsten aus der Neuzeit.

Auch auf diesem Tätigkeitsfeld war das zeitliche Spektrum also groß und somit ein profundes Wissen zur Bewältigung der Aufgabe notwendig. Neben seinem unermüdlichen Studium der Fachliteratur baute er dieses auch im Austausch mit anderen Expertinnen und Experten stets weiter aus. Durch seine Tätigkeit hat sich Kramer daher in hohem Maße auch um die Essener Archäologie und damit um die lokale Kulturgeschichte verdient gemacht: Während sonstige – „gesammelte" – Münzen in aller Regel über keinerlei Angaben zur Provenienz mehr verfügen, handelt es sich bei den stadtarchäologischen Funden um Exemplare mit exakt dokumentierten Fundstellen und damit einem besonderen wissenschaftlichen sowie ideellen Wert.

Ab der Jahrtausendwende begann Kramer mit der Erfassung des musealen Bestandes an Medaillen, Orden, Marken, Plaketten und Abzeichen. Für jedes Objekt – von der Hundemarke bis zur Prunkmedaille – wurden ausführliche Dokumentationen mit Fotografien angelegt, wodurch sich im Laufe der Zeit ein ansehnliches Aktenarchiv sowohl in seiner Wohnung als auch im Museumsdepot ansammelte. Es war ihm sehr wichtig, nicht nur die einzelnen Stücke zu beschreiben, sondern darüber hinaus zahlreiche Informationen über die historischen und politischen Umstände ihrer Entstehung, ihre symbolischen Bedeutungen und ihre Funktionen für die Nachwelt festzuhalten. So bilden die Dokumentationen, die noch ausschließlich auf Papier angelegt wurden und nur sukzessive in die Datenbank des Museums übertragen werden können, ein unerschöpfliches Archiv über viele einzelne, oft vergessene Ereignisse vor allem in der Stadt Essen. Immer wieder verfasste Kramer hierüber kleinere Abhandlungen in Münzmagazinen, den „Essener Beiträgen" bzw. „Das Münster am Hellweg".

Seit 1991 wurde durch Kramers unermüdliche Sammelleidenschaft, die ihn auch zu Nachforschungen im Recyclinghof, Funden aus Kirchenkollekten und vielen anderen ungewöhnlichen Zusammenhängen führten, die Zahl der numismatischen Objekte im Ruhrland- und Ruhr Museum von knapp 7.000 auf einen Bestand von etwa 28.000 Objekten vervierfacht. Seit 1993 verfolgte er besonders die Sammlungsbereiche „Notgeld, Geldersatz-, Kontroll- und sonstige Marken von Essen und den eingemeindeten Gebieten". Es konnten zahlreiche bisher unbekannte Marken erworben werden; der Stückzahl nach ist dies mittlerweile die umfangreichste Spezialsammlung des Museums.

Eine weitere Aufgabe sah Kramer in der Erfassung aller in Essen entdeckten Münzschätze. Bisher sind 92 Münzfunde von Essen registriert und bearbeitet worden, von denen viele zum Bestand des Museums gehören. Aufgrund der schwierigen finanziellen Situation der Stadt Essen wurde in den Jahren ab 1993 der Anschaffungsetat des Ruhrlandmuseums stark zurückgefahren. Zunehmend halfen seitdem die Sparkasse Essen und die Deutsche Bank AG Essen mit großzügigen Zuwendungen aus, um günstige Gelegenheiten auf dem numismatischen Markt wahrnehmen zu können.

In den 1990er Jahren begann Kramer mit einem Angebot von kostenfreien Münzberatungen im Ruhrlandmuseum, das er erst kurz vor der Corona-Pandemie aus gesundheitlichen Gründen einstellen musste. Die Beratungstermine erfreuten sich zunehmender Beliebtheit und brachten ihn zuletzt fast an seine Leistungsgrenze. In diesen 20 Jahren hat er zahlreichen Privatsammlern kostenlose Expertisen zur Identifizierung und Taxierung echter und gefälschter Münzen erstellt. Im Gegenzug spendeten diese immer einmal wieder für die Sammlung oder überließen dem Museum sogar ihre Münzbestände.

Zudem wirkte Herr Kramer an vielen Ausstellungen des Museums mit und auf Anfrage wurden numismatische Objekte auch auswärtigen Ausstellungsprojekten zur Verfügung gestellt. Immer dann, wenn Münzen und Medaillen bestimmte historische Sachverhalte veranschaulichen sollten, war im Museum seine Expertise gefragt. Zur 1.150-Jahr-Feier der Stadt Essen 2002 konzipierte er zusammen mit Achim Mikuscheit eine kleine Ausstellung zur Stadtgeschichte mit Grafiken und Münzen aus dem Bestand des Museums in der Zentrale der Geno-Volksbank in der Stadtmitte; ihr folgten weitere kleine numismatische Ausstellungen in den Stadtteilniederlassungen dieser Bank.

In allen Ausstellungen des Ruhr Museums zur Vormoderne, etwa zur Reformation oder zur Geschichte des Adels in der Rhein-Ruhr-Region, waren Münzen und Medaillen der vielen Städte und Territorien aus der eigenen Sammlung feste Bestandteile. Notgeld, Kuxscheine und Aktien, Lebensmittelmarken etc. wurden in den Ausstellungen zur Industriegeschichte, zum Ersten Weltkrieg und zur Ruhrbesetzung gezeigt. Für jede Ausstellung erstellte Kramer jeweils sofort Listen möglicher numismatischer Exponate. Dass die Mühlen der vielfältigen Ausstellungsvorbereitung mit zahlreichen Leihgebern zuweilen langsam laufen, konnte er, der seine Aufgaben stets im Handumdrehen erledigte, manchmal nicht so recht nachvollziehen.

2013 brachte er zusammen mit Dr. Reinhild Stephan-Maaser, die als Kuratorin die numismatische Sammlung weiter betreut, den Sammlungskatalog „Eingeprägt. Numismatik im Ruhr Museum" heraus. Hier wurden alle einschlägigen Bereiche der Abteilung – Geldgeschichte der Region, Wertpapiere, Notgeld, Marken, Medaillen und Plaketten, Orden und Abzeichen, Stempel und Siegel – in ausgewählten Beispielen ausführlich vorgestellt.

Bei verschiedenen Publikationsprojekten war Heinz-Josef Kramer eine große Hilfe zur korrekten Umrechnung von historischen Längen-, Flächen- und

Hohlmaßen in aktuelle Maßeinheiten. Dasselbe gilt für die Umrechnung von historischen Zahlungswerten in aktuelle Werte. Er war zudem auch – aufgrund seines Alters und eines beneidenswert guten Gedächtnisses – für außergewöhnliche Informationen zuständig. So hat er viele Gebäude, die heute nicht mehr existieren, noch mit eigenen Augen gesehen und viele Ereignisse im Zweiten Weltkrieg hautnah miterlebt und konnte den Historikerinnen und Historikern im Hause zuweilen Hinweise geben, wo etwa noch benötigte Exponate aufzutreiben wären. Auch auf architekturhistorischem Gebiet war Herr Kramer versiert. So erstellte er eine Dokumentation zu der kleineren Villa von Edmund Körner im Moltkeviertel am Camillo-Sitte-Platz.

Was uns Museumsmitarbeiterinnen und -mitarbeiter an Herrn Kramer faszinierte, waren seine große Leidenschaft, Neues zu entdecken und seine ansteckende Begeisterung, mit der er darüber berichten konnte. Bis ins hohe Alter war er ein äußerst hilfsbereiter und freundlicher Kollege, ein Austausch war immer bereichernd. Die Numismatik war – zumindest in den letzten 30 Jahren und vor allem nach dem Tod seiner Frau 2002 – sein Leben. Auf eine eigene Sammlung hat er jedoch selbst nie Wert gelegt. Das Ruhr Museum und die Stadt Essen haben ihm viel zu verdanken.

Udo Scheer (1952–2023)

ULRIKE STOTTROP[1]

Am 22. April 2023 verstarb in seiner rumänischen Wahlheimat Udo Scheer, der sich als Sammlungskustos des Ruhrlandmuseums und späteren Ruhr Museums große Verdienste um den Ausbau und die wissenschaftliche Erschließung und Erforschung der geologischen Sammlungen und deren Präsentation in Dauer- und Sonderausstellungen erworben hat. Zu verdanken sind ihm auch zahlreiche fachwissenschaftliche Beiträge sowie Publikationen, in denen er Laien und Naturbegeisterten die faszinierende Bandbreite geologischen Wissens vermitteln konnte.

„Bohrloch 27" war die Bezeichnung seines Büros im Ruhrlandmuseum. Adäquat für einen Geologen lag es unter der Erde, im Keller, am Ende des Ganges, voll mit Plänen, Akten und Karteikarten, neben den Schätzen der geologischen Sammlung und der Präparations- und Restaurierungswerkstatt. An seinem

---

[1] Ulrike Stottrop war seit April 1984 als Geologin in Vollzeit beim Ruhrlandmuseum beschäftigt, wo sie 1985 die Leitung der Abteilung Geologie/Naturkunde übernahm und 1986 zur Oberkustodin und stellvertretenden Direktorin des Ruhrlandmuseums ernannt wurde.

Abb. 394: Udo Scheer in der Ausstellung „Steinreich. Mineralogie im Ruhr Museum", Essen 2014

Arbeitsplatz in der Büroetage des Museums war er eher selten anzutreffen. Er war vor Ort, in der Sammlung, wo nicht nur die steingewordene Geschichte der Stadt, der Region, des Ruhrgebietes in Schränken und Schubladen archiviert war. Tausende und abertausende Fossilien von bedeutenden internationalen Fundstellen waren hier nach der Erdgeschichte und Mineralien nach der klassischen Systematik und nach Lagerstättentypen sortiert. Das war sein Reich.

Udo Scheer wurde am 3. März 1952 in Hagen geboren. Sein Diplomstudium in Geologie und Paläontologie schloss er 1981 an der Ruhr Universität Bochum ab. Seine Diplomkartierung und Diplomarbeit führten ihn nach Spanien. Thema war „Die Geologie des Gebietes zwischen Canales und Riocavado in der Sierra de la Demanda, NE Spanien." Die dortige Gesteinsfolge erforschte er anhand von Mikrofaziesanalysen bis ins Detail, um so den Lebens- und Ablagerungsraum und seine Evolution zur Jurazeit möglichst genau interpretieren zu können. Anschließend untersuchte er als wissenschaftlicher Mitarbeiter im Rahmen der Arbeitsgruppe „Jura Nordspanien" dort vorkommende Schwammkalke.

Sein Wissen gab er gerne weiter und das mit großem pädagogischem Geschick. An der Präparatorenschule in Bochum vermittelte er viele Jahre lang den angehenden Präparatoren geologisch-paläontologisches Grundwissen. Lange war er Exkursionsobmann im Vorstand der Geologischen Gesellschaft Essen. Mehr als 30 Jahre arbeitete er als Dozent bzw. Kursleiter an den Volkshochschulen in Essen und Mülheim, wo ich ebenfalls tätig war und wir einander Anfang der 1980er Jahre kennen und schätzen lernten.

Die Volkshochschulkurse entwickelten sich zur Keimzelle geologisch-paläontologischer Bildungsarbeit. Kursteilnehmende gründeten den Verein der Essener FossilienFreunde, der in diesem Jahr sein 40-jähriges Bestehen feierte. Sich hier zu engagieren war für Udo Scheer nicht Pflicht, sondern geselliges Vergnügen. Er organisierte Sammelexkursionen, half beim Präparieren und Bestimmen der Funde und bei der Konzeption kleiner thematischer Ausstellungen für die VHS und ermutigte die Hobbypaläontologen zu eigenen geologisch-paläontologischen Vorträgen. Ich kann mich nicht erinnern, dass ein von Udo Scheer angebotener Kurs nicht zu Stande gekommen wäre. Mit einem Augenzwinkern könnte man sagen, dass seine Liebe zum Detail dazu geführt hat, dass er in den letzten Jahren über mehrere Termine gehende Vortragsreihen unterschiedlicher Thematik anbot: Einschnitte in der Evolution, Gebirge in der Erdgeschichte, Fossilien der Karbonwälder, Leben auf dem Festland und zuletzt fossile Kopffüßer, sein Spezialgebiet. Kursteilnehmende der ersten Stunde und aus dem Kreis der FossilienFreunde engagieren sich bis heute ehrenamtlich für die geologische Sammlung des Ruhr Museums.

Wann genau seine Museumslaufbahn begann, ist nicht mit einem Datum zu belegen. Erste Erfahrungen in der Museumsarbeit machte er ab 1984/85 als freier, ab 1987, aufgrund staatlicher Förderung zunächst befristet, als wissenschaftlicher Mitarbeiter der Abteilung Geologie des Ruhrlandmuseums, wobei schnell deutlich wurde, dass die Sammlungsarbeit seinen Fähigkeiten, Interessen und Kenntnissen als Paläontologe am meisten entsprach. Sein Eintritt in eine unbefristete Stelle der Stadt Essen war der 5. März 1990. Zum 1. Januar 2008 erfolgte im Rahmen eines Betriebsüberganges seine Überleitung zur Stiftung Zollverein/Stiftung Ruhrmuseum. Am 30. September 2017 schied er wegen Renteneintritts aus dem Dienst der Stiftung Ruhr Museum aus.

30 Jahre, eingetaktet in die Eckdaten einer beruflichen Karriere. 30 Jahre, die sich im Rückblick mit einer immensen Arbeitsleistung füllen.

Die Ausgangslage, das war eine naturwissenschaftliche Sammlung mit überschaubarem biologischem Anteil, aber mit geschätzt 400.000 geologischen Objekten, die schon damals nicht nur nach Quantität, sondern auch nach Qualität zu den großen und bedeutenden Sammlungen in Deutschland gehörte. Doch kein einziges Stück war mittels EDV erfasst; Udo Scheer schaffte 135.000 in 30 Jahren.

In den Anfangsjahren war die Sammlung für Udo Scheer wie ein Steinbruch, in dem er ständig neue Entdeckungen machte. Wer woran forschte, war ihm durch das Studium einschlägiger Fachzeitschriften bekannt. Er war dann auch die treibende Kraft, um Forscherkollegen und -kolleginnen an Universitäten und anderen Museen auf für sie interessantes Material aus der Sammlung aufmerksam zu machen.

So waren über viele Jahre im Schnitt jährlich 1.500 Exponate bei durchschnittlich 15 externen Wissenschaftlern in Arbeit, die ihre Ergebnisse in

Fachzeitschriften publizierten. Dies kam der Reputation des Ruhrlandmuseums bzw. Ruhr Museums in Wissenschaftlerkreisen zugute und erhöhte den Wert der Sammlung. Wissenschaft und Forschung bei großen Sammlungen mit wenig Personal in einem Verbundsystem aus gezieltem Anfragen externen Spezialwissens, Honoraraufträgen an Fachwissenschaftlern, paläontologischer Bodendenkmalpflege, ehrenamtlicher Arbeit und steuernder Kustodie zu betreiben, wurde in der Fachgruppe der Naturmuseen als „Essener Modell" bekannt.

Der Wertschätzung Udo Scheers wird namentlich aufs Schönste Ausdruck verliehen, weil ihm mehrere neu zu beschreibende Arten verschiedener Fossilien gewidmet wurden und nun seinen Namen tragen. Im Fokus seiner eigenen Forschung stand die Ruhrgebietsgeologie und hier galt sein besonderes Interesse den kreidezeitlichen Kopffüßern. Dass ein Dortmunder Kopffüßer nun „Kitchinites scheeri sp. nov." heißt, hat ihn besonders gefreut.

Udo Scheer war keiner, der die Sammlung am liebsten für eigene Forschungen unter Verschluss gehalten hätte. Solche Sammlungskuratoren waren früher keine Seltenheit. Bei ihm war das Gegenteil der Fall. „Keine Ausstellung aus anderen Museen ohne Objekte aus der eigenen Sammlung", war sein Credo. 15 der über 40 im Vergleich eher kleinformatigen Sonderausstellungen im Mineralien Museum waren Wanderausstellungen anderer Häuser. Der Arbeitsaufwand war hierfür überschaubar und für ihn waren es wunderbare Gelegenheiten, auf die Qualität der Sammlung aufmerksam zu machen.

Der Sammlungsbestand wuchs in einem Maße, dass sein Vorsatz, sämtliche Neuzugänge sofort mittels EDV zu inventarisieren, utopisch war.

Die Entwicklung der Sammlungen zur Mineralogie und Geologie ab den 1980er Jahren und ihre Präsentation in Ausstellungen ist in den im Verlag Walther König erschienenen und von uns gemeinsam herausgegebenen Sammlungskatalogen „Steinreich. Mineralogie im Ruhr Museum" (2014) und „Erdgeschichten. Geologie im Ruhr Museum" (2017) ausführlich dokumentiert.

„Unser Vater"…, „mein Mann"…, „unsere Tante hat Steine gesammelt" waren Anrufe, die manchmal gehäuft vorkamen. Wenn möglich, schauten wir uns auch die privaten Sammlungen gemeinsam an, denn oft war es nötig, rasch zu entscheiden. Ich sehe Udo Scheer noch vor mir, wie seine Hand vorschießt, um aus so manchem Durcheinander das eine Stück herauszufischen, das 30 frustrierende Kisten später beim Einstieg ins Auto mit einem „Hat sich gelohnt" kommentiert wurde.

Die Vorbereitung von Großausstellungen war enorm arbeitsintensiv. Dann hatte die Aufarbeitung und Bereitstellung von Objekten Priorität vor allen anderen Sammlungsarbeiten. Wie bei der langjährigen Dauerausstellung „terra cognita". Auf über 1.200 m² wurde in einer Art moderner Wunderkammer die Vielfalt wissenschaftlicher, ästhetischer, ökonomischer und kulturhistorischer Bezüge der Sammlung selbst opulent in Szene gesetzt. Nur die besten und schönsten Stücke sollten gezeigt werden.

Udo Scheer hat immer wieder betont, dass die Arbeit auf dem Niveau ohne Unterstützung durch die Ehrenamtlichen nicht zu leisten ist.

Dass 30 Jahre lang jeden Montag, Woche für Woche, zwischen acht und zehn Männer und Frauen sich einfinden, um mit der Frage: „Was steht an, Udo?" loszulegen, spricht für ihn. Es machte ihm Freude, sein Wissen weiterzugeben, sie teilhaben zu lassen am Prozess des Erkennens, am Staunen über die Natur und die Schöpfungskraft, die ihr innewohnt.

In der WDR-Dokumentation „Umzug in die Kohlenwäsche", die 2010 zur Eröffnung des Ruhr Museums gezeigt wurde, ist der Tag der Schließung des Ruhrlandmuseums in 2007 dokumentiert und der Beginn des Abbaus der „terra cognita" am nächsten Tag. Er und sein Team bereiten den Umzug vor und die Neupräsentation auf Zollverein. Udo Scheers Wirken prägt bis heute die Sammlung und ihre Präsentation.

BUCHBESPRECHUNGEN

Knut Bergmann: Krupps kulinarische Kommunikation. Menükarten vom Kaiserreich bis in die Bundesrepublik
Münster: Aschendorff Verlag 2023, 39 Seiten, Abb.

Friederike Werner: Sphinx vor Bibliothek. Die Villa Hügel und Ägypten
Münster: Aschendorff Verlag 2023, 36 Seiten, Abb.

Thomas Kempf: Die Bibliothek der Villa Hügel
Münster: Aschendorff Verlag 2023, 42 Seiten, Abb.

Zum dritten Mal erscheinen drei neue Bände der vom Historischen Archiv Krupp herausgegebenen Reihe „Essay und Archiv", bei der die unterschiedlichsten Themen zur Geschichte der Familie und des Unternehmens behandelt werden.[1]

Es ist allgemein bekannt, dass Kaiser und Könige, Staatsmänner und -frauen zu Gast auf der Villa Hügel waren. Wie sie dort bewirtet worden sind, diese Frage beantwortet der Politikwissenschaftler Knut Bergmann, ein durch seine Abhandlung der Staatsbankette der Bundesrepublik[2] ausgewiesener Experte auf diesem Gebiet. Basis seiner Untersuchung ist der Fundus von etwa 2.500 Menükarten im Historischen Archiv. Die älteste stammt aus dem Jahre 1877, als Kaiser Wilhelm I. zu Besuch auf dem Hügel war. Die Abbildungen, die die Darstellung illustrieren, zeigen, dass die Karten zunächst aufwendig gestaltet worden sind, während sie sich heute eher schmucklos präsentieren.

Obwohl die Krupps keine Gourmets waren, wurde dennoch fürstlich gespeist und es wurden beste Weine kredenzt. Bei der 100-Jahr-Feier der Firma 1912 begann das Menü mit einer Geflügelsuppe und gekochtem Rheinsalm. Der erste Fleischgang war ein Rindslendenstück auf Gärtner-Art, dem ein Zwischengang – Gefüllte Trüffeln – folgte. Sodann wurde ein Houdan-Huhn auf dem Rost gebraten, Salat, gedämpfte Tafelpilze und englischer Sellerie serviert. Den Abschluss bildeten Pistazien-Gefrorenes, Käsestangen, Obst und Dessert. Ein solches Menü fungierte als „Demonstration von Macht, Reichtum und Status, die Legitimation von Herrschaft, die Erweckung von Ehrfurcht, die Imagination von Würde". (S. 19)

---

[1] Zu den ersten sechs Bänden siehe EB 134 (2021), S. 324–328 u. 135 (2023), S. 348–350.
[2] Mit Wein Staat machen. Eine Geschichte der Bundesrepublik Deutschland, Berlin 2018.

In der Zeit nach dem Zweiten Weltkrieg nahmen allerdings „Macht, Pomp und Glanz" ab (S. 30). Das galt besonders für die 150-Jahr-Feier, bei der die Gäste am Buffet Schlange stehen mussten. Auch fällt die Speisenfolge heute nicht mehr so üppig aus wie im Kaiserreich oder auch noch in der Weimarer Republik. Bei der 200-Jahr-Feier begnügte man sich mit vier Gängen. Allerdings wurde weiterhin auf Qualität geachtet. Als 2001 Wladimir Putin auf Einladung des Landes Nordrhein-Westfalens im Rahmen seines Staatsbesuchs auf dem Hügel empfangen wurde, zeichnete für das Menü der Zwei-Sterne-Koch Dieter Kaufmann verantwortlich.

Der Rezensent hätte gerne gewusst, was Gustav Krupp von Bohlen und Halbach dem Vegetarier Hitler angeboten hatte, doch darüber gibt es, worauf Bergmann hinweist, leider keine Quellen im Archiv.

Die ausgezeichnete Darstellung über das festliche Geschehen in der Villa Hügel ist eingebettet in allgemeine Betrachtungen über Menükarten, Speisenfolge, kostspielige Weine und über den Ablauf von (Staats)Banketten. Bergmann informiert aber auch über scheinbare Nebensächlichkeiten. Während 1970 beim Besuch des türkischen Staatspräsidenten in den Räumen der Villa festlich gespeist wurde, blieben das wartende Fahrpersonal und die für die Sicherheit sorgenden Polizisten nicht unversorgt. Sie erhielten ein Brot mit Käse, ein Brot mit Wurst, einen Apfel, eine Birne, eine Tafel Schokolade, eine Tüte Bonbons, eine Packung Zigaretten der Marke Atika und eine Dose Coca-Cola.

Die frühen Reisen von Familienmitgliedern nach Ägypten hat Hasso Spode bereits im zweiten Band der Schriftenreihe geschildert.[3] Dass die Beziehungen von Krupp zu Ägypten viele Facetten aufwiesen, belegt die Kunsthistorikerin Friederike Werner.

Von der Orientbegeisterung der Krupps zeugt ein Portal mit ägyptisch anmutenden Pylonen, durch das man früher zur oberen Villenterrasse gelangte. Hier stehen zwei monumentale Sphingen, die der Berliner Bildhauer Max Dennert im Auftrag von Friedrich Alfred Krupp 1899 geschaffen hatte.

Die wirtschaftlichen Beziehungen der Firma begannen bereits im 19. Jahrhundert. Eine der ersten Kunden für die Gussstahlkanonen war Muhammad Said Pascha, Vizekönig der Osmanischen Provinz Ägypten. Diese kamen auch im anglo-ägyptischen Krieg 1882 zum Einsatz. In den 1930er Jahren baute das Unternehmen Brücken im Nildelta, denen weitere in den 1950er und 1960er Jahren folgten. Besonderes Aufsehen erregten die Versetzungen einer Kolossalstatue Ramses' II. und eines zwanzig Meter hohen Obelisken aus Heliopolis. Die Aufträge waren Zeichen eines Vertrauensverhältnisses, das durch gegenseitige Besuche gestärkt wurde. 1929 war König Ahmad Fuad I. zu Gast auf dem Hügel, und 1956 empfing Berthold Beitz den späteren Staatspräsidenten Answar el-Sadat.

---

[3] Die Krupps im Orient, Münster 2022.

Ausweis der besonderen Verbindung sind die vier großen Ausstellungen in der Villa Hügel, die Werner eingehender behandelt. Als „fulminanten Auftakt zu namhaften Ägyptenausstellungen" in Deutschland (S. 21) wurden 1961 vierhundert Exponate präsentiert („5000 Jahre Ägyptische Kunst"). Zwei Jahre später folgte „Koptische Kunst. Christentum am Nil" mit über sechshundert Objekten aus Ägypten, Nubien und Äthiopien. Es war die erste „Gesamtschau des damals noch kaum erforschten Fachgebietes aus beeindruckenden Stoffen, Bildern, Kultgeräten und Skulpturen". (S. 24) In „Das Wunder aus Faras" (1969) waren christliche Wandmalereien aus dem 8. bis 12. Jahrhundert zu sehen, die 1961 unter einer islamischen Festung entdeckt worden waren. Den Abschluss bildete 1978 „Götter Pharaonen". Es war die – laut Aussage des Münchener Hauses der Kunst – „umfangreichste und kostbarste Ausstellung, die jemals Ägypten" verlassen hatte.

Auch wenn Alfred Krupp nicht so recht wusste, was er mit Büchern anfangen sollte, (S. 10) hatte er bei seinen Entwürfen für die Villa Hügel eine Bibliothek vorgesehen. Mit deren Schicksal beschäftigt sich der Germanist Thomas Kempf, bis 2022 Mitglied des Vorstandes der Alfried Krupp von Bohlen und Halbach-Stiftung. Wie die erste Bibliothek eingerichtet war, wie sie ausgestattet war, ist leider nicht bekannt, da keine Fotografien angefertigt worden sind und keine Beschreibungen existieren. Lange blieb sie nicht am Standort, denn der Hausherr fürchtete die Brandgefahr und ließ sie 1880, nachdem in der Bibliothek des Historikers Theodor Mommsen ein Feuer gewütet hatte, ausquartieren. Erst nach seinem Tode kehrten die Bücher wieder zurück. Sie dienten vor allem der Repräsentation, weil sie in Regalen hinter verschlossenen Glastüren standen.

Die private Büchersammlung umfasste letztendlich etwa 20- bis 30.000 Bände, aufgeteilt in 22 Sachgebiete, wobei die Literatur (5.700) und die Geschichtswerke (4.400) den größten Anteil aufwiesen. Welche Bücher die Familienmitglieder gelesen haben, lässt sich nicht mehr bestimmen. Sicherlich hat Friedrich Alfred die Schriftenreihe „Fauna und Flora des Golfes von Neapel und der angrenzenden Meeresabschnitte", die er zum hohen Preis von 50 Mark subskribiert hatte, mit Interesse studiert, während sein Vater „mit süffisantem Unterton" anmerkte: „Was nützt die Kenntnis von all' diesem wunderbaren Gequalster im Hafen von Genua und Neapel." (S. 10)

Hauptamtlich betreut wurde die Bibliothek, zu der unter der Leitung von Professor Friedrich Fuchs ein erstes, 1891 gedrucktes Bücherverzeichnis erstellt wurde, nur für die Zeit von 1896 bis 1920 durch Oskar Morstadt. Danach übernahm der Sekretär Hermann Schuppener die Aufgabe im Nebenamt.

1966 schenkte Alfried Krupp der neugegründeten Ruhruniversität in Bochum seine große reichhaltige Privatsammlung, die einen Grundstock für die dortige Universitätsbibliothek bildete. Ein kleiner Teil von etwa 3.300 Bänden verblieb auf dem Hügel. Nicht alle Bücher des ehemaligen Bestandes sind erhalten geblieben. Besonders zu bedauern ist dies für Werke aus dem 16., 17. und 18. Jahrhundert, die einmal im Familienbesitz waren. Nach 1945 wurde das Nazischrifttum ausgesondert, während andere Bibliotheksstücke verloren gegangen sind, als die Villa von den Alliierten genutzt wurde.

Die lesenswerten Essays sowie die Abbildungen in den einzelnen Bänden – Menükarten, Fotografien, Aktenstücke, Plakate, Zeitungsausschnitte – zeugen von dem Reichtum des Krupp-Archivs. Die vielfältige Überlieferung bietet genügend Stoff für weitere Abhandlungen, sodass man sich auf die nächsten Bände der Schriftenreihe freuen darf, die Wissen vermitteln und zugleich ein Lesevergnügen sind.

KLAUS WISOTZKY

Jürgen Malone: Margarethenhöhe. Stiftung und Promenadenschenkung, hrsg. von Bürgerschaft Essen-Margarethenhöhe e.V.
Essen: Selbstverlag 2019, 96 Seiten

Jürgen Malone: Die Margarethenhöhe im Nationalsozialismus, hrsg. von Jürgen Malone und Manfred Raab
Essen: Selbstverlag 2023, 144 Seiten

Bürgerschaftliches Engagement und heimatkundliches Interesse stellen für viele Publikationen und Untersuchungen zur Geschichte der Stadt Essen wichtige Impulse dar. Die „professionelle" Geschichtsschreibung in Essen verdankt den lokalen Geschichtsvereinen und den in ihren Stadtteilen verwurzelten Heimatforschern wichtige Anregungen und Informationen. Im Bereich Margarethenhöhe hat sich Jürgen Malone in den letzten Jahren intensiv mit „seinem" Stadtteil beschäftigt: 2019 erschien ein Buch zur Geschichte der Margarethe Krupp-Stiftung für Wohnungsfürsorge mit besonderem Schwerpunkt auf die sogenannte Promenadenschenkung, und 2023 lenkte Malone den Blick auf die Zeit des Nationalsozialismus.

In dem ersten Band widmet er sich einem Detail in der Geschichte der Margarethenhöhe, der in der Forschungsliteratur bislang nur am Rande vorgekommen ist: der Promenadenschenkung durch Margarethe Krupp. Die Gartenstadt Margarethenhöhe wird umgeben von den Siepentälern Mühlenbachtal (auch Mühlbachtal), Sommerburg und Nachtigallental, welche von Krupp im Zuge des Landerwerbs für die geplante Siedlung 1903/04 aufgekauft wurden. Bereits

1907 – ein Jahr nach Unterzeichnung der Stiftungsurkunde zur Errichtung der Margarethe Krupp-Stiftung für Wohnungsfürsorge – hatte Margarethe Krupp die Schenkung der Wald- und Wiesengebiete in Aussicht gestellt. Die eigentliche Grundstücksübertragung an die Stadt Essen fand allerdings erst 15 Jahre später, 1922, statt. In der Zwischenzeit kümmerte sich die Hügelverwaltung um das damals spärlich bewaldete Gebiet, sperrte es für die Öffentlichkeit, begann mit der Aufforstung, staute an besonderen Stellen die Fließgewässer zu Teichen auf und legte ein Wegenetz an. 1918 wurde schließlich die Sommerburg und 1920 das Nachtigallental für die Öffentlichkeit freigegeben. Es war ein künstlicher Waldpark entstanden, der allerdings im Lauf der Zeit von seinem ursprünglichen Charakter eingebüßt hat. Malone setzt hier auch zu Kritik an: „Eine planmäßige Pflege und Instandhaltung der angelegten Wege und Anlagen ist leider nicht durchgeführt worden. Man hat, um es salopp zu formulieren, durch ‚Nichtstun' einen Waldpark zu einem Wald werden lassen. Dies gilt es in der Zukunft zu ändern." (S. 84) Malone stützt sich bei seinen Ausführungen auf den Garten- und Landschaftsarchitekten Armin Henne (S. 77–81).

Seinen zweiten Band zur Margarethenhöhe im Nationalsozialismus versteht Malone ausdrücklich als den „Versuch einer Annäherung" (S. 10). Er möchte nicht nur die positiven Seiten, die mit der Gründung der Gartenstadt Margarethenhöhe verknüpft sind, vorstellen, sondern auch aufzeigen, welchen Einfluss der Nationalsozialismus auf seinen Stadtteil und seine damaligen Bewohner ausübte. Als sichtbares Zeichen der Nationalsozialisten erwähnt Malone den Einzug der NSDAP-Ortsgruppe in die Räume der Stiftungsverwaltung an der Sommerburgstraße. Die Stiftung selbst war bereits 1933 mit nationalsozialistischen Kräften besetzt worden: Der von den Nationalsozialisten eingesetzte Oberbürgermeister Theodor Reismann-Grone wurde im November 1933 Aufsichtsratsvorsitzender; im Stiftungsvorstand war der Ortsgruppenleiter Margarethenhöhe der NSDAP, Wilhelm Teichmann, vertreten.

Der Autor versucht außerdem zu ergründen, ob sich während des NS-Regimes die soziale Struktur der Mieterschaft auf der Margarethenhöhe geändert hat. Er konnte die Mieterakten bei der Margarethe Krupp-Stiftung für Wohnungsfürsorge einsehen, doch die Überlieferung brach 1939 ab und setzte erst 1946 wieder ein, so dass keine verlässlichen Aussagen über die Sozialstruktur zu benennen sind. Malone weist damit auf eine noch zu schließende Lücke in der Essener Geschichtsschreibung hin.

Die exemplarische Darstellung der Verfolgung Andersdenkender wie z. B. dem SPD-Mitglied Hugo Verspohl, der als gewählter Beigeordneter der Stadt Essen in Schutzhaft genommen, von den Nationalsozialisten drangsaliert und dem schließlich von der Margarethe Krupp-Stiftung für Wohnungsfürsorge gekündigt wurde, lässt stark vermuten, dass die Vergabe bzw. der Entzug von Wohnungen Mittel nationalsozialistischer Politik waren.

Im weiteren Verlauf seines Buches stellt Malone einige Künstler vor, die auf der Margarethenhöhe sesshaft waren und die entweder verfolgt wurden – wie Kurt Lewy und Will Lammert – oder mit dem NS-System sympathisierten oder profitierten – wie Albert Mankopf und Georg Sluytermann von Langeweyde. Malone stützt sich dabei auf bekannte Forschungsergebnisse und bietet dem Lesepublikum einen Überblick über die bekannteren Bewohner der Margarethenhöhe.

Der Autor weiß, dass mit seinen Ausführungen das Thema Nationalsozialismus auf der Margarethenhöhe noch nicht erschöpfend behandelt ist: „In bestimmten Bereichen, z. B. der Frage, ob es Deportationen von Juden und Andersdenkenden auf der Margarethenhöhe gegeben hat, sind noch weiterführende Nachforschungen notwendig. Ebenso ist noch weiter zu erforschen, ob und in welchem Umfang die Wohnungsvergabe an die Mieterinnen und Mieter in den Zeiten des Nationalsozialismus Auswirkungen auf die soziale Struktur gehabt hat." (S. 126)

Mit diesen Denkanstößen bietet Malone ein positives Beispiel für Heimatforschung. Zwar gibt es in den beiden Bänden Wiederholungen, was die Geschichte der Stiftung oder der Stadt Essen angeht. Doch auf diese Weise können beide Publikationen als eigenständige Werke auftreten, die den an der Margarethenhöhe interessierten Leserinnen und Lesern anschauliche Informationen liefern.

THOMAS DUPKE

ABBILDUNGSNACHWEIS

mit Angabe der im Text genannten Abbildungsnummer

Hendrik Christian Andersen und Ernest M. Hébrard, Creation of a World Centre of Communication, Paris 1913 163–164
Allbau AG 97–98
Amt für Geoinformation, Vermessung und Kataster 1 (Grafik: J. Gatzlik/D. Hopp/ Marten Stübs), 2–3, 11 (Grafik: Marten Stübs), 4, 12, 14
Archiv Bauhaus Center Tel Aviv 171
Archiv der TU Darmstadt. Sig. Nr. 917 (Patentschrift Nr. 459020, Klasse 37f, Gruppe 7/01, 1928) 137
Baukunstarchiv NRW, 352–353, 358–362 (Bestand Wilhelm Seidensticker), 354 (Bestand Harald Deilmann), 355–357, Titel Vorderseite (m.) (Bestand Werner Ruhnau), 363–365 (Bestand Friedrich Mebes)
Benecke, M. 19
Börsenvorstand (Hrsg.), Festschrift zur Einweihung der Börse für die Stadt Essen. Essen 2.5.1925 259, 329, 334–335, 349
Bolla-Schiesser, Claudine 155
Hans Cürlis, Die moderne Stadt und die Nacht, in: Wasmuths Monatshefte für Baukunst, 6, 1928 123–124, 126, 131, 134, 138–139
Das neue Börsengebäude in Zürich von Arch. Henauer & Witschi B.S.A., in: Das Werk, Schweizer Monatsschrift für Architektur, Freie Kunst, Angewandte Kunst. Zürich April 1931 225
Denkmalkarteikarte Bodendenkmal (TIM-online) 25–26
Die Essener Börse, Sonderdruck Nr. XVI des Verlages für Architektur-, Industrie- u. Stadtwerke Düsseldorf. Düsseldorf 1926 186, 223, 226, 252, 296–297, 324–325, 327–328, 330, 333, 336, 338–340
Durth, Werner (Darmstadt) 79
Werner Durth, Paul Sigel, Baukultur. Spiegel gesellschaftlichen Wandels. Berlin 2009 167
Essener Allgemeiner Bauverein, Wollen – Können, Essen 1919 (1923) 94–96, 141–142, 147, 151
Essener Anzeiger 192 (v. 30.7.1926), 202 (v. 27./28.6.1926), 341 (v. 28.11.1926), 344 (v. 12.10.1938)
Essener Volks-Zeitung 206 (v. 30.1.1926), 228 (v. 17.3.1925), 238 (v. 14.6.1925), 276 (v. 16.3.1924)
ETH Zürich, Archiv für Zeitgeschichte, Nachlass Werner Rings 69–72 (Dossier 24), 53–54, 154, 169–170, 172, 175–176, 178, 180, 182, 184

ETH Zürich, AfZ, NL Werner Rings/11 / Stadtplanungsamt der Stadt Nathania 177

Fred Gerhardt, Essener Baukünstler, in: Sonderausgabe der Essener Allgemeine Zeitung, Erinnerungsblatt zur großen Umgemeindung, Essen, 1929, Bd. 1 S. 30 (HdEG DIII14) 122

Jan Gratama, Dr. H. P. Berlage – Bouwmeester. Rotterdam 1925 222

Hadasch, Peter 29, 31, Titel Rückseite (m.)

Haus der Essener Geschichte/Stadtarchiv 42 (Beitrag Meuwsen, vgl. FN 490), 104 (1071–333), 107 (1071–335), 112 (1071–330), 186 (472–117), 187 (748-Nr. 4), 196 (145–2056, Bl. 17), 197 (145–2056, Bl. 13), 201 (144–1407), 203 (980–1199), 221 (143–3721, Bl. 7), 224 (143–3722), 227 (155–8, Bl. 9), 232 (952-S11–11), 245 (957–12), 247 (957–14, Bl. 22), 256 (957–14, Bl. 59a), 264 (145–2056), 266 (143–3721, Bl. 16), 267 (143–3715, Bl. 92), 271 (952–0, Alt-Signatur H1/3), 272–274 (145–2056), 277 (980–213), 303 (143–3721, Bl. 33), 304 (145–2056), 306 (957–14, Bl. 57), 307 (952–10079), 312 (957–14, Bl. 72), 320 (143–3715, Bl. 96), 323 (143–3721, Bl. 14), 326 (143–3722, Bl. 3), 342 (144–1408), 346 (980–1199), 351 (143–3715, Bl. 102a), 370–371 (Foto: Yasmin El Khatib), 109, 113, 125, 370–376, 379, 383–385, 387, 390

Heimsoth, Axel 381, 388, 391

Henn, Karin (Flörsheim) 77

Hugo Herrmann, Palästina heute – Licht und Schatten. Tel Aviv 1935 168

Hessischer Zentralverein für Errichtung billiger Wohnungen, Das Kleinwohnhaus und sein innerer Ausbau, Darmstadt, 1910 78

Historisches Archiv des Erzbistums Köln 44 (vgl. Beitrag Meuwsen, FN 498)

Historisches Portal Essen, 5 (Luftbilder 1951–1980), 48 (Luftbilder 1925–1930).

August Hoff, Thorn Prikker und die neuere Glasmalerei, in: Paul Joseph Cremers (Hrsg.), Charakterbilder der neuen Kunst, Bd. IV, Essen 1925 331

Hoffmann, B. 24 (bearbeitet Detlef Hopp), 23

Honnefer Volkszeitung v. 26.6.1909 73

Hopp, Detlef 7–10, 16, 20, 27–28

International Town Planning Conference. Conférence internationale de l'aménagement des villes. Internationale Städtebautagung. New York 1925. Bericht. Frontispiz 93

L. Jahn, Der Alfredshof der Firma Friedr. Krupp in Essen-Ruhr, in Wasmuths Monatshefte für Baukunst, 1920/1921 (Heft 7/8) 58

Kaiser Wilhelmturm auf der hohen Acht, in: Deutsche Konkurrenzen, 22.1907 (Heft 3/4) 56

Renate Kastorff-Viehmann (Privatarchiv) 67, 68, 152

Renate Kastorff-Viehmann, Wollen und Können, in: Wohnen und Markt. Gemeinnützigkeit wieder modern, hrsg. v. Jürgen Reulecke u.a. Essen 1994 181

Kirchner, DBM 18

ABBILDUNGSNACHWEIS

Richard Klapheck, Neue Baukunst in den Rheinlanden. Düsseldorf 1928 193, 261

Richard Klapheck, Professor Edmund Körner, Essen-Darmstadt, in: Moderne Bauformen, Jahrgang XIII, Heft 2, Februar 1914 265

Richard Klapheck, Siedlungswerk Krupp, Berlin 1930 59–60

Mechthild Köstner, Werkswohnungsbau des Kruppkonzerns bis 1924, Dissertation Osnabrück 2017, Bd. 2: Bild- und Quellenband 146

Martin Krüger, Die Baufachausstellung in Essen und ihre Bedeutung für die Weiterentwicklung der Baukunst, in: Der Neubau: Halbmonatsschrift für Baukunst, 7. Jg. 1925 (Heft 17) 159

Krupp, T. 17

Kulturhistorischer Verein Borbeck, Essen 382

Vittorio Magnano Lampugnani, Die Stadt im 20. Jahrhundert. Visionen, Entwürfe, Gebautes, 2 Bd., Berlin 2. Auflage 2011, hier Bd. 1 156

Landesarchiv NRW 42 (vgl. Beitrag Meuwsen, FN 490), 43 (vgl. Beitrag Meuwsen, FN 494), 44 (vgl. Beitrag Meuwsen, FN 498)

Landesarchiv NRW, Abt. Rheinland 51 (RW Karten, Nr. 2467), 52 (RW Karten, Nr. 175)

Landesdenkmalamt Westfalen-Lippe, Münster (46)

Lemberg, Synagogen-Gemeinde Köln 75

Metropole Ruhr, Historische Luftbilder 140 (https://www.geoportal.ruhr/application/ruhrtourismus, abgerufen am 1.9.2022).

Metropole Ruhr, Luftbilder 121 (https://luftbilder.geoportal.ruhr/?#5000@7.02875/51.42523r0@EPSG:25832, abgerufen am 28.4.2022),

Metzendorf, Rainer 80–81, 88–89

Meuwsen, Petra 33, 35, 36, 37, 38, 39, 40, 41, 45, 47, 49, Titel Rückseite (r.)

Museum Folkwang (Archiv) 366–369

Neuser, R. 22

N. N., Kleinwohnungs-Kunst auf der Hessischen Landes-Ausstellung, in: Deutsche Kunst und Dekoration, Jg. 1908 57

N. N., Lange-Diercke – Sächsischer Schulatlas, Braunschweig 1930. URL: https://de.wikipedia.org/wiki/Datei:Lange_diercke_sachsen_deutschland_ruhrgebiet_1830.jpg, Ausschnitt (abgerufen am 7.1.2023) 34 (oberer Teil)

N. N., Westermann Schulatlas, Grosse Ausgabe Nordrhein-Westfalen, 9. Auflage. Braunschweig 1976 34 (unterer Teil)

Ocklenburg, Ulrich, durch Detlef Hopp (Plan Umzeichnung) 21

Ursula von Petz, Robert Schmidt 1869–1934. Stadtbaumeister in Essen und Landesplaner im Ruhrgebiet. Berlin 2016 160

Gustav Adolf Platz, Die Baukunst der neuesten Zeit. Berlin 1927 100, 210, 255

Privatarchiv Architekt Shmuel Giller (Tel Aviv) 173–174

Privatarchiv Ita Heinze-Greenberg (Frasdorf) 179

Privates Archiv Mandel Architects (Tel Aviv) 183

Quick, Nr. 33, 1977 386
Rheinischer Verein für Denkmalpflege und Heimatschutz (Hrsg.), 21. Jahrgang, 1928, Heft 1 (Essener Heft) 305
Josef Rings, Bauen als Ausdruck des Gemeinschaftsbewußtseins, in: Bauwarte, 1928 (Heft 9) 63–64
Josef Rings, Die Essener Ausstellungshalle, in: Zentralblatt der Bauverwaltung, 1928, Nr. 14 127–130, 132–133, 135–136
Josef Rings, Gedanken zum Völkerbundpalast in Genf, in: Wettbewerbe für Baukunst und Schwesterkünste (Supplement zu: Deutsche Bauzeitung, 1927, Nr. 78), 61. Jg. 1927, Nr. 19 165
Josef Rings, Siedlungsreform. Gesetze, Baugedanken, Ziele, Essen 1923 61–62, 87, 90–91, 99, 101–103, 105–106, 108, 110–111, 114–116, 119–120, 144–145, 148–150, 161
Werner Rings, „Die Wabenstadt" – Zur Geschichte der Rings'schen Bandstadt, in: Die Stadt wird in der Landschaft sein und die Landschaft in der Stadt: Bandstadt und Bandstruktur als Leitbilder des modernen Städtebaus, hrsg. v. Gerhard Fehl u. a., Basel u. a. 1997 157–158, 162
Ruhr Museum 6 (Sammlung Stadtbildstelle, bearb. durch die Stadtarchäologie 1998), 249 (Sammlung Stadtbildstelle, i1693), 393 (Foto: Rainer Rothenberg), 394 (Foto: Birgit Kösling-Korth), 82
Ruhr Museum/Fotoarchiv 152 (Peter Kleu), 378 (Willy van Heekern), 380 (Erich Rühl), 389 (Marcus Müller/Bestand Borbecker Nachrichten), 392 (Marga Kingler), 377, Titel Vorderseite (r.)
Sammlung Robert Welzel 188, 190–191, 195, 198–199, 204–205, 208–209, 211–215, 218–220, 229–231, 235–237, 240, 242–244, 246, 251, 253, 260, 263, 269, 275, 278–280, 286, 292–293, 295, 308, 314–317, 337, 343, 345, 348, Foto S. 6
Otto Sarrazin und Friedrich Schultze, Wettbewerb zur Erlangung eines Bebauungsplanes für das Gebiet am Holstentor in Lübeck, in: Zentralblatt der Bauverwaltung, 1906 (Nr. 77) 55
Wilhelm Schäfer, Siedlung Essen Stadtwald in Die Rheinlande, 31.1921, Heft 4 117–118
Johann Georg Scheyer, Praktisch=ökonomische Wasserbaukunst, zum Unterricht für Beamte, Förster, Landwirthe, Müller und jeden Landmann, besonders für die welche an Flüssen und Strömen wohnen, Leipzig 1795, Tafel XIII. 50
Schimpf, Ralf 30, 32
Paul F. Schmidt, Die III. Ausstellung der Darmstädter Künstler-Kolonie, in: Die Kunst, Monatshefte für freie u. angewandte Kunst, XV. Jahrgang, Heft 11, August 1914 189
„Siedlungswerk" des Architekturverlages Callway in München, München 1920 83–86
Song, Baoquan 13, 15

ABBILDUNGSNACHWEIS

Stadtarchiv Darmstadt 76
Stadt Essen/Historischer Verein für Stadt und Stift Essen e.V. (Hrsg.), Essener Köpfe. Essen 2015 200
Verkehrsverein für den Stadt- und Landkreis Essen e. V. (Hrsg.), Fünfzehnter bis achtzehnter Jahresbericht und Vereins-Satzung, Geschäftsjahre 1922/25. Essen 1926 239
Ernst Vetterlein, Ein Landhaus in Honnef a. Rhein, in: Deutsche Kunst und Dekoration, 1905 74, Titel Vorderseite (l.)
Wasmuths Monatshefte für Baukunst, 1925, Heft 4 166
Wasmuths Monatshefte für Baukunst und Städtebau, 1927, Heft 10 66
WAZ v. 15.05.2016 (Repro: Kerstin Kokoska, originale Quelle: Haus der Essener Geschichte/Stadtarchiv, Slg. 875, Nr. 126, Provenienz Best. 6000 Archiv Ernst Schmidt) 92
Karl Weißbach und Walter Mackowsky, Das Arbeiterwohnhaus, Berlin 1910 143
Welzel, Robert 185, 194, 207, 216–217, 233–234, 241, 248, 250, 254, 257–258, 262, 268, 270, 281–285, 287–291, 294, 298–302, 309–311, 313, 318–319, 321–322, 332, 347, 350, Titel Rückseite (l.)
Zentralblatt der Bauverwaltung, 1927, Nr. 22 65

AUTORINNEN UND AUTOREN DIESES BANDES

Dr. Cordula Brand, Bochum

Christian Breuer, c/o Untere Denkmalbehörde/Stadtarchäologie Essen, Rathenaustr. 2, 45212 Essen

Dr. Thomas Dupke, c/o Ruhr Museum, Fritz-Schupp-Allee 15, 45141 Essen

Dr. Hannah Feldhammer, Essen

Merlin Goriß, c/o Haus der Essener Geschichte/Stadtarchiv, Ernst-Schmidt-Platz 1, 45128 Essen

Kathrin Gräwe, Werl

Dr. Micha Gross, c/o Bauhaus Center Tel Aviv, Dizengoff Str. 77, 6433249 Tel Aviv, Israel

Dr. Dirk Hallenberger, Münster

Dr. Axel Heimsoth, c/o Ruhr Museum, Fritz-Schupp-Allee 15, 45141 Essen

Dr. phil. Heinz Wilhelm Hoffacker, Essen

Dr. Detlef Hopp, Ruhr-Universität Bochum, Universitätsstraße 150, 44801 Bochum

Prof. em. Dr.-Ing. Renate Kastorff-Viehmann, Essen und Bad Schwartau

Dr. Claudia Kauertz, c/o Haus der Essener Geschichte/Stadtarchiv, Ernst-Schmidt-Platz 1, 45128 Essen

Dr. Uri R. Kaufmann, Düsseldorf / Buchs/AG

Dr. Anna Kloke c/o Technische Universität Dortmund, Lehrstuhl Geschichte und Theorie der Architektur, August-Schmidt-Straße 6, 44227 Dortmund

AUTORINNEN UND AUTOREN DIESES BANDES

Dr.-Ing. Rainer Metzendorf, Mainz

Dr. Petra Meuwsen, Wiesbaden

Dr. Rolf Neuser, Bochum

Sonja Pizonka M.A. c/o Museum Folkwang,
Museumsplatz 1, 45128 Essen

Dr. Ute Reuschenberg, c/o Technische Universität Dortmund,
Lehrstuhl Geschichte und Theorie der Architektur,
August-Schmidt-Straße 6, 44227 Dortmund

Dr. Ralf Schimpf, Essen

Sebastian Somfleth M.A., Essen

Dr. Indes Sonder,
c/o Moses Mendelssohn Zentrum für europäisch-jüdische Studien e. V.,
Am Neuen Markt 8, 14467 Potsdam

Dr. Baoquan Song, Ruhr-Universität Bochum,
Universitätsstraße 150, 44801 Bochum

Dr. Reinhild Stephan-Maaser, c/o Ruhr Museum,
Fritz-Schupp-Allee 15, 45141 Essen

Ulrike Stottrop, Essen

Marten Stübs, Amt für Geoinformation, Vermessung und Kataster Essen,
Lindenallee 10, 45127 Essen

Robert Welzel, Essen

Dr. Klaus Wisotzky, Düsseldorf